CORPORATE FINANCIAL MANAGEMENT

公司财务管理

第2版

马 忠 编著

图书在版编目（CIP）数据

公司财务管理 / 马忠编著 . —2 版 . —北京：机械工业出版社，2015.2（2025.11 重印）
（MPAcc（会计硕士专业学位）精品教材系列）
ISBN 978-7-111-48670-1

I. 公… II. 马… III. 公司 – 财务管理 – 本科生、研究生 – 教材 IV. F276.6

中国版本图书馆 CIP 数据核字（2014）第 276989 号

本书是在第 1 版的基础上经过全面更新、扩展与重新编著而成，全面系统地讲授了公司财务管理的基本理论、原理与方法。对原各章配属的系列案例进行了全面的替换、开发与编撰，以专业综合论证型案例的形式，单独出版了《公司财务管理案例分析》作为教学配套的案例教材。本书构建了简明新颖的内容框架，梳理了知识模块的逻辑关系，凝练了财务管理的核心概念，实现了科教融合的教学设计，反映了财务实务的最新进展，凸显了教学重点与难点讲解，优化了问题导向的教学过程，强化了案例教学的实施引导。各章内容设计了反映财务管理问题的示例和例题，各章后配备了形式多样的习题，包括简答题、分析计算题、自测题与讨论题。本教材强调以问题为导向的内容教学与实践能力培养并重的教学模式，旨在使教材使用者在理解与感悟财务管理基本理论思想的基础上，通过系列案例分析与课程专题研究报告等多种形式研究性教学载体的实践能力训练，熟练掌握财务分析方法与分析工具，提高对财务管理实务问题的专业判断能力和权衡决策能力。

本书与配套同步出版的案例教材适用于商学院的财务管理、会计学以及其他工商管理与经济类相关专业本科生以及 MPAcc、MBA 的公司财务管理课程的教学用书。本书的主要内容已经实现开放式在线课程（MOOCs），使用者可以根据课程教学大纲、学时与要求，自选相应的教学内容。本书也可作为公司高级管理人员与财务专业人员的参考用书。

出版发行：机械工业出版社（北京市西城区百万庄大街 22 号　邮政编码：100037）
责任编辑：程　琨　　　　　　　　　　责任校对：殷　虹
印　　刷：河北虎彩印刷有限公司
版　　次：2025 年 11 月第 2 版第 18 次印刷
开　　本：185mm×260mm　1/16
印　　张：39.25
书　　号：ISBN 978-7-111-48670-1
定　　价：79.00 元

客服电话：(010) 88361066　68326294

版权所有·侵权必究
封底无防伪标均为盗版

前言 *Preface*

在商学院针对工商管理与经济类专业设置的课程体系中，财务管理的课程名称依据内容定位与授课对象的差异性而有所不同，受北美英文引进版教材的影响，通常有财务管理、公司理财、公司财务、公司金融或财务战略。各种教材在内容结构、讲解侧重点以及考虑到与其他财务课程的分工有所不同，但在教学内容上的共性特征是定位于公司层面的财务管理问题。本书内容设计与教学组织的宗旨是"领悟财务理论基本思想，提高财务问题判断能力，掌握财务分析方法工具，融入财务研究最新成果，对接财务实践最新动态，强化财务决策能力训练"，即在系统讲授公司财务管理基本理论、原理与方法的知识性内容的基础上，实现从侧重于财务方法与分析工具的运用向以领悟财务理论思想与提升财务决策能力并重为导向的转型。

本书的主要特色体现在以下几个方面。

1. 构建了简明新颖的内容框架

本书依据财务管理决策实践与财务管理理论方法之间的关系构建了以价值管理为核心的公司财务管理内容框架，使讲授过程更具系统性、新颖性、前瞻性和实用性的特点。主要内容有两个组成部分：第一部分是公司进行以价值管理为核心的财务管理的内容，主要包括财务管理决策和财务流动性管理，这部分内容是以公司财务分析与价值估价为基础的。公司实施财务管理都是置于特定的财务场景之中，包括外部宏观与行业的财务环境、企业层面的经营战略、公司治理与管理层的财务行为，反映了对公司进行财务管理产生重要影响的外部市场环境与内部经营特点的各种因素。第二部分是公司财务管理的基本理论与财务管理的基本方法，为第一部分财务管理内容提供了理论依据、分析方法与工具。同时，第一部分财务管理内容也为第二部分财务理论的研究与发展提供了源于财务管理实践的问题与思考。这一内容框架的教学设计特点是：①明确了教学讲授定位。财务管理理论与方法的教学重在理论思想与方法原理，而财务管理决策内容的教学重在理论与方法对财务管理决策内容的基础性支撑作用和应用。②明确了教学训练定位。财务管理理论与方法的课程训练首先是各种形式的练习题，侧重于概念辨析与方法理解，而财务管理决策内容的课程训练侧重于不同形式的系列案例与课程专题报告等。③明确了环境影响因素。有助于理解宏观经济政策、行业政策与竞争、企业战略与商业模式等对财务管理决策的影响。④明确了实务管理定位。价值管理是财务管理决策追求的目标，而财务流动性管理是实现价值管理目标以及可持续增长的基本财务保障，财务管理决策与财务流动性管理是互动影响、相互融合的关系，是公司管理层关注财务管理的核心内容。

2. 梳理了知识模块的逻辑关系

本书在构建公司财务管理内容框架的基础上，依据讲解财务管理内容的功能划分了五个知识模块群,分别是财务管理基本理论、财务管理基本方法、财务管理决策、财务流动性管理、公司财务分析与价值估价。这样划分五个知识模块群,有助于简明把握财务管理知识内容体系的内在逻辑关系。知识模块间的逻辑关系分为三个层次:①知识模块群之间的关系。财务管理基本理论与财务管理基本方法是财务管理决策、财务流动性管理、企业财务分析与价值估价的基础,为其提供了理论依据与方法工具。财务管理决策与财务流动性管理是相互融合与互动影响的关系,而企业财务分析与价值估价则不仅为企业管理层进行财务管理决策与流动性管理提供财务状况的依据,反过来,财务管理决策与流动性管理将对财务状况与企业价值产生重要影响。②各知识模块之间的关系。每个知识模块群均是由若干个类别相同或内在相关的知识模块构成,不仅可以明确各个知识模块在整个内容框架中的位置,也有利于明确每个知识模块在各自模块群中所发挥的作用。③每个模块知识点之间的关系。每个知识模块由一系列内在相关的知识点构成。依据本书的内容框架设计,一个章节的知识点可以分属不同的知识模块,例如,项目现金流量预测与确认过程与投资项目评价指标均属于方法类知识点,而投资决策更多是要考虑各种经营条件与发展趋势等因素对未来预期现金流的影响。

3. 凝练了财务管理的核心概念

本书在构建财务管理课程新的内容框架和梳理知识模块逻辑关系的基础上,针对财务管理基本理论与方法知识点的讲述顺序与逻辑路径,对相关基本概念进行了梳理与归纳,提炼了对理解财务管理思想具有关键性作用的核心财务概念。围绕着核心概念所统辖与涉及的其他基本概念或相关概念,构成了一个知识模块的基本概念族。例如,财务流动性是一个核心概念,与盈利能力、资产周转率、现金流创造能力、偿债能力、可持续增长率等基本概念密切相关。掌握核心概念对深入理解和领悟财务管理理论与方法的基本思想、提高对财务管理问题的专业判断能力至关重要,本书通过几种方式提炼核心概念:①判断与提炼核心概念。对理解重要知识点起关键作用,且在知识点模块中作为联系其他概念的基础性概念。核心知识点均在各章的引言部分加以强调和提示,并在内容讲述过程中注重建立与其他财务概念之间的联系。②阐述与辨析核心概念。本书注重阐述核心财务概念的基本含义,通过辨析、多维度的解释与界定,强调核心概念对理解财务理论思想精髓和内容本质的重要作用。③应用与掌握核心概念。本书除了在理论讲解部分解释核心概念外,在本章习题、讨论题、案例的练习与训练中深化领悟财务核心概念的思想性理论含义与应用性实践意义。

4. 实现了科教融合的教学设计

为提升课程教学的前瞻性,激发学生的学习兴趣,以开阔视野、启迪思考、鼓励探索为宗旨,提高发现问题和解决问题的能力。本书在引入最新研究成果基础上,通过以下五种方式实现了科教融合的教学设计:①引入了方法论批判性思维,即强化对财务现象的关注意识,注重对现象背后的财务问题的判断能力训练,特别是针对我国制度背景下如何提供与源于西方发达市场财务问题不同的具有创新性的解释与研究发现。②融入了最新相关研究成果,即在甄别与判断国内外以及教学团队自身的最新研究成果与不同类别教学对象的课程教学目标、教学内容与能力训练的定位是否相匹配的基础上,选择教学对应关系明确、具有特定教学融入形式、教学实施效果好效率高的最新研究成果。例如,针对财务与会计专业的学生,本书结合了项目关于金字塔形企业集团多层级治理机制对上市公司财务政策的影响、文献中出现的股利分配新理论等。同时,融入了相关研究最新动态,即及时反映针对财务实务所引发的最新研究动态,例如,上市公司通过向控股集团定向增发实现一体化上市、发行优先股对股权结构及股东利益的影响。③设计了课程教学融入形式。本书在教学过程中使用了灵活多样的融入形式,包括课内讲授过程、案例问题讨论、最新动态示例、课外推荐阅读、专题报告写作、课程平台展示。④开发了融入教学课程资源,即将研究成果以恰当的形式嵌入在教材内容中或开发出载体形式适用且与教学内容对接的教学资源。本书在内容阐述过程中充分体现科教融合特点的同时,也开发了其他形式的课程资源,包括不断更新的讲授示例、同步出版的案例教材、课程专题研究的指导书、课程平台提供的内容(相关主题研究成果综述与引导)。在讨论案例问题时也可以结合最新相关研究文献,从学术视角提出案例,引导深入思考,激发研究兴趣。⑤引导学生参与探索性研究。通过提炼出趣味性强的研究问题,引导学生结合课程内容进行自主探索性研究。例如,引导学生对证监会连续出台股利新政后的上市公司现金股利分配行为进行研究。

5. 反映了财务实务的最新进展

为强化对实务应用能力和专业判断能力的培养,提高对未来商业环境的适应能力,本书和同步出版的案例教材在内容教学中反映了我国企业财务实务的最新进展,注重从最新财务实务中提炼的研究问题融入课程知识点的讲授与实践能力的训练,旨在实现四个"对接",即实现与专业机构的财务问题对接、与专业机构的分析思路对接、与专业机构的分析方法对接、与专业机构的分析工具对接。本书在三个方面反映了财务实务的最新进展,第一,反映了引发财务管理实践最新进展的主要因素:①最新发布实施的政策法规。包括财政与金融政策,中国证监会实施的资本市场一系列监管新政与引导上市公司财务行为的政策,国务院国资委、财政部等发布实施的对企业财务管理实践具有重要影响的新政。②最新推出的资本市场工具。资本市场推出的投资与融资工具为上市公司提供了更多的财务政策选择机会,将对财务状况产生新的影响。③行业趋势与业务模式变化。企业所在行业的竞争状况与变化趋势,特别是商业模式创新、业务模式转型等变化对企业财务管理实践活动的影响是很明显的。第二,反映财务实务最新进展的载体形式:①本书的示例、内容讲解过程以及讨论题等。②案例和课程专题研究报告。第三,反映财务实务最新进展的资料来源:①公司年度报告、公告。②财经媒体的报道、数据库提供的各类研究报告。通过四个"对接",在教学中及时反映财务管理实践的最新进展,特别是在商业模式快速变化与大数据的背景下,需要在教学内容与课程训练中持续关注并加以总结与提炼。

6. 凸显了教学重点与难点讲解

随着财务管理实务内容的日益丰富和对学生创新实践能力培养要求的提高,传统以教师讲授为主的教学模式难以实现向以学生为中心为导向的教学转变。本书强调了重点与难点内容的讲解,旨在缓解知识性内容课内教学的学时分配量与案例及课程专题研究报告的课内讨论学时之间难以平衡的问题,也便于针对不同的教学对象、教学内容侧重与课程学时计划灵活地选用教材章节组合。本书以几种不同的方式凸显了教学重点与难点的讲解:①体现在教材内容表述的设计中。在各章引言中重点提示与在知识点讲解中强调重点与难点对本章整体理解的关键性作用,便于自学与复习。②体现在知识模块关系的设计中。依据梳理的知识模块的逻辑关系,在讲解前续重点内容时注重强调与后续内容的联系以及对后续内容理解的基础性作用。在讲解后续重点与难点时,概括性回顾前续一系列相关的主要知识点的关系。③体现在网络教学视频的设计中。利用本课程的网络教学平台(MOOCs)所植入的教材讲授视频,在混合式学习的教学模式下(Blended learning),通过一定程度的翻转课堂教学设计(Flipped Classroom),实现了课内侧重"重点精讲、难点讨论、疑点解答、案例讨论、报告点评、表现测评"的适度翻转,并利用开辟的互动空间,对重点与难点问题进行教学互动与交流。④体现在研究性教学载体设计中。通过在同步出版的案例教材和编写的课程专题研究报告的问题设计拉动对课程重点与难点的自主学习，起到对课内讲授内容的温故与知新的目的。

7. 优化了问题导向的教学过程

本书和同步出版的案例教材对以问题为导向的研究性教学过程进行了优化，主要针对如何从问题引导下自主学习到财务问题的判断能力提升过程，形成了一体化进阶式问题导向的五个方面训练与培养，其特点体现在：①问题引导自学，即设计以问题为导向的教学引导机制，通过讲解过程的问题设计，训练自主学习并掌握知识性内容的能力。②关注问题意识，即在从内容讲授到实践能力训练的教学全过程中，依据进程节点设计的财务问题，引导发现财务问题，培养财务问题敏锐的关注能力。③提出问题能力，即在教学各个环节中，注重从实务现象中如何提炼有价值的财务问题的训练，培养自主提出问题的能力。④问题论证能力，即通过设置源于真实案例的财务场景，在目标论证导向下，训练多维度、多层次的综合论证能力。⑤财务判断能力，即通过复杂情景下的财务案例分析和课程专题研究报告训练，训练辨析识别思维意识、批判性思维能力以及探索提出解决方案的能力，培养对财务问题的专业判断能力。

8. 强化了案例教学的实施引导

在使用本书和同步出版的案例教材进行教学时，建议首先使用专业综合论证型案例训练问题导向的分析能力，再通过情景素材引导型案例强化训练辨析思维、专业判断、权衡与决策能力，提升翻转课堂的教学效率与效果。在提高案例教学的实施效果基础上，深化对财务管理理论与方法的理解。第一，实施以课外讨论为主的专业综合论证型案例教学。针对如何深入理解并应用讲解的课程知识内容，特别是针对财务管理实践中出现的问题提供"怎么样"、"为什么"的解释与充分论证，实现对自主性案例论证能力训练效果：①引导预习关键知识点。在课前预习专业综合论证型案例与课前布置的相关知识点内容基础上，概况讲解课程内容的重点与难点。②引导陈述与讨论环节。针对案例核心财务问题及其相关的一系列具体问题，引导学生小组报告案例的论证思路，图示案例论证影响因素与逻辑关系，提出各自新的理解与论证思路，比较权衡财务政策选择方案，形成财务管理决策。③引导关注效度与信度。通过对分析逻辑、论证路径与支持依据进行反思与评价，引导关注与判断对案例分析与论证的效度，同时，在规范引述资料及数据来源基础上，提高案例研究的信度。④引导总结与点评环节。一方面，总结与点评案例讨论过程与形成的财务决策，即依据案例问题论证过程与支撑关系，以案例问题为导向，补充完善论证维度缺失，调整更正支撑素材偏差，引导总结案例主要结论，启发提炼案例结论的一般性；另一方面，总结与点评通过案例分析与论证是否达到了深化理解财务管理哪些理论与方法目的。第二，实施以课内讨论为主的情景素材引导型案例教学。针对如何掌握讲解的知识模块内容，将案例分析过程融入其中，逐步引导案例分析的推进，依次讨论预设的案例问题，伴随板书展示论证关系图布局，勾画出各个决策节点的影响因素与所需知识点。例如，在讲解企业现金流的创造能力时，可以结合一家企业如中国远洋或华为科技，依次导入该企业在营业收入增长、经营资产质量、成本费用优势、资本投资价值、持续融资能力五个维度的特征，引导学生参与进行判断并提供解决方案。这一形式的案例教学重视在现场互动中实施引导，重视案例的基于问题导向的决策节点与分析路径的设计，重视如何实现对讨论的引导并激励充分参与和发表意见。

本书各章的示例和例题所使用数据与相关资料如果来源于上市公司的年度报告、公告、国泰安（CSMAR）、万德（WIND）、同花顺（iFind）、锐思（RESSET）多个数据库与财经媒体提供的公开性资料，在确认数据与资料具备合理性的基础上已注明了资料与数据来源。

本书第 2 版的重新设计、修订、编著与出版是北京交通大学财务管理专业建设与财务管理课程研究性教学改革的成果之一，是财务管理专业教学团队的全体教师在财务管理课程教学改革与教学资源建设中集体研讨与交流教学改革理念与实施教学改革方案心得的总结，在此对财务管理专业教学团队的全体教师，对参与帮助整理习题素材、收集相关数据的硕士生和博士生表示衷心的感谢！

在本书再版之际，对机械工业出版社的编辑们在本书的立项、编辑与出版过程中给予的许多建设性意见和提供的大力帮助表示诚挚的感谢！

马忠

北京交通大学经济管理学院会计系

2015 年 2 月 10 日

Contents 目录

前言

第1章 绪论
- 1 学习目标 引言
- 2 1.1 企业组织形式
- 3 1.2 财产权利与受托责任
- 7 1.3 公司目标与公司财务目标
- 12 1.4 公司财务管理体系框架
- 17 1.5 本书体系结构与学习方法
- 19 本章小结
- 19 习题

第2章 财务分析
- 20 学习目标 引言
- 21 2.1 财务分析概述
- 23 2.2 财务报表解读
- 46 2.3 财务分析比率
- 56 2.4 财务分析框架与分析体系
- 67 附录2A 非经常性损益与利润表项目及现金流之间的关系
- 70 本章小结
- 71 习题

第3章 营运资金管理
- 81 学习目标 引言
- 82 3.1 营运资金概论
- 87 3.2 营运资金投资策略
- 89 3.3 营运资金融资策略
- 93 3.4 现金管理
- 100 3.5 应收账款管理

107	3.6	存货管理
110	3.7	短期融资管理
118		本章小结
119		习题

第 4 章　长期融资

127	学习目标　引言	
128	4.1	融资工具与融资市场
129	4.2	股权融资
157	4.3	长期债务融资
168	4.4	混合融资
184	4.5	长期融资决策
186		附录 4A
188		附录 4B
189		本章小结
189		习题

第 5 章　财务预测与规划

196	学习目标　引言	
197	5.1	财务预测
202	5.2	财务规划
203	5.3	外部融资需求的确定
209	5.4	融资约束条件下的营业收入增长率
218	5.5	经营效率与财务政策变动下的营业收入增长率
226	5.6	企业营业收入增长率管理
228		本章小结
228		习题

第 6 章　风险与收益

234	学习目标　引言	
235	6.1	风险与收益的权衡
239	6.2	单项资产的风险与收益
243	6.3	投资组合的风险与收益
252	6.4	资本资产定价模型
268		本章小结

270	习题

第7章　时间价值与证券估价

274	学习目标　引言
275	7.1　货币时间价值
286	7.2　债券估价
293	7.3　股票估价
303	附录7A　等差序列现金流量
304	附录7B　等比序列现金流量
305	本章小结
306	习题

第8章　投资项目评价

312	学习目标　引言
313	8.1　投资项目评价概述
317	8.2　投资项目现金流量及其预测
328	8.3　投资项目评价标准
341	8.4　投资项目评价的实例应用
356	附录8A　杠杆融资的投资项目评价
361	附录8B　管理（实物）期权
363	本章小结
363	习题

第9章　期权

370	学习目标　引言
371	9.1　期权概述
382	9.2　期权定价
388	9.3　实物期权
399	本章小结
400	习题

第10章　资本成本

406	学习目标　引言
407	10.1　资本成本概述
407	10.2　各类别资本成本

- 413   10.3 加权平均资本成本
- 417   10.4 投资项目的资本成本
- 424   本章小结
- 424   习题

第 11 章　资本结构

- 429   学习目标　引言
- 430   11.1 杠杆原理与应用
- 440   11.2 资本结构理论
- 461   11.3 资本结构决策
- 468   本章小结
- 469   习题

第 12 章　股利分配与政策

- 473   学习目标　引言
- 474   12.1 利润分配概述
- 477   12.2 股利分配
- 483   12.3 股利理论
- 496   12.4 股利政策
- 511   本章小结
- 512   习题

第 13 章　企业价值估价

- 517   学习目标　引言
- 518   13.1 企业价值估价概述
- 523   13.2 现金流量贴现估价法
- 550   13.3 相对价值法
- 562   本章小结
- 563   习题

第 14 章　融资租赁

- 572   学习目标　引言
- 573   14.1 融资租赁概述
- 575   14.2 融资租赁的财务决策分析基础
- 578   14.3 融资租赁的财务决策分析

598	14.4　融资租赁对企业财务的影响
601	本章小结
601	习题

607	**附录**
612	**主要参考书目**

第1章

绪　论

▶ 学习目标

- ◆ 了解企业的组织形式、财产权利与代理关系
- ◆ 理解公司目标、财务目标与具体目标
- ◆ 理解以价值管理为核心的公司财务管理框架
- ◆ 理解公司财务管理的内容、理论与方法
- ◆ 了解本书的教学、学习方法与案例分析方法

▶ 引言

在商学院设置的课程体系中，财务管理的课程名称依据内容定位与授课对象的差异性而有所不同[一]，具体名称受北美英文引进版教材名称的影响，通常有财务管理、公司理财、公司财务、公司金融与财务战略[二]。虽然名称不同，但在教学内容上的共性特征是定位于公司层面的财务管理问题，其差异是在内容结构与篇幅上的侧重点有所不同，主要体现在三个方面，即公司财务管理决策与策略权衡、财务管理的基本理论与方法以及与资本市场对接的证券融资与投资业务。

本书在阐述财务管理内容、理论与方法及其关系基础上，构建了以价值管理为核心的公司财务管理框架。本书的内容体现了财务管理理论与方法阐述与财务管理决策相结合，即在详细讲述财务管理相关基本理论与方法的基础上，突出了对企业现实财务问题的判断与财务决策。本书第1章的主要内容有三个部分：第一部分是概念导入，在介绍企业的组织形式、财产权利与代理关系的基础上，重点阐述了公司目标、公司财务目标与财务管理具体目标等相关概念；第二部分说明了财务管理的内容、理论与方法及其关系，构建了以价值管理为核心的公司财务管理框架；第三部分说明了本书的内容结构与学习方法，突出了以问题为导向的教学方法和以训练财务管理问题判断与权衡决策思维意识为导向的学习方法。

本章的内容框架如图1-1所示。

[一] 依据不同专业的授课对象与不同层次的课程内容差异，财务管理课程除在课程名称上不同外，还在课程名称前冠以不同的层次以示区别。其中，不同的授课对象有财务管理专业本科生、会计学专业本科生；财务与会计专业学术型硕士、会计硕士专业学位（MPAcc）；工商管理硕士（MBA）；其他工商管理类、金融类的本科生与硕士学位的不同专业以及其他专业等；不同层次的课程有初级（基础）、中级与高级之分。

[二] 北美引进版的财务管理类教材的名称大体有三类：Financial Management；Corporate Finance；Corporate Financial Strategy。

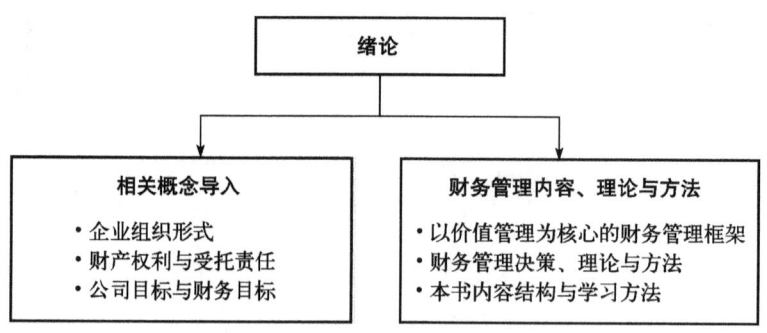

图 1-1 本章内容结构框架图

1.1 企业组织形式

市场经济环境中的企业具有多样化的组织形式，而最基本的三种企业组织形式是独资企业（sole proprietorship）、合伙企业（partnership）与公司制企业（corporation）。

独资企业通常只有一个所有者，是传统意义上的业主型企业。《中华人民共和国个人独资企业法》[一]规定，独资企业是由一个自然人投资，财产为投资人个人所有，投资人以其个人财产对企业债务承担无限责任的经营实体。独资企业因由一个投资者设立，业主投资者拥有全部收益，并只缴纳个人所得税。与公司制企业相比，独资企业具有"设立简单且避免了个人所得税和企业所得税双重纳税"的特点。独资企业的所有者对企业债务承担无限责任，投资者的个人财富决定企业的融资能力和业务规模，是一种明显不同于有限责任的公司法人的企业形式。

合伙企业是由两个或两个以上的合伙人共同组成的。《中华人民共和国合伙企业法》[二]规定，合伙企业是指自然人、法人和其他组织在中国境内设立的普通合伙企业和有限合伙企业。普通合伙企业由普通合伙人组成，合伙人对合伙企业债务承担无限连带责任。有限合伙企业由普通合伙人和有限合伙人组成，普通合伙人对合伙企业债务承担无限连带责任，有限合伙人以其认缴的出资额为限对合伙企业债务承担责任。合伙企业的合伙协议依法由全体合伙人协商一致、以书面形式订立，合伙协议内容的变更意味着达成新的合伙协议。由于合伙企业受合伙人数的限制，其外部融资能力、业务规模与发展速度有时会受到一定程度的约束。

公司制企业是现代企业的最主要形式。《中华人民共和国公司法》[三]规定，公司是企业法人，有独立的法人财产，享有法人财产权。公司以其全部财产对公司的债务承担责任。公司制企业分为有限责任公司和股份有限公司两种形式。有限责任公司的股东以其认缴的出资额为限对公司承担责任；股份有限公司的股东以其认购的股份为限对公司承担责任。我国《公司法》还规定，有限责任公司由50个以下股东出资设立，股份有限公司应当有2人以上200人以下的发起人，其中须有半数以上的发起人在中国境内有住所。所有权与控制权实现分离以及股东承担有限责任是公司制企业区别于独资企业和合伙企业的最显著特点。其中，所有权与控制权的分离是股东通过股

[一]《中华人民共和国个人独资企业法》由中华人民共和国第九届全国人民代表大会常务委员会第十一次会议于1999年8月30日通过，自2000年1月1日起施行。

[二]《中华人民共和国合伙企业法》由中华人民共和国第十届全国人民代表大会常务委员会第二十三次会议于2006年8月27日修订通过，自2007年6月1日起施行。

[三]《中华人民共和国公司法》由中华人民共和国第十届全国人民代表大会常务委员会第十八次会议于2005年10月27日修订通过，自2006年1月1日起施行。

东大会提名成立董事会，再由董事会任命总经理等管理层人员，公司的日常经营管理交由管理层负责；而有限责任则明确划分了股东对公司的投资与其个人财产的界限，有利于股份的自由转让和吸引更多的投资者。在公司制企业中，股份公司可以通过在证券交易所挂牌上市公开发行股票融资，并且股东人数没有限制，从而大大增强了公司的权益资本融资能力，有利于扩大公司的业务规模和提高公司的债务偿还能力。但公司制企业的一个主要缺陷是双重纳税，即公司作为企业法人缴纳公司所得税，而股东在获得公司利润分配之后还要缴纳个人所得税。

1.2 财产权利与受托责任

1.2.1 公司财产权利关系

在现代公司制企业中，所有权和经营权是相分离的，经营者和投资者之间形成了以法人财产受托管理为主要内容的公司受托责任。股东作为权益资本的投资者拥有财产所有权，除了业主型的独资企业外，一般的大型公司制企业的股东并不直接经营和管理企业日常业务。股东会作为全体股东的整体代表，一般是对公司董事会及董事会下设的专门委员会所涉及的重大决策的报告、方案与计划拥有批准和决议的权利，而把对公司的控制权通过合同形式委托给董事会。少数大股东持股比例比较高，不仅可以亲自参与董事会，还可对董事会进行控制。董事是股东的受托人，承担受托责任，董事会与股东会之间存在一种信托托管关系。董事会受股东会的委托，受托管理公司的法人财产，拥有对法人财产管理权和重大经营决策权。董事会作为企业经营管理的最高决策机构，一般不直接经营企业，而是选择有能力的职业经理人。经理层和董事会之间是委托代理关系，经理层受雇于董事会，受董事会委托拥有企业的经营管理权。在大型公司中，董事会可以把一部分决策权授权给经理层。这样，在现代公司制企业中，就形成了股东会、董事会和经理层的科层式结构（hierarchy structure），它们分别拥有财产所有权、法人财产权和法人财产的经营管理权，如图1-2所示。董事和经理分别对股东会和董事会负有诚信义务（fiduciary duties）和受托责任（accountability）。

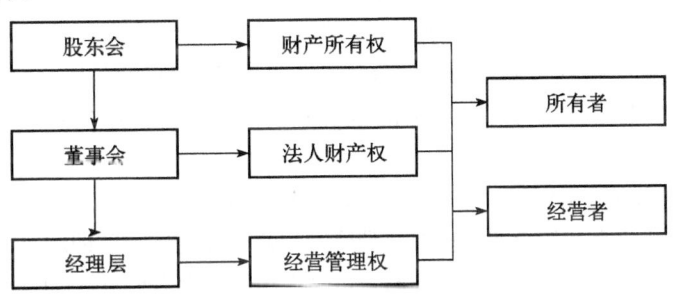

图 1-2　上市公司的财产权利关系

公司的所有权可以是分散的，也可以是集中的。如果所有权集中于一个或少数大股东手中，这些大股东被称为控制性的大股东，他们不仅可以控制董事会，还可以直接或间接控制经理层。

1.2.2 受托责任

公司的财产权利关系使经营者对公司法人财产负有受托管理与经营的责任，而这种受托责任的最终业绩体现在来自产品市场和资本市场对企业的判断。

企业在经营过程中会处于一个产品市场、资本市场、经理市场、劳动力市场等多市场的环境中，而外部市场对企业业绩进行综合判断时主要关注企业在两个市场的表现：产品市场业绩和资本市场业绩。企业其他方面的能力与业绩，如研发与创新投入、员工素质、基础管理水平、团队合作、设备能力等也是反映企业经营能力的重要方面，但最终需要通过产品市场业绩和资本市场业绩两个方面展示出来。管理层对企业法人财产受托管理与经营的责任和义务的履行状况也集中反映在产品市场业绩和资本市场业绩两个方面。企业一方面从资本市场取得股权投资者和债权人投入的资金，并将取得的资金投入企业的经营业务，通过对产品市场业务的管理，取得营业收入与现金流量并实现利润；另一方面，企业将一部分从产品市场中取得的收入现金流量以资本回报的形式返回给股权与债权投资者。企业两个市场及其价值管理的简单模型，如图1-3所示。

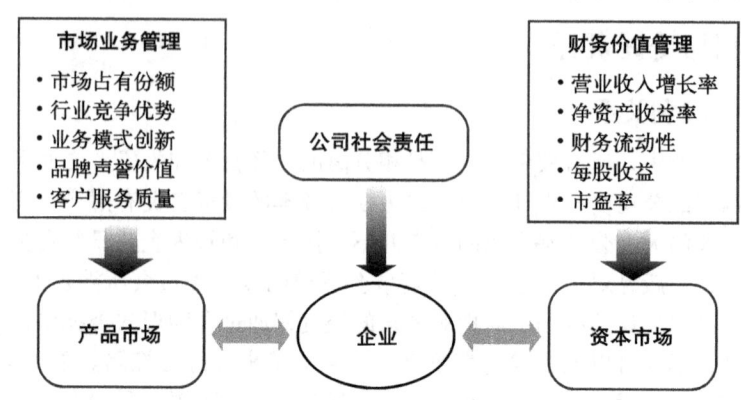

图1-3　企业两个市场的价值管理

企业的生存和发展依赖于对产品市场和资本市场两个市场的价值管理。其中，对产品市场业务的价值管理能力主要体现在市场占有份额、行业竞争优势、业务模式创新能力、品牌形象与声誉、客户服务质量等方面；对资本市场的价值管理能力主要体现在营业收入增长性、净资产收益率、财务流动性、每股收益、市盈率等方面。企业对产品市场业务的价值管理通过营业利润和营业收入现金流量支撑了企业在资本市场上的业绩表现，股东和潜在投资者据此对企业目前的经营状况和未来成长性做出判断。显然，股东和潜在投资者对企业未来投资价值的判断又将对企业从资本市场进一步融资的能力产生影响，进而对企业未来的成长能力产生影响。

从图1-3可以看出，企业对两个市场的价值管理是整体价值的基础，也是相互支撑的两个方面。因此，企业管理层作为受托责任的承担者必须通过对两个市场业务的管理，实现对受托责任的承诺。

管理层对企业法人财产运营与管理的受托责任，是所有权与经营权分离的结果。提高企业法人财产的运用与管理效率在公司财务管理中可以理解为提高企业整体资产的配置能力与运营管理的效率，有助于提高资产创造营业收入和盈利的能力，可以用总资产周转率和资产报酬率来测度。因此，管理层对企业法人财产受托运营与管理的最终责任可以理解为对企业整体价值的管理，对这一问题的进一步理解可以基于资产负债表构建一个企业法人财产的形成模型，如图1-4所示。

股东与债权人投入企业的资本被投资于主营业务所需要的各项具体资产，而各项具体资产在整体上构成了企业的全部账面资产。㊀在资产负债表的右方，因债权投资和股权投资拥有回报的要求权，任何一个债权投资者和股权投资者均可以通过明细科目被确认为具体的索求者。债权投资者和股权投资者的投资，无论是现金还是实物投资，均转化为企业法人本身的资产，构成整体资产的一部分，原债权投资者和股权投资者均不再对资产负债表左方的具体资产项目具有索求权。

㊀　企业对人力资本的投资并未直接列示在资产负债表上。

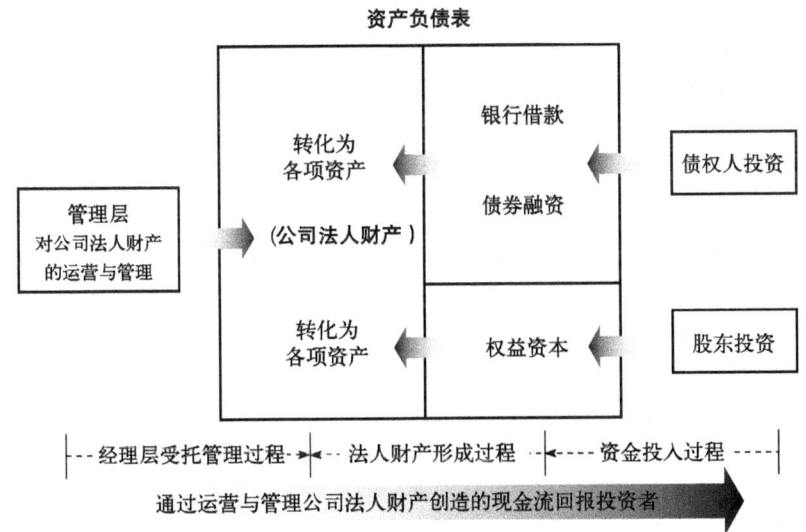

图 1-4 公司法人财产形成过程模型

企业法人财产的形成过程大体可以分为三个步骤：一是企业取得投入资金。企业从资本市场取得股东与债权人投入的资本作为经营与发展的基础。债权人的投资（银行借款、债券融资等）形成了企业的负债，股权投资者的投资（股本）形成了企业的所有者权益。二是法人财产形成过程。债权人与股东投入的资金进入企业后，即转化为企业的单项资产，管理层可以根据经营需要进一步转化为对固定资产、流动资产等具体资产项目的投资，这些资产在整体上表现为公司的法人财产。所有权与经营权的分离首先在法人财产转化过程中体现出来，显然，法人财产的受托责任与管理层是天然联系在一起的，其原因是管理层代理行使了支配公司资源的权利。㊀三是管理层对公司法人财产的运营与管理，并以经营成果回报投资者。经营者基于对投资者特别是股东的受托责任，负有对公司法人财产营运管理的责任。管理层在对市场业务进行管理的基础上，通过提高资产的运营效率，增加营业收入与现金流量，进而提升公司价值，为资本投资者提供相应的回报。

1.2.3 代理问题

公司财务管理活动中经营者在履行法人财产的受托责任时始终处于一定的代理关系所决定的利益关系中，这种利益关系格局不仅对经营者的企业财务决策产生影响，也对企业资源在不同利益相关者之间进行分配的结果产生影响，从而最终影响对经营者受托责任的履行。对公司财务决策直接产生影响的主要有股东与经营者之间、大股东与小股东之间、股东与债权人之间的利益关系，其他利益相关者如客户、供应商等也会在一定程度上对财务决策产生影响。

股东与经营者的利益关系在早期的所有权分散的公司中就存在了。Berle and Means（1932）在其经典的论著《现代公司与私有产权》㊁中，以美国最大的 200 家公司为分析对象，经研究发

㊀ 美国芝加哥大学教授 Luigi Zingales 在为新帕尔格雷夫经济与法学大辞典撰写"公司治理"的词条时就提出了源于权益资本之外派生出来的控制权概念，定义为对企业准租金的事后讨价还价的能力，而这一讨价还价的能力取决于对资源的控制能力，即对企业资源行使最终权利的不再是传统意义上的股东。见：Zingales, Luigi, 1998. Corporate Governance. *The New Palgrave Dictionary of Economics and the Law*. London: Macmillan. 后来这一概念被 Zingales 更为详细的举例描述，强调了人力资本对资源的控制能力，见：Zingales, Luigi, 2000, In search of new foundation, *Journal of Finance* 55（4），1623-1653.

㊁ Berle, Adolf, and Gardiner Means, 1932, The modern corporation and private property, Macmillan, New York.

现所有权分散和经理实施有效控制是这些大公司的基本特征,从而得出了所有权与控制权相分离的结论。由于所有权分散型企业的实际控制权掌握在内部管理者手中,公司的主要问题自然是如何解决内部管理者与外部分散股东之间的代理问题。针对这一问题,Jensen and Meckling (1976)[1]的理论分析认为,内部管理者为满足其私人利益与外部分散股东之间会形成利益冲突并进而产生代理成本,会导致企业资产价值的下降。降低代理冲突的做法是赋予或增加内部经理人的所有权,使其利益与外部股东趋于一致。

大股东与小股东的利益关系反映在近代所有权集中的公司中。La Porta, Lopez-De-Silanes and Shleifer (1999)[2]以及其他研究者发现,世界上除美国和英国的企业呈现相对分散所有权之外,大部分国家和地区的企业股权不是分散而是相对集中的,并且当对小股东保护的法律环境较差时,股权集中的特征更明显。控制性大股东有可能并且有能力利用其自身的控制地位以牺牲小股东利益为代价,通过资金占用、非公允关联交易等多种形式进行利益抽取,攫取控制权私利,最终使企业价值受损。当然,控制性股东也可能为了自身的利益,采取一些有利于公司的利益输送行为,从而增加企业价值。控制性大股东与外部分散小股东之间的利益关系可以在公司财务决策中充分反映出来。控制性大股东有可能在法律与法规不完备和监管机构缺乏监管力度的情形下,通过融资、投资和分配等财务活动侵害小股东的利益。在东南亚和中国大陆,控制性大股东甚至可以支配公司董事会,经营者近乎不可能违背大股东的意志。在此情形下,管理层对公司法人财产的受托责任已很难充分代表中小股东的利益了。

股东与债权人之间的利益关系反映在信息不对称的公司中。依据公司财务原理,企业债务的财务杠杆效应可以提高企业自有资金即股东权益投资的报酬率。如果在内部股东与外部债权人之间存在着信息不对称,内部股东比外部债权人更清楚新投资项目的风险状况,则内部股东有可能在新投资的项目中提高债务融资的比例,从而达到提高自有投资的报酬率。此时,加大了股东对债权人债务的代理风险,只是由于公司是有限责任,内部股东对超越其风险承受能力的项目进行投资,并大幅提高项目融资的债务比例,如果项目顺利获利,则股东与债权人各得其所。但一旦项目出现风险,股东只损失其自有投资的价值,而债权人因投资比例高,其价值损失远超过股东的损失。当然,也会出现相反的情况,即当内部股东已经意识到债务具有较高的预期风险,此时,宁愿利用自有资金进行项目投资,从而导致投资不足,也不愿承担债务风险而使债权人获得更多的收益。此外,内部股东还可能增加新的债务而使旧的债务价值贬值并加大了还债难度,或将已经担保的资产进行再担保,使对旧债务的担保资产贬值。因此,加大债权人的监督力度和法律保护是有效降低股东与债权人之间代理冲突的有效措施。

1.2.4 企业集团与公司治理

金字塔型企业集团是我国普遍存在的企业组织形式,其主要特征是:①纵向形成了多层级控股的股权结构,从实际控制人(出资人)向下到资本控股公司(集团)、上市母公司、上市公司子公司群体。资本控股公司(集团)通常更多地承担了资本监管职能,通过控股多家上市公司,形成了金字塔型系族企业集团(affiliated business group);②鉴于上市母公司通常将经营业务特别是非相关多元化业务下沉到控股子公司层面,其主要发挥两个方面的功能,即战略决策与资源配置和公司治理与风险控制;③金字塔型企业集团的股权结构形成了多层级委托代理关系,上市公司作为企业集

---

[1] Jensen, Michael C., and William H. Meckling, 1976, Theory of the firm: managerial behavior, agency costs and ownership structure, *Journal of Financial Economics* 3, 305-360.

[2] La Porta, Rafael, Florencio Lopez-de-Silanes, and Andrei Shleifer, 1999, Corporate ownership around the world, *Journal of Finance* 54, 471-518.

团对接资本市场的平台,集中体现了控股股东与外部中小股东、债权人、公司高管等各类利益关系人的利益,因此,上市公司的公司治理是企业集团公司治理的核心;④不同层级的资本功能定位差异、同层级以及跨层级间的关联交易,特别是随着子公司层面业务规模的扩大和自主权的增大,导致多层级的公司治理机制在导向上的差异,因此,在关注控股股东对上市母公司的治理影响的同时,也应该关注子公司群体对上市公司整体治理效率与上市公司财务政策选择的影响。

图 1-5 描述了金字塔型多层级股权控制、公司治理与利益相关者关系。

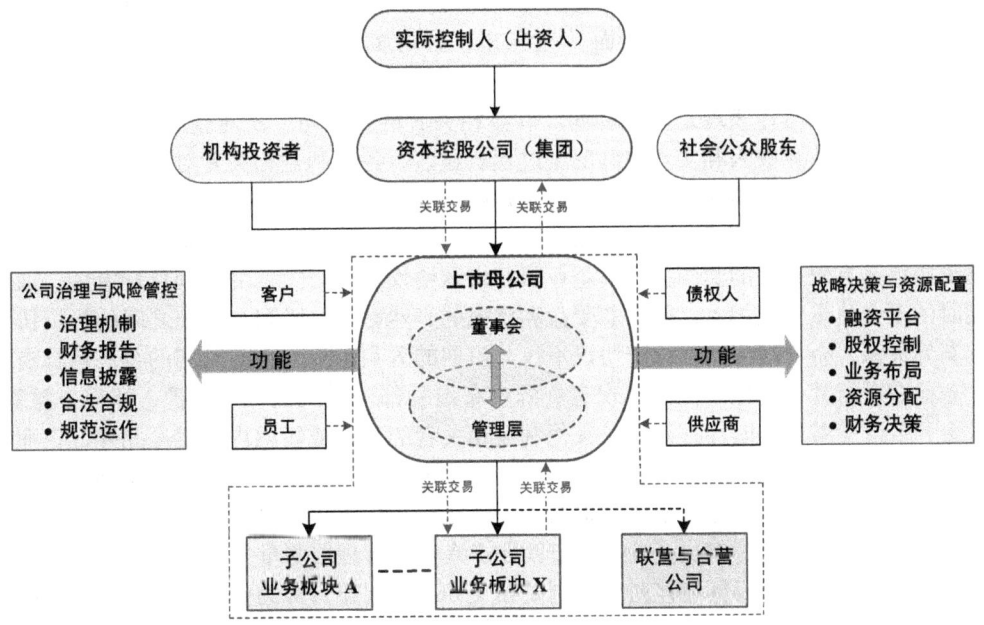

图 1-5 金字塔型多层级股权控制、多层级公司治理与利益相关者关系

1.3 公司目标与公司财务目标

1.3.1 公司目标

现代市场经济中的企业目标是多元化的,可以从战略、市场、财务等不同的角度概括,如成为行业中成长性最好、最具有竞争力的企业就是一种企业目标的具体表述。但任何企业的基本目标都是盈利,这是企业生存与成长的基础。虽然一个企业并非能在每个经营年度都能实现盈利,但可以想象,一个长期不能盈利的企业很难在竞争性市场中生存,在行业中处于劣势地位,也就无法实现具有竞争力的持续性增长。盈利目标通常是企业管理层最为关注的目标,也是市场评价企业是否实现业绩目标的重要标准。但是企业作为法人,其目标不会自动显现出来,因对企业盈利目标的提出必须有这一目标所能代表的基本利益为主体。股东作为企业权益资本的投资者,取得投资收益是自然的要求。股东的收益是由股利分配和剩余收益构成的,并且是以企业盈利为前提的,因此,企业盈利目标的最初驱动因素是股东对其投资在企业中的权益资本的收益要求权。

从企业盈利目标的实现过程来看,各种企业的利益相关者(stakeholders)作为参与主体均参与了实现企业盈利目标的过程并对其产生重要影响,如股东、债权人、客户、供应商、经理、员工、政府部门与机构、社区等。契约理论认为企业是"契约的集合"(nexus of contracts),各种利益相关者通过一系列直接与间接的契约关系联系在一起,构成了企业利益相关者群体。由于每一个利益相关者对企业提供和索取的利益形式不同,他们与企业之间的具体利益关系类型也不同。股东为企业提供权益资本并取得股利收益和剩余收益;债权人为企业提供债务资金并从企业取得本金返还和利息收益;客户从企业购买商品与劳务并为企业提供营业收入现金流量;供应商为企业提供商品与劳务并从企业取得付款收入;经理参与企业经营与发展并从企业取得合理报酬,实现职业目标;员工参与企业的生产过程并从企业取得合理的劳动报酬;政府部门与机构为企业提供各种必要的服务并要求企业合法经营与依法纳税;社会为企业的生存与发展提供了基本条件与环境并要求企业履行社会责任,特别是要体现在环境保护、产品安全、社会公益事业、资源再利用以及对社区服务与贡献等方面。㊀近年来,公司履行社会责任问题已成为市场越来越关注的问题,许多公司主动披露了社会责任报告㊁。

企业盈利目标的具体表现是实现利润。利益相关者群体参与了从对企业的资本投入、采购、生产、销售到取得营业收入和实现盈利的全过程。显然,各个利益相关者对企业的利益要求在盈利目标实现过程中的实现顺序是不同的,甚至是相互冲突的。例如,债权人要求的利息收益是在企业所得税之前满足的,而股东要求的股利收益则是在企业所得税之后满足的。债权人与企业之间的借款协议是有限期限的契约关系,企业履行借款协议虽然与短期的盈利目标有关,通常与借款到期时的现金流量状况相关,但并非受盈利状况的必然影响。股东与企业之间的投资协议是永久性的契约关系,企业履行股权投资协议不仅与短期的盈利目标,也与长期的盈利目标有关。再例如,企业在履行社会责任时需要从现有资源中拿出一部分投入到环境保护、社会公益等方面,在使社会和公众受益的同时往往影响了其他利益相关者的当前或短期内利益。此外,企业处于不同的发展阶段时,处理利益相关者利益关系的侧重点也有所不同。当企业处于初创时期,外部融资对企业的研发投入、扩大业务规模、提高市场份额更为重要。此时,如何处理好权益资本与债务资本投资者的利益关系,解决企业的融资问题,是公司管理层侧重关注的问题。

现代市场经济中公司目标应该是各个利益相关人不同利益目标的体现,表现为以盈利为基础的持续增长,在实现这一目标过程中需要不断协调各个利益相关者的利益关系。

1.3.2 公司财务目标

财务目标是企业全部财务活动所追求的总体性导向,是引导企业财务决策的指南。企业财务管理是企业管理的一个方面,因此从本质上看,财务目标应当取决于企业目标,受企业目标的制约,应该与企业目标具有统一性。由于财务管理的本质是价值管理,这种价值管理体现在财务决策和财务活动的过程中,因此企业财务目标不是对企业目标的简单重复,是企业目标在财务管理上的具体体现。

在确定企业财务目标时,需要分析哪些利益相关者会对企业财务产生重大影响。判断各种利益相关者对企业财务管理目标是否产生影响需要考虑三个因素:对企业资金、劳动或劳务方面的投入;通过取得工资、奖金、利息、股利和税收等分享企业的收益;承担企业的风险(王化成,2006)。㊂不同的利益相关者对财务目标理解或强调的侧重点是不同的,如企业管理层在任期内可能会强调会计利润最大化的财务目标,而股东则从投资价值的角度强调股东财富最大化的财务目标。在公司财务管理的理论与实践中,对财务目标存在着利润最大化、每股收益最大化、股东财

㊀ 国务院国有资产监督管理委员会于2007年12月29日印发了《关于中央企业履行社会责任的指导意见》。深圳证券交易所于2006年9月25日发布了《深圳证券交易所上市公司社会责任指引》。上海证券交易所于2008年5月14日发布了《关于加强上市公司社会责任承担工作的通知》及《上海证券交易所上市公司环境信息披露指引》。

㊁ 2006年3月10日国家电网公司发布了我国企业第一份独立的企业社会责任报告。2008年1月,国务院国资委要求有条件的中央企业要定期发布社会责任报告或可持续发展报告,主动接受利益相关者和社会的监督。

㊂ 王化成. 财务管理理论结构:广义财务理论体系的构建研究 [M]. 北京:中国人民大学出版社,2006:48.

富最大化和企业价值最大化等不同的理解与表述。

以利润最大化作为企业财务目标时，利润代表企业新创造的财富，增加利润既是增加了股东的收益，也体现了经营者的业绩。但是这种观点存在的明显缺陷是：①利润最大化没有考虑实现利润的时间，即没有考虑货币时间价值。不同时间实现的利润，其价值是不同的，甚至差别很大；②利润最大化没有考虑为实现利润而进行的投资所承担的风险，企业可能会追求利润最大化而忽略了投资过程的风险；③利润最大化没有反映出所实现的利润与投入资本量之间的投入产出关系，单纯以利润数量作为评价企业经营状况的依据，而并非为企业创造新的价值；④利润最大化往往会使企业财务决策带有短期行为的倾向，即只顾实现眼前的、短期的最大利润，而不顾企业的长期发展；⑤利润最大化为导向的财务目标有可能导致部分企业通过非主营业务提升账面利润，可能扭曲了公司的真实业绩。可见，将利润最大化作为企业财务目标存在着明显的局限性。

以每股收益最大化作为企业财务目标克服了利润最大化目标未能反映利润与投入资本量之间投入产出关系的缺陷，通过股东投入的股本数量与企业盈利之间的联系，更确切地说明了股东投入资本的盈利水平。但从每股收益计算不难看出，其中的收益指标依然是会计净利润，因此，每股收益最大化依然存在着利润最大化目标的其他局限性。

以股东财富最大化作为企业财务目标强调股东承担了企业全部剩余风险，也应享受因经营发展带来的全部剩余收益。这种观点认为股东是企业唯一的剩余索取权拥有者，股东在企业业绩良好时可以最大限度地享受收益，在企业亏损时承担全部亏损。与债权人和职工相比，其权利、义务、风险、报酬都比较大，因此，股东财富最大化作为财务目标，企业经营者应最大限度地谋求股东的利益，增加股东财富，即要求企业经营以增加股东财富为目标。股东财富最大化与利润最大化目标的区别是：①股东财富最大化以财富增值为目标，考虑了利润与资本投入之间的投入产出关系，避免了利润最大化使用利润绝对值的缺陷；②股东财富最大化体现了公司财务的基本价值原理，财富增值计算考虑了时间价值与风险因素；③股东财富最大化财务目标通过投资、融资与股利分配的综合财务决策，权衡股东近期与未来长期的财富价值；④股东财富最大化财务目标更适合于上市公司，可以通过股票市价反映股东财富的价值，而非上市公司很难适用。

以利益相关者利益最大化作为企业财务目标试图克服单纯以股东财富最大化而忽略了其他利益相关者利益的缺陷。利益相关者的理论研究认为利益相关者参与了企业决策并承担了相应的风险（Freeman，1984），㊀不能仅以股东财富最大化作为企业财务目标，应当兼顾企业各个利益相关者的利益。Blair（2001）㊁认为股东财富最大化依然是从股东至上论（shareholder primacy）视角出发考虑，强调股东是企业中唯一的剩余索求者和风险承担者，导致了公司的董事们仅对股东的利益负责。而事实上，在企业中享有剩余索取权和剩余风险的不单纯是股东，还应该包括债权人、经理人和员工等。然而，以利益相关者的利益最大化作为财务目标，把非股东的利益相关者利益纳入了公司财务目标，似乎比传统的股东财富最大化目标更为合理，但是也存在着诸多问题：①利益相关者利益最大化将导致公司财务目标的多元化，不同的利益相关者的利益要求存在差异性或矛盾性；②企业资源的有限性也决定了不可能完全满足所有利益相关者的利益要求；③在诸多利益主体中，各利益相关者的利益如何界定，各利益相关者的利益的重要程度如何确

㊀ Freeman, R. Edward, 1984, *Strategic management: A stakeholder approach*. Boston: Pitman. 值得注意的是，Freeman 对利益相关者的定义非常宽泛：任何能够影响一个组织目标的实现或受到该组织目标实现影响的集团和个人均可以称为利益相关者。

㊁ Blair, Margaret M. and Lynn A. Stout, 2001, Corporate accountability: director accountability and the mediating role of the corporate board, *Washington University Law Review* 79, 403–447. 此外，Blair 教授在她先前的著作中（Blair, Margaret M., 1995, *Ownership and Control: Rethinking Corporate Governance for the Twenty First Century*. Washington D.C.: The Brookings Institution.）系统地阐述了利益相关者理论。

定，这些问题可能导致经理人只关心和负责自身的利益；④过多的财务目标使得公司管理层的经营决策更困难。

以企业价值最大化作为企业财务目标是目前公司财务主流理论采纳的观点。价值最大化的受益人存在三种可能：一是股东；二是债权人；三是所谓的公司，可以被理解为利益相关者的联合体。传统公司财务理论的价值最大化是指公司权益价值与债务价值最大化，而基于利益相关者理论的企业价值最大化作为企业财务目标，要求企业管理者制定财务决策时需考虑包括股东在内的债权人、经理层、企业职工、客户、供应商等利益相关者的利益。这里所说的企业价值不是企业账面资产的总价值，而是企业全部资产的市场价值。对企业价值进行评估时，重点不是已经获得的利润水平，而是企业潜在的获利能力、未来的收益现金流量。实现了企业价值最大化也可以说是实现了整个企业的财富最大化，而用股东价值衡量的股东财富一般只是企业所有者权益的价值，因此，股东财富与企业价值是两个相关概念，但传统意义上的价值最大化的核心是股东价值最大化。

企业价值最大化是指通过企业的合理经营，采用最优的经营和财务政策，充分考虑资金的实际价值、风险与报酬的关系，在实现持续成长的过程中实现企业总价值的最大化。企业价值最大化作为财务目标的特点是：①考虑了货币的时间价值，因此评估企业价值的计算方法时考虑了企业未来收益获得的时间，并用时间价值的原理进行计量；②考虑了投资所应承担的风险；③企业价值最大化能克服企业在追求利润上的短期行为，企业价值最大化目标要求管理层对企业长期发展进行预测和规划，恰当地权衡企业当前与未来的利润以及投资项目的报酬与风险。

基于利益相关者的理论将企业价值最大化作为财务目标时，要求企业经理的任何决策都要考虑到利益相关者的利益，这使企业价值最大化成为一个兼顾不同利益要求的多目标模型。Jensen（2010）⊖从增加利益相关者财富的视角分析了企业价值最大化多个目标存在的缺陷，认为企业管理者难以在实际决策时恰当地权衡不同利益相关者的多种利益要求，即违背了一个组织目的性或理性行为的前提是单一价值目标。价值最大化目标告诉我们要实现价值最大化需要考虑在不同利益相关者之间分配资源，但并未给出如何实现价值创造的具体思路。对此，Jensen（2010）提出了一种开明的价值最大化概念，⊜认为长期市场价值最大化作为企业最重要的目标，将主要的利益相关者视为长期价值的潜在驱动因子。价值最大化是对长期价值最大化的追求，如果所有企业均实现了价值最大化，也意味着实现了社会财富最大化；如果不能为股东创造价值，也就不能为其他利益相关者创造价值。当利益相关者之间需要做出权衡时，遵循的基本原则是对其他利益相关者的投资应在未来为股东带来至少相同的价值。换句话说，只要能够创造价值，企业资源分配应考虑到每一个重要的利益相关者的利益需求，从而把整个公司价值的"饼"做大。企业为了实现利益相关者的利益需求必须能够为股东创造价值，而实现利益相关者的利益也有助于提升股东价值（Wallace，2003）⊜。

1.3.3　公司财务的具体目标

公司价值最大化作为公司财务价值管理的总体性目标，对公司财务决策起到导向和指南的作用。价值管理是实现公司价值最大化的具体过程，企业财务的融资活动、投资活动、利润分配等

⊖ Jensen, Michael C., 2010, Value Maximization, Stakeholder Theory, and the Corporate Objective Function, *Journal of Applied Corporate Finance* 22 (1), 32-42. 此文是更新版本，早些版本曾刊登在 2001 年的 *Journal of Applied Corporate Finance* 14 (3), 8-21.

⊜ Jensen（2001）提出的开明的价值最大化概念被称为"enlightened value maximization"。

⊜ Wallace（2003）利用美国《财富》公布的 1996～2000 年期间最受尊重的公司为样本，验证了 Jensen（2001）提出的混合式价值最大化概念。见论文，Wallace, James S., 2003, Value maximization and stakeholder theory: compatible or not, *Journal of Applied Corporate Finance* 15 (3), 120-127.

各项内容直接影响了价值管理效果。因此，为便于将公司财务的总体性目标体现于具体的价值管理过程中，有必要将公司价值最大化这一总体性目标表述为财务管理过程中具体目标。从公司价值源泉到公司价值实现的过程看，公司财务的具体目标可以体现为收入增长目标、资产效率目标、投资收益目标和风险控制目标几个方面。

（1）收入增长目标，主要体现在营业收入的增长能力上，也是企业成长性的重要标志。营业收入是企业获得现金流量的源泉，是实现营业利润和投资回报的基础。营业收入的规模与增长能力反映了企业的市场份额、行业地位与行业竞争力，是股东以及潜在投资者重点关注的目标。营业收入的行业结构还反映企业主营业务的集中度。企业财务管理的融资与投资活动在很大程度上也与自身的主导性业务类型有关，特别是日常的营运资金管理在很大程度上是配合营业收入的基本规模和成长性。企业与客户、供应商、银行等各方面的日常业务往来在很大程度上都是围绕着营业收入进行的。因此，能否实现营业收入持续增长和市场份额增加不仅是评价管理层业绩的重要标志，也是市场判断企业发展潜力与投资价值的主要依据。

（2）资产效率目标，主要体现在企业资产的营运效率上。资产营运效率反映了企业投资的总资产和各项单项资产对创造营业收入的贡献程度，不仅是企业资产投资与营业收入之间投入产出关系的体现，也是实现资产投资报酬率和股东投资报酬率的基础，同时还是影响企业价值的主要指标之一。资产营运效率是以资产质量为基础的，可以通过总资产周转率、部分资产周转率和单项资产周转率来测度。企业财务管理的融资、投资、分配等具体内容均会在一定程度上影响资产存量规模、结构和质量，因此，可以说对资产效率的管理不仅是企业日常财务的重要内容，也是评价企业成长性的主要依据。

（3）投资收益目标，主要体现在企业资产投资收益和股东投资收益的能力上。投资收益反映了企业总资产投资和股东权益投资对创造利润的贡献程度，也是资产与资本增值能力的重要标志。投资收益不仅反映企业资产投资、股东权益投资与利润之间投入产出关系，也是实现企业价值和股东价值的基础。投资收益是以企业营业利润水平和对外投资的收益能力为基础的，可以通过资产报酬率、每股收益和净资产收益率来测度。其中，企业营业项目的利润水平⊖和对外投资项目的收益能力又反映了企业在控制市场风险和财务风险因素，权衡投资成本和资本成本回报能力等方面的财务决策水平。企业财务管理的融资、投资、分配等具体内容会对投资规模、投资风险与投资报酬产生影响，因此，对投资收益目标的管理不仅与企业日常财务管理有关，也与企业市场战略与财务战略有关。

（4）风险控制目标，是指除经营风险外企业的财务流动性状况恶化导致的财务风险，主要体现在企业是否有支付包括借款、债券、应付账款、租金、利息等到期义务的能力上。引发财务风险的根源通常是由经营状况与资信状况恶化导致企业现金流的创造能力与新增融资的补充能力丧失，从而引发的企业整体流动性状况出现问题。财务风险控制反映了企业为预防因无法支付到期义务而出现财务困境、危机甚至导致破产的管理过程，也是保持现金流量的创造能力、维系良好的资信状况、吸引潜在投资者的重要标志。风险控制不仅是企业保持正常经营状态的前提，也是实现可持续增长的基础。风险控制是以企业平衡现金流入和现金流出为基础的，可以用资产负债率、财务结构、财务杠杆系数、营业现金流量负债比率等来测度。企业财务管理的融资、投资、分配等具体内容不仅会对当期的现金流入和现金流出产生影响，也会对未来现金流量的创造能力产生影响。因此，对风险控制目标的管理不仅会影响当期正常经营状态能否持续，也会对企业长

⊖ 虽然也可以单纯地把利润作为财务具体目标之一，但是其中的缺陷已经在公司财务目标的分析中说明了。特别是，利润作为绝对量指标很难在不同规模、不同行业以及不同具体业务类型的企业之间进行比较。

期价值创造能力产生影响。

在上述财务具体目标中,收入增长是企业实现收益的源泉,提高资产营运效率是实现收入并转化为盈利的基础,投资收益是提升企业价值的体现,风险控制是持续价值创造的保障。

1.4 公司财务管理体系框架

本书按照财务管理决策实践与财务管理理论方法之间的关系构建了以价值管理为核心的公司财务管理体系框架,主要由两个组成部分:第一部分是以价值管理为核心的财务管理决策、财务流动性管理、财务分析与公司价值评估,是公司管理层在财务分析与价值估价的基础上实施财务管理的内容。显然,公司进行财务管理是置于特定的决策情境之中,包括市场环境、经营战略、公司治理与管理层的财务行为,反映了对公司进行财务管理产生重要影响的外部市场环境与内部经营特点的各种因素。第二部分是公司财务管理的一系列体现财务核心概念与财务思想的基本理论与一系列运用于分析与评价的财务基本方法。两部分之间的关系是财务基本理论与方法为公司进行管理管理决策提供了理论依据和方法工具,而企业财务管理内容也为财务理论的扩展研究与发展提供了源于财务管理实践的问题与经验证据。以价值管理为核心的财务管理体系框架,如图1-6所示。

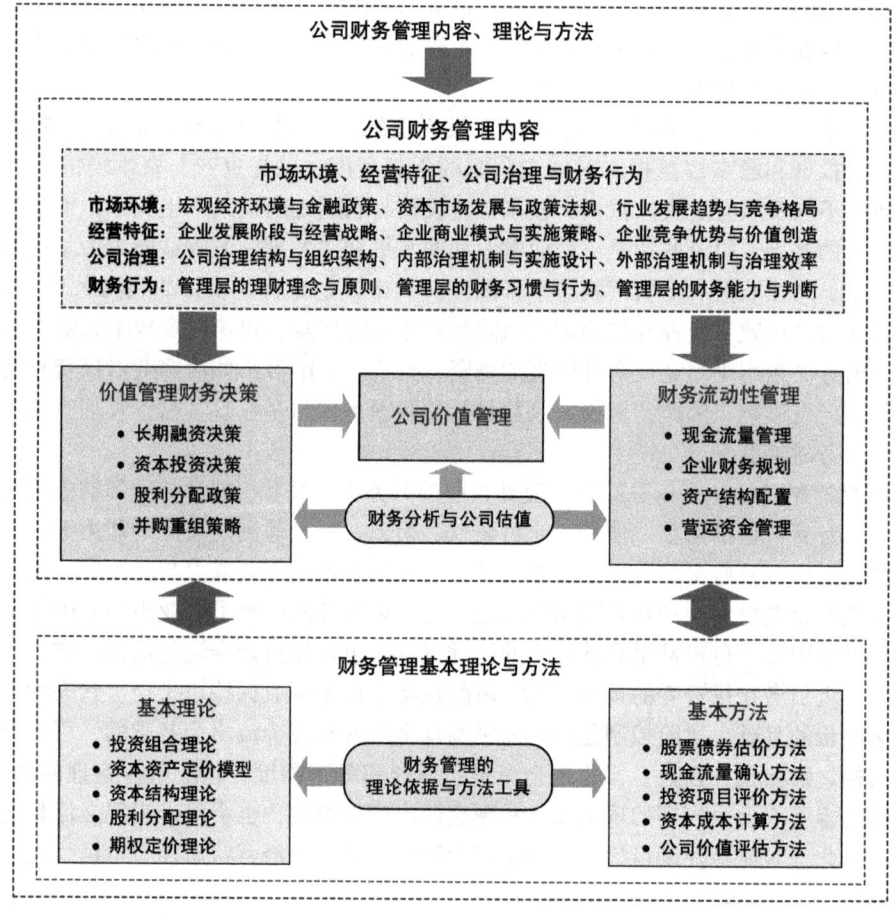

图1-6 以价值管理为核心的公司财务管理体系框架

1.4.1 财务管理内容与财务问题

1. 公司财务管理的内容

财务决策、财务流动性①管理和财务分析与公司估价构成公司价值管理的三个方面内容,其中,财务决策与流动性管理是公司价值管理的核心,财务分析与公司估价既是公司价值管理的判断基础,也是实施公司价值管理成效的判断依据:①基于公司价值管理的财务决策是指对长期价值创造能力产生重大影响的财务问题判断与财务政策选择,主要包括投资决策、融资决策、股利分配、并购重组策略。基于价值管理的财务决策旨在提升企业可持续增长能力,实现长期价值创造,体现在盈利能力稳定及持续增长与资本市场长期价值提升。②基于公司价值管理的财务流动性管理是指对企业履行财务支付义务的能力产生影响的各种经营因素的判断与采取的具体财务措施,主要包括现金持有与净流量匹配管理、企业财务规划即收入增长与融资能力匹配管理、资产结构配置与营运资金管理等,旨在为实施公司价值管理提供良好的财务流动性的保障基础,体现在平衡预期现金流量、保障经营业务资金需求,维持充分的创造现金流量能力,保持良好的资信状况。③基于公司价值管理的财务管理决策与财务流动性管理不仅决定了公司财务状况和公司价值,也是未来财务管理决策与财务流动性管理的判断依据。

企业重大财务决策与财务流动性管理之间具有密切的相关性。首先,企业的投资决策、融资决策、股利分配及并购重组等各类财务决策本身不是相互独立的,而是相互关联与影响的。其次,各类财务决策在实施过程中会对财务流动性状况产生影响,需要通过财务流动性管理保持一定的财务弹性②,即一个企业能够及时地并以价值最大化为导向应对不确定的现金流量与意外投资机会的能力。再次,财务流动性管理本身的各项具体措施也是相互关联与互补的。

2. 管理层面对的财务问题与财务决策

公司管理层面对的财务管理问题可以简单地概括为两个方向:①公司价值管理要求管理层能够预判在实施公司战略中可能出现的重大财务问题,并能够在结合自身经营特点的基础上,恰当地进行财务决策,实现公司价值增长,使投资者得到合理回报与价值增值。良好的经营业绩与增长能力使公司在资本市场上获得投资者高度关注的价值表现,向投资者传递了企业具有可持续的发展潜力与投资价值的信息,使公司管理层在资本市场上"赢得面子"。②实现企业价值管理是长期性的财务管理行为,要求管理层对资金管理问题做出及时合理的判断与采取恰当的财务措施,为价值管理提供良好的财务流动性保障,避免发生现金流量在规模与时点上的严重错配而引发企业财务危机风险。同时,保持良好的财务弹性,使公司管理层在经营过程中能够"讨好日子"。基于公司财务管理对管理层提出的基本财务问题要求,需要管理层能够恰当地判断实施企业发展战略目标和经营状况所引发的财务问题,进行财务管理的各类决策。

投资决策是实现企业增长战略,进行业务布局,实施资源配置的关键性财务决策,对企业未来发展方向有着决定性的影响。投资决策主要针对为扩充产能的固定资产投资及其相应的流动资产投资、对控股子公司的股权投资、对其他企业的股权参股与控制性投资以及金融资产投资等方面的财务问题。投资具有价值增长能力的项目,可以通过提高企业未来创造现金流的能力实现良好的财务流动性。

融资决策是为企业增长提供资金来源、支撑业务扩张、优化资本结构、降低资金成本、平衡

---

① 在公司财务管理中的涉及两种流动性概念:①资产流动性(Assets Liquidity)是指资产在尽量不损失其价值的情况下变现的能力,即资产出售越容易,资产的流动性越强;②公司流动性(Corporate Liquidity)是指企业满足支付财务义务的能力。

② 财务弹性是企业经理需要关注的核心问题,相关学术研究也表明公司财务政策的重要组成要素是要求保持财务弹性。Denis, David J., 2010, Financial flexibility and corporate liquidity, *Journal of Corporate Finance* 17, 667-674.

现金流量、控制财务风险的重要财务决策，对企业未来增长的资金支持能力产生重要影响。企业融资能力管理所涉及的融资决策主要针对债务性、权益性及混合型融资工具选择、融资规模权衡与融资时机把握等方面的财务问题。

股利分配决策是管理层在综合考虑企业盈利状况、现金持有状况、股权结构等因素的基础上，针对满足股东当前股利回报还是长远回报而进行的权衡选择，对企业向股东传递盈利水平与增长能力的信息和把握投资机会具有重要意义。股利分配决策主要针对企业是否发放股利、发放股利的形式与依据盈利发放股利的水平等方面的问题。在财务管理实践中，如果公司的外部融资成本较高，且投资机会的不确定性也较高，则倾向于较低的股利支付。

并购重组策略是管理层基于业务扩张或上下游产业链布局产业整合、产品结构转型及以整体上市等不同目标的所涉及的针对具体并购重组活动的财务策略，对加快企业扩张速度、优化资源配置，提升企业竞争能力、实现企业价值增长具有重大影响。并购重组涉及的财务策略是特殊情形下的投资与融资决策，其中包括股权投资与融资、资产与债务重组等多种不同的财务问题。

公司流动性管理⊖是管理层为保障以价值管理为核心、以战略目标为导向的财务管理决策的有效性实施而进行的财务管理活动，对提升企业现金流的创造能力、保障履行支付义务、保持良好财务弹性具有重要作用。公司流动性管理需要关注的主要问题有：①如何通过优化资产配置提高资产周转效率，提升现金流量的创造能力；②如何协调企业营业收入的增长速度与支撑营业收入增长的融资能力之间的关系；③如何管理债务规模、长短期结构与期限结构，保持良好的偿债能力；④如何管理现金流量，保持预期现金流流入量与流出量的平衡能力；⑤如何保持合理现金持有量、应收与应付项目的持有量；⑥如何维持一定的信用额度以提高应对不确定的现金需求与意外投资机会的能力。

3. 市场环境、经营战略、公司治理与财务行为

对公司进行财务管理决策和财务流动性管理产生重要影响的主要有四个维度因素：①市场环境，即宏观经济环境与金融政策、资本市场发展与政策法规、行业发展趋势与竞争关系对财务管理的影响；②经营战略，即企业发展阶段与经营战略、企业商业模式与实施策略、企业竞争优势与价值创造对财务管理的影响；③公司治理，即公司治理结构与组织架构、内部治理机制与实施设计、外部治理机制与治理效率对财务管理的影响；④财务行为，即管理层的理财理念与原则、管理层的财务习惯和行为、管理层的财务能力与判断对财务管理的影响。企业的财务环境、经营特点、公司治理与财务行为对每个企业的财务决策与财务流动性管理的影响程度与因素侧重是不同的，原因是在不同企业之间以及同一企业的不同发展阶段对财务问题的关注点以及财务行为具有明显的差异。管理层在综合考虑企业外部环境影响与自身经营特点的基础上，运用财务管理的相关理论与方法，对财务管理问题进行判断与决策。此外，企业的业务特征与经营特点也对企业财务管理产生影响，例如，企业的业务规模、业务是否多元化、经营的地域范围、是否面临的转型与升级等。

1.4.2 公司财务管理的基本理论

公司财务理论在过去的一个世纪里取得了非常丰富的研究成果，财务经济学家们提出的一些基本理论对公司财务理论的发展起了重要的推动作用，引领了后续一系列的深化、扩展与检验性研究，大大丰富了公司财务的学术研究文献。

国内外许多学者从不同的视角梳理与提炼了公司财务的主要理论，大体可以总结为两个方面：一是公司财务的基本理论⊖，二是基于财务学基本理论进行拓展性研究而形成的基础理论分

⊖ 这里财务流动性管理是广义财务流动性，较为狭义的财务流动性是指及时满足现金流支付义务的规模与时点。
⊖ 关于公司财务理论参考书：①Megginson, William L., 1997, *Corporate Finance Theory*, Addison-Wesley Educational Publishers Inc.；②Copeland, Thomas E. and J. Fred Weston, 2001, *Financial Theory and Corporate Policy*, 3rd Edition, Prentice Hall. （暨南大学宋献中教授已翻译了本书中译本）

支以及应用理论，或是基于经济学基本理论对财务学的专门问题而形成的理论与方法⊖。公司财务的学者们通常把投资组合理论、资本资产定价模型、资本结构理论、股利政策、有效市场假说、期权定价理论作为公司财务最主要的基本理论，这是由这几个基本理论对公司财务学理论与应用发展的影响程度所决定的。对投资组合理论、资本资产定价模型、资本结构理论、期权定价理论做出学术贡献的 8 位财务经济学家中的 7 位（其中一位在颁奖前去世）被分别授予 3 个年度的诺贝尔经济学奖。其中，被授予 1990 年度诺贝尔经济学奖的有 3 位获奖者，分别是时任纽约城市大学教授的哈里·马科维茨（Harry Markowitz，主要贡献是投资组合理论）；时任芝加哥大学教授的威廉·夏普 [William Sharpe，主要贡献是金融资产价格形成理论，即资本资产定价模型（CAPM）]；时任斯坦福大学教授的莫顿·米勒（Merton Miller，主要贡献是公司财务理论基础，特别是资本结构理论）。被授予 1997 年度诺贝尔经济学奖的两位获奖者分别是时任哈佛大学教授的罗伯特 C. 莫顿（Robert C. Merton）和时任斯坦福大学教授的迈伦·斯科尔斯（Myron S. Scholes，主要贡献是期权定价理论）。被授予 1985 年度诺贝尔经济学奖的一位获奖者是时任麻省理工学院教授的弗兰科·莫迪利亚尼（Franco Modigliani，主要贡献有 1954 年提出的生命周期假说的家庭储蓄理论和在 1958 年与莫顿·米勒共同提出的资本结构理论）。此外，被授予 2013 年度诺贝尔经济学奖的是时任芝加哥大学教授的尤金·法玛（Eugene F. Fama），他提出了有效市场假说，因其对资产价格实证研究的成就而获奖。

1. 投资组合理论

马科维茨（Markowitz，1952）提出的投资组合理论，体现了"不要把鸡蛋放在一个篮子里"的思想，深刻地揭示了合理投资组合设计的核心理念，被认为是公司财务理论发展的开端。马科维茨投资组合的选择原则是：选择那些在一定风险水平下收益最高的资产，然后将其作为有效投资组合，也就是说投资者追求在一定收益回报率下的风险最小化，或者在风险一定情况下收益回报率最大化。

2. 资本资产定价模型

夏普（Sharpe，1964）提出的资本资产定价模型是一种阐述风险资产均衡价格决定模式的模型，主要用来解释风险资产均衡价格的形成机制，即当市场达到均衡时，风险资产如何表现其合理价格。资本资产定价模型在实际中两种非常重要的应用是：①依据资本资产定价模型可以依据资产的期望收益同市场风险溢价、β 系数之间的线性关系推出资产的期望收益；②反过来，如果已知某证券的期望收益，同时又可以测出无风险收益率及市场风险溢价，那么就可以估算出该证券的 β 系数。

3. 资本结构理论

莫迪利亚尼和米勒（Modigliani and Miller，MM，1958）提出的资本结构理论是关于公司资本结构（指长期债务与所有者权益的比例结构）与企业价值之间关系的命题。资本结构是否会影响公司价值一直是财务学界研究的未解之谜。资本结构主要研究两个基本问题：一是资本结构是否重要，即能否通过改变负债与权益结构的比例来增加或减少公司证券的市场价值；二是如果资本结构确实会影响企业价值，又是什么因素决定了负债与权益的最佳结构，从而使得公司市场价值最大化和资本成本最小化。计算公司加权平均资本成本时，考虑各单项资本权重的问题，即企业各种资本的价值构成及其比例关系就属于企业资本结构理论的应用。

4. 股利分配理论

公司的股利政策是指一个公司决定是否向股东支付现金股利，如果决定支付现金股利，支付

⊖ 这部分上下两册的论文集主要汇集了运用财务学基本理论和经济学基本理论分析公司财务具体问题的主要论文。Brennan, Michael J., 1996, *The Theory of Corporate Finance* (Volume I &II), Edward Elgar Publishing Company. Edited by Michael J. Brennan, Goldyne and Irwin Hearsh Professor of Banking and Finance, University of California, Los Angeles, US.

多少以及以什么样的时间间隔频率进行支付。股利政策研究的两个基本问题是：股利政策是否重要，即股利政策的变化是否会引起公司价值的变化；如果股利政策对公司价值有影响，又是什么因素决定了股利支付的最佳水平，从而使公司价值最大化和资本成本最小化。

5. 有效市场假说

法玛（Fama，1970）提出了著名的有效市场假说[⊖]，即如果证券的价格能够充分反映所有可用的信息，则这个市场可以被称为是有效的。有效市场假说的贡献是给出了资本市场对公司信息反映程度的一个概念表述，改变了人们对资本市场运作的看法。因为通过证券交易者之间的竞争，证券价格确实能反映所有相关信息，所以市场价格值得人们信赖。显然，现实中并不存在这样一个强势有效市场，证券价格已经充分反映了可利用的任何公开和非公开的信息。事实上，时常会有掌握内幕信息的人，如公司高管人员、证券交易人员等利用信息优势进行交易而获利。

6. 期权定价理论

布莱克与斯科尔斯（Black and Scholes，1973）提出了股票期权定价模型，解决了期权定价问题。期权定价理论的思想与模型方法在公司财务中得到一系列的应用。首先，期权是企业重要的风险管理工具，如降低外汇交易风险的外汇期权等；其次，许多投资项目都内嵌有期权，期权被广泛应用于投资项目的评价，如扩张期权等；最后，企业发行的证券也常常附有期权，如可转换债券等。

1.4.3 公司财务管理的主要方法

在公司财务管理中经常使用的计算方法，如债券股票估价、现金流量确认、资本成本计算、投资项目评价指标、公司价值评估等方法主要应用于价值估价与判断，从计算原理上看不受企业财务环境与经营特征的影响，但会受到各种财务决策与财务状况所决定的相关参数的影响。

1. 债券股票估价方法

债券与股票估价方法是指运用债券与股票的现金流量对其内在价值进行估计的方法。对债券来说，其现金流量是债券持有期间的全部利息现金流量与偿还本金的现金流量；对股票而言，其现金流量是持有期间全部预期的股利现金流量与最终出售股票收入现金流量。债券与股票估价方法主要用于债券与股票的发行与投资价值的判断等问题。

2. 现金流量确认方法

现金流量确认方法是指为评价投资项目的投资价值对从项目开始投资到项目终结发生的全部预期现金流量，如何确认在期初、期间、期末各时点发生的数额、流向与组成部分。现金流量确认方法应用于新固定资产购建投资评价、固定资产更新改造评价、企业价值估价与融资租赁评价等问题，且其基本思路对不同的具体问题是相同的。

3. 投资项目评价指标

投资项目评价方法是指对投资项目进行评价与判断的一系列指标。常用的针对投资项目预期现金流量进行评价的指标有投资回收期、净现值、内部收益率及盈利指数等。投资项目评价方法规范应用于新固定资产购建投资评价、固定资产更新改造评价、新设企业评价等。

4. 资本成本计算方法

资本成本计算方法是指债务资本与权益资本的各种不同单项资本来源的成本计算方法和基于不同单项资本规模的价值加权而计算加权平均资本成本计算方法。资本成本计算方法是在应用资本资产定价模型、资本结构理论的基础上，在新固定资产购建投资评价、固定资产更新改造评

⊖ Fama, Eugene F., 1970, Efficient capital markets: areview of theory and empirical work, *The Journal of Finance* 25 (2), 383-417.

价、企业价值估价与融资租赁评价中普遍使用。

5. 公司价值评估方法

公司价值评估方法是指对企业的整体价值评估方法。常用方法有自由现金流的评价方法、相对价值评价法等，常被用于投资价值判断、公司市值管理、企业并购与重组。公司管理层可以运用公司价值评估方法对以往价值管理的结果进行分析，在梳理可计量、易识别的公司价值驱动因素的基础上，形成价值管理的价值树，揭示公司价值形成的途径与关键性财务管理决策的影响因素。基于经营战略与价值管理目标，对未来价值管理做出财务管理决策的调整。

1.5 本书体系结构与学习方法

1.5.1 本书的体系结构

本书设计了以公司价值管理为核心的公司财务管理结构框架，依照目录共分14章。第1章为绪论，在重点介绍基础性相关概念基础上，概括性说明了公司财务管理的内容、理论与方法，并从公司管理层视角构建了以公司价值管理为核心的公司财务管理结构框架。其他各章节主要内容与公司财务价值管理的关系结构，如图1-7所示。

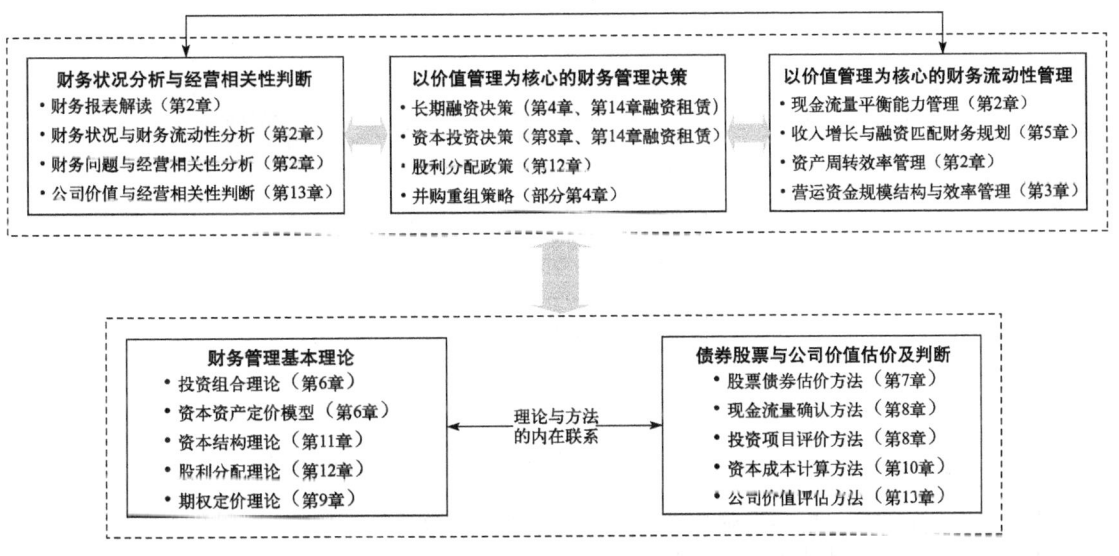

图1-7 各章节主要内容与公司财务价值管理的关系结构

以公司价值管理为核心的公司财务管理结构框架体现了公司价值管理的基本财务规律：首先，财务状况分析与经营相关性判断是针对过去及当前的财务状况存在的财务问题以及对公司价值做出判断，在结合财务环境与经营特点的基础上，为财务管理决策提供依据；其次，企业以未来战略目标为导向进行旨在提升公司价值的财务管理决策；同时，公司出于保障财务决策顺利实施的目的进行流动性管理，维持良好的财务弹性。在此基础上，公司管理层通过公司价值估价以及对价值主要驱动影响因素的分析，判断价值管理中存在的财务与经营问题。

设计各章节主要内容与公司财务价值管理的关系结构旨在体现基于问题引导的学习方法（Problem Based Learning）的核心思想，即以实务问题为导向理解财务决策思路，以重要概念为导向理解财务理论思想，以应用问题为导向掌握财务分析方法。本书以公司财务价值管理为核心，提炼财务问题与公司财务管理知识体系之间的联系，在强调掌握财务管理基本理论、基本原理与基本方法的基础上，结合财务管理实践中的现象与问题，便于读者建立公司财务管理的大局观和形成财务管理的思维模式，达到学以致用的目的。

1.5.2 本书配套的系列案例分析

结合我国企业财务管理实践的问题与决策过程进行案例分析是财务管理课程教学逐渐普及运用的教学方法。在公司财务管理课程教学中，通常使用的案例载体类型有典型现象示例型、情景素材引导型、小微案例写作型、专业综合论证型。在翻转课堂教学模式下，为有效发挥课内学时讲授效率并培养学生的自主学习与实践能力，在课程内容讲授过程中使用典型现象示例型和情景素材引导型案例。小微案例写作型与专业综合论证型的案例训练主要侧重于专业判断能力与财务决策实践能力的训练，通常是现在课外进行准备，再进行课内讨论。专业综合论证型案例可以为情景素材引导型案例提供讨论与辨析的财务判断基础。此外，还可根据不同教学对象的教学要求，指导学生小组完成公司经营与财务状况分析、公司财务规划、公司价值估价系列专题研究报告。公司财务管理课程教学中不同类型的训练载体的特点与功能定位如图1-8所示。基于提升专业判断与实践能力的。

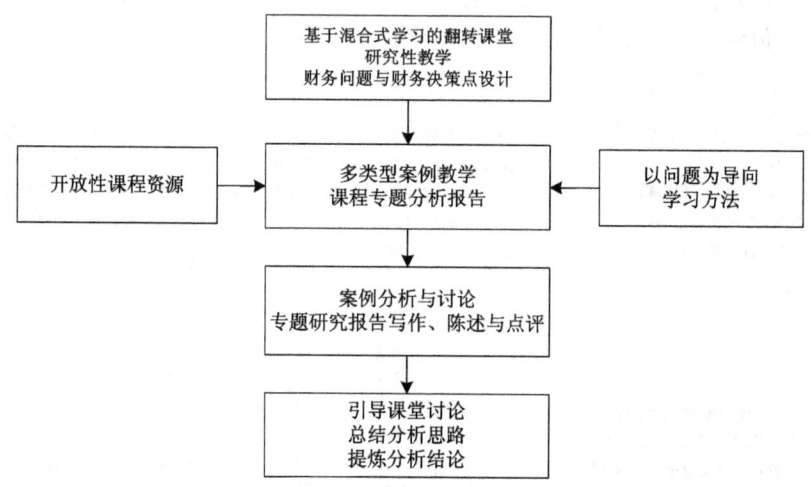

图1-8 以问题为导向的财务管理课程实践能力训练环节

为配合本书的教学，配套出版了《公司财务管理案例分析》，其中，系列案例四侧重于专业判断能力与财务决策实践能力训练的专业综合论证型。每个案例的主题对应某一章节的财务管理内容，在提炼财务问题的基础上，从企业管理层决策判断的视角进行综合分析。全部配套案例是基于我国企业或上市公司的财务管理决策的实务问题，运用本章节以及其他相关章节的财务管理理论与方法，在结合案例对象企业及其所在行业的经营特点基础上，展开深入全面地分析。系列案例在教学过程中的预期学习效果体现在4个方面：①把财务管理理论与方法与公司财务管理实践的实务问题结合起来，达到理论联系实际，学以致用的目的；②将财务管理理论与方法的内容融入案例分析过程，通过对财务现象的解释性分析和对财务问题的决策性方案的权衡决策问题解决方案分节点、分步骤、分场景的分析中逐渐扩展与深入，达到加深理解、领悟思路的目的；③将财务实务问题融入财务管理决策的判断与权衡过程中，达到提升财务管理思维与逻辑意识的目的；④将我国企业财务管理实践的重要问题纳入多因素的决策性分析中，跨章节的知识运用和多维度、多节点的论证支撑效度，达到提高财务专业判断能力的目的。

在公司财务管理课程学习过程中，运用以问题为导向的学习方法，与传统的学习方法不同之处体现在以下 5 个方面：①问题是学习的起点，有助于激发学习兴趣；②问题来自财务管理实务的重要的、非结构化问题，有助于理解财务管理决策的逻辑与判断依据；③将案例分析过程置于开放性资源环境中，如公司披露的年报、公告、上市公司数据库、公司调研资料、证券公司的研究报告、各类财经频道与媒体、图书馆参考文献等，有助于学生熟悉资源、提高挖掘论证数据与素材的能力；④案例分析的准备、陈述、写作通常是小组沟通完成，有助于提高相互沟通、团队合作与解决问题的能力；⑤案例分析要求在论证过程中对实务场景进行问题梳理与提炼，有助于提高发现财务管理问题的能力，训练对财务问题关注的敏锐度。

总之，公司财务管理是一门既强调理论、方法更重视实践的课程。以问题为导向学习与训练过程不仅有助于提高学生发现问题的能力，提高对财务问题的判断、分析与决策能力，也有利于反哺对知识点的学习与理解，检验对基础理论知识的掌握与理解的程度。

本章小结

本章主要概述了三个方面的内容：

第一部分的主要知识点包括：①最常见的三种企业形式以及现代公司制企业的主要特征。②公司法人财产权利关系是理解公司财务关系的基础。法人财产的形成决定了管理层对法人财产运营与管理的受托责任，也是决定公司目标和财务目标主要因素。③公司目标与公司财务目标。比较利润最大化、每股收益最大化、股东财富最大化、利益相关者利益最大化、企业价值最大化。本书认为企业价值最大化是目前公司财务可接受的主流观点。此外，说明了公司财务管理具体目标，即收入增长目标，资产效率目标，投资收益目标，风险控制目标以及各个具体目标之间的逻辑关系。

第二部分介绍了公司财务管理的内容、基本理论与方法：①从公司财务管理决策的基本内容出发，概括了公司财务管理内容是投资决策、筹资决策、股利政策与并购重组，并强调财务流动性管理，维持良好的财务弹性是企业实现财务管理决策目标的保障。②企业的财务环境、经营特点与财务行为对财务管理决策与财务流动性管理具有显著的影响。③公司财务管理的基本理论和基本方法为公司财务管理决策提供了理论依据。

最后，概括了本书设计的以价值管理为核心的结构框架，说明了基于问题的学习方法对财务管理学习的重要性。

习题

简答题

1. 独资企业、合伙企业与公司制企业各自的主要特征是什么？
2. 现代公司的财产权利关系是如何体现所有权与经营权相分离的？
3. 简述公司法人财产的形成过程以及公司管理层的受托责任。
4. 举例并简要说明公司存在哪两类代理问题。
5. 简述上市母公司的主要功能。
6. 简要说明公司社会责任体现在哪些方面。
7. 简要说明公司财务目标中利润最大化和企业价值最大化之间的区别与联系。
8. 简要说明公司财务的各个具体目标及其逻辑关系。
9. 简述公司财务管理决策与财务流动性管理对价值管理的作用。
10. 简述公司财务管理主要有哪些基本理论与基本方法。

第2章

财务分析

▶ 学习目标

- ◆ 理解四张主要财务报表的结构与相互关系
- ◆ 明确财务报表分析的目的和作用
- ◆ 提升解读财务报表的能力
- ◆ 正确理解和使用财务比率
- ◆ 恰当运用财务报表的分析方法

▶ 引言

本章主要内容由财务分析概述、财务报表及解读、基本财务比率和财务分析框架与分析体系四个部分组成。第一部分,介绍了财务分析的目的与依据以及不同信息使用者对公司财务信息关注重点的差异。第二部分,在概述四张财务报表的解读思路及其关系的基础上,说明了财务分析为报表使用者提供了哪些决策有用信息。第三部分,在说明盈利能力、营运能力、偿债能力、投资价值等各类基本财务比率的基础上,针对报表使用者如何应用财务比率关注财务问题进行介绍。第四部分,在阐述以净资产收益率为核心的财务分析体系和现金流分析体系的基础上,为公司管理层提供了基于价值管理与财务流动性管理的分析框架,为揭示引发财务问题的经营相关性影响因素提供了分析逻辑,为财务政策选择与决策提供了依据,也为投资者判断公司财务状况与变化趋势提供了依据。

公司财务分析是企业价值管理的基础,有助于信息使用者在对公司财务状况进行分析的基础上,对公司价值管理的主要影响因素及其与经营相关性做出判断。本章为后续章节内容如营运资金管理、长期融资、财务预测与规划和公司整体价值评估提供了分析依据和基础数据。本章的内容框架如图2-1所示。

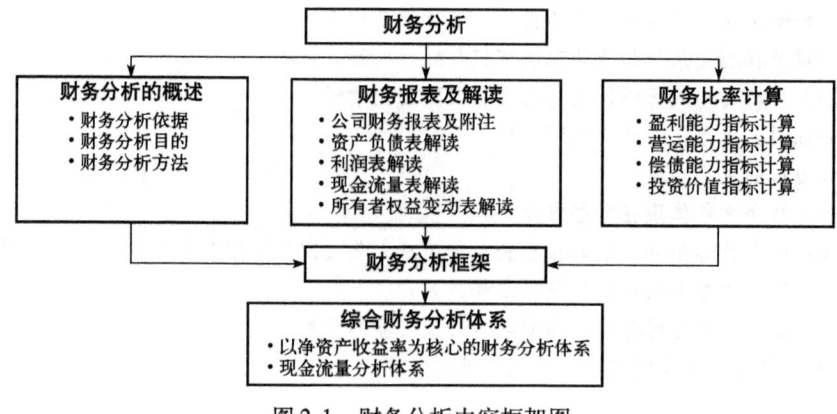

图2-1 财务分析内容框架图

2.1 财务分析概述

2.1.1 财务分析依据

公司财务分析是依据企业生产经营活动与财务管理活动的内在关系,以公司财务报表和其他资料为依据,采用专门的技术和方法,系统分析和评价公司过去和现在的财务状况与变动趋势。财务分析的核心是总结企业的财务状况,发现企业的财务问题,并对引发财务问题的经营相关性因素与财务决策的合理性做出判断。

公司财务分析的作用是了解过去、评价当前、判断未来。公司财务分析的结果与结论的主要用途有两个方面:首先,为公司管理层优化资源配置、调整经营决策、实现价值管理目标提供财务依据;其次,为企业外部的债权人、权益资本投资者、客户、供应商以及各类中介机构等财务信息使用者提供企业财务状况与变化趋势的信息,为其对企业的可持续增长能力与价值增值能力提供财务判断依据。

进行公司财务分析是基于公司内部财务会计与经营资料、对外披露的年度报告中财务报告及其他各类信息、公司公告、专业数据库中的行业及竞争公司的财务与经营数据以及开放性网络信息与数据资源。公司财务分析的各类资料来源,如图2-2所示。

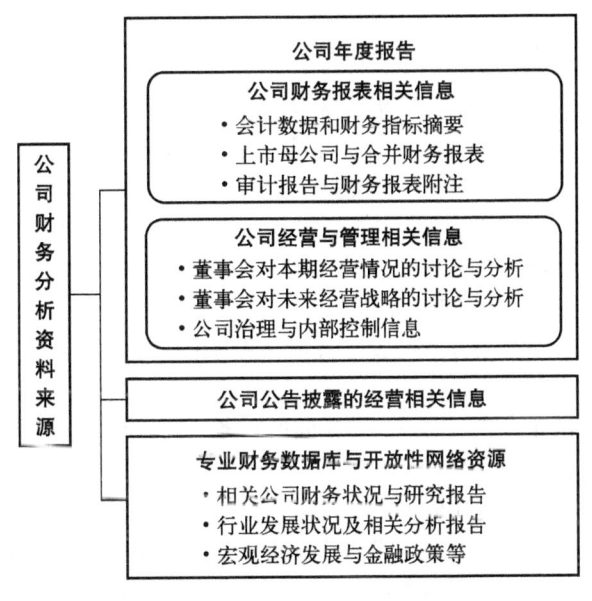

图2-2 公司财务分析的资料来源

2.1.2 财务分析目的

公司财务分析的信息使用者是企业各类利益相关者群体,他们需要利用财务报告和其他资料对企业经营状况和财务状况进行分析,在对企业当前存在的财务问题进行判断的基础上,对未来财务状况做出合理的预期。不同的信息使用者对公司财务信息关注的侧重点也不同。

(1)股东。股东作为权益资本的投资者,拥有企业收益的剩余索取权,承担着企业最终的经营风险。企业与股东之间是利益共享、风险共担的关系。股东需要权衡其投资的收益和风险,注重企业的长期发展战略,关注企业的成长性,以期获得最佳的投资回报。股东进行财务分析的目的主要是了解该公司是否具有潜在的投资价值,在关注资产质量、盈利能力、现金流量等基本财务状况信息的基础上,重点关注企业的发展前景、竞争能力和经营风险,决定是否应该对企业投入更多的资本或转让股份、收回投资。

(2)债权人。债权人与企业之间是与其相关债权相对应的有限期限内的契约关系,拥有债权资金本金及利息的索取权。当企业偿还了债务后,这种有限期限内的契约关系也随之结束。对于股东而言,债权人在关注资产质量、盈利能力、偿债能力、信用水平等基本财务状况信息的基础上,更关注企业在债务期间内是否拥有充足的、可用于偿还债务的现金流量。债权人包括贷款银行、融资租赁出租人、企业债券持有人、供应商等不同类型,他们希望通过公司财务分析决定是否继续持有企业的债权、是否给企业增加新的贷款、能否长期向企业提供商品或劳务。

（3）经营管理者。企业管理者受股东的委托，对企业的法人财产负有具体经营管理的责任。经营管理者作为股东的代理人，负有对企业进行价值管理的责任。经营管理者作为经理人企业董事会的执行者，负有实现自身任期目标的责任。经营管理者需要权衡兼顾企业价值管理的长远目标与任期目标的关系。经营管理者进行财务分析不仅要对当前财务状况进行判断，也要结合企业在产品业务和资本市场的表现对未来的财务状况进行合理的预期。

（4）其他财务信息使用者。除股东、债权人、经营管理者之外，企业财务信息使用者还包括证券公司、基金管理、资产评估、会计师事务所等中介服务机构，这些机构需要通过公司财务分析满足客户的需要，为资本市场的参与者提供有价值的财务信息。

2.1.3 财务分析方法

公司财务分析通常包括定性分析和定量分析两种类型。定性分析是指分析人员根据自己的知识、经验以及对企业内部情况、外部环境各种影响因素的了解程度所做出的非量化的分析和评价；而定量分析则是指分析人员运用一定的量化技术方法和分析工具、分析技巧对相关财务指标所做出的数量化分析。分析人员通常依据具体目的和要求，将两种方法结合起来，对企业的财务状况做出合理的判断。本文主要介绍定量分析方面的一些技术方法。

1. 比较分析法

比较分析一般可以分为纵向比较与横向比较。纵向比较是指将同一企业的不同经营期间的财务状况进行比较，旨在揭示变化趋势以及是否实现了企业增长目标；横向比较是指将同行业的不同企业之间对应经营期间的财务状况进行比较，旨在发现相互间的差异以及是否达到了企业竞争优势的水平。

财务比较分析在具体分析方法上可以根据分析需要灵活使用不同的方法，例如：

（1）比较财务报表总量项目。总量是指财务报表项目的总金额，如营业总收入、总资产、净资产、净利润等。既可以考察多个经营期间的变化趋势，也可以考察同一行业的不同企业之间某一财务指标的差异。

（2）比较财务报表的结构百分比。把利润表、资产负债表、现金流量表转换成结构百分比报表，以此分析各个项目对该报表的整体影响程度。这种方法通常把某一报表的总量设定为100%，而将该报表各个项目转化为占该总量的百分比。例如，将利润表的收入设定为100%，分析利润表营业成本、各项期间费用等不同项目占营业收入的比重。结构百分比报表有助于发现存在显著问题的项目，并依据多个期间的比率变化，揭示某一项目的影响程度与方向。

（3）比较财务比率。财务比率体现了财务报表各项目之间的相互关系。财务比率的比较可以排除规模差异的影响，使不同比较企业之间在某些财务指标上具有一定的可比性。通常财务比率主要包括以下三类：一是构成比率，又称为结构比率，反映某项财务指标的各个组成部分与总体之间关系，如存货与流动资产的比率；二是投入产出比率，反映某项经济活动投入与产出之间关系，揭示企业的资产营运效率及获利能力，如资产报酬率；三是相关比率，反映财务活动中某两个或两个以上相关项目比值，如流动比率。

2. 因素分析法

因素分析法是依据某一分析指标与对其产生影响的各种因素之间的关系，分别考察某一影响因素的变化能够引起该指标变化的程度。企业活动是一个有机整体，每个指标的高低与变化，都受到若干因素的影响。利用因素分析法从数量上测定各因素的影响程度，可以帮助人们抓住主要矛盾，更有依据地评价企业经营状况。因素分析法的具体方法分为差额分析法、指标分解法、连环替代法。例如，连环替代法，是将分析指标分解为各个可以计量的因素，并根据各个因素之间的依存关系，顺次用各因素的比较值（通常为实际值）替代基准值（通常为计划、上年、同行业先进水平），据以测定各因素对分析指标的影响。

应用因素分析法时应注意：①因素分解的关联性；②因素替代的顺序性；③顺序替代的连环性，即计算每一个因素变动时，都是在前一次计算的基础上进行，并采用连环比较的方法确定因素变化影响结果；④计算结果的假定性，连环替代法计算的各因素变动的影响数，会因替代计算的顺序不同而有差别，即其计算结果只是在某种假定前提下的结果，为此，财务分析人员在具体运用此方法时，应注意力求使这种假定是合乎逻辑的假定，是具有实际经济意义的假定，这样，计算结果的假定性，就不会妨碍分析的有效性。

2.2 财务报表解读

财务报表是对企业财务状况、经营成果和现金流量的结构性表述。一个企业的财务报表包括资产负债表、利润表、现金流量表、所有者权益变动表和报表附注。

资产负债表是企业价值永恒的载体，反映了企业在某个时点的资产、负债和所有者权益的存量状况；利润表、现金流量表和所有者权益变动表反映的是企业某一个会计期间内从期初到期末的经营成果、现金流量变动和权益变动过程的累计结果。

资产负债表在前一个会计期间期末存量的基础上，记载了一个新会计期间内企业在产品市场和资本市场上的经营活动、投资活动和筹资活动，伴随着现金流循环，创造企业价值过程的累计存量。因此，可以说资产负债表是企业价值永恒的载体；如果按照利润形成的过程记录一个经营期间内的收入、成本、费用和税金的累计量，就形成了利润表，利润表反映了企业经营业绩；如果按照经营活动、投资活动和筹资活动的现金流入和流出过程分别记录一个期间内的各类现金流的累计量，就形成了现金流量表；如果记录了一个经营期间内企业增发新股、分配股利、送股或转增资本等引起所有者权益总量或结构发生变动的行为的累计量，就形成了所有者权益变动表。在这四张财务报表中，资产负债表是最基础的一张报表，记载了企业资产、负债、权益的时点存量，反映了价值创造过程的结果，因此，可以说资产负债表是企业价值的永恒载体，如图2-3所示。

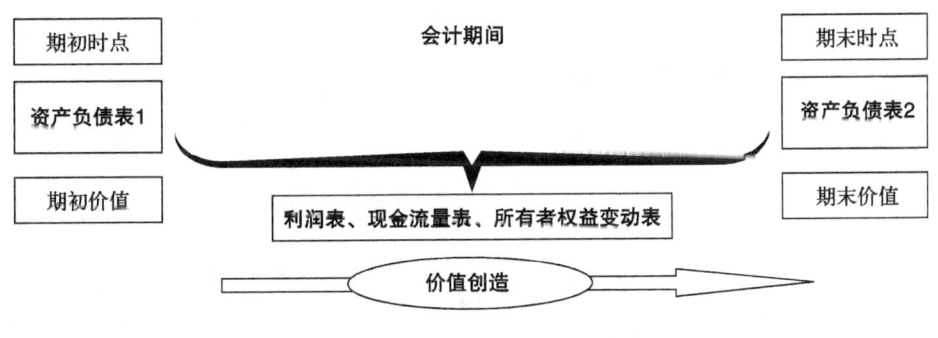

图2-3 基于价值创造的财务报表

2.2.1 资产负债表解读

资产负债表是反映企业在某一特定日期财务状况的会计报表，即企业所拥有或控制的经济资源、所承担的现时义务和所有者对净资产的要求权。资产负债表（见表2-1）为报表使用者提供以下几个方面的信息：①企业资产的规模与结构；②企业负债的规模与结构；③企业股东权益的规模与结构；④企业的融资结构与资本结构。资产负债表的解读是在对报表各项目的规模与结构方面的信息进行归纳和分析的基础上,对资产质量与运营效率、负债与资产的对应关系、股东权益对应的股本与股权关系、融资结构和资本结构几个方面展开解读。

表 2-1 母公司资产负债表

编制单位：四川长虹（600839）　　　2011 年 12 月 31 日　　　　　　　　单位：万元

资产	期末余额	年初余额	负债和所有者权益（或股东权益）	期末余额	年初余额
流动资产：			**流动负债：**		
货币资金	704 964.59	532 987.58	短期借款	572 083.85	661 270.65
交易性金融资产	4 128.97	4 215.65	交易性金融负债	3 520.14	
应收票据	644 994.30	462 316.26	应付票据	189 897.88	207 116.23
应收账款	299 873.06	223 943.36	应付账款	542 941.23	265 257.72
预付款项	42 231.09	10 569.92	预收款项	37 955.24	88 269.64
应收利息			应付职工薪酬	12 465.69	10 730.77
应收股利	16 472.12	3 555.24	应交税费	-4 355.63	-18 974.97
其他应收款	327 489.26	165 482.14	应付利息	3 529.40	3 290.30
存货	388 892.33	399 816.09	应付股利	324.59	324.58
一年内到期的非流动资产			其他应付款	173 998.52	157 001.35
其他流动资产	1 195.30	638.13	一年内到期的非流动负债	116 295.06	34 017.17
流动资产合计	2 430 241.02	1 803 524.37	其他流动负债		
非流动资产：			**流动负债合计**	1 648 655.97	1 408 303.44
可供出售金融资产			**非流动负债：**		
持有至到期投资			长期借款	171 658.81	120 698.02
长期应收款			应付债券	247 220.91	234 446.40
长期股权投资	655 564.25	630 744.47	长期应付款		
投资性房地产	47 693.03	42 774.25	专项应付款		
固定资产	67 709.40	67 014.61	预计负债	6 707.81	6 453.68
在建工程	7 382.95	3 567.28	递延所得税负债	13 208.53	16 402.15
工程物资			其他非流动负债	14 421.32	5 550.06
固定资产清理			**非流动负债合计**	453 217.38	383 550.31
生产性生物资产			**负债合计**	2 101 873.35	1 791 853.75
油气资产			**所有者权益（或股东权益）：**		
无形资产	176 563.01	170 888.05	实收资本（或股本）	461 624.42	284 731.71
开发支出	5 478.62	4 791.17	资本公积	389 088.19	272 774.41
商誉			减：库存股		
长期待摊费用			专项储备①		
递延所得税资产	6 787.26	10 200.00	盈余公积	341 748.05	335 679.13
其他非流动资产			一般风险准备		
非流动资产合计	967 178.52	929 979.83	未分配利润	103 085.53	48 465.20
			外币报表折算差额		
			所有者权益（或股东权益）合计	1 295 546.19	941 650.45
资产总计	3 397 419.54	2 733 504.20	**负债和所有者权益（或股东权益）总计**	3 397 419.54	2 733 504.20

①财政部关于印发企业会计准则解释第 3 号的通知（财〔2009〕8 号）中规定：高危行业企业按照国家规定提取的安全生产费，应当计入相关产品的成本或当期损益，同时记入"专项储备"科目。企业使用提取的安全生产费时，属于费用性支出的，直接冲减专项储备。企业使用提取的安全生产费形成固定资产的，应当通过"在建工程"科目归集所发生的支出，待安全项目完工达到预定可使用状态时确认为固定资产；同时，按照形成固定资产的成本冲减专项储备，并确认相同金额的累计折旧。该固定资产在以后期间不再计提折旧。"专项储备"科目期末余额在资产负债表所有者权益项下"减：库存股"和"盈余公积"之间增设"专项储备"项目反映。企业提取的维简费和其他具有类似性质的费用，比照上述规定处理。

1. 资产状况

为了对公司的资产状况做出较为全面的判断，可以从资产的类别与用途、规模与结构、质量与营运效率几个方面来进行考察。

(1) 资产的类别与用途。依据流动性水平,公司资产可分为流动资产和非流动资产。流动资产是指企业可以在一年或者超过一年的一个营业周期内变现或者运用的资产,包括货币资金、交易性金融资产、应收票据、应收账款、预付款项、存货等。流动资产具有占用时间短、周转快、易变现等特点,因此企业拥有较多的流动资产,可在一定程度上降低财务风险。非流动资产则指流动资产以外的资产,如固定资产、在建工程、无形资产、持有至到期投资、长期股权投资等。这类资产具有占用资金多、周转速度慢、变现能力差等特点,但由于持有时间长,会对企业相互联系的多个会计期间的财务状况与经营成果产生影响。

依据涉及的企业活动类型,公司资产可分为经营资产和金融资产。经营资产是指销售商品或提供劳务的过程中涉及的资产,如无息应收票据、应收账款、预付款项、存货、固定资产等。经营资产形成的损益为经营损益,通常对应利润表中的"核心利润"项目;金融资产则指在筹资过程中或利用经营活动多余资金进行投资的过程中涉及的资产,如交易性金融资产、可供出售金融资产、持有至到期投资等。金融损益指金融负债利息与金融资产收益差额。金融损益涉及以下四个项目:财务费用、公允价值变动收益、投资收益、资产减值损失。企业金融资产为企业日常营运提供了部分营运资金,但持有过高比例的金融资产,则表明企业核心业务不够突出,映射出企业核心业务领域缺乏投资机会,不利于核心业务竞争力的提高。

(2) 资产的规模与结构。资产规模一方面是指某一时点企业资产的存量总额,即资产总计;另一方面也可是部分或单项资产的存量,如流动资产与非流动资产的金额,或应收账款、存货、固定资产的金额。资产结构是指部分资产与单项资产占全部资产的比例,如流动资产或固定资产占全部资产的比例。如图2-4所示,各行业及企业之间在资产规模与结构上会存在明显的差异。公司资产规模与其是否具备盈利能力并不成正比例关系。公司资产结构既与行业特征有关,也与企业管理层对资产的配置决策相关。

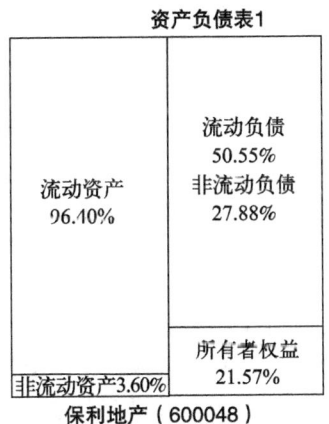
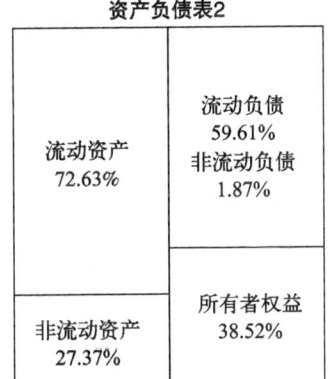
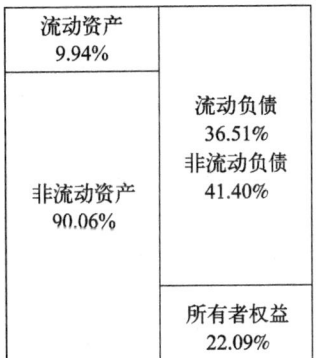

图2-4 2011年不同行业上市公司资产负债表结构对比

资料来源:根据保利地产、苏宁电器、国电电力2011年年度报告数据整理得出。

对于特定企业而言,行业特征通常决定了公司资产的基本结构,如电力、煤气及水的生产和供应业企业的固定资产占资产总额比重很高,房地产行业企业的存货占资产总额的比重较高,等等。除此之外,企业自身对资产的配置决策也会对公司的资产结构产生影响。例如,上市母公司报表中长期股权投资占资产总额的比重较高,表明属于长期股权投资主导型,经营业务主要分布于投资控股的子公司群体。

(3) 公司资产质量与营运效率。资产质量以其营运效率为基础,这种资产营运效率表现为资产产生营业收入现金流的能力。资产营运效率越高,产生营业收入现金流的能力越强,则可以提供的满足财务支付义务的现金流就越多,公司流动性[⊖]也就越强,即现金流支付与现金流收入在数量规模与时点两个方面同时匹配。现金流量是支持企业生存和发展的基础,企业购买原材料、支付工资、投资固定资产、对外投资、发放股利、偿还债务本金和利息等一系列的经营、投资和筹资活动都需要现金流,而营业收入现金流量则是其中最重要的现金流量。

对资产产生营业收入现金流能力的分析需要从资产的现金流量特征进行考察,即从资产的营业收入现金流循环周期、资产的营业收入现金流循环主体、资产的营业收入现金流贡献程度与资产的营业收入现金流贡献时间几个方面进行分析,如图2-5所示。

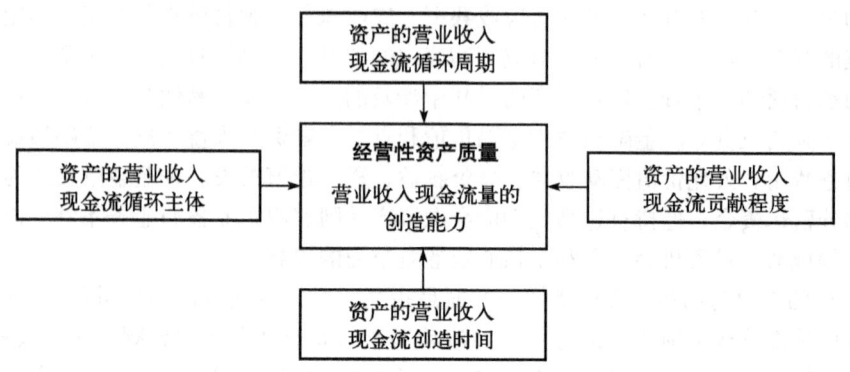

图2-5 资产的四个现金流量特征

①资产的营业收入现金流循环周期。资产的营业收入现金流循环周期可以从两个视角理解:一是根据传统的资产流动性的自然特征,即将资产划分为流动资产与非流动资产;二是从资产现金流的流动性角度,将资产投资按核心经营业务所需现金流量与其他长期资产投资所需现金流量进行分类。核心经营业务现金流量的产生能力需要有基本的营运资本的投资规模作为保障。如果在资产现金流的管理上忽视两类现金流的划分,其结果是当缺乏长期资产融资来源保障时,如果继续增加对长期资产的投资,则势必挤压核心经营业务的营运资本,使核心经营业务增长或维护原有规模的能力受损,导致主营业务收入现金流量的产生能力下降,从而使企业融资的资信能力下降。如果这一状况不能很快扭转,则会进一步加剧资金不足,最终陷入现金流量不足的恶性循环中。例如,以减少核心经营业务的营运资金为代价而增加对固定资产的投资,即会使正常经营业务产生现金流的能力受损,也使对固定资产的增量投资无法变现。

②资产的营业收入现金流循环主体。资产的营业收入现金流的循环主体不同是指资产本身的主体归属与资产实际现金流循环主体之间的差异性。依据会计准则,资产是指企业过去的交易或者事项形成的、由企业拥有或者控制的、预期会给企业带来经济利益的资源。只要符合这三个基本特征,一项资源即可被确认为企业资产负债表中的资产。但列示在资产负债表中的资产并非都对当期主营业务收入现金流量有贡献,例如,交易性金融资产、其他应收款、长期股权投资等资产项目。企业虽然对这类资产拥有所有权,管理层拥有对这类资产的使用安排决策权,但这类资产在对应的经营期间内,其资金的实际使用权属于其他被投资的企业或其他资金占用方。显然,

---

⊖ 流动性管理是公司财务管理的重要内容,主要着眼于实现业务增长与财务资源支持能力之间的匹配,使经营过程可持续。流动性概念主要涉及公司流动性、资产流动性和市场流动性三方面。其中,公司流动性也称财务流动性,是指及时满足财务支付义务的能力,包括两个方面的含义:可使用的支付方式与债务期限结构。公司流动性管理贯穿于经营期间全过程,是管理层日常管理的主要内容,同时也是公司价值管理的基础。

这类资产的收益或回收并不是当期主营业务的收入现金流,仅仅体现了管理层对未来资产收益的预见性与判断力。例如,上市公司的部分资金可能会通过其他应收款被其控股股东占用。

③资产的营业收入现金流贡献程度。资产的营业收入现金流贡献程度是指资产在生产经营过程中对现金流产生的作用能力。对现金流的贡献程度的差异性可以表现为两个方面:一是对主营业务现金流量有直接影响的资产项目,如应收账款和存货质量、固定资产的运用程度(即生产能力利用率),对主营业务现金流产生能力的贡献程度存在差异性,部分的应收账款可能存在坏账,部分的存货可能存在滞销或者贬值,不能按照原账面价值产生主营业务现金流;二是对主营业务现金流有间接影响的其他资产项目,如交易性金融资产、可供出售金融资产、长期股权投资等资产项目,这些资产的质量与收益能力也对当期及未来主营业务现金流量产生不同的影响。

④资产的营业收入现金流创造时间。资产的营业收入现金流创造时间是指资产对主营业务现金流贡献时间的差异性。分析资产现金流的创造时间,可以了解这部分资产是否在当期对主营业务收入现金流有贡献,还是以后期间对主营业务收入现金流量有贡献。显然,从企业的成长性角度来看,对未来主营业务资产的准备性投资(如在建工程)代表着企业对未来市场的预期与信心。同时,这部分资产的投资与当期主营业务的营运资金对企业总体的营运效率管理来说是一种权衡决策。

分析当期能够投入到主营业务中使用的经营性资产和当期尚未投入到主营业务中的准备性资产情况。如果准备性资产投资过少,固定资产投资不足,将会制约企业在未来会计期间内主营业务的发展;如果准备性资产投资过多,当期不能创造主营业务现金流,则会影响整体的资产营运效率。

2. 负债状况

为了对企业的负债状况做出较为全面的判断,可以从负债的类别、负债的规模与结构、负债的支出现金流量特征几个方面考虑是否合理。

(1) 公司负债的类别。依据流动性水平,公司负债可分为流动负债和非流动负债。流动负债是指那些在一年以内应该偿还的债务,包括短期借款、交易性金融负债、应付票据、应付账款、预收账款、应付职工薪酬、应交税费等。流动负债各部分构成的流动性、可控制程度对企业短期经营活动具有非常重要的影响。非流动负债是指一年以上偿还的债务,包括长期借款、应付债券、长期应付款、专项应付款、预计负债等。企业的非流动负债,通常是形成企业非流动资产和流动资产中长期稳定部分的资金来源。

依据是否存在偿还利息的义务,公司负债可分为无息负债和有息负债。无息负债是指那些不需要偿还利息的债务。一般情况下,应付账款、应付票据⊖、预收账款等商业信用融资都是无息负债。无息负债没有偿还利息的压力,但是企业如果只有无息负债,则往往不能满足经营活动等的资金需求,还需要外源有息负债提供资金。有息负债是指需要偿还利息的债务。一般情况下,短期借款、长期借款、应付债券等都是有息负债。有息负债由于具有定期偿还利息且到期偿还本金的特点,因此必须保证企业在偿还期间具有充足的现金流履行支付义务。

(2) 负债的规模与结构。与资产类似,负债规模一方面是指某一时点企业负债的总额,另一方面也可以是部分负债或单项负债的金额,如流动负债与非流动负债的金额、无息负债与有息负债的金额,或者短期借款、应付项目、长期借款的金额。负债结构是指部分负债或单项负债占全部负债的比例,如流动负债或短期借款占全部负债的比例。

⊖ 应付票据是由出票人出票,委托付款人在指定日期无条件支付确定的金额给收款人或持票人的票据。应付票据按是否带息分为带息应付票据和不带息应付票据两种。带息票据是指按票据上标明的利率,在票据票面金额上加上利息的票据,因此到期承兑时,除支付票面金额外,还要支付利息给收款人或持票人。不带息票据是指票据到期时按面值支付,票据上无利息的规定。目前我国常用的是不带息票据,因此,一般情况下资产负债表上列示的应付票据为无息负债。

企业负债结构主要受到以下几个因素的影响：

①行业特点与经营特征。各行业企业因经营特点不同，企业负债结构存在很大差异。例如，房地产企业的存货占资产总额的比重较高，相应地流动负债占负债总额的比重也比较高，为大量购买存货提供资金支持。

②营业收入规模与增长速度。如果企业营业收入规模较大且稳定增长，则能够提供稳定的现金流量用于偿还到期债务。反之，大量借入短期债务就要承担较大风险。因此，营业收入规模大且增长稳定的企业，通常会较多地利用短期负债，而营业收入规模小或增长缓慢的企业，一般较少利用短期负债。

③融资条件与政策约束。无论是股权融资还是债务融资都有一定的条件限制。例如，公开增发股票除了满足一般上市公司公开发行的规定外，还需要符合以下规定：最近三个年度连续盈利；最近三年以现金方式累计分配的利润不少于最近三年实现的年均可分配利润的30%；以及最近三个会计年度加权平均净资产收益率平均不低于6%。债务融资也有一些例如资信条件的限制。这些融资条件的约束对特定企业的负债结构会产生重要影响。另外，政策约束也会对企业的负债结构产生影响。例如，国资委对国企的考核指标中包括净资产收益率，为了达到考核标准，在收益一定的情况下，企业会尽量避免大量增加所有者权益以免降低净资产收益率指标，而以短期借款满足资金需求。

（3）负债的支出现金流量特征。负债是企业未来的现金流量流出项目。因此，除了从资金来源角度，还可以从支出现金流量角度，根据不同负债项目的现金流量特征，从以下几个方面考虑负债结构是否合理：

①支出现金流量的约束程度。支出现金流量的约束是指企业不同的负债项目其支出现金流出量、流出时间的约束条件。负债支出现金流量的约束又可分为两种：第一种为契约约束，例如，银行借款、应付账款的偿还金额、偿还时间在契约中已经确定；第二种为非契约的约束条件，即企业公众形象、舆论压力等约束条件，例如，对小供应商的未签合同的应付账款，对未签合同的员工的应付职工薪酬。负债支出现金流量的约束程度根据约束条件的不同也有区别，例如银行借款的约束程度较高；应付账款虽有合同约定，但在还款时间上仍有一定的弹性，约束力度稍低。

②支出现金流量的期限结构。支出现金流量的期限结构是指企业负债项目的支出现金流量在偿还时间上的分布。长期负债和短期负债的期限不同，还款期的分布也不同。企业在安排现金流量使用计划时，需要考虑到支出现金流量的期限结构，保证有充足的现金流量偿还债务。

③支出现金流量的承诺方向。支出现金流量的承诺方向是指企业负债项目的支出现金流量的对象。通常有流向企业内部的雇员，企业外部的客户、银行、供应商等各个方向，不同的承诺方向代表了现金流量支付的对象及支付顺序上存在的差异性。

3. 股东权益状况

股东权益是指企业资产扣除负债后由所有者享有的剩余权益。公司的股东权益又称为所有者权益，在会计等式的数量关系上等于总资产减去负债，故又称净资产。股东权益是所有者对企业资产的剩余索取权，它是企业资产中扣除债权人权益后应由所有者享有的部分，既反映了所有权投入资本的保值增值情况，又体现了保护债权权益理念。

股东权益包括股本、资本公积、盈余公积及未分配利润四项内容。按其形成过程可以分为两大类：第一类是股东投入企业的原始资本（并非仅指第一次的股本投入，还包括了后续再融资的股本投入），包括股本和资本公积。股东直接投入企业的原始资本又可分为带"表决权"资本（股本）和不带"表决权"资本（资本公积）⊖两项。其中，第一项股本是指股东历次投入的按

⊖ 这里的"权"是指股东行使表决权和享有收益分配权。

股票面额计算的股东权益总额，而第二项资本公积则是超面额发行减除相关发行费用以后缴入的资本溢价或股本溢价。当然，资本公积⊖除上述股本溢价外还包括了其他诸如捐赠资本，法定财产重估增值等项目。第二类是由股东投入的原始资本所创造的历年来累计的未分配的留存收益，包括盈余公积与未分配利润两项，作为股东对企业的再投入资本。由于股东按其所持企业股份享有权利和承担义务，各股东所持股份占企业全部股本的比例，对企业董事会中席位分配以及相应的权力结构具有重要影响。

累计的留存收益分为盈余公积⊜和未分配利润，是企业通过经营业务活动创造的未分配利润的累计量，作为对企业的再投入资本，与股东投入的原始资本共同构成企业的股东权益。因此，无论是股东投入的原始资本还是利润留存，这两类资本都是股东投入的资本，从关注对股东投资回报角度，管理层应该对全部所有者的权益资本收益率负有受托责任。

4. 融资结构与资本结构

观察企业资产负债表，资产方列示了企业的资产项目，包括流动资产、非流动资产。负债和股东权益方则列示了企业资产的资金来源，包括来自债权人的投资和股东的投资。负债和股东权益的比例揭示了企业法人财产的结构和企业财务风险程度。企业资产的投资结构可以从融资结构和资本结构两个角度来分析。

企业的融资结构，又称财务结构，反映了企业主要的融资来源，即全部的权益融资数量和债权融资数量之间的比例关系。企业的资本结构是指企业各种长期资金筹集来源的构成和比例关系⊜，通常企业的资本结构由长期债务资本和权益资本构成。

如图2-6所示，企业的融资来源分为长期融资和短期融资两种。其中，长期融资分为内源融资和外源融资两个渠道：内源融资是指企业的自有资金和在生产经营过程中的资金积累部分，包括折旧⑨和留存收益；外源融资是指企业的外部资金来源部分，包括发行普通股和优先股的股本融资和长期负债融资⑤。短期融资分为短期借款和商业信用融资两种融资方式。融资结构和资本结构区别在于融资结构考虑了全部的融资来源（含短期融资）对企业资金筹集的影响。

2.2.2 利润表解读

利润表是反映企业在一定会计期间的经营成果的会计报表，披露了会计主体在某一特定经营期间内所实现的收入、利润及发生的成本与费用。利润表的列报内容反映了企业经营业绩的主要来源和构成，有助于报表使用者根据利润的来源和构成判断净利润的质量及其风险，有助于使用者预测净利润的持续性，从而做出正确的决策。

⊖ 资本公积是指投资者或者他人投入到企业、所有权归属于投资者并且投入金额上超过法定资本部分的资金本。资本公积包括：资本（或股本）溢价、接受捐赠非现金资产准备、股权投资准备、拨款转入、外币资本折算差额、关联交易差价以及其他资本公积。其中，资本（或股本）溢价、拨款转入、外币资本折算差额和其他资本公积可以直接用于转增资本，而接受捐赠非现金资产准备和股权投资准备则不可以直接用于转增资本。

⊜ 盈余公积是指企业按照规定从净利润中提取的各种积累资金。盈余公积与资本公积的区别在于盈余公积是从净利润中提取的，而资本公积的形成有其特定的来源。盈余公积根据其用途不同分为公益金和一般盈余公积两类。公益金专门用于企业职工福利设施的支出，现行制度规定，公司制企业按照税后利润的5%~10%的比例提取法定公益金。一般盈余公积又分为两种：一是法定盈余公积。公司制企业的法定盈余公积按照税后利润的10%提取（非公司制企业也可按照超过10%的比例提取），法定盈余公积累计额已达注册资本的50%时可以不再提取。二是任意盈余公积。任意盈余公积是公司制企业按照股东大会的决议提取的。法定盈余公积和任意盈余公积的区别就在于其各自计提的依据不同。前者以国家的法律或行政规章为依据提取，后者则由企业自行决定提取。

⊜ 长期资金筹集来源通常有长期债务融资和权益融资。

⑨ 折旧融资并不会直接影响企业的现金流，而是通过影响企业的利润，对企业所得税的支付产生影响，从而影响企业的现金流。由于财税对折旧计提的严格规定，折旧融资实际上并不属于企业融资决策的范围。

⑤ 向不特定对象公开募集股份（简称"增发"），需符合最近3个会计年度连续盈利，最近24个月内曾公开发行证券的，不存在发行当年营业利润比上年下降50%以上的情形，最近3个会计年度加权平均净资产收益率平均不低于6%等条件。详见《上市公司证券发行管理办法》。

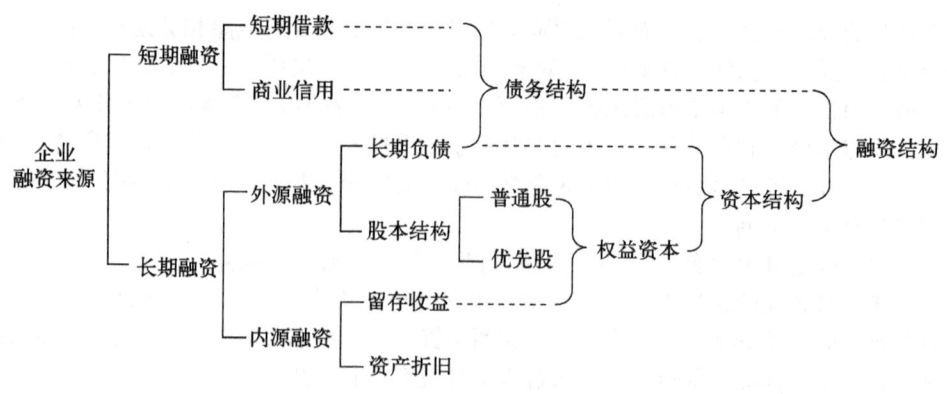

图 2-6　融资结构与资本结构的关系

财务报表列报准则规定，企业应当采用多步式列报利润表，将不同性质的收入和费用类别进行对比，从而可以得出一些中间性的利润数据，便于使用者理解企业经营成果的不同来源。如表 2-2 所示，第一步是以营业收入为基础，减去营业成本、营业税金及附加、销售费用、管理费用、财务费用、资产减值损失，加上公允价值变动收益（减去公允价值变动损失）和投资收益（减去投资损失），计算出营业利润。第二步是以营业利润为基础，加上营业外收入，减去营业外支出，计算出利润总额。第三步是以利润总额为基础，减去所得税费用，计算出净利润（或净亏损）。这种方法通常能向报表使用者提供具有结构性的信息，能更清楚地揭示企业经营业绩的主要来源和构成。

表 2-2　母公司利润表

编制单位：四川长虹（600839）　　　　　2011 年度　　　　　　　　　　　　单位：万元

项目	本期金额	上期金额
一、营业收入	2 512 796.34	2 072 498.37
减：营业成本	2 105 675.98	1 778 163.74
营业税金及附加	17 449.37	9 656.09
销售费用	267 416.66	204 833.89
管理费用	60 652.62	36 916.79
财务费用	2 145.53	6 652.86
资产减值损失	22 079.57	43 104.94
加：公允价值变动收益（损失以"－"号填列）	－86.68	－1 528.67
投资收益（损失以"－"号填列）	26 341.98	54 263.44
其中：对联营企业和合营企业的投资收益	－169.62	930.69
二、营业利润（亏损以"－"号填列）	63 631.92	45 904.83
加：营业外收入	5 506.74	13 412.76
减：营业外支出	4 849.91	5 225.24
其中：非流动资产处置净损失	67.11	4 095.51
三、利润总额（亏损总额以"－"号填列）	64 288.75	54 092.35
减：所得税费用	3 599.49	5 627.15
四、净利润（净亏损以"－"号填列）	60 689.26	48 465.20
五、每股收益：		
（一）基本每股收益	0.000016	0.000014
（二）稀释每股收益	0.000016	0.000014
六、其他综合收益①		
七、综合收益总额	60 689.26	48 465.20

①财政部关于印发企业会计准则解释第 3 号的通知（财会〔2009〕8 号）规定：企业应当在利润表"每股收益"项下增列"其他综合收益"项目和"综合收益总额"项目。"其他综合收益"项目，反映企业根据企业会计准则规定未在损益中确认的各项利得和损失扣除所得税影响后的净额。"综合收益总额"项目，反映企业净利润与其他综合收益的合计金额；企业合并利润表也应按照上述规定进行调整。在"综合收益总额"项目下单独列示"归属于母公司所有者的综合收益总额"项目和"归属于少数股东的综合收益总额"项目。此外，在所有者权益变动表中也有综合收益的体现：在所有者权益变动表中，第三项是净资产本年增减变动金额，包括本年净利润和直接计入所有者权益的利得和损失，其体现的就是企业的综合收益。

企业利润表在"每股收益"下增列"其他综合收益"和"综合收益总额"。其中,"其他综合收益"反映企业根据企业会计准则规定未在损益中确认的各项利得和损失扣除所得税影响后的净额,例如,可供出售金融资产的公允价值变动,按照准则规定计入所有者权益项目"资本公积"中,未在损益中确认,但属于企业当期利得或损失,引起了所有者权益的变动。"综合收益总额"则为净利润与其他综合收益的合计金额,反映了所有能引起所有者权益变化(除所有者与企业交易外)的损益金额。

利润表能为使用者提供企业一定会计期间收入的来源与结构,一定会计期间的费用消耗情况以及企业生产经营活动的成果,即净利润的实现情况,据以判断资本保值、增值情况。将利润表项目与资产负债表中的信息相结合,还可以考察企业的资产营运效率(资产的周转率)和资本报酬率(净资产收益率,ROE)以及资产报酬率(总资产收益率,ROA)的状况。

盈利能力是以创造盈利现金流能力的资产状况为基础的,盈利状况好的企业,表现为资产运转状况良好、企业所依赖的经营业务具有良好的市场发展前景、企业利润能够满足支出需要(包括企业生产经营支出、投资者义务如偿还债务、支付股利等)以及利润所带来的净资产的增加能够为企业未来发展奠定良好的资产基础。

考察企业的利润质量高低,可以从三个方面进行分析:第一,企业核心利润的形成过程。核心利润反映了企业经营活动所取得的利润,是企业利润最主要的来源。对核心利润形成过程的分析有助于信息使用者了解企业核心业务盈利能力。第二,企业利润的来源结构。利润的结构来源体现了由经营活动、投资活动和其他活动分别所取得的利润的贡献程度。对利润结构来源的分析有助于信息使用者考察盈余是否具有持续性特征。第三,企业利润的结果表现。利润的结果表现呈现了利润所引起的资产项目增值状况和现金流的流入情况。对利润结果表现的分析有助于信息使用者判断企业利润的质量高低。

1. 分析核心利润的形成过程

营业利润由自身经营业务形成的利润与资产减值损失、公允价值变动损益、投资收益几个调整项构成。其中,由自身经营业务形成的利润,也称核心利润,其定义方式如下:

核心利润 = 营业收入 − 营业成本 − 营业税金及附加 − 销售费用 − 管理费用 − 财务费用

对核心利润的形成过程的分析,应依据其定义方式,从形成核心利润的几个主要项目入手:

(1) 营业收入。营业收入是指企业在销售商品、提供劳务及他人使用本企业资产等日常活动中形成的经济利益的总流入。企业营业收入基本规模决定了其市场份额和市场竞争力,而营业收入是否持续增长是企业成长性的重要标志。对一个在行业中处于主导型的企业来说,营业利润主要来源于营业收入。行业竞争力较强的企业通常拥有领先的技术、良好的成本控制、成熟的销售渠道,这些因素有助于提高产品的市场优势和价格竞争力,从而决定了产品的市场占有率,而在市场容量一定的情况下,提高市场占有率就意味着提升了企业营业收入。此外,产品结构及业务类型也对营业收入有较大影响。

(2) 营业成本。营业成本是指与营业收入相关的、已经确定了归属期和归属对象的成本。企业营业成本的高低,既有企业不可控的因素(如受市场因素影响而引起原材料价格波动),也有企业可控的因素(如企业控制成本水平),因此应结合多种因素对营业成本进行分析。

营业收入减去营业成本后的差额即为毛利。企业必须有毛利,才有可能进一步补偿期间费用之后形成核心营业利润。因此,毛利或较高水平的毛利率,反映了企业在同行业中的竞争能力,是管理层决策重点关注的。

(3) 期间费用。是指企业本期发生的、不能直接或间接归入营业成本,而是直接计入当期损益的各项费用,包括销售费用、管理费用和财务费用等。关注期间费用的结构及变动趋势,可以判定企业的管理水平和财务状况,预测企业的发展前景。

2. 考察企业利润的来源结构

如图2-7所示,从利润表的结构中可以看出,利润总额由营业利润和营业外收支净额两部分构成,其中,营业利润是由核心业务利润和营业利润的调整项及投资收益构成。核心业务利润和投资收益分别反映了企业经营性业务创造的利润与来自被投资企业的利润贡献。

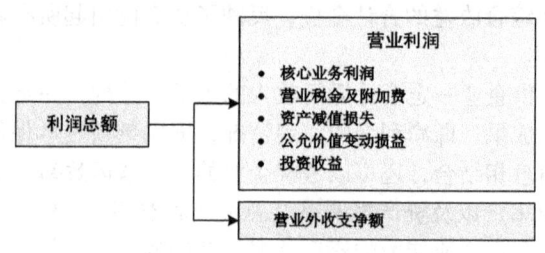

图2-7 利润构成图

（1）核心业务利润,即营业收入减去营业成本、营业税金及附加、销售费用、管理费用和财务费用,这部分利润属于企业经营性业务产生的利润。其中,营业收入减去营业成本是经营性业务的毛利润,反映了企业在行业中的成本竞争优势。

（2）营业利润调整项,包括资产减值损失和公允价值变动损益两项,反映资产减值与公允价值变动对营业利润的影响。

资产减值损失,用于反映企业在当期所计提的各项资产减值准备所形成的损失。内容主要涉及公司的应收款项、存货、长期股权投资、持有至到期投资、固定资产、无形资产等资产发生的减值;同时,在建工程、工程物资、生产性生物资产、商誉、抵债资产、损余物资、采用成本模式计量的投资性房地产等资产发生减值的,也在此类项目中进行反映。如果企业在资产负债表日判断资产存在可能发生减值的迹象,一般要计提相应的资产减值损失,这样会减少企业当期的营业利润,但却可以帮助管理者了解企业内各种资产真实的价值状况。

公允价值变动损益,主要是用来反映企业指定以公允价值计量且其变动计入当期损益的金融资产或金融负债、交易性金融资产或金融负债,以及采用公允价值模式计量的投资性房地产、衍生工具、套期保值业务等公允价值变动形成的应计入当期损益的利得或损失。这部分损益也起到了帮助管理者了解企业内各种投资项目真实价值状况的作用。但需要注意的是:第一,相关的损益确定并不会为企业带来现金流入或流出;第二,如果此项变动引起的损益在净利润中所占比重过大,则在一定程度上说明企业主体经营活动的盈利能力不高。

（3）投资收益。前面所提到的核心利润主要与企业的经营活动有关,而投资收益则主要与企业的对外投资有关。企业的投资收益主要有5个来源渠道:①金融资产处置收益;②金融资产持有期间取得的利息及股利收益;③长期股权投资转让收益;④权益法确认的长期股权投资收益;⑤成本法确认的长期股权投资收益。信息使用者在分析企业投资收益时,需要结合企业当期核心利润规模,判定投资收益的变化是应对核心利润不可避免下降的预防性投资组合的调整、对外投资项目盈利性变化的正常反应,还是企业用来扭亏为盈或保持盈利的不恰当会计处理。

【示例2-1】 中国远洋控股股份有限公司（港交所:1919,上交所:601919）在2008年之前国际远洋航运市场繁荣时期拥有世界规模最大的干散货运输船队,但自2008年起随着航运市场的持续萧条,经营业绩呈现不断下滑趋势。中国远洋在2011与2012年度净利润分别亏损88.39亿元、81.37亿元,归属于母公司股东的净利润分别亏损104.49亿元、95.59亿元,依据《上海证券交易所股票上市规则》规定,因连续2年亏损公司股票在2013年3月被实施退市风险警示

(*ST远洋)。如果中国远洋在2013年度再度亏损,公司股票将被实施暂停上市即退市处理。然而,中国远洋在2013年第一季度就开局不利,业绩亏损17.13亿元,归属于母公司股东的净利润亏损19.88亿元,但在披露的2013年度报告显示竟然奇迹般的实现盈利28.79亿元,归属于母公司股东的盈利2.35亿元。中国远洋是通过什么手段实现了业绩转变,使其逃过了退市一劫?

2013年,中国远洋通过向其控股集团公司以及控股集团公司旗下的中国远洋香港公司转让4家子公司的股权,出售资产获得了处置收益合计84.75亿元。具体操作如图2-8所示,其中,向控股集团出售了中国远洋物流有限公司资产100%股权取得投资收益18.46亿元;分别向中远香港公司出售了中远集装箱工业有限公司资产100%股权取得投资收益29.39亿元,出售了上海天宏力资产管理有限公司资产81%股权取得投资收益18.46亿元,出售了青岛远洋资产管理有限公司资产81%股权取得投资收益18.44亿元。

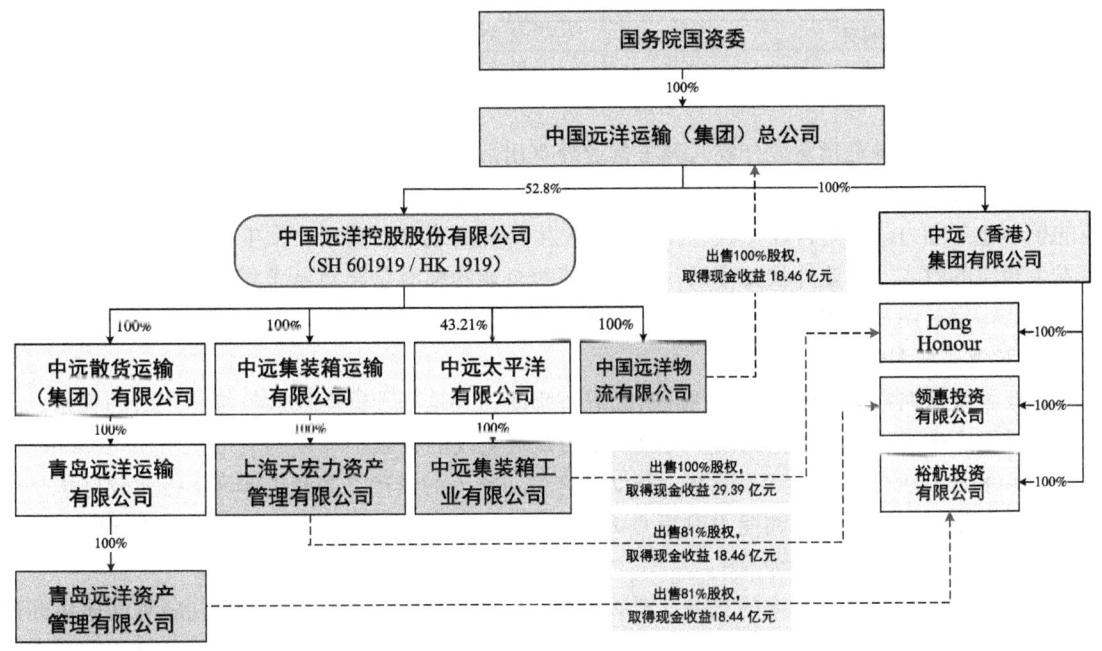

图2-8 中国远洋出售4家子公司股权

中国远洋将出售4家子公司股权所取得的处置收益作为非经常性损益项目的"非流动性资产处置损益",其处置的资产为长期股权投资,出售所得价款与所处置长期股权投资账面价值之间的差额应确认为处置损益,计入利润表中的投资收益。出售子公司所得价款全部以现金收讫,减去被处置子公司持有的现金和现金等价物即处置收到的现金净额,计入现金流量表中的"处置子公司及其他营业单位收到的现金净额"。

中国远洋出售4家子公司的股权不仅包括上市公司的子公司与控股集团公司之间的跨层级内部资本市场交易,也包括上市公司的子公司与控股集团公司旗下的中国远洋香港公司之间同层级内部资本市场交易,不仅是使上市公司中国远洋实现了盈利,也增加了上市公司整体的现金持有水平,即明显改善了财务流动性。

表2-3 中国远洋(601919)2011~2013年合并利润表 (单位:亿元)

	2013年	2012年	2011年
一、营业收入	619.34	720.76	689.08
减:营业成本	614.26	724.52	718.89

(续)

	2013 年	2012 年	2011 年
营业税金及附加	1.56	4.09	4.60
三项期间费用	58.44	68.17	56.22
资产减值损失	0.33	1.64	1.08
加：公允价值变动损益	0.19	0.29	1.91
投资收益	98.99	17.29	21.73
其中：对联营企业和合营企业的投资收益	12.92	17.11	20.56
二、营业利润	43.93	-60.09	-68.06
加：营业外收入	6.59	11.80	9.85
减：营业外支出	13.08	25.69	19.86
三、利润总额	37.44	-73.97	-78.07
减：所得税费用	8.64	7.40	10.31
四、净利润	28.79	-81.37	-88.39
归属于母公司股东的净利润	2.35	-95.59	-104.49
少数股东损益	26.44	14.22	16.10

资料来源：中国远洋（601919）2011~2013 年度报告。

营业外收支净额是指营业外收入减去营业外支出后的净额[⊖]。由于营业外收支偶发性特征很明显，而且每项营业外收入与支出往往彼此是孤立的，与主营业务无直接关系，通常不能反映企业的核心业务能力。发生营业外收入并非一定发生相应的成本、费用，发生营业外支出也并非一定发生相应的收入。营业外收支净额一般不应该对企业的利润总额乃至净利润产生主要贡献，即使在某些特定时期其对利润的贡献较大，这种贡献也难以具有持续性。

3. 对企业利润的判断

企业管理层通常从两个方面对利润状况进行判断：一是基于资产投入与盈利产出的关系，二是盈利是否产生了相应的现金流量作为盈利是否最终实现的标志。

（1）利润是否体现了资产报酬率。利润的产生与投入的资产之间是否体现了行业较好水平的资产报酬率是管理层考察盈利能力时重点关注的问题，通常使用总资产收益率、经营资产利润率、投入资产利润率进行判断。

（2）利润是否具有现金流的支持。利润是否能够产生相应的现金流入也是判断利润质量高低的重点。企业在正常情况下的核心业务利润与现金流量表中的经营活动现金流量净额之间会有一定的对应关系，产生现金流入的能力主要受应收项目回款能力的影响。此外，企业在确认投资收益时，要关注投资收益是否具备对应的现金流入。

4. 从是否经常性损益角度分析利润结构来源

企业利润来源按照"是否由正常经营业务产生"与"是否性质特殊、具有偶发性"可以分为"经常性损益"和"非经常性损益"两大类，这两大类利润在企业利润中的占比直接反映了盈余质量。经常性损益的主要内容是核心利润，核心业务利润通常具备以下三个方面的特征：第一，核心业务利润的规模体现了企业的核心业务是否突出以及在本行业的竞争力水平；第二，核心业务利润在应收账款收款能力正常情况下一般都具有现金流量的支持，因此以核心业务利润为主要利润来源的盈利质量好；第三，核心业务利润主要由企业经营活动产生，因此盈余通常具有

⊖ 作为营业外收支，必然同时具备两个特征：一是意外发生，企业无力加以控制；二是偶然发生不重复出现，即不具备再生性。不同时具备这两个特征的项目应作为正常经营利润的组成部分。以工业企业为例，营业外收入包括固定资产的盘盈和出售净收益、罚款收入、因债权人原因确实无法支付的应付款项等。营业外支出包括固定资产盘亏、报废、毁损和出售等，非季节性和非修理期间的停工损失，职工子弟学校经营和技工学校经营等净损失，公益救济性捐赠，赔偿金、违约金等非常损失。

持续性。非经常性损益则是指"与公司正常经营业务无直接关系,以及虽与正常经营业务相关,但由于其性质特殊和偶发性,影响报表使用人对公司经营业绩和盈利能力做出正常判断的各项交易和事项产生的损益",与核心利润相比,通常具有"非公司主营业务产生、缺乏现金流支持、盈余不具有持续性"等特点。为帮助信息使用者理解非经常性损益项目的内涵和外延,更好地判断企业利润质量,本章分别从线上和线下项目、是否有现金流量支持两个维度对非经常性损益进行分类,分析不同类型非经常性损益对投资者判断的影响。

(1)线上项目和线下项目视角。以营业利润为界限,将营业利润之上的项目称为线上项目,由核心业务利润即营业收入减去营业成本和期间费用与资产减值损失、公允价值变动损益以及投资收益三项构成;营业利润之下的项目称为线下项目,由营业外收入减营业外支出净额构成。利润表中线上项目和线下项目如图2-9所示。

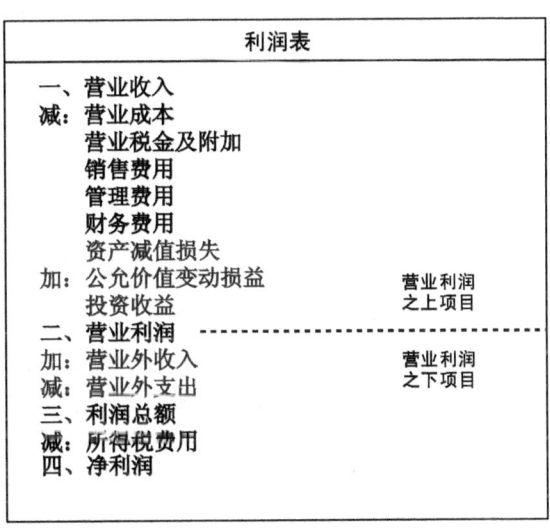

图2-9 利润表线上和线下可能涉及非经常性损益的项目

一般来说,企业可能发生的非经常性损益包括:①线上项目:"资产减值损失"中的"因不可抗力因素,如遭受自然灾害而计提的各项资产减值准备"、"公允价值变动损益"中的"除同公司正常经营业务相关的有效套期保值业务外,持有交易性金融资产、交易性金融负债产生的公允价值变动损益"和"投资收益"中的"对外委托贷款取得的损益"等;②线下项目:"营业外收入(支出)"中的"政府补助"、"企业取得了公司、联营企业及合营企业的投资成本小于取得投资时应享有被投资单位可辨认净资产公允价值产生的收益"和固定资产、无形资产置换产生的"非货币性资产交换损益"等[⊖]。由于非经常损益的存在,信息使用者在分析利润结构时,应重点关注线上和线下所涉及的非经常性损益项目,对企业利润质量做出合理的判断。

(2)现金流量支持视角。一般情况下,核心利润都是有现金流量支持的,即能够带来现金的流入,而非经常性损益中则有相当一部分没有现金流量支持,即无法带来现金流入,如"因不可抗力因素而计提的资产减值准备"是企业发生如自然灾害等不可抗力事件而导致某项资产可收回金额低于其账面价值时,将可收回金额低于账面价值的差额计提的减值准备,是企业遵循谨慎性

⊖ 《企业会计准则讲解(2010)》对非货币资产交换做出了这样的规定和阐述:换出资产为固定资产、无形资产的,并且该资产以公允价值计量的,换出资产公允价值和其账面价值的差额计入营业外收入或营业外支出。其他情况下的非货币资产交换会计处理见附录A。

原则而做的一项会计估计，并不会带来现金流的流入或流出。因此，信息使用者在分析非经常性损益对利润质量的影响时，应从有无现金流量支持的角度予以关注。如图 2-10 所示为非经常性损益按照是否具有现金流量支持分类。

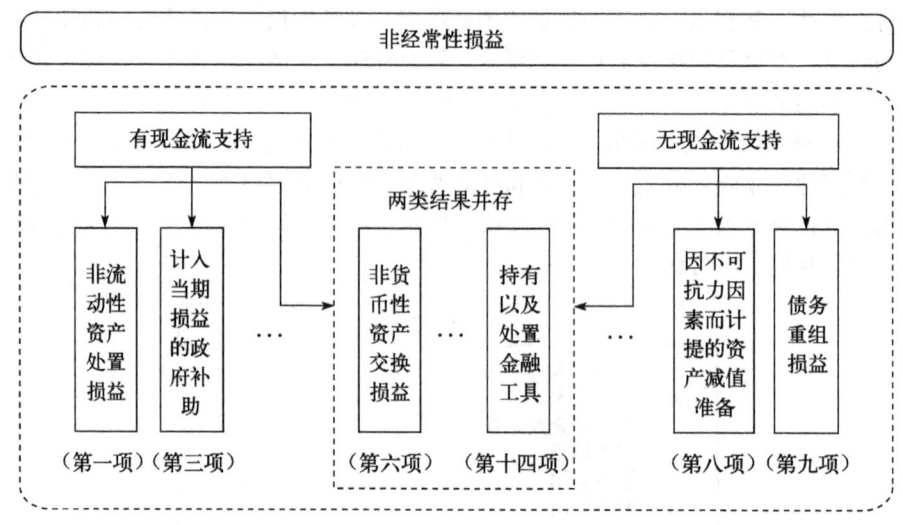

图 2-10　非经常性损益按照是否具有现金流量支持分类

综合以上两个视角，非经常性损益可以被总结为两大类：第一类是有现金流量支持，但非企业主营业务产生的非经常性损益，如上市公司香溢融通（600830）于 2010 年发生的 6 994 万元"对外委托贷款取得的损益"；第二类则是无现金流量支持，也非企业主营业务产生的纯账面非经常性损益，如上市公司红太阳（000525）于 2011 年通过非同一控制下企业合并，购买南京第一农药集团有限公司所持有的"南京生化"100% 股权、"安徽国星"100% 股权和"国际贸易"100% 股权⊖，账面实现了 439.80 万元的"企业取得子公司、联营企业及合营企业的投资成本小于取得投资时应享有被投资单位可辨认净资产公允价值产生的收益⊖"。

非经常性损益的存在导致企业编制的财务报表不能如实地反映企业核心业务的财务状况和经营效果，进而影响投资者对财务报表提供信息判断的客观性。因此，在对利润表进行解读时，不仅要从利润表列报的结构层次考察利润质量，还应该将非经常性损益纳入对利润质量的分析，以便对企业的经营业绩与盈利能力做出合理的判断。具体地，在分析非经常性损益时，主要关注两个方面：其一，非经常性损益分布于利润表多个损益项目中（最常见的如营业利润之上项目如资产减值损失、投资收益和营业利润之下项目如营业外收支等），影响盈利结构；其二，从财务流动性角度，考察非经常性损益是否具有现金流量支持。一般来说，有现金流量支持的损益项目能够随时满足企业生产经营等支出需要，而无现金流量支持的损益项目则无法随时满足企业生产经营等支出需要，影响了对盈利质量的判断。

2.2.3　现金流量表解读

现金流量表是反映企业一定会计期间现金和现金等价物流入和流出的报表。这里的"现金"

⊖ 资料来源：红太阳（000525）2011 年 9 月 29 日发布的《发行股份购买资产暨重大资产重组（关联交易）实施情况报告书》。

⊖ 非同一控制下企业合并中购买方合并成本大于合并中取得的被购买方可辨认净资产公允价值份额的差额，即为商誉；相反，购买方合并成本（投资成本）小于取得的被购买方（被投资方）可辨认净资产公允价值份额的差额，会计界一般将其认定为负商誉。

通常包括现金和现金等价物[1]。编制现金流量表的主要目的是为财务报表使用者提供企业一定会计期间内现金和现金等价物流入和流出量的信息,以便于财务报表使用者了解和评价企业获取现金和现金等价物的能力,并据以预测企业未来现金流量。现金流量表以现金及现金等价物为基础编制,划分为经营活动、投资活动和筹资活动,并按照收付实现制原则编制,将权责发生制下的盈利或亏损信息调整为收付实现制下的现金流量信息。

  现金流量应当分别按照现金流入和现金流出总额列报,从而全面揭示企业现金流量的方向、规模和结构。编制现金流量表可以使用直接法和间接法两种方法。直接法是指按现金收入和现金支出的主要类别直接反映企业经营活动产生的现金流量。采用直接法编报的现金流量表,便于分析企业经营活动产生的现金流量的来源和用途,预测企业现金流量的未来前景;间接法是指以净利润为起算点,调整不涉及现金的收入、费用、营业外收支等有关项目,剔除投资活动、筹资活动对现金流量的影响,据此计算出经营活动产生的现金流量[2]。如表2-4所示是企业使用直接法编报的现金流量表。此外,一般上市公司年报要求在附注中提供以净利润为基础调节到经营活动现金流量的信息。

表2-4 母公司现金流量表

编制单位:四川长虹(600839)　　　　2011年度　　　　　　　　　　单位:万元

项目	本期金额	上期金额
一、经营活动产生的现金流量		
销售商品、提供劳务收到的现金	1 915 086.46	1 775 241.76
收到的税费返还	6 116.93	7 044.56
收到其他与经营活动有关的现金	52 275.95	16 416.08
经营活动现金流入小计	1 973 479.34	1 798 702.40
购买商品、接受劳务支付的现金	1 678 415.27	1 665 012.33
支付给职工以及为职工支付的现金	94 362.96	86 815.42
支付的各项税费	40 593.98	18 279.47
支付其他与经营活动有关的现金	99 428.21	88 020.26
经营活动现金流出小计	1 912 800.42	1 858 127.48
经营活动产生的现金流量净额	60 678.92	-59 425.08
二、投资活动产生的现金流量		
收回投资收到的现金		30 858.92
取得投资收益收到的现金	5 607.92	22 227.06
处置固定资产、无形资产和其他长期资产收回的现金净额	317.38	9 571.77
处置子公司及其他营业单位收到的现金净额	21 629.06	27 345.50
收到其他与投资活动有关的现金	516 802.29	296 401.01
投资活动现金流入小计	544 356.65	386 404.26
购建固定资产、无形资产和其他长期资产支付的现金	18 283.56	13 201.03
投资支付的现金	41 300.00	59 457.80
取得子公司及其他营业单位支付的现金净额		
支付其他与投资活动有关的现金	687 863.19	434 086.54
投资活动现金流出小计	747 446.75	506 745.36
投资活动产生的现金流量净额	-203 090.10	-120 341.11

---

[1] 现金,是指企业库存现金以及可以随时用于支付的存款。现金等价物,是指企业持有的期限短、流动性强、易于转换为已知金额现金、价值变动风险很小的投资。其中,"期限短"一般是指从购买起3个月内到期。

[2] 采用间接法编报现金流量表,便于将净利润与经营活动产生的现金流量净额进行比较,了解净利润与经营活动产生的现金流量产生差异的原因,从现金流量的角度分析净利润的质量。

(续)

项目	本期金额	上期金额
三、筹资活动产生的现金流量		
吸收投资收到的现金	289 889.74	
发行债券收到的现金		
取得借款收到的现金	1 275 340.01	1 362 195.00
收到其他与筹资活动有关的现金	14 121.26	82 565.94
筹资活动现金流入小计	1 579 351.01	1 444 760.94
偿还债务支付的现金	1 192 560.54	1 047 672.16
分配股利、利润或偿付利息支付的现金	32 325.32	15 121.34
支付其他与筹资活动有关的现金	143 822.39	94 766.79
筹资活动现金流出小计	1 368 708.25	1 157 560.29
筹资活动产生的现金流量净额	210 642.76	287 200.66
四、汇率变动对现金及现金等价物的影响	-991.97	-808.88
五、现金及现金等价物净增加额	67 239.61	106 625.60
加：期初现金及现金等价物余额	329 654.22	223 028.62
六、期末现金及现金等价物余额	396 893.82	329 654.22

现金流量表列示的现金流量有以下三个特点：第一，现金流量表表示一定时间内各类现金流入与流出累计量的汇集表。第二，现金流量表中列示的各类现金流量是当期实际发生的收入或支出的现金流，但并非对应于权责发生制会计确认的内容。例如，也许本期一笔营业现金流入量对应的是上一个会计期间的应收账款，虽然这部分应收账款在上一个会计期间已经作为收入确认了。第三，现金流量表中列示的期末现金及现金等价物余额与资产负债表中列示的货币资金存在对应关系，但并非完全对等。资产负债表中的货币资金项目包括库存现金、银行存款及其他货币资金。而现金流量表中的现金则只包括库存现金、可随时用于支付的银行存款、可随时用于支付的其他货币资金。二者之间的联系可以用下述等式来表示：

现金流量表中的期末现金及现金等价物余额
= 期末现金余额 + 期末现金等价物余额
= 货币资金 - 不可随时用于支付的银行存款 - 不可随时用于支付的其他货币资金
+ 三个月内到期的债券投资

现金流量表有助于评价企业的支付能力、偿债能力和资金周转能力，有助于预测企业未来现金流量。结合利润表，有助于了解净收益与现金流量间的差异；结合资产负债表反映的各类资产的期末存量情况，有助于了解企业资产项目变动的原因与流向；结合现金流量表补充资料，有助于了解企业不涉及现金收支的投资和筹资活动的情况，例如，企业融资租入设备，将形成的负债计入"长期应付款"账户，当期并不支付设备款及租金，但以后各期必须为此支付现金，从而在一定期间内形成了一项固定的现金支出；结合报表附注，有助于了解企业经营状况，例如可以了解企业是否存在违法经营罚款、重大资产损失和投资回报失常状况。

现金流量表的解读需要考虑所处的发展阶段，即一个企业通常历经初创阶段、成长阶段、成熟阶段和衰退阶段等不同的阶段，在不同的阶段中企业经营活动、投资活动和筹资活动产生的现金流量呈现出不同特征，如表2-5所示。

表2-5　企业不同发展阶段的各类现金流量的一般性特征

	初创阶段	成长阶段	成熟阶段	衰退阶段
经营活动现金流量	营业收入现金量较少	营业收入成长性高	营业收入成长趋缓，营业现金流量相对稳定	营业收入萎缩，营业现金流入减少

(续)

	初创阶段	成长阶段	成熟阶段	衰退阶段
投资活动现金流量	各类投资现金流量较大	持续资产投资支撑营业收入的成长	资本性投资增长率降低,投资收入现金流量趋于稳定	缺乏充分的投资资金,投资现金流量下降
筹资活动现金流量	筹资现金流量对企业发展非常重要	企业盈利能力和成长性提升了筹资能力	外部融资需求下降,股利分配、债务偿还现金流量增加	预期营业收入现金流量的产生能力下降,外部融资难度加大

1. 解读企业经营活动现金流量

经营活动,是指企业投资活动和筹资活动以外的所有交易和事项。经营活动产生的现金流入一般包括:①销售商品、提供劳务收到的现金。反映企业因销售商品、提供劳务而实际收到的现金(含增值税销项税额),包括本期销售商品、提供劳务收到的现金,以及前期销售和前期提供劳务本期收到的现金和本期预收的账款,减去本期退回本期销售的商品和前期销售本期退回的商品支付的现金。②收到的税费返还。反映企业收到的各项税费返还,如收到的增值税、消费税、营业税、所得税、关税、教育费附加返还等。③收到的其他与经营活动有关的现金等。反映企业除上述各项目外,收到的其他与经营活动有关的现金,如罚款收入、经营租赁固定资产收到的现金、流动资产损失中有个人赔偿的现金收入、除税费返还外的其他政府补助收入等。

经营活动产生的现金流出量一般包括:①购买商品、接受劳务支付的现金。反映企业购买材料、商品、接受劳务实际支付的现金,包括本期购入材料、商品、接受劳务支付的现金(含增值税进项税额),以及本期支付前期购入材料、商品、接受劳务的未付款项和本期预付款项。②支付给职工以及为职工支付的现金。反映企业实际支付给职工以及为职工支付的现金,包括本期实际支付给职工的工资、奖金、各种津贴和补贴等职工薪酬(包括代扣代缴的职工个人所得税)。③支付的各项税费。反映企业按规定支付的各项税费,包括本期发生并支付的税费,以及本期支付以前各期发生的税费和预交的税。④支付的其他与经营活动有关的现金等。反映企业除上述各项目外,支付的其他与经营活动有关的现金,如罚款支出、支付的差旅费、保险费、经营租赁支付的现金等。

结合资产负债表,观察经营活动现金流入量、经营活动现金流出量与流动资产中货币资金、应收账款、存货等项目,流动负债中预收款项、应付账款等项目,计算分析公司营业收入收现率与营业成本付现率,可以判断企业营运资金管理情况。企业营业收入高收现率和营业成本低付现率可以为企业增加更多可支配的现金流。综合分析资产负债表和现金流量表,可以揭示现金存量与累计流量的关系,如图2-11所示。

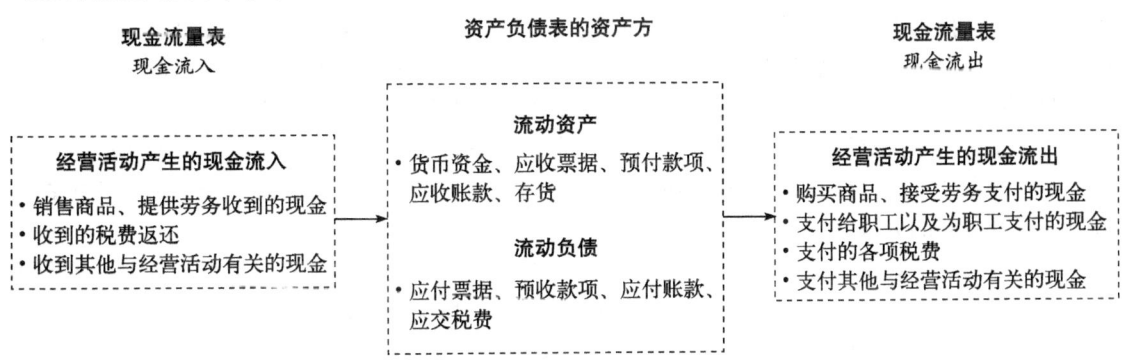

图2-11 结合资产负债表的经营活动现金流解读

此外，经营活动产生的现金流量还可以结合利润表，观察销售商品、提供劳务收到的现金流量与营业收入、净利润的匹配对应关系，比较企业的经营活动现金流入量与营业收入变化、利润变化是否同步，判断企业营业收入质量和真实获利能力；观察经营活动现金流量净额与未分配利润的相互关系，判断企业当期净利润背后实际可支配的现金流量。

2. 解读企业投资活动现金流量

投资活动，是指企业长期资产的购建和不包括在现金等价物范围内的投资及其处置活动。投资活动产生的现金流入一般包括：①收回投资收到的现金。反映企业出售、转让或到期收回除现金等价物以外的交易性金融资产、持有至到期投资、可供出售金融资产、长期股权投资（不包括处置子公司）收到的现金。债权性投资收回的利息、处置子公司及其他营业单位收到的现金净额不包括在本项目内。②取得投资收益收到的现金。反映企业交易性金融资产、可供出售金融资产投资分得的现金股利，从子公司、联营企业或合营企业分回利润、现金股利而收到的现金，因债权性投资而取得的现金利息收入。③处置固定资产、无形资产和其他长期资产收回的现金净额。反映企业处置固定资产、无形资产和其他长期资产所取得的现金，减去为处置这些资产而支付的有关费用后的净额。④处置子公司及其他营业单位收到的现金净额。⑤收到其他与投资活动有关的现金。反映企业除上述各项目外，收到的其他与投资活动有关的现金，如收到购买股票和债券时已宣告但尚未领取的现金股利或已到付息期但尚未领取的债券利息。

投资活动产生的现金流出一般包括：①购建固定资产、无形资产和其他长期资产支付的现金。反映企业购买、建造固定资产，取得无形资产和其他长期资产所支付的现金（含增值税款）以及用现金支付的应由在建工程和无形资产负担的职工薪酬。②投资支付的现金。反映企业进行权益性和债权性投资所支付的现金，包括取得除现金等价物以外的交易性金融资产、持有到期投资、可供出售金融资产而支付的现金，以及支付的佣金、手续费等交易费用。③取得子公司及其他营业单位支付的现金净额。④支付其他与投资活动有关的现金。反映企业除上述各项目外，支付的其他与投资活动有关的现金，如企业购买股票和债券时，实际支付的价款中包含的已宣告但尚未领取的现金股利或已到付息期但尚未领取的债券利息。

企业投资活动产生的现金流量可以分为两类，即对企业内部资产投资和对外部投资产生的流入与流出现金流量。这两类现金流量的流出量与流入量在具体项目上形成了对应关系，如图2-12所示，对企业内部资产投资的现金流出项目如果是"购建固定资产、无形资产和其他长期资产支付的现金"，则对应的流入项目是"处置固定资产、无形资产和其他长期资产收回的现金"；对企业外部投资的现金流出项目是"投资支付的现金"，对应的流入项目是"收回投资收到的现金"以及"取得投资收益收到的现金"中属于交易性金融资产、可供出售金融资产投资分得的现金股利、因债权性投资而取得的现金利息收入的部分；现金流出项目如果是"取得子公司及其他营业单位支付的现金净额"，则对应流入项目是"处置子公司及其他营业单位收到的现金净额"以及"取得投资收益收到的现金"中属于从子公司、联营企业或合营企业分回利润或现金股利的部分。

现金流量表中投资活动产生的现金流量是本年内的累计流量，而资产负债表上投资性资产则是本年末的存量。在分析投资活动产生的现金流量时，需要结合利润表和资产负债表，比较累计流量和存量之间的关系。

结合利润表，观察取得投资收益所收到的现金与投资收益的相互关系，判断是否存在投资回报过低的情况，以及是否存在金额过大、风险难以控制的情况。结合资产负债表，观察投资支付的现金与交易性金融资产、可供出售金融资产、长期股权投资的相互关系，观察购建固定资产、无形资产和其他长期资产支付的现金与固定资产、无形资产和其他长期资产的相互关系，了解企业投资活动的规模与结构，并联系公司目前所处发展阶段，判断企业资产投资决策的合理性。

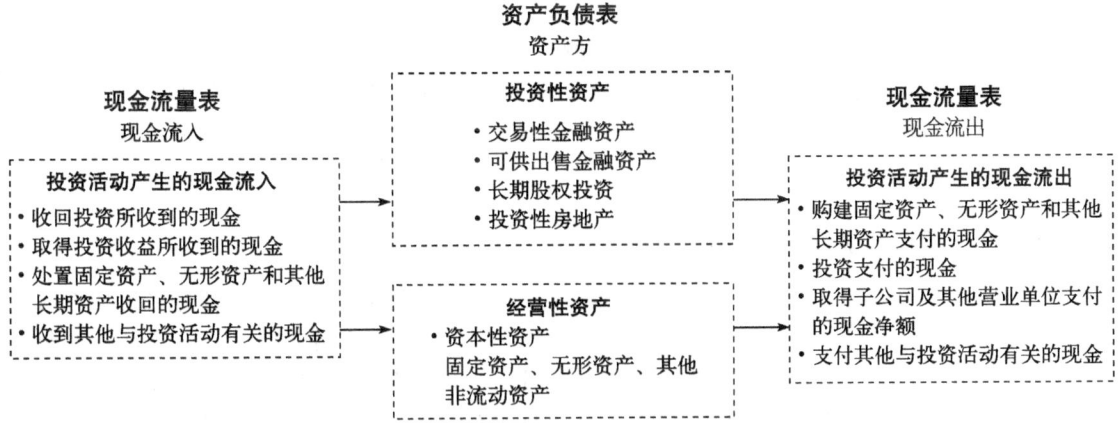

图 2-12 结合资产负债表的投资活动现金流解读

3. 解读企业筹资活动现金流量

筹资活动，是指企业资本及债务规模和构成发生变化的活动。筹资活动产生的现金流入一般包括：①吸收投资收到的现金。反映企业收到的投资者投入的现金，包括以发行股票、债券等方式筹集资金时实际收到的款项，减去直接支付的佣金、手续费等发行费用后的净额。②取得借款收到的现金。反映企业向银行或其他金融机构等借入的资金。③发行债券收到的现金。反映企业通过发行债券方式收到的现金。④收到其他与筹资活动有关的现金。反映企业除上述各项目外，收到的其他与筹资活动有关的现金。筹资活动产生的现金流出一般包括：①偿还债务支付的现金。反映企业以现金偿还债务的本金，包括偿还金融企业借款本金、债务本金等。②分配股利、利润或偿付利息支付的现金。反映企业实际支付的现金股利、支付给其他投资单位的利润以及支付的借款利息、债务利息等。③支付其他与筹资活动有关的现金。反映企业除上述各项目外，支付的其他与筹资活动有关的现金，如捐赠现金支出、融资租入固定资产支付的租赁费等。

如图 2-13 所示，现金流量表中经营活动产生的现金流量反映了企业通过经营实现盈利留存而进行内源融资的能力，筹资活动产生的现金流量则反映了企业通过股权与债权实现外源融资的能力。融资方式的选择需要考虑企业自身的融资环境、盈利能力和现金流量状况。

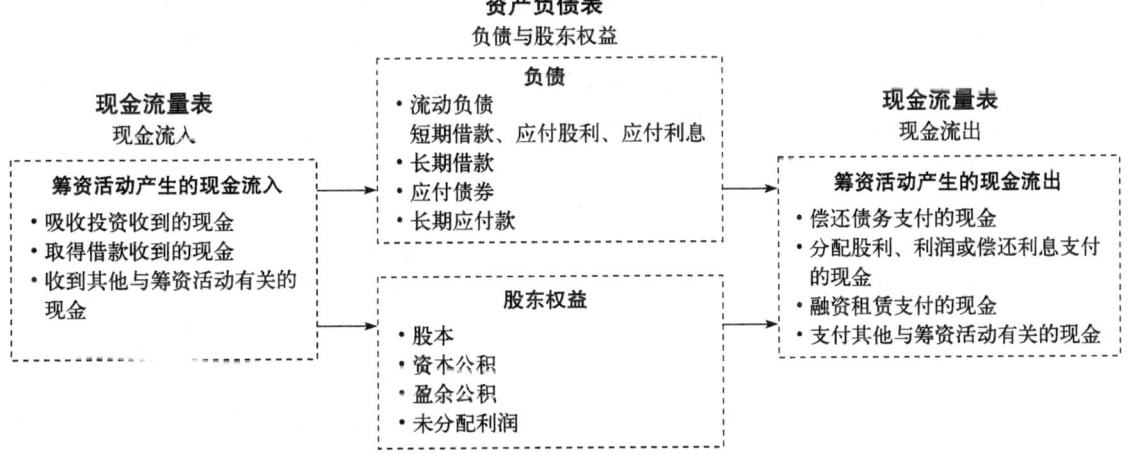

图 2-13 结合资产负债表的筹资活动现金流解读

结合企业资产负债表，可观察权益融资现金流入、债权融资现金流入与股东权益项目、负债项目的相互关系，结合企业的融资环境，判断融资方式的合理性。

结合利润表和所有者权益变动表，可观察分配股利、利润或偿还利息支付的费用与财务费用、对股东的分配之间的相互关系，判断筹资活动现金流出情况是否合理，是否存在由于关联公司的款项往来造成的不合理的高利率。

2.2.4 所有者权益变动表解读

所有者权益变动表，又称股东权益变动表，是反映构成股东权益各组成部分当期的增减变动情况的报表。由于资产负债表只记载了股东权益中各个项目的期末存量，只通过资产负债表，报表使用者无法了解股东权益变动的情况。因此，有必要通过所有者权益变动表反映资产负债表中股东权益的当期变动过程。所有者权益变动表应当全面反映一定时期所有者权益变动的情况，不仅包括所有者权益总量的增减变动，还包括所有者权益增减变动的重要结构性信息，特别是要反映直接计入所有者权益的利得和损失，让报表使用者准确理解所有者权益增减变动的根源。

如表2-6所示，所有者权益变动表是以矩阵的形式列报，是按照所有者权益变动的来源对一定时期所有者权益变动情况进行全面反映。一方面，横向列示所有者权益各组成部分及其总额、交易或事项对所有者权益的影响；另一方面，纵向列示导致所有者权益变动的交易或事项。

企业会计准则《企业会计准则第30号——财务报表列报》第2条规定，财务报表至少应当包括：资产负债表、利润表、现金流量表、所有者权益（股东权益）变动表、附注，即"四表一注"。因此，所有者权益变动表成为与资产负债表、利润表和现金流量表并列披露的第四张财务报表。所有者权益变动表的内容结构主要体现在以下几个方面：

（1）单独列示反映会计政策变更与前期差错调整的累积影响金额。会计政策变更和前期差错更正会对所有者权益期初余额产生影响，所有者权益变动表将这两项单独列示，用来将上年末所有者权益调整为本年初所有者权益，使会计政策变更和前期差错更正对所有者权益的影响一目了然，增强了信息的有用性。

（2）界定了引起所有者权益变动的项目。所有者权益变动表主要依据所有者权益变动的性质，分别按照当期净利润、直接计入所有者权益的利得和损失项目、所有者投入资本和向所有者分配，如向所有者分配利润以及按照规定提取法定公积金等以及所有者权益的内部结转而改变了所有者权益结构，例如对股东进行送股与转增等情况分析填列。

解读所有者权益变动表时，应注意观察所有者权益的数量变动情况、原始资本与留存收益的比例变动情况，以及原始资本的内部结构变动情况对净资产收益率变动的影响。增发新股或增加留存收益可以使所有者权益增加，利润摊薄，净资产收益率降低。在公司盈利水平下降的年度，公司可以调整股利分配政策，增加利润分配，减少所有者权益，以提高净资产收益率，掩饰公司真实的盈利水平。因此，对所有者权益变动表的解读可以帮助管理层分析权益变动对净资产收益率的影响，而不仅仅是关注净利润对净资产收益率的影响。报表使用者可以从综合收益、所有者投入和减少资本、利润分配、股东权益内部结转四个方面解读所有者权益变动表，对公司所有者权益及其变动做出合理判断。

表 2-6　母公司所有者权益变动表

公司名称：四川长虹（600839）　　2011 年度　　　　　　　　　　　　　　　　　　　单位：万元

项目	本年金额								上年金额
	实收资本（或股本）	资本公积	减：库存股	专项储备	盈余公积	一般风险准备	未分配利润	所有者权益合计	略
一、上年年末余额	284 731.71	272 774.41			335 679.13		48 465.20	941 650.45	
加：会计政策变更									
前期差错更正									
其他									
二、本年年初余额	284 731.71	272 774.41			335 679.13		48 465.20	941 650.45	
三、本年增减变动金额（减少以"-"号填列）	176 892.71	116 313.77			6 068.93		54 620.33	353 895.74	
（一）净利润							60 689.26	60 689.26	
（二）其他综合收益									
上述（一）和（二）小计							60 689.26	60 689.26	
（三）所有者投入和减少资本	105 709.78	187 496.70						293 206.48	
1. 所有者投入资本	105 709.78	184 179.96						289 889.74	
2. 股份支付计入所有者权益的金额									
3. 其他		3 316.74						3 316.74	
（四）利润分配					6 068.93		-6 068.93		
1. 提取盈余公积					6 068.93		-6 068.93		
2. 提取一般风险准备									
3. 对所有者（或股东）的分配									
4. 其他									
（五）所有者权益内部结转	71 182.93	-71 182.93							
1. 资本公积转增资本（或股本）	71 182.93	-71 182.93							
2. 盈余公积转增资本（或股本）									
3. 盈余公积弥补亏损									
4. 其他									
（六）专项储备									
1. 本期提取									
2. 本期使用									
四、本年年末余额	461 624.42	389 088.19			341 748.05		103 085.53	1 295 546.19	

1. 综合收益①

综合收益，是指企业在某一期间与股东之外的其他方面进行交易或发生其他事项所引起的净资产变动，包括净利润和直接计入股东权益的利得与损失两部分。其中，前者是企业已实现并已确认的收益，后者是企业未实现但根据会计准则的规定已确认的收益。在所有者权益变动表中，净利润和直接计入股东权益的利得与损失均单列项目反映，体现了企业综合收益的构成。

综合收益体现了会计报表确认思想上的"资产负债表观"，只要能引起所有者权益变化（除所有者与企业交易外），都属于其核算范畴，它不仅包括经常项目还包括非经常项目，既可能来源于经营活动又可能来源于投资、筹资等活动，既反映已实现收益又反映未实现但按准则规定已确认的潜在收益。

2. 所有者投入和减少资本

所有者投入和减少资本，反映企业当年所有者投入的资本和减少的资本，包括两部分：一部分为所有者投入资本的变动，反映企业接受投资者投入形成的实收资本（或股本）和资本溢价或股本溢价，并对应列在"实收资本"和"资本公积"栏；另一部分为股份支付计入股东权益的部分，反映企业处于等待期中的以权益结算的股份支付当年计入资本公积的金额，并对应列在"资本公积"栏。

3. 利润分配

利润分配反映当年对所有者（或股东）分配的利润（或股利）金额和按照规定提取的盈余公积金额，并对应列在"未分配利润"和"盈余公积"栏。

公司的利润分配结构通常需要与公司所处的发展阶段一致，成长型企业可能会有较低的股利分配，而成熟型企业的股利分配率可能会相对较高。同时，在考虑股利分配政策时，需要考虑到支付股利带来的现金流支出属于税后现金流出，不能抵扣税金；如果派发现金股利，需要衡量企业是否有足够的税后现金流来支付现金股利。

4. 股东权益各项目的内部结转

股东权益的内部结转反映不影响当年所有者权益总额的所有者权益各组成部分之间当年的增减变动，包括资本公积转增股本、盈余公积转增股本和盈余公积弥补亏损等项金额。股东权益内部结转会影响股东权益内部结构，但不影响股东权益总额。其中，资本公积转增股本反映企业以资本公积转增股本的金额；盈余公积转增股本反映企业以盈余公积转增股本的金额；盈余公积弥补亏损反映企业以盈余公积弥补亏损的金额。

2.2.5 四张主要财务报表之间的关系

企业价值最大化是财务管理的目标，在风险相同的情况下，提高投资报酬率可以增加股东财富，而净资产收益率是衡量股东投资报酬率的最常用指标，受股东权益和净利润两方面的影响。为了提升经营业绩，管理层一方面需要通过扩大销售、控制成本和费用、加快资产周转等措施来提高企业净利润；另一方面需要管理股东权益的变动。资产负债表是企业价值永恒的载

---

① 财政部关于印发修订《企业会计准则第30号——财务报表列报》的通知（财会〔2014〕7号）规定：利润表至少应当单独列示反映"其他综合收益"（分别扣除所得税影响后的净额）与"综合收益总额"项目信息。其他综合收益，是指企业根据其他会计准则规定未在当期损益中确认的各项利得和损失。其他综合收益项目应当根据其他相关会计准则的规定分为下列两类列报：①以后会计期间不能重分类进损益的其他综合收益项目；②以后会计期间在满足规定条件时将重分类进损益的其他综合收益项目。

体，企业的价值管理体现为对资产负债表的管理，而管理层对价值管理的过程与成果体现利润表、现金流量表与所有者权益变动表的累计量所反映的信息上。四张报表的关系体现在作为价值载体的资产负债表与其他三张期间报表的相互关系及其所显示的价值管理的支撑信息上，如图 2-14 所示。

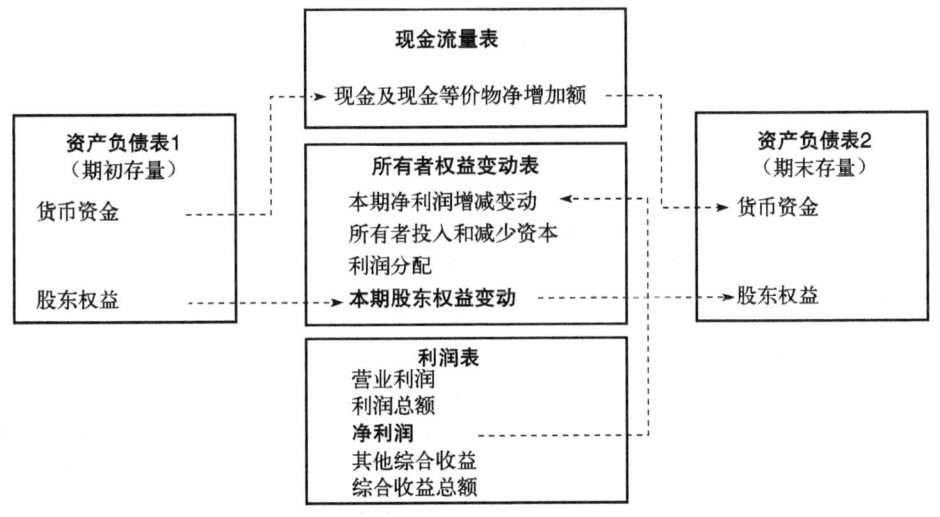

图 2-14 四张主要财务报表之间的关系

现金流量表中企业经营活动、投资活动、筹资活动产生的现金流量净额，是现金流量表中本期现金及现金等价物净增加额，联系着资产负债表中货币资金的期初与期末余额。

资产负债表的股本、资本公积、盈余公积、未分配利润的期初值与期末值，对应着股东权益变动表中各项的期初值和期末值。

企业经营损益状况体现在利润表中的净利润中，其中利润留存部分转入股东权益变动表，并同时在资产负债表中反映出来。

2.2.6 合并财务报表分析

合并财务报表，是指反映母公司⊖和其全部子公司⊜形成的企业集团合并整体的财务状况、经营成果和现金流量的财务报表。合并报表反映作为经济主体的集团合并整体的会计信息，而母公司报表则提供作为法律主体的母公司自身的会计信息。

目前，各个国家对母公司财务报告存在两种制度安排，即"单一披露制"和"双重披露制"。前者是以合并报表取代母公司报表，即母公司只对外提供合并报表，而不提供其自身的财务报表，实行单一披露制的国家有美国、加拿大等；后者则要求母公司同时提供合并报表与母公司报表，实行双重披露制的国家有英国、法国、德国、日本。"单一披露制"的基本逻辑是合并报表比母公司报表更为有用。"双重披露制"的基本逻辑则是合并报表与母公司报表各有其作用，合并报表不能取代母公司报表。我国目前采用的披露制度为"双重披露制"。

⊖ 母公司，是指有一个或者一个以上子公司的企业（或主体）。
⊜ 子公司，是指被母公司控制的企业。

1. 合并财务报表是基本财务状况的判断依据

合并会计报表相对于母公司报表而言对报表使用者全面了解与合理判断整个企业集团的财务状况与经营业绩具有不可替代的重要作用。例如，公司财务报告中主要会计数据和主要财务指标的计算，如年报中披露的基本财务状况信息，如每股收益（EPS）、净资产收益率（ROE）均是以合并报表的数据为基础。上市公司再融资的主要条件之一，现金分红比例的计算基础是最近3年以现金方式累计分配的利润不少于最近3年实现的年均可分配利润的30%。上海证券交易所在《上市公司2008年年度报告工作备忘录第3号》中明确规定，净利润以公司当年调整后合并报表归属于上市公司普通股股东的净利润为准。

2. 上市母公司与合并报表差异信息的决策有用性

依据母公司报表披露的信息可以做出哪些基本判断是报表使用者关心的问题。第一，依据上市母公司与合并报表中的长期股权投资差额可以判断母公司对子公司股权投资的程度，即经营业务下沉到子公司的比重。因部分上市母公司作为连接外部资本市场的融资平台，承担的对子公司的进行产业布局与资源分配的股权控制作用日趋明显。第二，依据上市母公司与合并报表中的其他应收款的差额可以判断母公司与子公司群体之间的资金往来规模。第三，依据上市母公司与合并报表中的货币资金及交易性金融资产的差额可以判断母公司与子公司群体之间的现金持有及财务流动性的分布。第四，依据上市母公司与合并报表中的有息负债的差额可以判断母公司与子公司群体之间的有息负债的承担主体的分布差异。第五，依据上市母公司与合并报表中的商业信用资产与融资的差额可以判断母公司与子公司群体之间的应收与应付项目的承担主体的分布差异。第六，由于发行公司债券、发行股票等资本市场融资只能是上市母公司的行为，可以结合母公司现金流量考察资本投资与融资的动态。此外，依据上市母公司与合并报表中的营业收入、盈利以及其他方面的业绩差额可以判断上市母公司与子公司各自经营业务的规模差异以及子公司群体合并业绩的贡献能力。

3. 合并报表分析中存在的主要问题

（1）合并报表将母子公司之间内部交易剔除，使得个别报表部分信息在合并会计报表中消失。例如，上市母公司与子公司之间的股权投资、为最终对外实现销售的资产与商品交易等在合并报表时会抵消，难以反映单个企业的真实情况。

（2）合并报表将部分项目直接相加，使得合并会计报表某些项目反映的会计信息缺乏明确的意义。例如，在判断一个公司核心业务时，合并会计报表的局限性十分明显，因合并营业收入可能是多个子公司的多元化业务集合。

（3）常规的财务比率分析方法在一定程度上失去意义。基于合并报表的财务比率分析方法难以对财务比率的情况做出真实的判断。例如基于合并报表的存货周转率、应收账款周转率、资产负债率等并不反映某一家成员企业的实际水平。

2.3 财务分析比率

企业财务分析的目的在于发现存在哪些财务问题，根据实际问题分析的需要，在理解财务比率含义的基础上，选取不同的财务比率。财务比率作为一种分析工具，可以从一个侧面和在一定程度上反映企业的财务状况，但财务状况是由企业经营策略、内外部条件等多种因素决定的，因此不能孤立地、绝对化地使用某一财务比率。

2.3.1 盈利创造能力指标

盈利能力是指企业在一定时期内产生利润的能力,是企业价值管理的基础。盈利能力对企业提升股东投资的回报能力与再投资能力具有重要影响,是企业最重要的财务状况的衡量标准。评价企业盈利能力的指标主要有毛利率、销售净利率、净资产收益率和每股收益等。

1. 毛利率

毛利率(Gross Profit Margin)是毛利润与营业收入的百分比,其中毛利润等于营业收入减去营业成本。这个比率用来测度依据产品成本进行产品定价的能力,是衡量同行业各企业之间成本竞争优势的重要指标。其计算方法如下:

$$毛利率 = \frac{毛利润}{营业收入} \times 100\% \tag{2-1}$$

根据2011年四川长虹母公司财务报表的数据:

$$2011年毛利率 = \frac{(2\,512\,796.34 - 2\,105\,675.98)}{2\,512\,796.34} \times 100\% = 16.20\%$$

由于不同企业所处的行业的产品成本结构组成有很大差别,在使用该指标进行两个企业的比较时需注意行业可比性。

2. 销售净利率

销售净利率(Net Profit Margin)是净利润与营业收入的比值,反映了单位营业收入创造净利润的能力,其计算方法如下:

$$销售净利率 = \frac{净利润}{营业收入} \times 100\% \tag{2-2}$$

根据2011年四川长虹母公司财务报表数据:

$$2011年营业收入净利率 = \frac{60\,689.26}{2\,512\,796.34} \times 100\% = 2.42\%$$

销售净利率受企业的行业竞争力、产品结构以及各类产品的盈利能力等因素的影响。

3. 净资产收益率

净资产收益率(Return on Equity,ROE)是净利润与平均所有者权益的比值。它反映了单位股东资本创造净利润的能力,适用于在不同行业、不同业务类型的企业之间进行比较。净资产收益率衡量的是股东投入资本与利润产出关系的企业价值创造能力指标。可以选用净利润、扣除非经常性损益后的净利润等各种利润指标来计算。以净利润为例,其计算方法如下:

$$净资产收益率 = \frac{净利润}{平均净资产} \times 100\% = \frac{净利润}{平均所有者权益} \times 100\% \tag{2-3}$$

其中, 平均净资产 = (期初净资产 + 期末净资产) ÷ 2

根据2011年四川长虹母公司财务报表的数据:

2011年净资产收益率 = 60 689.26 ÷ [(941 650.45 + 1 295 546.19) ÷ 2] × 100% = 5.43%

根据《公开发行证券的公司信息披露编报规则第9号——净资产收益率和每股收益的计算及披露》(2010年修订)证监会公告[2010]2号的规定:公司招股说明书、年度财务报告、中期财务报告等公开披露信息中应列示按加权平均法计算的净资产收益率[注]。计算该指标时，若报告期内发生同一控制下企业合并的，计算加权平均净资产收益率时，被合并方的净资产从报告期期初起进行加权；计算扣除非经常性损益后的加权平均净资产收益率时，被合并方的净资产从合并日的次月起进行加权。计算比较期间的加权平均净资产收益率时，被合并方的净利润、净资产均从比较期间期初起进行加权；计算比较期间扣除非经常性损益后的加权平均净资产收益率时，被合并方的净资产不予加权计算（权重为零）。

在进行业绩考核时，经常用到扣除非经常性损益后的净资产收益率指标。例如，公开增发股票的其中一个条件为：最近3个会计年度加权平均净资产收益率不低于6%，以扣除非经常性损益后的净利润与扣除前的净利润中低者作为加权平均净资产收益率的计算依据。由于扣除非经常性损益后的净利润比扣除前的净利润指标更能体现企业的盈余质量与盈利状况，因此，扣除非经常性损益后的净资产收益率指标在财务分析中运用甚广。

净资产收益率的影响因素是净利润和净资产。净利润可能会受到企业所得税率、营业利润和营业外收支净额的影响。其中，营业利润受营业收入、营业成本、费用、投资损益、公允价值变动损益、资产减值损失的影响；净资产则可能受到利润分配政策、股权融资、股票回购等因素的影响。

4. 每股收益

每股收益（Earnings Per Share，EPS）是指将净利润扣除优先股股息后的余额与年末发行在外的普通股份加权平均数的比值，反映了企业一定时期平均对外发行的股份所享有的净利润。

其计算方法如下：

$$每股收益 = \frac{净利润 - 优先股股息}{年末普通股份总数} \quad (2-4)$$

根据2011年四川长虹母公司财务报表数据：

$$2011年每股收益 = 60\,689.26 \div 284\,731.71 = 0.2131(元/股)$$

每股收益的影响因素是净利润和年末普通股份总数。年末普通股份总数受到企业股权融资和股票回购等行为的影响。一般来说，每股收益指标越高，在利润质量较好的情况下，表明股东的投资效益越好，股东获取较高股利的可能性也就越大。

5. 其他盈利能力指标

除了上述介绍的毛利率、销售净利率、净资产收益率三个常用的盈利能力指标外，还有其他一些有用的指标，如营业利润率、期间费用率、息税折旧及摊销前利润、总资产净利率等，它们分别从盈利结构、主营业务现金流、总资产投入等视角考察了企业的盈利能力状况。

（1）营业利润率。营业利润率（Operating Profit Margin）是营业利润与营业收入的百分比。具体公式为：

[注] 加权平均净资产收益率的计算方法如下：
加权平均净资产收益率 = $P_0/(E_0 + NP \div 2 + E_i \times M_i \div M_0 - E_j \times M_j \div M_0 \pm E_k \times M_k \div M_0)$。
其中：P_0 分别对应于归属于公司普通股股东的净利润、扣除非经常性损益后归属于公司普通股股东的净利润；NP 为归属于公司普通股股东的净利润；E_0 为归属于公司普通股股东的期初净资产；E_i 为报告期发行新股或债转股等新增的、归属于公司普通股股东的净资产；E_j 为报告期回购或现金分红等减少的、归属于公司普通股股东的净资产；M_0 为报告期月份数；M_i 为新增净资产次月起至报告期末的累计月数；M_j 为减少净资产次月起至报告期末的累计月数；E_k 为因其他交易或事项引起的、归属于公司普通股股东的净资产增减变动；M_k 为发生其他净资产增减变动次月起至报告期末的累计月数。

$$营业利润率 = \frac{营业利润}{营业收入} \times 100\% \tag{2-5}$$

由于现行利润表中的"营业利润"包含了资产减值损失、公允价值变动损益和投资收益这几个与当期营业收入并无直接关系的项目,为体现与营业收入的相关性,可使用核心业务利润代替营业利润计算该比率,其计算方法为:

$$核心利润率 = \frac{核心业务利润}{营业收入} \times 100\% \tag{2-6}$$

根据2011年四川长虹母公司财务报表的数据:

$$2011年核心业务利润率 = \frac{2\,512\,796.34 - 2\,453\,340.15}{2\,512\,796.34} \times 100\% = 2.37\%$$

(2)期间费用率。期间费用率(Period Cost Rate)是期间费用总和与营业收入的百分比,主要用于分析期间费用相对于营业收入的增长速率,以此判断对利润率的影响方向与程度,其计算方法为:

$$期间费用率 = \frac{销售费用 + 管理费用 + 财务费用}{营业收入} \times 100\% \tag{2-7}$$

除了可以计算总期间费用率,还可以用各项费用单独与营业收入对比,形成不同的费用收入比率,以分析各项目占总收入的比重及发展趋势。该比率可以与企业以前同期的数值进行比较,分析企业费用控制的变化情况,也可以用来与企业所在行业平均值或者相似企业的该比率进行比较,以此判断企业对期间费用的管理控制能力。

根据2011年四川长虹母公司财务报表的数据:

2011年销售费用率 = 267 416.66/2 512 796.34 = 10.64%

2011年管理费用率 = 60 652.62/2 512 796.34 = 2.41%

2011年财务费用率 = 2 145.53/2 512 796.34 = 0.085%

2011年期间费用率 = (267 416.66 + 60 652.62 + 2 145.53)/2 512 796.34 = 13.14%

(3)息税折旧与摊销前利润。息税折旧及摊销前利润(EBITDA)是指企业扣除利息、所得税、折旧及摊销前的利润。相比净利润指标,EBITDA是一个更具有现金流量特征的营业利润指标,能够更好地反映企业真实盈利能力。

首先,EBITDA去除了利息与税收对现金流特征盈利测度的影响。利息费用是企业债务融资成本的现金流支出,所得税费用也是企业基于当期损益而支付的税收现金流支出。在EBITDA计算中将这两个因素保留在盈利中,可以更为全面地反映盈利的现金流特征。

其次,EBITDA还去除了基于会计核算而与当期实际经营业绩没有直接关系的折旧费用和摊销费用,例如固定资产的使用年限、残值和各种折旧方法。通过去除这些项目,EBITDA使投资者能更为直接地判断财务获利能力。

EBITDA的计算方法如下:

$$EBITDA = 净利润 + 所得税 + 固定资产折旧 + 无形资产摊销 + 长期待摊费用摊销$$
$$+ 偿付利息所支付的现金(费用化的利息支出) \tag{2-8}$$

或
$$EBITDA = 营业利润 + 营业外收入 - 营业外支出 + 固定资产折旧 + 无形资产摊销$$
$$+ 长期待摊费用摊销 + 偿付利息所支付的现金(费用化的利息支出) \tag{2-9}$$

其中,"偿付利息所支付的现金"无法在年报中获得直接披露的数据,只能间接计算得到,具体计算方法为:

偿付利息所支付的现金 = 分配股利、利润或偿付利息支付的现金 − 支付股利、利润支付的现金 − 资本化利息

根据2011年四川长虹合并财务报表的数据：

2011年偿付利息所支付的现金 = 54 824.73 − 6 068.93 [⊖] − 0 = 48 755.80(万元)

2011年 EBITDA = 32 278.39 + 22 359.02 + 95 102.31 + 21 484.33
+ 224.51 + 48 755.80
= 220 204.36(万元)

或　　2011年 EBITDA = 28 847.45 + 40 433.58 − 14 643.62 + 95 102.31
+ 21 484.33 + 224.51 + 48 755.80
= 220 204.36(万元)

（4）总资产收益率。总资产收益率（Return on Assets，ROA）是指净利润与平均资产总额的比值，它反映了企业单位资产产生净利润的能力，是企业从资产投入与盈利产出的角度测度盈利能力的一个重要指标。虽然股东的报酬是由总资产收益率和财务杠杆共同决定，但提高财务杠杆会在一定程度上增加企业风险。因此，净资产收益率的主要驱动因子是总资产收益率。计算方法中的"总资产"可以使用年末总资产或期初与期末平均总资产，其计算方法为：

$$总资产收益率 = \frac{净利润}{平均资产总额} \times 100\% \tag{2-10}$$

其中，　　　平均资产总额 =（期初资产总额 + 期末资产总额）÷ 2

根据2011年四川长虹母公司财务报表的数据：

2011年总资产净利率 = 60 689.26 ÷ [(2 733 504.20 + 3 397 419.54) ÷ 2] × 100% = 1.98%

企业资产规模和净利润都会影响总资产收益率。如果总资产收益率发生重大变化，则需要从资产规模和净利润两个方面进行分析。其中，资产规模受管理层基于经营战略、产业链规划、资源配置等方面的考虑进行的资产配置的影响，而盈利能力则与行业竞争能力密切相关。

2.3.2　资产营运效率指标

营运能力通常是指企业在一定期间营运与管理资产的效率。资产营运效率一般用资产周转率来测度，代表了企业投入和运用的单位资产创造营业收入的能力，资产周转越快，则创造营业收入的能力越强。考察资产营运效率的指标主要有总资产周转率、应收账款周转率、存货周转率等。

1. 总资产周转率

总资产周转率（Total Assets Turnover）是营业收入与平均资产总额的比值，表明总资产在1年中的周转次数。总资产周转率反映了单位资产投资所产生的营业收入。在营业收入利润率不变的条件下，资产周转的次数越大，表明资产的营运效率越高，对营业收入贡献也越大。总资产周转率的计算方法如下：

$$总资产周转率(周转次数) = \frac{营业收入}{平均资产总额} \tag{2-11}$$

其中：　　　平均资产总额 =（期初资产总额 + 期末资产总额）÷ 2

根据2011年四川长虹母公司财务报表数据：

2011年总资产周转率 = 2 512 796.34 ÷ [(2 733 504.20 + 3 397 419.54) ÷ 2] = 0.819 7(次)

⊖　数据来源：四川长虹2011年度合并所有者权益变动表中第四项利润分配。

365天与总资产周转率的比值，便是总资产周转天数，表示总资产周转一次所需要的时间。时间越短，总资产的营运效率越高，盈利性越好。其计算方法如下：

$$总资产周转天数 = 365 \div (营业收入 \div 平均资产总额) \tag{2-12}$$

总资产周转次数的倒数是总资产与收入比，表示单位收入需要的总资产投资。收入相同时，需要的投资越少，说明总资产的盈利性越好，或者说总资产的营运效率越高。其计算方法如下：

$$总资产与收入比 = 平均资产总额 \div 营业收入 \tag{2-13}$$

总资产周转率的影响因素是营业收入和总资产数量。其中，流动资产和非流动资产的周转情况会影响总资产周转率。

2. 应收账款周转率

应收账款周转率（Accounts Receivable Turnover）是营业收入与应收账款的比值，表明应收账款在通常1年中周转的次数，是反映企业应收账款收账回款的变现速度和管理效率的指标。应收账款周转率越高，周转次数越多，表明企业应收账款的回收速度越快，企业营运资金管理的效率越高。如果应收账款周转率降低，企业就需要加强应收账款的管理和催收工作。应收账款周转率计算方法如下：

$$应收账款周转率（周转次数）= \frac{营业收入}{平均应收账款} \tag{2-14}$$

其中：

$$平均应收账款 = (期初应收账款 + 期末应收账款) \div 2$$

$$应收账款周转天数 = 365 \div (营业收入 \div 平均应收账款) \tag{2-15}$$

$$应收账款与收入比 = 平均应收账款 \div 营业收入 \tag{2-16}$$

根据2011年四川长虹母公司财务报表数据：

$$2011年应收账款周转天数 = 365 \div \{2\,512\,796.34 \div [(223\,943.36 + 299\,873.06) \div 2]\}$$
$$= 38.04（天）$$

应收账款周转率的影响因素是营业收入和应收账款。企业管理层面对的是如何进行权衡决策，即一方面通过对客户放宽信用政策巩固客户关系、提升市场份额、增加营业收入，另一方面如何控制因放宽信用政策导致的应收账款增加带来的资金占用与坏账风险。因此，管理层会针对应收账款4个方面的持有成本进行权衡管理，即短缺成本、机会成本、管理费用和坏账损失：

第一，应收账款的短缺成本。应收账款的短缺成本是指企业在相对较紧的信用政策下，部分客户因无法满足自身财务流动性而转向其他信用政策更宽松的企业所导致的本企业的销售利润减少。即短缺成本是没有赢得最大营业收入产生的损失，这是一种机会收益的损失。短缺成本与企业持有的应收账款规模之间呈负相关关系。

第二，应收账款的机会成本。应收账款的机会成本是指企业因应收账款资金被占用而无法进行其他机会的投资所损失的收益，即应收账款的机会成本通常情况下是应收账款损失利息收入。机会成本与企业持有的应收账款规模之间呈正相关关系。

第三，应收账款的管理费用。应收账款的管理费用指从应收账款发生到收回期间所有的与应收账款管理活动有关的费用。应收账款的管理费用主要包括制定信用政策的费用、对客户资信状况调查与跟踪的费用、应收账款监管与收账费用等。特别指出，收账费用是指企业发生的应收账款的正常收账费用和对逾期应收账款的催收费用。这些费用可能包括书面通知客户的邮费、通信费用、直接拜访客户的差旅费、支付给专业讨债公司的费用以及可能会发生的法律诉讼费等。持有应收账款所产生的管理成本在一定的规模内比较稳定，一旦超出一定的规模，应收账款管理成本会跃升到一个高水平上维持一种相对稳定的状态，表现为一种半变动的阶跃特征。

第四，应收账款的坏账损失。坏账损失是指企业确认应收账款无法收回而发生的冲销应收账款的损失。企业的应收账款规模越大，发生坏账损失的概率也就越大。企业加强应收账款的管理水平会有效地控制发生坏账的损失。坏账损失与企业持有的应收账款规模之间呈正相关关系。

应收账款的短缺成本与应收账款的管理费用、机会成本、坏账损失之间呈现出一种此消彼长（Trade off）的关系。管理层如果放宽信用政策，可以降低短缺成本，但会增加应收账款的收账费用、机会成本与坏账成本，而紧缩信用政策，虽可以降低应收账款的收账费用、机会成本与坏账成本，但会增加短缺成本。需要注意的是在公司实务当中信用政策与四种成本费用并不一定为简单的线性关系。如图 2-15 所示，收账成本与收账政策松紧程度成反比，收账政策越紧，收账费用越多，但机会成本和坏账损失会减少。当收账政策松紧度一定时，

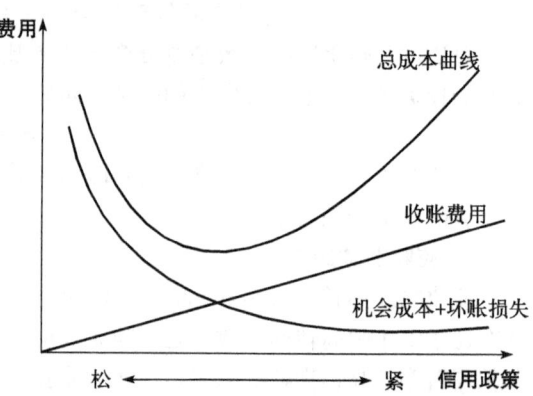

图 2-15 信用政策与应收账款持有成本

收账费用与应收账款持有额度呈正比例关系。企业为了最大限度的巩固客户关系、提高市场份额、增加营业收入，在市场竞争条件下给客户一定的信用政策；如果部分客户不能按照条款及时付款，出现应收账款逾期甚至发生坏账进而导致流动资金紧张，此时管理层会加大应收账款的追收、催收力度，同时考虑是否收紧信用政策。当放宽信用政策时，企业会考虑因放宽信用政策所增加的营业利润是否大于因放宽信用政策而增加的各种成本费用总额；当收紧信用政策时，企业会考虑因收紧信用政策所减少的应收账款成本费用是否大于因收紧信用政策而减少的营业利润。

管理层对应收账款管理的目标就是在放宽对客户的应收账款信用政策而增加的盈利与因放宽信用政策而带来的应收账款各种成本增加之间做出权衡决策，维持企业具有良好的财务流动性，即兼顾应收账款的效益性与流动性，寻求总成本最小的应收账款信用政策。

3. 存货周转率

存货周转率（Inventory Turnover）是指营业成本与存货的比值，表明存货在 1 年中的周转次数，是衡量和评价企业从购入存货、投入生产、实现销售等各环节的管理状况的综合性指标○。存货周转速度越快，表明存货转变为销售的速率越快，资产负债表中存货的数量水平越低。

其计算方法如下：

$$存货周转率（周转次数）= \frac{营业成本}{平均存货} \quad (2\text{-}17)$$

其中： 平均存货 =（期初存货 + 期末存货）÷ 2

$$存货周转天数 = 365 ÷（营业成本 ÷ 平均存货） \quad (2\text{-}18)$$

根据 2011 年四川长虹母公司财务报表数据：

2011 年存货周转天数 = 365 ÷ {2 512 796.34 ÷〔(399 816.09 + 388 892.33) ÷ 2〕}
= 57.28（天）

对存货周转率产生实质性影响的是企业的运营模式、组织结构、生产流程、其他财务政策等因素：第一，公司运营模式的影响。同行业公司的主营业务的营运模式差异性会影响存货的存量与结构。例如，家电经销商经历了从连锁店营销模式到电子商务再到互联网零售商 O2O 的营销模

○ 计算存货周转率时，也可以选择使用"营业收入"计算存货周转率。为在不同公司之间进行横向比较，应保持口径的一致性。两种周转率计算方法引起的结果差异是反映了毛利率的差异性，显然，使用营业成本计算存货周转率剔除了盈利成分的影响。

式,明显改变了存货周转效率。第二,公司组织结构的影响。公司组织结构差异性也会对存货存量产生影响。例如,一家公司在各地设有多个分公司,如果每个分公司都保有存货,就会增加存货在分公司的存量,导致存货整体的周转率下降。第三,公司生产工艺流程的影响。同行业的企业在生产工艺流程设计上的差异性也会影响存货数量和周转率。

4. 其他营运能力指标

除总资产周转率、应收账款周转率、存货周转率三个常用的资产营运效率指标外,还有一些资产营运效率的指标可以依据分析需要使用,如流动资产周转率和非流动资产周转率,它们分别考察了流动资产整体和非流动资产整体的营运效率。

(1) 流动资产周转率。流动资产周转率(Current Assets Turnover)是营业收入与平均流动资产的比值,表明流动资产1年中周转的次数,反映单位流动资产所产生的营业收入。流动资产周转速度快,表明相对于流动资产的投入,提高了营业收入产出的效率,有利于增强企业盈利能力。其计算方法如下:

$$流动资产周转率(周转次数) = \frac{营业收入}{平均流动资产} \tag{2-19}$$

其中: 平均流动资产 = (期初流动资产 + 期末流动资产) ÷ 2

365天与流动资产周转率的比值,便是流动资产周转天数,表明流动资产周转一次所需要的时间,也就是期末流动资产转换成现金平均所需要的时间。

$$流动资产周转天数 = 365 \div (营业收入 \div 平均流动资产) \tag{2-20}$$

流动资产周转次数的倒数,是流动资产与收入比,表明单位收入所需要的流动资产投资。

$$流动资产与收入比 = \frac{平均流动资产}{营业收入} \tag{2-21}$$

根据2011年四川长虹母公司财务报表数据:

2011年流动资产周转天数 = 365 ÷ {2 512 796.34 ÷ [(1 803 524.37 + 2 430 241.01) ÷ 2]}
= 307.49(天)

流动资产周转率的影响因素是营业收入和流动资产总额。流动资产周转率受到资产结构的影响较为明显,例如,在应收账款和存货比重比较高的行业,应收账款和存货是各个流动资产项目中最重要的两项流动资产,应收账款周转率和存货周转率对流动资产周转率的影响较大。

(2) 非流动资产周转率。非流动资产周转率(Non Current Assets Turnover)是营业收入与平均非流动资产的比值,反映了非流动资产的管理效率。非流动资产周转率表示单位非流动资产投资所产生的营业收入。其计算方法为:

$$非流动资产周转率(周转次数) = \frac{营业收入}{平均非流动资产} \tag{2-22}$$

其中: 平均非流动资产 = (期初非流动资产 + 期末非流动资产) ÷ 2

365天与非流动资产周转率的比值,便是非流动资产周转天数。

$$非流动资产周转天数 = 365 \div (营业收入 \div 平均非流动资产) \tag{2-23}$$

根据2011年四川长虹母公司财务报表数据:

2011年非流动资产周转天数 = 365 ÷ {2 512 796.34 ÷ [(929 979.83 + 967 178.52) ÷ 2]}
= 137.79(天)

非流动资产周转率的影响因素是在建工程、工程物资等当期不能投入企业生产中的资产项目和固定资产、无形资产、其他长期资产等资产项目。过多的在建工程、工程物资会导致整个企业的资产周转率下降。

2.3.3 债务偿还能力指标

偿债能力是指企业用资产产生的预期现金流偿还长、短期负债的能力。测度企业偿债能力的指标主要有资产负债率和流动比率指标。

1. 资产负债率

资产负债率（Assets Liabilities Ratio）是平均负债总额占平均资产总额的比率，反映了企业全部资金来源中有多少来源于债务融资，是衡量企业财务风险的主要指标。从债权人角度，资产负债率越低，企业资产对债权人债务的保障程度越高；从股东角度，资产负债率越低，在盈利水平一定的情况下，股东可获得剩余收益就越多；从经营者角度，资产负债率是管理层财务决策的重要内容之一。其计算方法既可以使用期末值直接计算，也可以使用平均值计算：

$$资产负债率 = \frac{平均负债总额}{平均资产总额} \times 100\% \tag{2-24}$$

其中：　　　　　　平均负债总额 =（期初负债总额 + 期末负债总额）÷ 2
　　　　　　　　　平均资产总额 =（期初资产总额 + 期末资产总额）÷ 2

根据 2011 年四川长虹母公司财务报表数据：

2011 年资产负债率 = [(1 791 853.75 + 2 101 873.35) ÷ 2] ÷ [(2 733 504.20 + 3 397 419.54) ÷ 2]
　　　　　　　　　× 100% = 63.51%

2. 流动比率

流动比率（Current Ratio）是流动资产与流动负债的比值，反映了企业的流动资产对流动负债的偿还能力。首先，资产负债表上列示的流动债务是尚未到期且尚未偿还的负债，因此，用流动资产对应未来到期的流动负债，显然存在一个时间差。其次，偿还流动负债显然不能用流动资产本身去偿还，否则企业就进入了清算程序，而是用未来创造的现金流入偿还。再次，未来用于偿还流动负债的现金流并非是流动资产本身产生的现金流，而是企业整体资产组合产生的现金流。显然，流动比率这个财务指标所蕴含的基本思想是如果使流动资产数量规模能够大于流动负债，在保持经营状况不发生重大变故的情况下，可以判断企业具备了产生偿还流动负债的现金流能力。其计算方法如下：

$$流动比率 = \frac{流动资产}{流动负债} \tag{2-25}$$

根据 2011 年四川长虹母公司财务报表数据：

2011 年流动比率 = 2 430 241.01/1 648 655.97 = 1.474 1
2010 年流动比率 = 1 803 524.37/1 408 303.44 = 1.280 6

3. 其他偿债能力指标

除资产负债率和流动比率两个常用偿债能力指标外，还有一些考察偿债能力的指标，如速动比率和已获利息倍数。

（1）速动比率。速动比率（Quick Ratio）是速动资产与流动负债的比值，反映企业的短期偿债能力。速动资产是指流动资产中扣除存货后剩余的部分。由于各行业之间的差别，在计算速动比率时，除扣除存货以外，还可以从流动资产中去掉其他一些可能与当期现金流量无关的项目（如待摊费用等），以进一步计算变现能力。其计算方法如下：

$$速动比率 = \frac{速动资产}{流动负债} \tag{2-26}$$

根据 2011 年四川长虹母公司财务报表数据：

2011 年速动比率 = (2 430 241.01 - 388 892.33) ÷ 1 648 655.97 = 1.238 2
2010 年速动比率 = (1 803 524.37 - 399 816.09) ÷ 1 408 303.44 = 0.996 7

速动比率影响因素是速动资产和流动负债。其中，速动资产的质量是决定速动比率的核心，例如，现金持有水平以及应收账款的质量在很大程度上决定了速动资产对流动负债的偿还保障能力。

（2）已获利息倍数。已获利息倍数（times interest earned），又称利息保障倍数，是企业息税前利润与利息费用的比率，反映企业息税前利润为所需支付的债务利息的倍数，用以衡量企业偿付借款利息的能力。计算方法如下：

$$已获利息倍数 = \frac{息税前利润}{利息费用} \tag{2-27}$$

其中，息税前利润（EBIT）是指未扣除所得税和利息的利润，可以使投资者在判断企业盈利能力时排除了所得税与利息的影响。

息税前利润(EBIT) = 净利润 + 支付的利息费用 + 支付的所得税

根据 2011 年四川长虹母公司财务报表数据，例题计算中使用财务费用近似替代利息费用：

2011 年已获利息倍数 = (60 689.26 + 2 145.53 + 3 599.49) ÷ 2 145.53 = 30.964

2.3.4 企业价值估价指标

投资价值是指对投资者而言，企业投资价值的大小。投资价值指标的测度通常与普通股每股市价有关，常用的指标包括市盈率、市净率与企业价值倍数。

1. 市盈率

市盈率（Price-Earnings Ratio，PE Ratio）是指普通股每股市价与当期每股收益的比值。市盈率越高，表明市场对公司预期越好，投资者愿意用较高的价格去支付每股净利润。一般来说，市盈率的高低可以用来衡量投资者承担的投资风险，市盈率越高说明投资者承担的风险相对越高，因此，市盈率可以作为衡量企业投资价值的指标之一。其计算方法如下：

$$市盈率 = \frac{每股市价}{每股收益} \tag{2-28}$$

其中，每股收益依据扣除非经常性损益前后孰低的净利润除以发行后总股本计算。[一]

2. 市净率

市净率（Price to Book Ratio，PB Ratio）是指普通股每股市价与每股净资产的比值，反映普通股东愿意为每股净资产支付的价格，说明了市场对公司资产质量的评价。其计算方法如下：

$$市净率 = \frac{每股市价}{每股净资产} \tag{2-29}$$

其中，每股净资产是期末净资产（股东权益总额）与年末普通股份平均数的比值，反映发行在外的普通股每股所代表的净资产成本，即账面权益。

$$每股净资产 = \frac{期末净资产}{年度普通股平均数} \times 100\% \tag{2-30}$$

3. 企业价值倍数

企业价值倍数（EV/EBITDA），是指企业价值与息税折旧及摊销前利润的比值，反映投入资本的市场价值与未来一年企业收益间的比例关系。从定义原理上，EV/EBITDA 与市盈率 PE 类

[一] 本书中市盈率的计算方法具体规定参考证监会于 2010 年 10 月 11 日修订的《证券发行与承销管理方法》相关内容。

似,但是 PE 是从股东的角度出发,而 EV/EBITDA 则是从全体投资人的角度出发;从指标含义上,EV/EBITDA 也与 PE 类似,其倍数相对于行业平均水平或历史水平较高通常说明投资价值高,较低则说明投资价值低。不同行业或板块有不同的估值(倍数)水平。其计算方法[一]如下:

$$EV/EBITDA = \frac{EV(企业价值)}{EBITDA(息税折旧及摊销前利润)} \quad (2-31)$$

其中, 企业价值(EV)[二] = 股权资本的市场价值 + 债务的市场价值 − 现金

在计算企业价值时,为什么要扣除现金?这是因为 EBITDA 没有包括由现金所产生的利息收入,若不扣除现金,则会高估 EBITDA 的真实价值。为了与分母 EBITDA 的范围匹配,分子 EV 在计算时需扣除现金。

以 2011 年四川长虹合并财务报表数据为例:

2011 年 12 月 30 日[三]每股市价为 2.14 元/股,年末普通股股数为 284 731.71 股。因此,股权资本的市场价值 = 2.14 × 284 731.71 = 609 325.86 万元。以债务的账面价值代替市场价值近似计算,即 2 101 873.35 万元。

$$EV(企业价值) = 609\ 325.86 + 3\ 378\ 152.29 - 805\ 918.73 = 3\ 181\ 559.42(万元)$$

$$2011 年四川长虹的 EBITDA = 220\ 204.36(万元)[四]$$

因此,2011 年末四川长虹的 EV/EBITDA = 3 181 559.42 ÷ 220 204.36 = 14.45

相比于市盈率指标,EV/EBITDA 能够更加合理地衡量企业的投资价值。首先,EV/EBITDA 不受资本结构不同的影响。由于 EV/EBITDA 是从全体投资人的角度出发,使用的是企业整体价值指标而非股东价值指标,公司对资本结构的改变不会影响估值,增强了不同公司价值倍数的可比性。其次,EV/EBITDA 不受会计政策不同的影响。EBITDA 不包含折旧摊销这些非现金成本,从而避免了折旧摊销政策的差异对估值的影响,可以更清晰、准确地反映公司价值。最后,EV/EBITDA 的使用范围更广。以收益为基础的模型使用前提是收益必须为正,若每股净利润为负值,则市盈率模型就失效了;EBITDA 指标中扣除的费用项目较少,成为负值的可能性较小。此外,EBITDA 剔除了诸如财务杠杆使用状况、折旧政策变化、长期投资水平等非营运因素的影响,更为纯粹、清晰地展现了企业真正的盈利情况。

2.4 财务分析框架与分析体系

2.4.1 财务分析框架

财务分析是运用一定的量化分析方法、分析工具及数据资源对企业在产品市场和资本市场的业绩与风险做出合乎逻辑的判断,旨在发现目前存在的财务问题,揭示其产生根源及影响因素,预测变化趋势,寻求解决方案。企业管理层、外部投资者及债权人进行财务分析通常是利用公司年度报告中披露的财务报表相关注释信息以及其他开放性网络资源,对盈利能力、资产营运效率、偿债能力、现金流状况及所有者权益变动情况进行分析。

企业管理层面对各个类别为数众多的财务比率,如何简约地把握企业基本财务状况:第一,关注企业经营业务的成长性,重点考察营业收入的增长率;第二,关注企业的资产营运效率,重

[一] 本书对企业价值倍数的定义方法沿用了 Aswath Damodarn 所著教材中使用的方法。《投资估价:确定任何资产价值的工具和技术》,林谦(译),2004,北京:清华大学出版社。
[二] 企业价值的评估方法详见第 11 章企业估价与管理。
[三] 2011 年 12 月 31 日为法定假日,故此处计算取 2011 年 12 月 30 日的股票收盘价格。
[四] 计算方法及过程见本章前文"盈利能力指标"部分。

点考察总资产周转率;第三,关注企业的资本投资回报,重点考察净资产收益率;第四,关注企业财务流动性状态,重点考察资产负债率。

依据财务分析的逻辑关系与基本步骤,图 2-16 概括性描述了公司财务分析的基本框架,其基本过程是在搜集公司年报、公司公告等开放性资源的基础上,通过报表解读与其他相关信息的提炼,运用各种必要的财务分析工具,以问题为导向,依据财务分析的逻辑关系,发现企业存在的财务问题及其影响因素,并对企业财务状况做出判断。很显然,不同信息使用者所关注的财务分析侧重点也有所区别,企业财务分析的不同主体决定了财务分析的视角、路径及判断的差异性。

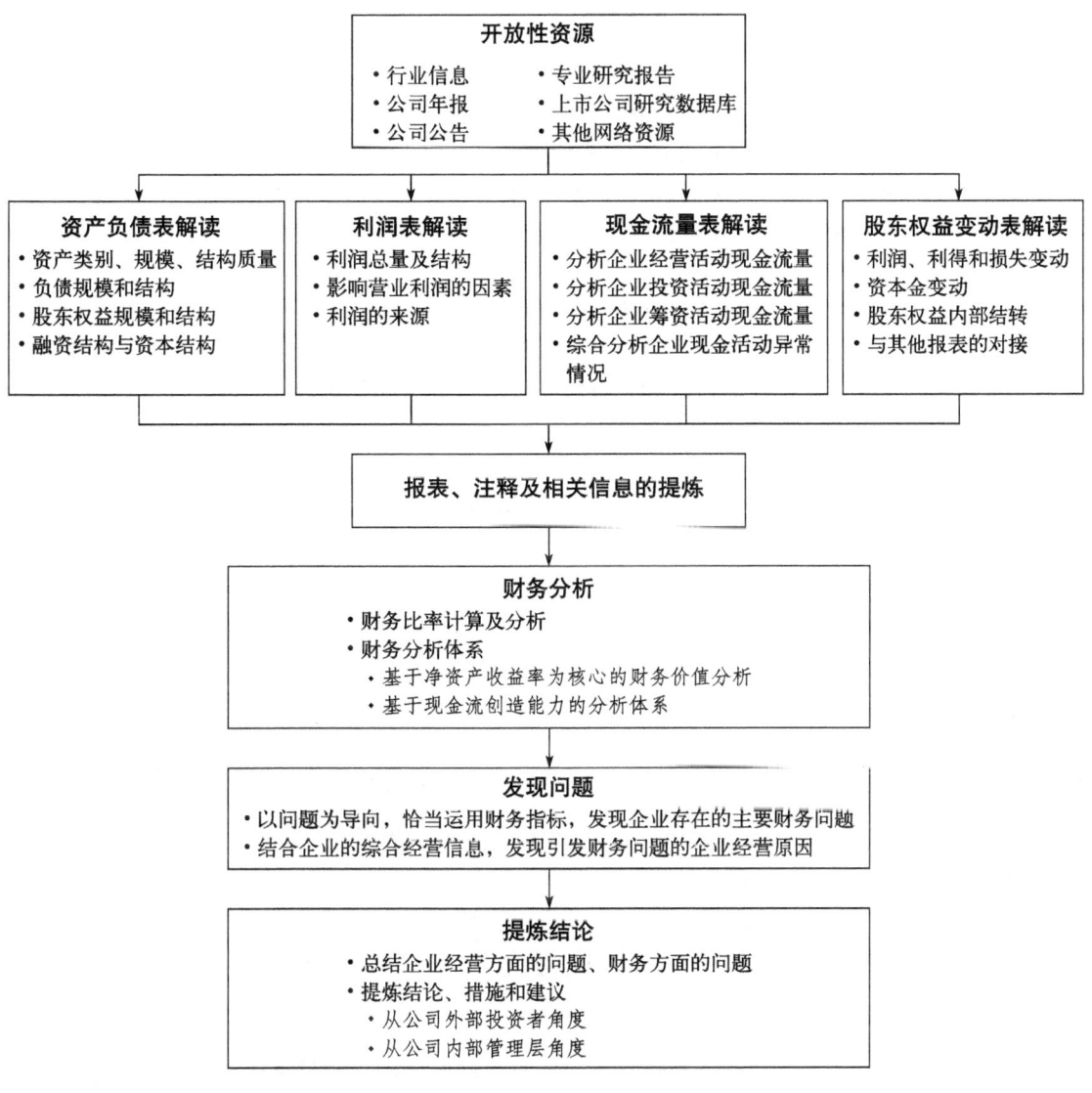

图 2-16 财务分析内容框架图

2.4.2 以净资产收益率为核心的财务分析体系

在财务分析工作中,通常会遇到这两个问题:财务分析比率作为一种分析工具被广泛地用于企业财务分析过程中,但众多的财务比率之间存在怎样的相互关系?哪一个财务比率能够反映股东权益价值,并可以用于不同企业之间比较?

20 世纪 20 年代,美国杜邦公司率先使用了杜邦财务分析体系,该体系覆盖了资产负债表与利润表,将多个财务比率联系为一个整体的、系统的分析体系。这一分析体系又称为以净资产收益率为核心的财务分析体系。

$$净资产收益率 = \frac{净利润}{平均净资产}$$

$$= \frac{净利润}{营业收入} \times \frac{营业收入}{资产总额} \times \frac{资产总额}{股东权益}$$

$$= 资产净利率 \times \frac{1}{1-资产负债率}$$

$$= 资产净利率 \times 权益乘数$$

$$= 营业收入净利率 \times 总资产周转率 \times 权益乘数$$

这一比率反映了企业权益投资的综合盈利能力,可以用于比较不同规模、不同业务类型的企业的权益资本投资价值。从长期来看,公司的成长能力和股东价值最大化取决于净资产收益率的状况与变化趋势。对净资产收益率进行分析、管理既是企业重要业绩指标分析与管理,也是进行价值管理的重要方法。

以净资产收益率为核心的财务分析体系的特点是:以净资产收益率为起点,分别按照分析营业收入净利率、分析资产周转率和分析财务杠杆这三条路径,分析影响企业净资产收益率变化的主要因素,发现企业存在的财务和经营问题,从而实现对企业的价值进行有效的管理,如图 2-17 所示。

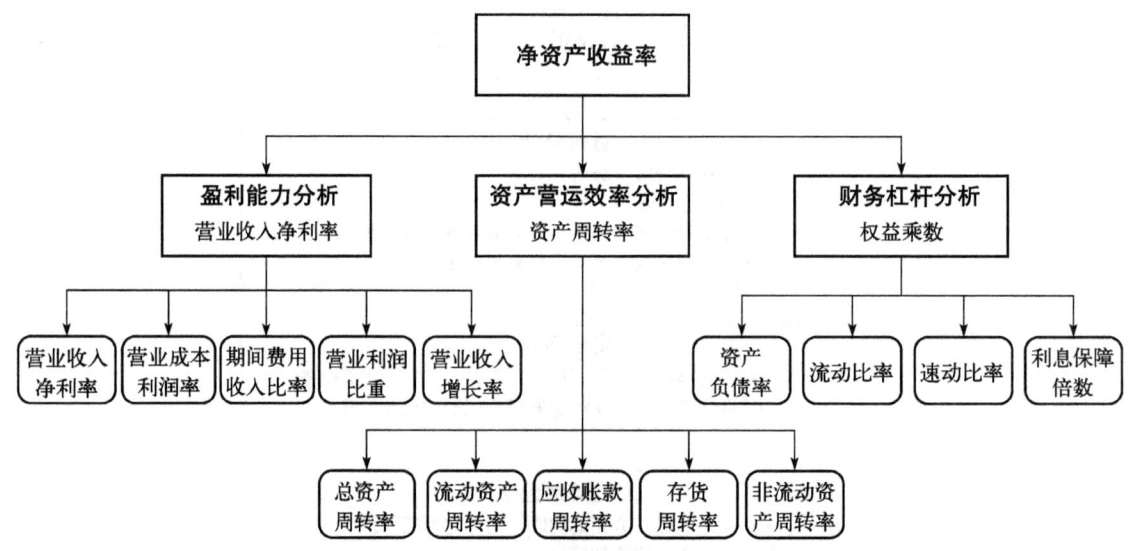

图 2-17 以净资产收益率为核心的财务分析体系

从图 2-17 中可以看出,以净资产收益率为核心的财务分析体系是通过净资产收益率指标把盈利能力分析、资产营运效率分析、财务杠杆分析三个方面所涉及的各个具体的财务比率联结为一个整体。净资产收益率作为一个反映股东投资价值的指标,可以分解为具体的影响因素指标,但在具体应用时,并非面面俱到地分析计算这一体系中的每个财务比率指标,而是依据问题导向原则,以发现财务问题为目的。

1. 第一条分析路径——营业收入净利率因素分析

以营业收入净利率为路径的财务分析是依据影响营业收入净利率的各种因素之间的逻辑关系展开的,可以通过对利润结构、成本费用及其他因素判断对营业收入净利润率的影响,如图2-18所示。

(1) 分析利润总额的结构,判断营业利润和营业外收支净额对利润总额的贡献程度。

(2) 分析营业利润结构。通常可以将营业利润划分为两个部分,一部分是母公司自身营业利润,即通过营业收入减去营业成本与三项期间费用后得到;另一部分是构成营业利润的其他内容,即投资收益、资产减值损失与公允价值变动收益对营业利润的贡献及影响。其中,投资收益包括了对子公司、联营公司及合营公司的投资净收益。营业利润结构分析可以从上述两个部分对营业利润总额的贡献程度与影响进行。

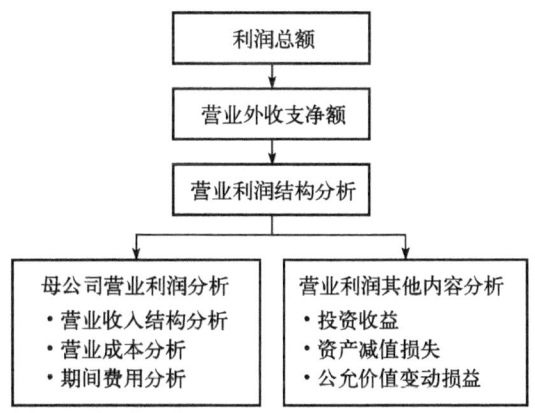

图2-18 以净资产收益率为核心的第一条分析路径

(3) 分析营业收入对营业利润的影响。通过分析营业收入的产品与业务来源结构可以判断产品与业务市场需求的增减变化与价格等因素对营业收入的影响。

(4) 分析营业成本、期间费用对营业利润的影响。通过分析营业成本与期间费用的结构以及相对于营业收入的增长率,可以判断成本与费用对营业收入边际利润率的影响,并可以进一步判断营业成本对营业收入毛利润的影响以及期间费用对营业利润的影响。如果是产品成本发生变化,需要分析需求量与定价等因素对产品成本的影响;如果是期间费用发生重大变化,可以进一步分析是哪一项期间费用所引起。例如,可以分析业务规模、管理效率、会计估计发生变更对管理费用的影响,广告费用、销售渠道建设对销售费用的影响,债务规模、利息水平对财务费用的影响㊀。

(5) 分析投资收益、公允价值变动损益、资产减值损失对营业利润的影响。特别是投资收益在部分公司中甚至超过母公司本身对营业利润总额的影响。

2. 第二条分析路径——资产营运效率因素分析

以资产周转率为路径的财务分析是依据影响资产周转率的各种因素之间的逻辑关系展开的,可以通过对总资产、部分资产及单项资产周转率的分析来判断对资产周转率的影响,如图2-19所示。

(1) 判断流动资产与非流动资产的影响。依据企业的行业特征及营运资金持有政策,企业流动资产与非流动资产的比例与规模将会有一定的差异,对总资产周转率的影响程度不同。对流动资产与非流动资产两大部分资产周转率的分析有助于进一步细化各个单项资产周转率对总资产周

㊀ 2006年2月15日,财政部颁布的企业会计准则(即"新会计准则")第36号——关联方披露中规定,关联方交易,是指关联方之间转移资源、劳务或义务的行为,而不论是否收取价款。一方控制、共同控制另一方或对另一方施加重大影响,以及两方或两方以上同受一方控制、共同控制或重大影响的,构成关联方。其中,控制是指有权决定一个企业的财务和经营政策,并能据以从该企业的经营活动中获取利益。共同控制,是指按照合同约定对某项经济活动所共有的控制,仅在与该项经济活动相关的重要财务和经营决策需要分享控制权的投资方一致同意时存在。重大影响,是指对一个企业的财务和经营政策有参与决策的权力,但并不能够控制或者与其他方一起共同控制这些政策的制定。上市公司关联交易包括但不限于下列事项:购买或销售商品;购买或销售商品以外的其他资产;提供或接受劳务;担保;提供资金(贷款或股权投资);租赁;代理;研究与开发项目的转移;许可协议;代表企业或由企业代表另一方进行债务结算;关键管理人员薪酬。

转率的影响。

(2) 判断流动资产的影响。依据流动资产的组成项目与结构，分别分析现金、应收账款、存货等单项资产周转率的影响：需要考虑企业现金持有政策对货币资金的影响；考虑存货的采购时间、结构、数量、企业运营模式、组织结构、生产流程、产品销售对存货的影响，例如集中于年末采购，导致存货积压；考虑信用政策对应收账款的影响；考虑被大股东占用资金等情况对其他应收款的影响。

(3) 判断非流动资产的影响。依据非流动资产的组成项目与结构，分别分析长期股权投资、固定资产及其他单项资产周转率的影响：需要考虑投资方向对长期股权投资的影响；考虑在建工程、工程物资这类当期不能投入生产使用的限制资产对固定资产的影响，例如过量的准备性固定资产投资会导致资产利用率下降、固定资产闲置；过少的准备性固定资产投资难以满足企业生产规模扩张的需求，制约企业的发展。

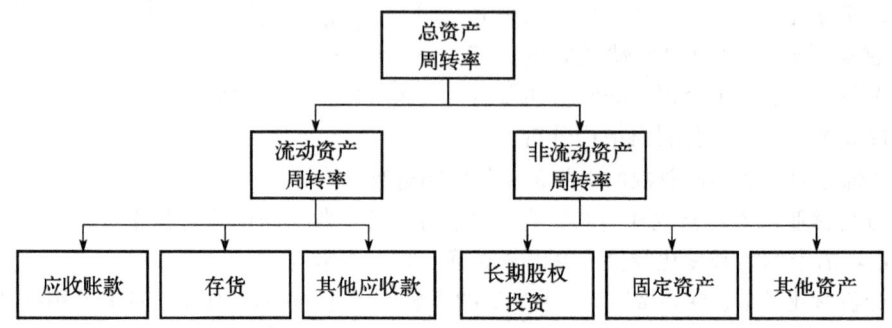

图 2-19　以净资产收益率为核心的第二条分析路径

3. 第三条分析路径——财务杠杆因素分析

以财务杠杆为路径的财务分析是依据影响财务杠杆的各种因素之间的逻辑关系展开的，可以从长期与短期（即流动性水平）、有息与无息、债务可选择的方式三个方面对债务结构进行分析，判断对财务杠杆的影响，如图 2-20 所示。

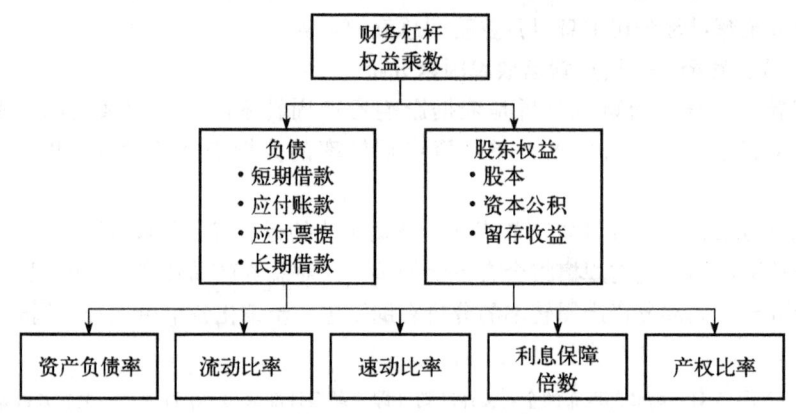

图 2-20　以净资产收益率为核心的第三条分析路径

权益乘数的大小，实际表达的是资产负债率的水平。单纯考虑负债率的整体水平，并不能完整地反映负债情况对财务状况的影响。因此，有必要从以下三个不同方面分析债务结构，判断对财务杠杆的影响。

(1) 债务流动性的影响。依据流动性水平，公司负债可分为流动负债与非流动负债。由于资产负债率受股本融资、利润留存、长短期债务结构、随流动资产变化的流动负债如商业信用融资等众多因素的影响,反映的是企业的整体偿债能力。因此,可以进一步地计算分析流动比率、速动比率等短期偿债能力指标,判断偿债压力是否由短期借款等流动负债造成。

(2) 有息负债与无息负债比例的影响。有息负债与无息负债的比例结构不同,企业所面临的财务风险就会有所不同。以两家资产负债率同为80%的企业为例,其权益乘数均为5,但两家企业的有息负债与无息负债的比例结构不同。那么,有息负债比例较高的企业一定面临更高的财务风险。很明显,债务规模对权益乘数的放大效应相同,但由于债务结构的差异导致利息压力的差异,进而产生对损益的不同影响以及现金流流动风险的不同。

(3) 债务可选择方式的影响。由于融资环境与融资约束的限制,公司债务可选择的方式有所差异。例如,公司是否挂牌上市决定着企业能否进行股权融资。非上市公司一般以债务融资为主,而上市公司既有股权融资,又有债权融资;净资产收益率未能达到配股与增发要求的企业往往只能以债务融资为主。

以净资产收益率为核心的分析体系,是以净资产收益率为分析起点,对与净资产收益率相关的三个财务比率及三个比率所涉及的相关因素进行具体分析的财务分析框架,有助于发现企业财务问题和经营问题以及问题背后的原因,为公司财务状况评价提供依据。

2.4.3 现金流分析体系

上述对净资产收益率的分析只涵盖了资产负债表和利润表,分析的重点是盈利能力、营运能力和偿债能力三个方面及其相关影响因素,并没有针对现金流量进行分析。而现金流量是财务资源交换与流动的最基本形式,现金流创造能力是支撑企业持续增长的本质特征。现金流创造能力是指为实现企业价值管理目标而使经营现金净流量实现增长并使整体现金净流量实现平衡的能力。在现金流创造能力的概念中,突出了两个方面的现金流特征:一是数量增长,这与企业增长相联系;二是数量与时点平衡能力,这与财务流动性相联系。如图2-21所示,营业收入是企业现金流最主要的来源,良好的营业收入成长性可以创造更多的营业现金流流入;而经营资产质量有助于提高经营资产的营运效率,反映了营业收入现金流的实现程度;成本费用优势提升了营业收入利润率,有助于增加现金净流量。这三部分反映的是企业当前的经营状态,而企业未来的持续成长性则表现在资本投资价值上。企业的现实经营状况和创造未来现金流的能力是债权人和股东对预期投资收益的判断依据,也是支撑营业收入增长的持续融资能力。

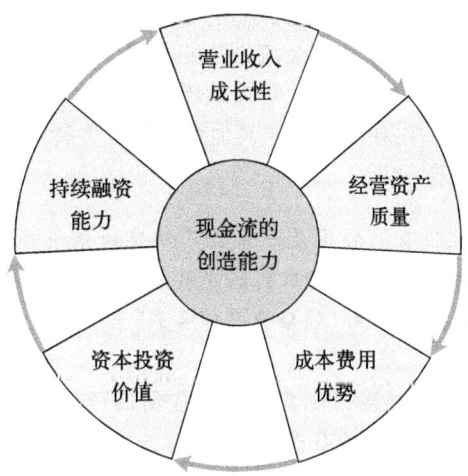

图 2-21 现金流量创造能力的驱动因子

（1）营业收入增长。营业收入增长是指企业通过保持竞争优势，在实现提升或相对稳定的市场占有率基础上，使营业收入具有可持续的增长性。营业收入的增长能力是提升企业现金流量创造能力的最主要因素，应该与企业所处的发展阶段相匹配，并与企业的发展战略相吻合，在收入质量稳定前提下，表现为对营业收入现金流的贡献能力，是实现核心业务营业现金流创造能力的源泉。

（2）经营资产质量。经营资产质量是指经营性资产的营运效率及其对营业现金流的贡献能力。经营资产的营运效率一方面体现为经营资产的存量与结构配置反映了核心业务规律特征，另一方面体现为经营资产的周转效率高，这不仅有利于提高营业收入现金流的创造能力，也有利于提高经营资产的投资收益，是现金流创造能力的基础。

（3）成本费用优势。成本费用优势是指在生产经营过程中，通过对采购、生产、销售、筹资等一系列环节的管理，控制产品的生产成本和各种期间费用，使企业在行业中具有主营业务的盈利空间。成本费用优势对现金流的贡献可以反映在两个方面：一方面，成本优势可以使企业具备盈利优势，拥有更强的行业价格竞争力，增强核心业务经营现金流的创造能力；另一方面，费用控制可以减少经营现金流量支出，增加经营现金净流量。

（4）资本投资价值。资本投资价值是指企业具有能够体现未来竞争优势的资本性投资项目以及具有较高预期投资收益现金流量的可实现程度。一方面是指企业实现投资当期收益现金流的能力，另一方面是指对企业长期价值的影响力。资本投资可以分为对企业自身主营业务相关的固定资产投资和企业外部证券类金融资产及对其他企业的股权投资。前者的投资效率与现值实现程度主要体现在未来核心业务所产生的经营现金流上，而后者则主要影响企业的投资收益现金流。

（5）持续融资能力。持续融资能力是以上述营业收入持续增长、良好的经营资产质量管理、成本费用优势及资本投资价值为基础的，是指企业在产品市场和资本市场上同时获得良好业绩而为其自身赢得了持续外部融资的资信条件，在企业保持合理的资本结构与良好财务流动性的基础上，从外部资本市场获得再融资的能力。持续融资能力可以满足企业对核心业务持续性资金投入的需要，通过实施财务战略的有力保障，是实现预期营业收入可持续增长的支撑。

总体说来，营业收入成长性、经营资产质量、成本费用优势、资本投资价值和持续融资能力是现金流量创造能力的五个驱动因子，这五个因子之间内在的逻辑关系是：

（1）营业收入增长是实现核心业务现金流创造能力的源泉；
（2）经营资产质量是实现核心业务现金流创造能力的基础；
（3）成本费用优势是实现核心业务现金流创造能力的保障；
（4）资本投资价值是实现未来预期现金流创造能力的体现；
（5）持续融资能力是实现预期营业收入可持续增长的支撑。

一个企业在这几个方面显示出相对于行业其他企业的优势特征，是现金流量创造综合能力的体现，如下例华为投资控股有限公司。

【示例2-2】 华为投资控股有限公司是一家生产销售通信设备的非上市民营通信科技公司，于1987年在中国深圳正式注册成立。华为目前已发展成为一家业务遍及全球170多个国家和地区的全球化公司。2013年，华为在世界500强企业中排名315位，首次超过爱立信（ERICSSON）成为全球第一大电信设备商。

将2011~2013年期间华为与我国通讯及相关设备制造行业排名前10上市公司的平均水平[1]进行对比，华为平均每股净现金流量为0.59元，是行业平均每股净现金流量0.17元的3.4倍。华为的现金流创造能力，体现在表2-7所示的五个驱动维度上，结果显示华为在整体上明显优于行业平均水平。

表 2-7 2011~2013 年华为与行业前 10 公司对比

	项目	华为	行业	(华为/行业)
营业收入增长	营业收入（亿元）	2210.51	116.61	18.96
	每股营业收入（元）	16.09	8.94	1.80
	营业收入增长率①	9.41%	7.53%	1.25
经营资产质量	应收账款周转率	4.03	4.20	0.96
	存货周转率	9.12	4.59	1.99
	流动资产周转率	1.28	1.08	1.19
	总资产周转率	1.05	0.85	1.24
成本费用优势	营业毛利率	39.42%	22.96%	1.72
	期间费用占营业收入比率	18.60%	18.70%	0.99
	核心业务利润率	20.82%	3.53%	5.90
资本投资价值	投资活动每股净现金流量（元）	-0.21	-0.44	0.48
	研发费用占销售收入比例	12.71%	6.95%	1.83
	核心业务资产投资率②	1.26%	1.68%	0.75
持续融资能力	有息负债/总资产	10.12%	13.70%	0.74
	EBITDA/有息负债	1.70	2.01	0.85
	净资产收益率	21.81%	7.25%	3.01
	筹资活动每股净现金流量（元）	-0.51	0.53	-0.96
	吸收投资所收到的现金（亿元）③	—	2.06	—

①为消除资产规模对营业收入增长率的影响，该指标以公司总资产占行业总资产比例为权重计算加权平均值。
②核心业务资产投资率=新增固定资产、无形资产/资产总额
③这一指标只针对已上市公司，因此华为缺失这一指标。

在营业收入增长方面，华为实现了营业收入的持续增长。华为的营业收入、每股营业收入以及营业收入增长率分别是2 210.51亿元、16.09元以及9.41%，分别是行业平均水平的18.96倍、1.80倍以及1.25倍。

在经营资产质量方面，华为保持了良好的资产运营效率。华为的存货周转率、流动资产周转率以及总资产周转率分别是行业平均水平的1.99倍、1.19倍以及1.24倍。

在成本费用优势方面，华为实现了成本与费用控制优势。华为的营业毛利率、期间费用占主营业务收入比率、核心业务利润率分别是39.42%、18.60%、20.82%，分别是行业平均水平的1.72倍、0.99倍、5.9倍。

在资本投资价值方面，华为注重研发与项目的投入力度。华为的研发费用占营业收入的比重为12.7%，并且呈现出逐年上升的趋势，是行业平均水平的1.83倍。此外，华为注重对核心业务资产的投资，基于资产规模的投资力度保持超过行业的平均水平。

在持续融资能力方面，华为具备债务与权益持续融资能力。华为的有息债务与总资产的比率、EBITDA/有息负债比、净资产收益率以及筹资活动每股净现金流量分别为10.12%、1.70、21.81%以及-0.51元。其中净资产收益率以及筹资活动每股净现金流量分别是行业平均水平的3.01倍以及-0.96倍。

①如无特殊说明，本案例中行业平均水平是指我国通讯及相关设备制造行业前10家上市公司的平均值。前10家上市公司按照资产规模筛选得出。

对企业过去的现金流特征的分析一般包括现金流结构分析、流动性分析和获取现金能力分析三个方面，如图2-22所示。

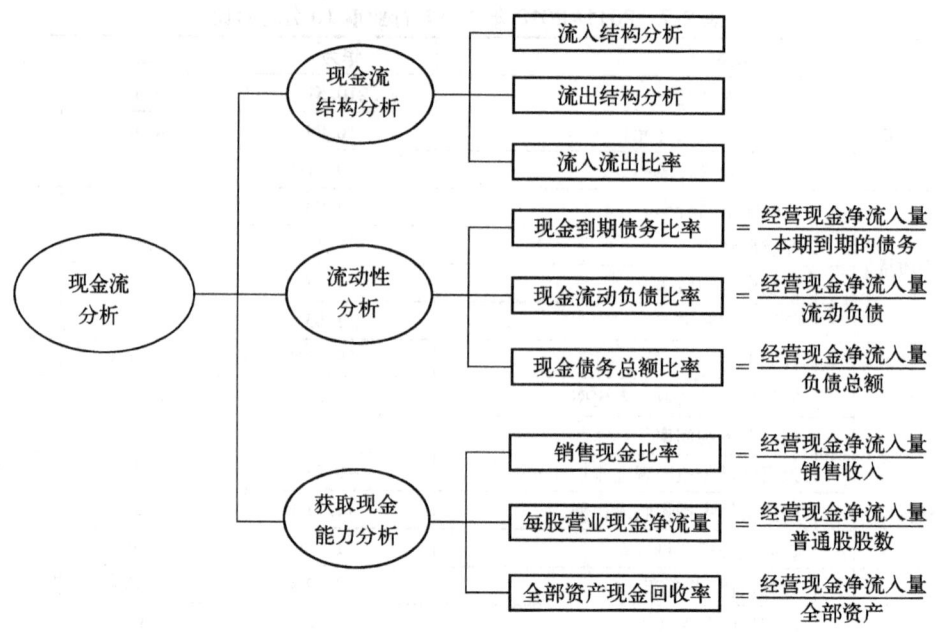

图 2-22 现金流分析体系

1. 现金流量的结构分析

分析经营活动、投资活动、筹资活动产生的现金流量的比例结构，可以评价企业各类现金流量对当期全部现金流的贡献程度。

在现金流量的结构分析中，主营业务产生的经营现金流量是企业全部现金流的主要源泉，是支撑投资活动现金流的基础，也是筹资信用能力的基本保障，因此，经营活动现金流流入量占全部流入量的比例反映了企业创造现金流的能力。而连续多个期间内经营现金流的持续能力又反映了企业的成长性。对一个成长型企业来说，通常是利用部分经营现金净流量和筹资现金净流量支持投资支出现金净流量。

（1）现金净流量结构分析。现金净流量结构分析是指三种活动（经营、投资和筹资）产生的现金净流量分别占企业净现金流量总额的比例，反映这三项活动产生的净现金流对企业本年度创造的现金及现金等价物净增加额的贡献程度。计算方法如下：

$$\text{经营活动现金净流量比例} = \text{经营活动现金净流量} / \text{现金净流量总额} \quad (2\text{-}32)$$

$$\text{投资活动现金净流量比例} = \text{投资活动现金净流量} / \text{现金净流量总额} \quad (2\text{-}33)$$

$$\text{筹资活动现金净流量比例} = \text{筹资活动现金净流量} / \text{现金净流量总额} \quad (2\text{-}34)$$

根据 2011 年四川长虹母公司财务报表数据：

2011 年经营活动现金净流量比例 = 60 678.92/67 239.61 = 0.902 4

2011 年投资活动现金净流量比例 = -203 090.10/67 239.61 = -3.020 4

2011 年筹资活动现金净流量比例 = 210 642.76/67 239.61 = 3.132 7

（2）现金流入流出比分析。现金流入流出比分析分为总流入流出比和三项活动（经营、投资和筹资）流入流出比。总流入流出比是指现金流入总额比现金流出总额，三项活动（经营、投资和筹资）流入流出比是指三项活动（经营、投资和筹资）产生的现金流入量比现金流出量。流入流出比例表明经营（投资、筹资）活动的效率情况，即也可以理解为投入产出比例。计算方法如下：

$$\text{总流入流出比} = \text{现金流入总额} / \text{现金流出总额}$$

$$\text{经营活动流入流出比} = \text{经营活动现金流入} / \text{经营活动现金流出} \quad (2\text{-}35)$$

投资活动流入流出比 = 投资活动现金流入/投资活动现金流出 (2-36)
筹资活动流入流出比 = 筹资活动现金流入/筹资活动现金流出 (2-37)

根据2011年四川长虹母公司财务报表数据：

2011年经营活动流入流出比 = 1 973 479.34/1 912 800.42 = 1.031 7
2011年投资活动流入流出比 = 544 356.65/747 446.75 = 0.728 3
2011年筹资活动流入流出比 = 1 579 351.01/1 368 708.25 = 1.153 9

(3) 现金流入结构分析。现金流入结构分析是指三项活动（经营、投资和筹资）产生的每项现金流入量比三项活动（经营、投资和筹资）产生的现金总流入量。现金流入结构分析反映经营活动现金流入量、投资活动现金流入量、筹资活动现金流入量在全部现金流入量中的比重，以及各项业务活动现金流入中具体项目的构成情况。总体而言，企业现金流入量的总额中，经营活动流入的现金应当占有大部分的比例，特别是主营业务活动流入的现金应明显高于其他经营活动流入的现金。当然，企业的业务类型或行业特征的差异性将对这一比例产生明显的影响。计算方法如下：

经营活动现金流入结构 = 经营活动现金流入量/现金流入总额 (2-38)
投资活动现金流入结构 = 投资活动现金流入量/现金流入总额 (2-39)
筹资活动现金流入结构 = 筹资活动现金流入量/现金流入总额 (2-40)

根据2011年四川长虹母公司财务报表数据：

2011年经营活动现金流入结构 = 1 973 479.34/4 097 187.00 = 0.481 7
2011年投资活动现金流入结构 = 544 356.65/4 097 187.00 = 0.132 9
2011年筹资活动现金流入结构 = 1 579 351.01/4 097 187.00 = 0.385 5

(4) 现金流出结构分析。现金流出结构分析是指三项活动（经营、投资和筹资）产生的每项现金流出量与三项活动（经营、投资和筹资）产生的现金流出量相比。现金流出结构分析反映经营活动现金流出量、投资活动现金流出量、筹资活动现金流出量在全部现金流出量中的比重，具体反映了企业的现金用于哪些方面。总体而言，企业经营活动的现金流出，如购买商品、接受劳务等活动支出的现金往往要占到较大的比重，投资活动和筹资活动的现金流出则会因为企业不同的财务政策而存在较大的差异。计算方法如下：

经营活动现金流出结构 = 经营活动现金流出量/现金流出总额 (2-41)
投资活动现金流出结构 = 投资活动现金流出量/现金流出总额 (2-42)
筹资活动现金流出结构 = 筹资活动现金流出量/现金流出总额 (2-43)

根据2011年四川长虹母公司财务报表数据：

2011年经营活动现金流出结构 = 1 912 800.42/4 028 955.42 = 0.474 8
2011年投资活动现金流出结构 = 747 446.75/4 028 955.42 = 0.185 5
2011年筹资活动现金流出结构 = 1 368 708.25/4 028 955.42 = 0.339 7

2. 流动性分析

现金流的流动性是指以营业现金流量支付即将到期债务的能力，常用经营现金流净额对债务的比值来测度。这类比率的设计是基于营业现金流的创造能力是偿还债务的最基本保证的观点，但在实际应用时应注意这类比率的隐含假设，用当期已经发生的经营现金流对应尚未到期的负债是存在时间上的差异性的○。在这类比率计算方法中，分子都是经营现金净流量，而分母则根据

○ 显然，用这类比率来测度债务偿还能力，是基于"企业目前经营状态可以持续下去，并未发生重大变故，现金净流量相对稳定"的前提假设。

考察的侧重点不同从不同角度反映了偿债能力。

（1）现金到期债务比率。现金到期债务比率是经营现金流量净额与本期到期负债的比值，反映了企业用经营现金流量偿还本期到期债务的能力。其中，本期到期的债务是指本期到期的长期债务和本期应付票据，因为这两种债务是不能展期的，必须如数偿还。其计算方法如下：

$$现金到期负债比率 = \frac{经营现金流量净额}{本期到期的负债} \tag{2-44}$$

根据 2011 年四川长虹母公司财务报表数据：

2011 年现金到期负债比率 = 60 678.92/（116 295.06 + 189 897.88）= 0.198 2

该比率越高，表明企业短期偿债能力越好；反之，则表明企业短期偿债能力越差，其现金流量的质量就越差。使用此指标时需注意其隐含的假设前提。

（2）现金流动负债比率。现金流动负债比率是经营现金流量净额与流动负债的比值，反映了企业用经营现金流量偿还流动负债的能力。其计算方法如下：

$$现金流动负债比率 = \frac{经营现金流量净额}{流动负债} \tag{2-45}$$

根据 2011 年四川长虹母公司财务报表数据：

2011 年现金流动负债比率 = 60 678.92/1 648 655.97 = 0.036 8

该比率越高，表明企业短期偿债能力越好；反之，则表明企业短期偿债能力越差，其现金流量的质量就越差。使用此指标时，需注意其隐含的假设前提。

（3）现金债务总额比率。现金债务总额比率是经营现金流量净额与负债总额的比值，反映了企业用经营现金流量偿还全部负债的能力。其计算方法如下：

$$现金债务总额比率 = \frac{经营现金流量净额}{负债总额} \tag{2-46}$$

根据 2011 年四川长虹母公司财务报表数据：

2011 年现金债务总额比率 = 60 678.92/2 101 873.35 = 0.028 9

该比率越高，公司承担债务的能力越强。使用此指标时，需注意其隐含的假设前提。

3. 获取现金能力分析

获取现金的能力是指企业投入的资源产生经营现金流的能力。经营现金净流量是支持企业经济活动顺利开展的基本源泉，支撑着投资活动现金流和筹资活动现金流，因此常用经营现金净流入对投入资源的比值来反映，投入资源可以是营业收入、总资产或普通股股数等。

（1）营业收入收现比率。营业收入现金比率是销售商品、提供劳务收到的现金与营业收入的比值，反映单位营业收入得到的净现金，其数值越大越好。计算方法如下：

$$营业收入收现比率 = \frac{销售商品、提供劳务收到的现金}{营业收入} \tag{2-47}$$

根据 2011 年四川长虹母公司财务报表数据：

2011 年营业收入收现比率 = 1 915 086.46/2 512 796.34 = 0.762 1

由于经营现金净流量并不一定都是本期营业收入带来的，使用此比率的前提条件是该企业能够持续经营，信用政策未发生重大变化，主营业务活动比较稳定。

（2）每股经营活动现金净流量。每股经营现金净流量是经营活动产生的现金净流量与流通在外的普通股股数的比值，反映每股普通股产生营业现金净流量的能力。其计算方法如下：

$$每股经营现金净流量 = \frac{经营活动产生的现金净流量}{流通在外的普通股股数} \tag{2-48}$$

根据2011年四川长虹母公司财务报表数据：

$$2011 \text{年每股经营现金净流量} = 60\,678.92/284\,731.71 = 0.213\,1(\text{元})$$

（3）全部资产现金回收率。该比率是经营活动产生的现金净流量与全部资产的比值，反映单位资产产生现金的能力。计算方法如下：

$$\text{全部资产现金回收率} = \frac{\text{经营活动产生的现金净流量}}{\text{全部资产}} \times 100\% \qquad (2\text{-}49)$$

根据2011年四川长虹母公司财务报表数据：

$$2011 \text{年全部资产现金回收率} = 60\,678.92/3\,397\,419.54 \times 100\% = 1.79\%$$

由于不是所有资产都是经营性资产，也不是所有经营性资产都能够在当期投入使用，使用该比率时需注意分析资产中能够当期使用的生产性资产占资产总额的比例，判断该比率是否能够如实反映企业的资产产生现金的能力。

附录2A 非经常性损益与利润表项目及现金流之间的关系

"非经常性损益"概念自1999年由证监会首次在损益项目的披露上引入，历经数次修订⊖，2008年的最新修订将非经常性损益定义为"与公司正常经营业务无直接关系，以及虽与正常经营业务相关，但由于其性质特殊和偶发性，影响报表使用人对公司经营业绩和盈利能力做出正常判断的各项交易和事项产生的损益"。相对于原有定义的主要变化，一是根据新会计准则下利润表列报要求的变化，考虑到公司经营业务的多样性，以"正常业务"取代了"主营业务和其他经营业务"；二是强调了非经常性损益的特点是"性质特殊和偶发性"；三是将界定非经常性损益的判断标准确定为是否"影响报表使用人对公司经营业绩和盈利能力做出正常判断"。

我国目前对非经常损益的定义主要体现在对该项目内涵和外延的一种理解性的规定，而在项目确认中一般使用列举法。最新修订后的公告对非经常性损益的列举项目增加到21条，内容如下：

（一）非流动性资产处置损益，包括已计提资产减值准备的冲销部分；
（二）越权审批，或无正式批准文件，或偶发性的税收返还、减免；
（三）计入当期损益的政府补助，但与公司正常经营业务密切相关，符合国家政策规定、按照一定标准定额或定量持续享受的政府补助除外；
（四）计入当期损益的对非金融企业收取的资金占用费；
（五）企业取得子公司、联营企业及合营企业的投资成本小于取得投资时应享有被投资单位可辨认净资产公允价值产生的收益；
（六）非货币性资产交换损益；⊜
（七）委托他人投资或管理资产的损益；
（八）因不可抗力因素，如遭受自然灾害而计提的各项资产减值准备；
（九）债务重组损益；
（十）企业重组费用，如安置职工的支出、整合费用等；

⊖ 非经常性损益的规定历经2001年、2004年、2007年和2008年的数次修订。
⊜ 非货币性资产交换在以账面价值进行计量的情况下，无论是否发生补价都不确认损益；在以公允价值进行计量的情况下，无论是否发生补价都应确认损益。作为非经常性损益的项目之一，此处所谈非货币性资产交换为以公允价值进行计量的情况。

（十一）交易价格显失公允的交易产生的超过公允价值部分的损益；

（十二）同一控制下企业合并产生的子公司期初至合并日的当期净损益；

（十三）与公司正常经营业务无关的或有事项产生的损益；

（十四）除同公司正常经营业务相关的有效套期保值业务外，持有交易性金融资产、交易性金融负债产生的公允价值变动损益，以及处置交易性金融资产、交易性金融负债和可供出售金融资产取得的投资收益；

（十五）单独进行减值测试的应收款项减值准备转回；

（十六）对外委托贷款取得的损益；

（十七）采用公允价值模式进行后续计量的投资性房地产公允价值变动产生的损益；

（十八）根据税收、会计等法律、法规的要求对当期损益进行一次性调整对当期损益的影响；

（十九）受托经营取得的托管费收入；

（二十）除上述各项之外的其他营业外收入和支出；

（二十一）其他符合非经常性损益定义的损益项目。

我国会计准则和会计制度在同国际准则接轨和协调过程中，采用了损益满计观[⊖]的处理办法。但在损益满计观下，我国会计法规并没有对正常和非常损益进行严格区分，导致众多性质不同的非常业务损益散见于营业外收支、非流动性资产处置损益、投资收益、公允价值变动净收益等项目中。证监会从加强监管的角度出发，将非经常性损益纳入强制性信息披露制度，要求上市公司在财务报告中做出表外披露。

为帮助信息使用者理解非经常性损益项目的内涵和外延，本书从盈余管理的角度出发，分别从线上和线下项目、是否有现金流支持两个角度对非经常性损益分类，如表 2A-1 和表 2A-2 所示。

由于有些非经常性损益项目不能单独计入一个会计科目，或不同情形计入不同的会计科目。如，项目六：非货币性资产交换损益，在以公允价值计量的情况下，根据换出资产的不同类别计入不同的会计科目。当换出资产为存货时，应当视同销售处理，将换出资产公允价值与其账面价值的差额在利润表中作为营业利润的构成部分予以列示；当换出资产为固定资产、无形资产时，换出资产公允价值与其账面价值的差额计入营业外收支；当换出资产为长期股权投资、可供出售金融资产时，换出资产公允价值与其账面价值的差额计入投资收益。这样，营业收入与营业成本、投资收益即为线上项目，而营业外收支出为线下项目。项目十二：同一控制下企业合并产生的子公司期初至合并日的当期净损益，是分项反应在利润表中的，即分列在营业收入、营业成本……投资收入……营业外收支等各项中，并且按照证监会要求，在"净利润"项目后单独列示"其中：被合并方在合并前实现的净利润"。项目十八：根据税收、会计等法律、法规的要求对当期损益进行一次性调整对当期损益的影响，会根据税收、会计等法律、法规要求的不同进行不同的会计科目处理。例如，税收要求调整科目可能是所得税费用，会计要求的调整可能是投资收益（例如长期股权投资从成本法变为权益法）等科目。项目二十一：其他符合非经常性损益定义的损益项目，范围和概念很广，需要根据具体问题进行具体的会计判断。

[⊖] 非经常性损益是否应该计入企业收益，传统会计理论对此争论不休，主要有两种观点：当期营业观和损益满计观。当期营业观指本期利润表中所计列的损益仅包括本期营业活动所产生的各项成果，以前年度损益调整项目及不属于本期经营活动的收支项目不列入利润表。损益满计观认为净收益应该反映企业当期内除了股权交易事项以外的所有引起股东权益增减变动的事项。

表 2A-1 按线上项目和线下项目对非经常性损益分类

	非经常性损益项目	会计科目
线上项目	（一）非流动性资产处置损益，包括已计提资产减值准备的冲销部分	（+）投资收益
	（二）越权审批，或无正式批准文件，或偶发性的税收返还、减免	（-）营业税金及附加（部分也计入所得税费用项目中）
	（四）计入当期损益的对非金融企业收取的资金占用费	（-）财务费用或（+）投资收益
	（六）非货币性资产交换损益	（+）营业收入 （+）营业成本或（+）投资收益
	（七）委托他人投资或管理资产的损益	（-）财务费用或（+）投资收益
	（八）因不可抗力因素，如遭受自然灾害而计提的各项资产减值准备	（+）资产减值损失
	（十）企业重组费用，如安置职工的支出、整合费用等	（+）管理费用
	（十四）除同公司正常经营业务相关的有效套期保值业务外，持有交易性金融资产、交易性金融负债产生的公允价值变动损益，以及处置交易性金融资产、交易性金融负债和可供出售金融资产取得的投资收益	（+-）公允价值变动损益 （+-）投资收益
	（十五）单独进行减值测试的应收款项减值准备转回	（-）资产减值损失
	（十六）对外委托贷款取得的损益	（+）投资收益
	（十七）采用公允价值模式进行后续计量的投资性房地产公允价值变动产生的损益	（+-）公允价值变动损益
	（十九）受托经营取得的托管费收入①	（+）其他业务收入
线下项目	（一）非流动性资产处置损益，包括已计提资产减值准备的冲销部分	（+-）营业外收支
	（三）计入当期损益的政府补助，但与公司正常经营业务密切相关，符合国家政策规定、按照一定标准定额或定量持续享受的政府补助除外	（+）营业外收入
	（五）企业取得子公司、联营企业及合营企业的投资成本小于取得投资时应享有被投资单位可辨认净资产公允价值产生的收益	（+）营业外收入
	（六）非货币性资产交换损益	（+-）营业外收支
	（九）债务重组损益	（+）营业外收入
	（十一）交易价格显失公允的交易产生的超过公允价值部分的损益	（+）营业外收入
	（十三）与公司正常经营业务无关的或有事项产生的损益	（+）营业外收支
	（二十）除上述各项之外的其他营业外收入和支出	（+-）营业外收支
特殊②处理	（十二）同一控制下企业合并产生的子公司期初至合并日的当期净损益③	
	（十八）根据税收、会计等法律、法规的要求对当期损益进行一次性调整对当期损益的影响	
	（二十一）其他符合非经常性损益定义的损益项目	

①需要考虑托管费的计算方式或盈亏的承担方式、是否实际提供经营管理服务和定价的公允性等因素。实务上需要按照每个托管案例的具体情况具体分析。对于具有商业实质，实际上提供了经营管理服务且作价公允的托管交易，可以按照提供劳务收入的原则处理。
②有些非经常性损益项目的处理不能计入单一的某个科目，或会随着业务性质的不同而计入不同的科目，或涉及利润表中多个不同的科目，因此将这些项目归为特殊处理情况。
③合并涉及子公司的所有损益表科目，不能单独计入到某一会计科目中。

表 2A-2　从现金流角度对非经常性损益分类

	非经常性损益项目
有现金流支持	（一）非流动性资产处置损益，包括已计提资产减值准备的冲销部分；（营业外收支） （二）越权审批，或无正式批准文件，或偶发性的税收返还、减免；（营业税金及附加或所得税费用） （三）计入当期损益的政府补助，但与公司正常经营业务密切相关，符合国家政策规定、按照一定标准定额或定量持续享受的政府补助除外；（营业外收入） （四）计入当期损益的对非金融企业收取的资金占用费；（冲减财务费用或计入投资收益） （六）涉及补价的非货币性资产交换损益；（业务收入与成本、投资收益、营业外收支） （七）委托他人投资或管理资产的损益；（冲减财务费用或计入投资收益） （十）企业重组费用，如安置职工的支出、整合费用等；（管理费用） （十一）交易价格显失公允的交易产生的超过公允价值部分的损益；（营业外收入） （十四）除同公司正常经营业务相关的有效套期保值业务外，持有交易性金融资产、交易性金融负债产生的公允价值变动损益，以及处置交易性金融资产、交易性金融负债和可供出售金融资产取得的投资收益；（针对处置时的投资收益） （十六）对外委托贷款取得的损益；（投资收益） （十九）受托经营取得的托管费收入；（其他业务收入）
无现金流支持	（五）企业取得子公司、联营企业及合营企业的投资成本小于取得投资时应享有被投资单位可辨认净资产公允价值产生的收益；（营业外收入） （六）不涉及补价的非货币性资产交换损益；（主营业务收入与成本、投资收益、营业外收支） （八）因不可抗力因素，如遭受自然灾害而计提的各项资产减值准备；（资产减值损失） （九）债务重组损益；（营业外收入） （十二）同一控制下企业合并产生的子公司期初至合并日的当期净损益； （十四）除同公司正常经营业务相关的有效套期保值业务外，持有交易性金融资产、交易性金融负债产生的公允价值变动损益，以及处置交易性金融资产、交易性金融负债和可供出售金融资产取得的投资收益；（针对持有期间的公允价值变动损益） （十五）单独进行减值测试的应收款项减值准备转回；（资产减值损失） （十七）采用公允价值模式进行后续计量的投资性房地产公允价值变动产生的损益；（公允价值变动损益） （十八）根据税收、会计等法律、法规的要求对当期损益进行一次性调整对当期损益的影响；
其他	（十三）与公司正常经营业务无关的或有事项产生的损益；（营业外收支） （二十）除上述各项之外的其他营业外收入和支出；（营业外收支） （二十一）其他符合非经常性损益定义的损益项目。

本章小结

　　企业财务分析可以概括为：搜集数据、选用方法；解读报表、了解事实；综合分析、发现问题。在进行财务分析前，首先需要明确分析主体，洞悉分析的目的，确定分析角度，再搜集相应的财务分析依据，选用相应的财务分析方法；财务报表解读帮助分析人员了解企业目前的资产、负债、股东权益和现金流状况，综合财务分析体系帮助分析人员发现企业经营和管理中可能存在的问题。

　　解读资产负债表，了解企业资产、负债和股东权益的规模和结构，分析企业资产质量；解读利润表，了解企业利润总额和结构，以及影响企业营业利润的因素；解读现金流量表，了解企业经营、投资和筹资现金流的规模，结合资产负债表和利润表分析收入质量、投资收益和筹资能力；解读股东权益变动表，了解利润、利得和损失变动，资本金变动，股东权益内部结转等影响股东权益变动的因素。

　　"财务比率计算"主要介绍了盈利能力系列指标、营运能力系列指标、偿债能力指标和投资价值指标。盈利能力指标反映了企业创造收益的能力，良好的盈利能力是企业未来投资的基础，会影响企业未来的发展。营运能力强，企业资产周转快，资金利用程度高，盈利能力就更强；偿债能力指标的使用前提是公司持续稳定地经营，预期未来产生的现金流偿还已经发生的负债。有了良好的盈利能力和营运能力，偿债能力才得到了保障；投资价值指标主要针对上市公司而言，预期投资者能够从中获得的回报。

"财务分析框架"主要介绍了企业广义财务分析的分析框架。以净资产收益率为核心的财务分析体系以"一个起点,三条路径"为分析思路,剖析经营活动中存在的降低净资产收益率的因素,为管理层进行价值管理提供决策依据,为投资者进行投资决策提供依据。现金流分析体系则关注企业现金流量循环状况,从现金流量管理视角分析企业财务状况。

需要提醒读者注意,尽管比率分析可以帮助信息使用者获得许多关于企业财务状况的信息,但是,企业财务分析绝不仅仅是对财务比率或者财务分析体系的运用。信息使用者想要全面而整体地了解企业财务状况,必须结合报表信息及表外信息,深入地解读和分析报表项目,挖掘企业所存在的财务问题。

习题

一、简答题

1. 资产负债表中所列示的资产项目是否均对当期的营业收入有贡献?试举例说明。
2. 依据利润表的基本结构和营业利润来源结构,简要解释为什么会出现在一个会计年度内母公司营业收入水平低于母公司营业利润总额的情况。
3. 简述现金流量表中所列示的期末现金及现金等价物余额与资产负债表中所列示的货币资金余额之间的关系;若二者出现不相等的情况,应如何由资产负债表中的货币资金余额调整得到现金流量表中的现金及现金等价物余额。
4. 所有者权益变动表记载了企业当期所有者权益的变动过程,以矩阵的形式列报,反映了所有者权益总量的增减变动和所有者权益增减变动的重要结构性信息。一方面,横向列示所有者权益各组成部分及其总额、交易或事项对所有者权益的影响;另一方面,纵向列示导致所有者权益变动的交易或事项。试归纳总结哪些因素会影响所有者权益变动,以及如何影响。
5. 若某公司连续几年的现金流量表数据显示,"取得借款所收到的现金"和"偿还债务所支付的现金"项目的金额均明显大于当年资产负债表中所列示的"短期借款"和"长期借款"余额的总和,且长期借款金额远小于短期借款金额。试分析该公司的融资特征,并说明这种融资方式对企业发展的利与弊。
6. 简要叙述综合收益的概念和构成,并分别说明其在利润表和所有者权益变动表中分别如何体现。
7. 为什么净资产收益率可以成为企业财务状况分析的综合性指标?以净资产收益率为核心的财务分析体系有什么特点?简述该分析体系的具体分析路径。
8. 在企业对外投资规模较大,或交易性金融资产、投资性房地产等非经营资产占资产总规模比例较高的情况下,用"总资产周转率"指标测度企业经营资产的营运效率是否恰当?并请说明原因。
9. 在进行财务分析时,发现一个企业的年报数据显示其流动比率高于同期行业平均水平,这是否意味着该企业对短期债务的偿还能力肯定高于行业中的其他企业?试说明原因。
10. 为什么说企业价值倍数指标相对于市盈率指标能够更加合理地衡量一个企业的投资价值?试从两个指标的计算公式中解释原因。
11. A公司(行业类别:批发和零售贸易)的2010年年报显示,该年度的利润来源中,非经常性损益对净利润具有重大贡献,占净利润比例高达83.75%。其中,"对外委托贷款取得的收益"为非经常性损益的主要组成部分。

讨论问题:
(1) 请从线上线下项目归类和是否有现金流支持视角对企业"对外委托贷款形成的损益"进行分析;
(2) 试说明作为投资者在分析该公司盈利质量时应注意哪些问题。

二、讨论题

1. 利润率与周转率之间的权衡

   净资产收益率可分解为销售净利率、总资产周转率与权益乘数的乘积。从公式来看,在权益乘数一定的情况下，销售净利率越高，净资产收益率越大；总资产周转率越高，净资产收益率越大。但是，在有些行业中销售净利率与资产周转率存在着反向关系，即某些行业拥有较高的销售净利率和较低的资产周转率，有些则是较低的销售净利率和较高的资产周转率。图2-23所示为对我国上市公司13个行业2007~2012年销售净利率和资产周转率平均值的统计结果。

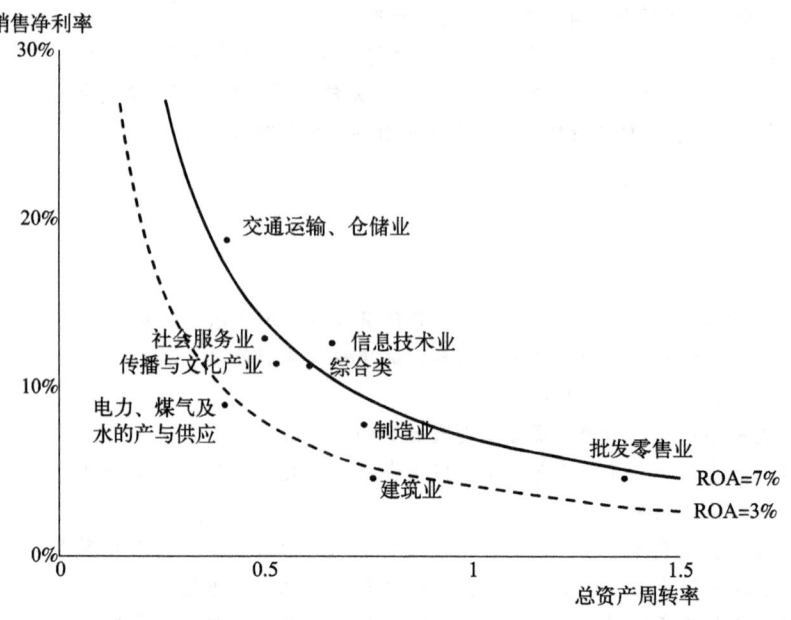

图2-23　我国上市公司2007~2012年不同行业的销售净利率与资产周转率平均值

讨论问题：如何解释某些行业拥有较高的销售净利率和较低的资产周转率，而有些却是较低的销售净利率和较高的资产周转率的组合？对销售净利率与资产周转率存在反向关系的行业，企业应如何在销售净利率与资产周转率之间进行适当的权衡？

2. 非经常性损益的财务影响和业绩评价与分析

上市公司2012年年报披露工作已结束。为了交出一份可观的业绩报表，很多企业利用各种招数扮靓年报、粉饰业绩。其中，依靠非经常性损益项目提升业绩的公司不在少数。

企业的非经常性损益项目有些有现金流量支持，有些则无现金流量支持。无现金流量支持的非经常性损益项目，例如，企业合并时发生的"企业取得子公司、联营企业及合营企业的投资成本小于取得投资时应享有被投资单位可辨认净资产公允价值产生的收益"、企业进行非货币性资产交换时发生的"非货币性资产交换损益"等，不仅不能带来现金的流入或流出，而且通常不具有持续性，且不构成企业的经营核心业务利润，从长期来看不利于企业的经营发展。但是，从短期来看，这部分非经常性损益项目有可能在账面上对当期收益作出较大的贡献。

讨论问题：
(1) 盈余结构中无现金流量支持的非经常性损益对财务的影响如何？
(2) 如何甄别上市公司业绩的真实性与持续性？

3. 经营活动现金净流量与盈利质量

通过对企业利润与现金流量之间的对应关系进行分析，可以衡量和判断企业盈利的质量。例如，EBITDA[⊖]是公司税息折旧及摊销前利润，是最接近公司主营业务现金流状况的盈利指标。将其与现金流量表中"经营活动产生的净现金流量"进行比较，可以衡量和判断企业的盈利质量。

⊖ EBITDA的定义与算法见本章正文。

讨论问题：
(1) 比较"经营活动产生的净现金流量"与 EBITDA，判断和衡量利润质量。
(2) 若 EBITDA 与经营活动产生的净现金流量金额差距很大，分析可能的原因有哪些？

4. 公司流动性测度与管理

公司的财务流动性是指其及时偿付到期债务的能力，即在支付现金流量的数量上与支付现金流量的时点上同时具备偿还到期债务的能力。得到广泛应用的传统测度偿债能力的财务比率有资产负债率、流动比率、速动比率等。但是，这些指标真的能够完整地、很好地反映企业偿付债务的能力吗？

讨论问题： 传统的偿债能力指标是否能够很好地反映企业偿还债务能力？哪些指标可以更好地衡量企业偿付债务的能力？

5. 财务困境与破产预测模型适用性问题

部分企业在发展过程中不可避免会陷入财务困境，甚至面临破产风险。在各类财务困境与破产的预测模型中，应用最为广泛的是（Edward I. Altman）提出的 Z 记分模型。

Altman 在 1968 年以 1964~1965 年 33 家破产公司和 33 家正常公司作为对比样本，选用 22 个财务比率作为破产前 1~5 年的预测备选变量，运用统计分析的多元判别分析方法，经过筛选，最后选定 5 个预测企业破产能力的财务比率作为变量，建立了一个多变量模型：

$$Z = a_1X_1 + a_2X_2 + a_3X_3 + a_4X_4 + a_5X_5$$

通过实证分析，最终得到各财务比率的系数值，进而提出如下所示的 Z 值模型：

$$Z = 0.012X_1 + 0.014X_2 + 0.033X_3 + 0.006X_4 + 0.999X_5$$

式中，X_1 =（流动资产－流动负债）/资产总额；X_2 = 留存收益/资产总额；X_3 = 息税前利润/资产总额；X_4 = 普通股和优先股市场价值/账面负债总额；X_5 = 销售收入/资产总额。

判定方法：计算得到的 Z 值越小，该企业遭受财务失败的可能性就越大：
(1) 若 Z 值小于 1.8，则表明企业破产的可能性很大；
(2) 若 Z 值在 1.8 与 2.675 之间，表明企业的财务及经营状况极不稳定；
(3) 若 Z 值大于 2.675，则表明企业破产的可能性很小。

然而，Altman 在 1968 年提出的 Z 值模型只能适用于制造业的上市公司，模型中的变量 X_4 需用到股权的市值。如果被分析公司是非上市公司或非制造业公司，该模型的使用具有局限性。因此，Altman 在 1993 年提出了适合非上市公司 Z 值模型：

$$Z = 0.717X_1 + 0.847X_2 + 3.107X_3 + 0.420X_4 + 0.998X_5$$

与 1968 年提出的 Z 值模型唯一不同的是，X_4 替换为股东权益账面价值/负债总额。

判定方法：
(1) 若 Z 值小于 1.23，则表明企业破产的可能性很大；
(2) 若 Z 值在 1.23 与 2.90 之间，表明企业的财务及经营状况极不稳定；
(3) 若 Z 值大于 2.90，则表明企业破产的可能性很小。

讨论问题： 请阅读财务预警模型的相关国内外文献，总结 Z 记分模型的基本思想并评价该模型的优缺点，并试着提出适用于我国上市公司的财务预警模型。

6. 公司持续经营能力的判断

针对我国上市公司 2012 年度报告披露状况，中国注册会计师协会向原中瑞岳华会计师事务所[一]重点指出了上市公司"持续经营能力"问题。企业持续经营能力是影响报表使用者合理决策的一个极为重要的因素。持续经营能力主要反映在企业是否表现出以下明显的特征：(1) 存在无法偿还到期债务；

[一] 中瑞岳华会计师事务所（特殊普通合伙）与国富浩华会计师事务所（特殊普通合伙）已于 2013 年 5 月合并，并更名为瑞华会计师事务所（特殊普通合伙）。

(2) 难以获得必需的资金；(3) 存在大量不良资产等财务风险；(4) 主营业务连续亏损；(5) 存在失去主要市场等经营风险。关注企业能否持续经营不仅是公司会计人员的重要职责，同时也是审计人员进行财务报告审计时必须考虑的重要内容。如下为 2012 年由于持续经营能力问题而被出具非标准审计意见的一个案例。

2013 年 4 月 24 日，众环海华会计师事务所有限公司出具了众环审字［2013］011139 号审计报告，对青海贤成矿业股份有限公司（股票代码：600381）2012 年度财务报告出具了无法表示意见。据审计报告所述，导致无法表示意见的主要事项为：

持续经营存在重大不确定性：如财务报表附注（十）所述，贤成矿业公司持有的主要控股子公司的股权被查封、冻结或拍卖，生产经营业务基本处于停滞状态，主要经营性资产已被抵押或查封，募集资金账户被冻结，募集资金项目停滞，存在大量逾期的尚未偿还债务及已经法院判决须承担连带清偿责任的对外担保，可供经营活动支出的货币资金严重短缺，且很可能无法在正常的经营过程中变现资产、清偿债务。贤成矿业公司的持续经营能力存在重大不确定性。截至本报告日，贤成矿业公司亦未能就改善财务状况和增强持续经营能力的相关措施提供充分、适当的证据。因此，我们无法判断贤成矿业公司继续按照持续经营假设编制 2012 年度财务报表是否适当。

此外，年度报告显示 ST 贤成（600381）2012 年的主要会计数据与财务指标如表 2-8 所示。

表 2-8　ST 贤成 2012 年主要会计数据与财务指标　　　　（单位：万元）

	2012 年	2011 年
营业收入	51 426.06	23 880.36
归属于上市公司股东的净利润	-13 323.08	9 261.16
经营活动产生的现金流量净额	-70 118.28	24 997.56
基本每股收益（元/股）	-0.0832	0.0578
净资产收益率（%）	-7.41	4.8
净资产收益率行业平均值[①]（%）	12.23	16.82

①净资产收益率行业平均值数据来源于金融界网站。
资料来源：青海贤成矿业股份有限公司 2012 年度报告。

讨论问题：如何基于财务业绩与影响财务业绩的经营因素判断企业是否具备持续经营的能力？如何判断哪些因素对企业持续经营能力产生更为重要的影响？

三、分析计算题

1. 关键指标 EBIT、EBITDA 的计算

请自行下载四川长虹 2011 年年度报告，根据年报中的报表数据以及附注信息，计算四川长虹 2011 年度的 EBIT 与 EBITDA 指标。

2. 已获利息倍数的计算

从 A 公司去年年末的资产负债表、利润表及相关的报表附注中可知，该公司当年利润总额为 3 亿元，财务费用 2 000 万元，为购置一条新生产线专门发行了 1 亿元的公司债券，该债券平价发行，债券发行费用 200 万元，当年应付债券利息 300 万元。发行公司债券募集的资金已于年初全部用于工程项目。

要求：计算该公司去年的已获利息倍数。

3. 会计事项对资产、负债、所有者权益、损益、财务指标等的影响

表 2-9 为企业经常发生的一些业务，试分析各项业务的发生对资产、负债、所有者权益、损益类科目、财务指标等方面的影响。

表2-9 会计事项对有关指标的影响

事项	流动资产总额	营运资本	流动比率	净利润
（1）发行普通股取得现金				
（2）支付去年的所得税				
（3）以低于账面的价格出售固定资产				
（4）赊购一批原材料				
（5）支付过去采购的货款				
（6）支付当期的管理费用				

要求：指出上述会计事项对有关指标的影响。假设原来的流动比率为1，增加用"＋"表示，减少用"－"表示，没有影响用"0"表示，并详细说明原因。

4. 融资特征与融资需求

四川长虹（600839）是一家于1994年上市的日用电子器具制造企业，其2007～2011年的资产、负债、所有者权益、现金流状况如表2-10所示。

表2-10 财务报表数据摘要

公司名称：四川长虹（600839） （单位：万元）

	2007年末	2008年末	2009年末	2010年末	2011年末
	母公司	母公司	母公司	母公司	母公司
资产总计	1 765 396.52	1 817 592.14	2 392 220.34	2 733 504.20	3 397 419.54
短期借款	229 625.50	338 196.57	483 414.74	661 270.65	572 083.85
长期借款	17 000.00	28 000.00	34 823.82	120 698.02	171 658.81
股本	189 821.14	189 821.14	189 821.14	284 731.71	461 624.42
资本公积	330 451.78	309 324.48	364 685.50	272 774.41	389 088.19
盈余公积	352 235.69	352 235.69	352 235.69	335 679.13	341 748.05
净利润	22 433.83	-22 299.98	-18 549.84	48 465.20	60 689.26
未分配利润	48 356.26	11 484.34	-16 556.56	48 465.20	103 085.53
股东权益合计	920 864.87	862 865.64	890 185.76	941 650.45	1 295 546.19
经营活动产生的现金流净额	-27 000.22	238 723.11	-195 047.65	-59 425.08	60 678.92
投资活动产生的现金流净额	-136 827.30	-175 135.78	-116 530.92	-120 341.11	-203 090.10
吸收投资收到的现金					289 889.74
取得借款收到的现金	523 434.14	669 853.48	1 016 993.84	1 362 195.00	1 275 340.01
筹资活动现金流入小计	591 829.49	721 673.81	1 376 821.38	1 444 760.94	1 579 351.01
偿还债务支付的现金	423 807.40	654 519.77	875 840.72	1 047 672.16	1 192 560.54
分配股利、利润或偿付利息支付的现金	25 169.35	35 931.08	21 086.83	15 121.34	32 325.32
筹资活动现金流出小计	448 976.75	734 300.85	990 854.70	1 157 560.29	1 368 708.25
筹资活动产生的现金流净额	142 852.74	-12 627.03	385 966.69	287 200.66	210 642.76

要求：
(1) 计算四川长虹的净资产收益率，结合资产规模和其他财务数据，分析四川长虹近年来实际的融资方式和融资规模，并根据上述分析，判断四川长虹是否存在"短期借款长期化"的现象。
(2) 请从企业现金流创造能力的角度，分析导致"短期借款长期化"的根本原因。

5. 利润解读与现金流量分析

依据表2-11中C公司2009年至2011年的部分财务数据，试分析后回答问题。

表 2-11　C 公司近三年的主要财务数据　　　　　　　（单位：万元）

	2009 年	2010 年	2011 年
营业收入	180 665.8	240 599.0	340 516.0
营业成本	124 982.6	151 676.8	195 359.8
销售费用	33 341.1	49 863.3	70 283.3
管理费用	11 271.2	24 738.1	42 976.5
财务费用	763.5	1 072.5	1 514.6
营业利润	9 197.8	11 150.9	12 658.2
利润总额	9 197.8	11 053.5	13 974.9
净利润	8 508.0	10 224.5	12 953.8
净资产收益率	20.58%	16.91%	12.45%
营业利润率	4.71%	4.25%	3.8%
资产负债率	71%	67%	66%
银行贷款	20 692.9	27 100.0	59 100.0
货币资金	15 661.10	13 220.20	18 017.60
应收账款	54 098.80	81 417.50	115 795.00
存货	50 787.30	108 755.30	189 923.30
短期借款	20 692.90	27 100.00	59 100.00
应付账款	18 932.80	50 547.20	79 213.80
固定资产	20 246.50	24 168.90	43 338.40
实收资本	38 000.00	68 000.00	115 000.00
经营活动产生的现金流量净额	2 499.50	-14 907.73	3 540.38
投资活动产生的现金流量净额	-6 662.10	-7 080.00	-24 066.00
筹资活动产生的现金流量净额	9 540.41	19 701.81	25 139.36
应收账款周转次数	3.34	2.96	2.94
存货周转次数	3.56	2.21	1.79

要求：

（1）计算毛利率、销售费用率、管理费用率、财务费用率等财务指标；

（2）结合上述指标计算结果，分析 C 公司的成本和费用对营业利润产生什么影响；

（3）C 公司现金流量具有什么特征？如何提高现金流量创造能力？

6. 因素分析法的应用

D 公司经营多种产品，最近两年的财务报表数据摘要如表 2-12 所示。

表 2-12　D 公司近两年的主要财务数据　　　　　　　（单位：万元）

利润表数据	上期	本期
营业收入	10 000	30 000
销货成本（变动成本）	7 300	23 560
管理费用（固定成本）	600	800
销售费用（固定成本）	500	1 200
财务费用（借款利息）	100	2 640
税前利润	1 500	1 800
所得税费用	500	600
净利润	1 000	1 200
资产负债表数据	**上年末**	**本年末**
货币资金	500	1 000
应收账款	2 000	8 000
存货	5 000	20 000

（续）

资产负债表数据	上年末	本年末
其他流动资产	0	1 000
流动资产合计	7 500	30 000
固定资产	5 000	30 000
资产合计	12 500	60 000
短期借款	1 850	15 000
应付账款	200	300
其他流动负债	450	700
流动负债合计	2 500	16 000
长期借款	0	29 000
负债合计	2 500	45 000
股本	9 000	13 500
盈余公积	900	1 100
未分配利润	100	400
所有者权益合计	10 000	15 000
负债及所有者权益总计	12 500	60 000

要求：进行以下计算、分析和判断（提示：为简化计算和分析，计算各种财务比率时需要的存量指标如资产、所有者权益等，均使用期末数；一年近似按360天计算）。

(1) 净利润变动分析：该公司本年净利润比上年增加了多少？按顺序计算确定所有者权益变动和权益净利率变动对净利润的影响数额（金额）；

(2) 权益净利率变动分析：确定权益净利率变动的差额，按顺序计算确定总资产净利率和权益乘数变动对权益净利率的影响数额（百分点）；

(3) 总资产净利率变动分析：确定总资产净利率变动的差额，按顺序计算确定总资产周转率和销售净利率变动对总资产净利率的影响数额（百分点）；

(4) 总资产周转天数变动分析：确定总资产周转天数变动的差额，按顺序计算确定固定资产周转天数和流动资产周转天数变动对总资产周转天数的影响数额（天数）。

7. 报表数据简单计算

请根据以下有关财务信息，将资产负债表（见表2-13）的空白处填列完整，并写出计算过程。

(1) 所有者权益总额等于净营运资本，实收资本是未分配利润的4倍；
(2) 应收账款为3 000万元，是速动资产的50%，流动资产的30%，是非流动资产的2倍；
(3) 非流动负债是交易性金融资产的1.5倍；
(4) 速动比率为2:1。

表2-13 资产负债表

资产	金额（万元）	负债及所有者权益	金额（万元）
现金		应付账款	
交易性金融资产		非流动负债	
应收账款		实收资本	
存货		未分配利润	
非流动资产			
合计		合计	

8. 应收项目分析

E公司是一家电子设备制造业企业，其2011年部分财务报表数据如表2-14所示。

表 2-14 E 公司部分资产数据摘要　　　　　（单位：百万元）

	年末	年初
	母公司	母公司
应收票据	162	305
应收账款	683	239
存货	1053	332
预收款项	536	829

注：母公司当年营业收入为 42.16 亿元，比上年的 42.31 亿元略有减少。

要求：分别从规模与结构两方面分析 E 公司应收项目特点，判断其应收项目存在哪些财务问题。

9. 所有者权益变动

F 公司的股东权益变动表如表 2-15 所示。

表 2-15　股东权益变动表

编制单位：E 公司　　　　　　　2011 年度　　　　　　　（单位：万元）

项目	股本	资本公积	盈余公积	未分配利润	股东权益合计
一、上年年末余额	28 500	57 290	13 415	40 799	140 004
二、本年年初余额	28 500	57 290	13 415	40 799	140 004
三、本年增减变动金额	20 300	7 871	2 148	10 787	41 107
（一）净利润				21 485	21 485
（二）直接计入股东权益的利得和损失					
（三）所有者投入和减少资本	2 000	26 171.4	0	0	28 171.4
（四）利润分配	0	0	2 148.48	−10 697.63	−8 549.15
1. 提取盈余公积			2 148	−2 148	0
2. 对股东的分配				−8 549	−8 549.15
（五）股东权益的内部结转	18 300	−18 300	0	0	0
1. 资本公积转增股本	18 300	−18 300			
2. 盈余公积转增股本					
3. 盈余公积弥补亏损					0
四、本年年末余额	48 800	65 161	15 563	51 586	181 111

要求：试用数据说明净利润、直接计入股东权益的利得和损失、所有者投入和减少资本、利润分配及股东权益的内部结转是如何影响股东权益总量变动和结构性变动的。

四、自测题

1. 综合财务分析

G 公司资产负债表（简表）如表 2-16 所示。

表 2-16　资产负债表

编制单位：G 公司　　　　　　　2011 年 12 月 31 日　　　　　　（单位：万元）

资产	年初	年末	负债和所有者权益	年初	年末
货币资金	200	50	流动负债	6 100	7 450
应收账款	2 600	2 900	非流动负债	3 000	3 000
存货	4 800	6 000	所有者权益	6 500	6 500
固定资产	8 000	8 000			
总计	15 600	16 950	总计	15 600	16 950

（1）该公司 2011 年营业毛利 5 016 万元，税后净利润 1 000 万元，债务利息 700 万元；

（2）所得税税率为 25%，每年按 360 天计算。

要求：（提示：在计算财务指标时需要的存量指标，如资产、负债、所有者权益等，均采用年初与年末的平均数；存货周转率、应收账款周转率按营业收入计算）

(1) 计算并填列表 2-17 所示。

表 2-17

财务比率	2009 年	2010 年	2011 年
流动比率	1.19	1.25	
速动比率	0.43	0.46	
应收账款周转期（天）	18	22	
存货周转率	9.00	8.20	
总资产周转率	2.80	2.76	
资产负债率	58.04%	58.33%	
产权比率①	1.38	1.40	
已获利息倍数	4.12	3.95	
毛利率	20.00%	16.30%	13.20%
销售净利率	7.50%	4.70%	
总资产净利率	21.00%	12.97%	

① 产权比率 =（年初负债总额 + 年末负债总额）/（年初所有者权益 + 年末所有者权益）

(2) 根据上表中三年的财务比率，分析说明该公司运用资产获利能力的变化及其原因。

(3) 观察该公司 2009 ~ 2011 年的流动比率、速动比率和资产负债率，分析该公司的偿债能力。

2. 企业财务危机预警分析

Altman 于 1968 年提出了预测企业财务危机的经验模型，即 Z 记分模型。该模型以 5 个变量作为判别变量，具体形式为：

$$Z = 0.012X_1 + 0.014X_2 + 0.033X_3 + 0.006X_4 + 0.999X_5$$

式中　X_1——（流动资产 - 流动负债）/资产总额；

　　　X_2——留存收益/资产总额；

　　　X_3——息税前利润/资产总额；

　　　X_4——权益资本的市场价值/负债的账面价值；

　　　X_5——销售收入/资产总额。

判定方法：计算得到的 Z 值越小，该企业遭受财务失败的可能性就越大。

(1) 若 Z 值小于 1.8，则表明企业破产的可能性很大；

(2) 若 Z 值在 1.8 与 2.675 之间，表明企业的财务及经营状况极不稳定；

(3) 若 Z 值大于 2.675，则表明企业破产的可能性很小。

要求： 现给出某上市公司的资料如下，请运用 Altman 的 Z 记分模型计算该公司的 Z 值，并对其财务危机进行预警分析。

1998 年 9 月，经江苏省人民政府批准，以中国最大的客车生产企业江苏亚星客车集团有限公司为主发起人，发起设立了扬州亚星客车股份有限公司。1999 年 8 月，公司在上海证券交易所上市发行了 6 000 万 A 股股票，股票代码为 600213，成功进入中国资本市场，是当时客车行业少数几家上市公司之一。亚星客车上市以后，从 1999 年就开始出现业绩下滑，主营业务利润由 2002 年的 9 394.38 万元骤降至 2 878.82 万元，降幅高达 69.4%。但直到 2003 年被收购当年才发生 1.48 亿元的巨额亏损，公司 2003 年和 2004 年两个会计年度发生亏损，2005 年 4 月 26 日停牌一天，2005 年 4 月 27 日，公司被宣告为特别处理公司，股票名称由"亚星客车"变更为"ST 亚星"。2005 年度公司亏损额为 1.12 亿元，至此公司已连续三年亏损，2006 年 5 月 18 日公司 A 股股票暂停上市。亚星客车 2002~2005 年基本财务数据如表 2-18 所示。

表 2-18 亚星客车基本财务数据　　（单位：百万元）

指标	2002 年	2003 年	2004 年	2005 年
资产总额	1 161.83	1 245.96	1 219.44	1 110.23
其中：流动资产	630.16	707.05	698.12	650.28
负债总额	523.28	758.09	802.77	804.16
其中：流动负债	510.78	758.09	802.77	804.16
股东权益	638.55	480.30	411.04	301.17
其中：留存收益	39.67	-120.63	-189.90	-301.66
息税前利润	30.41	-143.34	-59.37	-96.43
股票市价（元）	7.90	5.72	3.91	2.45
期末股东权益的市价	910.90	671.83	515.84	353.06
销售收入	876.54	798.72	795.29	787.53

Chapter 3 第3章

营运资金管理

▶ 学习目标

- 掌握营运资金的概念
- 理解企业营运资金盈利性和风险性权衡的原理
- 掌握营运资金的存量管理及其融资结构管理
- 了解现金、应收账款、存货等单项流动资产的存量管理
- 掌握短期融资的类型及管理
- 掌握商业信用资金成本及银行借款利息成本的计算

▶ 引言

本章主要内容由营运资金概论、营运资金投资策略、营运资金融资策略、现金管理、应收账款管理、存货管理和短期融资管理七节组成。3.1节，在介绍营运资金相关概念的基础上，阐述了流动资产和流动负债存量与结构的概念及特点、营运资金的融资来源，旨在解决的问题是如何区分企业的"永久性、临时性"流动资产、"自发性、非自发性"短期融资以及"永久性、临时性"自发融资的重要概念。3.2节，介绍营运资金存量的管理原则，在讨论营运资金盈利性与风险性权衡关系的基础上，分析营运资金存量规模的确定方法及三种投资策略，旨在解决的问题是如何理解"保守的、激进的、适中的"营运资金持有策略及其区别与联系，企业应如何根据自己的情况确定合适的营运资金持有规模。3.3节，在分析流动资产和流动负债周转速度重要性的基础上，讨论营运资金的三种融资策略，旨在解决的问题是如何理解"稳健型、激进型、配比型"营运资金融资策略及其区别与联系；如何权衡长期融资、永久性短期融资以及临时性短期融资对流动资产（永久性流动资产及临时性流动资产）进行投资的结构性对应关系；如何确定适合企业的营运资金融资结构。3.4节，介绍企业持有现金的三种动机、现金存量管理中的 Baumol 模型、Miller-Orr 模型和现金周期模型的区别及适用条件以及现金日常管理技术，旨在解决的问题是如何通过三种模型实现最佳现金持有量；如何权衡持有过多现金导致资金使用率较低和现金短缺引起的支付风险二者之间的关系；如何利用加速收款和控制支出进行现金的日常管理。3.5节，介绍应收账款的功能和持有成本及其信用政策，旨在解决的问题是如何权衡增加营业收入与应收账款的资金占用、发生坏账损失的恶性膨胀之间的关系；如何从应收账款的信用期间、信用标准和现金折扣政策三个方面制定企业信用政策；如何利用账龄分析法进行应收账款的管理。3.6节，介绍企业持有存货的目的、经济订货量模型，旨在解决的问题是如何权衡存货的持有成本、订货成本和缺货成本；如何确定合理的订货量和订货时间，保持最优的存货水平。3.7节，介绍企业短期融资的几种方式，重点讨论商业信用和短期借款两种融资方式，旨在解决的问题是如何权衡各种短期融资方式的成本，以及企业如何确定是否使用商业信用。

本章内容运用了前序相关章节的理论与方法,如第2章讲述的财务分析等。营运资金管理的关键思路是如何权衡其盈利性、风险性和流动性,从而确定营运资金管理中的规模及结构管理,这对营运资金的总量管理及单项管理均适用。

本章的内容框架如图3-1所示。

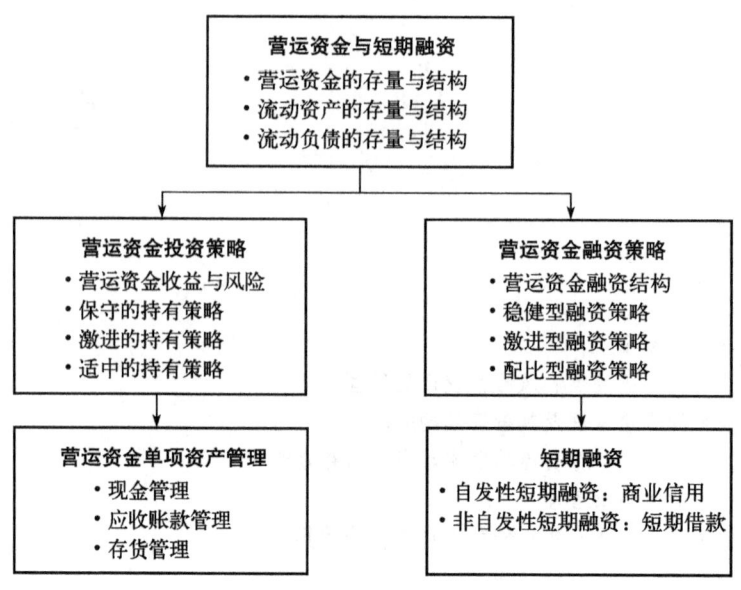

图 3-1　本章内容结构框架图

3.1　营运资金概论

营运资金（Working Capital）包含总营运资金和净营运资金两方面的含义。总营运资金是指企业的流动资产总额,主要应用于研究企业资产的流动性和周转状况,是财务管理上关注的概念。净营运资金是指企业的流动资产总额减去各类流动负债后的余额,主要应用于衡量企业的偿债能力和财务风险,是会计上关注的概念。

营运资金具有以下特点：①周转周期较短。企业占用在流动资产上的资金,周转一次所用的时间通常在一年内或是一个营业周期内。②存量随营业收入波动。流动资产和流动负债的存量都会随营业收入的变化而呈现一定的波动性。③营运资金的具体形态不断变化。企业的营运资金会随着生产经营循环过程呈现不同的形态,一般会在现金、材料、在产品、产成品、应收账款、现金之间顺序转化。④融资来源多样化。营运资金的融资来源可以是各类债务融资和权益融资。其中,债务融资包括短期借款、商业信用融资等多种形式。

营运资金管理是指企业在维持营运资金的存量与营业收入的规模大小与增长需求相符合的同时,权衡营运资金存量的收益与流动性,并根据营运资金的结构特征,选择适当的融资策略。营运资金管理是企业财务管理的重要内容之一,直接关系到企业的盈利能力与风险水平。

3.1.1　营运资金的存量与结构

营运资金的存量与结构是营运资金效率管理的重要内容。在分析营运资金的存量时,可以按照分析对象与目的的不同,将营运资金存量分为总营运资金存量、净营运资金存量及流动负债存量三个类别。总营运资金存量是指某一时点企业持有的全部流动资产的数量总额,也称为流动资产存量；净营运资金存量是指某一时点企业持有的流动资产存量与流动负债存量之差；流动负债存量是指某一时点企业持有的全部流动负债的数量总额。企业经营所需要的营运资金存量与所处行业及自身的生产经营状况密切相关。不同行业的不同企业在营运资金存量上存在明显的差异⊖。

在进行净营运资金的存量分析时，需要特别关注的是"零"或"负"营运资金的情况。"零"或"负"营运资金，即是指企业的流动资产等于或小于企业的流动负债。零营运资金管理是一种极限式的管理方式，具有高风险、高收益的显著特点，是新的竞争环境下成本控制的重要手段，现在已经迅速成为许多公司财务管理的指导性理论。然而，"零"或"负"营运资金也可能是企业营运资金低效率管理的结果，如因在长期资产上投资过度，导致流动资金大量减少，以至于低于流动负债。因此，在具体分析时需要注意区分形成"零"或"负"营运资金的原因。营运资金的结构是指组成营运资金的流动资产与流动负债各个项目所占的比例。根据企业所处的行业及业务的差异性，营运资金结构也具有一定的差异性。具体来看，营运资金的结构包括以下三方面的内容：①流动资产内部的比例结构，是指在企业一定时期流动资产占总资产的比例已经确定的情况下，为了保证流动资产的有效运作，流动资产内部的货币资金、应收账款、应收票据和存货等各单项流动资产所保持的合理比例关系。流动性高的单项资产存量越高，企业的流动性越强。如企业持有的交易性金融资产、现金越多，则企业流动性越强。②流动负债内部的比例结构，是指企业在保证有效组织和风险控制的前提下，为了最充分地利用企业的流动负债资金来源，流动负债内部的短期借款、应付账款、应付票据和应付项目等各单项流动负债所保持的合理比例关系。③流动资产与流动负债的关系结构，也称营运资金的融资结构，即是指流动资产总额与流动负债总额之间的比例结构，也指流动资产与流动负债相应项目之间的比例关系，例如应收账款与应付账款之间的比例关系，反映了应付账款对应收账款的融资状况。

其中，营运资金的融资结构包含两层含义：①流动资产与流动负债的对应关系。由于企业的流动资产所占的资金主要来源于一定时期的流动负债，流动资产与流动负债在总体上应该是相互对应的。首先，企业流动资产中的应收项目（应收账款、应收票据）是企业对客户提供的商业信用，企业流动负债中的应付项目（应付票据、应付账款）是供应商对企业提供的商业信用，二者在到期日和数量规模上应该相互匹配。其次，流动资产与流动负债的各个单项通过企业间信用政策的联动使用也应该实现相互对应。②流动负债、长期负债与所有者权益三类融资方式对流动资产的融资比例。从不同融资方式对流动资产的融资比例来看，企业应该通过选择恰当的短期融资方式与长期融资方式、确定合理的债务融资方式与权益融资方式的比例与结构，对流动资产进行融资。

【**示例3-1**】 2012年四川长虹电器股份公司（以下简称四川长虹，股票代码600839）营运资金的存量与结构如图3-2所示。

如图3-2所示，四川长虹的营运资金存量与结构具有如下四个特点：①营运资金存量较高；②应收和预付款项占流动资产和总资产的比重较大，公司为客户提供了较多的商业信用；③应付和预收款项所占流动负债和总负债的比重较大，公司较多利用了供应商提供的商业信用；④流动比率较高，部分流动资产依靠所有者权益进行融资。

⊖ 从总营运资金来看，2011年末房地产开发与经营业的总营运资金存量相对值高达82.50%，而旅游业的总营运资金存量相对值仅为42.30%；从净营运资金来看，2011年末房地产开发与经营业和旅游业的流动资产存量均高于流动负债的存量，净营运资金为正值，而黑色金属加工业的流动负债存量高于流动资产存量。具体参见本书第2章财务分析。

资产负债表	
• 货币资金　19.94%	• 短期借款　19.04%
• 应收票据 • 应收账款　30.18% • 预付账款	• 应付票据 • 应付账款　29.40% • 预收账款
	• 其他流动负债　7.98%
• 存货　　　23.02%	• 长期负债　10.38%
• 其他流动资产　1.06%	
• 非流动资产　25.80%	• 所有者权益　33.20%
100%	100%

图 3-2　2012 年四川长虹资产负债表结构

资料来源：四川长虹 2012 年年度报告。

3.1.2　流动资产的存量与结构

流动资产是指满足下列条件之一的资产：①预计在一个正常营业周期中变现、出售或耗用；②主要为交易目的而持有；③预计在资产负债表日起一年内（含一年）变现；④在资产负债表日起一年内，交换其他资产或清偿负债的能力不受限制的现金或现金等价物[○]。

通常，流动资产与营业收入之间存在着联动关系，即通过资产周转率所反映的营业收入增长会驱动流动资产存量的增加。为保证持续经营，在一定期间内和一定营业收入规模下，部分流动资产是相对稳定的，而另一部分存量则会出现季节性、周期性的波动。据此，可以把流动资产划分为永久性流动资产和临时性流动资产，如图 3-3 所示。

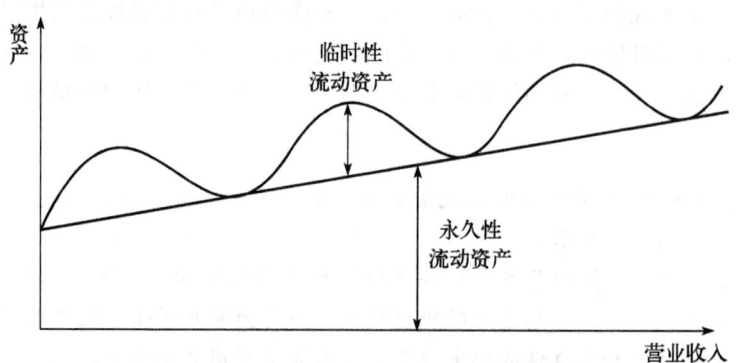

图 3-3　永久性流动资产与临时性流动资产

永久性流动资产（Permanent Current Assets）是指在一定期间内（一个会计期间或一个营业周期），流动资产伴随营业收入的数量规模所呈现的相对稳定的基本存量。永久性流动资产有以

○ 《企业会计准则第 30 号——财务报表列报》。

下三个特点：①永久性流动资产具有相对稳定的基本存量。这个基本存量是由现金、应收账款、存货等流动资产项目中相对稳定的存量构成。②永久性流动资产的存量规模会伴随营业收入规模的持续增长而有所增加。③永久性流动资产的内容形态在企业经营过程中始终呈现出动态变化的过程。

临时性流动资产（Temporary Current Assets）是指伴随着营业收入的季节性或临时性需求而在流动资产上占用的资金。临时性流动资产与营业收入有紧密的联动关系。

【示例3-2】 表3-1列示了2008~2011年四川长虹（股票代码600839）流动资产的存量与结构。

表3-1 2008~2011年四川长虹流动资产的存量与结构 （%）

	2008年	2009年	2010年	2011年
货币资金/流动资产	30.61	29.05	32.72	29.33
交易性金融资产/流动资产	0.57	0.27	0.16	0.14
应收票据/流动资产	12.06	19.60	20.36	23.87
应收账款/流动资产	14.83	12.36	14.78	15.60
预付账款/流动资产	3.66	2.33	1.93	2.83
存货/流动资产	35.17	34.18	28.30	26.43
流动资产/总资产	59.48	66.43	70.20	73.61
流动资产/营业收入	61.17	77.15	74.99	73.11

资料来源：根据四川长虹年度报告计算整理。

从表3-1可以看出，四川长虹的流动资产存量与结构有以下三个特点。

（1）各个单项资产的存量处于波动变化状态。2008~2011年，公司的货币资金、应收账款、存货等单项资产占流动资产的比重处于不断变化中。一个有效率、持续性生产经营的企业，每天的业务可能都涉及现金的收入和支出，其货币资金的内容并非一成不变的，而是处于流动变化更新的状态。同样，对存货项目而言，企业每个月甚至每天都会有产成品的出售或原材料的补充，应收账款内容也会随着赊销活动和收回账款活动的进行而更新变化。

（2）流动资产与营业收入保持联动关系，各单项资产的动态基本存量构成企业的永久性流动资产。企业的营业收入随着经营活动不断变化，四年中四川长虹的流动资产与营业收入保持相对稳定的比例，体现了流动资产与营业收入的联动关系。货币资金占流动资产比重均在29%以上，存货占流动资产的比重也始终在26%以上。货币资金、短期投资、应收票据、应收款项和存货等单项资产的基本存量，使得四年间四川长虹流动资产占总资产的比重始终保持在59%以上，构成了流动资产的基本动态存量。

（3）企业临时性流动资产存量不断变化。四川长虹不断波动的流动资产总存量，扣减占总资产59%的永久性流动资产的存量，就得到了临时性流动资产的存量[⊖]。可以看出，四川长虹的临时性流动资产存量占总资产的比例不断波动。

3.1.3 流动负债的存量与结构

流动负债，又称短期负债，是指企业需在一年或超过一年的一个营业周期内偿付的债务。我国上市公司的融资形式主要包括负债融资和权益融资。而流动负债是我国上市公司融资的重要形

⊖ 表3-1中反映的是年度层面流动资产相对值的变化规律，类比推导，一年内的流动资产相对值也会呈现类似的总量波动变化、但存在动态基本存量的特征。

式，2007～2011 年我国电子业上市公司流动负债占总负债的比重一直在 85% 以上[①]。

1. 自发性融资和非自发性短期融资

流动负债融资按照其形成方式可以分为：自发性融资和非自发性短期融资。

自发性融资是指企业使用供应商的信用政策而形成的，是具有与营业收入联动特征的流动负债。自发性负债直接产生于企业持续经营，例如包含应付账款、应付票据和预收账款等的商业信用融资以及包含应付工资、应付利息、应付税金等的日常运营中产生的其他应付款。自发性融资随着生产经营活动的进行而自动形成和增加。如果一个企业的营业收入有季节性的周期变化，与营业收入有联动关系的自发性融资也会呈现出季节性的周期变化。

非自发性短期融资是指与营业收入无直接联动关系的负债，如向银行借款、发行的短期融资债券等。非自发性短期融资是企业为了支持经营活动的增长而有意识地主动增加的负债，并非信用政策的直接体现，也不具有商业信用的性质。

在我国上市公司中，自发性融资占流动负债的比例相对较高。根据 CSMAR 系列研究数据库的统计，2007～2011 年中国电子业上市公司中，自发性融资占流动负债的比例一直在 63% 左右，而非自发性短期融资占流动负债的比例约为 37%。

2. 永久性自发融资和临时性自发融资

由于营业收入通常维持在一定的数量规模上，并呈现出波动状态，因此与营业收入有联动关系的自发性融资又可以分为永久性自发融资和临时性自发融资。

永久性自发融资是指在一定期间内（一个会计期间或一个营业周期），与营业收入的数量规模相适应，在自发性融资中所呈现的相对稳定的基本存量。永久性自发融资有以下三个特点：①永久性自发融资具有相对稳定的基本存量。这个基本存量是由应付账款、应付票据、预收账款和应付福利等自发性融资项目各自相对稳定的存量构成。②永久性自发融资的存量规模会伴随营业收入的持续增长而有所增加。③永久性自发融资在企业经营过程中始终动态变化。

临时性自发融资是指伴随着营业收入的季节性或临时性波动，为满足临时性流动资产需要而发生的融资，如商业零售企业或部分制造业企业为满足季节性市场需要，而相应伴随增加的应付账款、应付票据等流动负债。临时性自发融资受企业内部与外部市场环境变化的影响。

【示例 3-3】 表 3-2 列示了 2008～2011 年四川长虹（股票代码 600839）自发性融资的存量与结构。

表 3-2 2008～2011 年中国电子业上市公司自发性融资的存量与结构 （%）

	2008 年	2009 年	2010 年	2011 年
应付票据/流动负债	25.02	18.25	18.60	18.44
应付账款/流动负债	29.46	31.37	27.56	29.99
预收账款/流动负债	4.76	9.24	8.93	5.73
其他自发性融资/流动负债	4.29	6.11	5.33	7.10
自发性融资/流动负债	63.53	64.97	60.42	61.26
自发性融资/负债	58.75	50.55	47.74	47.90

资料来源：根据四川长虹年度报告计算整理。

根据表 3-2 中的数据分析，可以得到以下结论：

（1）自发性融资占流动负债和企业总负债的比例较高。四川长虹的自发性融资占企业流动负债的比例基本维持在 60% 以上，占总负债的比例也基本维持在 47% 以上，说明自发性融资是四

[①] 根据 CSMAR 系列研究数据库对 2007～2011 年中国电子业上市公司流动负债占总负债的比重统计得到：2007 年为 87.10%，2008 年为 88.91%，2009 年为 85.15%，2010 年为 86.91%，2011 年为 87.49%。

川长虹资金的主要来源。

（2）各单项融资项目存量处于波动变化，但是自发性融资仍拥有动态基本存量。四年间，四川长虹的应付票据、应付账款等单项融资项目的比例都处于波动变化状态，但是各个单项融资项目存在动态基本存量，应付票据占流动负债的比重保持在18%以上，应付账款占流动负债的比重保持在27%左右，应付票据、应付账款和预收账款等单项融资项目的动态基本存量，共同构成了企业自发性融资的动态基本存量。

3. 营运资金的融资来源

根据偿还期限的长短，企业营运资金的融资方式可以分为长期融资和短期融资两种，其具体融资来源形式如图3-4所示。

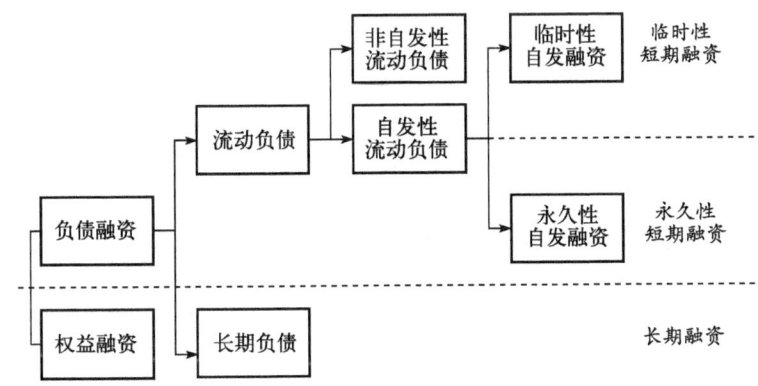

图3-4 营运资金的融资来源

其中，长期融资包括权益融资和长期负债融资，而短期融资是指各种类型的流动负债融资。由于部分流动负债与营业收入之间存在着一定的周转率联动关系，如应付票据、预收账款、应付账款这类商业信用融资与营业收入密切相关，短期融资又可以分为临时性短期融资和永久性短期融资。永久性短期融资即是上文已介绍过的永久性自发融资。临时性短期融资是指为满足临时性流动资产需要而发生的短期融资，包括非自发性流动负债和临时性自发融资两个部分。

3.2 营运资金投资策略

营运资金投资策略即企业流动资产的投资策略。总营运资金，即流动资产总额，与营业收入存在着一定的周转率关系：总营运资金随着企业营业收入的变化而变化，营业收入数量规模越大，企业所需的流动资产存量越多，但是它们之间并非线性关系。因此，在一定营业收入下，需要持有多少营运资金存量（流动资产存量）是营运资金投资策略的核心问题。

3.2.1 营运资金存量管理的原则

企业的营运资金在全部资金中占有相当高的比重，而且周转期短、形态易变，所以营运资金的存量管理是企业财务管理工作的一项重要内容。在进行营运资金投资策略的选择时，企业管理层应在考虑流动性的基础上，权衡盈利性和风险性的关系。

在公司财务中涉及的流动性概念主要包括两个方面，即资产流动性和公司流动性⊖。资产流

⊖ 对于处于市场中的公司来说，市场流动性也是一个重要的概念，主要指的是在某特定市场迅速、低廉地买卖证券而不受阻碍的能力。市场参与者越多，交易频率越高，交易费用越低，以及交易价差越小，市场流动性越强。

动性是指一项资产的价值在基本不发生或很少发生损失的情况下迅速转化为现金的能力,包括变现所需的时间和变现价值折损率两个方面的含义。资产变现的速度越快,且在变现过程中发生的价值损失越小,其流动性越高;公司流动性是指公司及时满足财务支付义务的能力,包括可使用的支付方式与债务期限结构两个层面的含义,即凡是能在期望的时间内以较低的成本获得足够的资金偿还债务的公司即具有公司流动性。概括来讲,流动性的核心是财务的灵活性。

营运资金的盈利性是指企业营运资金存量的资产报酬率。显然,在企业一定的盈利能力下,营运资金的存量越少,营运资金的资产报酬率越高。净营运资金是流动资产减流动负债之后的差额,其融资来源于企业的长期负债与所有者权益。如果企业的净营运资金数额很大,证明流动负债远远不够满足对流动资金的融资,需要企业以资金成本更高的长期融资支持对营运资金的投资。对企业生产而言,一方面降低了对长期项目的投资能力,另一方面也因长期资金的成本较高而降低了资产的整体盈利性。

营运资金的风险性指如果企业资产的流动性较差,企业资产产生的现金流难以支付到期债务与发生的相应费用支出。从风险上看,企业的净营运资金越多,意味着流动资产与流动负债之间的差额越大,则企业陷入无法偿还到期债务的可能性也就越小。然而,正如盈利与风险相对应原则所揭示:盈利与风险往往是并存的,要赚取较高的盈利,往往要以承担更大的风险为代价;如果企业只愿意承担较小的风险,则必须提高营运资金的流动性,相应地营运资金的报酬率也会下降。

流动资产的投资策略的目的,是在既能维持企业的正常生产经营活动,又能减少或不增加风险的前提下,使企业实现较高的资产报酬率。因此,企业对流动资产的管理,必须在盈利性与风险性之间进行权衡并做出合理的选择。

3.2.2 营运资金的三种投资策略

营运资金存量规模的确定,需要在盈利性和风险性之间进行权衡。下面从总营运资金的角度讨论营运资金的三种投资策略。为了便于分析,假定企业的固定资产额保持不变。

在其他条件相同时,企业的流动资产持有水平越高,其流动性越强,预期的资金盈利能力将降低。相反地,如果企业的流动资产持有水平下降,预期的资金盈利能力将上升,但是企业清偿到期债务的能力将降低,流动性风险加大。营运资金的三种投资策略是企业确定持有不同存量流动资产的代表性策略。

图3-5 显示了三种有代表性的营运资金投资策略。

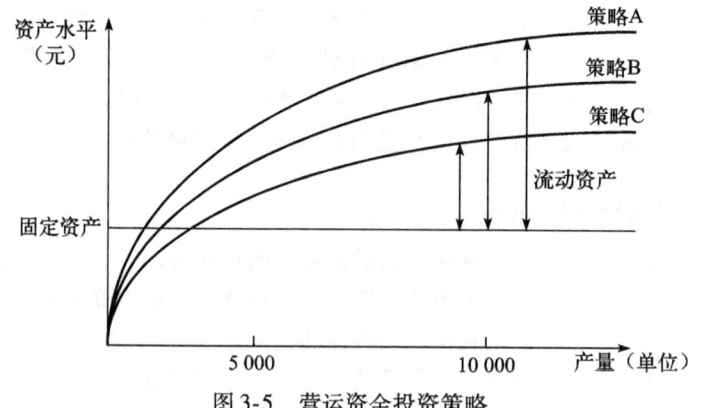

图 3-5 营运资金投资策略

1. 保守的营运资金投资策略

曲线 A 代表一种保守的营运资金投资策略。这种策略不但要求企业流动资产总量要足够充裕，占总资产的比重高，而且还要求流动资产中流动性较高的现金和有价证券也要保持足够的数量。这种策略的基本目的是使企业资产的流动能力保持在一个较高的水平上，使之足以应付可能出现的各种意外情况。

保守的营运资金持有策略虽然具有降低企业风险的优点，但也有获利能力低的缺点。在企业总资产一定的情况下，投放在流动资产上的资金量加大，必然导致投放在获利能力较强的长期资产上的资金减少，所以企业采用保守的营运资金投资策略是一种低风险、低收益的管理策略。一般而言，企业在外部环境不确定程度较高时，为规避风险多采取这种管理策略。

2. 激进的营运资金投资策略

曲线 C 代表一种激进的营运资金投资策略。这种策略不但要求企业最大限度地削减流动资产存量，使其占总资产的比例尽可能地低，而且还力图尽量减少流动资产中的现金和有价证券，使其占流动资产的比例尽可能地低。

企业采用这种激进的营运资金投资策略，虽然可以增加企业的资产报酬率，但也相应地提高了企业的流动性风险。所以，激进的营运资金持有策略是一种高风险、高收益的策略。一般来说，它只适合于外部环境相当确定的企业。

3. 适中的营运资金投资策略

曲线 B 代表一种适中的营运资金投资策略。这种策略要求企业流动资产的存量管理介于前两者之间，由此所形成的风险和收益也介于前两者之间。一般来说，企业流动资产的数量按其功能分成两大部分：①正常需要量。它是为满足正常生产经营需要而占用的流动资产。②保险储备量。它是为预防应付意外情况的发生，在正常生产经营需要量以外而储备的流动资产。适中的营运资金投资策略就是在保证企业正常经营情况下流动资产需求量，留有一定的保险储备，并在流动资产中各项目之间确定一定的比例构成。

适中的营运资金投资策略，对于投资者财富最大化来讲，在理论上是最佳的。然而，适中策略的营运资金存量规模是难以量化地描述的，这是因为营运资金存量规模是多种因素共同作用的结果，包括营业收入规模、存货和应收账款的周转速度等。各企业应当根据自身的具体情况和环境条件，按照适中的营运资金投资策略的原则，确定适当的营运资金存量规模。

表3-3充分体现了营运资金的三种投资策略管理中风险与收益权衡的特点：①获利能力与流动性呈反向变动关系；②获利能力与风险呈同向变动关系。

表3-3 营运资金最佳持有量的总结

持有策略种类	流动性	获利能力	风险
保守的营运资金持有策略	高	低	低
适中的营运资金持有策略	平均	平均	平均
激进的营运资金持有策略	低	高	高

3.3 营运资金融资策略

营运资金的融资策略是营运资金管理的另一个重要内容，其核心问题是权衡长期融资、永久性短期融资以及临时性短期融资对流动资产（永久性流动资产及临时性流动资产）投资的结构性对应关系。

3.3.1 营运资金的三种融资策略

营运资金融资问题主要反映在企业对流动资产的投资和对流动负债的管理上。为了实现营运资金的良好投资管理和融资管理，企业应当提高流动资产和流动负债的周转速度。流动资产周转率是指在一个会计年度内企业流动资产周转的速度。该指标越高，说明企业流动资产的利用效率越高，流动资产占用的资金量也越少，可以增强企业的盈利能力；相反，如果企业流动资产周转速度缓慢，为维持正常的生产经营，企业就需要增加新的流动资产的投入，从而增强企业的盈利能力。因此，企业应当尽量提高流动资产的周转速度。相似地，流动负债也需要有较高的周转速度。通常企业长期融资（包括长期负债和所有者权益）的资金成本高于短期融资。如果企业保持较高的流动负债周转速度，可以实现用较低的资金成本融通企业资金需求量。

营运资金的融资策略一般分为三类：配比型融资策略、稳健型融资策略和激进型融资策略。

1. 配比型融资策略

配比型融资策略，是指与营业收入联动关系大致相同的各项资产与各种融资方式相互对应的融资策略。在这种策略下，企业用临时性短期融资实现对临时性流动资产进行融资，而用永久性短期融资和长期融资对永久性流动资产和长期资产进行融资。

图3-6描述了配比型融资策略的资产投资与融资方式的匹配。

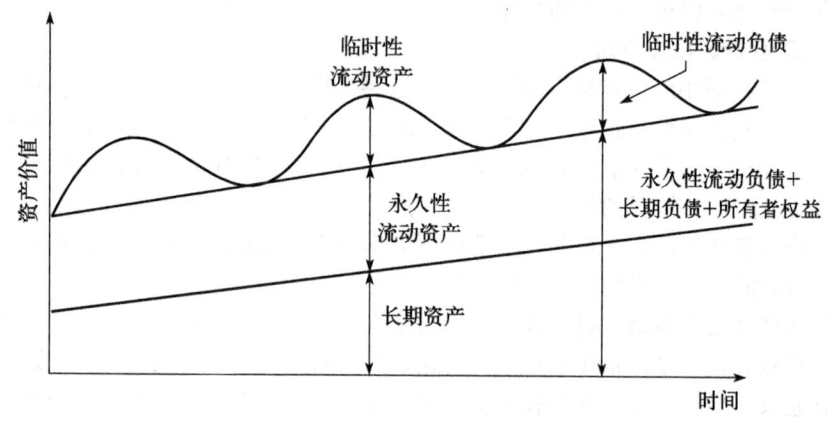

图3-6　配比型融资策略

配比型融资策略最重要的特点是：每项资产和负债与营业收入周转率的联动关系大致相同，二者在到期日与数量规模上能够互相匹配。该特点能够让企业整体的流动资产和流动负债保持基本相同的周转速度，对企业营运资金管理具有重要的意义。在配比型融资策略下，流动资产周转率较高，企业流动资产的利用效率高，节约流动资产，增强企业的盈利能力。同时，企业保持了较高的流动负债周转速度，可以实现用较低的资金成本融通企业资金需求量的目的。

配比型融资策略的优点：①由于企业在为临时性流动资产融资时，使用的是资金成本较低的临时性短期融资，因此无论在季节性的低谷时期，还是在资金需求的高峰时期，企业获取资金的成本相对较低。②只要企业实际的现金流与预期安排相一致，就可以减少其无法偿还到期负债的风险。配比型融资策略的不足在于：该策略是一种理想的、对企业的资金使用能力有较高要求的营运资金融资策略，因此难以在现实经济生活中完美地实现。

2. 激进型融资策略

激进型融资策略是指用短期借款等临时性短期融资为部分永久性流动资产融资的策略。这种策略下，临时性短期融资不但对临时性流动资产进行融资，而且要为部分永久性流动资产，甚至部分长期资产进行融资。在临时性短期融资中，永久性流动资产和长期资产融资的比例越高，表明企业的融资策略越激进，需要承担的风险越大。

如图3-7描述了激进型融资策略。

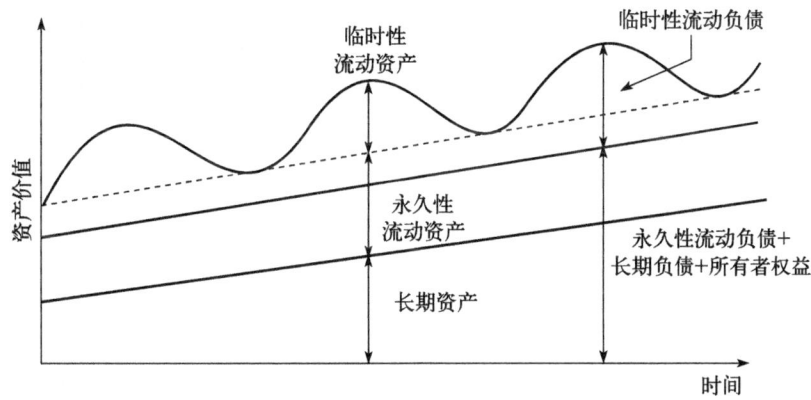

图 3-7 激进型融资策略

激进型融资策略下临时性短期融资在企业全部资金来源中所占比重较高。由于临时性短期融资（如短期借款）的资本成本一般低于长期负债和权益资本的资本成本，所以激进型融资策略下企业的资本成本较低。但是另一方面，临时性短期融资的偿还期限较短，这样企业需要频繁地举债和还债，从而加大融资困难和不确定性风险。此外，还可能面临由于短期融资的利率变动而导致企业资本成本的上升。所以激进型融资策略是一种收益性和风险性均较高的营运资金融资策略。

激进型融资策略的优点是融资成本较低。由于激进型融资策略只借入所需要的融资量，而且一般短期债务的融资成本低于长期负债或权益资本的融资成本，所以企业可以减少利息支出，增加企业收益。激进型融资策略的不足在于需要承担两类风险：①需要承担债务到期时对该笔借款偿还风险或延期的再融资风险；②需要承担未来利息成本不确定的变化风险。

3. 稳健型融资策略

稳健型融资策略是指企业利用长期融资及永久性短期融资在对永久性流动资产和长期资产进行融资之外，也对部分临时性流动资产进行融资的策略。

这种策略下，临时性短期融资只为部分临时性流动资产融资，另一部分临时性流动资产则由长期融资及永久性短期融资进行资金融通。长期融资及永久性短期融资中，为临时性流动资产融资的比例越高，表明企业的融资策略越保守，融资成本也越大。最极端的情况是，高峰期资金需求也都通过长期融资和永久性短期融资来解决。

如图 3-8 描述了稳健型融资策略。

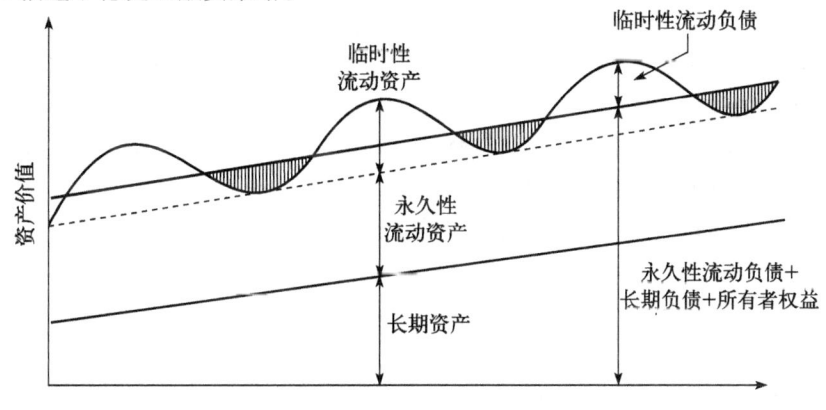

图 3-8 稳健型融资策略

与配比型融资策略相比,稳健型融资策略下临时性短期融资占企业全部资金来源的比例较低。生产经营旺季的季节性资金需要,只有一部分靠临时性短期融资解决,其余部分的季节性资产和所有永久性资产需要则由永久性短期融资和长期融资来提供。稳健型融资策略是一种风险性和收益性均较低的营运资金融资策略。

稳健型融资策略的优势体现在:①可以降低短期借款偿还的再融资风险;②可以减少未来利息成本的不确定性。稳健型融资策略有以下两点不足:①企业通常会借入比所需融资量更多的资金,造成资源浪费;②通常总的利息成本会比较高。因此,企业若接受较低的融资风险,则资金的获利能力也较低。

4. 易变现率

图3-6至图3-8通过比较各项资产与融资方式的对应关系,描绘了营运资金的三种融资策略。此外,通过计算在企业营业低谷时的易变现率,可以直接判断企业采用了何种营运资金融资策略,易变现率的计算公式如下:

$$易变现率 = \frac{(所有者权益 + 长期负债 + 经营性流动负债) - 长期资产}{经营性流动资产}$$

易变现率表示经营性流动资产中长期融资来源的比重。在营业低谷时,企业的临时性流动资产等于0,经营性流动资产等于永久性流动资产,经营性流动负债等于永久性流动负债,所以此时的易变现率可能小于1,也可能大于1,还可能等于1。

配比型融资策略,在营业低谷时,临时性流动资产=临时性短期负债=0,长期资产+永久性流动资产=所有者权益+长期负债+永久性流动负债,易变现率=1。此时风险收益适中。

激进型融资策略,在营业低谷时,0=临时性流动资产<临时性短期负债,长期资产+永久性流动资产>所有者权益+长期负债+永久性流动负债,易变现率<1。此时,资本成本较低,收益性和风险性均较高。

稳健型融资策略,在营业低谷时,临时性流动资产(非经营性流动资产)[①]>临时性短期负债=0,长期资产+永久性流动资产<所有者权益+长期负债+永久性流动负债,其易变现率>1。此时,资本成本高,收益性和风险性均较低。

总体而言,易变现率高,资金来源的持续性强,偿债压力小,管理起来比较容易,对应稳健型融资策略;易变现率低,资金来源的持续性弱,偿债压力大,对应激进型融资策略。

3.3.2 长短期融资的风险及成本

一般来说,短期资金的资金成本较低,经济效益较高,但是由于期限较短,企业面临着不能按时偿还的风险。同时,在金融市场上,短期资金的利率往往不稳定,有时甚至在短期内有很大的波动,也会带来利息成本不确定性的风险。相反,长期资金的期限较长,到期不能还本付息的风险较小,但是长期资金的利息成本较高,并且长期资金的使用缺乏弹性,会影响企业的经济效益。因此,确定合理的营运资金融资结构需要进一步分析比较长短期融资的风险和成本。

1. 影响融资策略的财务管理环境因素

为了确保各方的利益,经营者进行融资策略选择时,应认真分析企业所处的财务管理环境,权衡收益和风险,再做出合理的选择。影响融资策略的财务管理环境主要有如下三个方面:

(1)企业所处的行业。由于各行业的经营内容和特点不同,企业的融资结构也存在着较大的

---

① 事实上,在营业低谷时,临时性流动资产也等于0,但长期融资资金大于经营性流动资产之和,所以会有部分闲置的长期融资资金投资于非经营性流动资产,在图3-9中为了演示的效果将其归集在临时性流动资产中。

差异。短期资金的需求数量主要取决于企业存货和应收账款的多少,而这两项资金的占用水平又和企业所处的行业密切相关。

(2)利率状况。当长期资金的利率和短期资金的利率相差较少时,企业一般较多使用长期融资方式,较少使用短期融资方式;反之,当长期借入资金的利率远远高于短期资金的利率时,企业为了降低资金成本,则会更多的使用短期借入资金。

(3)经营规模和经营状况。企业经营规模对于融资策略有着重要的影响,对经营状况较好的大企业而言,由于有规模大、信誉好的特点,可以采用发行股票和发行债券的方式在金融市场上筹集长期资金,较少利用短期负债进行融资。反之,对经营规模较小以及经营状况较差的中小型企业来说,由于受到有关条件的约束,较多地利用短期负债。

2. 长期融资和短期融资

根据偿还期限的长短,负债融资可分为短期负债和长期负债。短期融资与长期融资的风险差异,将导致不同的利息成本。根据利息期限结构理论,企业负债的到期日越长,其融资成本就越高。原因如下:①由于长期融资相对于短期融资而言,比较缺乏弹性,因此,长期融资的实际成本通常高于短期融资;②长期融资在债务存在期限内,即使在企业不需要资金的时候,也必须支付利息,而短期融资则会使企业在资金的使用上更具有弹性。

表3-4对短期与长期融资的风险和获利能力的权衡进行了总结。从该表可以看出,临时性资产通过短期融资方式融资,永久性资产通过长期融资方式融资,二者结合构成一组适度的风险—获利能力组合策略,这也就是所说的配比型融资策略。其他融资策略也是可能的,但是在采用其他可选策略(如表中第2种和第4种选择)时,必须在收益与风险之间进行权衡。

表3-4 短期融资和长期融资

资产期限 \ 融资期限	短期融资	长期融资
临时性资产	1 适度的风险—获利能力	2 低风险—获利能力
永久性资产	4 高风险—获利能力	3 适度的风险—获利能力

3.4 现金管理

现金是企业流动性最强的资产,但是闲置的现金盈利能力极差。现金管理要权衡持有过多现金导致资金使用率较低和现金短缺引起的支付风险二者之间的关系。本节主要分析了企业持有现金的三种动机,介绍了现金存量管理中的Baumol模型、Miller-Orr模型和现金周期模型,最后介绍现金收支日常管理中加速收款和控制支出两方面的技术。

3.4.1 现金管理的内容及目的

现金有狭义和广义之分,狭义的现金就是指库存现金,广义的现金包括现金及其等价物,如银行存款、有价证券和在途货币资金。

1. 现金的持有动机

现金的持有动机主要分为以下三类。

(1)交易动机。**交易动机**(Transactions Demand)是指为满足企业日常基本业务需要而持有的现金,如企业用现金支付工资、购买材料、设备、交纳税金、偿付债务本息、股利等。通常,企业每天都有现金流入和现金流出,但两者很少同时等额发生,一旦出现现金流出大于现金流入,企业就有必要保留部分现金以实现收支平衡,维持生产经营过程的连续性。交易性现金需要量一般与企业经营规模(如营业总收入)呈正相关关系,营业收入的增加往往意味着企业对现金需求量的增加,因为当期的材料需求量、应付税金、工资等支出项目大小都将取决于营业收入的规模。

(2) 预防动机。**预防动机**(Precautionary Demand)是指企业为应付意外事件对现金需要的影响持有现金。企业在生产经营过程中有时会遇到意想不到的情况,如自然灾害的发生、主要客户未能按时付款、采购环境发生重大变化等。持有足够多的现金,可使企业更好地应付这些意外事件对资金需求的影响。因预防动机而持有的现金量,主要取决于以下三个因素:一是企业现金收支的可预测程度;二是企业临时借款能力;三是企业愿意承担的风险程度。

(3) 投机动机。**投机动机**(Speculative Demand)是指企业根据对未来市场价格波动和数量缺口的预期,为了趁机利用潜在的获利机会而持有的现金。这方面的例子有:囤积即将涨价的材料物资;当证券市场剧烈波动时,适时进行股票投机或购入其他证券等。

一般地,企业专门为投机动机而大量持有现金并不常见。因为如果遇到有利的投资机会,企业可设法临时筹措资金满足投机需要。此外,为将来无法预期的投资机会而持有大量现金,企业将承担较大的资金机会成本,这也是确定投机性现金需求量的重要影响因素。

2. 现金管理的内容

现金管理的内容主要包括三个方面,如图3-9所示。

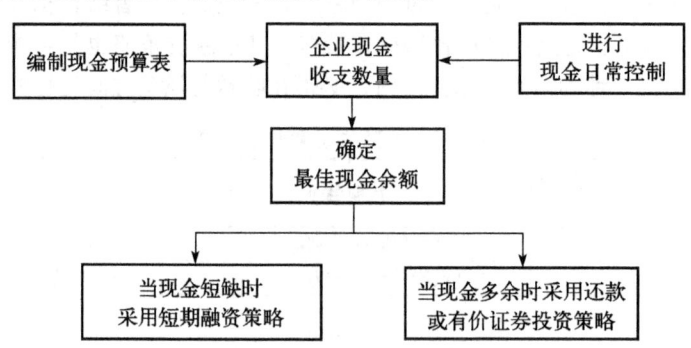

图 3-9 现金管理的内容

现金管理的内容包括:①编制现金预算表,以便合理地估计未来的现金需求;②对日常的现金收支进行控制,力求加速收款,延缓付款;③用特定的方法确定最佳的现金余额,当企业实际的现金余额与最佳的现金余额不一致时,采用短期融资策略或采用归还借款和投资于有价证券等策略来达到理想状况。

3. 现金管理的目的

企业进行现金管理时,应该在现金短缺带来的风险和现金投资带来的收益之间进行权衡。

现金短缺的风险主要是支付风险。现金短缺会降低企业的流动性,流动性的约束往往会导致企业无力清偿短期债务,从而影响企业正常的生产和经营。如果企业持有过量的现金,则会降低企业资金的使用效率,从而降低企业的市场价值。在市场环境正常的情况下,一般说来,流动性强的资产,其收益性较低,这意味着企业应尽可能少地持有现金,即使不将其投入本企业的经营活动,也应尽可能多地投资于能产生高收益的其他资产,避免资金闲置或用于低收益资产而带来的损失。

企业现金管理有两个主要目标:①必须持有足够的现金,以便支付各种业务往来的需要;②将闲置资金减少到最低限度,以增加收益。

3.4.2 最佳现金持有量的确定

现金是企业流动性最强的资产，又是盈利性最差的资产。企业应持有多少现金才合适呢？如何确定最佳现金持有量？其原则应该是：最佳现金持有量的持有成本最低，给企业带来的经济效益最大。企业应根据自身生产经营的特点选用适合的最佳现金持有量测算方法。下面介绍几个确定最佳现金持有量的模型。

1. Baumol 模型

Baumol 模型的基本原理是权衡现金的持有成本和有价证券的转换成本，以求得两者相加总成本最低时的现金持有量。该模型最早由美国学者 William J. Baumol 于 1952 年提出[1]，故称作 Baumol 模型。该模型将现金资产看做企业生产经营活动中的一种特殊存货，它来源于存货的经济订货量模型（Economic-Order Quantity Model），故又称作存货模型。

（1）现金成本分析。Baumol 模型的主要目的是求出使总成本最小的现金持有量。现金总成本包括两个方面：现金持有成本和现金转换成本。现金持有成本是指因持有现金所放弃的报酬，即持有现金的机会成本。这种成本通常为有价证券的收益率与现金持有量的乘积。现金转换成本是指现金与有价证券转换的固定成本，如佣金、税金及其他交易成本。这种成本只与交易的次数有关，而与持有现金的金额无关。

如果现金持有量大，则持有现金的机会成本高，但转换成本减少；如果现金持有量小，则持有现金的机会成本低，但转换成本上升。两种成本之和最低条件下的现金余额即为最佳现金持有量。

假设：

TC——总成本

b——现金的每次转换成本

T——现金需求总额

N——最佳现金持有量，即最佳现金余额

i——机会成本率（短期有价证券利率）

因为：总成本 = 持有成本 + 转换成本
= 平均现金持有量 × 机会成本率 + 现金转换次数 × 现金的每次转换成本
=（最佳现金持有量 ÷ 2）× 机会成本率 +（现金需求总额 / 最佳现金持有量）
× 现金的每次转换成本

则有：
$$TC = \frac{N}{2} \times i + \frac{T}{N} \times b$$

总成本、持有成本和转换成本的关系如图 3-10 所示。

在图 3-10 中，TC 是一条凹形曲线，存在一个成本最小点，可用导数方法求出成本最小值：

$$\text{最佳现金余额 } N = \sqrt{\frac{2Tb}{i}}\,^{[2]}$$

---

[1] William J. Baumol, 1958, On the theory of Oligopoly, Economica, 25, 99, 187–198.
[2] 公式的推导过程如下：

现金总成本公式：$TC = \frac{N}{2} \times i + \frac{T}{N} \times b$

上式左右两边对 N 求导，得：$TC' = \left(\frac{N}{2}i + \frac{T}{N}b\right)' = \frac{i}{2} - \frac{Tb}{N^2}$

令 $TC' = 0$，则：$\frac{i}{2} = \frac{Tb}{N^2}$，$N^2 = \frac{2Tb}{i}$

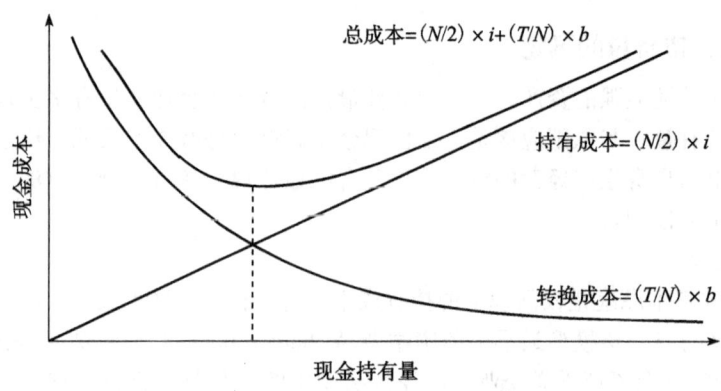

图 3-10 最佳现金持有量的现金成本

（2）Baumol 模型的运用。Baumol 模型是建立在一系列假定条件基础之上的，包括：企业在一定时期内的现金流入与流出量均匀而且可预测；利率（持有现金的机会成本）是固定的；企业每次把有价证券转换为现金的转换成本是固定的。

图 3-11 说明如何用 Baumol 模型来确定最佳现金余额。

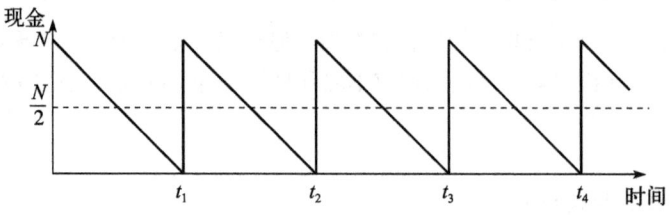

图 3-11 Baumol 模型

在 Baumol 模型下，现金余额图呈现锯齿状。在图 3-11 中，假定企业期初持有一定量的现金余额 N，在某一期间若每天平均流出量大于流入量，到一定的实际时间 t_1 后现金余额降至零，此时企业就需要出售有价证券进行补充，使下一周期的现金余额恢复至最高点 N；而后这笔资金再供生产逐渐支用，至 t_2，其余额降至零后，再进行补充，如此不断重复。

【例 3-1】 某企业预计全年现金需求量为 100 000 元，现金与有价证券的转换成本为每次 100 元，有价证券的投资回报率为 20%。则最佳现金余额为：

$$N = \sqrt{\frac{2 \times 100\,000 \times 100}{20\%}} = 10\,000(元)$$

企业每年有价证券交换次数为：

现金需求总额 ÷ 最佳现金余额 = $T \div N$ = 100 000 ÷ 10 000 = 10（次）

（3）Baumol 模型在现实中的运用。Baumol 模型描述了现金管理中基本的成本结构，可以帮助企业精确地测算出最佳现金持有量和变现次数。但是这种模型是建立在未来期间现金流量稳定均衡且呈周期性变化，及有价证券的投资回报率可预测的基础上的；而在实际工作中，企业往往很难保证做到这些。因此，通常可以这样处理：若预测值与实际发生值相差不是太大，实际持有量可在上述公式确定的最佳现金持有量基础上，稍微提高一些安全储备现金量即可。

2. Miller-Orr 模型

Miller-Orr 模型的基本原理是企业将根据历史经验和实际需要制定出一个现金控制区域，通过现金与有价证券的转换实现现金持有量在控制区域内的模式。对企业来讲，现金需求量往往波动大且难以预知，但企业可以根据历史经验和现实需要，测算出一个现金持有量的控制范围，即制定出现金持有量的上限和下限，将现金持有量控制在上下限之内。当现金余额达到控制上限时，用现金购入有价证券，使现金持有量下降；当现金余额降到控制下限时，则抛售有价证券换回现金，使现金持有量回升。若现金在控制的上下限之内，则不必进行现金与有价证券的转换，而保持各自的现有存量。

Miller-Orr 模型又称随机模式，是由美国经济学家 Merton Miller 和 Daniel Orr 在 1966 年首次建立的[一]。Miller-Orr 模型是企业在未来的现金流量呈不规则流动、无法准确预测的情况下采用的现金持有量控制模型，因此比 Baumol 模型更加接近现实情况。这种模型对现金持有量的控制如图 3-12 所示。

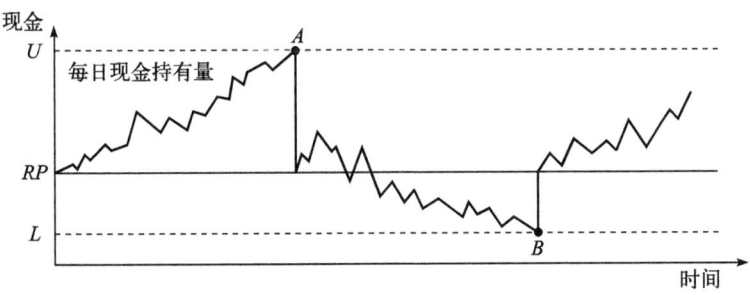

图 3-12 Miller-Orr 模型

如图 3-12 所示，虚线 U 表示现金存量的上限，虚线 L 表示现金存量的下限，实线 RP 表示最优现金返回线。从图中可以看出，企业的现金存量（表现为现金每日余额）是随机波动的，当其达到 A 点时，即达到了现金控制的上限，企业应当用现金购买有价证券，使现金持有量回落到现金返回线（RP 线）的水平；当现金存量降至 B 点时，即达到了现金控制的下限，企业则应转让有价证券换回现金，使其存量回升至现金返回线（RP 线）的水平。现金存量在上下限之间的波动属于控制范围内的变化是合理的，不予调整。以上关系中的上限 U，现金返回线 RP 可以按照下列公式计算：

$$\text{现金返回线：} RP = L + \sqrt[3]{\frac{3b\sigma^2}{4i}}^{[二]}$$

㊀ Miller M. and Orr D., 1966, A model of the demand for money by firms, *Quarterly Journal of Economics*, 109, 68-92.
㊁ 公式推导：每日现金持有成本 = 每日现金转换成本 + 每日现金持有机会成本

则，每日现金持有成本（期望值）$\varepsilon(c) = b\dfrac{\varepsilon(N)}{T} + i\varepsilon(M)$ 式①

式中：c = 每日现金持有成本；b = 每次有价证券的固定转换成本；$\varepsilon(N)$ = 计划期内现金与有价证券转换预期值；T = 计划期的天数；i = 有价证券的日利息率；$\varepsilon(M)$ = 每日现金持有量（期望值）。

令 $Z = U - RP$，对式①求总成本最小值：$\min\limits_{Z, RP}\varepsilon(c) = \dfrac{b\sigma^2 t}{RP \times Z} + \dfrac{i(Z + 2RP)}{3}$ 式②

式中：U = 现金持有量最高值；RP = 现金持有量最优值；σ^2 = 每日现金余额变化的方差；

对式②进行二次求导：$\dfrac{\delta\varepsilon(c)}{\delta RP} = -\dfrac{b\sigma^2 t}{z^2 Z} + \dfrac{2i}{3} = 0$

$$\dfrac{\delta\varepsilon(c)}{\delta Z} = -\dfrac{b\sigma^2 t}{zZ^2} + \dfrac{v}{3} = 0$$

联组二次求导方程求得：$RP^* = \sqrt[3]{\dfrac{3b\sigma^2}{4i}}, Z^* = 2RP$。

控制上限：$U = 3RP - 2L$

式中　b——每次有价证券的固定转换成本；

　　　i——有价证券投资每天的收益率（即有价证券的日利息率）；

　　　σ^2——预期每日现金余额变化的方差（可根据历史资料测算）。

下限 L 由公司管理层决定，主要受以下因素影响：①公司开户银行的要求，如保持一定的补偿性存款余额；②公司管理层的风险承受倾向。

【例3-2】　某企业每日现金净流量的标准差为500元，有价证券的年利率为10%，每次转换的固定成本为100元，最低现金持有量为120元，如一年按360天计算，试确定最佳现金持有量和上限现金余额。

解：$RP = \sqrt[3]{\dfrac{3 \times 100 \times 500^2}{4 \times 10\%/360}} + 120 = 4\,191.63$（元）

　　　$U = 3 \times 4\,191.63 - 2 \times 120 = 12\,334.89$（元）

Miller-Orr 模型是运用数理统计原理，根据历史资料和预测结果来确定目标现金余额的，该方法适用于计算机模拟。在现实生活中，企业使用 Miller-Orr 模型时不必严格按上述方式进行，而是按照对未来一定时间内现金变化方向进行的预测结果来操作。例如，当现金余额超过上限时，应预测未来的变化趋势。如果现金余额将自动下降，则可不必采取行动，等待现金余额降至零；但若现金余额将持续超过上限较长时间，则应购入证券，使现金余额恢复到 RP。

3. 现金周期模型

现金周期是指从现金投入生产周期开始，到最终产品（或服务）转化为现金的全过程。如果没有商业信用的存在，现金周期就等于经营周期，即用现金购买存货、生产产品，然后销售产品，直到应收账款收回的这段时间。如果存在商业信用，则一个企业的现金周期模型如图3-13所示。

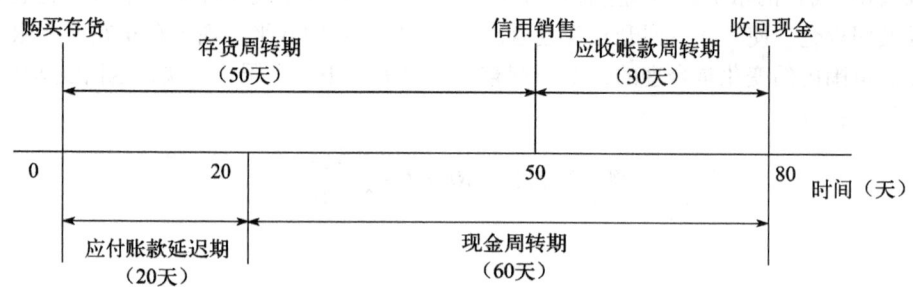

图3-13　现金周期模型

存货周转期是指从原料加工制成产品，到将产品出售所需的平均时间；应收账款周转期是指公司将应收账款转换成现金所需的平均时间；而应付账款周转期是指公司从购入原料到以现金支付货款所需的平均时间。公司购入原料到收取销货现金货款所需的平均时间称为营运循环，或称为经营周期。由于现金周转期等于经营周期减去应付账款周转期，而应付账款周转期大于零，因此现金周转期就不可能比经营周期长。

现金周转期越长，表示营运资金所占用的资金越多，企业便需要进行越多的融资。在不影响企业正常运作的情况下，应尽可能缩短现金周转期（如缩短存货周转期和应收账款周转期，或延长应付账款周转期），以加快现金回流，从而释放更多被占用的资金，减少向外融资的需要。现金周转期除了与企业的获利能力有直接关系外，其变化还常常被视为一种信号，即现金周转期延长，可能反映公司存货积压或回收应收账款出现问题，又或者供应商减少赊账，致使公司应付账款周转期缩短。

假设存货周转期为50天，应收账款周转期为30天，则企业从原始投资到回收投资需要80天的时间，即经营周转期为80天。由于供应商提供的信用，企业可以免费享受20天的应付账款延迟期，所以现金周期为60天，即经营周期减去供应商提供的20天的信用期。现金周期可以用下述公式来计算：

$$现金周转期 = 存货周转期 + 应收账款周转期 - 应付款项延长期$$
（应付款项包括应付账款、应付工资、福利费、应交税金等）

$$存货周转期 = \frac{存货}{营业成本/360} = \frac{360}{存货周转率}$$

$$应收账款周转期 = \frac{应收账款}{营业收入/360} = \frac{360}{应收账款周转率}$$

$$应付款项延迟期 = \frac{应付账款 + 应付职工薪酬 + 应付福利费 + 应交税费等}{(营业成本 + 销售费用与管理费用)/360}$$

利用上述公式计算应收账款周转期时，需特别注意下述几个问题。

(1) 公式中的营业收入应为利润表中的营业收入，即包含了现销收入和赊销收入。这样处理的理由是，一是数据易于取得，具有客观性；二是避免了对当期现销收入或赊销收入的逐笔估算带来的麻烦和人为误差。有的书籍将应收账款周转次数公式的分子写为赊销收入净额，即销售收入 - 现销收入 - 销售退回、折让与折扣，这种处理方式在理论上可行，但也存在着以下两个不容忽视的问题：首先，不便于财务报表外部使用者直接计算、复核该指标；其次，逐笔统计现销收入带来不必要的工作量。因此在实务中，将现销收入理解为当日的赊销收入。至于销售退回、折让与折扣，在实施《新企业会计准则》后，已在营业收入中抵减，无需再单独列示。

(2) 公式中应收账款应为平均应收账款余额，即平均应收账款余额=（应收账款余额年初数+应收账款余额年末数）/2，并且应包括"应收账款"和"应收票据"等科目核算的全部赊销账款。按照新企业会计准则的规定，企业赊销业务产生的债权，一般涉及的会计科目有"应收账款"、"应收票据"、"长期应收款"等。因此，应收账款周转期不能仅仅用资产负债表中"应收账款"项目的数值作为计算依据，正确的理解应是销售业务中的债权资金周转率。实务中有不少企业直接以报表项目的账面价值代替账面余额，忽略了坏账准备的影响。事实上当坏账准备金额较小时，两种方法计算的周转率差异比较小，可忽略不计。

(3) 实务中如果应收账款余额的波动性较大，应尽可能使用更详尽的计算资料，如按每月的应收账款余额计算其平均占用额。同时，应注意公式中分子、分母数据时间的对应性，公式中营业收入一般按年计算，不足一年的要换算成一年的数据，应收账款周转次数一般指的是一年内的周转次数。

【示例3-4】 四川长虹2011年度（母公司）的一些财务信息⊖如下：
存货：38.89
应收账款：29.99
应付账款：54.29
应付职工薪酬、应付福利费及应交税费：1.15
营业收入：251.28

⊖ 资料来源：四川长虹2011年度报告。

营业成本：210.57

销售费用与管理费用：32.81

请问该企业的现金周转期为多少？（一年360天，金额单位均为亿元）

解：存货周转期 $= \dfrac{38.89}{210.57/360} = 66.49$（天）

应收账款周转期 $= \dfrac{29.99}{251.28/360} = 42.97$（天）

应付款项延迟期 $= \dfrac{54.29 + 1.15}{(210.57 + 32.81)/360} = 82.01$（天）

所以，现金周转期 $= 66.49 + 42.97 - 82.01 = 27.45$（天）。

3.4.3　现金收支的日常管理

现金管理的目的在于权衡现金流动性与收益性之间的关系，提高现金的使用效率。提高现金使用效率主要有以下五种方法：

（1）使用现金浮游量。从企业开出支票，收票人收到支票并存入银行，至银行将款项划出企业账户，中间需要一段时间。现金在这段时间的占用称为现金浮游量。在这段时间里，尽管企业已开出了支票，却仍可动用保存在活期存款账户上的这笔资金。不过，在使用现金浮游量时，一定要控制好使用的时间，否则会发生银行存款的透支。

（2）零余额账户。企业一般会在银行开立多个活期存款（支票）账户，有的用于付账，有的用于收账，有的两者兼顾。零余额账户的目的是把企业各个活期户头的余额转入某一集中账户，让所有的付账都从这个集中户头中支付，而其他户头的余额总是自动地保持为零。每天结束时，在各个户头上多余的资金自动转入集中户头，而有赤字的户头则从集中户头上自动提取资金，使除集中户头外的其他户头的余额在每日末总是自动调整为零。这种方法大大减少了企业维持各个户头不出现赤字的工作量，还可以避免过剩现金无法控制的情况。

（3）推迟应付款的支付。推迟应付款的支付，是指企业在不影响自己信誉的前提下，尽可能地推迟应付款的支付期，充分运用供货方所提供的信用优惠。如遇企业急需现金，甚至可以放弃供货方的折扣优惠，在信用期的最后一天支付款项。当然，这要权衡折扣优惠与急需现金之间的成本与收益。

（4）力争现金流量同步。如果企业能尽量使它的现金流入与现金流出发生的时间趋于一致，就可以使其所持有的交易性现金余额降到最低水平。当然，现金流同步只是一个理想的状态，实际中企业很难达到，但是只要认识到这一点，企业就可以重新安排其每日寄账单给客户的时间与支付本身所收到账单的时间，以使现金流入与现金流出量尽量趋于一致，进而达到降低交易性余额的目的。

（5）加速收款。加速收款是指尽量缩短应收账款的回收时间，这是改善企业现金流量最直接的手段。在实务中应注意做到既要利用应收账款吸引顾客，又要尽量缩短收款时间，从两者之间找到适当的平衡点。

3.5　应收账款管理

企业在出售商品或劳务时，有很大一部分是以赊销、分期付款等商业信用方式销售的。应收账款管理的本质是管理层对增加营业收入与控制应收账款的资金占用、避免发生坏账损失的恶性膨胀二者关系的权衡。本节首先从应收账款的功能和持有成本入手，综合分析应收账款的持有动因；其次从应收账款的信用期间、信用标准和现金折扣政策三个方面研究企业信用政策的制定；最后讨论收账政策的制定，其中，账龄分析法是收账政策中经常使用的管理方法。

3.5.1 应收账款与应收票据

应收账款是企业因为销售产品而应当在一年内向客户收取的销货款，也就是其他企业欠的货款。企业如果采用赊销的办法促销商品，出售后不立即收取货款就会形成应收账款。

应收票据是指企业持有的、尚未到期兑现的商业票据。商业票据是一种载有一定付款日期、付款地点、付款金额和付款人的无条件支付的流通证券，也是一种可以由持票人自由转让给他人的债权凭证。通俗来讲应收票据是有具体形态的纸币凭证（银行承兑汇票、商业承兑汇票等），而应收账款只是一种权利，没有具体形态。应收票据常出现在如下3种情况：①应收账款延期；②为新顾客提供信用；③赊销商品。企业持有票据，经银行承兑后可以保证付款，并且企业可以选择在票据到期前将其转让给银行，即贴现。因此，与应收账款相比，应收票据更加可靠，也更加灵活。

在我国，应收票据即指商业汇票。按到期时间，应收票据可分为短期应收票据和长期应收票据。长期应收票据因长期合同而发生，包括销售机器设备等大型商品、提供贷款等，但我国尚无长期应收票据业务，如无特指，应收票据即为短期应收票据。按是否带息，可分为带息应收票据（票面注明利息的应收票据，其利息应单独计算）和不带息应收票据（票面不注明利息的应收票据，其利息包含在票面本金之中）。按是否带追索权，可分为带追索权的商业汇票⊖和不带追索权的商业汇票。按承兑人的不同，可分为商业承兑汇票和银行承兑汇票。其中，商业承兑汇票指由付款人签发并承兑，或者由收款人签发交由付款人承兑的汇票；银行承兑汇票指由在承兑银行开立存款账户的存款人（这里也是出票人）签发，由承兑银行承兑的票据，付款期一般在1个月以上，6个月以内。

需要注意的是，应收账款和应收款项是不相同的概念，后者除包含前者外，还包括应收票据、预付款项、应收股利、应收利息、应收补贴款、其他应收款等。如表3-5所示。

表3-5 应收款项内容

商品交易卜出现的信用形式	应收款项 长期应收款	挂账信用	在销售环节产生
	应收票据	信用票据	
	预付账款	在购买环节产生	
非商品交易	应收利息 应收股利 其他应收款	一般情况下，用于购销环节以外的其他债权	

3.5.2 应收账款成本与收益的权衡

对客户提供商业信用而发生应收账款可以扩大销售规模，增加营业收入；但是应收账款会增加企业资金的占用，而且管理不善可能导致坏账损失的恶性膨胀。对应收账款管理的问题在于如何既利用应收账款吸引顾客，又缩短收款时间，降低坏账损失。这要在两者之间找到适当的平衡

⊖ **汇票追索权**是指汇票到期不获付款或期前不获承兑或有其他法定原因时，持票人依法向汇票上所有票据行为人请求偿还汇票金额、利息及其他法定款项的一种票据权利。

点，并制定实施妥善的信用政策和收账政策。

应收账款可以帮助企业提高营业收入，增加市场份额，提升产品的竞争优势，并改善客户关系。在市场经济条件下，存在着激烈的商业竞争，竞争机制的作用迫使企业以各种手段扩大销售，而赊销是促进销售的一种重要手段。赊销实质上是向客户提供了两项交易：一是向客户销售产品；二是在一个有限的信用期内向顾客提供资金。对于同等的产品价格、类似的质量水平、一样的售后服务，实行赊销的商品的营业收入将大于现金销售方式的营业收入。而且适当的信用政策将改善企业与客户之间的关系，从而提高产品在市场上的竞争优势。

应收账款在起到促进销售、改善客户关系等作用的同时，也要发生相应的成本，主要体现在：应收账款的资金占用机会成本、管理成本和坏账成本。企业资金如果不投放于应收账款，便可用于其他投资并获得收益，如投资于有价证券便会有利息收入。这种因投放于应收账款而放弃的其他收入，即为应收账款的机会成本。建立应收账款就要对它进行管理，要制定和实施应收账款政策，这些活动（如进行客户的信用调查，进行账龄分析，采取催款行动等）都要付出一定的人力、物力和财力，这些构成了应收账款的管理成本。部分应收账款因少数客户无力支付而最终不能收回，成为坏账，形成应收账款的坏账成本。

因此，应收账款的管理需要权衡不同应收账款信用政策所增加的收益与成本，并根据企业客户的信用情况，确定适当的信用期间、现金折扣政策与收账政策。

3.5.3 应收账款信用政策

应收账款管理水平在很大程度上取决于应收账款的信用政策。以下将从信用期间、信用标准和现金折扣政策三个方面讨论应收账款的信用政策。

1. 信用期间

信用期间是企业允许顾客从购货到付款之间的时间，或者说是企业给予顾客的付款期间。例如，若某企业允许顾客在购货后的50天内付款，则信用期为50天。信用期过短，不足以吸引顾客，在竞争中会使营业收入下降；信用期过长，对增加营业收入固然有利，但只顾及营业收入的增长而盲目放宽信用期，所得的收益有时会被增长的费用所抵消，甚至造成利润减少。因此，企业必须慎重研究，确定出恰当的信用期。

信用期的确定，主要是分析改变现行信用期对收入和成本的影响。延长信用期，会使营业收入增加，产生有利影响；与此同时，应收账款、收账费用和坏账损失增加，会产生不利影响。当前者大于后者时，可以延长信用期，否则不宜延长。如果缩短信用期，情况与此相反。

改变应收账款信用政策涉及在成本和利润之间的直接抉择。放宽信用政策，通常会增加营业收入，但同时也会增加以下成本：①客户享受现金折扣而使企业产生的附加成本；②应收账款和存货的资金占用量；③坏账损失。基于这些成本和损失，企业改变现有的信用政策的决策准则为：信用政策放宽后，增加的销售所产生的收益增量足以抵消所增加的成本。

2. 信用标准（对信用申请者的评估）

信用标准（Credit Standard）是指顾客获得企业的信用所必须具备的条件。如果企业的信用标准较严，只对信誉很好、坏账损失率很低的顾客给予赊销，则会减少坏账损失，减少应收账款的机会成本，但这可能会使营业收入减少；反之，如果信用标准较宽，虽然会增加营业收入，但会相应增加坏账损失和应收账款的机会成本。企业如果要改变信用标准，必须预测信用标准改变后的收入改变量和成本改变量，从而评估改变信用标准是否可行。

企业在设定某一顾客的信用标准时，往往先要评价其发生坏账的可能性。评估顾客信用的方法很多，下面简要介绍信用的"5C系统"和信用评分法两种方法。

(1) 信用的"5C"系统。信用的"5C 系统"是从以下五个方面评价顾客的信用品质：品质（Character）、能力（Capacity）、资本（Capital）、抵押（Collateral）和条件（Conditions）。因为这五个方面英文单词的第一个字母都是"C"，所以将其称为评价信用的"5C 系统"。

1) 品质。品质是指顾客的信誉，即履行偿债义务的可能性。企业必须设法了解顾客过去的付款记录，看其是否具有按期如数付款的良好记录，与其他供应商的关系是否良好。这一点常被视为顾客信用的首要因素。

2) 能力。能力是指顾客偿还债务的能力，可以用流动资产的数量和质量以及流动比率来衡量。如果顾客流动资产的数量多、质量高、流动比率高，则一般偿债能力较强；反之亦然。

3) 资本。资本是指顾客的财务能力和财务状况，表明顾客可能偿还债务的背景，这主要根据有关的财务比率进行判断。

4) 抵押。抵押是指如果顾客拒付款项或无力支付款项时能被用作抵押品的资产。这对于不知底细或信用状况有争议的顾客尤为重要。

5) 条件。条件是指可能影响顾客还款能力的经济环境。例如，万一经济不景气，会对顾客的付款行为产生什么影响。这需要了解顾客在过去困难时期的付款历史。

上述信用的"5C 系统"是对顾客信用状况的定性分析，为决定是否提供信用提供了初步的根据；在此基础上，还可以对顾客的信用状况进行定量分析，以进一步确认顾客的信用水平。

(2) 信用评分法。信用评分法的基本思想是，财务指标反映了企业的信用状况，通过对企业主要财务指标的分析和模拟，可以测度企业的信用风险。信用评分法首先选择了 7 个财务比率：流动比率、产权比率、固定资产比率、存货周转率、应收账款周转率、固定资产周转率和自有资金周转率；其次分别给定各指标的比重，确定标准比率（以行业平均数为基础）；然后将实际比率与标准比率相比，得出相对比率；最后将此相对比率与各指标比重相乘，得出总评分。

信用评分法提出了综合比率评价体系来评价企业的财务状况。综合比率评价体系是指将选定的财务比率用线性关系结合起来，并分别给定各自的分数比重，然后通过与标准比率进行比较，确定各项指标的得分及总体指标的累计分数，从而对企业的信用水平做出评价的方法。信用评分法是一种比较客观的方法，其重要特点是不掺杂个人的主观意见。

【示例3-5】 表3-6以四川长虹2011年度报告的财务数据为例，说明了信用评分法的计算过程。

表3-6 四川长虹公司的信用评分法

财务比率	权重 ①	标准比率 ②	实际比率 ③	相对比率 ④=③÷②	评分 ⑤=①×④
流动比率	15	2	1.44	0.72	10.80
所有者权益/负债	25	1.5	0.53	0.35	8.75
资产/固定资产	15	2.5	6.37	2.55	38.25
营业成本/存货	10	8	4.37	0.55	5.50
营业收入/应收账款	10	6	8.77	1.46	14.60
营业收入/固定资产	15	4	6.42	1.61	24.15
合计	100				102.05

资料来源：四川长虹电器股份有限公司（600839）2011 年年度报告。

经过表3-6的计算，得到四川长虹的信用总分值为102.05分，可将其与其他企业的信用总分值的比较来判断四川长虹的信用度。

3. 现金折扣政策

现金折扣是企业对顾客在价格上所作的扣减。向顾客提供这种价格上的优惠，主要目的在于吸引顾客为享受优惠而提前付款，缩短企业的平均收款期。另外，现金折扣也能招揽一些视折扣为减价出售的顾客前来购货，借此增加营业收入。折扣的表示常采用如 3/20，N/30 这样一些符号形式。这两种符号的含义为：3/20 表示 20 天内付款，可享受 3% 的价格优惠，即只需支付原价的 97%；N/30 表示付款的最后期限为 30 天，此时付款无优惠。

企业采用什么程度的现金折扣政策，要与信用期间结合起来考虑。不论是信用期间还是现金折扣，都可能给企业带来收益，但也会增加成本。一方面，现金折扣能缩短企业的平均收款期，另一方面，价格的折扣也会带来营业收入的损失。因此，当企业给予顾客某种现金折扣时，应当充分考虑折扣所能带来的收益与成本，权衡利弊，抉择决断。

因为现金折扣是与信用期间结合使用的，所以确定折扣程度的方法与程序与前述确定信用期间的方法与程序一致，只是需要把所提供的延期付款时间和折扣综合起来，考虑各方案的延期与折扣能取得多大的收益增量，再计算各方案带来的成本变化，最终确定最佳方案。

【例3-3】 放宽信用政策

某企业现行的信用政策为"N/30"，变动成本率为 45%，资金成本率为 10%，赊销收入为 1 200 万元，坏账损失率为 2%，收账费用为 36 万元，平均存货余额为 100 万元。假设企业收账政策不变，固定成本总额不变。该企业为了扩大销售，采用了更宽松的新信用政策，新信用政策为："2/10，1/20，N/60"。估计企业的年赊销收入增加至 1 320 万元，约有 60% 的客户会利用 2% 的折扣；15% 的客户将利用 1% 的折扣。坏账损失率降低为 1.5%，收账费用增至 42 万元，平均存货余额增加至 120 万元。权衡是否采用新信用政策。

解题思路：放宽信用政策通常会增加营业收入，但同时也会增加现金折扣的成本、应收账款和存货占用资金的成本以及坏账损失的成本等。如果企业放宽信用政策后，增加的销售所产生的收益增量超过所增加的成本，则放宽信用政策是合理的。

解：(1) 计算放宽信用政策后收益的增加

收益 = 赊销额 × 边际贡献率 = 赊销额 × (1 - 变动成本率)

原信用政策下的收益 = 1 200 × (1 - 45%) = 660（万元）

新信用政策下的收益 = 1 320 × (1 - 45%) = 726（万元）

增加的收益 = 726 - 660 = 66（万元）

(2) 计算放宽信用政策后成本的增加

第一，计算占用资金的机会成本的增加

应收账款的机会成本 = 应收账款占用资金 × 资金成本率

= 应收账款平均余额 × 变动成本率 × 资金成本率

式中：

$$应收账款平均余额 = \frac{年赊销额}{360} \times 平均收账天数$$

= 平均每日赊销额 × 平均收账天数原信用政策下的应收账款平均余额

$$= \frac{1\,200}{360} \times 30 = 100（万元）$$

新信用政策下的应收账款平均余额 $= \frac{1\,320}{360} \times (10 \times 60\% + 20 \times 15\% + 60 \times 25\%) = 88$（万元）

原信用政策下的应收账款机会成本 = 100 × 45% × 10% = 4.5（万元）

原信用政策下的存货占用资金的机会成本 = 100×10% = 10（万元）
新信用政策下的应收账款机会成本 = 88×45%×10% = 3.96（万元）
新信用政策下的应收账款机会成本 = 120×10% = 12（万元）
新信用政策下占用资金的机会成本增加 = 12 + 3.96 - 10 - 4.5 = 1.46（万元）

第二，计算坏账损失

坏账损失 = 赊销额×坏账损失率
原信用政策下的坏账损失 = 1 200×2% = 24（万元）
新信用政策下的坏账损失 = 1 320×1.5% = 19.8（万元）
新信用政策下坏账损失减少 = 24 - 19.8 = 4.2（万元）

第三，计算收账费用

原信用政策下收账费用 = 36（万元）
新信用政策下收账费用 = 42（万元）
新信用政策下收账费用增加 = 42 - 36 = 6（万元）

第四，计算现金折扣成本

现金折扣成本 = 赊销额×现金折扣率×享受现金折扣的顾客比例
原信用政策下的现金折扣成本 = 0（万元）
新信用政策下的现金折扣成本 = 1 320×（2%×60% + 1%×15%）= 17.82（万元）
新信用政策下现金折扣成本增加 = 17.82 - 0 = 17.82（万元）

(3) 计算放宽信用政策后增加的税前收益

$$放宽信用政策后增加的税前收益 = 收益的增加 - 成本费用的增加$$
$$= 66 + 4.2 - 1.46 - 6 - 17.82$$
$$= 44.92（万元）$$

通过上面的计算发现，放宽信用政策增加的税前收益大于0，所以应当采用新信用政策。

3.5.4 收账政策

1. 坏账损失与收账费用

应收账款发生后，企业应采取各种措施，尽量争取按期收回款项，否则会因拖欠时间过长而发生坏账，使企业蒙受损失。企业如果采用较积极的收账政策，可能会减少应收账款投资，减少坏账损失，但要增加收账费用。如果采用较消极的收账政策，则可能会增加应收账款投资，增加坏账损失，但会减少收账费用。

一般而言，收账费用支出越多，坏账损失越少，但两者并不一定存在线性关系。图3-14描述了收账费用和坏账损失之间的关系。即：①开始花费一些收账费用，应收账款和坏账损失有小部分降低；②收账费用继续增加，应收账款和坏账损失明显减少；③收账费用达到某一限度以后，应收账款和坏账损失的减少就不再明显了，这个限度称为饱和点，如图中的P点所示。

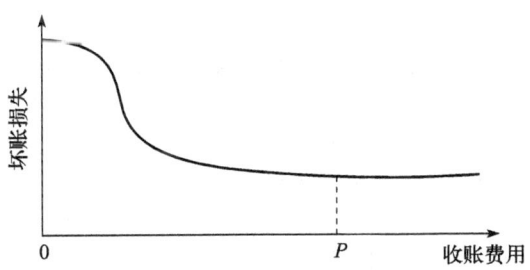

图3-14 坏账损失与收账费用的权衡

在制定信用政策时，应权衡增加收账费用与减少应收账款机会成本和坏账损失之间的得失。

【例3-4】 信用政策的收紧

某企业的年销售额为240万元，平均收账期为60天，坏账损失率为3%，收账费用为1.8万元。该企业拟采用新的收账政策，以使平均收账期降到45天。但这一举措将使公司的销售额减少20万元，收账费用增加到3.2万元，坏账损失率降为2%。已知企业变动成本率为80%，资本成本率为25%。试说明该企业是否要改变现行的收账政策。

解：(1) 计算收账政策改变前后的收益变动

$$收益减少量 = -20 \times (1-80\%) = -4（万元）$$

(2) 计算收账政策改变前后的成本变动

第一，计算占用资金的机会成本的增加

应收账款的机会成本 = 应收账款总额/应收账款周转率 × 变动成本率 × 资金成本率

原收账政策下的应收账款机会成本 = $240/(360/60) \times 0.8 \times 25\% = 32 \times 25\% = 8$（万元）

新收账政策下的应收账款机会成本 = $240/(360/45) \times 0.8 \times 25\% = 24 \times 25\% = 6$（万元）

新收账政策下占用资金的机会成本减少 = $8 - 6 = 2$（万元）

第二，计算坏账损失

坏账损失 = 赊销额 × 坏账损失率

原收账政策下的坏账损失 = $240 \times 3\% = 7.2$（万元）

新收账政策下的坏账损失 = $240 \times 2\% = 4.8$（万元）

新收账政策下坏账损失减少 = $7.2 - 4.8 = 2.4$（万元）

第三，计算收账费用

原收账政策下收账费用 = 1.8（万元）

新收账政策下收账费用 = 3.2（万元）

新收账政策下收账费用增加 = $3.2 - 1.8 = 1.4$（万元）

(3) 计算收账政策紧缩后增加的税前收益

$$\begin{aligned}收账政策紧缩后增加的税前收益 &= 收益的增加 - 成本费用的增加 \\ &= 2 + 2.4 - 4 - 1.4 \\ &= -1（万元）\end{aligned}$$

通过上面的计算发现，收账政策紧缩增加的税前收益小于0，所以不应该改变收账政策。

2. 应收账款回收情况的监督

企业应收账款发生时点不同，有的尚未超过信用期限，有的已经成为逾期应收账款，甚至成为坏账。逾期应收账款未收回的时间拖得越长，款项收回的可能性越小，形成坏账的可能性越大。

为了监督收账工作和获得调整收账政策的反馈信息，随时掌握应收账款回收情况，控制应收账款的总体持有水平，企业信用管理人员经常通过账龄表对其进行分析。账龄表又称账龄分析表，顾名思义，账龄表是能够显示应收账款在外天数长短的报告。

运用账龄分析法监督应收账款回收情况进行坏账估计时，将应收账款拖欠时间（即账龄）的长短分为若干区间，计列各个区间上应收账款的金额，并为每一个区间估计一个坏账损失百分比，并用各区间上的应收账款金额乘以该区间的坏账损失百分比，估计各个区间上的坏账损失，由此，各区间上的坏账损失估计数之和即为坏账损失的估计总额。发生应收账款的当期收入已经确认，但当期并不确认和计提坏账准备，而是在以后的各区间（会计期间）予以确认。

3. 坏账准备金制度

无论企业采取怎样严格的信用政策，只要存在着商业信用行为，坏账损失的发生总是不可避免的。一般说来，确定坏账损失的标准主要有两条：①债务人破产或死亡，以其破产财产或遗产清偿后，仍不能收回的应收账款；②债务人逾期未履行偿债义务，且有明显特征表明无法收回的款项。

企业的应收账款只要符合上述任何一个条件，均可作为坏账损失处理。需要注意的是，当企业的应收账款按照第二个条件已经作为坏账损失处理后，并非意味着企业放弃了对该项应收账款的索取权。实际上，企业仍然拥有继续收款的法定权利，企业与欠款人之间的债权债务关系不会因为企业已作坏账处理而解除。

既然应收账款的坏账损失无法避免，因此，遵循谨慎性原则，对坏账损失的可能性预先进行估计，并建立弥补坏账损失的准备金制度，即提取坏账准备金就显得极为必要。

3.6 存货管理

为了保证生产或销售的经营性需要和出自价格等方面的考虑，企业持有存货。持有存货资产需要权衡持有成本、订货成本和缺货成本。本节重点介绍了经济订货量模型，通过确定合理的订货量和订货时间，使存货保持在最优水平。

3.6.1 存货管理的目的

存货是指企业在生产经营过程中为销售或耗用而储备的物资，包括材料、燃料、低值易耗品、在产品、半成品、商品等。对于生产制造和商品销售企业来说，存货在企业流动资产中占有较高比重，存货管理水平的高低，直接影响企业的资产使用效率。

存货周转速度的快慢，反映出企业存货管理的效率，对企业的偿债能力及获利能力也会产生决定性的影响。一般来说，存货周转速度越快，说明企业的销售能力越强，营运资金被存货占用的金额也越少。但是，如果存货周转速度过高，也可能产生缺货现象或是采购次数过于频繁等问题。

因此，企业应当尽力在各种存货成本与存货效益之间做出权衡，达到两者的最佳组合，使存货保持在最优水平。这就是存货管理的目的。

3.6.2 持有存货的收益与成本

增加存货的优点体现在以下三个方面：

（1）防止停工待料。企业在其生产过程中，很少能够做到随时购入生产所需的各种原材料存货。一旦生产所需的原材料存货短缺，生产经营会被迫停顿，造成损失。

（2）适应市场变化。产成品存货给企业在安排生产进度以及营销市场方面带来弹性。生产不必直接与销售保持同步，大量存货可使企业高效率地满足客户需求。如果一种产品暂时缺货，那么企业可能失去现在乃至将来的销售机会。

（3）获得采购的经济性。零购物资的价格往往较高，而整批购买在价格上常有优惠。此外，通过增加每次购货的数量，减少购货次数，可以降低采购费用支出。

要想持有一定数量的存货，必然会有一定的成本支出。存货的成本主要有以下几项：①订货成本，包括各种与进货相关的费用，如发出订单前的准备工作、收到存货以及检验存货的费用。②购置成本，即存货本身的价值。企业购置存货必须占用资金，而企业筹集资金需要支付利息、股息或其他代价。③储存成本，指为了保持存货而发生的成本，包括仓储费用、保险费用、存货因技术进步或消费者偏好改变而过时产生的损失等。储存成本一般表示为存货价值的比例。④缺货成本。如果企业没有足够的存货，它就无法满足市场的需求，可能会丧失有利的销售机会，这种损失叫缺货成本。因此，企业必须持有一定的保险存货以满足未能预期的订货。

3.6.3 存货的储存决策——经济订货量模型[一]

存货管理主要解决的问题是如何使存货的总成本最低。存货的总成本由存货的订货成本、购置成本、储存成本和短缺成本构成。若每次生产或订购的产品或材料数量较多，可以减少订货成本，但将增大储存成本；若每次生产或订购的产品或材料数量较少，则会减少订货成本，增大储存成本。通过选择生产或订货量，可以控制存货的总成本，经济订货量就是使上述存货成本总和最小时的订货量或生产量。

假设：Q——存货订货数量

C——单位存货的储存成本

S——计划期内存货总耗用量

O——每一批存货的订货成本

P——单位存货的购置成本

Q'——理想的存货订货量

如果不考虑存货的缺货成本，存货总成本为：

存货总成本 = 订货成本 + 购置成本 + 储存成本

= 订货次数 × 单位订货成本 + 计划期内存货总耗用量 × 单位存货的购置成本

+ 平均存货数量 × 单位存货的储存成本

$$= \frac{S}{Q} \times O + S \times P + \frac{Q}{2} \times C$$

将上式对 Q 求导并令导数等于零，得到最佳订货批量：$Q' = \sqrt{\dfrac{2SO}{C}}$[二]。

图 3-15 描述了存货总成本的构成。从图中可以看出，当订货量增加时，存货库存成本也在增加。在库存成本与节省的订货成本的相交点，总成本最低。

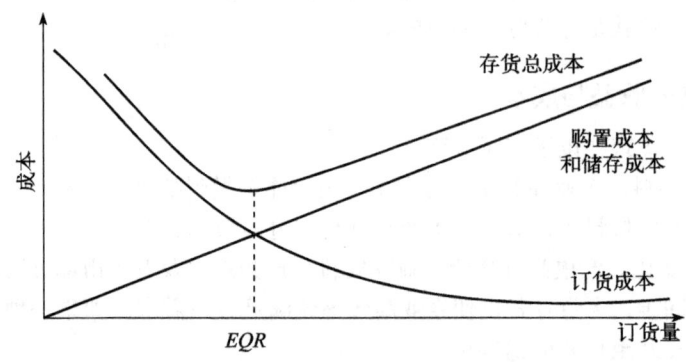

图 3-15 经济订货量决策下的存货总成本

尽管经济订货量模型（*EOQ* 模型）简洁并能产生相当好的结果，但这个模型有明显的缺陷，这与它严格的假设条件有关。下面讨论该模型的假设条件及修正问题：

[一] *EOQ*（Economic Order Quantity）即经济订货量模型，在 1915 年由美国的 F. W. Harris 首次提出。

[二] 最佳订货量推导步骤为：$\dfrac{dT}{dQ} = \dfrac{C}{2} - \dfrac{SO}{Q^2} = 0$，$CQ^2 - 2SO = 0$，$Q^2 = \dfrac{2SO}{C}$，$Q = \sqrt{\dfrac{2SO}{C}}$。

(1) 存货总耗用量 S 不变。EOQ 模型假设存货总耗用量 S 不变,但实际上存货总耗用量可能随着生产经营的季节性变化而出现波动。如果存货总耗用量不确定,则需引入安全库存的概念对 EOQ 模型进行修正。所谓"安全储备",是指在下批货物的运送期内,能够适应企业异常和意外之外的使用需求的现有库存量。

(2) 每一批存货的订货成本不变。EOQ 模型假设每一批存货的订货成本不变,但在实际订货中,采购数量越大,折扣额也越高。因此,订货成本是可变的。此时,可以在原 EOQ 模型中重新定义订货成本和储存成本,然后再通过求导得到最优订货量。

(3) 单位存货的储存成本不变。EOQ 模型假设单位存货的储存成本不变,但单位存货的储存成本通常随库存数量的增加而变化。规模经济或提高存储效率也许可以减少单位存货的储存成本。另外,由于现有存储空间不够用而租用新仓库又可能增加单位存货的储存成本。这一情况也可以通过修正原 EOQ 模型中存货储存成本的计算来解决。

(4) 货物是瞬间运送。EOQ 模型假设货物是瞬间运送的,但货物通常需要一段运送期。此时,也需要通过"安全储备"和"运送期存货使用量"来修正原 EOQ 模型。

对于基本 EOQ 模型中两项最不合理的假设——"存货总耗用量不变"与"瞬间运送",可以通过"安全储备"来修正。安全储备是指在下批订货的运送期内,能够满足异常及额外需要的存货量。确定安全储备即确定在重新订货之前,存货数量的最低点。在最低点,企业应再次订货,所以又称为订货点问题。

订货点由两个因素决定:一是运送期的存货量;二是企业希望的安全存货量。运送期存货量是指从订货日至收到所订货物时的期限所需要的存货量。当存货量降为运送期存货量与安全存货量之和时,即为订货点。图 3-16 描述了订货点的确定过程。

$$订货点存货量 = 运送期存货量 + 安全储备量$$

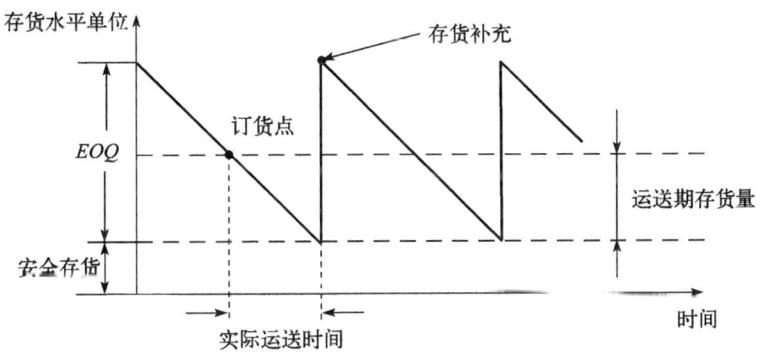

图 3-16 订货点决策

由于安全储备量是一直存在的,因而库存的平均水平也会增加,此时,平均库存可以表述为:

$$平均库存量 = \frac{EOQ}{2} + 安全储备量$$

运送期存货量和安全储备由以下若干因素共同决策:①采购系统的效率影响运送期存货量。因为运送期存货量是从订货到收到订货这一时期预期的库存使用量,有效的采购系统能减少运送期存货的需求量;②企业期望的安全限度也影响安全存货量的持有水平。如果存货短缺的成本很高,则企业通常会持有较多的安全存货量,因为一旦库存不足,就会延误对客户的供应,从而导致市场占有率下降;③持有附加存货的成本,包括存货处理、储存成本以及对附加存货投资的机会成本。简单地说,持有附加存货成本越高,安全储备就越小。

存货太少可能招致客户的不满,从而丧失市场。而持有附加存货又会增加存货成本,这两者的权衡决定了企业的存货水平。

3.6.4 基本模型的扩展

经济订货量的基本模型是在多个假设条件下建立的,但实务中能够满足这些假设条件的情况十分罕见。为使模型更接近实际和具有较高的可用性,逐步放宽假设,得到如下三类扩展模型,如表 3-7 所示。

表 3-7 基本模型的扩展

扩展条件	相关公式
存在数量折扣	购置成本 = 年需要量 × 单价 决策相关总成本 变动订货成本 = 年订货次数 × 每次订货成本 变动储存成本 = 年平均库存量 × 单位存货的年储存成本
存在订货提前期	(1) 再订货点(R)指企业再次发出订货单时尚有存货的库存量。 $R = L \times D$ = 交货时间 × 每日需求量 (2) 订货间隔时间、每次订货批量、订货次数不变,故订货提前期对经济订货量并无影响,相关公式与基本模型完全一样。
存货陆续供应和使用	设每日送货量为 s,存货每日耗用量为 d。 1. 基本原理 (1) 变动订货成本 = 年订货次数 × 每次订货成本 = $\dfrac{D}{Q} \times K$ (2) 变动储存成本 = 年平均库存量 × 单位存货的年储存成本 = $\dfrac{Q}{2} \times \left(1 - \dfrac{d}{s}\right) \times K_C$ 2. 基本公式 (1) 经济订货量:$Q^* = \sqrt{\dfrac{2KD}{K_C} \times \dfrac{s}{s-d}}$ (2) 存货相关总成本 = 变动订货成本 + 变动储存成本,计算公式: $TC(Q^*) = \sqrt{2KDK_C\left(1 - \dfrac{d}{s}\right)}$ (3) 最佳订货次数 $N^* = D/Q^*$ (4) 最佳订货周期 = $1/N^*$ (5) 经济订货量占用资金 = $\dfrac{Q}{2} \times \left(1 - \dfrac{d}{s}\right) \times$ 单价 存货陆续供应和使用模式与基本模式的关系: 存货的基本模型与扩展模型的经济订货量 Q^* 相差一个 $\sqrt{\left(1 - \dfrac{d}{s}\right)}$

另外,需要说明的是存货陆续供应和使用的经济订货量公式,还可用于存货自制与外购的选择决策。

3.7 短期融资管理

流动负债是企业的短期资金来源,所以短期融资管理实质上就是企业的流动负债管理。商业信用和短期借款是企业重要的短期融资来源,而短期融资券是我国新兴的短期融资方式。本节重点讨论应付账款成本和短期借款的信用条件。

3.7.1 短期融资的分类及特点

短期融资是提供一个正常营业周期（一般为资产负债日起一年内）使用的资金。短期融资及其管理是营运资金管理的一个重要部分，它对企业的流动性及营运能力起着重要的影响作用。

按照信用形式来划分，短期融资方式主要分为商业信用、应计项目、短期借款和货币市场信用四类：①商业信用是指在商品交易中由于延期付款或预收货款所形成的企业间的借贷关系。商业信用的数量通常与企业的营业收入成正比。随着企业生产经营活动规模的扩大，营业收入增加的同时，其购货额也会相应增加，从而所利用的商业信用也将随之增加。商业信用的具体形式有应付账款、应付票据、预收账款等。②应计项目是指企业在非商品交易中产生的应付费用，如应付工资、应交税金、其他应付款等。应计项目使企业受益在前，费用支付在后，相当于享用了收款方的借款。③短期借款是指企业向银行借入的期限在一年以内的借款。短期借款分为无担保借款与有担保借款两类。④货币市场信用是指资信较好的企业通过商业票据和其他货币市场工具进行的短期融资。货币市场信用的具体形式很多，但在我国许多形式的货币市场信用发展都不太成熟。

短期融资具有以下四个特点：①融通快速而及时。长期债务的债权人为了保护自身利益，往往要对债务人进行全面的财务调查，因而长期融资所需时间较长且不易取得。短期负债在较短时间内即可归还，故债权人顾虑较少，容易取得。②融通具有弹性。举借长期负债，债权人或有关方面经常会向债务人提出很多限定性条件或管理规定。而短期负债的限制则相对宽松，企业融得的短期资金使用较为灵活，富有弹性。③融资成本低。短期负债的利率通常低于长期负债，短期负债融资的成本也较低。④融通风险大（财务风险高）。短期负债需要在短时间内偿还，因而要求融资企业在规定债务期限内筹措出足够的资金偿还债务，若企业资金安排不当，容易陷入财务危机。此外，短期负债利率的波动比较大，企业需要承担较高的利率变化风险。

3.7.2 商业信用

商业信用是企业短期外部融资中最重要的来源。银行和企业之间的信息不对称，可能会阻止有价值项目的融资活动，而商业信用可以有效减轻这个问题。供应商在获得企业信息方面具有比较优势，而且他们可以更有效地对资产进行变现。因此比起银行，供应商更愿意为这些融资受限的企业提供信用[1]。无论在我国还是在国外，产生于商品与劳务交易性负债的商业信用应用均极其广泛。我国上市公司中，商业信用占短期融资比例极高[2]。

商业信用的最大优点在于容易取得。首先，对于多数企业来说，商业信用是一种持续性的信贷形式，且无需办理任何融资手续；其次，如果没有现金折扣或使用不带息票据，商业信用不负担任何成本；最后，商业信用对企业的限制性很小。商业信用的缺点体现在：①商业信用的期限通常比较短；②商业信用在放弃现金折扣时的成本比较高；③企业对商业信用的融资主动性比较小。

1. 商业信用的形式

商业信用的具体形式有应付账款、应付票据、预收账款等。

（1）应付账款。应付账款是企业购买货物暂未付款而欠对方的账项，即卖方允许买方在购货后一定时期内支付货款。卖方利用延期付款的方式促销，买方利用延期付款这种形式向卖方借用

---

[1] Petersen, M., and R. Rajan, 1997, Trade Credit: Theories and Evidence, *The Review of Financial Studies*, Vol. 10, No. 3, 661-691.
[2] 2002~2006年中国电子业上市公司商业信用融资占流动负债比例均在45%左右。

资金购进商品,满足短期资金需要。

在市场经济条件下,应付账款是最典型、最常见的商业信用形式,是企业最重要的一项短期资金来源。例如,我国电子业上市公司应付账款平均余额占企业流动负债的比重一直在30%左右。

(2) 应付票据。应付票据是企业进行延期付款商品交易时开具的反映债权债务关系的票据。在市场经济条件下,应付票据是重要的商业信用形式。例如,我国电子业上市公司应付票据平均余额占企业流动负债的比重一直在15%左右。

应付票据的利率一般比银行借款的利率低,而且不用保持相应的补偿余额和支付协议费,所以应付票据的融资成本低于银行借款成本。但是应付票据到期必须归还,如果延期便要支付罚金,因而风险较大。根据承兑人的不同,应付票据分为商业承兑汇票和银行承兑汇票两种,支付期限最长不超过6个月。应付票据可以带息,也可以不带息。目前我国常用的是不带息票据。应付票据以面值列示于资产负债表的流动负债部分。其中,带息应付票据的应付未付利息作为另一种流动负债(应付利息)列示。

(3) 预收账款。预收账款是卖方企业在交付货物之前向买方预先收取部分或全部货款的信用形式。与应付账款相反,预收账款是买方向卖方提供商业信用,卖方利用买方的购货款作为自己的短期资金来源,但这种情况要比由应付账款形成的商业信用少得多。例如,我国电子业上市公司预收账款平均余额占企业流动负债的比重波动较大,其都在5%左右,或者更低。

预收账款一般用于生产周期长,资金需要量大的货物销售。预收账款从表面看没有融资成本,但是,在买方市场的情况下,采用预收账款销售方式可能会以营业收入的大幅降低为代价。

2. 应付账款的信用条件与成本

与应收账款相对应,应付账款也有付款期、现金折扣等信用条件。通常,供应商作为卖方会规定一些信用条件,如"2/10, N/30",表示买方在10天内付款可享受2%的现金折扣;超过10天则不享受现金折扣且必须在30天内付款,具体如图3-17所示。因此,企业作为买方若在折扣期内付款,则可获得现金折扣;若放弃现金折扣,则可在稍长的时间内占用卖方的资金。

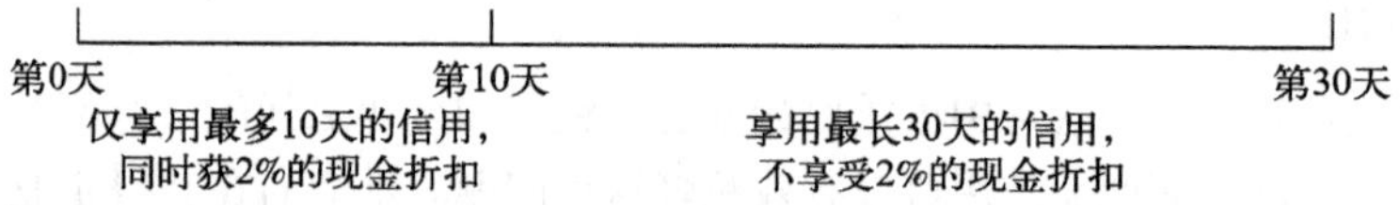

```
第0天              第10天                              第30天
|——————————————————|——————————————————————————————————|
    仅享用最多10天的信用,        享用最长30天的信用,
    同时获2%的现金折扣           不享受2%的现金折扣
```

图3-17 享用应付账款信用与现金折扣的模型

如果买方企业放弃现金折扣,则要承受因放弃折扣而增加的资金成本。是否利用现金折扣,最重要依据是比较企业的资金成本率和放弃现金折扣成本的高低。放弃现金折扣的成本计算公式如下:

$$放弃现金折扣成本 = \frac{现金折扣率}{1 - 现金折扣率} \times \frac{365}{信用期间 - 现金折扣期}$$ ⊖

公式表明,放弃现金折扣的资金成本与折扣百分比的大小、折扣期的长短同方向变化,与付

⊖ 该公式的推导为:设放弃现金折扣的资金成本为 A (一般地,资金成本指年成本率),则:

$$资金成本(利息) = \frac{利息支出}{可使用的筹资额}$$

$$外延期付款天数 \times 每天的资金成本 = \frac{丧失的折扣额}{外延期企业所利用的资金额}$$

$$外延期付款天数 \times \frac{A}{365} = \frac{总款 \times 现金折扣率}{总款 \times (1 - 现金折扣率)}$$

$$A = \frac{总款 \times 现金折扣率}{总款 \times (1 - 现金折扣率)} \times \frac{1}{外延期付款天数} \times 365$$

$$A = \frac{现金折扣率}{(1 - 现金折扣率)} \times \frac{365}{信用期间 - 现金折扣期}$$

款期的长短反方向变化。一般来说,企业放弃现金折扣的资金成本会比较高。

由于获得不同的信用要负担不同的代价,买方企业要在利用哪种信用之间做出决策。一般来说:如果企业能以低于放弃现金折扣的成本的利率借入资金,则应在现金折扣期内用借入的资金支付货款,享受现金折扣;如果企业在折扣期内有短期投资的机会,且短期投资收益率高于放弃现金折扣成本,则应放弃现金折扣,将应付账款用于短期投资,以追求更高的投资收益;如果企业因缺乏资金而欲展延付款期,则需权衡企业可承受的展延付款带来的损失。展延付款带来的损失主要是企业信誉恶化而丧失供应商乃至其他借款人的信用,或日后招致更苛刻的信用条件;如果面对两家以上提供不同信用条件的卖方,应通过衡量放弃现金折扣成本的大小,选择取得现金折扣收益率最大的一家。

【例3-5】 某企业计划购入50 000元A材料,供应商提供的信用条件是(2/30,N/60),该企业的预计投资报酬率为20%,请问该企业是否应该在现金折扣期内支付这笔应付账款。

解: 放弃现金折扣成本 $= \dfrac{2\%}{1-2\%} \times \dfrac{365}{60-30} = 24.49\%$

预计投资报酬率 $= 20\%$

由于放弃现金折扣成本大于预计的投资报酬率,所以企业应该在第30天付款,享受现金折扣。

3.7.3 短期借款

短期借款是指企业向银行和其他非银行金融机构借入的期限在一年以内的借款。按照国际通行做法,短期借款依据偿还方式的不同,分为一次性偿还借款和分期偿还借款;按照利息支付方法的不同,分为收款法借款、贴现法借款和加息法借款;按照有无担保,分为抵押借款、担保借款、信用借款和质押借款。企业在申请借款时,应根据各种借款的条件和需要加以选择。

【示例3-6】 四川长虹2011年短期借款的构成如表3-8所示。

表3-8 2011年四川长虹短期借款构成

借款类别	金额(亿元)	占比	备注
抵押借款	0.55	0.62%	
保证借款	38.42	43.33%	包括中国香港长虹的美元借款83 176 044.88元
信用借款	15.81	17.83%	包括澳大利亚长虹的1 000万美元借款和欧洲长虹的1 000万欧元借款
质押借款	33.89	38.22%	包括中国香港长虹的美元借款49 828 115.99元
合计	88.67	100%	

资料来源:四川长虹2011年年度报告。

按照是否有担保,四川长虹的短期借款可以分为表3-8中的四类借款,其中保证借款和质押借款占比比较大,成为四川长虹短期借款的主要来源,此外,信用借款的占比也相对较大。

1. 借款的信用条件

企业举借短期借款,首先必须提出申请,经审查同意后借贷双方签订借款合同,注明借款的用途、金额、利率、期限、还款方式、违约责任等;然后企业根据借款合同办理借款手续,借款手续完毕,企业便可取得借款。

按照国际通行做法,银行发放短期借款往往带有一些信用条件,主要有:

(1)信贷限额。信贷限额是银行规定借款人能取得的无担保贷款的最高额。信贷限额的有效期限通常为一年,但根据情况也可延期一年。一般来讲,企业在批准的信贷限额内,可随时使用银行借款。但是，银行并不承担必须提供全部信贷限额的义务。如果企业信誉恶化，即使银行曾同意过按信贷限额提供贷款，企业也可能得不到借款。此时，银行不承担法律责任。

(2) 周转信贷协定。周转信贷协定是银行具有法律义务地承诺提供不超过某一最高限额的贷款协定。在协定的有效期内，只要企业的借款总额未超过最高限额，银行必须满足企业任何时候提出的借款要求。企业享用周转信贷协定，通常要就贷款限额的未使用部分付给银行一笔承诺费。周转信贷协定的有效期通常超过一年，但实际上贷款每几个月发放一次，所以这种信贷具有短期和长期借款的双重特点。

(3) 补偿性余额。补偿性余额是银行要求借款企业按贷款限额或实际借款额的规定比例在银行账户中保持的最低存款余额。这一补偿性存款余额的数量随信贷市场的竞争状况而变化，也随信贷双方的具体协定而不同，银行通常要求保持相当于信贷限额10%~20%的补偿性余额。

(4) 借款抵押。银行对财务风险较大或信誉不甚有把握的企业发放贷款，有时需要有抵押品担保，以减少自己蒙受损失的风险。短期借款的抵押品经常是借款企业的应收账款、存货、股票、债券等。银行接收抵押品后，将根据抵押品的面值决定贷款金额，一般为抵押品市值的30%~90%。这一比例的高低取决于抵押品的变现能力和银行的风险偏好。

(5) 还款方式。短期借款的偿还有到期一次偿还和在借款期内定期等额偿还两种方式。一般来讲，企业更希望采用第一种偿还方式，因为这样会提高企业短期借款的实际利率；与此对应，银行更希望采用第二种偿还方式，因为这样会降低银行的借款风险，同时也会提高实际贷款利率。

(6) 其他承诺。在短期借款条件中，银行有时会要求企业做出其他承诺，如及时提供企业财务报表，保持适当的负债比率。如果企业违反上述承诺，银行可要求企业立即偿还全部贷款。

2. 短期借款利率及其支付方法

短期借款利率有优惠利率、浮动优惠利率和非优惠利率三种：①优惠利率是银行向财力雄厚、经营状况好的企业贷款时收取的名义利率，一般为贷款利率的最低限。②浮动优惠利率是一种随其他短期利率的变动而变动的优惠利率，即随市场条件的变化而随时调整变化的优惠利率。③非优惠利率是银行贷款给一般企业时，收取的高于优惠利率的利率。这种利率经常在优惠利率的基础上加一定的百分比。非优惠利率与优惠利率之间差距的大小，由借款企业的信誉、与银行的往来关系及当时的信贷状况所决定。

借款企业支付银行贷款利息一般有以下三种利息计算方法：单利计算法、贴现利率计算法和加息利率计算法。单利计算法比较简单，以下对另两种利息计算方法进行说明：

(1) 贴现利率计算法。贴现利率计算法是借款人取得借款时，已从中扣除了利息，因此借款到期时只要偿还本金即可。其计算公式为：

$$实际支付利率 = 利息/(借款总额 - 利息)$$

贴现利率贷款的贴现期越长，实际支付的利率比名义利率高的越多。当银行有补偿性余额要求时，会使贴现率贷款的实际支付利率提高为：

$$实际支付利率 = 利息/(借款总额 - 利息 - 补偿性余额)$$

【例3-6】 某企业从银行取得10 000元借款，期限为1年，年利率为8%，到期一次还本付息。按贴现利率法计算该借款实际支付的利息及实际利率。

解： 实际支付利息 = 10 000 × 8% × 1 = 800(元)

$$实际利率 = \frac{800}{10\,000 - 800} \times 100\% = 8.7\%$$

(2) 加息利率计算法。加息利率计算法是银行发行分期等额偿还本息的贷款，仍按借款总额及名义利息计息。这时由于借款人分期偿还了本息，实际使用的借款额相当于借款总额的一半，因此实际支付的利率将提高1倍，其计算公式为

$$实际支付利率 = 利息/(借款总额/2)$$

【例3-6 续】 设借款每月等额偿还一次，按加息法计算。

$$实际支付利息 = 10\,000 \times 8\% \times 1 = 800(元)$$

$$实际交款额 = 10\,000 + 800 = 10\,800(元)$$

$$每月还款额 = \frac{10\,800}{12} = 900(元)$$

$$实际利率 = \frac{800}{10\,000 \times 0.5} \times 100\% = 16\%$$

计算实际支付利率的通用公式为：

$$实际支付利率 = 实际支付的年利息/实际可用借款额$$

其与名义利率的关系概括如表3-9所示。

表3-9 实际支付利率与名义利率的关系

项目	实际支付利率	关系
补偿性余额	$= \dfrac{贷款额 \times 名义利率}{贷款额 \times (1-补偿性余额比率)} =$ 名义利率 $\div (1-$补偿性余额比率$)$	实际支付利率 > 名义利率
收款法付息（到期一次还本付息）	$= \dfrac{贷款额 \times 名义利率}{贷款额} =$ 名义利率	实际支付利率 = 名义利率
贴现法付息（预扣利息）	$= \dfrac{贷款额 \times 名义利率}{贷款额 \times (1-名义利率)} =$ 名义利率 $\div (1-$名义利率$)$	实际支付利率 > 名义利率
加息法付息（分期等额偿还本息）	$\approx \dfrac{贷款额 \times 名义利率}{贷款额/2} \approx 2 \times$ 名义利率	实际支付利率 = 2 × 名义利率

从表3-9可以看出，除到期一次还本付息方式外，其余的计息方式下实际支付利率都大于名义利率。

3.7.4 特殊的应收账款融资

应收账款融资，也称发票融资，是指企业将赊销而形成的应收账款有条件地转让给专门的融资机构，使企业得到所需资金，加强资金的周转。企业以自己的应收账款作抵押向银行申请贷款时，银行的贷款额一般为应收账款面值的50%~90%，企业将应收账款抵押给银行后一般不通知相关的客户。应收账款融资能满足借款人因应收账款占用造成短期流动资金不足的融资需求，优化客户财务报表。应收账款融资是集融资、结算、财务管理和风险担保于一体的综合性金融服务。

1. 应收账款融资成本

应收账款成本主要包括：

（1）机会成本。企业赊销意味着企业不能及时回收货款，丧失将资金用于其他投资并获得收益的机会，从而产生了机会成本。

（2）管理费用。客户信誉调查费、账户记录和保管费用、催收费用、收账费用、收集信息等其他费用构成了管理费用。

（3）坏账成本。随规模而成正比例增长的坏账损失，是应收账款融资的最大风险。

2. 应收账款融资的方式

（1）应收账款抵押融资（Assigning of receivables），即供货企业以应收账款债权作为抵押品向融资机构融资，融资机构在向供货企业融通资金后，若购货方拒绝付款或无力付款，融资机构具有向供货企业要求偿还融通资金的追索权。

（2）应收账款让售（Factoring of receivables），即供货企业将应收账款债权出卖给融资机构并通知买方直接付款给融资机构，将收账风险转移给融资机构，融资机构要承担所有收款风险并吸收信用损失，丧失对融资企业的追索权。

（3）应收账款证券化，是资产证券化的一部分，指将企业那些缺乏流动性但能够产生可以预见的稳定的现金流量的应收账款，转化为金融市场上可以出售和流通的证券的融资方式。从企业角度来讲，与应收账款抵押融资相比，采取应收账款让售的方式，融资方可以获得多重附加利益。

如果按照应收账款抵押的方式融资，企业仅仅是将应收账款抵押给了该银行，并借此获得贷款，同时该企业在这家银行开设专用账号，客户的贷款直接汇入该账号还本付息。而如果采取应收账款让售方式融资，企业虽然从银行获得融资（尽管其仍然承担坏账回购的风险），但在财务报表上却不体现为债务，而是销售收入。与应收账款抵押融资相比，实际上是降低了企业的资产负债率。而资产负债率的降低，又有利于企业通过信用贷款的方式从其他银行再次获得融资。此时的融资逻辑演变为：应收账款让售——获得一次融资——相对降低资产负债率——以相对低的资产负债率获得银行二次融资。

这种融资方式除了能获得二次融资的效果外，还有利于企业合理避税。一般而言，应收账款的转让并非足额转让，而是有一定的折扣。比如1 000万元的应收账款，900万元转让出去，就产生了100万元的损失。根据《企业财产损失所得税前扣除管理方法》相关规定，应收账款属于企业财产范围，其转让所发生的损失可以税前扣除。因此企业可以利用与银行间的应收账款转让行为，将应收账款转让的损失部分申报扣除应纳税所得。

从以上分析来看，应收账款让售与应收账款抵押这两种融资方式，从表面上看来差别似乎不大，但两者对企业利益的影响却有很大差别。站在企业的角度，应收账款让售这种模式值得推广，但是站在博弈的角度来看，对企业有利的地方，对银行来说就是潜在的风险。

从银行的角度来看，企业通过把应收账款让售给银行进行融资，部分掩盖了其债务状况，影响了其资产负债率的真实性，增加了银行信贷资金的中长期风险。由于这种融资模式风险高于普通融资，因此银行在审批同类贷款时会十分谨慎，对企业的信用要求可能也将提高。但对优质企业来讲，该种融资方式是十分有用的。

3.7.5 短期融资券

短期融资券是由企业发行的无担保短期本票。在我国，短期融资券是指企业依照一定的条件和程序在银行间债券市场发行和交易并约定在一定期限内还本付息的有价证券，是企业筹措短期（1年以内）资金的直接融资方式。短期融资券主要是由大型工商企业或金融企业所发行，是一种新兴的筹集短期资金的方式。自2005年5月26日首支短期融资券"05华能电CP01"成功发行以来，短期融资券市场得到了迅猛发展，截至2009年12月底，有494家企业（其中上市公司164家）累计发行短期融资券1 114只，发行规模达11 900多亿元，远远高于同期其他企业债的发行规模[⊖]，而

⊖ 王婉，常珊，2012，影响企业发行短期融资券的公司治理特征分析，会计之友，1，43-46。

截至2012年6月底，全部1 499家企业累计发行的短期融资券已经达到1 877只[1]。

1. 短期融资券的种类

按发行方式，可分为经纪人代销的融资券和直接销售的融资券。经纪人代销的融资券又称间接销售融资券，它是指由发行人卖给经纪人，然后由经纪人再卖给投资者的融资券。直接销售的融资券是指发行人直接销售给最终投资者的融资券。直接发行融资券的企业通常是经营金融业务的企业或自己有附属金融机构的企业。

按发行人的不同，可分为金融企业的融资券和非金融机构的融资券。金融企业的融资券主要指由各大公司所属的财务公司、各种投资信托公司、银行控股公司等发行的融资券。非金融机构的融资券是指那些没有设立财务公司的工商企业所发行的融资券。

按融资券的发行和流通范围，可分为国内融资券和国外融资券。国内融资券是一国发行者在其国内金融市场上发行的融资券。发行国内融资券一般只要遵循本国法规和金融市场惯例即可。国外融资券是一国发行者在其本国外的金融市场上发行的融资券。发行国外融资券，必须遵循有关国家的法律和国际金融市场上的惯例。

2. 短期融资券融资的特点

短期融资券融资的优点有：①短期融资券融资的成本低。短期融资券的利率加上发行成本，通常要低于同期贷款利率。②短期融资券融资数额比较大。③短期融资券融资能提高企业的信誉和知名度。因为能在货币市场上发行短期融资券的企业都是著名的大公司，所以短期融资券的发行能够对提高企业的信誉产生积极的影响。

短期融资券融资的缺点有：①高风险。短期融资券到期必须归还，一般不会有展期的可能。②弹性小。只有当企业的资金需求达到一定数量时才能使用短期融资券。而一旦发行，到期才能归还，即使企业资金比较宽裕，也不能提前偿还。③发行条件严格。必须是信誉好、实力强、效益高的企业才能发行短期融资券。

3. 中国短期融资券的发行

中国人民银行颁布的《银行间债券市场非金融企业债务融资工具管理办法》[2]，允许符合条件的企业在银行间债券市场向合格机构投资者发行短期融资券。《管理办法》中规定了企业申请发行短期融资券应当符合下列条件：①在中华人民共和国境内依法设立的企业法人；②具有稳定的偿债资金来源，最近一个会计年度盈利；③流动性良好，具有较强的到期偿债能力；④发行融资券募集的资金用于本企业生产经营；⑤近三年没有违法和重大违规行为；⑥近三年发行的融资券没有延迟支付本息的情形；⑦具有健全的内部管理体系和募集资金的使用偿付管理制度；⑧中国人民银行规定的其他条件。

【示例3-7】 中国冶金科工集团（以下简称"中冶"）于2008年2月25日发行2008年第一期短期融资券"08中冶CP01"，发行总额为35亿元人民币，融资券期限为365天，到期一次还本付息，发行利率为5.64%。经中诚信国际评定，本期短期融资券信用级别为A-1级。

"中冶"集科研开发、勘察测绘、建筑施工、房地产综合开发、设备制造、资源开发、工业生产、技术服务与进出口贸易于一体。2005年10月第一次发行15亿元短期融资券，并在次年底再次发行20亿元短期融资券。2006年12月底，公司资产负债率为83.5%。金融机构借款中短期

---

[1] 数据来源于和讯网 http://www.hexun.com/。
[2] 2008年4月9日，中国人民银行颁布《银行间债券市场非金融企业债务融资工具管理办法》，同时废止了《短期融资券管理办法》及《短期融资券承销规程》、《短期融资券信息披露规程》。

借款 95.42 亿元，占比 58.23%，长期借款占比 41.77%。公司短期债务增长较快，资产负债率偏高，在继续加大多元化投资的战略下，公司未来将面临一定资金压力。但"中冶"具有稳定的偿债资金来源，符合发行的条件：2006 年实现盈利 14.8 亿元，盈利能力增强，充足的承包合同储备及其他板块新建项目将为未来业务持续发展和盈利能力的提升提供了良好支撑；另外，公司流动资产周转率居行业领先水平。2007 年 10 月底，公司尚未使用的授信额度达 339 亿元，为公司提供了备用流动性支持，降低了融资券偿还风险。

中冶集团的短期流动资金主要通过银行贷款获得，融资渠道较为单一，风险较为集中，而且通过银行贷款获得的短期资金成本相对较高（同期一年期银行贷款利率为 7.47%）。本次短期融资券的成功发行，有效降低了融资成本，节约了财务费用支出。另外本次发行的有效认购资金达 300 亿元以上，以此为契机，大力宣传了公司发展战略，得到了央行、商业银行和机构投资者的认可，提升了企业形象，对保障公司资金流的顺畅、提高对新项目的支持力度产生了有利影响。

本章小结

本章主要讨论了营运资金概论、营运资金投资策略和融资策略、各单项流动资产的管理与短期融资四部分内容。

（1）营运资金有总营运资金和净营运资金之分，对营运资金管理的核心是营运资金存量管理和营运资金结构管理。按照分析对象与目的的不同，营运资金存量分为总营运资金存量（流动资产存量）、净营运资金存量及流动负债存量。营运资金的结构则是指组成流动资产与流动负债的各个项目所占的比例。企业经营所需要的营运资金存量及营运资金结构，与行业及企业的生产经营状况密切相关。

（2）营运资金管理需重点分析营运资金管理主要两个关键问题：保持什么样的资产水平及如何进行流动资产融资，即营运资金的投资策略和融资策略。表 3-10 总结了营运资金存量管理策略的内容和特点。

表 3-10　营运资金总量管理策略

投资策略	融资策略
1. 保守的投资策略	1. 稳健型融资策略
特点：收益、风险均较低	优点：可降低债务到期偿还风险和未来利息成本的变化风险 缺点：企业通常融资过多资金，造成资源浪费，总利息成本高
2. 激进的投资策略	2. 激进型融资策略
特点：收益、风险均较高	优点：融资成本低 缺点：需承担债务到期的偿还风险和未来利息成本的变化风险
3. 适中的投资策略	3. 配比型融资策略
特点：收益、风险介于两者之间	优点：融资成本相对较低，债务偿还风险较小 缺点：这是一种理想的融资策略，较难在现实经济生活中完美实现

营运资金需要权衡盈利性、风险性和流动性，解决营运资金存量的确定。保持什么样的风险水平以及如何进行流动资产融资实质上是流动资产和流动负债结构管理的问题，这两个问题的解决都需要企业在盈利性和风险性之间进行抉择。这两个问题相互关联，必须综合起来进行考虑，从而出现三种营运资金的融资策略：稳健型融资策略、激进型融资策略和配比型融资策略。

（3）各单项流动资产的管理是对营运资金总量管理的重要基础。表 3-11 概括了企业单项流动资产管理的主要内容。

表 3-11　单项流动资产管理内容小结

单项资产	现金	应收账款	存货
持有动机	①交易性需要 ②预防性需要 ③投机性需要	①增加企业的市场竞争力 ②减少存货、应收账款	①保证生产或销售的经营需要 ②出自价格考虑
成本	—	①应收账款的机会成本 ②应收账款的管理成本 ③应收账款的坏账成本	①持有成本，与持有存货的数量成正比 ②订货成本，与订货的次数成正比 ③缺货成本
重要模型 （管理政策）	Baumol 模型、Miller-Orr 模型和现金周期模型	①应收账款的信用政策：信用期间、信用标准和现金折扣政策；②收账政策	经济订货量（EOQ）模型：①确定何时订货；②确定应订多少货

现金、应收账款及存货三者的定义及持有成本与收益，再基于适当的模型进行持有量的管理，同时借用合理的日常管理方法进行辅助管理。

（4）短期融资是营运资金管理中流动负债部分的重点内容。基于获得形式的不同，短期融资可以分为自发性融资和非自发性短期融资两种方式。自发性融资包括应付账款、应付薪金等种类。非自发性短期融资有银行短期借款、短期融资券等种类。短期借款又分为信用贷款和抵押贷款两种形式。短期借款的成本取决于利率高低和利息支付方式两个因素。

习题

一、简答题

1. 营运资金管理所要解决的核心问题是什么？企业管理层进行营运资金管理主要遵循了哪些原则？
2. 经济订货量模型（EOQ）可以用于存货管理，其衍生模型 Baumol 模型可用于现金管理，两者的原理有什么共同点？
3. 如果一个企业的净营运资金存量呈现出"0"或者"负"的趋势，是否意味着具有这一特征的企业营运资金低效率管理？为什么？
4. 在营运资金的融资策略中，激进的融资策略与稳健的融资策略之间的主要差异是什么？这种差异将会对企业的资金管理产生什么影响？
5. 企业放宽信用政策，将促进销售、增加营业收入，但放宽信用政策是否一定对增加企业利润有利？为什么？
6. 现金折扣是企业对顾客在商品价格上所做的扣减，向顾客提供这种价格上的优惠，对企业有什么影响？
7. 企业一次性购入较大数量的存货，通常可以得到供应商的折扣优惠，可以降低订货成本，购入大批量的存货是否一定有利于企业？为什么？
8. 应付账款"1/10，N/60"的信用条件的含义是什么？为什么应付账款是很多企业重要的融资手段？
9. 银行借款是企业普遍使用的一种融资方式。为什么说银行借款对小公司比对大公司更重要？
10. 在营运资金的管理中，如何理解营业收入的成长性与融资能力及融资结构均会对营运资金的状况产生影响。

二、讨论题

1. 关于营运资金的属性问题，有这样两种不同的认识：一是营运资金只包含经营性流动资产；二是营运资金除了包含经营性流动资产，还包含金融性流动资产。

　　第一种认识是基于在周转率相对不变的情况下，经营性流动资产与营业收入有联动关系的特点。第二种认识在肯定第一种认识的基础上，还认为企业权衡营运资金来源时，增加经营性资产的一种方式是处置金融性资产来补充经营性资产。

从流动资产占有形式来看，金融性流动资产如交易性金融资产，与一般经营性流动资产如存货在企业生产经营中存在交换性和互补性，即当生产所需存货需求增加时，企业可以通过处置交易性金融资产来增加存货量。从流动资产融资来源来看，经营性流动资产和金融性流动资产的融资来源一致，都可以是各类债务融资和权益融资。

讨论问题：从营运资金的特点入手，试讨论营运资金只包含经营性流动资产，还是既包含经营性流动资产也包含金融性流动资产。

2. 随着国库集中收付管理制度改革的不断深入，中国国库资金（Treasury Fund，TF）快速攀升：2001年底仅为3 100.38亿元，2006年年底升至10 210.65亿元，2011年底增长到22 733.66亿元。2万亿多元的国库资金彰显了中国财政体制改革的巨大成果，但是较高的国库资金也显现国库现金管理存在着巨大问题。

通常来讲，财政收入受到宏观经济政策影响较大，如果政策有较长的持续性，则财政收入具有平稳的增长速度，对国库现金的影响也较为稳定；财政支出则具有一定的不确定性，表现出较大的波动的特征。

Baumol模型和Miller-Orr模型作为确定最佳现金持有量的经典模型各有优势，对于不同类型的企业有不同的作用和意义。

讨论问题：结合中国国库资金的特点，探讨在如何界定国库现金最优存量和对未来国库现金流的预测的问题上，Baumol模型和Miller-Orr模型谁的表现更好。

3. 公司在日常运营中，大多数都持有一定数额的"正"营运资金，即流动资产减流动负债大于零。而也有某些企业会以零甚至"负"营运资金的模式来运作。表3-12是房地产开发与经营业（J01）和电力、蒸汽、热水的生产与供应业（D01）两个行业的营运资金及相关指标值情况。

表3-12　房地产开发业和电力生产业2008~2012年年均相关指标计算值

行业＼指标	营运资金①	营运资金比率②	流动比率③	速动比率④	现金比率⑤
J01⑥	54亿元	0.30	2.02	0.64	0.34
D01⑦	-38亿元	-0.89	0.84	0.70	0.35

①营运资金＝流动资产－流动负债
②营运资金比率＝（流动资产－流动负债）/流动资产
③流动比率＝流动资产/流动负债
④速动比率＝（流动资产－存货）/流动负债
⑤现金比率＝现金及现金等价物期末余额/流动负债
⑥J01 房地产开发与经营业。
⑦D01 电力、蒸汽、热水的生产和供应业。
资料来源：CSMAR数据库。

一般认为，营运资金为正的企业流动比率高，短期偿债能力强，营运资金为零甚至为负的企业由于用部分短期负债维持长期资产，会陷入举债还债的困境中。

讨论问题：结合行业特点和表3-12资料，如何看待净营运资金的存量与流动比率等三大比率衡量的偿债能力不同。

4. 企业现金管理有两个目标：首先，必须持有足够的现金，以便支付各种业务往来的需要；其次，将闲置的资金减少到最低限度。但是，我国上市公司倾向于保持高额现金持有，与企业现金管理的目标相违背。我国上市公司在近5年的平均现金持有率高达20%左右，而根据Kim等（1998）的研究，美国的平均现金持有率为8.1%，根据Ozkan等（2004）的研究，英国的平均现金持有率为9.9%。

近年来，国内外学者对公司高额现金持有问题的相关研究颇多，解释高额现金持有问题的理论包括代理理论、权衡理论、融资约束理论等，请自行查阅相关研究。

讨论问题：分析哪种理论或哪些理论结合在一起能较好地解释中国上市公司高额现金持有的动机。

5. 2012年8月，苹果以股价、市值（6 211亿美元）均再创历史新高成为全球市值最高的公司。自新CEO蒂姆·库克上任后，苹果公司是否朝着更优的趋势昂首阔步？苹果公司的营运资金运作情况又是怎样的呢？表3-13及表3-14反映了苹果公司2006~2008年的净营运资金需求情况和自由现金流状况。

其中净营运资金需求是生产经营上存货、应收款等流动资产占用所需资金以来自应付款等而不是短期借款的流动负债满足之后，仍然不足而需要企业另行筹集的那部分现金需求，如果该指标值为负，表明企业在商业活动尤其是供应链管理中获得了"净现金"。

表3-13　苹果公司净营运资金需求情况　（单位：百万美元）

财务年度	2006	2007	2008	2009	2010	2011
净营运资金需求	-1 868	-2 987	-2 589	-1 785	-5 454	-8 487

表3-14　苹果公司自由现金流状况　（单位：百万美元）

财务年度	2006	2007	2008	2009	2010	2011
净营运资金需求	1 563	4 648	8 505	9 015	15 991	32 915

从表3-13和表3-14中看出，苹果公司自2006年以来囤积了巨额的现金储备并拥有充分的自由现金流，同时这种趋势在不断扩大。

讨论问题：对于苹果公司的现金持有方式目前有两种说法：一种是巨额的现金储备和自由现金流造成了资源的浪费；二是巨额的现金储备和自由现金流驱动公司股价和提升股东价值。试说明你支持哪种说法并给出理由。

6. 2005年5月24日，中国人民银行颁布了《短期融资券管理办法》，该办法的推出宣告了新的债券市场创新品种——短期融资券的问世。短期融资券是指以融资为目的，直接向银行间货币市场投资者发行，并约定在一定期限内还本付息的有价证券。它对拓宽企业直接融资渠道、改变直接融资与间接融资比例失调等都有重要的战略意义。

短期融资来源的形式主要包括商业信用、银行借款、短期融资券等。其中，短期融资券因其融资成本低、发行规模大、手续简便等优点，成为企业筹集资金的重要渠道。根据中国人民银行发布的《短期融资券管理办法》规定，企业发行短期融资券期限不超过365天，商业银行可以承销短期融资券。我国企业大部分发行的短期融资券都是一年期的，且发行的短期融资券允许滚动发行或短时间内多次发行。

讨论问题：在查阅我国企业发行短期融资券的期限、规模、发行次数、融资使用情况等资料的基础上，试讨论：

(1) 结合《短期融资券管理办法》的规定，探讨债务水平较高的企业发行短期融资债券是否对其有益，请说明理由。

(2) 商业银行作为企业资金的重要来源，《短期融资券管理办法》的颁布对其而言是有益还是有弊？请说明理由。

三、分析计算题

1. 实际利率的计算

某企业拟向银行借款1 000万元，已知年利率为8%。

要求：回答以下四个互不相关的问题。

(1) 该企业与银行签订了一份周转信贷协定，周转信贷限额为1 000万元，承诺费率为0.5%，银行要求企业需按照实际借款额维持15%的补偿性余额。该企业年度内使用借款800万元（使用期为半年),则该笔借款的实际税前利率是多少?

(2) 该企业与银行签订借款合同,借款期为 1 年,银行要求按贴现法付息,则该笔借款的实际税前利率是多少?

(3) 该企业与银行签订借款合同,借款期为 1 年,银行要求贷款本息分 12 个月等额偿还,则该笔借款的实际税前利率是多少?

(4) 该企业与银行签订借款合同,借款期为 1 年,到期一次还本付息,则该笔借款的实际税前利率是多少?

2. **融资方式的选择放弃现金折扣成本**

某企业计划购入 100 000 元 A 材料,销货方提供的信用条件是 (1/10, N/30),假设一年均按 360 天计。

要求:针对以下互不相关的两种情况,请为该企业是否享受现金折扣提供决策根据。

(1) 企业现金不足,需从银行借入资金支付购货款,此时银行借款利率为 10%。

(2) 企业有支付能力,但现有一短期投资机会,预计投资报酬率为 20%。

3. **融资方式的选择放弃现金折扣成本**

A 公司今年因销售欠佳使资金较为紧张,公司财务部门准备改变其应付账款政策。预计下一年度的进货量总值 4 000 万元,营业收入 7 000 万元(较本年度下降 20%,假定减少的营业收入也相应地减少了现金流入)。本年 50% 的应付账款一般在第 20 天支付,同时可享受 2% 的折扣,其他的应付账款在第 40 天支付。如果公司下一年度将应付账款政策全部改为在第 40 天支付。(一年按 360 天计)

要求:

(1) 在机会成本率为 12% 时,下一年度公司改变应付账款政策可使公司受益多少?

(2) 如果因对供应商延付货款而造成供应商提价 0.35%,公司是否仍能在改变应付账款政策条件下获得预期的收益?

4. **存货经济订货量提前订货期存货占用资金**

某企业每年需要 A 材料 6 000 件,每次订货成本为 200 元,每件的年储存成本为 4 元,材料的采购单价为 20 元/件,一次订货量 2 000 件可获得 2% 的折扣,在 3 000 件以上可享受 5% 的折扣。

要求:

(1) 企业每次采购多少件可使存货总成本最低?

(2) 若企业最佳安全储备量为 500 件,在订货点为 1 000 件,假设每年工作 50 周,每周工作 5 天,则企业订货至到货的时间为多少天?

(3) 企业的存货平均资金占用是多少?

5. **缩紧的信用政策**

某公司采用赊销方式售货,目前的信用政策为信用期 60 天,每年可销售 1 000 件,每件 100 元,变动成本率为 70%,固定成本为 60 000 元,坏账损失为赊销额的 1.5%,公司的投资报酬率为 20%。为了加快流动资产的周转速度,该公司拟将信用政策的信用期缩减为 30 天,预计年销售量将降至 900 件,但平均存货持有水平将减少 2 000 元,坏账损失为赊销额的 1%。(一年按 360 天计)

要求:计算并判断该公司是否应该采用新的信用政策?

6. **最佳现金持有量随机模式**

某公司根据预测,每日的现金支出需要量的可能结果为(见表 3-15):

表 3-15 (单位:元)

概率	0.1	0.2	0.3	0.2	0.2
现金流量	-2 000	-1 000	500	1 000	3 000

目前有价证券年利率为 6%,每次转换的固定成本为 60 元,公司持有现金的最低额度不少于

1 000元。

要求:
(1) 计算最优现金余额和现金控制的范围及到达边界时买卖有价证券的金额。
(2) 当现金余额分别为 27 300、24 800、5 630、814 元时,应如何调整现金?

7. 最佳现金持有量现金周期模型

根据某企业 2009 年(年报)已知如下财务信息:存货为 55 万元;应收账款为 24 万元;应付账款为 18 万元;应付职工薪酬、应付福利费及应交税费为 0.25 万元;营业收入为 185 万元;营业成本为 150 万元;销售费用与管理费用为 28 万元。

要求: 计算并回答以下两个互不相关的问题。
(1) 计算该企业的现金周转期。
(2) 若期末存货为 5 万元;应收账款为 10 万元,其他信息不变,计算该企业的现金周转期,并解释其意义。(一年按 360 天计)

8. 应收账款周转率(期)信用政策的改变(收账期)

某公司的年营业收入总额为 1 000 万元,平均应收账款余额为 120 万元,坏账损失为赊销额的 10%,年收账费用为 5 万元。该公司认为通过增加收账人员等措施,可以使平均应收账款余额降为 100 万元,坏账损失降为赊销额的 7%。假设公司的资金成本率为 6%,变动成本率为 50%。已知根据该公司高层管理者透露,年赊销额约占营业收入总额的 72%。

要求:
(1) 计算该公司采取措施前后应收账款周转期;
(2) 计算为使上述变更经济上合理,新增收账费用的上限(每年按 360 天计算)。

9. 融资方式的选择放弃现金折扣成本

某公司本月营运资金增量需求为 100 000 元,若该公司现将对客户的信用政策将由 N/60(应收账款周转次数为 6 次)改为 2/10,N/60。信用政策改变后,年赊销总额从目前的 5 000 000 元增加到 5 600 000 元,该企业预期将有 40% 的赊销客户取得现金折扣,其余客户均在信用期内付款。该企业应收账款的坏账损失率为 1%。此外,该企业的变动成本率为 80%,资金的税前机会成本率为 15%。

要求:
(1) 计算该企业信用政策改变后的平均收账期和平均应收账款余额。
(2) 引入新信用政策后的平均应收账款余额及坏账损失将如何变化?
(3) 该企业是否应在其信用政策中引入现金折扣?

10. 经营周期

B 公司采用 30 天按发票金额付款的信用政策。为了扩大销售,公司拟改变现有的信用政策,有关数据如下(见表 3-16)。

表 3-16 B 公司新拟信用政策的有关数据

项目	当前	新方案
信用期	N/30	2/10,1/20,N/30
年销售量(件)	72 000	79 200
销售单价(元)	5	5
变动成本率	0.8	0.8
收账费占赊销额比例	4%	4%
可能发生的坏账损失率	占赊销额的 5%	占未享受折扣额的 5%
平均存货水平(件)	10 000	19 800

如果采用新方案，估计会有20%的顾客（按销售量计算，下同）在10天内付款，30%的顾客在20天内付款，其余的顾客在30天内付款。假设该项投资的资本成本为10%；一年按360天计算，其他条件不变。

要求：
(1) 计算改变信用政策增加的边际贡献；
(2) 计算改变信用政策增加的应收账款应计利息、存货应计利息；
(3) B公司目前的经营周期为120天，应付账款的平均付款期为50天，若B公司要求信用政策的改变必须以不使公司的经营周期超过150天为前提，计算改变信用政策后B公司的经营周期，并分析应否改变信用政策；
(4) 若不考虑B公司经营周期的要求，计算改变信用政策增加的税前净损益，并分析应否改变信用政策。

11. 扩张的信用政策

某公司的年营业收入为400万元，目前其信用条件为（1/10，N/30）；有50%的顾客享有折扣；40%的顾客在信用期内付款；剩下的顾客会拖延20天付款。该公司的变动成本率为70%，其应收账款的资金成本为10%，虽然该公司每年花5万元来收账，但仍有2.5%的销货款无法收回。目前该公司打算实行新的信用政策，把销货条件改为（2/10，N/40），并同时放宽信用标准及放松账款的催收，从而使收账费用降为2万元。实行新政策后，年营业收入将增为530万元，而且有60%的顾客会取得折扣，20%顾客将在信用期结束付款，另20%顾客会拖延10天才付款，在新政策下该公司坏账损失将约为营业收入的6%。

要求：该公司应否改变信用政策？

12. 营运资金的流动资产与流动负债的结构性关系

已知根据A公司目前财务数据计算得出A公司目前流动比率为2，其中流动资产320万元。由于公司销售增加，需要增加营运资金40万元。

要求：
(1) 若保持目前的流动比率不变，增加营运资金需要增加流动资产及流动负债各多少万元？
(2) 若保持目前流动资产不变，增加营运资金后A公司的流动比率？

13. 综合计算题

A公司是一家电视机液晶屏批发商，公司CEO希望在下一年降低与存货有关的总成本，A公司今年的相关业务如下：
(1) 每块电视机液晶屏的单位进货成本为1 800元；
(2) 全年需求预计为20 200块液晶屏；
(3) 每次订货发生时处理订单成本42元；
(4) 每次订货需要支付运费80.6元；
(5) 每次收货后需要验货，验货过程需要6个小时，共需支付90元；
(6) 液晶屏为易碎品，损毁成本为年平均存货价值的1.5%；
(7) 公司的年资金成本为7%；
(8) 从订货至液晶屏到货，需要9个小时，每年按照365个工作日计算。

要求：
(1) 计算每次订货的变动成本；
(2) 计算每块液晶屏的变动储存成本；
(3) 计算经济订货量；
(4) 计算与经济订货量有关的存货总成本；

(5) 计算再订货点。

14. 易变现率计算与分析

B企业在生产经营淡季，需占用2 500万元的流动资产和3 750万元的固定资产；在生产经营高峰期，会额外增加1 300万元的季节性存货需求。企业制定了一种运营方案，即股东权益、长期负债和自发性负债始终保持在6 000万元，其余靠短期借款提供资金来源。

要求：计算B企业在营业高峰期和低谷时的易变现率，分析其采取的是哪种营运资金筹资政策。

15. 现金折扣计算

C公司拟采购一批商品，供应商有如下报价：立即付款，价格为9 840元；30天内付款，价格为10 020元；31至60天内付款，价格为10 210元；61至90天内付款，价格为10 400元。银行短期贷款利率为15%，每年按照360天计算。

要求：
计算不同期限内放弃现金折扣的成本，并确定对该公司最有利的付款日和价格。

四、自测题

1. 营运资金融资策略易变现率

某企业主营生产和销售日常生活用品。在生产经营淡季，该企业的资产总额6 000万元，其中长期资产3 000万元，流动资产3 000万元，永久性流动资产约占流动资产的40%；负债总额4 000万元，其中流动负债3 000万元，流动负债的70%为自发性负债。在生产经营的旺季，会额外增加300万元的季节性存货需求。若无论生产经营淡季还是旺季，企业的权益资本、长期负债和自发性负债始终保持不变，其余靠短期借款调节余缺。

要求：
(1) 计算该企业在生产经营淡季和旺季时的易变现率；
(2) 判断该企业采取的营运资金融资策略；
(3) 若该企业的权益资本、长期负债和自发性负债的年融资成本率平均为12%，临时性负债的年融资成本率平均为10%。结合题中数据及长短期融资工具的特点，分析该企业采取这种营运资金筹集策略的优缺点。

2. 存货陆续供应和使用

某企业A零件年需要量16 200件，单位购置成本为10元，日供应量60件，一次订货成本25元，单位储存成本1元/年。假设一年为360天，需求是均匀的，不设置保险库存并且按照经济订货量进货。

要求：
(1) 计算该企业经济订货量；
(2) 计算该企业最高库存和平均库存；
(3) 计算该企业经济订货量下存货平均占用资金及相关总成本；
(4) 计算该企业最佳订货周期。

3. 再订货点安全储备自制与外购的选择

甲公司生产中使用A零件，全年共需耗用3 600件，该零件既可自行制造也可外购取得。如果自制，单位制造成本为10元，每件生产准备成本34.375元，每日生产量32件。

如果外购，购入单价为9.8元，从发出订单到货物到达需要8天时间，一次订货成本72元。外购零件时可能发生延迟交货，延迟的时间和概率如表3-17所示。

表 3-17

延迟到货天数	0	1	2	3
概率	0.55	0.2	0.15	0.1

假设该零件的单位储存变动成本为 4 元,单位缺货成本为 7 元,一年按 360 天计算。建立保险储备时,最小增量为 10 件。

要求:计算并回答以下问题。

(1) 假设不考虑缺货的影响,甲公司应选择自制还是外购?此时甲公司再订货点为多少?

(2) 假设考虑缺货的影响,甲公司应选择自制还是外购?此时甲公司再订货点为多少?

4. 信用政策计算

E 公司目前采用 30 天付款的信用政策,现公司拟改变现有的信用政策,有两个可供选择的方案,有关数据如表 3-18 所示。

表 3-18

项目	现行	方案一	方案二
信用期	N/30	N/60	2/10,1/20,N/30
年销售量(件)	56 800	67 400	64 200
销售单价(元)	7	7	7
边际贡献率	0.25	0.25	0.25
可能发生的收账费用(元)	4 000	6 000	3 260
可能发生的坏账损失(元)	8 000	11 000	6 870
平均存货水平(件)	10 000	15 000	12 000

如果公司采用方案二,估计会有 30% 的顾客在 10 天内付款,40% 的顾客在 20 天内付款,其余的顾客在 30 天内付款。该项投资的资本成本为 10%;一年按照 365 天计算。

要求:采用差额分析的方法评价两个方案,并说明哪个方案更好。

第4章 长期融资

学习目标

- ◆ 理解企业长期融资的体系结构
- ◆ 掌握上市公司股权融资的内容与主要工具
- ◆ 掌握不同债务融资及相关契约条款的基本含义
- ◆ 掌握混合融资的概念和价值构成
- ◆ 理解企业长期融资决策的影响因素

引言

本章主要内容包括我国企业融资工具与融资市场、股权融资、长期债务融资、混合融资和长期融资决策五个部分。第一部分，说明了我国企业融资工具与融资市场的概况。第二部分，介绍了股权融资的分类。在介绍首次公开发行股票（IPO）、股权再融资（SEO）的基础上，对整体上市、买壳上市以及私募股权融资进行了概括性说明，概述了我国股票市场的体系结构和新退市制度等，针对的主要问题是企业权益融资工具的选择与适应条件。第三部分，在概括说明债务契约的基础上，介绍了长期借款与公司债券的特点，针对的问题是企业长期借款与公司债券的选择与适应条件，并关注相关条款。第四部分，介绍优先股、可转换债券和分离交易可转债的概念及特点，阐述了可转换债券和分离交易可转债的基本要素和价值构成等，针对的主要问题是如何理解发行优先股、可转换债券和分离交易可转债对企业财务的影响。第五部分，从融资规模结构优化、工具选择、时机把握、治理效应四个维度讨论企业管理层长期融资决策，讨论企业进行长期融资决策主要应考虑哪些影响因素以及进行权衡的基本原则。本章内容是后续章节财务预测与规划和资本成本与资本结构的基础。

本章的内容框架如图 4-1 所示。

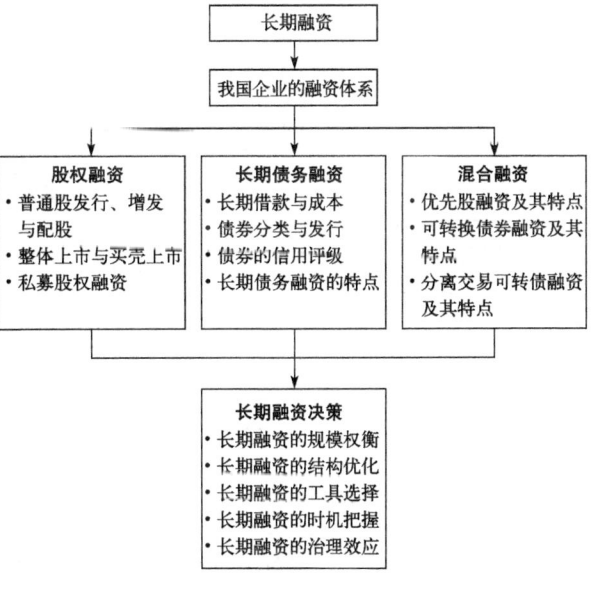

图 4-1 本章内容框架图

4.1 融资工具与融资市场

企业的融资来源总体来说有两种：一是内源融资，即将自有资金（留存盈利和折旧）转化为投资的过程；二是外部融资，即吸收投资者与其他经济主体的权益性或债权性资金投资的过程。随着竞争需求与经营规模的扩大，单纯依靠内部融资已经很难满足企业增长的资金需求，外部融资成为企业获取资金的重要方式。本章主要针对股权融资、债务融资和混合融资等不同形式的外部融资进行介绍。

目前我国企业融资体系结构如图4-2所示。

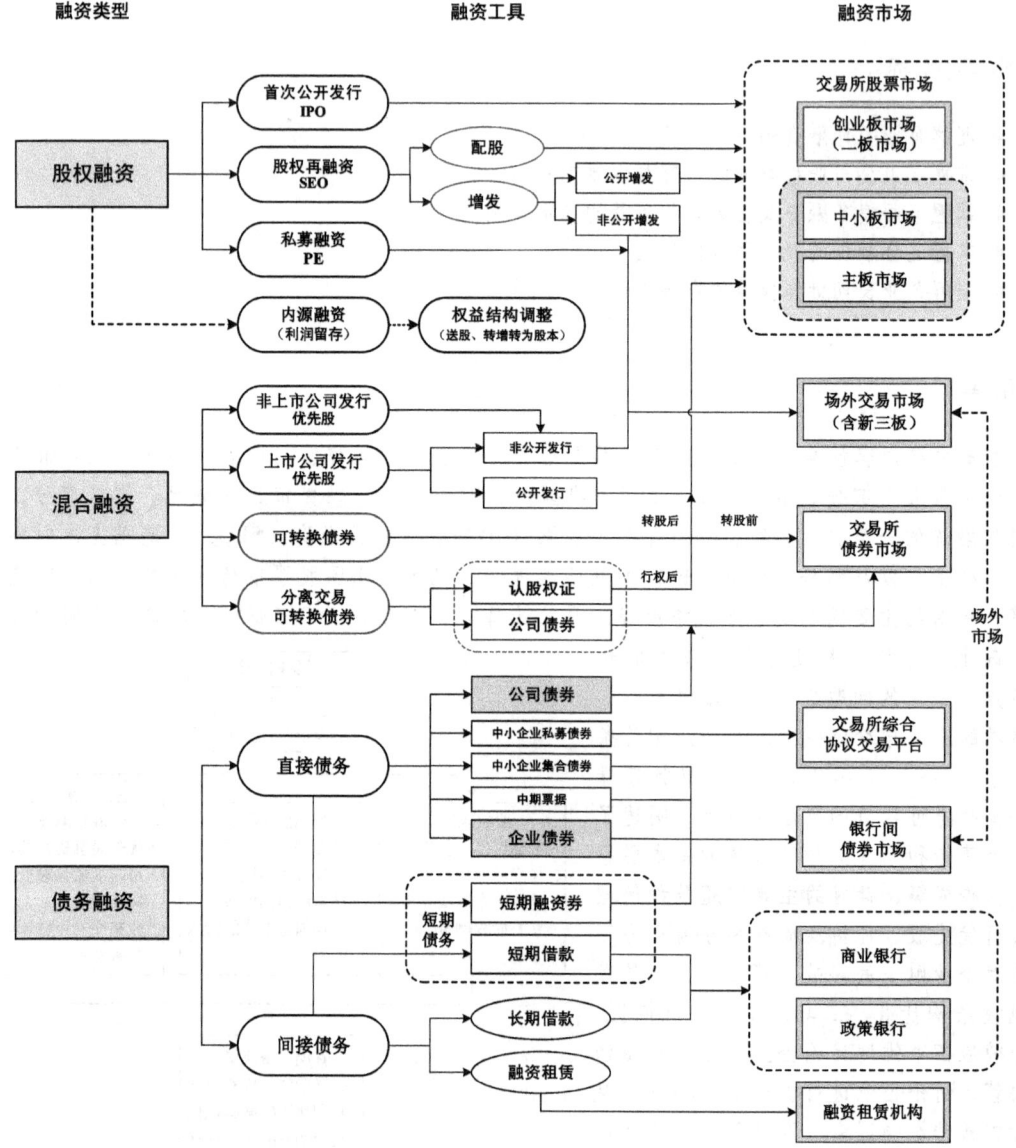

图 4-2　目前我国企业的主要融资工具与融资市场

资料来源：这里没有包括企业的应付账款、应付票据、预收账款等商业信用融资以及经营租赁等融资方式。

股权融资按融资方式划分，主要有公开市场融资和私募融资两种。所谓公开市场融资就是通过股票市场向公众投资者发行企业的股票来募集资金,包括首次公开发行股票(IPO)和股权再融资(SEO)。所谓私募融资(PE),是指企业自行寻找特定的投资人,吸引其通过增资入股企业的融资方式。首次公开发行股票和股权再融资主要是在主板市场、中小板市场以及创业板市场中进行。私募融资的交易比较灵活,可以通过场外交易市场进行。

债务融资是企业有偿使用外部资金的一种融资方式。债务融资可以分为直接债务融资和间接债务融资两种。前者是指资金的出借方和需求方之间直接进行的融资,后者是指资金的出借方和需求方均以金融机构为中介而进行的融资。长期债务融资主要包括长期债券和长期借款(融资租赁将在本书后续章节介绍)两种类型。其中,长期债券的具体形式有公司债券、企业债券、中小企业集合债券、中小企业私募债券。长期债券主要通过债券市场进行,而长期借款主要通过商业银行和政策性银行完成。

混合融资兼有股权融资和债务融资的特点,主要包括优先股、可转换债券和分离交易可转换债券。其中,可转换债券在转股前相当于普通债券,在交易所债券市场发行和流通,转股后为普通股,在股票市场流通。而分离交易可转换债券实现了认股权证和普通债权的分离交易,在交易所市场一次发行、两次融资,第一次是债券融资,第二次是待认股权证行权时在交易所股票市场实现股权融资。

以上各种融资工具的实现均需要与资本市场紧密联系,完善的资本市场体系是公司筹措资金的必要条件。我国资本市场体系主要有以下几个层次:主板市场、中小板与创业板市场,债券市场和中长期信贷市场,三板市场、银行间债券市场及其他场外产权交易市场。此外,还有证券投资基金、金融衍生品市场等。各个不同层次的市场对应于不同的企业和交易规则,并对企业有不同的筛选机制,各司其职,从而形成一个资本市场结构体系。

4.2 股权融资

股权融资是企业权益性资本的来源,也是进行债权融资的基础。权益性资本不需要归还本金,但需要根据企业自身经营需求与资本市场监管要求支付股利,相对于债权性资本来讲,因权益性资本承担了企业剩余收益与风险,其资本成本较高。广义的股权融资应当包括内部股权融资和外部股权融资,反映在资产负债表上,前者主要是指留存收益的增加,后者则体现为股本或实收资本的增加(通常伴随资本公积增加)。本章介绍的股权融资主要是指通过资本市场进行外部股权融资,本节首先介绍了股票的概念、普通股融资的方式、发行制度和特点等。然后具体阐述了首次公开发行股票融资(IPO)、股权再融资(SEO)以及私募股权融资(PE)的相关内容。

4.2.1 股权融资概述

1. 股票融资

股票是股份公司发给股东证明其在公司投资入股,并拥有所有者权益的一种有价权益证券,是资本市场主要的长期融资工具之一。

股票作为所有者权益的证明是一种有价证券,是股东作为公司的投资者根据其投入资本的份额所享有的相应权利。股票之所以有价值,并且可以在资本市场上自由转让、买卖流通、继承、赠送或是作为抵押品,是因为它代表着股东对企业未来预期收益的分配和相应权益的支配权,其持有者作为公司的股东拥有法律和公司章程规定的权利和义务。股票的转让实质上是股东权利和义务的转让,但股东权益并不依赖于股票本身而存在。

按照不同的分类标准,股票可以分为不同的类别,具体如表4-1所示。

表4-1 股票的基本分类

分类标准	分类	说明
股东权利的不同	普通股	股份公司依法发行的具有表决权、股利不固定的一类股票
	优先股	股份公司依法发行的具有一定优先权的股票,兼有股权和债权的双重属性
股票有无记名	记名股	股票票面上记载股东姓名或名称,并将其记入公司股东名册的股票。股权只属于股票上所记载的股东,股票的转让有严格的法律程序与手续
	不记名股	股票票面上不记载股东姓名或名称,股票持有人即股权的所有人,具有股东资格,且股票的转让也比较自由、方便,无需办理过户手续
发行对象和上市地区的不同	A股	指由中国境内公司发行,供境内机构、组织或个人(不含港、澳、台投资者)以人民币认购和交易的普通股股票,又称人民币普通股票
	B股	指在中国境内注册的股份有限公司向境内外投资者发行、募集外币资金并在中国境内证券交易所上市交易的股票,又称境内上市外资股
	H股	指中国(内地)的股份有限公司在香港证券交易所发行并上市流通的股票
	N股	指在中国大陆注册、在美国纽约证券交易所上市流通的外资股票

除了上述的分类方法,按股东的产权属性,可以分为国有股份、民营股份等。

2. 普通股的特征及股东的权利

普通股代表在公司的经营管理及盈利和财产的分配上享有普通权利的股份,代表对企业的盈利和财产拥有剩余索取权,它构成公司资本的基础,是股票的一种基本形式,也是发行量最大的股票。

(1) 普通股的特征。作为代表股东投资并拥有所有者权益的凭证,普通股的主要义务特征如下。

1) 长期股权投资。普通股是企业最基本的资金来源之一,只要企业不解散或清理,作为权益资本的普通股一般不能退还给投资者。如果股东要收回资本,可通过股票市场公开转让其股票,或者在法律允许的范围内非公开转让。

2) 承担有限责任。股东对公司承担的义务仅以其出资额为限。如果企业经营失败而实施破产清算,股东应承担偿还公司剩余负债的有限责任,但只限于股东对企业的出资额,超过出资额部分的债务,股东不负责偿还。

3) 享有剩余收益。公司在生产经营中创造的收益应当首先满足支付债务利息、支付税款、支付优先股股息和提取各种公益金的要求,之后如果仍有剩余才能支付给股东作为股息。普通股股息的支付没有固定的标准,应由企业根据经营绩效、现金持有状况及未来经营对现金的需求安排自行确定。

4) 承担剩余风险。当企业进入破产清算后,要首先偿还除普通股股东以外的所有债权人的债务、未支付的税款和员工工资等。只有当这些义务清偿完毕后,才允许将剩余财产清偿给普通股股东。可以说,普通股股东是企业剩余风险的承担者。

(2) 普通股股东的权利。普通股股东是持有公司普通股股票的投资者,是公司的最终所有者。普通股股东按其所持有股份的比例享有以下基本权利:

1) 参与投票与行使监督。普通股股东有权出席股东大会,并拥有建议权、表决权、选举权和被选举权,从而参与修改公司章程、决定企业经营战略、任免董事会成员等公司重大决议。股东也可以委托他人行使其股东权利。

普通股股东是公司的权益资本所有者,对企业经营管理者具有聘用权,对企业的经营状况具有知情权,对经营管理者具有监督的权利。

2)参与盈利与剩余分配。普通股股东有权从公司利润分配中得到股息。利润的分配方案由董事会根据公司财务状况和规划提出预案,提交股东大会并根据企业的盈利数额、财务状况、现金持有和发展战略做出决定。普通股股东的利益分配顺序在优先股股东取得固定股息之后。

当公司破产或清算时,若公司资产的变价收入在支付清算费用并偿还全部债务后还有剩余,则按先优先股股东、后普通股股东的顺序进行分配。

3)优先认购与转让股份。如果公司资本需要扩充而再次发行普通股股票时,可以向原股东配售股份(简称"配股")。现有普通股股东有权按其持股比例,以低于市价的某一特定价格认购一定数量的新发行股票,目的是使现有股东保持其在所有权结构中所占有的比例,可以起到稳定其相应控制权的作用。

普通股股东持有的股份可以在法律规定的条件和程序下自由转让,同时可以优先认购其他股东转让的股份。

4)公司章程规定的其他权利。

3. 普通股融资

按照发行顺序,普通股的发行可以分为初次发行和再融资。一般地,初次发行股票为设立发行,分为发起设立与募集设立。发起设立是指由发起人认购公司应发行的全部股份而设立公司,社会公众不参加股份认购。募集设立[○]是指由发起人认购公司应发行股份的一部分,其余部分通过向社会公开发行或向特定对象发行而设立公司的方式。再融资是指发行者在第一次发行股票完成后所进行的股票发行,最主要的形式是增发和配股。

按照发行对象的不同,普通股发行可分为公开发行与非公开发行。公开发行[○]是指向不特定对象发行证券或累计超过200人的特定对象发行证券。非公开发行是指以特定投资者为发行对象的一种发行方式,如私募股权融资、非公开增发等。常见的几种发行普通股融资的方式如图4-3所示。

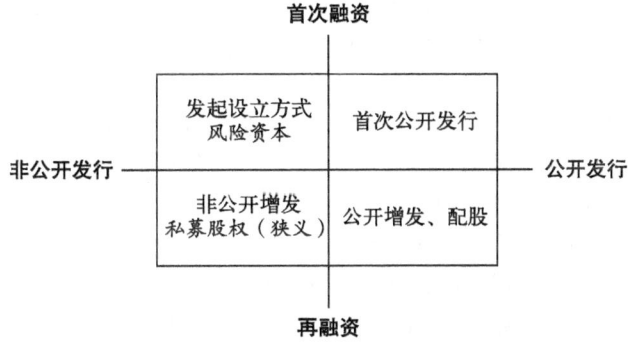

图4-3 普通股融资方式分类示意图

○ 2006年1月1日实施的《中华人民共和国公司法》规定,股份有限公司设立可以采取募集设立和发起设立两种形式。新《公司法》在保留股份有限公司公开募集设立方式的同时,增加了定向募集设立方式;有限责任公司只能采用发起设立。

　虽然新《公司法》保留了募集设立的方式,但证券监管部门对募集设立股份公司的方式进行了严格的限制。由中国证监会制定并发布,2006年5月18日实施的《首次公开发行股票并上市管理办法》规定,只有经国务院批准,有限责任公司在依法变更为股份有限公司时,才可以采取募集设立方式公开发行股票。

○ 2006年1月1日实施的《中华人民共和国证券法》第十条规定,向不特定对象发行证券或向累计超过二百人的特定对象发行证券为公开发行。

首次公开发行（Initial Public Offering，IPO）是指股份公司首次向社会公众公开招股的发行方式。增发是指已成立的股份有限公司因生产经营需要而追加资本发行股票的融资行为。按增发是否指定发行对象，可以分为公开增发和非公开增发（定向增发）。配股是指已上市的公司根据公司发展的需要，依据有关规定和相应程序，向原股东配售股份、筹集资金的行为。私募股权投资（private equity，PE）一般是指通过私募形式对非上市企业进行的权益性投资，获得私募股权投资的过程称之为私募股权融资。

4. 普通股的发行制度

中国证监会于2013年11月30日发布了《关于进一步推进新股发行体制改革的意见》[1]，标志着我国资本市场新股发行制度历经多次的改革[2]，从目前的核准制向注册制的改革迈出了实质性的一步。改革重点体现在以下几个方面：

（1）在推进新股市场化发行机制方面，明确了股票发行审核以信息披露为中心。例如，明确了拟上市企业为信息披露第一责任人，应当及时向中介机构提供真实、完整、准确的财务会计资料和其他资料。此外，鼓励持股满3年的原有股东将部分老股向投资者转让，增加新上市公司可流通股票的比例。申请首次公开发行股票的在审企业，可申请先行发行公司债。鼓励企业以股债结合的方式融资。

（2）在强化发行人及其控股股东等责任主体的诚信义务方面，加强对相关责任主体的市场约束，提高公司大股东持股意向的透明度，强化对相关责任主体承诺事项的约束。例如，①要求发行人及其控股股东应在公开募集及上市文件中公开承诺：发行人招股说明书有虚假记载、误导性陈述或者重大遗漏，对判断发行人是否符合法律规定的发行条件构成重大、实质影响的，将依法回购首次公开发行的全部新股，且发行人控股股东将购回已转让的原限售股份。②发行人及其控股股东、实际控制人、董事、监事、高级管理人员等相关责任主体应在公开募集及上市文件中公开承诺：发行人招股说明书有虚假记载、误导性陈述或者重大遗漏，致使投资者在证券交易中遭受损失的，将依法赔偿投资者损失。③要求保荐机构、会计师事务所等证券服务机构应当在公开募集及上市文件中公开承诺：因其为发行人首次公开发行制作、出具的文件有虚假记载、误导性陈述或者重大遗漏，给投资者造成损失的，将依法赔偿投资者损失。

（3）在进一步提高新股定价的市场化程度方面，侧重于改革新股发行定价方式。剔除高价，旨在避免"高价者得"，限制投资者报高价行为，提高机构投资者的话语权。例如，发行人应与承销商协商确定定价方式，改变网下配售对象报价行为（剔除申购总量中报价最高的部分，剔除的申购量不得低于申购总量的10%），限定网下配售有效报价家数，强化定价过程的信息披露。这一改革导向旨在遏制系统性的炒新股、炒重组股的投机行为，尊重中小投资者申购意愿，进一步约束新股发行中"三高"现象，即高价发行、高市盈率和超高募集资金的现象。

（4）改革新股配售方式体现在两个方面：一、网下引入主承销商自主配售机制，提高机构投资者话语权，优先保障公募基金和社保基金不少于40%的份额。提高了网下配售比例，公司股本4亿元以下的，配售比例不低于本次公开发行股票数量的60%。公司股本超过4亿元的，配售比例不低于本次公开发行股票数量的70%；二、网上引入市值配售机制，减少新股申购对二级市场的冲击，鼓励投资者长期持股。调整了回拨机制，平衡网下网上的配售比例。

---

[1] 2013年11月30日证监会公告〔2013〕42号。

[2] 自1993年至2013年，我国资本市场建立了全国统一的股票发行审核制度，并先后经历了行政主导的审批制和市场化方向的核准制两个阶段。具体而言，审批制包括"额度管理"和"指标管理"两个阶段，而核准制包括"通道制"和"保荐制"两个阶段。

（5）在加大监管执法力度，切实维护"三公"原则方面，体现了进一步提高信息披露质量，强化监管力度。例如，以投资者的决策需要为导向，改进信息披露内容和格式，突出披露重点，强化对发行人主要业务及业务模式、外部市场环境、经营业绩、主要风险因素等对投资者投资决策有重大影响的信息披露要求。使用浅白语言，提高披露信息的可读性，方便广大中小投资者阅读和监督。对保荐机构、会计师事务所、律师事务所等相关中介机构的工作底稿及尽职履责情况进行抽查。强化发行监管与稽查执法的联动机制。进一步加大对发行人信息披露责任和中介机构保荐、承销执业行为的监督执法和自律监管力度。

4.2.2 首次公开发行股票并上市

从原始股东的角度考虑，公司进行首次公开发行主要有两个目的：第一，扩大公司规模，为公司筹措更多的资金或改善治理结构；第二，通过公司上市增加股票的流动性，以便在适当的时机将自己手中的股票变现。

根据我国《证券法》以及证监会发布的《首次公开发行股票并上市管理办法》⊖、《首次公开发行股票并在创业板上市管理暂行办法》⊜等法律法规，公司首次公开发行股票并上市的主要条件如表4-2所示。

表4-2 首次公开发行股票并上市的要求

条件	A股主板IPO（含中小板）	创业板IPO
持续经营时间	发行人自股份有限公司成立后，持续经营时间在3年以上，但经国务院批准的除外。有限责任公司按原账面净资产值折股整体变更为股份有限公司的，持续经营时间可以从有限责任公司成立之日起计算	发行人是依法设立且持续经营在3年以上的股份有限公司。有限责任公司按原账面净资产值折股整体变更为股份有限公司的，持续经营时间可以从有限责任公司成立之日起计算
盈利要求	1. 最近3个会计年度净利润均为正数且累计超过人民币3 000万元，净利润以扣除非经常性损益前后较低者为计算依据 2. 最近3个会计年度经营活动产生的现金流量净额累计超过人民币5 000万元，或者最近3个会计年度营业收入累计超过人民币3亿元 3. 最近一期不存在未弥补亏损	1. 最近两年连续盈利，最近两年净利润累计不少于1 000万元，且持续增长；或者最近一年盈利，且净利润不少于500万元，最近一年营业收入不少于5 000万元，最近两年营业收入增长率均不低于30%。净利润以扣除非经常性损益前后孰低者为计算依据 2. 不存在未弥补亏损
资产	最近一期末无形资产占净资产的比例不高于20%	最近一期末净资产不少于2 000万元
股本	发行前股本总额不少于人民币3 000万元	发行后股本总额不少于3 000万元
主营业务	最近3年内主营业务没有发生重大变化	发行人应当主营业务突出。同时，要求募集资金只能用于发展主营业务
其他		发行人具有较高的成长性，具有一定的自主创新能力，在科技创新、制度创新、管理创新等方面具有较强的竞争优势

资料来源：《证券法》、《首次公开发行股票并上市管理办法》、《首次公开发行股票并在创业板上市管理暂行办法》。

【示例4-1】 2007年11月5日，我国最大的油气生产和销售商——中国石油（A股代码：601857）在上海证券交易所敲响上市锣。①中国石油这艘能源航母此番"海归"，对中国证券市场

⊖ 《首次公开发行股票并上市管理办法》于2006年5月17日由中国证监会发布，于2006年5月18日起施行。
⊜ 《首次公开发行股票并在创业板上市管理暂行办法》于2009年3月31日由中国证监会发布，于2009年5月1日起实施。

意义重大:七年前内地股市因"水浅"无法承载"超级航母"的缺憾②,终于在股改后得到弥补。

此次中国石油发行4亿股A股股票,募集资金达668亿元,冻结资金总额为3.37万亿元,分别创下了中国A股市场首次公开发行募集资金量和冻结资金额两项纪录。发行后A股股本161 922 077 818股,H股21 098 900 000股。中国石油A股上市首日,成为上证综指第一大权重股,总市值超过了埃克森—美孚石油,成为全球市值最大的上市公司。

中石油2006年净利润相当于A股1 500多家上市公司净利润总额的30%以上,同比增长6.6%,继续成为亚洲盈利最佳的上市公司(中国石油A股IPO前的主要财务指标如表4-3所示)。中石油在国内上市使得国内投资者有机会分享亚洲最赚钱公司的收益。

①严格来讲,对中石油来说此前已经在境外IPO,但从程序、要求和意义上来说,在其他资本市场发行股票仍类似于首次公开发行股票,且是针对该市场的IPO。一般对此不做区分,均称作首次公开发行。

②2000年因国内市场条件所限,中国石油"取道"境外资本市场募集资金。当年4月6日,中国石油发行的美国存托股份及H股分别在纽约证券交易所和香港联交所挂牌上市,总股本约1 790亿股。控股股东中国石油集团持有88.21%;上市的H股共有210.989亿股,占11.79%。

表4-3 中国石油天然气股份有限公司A股IPO前主要财务指标

财务指标	2006-12-31	2005-12-31	2004-12-31	合计/平均①
主营业务收入(万元)	68 897 800	55 222 900	38 863 300	162 984 000
营业利润(万元)	19 098 100	18 758 300	14 073 000	51 929 400
净利润(万元)	13 622 900	12 786 700	9 728 100	36 137 700
经营活动产生的现金流量(万元)	82 131 800	67 117 500	47 364 800	196 614 100
净资产收益率(%)	25.00	27.00	25.00	25.67
每股收益(元)	0.76	0.71	0.55	0.67
每股现金含量(元)	1.15	1.17	0.83	1.05
每股净资产(元)	3.02	2.66	2.24	2.64

①其中主营业务收入、营业利润、净利润、经营活动产生的现金流量为三年合计值,其余项目为三年平均值。
资料来源:根据《中国石油天然气股份有限公司首次公开发行A股股票招股意向书》整理。

本次A股发行募集资金主要用于中石油产能建设。投资的项目包括:约142.7亿元用于长庆油田、大庆油田、冀东油田原油产能建设,约175.0亿元用于原油炼油及乙烯技术改造工程,约60.0亿元用于大庆石化乙烯改扩建工程。募集额多出部分将用于补充流动资金及其他一般商业用途。从投资的项目可以看出,中石油的目的是要加大上游原油生产能力,加强公司炼化一体化方面的竞争优势。根据招股说明书,保持上下游协调发展将是公司今后的发展战略。

【示例4-1续】 中国石油A股IPO定价方式是:通过向询价对象进行初步询价确定发行价格区间,在发行价格区间内通过向配售对象进行网下累计投标询价确定发行价格。

中国石油发行定价的主要历程如下:10月22日至10月24日开始初步询价,并同时在上海、深圳、广州和北京进行预路演推介;初步询价工作于10月24日完成,确定本次发行的发行价格区间为人民币15.00~16.70元/股;10月25日举行网上路演,并于当天开始网下申购;26日开始网上申购;10月29日根据申购情况,确定最终发行价格为每股人民币16.7元,发行40亿股A股。

11月5日,中石油30亿A股挂牌上市,开盘即报48.6元,涨幅191.02%。全天小幅回落,收报43.96元,涨163.23%。此后一个月内回落到30元附近。

目前我国首次公开发行并上市的基本流程,主要有以下几个基本程序,如图4-4所示。

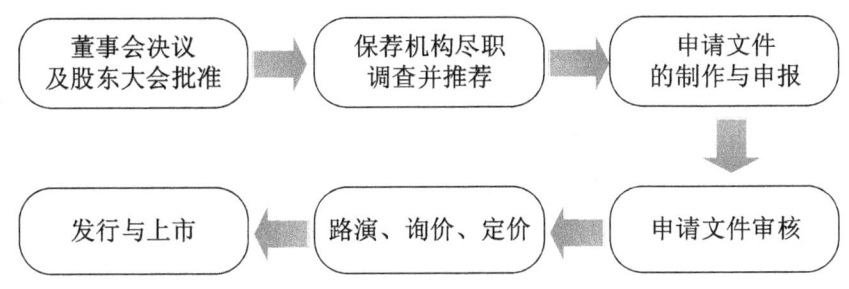

图 4-4　首次公开发行并上市流程图

【示例 4-2】　中国农业银行（A 股代码：601288，H 股代码：01288）采用 A+H 模式，分别于 2010 年 7 月 15 日和 16 日在上海和香港上市。此次农行 IPO 同时采用了网上网下回拨机制和"绿鞋"机制。"绿鞋"机制即农行的联席主承销商可按照本次发行价格向投资者配售不超过初始发行规模 15% 的股票。这部分股票将通过向部分参与认购的战略投资者延期交付的方式获得，并全部向网上投资者配售。

若主承销商按照 15% 的上限向网上投资者进行超额配售，农行 A 股网上发行部分将最多增加 33.35 亿股，发行总额也将增至 255.71 亿股。而主承销商可以在农行上市之日起 30 个自然日内，使用超额配售股票所获得的资金，以不超过农行发行价的价格从二级市场买入农行股票，以稳定后市，但累计买入股数不得超过超额配售股数。[①]

此外，农行执行"绿鞋"机制时还引入了一项新制度——刷新制度，即主承销商利用"绿鞋"资金买入股票后还可以卖出，进行反复的操作。其中产生的价差归投资者保护基金所有，从而避免操纵。

①选自《中国证券报》。

中国农业银行在 IPO 的过程中，涉及回拨机制与"绿鞋"机制。

第一，回拨机制[㊀]。

回拨机制是指在同一次发行中采取两种发行方式时，为了保证发行成功和公平对待不同类型的投资者，事先人为地设定两种不同发行方式下的发行数量，然后根据认购结果，按照预先公布的规则在两者之间适当调整发行数量。首次公开发行股票达到一定规模的，发行人及其主承销商应当在网下配售和网上发行之间建立回拨机制。新发布的《关于进一步推进新股发行体制改革的意见》要求，若网上投资者有效认购倍数在 50 倍以上但低于 100 倍的，应从网下向网上回拨，回拨比例为本次公开发行股票数量的 20%；若网上投资者有效认购倍数在 100 倍以上的，回拨比例为本次公开发行股票数量的 40%。

第二，超额配售选择权制度（"绿鞋"机制）[㊁]。

"绿鞋"机制也叫"绿鞋"期权（Green Shoe Option），是超额配售选择权制度的俗称，是发行人授予主承销商在股票上市后一段时间内的一项选择权。获此授权的主承销商可以按同一发行价格

㊀ 在实务中，即使在回拨机制下也过度向机构投资者倾斜。这是因为个人投资者只能参与网上申购，相对机构投资者来说，其中签的比例较低，导致明显的不公。中国证监会 2009 年 6 月 10 日发布的《关于进一步改革和完善新股发行体制的指导意见》将原有机构投资者"可以同时参加网下申购和网上申购"改为"只能选择网下或者网上一种方式进行新股申购"。对参与网上申购的账户限额，《指导意见》亦明确设置了标注：原则上不超过本次网上发行股数的千分之一，且单个投资者只能使用一个合格账户申购新股。这在很大程度上可以限制机构投资者的资金优势，部分提高中小投资者的申购中签率。

㊁ 因最早出现在 1963 年美国波士顿绿鞋制造公司股票发行中而得名。

超额发售不超过原定发行量15%的股份,而额外发售的股份通常先行向大股东或战略投资者借入。

采用"绿鞋"机制可根据市场情况调节融资规模,用以稳定股价,在一定程度上防止新股发行上市后的破发,增强参与新股认购的投资者的信心,实现新股股价的平稳过渡。因此,"绿鞋"机制主要在市场气氛不佳、对预期发行结果不乐观的情况下使用。

如果发行人股票上市后的价格高于发行价,主承销商就要求发行人增发与超额配售相等比例的股票,分配给事先提出认购申请的投资者,增发新股资金归发行人所有,增发部分计入本次发行股票数量的一部分;如果发行人股票上市之后的价格低于发行价,主承销商用事先超额发售股票获得的资金(事先认购超额发售投资者的资金),按不高于发行价的价格从二级市场买入,然后分配给提出超额认购申请的投资者。

在示例4-1中,农行采用了"绿鞋"机制,超额配售了A股初始发行规模15%的股份,具体步骤如图4-5和图4-6所示。

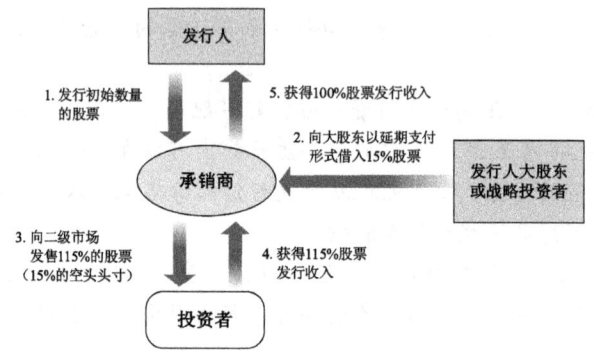

图4-5　超额配售选择权制度行使程序(1)

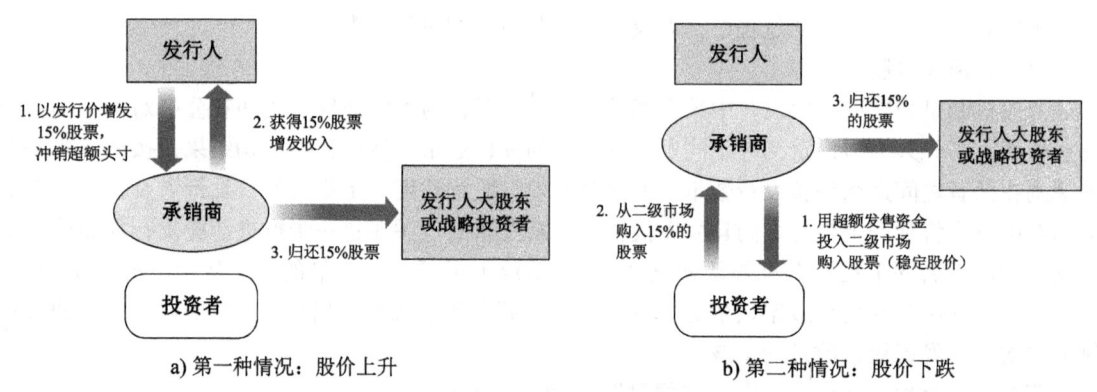

图4-6　超额配售选择权制度行使程序(2)

首先,发行人按照正常的发行程序向承销商发行初始数量的股票;其次,承销商会以延期支付的形式向发行人的大股东或战略投资者借入超额配售部分的股票(图4-5中以农行超额配售比例15%为例)。这样,承销商就超额配售了股票,获得了超额配售的发行收入。

第一种情况,若在股票上市后的一段时间内,股票十分抢手,发行后股价上扬,主承销商有权以发行价要求发行人增发股票。用超额发售获得的资金从发行人处购得股票,对冲超额发售的空头头寸,并收取超额发售的费用。此时发行人实际发行数量超过原定发行规模15%。

第二种情况,若在股票上市后的一段时间内,股票价格跌至发行价或以下时,主承销商不行使超额配售选择权,而是用超额发售获得的资金在二级市场上购入原来超额配售的空头头寸数量的股票。这样向二级市场注资以便稳定股价,并将从投资者处购得的股票返还给发行人大股东。此时发行人实际发行数量仍为原定发行规模。

"绿鞋"制度是国际上比较通行的稳定股价机制,赋予了主承销商稳定价格的合法手段,有助于缓解新上市股票价格出现剧烈波动的情况。《证券发行与承销管理办法》㊀规定,首次公开发行股票的公司发行规模在4亿股以上的,可以采用"超额配售选择权(绿鞋)"机制。

4.2.3 股权再融资

上市公司利用资本市场进行再融资是指企业自首次公开发行并上市融资之后的后续股权融资行为,是支撑企业实现可持续增长的重要融资来源,也是资本市场实现资源配置功能的基本方式。股权再融资(Seasoned Equity Offering)包括配股与增发两种形式。

配股是指向原普通股股东按其持股比例,以低于市价的某一特定价格配售一定数量新发行股票的融资行为。而增发是指上市公司为了筹集权益资本而再次发行股票的融资行为,包括面向不特定对象的公开增发和面向特定对象的非公开增发(定向增发)。其中,配股和公开增发属于公开发行,非公开增发属于非公开发行。

1. 股权再融资条件

不同股权再融资方式的发行要求如表4-4所示。

表4-4 股权再融资的发行要求(主板)

条件	公开增发	非公开增发	配股
盈利要求	三年连续盈利且最近三个会计年度加权平均净资产收益率平均不低于6%。① 扣除非经常性损益后的净利润与扣除前的净利润相比,以低者作为加权平均净资产收益率的计算依据		二年连续盈利②
资产要求	除金融类企业外,最近一期末不存在持有金额较大的交易性金融资产和可供出售的金融资产、借予他人款项、委托理财等财务性投资的情形		
分红要求	最近三年以现金方式累计分配的利润不少于最近三年实现的年均可分配利润的30%③		最近三年以现金方式累计分配的利润不少于最近二年实现的年均可分配利润的30%
募资额(对象)		特定对象符合股东大会决议规定的条件,发行对象不超过10名	拟配售股份数量不超过本次配售股份前股本总额的30%
发行方式		自行销售或代销方式	采用证券法规定的代销方式发行
发行价格	不低于公告招股意向书前20个交易日公司股票均价或前1个交易日的均价	不低于定价基准日④前20个交易日公司股票均价的90%	

㊀ 《证券发行与承销管理办法》由中国证监会制定并发布,2006年9月19日起实施,2010年10月11日修订,并于2010年11月1日施行。如未特别说明,本书下文所提到的《证券发行与承销管理办法》均指本办法。

（续）

条件	公开增发	非公开增发	配股
其他要求		自发行结束之日起，12个月内不得转让；控股股东、实际控制人及控制的企业认购的股份，36个月内不得转让	控股股东应当在股东大会召开前公开承诺认配股份的数量

①依据中国证监会发布于2006年5月8日起实施的《上市公司证券发行管理办法》，本书下文所提到的《上市公司证券发行管理办法》均指本办法。
②2006年以后虽然对配股公司的业绩只要求连续三年盈利，但要求老股东参与配售的股份不得低于本次配股数量的70%，而公开增发新股没有针对老股东的要求。
③依据2008年10月9日证监会发布的《关于修改上市公司现金分红若干规定的决定》，上市公司分红基本要求为"最近3年以现金方式累计分配的利润不少于最近3年实现的年均可分配利润的30%"。
④根据《上市公司非公开发行股票实施细则》，定价基准日可以为关于本次非公开发行股票的董事会决议公告日、股东大会决议公告日，也可以为发行期的首日。
资料来源：中国证监会《上市公司证券发行管理办法》、《证券发行与承销管理办法》。

2. 增发

上市公司增发股票可以面向所有投资者，也可以面向特定的投资者。面向全体投资者的再次发行股票称为公开增发，而对特定投资者的发行称为非公开增发，通常也被称为定向增发。

（1）公开增发与非公开增发的比较。公开增发与非公开增发在发行对象、发行盈利要求、发行程序、认购方式、锁定期限等方面存在差异，具体如表4-5所示。

表4-5 公开增发与非公开增发的比较

	公开增发	非公开增发（定向增发）
发行对象	资本市场上的投资者均可成为公开增发的发行对象	多面向事前已确定的、少数的投资者，主要针对三种机构投资者：财务投资者、战略投资者、上市公司的大股东或关联方
融资条件	满足上市公司公开发行的一般条件，并符合：三年连续盈利且最近三个会计年度加权平均净资产收益率平均不低于6%；除金融企业外，最近一期末不存在持有金额较大的交易性金融资产和可供出售的金融资产、借予他人款项、委托理财等财务性投资的情形	一般只要发行对象符合要求，不存在一些严重损害投资者合法权益和社会公共利益的情形
发行程序	与首次公开发行类似，程序较复杂，包括：聘请保荐人（主承销商）；董事会决议，股东大会决议；编制和提交申请文件；保荐人进行内核、出具发行保荐书，对承销商备案材料进行合规性审核；证监会受理申请文件、初审，发行审核委员会审核、核准发行；发行股票	程序简便，不需要履行刊登招股说明书、公开询价等程序
定价方式	发行价格应不低于公告招股意向书前20个交易日公司股票均价或前1个交易日的均价	发行价格应不低于定价基准日前20个交易日公司股票均价的90%
认购方式	一般只能以现金认购	对价不限于现金，还包括权益、债权、无形资产、固定资产等非现金资产
锁定期限	无此限制	机构投资者需12个月的锁定期，控股股东、实际控制人及其控制的企业需锁定36个月

（2）增发对新老股东财富的影响。增发的关键在于增发价格和向新老股东配售比例的确定。在仅考虑增发融资带来的"拆股"效应的情况下，以市价定价的公开增发对新老股东是公平的，不会产生一方获得收益、一方损失的情况。此时公司价值增加量为新募集的资金。而只有当新投

资项目产生正的净现值时,新老股东的财富才有可能都增加。因此,上市公司公开增发募集的资金如果不能投资产生正的净现值的项目中,增发只能是"零和博弈",具体推导见本章附录4A-1所示。

(3) 增发对单个股东财富的影响。增发折价发行的情况下,如果该股东认购比例大于定向增发之前在上市公司中所占的股权比例,增发使其增发后的持股比例相对上升,该股东就会在增发中获利[一]。即在定向增发折价发行条件下,大股东以新股东身份认购所获得的财富收益要大于以原有股东身份所带来的损失。可见,增发的发行价格和股东认购比例共同决定了该股东财富转移的多少,具体推导见本章附录4A-2所示。

(4) 非公开增发对股东财富的影响。大股东主导下的定向增发在理论上存在利益输送的可能,具体推导见本章附录4A-3所示。正因为定向增发所隐含的问题,2007年7月中国证监会出台了《关于上市公司做好非公开发行股票的董事会、股东大会决议有关注意事项的函》,对非公开增发做出了相关的明确规定[二]。

在我国财务实践中,定向增发是我国央企实现整体上市的主要手段之一。上市公司通过向控股集团定向增发的方式收购其资产和业务,实现整体上市,即所谓的定向增发反向收购模式[三]。在这种模式下,控股集团的优质资产注入上市公司,公司的盈利能力得到增强,关联交易和同业竞争减少,公司原老股东可以获得较大净资产溢价。

【例4-1】 假设A公司原有股本100 000股,计划采取公开增发的形式融资,发行20 000股新股,增发价格为4元/股。其中,向A公司的大股东B公司非公开增发新股10 000股,占本次发行比例的50%,其余向社会公开发行。增发前A公司股票市价为5元/股,B公司持有A公司50%的普通股股份。假定在分析中不考虑新投资的净现值引起的企业价值的变化。计算并分析在如下情况下B公司财富变动的情况:①B公司以现金认购全部新发股份;②社会公众认购不足,仅认购5 000股,不足部分由B公司超额认购;③B公司以资产认购向其非公开增发的股份10 000股,但实际资产的价值仅为30 000元,但外部投资者无法获知该消息。

B公司拥有50 000股A公司股票,增发前价值250 000元。

$$增发后每股价格 = \frac{500\,000 + 20\,000 \times 4}{100\,000 + 20\,000} = 4.833 \text{元}/\text{股}$$

①B公司认购10 000股:因此,增发后该股东拥有股票总价值为$4.833 \times (50\,000 + 10\,000) = 290\,000$元。B公司财富变化:$290\,000 - 250\,000 - 10\,000 \times 4 = 0$元。即该股东财富无变化。此时情况与配股相似。

②B公司认购15 000股:增发后该股东拥有股票总价值为$4.833 \times (50\,000 + 15\,000) = 314\,166.67$。B公司财富变化:$314\,166.67 - 250\,000 - 15\,000 \times 4 = 4\,166.67$元。即该股东财富增加了4 166.67元。

③由于外部投资者无法获知认购资产的真实价值,因此增发后二级市场上每股市价也为

[一] 其经济含义在于,假设增发折价产生1元的财富转移量(增发对象从上市公司原有股东处转移财富1元),那么该股东由于认购比例为β,从而会直接获得β元的财富转移收入,但是由于该股东在原有上市公司所占的比例为α,为此它也会遭受α元的财富损失。因此,通过增发累计获得的收益为$\beta - \alpha$元。

[二] 根据监管函,董事会决议确定具体发行对象的,应当明确具体的发行对象名称及其认购价格或定价原则、认购数量或者数量区间,发行对象认购的股份自发行结束之日起至少36个月内不得转让。

[三] 定向增发反向收购模式的实例是武钢集团,其增发方案可以概括为"定向+公募"。首先,武汉钢铁股份有限公司(上市)向武汉钢铁集团公司(母公司)定向增发国有法人股12亿股,向社会公募增发社会公众股不超过8亿股,之后利用增发募集资金收购集团公司尚未上市的全部钢铁经营性资产,从而实现集团钢铁主业整体上市。

4.833 元/股，增发后该股东拥有股票总价值为 4.833×(50 000+10 000)=290 000 元。B 公司的财富变化为：290 000-250 000-30 000=10 000 元。相对于第一种情况，由于资产的不公平定价，B 公司侵占了其他股东 10 000 元。

3. 配股

配股作为股权再融资的一种方式，具有实施时间短、操作较简便、成本较低等优点。配股的直接原因是募集新的权益资本，扩大公司的股本规模。

(1) 优先认股权。优先认股权是与配股相联系的一个概念，是指当股份公司为增加公司资本而决定增加发行新的股票时，原普通股股东享有的按其持股比例、以低于市价的某一特定价格优先认购一定数量新发行股票的权利。优先认股权是普通股股东的优惠权，实际上是一种短期的看涨期权。优先认股权通常在某一股权登记日前颁发。在此之前购买的股东享有优先认股权，即此时股票的市场价格中含有优先认股权的价值。

在我国，优先认股权又称为配股权，指当股份公司需再筹集资金而向现有股东发行新股时，股东可以按原有的持股比例以较低的价格购买一定数量的新发行股票。这样做的目的有：

1) 不改变老股东对公司的控制权和享有的各种权利。

2) 配股后增加的发行新股股份数可能会在短期内稀释每股净利，优先认股权实际上是给老股东一定的风险补偿。

3) 增加新发行股票对现有股东的吸引力，鼓励现有股东认购。

(2) 配股价格。配股价格一般按照配股公告发布时股票市价的一定折价确定，具体价格由主承销商和发行人协商确定，并进行公告。最终确定的配股价格就是现有股东优先认购每股新发行股票的价格，也是计算股票的理论除权基准价格时用到的配股价格。

为吸引原股东出资认购，一般情况下新股发行的价格按发行配股公告时股票市场价格折价 10% 到 25%。但配股价格的下限应不低于配股前最新公布的该公司每股净资产值。

(3) 除权价格。通常配股股权登记日后要对股票进行除权处理。除权后股票的理论除权基准价格为：

$$配股除权价格 = \frac{配股前股票市值 + 配股价格 \times 配股数量}{配股前股本 + 配股数量}$$

$$= \frac{配股前每股价格 + 配股价格 \times 股份变动比例}{1 + 股份变动比例}$$

当所有股东都参与配股时，此时股份变动比例（也即实际配售比例）等于拟配售比例。

除权价只是作为计算除权日股价涨跌幅度的基准，提供的只是一个基准参考价。如果除权后股票交易市价高于该除权基准价格，这种情形使得参与配股的股东财富较配股前有所增加，一般称之为"填权"；反之，股价低于除权基准价格则会减少参与配股股东的财富，一般称之为"贴权"。

(4) 认股权价值。一般来说，老股东可以以低于配股前股票市价的价格购买配股股票，即认股权的执行价格低于当前股票价格，即老股东可以通过行使优先认股权获利，因此认股权是具有价值的。利用除权后股票的价值可以计算得出优先认股权的价值。

设 M 为附权股票的市价（新股发行前价格），R 为优先认股权的价值，N 为购买一股新股所需的认股权数，S 为新股票的认购价。投资者在股权登记日前购买一股股票，应该付出市价 M，同时也获得一份优先认购权；也可购买申购一股新股所需的若干股权，价格为 RN，并且付出每股认购价 S 的金额。这两种选择都可获得一股新股。唯一的差别在于，前一种选择多获得一份优先认购权。因此，这两种选择的成本差额必然等于认股权的价值，即 $M-(RN+S)=R$。整理可得每份认股权的价值为：

$$R = \frac{M - S}{N + 1}$$

另外，还可以根据配股后的股票价格计算认股权的价值。设配股后股票市价为 m，为获得一股新股，投资者可以直接从二级市场上以 m 的价格买入；或是先买入优先认股权 N，利用优先认股权再以每股 S 元的价格买入新股。据此可以计算出每份优先认股权的价值：

$$R = \frac{m - S}{N}$$

配股中，若公司原有股东按配售比例认购了相应数额的股份，就会相应增加各自的权益，上市公司的权益结构就没有发生实质性变化。但如果股东不参与配股，配股后的除权效应会导致股价下跌，因此不参与配股的股东会受到损失。配股中具体的股东利益分析见本章附录 4B 所示。

【例 4-1 续 1】 A 公司决议采用配股的方式进行再融资，以公司 2009 年 12 月 31 日总股本 100 000 股为基数，每 10 股配 2 股。A 公司的配股价格为配股说明书公布前 20 个交易日公司股票收盘价算数平均值 5 元/股的 80%，即配股价格为 4 元/股。

假定在分析中不考虑新投资的净现值引起的企业价值的变化，仅从认股权产生的"拆股"效果进行分析。在这些假定下，计算并分析：①所有的股东都参与配股的情况下，配股后每股价格及购买每一股股票要求有多少份权证？②每一份优先认股权的价值是多少？③配股对股东将会产生什么影响？

① 配股后每股价格和认股权数量。

以每股 4 元的价格发行了 20 000 股新股，筹集 80 000 元，由于不考虑新投资的净现值引起的企业价值的变化，普通股总市场价值增加了本次配股融资的金额，配股后股票的价格应等于配股除权价格。

$$配股后每股价格 = \frac{500\,000 + 20\,000 \times 4}{100\,000 + 20\,000} = 4.833 \text{ 元/股}$$

A 公司采用 20% 的配售比例，由于原有股东每拥有一份股票将得到一份认股权，故现有股东为得到一股新股需要 5 份优先认股权，计算公式如下：

$$买入每一股新股所需权证数量 = \frac{原股份数}{新发行股份数} = \frac{1}{配售比例}$$

因此，现有股东必须拥有 4 元现金和 5 份认股权才能购买一份新股。

② 认股权的价值。

由于原有股东每拥有一份股票将得到一份认股权，故为得到一股新股需要 5 份优先认股权，因此每份认股权证的价值为：$(4.833 - 4)/5 = 0.167$ 元或者 $(5 - 4)/(5 + 1) = 0.167$ 元。

③ 配股对公司及股东的影响。

假设某股东拥有 10 000 股 A 公司股票，配股前价值 50 000 元。一方面，如果所有股东都行使了认股权参与配股，该股东配股后拥有股票总价值为 $4.833 \times 12\,000 = 58\,000$ 元。也就是说，该股东花费 $4 \times 2\,000 = 8\,000$ 元参与配股，持有的股票价值增加了 8 000 元，投资的情况没有变化。如果该股东没有参与配股，配股后股票的价格为 $(500\,000 + 18\,000 \times 4)/(100\,000 + 18\,000) = 4.847$ 元/股。该股东配股后仍持有 10 000 股 A 公司股票，则股票价值为 $4.847 \times 10\,000 = 48\,470$ 元，股东财富损失了 $50\,000 - 48\,470 = 1\,530$ 元。

【例 4-1 续 2】 结合以上例题及表 4-6 中 A 公司再融资前的财务情况，分析股权再融资前后 A 公司财务情况和股东权益的变化情况。

A公司配股前后的主要财务情况和股东权益变动如表4-6所示。

表4-6　A公司配股前后财务状况　　　　　　　　　　（单位：人民币元）

主要财务情况				股东权益变动			
配股前		配股后		配股前		增减	配股后
净利润	20 000	净利润	20 000	股本	100 000	20 000	120 000
股份数	100 000	股份数	120 000	资本公积	200 000	60 000	260 000
每股收益	0.2	每股收益	0.167	盈余公积	10 000		10 000
每股价格①	5	每股价格	4.83	未分配利润	20 000		20 000
市值	500 000	市值	580 000	总计	330 000		410 000

①这里取配股说明书公布前20个交易日A公司股票收盘价算数平均值。

配股使得A公司募集资金80 000元，在不考虑募集资金投向带来的净现值增加的情况下，再融资后A公司的价值增加了80 000元；同时股份数由于配股增加了20%，达到120 000股。由于股份数的增加，每股收益被稀释，由0.2元/股下降为0.167元/股。募集资金与股本之间的差额计入资本公积，使得资本公积增加了60 000元。

4. 股权再融资对企业的影响

股权再融资会引入新的权益资本，从而降低公司的资产负债率，改变公司的资本结构，进而影响公司的资本成本、财务状况、控制权分布和公司的股价等。

（1）对资本成本的影响。一般来说，权益资本成本高于债务资本成本，采用股权再融资会降低资产负债率，也会增加权益资本成本。但如果股权再融资通过增加权益融资的比例或替换部分债务融资而实现了目标资本结构，有助于降低债务融资的财务违约成本，提高了企业的总体资信水平，也会在一定程度上降低企业的加权平均资本成本，增加企业的财务价值。

（2）对财务状况的影响。在企业业务规模与盈利状况不发生明显变化的情况下，增加股权再融资会导致企业财务杠杆下降，会拉低净资产收益率。但如果利用股权再融资增加的融资投资于具有良好发展前景的项目，获得良好的投资收益，将有利于增加企业的价值。

（3）对股权控制的影响。不同的股权再融资方式对股权控制的影响不同。配股的全体股东如果全部行使认购权利，则不会改变股权控制结构。公开增发会引入新的股东，而原有股东的控制权会在一定程度上被稀释；非公开增发对象如果是财务投资者和战略投资者，原控股股东的所有权会有所稀释，但如果增发对象与控股股东具有良好的合作关系，原控股股东依然可以拥有实际控制权；若通过股权支付完成对控股集团的定向增发，收购其资产实现一体化整体上市，则会提高控股集团对上市公司的控制权。

（4）对股票价格的影响。在有效资本市场上，上市公司发布配股、增发方预案及公告增发日案后，证券市场往往会出现负面反应，公司股价会随之下跌。此外，投资者认为企业管理层对企业项目具有信息优势，当存在信息不对称时，只有当股票被高估的情形下企业才会发行新股或增发进行股权融资，否则应以债务方式融资㊀。

4.2.4　整体上市与买壳上市

许多上市公司完成IPO之后，作为其控股股东的集团公司的部分资产并未上市。为有效减少或避免控股集团与上市公司之间的关联交易与同业竞争，同时为消除上市公司与非上市的控股集

㊀ Loughran, Tim and Jay R. Ritter, 1995, The new issues puzzle, Journal of Finance, 50, 23-51.

团之间存在的公司治理不对称状况，避免控股集团干预上市公司发挥有效的公司治理机制，通过重组实现上市公司与所属控股集团整体上市，不仅有利于提高集团整体的资源配置效率，提升竞争优势，也有利于在新的上市平台上实现整体集团的资本市场融资。

1. 整体上市

整体上市是指一家公司将其主要资产和业务整体改制为股份公司后公开发行股份并上市，或者已分拆上市的公司通过再融资等方式反向收购其控股集团主业或辅业资产实现一体化上市的行为。控股集团在以控股的上市公司为平台完成整体上市后，控股集团可能会继续保留部分主业或辅业资产作为集团的续存资产。整体上市一般有4种模式：

（1）定向增发反向收购模式。控股集团下属上市公司向控股集团股东非公开发行新股，运用非公开发行新增的股份收购控股集团未上市的主业资产[⊖]，从而实现控股集团主业资产的整体上市。这一模式适用于主业资产和辅业资产都非常庞大的集团公司。

通过实施定向增发反向收购模式实现整体上市通常有两个步骤：①上市公司向其控股集团非公开发行股份，新发行的股份会在发行结束一段时间后上市流通[⊖]。②控股集团将主业资产注入控股的上市公司。

由于上市公司拟购买的资产可能由控股集团与机构投资者或控股集团关联方共同持有，因此按照定向增发的对象划分，这种模式下可以细分为以下三种子模式：第一种是上市公司只向控股集团定向增发。第二种是上市公司向控股集团定向增发的同时向特定机构投资者定向增发，用于收购由控股集团与机构投资者共同持有的资产。第三种是上市公司向控股集团定向增发的同时向控股集团关联方定向增发，用于收购由控股集团与控股集团关联方共同持有的资产。

通过定向增发反向收购实现控股集团未上市主业资产整体上市的实施过程如图4-7所示。

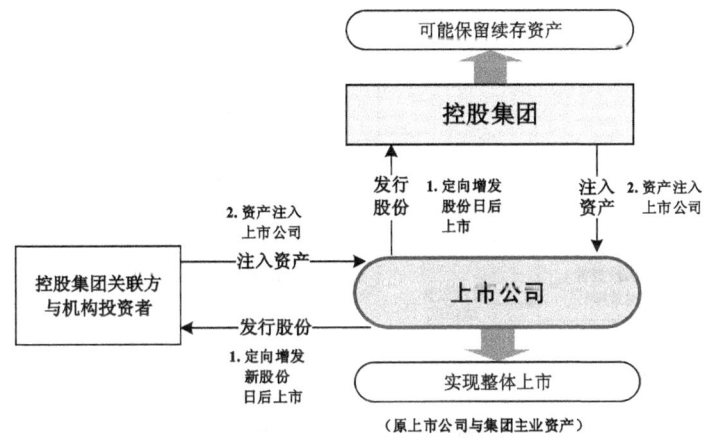

图4-7 定向增发反向收购

【示例4-3】 中船重工集团的控股上市公司中国重工（SH：601989）通过定向增发反向收购了中船重工集团的民船主业资产，从而以中国重工为整合平台实现了中船重工集团的民船主业资产的整体上市。

⊖ 定向增发发行新股的价值与拟收购资产价值之间如果存在价差由上市公司自筹资金解决。
⊜ 依据中国证监会《上市公司证券发行管理办法》第三十八条中规定，非公开发行的股份自发行结束之日起，十二个月内不得转让；控股股东、实际控制人及其控制的企业认购的股份，三十六个月内不得转让。

第一步，中国重工定向增发人民币普通股股份。2011年2月15日，中国重工按照6.93元/股的发行价格向三类对象（1）控股集团：中船重工集团；（2）控股集团关联方：大船集团、渤船集团；（3）机构投资者：华融资产、建行大连分行、国开金融、东方资产非公开发行人民币普通股股票2,516,316,560股。中国重工在此次交易中针对华融资产、建行大连分行、东方资产非公开发行的新股于2014年2月15日在上海证券交易所上市流通，其余部分于2014年2月18日在上海证券交易所上市流通。

第二步，中船重工集团将主业资产注入控股上市公司中国重工。在中国重工定向增发的同时，控股集团中船重工集团将其拥有的大船重工100%的股权、渤船重工100%的股权、北船重工94.85%的股权和山船重工100%的股权作为本次交易标的为交给中国重工，通过相关资产注入中国重工，实现了整体上市。

（2）再融资反向收购模式。控股集团下属上市公司向社会公众或机构投资者采取增发、配股或发行可转换债券等融资方式进行再融资，运用再融资所募集到的现金和自有资金收购控股集团未上市的主业资产，从而实现控股集团主业资产的整体上市。这一模式适用于具有诸多优质资产的集团公司。

通过实施再融资反向收购模式实现控股集团未上市资产整体上市通常有三个步骤：一、集团下属上市公司向社会公众或机构投资者采取增发、配股或发行可转换债券等融资方式进行再融资，在这个过程中，可能会伴随着控股集团下属上市公司向控股集团定向增发股份进行融资，新增的股份会在发行结束一段时间后上市流通。二、控股集团下属上市公司运用融资所得的现金以及部分自有现金反向收购控股集团主业资产。三、控股集团将主要业务资产注入控股集团下属上市公司。在实际操作中，第二步与第三步往往可以同时进行。

通过再融资反向收购实现控股集团未上市主业资产整体上市的实施过程如图4-8所示。

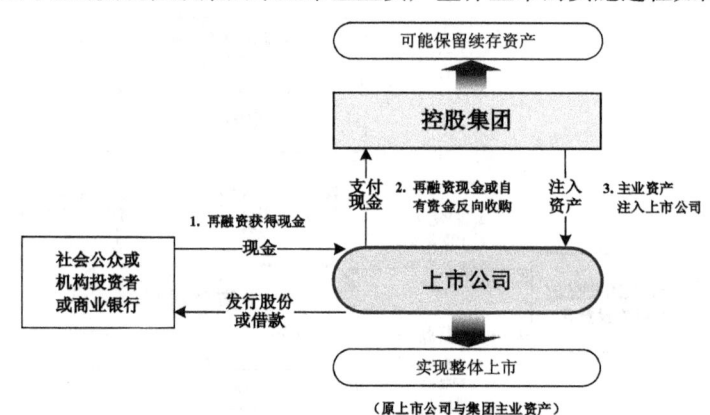

图4-8 再融资反向收购

【示例4-4】 太原铁路局控股的上市公司大秦铁路（SH：601006）通过再融资反向收购了控股股东太原铁路局的运输主业相关资产与股权，从而以大秦铁路为整合平台实现了太原铁路局的运输主业资产的整体上市。

大秦铁路此次交易购买资产以及股权的价值总额328亿元[⊖]，由于支付金额较大，大秦铁路分三次支付交易价款。（1）2010年6月，大秦铁路以自有资金支付首笔价款52亿元。

⊖ 其中，太原铁路局运输主业相关资产以及相关股权的价值分别为186亿元、142亿元。

(2) 2010年8月,大秦铁路通过向六家银行贷款合计融资112亿元并全额用于支付价款。第二笔支付完成后,大秦铁路已足额支付50%的交易价款,获得了标的资产的控制权 ⊖。
(3) 2010年11月,大秦铁路以8.73元/股的发行价格向社会公众公开发行社会公众股18.90亿股,融得资金165亿元用于支付剩余价款。此次增发的新股已于2010年11月5日在上海证券交易所上市流通。

此次交易完成后,原太原铁路局运输主业相关资产注入大秦铁路上市母公司,其运输辅业相关资产仍续存在太原铁路局。

(3) 换股+IPO模式。控股集团与上市公司按设定的比例进行换股,控股集团下属上市公司将资产注入控股集团,控股集团在整合了上市公司资产后,通过首次公开发行股票(IPO)实现整体上市。这一模式适用于处于成长期同时没有闲置资金的集团公司。

通过实施换股+IPO模式实现控股集团整体上市通常有两个步骤:一、控股集团以设定的折股价与折股比例与上市公司的流通股股东进行换股,完成对上市公司的吸收合并,在这一过程中伴随着控股集团首次公开发行股份,社会公众以现金认购,控股集团公开发行的新股和换股发行的股票在此次发行结束一段时间后申请同时挂牌交易。在换股过程中,一般会针对上市公司股东设立现金选择权 ⊜,对于不想参与此次换股的异议股东,可以通过行使现金选择权退出换股,这一部分股东的股份将由合理第三方 ⊜ 支付现金购买。二、上市公司将其全部资产并入控股集团,控股集团整合上市公司资产后实现整体上市,交易完成后原集团控股的原上市公司将注销独立法人资格。

通过换股IPO模式实现控股集团整体上市的实施过程如图4-9所示。

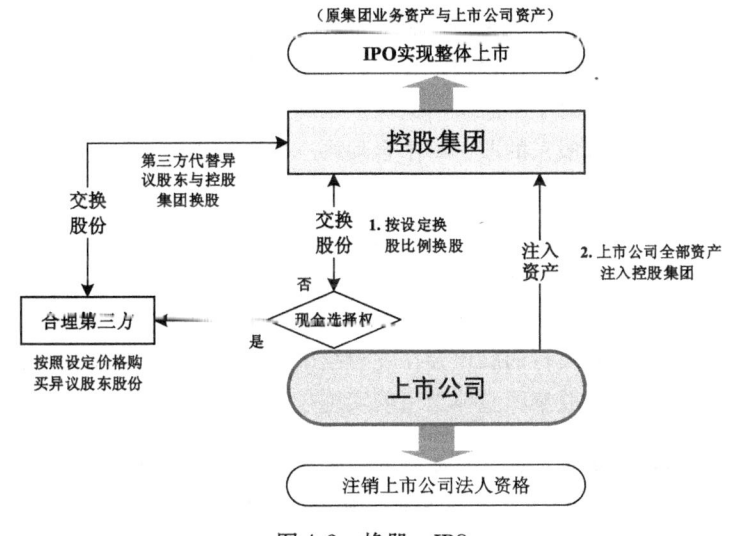

图4-9 换股+IPO

⊖ 按照大秦铁路与太原铁路局签署并生效的《资产交易协议》及《资产交易协议之补充协议》的相关约定,太原铁路局自大秦铁路足额支付50%目标资产转让价款后将目标资产交割至大秦铁路。标的资产包括太原局20个运输主业站段及相关直属单位。
⊜ 现金选择权:在交易过程结束后,需要支付交易标的物的一方可以选择实际支付交易标的物,也可以选择以现金方式履行交割手续的权利。
⊜ 合理第三方:上市公司在、进行重大资产重组过程中,往往会以通过签订协议的方式确定一个合理第三方,当有股东不想参与此次资产重组,合理第三方提供现金保障,购买异议股东所持股份,保护中小股东的利益。

【示例4-5】 美的集团通过换股+IPO的模式整合了控股上市公司美的电器（SZ：000527）全部资产，从而以美的集团为整合平台，实现了集团部分核心业务资产的整体上市。

第一步，美的集团与上市公司美的电器（SZ：000527）进行换股并上市。2013年9月12日，美的集团按照44.56元/股的价格与上市公司美的电器按照15.96元/股的价格以0.3582：1的换股比例进行换股[一]，为保护美的电器异议股东利益，美的电器赋予其异议股东现金选择权，由控股集团关联方美的控股（美的集团的控股公司）担任现金选择权提供方。与此同时。美的集团以44.56元/股的价格在深圳证券交易所首次公开发行人民币普通股686 323 389股，所发行股份全部用于换股吸收合并美的电器。美的集团首次公开发行的股票代码为000333，首次公开发行的股票于2013年9月18日在深圳证券交易所挂牌交易。

第二步，美的电器将所有资产并入美的集团（SZ：000333）并退市。在此次交易完成后原上市公司美的电器退市并注销独立法人资格，变更为美的集团的全资子公司。

美的集团整体上市旨在实施"一个美的、一个体系、一个标准"的管控模式，通过集团与事业部两级的扁平化架构，有利于更好地发挥集团各个事业部之间的协同效应。这种协同效应主要体现在7各方面，即产业协同、采购协同、仓储协同、销售协同、渠道协同、研发协同、财务协同。

（4）换股吸收合并模式。同一控股集团下属的甲、乙两家上市公司按设定比例进行换股，以甲上市公司为整合平台，将乙上市公司资产注入甲上市公司，同时收购控股集团的部分相关资产，实现集团整体上市。这一模式适用于拥有横向同业或纵向上下游产业链业务关系密切的两家（或两家以上）上市公司的集团公司。

通过实施换股吸收合并模式实现整体上市通常有两个步骤：①同一控股集团下属的甲、乙两家上市公司按设定比例进行换股。在换股过程中，针对甲上市公司股东设立收购请求权[二]、乙上市公司股东设立现金选择权，对于不想参与此次换股的异议股东，可以通过行使收购请求权、现金选择权退出换股，这一部分股东的股份将由合理第三方支付现金购买。②乙上市公司将其全部资产并入甲上市公司，甲上市公司整合乙上市公司资产实现整体上市，交易完成后乙上市公司将注销法人资格，变更为甲公司的全资子公司。此外，为了消除控股集团旗下部分未上市业务资产与甲上市公司的主业资产可能存在的同业竞争，甲上市公司在换股吸收合并乙上市公司的同时会向控股集团以及控股集团关联方非公开发行股份购买控股集团旗下与甲上市公司主业资产相近的部分未上市业务资产，非公开发行的股份会在发行结束一段时间后上市流通。

通过换股吸收合并实现控股集团整体上市的实施过程如图4-10所示。

【示例4-6】 通用技术集团下属上市公司中国医药（SH：600056）通过采用换股吸收合并的模式整合了同属于通用技术集团的上市公司天方药业（SH：600253）的全部资产以及集团所持有相关资产的股份，从而以中国医药为整合平台实现了集团医药业务资产的整体上市。

第一步，属于同一控股集团通用技术集团的两家上市公司中国医药与天方药业之间进行换股。2013年7月27日，中国医药按照20.29元/股的换股价格与天方药业按照6.36元/股的换股价格以0.313：1的换股比例[三]进行换股。为保护中国医药异议股东的利益，中国医药赋予其异议

[一] 即每股美的电器（SZ：000527）股份可以换取0.3582股美的集团（SZ：000333）股份。
[二] 收购请求权：上市公司股东对股东大会做出的公司合并、分立决议持异议，要求公司现金收购其股份的权利。
[三] 即每股天方药业（SH：600253）股份可以换取0.313股中国医药（SH：600056）股份。

股东收购请求权,同时为保护天方药业异议股东利益,天方药业赋予其异议股东现金选择权,由控股集团通用技术集团担任收购请求权、现金选择权提供方。

第二步,天方药业将全部资产并入中国医药并退市。中国医药完成换股吸收合并后天方药业将退市并注销独立法人资格,变更为中国医药的全资子公司。

此外,为了消除通用技术集团旗下部分未上市医药资产与中国医药旗下医药资产之间形成的同业竞争,中国医药在换股吸收合并的同时向公司关联方通用技术集团、医控公司、天方集团一共以20.19元/股的价格非公开发行股份14 966 320万股购买通用技术集团持有的三洋公司35%股权、新兴华康100%股权,医控公司持有的武汉鑫益51%股权,以及天方集团持有的新疆天方65.33%股权。中国医药在此次交易中非公开发行的股份于2013年8月1日在上海证券交易所上市流通。

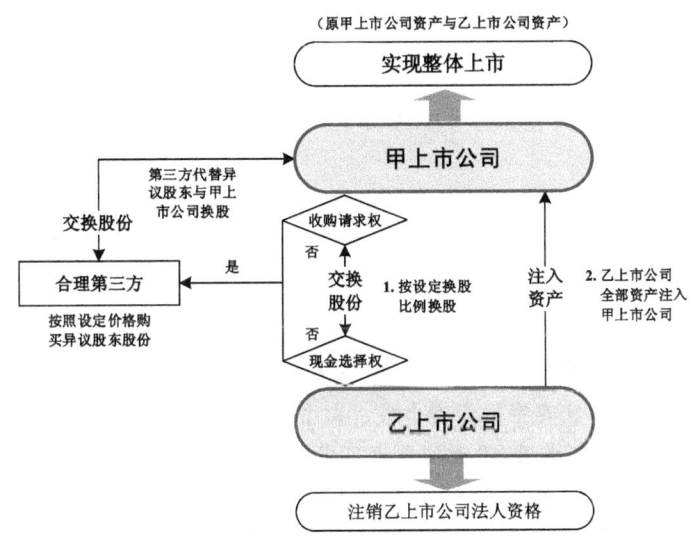

图4-10 换股吸收合并

以上概述了整体上市的几种一般性模式,在实施过程中会依据设计思路与交易而出现一些具体的变化模式。整体上市作为一种资源整合的手段,近几年被广泛运用于大型国有企业。

2. 买壳上市[⊖]与借壳上市

买壳上市是指拟上市公司以现金或资产一次或累计多次受让原上市公司[⊖]控股股东一定比例的股权,在获取原上市公司的实际控制权后将部分或全部业务和资产注入原上市公司并替换原有的业务和资产,实现间接上市的过程。买壳上市结束后,原有上市公司的公司名称将会变更,成为新上市公司,而上市代码保持不变。

通过买壳实现上市的过程通常分为三个步骤:一、拟上市公司获取原上市公司实际控制权。拟上市公司以现金或资产一次或累计多次受让原上市公司控股股东一定比例的股份,从而获得原上市公司的实际控制权。二、原上市公司剥离不良资产。原上市公司将部分或全部资产出售给收购公司,并获得由收购公司作为资产对价所支付的现金,收购公司往往是原上市公司的关联方。三、拟上市公司向原上市公司注入优质资产。拟上市公司将其全部或部分资产注入上市公司,获

⊖ 所谓的"壳"是指具有公开发行股票资格,然而资产状况较差的上市公司。
⊖ 买壳上市中拟上市公司往往不是原上市公司的控股股东,并且与原上市公司不处于同一集团控制之下。

得原上市公司作为资产对价所定向增发的股份,从而实现拟上市公司买壳上市。买壳上市的具体实施过程如图 4-11 所示。

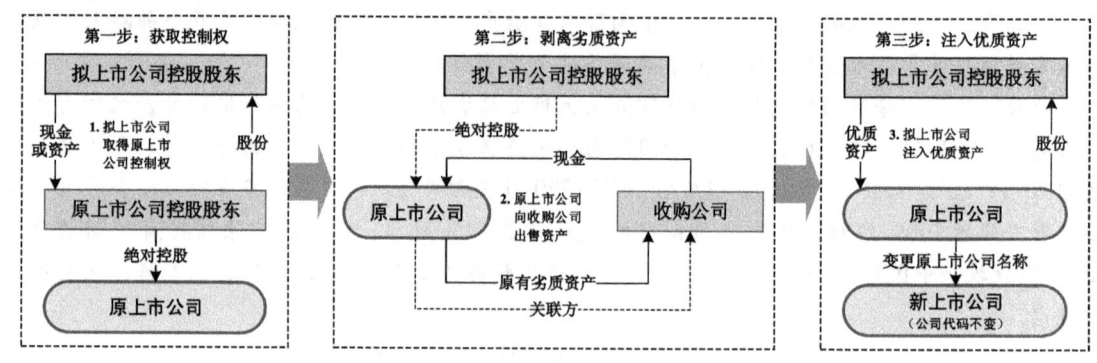

图 4-11 买壳上市过程图

【示例 4-7】 浪莎股份买壳上市。在本示例中,浪莎股份是拟上市公司,ST 长控(SH:600137)是原上市公司。

第一步:浪莎股份的控股股东浪莎控股获取 ST 长控实际控制权。2006 年 8 月 31 日,浪莎控股以 7 000 万元人民币作为支付对价受让 ST 长控的控股股东四川省国资委持有的全部国有股分 34 671 288 股,占 ST 长控总股本的 57.11%。第一步完成后浪莎控股获得了 ST 长控的实际控制权。

第二步:ST 长控剥离劣质资产。2006 年 11 月 8 日,ST 长控将其持有的控股子公司中元造纸的 95% 股权作为置出资产向宜宾市国资委出售,由于该项置出资产的净资产为负,因此宜宾市国资委没有支付对价。第二步完成后 ST 长控剥离了劣质资产。

第三步:浪莎控股注入优质资产。2006 年 12 月 15 日,浪莎控股以其持有的浪莎内衣的 100% 的股权作为置入资产注入 ST 长控,同时获得 ST 长控作为置入资产对价所定向增发的人民币普通股 10 106 300 股,增发的股份于 2010 年 5 月 10 日在上海证券交易所上市。第三步完成后浪莎控股买壳上市成功完成,新上市公司的公司名称变更为浪莎股份,股票代码不变。

总结:浪莎控股通过买壳 ST 长控(SH:600137),以其浪莎内衣资产替换原上市公司的劣质资产,获得在上海证券交易所上市融资资格。在实际操作中,第二步与第三步往往互为条件同时进行,除此以外,也存在三步同时进行的情况。

借壳上市是指拟上市公司通过将部分或全部业务资产注入拟上市公司所控股的原上市公司或与拟上市公司处于同一集团控制之下的原上市公司并替换原有的业务和资产,实现间接上市的过程。借壳上市结束后,原上市公司的公司名称将会变更,成为新上市公司,而上市代码保持不变。

通过借壳实现上市的过程通常分为两个步骤:一、原上市公司剥离不良资产。原上市公司将部分或全部资产出售给收购公司,收购公司往往是拟上市公司的关联方。二、拟上市公司向原上市公司注入资产。拟上市公司将其全部或部分业务资产注入原上市公司,获得原上市公司作为置入资产对价所定向增发的股份,从而实现拟上市公司借壳上市。借壳上市的具体实施过程如图 4-12 所示。

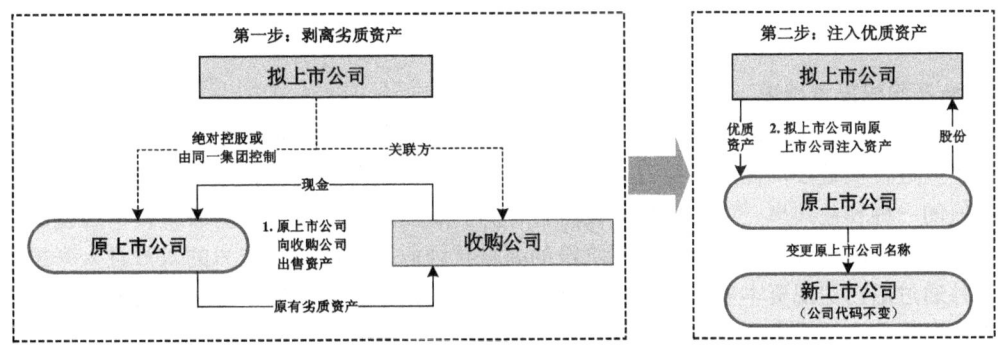

图 4-12 借壳上市过程图

【示例 4-8】 五矿稀土借壳上市。在本示例中,五矿稀土是拟上市公司,关铝股份(SZ:000831)是原上市公司,两家公司同属于五矿集团控制之下。

第一步:关铝股份出售劣质资产。2012 年 9 月 27 日,关铝股份将全部资产以及部分负债○,包括下属全资子公司和控股、参股子公司的股权作为置出资产向山西昇运出售,并获得由山西昇运所支付的现金 925.54 万元。山西昇运作为收购公司与关铝股份同属于同一控股集团五矿集团。第一步完成后关铝股份剥离了劣质资产。

第二步:五矿稀土注入优质资产。2012 年 9 月 27 日,五矿稀土以其拥有的五矿赣州稀土股份有限公司和稀土研究院 100% 的股权作为置入资产注入壳公司关铝股份,并获得关铝股份作为置入资产对价向五矿稀土定向增发的人民币普通股 235 228 660 股,占增发后关铝股份 24.33% 的股权比例,增发的股份将会在 2016 年 2 月 8 日于深圳证券交易所上市流通。第二步完成后五矿稀土借壳上市成功完成,新上市公司的公司名称变更为五矿稀土,股票代码不变。

总结:五矿稀土通过借壳关铝股份(SZ:000831),以优质稀土资产替换原上市公司的劣质电解铝资产,获得在深圳证券交易所上市融资资格。在实际操作中,借壳上市的两个步骤往往互为条件,同时进行。

买壳上市与借壳上市的相同点:(1)都会对壳资源的进行重新配置。两种方式都会在很大程度上改变原上市公司的主营业务和资产。(2)拟上市公司采用这两种方式都可以避免直接上市,实现间接上市。

买壳上市与借壳上市的不同点:(1)交易对象不同。采用买壳上市方式的拟上市公司往往未拥有原上市公司实际控制权;采取借壳上市方式的拟上市公司往往拥有原上市子公司的实际控制权或与原上市公司处于同一集团控制之下。(2)交易程序不同。采取买壳上市方式的拟上市公司首先需要通过受让原上市公司控股股东的股份获得原上市公司的实际控制权;而采取借壳上市方式的拟上市公司则不需要经历这一过程。

值得注意的是,为了抑制壳资源炒作,强化对借壳上市的监管,证监会提高了借壳上市的条件,要求借壳上市的标准趋同于首次公开发行股票上市(IPO)的标准,并且明确提出不允许非上市公司在创业板以借壳方式上市○。

○ 部分负债是指除了五矿股份对关铝股份 3 000 万委托贷款之外的全部负债。
○ 证监会于 2013 年 11 月 30 日发布的《关于在借壳上市审核中严格执行首次公开发行股票上市标准的通知》证监发〔2013〕61 号。

4.2.5 私募股权融资

1. 私募股权投资概述

私募股权投资（private equity，以下简称"PE"）是指向特定投资者以非公开方式筹资，对未上市企业进行权益投资并提供经营管理服务，以期在所投资企业发育成熟后通过权益转让实现资本增值的一种利益共享、风险共担的投融资行为。从国际经验看，私募股权投资在发展之初是小众化、高风险的投资，主要投向早期阶段的高科技企业，以资金和人力的双重投入来提升企业价值，并通过退出实现资本增值。进入20世纪80年代以来，随着资本市场的发展，私募股权投资的投资对象扩大到上市公司，逐渐与上市公司的私有化相联系，并扩展为金融领域中有影响力的一个复杂分支。

从形式上看，私募股权投资与风险投资（venture capital，VC）都是通过私募形式对非上市企业进行的权益性投资，然后通过上市、并购或管理层回购等方式实现资本退出，通过出售所持股份而获得资本投资回报。

企业的最初发展阶段通常可以分为种子期、初创期、发展期、扩展期、成熟期和Pre-IPO几个不同的时期。PE投资与VC投资的基本区别是两者的投资侧重点不同，VC投资侧重于投资企业的前期，而PE投资则侧重于投资企业的后期。例如，VC大部分资金投向具有实业性质的企业，同时提供实质性的增值服务，看重当前盈利不佳但是更具成长潜力，早期创业更为活跃的互联网、移动互联网、IT等以高新技术为基础，生产与经营技术密集型产品的行业，PE投资则倾向于投资具有成熟盈利模式、具有稳定现金流以及较好上市预期的行业。

企业的最初发展阶段的前后期划分使得风险投资与私募股权投资在投资理念、规模上都有所侧重，两者的区别体现在两个方面：一、VC投资大部分资金投向具有实业性质的企业，同时提供实质性的增值服务；PE投资的领域较广，除了实业企业外，还可以投向基金、其他有价证券等，不受资金比例限制。二、从投资策略看，VC投资的投资灵活性远低于PE投资。例如：在美国VC投资的最高杠杆为15%，但PE则无此限制。由于私募股权投资可以对处于种子期、初创期、发展期、扩展期、成熟期和Pre-IPO各个时期的企业进行投资，使得广义上的PE投资也包含VC投资。一方面，由于资本市场的发展，二者的交叉范围扩大，界限也日益模糊；另一方面，二者在退出机制上通常都是以IPO、并购、股权转让为主。

目前，我国为数众多的中小企业融资渠道有限，特别是高新技术中小企业，既缺乏向银行贷款的能力，也无法在证券市场进行公开发行股票。私募股权投资为这类企业的快速成长提供了新的直接融资机会。我国资本市场与PE/VC之间具有明显的共生共荣关系：一方面，资本市场依靠PE/VC培育和输送更多有潜力的优质上市资源；另一方面，PE/VC依靠资本市场IPO和并购退出，从而获得相对较高的投资回报。

在我国大力发展私募股权融资具有重要意义。首先，私募股权融资是一种新的市场化资源配置的方式，为企业提供了较低门槛的融资渠道，可以使企业的融资更具灵活性，并提高使用效率。其次，私募投资者在为被投资企业提供权益投资的同时，也为其提供优化公司战略、完善公司治理、提升竞争优势、锻炼管理层团队等方面的咨询服务，有利于培育优质拟上市公司。

2. 私募股权投资决策程序

企业能否成功引入私募股权投资，取决于是否具备了资本创造价值的基本条件：第一，企业的成长前景与潜力，所涉及的业务领域能够在2～3年内形成大规模行业市场，并成为资本投资关注的热点；第二，企业拥有核心技术、服务或资源，业绩增长的动力主要来源于核心业务收入；第三，企业的团队成员的能力、创业精神与相关资源。此外，私募股权投资人还要考虑投入资本的契约安排、运行机制等。私募股权投资运作的基本流程如图4-13所示。

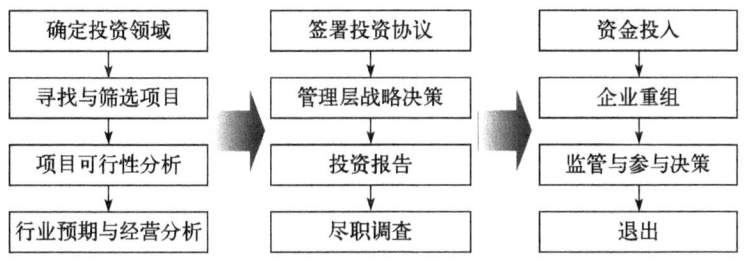

图4-13 私募股权投资运作的基本流程

3. 私募股权融资对企业的影响

企业创始人股东或创业经理人在引入私募股权投资的同时，也就与私募投资基金之间建立了合作关系。私募股权投资基于股权资本追求高回报率的属性，对企业发展目标与管理规范等各个方面均提出新的要求，所产生的影响集中体现在企业价值创造与增值服务上。企业管理层在与私募投资基金充分沟通的基础上，针对企业的市场环境与管理能力，重点从以下几个方面考虑对企业的影响。

（1）对企业战略与增长能力的影响。私募股权投资人与企业管理层共同关注如何优化企业发展战略，对企业的成长前景做出合理判断，培育企业的增长能力。为实现战略发展目标，管理层需要制定分阶段的业绩目标与实施规划，使自身业务发展速度和业务规模与对行业发展的预期相一致，特别是如何提升企业的行业竞争力，能够成为未来资本市场关注的具有投资价值增长潜力的企业。

（2）对融资约束与投资效率的影响。引入私募股权投资能够明显缓解中小企业的融资约束，对支撑企业持续发展提供了必要保证。企业从私募股权投资获得的阶段性融资，可以使企业在一段时期内拥有相对稳定的资本性融资来源。私募股权投资人出于投资回报的考虑，深度参与对企业投资项目的评价与实施过程，这对于提高企业的投资效率产生了积极影响。

（3）对注资形式与股权配置的影响。创始人股东或创业经理人一方面希望通过引入私募股权投资解决融资约束问题，另一方面又担心所有权被迅速稀释，甚至失去控制权。引入资本投资的数量与表决权的配置关系，在很大程度上决定了企业的控制权与收益分配的比例配置关系。在引入私募股权资本初期，可以在投资人与创始人两者之间设置两元股份结构（非一股一票制），或股权资本与可换股债券注资交替进行，使企业能够权衡解决注资规模、形式、阶段与股权结构配置的关系。

（4）对管理能力与抵御风险的影响。私募股权投资人高度关注企业管理层的创业精神、行业经验、管理能力、团队合作能力以及企业创始人股东或创业经理人的感召力，这对于管理层做出经营的合理判断与恰当决策至关重要。私募股权投资人既关注企业的增长速度，又关注其投入资本能够安全退出，与企业管理层形成密切合作关系，在实现快速增长、价值增长与经营及财务风险各方面进行权衡决策。私募股权投资人通过参与董事会，从资本运作和财务绩效等角度对企业管理层的决策提出建议，形成了与管理层能力的互补，降低了决策失误的风险。

（5）对治理结构与治理机制的影响。私募股权投资人帮助企业构建现代企业法人治理结构，为未来发展或在资本市场上市融资打下坚实的企业制度基础。引入私募股权投资使企业实现股权结构多元化，也有助于董事会决策的合理化。私募股权投资对公司治理结构的影响首先反映在改变了企业的股权结构上，通过投票权与现金流权的不同组合设计，在保证企业创始人股东或创业经理人具有实质性控制权的前提下，充分发挥私募股权投资人参与决策的作用。其次，引入私募股权投资有助于完善公司治理机制。一方面，私募股权投资人作为私募股权投资基金的代表，进入企业董事会，发挥对管理层的监督作用。另一方面，私募股权投资可以在投入资本的各个阶段，针对控制权结构设计契约安排，针对管理层业绩目标设计有效的激励机制。

总之，一个企业要想做大，首先要解决融资约束的问题；一个企业要想做强，同时要解决战略决策的问题；一个企业要想做优，最终要解决公司治理的问题。

4.2.6 我国资本市场结构

资本市场是已经发行的股票转让、买卖和流通的场所，包括交易所市场和场外交易市场两大部分，由于它是建立在一级发行市场基础上的，故又称作二级市场。

上海证券交易所和深圳证券交易所分别于 1990 年 12 月 19 日和 1991 年 7 月 3 日正式开业（主板市场），在深圳证券交易所设立的中小企业板于 2004 年 6 月 25 日开市，在深圳证券交易所设立的创业板（二板市场）于 2009 年 10 月 30 日开市。此外，中国证券业协会为了给退市后的上市公司股份提供继续流通的场所和解决原 STAQ、NET 系统历史遗留的数家公司法人股流通问题，于 2001 年 7 月 16 日开办了代办股份转让系统（即"老三板"），中国证监会批复同意中关村科技园区非上市股份有限公司股份于 2006 年 1 月 16 日进入股份报价转让系统（即"新三板"）即由证券公司推荐非上市公司股份进入代办系统报价转让，代理投资者参与在代办系统挂牌的非上市公司股份的报价转让。

作为新三板新的交易平台，2013 年 1 月 16 日，全国中小企业股份转让系统是经国务院批准，依据证券法设立的全国性证券交易场所正式运营，主要为创新型、创业型、成长型中小微企业发展服务，具有小额、多次、快速、低成本的股权融资模式。通过挂牌方便了创业资本退出，适应了多元化的投融资需求，在公司建立现代企业制度、完善法人治理结构、提升综合融资能力和规范运作水平等方面发挥了积极作用。境内符合条件的股份公司均可通过主办券商申请在全国股份转让系统挂牌，公开转让股份，进行股权融资、债权融资、资产重组等。申请挂牌的公司应当业务明确、产权清晰、依法规范经营、公司治理健全，可以尚未盈利，但须履行信息披露义务，所披露的信息应当真实、准确、完整。全国股份转让系统实行较为严格的投资者适当性管理制度，并适应挂牌公司差异较大的特性，实行多元化的交易机制。其市场运行以自律监管为主，探索实行更加市场化的管理机制。

我国股票市场形成了金字塔形多层次的体系结构，如图 4-14 所示。

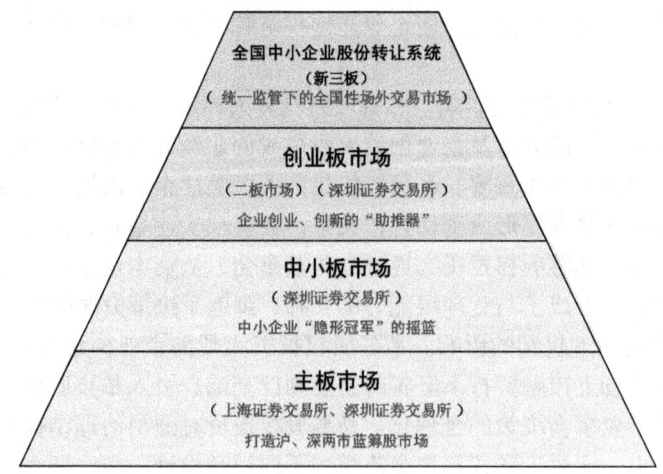

图 4-14 我国多层次资本市场结构

位于金字塔底层的是主板市场，指传统意义上的证券市场，是具备一定规模的大公司股票发行、上市及交易的主要场所。主板市场的上市公司规模比较大，业务相对比较成熟，风险相对创业板也要小。

位于金字塔中间的是中小企业板市场，是指流通盘大约在1亿元以下的板块。中小企业市场的建立是创业板市场的一个过渡措施，有利于缓解中小企业融资难的问题，同时避免直接建立创业板市场初始规模过小带来的风险。中小企业市场的发行上市标准与主板市场相同，是主板市场的一个重要组成部分。

位于金字塔上层的是创业板市场（二板市场）⊖，在上市门槛、监管制度、信息披露、交易者条件、投资风险等方面和主板市场有较大区别。其设立目的主要是扶持中小企业，尤其是高成长性企业，为风险投资和创投企业建立正常的退出机制。创业板通过市场化发现与筛选机制，促进了科技与资本的结合，培育和促进了高新技术产业的发展。

位于金字塔顶层的是股份报价转让系统（即"新三板"），属于统一监管下的全国性股权交易场外交易市场，针对非上市股份有限公司的股份报价与转让，已成为中小创新企业的"孵化器"。

【示例4-9】 2009年10月30日，创业板首批28家公司挂牌上市交易。首批上市公司平均发行股数为2 184.43万股，平均发行价格为25.43元/股；平均市盈率为56.7倍，而市盈率最高达到81.67倍，远高于全部A股市盈率以及中小板的市盈率。

从首批在创业板上市的这28家公司所属行业来看，大多集中在IT、网络、医药等领域，其平均资产规模和营业收入明显小于中小板公司，但过去的盈利能力和业绩较为突出。这些公司近3年营业收入复合平均增长率已达到34.03%，其中复合增长率超过50%的有3家；净利润复合增长率达到45.94%，其中复合增长率超过100%的有4家，远高于中小板的公司。从成立时间和上市前注册资本看，这些公司大多已跨越了初步创业期，有10年以上的经营历史。

创业板上市公司的业绩稳定性相对较低，表现为两个特点：一是公司间业绩两极分化明显，二是部分公司业绩增长或业绩下滑明显。

4.2.7 我国上市公司的退市制度

上海证券交易所和深圳证券交易所在总结我国以往退市制度的实践基础上，于2012年6月28日正式发布了《关于完善上海证券交易所上市公司退市制度的方案》和《关于改进和完善主板、中小企业板上市公司退市制度的方案》（以下简称《方案》）。《方案》调整和增加了部分退市条件，明确了恢复上市的条件和程序，完善了恢复上市的审核标准，进一步丰富和完善了退市标准体系。

上市公司退市需要经历三个阶段，分别是退市风险预警、暂停上市以及终止上市⊜，因此上市公司终止上市也就意味着其退市。上市公司退市可以分为被动退市与主动退市⊜两种类型，其中被动退市是由于上市公司达不到证券交易所规定的条件所导致的。根据《方案》的内容，目前我国各板块上市公司的退市条件如表4-7、表4-8、表4-9所示。

⊖ 创业板市场（growth enterprises market，GEM），初见于上世纪70年代的美国，兴盛于90年代。美国纳斯达克（NASDAQ）市场被视为创业板的代名词，曾孵化出微软等世界知名企业。
⊜ 上海证券交易所于2013年11月27日所公布的《上海证券交易所股票上市规则（2014年修订）》
⊜ 主动退市的概念由证监会于2014年10月15日在《关于改革完善并严格实施上市公司退市制度的若干意见》中首次正式提出

表4-7 我国各板块上市公司终止上市条件表（1）

标准		深圳证券交易所			上海证券交易所	备注
		主板	中小企业板	创业板	主板	
财务状况	连续亏损	四年（或被暂停上市后未在法定期限内披露首个年报）	四年（或被暂停上市后未在法定期限内披露首个年报）	四年（或被暂停上市后未在法定期限内披露首个年报，或被暂停上市后扣除非经常性损益后净利润为负）	四年（或被暂停上市后未在法定期限内披露首个年报）	
	净资产为负	三年（或被暂停上市后未在法定期限内披露首个年报）	三年（或被暂停上市后未在法定期限内披露首个年报）	两年（或被暂停上市后未在法定期限内披露首个年报）	三年（或被暂停上市后未在法定期限内披露首个年报）	主板新增，中小企业板退市周期延长半年
	营业收入低于1 000万元	三年（或被暂停上市后未在法定期限内披露首个年报）	三年（或被暂停上市后未在法定期限内披露首个年报）	—	三年（或被暂停上市后未在法定期限内披露首个年报）	新增
	未改正财务会计报告中的重大差错或虚假记载	六个月	六个月	六个月	六个月	
	未在法定期限内披露年度报告或中期报告	六个月	六个月	三个月	六个月	
	因净利润、净资产、营业收入或者审计意见类型触及规定的标准被暂停上市后	申请恢复上市的，存在扣除非经常性损益前后的净利润孰低为负、净资产为负、营业收入低于1 000万元，被出具保留意见、否定意见或无法表示意见的审计报告等情形之一	申请恢复上市的，存在扣除非经常性损益前后的净利润孰低为负、净资产为负、营业收入低于1 000万元，被出具保留意见、否定意见或无法表示意见的审计报告等情形之一	提出恢复上市申请的基准年度被出具非标准无保留审计意见、净资产为负	（一）最近一个会计年度经审计的①扣除非经常性损益前、后的净利润任一为负数，②营业收入低于1 000万元，③期末净资产为负数；（二）最近一个会计年度的财务会计报告被出具否定意见、无法表示意见或者保留意见；（三）保荐机构未就公司持续经营能力或公司治理水平发表意见，或者其发表的意见不符合规定的要求	新增

表 4-8 我国各板块上市公司终止上市条件表（2）

标准		深圳证券交易所			上海证券交易所	备注
		主板	中小企业板	创业板	主板	
审计意见	审计报告为否定或无法表示意见	三年（或被暂停上市后未在法定期限内披露首个年报）	三年（或被暂停上市后未在法定期限内披露首个年报）	两年半	三年（或被暂停上市后未在法定期限内披露首个年报）	主板新增，中小企业板退市周期延长半年
市场交易指标	股票累计成交量过低	仅发行A股的，连续120个交易日（不含停牌交易日）累计成交量低于500万股；仅发行B股的，连续120个交易日（不含停牌交易日）累计成交量低于100万股；既发行A股又发行B股的，其A、B股股票的成交量同时触及前述标准	连续120个交易日累计成交量低于300万股	连续120个交易日累计成交量低于100万股	仅发行A股的，连续120个交易日累计成交量低于500万股；仅发行B股的，连续120个交易日累计股票成交量低于100万股；既发行A股又发行B股的，其A、B股股票的成交量同时触及前述标准	主板新增，中小企业板直接退市
	股票收盘价连续低于面值	仅发行A股的，连续20个交易日（不含停牌交易日）每日收盘价均低于股票面值；仅发行B股的，连续20个交易日（不含停牌交易日）每日收盘价均低于股票面值；既发行A股又发行B股的，其A、B股的收盘价同时触及前述标准	连续20个交易日每日收盘价均低于每股面值	连续20个交易日每日收盘价均低于每股面值	仅发行A股的，连续20个交易日的每日收盘价均低于股票面值；仅发行B股的，连续20个交易日的每日收盘价均低于股票面值；既发行A股又发行B股的，其A、B股的收盘价同时触及前述标准	主板新增，中小企业板直接退市
	36个月累计受到交易所公开谴责3次	—	36个月内3次	36个月内3次	—	直接退市

表 4-9 我国各板块上市公司终止上市条件表 (3)

标准		深圳证券交易所			上海证券交易所	备注
		主板	中小企业板	创业板	主板	
上市条件	股权分布不符合上市条件	连续20个交易日股权分布不符合上市条件，暂停上市后六个月仍不符合上市条件	连续20个交易日股权分布不符合上市条件，暂停上市后六个月仍不符合上市条件	连续20个交易日股权分布不符合上市条件，暂停上市后六个月仍不符合上市条件	暂停上市六个月内股权分布仍不符合上市条件	
	上市公司股东人数不符合要求				上市公司股东数量连续20个交易日（不含公司首次公开发行股票上市之日起的20个交易日和公司股票停牌日）每日均低于2000人	2014年新增
	公司股本总额发生变化，不再具备上市条件	在本所规定的期限内仍不能达到上市条件	在本所规定的期限内仍不能达到上市条件	在本所规定的期限内仍不能达到上市条件	在本所规定的期限内仍不能达到上市条件	
	以终止上市为目的回购股份或者要约收购后，股本分布不具备上市条件				公司披露收购结果公告或其他相关权益变动公告	
	上市公司被吸收合并				上市公司被吸收合并	
	股东大会在公司股票暂停上市期间做出终止上市的决定				股东大会做出终止上市决定	
	宣告破产	被法院宣告破产	被法院宣告破产	被法院宣告破产	法院宣告破产裁定书	
	公司解散	公司因故解散	公司因故解散	公司因故解散	股东大会做出解散决议	
	公司暂停上市后未提出恢复上市申请，或者恢复上市申请未被受理、未获同意				公司暂停上市后未提出恢复上市申请，或者恢复上市申请未被受理、未获同意	
	未在规定期限内补充恢复上市申请材料	未能在30个交易日内补充提交恢复上市申请材料	未能在30个交易日内补充提交恢复上市申请材料	未能在30个交易日内补充提交恢复上市申请材料		新增

资料来源：上海证券交易所和深圳证券交易所于2012年6月28日正式分别发布的《关于完善上海证券交易所上市公司退市制度的方案》和《关于改进和完善主板、中小企业板上市公司退市制度的方案》；上海证券交易所于2014年10月17日发布的《上海证券交易所股票上市规则（退市部分）》(2014年修订版)。

针对以往股市中"劣币驱逐良币"、"壳资源"炒作等现象，《方案》在恢复上市和重新上市等环节设立更细致、更具体的标准，进一步明确市场预期，遏制绩差公司股票炒作行为。其中，进一步明确了恢复上市的申请程序，规定公司暂停上市后补充恢复上市申请材料的时间累计不得超过 30 个交易日。

【示例4-10】 2014 年 4 月 11 日，上海证券交易所网站公告显示，根据《上海证券交易所股票上市规则》（2012 年修订）相关条例，决定终止中国外运长航集团有限公司（央企）控股的上市公司＊ST 长油（中国长江航运集团南京油运股份有限公司，股票代码：600087）上市交易，这使得＊ST 长油成为 2012 年新退市制度正式实施后上交所因财务指标不达标首家被强制退出 A 股市场的公司，也是上交所第 42 家终止上市的公司。由于 2010 年、2011 年和 2012 年连续三年亏损（2010 年、2011 年和 2012 年分别亏损 0.19 亿元、7.54 亿元、12.39 亿元），＊ST 长油自 2013 年 5 月 14 日起已被上海证券交易所暂停上市一年时间。因该公司在 2013 年继续亏损 59.22 亿元，根据上交所的退市规则，被暂停上市后，公司最近一个会计年度的净利润为负值，则应终止该公司股票上市交易，即自 2014 年 5 月 14 日起该公司退市。

除了上述被动退市情形外，中国证监会在 2014 年 10 月规定了上市公司可以依据《证券法》和证券交易所规则提出主动退市。主动退市主要有以下七种情形[一]：①上市公司股东大会决议主动撤回其股票在本所的交易，并决定不再在交易所交易；②上市公司股东大会决议主动撤回其股票在本所的交易，并转而申请在其他交易场所交易或转让；③上市公司向所有股东发出回购全部股份或部分股份的要约，导致公司股本总额、股权分布等发生变化不再具备上市条件；④上市公司股东向所有其他股东发出收购全部股份或部分股份的要约，导致公司股本总额、股权分布等发生变化不再具备上市条件；⑤除上市公司股东外的其他收购人向所有股东发出收购全部股份或部分股份的要约，导致公司股本总额、股权分布等发生变化不再具备上市条件；⑥上市公司因新设合并或者吸收合并，不再具有独立主体资格并被注销；⑦上市公司股东大会决议公司解散。

中国证监会针对退市制度提出了五项新要求[二]：①健全上市公司主动退市制度。上市公司可以根据公司维持上市成本的分析、充分利用不同证券交易所的优势或公司治理结构的调整的因素。②明确实施重大违法公司强制退市制度。上市公司如果存在涉嫌欺诈、重大信息披露不合法等重大违法行为，证券交易所应当做出终止其股票上市交易的决定。③严格执行市场交易类、财务类强制退市指标。证券交易所应当在继续严格执行已经对顶的各项退市指标的基础上，及时补充并且适时调整部分指标[三]。④完善与退市相关的配套制度安排。一是要求证券交易所对强制退市公司股票设置"退市整理期"。二是统一安排强制退市公司股票在全国股份转让系统设立的专门层次挂牌交易。⑤加强退市公司投资者合法权益保护。针对退市工作的特殊性，证监会重点强调退市中的信息披露、主动退市异议股东保护问题，进一步明确了重大违法公司及有关责任人员的民事赔偿责任。

4.3 长期债务融资

债务融资是企业的一项重要资金来源，公司在进行长期债务融资决策时，需要权衡长期借

[一] 资料来源：上海证券交易 2014 年 10 月 17 日公布的《上海证券交易所股票上市规则（退市部分）》（2014 年修订版）
[二] 资料来源：证监会于 2014 年 10 月 15 日公布的《关于改革完善并严格实施上市公司退市制度的若干意见》
[三] 其中不满足交易标准要求的强制退市指标包括：关于股本总额、股权分布的退市指标；关于股票成交量的退市指标；关于股票市值的退市指标。体现公司财务状况的强制退市指标包括：关于公司净利润、净资产、营业收入、审计意见类型的退市指标；关于未在规定期限内依法如实披露的退市指标。

款、普通长期债券和可转换债券等其他带有债务性质的融资工具。在特定的融资条件与财务状况下，每一个公司均需要根据融资用途和企业经营状况选择适用的长期债务工具。

4.3.1 长期债务融资概述

1. 长期债务融资的条件

按照我国《公司法》、《证券法》、《上市公司证券发行管理办法》、《公司债券发行试点办法》等相关法规的规定，公司债券融资和长期借款融资的基本要求如表4-10所示。

表4-10 公司债券融资与长期借款融资条件比较

项目	公司债券融资①	长期借款融资②
一般要求	公司的生产经营符合法律、行政法规和公司章程的规定，符合国家产业政策；公司内部控制制度健全，其完整性、合理性、有效性不存在重大缺陷；最近十二个月内不存在违规对外提供担保的行为	1. 企业生产经营活动符合国家产业政策和银行信贷政策 2. 借款人信誉良好，生产经营正常，资金使用合理，财务核算制度健全，具有按期偿付本息的能力 3. 企业法人对外的股本权益性投资总额不超过其净资产的50% 4. 拥有法定资本金，有不少于正常流动资金周转需要总量30%的营运资金，并具有补充流动资金的能力 5. 持有中国人民银行颁发的贷款卡 6. 借款人具有较高的资信能力，或具有足值有效的抵押或质押，或保证人担保能力强、资信程度高
资产要求	股份有限公司的净资产不低于人民币3 000万元，有限责任公司的净资产不低于人民币6 000万元	
付息要求	最近三个会计年度实现的年均可分配利润不少于公司债券一年的利息	
现有债务	本次发行后累计公司债券余额不超过最近一期末净资产额的40%	
资金用途	公开发行公司债券筹集的资金，必须用于核准的用途，不得用于弥补亏损和非生产性支出	
利率要求	债券的利率不超过国务院限定的利率水平	
评级要求	经资信评级机构评级，债券信用级别良好；资信评级机构每年至少公告一次跟踪评级报告	

①债券上市时仍需要满足此列中公司债券发行条件，并且公司债券实际发行额不少于人民币5 000元。
②各个银行对各种长期借款的申请条件规定不尽相同，但差别不大，这里列举了中国建设银行中期流动资金贷款（一年至三年）的要求。

从上表可以看出，长期借款相对于发行公司债券的门槛较低，更适合于为数众多的非上市企业。

2. 债务契约

债务契约通常指对债务合同的细节做出具体规定的书面协议，其对债务人和债权人或第三人的权利和义务以法律形式做出规定。

【示例4-11】 2007年，中国长江电力公司（股票代码：600900）首次发行了中国证券市场的公司债券。长江电力发行的10年期长期债券的主要条款，概括了债券契约的主要内容，如表4-11所示。

表4-11 2007年中国长江电力股份有限公司企业债券主要条款

债券全称	中国长江电力股份有限公司2007年第一期公司债券（固定利率债券）		
发起人	中国长江电力股份有限公司		
债券简称	07长电债	债券代码	122000
发行公告日期	2007-09-20	债券形态	实名记账式债券

(续)

债券全称	中国长江电力股份有限公司2007年第一期公司债券（固定利率债券）		
发行开始日	2007-09-24	发行终止日	2007-09-26
实际发行总量	40（亿元）	发行价格	100.00（元）
偿还期限（年）	10	偿还方式	到期偿还
计息方式	单利	利率类型	固定利率
票面金额（元）	100.00	票面利率%	5.350
起息日	2007-09-24	到期日	2017-09-24
付息方式	按年付息	每年付息日	12-04
信用等级	AAA	评级机构	中诚信国际信用评级有限公司
是否有担保	有担保	担保说明	中国建设银行提供全额不可撤销连带责任担保
上市日期	2007-10-12	交易市场	上海证券交易所
可否回售	7年末可回售	上市金额	40（亿元）
发行方式	网上面向社会公众投资者公开发行和网下面向机构投资者协议发行相结合		
分销方式	余额包销		

资料来源：巨灵信息网，参见 http://www.chinaef.com。

(1) 基本条款。债券契约必须载明的基本内容，称之为债券契约的基本条款。

1) 债券面值与发行价格。债券面值是指债券的票面价值，是发行人对债券持有人在债券到期后应偿还的本金数额，也是发行人向债券持有人按期支付利息的计算依据。债券的发行价格是指债券发行的实际价格。企业发行债券时，资本市场上供求关系、利息率的变化以及企业自身的资信状况使得发行债券的市场价格经常脱离债券的面值。发行价格通常有三种：平价、溢价和折价。平价是指以债券面值为发行价格，溢价是指以高出债券面值的价格为发行价格，折价指以低于债券面值的价格为发行价格。

2) 票面利率与利率类型。债券的票面利率是指债券利息与债券面值的比率，是发行人承诺以后一定时期支付给债券持有人报酬的计算标准，一般用年利率表示。债券票面利率的确定主要受到银行利率、发行企业的资信状况、偿还期限和利息计算方法以及当时资金市场上资金供求情况等因素的影响。债券的利率类型是指约定的债券利息率是固定的还是浮动的。

3) 付息期间与偿还期限。债券的付息期是指企业发行债券约定的支付利息期间。它可以是到期一次支付，或是每一年、半年、三个月支付一次。债券偿还期限是指企业债券上载明的到期期限，即债券发行日至到期日之间的时间间隔。债券到期时需偿还债券本金及最后一期利息。

(2) 债务担保。债权人为了降低债务人违约的风险，在债务契约中加入相关的担保条款，通常使用抵押和保证两种担保形式。前者是指债务人用某项财产作为担保，当其不能履行债务时，债权人有权以该财产折价或者以拍卖、变卖该财产的价款优先受偿；后者是指保证人和债权人约定，当债务人不履行债务时，保证人按照约定履行偿债义务或者承担责任。

按照有无担保条款，债券可以分为信用债券、抵押债券和担保债券。

1) 信用债券。信用债券是仅凭发行公司的一般信用作为保证，没有特定的资产或抵押物作为担保。可以说，企业的盈利能力是债券投资人的主要担保。企业发行信用债券往往有许多限制条件，其中最重要的称之为反抵押条款，即禁止企业将其财产抵押给其他债权人。由于信用债券持有人必须依靠借款人的一般信用来偿还本金和支付利息，所以通常只有实力雄厚、信用可靠的公司才能发行信用债券。此外，只有当担保债券的持有者获得支付之后，信用债券的持有者才能获得事先承诺的支付。

2）抵押债券。在企业不能履行偿还债务的义务时，债权人可将抵押品拍卖、变卖以获取资金。按照抵押品的不同，抵押债券又可以分为不动产抵押债券、设备抵押债券和证券抵押债券。一般来说，抵押品的市场价值必须高于所发行债券的总额，从而保证偿还债券价值的安全性。

3）担保债券。在企业不能履行偿还债务的义务时，债权人可以要求担保人偿还，因此对担保人有一定的资质要求。保证可以分为一般保证和连带保证。债务人不能履行债务时，由保证人承担保证责任的，为一般保证。合同中约定保证人与债务人对债务承担连带责任的，为连带责任保证。

如图 4-15 所示，如果违约发生，最有可能得到清偿的是有担保的优先债券，而无担保的从属信用债券持有者的回收率不到面值的 20%。

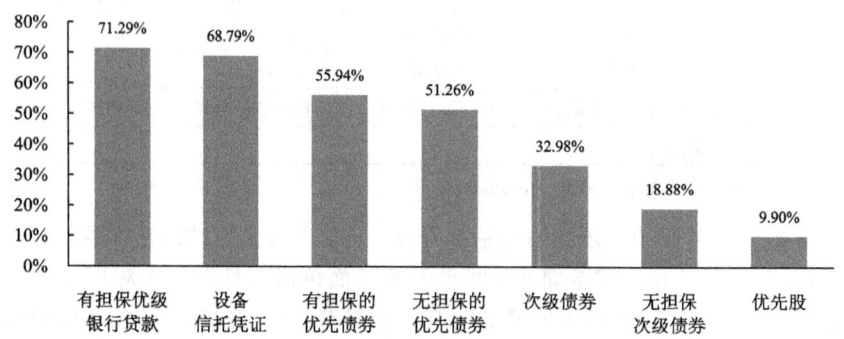

图 4-15　不同信用等级债务的平均回收率[①]

[①]设备信托凭证是以有形的资产（比如矿车和飞机等）作为抵押物的债券。

资料来源：http://www.moodys.com。参见 The Evolving Meaning of Moody's Bond Ratings, 1999。

(3) 保护性条款。债务契约的保护性条款是指债权人在债务契约中对债务人行为提出的一系列约束性条款，其本质是让债务人对保证偿还债务做出承诺。因债权人与债务人之间存在信息不对称，债务契约的保护性条款的核心是希望债权人承诺不丧失偿还到期债务的能力，而这种能力从财务原理上集中体现在平衡企业整体财务流动性的两个方面：一是避免损失偿还到期债务的现金；二是维持创造偿还债务现金流的能力。

基于避免损失偿还到期债务的现金所涉及的对债务人限制性条款：

1）股利支付与资本支出的限制。企业支付现金股利和增加资本性支出均可能意味着减少了偿还到期债务现金的持有。即使盈利状况良好，新增资本支出能够产生良好的预期收益，如果发生收益现金流入与偿还到期债务支出现金流在数量与时点上的错配，对债务人来说也是一种流动性风险。

2）资产租赁与新债发行的限制。企业增加资产租赁增加了未来租赁费用支出，增加新债发行增加了未来偿还债务的现金支出，对按时偿还到期债务构成了一定压力。即使企业增加资产租赁与新债发行的目的是增加对产生预期收益的资产投入，但对债权人来说也是一种或有性质的偿债现金流损失。

基于维持创造偿还债务现金流的能力所涉及的对债务人限制性条款：

3）资产处置与并购重组的限制。企业处置资产与并购重组通常是出于提升企业现金流的创造能力的目的，例如，企业剥离不良资产、整合优质资产或收购具有良好业务前景的企业或资产。如果并购的支付方式是现金，企业不仅要为此项收购减少现金持有，甚至为了并购后的资产达到预期状态，还需要继续投入资金。由于债权人无法获得企业资产处置与并购重组预期效果的充分信息，特别是为预防发生转移优质资产和不良抵押资产行为，债权人对资产处置与并购重组行为持谨慎态度而加以限制。

债权人为减少与债务人之间的信息不对称程度，也会要求债务人向债权人及时提供企业经营与财务状况信息，如定期向债权人提供财务报告。此外，债权人要求债务人显示良好的财务流动性信号，例如，承诺维持营运资金或现金持有在一个基本水平上。

总之，债务契约的保护性条款是债权人与债务人之间协商的结果，具体条款视对债权人法律保护与执行机制是否健全而定。

4.3.2 长期借款融资

长期借款是指企业向银行或其他非银行金融机构借入的使用期限超过一年的借款，主要用于购建固定资产和满足长期性流动资金占用的需要。

金融机构提供的长期借款主要分为抵押借款和信用借款；如果按照长期借款的用途划分，长期借款种类有固定资产借款、流动资金借款、房地产开发借款、项目贷款等；按照资金提供机构的不同，可以分为商业银行贷款、政策性银行贷款[①]和其他金融机构贷款。从我国企业的长期借款年限来说，长期借款的平均年限在大多数年份都低于 2 年[②]，相对于长期债券的年限来说，我国上市公司长期借款的期限较短。

由于只有一部分大型上市公司满足发行公司债券的条件，长期借款依然是大多数企业的长期债务融资方式，一些行业的企业长期负债融资比率甚至高达 90% 以上。发达国家企业长期负债中公司债券占有很高的比例，而我国公司债券市场尚不发达，长期负债以银行负债为主，并且年限较短，且我国上市公司的负债以流动负债为主。

1. 长期借款融资程序

一般来说，企业取得长期借款大致需要经过如图 4-16 所示的几个步骤。

图 4-16 企业长期借款程序

（1）企业申请。企业向银行提出贷款书面申请，提交的材料一般包括借款人的法律证明文件，包括法人营业执照，法定代表人证明书和身份证，财政部门或会计（审计）事务所核准的财务报告，抵押物、质押物清单和有处分权人同意抵押、质押的证明及保证人拟同意保证的有关证明文件。同时说明借款原因、用款时间和计划、还款期限和计划。

（2）银行审批。银行按照其发放贷款的规定审核申请企业是否符合贷款条件，对企业申请的借款金额和用途进行核准。银行主要审查的内容一般包括企业的财务状况和信用情况，盈利水平及预期，投资项目的可行性和抵押，担保情况。

（3）签订合同。银行在进行调查和审批后认为贷款可行，则借款人需与银行签订借款合同和担保合同等法律性文件。在此过程中，银行和企业可能需要进一步协商贷款合同的具体条款，最

---

① 政策性银行，主要是指由政府创立或担保、以贯彻国家产业政策和区域发展政策为目的、具有特殊的融资原则、不以营利为目标的金融机构。目前中国有三家国家政策性银行：国家开发银行、中国进出口银行和中国农业发展银行。

② 2007 年～2009 年我国上市公司长期借款的平均期限分别为 3.06 年、1.50 年和 1.42 年，平均年利率分别为 6.80%、7.63% 和 5.37%。

终达成一致后签订正式合同。如需担保，借款人与银行签订借款合同后，还需进一步落实第三方保证、抵押、质押等担保措施，并办理有关担保登记、公证或抵押物保险、质物交存银行等手续。

（4）取得贷款。借款人办妥发放贷款前的有关手续，借款合同即生效，银行即可向借款人一次或分次发放贷款，借款人可按照合同规定用途使用贷款。

（5）归还贷款。企业按合同约定方式偿还贷款。由于特殊原因，借款人不能按期归还贷款，经审查符合展期条件的，银行可予以展期。

2. 长期借款的成本

长期借款的成本主要包括借款利息和借款费用两方面，其中，借款利息是长期借款成本的主要构成。长期借款因还贷周期长，其利息率通常要高于短期借款。

贷款基准利率是指中国人民银行对商业银行及其他金融机构的存、贷款利率，又称法定利率。基准利率是我国中央银行实现货币政策目标的重要手段之一，制定基准利率的依据是货币政策目标。当货币政策目标重点发生变化时，利率作为政策工具也应随之变化。不同的利率水平体现不同的政策要求，当政策重点放在稳定货币时，中央银行贷款利率就应该适时调高，以抑制过热的需求；相反，则应该适时调低。近年来我国贷款基准利率的变动如图4-17所示。

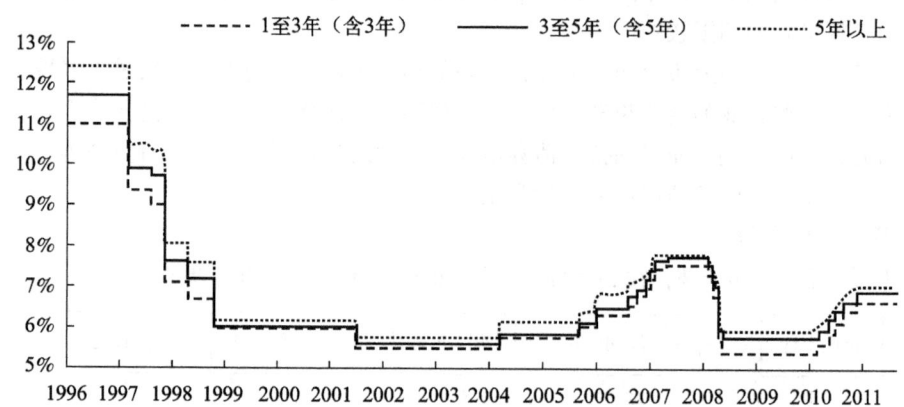

图4-17 1996年8月23日至2012年7月31日中国人民银行贷款基准利率变动
资料来源：根据中国人民银行网站（http://www.pbc.gov.cn/）资料整理。

中国人民银行制定贷款基准利率和贷款利率浮动上下限。金融机构可以根据借款人的风险、效益等状况，在贷款利率浮动区间内自主确定贷款利率[⊖]。

与债券的利率形式相同，长期借款的利率可以分为固定利率和浮动利率。企业的财务人员应在制定长期借款策略时根据企业具体情况和宏观经济预测合理地应用不同的利率策略。如果预期未来利率将会提高，则争取借入固定利率的长期借款，降低企业的筹资成本；相反，如预期现在的利率已经达到顶峰，未来将下降时，可以先使用短期贷款或者采用浮动利率。

3. 长期借款融资的特点

长期借款与长期债券融资方式较为类似，前面所叙述的债务契约的内容对于长期借款合同大部分也是适用的。但是与公开发行债券相比，长期借款的主要优点有快捷、灵活等。两者的比较如表4-12所示。

⊖ 2004年10月29日起，金融机构（城乡信用社除外）对客户贷款利率的下限为基准利率乘以下限系数0.9，不再实行上限管理；城市信用社和农村信用社贷款利率下限为基准利率乘以下限系数0.9，上限为基准利率乘以上限系数2.3。

表 4-12　长期债券融资与长期借款融资的比较

比较项目	长期债券融资	长期借款融资
融资主体资格	要求较高	无强制性要求
融资额	较大	受到贷款机构资本制约
融资速度	慢，需要较多程序	快，双方协商一致即可
灵活性	差	较灵活

由于发行债券筹集长期资金所需要的时间（包括决议、申请、公告等）比较长，而借款协议直接在借款人和贷款人之间发生，所需的正式文件的数量将会少得多，因此贷款的融资速度要快得多。另外，公司与贷款人可以直接接触，通过直接商谈就可以确定贷款合同的相关细节，在借款期间如果公司的情况发生了变化，也可以与贷款人协商变更债务契约，以便更好地满足公司融资的需要，而对于债券这样相对标准化的债务契约，这种变更难以实现。

但是长期借款的数量往往受贷款机构贷款能力的限制，不可能像发行股票或债券那样一次筹集到大量的资金；另外长期借款合同中通常规定了许多限制性条款，企业必须严格执行，这在某种程度上会制约企业的财务管理和经营活动，从而影响企业以后的筹资和投资活动。

4.3.3　长期债券融资

长期债券融资是长期债权融资的另一种形式，相对于其他长期负债融资，企业发行长期债券融资的显著优点是融资规模大，持有债券周期长，可用于支持周期长、规模大的投资项目以及可以附加有利于发债企业调整融资结构的条款等。但是，发行长期债券融资也存在着发行成本高、信息披露成本高与相关限制性条款多等缺点。企业管理层在选择债券长期融资时，需考虑长期债券的类型、发行要求以及资金使用安排等问题。

1. 我国企业长期信用债融资工具

我国企业债券市场从 20 世纪 80 年代中期开始起步，但和海外成熟市场相比，在市场规模与流动性等方面还存在着较大的差距，目前企业债券尚未成为大多数企业的主要融资渠道。自 2007 年起，我国企业的信用债券市场呈现出快速发展的趋势，出现了公司债券、短期融资券、中期票据、中小企业集合债券⊖、中小企业私募债券⊖等一系列信用债券融资工具，丰富了以前较为单一的企业债券融资。

目前我国企业长期信用债券主要类型如表 4-13 所示。

表 4-13　长期信用债券主要类型

债券名称	发行主体	发行审核机构	交易场所
企业债券	中央大型国有企业	国家发展改革委员会	银行间债券市场
公司债券	上市公司	中国证监会	交易所债券市场
中小企业集合债券	多个中小企业的集合体	证券交易所备案及核对	银行间债券市场
中小企业私募债券（非公开发行）	未上市的中小微型企业	证券交易所备案及核对	交易所综合协议交易平台或通过证券公司进行私募债券转让
中期票据	非金融企业	银行间市场交易商协会	银行间债券市场

⊖ 逐步扩大小型微型企业集合票据、集合债券、集合信托和短期融资券等发行规模。国务院发布《关于进一步支持小型微型企业健康发展的意见》【国发〔2012〕14 号】；国家发展改革委 2013 年 7 月 23 日发布的《关于加强小微企业融资服务支持小微企业发展的指导意见》【发改财金（2013）1410 号】。
⊖ 2012 年 5 月 22 日，上海证券交易所与深圳证券交易所分别发布了《上海证券交易所中小企业私募债券业务试点办法》【上证债字〔2012〕176 号】、《深圳证券交易所中小企业私募债券业务试点办法》【深证上〔2012〕130 号】。

我国企业债券发行最早的依据是1987年国务院发布的《企业债券管理暂行条例》,而在1993年才颁布早期版本的《公司法》,即在当时我国只有企业债券。2007年8月14日中国证监会正式颁布实施《公司债券发行试点办法》,标志着拉开了上市公司发行公司债券的序幕。2007年长江电力(股票代码:600900)发行了首只公司债券"长电债"以后,公司债券的概念在我国债券市场上才真正诞生。所以,目前我们通常所指的"企业债券"是由中央大型国有企业发行的一般企业债券和集合企业债券,而"公司债券"指我国上市公司通过公开或者非公开方式发行的特殊企业债券。与企业债券相比,公司债券因具有发行条件相对较低、募资用途没有特别限定、不要求强制担保等特点而受到上市公司的欢迎。而中小企业集合债券与中小企业私募债券的推出,则为中小企业实现长期债券融资创造了条件。

中小企业集合债券和小微企业增信集合债券,是指通过牵头人组织,以多个中小企业所构成的集合为发债主体,发行企业各自确定发行额度分别负债,按照"统一组织,统一担保,捆绑发债,分别负债"的运作模式在银行间债券市场发行债券。即多家中小企业统筹起来,采用统一债券名称,通过统一的担保机构进行信用增级,以集合债券的方式,向投资人发行的约定到期还本付息的一种企业债券形式。中小企业因规模较小、缺少抵押物、财务结构不规范等原因而难以从银行等金融机构得到及时的贷款支持,发行中小企业集合债券有利于降低单个企业的债券发行条件、降低融资成本及降低违约风险。

中小企业私募债券,是指中小微型企业在中国境内以非公开方式发行和转让,约定在一定期限还本付息的公司债券。中小企业私募债券的发行人为未上市中小微企业,具体来说,是指符合中小企业规定特征的[一],但未在上海证券交易所和深圳证券交易所上市的中小微型企业,暂不包括房地产企业和金融企业。中小企业私募债券采用非公开方式发行,因此不能够在交易所上市交易,可以通过上交所固定收益证券综合电子平台或者证券公司柜台进行转让,但每期私募债券的投资者合计不得超过200人。两个或两个以上的发行人可以采取集合方式发行私募债券。

2011年10月20日,证监会发布公告《创业板上市公司非公开发行债券》。为了促进创业板上市公司持续规范发展,进一步支持自主创新和其他成长型创业企业利用资本市场做优做强,多渠道破解中小企业融资难题,创业板上市公司可以申请非公开发行与转让公司债券。

中期票据,是指具有法人资格的非金融企业在银行间债券市场按照计划分期发行的,约定在一定期限还本付息的债务融资工具。中期票据的期限一般在3~5年,与中期贷款形成替代,易于流动性管理。中期票据具有以下特点:①与短期融资相比,中期票据融资期限长,能满足企业对长期资金的需求;②与企业债券和公司债券相比,中期票据不仅发行程序简便,而且募集资金的用途灵活,并不强制要求与项目挂钩;③与银行信贷相比,融资成本也相对较低,且不需要任何抵押担保。例如,同方股份有限公司(股票代码:600100)在2013年9月22日接到中国银行间市场交易商协会发出的《接受注册通知书》,核定该公司发行中期票据注册金额为8亿元,期限5年,注册额度自通知书发出之日起2年内有效,由北京银行股份有限公司主承销,该公司在注册有效期内可分期发行。目前,中期票据与短期融资券的发行量已构成信用债券市场的主要部分[二]。

2. 债券的契约条款特征

债券在发行设计上依据不同的市场条件以及债权人与债务人对各自义务与权力的不同诉求,

[一] 依据《关于印发中小企业划型标准规定的通知》(工信部联企业〔2011〕300号),中小企业划分为中型、小型、微型三种类型,具体标准根据企业从业人员、营业收入、资产总额等指标,结合行业特点制定。

[二] 依据Wind资讯数据库对企业债券、公司债券、中期票据、短期融资券及其他债券的2009—2013年度发行量数据统计整理而得。

出现了一系列不同契约特征品种，如浮动利率债券和可赎回债券是 20 世纪 70 年代以来为了降低利率波动和通货膨胀的影响而出现的。这些创新债券通过特别的条款设计使得债券契约更加灵活，发债公司和投资者具有了更多的选择余地，可以根据现实情况和需要更加灵活地发行或购买债券。债券的契约条款特征如表 4-14 所示。

表 4-14 债券的契约条款特征

创新项目	主要特征	主要优点
浮动利率债券	票面利率在市场利率基础上变动	保护债券购买者使其免受通货膨胀和利率波动的影响
可赎回债券	在特定情况下，发行人可以以事先约定的赎回价格收回	考虑到公司未来的投资机会和回避利率风险等问题，增加公司资本结构调整的灵活性
零息债券	不支付利息，折价发行，投资者在债券到期日按债券的面值得到偿付	保护债券购买者使其免受通货膨胀和利率波动的影响
可延期债券	可延期债券在初次到期后，债务人可将债券延期。通常债权人和债务人有权在重订条件时选择赎回	为发行者提供较多的灵活性
利率上（下）限	在浮动利率债券中，利率的波动得到限制	降低双方的利率风险
垃圾债券	穆迪评级 Ba 级别以下的投机级债券，具有高风险、高收益的特征	通常用于杠杆收购、兼并或财务困境公司的融资

3. 公司债券的信用评级

上市公司在资本市场上公开发行公司债券，一个必要程序是聘请信用评级机构对所发行的公司债券进行信用评级。信用机构依据公司的信用状况、资产规模与质量、发展前景、债券担保状况以及抵押物、质押物存续状态和产权归属等因素进行深入分析和客观判断，对公司债券的信用水平进行综合评判，出具评级报告。投资者依据评级报告了解公司发行债券的信用水平，判断其按期、及时、足额还本付息的能力，进而做出是否投资的决策。

【示例 4-11 续】 长江电力（股票代码：600900）本次发行后累计长期债券余额为 40 亿元，占公司 2006 年末经审计净资产的比例为 16.46%。如表 4-15 所示，该公司最近三年的资产负债率水平较低，偿债能力很强；公司近三年的利息倍数较高，经营活动现金净流量充足，具有较强的利息支付并提前或按期偿付每笔贷款本息的能力。

表 4-15 长江电力 2004—2006 年主要偿债能力指标

项目	2006 年	2005 年	2004 年
资产负债率（%）	40.39	43.52	33.89
流动比率	0.50	0.35	1.82
速动比率	0.47	0.33	1.79
利息倍数	8.52	6.94	11.53
贷款偿还率（%）	100	100	100
利息偿付率（%）	100	100	100
经营活动现金净流量（万元）	499 099.27	544 577.49	528 276.96

资料来源：《中国长江电力股份公司发行公司债募集说明书》。

中国建设银行提供了全额、不可撤销的连带责任保证担保。中诚信开展了基于对公司自身运营实力和担保人的综合评估，评定本期公司债券信用等级和长江电力主体信用等级均为 AAA。由于公司主体信用等级是公司依靠自身现金流和各种融资方式，同时考虑发行本期债券的规模和期限等因素情况下公司偿还全部债务的能力，是对公司长期信用等级的评估，可以等同于公司债券无担保情况下的信用等级，因此，本期公司债券在有无担保的情况下信用等级均为AAA。

目前国际上公认的最具权威性的信用评级机构，主要有美国标准·普尔公司（Standard & Poor's Corporation）和穆迪投资服务公司（Moody's Investor Service）。上述两家公司负责评级的债券很广泛，包括地方政府债券、公司债券、外国债券等，由于它们占有详尽的资料，采用先进科学的分析技术，又有丰富的实践经验和大量专门人才，所做出的信用评级具有很高的权威性。国内较著名的评级机构有中国诚信国际信用评级有限责任公司（简称中诚信）。这些机构对信用等级的划分大同小异，前四个级别债券信誉高，违约风险小，是"投资级债券"，第五级开始的债券信誉低，是"投机级债券"，具体划分如表4-16所示，评级说明如表4-17所示。

表4-16 长期信用级别

评级机构	投资级		投机级		其他
	高等级	较高级	投机级	低级	
标准·普尔	AAA AA	A BBB	BB B	CCC CC	D/SD（已违约）
穆迪	Aaa Aa	A Baa	Ba B	Caa Ca C	
中诚信[①]	AAA AA A BBB		BB B CCC CC		C D

注：信用质量的等级用评级符号来表示，每个符号代表一个组别，组内的信用特征大体相似。穆迪在从Aa到Caa的各个基本等级后面加上修正数字1、2及3（1代表高级）；标准普尔、中诚信在AA级CCC级加上"+"和"-"（"+"代表高级），表示评级在各主要评级分类中的相对强度进行修正。

①中诚信评级采用三等十级制，每一个评级符号代表一个级别。第三等包括C和D两个级别。

表4-17 长期信用等级评级说明

穆迪		标准普尔		中诚信	
Aaa	信用质量最高，信用风险最低	AAA	偿还债务能力极强，为最高评级	AAA	最高信用质量，信用风险最低，有极强的支付能力
Aa	高级，信用质量很高，只有极低的信用风险	AA	偿还债务能力很强，与最高评级差别很小	AA	很高信用质量，有较低的违约风险和很强的支付能力，受不利经济环境影响的程度不大
A	中上级，有低信用风险	A	偿还债务能力较强，但其偿债能力较易受外在环境及经济状况变动的不利因素的影响	A	高信用质量，违约风险低，支付能力较强，受不利经济环境影响的程度较上两个等级大
Baa	中等信用风险，因此有某些投机特征	BBB	目前有足够偿债能力，但若在恶劣的经济条件或外在环境下其偿债能力可能较脆弱	BBB	不错的信用质量，违约风险较低，支付能力适中，遇到不利经济环境或不确定因素时很可能受到损失
Ba	有投机成分，信用风险较高	BB	持续重大不稳定情况或恶劣的商业、金融、经济条件可能令发债人没有足够能力偿还债务	BB	一般资信质量，有一定的违约风险，当有不利经济环境和不确定因素发生时会遭受较大打击
B	缺少理想投资特征，投机性债务，信用风险高	B	目前仍有能力偿还债务，但恶劣商业、金融或经济情况可能削弱发债人偿债的能力和意愿	B	高投机性。有较大可能违约，也许目前的支付没问题，但长期有赖于良好的经济环境

(续)

	穆迪		标准普尔		中诚信
Caa	劣质债券，信用状况很差，信用风险极高	CCC	目前有可能违约，发债人须依赖良好的商业、金融或经济条件才有能力偿还债务	CCC CC C	这几级具有较高的失败风险。违约的可能性很大，该级别的支付能力非常依赖于有利的经济环境
Ca	高度投机性，可能或极有可能违约	CC	目前违约的可能性较高。由于其财务状况，目前正在受监察		
C	最低评级，通常都是违约，收回本金及利息的机会微乎其微	D/SD	当债务到期而发债人未能按期偿还债务时，或正在申请破产或已做出类似行动以致债务的偿付受阻。当发债人有选择地对某些或某类债务违约时，给予"SD"评级（选择性违约）	D	表示已经违约或破产，并且已经丧失了支付能力

资料来源：参考 http://www.moodys.com、http://www2.standardandpoors.com、http://www.ccxi.com.cn。

标准·普尔公司和穆迪投资服务公司都是独立的私人企业，不受政府控制，也独立于证券交易所和证券公司。它们所做出的信用评级不具有向投资者推荐这些债券的含义，只是供投资者决策时参考，并不承担任何法律上的责任。

债券评级对于发行者和投资者都是十分重要的，分别体现在以下两个方面。

1) **债券评级是度量违约风险的重要指标**。债券评级的结果对于企业债券的融资成本有着直接的影响。一般说来，债券的信用等级较高，其发行利率也较低，有利于降低企业的债券融资成本。许多机构投资者出于降低投资风险的考虑，对债券投资限制了信用等级范围。

2) **债券评级是投资者判断与决策的依据**。在债权人与债务人之间存在着信息不对称，由第三方评级机构出具的债券信用评级报告向债券投资人传递了发债企业的信用状况信息。债券投资人限于自身对发债企业信用信息的了解能力，也需要依据信用评级结果对发债企业债务违约的可能性做出判断，在此基础上做出对债券投资的决策。

我国自 2007 年 9 月 1 日开始实施由中国证监会发布的《证券市场资信评级业务管理暂行办法》[一]。该办法涉及的评级对象包括相关证券的发行人、上市公司、非上市公众公司、证券公司、证券投资基金管理公司等。这对促进证券市场资信评级业务规范发展，提高证券市场的效率和透明度，保护投资者的合法权益和社会公共利益起到了积极作用。

4. 公司债券的发行

我国《公司债券发行试点办法》[二]对公司债券发行的程序做了规定，一般程序如图 4-18 所示。

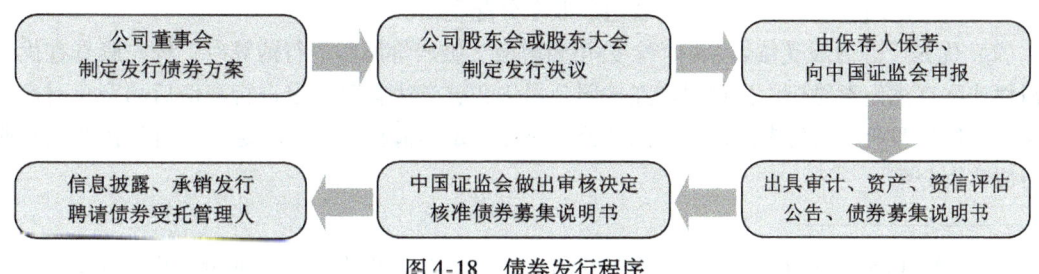

图 4-18 债券发行程序

[一] 中国证券监督管理委员会令【第 50 号】。
[二] 《公司债券发行试点办法》由中国证监会制定并颁布，于 2007 年 8 月 14 日正式颁布实施。如未特别说明，本书下文中提到的《公司债券发行试点办法》均是指本办法。

4.4 混合融资

在一般性股权融资和长期债务融资工具外，还有一些融资工具兼有股权融资和债务融资的特点。优先股、可转换债券与分离交易可转换债券是兼有股权与债券两种特征的混合融资工具。

4.4.1 优先股

优先股是指依照《公司法》，在一般规定的普通种类股份之外，另行规定的其他种类股份，其股份持有人优先于普通股股东分配公司利润和剩余财产，但参与公司决策管理等权利受到限制。

我国公开发行优先股的发行人限于证监会规定的上市公司，非公开发行优先股的发行人限于上市公司（含注册地在境内的境外上市公司）和非上市公众公司○。首先，上市公司公开发行优先股，必须是以下三种发行人之一○：一、其普通股为上证50指数成分股；二、以公开发行优先股作为支付手段收购或吸收合并其他上市公司；三、以减少注册资本为目的回购普通股的，可以公开发行优先股作为支付手段，或者在回购方案实施完毕后，可公开发行不超过回购减资总额的优先股。非上市公众公司非公开发行优先股仅向本办法规定的合格投资者发行，且每次发行对象不得超过二百人。其次，出于保护个人投资者利益的目的，规定上市公司不得发行可转换为普通股的优先股，这使得优先股具有永续债券的特征。商业银行可以采取非公开方式发行包含强制转换为普通股条款的优先股○。与一般公司不同，商业银行发行优先股旨在补充资本金，有助于商业银行自身构建多层次、多元化的资本补充渠道，减轻商业银行发行普通股对A股市场构成的压力。再次，募集资金有明确用途，应与公司业务范围、经营规模相匹配，用途符合国家产业政策和有关环境保护、土地管理等法律和行政法规的规定。除金融类企业外，募集资金使用项目不得为持有交易性金融资产和可供出售的金融资产、借给他人等财务性投资，不得直接或间接投资于以买卖有价证券为主要业务的公司。

1. 优先股的优先与滞后特征

（1）优先于普通股获得股息分配。优先股按照固定的或各年度约定的股息率，优先于普通股股东获得分配股息，且股息不随公司经营盈亏变化而增减。当公司业绩发生亏损时，优先股的股息可以暂停支付，等到公司扭亏后再恢复支付。公司应当以现金的形式向优先股股东支付股息，在完全支付约定的股息之前，不得向普通股股东分配利润。

（2）优先于普通股受偿剩余财产。公司因解散、破产等原因进行清算时，优先股具有优先得到清偿或称有优先索偿权。公司财产在按照公司法和破产法有关规定进行清偿后的剩余财产，应当优先向优先股股东支付未派发的股息和公司章程约定的清算金额，不足以支付的按照优先股股东持股比例分配。

○ 优先股的定义和发行人范围的表述依据2013年11月30日发布的国发〔2013〕46号《国务院关于开展优先股试点的指导意见》。
○ 依据2014年3月21日中国证券监督管理委员会发布【第97号令】《优先股试点管理办法》整理。
○ 商业银行发行优先股的主要目的是补充其他一级资本（商业银行总资本包括核心一级资本、其他一级资本和二级资本），其条款必须符合《商业银行资本管理办法（试行）》（以下简称《资本办法》）有关资本工具的合格标准。

（3）滞后于债权人受偿剩余财产。企业因解散、破产等原因进行清算时，对于可分配财产的清偿，其受偿顺序仅次于债券。

2. 优先股表决权的限制与恢复

（1）表决权限制。优先股股东与普通股股东的显著区别之一是优先股股东不出席股东大会，所持股份没有表决权，但在发生特定事件时，优先股具有约定的表决权。例如，发生以下情况，优先股具有表决权或分类表决权：①修改公司章程中与优先股相关的内容，②一次或累计减少公司注册资本超过百分之十，③公司合并、分立、解散或变更公司形式，④发行优先股，⑤公司章程规定的其他情形。上述事项的决议，除须经出席会议的普通股股东（含表决权恢复的优先股股东）所持表决权的三分之二以上通过之外，还须经出席会议的优先股股东（不含表决权恢复的优先股股东）所持表决权的三分之二以上通过。

（2）表决权恢复。在未能支付条款约定的正常股息时，优先股可以获得表决权恢复。例如，公司累计三个会计年度或连续两个会计年度未按约定支付优先股股息的，优先股股东有权出席股东大会，每股优先股股份享有公司章程规定的表决权。对于股息可累积到下一会计年度的优先股，表决权恢复直至公司全额支付所欠股息。对于股息不可累积的优先股，表决权恢复直至公司全额支付当年股息。公司章程可规定优先股表决权恢复的其他情形。

3. 优先股的设计类型

优先股具有多种灵活性条款，可以依据不同设计条款设计出不同类型的优先股，如4-18所示。

表4-18 优先股的设计条款特征

设计条款	优先股设计类型	设计条款	优先股设计类型
前者在存续期内采取相同的固定股息率，或明确每年的固定股息率，各年度的股息率可以不同；后者在存续期内票面股息率可以调整	固定股息率优先股	在公司章程中是否规定在有可分配税后利润时必须向优先股股东分配利润	强制分红优先股
	浮动股息率优先股		非强制分红优先股
当年未能足额派发的股息，所欠股息是否可以累积到以后年度补发	可累积优先股	按照约定的股息率分配股息后，是否有权同普通股股东一起参加剩余利润分配	可参与优先股
	非累积优先股		不可参与优先股
是否可以转换为普通股。转换条款包括价格、比例及其确定原则、转换选择权的行使主体等	可转换优先股	是否为面向公众发行	公开发行
	不可转换优先股		非公开发行的优先股
是否规定允许发行人按事先约定的条件回购	可回购优先股	前者可以在证券交易所上市挂牌交易，后者仅限在合格投资者间转让	上市优先股
	不可回购优先股		非上市优先股

优先股发行公司可以基于不同设计条款特征进行组合，使优先股具有不同组合特征，例如，可累积参与优先股、参与型可转换优先股等。

4. 优先股的债务与权益属性

优先股作为一种金融工具可以有不同的条款特征，发行企业应根据发行金融工具的合同条款及其所反映的经济实质而非法律形式，将优先股划分为金融负债或权益工具[⊖]。优先股在特定设

[⊖] 依据财政部2014年3月17日发布的财会[2014]13号《债务工具与权益工具的区分及相关会计处理》，优先股属于"除普通股以外的金融工具"。发行的这类金融工具将根据所发行金融工具的合同条款判断其经济实质，分类为债务工具或权益工具。

计条款下具有债务属性或权益属性的混合性融资工具特征,并且在一定条件下可以实现金融负债转为权益工具[一]。例如,商业银行在任何情况下都有权取消资本工具的分红或派息,未向优先股股东足额派发的股息不累积到下一计息年度,且不构成违约事件;商业银行可以设置将优先股强制转换为普通股的条款,当触发事件发生时,该资本工具能立即转为普通股。

一般上市公司发行的优先股是作为金融负债还是权益工具,需要依据优先股的特征确定。一方面,如果优先股的设计条款中包含向其他方交付现金或其他金融资产的合同义务,即必须履行每年向优先股投资者支付股息,优先股应属于金融负债。当优先股具有可赎回、无表决权或表决权受限制的特征时,其债务属性更为明显。另一方面,如果发行的优先股具有诸如不强制分配现金股利、不确定送普通股、不确定送认股权证、不强制分配的特征,则优先股应属于权益工具。

表4-19 优先股、普通股及债券的比较

融资工具	融资成本	资本属性	表决权
优先股	固定或浮动股息率(税后支出,不能抵税)	债务资本或权益资本	无或弱
普通股	无固定股息	权益资本	强
债券	固定利息(税前支出,可以抵税)	债务资本	无

依据优先股的设计条款的不同组合,可以构造不同权益属性与债务属性组合的优先股,反映了发行人与投资者之间契约关系以及市场条件的综合因素。

5. 发行优先股的融资决策

优先股作为企业的融资工具,企业将依据优先股的财务特征进行发行优先股的融资决策。

(1)承诺投资收益,缓解融资约束。从投资者角度看,在证券市场低迷情况下或企业的业绩不理想甚至达不到公开增发股票的条件,企业很难成功融资。优先股的固定股息率一般比债券的利息率要高[一],企业发行优先股对低风险偏好的投资者而言,受经营周期的影响小,有利于稳定优先股投资者的收益,便于企业顺利融资。

(2)稳定股权控制,平衡风险收益。一方面,优先股股东在一般情形下是没有表决权的,这使发行优先股相对于发行普通股而言不涉及对现有股东权表决权的影响。如果企业既不希望通过增发普通股摊薄现有股东的控制权,也不愿意继续增加债务融资提高负债率并偿还本金,企业管理层可以选择发行优先股缓解融资约束问题。另一方面,优先股在企业经营失败而破产时的受偿顺序在普通债务之后,企业发行优先股实际上相当于普通股股东向优先股的持有者转移了一部分经营风险。

(3)改善融资结构,提高信用等级。如果企业的资产负债率较高,导致债务再融资的信用状况恶化,继续通过高额债务融资的可能性小。但如果企业的净资产收益率能够具有较高的水平,说明高资产负债率对提升净资产收益率发挥了高杠杆作用。因此,通过增量发行优先股既可以降低企业的资产负债率,改善信用状况,也为恢复杠杆作用提供了新的空间。此外,发行优先股增加了长期资金来源,可以在一定程度上缓解企业的资产与负债期限错配问题。不足之处在于优先股融资的资本成本高于债券的资本成本,这也是管理层需要权衡考虑的因素。

(4)转换国有股权,改善公司治理。目前我国上市公司股权集中度较高,"一股独大"的特征导致控股股东干预上市公司的经营管理,无法有效发挥公司治理机制。上市公司以非公开发行优先股为支付手段,向公司特定股东回购普通股,实现优先股与普通股的转换,因优先股

[一] 必须含有转股条款,当触发事件发生时,该资本工具能立即转为普通股。依据2014年4月18日中国银监会、中国证监会联合发布的《关于商业银行发行优先股补充一级资本的指导意见》。

[一] 2009~2013年美国证券市场优先股的平均股息率为5%~8%,同期的债券利息率为4%~7%。

不拥有普通股的表决权,有利于降低特定股东特别是大股东的控制权。在国有资产管理转向国有资本管理的导向下,通过增量发行优先股转换国有控股上市公司的普通股,将有助于改善公司治理。

(5) 作为支付手段,实现购买资产。上市公司可以依据资产重组管理的相关规定,通过向特定对象(通常为目标公司)增量发行优先股作为支付手段完成对目标公司的资产收购。其特点是:第一,既能保证收购的资产规模大,又不稀释本公司现有股东的控制权;第二,通过限制资产出售企业持有的优先股转换比例设计,也可以保持大股东及其一致行动人的控股地位。例如,在一些产能过剩的行业,企业的财务业绩相对较差,现金持有水平较低,在不显著改变收购企业表决权结构的前提下,把发行优先股作为支付方式有助于完成资产收购,实现行业内的优化整合。

【示例4-12】 中国银行股份有限公司(SH:601988,HK:03988,简称"中国银行")于2014年6月12日召开年度股东大会,审议批准了非公开发行优先股的方案[⊖],计划发行总额不超过1 000亿元,其中境内发行额度不超过600亿元,境外发行额度不超过400亿元。随后,中国银行于2014年10月23日完成了399.4亿元优先股的境外发行,成为首家发行优先股的境内上市公司,并刷新了其他一级资本工具单次发行规模的全球记录。同年11月28日,中国银行又完成了320亿元优先股的境内发行。中国银行本轮优先股的发行目的、基本特征与特殊条款如表4-20所示。

表4-20 中国银行优先股的发行目的、基本特征与特殊条款

发行目的		第一,补充资本金,应对《商业银行资本管理办法(试行)》对资本充足率提出的更高要求		
		第二,保持合理的资本数量和质量,在信贷规模持续增长的情况下支持集团业务持续健康发展		
		第三,补充其他一级资本,优化目前的银行资本结构(以核心一级资本、二级资本为主)		
基本特征	发行规模	境内已发行320亿元(总额不超过600亿元)	年股息率	境内发行:6.00%
		境外已发行399.4亿元		境外发行:6.75%
	发行价格	以票面金额100元平价发行	发行方式	非公开发行
特殊条款	表决权限制	优先股股东一般没有表决权,只有针对某些特定事项,可以与普通股股东分类表决		
	表决权恢复	境内发行:银行累计三个会计年度或连续两个会计年度未按约定支付股息 境外发行:银行首次未按约定支付股息 自股东大会批准当年不分配利润方案的次日起,有权与普通股股东共同表决[①]		
	转换普通股	银行核心一级资本充足率降至5.125%(或以下),或者出现二级资本工具触发事件		

① 优先股股东在表决权恢复后,按照约定模拟转股价格计算并获得一定比例表决权,与普通股股东共同表决。
资料来源:中国银行2014年5月13日公告、2014年10月23日公告、2014年11月28日公告。

中国银行优先股发行的财务影响。以2013年年报的财务数据为基础,并做如下假设:(1) 本轮发行的1 000亿元优先股在2013年年初已经存续;(2) 2013年7月1日宣告发放一次股息,股息率为7%;(3) 募集资金1 000亿元于2013年年初完全投入使用,并且其带来的回报能够达到2013年加权平均净资产收益率18.04%。中国银行优先股发行的财务影响如表4-21所示。

⊖ 非公开发行优先股的对象类型包括金融机构、非金融企业、个人投资者等。以中国银行境内发行320亿元优先股为例,最终确定的30名发行对象主要是金融机构和非金融企业。其中,金融机构主要有基金管理公司(如博时基金、嘉实基金等)、保险公司(如平安保险、安邦保险等)、资产管理公司(如交银施罗德、平安资产管理等),非金融企业如宝钢集团、中国烟草等。

表4-21　中国银行优先股发行的主要财务影响（单位：亿元）

财务指标	测算基准日：2013年12月31日		
	发行前	发行后	变化值
普通股股本	2 793.65	2 793.65	0.00
归属于母公司股东的权益	9 239.16	10 349.56①	1 110.40
其中：归属于母公司普通股股东的权益	9 239.16	9 349.56	110.40
其他权益工具——优先股	0.00	1 000.00	1 000.00
归属于母公司股东的净利润	1 569.11	1 749.51	180.40
减：当年已宣告优先股股息	0.00	70.00	70.00
得：归属于母公司普通股股东的净利润	1 569.11	1 679.51	110.40
加权平均净资产收益率	18.04%	19.19%②	1.15%
基本每股收益（元）	0.56	0.60③	0.04

①发行后归属于母公司股东的权益＝发行前归属于母公司股东的权益＋优先股－当年已宣告优先股股息＋优先股当年产生的收益＝9 239.16＋1 000－1 000×7%＋1 000×18.04%＝10 349.56（亿元）。其中，优先股当年产生的收益＝优先股×发行前的加权平均净资产收益率。

②发行后的加权平均净资产收益率＝（发行前归属于母公司股东的净利润－当年已宣告优先股股息＋优先股当年产生的收益）÷（发行前加权平均归属于母公司股东的净资产－加权平均当年已宣告优先股股息＋加权平均优先股当年产生的收益）＝（1 569.11－70＋1 000×18.04%）÷（1 569.11÷18.04%－70÷2＋1 000×18.04%÷2）×100%＝19.19%。其中，加权平均优先股当年产生的收益＝优先股×发行前加权平均净资产收益率÷2。

③发行后的基本每股收益＝（发行前归属于母公司所有者的净利润－当年已宣告优先股股息＋优先股当年产生的收益）÷发行在外普通股的加权平均股数＝（1 569.11－70＋1 000×18.04%）÷（1 569.11÷0.56）＝0.60。

资料来源：中国银行2013年年度报告，2014年11月28日公告。

4.4.2　可转换债券

1. 可转换债券及其特点

可转换债券是指发行人在一定期间内依据约定的条件可以转换成普通股的公司债券，又简称可转债。从本质上讲，可转换债券是在发行公司债券的基础上，附加了一份权利，即赋予债券持有人在规定的时间内（转换期）按照规定的价格（转换价格）将债券转换成公司股票的权利，并且在转股前一直享有债权人的权益。

中国可转换债券市场的发展起步于20世纪90年代初期。1991年8月，中国资本市场上第一只可转债——琼能源（000502）⊖可转换债券发行。但是在深宝安（000009）转股的失败后，中国可转换债券市场的发展基本处于停滞状态，直到1997年3月发布实施了《可转换公司债券管理暂行办法》，可转换债券市场才有所恢复。历经了十年的曲折发展，2006年5月8日中国证监会正式发布实施《上市公司证券发行管理办法》后，可转债融资有了进一步的发展空间。

发行可转换债券对企业产生的影响体现在以下几个方面。

（1）实现低成本的长期债务融资。可转换债券在转换为股票之前是纯粹的债券，具有一般性债券特征，即有约定的利率和期限。可转换债券的票面利率明显低于同期普通公司债券与银行贷款利率，对发债企业来说实现了低成本的长期债务融资，有利于减轻发债企业的融资成本对净利润与财务流动性的压力。对债权人来说，拥有将持有债券转换成股票的预期权利是对低票面利率的一种补偿，因转股成功以后的股票价值一般应明显大于原债券价值，可以弥补债券持有期间的利息损失，使债权人的实际收益可能高于市场利率，这正是吸引投资者购买可转债的主要原因之一。

⊖ 琼能源（000502）后更名为恒大地产，现名为绿景控股。

(2) 债务杠杆提升净资产收益率。在可转换债券的债务持有期间，如果企业保持经营业绩持续向好，在营业收入净利润率与资产周转率相对稳定的情况下，因可转债的票面利率低于一般公司债券和长期借款的利率，有利于发挥可转债的财务杠杆效应，提升净资产收益率，也为成功转股创造了有利条件。相比股票增发再融资方式，发行可转债使得企业在获取急需的发展资金的同时，短期内亦不用稀释现有股东每股收益，有利于稳定现有股东权益的收益率。

(3) 转股有助于优化资本结构。可转换债券成功转换为股票之后，债务资本转化为股权资本，有利于降低资产负债率水平和优化企业的资本结构。可转换债券成功转股使有限期限的债务融资转换为永久性股权融资，不仅使企业免除了债务集中偿还本金的现金支出压力，也为企业后续债务融资提供了新的杠杆空间。

(4) 股价决定转股选择权的行使。可转换性是可转换债券的重要标志，债券持有人可以按约定的条件将债券转换成股票。可转换债券的转股权是债权人拥有的一种选择权，这也是普通公司债券所没有的。可转换债券在发行时就明确约定，债券持有人可按照发行时约定的价格将债券转换成公司的普通股票。当未来公司经营状况良好，股票价格高于转换价格时，债券持有人可以选择将持有债券转换成公司股票；而当公司经营状况较差，发展前景不明朗，股票价格低于转换价格时，债券持有人可以选择不行使转换权，继续作为债券持有人享有利息收益，在债券到期时要求清偿本金与利息。

(5) 转股失败将增加流动性风险。如果企业发行可转债之后经营状况持续恶化，导致债券转股失败，则会面临着巨大的"还本付息"清偿压力。因此可能引发财务流动性风险，使企业信用能力与形象受损，导致后续融资股权与债务筹资成本的增加。

(6) 抑制管理层的债务代理成本。管理层相对于外部中小股东具有企业经营与投资的信息优势，存在着信息不对称，并导致两种后果：一是企业通过发行股票融资，潜在的股东会认为市场高估了企业的股票价格；二是在缺乏有效监督机制的情形下，管理层为追求企业规模有可能投资效益不好且风险高的项目，即发生过度投资行为，导致企业价值受损。可转换债券设定的转股目标，要求管理层为顺利转股创造良好的营业业绩和股价表现，在一定程度上抑制了管理层的代理成本。

2. 可转换债券的基本要素

可转换公司债券除了含有普通债券的要素外，还包括一些特有的条款设计，主要包括标的股票、转换价格、转换期限、回售条款和强制性转换条款等。

【示例4-13】 2007年6月27日，中海发展股份有限公司（600026）公告将发行20亿元可转换债券。7月2日，可转债开始发行。本次发行的可转换债券概况如表4-22所示。

表4-22 中海发展股份有限公司可转换公司债券概况

转债简称	中海转债（110026）	标的股票	中海发展（600026）
发行开始日	2007-07-02	发行总量	200 000.00（万元）
分销方式	余额包销	偿还期限（年）	5
利率说明	第一年为1.84%，第二年为2.05%，第三年为2.26%，第四年为2.47%，第五年为2.70%		
起息日	2007-07-02	到期日	2012-07-01
转换期开始日	2008-01-02	转换期终止日	2012-07-01
付息方式	按年付息	每年付息日	07-02
初始转股价	25.31元/股，取公告日前20个交易日公司A股股票交易均价和前一交易日均价中二者较高者为基准上浮10%		

(续)

转债简称	中海转债（110026）	标的股票	中海发展（600026）
信用等级	AAA	可否免税	否
是否可赎回	是	可否提前兑付	是
上市日期	2007-07-12	上市金额	200 000.00(万元)

资料来源：巨灵信息网，参见 http://www.chinaef.com。

中海发展本次募集资金将用于收购公司控股股东中海总公司下属公司42艘干散货船的部分款项。目前，中海发展及其下属公司共拥有134艘干散货船，载重吨合计共约455万吨。

中海发展系中国沿海最大的能源运输企业，占据中国沿海近70%的原油运输市场和36%的煤运市场份额，目前主要经营以原油、成品油、煤炭运输为主的能源运输业务。公告当日中海发展A股日收报于24.01元/股，大涨7.24%。

（1）标的股票。标的股票[①]实际上就是可转换债券（简称可转债或转债）含有的股票期权的标的物。一般来说，标的股票是可转换债券发行公司自己的股票，也就是说投资者可以选择将可转债按照一定的比例转换成该股票。但也有的标的股票是别的公司的，如上市公司的子公司。

（2）债券期限与转换期。

1）债券期限。可转换债券的债券期限与普通债券期限相似。可转换债券发行公司通常根据自己的偿债计划、偿债能力以及股权扩张的计划来设计可转换债券的期限。国际市场上可转换债券的期限通常较长，一般在5~10年左右，但我国发行的可转换债券的期限规定为3~5年，发行公司调整余地不大。

2）转换期。转换期是指可转换债券转换为股票的起始日到截止日的期间。可转换债券的转换期可以与债券的期限相同，也可以短于债券的期限。根据不同的情况，转换期通常有以下四种：发行一段时间后的某日至到期日前的某日，发行一段时间后的某日至到期日，发行后日至到期日前的某日，发行后日至到期日。

如果可转换债券在发行一段时间之后开始转换，相当于发行公司递延了转换期。在该期限内公司不受理转股事宜，它这样做的目的是不希望过早地将负债变为权益资本而稀释原有股东的权益。如果发行公司规定在债券存续期的一段期间内行使转换权，这种转换期称为有限转换期，超过转换期的可转债不再具有转换权，目的是吸引更多的投资者尽早行使转换权。转换期的起始日和截止日是影响可转换债券转换为股票速度的重要因素。

（3）转换价格。转换价格是指可转换债券转换为每股股票所支付的实际价格，也称为转股价格。即每一股普通股以可转换债券交换时，需可转债面值若干元的价格。此价格通常以公开发行时的普通股市价为准。但转换价格本身暗含了一个假设，即债券是以面值出售的。例如，民生银行2003年发行5年期可转债面值为100元，规定可以在发行6个月之后以10.11元的转换价格转换成民生银行股票。

除了以某一固定的价格转换外，还有的转换价格是变动的。如某发行公司规定发行后的第2年至第3年以50元的转换价格将债券转换为股票，第3年到第4年按照每股60元的价格转换。由于转换价格越高，转成的普通股股票就越少，这种变动转换价格可以促使可转换债权的持有者尽早进行转换。

与转换价格紧密联系的一个概念是转换比率，即债权人实施转换时每份债券可以换取的股票

[①] 本书以下内容中所提到的标的股票，如没有特别说明，均是指发行公司的股票。

份数。显然：

$$转换比率 = \frac{债券面值}{转换价格}$$

（4）转换价格调整条款。

1）除权调整。转换价格的除权用于保障既有可转换债券投资人的权益。当发行人股份发生变动时，应就股份变动前的转换价格进行适当的调整。因此当发行公司进行股份拆细、资本公积金转增股本、配股、增发或低于每股股票市价再次发行可转换债券时，均会按其相应稀释的比例调整转换价格。同时，对发行公司以股票形式发放的红利部分，也纳入调整公式而予以计算新的转换价格。

2）特别向下调整。可转换债券的特别向下调整条款也称为向下修正条款。当股票价格表现不佳时，一般是股票价格连续低于转股价一定水平，该条款允许发行公司在约定的时间内将转换价格向下修正为原转换价格的70%到80%。

转换价格的向下调整主要保障投资人于持有期内因标的股票价格持续下滑乃至无法执行转换权利时，能够按约定的时点进行转换价格的重新设定，促使调整后的转换价格较能接近目前的股票市价水平，否则原定的转换价格就会远远高出当前的股价，使得转股不能进行。

【示例4-13续1】 中海转债（代码：110026）的条款规定："在本可转债存续期间，当本公司A股股票在任意30个连续交易日中至少20个交易日的收盘价不高于当期转股价格85%的情况，本公司董事会有权提出转股价格向下修正方案并提交本公司股东大会表决。"

（5）赎回条款。可转换债券的发行公司设立赎回条款的主要目的是降低发行成本，避免因市场利率下降而给自身造成利率损失，同时也出于加速转股过程、减轻财务压力的考虑。通常，该条款可以起到保护发行公司和原有股东的权益的作用，是赋予发行公司的一种权利。发行公司可以根据市场的变化而选择是否行使这种权利。赎回条款一般包括以下要素。

1）赎回保护期与赎回期。赎回保护期是指可转换债券从发行日至第一个赎回日的期间。赎回保护期越长，股票增长的可能性就越大，赋予投资者转换的机会就越多，对投资者也就越有利。

赎回期是指赎回保护期过后发行公司赎回未转股的可转换债券的期间。按照赎回时间的不同，赎回方式可以分为定时赎回和不定时赎回。定时赎回是指公司按事先约定的时间和价格买回未转股的可转换债券，不定时赎回是指公司根据标的股票价格的走势按事先的约定以一定价格买回未转股的可转换债券。

2）赎回条件与赎回价格。赎回条件是对可转换公司债券发行公司赎回债券的情况要求，即在什么样的情况下发行公司可以行使赎回权利。按照赎回条件的不同，赎回可以分为无条件赎回（即强制赎回）和有条件赎回。无条件赎回是指公司在赎回期内按事先约定的价格买回未转股的可转换债券，它通常和定时赎回有关；有条件赎回是指在标的股票价格上涨到一定幅度，并且维持了一段时间之后，公司按事先约定的价格买回未转股的可转换债券，它通常和不定时赎回有关。

赎回价格是事先约定的，它一般为可转换债券面值的103%～106%。对于定时赎回，其赎回价一般逐年递减，而对于不定时赎回，通常赎回价格除利息外是固定的。一旦公司发出赎回通知，可转换债券持有者必须立即在转股或卖出可转换债券之间做出选择。正常情况下，可转换债券持有者会选择转股。可见，赎回条款最主要的功能是加速可转换债券持有者行使其转股权，从而实现加速转换,因此它又被称为加速条款。赎回条款的设置有助于发行公司避免市场利率下降导致的损失。

【示例 4-13 续 2】 中海转债(代码:110026)提前赎回条款规定:"在转股期间,如果公司 A 股股票连续 20 个交易日的收盘价格不低于当期转股价格的 130%(含),公司有权按照债券面值 103%(含当期计息年度利息)的价格赎回全部或部分未转股的可转债。"

(6) 回售条款。回售条款是为投资者提供的一项安全性保障,当可转换债券的转换价值远低于债券面值时,持有人必定不会执行转换权利,此时投资人依据一定的条件可以要求发行公司以面额加计利息补偿金的价格收回可转换债券。为了降低投资风险,吸引更多的投资者,发行公司通常设置该条款,它在一定程度上保护了投资者的利益。回售是赋予投资者的一种权利,投资者可以根据市场的变化而选择是否行使这种权利。回售条款一般包括以下几个要素。

1) 回售条件。回售分为无条件回售和有条件回售。无条件回售是指无特别指定原因设定回售。有条件回售是通常的做法,是当标的股票的价格在较长时间内没有良好的表现,转股无法实现时,可转换债券持有者有权按照事先约定的价格将所持债券卖给发行人,由于回售的收益率一般高于可转换债券的票面利率,因此投资者的利益能得到保护。但如果股价下降幅度没有满足回售条件的话,投资者的利益也很难得以保障。

2) 回售时间。回售时间根据回售条件分为两种。一种是固定回售时间,通常针对无条件回售,它一般定在可转换债券偿还期的 1/3 或一半之后。对于 10 年期以上的可转换债券,回售时间大多定在 5 年以后。另外一种是不固定回售时间,针对有条件回售,指股票价格满足回售条件的时刻。

3) 回售价格。回售价格是事先约定的,它使得可转债的收益率一般比市场利率稍低,但高于可转换债券的票面利率,因此使得可转换债券投资者的利益受到有效的保护,降低了投资风险,因此附有回售条款的可转换债券通常更受投资者的欢迎。

【示例 4-13 续 3】 中海转债(代码:110026)有条件回售条款规定:"在本期可转债的转股期间,如果本公司 A 股股票在连续 30 个交易日的收盘价格低于当期转股价的 75% 时,可转债持有人有权将其持有的可转债全部或部分按面值的 105%(含当期利息)回售给本公司。"

(7) 强制性转换条款。强制性转换条款规定在约定的条件满足后,债券持有人必须实施转股,而无权要求偿还债券本金。这样规定的目的在于保证转股的顺利实施,以实现发行公司扩大权益筹资的目的。

3. 可转换债券的价值构成

可转债的价值分为以下三个部分:纯粹债券价值、转换价值和期权价值。下面分别来介绍这三个部分。

(1) 纯粹债券价值。纯粹债券价值是指在可转换债券仅当作普通债券持有的情况下,它在市场上的价值。债券定价的内容将在第 7 章详细介绍,这里不加赘述。显然,纯粹债券的价值是可转换债券的最低限价,即可转换债券的价格不能低于其纯粹债券的价值。

(2) 转换价值。转换价值是指如果可转换债券能以当前市价立即转换为普通股票时,所获得的股票的价值。转换价值的计算方法是将每份债券所能够转换的普通股票的份数乘以普通股票的当前价格。

例如,某可转换债券每份可以换取普通股票 10 股,而目前标的股票价格是 9 元/股。因此,该可转换债券的转换价值就是 90 元。可转换债券不能以低于转换价值的价格出售,否则就会出现无风险套利[⊖]。若该债券以低于转换价值 90 元的价格进行交易,那么投资者就会购买可转换债券,并且立即将可转换债券换成标的股票,然后将换得的股票进行出售,获得二者之间的差价。无风险套利的结果是使得可转换债券的价格恢复到转换价值之上。

因此,可转换债券拥有两个价值底线,纯粹债券价值和转换价值。可转换债券的最低价值应当是纯粹债券价值和转换价值两者之中的较高者,即纯粹债券价值和转换价值中的较高者形成了底线价值。

$$可转换债券的最低价值 = \text{Max}\{纯粹债券价值, 转换价值\}$$

其中,纯粹债券价值由票面利率和市场利率来决定,与股票价格无关,即假设债券无违约风险。而转换价值由公司的基本普通股票的价值来决定。随着股票价格的涨落,转换价值也相应地变化。可转换债券的最低价值和股票价格的关系如图 4-19 所示。

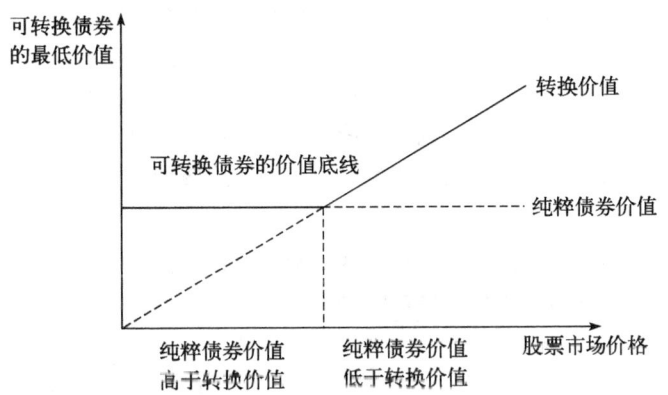

图 4-19 一定利率下可转换债券的最低价值与股票价格关系

注:这里假定债券没有违约风险,此时纯粹债券价值不依赖于股价。

在图 4-19 中,实线表示可转换债券的最低价值,斜线表示可转换债券的转换价值,水平线表示纯粹债券的价值。从图中可以看出,纯粹债券价值和转换价值有一个交点。当股票价格小于该交点的值时,可转换债券最低价值等于纯粹债券价值;当股票价格大于该交点的值时,可转换债券最低价值等于转换价值。

(3) 期权价值。可转换债券的价值通常会高于纯粹债券价值和转换价值,这是因为可转换债券的持有者不会马上转换。相反,持有者可以通过等待并在未来利用纯粹债券价值与转换价值二者孰高来选择对自己有利的策略,即是转换成普通股票还是持有债券到期。这种通过等待而得到的选择权(期权)也是有价值的,它导致可转换债券的价值高于纯粹债券价值和转换价值。

通过以上对可转换债券的三部分价值——纯粹债券价值、转换价值和期权价值的介绍,得到的结论如下。

$$可转换债券的价值 = \text{Max}\{纯粹债券价值, 转换价值\} + 看涨期权的价值$$

当公司普通股价格比较低的时候,可转换债券的价值主要取决于纯粹债券价值的影响。而当公司普通股价值比较高的时候,可转换债券的价值主要由转换价值决定。其关系如图 4-20 所示。

⊖ 无风险套利是指通过市场对证券之间定价的不一致进行资金转移,从而赚取无风险利润。

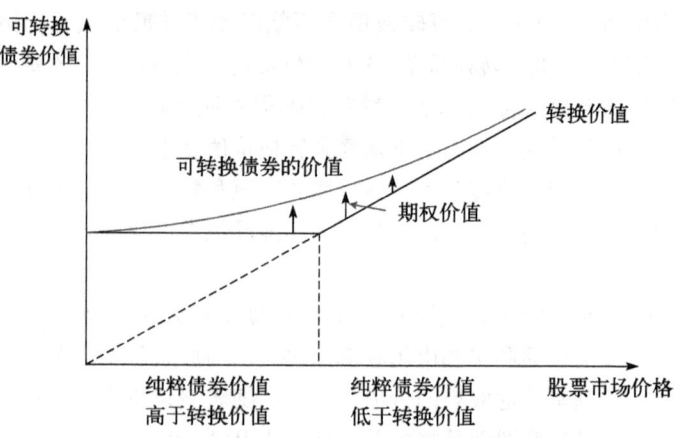

图 4-20 一定利率下可转换债券的价值与股票价格的关系

由于可转换债券的可转换性,在不同的情况下投资者会决定是否将可转换债券转换成股票。一般来说,如果公司在发行可转债后业绩表现良好,引起股价上升,投资者将把持有的可转换债券转换成股票。反之,公司股价下跌,则可转债不会被转换。在这两种不同的情况下,公司采取发行普通债券、普遍股票和可转债融资的成本是不同的。这两种不同情形下各种融资方式成本的差异如表 4-23 所示。

表 4-23 发行普通股票、普通债券与可转换债券融资在不同情况下的比较

	公司在可转债发行后表现良好	公司在可转债发行后表现较差
与普通债券比较	由于可转债被转换,公司必须以低于市场价的价格向投资者出售股票,而且造成现有股权被稀释,故可转债融资成本较高	因为可转换债券的票面利率较低,故可转债是成本较低的融资方式
与普通股票比较	因为当可转换债券被转换时,实际上相当于按照较高价格发行了普通股票,故可转债的融资成本较低	如果公司发行普通股票,本可以以更高的价格发行,因此可转债的融资成本较高①

① 注意即使股价下跌较多,也不会对可转债的价值造成较大影响,因为可转债有其价值底线。

4. 可转换债券融资动机理论

(1) 缓解债权人与股东之间的代理冲突。发行可转换债券有利于缓解债权人与股东之间的代理冲突。债务的代理成本 (agency cost of debt)⊖是指公司股东及其代理经理层通过投资风险更高的项目,以期得到更高的回报。例如,将债务融资获得的资金投资于比当初融资时宣布的项目具有更高风险的项目。通过高风险资产对风险较低资产的替代来实现财富由债权人向股东的转移,从而产生债务代理的"资本替代"问题。

将可转换条款纳入公司债务中,可以缓解股东投资高风险项目的激励⊜。因可转换债券的投资者可以通过行使转股权将可转换债券转换成公司股票,从而成为公司的股东,分享公司的收益。债权人可以通过调整可转换债券转股后的股权比例抑制股东投资风险项目的偏好,有利于减轻公司股东与债权人之间的代理冲突。

(2) 降低信息不对称的逆向选择成本。企业与资本市场投资人之间存在信息不对称,企业会

⊖ 见后续"资本结构"一章中有关债务代理成本的说明。
⊜ Green, Richard C., 1984, Investment incentives, debt and warrants, Journal of Financial Economics, 13(1), 115-136.

通过发行可转换债券实现"后门权益融资"[○]。在信息不对称的情形下，投资者会推测代表现有股东利益的管理层在发行股票时，会利用信息优势高价发行，使直接发行股票实现权益融资不具有对投资人的吸引力。投资者则会抑制企业发行股票的价格，从而为发行企业带来逆向选择成本（adverse selection cost）。发行可转换债券实际上是非直接的股权融资，有助于缓解直接股权融资的逆向选择成本。为了避免权益发行时因信息不对称而造成权益价值被低估，拥有好的投资机会的公司会倾向于发行可转债，以延后取得权益融资。

为降低信息不对称对债权人的影响，在可转换债券的设计中引入"赎回条款"，即发债企业可以强制债权人提早行使转股权，并使企业提早获得权益融资。与此同时，在负债率已经较高的情形下，企业只有在对未来股票价格乐观的前提下才会发行可转换债券，给投资者传递了股票价格前景乐观的信号。因过度负债会导致财务困境，如果股票价格下跌时又不能强制转换，则无法减轻企业的债务负担，所以企业在发行可转换债券时，必定对未来股票价格持乐观态度，有信心使投资者在未来获得收益。

4.4.3 分离交易可转换债券

认股权证和债券分离交易的可转换公司债券（简称分离交易可转债）是附有认股权证的公司债券，发行后认股权证和债券单独交易和流通，实际上发行的是一种普通债券附加认股权证组合，也称为认股权证公司债。

认股权证是一种赋予其持有人（即投资者）权利但没有义务在指定的时期内以确定的价格向发行公司购买普通股的证券。每一份认股权证对应着权证持有人可以购买的股票份数、行权价格以及到期日。投资者一方面可以获得公司债券稳定的利息收益，这部分债权带来的利息收益不受权证行使的影响，即使认股权证被行权后投资者仍可以持有公司债券直到期满。另一方面投资者获得了认股权证，当股票价格上涨并超过行权价格时，投资者可以行权购股，以后获得股息收益或转让获得资本利得收益。

作为混合融资工具，对发行分离交易可转债的企业有一定的要求，通常是预期现金流稳定、未来具有还本付息能力且具有一定规模的上市公司才能发行。分离交易可转债不设赎回和向下修正条款[○]，未来认股权证能否高比率行权，实现股权融资，给管理层提出了提升业绩要求的压力。管理层只有提升公司的经营业绩，才能为认股权证的顺利行权，实现二次股权融资创造条件。

分离交易可转债具有良好的市场流动性。投资者相当于一次性同时拥有了债券与股权两种融资产品，除存续期内的债券与行权持有的股票可以自由在市场交易外，认股权证也可以在不同投资者之间转让，也可到期行权，灵活性和选择性都较大。

1. 分离交易可转债与可转换债券的区别

（1）债券与股票两者存在形式。分离交易可转债具有一次发行、两次融资的特征。对发行企业而言，第一次是债券融资，第二次是股权融资。对投资者而言是两次投资，第一次是债券投资，第二次决定是否行权进行股票投资。分离交易可转债的认股权证是附着在债券上发行的，但两者在发行后是分离交易的，即债券与认股权证行权之后的股票可以并存，且认股权证在行权日是否行权没有强制性。可转换债券的转股行权使债券融资与股票融资不能并存，只能是先债后股

○ Stein, Jeremy C., 1992, Convertible bonds as backdoor equity financing, Journal of Financial Economics, 32 (1), 3-21.
○ 即不允许债券发行公司在债券发行后对已发行债券进行赎回或对换股价格进行修改。

的形式，转股时债权人不需要再次投入新的资金。

（2）认股权证行权比例与存续期。分离交易可转债持有人依据行权条款规定的行权比例认购新股，认股数量与债券面值无关，只与契约条款的规定有关。通常情况下，认股权证行权后，债券可能尚未到期，故认股权证的存续期比同时发行的债券存续期要短，因此，认股权证处于价内⊖的机会较普通可转债的权证部分要低，时间价值占认股权证价值的比重会更大。

可转换债券在转股时，可转债的面值和转股价格决定了可以转股的数量。因可转换债券是一次性转股（也会转股失败），其转股权的存续期与债券的存续期相同。

（3）资本结构与资本成本差异。发行分离交易可转债对企业资本结构的影响是由债务与权益融资的顺序与数量决定的。分离交易可转债具有一次发行、两次融资、先债后股的特征，债券融资先提高了长期负债率，认股权证行权可以适当降低长期负债率。可转换债券对长期负债率也有类似特点，区别之处是如果债券全部转股成功，相当于使用权益融资替换了债券融资。此外，分离交易可转债融资规模相对较大，可以减轻企业短期融资的压力。

分离交易可转债与可转换债券因票面利率低于普通公司债券和长期借款，可以有效地降低债券资金成本，但两者属于混合融资，其资本成本还要受到后续股权融资成本的影响。加权平均的资本成本主要受股权融资规模的影响。

2. 分离交易可转债的基本要素

分离交易可转债实现了普通债权和认股权证的分离交易，除了含有一般债券的要素外，还包括认股权证的一些特有条款设计，主要包括权证派送比例、行权价格及行权比例等。

【示例4-14】 2008年1月30日，中兴通讯（000063）发行4 000万张认股权证和债券分离交易的可转换公司债券，每张面值100元，债券期限为5年。每张分离交易可转债的认购人可以获得公司派发的1.63份认股权证，即认股权证总量为6 520万份。募集资金扣除承销费、保荐费和登记费后余额为3 961 443 520元。本次发行的分离交易可转债的概况如表4-24所示。

表4-24　中兴通讯分离交易可转债概况

认股权证条款			
权证简称	中兴ZXC1	权证代码	031006
发行规模	6 520万份	权证类型	百慕大式认股权证①
行权价格	78.13元/股②	行权比例	1:0.5③
上市日	2008年2月22日	上市地点	深圳证券交易所
存续期	24个月，自2008年2月22日至2010年2月21日	行权期	权证存续期的最后10个交易日内
保荐人	国泰君安证券股份有限公司	登记结算机构	中国证券登记结算有限责任公司深圳分公司
公司债券条款			
债券简称	中兴债1	债券代码	115003
发行规模	400 000万元（4 000万张）	上市规模	400 000万元（4 000万张）
票面年利率	0.8%	付息方式	按年付息

⊖ 一般来说，认股权证的价值由内在价值（intrinsic value）和时间价值（time value）两部分组成。所谓内在价值是指如果立即行权，权证持有人能够获得的收益。若收益为正的现金流，则称权证正处于价内（in the money）状态；如果收益为负，则权证处于价外（out of money）状态；收益等于0，权证属于平价（at the money）状态。

（续）

公司债券条款			
上市日	2008年2月22日	上市地点	深圳证券交易所
期限	5年	到期日	2013年1月30日
上市保荐人	国泰君安证券股份有限公司	担保人	国家开发银行
信用级别	AAA	评级机构	中诚信证券评估有限公司

①百慕大式权证是权证的一个名称。根据行权期限的不同，权证可以分为美式、欧式和百慕大式。百慕大式权证的行权期限是确定的一段时间。而美式权证是在到期之前的任何一天都可以行权，欧式权证是只能到行权日才可以行使权利。
②2007年度资本公积金转增股本后，行权价格为55.582元/股；2008年度资本公积金转增股本后，行权价格为42.394元/股。
③2007年度资本公积金转增股本后，行权比例为1:0.703；2008年度资本公积金转增股本后，行权比例为1:0.922。
资料来源：2008年1月25日中兴通讯发布的《认股权与债券分离交易的可转换公司债券发行公告》。

"中兴ZXC1"认股权证的行权期为权证存续期的最后10个交易日，即2010年2月1日（星期一）至2010年2月12日（星期五）之间的交易日（包括首尾两日），其中2010年2月8日（星期一）至2010年2月12日（星期五）为不可交易的行权期（包括首尾两日）。

权证派送比例是指每张债券的认购人可以获得公司派发的认股权证的份数。认股权证的行权价格是指发行人发行权证时所约定的，权证持有人向发行人购买标的股票的价格。行权比例是指一份权证可以购买普通股股票的数量，例如1:0.5是指两份认股权证行权才能购买一股股票。

当发行公司分配现金红利或者增发新股等，导致公司的所有者权益变动或股本变动时，应该对当时的估价进行除权。《上海证券交易所交易规则》[一]中实施的除权公式如下所示。《深圳证券交易所交易规则》[二]中实施的除权公式与此类似。

除权(息)参考价格 = [（前收盘价格 − 现金红利）+ 配(新)股价格 × 流通股份变动比例]
÷ (1 + 流通股份变动比例)

此时，权证的发行人应对权证的行权价格、行权比例进行调整。根据《上海证券交易所权证业务管理暂行办法》和《深圳证券交易所权证业务管理暂行办法》[三]的相关规定，标的证券除权的，应按以下公式作相应调整。

新行权价格 = 原行权价格 × (标的证券除权日参考价 / 除权前一日标的证券收盘价)
新行权比例 = 原行权比例 × (除权前一日标的证券收盘价 / 标的证券除权价)

3. 分离交易可转债融资的价值构成

分离交易可转债的价值包括债券价值和权证价值两部分，下面分别对两部分进行介绍。

（1）债券价值

初始确认时，债券部分的价值应按实际利率法进行计算，即分离交易可转债负债部分的公允价值根据发行日不附认股权证的类似债券的市场利率评估，按债券的未来现金流量进行折现确定负债成分的公允价值。

【示例4-14续1】 假定在确定债券的公允价值时贴现率为4.1%。

分离交易可转债负债成分的公允价值

[一] 《上海证券交易所交易规则》修订后，自2006年7月1日起实施。
[二] 《深圳证券交易所交易规则》于2001年11月30日实施，2006年5月15日第一次修订，2011年1月17日第二次修订后，自2011年2月28日起施行。
[三] 《上海证券交易所权证业务管理暂行办法》和《深圳证券交易所权证业务管理暂行办法》于2005年7月发布，自发布之日起施行。

= 债券的未来现金流量的现值
= 4 000 000 000 × 0.8% × (P/A, 4.1%, 5) + 4 000 000 000 × (P/F, 4.1%, 5)
= 3 414 006 628.61（元）

分离交易可转债负债成分的交易费用
= 交易费用总额 × 负债成分公允价值 / (负债成分公允价值 + 权益成分公允价值)
= 38 556 480.00 × (3 414 006 628.61 / 4 000 000 000)
= 32 908 019.57（元）

分离交易可转债负债成分的入账价值
= 分离交易可转债负债成分的公允价值 − 分离交易可转债负债成分的交易费用
= 3 414 006 628.61 − 32 908 019.57
= 3 381 098 609.04（元）

对于债券成分，《企业会计准则第22号——金融工具确认和计量》指出："企业应当采取实际利率法，按摊余成本对金融负债进行后续计量。"

【示例4-14续2】 参考不附认股权证的同类债券市场实际利率，确定该分离交易可转债实际年利率为4.3%。

按实际利率法自发行日至2008年12月31日应计提的利息费用
= 债券面值 × 票面年利率 × (自发行日至截至日已发行月份/12)
= 4 000 000 000 × 0.8% × (11/12)
= 29 333 333.33（元）

自发行日至2008年12月31日应确认的利息调整金额
= 负债成分入账价值 × 实际利率 × (自发行日至截至日已发行月份/12)
  − 按实际利率法自发行日至截至日应计提的利息费用
= 3 381 098 609.04 × 4.3% × (11/12) − 29 333 333.33
= 103 938 303.51（元）

截至2008年12月31日分离交易可转债的账面净值为分离交易可转债负债成分的入账价值减去应确认的票面调整金额。

分离交易可转债2008年12月31日的账面净值
= 负债成分的入账价值 + 自发行日至2008年12月31日应确认的利息调整金额
= 3 381 098 609.04 + 103 938 303.51
= 3 485 036 912.55（元）

其他年度末应提取的债券利息、利息调整金额，及期末账面价值如表4-24所示。

表4-25　中兴通讯分离交易可转债各年度账面价值　　　　　（单位：元）

日期	期初账面价值	本期应分摊利息	实际利息支出	利息调整	期末余值
2008-12-31	3 381 098 609.04	133 271 636.84	29 333 333.33	103 938 303.51	3 485 036 912.55
2009-12-31	3 485 036 912.55	149 856 587.24	32 000 000.00	117 856 587.24	3 602 893 499.79
2010-12-31	3 602 893 499.79	154 924 420.49	32 000 000.00	122 924 420.49	3 725 817 920.28
2011-12-31	3 725 817 920.28	160 210 170.57	32 000 000.00	128 210 170.57	3 854 028 090.85
2012-12-31	3 854 028 090.85	165 723 207.91	32 000 000.00	133 723 207.91	3 987 751 298.76
2013-01-30	3 987 751 298.76	14 915 367.91	2 666 666.67	12 248 701.24	4 000 000 000.00

(2) 权证价值

认股权证的价值与标的股票的价格紧密相关。认股权证的价值下限是股票价格减去行权价格除以认购一股股票需要的认股权证的份数。当标的股票价格低于行权价格时,权证持有人不会行使认股权利,此时认股权证的价值下限为0。而认股权证的价值上限为股票价格除以认购一股股票需要的认股权证的份数。即对于一份认股权证可以认购一份普通股来说,其认股权证的价值不能超过其标的物——普通股的价格。

认股权证的价值区间如图4-15所示。

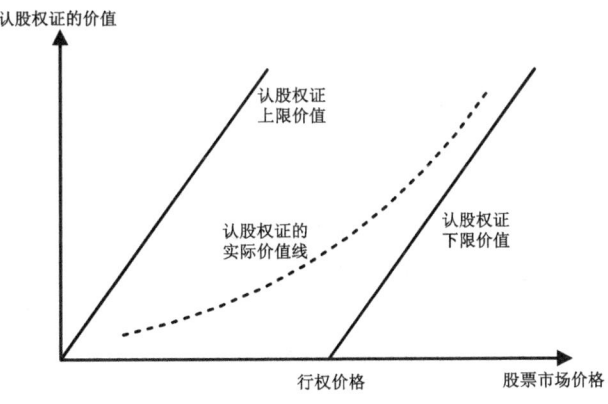

图 4-21 认股权证的价值

初始确认时,投资人支付的价款中,超过债券价值的部分,就是认股权证的价值。企业应根据《企业会计准则解释第2号》(财会[2008]11号)的规定,对债券分离交易的可转换公司债券中的认股权,单独确认权益成分,计入所有者权益的"资本公积——其他资本公积"。

【示例4-14 续3】 由于中兴通讯所发行的分离交易可转债票面利率0.8%远低于不附认股权证的同类债券的市场实际利率,导致其未来现金流的现值低于其票面价值4 000 000 000元。分离交易可转债的发行金额扣除负债部分的初始确认金额及交易费用后的余额作为内含权益部分的公允价值,并计入股东权益。

分离交易可转债内含权益部分的公允价值
= 债券票面价值 − 负债成分
= 4 000 000 000 − 3 414 006 628.61
= 585 993 371.39(元)
分离交易可转债权益成分的交易费用
= 交易费用总额 × 权益成分公允价值/(负债成分公允价值 + 权益成分公允价值)
= 38 556 480.00 ×(585 993 371.39/4 000 000 000)
= 5 648 460.43(元)
分离交易可转债权益成分的入账价值
= 分离交易可转债内含权益部分的公允价值 − 分离交易可转债负债成分的交易费用
= 585 993 371.39 − 5 648 460.43
= 580 344 910.96(元)

在认股权证行权日,无论认股权持有人到期是否行权,都应当在到期时将原计入"资本公积——其他资本公积"的权益成分部分转入"资本公积——股本溢价"。而认股权证持有人到期行权后，根据行权数量增加上市公司发行在外的股本，行权价格与股本的差额也计入"资本公积——股本溢价"。

【示例4-14续4】 截至2010年2月12日交易时间结束，共计23 348 590份"中兴ZXC1"认股权证行权，约占本次行权前权证数量的35.81%；共计41 851 410份"中兴ZXC1"认股权证未行权，已被注销。中兴通讯的最终募集资金情况如下：

认股权证行权募集资金＝行权的认股权证份数×行权比例（0.922）×行权价格
＝23 348 590×0.922×42.394
＝912 632 594.75（元）

增加股本规模＝认股权证行权规模×行权比例
＝23 348 590×0.922
＝21 527 399.98（股）[①]

增加资本公积(股本溢价)
＝认股权证行权募集资金－股本＋权益成分从其他资本公积中转出部分
＝912 632 594.75－21 527 399.98＋580 344 910.96
＝1 471 450 105.73（元）

① 2010年2月24日中兴通讯认股权证行权结果及股份变动公告中披露的股份变动数量为21 523 441股。

4.5 长期融资决策

长期融资决策通常受企业自身的行业特征、成长阶段、商业模式、经营状况需求、金融与信贷政策、管理层偏好等因素的影响，公司管理层在权衡各种影响因素的基础上，侧重于融资规模权衡、融资结构优化、融资工具选择、融资时机选择与公司治理效应几个方面的考虑与选择。

4.5.1 长期融资的规模权衡

公司管理层基于支撑经营业务增长与投资需求进行长期融资规模决策时，通常要考虑以下几个方面的因素进行权衡。

（1）支撑业务增长与满足投资需求。为满足与企业经营规模及营业收入增长能力相匹配的资金需求，管理层需要基于发展战略和实施规划对固定资产投资、研发支出、偿还银行贷款、补偿流动资金所需要的长期融资的规模进行权衡。此外，为实现业务布局与重组的资源配置，如通过新设业务单元投资与收购相关业务，也需要管理层对融资需求做出安排。

（2）平衡财务流动性与降低财务风险。公司财务流动性管理的核心在于平衡收入与支出现金流量的数量和时点，因企业营业收入与融资规模之间具有联动关系，保持良好的财务流动性状况需要权衡债务融资及权益融资的规模与营业收入规模之间的关系。当来自资本市场的权益融资难以及时补充时，特别是在无法明显提高商业信用融资比重的情形下，主要依赖有息债务融资支撑营业收入增长会对企业保持财务流动性产生明显的压力。与此相反，如果企业在业务高峰期间拥有较高水平的债务融资，当营业收入萎缩时会导致营业成本补偿能力与债务偿还能力不足，引发财务风险。

4.5.2 长期融资的结构优化

（1）优化资本结构与降低资本成本。因企业长期融资涉及股权与债务两种融资方式的选择，对股权与债务各自的融资规模也将对两种融资的比例即企业的资本结构产生影响。企业管理层可以根据企业资本结构的变化趋势,在考虑企业不同融资方式的资本成本基础上,参照同行业中业务结构相似的资本结构确定企业的融资规模。

(2) 优化期限结构与平衡偿债节奏。企业在进行长期债务融资决策时,可以根据融资用途、对债务期限和利率水平的要求以及对企业未来成长性与现金流量的创造能力的预测,在诸如长期借款、公司债券、中期票据、可转换债券、分离交易可转债等不同的工具中选择一项或组合,旨在优化中长期债务的期限结构,对未来到期债务的预期支付现金流量做出安排,平衡偿债节奏。

4.5.3　长期融资的工具选择

公司管理层在选择长期融资的工具时,通常要考虑以下几个方面的因素进行选择。

(1) 企业不同发展阶段的融资工具选择。依据企业生命周期的变化,大体可以分为种子期、初创期、成长期、成熟期、衰退期,企业处于不同发展阶段的融资需求、现金流特征与抗风险特征不同。管理层在选择融资工具时应依据可行性与适用性原则,恰当选择企业某一特定阶段的融资工具。处于种子期与初创期的中小企业,通常选择私募融资和小额信用贷款;处于成长期的企业可以选择IPO发行股票、股权再融资及贷款;处于成熟期的企业可以选择发行企业债券、公司债券、可转换债券等;处于衰退期的企业在现金流趋弱的情形下侧重于财务流动性管理,保持贷款偿还能力或寻求其他企业重组解决融资问题。

(2) 资本市场与相关政策要求与限制。管理层在选择融资工具时还要考虑资本市场及信贷政策等方面的限制。例如,非上市企业选择IPO发行股票,就要受到中国证监会对拟上市企业的审核以及批准。上市公司公开增发,就要满足净资产收益率和现金股利分配水平的限制。上市公司发行公司债券,也需在发行额度等方面满足相关规定。因此,管理层在选择融资工具时要考虑融资工具选择的可行性。

(3) 公司高管对融资工具的选择偏好。企业在选择融资工具时,公司高管对融资工具的选择偏好也会影响融资决策。例如,部分企业在企业规模、增长能力与财务状况等方面已经处于所在行业中的领先水平,但管理层权衡上市利弊,并没有选择发行股票上市融资,当然也不可能选择在资本市场交易的各种其他融资工具,而是选择商业信誉融资、银行负债或其他间接融资工具。

4.5.4　长期融资的时机把握

公司管理层在进行长期融资决策时,通常需要从整体财务流动性与资金成本管理的角度考虑一系列有利于融资环境和时机的因素对融资决策的影响。

(1) 及时判断企业成长性对融资的需求。长期融资作为企业的财务政策选择,要求管理层及时做出基于企业增长的对外部长期融资需求的判断,这是因为多数长期融资工具准备周期时间长,手续相对复杂,是改善未来财务流动性的长期融资安排。例如,对于多数企业而言,准备IPO上市发行股票融资是涉及法律程序、资产评估、财务审计、信息披露等复杂而费时的过程,需要管理层适时准备与安排。

(2) 及时把握对企业有利的融资政策。长期融资具有明显的政策性导向性,对企业管理层而言,应及时判断融资政策性导向对企业的影响。例如,信贷规模与利率水平的变化不仅对企业的部分业务扩张具有重要影响,也对企业债务融资的资金成本具有显著的影响,如信贷政策对房地产开发企业的融资能力影响就比较显著。此外,某些融资工具也在一定时期体现了资本市场监管层的监管意图,包括股权融资的IPO以及分离交易可转换债券等。

4.5.5　长期融资的治理效应

长期融资决策不仅对财务流动性、资本结构与资本成本等企业的财务特征产生影响,也对公司治理产生影响。

（1）对公司治理结构的影响。企业在进行股权融资时，无论是私募融资还是公开发行股票，都将改变所有权结构。股权融资改变了所有权的属性结构，稀释了创始人股东的所有权份额，使所有权结构多元化，如引入机构投资者或股份公众化。股权融资在改变所有权结构的同时，也对企业的权力机构董事会结构产生影响，特别是在目前我国沿袭的"资本多数决"治理机制下，引入的控制性大股东不仅作为企业股权资本的投资者，也作为资本投资者代表在董事会占有相应的席位，引发所有权与控制权安排问题。此外，企业在进行长期债务融资时，债权人也成为企业发生财务危机或破产时的相机控制人，即债权人在企业破产时具有对企业财产的优先处置权。

（2）对公司治理机制的影响。长期融资在改变公司治理结构的同时，也对公司治理机制产生重要影响。首先，股权融资在实现股权多元化、公众化的过程中，在客观上要求企业接受机构投资者或公众投资者的监督，有利于规范大股东的控制行为。其次，私募融资或公开发行股票在董事会中引入了活跃的机构投资者或其他股东的代表，不同类别的董事会成员可以发挥各自的决策优势，有利于改善董事会的议事机制。再次，公开发行股份实现股权融资的上市公司必须按照证监会和交易所的要求，遵循公司治理准则，不断完善信息披露质量。最后，企业进行股权融资也为实施管理层股权激励创造了条件，有利于完善激励与约束机制。此外，企业进行长期债务融资时，债务利息的优先支出顺序，对抑制管理层的自由现金流代理行为具有约束作用，能够发挥一定的治理机制效应。可以说，企业在进行长期融资决策并选择融资工具的同时，伴随着选择了治理结构与治理机制。

附录 4A

4A.1 增发对新老股东财富的影响

假设公司增发前的总股本为 T_0，现在拟增发新股 T。其中增发部分按一定比率向公司原股东配售，配售部分为 T_1；其余部分向社会公开发行，总量为 T_2；即 $T = T_1 + T_2$，$T_1 = \alpha T$。增发前公司股票二级市场价格为 P_0，增发价格为 P。公司募集资金为 PT，增发后公司的总股本为 $T + T_0$。

由上述假定，可以得出：

上市公司增发前的公司价值为：

$$V_0 = P_0 T_0 \tag{4-1}$$

上市公司增发后的公司价值为：

$$V = P_0 T_0 + PT \tag{4-2}$$

假定现在的分析中不考虑再融资后新投资的净现值引起的企业价值的变化，仅从认股权产生的"拆股"效果进行分析，则增发后二级市场的股票价格应该是：

$$P_1 = \frac{V}{T_0 + T} = \frac{P_0 T_0 + PT}{T_0 + T} \tag{4-3}$$

由于增发引入了新股东，双方相对持股比例的变化将会导致公司财富在新老股东之间的重新分配。根据以上假设，容易得出：

增发后老股东的财富变化为：

$$\Delta M = P_1(T_0 + T_1) - P_0 T_0 - PT_1 = \frac{T_0 T_2 (P - P_0)}{T + T_0} \tag{4-4}$$

增发后新股东的财富变化为：

$$\Delta N = P_1 T_2 - P T_2 = \frac{T_0 T_2 (P_0 - P)}{T + T_0} \tag{4-5}$$

如果增发价格低于增发前市价,也即增发价格和增发前市价相比有一定的折扣($P < P_0$),此时可以看出,ΔM 为负值,ΔN 为正值,新股东以低于市价的价格取得新股使其财富增加,老股东的财富会由于股权被稀释而流失。并且增发价格相对于市价的折扣率越高,老股东的损失越大。可以看出,由于增发新股将使老股东的持股比例下降,因此存在着财富的重新分配。将公式4-4和4-5比较,可以发现,$\Delta M + \Delta N = 0$,从纯粹的数学模型出发,可以得出老股东减少的财富就是新股东增加的财富。具体来说如下。

(1) 在既定的向老股东配售比例下(T_2 一定),增发价格越接近市场价格,老股东与新股东的持股成本差异就越小,财富转移的程度也越小,有利于保护老股东权益。

(2) 在既定的新股发行价格下,向老股东配售的比例越高,老股东与新股东的持股成本差异越小,有利于保护老股东权益(当增发全部面向老股东时,此时的增发相当于配股)。

(3) 在市价增发的情况下,没有财富转移的情况发生。

4A.2 增发对单个股东财富的影响

首先考虑增发的一般情况下单个股东财富的变化,即增发中既有面向公众投资者的公开增发,又有面向特定投资者的非公开增发。

假设公司增发前的总股本为 T_0,其中某一股东的持股比例为 α。现在拟实施增发,增发的新股份数为 T,其中该股东认购新股的比例为 β。增发前公司股票二级市场价格为 P_0,增发价格为 P。公司募集资金为 PT,增发后公司的总股本为 $T + T_0$。

由上述假定可知,上市公司增发前公司价值同式4-1;上市公司增发后公司价值同式4-2。

该股东在定向增发前从上市公司所拥有的财富为:

$$V_H = \alpha V_0 = \alpha P_0 T_0 \tag{4-6}$$

增发后该股东的财富为:

$$V'_H = \frac{\alpha T_0 + \beta T}{T_0 + T} V = (P_0 T_0 + TP) \frac{\alpha T_0 + \beta T}{T_0 + T} \tag{4-7}$$

则可以得到,增发前后,该股东的财富变化为:

$$\Delta V_H = V'_H - V_H - \beta P T = [(\beta - \alpha)(P_0 - P)] \frac{T_0 T}{T_0 + T} \tag{4-8}^{\ominus}$$

若 $P_0 > P$ 且 $\alpha < \beta$,或者 $P > P_0$ 且 $\beta < \alpha$,大股东财富是增加的。这就表明,增发折价发行($P_0 > P$)的情况下,如果该股东认购比例大于定向增发之前在上市公司中所占的股权比例($\alpha < \beta$),增发使其增发后的持股比例相对上升,该股东就会在增发中获利。$^{\ominus}$ 也就是说,在定向增发折价发行条件下,大股东以新股东身份认购所获得的财富收益要大于以原有股东身份所带来的损失。或者 $P > P_0$,且 $\beta < \alpha$ 时,大股东财富也是增加的。可见,增发的发行价格和股东认购比例共同决定了该股东财富转移的多少。

$\ominus$ 式4-4 实际上是 4-8 的一种特殊情况:当大股东持股比例 $\alpha = 1$ 时,也就是当增发面向全部老股东时,式4-8 就转化为式4-4。

$\ominus$ 其经济含义在于,假设增发折价产生1元的财富转移量(增发对象从上市公司原有股东处转移财富1元),那么该股东由于认购股份比例为 β,从而会直接获得 β 元的财富转移收入,但是由于该股东在原有上市公司所占的股份比例为 α,为此他也会遭受 α 元的财富损失。因此,通过增发累计获得的收益为 $\beta - \alpha$ 元。

4A.3 非公开增发对股东财富的影响

根据上文对增发一般情况的分析，可以得出在增发仅面向某一控股股东时，该股东财富变化的情况。同上文假设，若非公开增发仅面向一位控股股东，则有 $\beta=1$；若非公开增发的对象并非是原股东，而是某一机构投资者，则有 $\alpha=0$，$\beta=1$。根据 4-8 式，容易得出由于持股比例的相对变化对股东财富的影响。

（1）持股比例的相对变化的影响。

$$\Delta V_H = \left[(1-\alpha)(P_0 - P) \right] \frac{T_0 T}{T_0 + T} \tag{4-9}$$

一般情况下，由于非公开增发的发行价低于市价，根据 4-9 式，控股股东的财富在增发后增加了。这是由于控股股东以低于市价的价格认购新股，持股比例增加造成的。由于非公开增发常伴随着上市公司的重组或业务优化等动机，公司价值的增量要大于资金的募集量，增发后股价反而会上升。这种情况下，虽然非公开的增发价格低于市价，大股东和中小股东却都能从增发带来的公司价值提升中获利。

特别的，若非公开增发的对象并非是原股东，而是某一机构投资者时，该增发对象的财富变化同式 4-5，也即在式 4-9 中，令 $\alpha=0$。这种情况下新股东的财富也会增加。

（2）非现金资产不公平定价的影响。现在假设控股股东以非现金资产认购定向增发股份。公司增发新股数量为 T，增发价格为 P；大股东以价值为 V' 的非现金资产认购向其配售的新发行股份，认购比例为 β。为了计算方便，设每股资产价格为 P'（$V' = \beta T P'$）。在信息不对称的条件下，由于外部投资者无法获知非现金资产的真实价值，市场认为公司增加的价值仍为 PT，股价被高估了。增发后二级市场上该公司股票的价格同 4-2 式，大股东的财富同 4-7 式。定向增发前后大股东的财富变化为：

$$\begin{aligned}
\Delta V'_H &= V'_H - V_H - \beta P' T \\
&= \left[(\beta - \alpha)(P_0 - P) \right] \frac{T_0 T}{T_0 + T} + \beta T (P - P') \\
&= \Delta V_H + \beta T (P - P')
\end{aligned} \tag{4-10}$$

与公允市价认购相比，如果用于认购的非现金资产定价不合理，将会对大股东财富的变化产生影响。从 4-10 式可以看出，如果非现金资产定价低于新股的发行价格，即 $P' < P$ 时，除了因认购比例及发行价格因素造成的财富变化 ΔV_H 外，还由于高估资产的价值，给大股东带来了 $\beta T(P - P')$ 的财富增量。这部分财富为实际资产价值低于认购股票价值产生的财富转移，是对中小股东的利益侵占。

附录 4B

4B 配股中股东利益分析

根据 4-4 式，当增发全部面向老股东（$T_1 = T$）时，此时的增发相当于配股，可以看出，此时各股东的持股比例不会发生改变，股东财富的理论损失为零。

具体对于某一股东，配股前其持股比例为 α（$0 < \alpha < 1$），配售比例为 β，如果该股东按照配售比例参与配股，则有 $\alpha = \beta$，根据式 4-8，该股东的财富没有变化；

如果该股东放弃配股，即 $\beta = 0$ 时，上市公司配股后的价值则变为：

$$V = P_0 T_0 + PT(1 - \alpha) \tag{4-11}$$

配股后该股东的财富为：

$$V'_H = \frac{\alpha T_0}{T_0 + T} V \tag{4-12}$$

则可以得到，配股前后，该未参与配股的股东的财富变化为：

$$\Delta V_H = V'_H - V_H = \left[(1 - \alpha)P - P_0 \right] \frac{\alpha T_0 T}{T_0 + T} \tag{4-13}$$

根据式4-11，由于配股价格低于配股前市价，$(P < P_0)$，可得 $[(1-\alpha)P - P_0] < 0$，式4-11为负值，表明该股东的财富将会损失。

本章小结

　　企业融资类型大体可以分为股权融资、债务融资与混合融资。企业进行哪一类融资以及选择哪一种融资工具受到诸多因素的影响，例如，企业的成长阶段、经营周期、商业模式，金融与信贷政策以及管理层的财务政策权衡决策的影响。

　　股权融资是资本市场的主要融资形式，其融资工具包括上市公司首次发行股份并公开上市（IPO）、股权再融资。此外，集团公司利用上市公司的融资平台整体上市，实现将母公司主要资产和业务全部上市的目的。非上市公司通过取得上市公司的控制权，间接上市并实现发行股票融资的目的。快速成长与发展前景良好的中小型非上市企业，可以通过私募权益融资支撑公司业绩增长，并伴随改善治理结构与机制。

　　长期债务融资是企业常用的融资工具，按照我国《公司法》、《证券法》、《上市公司证券发行管理办法》等法律法规的规定，企业长期债务融资主要有企业债券（或公司债券）和长期借款。一般来说，长期债券属于直接融资，受到资本市场或银行间市场监管的限制较多，融资速度慢。长期借款属于间接融资，受信贷政策影响明显，但相对来说融资速度较快。

　　混合融资是上市公司的债务融资和股权融资的工具组合，目前常用的混合融资工具有优先股、可转换债券和分离交易可转换债券。其中，优先股的特征是金融负债或权益工具；可转换债券的特征是发行的债券和以后转换为股票只能以一种融资工具形式出现；分离交易可转换债券的特征则是一次性发行普通公司债券与认股权证，但公司债券与认股权证分离交易，且认股权证行权后属于股权融资，即债务融资与股权融资可以并存。

　　企业管理层对进行长期融资决策的影响主要体现在五个方面：融资规模权衡、融资结构优化、融资工具选择、融资时机把握与公司治理效应。其中，平衡整体财务流动性与降低财务风险是长期融资决策的核心，企业不同发展阶段融资工具选择的适用性是长期融资决策遵循的基本原则。

习题

一、简答题

1. 请简述在我国目前的资本市场体系中，公司长期融资的形式有哪些？
2. 新股上市后，股价的大起大落会严重打击投资者的信心。目前已有部分公司在上市时采用"绿鞋"机制，以有效稳定股价，实现平稳过渡。请简要阐述"绿鞋"机制的原理，并说明在我国上市的公司何时可以采用这一机制？
3. H公司是一家在上海证券交易所主板上市的公司，因2009年至2011年连续三年亏损，上交所决定其股票自2012年5月23日起暂停上市。请说明2012年度该公司股票面临退市的情形有哪些。
4. "公开增发不能折价发行，且基准日相对固定；而非公开增发可以折价发行，且基准日不太固定。"

请说明这样的观点是否正确，并解释为什么？

5. 2012年2月1日，证监会首次向社会公布发行股票的审核工作流程，分为受理、见面会、问核、反馈会、预先披露、初审会、发审会、封卷、会后事项、核准发行等十个主要环节。公司申请首次公开发行（IPO）的招股书预披露时间将由原来的发审会前5天提前至发审会前30天左右。此举标志着发行审核的公开性和透明度向前迈进了一大步，有望从源头上加强对拟IPO公司的监督。请查询上市公司相关公告（参见 www.cninfo.com.cn），选取其中一家最近首次公开发行A股并上市的公司，分析其首次公开发行并上市的主要程序，说明其新股发行的定价方法。

6. 企业债券是我国存在的一种特殊法律规定的债券形式，其发行限制在国有经济部门内；而公司债券的发行主体更显宽泛，股份有限公司和有限责任公司都能够发行。试比较我国公司债券和企业债券的主要区别。

7. 2009年末我国上市公司中的长期负债中，长期借款比重达90%以上的公司占总数的56.76%；其中长期负债全部为长期借款形式的占总数的38.73%。此外，我国上市公司长期借款的平均年限和利率统计如表4-26所示。

表 4-26

年度	统计次数	平均期限（年）	平均利率（%）
2007	16	3.06	6.80
2008	28	1.50	7.63
2009	18	1.42	5.37

资料来源：根据国泰安CSMAR数据库整理。

要求： 请据此分析我国上市公司债权融资的特点，试说明原因。

8. 发行可转换债券的公司可能要求提前赎回，或投资者也可要求发行公司提前回售，因此一般会在可转换债券中设置赎回条款和回售条款。试具体说明赎回条款和回售条款对发行公司和投资者的不同影响。

9. 上市公司发行优先股对企业的所有权结构、融资结构以及支付义务有什么影响？

10. 整体上市有哪几种具体形式，对上市公司的所有权结构与资产负债表会有什么影响？

11. 分离交易可转债将普通可转债中的转股权利分离出来，实现认股权证与债券的单独交易和流通。试解释发行分离交易可转债对企业融资规模与融资成本的影响。

12. 企业在制定长期融资决策时，管理者面临的环境是错综复杂的，需要考虑的因素也是多种多样的。通常，长期融资涉及融资规模、资本结构、体融资形式、融资时机等方面的决策，试说明管理层进行长期融资各决策时需要考虑的因素。

二、讨论题

1. 首次公开发行股票（IPO）

公司股票上市能够实现资本的大众化，提高公司的知名度。同时，资本市场能为公司提供更多的融资方式，以便于筹措发展所需的资金。此外，公司股票上市也是私募股权投资者等原出资人退出公司的有效途径。

但有人认为首次公开发行股票并上市的门槛较高，程序复杂，同时也会耗费投资者大量的资金。公司上市后面临着严格的监管，反而可能不利于公司的正常发展。

讨论问题： 首次公开发行股票并上市（IPO）在公司发展中起着怎样的作用？

2. 定向增发与配股融资

定向增发和配股是我国上市公司股权再融资的两种重要方式。越来越多的公司通过定向增发的方式配置优质资产或是实现整体上市，或者通过定向增发的方式引入战略投资者。

理论上定向增发比配股更有吸引力，但还是有部分的公司选择配股的方式。显然制度的缺陷可能为定向增发过程中大股东的利益输送提供机会。而配股面向的是全体股东，可以避免市场的担忧，保护中小投资者的利益。

讨论问题：定向增发和配股各自在什么情况下更有优势？

3. 绿鞋机制或圈钱工具

我国《证券发行与承销管理办法》规定，首次公开发行股票规模在4亿股以上的，可以采用超额配售选择权，即"绿鞋机制"。绿鞋机制主要在市场气氛不佳、对发行结果不乐观或难以预料的情况下使用，可以防止股价的破发。

但有人认为，"绿鞋机制"成就了上市公司的融资盛宴，可能会成为上市公司圈钱的帮凶。例如，因为在首次公开发行过程中采用"绿鞋机制"，工商银行比计划多融资了60多亿元，农行比计划多融资了90多亿元，光大银行也比预期多融资27亿元左右。

讨论问题："绿鞋机制"在上市公司IPO过程中充当着怎样的角色？

4. 公司债券与违约风险

我国部分企业的长期负债过度依赖于银行贷款。自2010年我国证监会提出将公司债券作为工作重点和大力发展品种，简化公司债券审批流程和方式，鼓励公司债券融资，之后我国资本市场上公司债券的发行规模屡创新高。根据中国证监会相关统计数据，2012年我国上市公司境内筹资合计5 850.31亿元。其中公司债券筹资2 471.97亿元，占比42.25%。债券市场的发展使得我国上市公司的融资结构趋向正常化，有利于资本市场的不断完善。

公司债券发行规模的扩大，并不一定意味着投资风险的加大。然而投资者应该警惕信用恶化事件的超预期冲击，未来出现公司债券违约的情况是极有可能的。

讨论问题：应该如何看待我国公司债券市场的快速发展？

三、分析计算题

1. 借款成本与财务风险

A公司是一家处于成长阶段的上市公司，目前急需筹集5 000万元用于投资，有关资料如下：

(1) A公司有三种可供选择的借款方案：借款期限1年，年利率为6%；借款期限3年，年利率为6.15%，借款期限5年，年利率为6.55%。

(2) A公司未来5年的现金流量状况如表4-27所示，假设每年的现金流量均在年末流入或流出。

表 4-27 （单位：万元）

年度	0	1	2	3	4	5
现金流入量	0	2 000	4 000	6 000	6 000	6 000
现金流出量（不含债务利息）	5 000	1 000	1 000	5 000	1 000	1 000

(3) 其他相关资料：①假设A公司目前的资产负债率是合理的；②不考虑货币的时间价值；③A公司与银行等金融机构的关系一般，是否能及时足额获得所需的资金存在一定的不确定性。

(4) A公司适用的企业所得税税率为25%。

要求：

(1) 分析A公司在选择借款方案时，主要需要考虑哪些因素。

(2) 试从A公司整体财务决策的角度出发，分析比较不同的借款方案，并做出相应的决策。

2. 资产负债率与融资决策

B公司是一家生产性企业，该公司2002年的财务报表相关数据如表4-28所示。

表 4-28 （单位：亿元）

项目	金额	项目	金额
总资产	5 000	净利润	400
总负债	4 000	利息费用	80
有息负债	1 200		

相关资料如下：
(1) 已知与B公司同行业的上市公司平均资产负债率为60%，有息负债率为40%。
(2) 目前资本市场上等风险投资的权益成本为12%，1年期借款的利率为6%，5年期借款的利率为6.55%。
(3) B公司适用的企业所得税税率为25%，本年度无纳税调整事项。

要求：
(1) 根据表格中的财务数据，简要分析B公司的财务状况。
(2) 以同行业实施公司平均资产负债率和有息负债率为基准，分析B公司是否适合采用债务融资。

3. **债务契约的保护性条款**

C公司是一家处于成长阶段的民营企业，准备发行抵押公司债券筹集所需发展资金，相关资料如下：

(1) C公司已发行价值800万元、利率为10%的抵押公司债券。原债券投资人出于保持或增加其索偿权安全性的愿望，经与公司协商后，双方共同在债务契约中写入若干保护性条款，其中规定公司只有在同时满足下列条件时才能发行其他公司债券：
① 税前利息保障倍数大于4；
② 发行债券所形成的资产的50%用于增加被抵押资产，抵押资产的净折余价值保持在抵押债券价值的2倍以上；
③ 产权比率不高于0.5。

(2) C公司当年的税后净收益为300万元，预计未来仍然可以保持这一收益水平，目前的所有者权益为4 000万元，企业总资产4 800万元中已被用于抵押资产折余价值为3 000万元。

(3) C公司适用的企业所得税税率为25%。

要求：
(1) 计算在已有的抵押债券契约规定条件下，C公司可以分别再发行多少价值的利率为10%的债券。
(2) 分析上述保护性条款中哪项是有约束性的，并说明为什么。

4. **公开增发的规定**

D公司是一家经营电子产品的上市公司。D公司为满足项目的资金需求并补充流动资金，准备从外部融资30亿元。根据D公司年报中披露的相关资料，该公司2010~2012年的财务状况如表4-29所示。

表 4-29 （单位：元）

项目	2010年	2011年	2012年
净利润（归属于母公司所有者）	305 907 434.01	336 979 387.28	31 116 517.48
加权平均净资产收益率（%）	3.33%	3.66%	0.34%
扣除非经常性损益后的净利润	49 350 638.18	256 446 663.51	28 023 705.09
扣除非经常性损益后的加权平均净资产收益率（%）	0.54%	2.78%	0.31%
净资产	8 960 337 550.49	9 297 638 956.77	8 986 570 165.99
可分配利润	305 907 434.01	336 979 387.28	31 116 517.48
以现金方式分配利润	132 874 799.26	151 856 913.44	94 910 570.90

D公司适用的企业所得税税率为25%。

要求：
(1) 根据D公司2010~2012年的财务状况，分析其是否满足上市公司公开增发的相关条件。
(2) 试分析说明还有哪些因素会影响上市公司的公开增发决策。

5. **公开增发对新老股东财富的影响**

E公司是一家高新技术企业，目前总股本数为T_0，二级市场上的股票价格为P_0。为支持新技术的研发，E公司打算公开增发筹集资金，相关资料如下：

(1) E公司拟增发新股数量为 T，预期原股东认购比例为 T_1，其余部分 T_2 由新股东认购，即 $T = T_1 + T_2$。
(2) E公司增发价格为 P。
(3) 假设不考虑新投资的净现值引起的E公司价值的变化。

要求：
(1) 试推导说明在不同的增发价格下，公开增发对新老股东财富的影响。
(2) 试推导说明在新老股东不同的认购比例下，公开增发对新老股东财富的影响。

6. 定向增发后的股票价值

F公司是上市公司，该公司拟通过定向增发收购其母公司的资产和业务，实现整体上市，有关资料如下：
(1) F公司目前发行在外的普通股共有6 000万股，公司股票市场价格为20元/股。其中，其母公司持股比例为50%，其他为社会公众股。
(2) F公司的母公司资产和业务的整体估价为6亿元。
(3) 假设不考虑其他因素对F公司价值的影响。

要求：
(1) 假设F公司分别以15元/股、20元/股和24元/股的价格定向增发，计算分析定向增发后的股票价值变化情况。
(2) 说明不同的定向增发价格对老股东财富的影响。
(3) 试说明目前我国资本市场上的定向增发应遵循怎样的定价原则，为什么会有这样的规定。

7. 配股的除权价格

配股价格是现有股东优先认购每股新发行股票的价格，一般按配股公告时股票市场价格折价10%到25%来决定。配股除权价格是股权登记日后的股票理论除权基准价格，一般不同于除权后的股票价值。

要求：
(1) 请查询上市公司相关公告（参见www.cninfo.com.cn），选取其中一家最近进行配股的上市公司，计算并区分其配股价格，配股除权价格和除权后的股票价值。
(2) 计算该公司公告进行配股时，原普通股股东持有的每份认股权证的价格。
(3) 判断该公司股票除权后是"填权"还是"贴权"，试分析其中的原因。

8. 配股中优先认股权的价值

G公司是一家从事医药行业的上市公司，目前准备通过配股的方式增加其股本规模，相关资料如下：
(1) 新股发行前股票价格为 P，即 P 为附权股票的市场价格；N 为购买一股新股所需的认股权数；S 为新股票的认购价。
(2) 假设优先认股权的价值为 R。

要求：
(1) 试推导原股东优先认股权的价值 R。
(2) 试分析说明参与配股与否对单个股东价值的影响。

9. 可转债的转换价值和转换价格

H公司是一家上市公司，发行在外的可转换债券相关资料如下：
(1) H公司发行在外的可转换债券20亿元，每张债券的面值为1 000元，期限为6年。
(2) 根据债券条款的规定，可转换债券前两年的转换价格为40元，第三年和第四年的转换价格为45元，第五年和第六年的转换价格为50元。
(3) H公司目前的股票市场价格为30元/股，预计将以每年10%的速度增长。

要求：
(1) 计算H公司可转换债券每年的转换比率和转换价值。
(2) 试分析如果H公司希望债券投资者尽早转股，应该怎样设置转换价格；反之又如何。

10. 分离交易可转债中认股权证的价值

I 公司是一家在创业板上市的公司,目前公司全部投入资金为权益性资本。I 公司目前经营已经较为稳定。为筹集发展资金,同时利用资本市场实现其资本投入的多元化,I 公司打算进行长期债务融资,相关资料如下:

(1) I 公司的经营风险较大,如果按照目前 10 年期公司债券的市场利率 8% 发行,存在很大的发行失败的可能性。

(2) I 公司管理层提出如下两个方案:①I 公司发行普通可转换债券,债券面值为每份 1 000 元,期限 10 年,票面利率为 6%。第 5 年起可以转股,初始转股价为 30 元/股。第三年和第四年的转换价格为 35 元,第五年和第六年的转换价格为 40 元。②I 公司发行分离交易可转债,债券面值为每份 1 000 元,期限 10 年,票面利率为 5%,同时每张债券附送 20 张认股权证。认股权证将在 5 年后到期,到期前每张认股权证可以按 30 元的价格购买 1 股 I 公司的普通股。

(3) I 公司股票的目前市场价格为 8 元/股。

要求:

(1) 根据已知条件,计算分离交易可转债中每张认股权证的价值。

(2) 试分析分离交易可转债附送的认股权与普通可转债中的转换权的异同。

11. 分离交易可转债的资本成本

J 公司主要经营家具的进出口业务,目前正考虑筹集资金扩大海外市场,准备发行分离交易可转债。

为保证债券的成功发行,其票面利率以及所附认股权证数量的设计必须满足一定的条件,使得分离交易可转债的资本成本位于某个区间内。

已知目前资本市场上普通债券的利率为 10%,J 公司股票的资本成本为 12%,J 公司适用的所得税税率为 25%。

要求:

(1) 根据 J 公司股票的资本成本和资本市场上的普通债券利率,计算确定分离交易可转债税前资本成本的有效区间。

(2) 试分析如果分离交易可转债的税前资本成本高于或低于有效区间,发行是否可能会成功,并说明为什么。

12. 股权融资与长期债务融资

K 公司是一家生产性上市公司,2013 年末的股本总额为 20 亿股,目前公司股票市场价格为 5 元/股。公司为扩大经营规模,决定再建设一条生产线,需要募集资金 30 亿元。

(1) K 公司有如下三个备选筹资方案:

方案一:按照目前市价公开发行股票 6 亿股。

方案二:以目前股本 20 亿股为基数,每 10 股配 2 股。

方案三:发行 10 年期的公司债券,债券面值为每份 1 000 元,票面利率为 9%,每年年末付息一次,到期还本。目前等风险普通债券的市场利率为 10%。

(2) K 公司最近三年没有分配过现金红利。

(3) K 公司股票的市场价格波动较小,预计未来市价维持在 5 元/股至 6 元/股之间。

(4) K 公司适用的所得税税率为 25%。

要求:

(1) 如果方案一可行,K 公司应该满足哪些方面的条件?试根据已有条件判断方案一是否可行。

(2) 如果方案二可行,K 公司应该满足哪些方面的条件?假设 K 公司满足以上各方面的条件,配股是否能够填补资金缺口。

(3) 如果方案三可行,K 公司应该满足哪些方面的条件?为使公司债券发行成功,K 公司应该如何拟定债券的发行价格。

四、自测题

1. 可转换债券资本成本、纯债券价值和底线价值

L公司是一家从事医药行业的上市公司。目前公司投资项目的新投资项目的资金缺口为10 000万元,拟通过发行普通可转换债券筹资,相关资料如表4-30所示。

表 4-30

可转换债券的面值	1 000元	付息方式	每年年末付息一次
期限	5年	不可赎回期	4年
转换比率	22	赎回价格（第4年为1 050元）	1 050
票面利率	6%	等风险普通债券的市场利率	7%

其他相关资料如下：
(1) L公司目前的股价为40元/股,当前预期股利为2元/股,预期股价年增长率为5%。
(2) L公司的企业所得税税率为25%。

要求：
(1) 计算L公司的股权资本成本。
(2) 确定发行当日相同条件下不可转换债券的价值（即纯债券价值）。
(3) 填写下列表格（表4-31）,并说明第4年末债券持有人是否会选择转换（如果不转换公司将赎回债券）。

表 4-31 （单位：元）

时间	每年利息	债券价值	股价	转换价值	到期价值	市场价值	底线价值
0							
1							
2							
3							
4							
5							

(4) 判断L公司当前的可转换债券发行方案是否可行,并说明理由。

2. 分离交易可转债的认股权证价值、负债成分和内含权益成分的公允价值、实际利率摊销、吸引发行人的原因

M公司是一家高新技术企业,发展前景良好。公司新投资项目需要资金10 000万元,拟通过发行认股权和债券分离交易的可转换公司债券（简称分离交易可转债）筹资。相关资料如下：

(1) M公司拟发行债券的面值为1 000元/份,期限10年,票面利率为5%,同时附送20张认股权证,认股权证在5年后到期,在到期行权时每张认股权证可按50元的价格购买1股普通股。
(2) 目前长期公司债的市场利率为7%。
(3) M公司目前的股票市场价格为40元/股。
(4) 假设不考虑分离交易可转债发行期间的交易费用。
(5) M公司的企业所得税税率为25%。

要求：
(1) 计算每张认股权证的价值。
(2) 分别确认分离交易可转债负债成分和内含权益成分的公允价值。
(3) 假定M公司的分离交易可转债实际年利率为7%,每年年末付息一次。计算第一年年末分离交易可转债的账面净值。
(4) 阐述公司为什么愿意发行分离交易可转债。

Chapter 5 第5章

财务预测与规划

学习目标

- ◆ 了解财务预测的意义和步骤
- ◆ 掌握营业收入百分比法
- ◆ 掌握外部融资收入增长比计算方法
- ◆ 掌握内含增长率、可持续增长率的财务意义与计算方法
- ◆ 理解经营效率、财务政策变动对企业增长与融资需求关系的影响

引言

本章主要内容由财务报表预测、外部融资需求预测、融资约束条件下的营业收入增长率、经营效率与财务政策变动下的营业收入增长率四个部分组成。第一部分,阐述财务预测的意义与步骤,介绍了营业收入百分比法及财务报表预测的其他方法,旨在解决的主要问题是如何结合市场经济环境、企业经营战略与当前财务状况对企业未来的资产、负债、收益变化趋势做出预测。第二部分,建立营业收入增长需要资金支持的基本理念,介绍了外部融资需求的计算方式,旨在解决的主要问题是依据营业收入增长率目标对预测期间的外部融资数额及融资来源做出合理规划。第三部分,阐述了Van Horne 模型与 Higgins 模型的基本理念,并推导了内含增长率、可持续增长率计算公式,旨在解决的主要问题是如何根据有限的融资来源安排营业收入增长,以实现高速、可持续的企业成长。第四部分,在企业经营与财务政策发生改变的条件下,分析了营业收入增长率的计算方法,并考察了一次性股权融资对营业收入增长率的支持作用,旨在解决的主要问题是评估企业能否通过提高经营效率、调整财务政策等方式实现持续高速增长。

本章内容运用了前面相关章节的理论与方法,同时也是学习后续各章内容的基础。本章预测财务报表的编制方法沿用了第2章财务分析的基本框架,营业收入增长率管理与第3章的营运资金管理构成了企业流动性管理的主要内容。

本章的内容框架如图 5-1 所示。

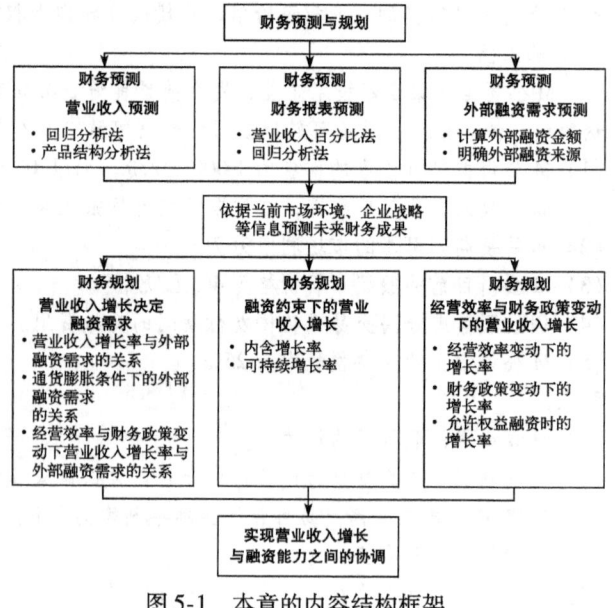

图 5-1 本章的内容结构框架

5.1 财务预测

预测是进行科学决策的前提。企业的经营活动会对其财务状况产生影响,而财务状况又会反过来影响企业预期的经营活动。财务预测是在财务分析的基础上,根据未来的财务目标,结合宏观经济环境、行业发展前景、公司经营战略等因素,运用统计学的方法对公司未来的财务成果做出判断。财务预测是财务管理的重点环节,它能为企业财务决策提供依据,也是建立有效财务预算的基础。⊖

5.1.1 财务预测概述

1. 财务预测的意义

财务预测的意义主要包括以下三个方面。

第一,财务预测是投资决策的基础。投资决策是企业财务管理的重要组成部分,而财务预测则是投资决策的重要依据。财务预测通过定量分析的方式,对资产负债、成本费用、融资需求等财务指标做出估计,以供管理者在多方案比较选择时评估经济效益、权衡风险收益,最终制定合理决策。财务预测准确性越高,对于管理者的帮助就越大。因此,财务预测直接影响到投资决策的质量。

第二,财务预测是融资规划的前提。企业实现营业收入增长需要资金支持,如果营业收入增长率较高,内源性融资不能够满足增长所需的资金需求,企业就需要通过银行借款、企业债券、权益融资等方式筹措资金。财务预测能够预先对既定营业收入增长率目标下的外部融资需求做出科学合理的估计,协助财务管理人员合理安排融资来源,预先做好融资规划。

第三,财务预测是提高管理水平的手段。财务预测不仅能够为企业的投资决策、融资规划提供支持,也有利于提升管理者的财务管理水平。财务预测工作以当前的宏观经济形势、市场环境背景、企业经营战略与财务状况为基础,着眼于企业未来的经济业务与财务成果,需做到居安思危、防患于未然,对财务管理人员的前瞻性思维、全面掌控企业经营发展脉络的能力提出了较高的要求,有助于提升管理者的综合素质。

2. 财务预测的步骤

财务预测的核心是将企业的预期市场目标转化为预期财务效益目标,并进一步评估预期资产与融资需求。财务预测主要分为营业收入预测、财务报表预测、外部融资需求预测和营业收入预期增长率调整四个基本步骤,如图 5-2 所示。

(1) 营业收入预测。在财务预测过程中,营业收入预测是资产需求、融资需求、

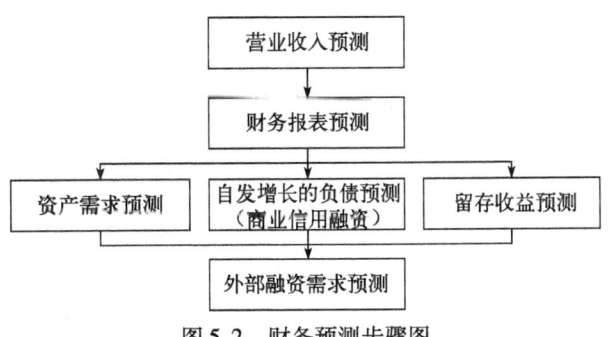

图 5-2 财务预测步骤图

⊖ 上市公司同时披露合并财务报表与母公司财务报表,其中,母公司财务报表建立在单一企业的基础上,而合并财务报表则汇集了企业集团母公司、子公司、合营企业与联营企业的财务会计信息。本章节将以单一企业作为研究对象,对财务预测与财务规划中的外部融资需求等内容进行探讨。主要原因如下:第一,合并财务报表容易受到企业合并范围变动等因素的影响,使不同年度损益、资产负债项目可比性较弱;第二,企业集团内部资本市场中资金分配并非完全有效,集团募集的外部融资可能难以高效利用,成员企业同时存在着资金不足与资金过剩的现象,从而弱化了营业收入增长率与外部融资需求之间的联系。

成本费用等一系列预测的基础，可以说营业收入预测是整个财务预测的起点。在进行营业收入预测时要分析企业的历史财务报表与当前财务报表显示的业绩状况，并依据经营战略分析企业的产品结构、市场需求，判断企业未来的发展趋势。营业收入预测存在着一定的主观性，管理层对企业成长的信心也是影响营业收入预测的重要因素。

营业收入预测一般有两种方法：一种是回归分析法，一种是产品结构分析法。

回归分析法以企业的历史财务报表数据为基础，寻找营业收入与会计年度之间的函数关系，并根据这个函数关系推算出预测期内的营业收入。当企业不同年度之间的经营效率、财务政策比较一致，营业收入相对稳定时，回归分析法较为适用。当然，并非所有企业都适合采用这种方法，如果回归结果显示营业收入与会计年度之间不存在显著的线性关系，则应当尝试其他方法。

产品结构分析法下，首先依据营业收入确定企业的主要产品，再分别预测各类产品的营业收入增长率，最后综合得出企业预期营业收入增长率。利用产品结构法进行营业收入预测时要考虑以下三方面影响因素：一是市场前景、市场份额、产品结构、同类产品同行业竞争，二是生产能力、研发及设备投入、产品更新换代能力，三是营销管理、信用与融资能力。

（2）财务报表预测。通常来说，企业的资产与营业收入之间存在着一定的数量对应关系，用资产周转率可以把这种对应关系反映出来。根据营业收入的预测结果以及资产周转率可以预测营业收入增长下的资产需求量。通常情况下，资产需求量是以基期或历史平均水平的资产周转率为基准计算得到的。但是，如果预测期间内企业资产周转率将会发生显著变化，则应当先对资产周转率进行修订，再对资产需求进行预测。

这一方式同样适用于流动负债项目的预测。与资产周转率类似，大部分的流动负债与营业收入之间存在着联动关系，反映了实现一单位营业收入所需要的流动负债金额。根据预测出的营业收入以及流动负债与营业收入之间的比例关系，能够计算得到自发增长的流动负债金额。

假设各项费用与营业收入之间也存在着一定的比例关系，基于利润表的结构，可以确定预测期营业收入与相关成本、费用及其他损益的关系，并在此基础上预测净利润。最后，由净利润和股利支付率共同决定企业内源融资金额。

（3）企业融资需求预测。按照营业收入百分比法预测的财务报表通常不会平衡，资金缺口需要通过借入银行借款、发行债券、发行新股等方式弥补。依据会计基本等式，总资产等于负债总额加所有者权益。因此，预测期资产增量等于负债增量加所有者权益增量，预测期内资产增加额减去自发性负债、留存收益增量，就是预测期内的外部融资需求。

（4）营业收入预期增长率调整。确定外部融资需求后，企业要对融资来源进行安排。如果通过分析发现，在预测期间内，企业无法筹集足够的资金满足目标营业收入增长率下的外部融资需求，则要考虑是否可以通过提高预期营业收入净利率、降低股利支付率、加快资产周转率等方式实现预期的营业收入增长。如果这些措施依然不能够保证实现营业收入的预期增长率，则需要根据实际融资能力对营业收入预期增长率进行调整。

5.1.2 财务报表预测

1. 营业收入百分比法

上文对财务预测的概念与步骤做出了概括性说明，在本节中将着重介绍财务报表预测的常用方法——营业收入百分比法。

营业收入百分比法的基本思想是：假设企业的成本费用、资产负债项目随营业收入同比变动，根据预测出的营业收入对估计期间内的财务报表各个项目进行预测。在这一假定下，财务报表预测过程计算简便、易于操作，仅需估计营业收入增长率，就可以根据基期内各个资产、负债等项目与营业收入之间的比例关系，得到估计期间内的资产负债表及利润表。

虽然上述财务报表预测的方式较为简单，但是也存在着一定的局限。第一，并非所有资产项目均与营业收入同比例变动。不同资产项目对营业收入增长的贡献不同。一般情况下，货币资金、存货、应收账款、应付账款等项目都会随着营业收入同步增长，而固定资产则会随营业收入提升呈现阶梯式增长，其变动主要取决于预测期经营规模是否超出企业现有生产能力。如果现有产能足以支持营业收入扩张，则无需新增固定资产。与经营资产不同，金融资产的规模主要取决于企业管理层对闲置资金的投资策略，而与企业的生产经营活动、营业收入总额关系不大。第二，企业的资产运营效率往往是处于变动过程之中的，总体与单项资产在估计期间的周转率与基期的周转率可能存在着显著差异。企业可以通过提高资产运营效率、加速资产周转率提高营业收入增长比率。此外，营业收入百分比法假设资产结构保持不变，虽然简化了预测过程，但也难以与实际情况相符。

事实上，营业收入增长对于资产规模的影响可以划分为三种模式：①所有资产项目与营业收入同比增长，即符合营业收入百分比法的隐含假设条件；②部分资产项目与营业收入同比增长，部分资产与营业收入无关，解决了不同资产对营业收入贡献存在差异的问题；③部分（或全部）资产随营业收入增长而增长，但资产增长率与营业收入增长率存在差异，解决了资产周转率在估计期间发生变动的问题。

因此，为使财务预测结果较为可靠，应首先明确资产类别，重点考察对营业收入有贡献的经营性资产周转效率，分析不同资产的循环周期、循环主体贡献程度，并判断哪些资产、负债项目与营业收入之间存在比较稳定的相关关系。在确定资产、负债项目营业收入百分比时，主要应当考虑随营业收入增长而同步增长的项目。为简化预测，可以假设与营业收入没有直接关系的项目在预测期内的存量保持不变。

资产、负债项目与营业收入之间的关系汇总如表 5-1 所示。

表 5-1 资产、负债项目与营业收入联动关系汇总表

资产、负债项目	与营业收入联动关系	简要说明
库存现金、银行存款等货币资金	同比增长	货币资金是企业经营活动的基础，营业收入增长时，为满足企业日常运营的需要，也需要相应增加货币资金。一般情况下，货币资金随营业收入的增长而增长
应付账款、应付票据等商业信用融资	同比增长	随着营业收入增长，企业购买的原材料总额也会增加，当销货企业的信用政策不变时，企业商业信用融资会随着营业收入的增长而增长
存货	同比增长	存货周转率反映的是存货与营业收入之间的联动关系。通常情况下，企业的存货周转率会维持在一个固定水平上。因而，存货会随着营业收入的增长而增长
固定资产	阶梯式	固定资产为生产产品、提供劳务、出租或经营管理而持有。当营业收入增长时，需要相应增加企业产能，而产品的生产又要依靠固定资产。当营业收入的增长超过原有固定资产的生产能力时，就需要增加固定资产来支持营业收入的增长
其他资产项目	可以假定保持不变	主要包括了金融资产、无形资产、长期股权投资、应收利息等与企业的生产经营关系不大的资产项目

上文介绍了企业资产、负债与营业收入同步变动的项目，但是每个企业具体情况不同，在实际操作过程中还要结合企业的具体情况确定资产、负债项目与营业收入之间的联动关系。

【例 5-1】 四川长虹（600839）2010 年资产负债表如表 5-2 所示。其 2010 年营业收入为

2 072 498万元，净利润为48 465万元，未分配现金股利。假设货币资金、应收票据、应收账款、预付账款、存货、固定资产、应付票据、应付账款、预收账款与营业收入之间存在稳定的百分比关系，其他项目在预测期间内保持不变，预计企业能够实现5%的营业收入增长比率。预测企业2011年的财务报表。

表5-2　四川长虹2010年资产负债表及2011年预测资产负债表

2010年12月31日　　　　　　　　　　　　　　　（单位：万元）

资产	2010年期末余额	营业收入百分比	2011年预测值	负债及股东权益	2010年期末余额	营业收入百分比	2011年预测值
流动资产：				**流动负债：**			
货币资金	532 988	25.72%	559 637	短期借款	661 271	N	661 271
交易性金融资产	4 216	N	4 216	交易性金融负债	0	N	0
应收票据	462 316	22.31%	485 432	应付票据	207 116	9.99%	217 472
应收账款	223 943	10.81%	235 141	应付账款	265 258	12.80%	278 521
预付款项	10 570	0.51%	11 098	预收款项	88 270	4.26%	92 683
应收利息	0	N	0	应付职工薪酬	10 731	N	10 731
应收股利	3 555	N	3 555	应交税费	-18 975	N	-18 975
其他应收款	165 482	N	165 482	应付利息	3 290	N	3 290
存货	399 816	19.29%	419 807	应付股利	325	N	325
一年内到期的非流动资产	0	N	0	其他应付款	157 001	N	157 001
其他流动资产	638	N	638	一年内到期的非流动负债	34 017	N	34 017
流动资产合计	1 803 524		1 885 006	其他流动负债	0	N	0
非流动资产：				**流动负债合计**	1 408 303		775 065
可供出售金融资产	0	N	0	**非流动负债：**			
持有至到期投资	0	N	0	长期借款	120 698	N	120 698
长期应收款	0	N	0	应付债券	234 446	N	234 446
长期股权投资	630 744	N	630 744	长期应付款	0	N	0
投资性房地产	42 774	N	42 774	专项应付款	0	N	0
固定资产	67 015	3.23%	70 365	预计负债	6 454	N	6 454
在建工程	3 567	N	3 567	递延所得税负债	16 402	N	16 402
工程物资	0	N	0	其他非流动负债	5 550	N	5 550
固定资产清理	0	N	0	**非流动负债合计**	383 550		28 406
无形资产	170 888	N	170 888	**负债合计**	1 791 854		803 471
开发支出	4 791	N	4 791	**股东权益：**			
商誉	0	N	0	股本	284 732		284 732
长期待摊费用	0	N	0	资本公积	272 774		272 774
递延所得税资产	10 200	N	10 200	减：库存股	0		0
其他非流动资产	0	N	0	盈余公积	335 679		340 768
				未分配利润	48 465		94 265
非流动资产合计	929 980		933 331	**股东权益合计**	941 650		992 539
资产总计	2 733 504		2 818 337	**负债和股东权益总计**	2 733 504		

假定货币资金、应收票据、应收账款、预付款项、存货、固定资产等资产项目，以及应付票据、应付账款、预收款项等负债项目与营业收入同比变动。假定短期借款、长期借款、应付债券保持期初金额不变（如需外部融资，仍可增加银行借款或发行债券）。依据2010年四川长虹各项资产、负债项目与营业收入的比例关系，以及2011年企业预计营业收入总额，可以预测得出

2011年各项资产、负债项目的规模。

$$各资产（负债）项目的营业收入百分比 = 基期资产（负债） \div 基期营业收入^{\ominus}$$

根据四川长虹2010年营业收入2 072 498万元计算的资产和负债项目营业收入百分比如表5-2的"营业收入百分比"部分所示。

(1) 预计各项资产和负债

$$预测期的各项资产（负债） = 预计营业收入 \times 各资产（负债）项目的营业收入百分比$$

假设公司2011年度预计可以实现的营业收入增长率为5%，则预测年度的营业收入为2 072 498×(1+5%)=2 176 123（万元），根据预测期的营业收入以及资产营业收入百分比计算出预测期内的资产、负债项目如表5-2中"2011年预测值"部分所示。

则：

$$资产增加总额 = 2\ 818\ 337 - 2\ 733\ 504 = 84\ 833（万元）$$

$$负债增加总额 = (803\ 471 + 661\ 271 + 120\ 698 + 234\ 446) - 1\ 791\ 854 = 28\ 032（万元）^{\ominus}$$

(2) 预计增加的留存收益

假定四川长虹2011年不会发行新股，也不会增发配股，权益的变化完全来自于留存收益的增加。留存收益是公司内部的筹资来源，能够满足企业全部或部分的筹资要求。这部分资金的数量取决于预测期的净收益规模和股利支付率。

$$留存收益增加额 = 预期营业收入 \times 预期营业收入净利率 \times (1 - 股利支付率)$$

假设公司2011年预计营业收入净利率、股利支付率与2010年相同，因此有：

$$营业收入净利率 = 48\ 465 \div 2\ 072\ 498 = 2.34\%$$

$$股利支付率 = 0$$

$$留存收益增加额 = 2\ 176\ 123 \times (48\ 465 \div 2\ 072\ 498) = 50\ 888（万元）$$

这里的留存收益增加额计算方法隐含了一个假设：预期营业收入净利率可以涵盖增加的利息费用。设置该假设的目的是为了摆脱筹资预测的数据循环。在筹资预测中，需要先确定留存收益的增量，然后确定需要增加的借款。但是借款变动会影响财务费用，进而影响留存收益。因此，在这里假设营业收入净利率可以涵盖借款增加的利息，忽略借款变动对利润的影响。

假设四川长虹2011年按照净利润的10%提取盈余公积。因此，2011年预计资产负债表中：

$$盈余公积增加额 = 50\ 888 \times 10\% = 5\ 089（万元）$$

$$未分配利润增加额 = 50\ 888 - 5\ 089 = 45\ 799（万元）$$

营业收入百分比法是一种比较粗略的财务预测方法。第一，该方法假设经营资产和经营负债与营业收入之间呈比例关系，并且这一关系在预测年度内保持稳定，这一假设可能与企业真实情况不相符合。第二，该方法假设计划的营业收入净利率可以涵盖借款利息也不一定合理。虽然营业收入百分比法存在一定的局限和不足，但是它使用起来比较简单，也可以为企业提供一定的参考作用。营业收入百分比法可以作为其他复杂预测方法的补充和检验。

2. 回归分析法

为提高财务预测质量，可以采用回归分析法，利用历史资料求得各个资产负债表项目和主营业务收入的函数关系，据此预测计划主营业务收入与资产、负债总额，然后预测融资需求。

$\ominus$ 资产、负债各项目的营业收入百分比，也可以根据以前若干年度的平均数确定。

$\ominus$ 在计算外部融资需求时，假定短期借款、长期借款、应付债券可以保持基期金额不变。如内源性融资、商业信用融资不足以满足资金需求，企业可以考虑借入银行借款、发行债券、发行新股。如内源性融资、商业信用融资超出企业增长的资金需求，企业可以考虑降低银行借款规模、减少利息支出。

通常假设营业收入与资产、负债等存在线性关系。在存货项目预测中，假设存货与营业收入之间存在直线关系，其直线方程为"存货 = a + b × 营业收入"。根据历史资料和回归分析的最小二乘法可以求出直线方程的系数 a 和 b，然后根据预计营业收入和直线方程预计存货的金额。

需要特别注意一点：采用数学方式回归分析忽视了各个财务报表项目之间内在的财务会计联系。通过统计回归分析一定可以得到预测结果，但是，仅在企业近年经营效率、财务政策比较稳定、营业收入增长率不存在显著变动的情况下，所得回归分析结果才比较可靠。

在实务中，财务报表数据比较复杂，手工已很难胜任，分析人员通常会使用 excel、lotus 等计算机软件提高预测效率。在输入参数变动时，软件可以自动重新计算所有预测数据。

5.1.3 外部融资需求预测

依据资产、负债项目与营业收入的联动关系做出财务预测，编制出的资产负债表通常不会平衡。因此，需要将短期借款、长期借款、应付债券项目预留出来，作为资金缺口的补充。

【例 5-1 续】 仍然以四川长虹 2011 年财务预测为例，在财务报表预测的基础上，预测企业外部融资需求。

（1）预计增加的借款

由表 5-2 可以计算得到估计期间内的资产、负债变化量。可以发现，负债增加总额 28 032 万元和留存收益增加额 50 888 万元不足以弥补需求，因此企业需要通过增加借款或增发股本等外部融资方式筹资。企业应当根据自身的情况以及价值管理的目标来安排企业的融资来源。通常情况下，在目标资本结构允许时企业会优先使用借款筹资，如果已经不适宜或不能再增加借款，则需要考虑股权融资的筹资渠道。

四川长虹 2011 年预计需要的外部融资计算如下。

（单位：万元）

资产增加总额		84 833
− 负债增加总额	−	28 032
− 留存收益增加	−	50 888
= 外部融资需求	=	5 913

公司 2011 年资金缺口约为 5 913 万元，表明四川长虹公司在维持 2010 年短期借款、长期借款、应付债券规模的基础上，还需要补充 5 913 万元的外部资金，才能实现预期的 5% 的营业收入增长率。企业可以通过新增银行借款、发行债券、发行新股等方式满足资金需求。

5.2 财务规划

企业发展的主要特征表现在营业收入的增长，而营业收入增长需要资产的增长来支持，资产的增长则需要资金支持。企业财务规划是指为实现企业增长目标而确定能够获得相应的资金或其他财务资源支撑能力的过程，通常包括取得财务资源的形式、规模与时间。新增商业信用融资及留存收益能够提供的资金比较有限，企业往往还需要一定的外部融资。通常情况下，外部融资不能随意实现，企业的融资结构和融资规模都会受到限制，从而限制了资产的增长，进而限制了营业收入的增长。因此，企业财务规划的核心问题是协调财务资源与营业收入增长，实现企业持续快速发展，如图 5-3 所示。

从资产负债表的会计等式关系出发，财务规划包括以下两个方面的内容。一是既定营业收入增长率下的外部融资需求。营业收入增长需要新增资产支持，而资产的增长通常还需要利用外部债权

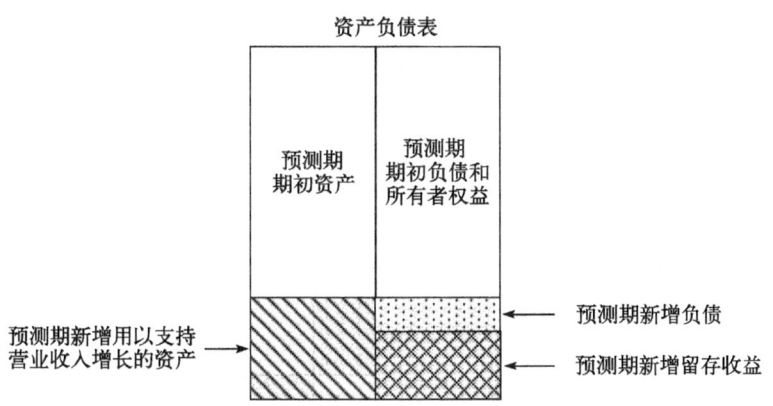

图 5-3 营业收入与融资能力关系

资料来源：Robert C. Higgins, 1997. How Much Growth Can a Firm Afford. Financial Management, 7-16.

或股权融资。根据营业收入预期增长率估计外部融资需求，可以看成是资产负债表上从左方到右方的规划过程，即营业收入增长决定外部融资需求。二是融资约束条件下营业收入可以实现的最大增长率。融资能力包括融资规模以及融资结构，融资规模是指企业债权或股权融资的数额，融资结构是指债权、股权之间的比例关系。融资约束是指融资规模或融资结构受到限制的情况。融资能力制约了资产的增长，而资产增长的限制又制约了营业收入增长率。依据融资能力确定营业收入增长率，可以看成是资产负债表上从右方到左方的规划过程，即融资能力决定营业收入增长。

5.3 外部融资需求的确定

5.3.1 营业收入增长率与外部融资需求的关系

本节以营业收入百分比法为例，在预估企业营业收入增长率的基础上，介绍外部融资的计算方式。

首先需要判断资产、负债随着营业收入增长而变化的各个项目，并确定其与营业收入之间的比例关系。再根据预期营业收入、营业收入净利率、股利支付率确定预测期留存收益增加额。依据会计等式，资产增加额 = 负债增加额 + 权益增加额。新增资产减去负债自发性增长额，以及预测期留存收益的增加额，就可以得到预测期企业的外部融资需求量，如图 5-4 所示。

营业收入增长会带来资金需求的增加，那么营业收入增长和融资需求之间就会有函数关系，这种函数关系通常采用外部融资营业收入增长比来表示。即每增长一单位营业收入需要追加的外部融资额，可将其称为"外部融资额占营业收入增长的百分比"，简称"外部融资营业收入增长比"。

外部融资需求具体计算方式步骤如下：

第一，考察资产随营业收入增长的变动。假定基期与预测期内的总资产周转率保持不变，即所有资产按原有结构同比例放大，资产与营业收入之间存在着稳定的正比例关系。在这一假设条件下，资产增加额等于基期总资产乘以营业收入增长率。

第二，分析负债变动与营业收入增长之间的联系。负债可以分为流动负债与非流动负债，其中，流动负债部分与企业生产经营密切相关，而非流动负债部分则相对独立于营业收入变动。假设非流动负债保持基期数额不变，自发增长的流动负债（不包括短期借款）与营业收入保持基期的比例关系不变，则负债增加额等于流动负债的自发性增长，即流动负债（不包含短期借款）乘以营业收入增长率。

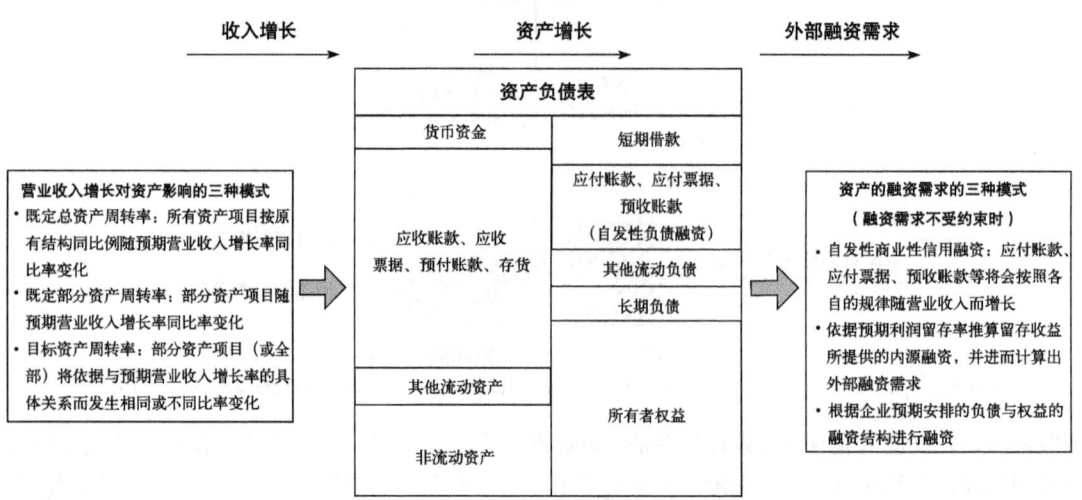

图 5-4 营业收入百分比法确定外部融资需求

权益增加额取决于企业的盈利能力及留存收益比例。在已知营业收入的前提下,企业的销售收入净利率越高、净利润中用于支付股利的比率越低,权益的增长额越大。假设预测期内的销售收入净利率、留存收益率与基期保持一致,则权益增加额等于预测期营业收入、基期销售收入净利率与留存收益率的乘积。

第三,资产增加的部分扣除自发性增长的流动负债融资以及预测年度留存收益的增加,剩下的部分就是企业需要的融资额。不同企业融资能力和融资顺序有差异,但是外部债务融资一般可以作为企业优先选择的融资方式。

下面以公式表达式推导营业收入增长率与外部融资需求的关系,根据资产负债表等式,得出:

外部融资需求 = 资产增加额 − 流动负债自发增长额 − 所有者权益增加额

可以得到:

外部融资需求 $= (Z_0 \times \Delta S) - (N_0 \times \Delta S) - [P_0 \times (S_0 + \Delta S) \times (1 - d_0)]$

两边同除 ΔS,得到[⊖]:

$$外部融资收入增长比 = Z_0 - N_0 - P_0 \times \left(\frac{S_0 + \Delta S}{\Delta S}\right) \times (1 - d_0)$$

$$= Z_0 - N_0 - P_0 \times \left(\frac{1 + \Delta S \div S_0}{\Delta S \div S_0}\right) \times (1 - d_0)$$

$$= Z_0 - N_0 - P_0 \times \left(\frac{1 + R}{R}\right) \times (1 - d_0)$$

⊖ 式中 ΔS——预测期新增营业收入;
S_0——基期营业收入;
R——预期营业收入增长率;
Z_0——基期资产营业收入百分比(资产/营业收入);
N_0——基期流动负债营业收入百分比,不包含短期借款;
P_0——基期营业收入净利率;
d_0——基期股利支付率。

下面举例说明外部融资额的计算。

【例5-2】 CH 企业 20X0 年的营业收入为 200 亿元，净利润为 5 亿元，资产负债表如表 5-3 所示：

表5-3　CH 20X0 年资产负债表

20X0/12/31（单位：亿元）

资产	期末余额	负债及股东权益	期末余额
流动资产	180	应付账款	90
非流动资产	90	短期借款	90
		股东权益	90
资产总计	270	负债和股东权益总计	270

则基期资产营业收入百分比 Z_0 为 1.35，自发增长的流动负债占营业收入百分比 N_0 为 0.45，营业收入净利率 P_0 为 2.5%，股利支付率 d_0 为 20%。假设预期营业收入增长率 $R=10\%$，可以得到：

$$外部融资收入增长比 = Z_0 - N_0 - P_0 \times \left(\frac{1+R}{R}\right) \times (1-d_0)$$

$$= 1.35 - 0.45 - 2.5\% \times \left(\frac{1+10\%}{10\%}\right) \times (1-20\%)$$

$$= 68\%$$

所需补充外部融资 = 外部融资收入增长比 × 营业收入增长 = $0.68 \times 200 \times 10\% = 13.6$（亿元）

可以采用资产负债表预测的方式，分别计算得到预测期内的总资产、应付账款、短期借款、股东权益增加额，对上述结果做出检验：

$$预测期资产增加额 = 270 \times 10\% = 27（亿元）$$
$$预测期应付账款增加额 = 90 \times 10\% = 9（亿元）$$
$$预测期净利润 = 5 \times 110\% = 5.5（亿元）$$
$$预测期支付股利 = 5.5 \times 20\% = 1.1（亿元）$$
$$预测期股东权益增加额 = 5.5 - 1.1 = 4.4（亿元）$$
$$预测期外部融资需求 = 27 - 9 - 4.4 = 13.6（亿元）$$
$$外部融资收入增长比 = 13.6 \div (200 \times 10\%) = 68\%$$

上述结果与直接代入公式计算得到的结果是完全一致的。

5.3.2　通货膨胀条件下营业收入增长率与外部融资需求的关系

当存在通货膨胀时，资金发生贬值，相同的货币资金购买力下降。此时，即使企业营业收入增长为零，支持相同营业收入规模所需的资金也要增加，需要外部融资来满足由于通货膨胀造成的货币损失。

通货膨胀存在的情况下，企业的实际增长率与名义增长率并不相同。定义名义增长率[一]为考虑通货膨胀条件下的增长率，名义增长率 = 实际增长率 × (1 + 通货膨胀率)，实际增长率为不考虑通货膨胀下企业实际的增长率。

当通货膨胀率为 J 时，企业的名义营业收入增长为 $(S_0 + \Delta S) \times (1+J)$，此时计算外部融资

[一] 沿用 Higgins 在 1977 年 "How Much Growth Can a Firm Afford", Financial Management（Fall）一文中对名义增长率和实际增长率的定义。

需求时要考虑企业的名义营业收入增长。

根据资产负债表等式：

$$资产增加额 = 负债增加额 + 权益增加额$$

资产增加的部分扣除自发增长的流动负债融资以及预测年度留存收益的增加，剩下的部分就是企业需要的外部融资额：

$$外部融资需求 = Z_0 \times [(S_0 + \Delta S) \times (1 + J) - S_0] - N_0 \times [(S_0 + \Delta S) \times (1 + J) - S_0] \\ - P_0 \times (S_0 + \Delta S) \times (1 + J) \times (1 - d_0)$$

外部融资需求增长比为外部融资需求与营业收入增长的比值。当营业收入增长为零时，不能作为分母，因此当营业收入增长为零时无法计算外部融资需求增长比。

当 $R \neq 0$ 时，两边同除 ΔS，得到：

$$外部融资收入增长比 = Z_0 \times \frac{[(S_0 + \Delta S) \times (1 + J) - S_0]}{\Delta S} - N_0 \times \frac{[(S_0 + \Delta S) \times (1 + J) - S_0]}{\Delta S} \\ - P_0 \times \frac{(S_0 + \Delta S) \times (1 + J) \times (1 - d_0)}{\Delta S} \\ = \left[\frac{(1 + R) \times (1 + J) - 1}{R}\right] \times (Z_0 - N_0) - \left[\frac{(1 + R) \times (1 + J) \times (1 - d_0)}{R}\right] \times P_0$$

当 $R = 0$ 时：

$$外部融资需求 = (S_0 \times J) \times (Z_0 - N_0) - P_0 \times S_0 \times (1 + J) \times (1 - d_0)$$

若当 $R = 0$ 且 $J = 0$，则：

$$外部融资需求 = -P_0 \times S_0 \times (1 + J) \times (1 - d_0)$$

可见在不存在通货膨胀的情况下，如果企业营业收入保持原有水平不变，则企业的外部融资需求为负，不需要增加外部融资，而且留存收益的增加还可以提供一定的剩余资金。但如果存在通货膨胀，即使营业收入增长为零，由于需要弥补货币贬值带来的资金损失，当损失无法通过留存收益的增加完全弥补时，企业仍需要一定的外部融资来维持原有的营业收入规模。

仍采用表 5-3 所示资产负债表的数据，基期资产营业收入百分比 Z_0 为 1.35，自发增长的流动负债占营业收入百分比 N_0 为 0.45，营业收入净利率 P_0 为 2.5%，股利支付率 d_0 为 20%，预期营业收入增长率 R 为 10%。当通货膨胀率 $J = 5\%$ 时，可以得到：

$$外部融资收入增长比 = \left[\frac{(1 + R) \times (1 + J) - 1}{R}\right] \times (Z_0 - N_0) \\ - \left[\frac{(1 + R) \times (1 + J) \times (1 - d_0)}{R}\right] \times P_0 \\ = \frac{(1 + 10\%) \times (1 + 5\%) - 1}{10\%} \times (1.35 - 0.45) \\ - \frac{(1 + 10\%) \times (1 + 5\%) \times (1 - 20\%)}{10\%} \times 2.5\% \\ = 116\%$$

$$所需补充外部融资 = 外部融资收入增长比 \times 营业收入增长 \\ = 116\% \times 200 \times 10\% = 23.2(亿元)$$

将计算结果与【例 5-2】的结果进行比较，其他条件不变的情况下，支持同样水平的营业收入增长率，当不存在通货膨胀时所需外部资金为 13.6 亿元，存在 5% 的通货膨胀时所需外部资金为 23.2 亿元。可见，在其他条件相同的情况下，存在通货膨胀时企业要比不存在通货膨胀时需要更多的外部资金来支持相同水平的营业收入增长率。

当 $R=0$，$J=5\%$ 时：

$$外部融资需求 = (S_0 \times J) \times (Z_0 - N_0) - P_0 \times S_0 \times (1+J) \times (1-d_0)$$
$$= 200 \times 5\% \times (1.35 - 0.45) - 2.5\% \times 200 \times (1+5\%) \times (1-20\%)$$
$$= 4.8(亿元)$$

当 $R=0$，$J=0$ 时：

$$外部融资需求 = -P_0 \times S_0 \times (1+J) \times (1-d_0)$$
$$= -2.5\% \times 200 \times (1+0) \times (1-20\%)$$
$$= -4(亿元)$$

将计算结果进行比较，即使企业的营业收入增长为零，存在5%的通货膨胀率时企业仍需追加4.8亿元的外部融资，若不存在通货膨胀率，企业还可以有4亿元的资金剩余。

通过对计算结果的比较可以发现，在支持相同的营业收入增长时，存在通货膨胀的条件下外部融资需求较高，因为存在通货膨胀的条件下除了要支持营业收入增长所需的外部融资，同时还要弥补货币资金贬值所造成的货币资金损失。即使企业预期营业收入不增长，但是如果存在通货膨胀，由于通货膨胀造成的货币损失，企业仍然需要补充资金。

5.3.3 经营与财务政策变动下营业收入增长率与外部融资需求的关系

上文介绍的外部融资需求计算建立在一定的假设前提之下：长期负债保持基期金额不变，资产和自发性增长的流动负债都与营业收入保持基期的比例关系不变，营业收入净利率、股利支付率保持基期数额不变。上述假定是一种均衡增长的理想化状态，在实际经营过程中并不一定成立。当预测期内的资产周转率、营业收入净利率、股利支付率中任一指标相对于基期发生变化，就是在经营与财务政策变动的条件下，计算企业外部融资需求。

部分资产项目周转率变动会影响总资产周转率的改变，从而影响资产营业收入百分比的值。由于存在规模经济，存货并不是随着营业收入的增长而同比例增长，即使营业收入增长较低也需要保持存货的基本存量。如果企业上一年度存货存在过剩情况，则在预测年度就应考虑加大企业的存货周转率。由上所述，存货的增长与营业收入增长并不是同步的。

再如固定资产的增加也并不是随着营业收入的增长而同比例增长。当存在过剩生产能力时，营业收入增长到生产能力得到充分利用之前都不需要增加固定资产。但是，如果当企业的生产能力已经被充分利用，即使增加很小的营业收入也可能会需要资金添置新的设备，从而影响不同营业收入水平下的固定资产与营业收入之比。

实际经营过程中，企业各个资产、负债项目与营业收入之间的比例关系可能会发生变动。此外，预测期与基期的营业收入净利率、股利支付率也可能存在差异。如果通过分析，认为预测期内的资产营业收入百分比、流动负债营业收入百分比、营业收入净利率、股利支付率相对基期发生较大变化，则需要根据预测期的相应财务指标来计算外部融资需求。

根据资产负债表等式：

$$外部融资需求 = 资产增加额 - 负债增加额 - 所有者权益增加额$$

其中：

$$资产增加额 = Z \times (S_0 + \Delta S) - Z_0 \times S_0$$
$$负债增加额 = N \times (S_0 + \Delta S) - N_0 \times S_0$$
$$权益增加额 = P \times (S_0 + \Delta S) \times (1-d)$$

则资产增加额与负债、权益增加额之差,即为企业支持营业收入增长所需的外部融资:

$$外部融资需求 = [Z \times (S_0 + \Delta S) - Z_0 \times S_0] - [N \times (S_0 + \Delta S) - N_0 \times S_0]$$
$$- P \times (S_0 + \Delta S) \times (1 - d)$$

$$外部融资收入增长百分比 = \left[Z \times \left(\frac{S_0 + \Delta S}{\Delta S}\right) - Z_0 \times \frac{S_0}{\Delta S}\right] - \left[N \times \left(\frac{S_0 + \Delta S}{\Delta S}\right) - N_0 \times \frac{S_0}{\Delta S}\right]$$
$$- P \times \left(\frac{S_0 + \Delta S}{\Delta S}\right) \times (1 - d)$$

$$= \left[Z \times \left(\frac{1+R}{R}\right) - Z_0 \times \frac{1}{R}\right] - \left[N \times \left(\frac{1+R}{R}\right) - N_0 \times \frac{1}{R}\right]$$
$$- P \times \left(\frac{1+R}{R}\right) \times (1 - d)$$

$$= \left(\frac{1+R}{R}\right) \times [Z - N - P \times (1 - d)] - \frac{1}{R} \times (Z_0 - N_0)$$

【例5-3】 仍以表5-3所示资产负债表为例,基期资产营业收入百分比Z_0为1.35,营业收入净利率P_0为2.5%,自发增长的流动负债占营业收入百分比N_0为0.45,股利支付率d_0为20%。假设预测期内资产营业收入百分比增至$Z = 1.3$,营业收入净利率为$P = 3\%$,自发增长的流动负债占营业收入百分比增至$N = 0.50$,股利支付率变为$d = 10\%$。预期营业收入增长率为$R = 10\%$的情况下,外部融资收入增长比是多少?

根据公式,得出:

$$外部融资收入增长比 = \left(\frac{1+R}{R}\right) \times [Z - N - P \times (1 - d)] - \frac{1}{R} \times (Z_0 - N_0)$$
$$= \left(\frac{1+10\%}{10\%}\right) \times [1.3 - 0.5 - 3\% \times (1 - 10\%)] - \frac{1}{10\%} \times (1.35 - 0.45)$$
$$= -49.7\%$$

预期的外部融资收入增长比为-49.7%。

$$所需补充外部融资 = 外部融资收入增长比 \times 营业收入增长$$
$$= -0.497 \times 200 \times 10\% = -9.9(亿元)$$

预测期内资产营业收入百分比降低,营业收入净利率增加,流动负债营业收入百分比增加,股利支付率降低时,在营业收入增长率为10%的情况下,企业不需要外部融资,而且可以将9.9亿元资金偿付现有债务,降低负债比率,改善资本结构。

经营与财务政策变动对外部融资需求的具体影响如表5-4所示。

○ 式中 ΔS——预测期新增营业收入;
S_0——基期营业收入;
R——预期营业收入增长率;
Z_0——基期资产营业收入百分比(资产/营业收入);
N_0——基期流动负债营业收入百分比,不包含短期借款;
Z——预测期资产营业收入百分比;
N——预测期流动负债营业收入百分比,不包含短期借款;
P——预测期营业收入净利率;
d——预测期股利支付率。

表 5-4　经营、财务政策变动与外部融资需求

营业收入增长率：10%		均不变	经营效率变动	财务政策变动	同时变动
经营效率	资产营业收入百分比（%）	135	130	135	130
	营业收入净利率（%）	2.5	3.0	2.5	3.0
财务政策	股利支付率（%）	20	20	10	10
	自发性负债营业收入百分比（%）	45	45	50	50
融资需求	外部融资收入增长百分比（%）	68	9	10	−50
	外部融资需求（亿元）	13.6	1.7	2.0	−9.9

为实现10%的营业收入增长比率，在经营与财务政策保持不变的条件下，需要外部融资13.6亿元。仅改变经营政策，即降低资产营业收入百分比、提高销售收入净利率时，外部融资需求降至1.7亿元，可节约资金11.9亿元。仅改变财务政策，即降低股利支付率、提高自发性负债营业收入百分比时，外部融资需求降至2.0亿元，可节约资金11.6亿元。同时改变经营与财务政策，则不仅不需要外部融资，还可以将企业自有资金用于偿付外部借款。

5.4　融资约束条件下的营业收入增长率

融资约束条件下的营业收入增长率与既定营业收入增长率下的外部融资需求是两个相对的过程，如图5-5所示。

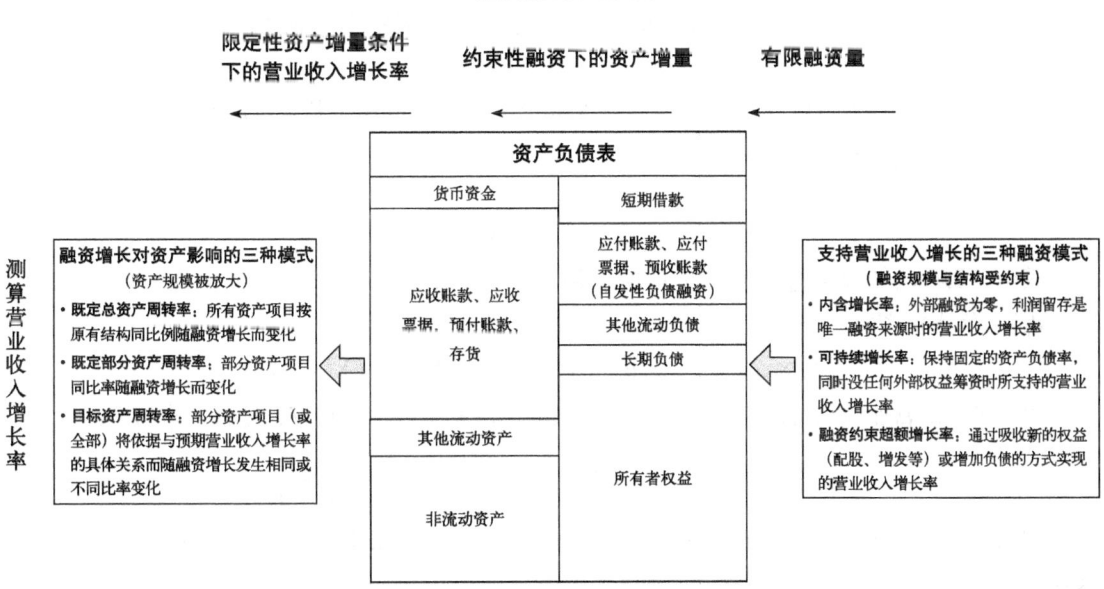

图5-5　融资能力决定营业收入规划图

在实际经营过程中，如果企业的融资规模和融资结构受到限制，营业收入增长所需的资金可能难以得到保障。如果强行加快营业收入增长，企业很容易发生资金链条断裂，进而陷入财务困境、危机，甚至带来破产的危险。因此，需要根据融资能力计算出企业可以实现的最大营业收入增长率，作为企业对实际增长率进行管理的参照指标。融资受到限制通常可以分为以下三种情况。

（1）内含增长率：仅依靠留存收益和商业信用融资实现的营业收入增长。有些中小企业无法通过发行股票、债券甚至借款取得资金，即使是大企业，在借款融资中有时也会受到限制。在缺乏外部融资时，企业主要依靠内部积累实现增长。但内部财务资源是有限的，往往会限制企业的发展速度。

（2）可持续增长率：保持经营效率（资产周转率和营业收入净利率）与财务政策（资产负债率和股利支付率）不变，且不增发新股的条件下，企业能够实现的营业收入增长率。在上述条件下，企业的营业收入增长一般不会消耗额外财务资源，是一种可持续的增长方式。

（3）融资约束超额增长率：通过提升负债比率或新增权益融资实现营业收入的增长。融资约束超额增长只是短期的营业收入增长，难以持续多个会计期间。在企业当前的财务杠杆较低时，通过外部债务融资可以有效地拉动营业收入增长。但是，企业不能无限制地负债，高负债会加剧财务风险，提升债务成本，使营业收入高增长难以持续。而权益融资需要通过证监会严格审批，企业难以随心所欲地在证券市场上发行新股募集资金。股权融资不是一种可持续的融资方式，因而，新增权益融资实现的营业收入增长也难以持续。

下面对这三种情况下的营业收入增长能力进行具体的讨论。

5.4.1 内含增长率

企业仅靠留存收益以及商业信用融资实现的营业收入增长，被称为内含增长率（internal growth rate，IGR）。这种增长通常是中小企业的增长方式。中小企业外部融资主要有两方面问题：一是难以获得商业银行贷款等债务融资；二是难以通过发行股票实现股权融资。因此，中小企业发展通常依靠留存收益以及商业信用融资。内含增长率可以对中小企业营业收入增长安排起到一定的参考作用。

假设资产营业收入百分比、负债营业收入百分比、营业收入净利率、股利支付率保持不变。内含增长率公式的推导过程如下。

根据资产负债表等式：

$$资产增加额 = 负债增加额 + 股东权益增加额$$

其中，资产增加额 $= Z_0 \times \Delta S$，负债增加额 $= N_0 \times \Delta S$，股东权益增加额 $= P_0 \times (S_0 + \Delta S) \times (1 - d_0)$，代入资产负债表等式后得出：

$$Z_0 \times \Delta S = N_0 \times \Delta S + P_0 \times (S_0 + \Delta S) \times (1 - d_0)$$

由此求得的营业收入增加额与本期营业收入的比值就是内含增长率，整理后求得[⊖]：

$$内含增长率(IGR) = \frac{\Delta S}{S_0} = \frac{P_0 \times (1 - d_0)}{Z_0 - N_0 - P_0 \times (1 - d_0)}$$

如果定义内含增长率为仅依靠留存收益实现的营业收入增长率，负债不会随着营业收入的增长而自发增长，则：

⊖ 式中 ΔS——预测期新增营业收入；
　　　　S_0——基期营业收入；
　　　　Z_0——基期资产营业收入百分比（资产/营业收入）；
　　　　N_0——基期流动负债营业收入百分比，不包含短期借款；
　　　　P_0——基期营业收入净利率；
　　　　d_0——基期股利支付率。

$$内含增长率(IGR) = \frac{P_0 \times (1-d_0)}{Z_0 - P_0 \times (1-d_0)}$$

$$= \frac{P_0 \times (1-d_0) \div Z_0}{1 - P_0 \times (1-d_0) \div Z_0}$$

$$= \frac{(1-d_0) \times ROA_0}{1 - (1-d_0) \times ROA_0}$$

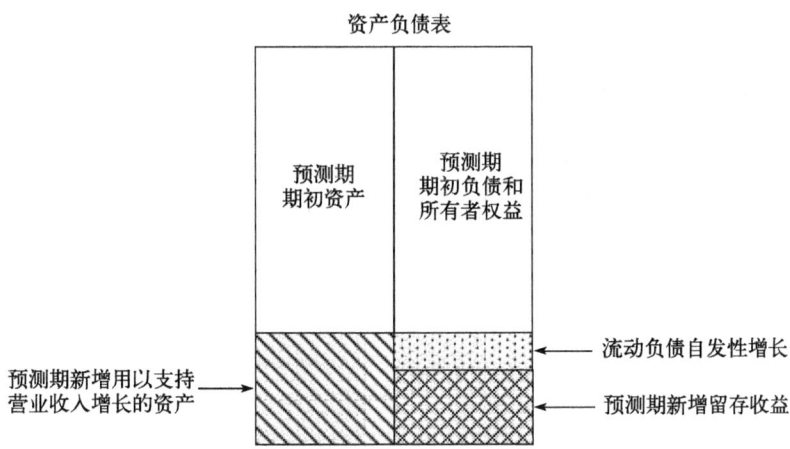

图 5-6 内含增长率图示 1（含流动负债自发性增长）

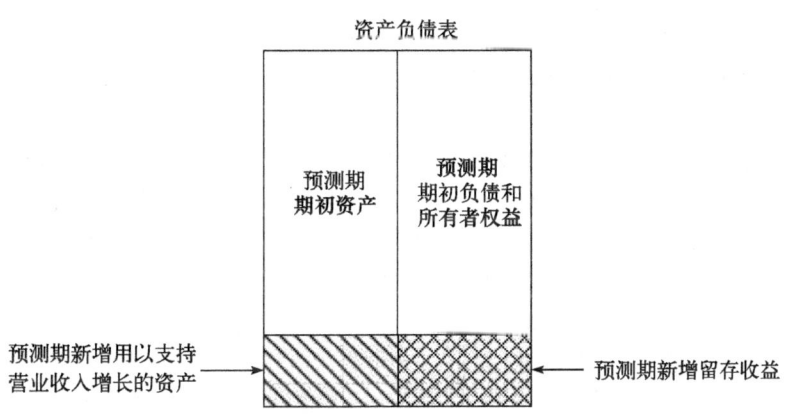

图 5-7 内含增长率图示 2（仅依靠留存收益）

【例 5-4】 仍采用表 5-3 所示资产负债表为例，20X0 年营业收入为 200 亿元，资产营业收入百分比为 1.35、自发增长的流动负债占营业收入百分比为 0.45、营业收入净利率为 2.5%、股利支付率为 20% 不变，总资产收益率为 1.85%。则企业的内含增长率为多少？

定义内含增长率为依靠留存收益及自发性负债增长支持的营业收入增长率，则有：

$$内含增长率 = \frac{2.5\% \times (1-20\%)}{1.35 - 0.45 - 2.5\% \times (1-20\%)} = 2.27\%$$

若仅考虑留存收益的增长，不考虑自发增长的流动负债部分，则：

$$内含增长率 = \frac{2.5\% \times (1-20\%)}{1.35 - 2.5\% \times (1-20\%)} = \frac{1.85\% \times (1-20\%)}{1 - 1.85\% \times (1-20\%)} = 1.50\%$$

5.4.2 可持续增长率

1. 可持续增长率的概念

可持续增长率是在保持基期经营效率（营业收入净利率和资产周转率）和财务政策（权益乘数和股利支付率）不变，且不增发新股的条件下，企业能够实现的最大营业收入增长率。它克服了企业完全依靠内部资金或主要依靠外部资金均无法支持营业收入持续快速增长的缺陷，可持续增长率强调了营业收入增长与有限财务资源相互协调的理念。

可持续增长率可以为企业管理增长率提供参照依据。如果产品市场存在发展空间，管理层都希望企业营业收入能够实现持续高速增长。但是，营业收入增长需要新增资产支持，资产增长需要资金支持，仅靠留存收益及商业信用融资难以完全满足资金需求，企业往往需要一定的外部融资。营业收入增长速度越快，外部融资需求也就越大。在短期内，企业可以通过加快资产周转速度、提高财务杠杆的方式实现高速增长，但是也必须要为此承担相应的现金流压力。资产周转效率和财务杠杆不能无限提升，当两者达到极限时，企业的高速增长将没有足够的资金支持，同时高额债务也将对企业的现金流造成压力。一旦企业遭遇突发性的自然灾害、法律诉讼、产品市场环境恶化等问题，很容易发生资金链条断裂，进而陷入财务困境、危机，甚至带来破产的危险。可见，企业不能一味追求增长的最大化，要提前对增长速度进行管理，将增长目标与融资能力相结合，实现与财务资源相协调的营业收入增长率。可持续增长率的概念为企业的增长管理提供了重要的参考依据。

2. 可持续增长率模型

Higgins 在 1977 年首次提出了可持续增长率（sustainable growth rate，SGR）的概念。[1] Higgins 认为可持续增长率是在不耗尽财务资源的情况下（without depleting financial resources），营业收入增长率的上限[2]，即公司在维持当前经营效率（销售净利率和资产周转率）、财务政策（股利支付率和资产负债率）且不发行新股的条件下，营业收入能够实现的最大增长率。Higgins 指出，营业收入的增长并非是追求最大化，对于企业管理者来说，必须在营业收入增长率目标与财务资源间实现平衡，企业才能保持稳定的增长。无限制的营业收入增长最终会与既定的财务政策相背离，过快的营业收入增长同过慢的营业收入增长同样会导致企业陷入财务困境甚至破产。可持续增长率为企业管理者对营业收入增长率的管理提供了依据。通过比较预期增长率与可持续增长率，可以判断营业收入增长目标与既定财务政策是否相适应，从而修订企业的营业收入预期增长率或调整财务政策，实现二者相互配合。

在 Higgins 提出可持续增长率的概念之后，其他财务学者[3]开始关注可持续增长率，并在此基础上进行进一步的研究。比较具有代表性的是 Van Horne 提出的可持续增长率模型，以及放松五项基本假设后的营业收入增长率计算模型拓展[4]。

Higgins 和 Van Horne 的可持续增长率模型的基本假设相同，包括以下五条：

（1）不进行权益融资（不发行新股）。

---

[1] Robert C. Higgins, 1977. How Much Growth Can a Firm Afford. Financial Management, 7-16.

[2] Robert C. Higgins, 1984. Analysis for Financial Management[M]. McGraw-Hill Education., 115-140.

[3] 如 Babcock, G. C., 1970. When Is Growth Sustainable? . Financial Analyst Journal, 108-14.
Johnson, D. J., 1981. The Behavior of Financial Structure and Sustainable Growth in an Inflationary Environment. Financial Management, 30-35.
Platt, H. D., M. B. Platt and G. Chen, 1995. Sustainable Growth Rate of Firms in Financial Distress. Journal of Economics and Finance, 147-151.

[4] Van Horne James. C., 1995. Financial Management and Policy[M]. Prentice Hall, Inc., 308-322.

(2) 保持基期①股利支付率。
(3) 保持基期资本结构。
(4) 保持基期营业收入净利率。
(5) 保持基期资产周转率。

Van Horne 可持续增长率模型推导如下。

根据资产负债表等式：

$$资产增加额 = 负债增加额 + 股东权益增加额$$

其中，资产增加额 $= Z_0 \times \Delta S$，股东权益增加额 $= P_0 \times (S_0 + \Delta S) \times (1 - d_0)$，负债增加额 $= P_0 \times (S_0 + \Delta S) \times (1 - d_0) \times L_0$，②代入资产负债表等式后得出：

$$Z_0 \times \Delta S = P_0 \times (S_0 + \Delta S) \times (1 - d_0) + P_0 \times (S_0 + \Delta S) \times (1 - d_0) \times L_0$$

由此求得的营业收入增加额与本期营业收入的比值就是可持续增长率，整理后求得：

$$可持续增长率(SGR) = \frac{\Delta S}{S_0} = \frac{P_0 \times (1 - d_0) \times T_0}{Z_0 - P_0 \times (1 - d_0) \times T_0}$$

$$= \frac{P_0 \times (1 - d_0) \times T_0 \div Z_0}{1 - P_0 \times (1 - d_0) \times T_0 \div Z_0}$$

$$= \frac{ROE_0 \times (1 - d_0)}{1 - ROE_0 \times (1 - d_0)}$$

Van Horne 可持续增长率模型的形式与内含增长率模型相近，仅需将总资产收益率替换为净资产收益率。从数学角度上看，与内含增长率公式相比，可持续增长率公式的分子更大，分母更小，因而可持续增长率高于内含增长率。

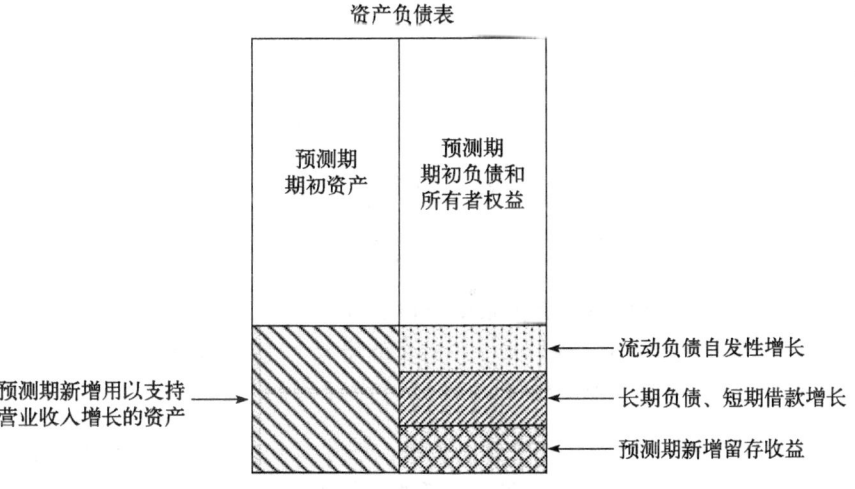

图 5-8　可持续增长率图示

Higgins 模型的推导思路与 Van Horne 模型略有不同。Higgins 认为，新增资产规模限制营业收入增长，而资产增长需要资金支持。不改变经营业绩（资产周转率和营业收入净利率）和财务政策（财务结构和留存收益率）的情况下，股东权益增长率就决定了营业收入能够实现的最大增长率。从另一个角度来看，假设总资产周转率不变，则营业收入增长率与总资产增长率相等，而预

---

① 基期是指预测期的上一期。
② 式中 L_0——基期负债股东权益百分比。

测期内的资本结构与基期保持一致，则权益增长率、负债增长率与总资产增长率相同。因而，营业收入可持续增长率又等于企业权益增长率[一]。

Higgins 可持续增长率模型推导如下：

$$可持续增长率(SGR) = \frac{\Delta Eq}{Eq_0} = ROE \times (1 - d_0)$$

上面的模型是利用期初权益计算可持续增长率，为净资产收益率[二]与留存收益率的乘积。这一模型就是 Higgins 后来提出的可持续增长率模型[三]。

在说明 Van Horne 模型与 Higgins 模型思路的基础上，对二者的相同和不同点进行比较，如表 5-5 所示。首先，Van Horne 模型与 Higgins 模型的假设前提相同，都是在不发行新股、保持既定财务政策（留存收益率和权益乘数）与经营效率（销售收入净利率和资产周转率）的条件下，计算营业收入能够实现的最大增长率。其次，两个模型的可持续增长率推导依据不同。Van Horne 模型从营业收入增长率出发，分别推导得出预测期间内的资产增加额、权益增加额和负债增加额，根据会计基本等式，资产增加额等于权益、负债增加额之和，进而可以解出可持续增长率。Higgins 模型认为，可持续增长率等于股东权益增长率。企业在预测期间内实现的净利润扣除预计支出的现金股利就是股东权益增加额，再除以基期股权权益可以得到可持续增长率。再次，两个模型的计算公式在形式上也存在差异。Higgins 采用期初权益，而 Van Horne 使用期末权益。当基期内权益的增加完全来自于留存收益，则利用期初权益与期末权益计算出的可持续增长率相等，否则两个模型的计算结果不同。

表 5-5　Van Horne 模型与 Higgins 模型的比较

	Van Horne 模型	Higgins 模型
推导依据	预测期新增资产等于新增负债、股东权益之和	可持续增长率等于权益增长率
假设前提	相同	相同
计算结果①	相同	相同
计算公式	$\frac{ROE_0 \times (1 - d_0)}{1 - ROE_0 \times (1 - d_0)}$	$ROE \times (1 - d_0)$
补充说明	利用期末资产、期末权益的比值。ROE_0 等于基期净利润除以基期期末权益	利用期末资产、期初权益的比值。ROE 等于基期净利润除以基期期初权益

①当基期内权益的增加完全来自于留存收益，则利用期初权益与期末权益计算出的可持续增长率相等，否则不等。

两个模型的优点是反映出哪些财务因素影响和制约企业增长的问题，并且模型简单、易于操作。但是 Higgins 模型和 Van Horne 模型是一个静态的模型，假设前提过于苛刻，不尽合理，在实际应用过程中很难与企业的真实情况相符。

【例 5-5】 仍以表 5-3 所示的资产负债表为例，预计 CH 企业保持基期的经营政策和财务政策不变，基期股利支付率为 20%，净利润为 5 亿元，期末净资产为 90 亿元。计算企业的可持续增长率。

依据 Van Horne 模型，利用期末权益计算可持续增长率，则：

$$SGR = \frac{(1 - d_0) \times ROE_0}{1 - (1 - d_0) \times ROE_0} = \frac{(1 - 20\%) \times (5 \div 90)}{1 - (1 - 20\%) \times (5 \div 90)} = 4.65\%$$

[一] 在企业实现可持续增长时，营业收入增长率＝可持续增长率＝总资产增长率＝负债增长率＝权益增长率＝股利增长率（假设企业发放股利）。

[二] Eq 为股东权益。此处的净资产收益率为期初权益本期净利率，即本期净利润除以期初股东权益。

[三] Higgins Robert C., 1984. Analysis for Financial Management [M]. McGraw-Hill Education., 115-140.

依据 Higgins 模型，利用预测期净利润与基期期末权益计算可持续增长率。在企业不发行新股、经营效率与财务政策不变的情况下，净利润增长率等于营业收入增长率，则：

$$SGR = ROE \times (1 - d_0) = \frac{5}{90 - 5 \times (1 - 20\%)} \times (1 - 20\%) = 4.65\%$$

根据 Van Horne 模型与 Higgins 模型计算出的可持续增长率相同。

【例 5-6】 XY 公司 2006~2010 年的部分财务数据如表 5-6 所示。XY 公司为一家中型汽车零件制造企业，在 5 年里没有进行股权融资，股利分配政策、经营战略及财务政策保持不变。

表 5-6　XY 公司营业收入增长率分析表　　（单位：万元）

年份	2006	2007	2008	2009	2010
营业收入	1 000	1 200	2 880	2 016	2 419
净利润	100	120	288	202	242
股利	20	24	58	40	48
股东权益	480	576	806	968	1 161
负债	480	576	1 958	968	1 161
总资产	960	1 152	2 765	1 935	2 322
营业收入净利率		10%	10%	10%	10%
总资产周转率		1.04	1.04	1.04	1.04
期末资产/期初权益		2.40	4.80	2.40	2.40
股利分配率		20%	20%	20%	20%
权益乘数		2	3.43	2.00	2.00
实际增长率		20%	140%	-30%	20%
Higgins 模型		20%	40%	20%	20%
Van Horne 模型		20%	40%	20%	20%

注：财务报表数据取整数，财务指标及可持续增长率取两位小数。

依据 Higgins 模型计算 XY 公司 2007 年可持续增长率，计算过程如下：

可持续增长率 = 营业收入净利率 × 总资产周转率 × 期末资产 ÷ 期初权益 × (1 - 股利支付率)
　　　　　　 = 10% × 1.04 × 2.40 × 80% = 20%

或：

可持续增长率 = 当期净利润 ÷ 期初股东权益 × (1 - 股利支付率)
　　　　　　 = 120 ÷ 480 × 80% = 20%

依据 Van Horne 模型计算 XY 公司 2007 年可持续增长率，计算过程如下：

$$可持续增长率 = \frac{留存收益率 \times 营业收入净利率 \times 总资产周转率 \times 权益乘数}{1 - 留存收益率 \times 营业收入净利率 \times 总资产周转率 \times 权益乘数}$$

$$= \frac{80\% \times 10\% \times 1.04 \times 1152 \div 576}{1 - 80\% \times 10\% \times 1.04 \times 1152 \div 576} = 20\%$$

比较上述结果可以发现，采用 Higgins 模型或 Van Horne 模型均可以得到相同的结果。XY 公司 2007 年可持续增长率为 20%。即企业如果能够在 2008 年保持和 2007 年相同的财务政策（股利支付率和权益乘数）和经营效率（资产周转率和营业收入净利率），而且不发行新股，预计将在 2008 年实现 20% 的营业收入增长率。

而实际上，企业在 2008 年的权益乘数为 4.8，是 2007 年权益乘数的两倍。XY 公司通过提高财务杠杆的方式实现了 140% 的营业收入增长率，是可持续增长率的七倍。[①]而 2008 年的可持续增长率也达到了 2007 年可持续增长率的两倍。

①这里需要注意，2008 年实际营业收入增长率应当与 2007 年可持续增长率相比较。

3. 可持续增长率的影响因素

从上述对企业可持续增长率模型的分析可以看出，该模型基于以下四个重要财务比率。

（1）总资产周转率。这一比率揭示了企业总资产实现营业收入的综合能力。企业要联系营业收入分析总资产的使用是否合理，流动资产和非流动资产的比例安排是否恰当。此外，还必须对总资产的内部结构以及影响总资产周转率的具体因素进行剖析。

（2）营业收入净利率。这一比率反映了企业净利润与营业收入的关系。提高营业收入净利率是提高企业盈利的关键，而营业收入净利率的高低主要取决于营业收入和成本及费用水平的高低。提高这个比率有两个途径：一是扩大营业收入，二是降低成本及费用。

（3）股利支付率。这一比率涉及利润分配政策。如何妥善解决好短期利益与长期利益、公司与投资者的关系至关重要，企业应依法分配，兼顾各方面利益，秉持分配与积累并重的原则。

（4）权益乘数。权益乘数反映了企业投资者权益对债权人权益的保障程度。这个比率越低，表明企业的偿债能力尤其是长期偿债能力越强，债权人权益的保障程度越高，承担的风险越小，但企业不能充分地发挥负债的财务杠杆效益是一个缺陷。所以在保障债务偿还安全的前提下，应尽可能提高产权比率。

可持续增长是企业实现平衡增长的标志，当实际营业收入增长率等于可持续增长率时，企业的资产负债率始终保持不变。但这并不意味着实际增长率不可以超过或低于可持续增长率，可持续增长率只是为管理层制定营业收入增长率目标提供一项参考标准。在实际过程中，企业不可能完全复制上一年度的情况，企业需要随时调整自己的经营目标以及财务目标来适应市场的发展和变化，因此在实际过程中企业的预期增长率不可能总是小于或等于企业的可持续增长率。

一般情况下企业的实际增长率是会大于可持续增长率的，企业发展初期营业收入增长率甚至可能会远大于可持续增长率。企业超速增长需要资产支持，新增资产需要资金支持。在短期内，企业可以通过加速资产周转、提高财务杠杆等方式实现预期营业收入增长率。但资产周转效率、外部融资能力不能无限制提升，营业收入增长越快，资产规模越大，企业面对的资金问题也会更严峻，长期高速增长势必会使企业现金流承受极大的压力。管理人员应当事先对可能引发的财务问题做出判断，并制定风险管控措施，做好营业收入增长率管理。

Van Horne 认为，实际增长率不超过可持续增长率的 4~6 倍是企业可以承受的。但是现实情况是，当实际增长率达到可持续增长率的 4~6 倍时，企业已经很难从银行筹得增长所需的全部资金，因此营运资金会非常紧张，从营业收入取得的现金流会被迅速增长的营运资本自发吸收，使企业并没有富余的自由现金流。资金问题最终会使企业的高速增长难以持续。尽管企业的增长时快时慢，但从长期来看总是受到可持续增长率的制约。因此在制定企业营业收入增长率目标时，要考虑可持续增长率对营业收入增长的制约，可以将其上限定为可持续增长率的 3 倍，既能保障企业增长，又不会加剧企业的财务风险。

可持续增长率是体现了与企业当前财务政策相匹配的营业收入增长率，其本质和企业财务资源密不可分。第一，可持续增长率的理论从会计恒等式出发，体现了资产负债表之间的平衡关系。营业收入增长需要资产负债表左边的资产的支持，资产增长需要相应的融资来源，这又依赖于资产负债表右边的负债和所有者权益的增长。第二，资产负债表的平衡关系体现了企业营业收入的成长性受可支持的财务资源的制约。在不增发新股并且保持经营业绩和财务政策的条件下，财务资源增长能力限制了总资产的增长，进而限制了营业收入增长，成为营业收入增长率的上限。第三，实际增长率不一定等于可持续增长率，比较分析实际增长率与可持续增长率可以揭示企业的财务问题。若企业规划的或者实际的增长率高于可持续增长率，意味着企业必须要举借更多的债务，需要关注融资问题及债务风险。若企业规划的或者实际的增长率低于可持续增长率，表明企业没有充分利用财务资源促进增长。此时，企业面临的财务问题是如何管理闲置资金。

在此之外，通货膨胀也是影响可持续增长率的重要因素之一。通货膨胀对可持续增长率的影响与其对外部融资需求的影响相似，存在通货膨胀时货币资金发生贬值，相同的货币资金所支持的可持续增长率要低于不存在通货膨胀时所支持的可持续增长率。

在计算通货膨胀下可持续增长率时仍要满足可持续增长率计算的五个基本假设。如用 J 代表通货膨胀率，则：

$$预测名义营业收入 = (S_0 + \Delta S) \times (1 + J)$$

$$预测期内名义营业收入相对于基期增加额 = (S_0 + \Delta S) \times (1 + J) - S_0$$

根据可持续增长率的假设，保持资产周转率不变，则为支持预测期内的名义营业收入增加额所需名义资产增加额为：

$$名义资产增加额 = [(S_0 + \Delta S) \times (1 + J) - S_0] \times Z_0$$

根据保持基期的营业收入净利率、股利支付率不变，计算名义留存收益增加额为：

$$名义留存收益增加额 = (S_0 + \Delta S) \times (1 + J) \times P_0 \times (1 - d_0)$$

根据可持续增长率的假设，保持资本结构不变，则按照名义留存收益增加额计算的名义负债增加额为：

$$名义负债增加额 = (S_0 + \Delta S) \times (1 + J) \times P_0 \times (1 - d_0) \times L_0$$

因此可以得到等式：

$$[(S_0 + \Delta S) \times (1 + J) - S_0] \times Z_0 = (S_0 + \Delta S) \times (1 + J) \times P_0 \times (1 - d_0) \times (1 + L_0)$$

整理后得到：

$$\frac{\Delta S}{S} = \frac{(1+J) \times P_0 \times (1-d_0) \times T_0 - J \times Z_0}{(1+J) \times Z_0 - (1+J) \times P_0 \times (1-d_0) \times T_0} = \frac{(1+J) \times P_0 \times (1-d_0) \times T_0 - J \times Z_0}{(1+J) \times Z_0 - (1+J) \times P_0 \times (1-d_0) \times T_0}$$

分子分母同时除以 $Z_0 \times (1+J)$ 得到：

$$\frac{\Delta S}{S} = \frac{A_0 \times P_0 \times (1-d_0) \times T_0 - J/(1+J)}{1 - A_0 \times P_0 \times (1-d_0) \times T_0} = \frac{(1-d_0) \times ROE - J/(1+J)}{1 - (1-d_0) \times ROE}^{\ominus}$$

【例5-7】 仍以表 5-3 所示的 CH 公司 20X0 年资产负债表为例，基期总资产周转率为 74.1%，营业收入净利率为 2.5%，权益乘数为 3，股利支付率为 20%。如果 2008 年预计存在 1% 的通货膨胀率，计算通货膨胀下 2008 年的可持续增长率。

$$存在通货膨胀下的可持续增长率 = \frac{74.1\% \times 2.5\% \times 3 \times (1-20\%) - 1\%/(1+1\%)}{1 - 74.1\% \times 2.5\% \times 3 \times (1-20\%)} = 3.6\%$$

计算结果表明，当存在 1% 的通货膨胀率时，企业在预测期内的可持续增长率为 3.6%，说明存在 1% 的通货膨胀率时，如果想维持基期的经营和财务指标，则企业的可持续增长率下降为 3.6%。在相同的条件下，如果不存在通货膨胀率，根据【例5-5】的计算结果可以得知可持续增长率为 4.65%。

$\ominus$ A_0 资产周转率与 Z_0 资产销售收入百分比互为倒数，即 $A_0 \times Z_0 = 1$。按照杜邦分析式，净资产收益率 ROE 可以分解为资产周转率 A、权益乘数 T、销售收入净利率 P 三者的乘积，即 $ROE = A \times T \times P$。

通过上面的公式以及例题可以得知，保持既定的经营指标和财务指标，存在通货膨胀的情况下，可持续增长率会降低。如果想保持不存在通货膨胀的可持续增长率水平，则需要提高企业预测期的净资产收益率，也就是说企业需要提高资产周转率、营业收入净利率、权益乘数或是降低股利支付率来维持不存在通货膨胀下的可持续增长率水平。

在计算可持续增长率时要注意以下两点。

第一，当营业收入净利率、股利支付率、资产周转率、权益乘数中只要有一个指标发生改变，则可持续增长率计算的基本假设就不再成立，需要重新计算新指标下的企业营业收入增长率。

第二，对于可持续增长率的计算，考虑的是资产周转率这一总体指标，没有深入分析究竟是哪些因素影响了资产周转率的改变。如果针对资产的具体项目进行分析，资产周转率的改变可能并不是所有的资产项目被同比例放大，可能是所有资产项目按不同比例被放大，或者是部分资产项目按相同或不同比例被放大。在计算过程中应该注意到这一点，不能简单地认为所有资产项目都是被同比例放大的。

5.4.3 可持续增长率与内含增长率的联系与区别

可持续增长率是在不增发新股、财务政策与经营效率保持不变的条件下，企业能够实现的最大营业收入增长率。内含增长率是指完全依赖内源性融资时的营业收入增长率。两者既有联系又有区别，如表 5-7 所示。

表 5-7　可持续增长率与内含增长率的联系和区别

联系		不增发新股、不追加投资
		衡量、评价企业的成长能力
		营业收入增长率管理中的参考指标
区别	可持续增长率	包含外部借款
		增长的均衡性
	内含增长率	不包含任何外部借款
		融资来源的内生性

（1）两者的联系。①可持续增长率与内含增长率都是在不增发新股的情况下，企业能够实现的增长率。②可持续增长率与内含增长率都有衡量、评价企业自身成长能力的作用。③可持续增长率与内含增长率都是企业营业收入增长率管理中需要参考的重要财务指标。

（2）两者的区别。①支持可持续增长率的资金包括股东权益增长额和与股东权益同比增长的负债额，此处的负债不仅包括自发增长的商业信用融资，而且还可能包含一定的外部借款。而支持内含增长率的资金包括股东权益增长，可能包括自发增长的商业信用融资（取决于内含增长率如何定义），但是不包括任何的外部借款。②可持续增长率强调的是均衡增长，即股权、负债等资金来源的平衡性，而内含增长率更强调融资来源的内生性，即企业不依赖外部借款能够实现的最大增长。

5.5　经营效率与财务政策变动下的营业收入增长率

上文介绍了企业不可能或不愿发售新股，保持目标经营效率（营业收入净利率和资产周转率）和财务政策（权益乘数和股利支付率）时的营业收入增长率。而上述假设往往不能够同时成立。下文将主要讨论打破上述假设条件下企业可以实现的最大营业收入增长率。主要包括经营效率与财务政策变动下的营业收入增长率,及一次性股权融资对营业收入增长的支持。

5.5.1 经营效率变动下的营业收入增长率

假设预测期企业的经营效率与基期不同,具体而言,总资产周转率与销售收入净利率相对于基期发生变动。由于违背了可持续增长率的基本假设条件,企业的实际营业收入增长率也会不同于可持续增长率。可以预见,当企业的经营效率提升,即总资产周转率与营业收入净利率上升时,实际营业收入增长率将高于可持续增长率。反之,当企业的经营效率下降,即总资产周转率与销售收入净利率降低时,实际营业收入增长率将低于可持续增长率。

下面依据会计基本等式,对经营效率变动下的营业收入增长率计算公式做出推导。

(1) 条件改变一,营业收入净利率发生改变。根据资产负债表等式有:

$$资产增加额 = 负债增加额 + 股东权益增加额$$

由于资产周转率没有发生改变,因此预期资产增加额 $= \Delta S \times Z_0$。由于权益乘数没有发生改变,预期资产增加额等于预期权益增加额乘以权益乘数,即预期资产增加额 $= P \times (S_0 + \Delta S) \times (1 - d_0) \times T_0$。

代入资产负债表等式,得:

$$\Delta S \times Z_0 = P \times (S_0 + \Delta S) \times (1 - d_0) \times T_0$$

整理以后得到[一]:

$$GROWTH = \frac{\Delta S}{S_0} = \frac{P \times (1 - d_0) \times T_0}{Z_0 - P \times (1 - d_0) \times T_0}$$

可见,仅目标营业收入净利率发生改变的情况下,营业收入增长率计算公式只是将营业收入净利率由基期数改为预测期的数值。

(2) 条件改变二,资产周转率也发生改变。根据资产负债表等式有:

$$资产增加额 = 负债增加额 + 股东权益增加额$$

由于资产周转率发生改变,因此预期资产增加额 $= (S_0 + \Delta S) \times Z - S_0 \times Z_0$。由于预期营业收入净利率、股利支付率发生改变,因此预期股东权益增加额 $= P \times (S_0 + \Delta S) \times (1 - d_0)$。由于权益乘数没有发生改变,则预期资产增加额 $= P \times (S_0 + \Delta S) \times (1 - d_0) \times T_0$

预期资产增加额应相等,则有:

$$(S_0 + \Delta S) \times Z - S_0 \times Z_0 = P \times (S_0 + \Delta S) \times (1 - d_0) \times T_0$$

整理以后得到:

$$GROWTH = \frac{\Delta S}{S_0} = \frac{Z_0}{Z - P_0 \times (1 - d_0) \times T_0} - 1$$

可见在资产周转率也发生改变的情况下,可持续增长率的计算不仅与预测期的资产周转率相关,与基期的资产周转率也存在着一定的关系。

5.5.2 财务政策变动下的营业收入增长率

经营效率变动主要影响企业资产的使用效率,而财务政策变动则直接影响着企业可供利用的资产总额。具体而言,财务政策变动主要分为如下两种。①股利支付率。股利支付率决定了企业

[一] 式中 P——预测期营业收入净利率;
T_0——基期权益乘数;
d_0——基期股利支付率。

净利润在股东与企业之间的分配比率。降低股利分配率,可以将更多的收益留存在企业内,为企业发展提供更多内源性资金支持。增加股利分配率,则可以为股东提供切实的现金收入。②资产负债率。在不发行新股的情况下,提高资产负债率意味着借入更高比率的银行贷款,发行更多的债券以及通过商业信用融资占用更多的供货商和客户的资金。通过提高财务杠杆的方式,企业可以撬动营业收入增长比率。但是,与此同时企业也承担着相应的债务风险。

下面依据会计基本等式,对财务政策变动下的营业收入增长率计算公式做出推导。

(1) 条件改变一,股利支付率发生改变。根据资产负债表等式有:

$$资产增加额 = 负债增加额 + 股东权益增加额$$

由于资产周转率没有发生改变,因此预期资产增加额 = $\Delta S \times Z_0$。由于权益乘数没有发生改变,则预期资产增加额 = $P_0 \times (S_0 + \Delta S) \times (1-d) \times T_0$。

预期资产增加额应该相等,得:

$$\Delta S \times Z_0 = P_0 \times (S_0 + \Delta S) \times (1-d) \times T_0$$

整理以后得到⊖:

$$GROWTH = \frac{\Delta S}{S_0} = \frac{P_0 \times (1-d) \times T_0}{Z_0 - P_0 \times (1-d) \times T_0}$$

可见,仅股利支付率发生改变的情况下,营业收入增长率计算公式只是将股利支付率由基期数改为预测期的数值。

(2) 条件改变二,权益乘数也发生改变。由于资产周转率保持不变,因此预期总资产 = $(S_0 + \Delta S) \times Z_0$。由于预期营业收入净利率、股利支付率发生改变,因此预期股东权益 = $P_0 \times (S_0 + \Delta S) \times (1-d) + Eq_0$。预测期权益乘数也发生改变,因此根据预期权益乘数计算出的预测期资产总额为:

$$预期总资产 = [P_0 \times (S_0 + \Delta S) \times (1-d) + Eq_0] \times T$$

预期资产增加额应相等,则有:

$$(S_0 + \Delta S) \times Z_0 = [P_0 \times (S_0 + \Delta S) \times (1-d) + Eq_0] \times T$$

根据权益乘数也的定义,得出:

$$\frac{M_0}{Eq_0} = T_0 \Rightarrow Eq_0 = \frac{M_0}{T_0} = \frac{S_0 \times Z_0}{T_0}$$

整理后得到:

$$GROWTH = \frac{\Delta S}{S_0} = \frac{Z_0 \times T}{T_0 \times [Z_0 - P_0 \times (1-d) \times T]} - 1$$

可见在权益乘数也同时发生改变的情况下,企业营业收入增长率不仅与预测期的权益乘数相关,与基期的权益乘数也存在着一定的关系。

5.5.3 允许权益融资时的营业收入增长率

假设预测期内企业发行新股与预测期期初所有者权益(即基期末的所有者权益)的比例为 F,即企业发行规模为 $Eq_0 \times F$ 的股份,则预测期的权益总额为:

$$预期股东权益 = P \times (S_0 + \Delta S) \times (1-d) + Eq_0 \times (1+F)$$

⊖ 式中 P_0——基期营业收入净利率;
  T_0——基期权益乘数;
  d——预测期股利支付率。

根据预期权益乘数计算出的预测期资产总额为：

$$\text{预期资产总额} = [P \times (S_0 + \Delta S) \times (1 - d) + Eq_0 \times (1 + F)] \times T$$
$$= [P \times (S_0 + \Delta S) \times (1 - d) + S_0 \times Z_0 \div T_0 \times (1 + F)] \times T$$

根据预测期的资产周转率，计算出预期资产总额 $= Z \times (S_0 + \Delta S)$。

预期资产总额应相等，得：

$$Z \times (S_0 + \Delta S) = [P \times (S_0 + \Delta S) \times (1 - d) + S_0 \times Z_0 \div T_0 \times (1 + F)] \times T$$

整理后得到：

$$GROWTH = \frac{\Delta S}{S_0} = \frac{Z_0 \times T \times (1 + F)}{T_0 \times [Z - P \times (1 - d) \times T]} - 1$$

如果基期与预测期的财务政策、经营效率相同，即 $Z_0 = Z$，$T_0 = T$，$P_0 = P$，$d_0 = d$，则上式可以简化成：

$$GROWTH = \frac{\Delta S}{S_0} = \frac{(1 + F)}{1 - ROE_0 \times (1 - d_0)} - 1 = \frac{F + ROE_0 \times (1 - d_0)}{1 - ROE_0 \times (1 - d_0)}$$

由上可知，在允许发行新股的情况下，营业收入增长率与新股增发比例紧密相关。新股发行对企业营业收入增长率的影响主要体现在以下三点。

第一，对于同一家企业，股权融资筹集资金越多，营业收入增长越快。企业营业收入增长需要资产支持，而购入资产需要大量资金，在内源性资金有限的情况下，外部股权融资就成为支撑营业收入增长的一项重要资金来源。

第二，相同的股权融资资金，对于基期股东权益较小的企业，在促进企业营业收入增长方面的作用更大。影响营业收入增长的不是新股发行的绝对额，而是相对于基期股东权益的比率。大企业营业收入增长更为困难，相应的，所需筹集的资金也更多。

第三，净资产收益率较高的企业可以更有效地利用新股发行资金提升营业收入。同样的资金，效率高的企业能够创造最大的经济效益，而效率低的企业则难以实现资源的充分利用，创造与之相当的价值。

5.5.4 营业收入增长率的可持续性

通过上面营业收入增长率的推导公式可以得知，当企业的经营与财务政策变动时，营业收入增长率的影响因素包括预测期的资产周转率、权益乘数、营业收入净利率、股利支付率、新股增发比例以及基期的资产周转率、权益乘数。

在预测期间内，企业的经营效率、财务政策发生变动影响了营业收入增长率。那么，预测期内的营业收入增长率是否具有持续性？下面进行分别说明。

（1）条件改变一，营业收入净利率或目标股利支付率发生改变。根据前面的推导过程，仅目标营业收入净利率或目标股利支付率发生改变的情况下，预测期内的营业收入增长率公式如下：

$$GROWTH = \frac{\Delta S}{S_0} = \frac{P \times (1 - d) \times T_0}{Z_0 - P \times (1 - d) \times T_0}$$

如果企业一直保持调整后的营业收入净利率和股利支付率，则企业可以保持预测期内的营业收入增长率。举例说明，当目标营业收入净利率相对基期时增加或目标股利支付率相对于基期是减少的情况下，可以得到 [⊖]：

⊖ 预测期营业收入增长率是预测期营业收入相对于基期营业收入增长的百分比，基期可持续增长率是保持经营与财务政策不变、不发行新股时企业在预测期能够实现的最大营业收入增长率。因此不能用同期的营业收入增长率与可持续增长率相比较，而应比较当年的营业收入增长率与上一年的可持续增长率。

$$基期可持续增长率 = \frac{P_0 \times (1 - d_0) \times T_0}{Z_0 - P_0 \times (1 - d_0) \times T_0}$$

$$预测期营业收入增长率 = \frac{P \times (1 - d) \times T_0}{Z_0 - P \times (1 - d) \times T_0}$$

$$预测期下一年的增长率 = \frac{P \times (1 - d) \times T_0}{Z_0 - P \times (1 - d) \times T_0}$$

预测期营业收入增长率高于基期可持续增长率,通过提升营业收入净利率或降低股利支付率的方式,企业实现了更快的增长速度。而预测期下一年的增长率与预测期营业收入增长率相同,表明企业可以将高速增长维持下去。

如图 5-9 所示,在企业股利支付率、销售收入净利率由 d_0、P_0 调整至 d、P 后,实际营业收入增长率高于保持基期各项比率不变计算得到的可持续增长率。如果企业能够保持改变后的销售净利率和股利支付率,则预测期内的营业收入增长率是可以持续的。

(2)条件改变二,目标资产周转率或目标权益乘数发生改变。根据前面的推导过程,目标资产周转率或目标权益乘数发生改变的情况下有:

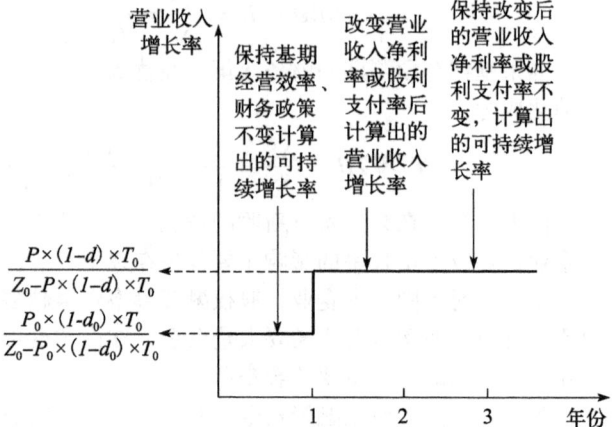

图 5-9 营业收入净利率、股利支付率对营业收入增长率影响的持续性

$$GROWTH = \frac{\Delta S}{S_0} = \frac{Z_0 \times T}{T_0 \times [Z - P_0 \times (1 - d_0) \times T]} - 1$$

即使企业一直保持调整后的目标资产周转率或目标权益乘数,也不能保持预测期内的营业收入增长率。从数学公式角度来看,如果企业保持调整后的目标资产周转率或目标权益乘数不变,则分子 T 与分母 T_0 可以约掉,此时营业收入增长率为:

$$GROWTH = \frac{P_0 \times (1 - d_0) \times T}{Z - P_0 \times (1 - d_0) \times T}$$

而这一营业收入增长率小于资产周转率或权益乘数变动年度的营业收入增长率。

举例说明,当目标资产周转率或目标权益乘数相对于基期增加的情况下,可得:

$$基期可持续增长率 = \frac{P_0 \times (1 - d_0) \times T_0}{Z_0 - P_0 \times (1 - d_0) \times T_0}$$

$$预测期营业收入增长率 = \frac{Z_0 \times T}{T_0 \times [Z - P_0 \times (1 - d_0) \times T]} - 1$$

$$预测期下一年的增长率 = \frac{P_0 \times (1 - d_0) \times T}{Z - P_0 \times (1 - d_0) \times T}$$

预测期营业收入增长率高于基期可持续增长率,通过提升资产周转率或权益乘数的方式,企业能够实现更快的增长。但是,预测期下一年的营业收入增长率小于预测期营业收入增长率,高于基期可持续增长率,表明企业难以保持资产周转率或权益乘数变动当期的高速增长,但也可以实现超过基期的营业收入可持续增长速度。

如图5-10所示,在企业资产销售收入百分比、权益乘数发生变动后,实际营业收入增长率高于保持基期各项比率不变计算得到的可持续增长率。但是,与销售收入净利率、股利支付率变动不同,这时的营业收入增长率难以持续,即使企业能够保持改变后的资产销售收入百分比、权益乘数,下一年的营业收入增长率依然会显著下降。

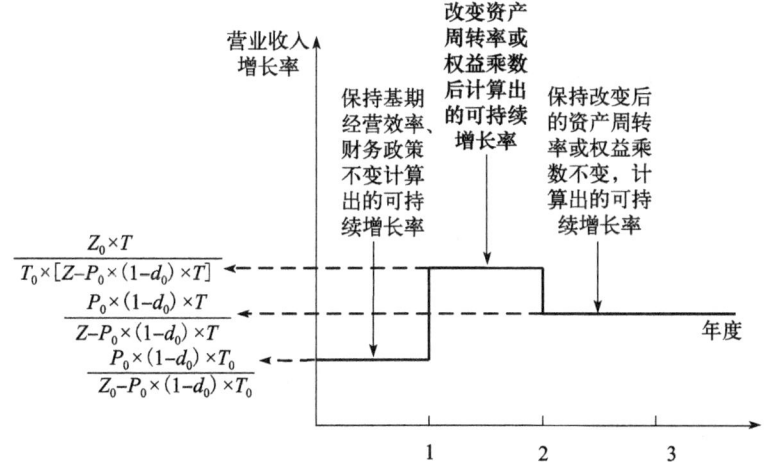

图 5-10　资产周转率、权益乘数对营业收入增长率影响的持续性

(3) 条件改变三,仅允许发行新股。下文分两种情况考察一次性股权融资对企业营业收入增长率支持的持续性。第一种情况下,假定发行新股后,企业同比例增加债务融资,使预测期资本结构与基期保持一致。第二种情况下,假定发行新股后,企业设定一个固定的营业收入增长率目标,允许预测期资本结构相对于基期发生变动。

1) 保持资本结构不变。由上一节可知,在保持企业既定资本结构不变的条件下,仅允许发行新股时企业营业收入增长率计算公式为:

$$发行新股年度的增长率 = \frac{\Delta S}{S_0} = \frac{(1+F)}{1 - ROE_0 \times (1-d_0)} - 1 = \frac{F + ROE_0 \times (1-d_0)}{1 - ROE_0 \times (1-d_0)}$$

如果下一年度不再增发新股,则 F 应取值为 0,增发下一年度的营业收入增长率公式如下:

$$发行新股下一年的增长率 = \frac{(1+0)}{[1 - ROE_0 \times (1-d_0)]} - 1 = \frac{ROE_0 \times (1-d_0)}{1 - ROE_0 \times (1-d_0)}$$

如图5-11所示,在保持资本结构不变的条件下,一次性的权益融资仅能支持当年营业收入高

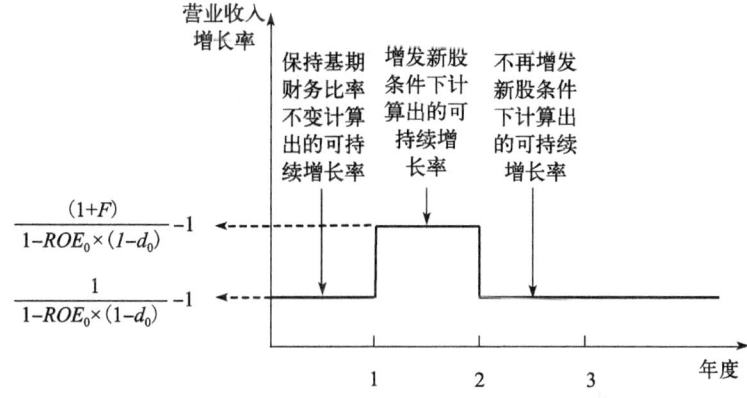

图 5-11　发行新股对营业收入增长率影响的持续性

增长。在配股、增发下一年度,如果不能完成相同规模(相同新股发行筹资总额与基期期末股东权益百分比)的股东权益融资,企业的营业收入增长率将回落至基期可持续增长率水平。一般情况下,企业不会每年都发行新股,因而企业仅靠股权筹资难以实现可持续的高速增长。

2)保持目标增长率不变。当企业保持资本结构不变时,外部权益融资仅能支持一个会计年度营业收入高速增长。这适用于企业当前负债比率很高、增加负债拉动增长的空间很小的情况。如果企业当前资产负债率较低,或新股发行募集资金很多,股权融资能够大幅降低当前资产负债比率,则企业可以通过提高财务杠杆的方式,实现营业收入持续多个会计期间的快速增长。

这时就涉及营业收入增长比率与营业收入增长年限相权衡的问题。企业融资能力存在上限,财务杠杆不能无限制提升。如果制定很高的目标增长率,会导致资产负债比率快速提升,财务资源被迅速耗尽,限制后续年度增长。如果制定较低的目标增长率,企业能够实现可持续增长,却可能面临增长太慢被市场淘汰的风险。

在保持目标增长率不变的条件下,企业资产负债比率随时间变化的规律如表5-8所示。

表5-8 目标营业收入增长率与企业资产负债率 (增长率=g)

年份 项目	0		1
	新股发行前	新股发行后	
营业收入 ①	S_0	S_0	$S_0 \times (1+g)$
资产总额 ②	$S_0 \times Z_0$	$S_0 \times Z_0 + Eq_0 \times F$	$S_0 \times (1+g) \times Z_0$
留存收益增加额 ③	$S_0 \times P_0 \times (1-d_0)$	$S_0 \times P_0 \times (1-d_0)$	$S_0 \times (1+g) \times P_0 \times (1-d_0)$
股东权益 ④	Eq_0	$Eq_0 \times (1+F)$	$Eq_0 \times (1+F) + S_0 \times (1+g) \times P_0 \times (1-d_0)$
债务总额 ⑤	$Eq_0 \times L_0$	$Eq_0 \times L_0$	② - ④
负债比率 ⑥	$L_0/(1+L_0)$	$L_0/(1+F+L_0)$	⑤/②

注:期末股东权益=期初股东权益+新股发行筹资+当期留存收益,
期末债务总额=上期销售收入×(1+g)×资产营业收入百分比-期末股东权益。

由表5-8可以得到更为一般的资产负债率公式,第t年度的资产负债比率为:

$$第 t 年资产负债率 = \frac{S_0 \times (1+g)^t \times Z_0 - [Eq_0 \times (1+F) + \sum_{i=1}^{t} S_0 \times (1+g)^t \times P_0 \times (1-d)_0]}{S_0 \times (1+g)^t \times Z_0}$$

由图5-12可以对上述问题得到比较直接的认识。

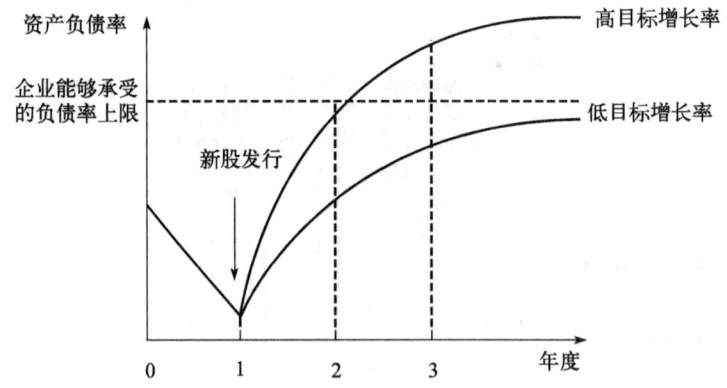

图5-12 资产负债比率与目标营业收入增长率的关系(保持增长率不变)

在发行新股后,图示企业的资产负债率显著下降,在高目标增长率下,企业仅能维持一年,便会面临严重的债务风险,而在低目标增长率下,企业几乎能够实现多年的持续增长。

【例5-8】 以 CH 公司 20X0 年财务数据为例。将其资产负债表再度列示如下。

CH 20X0 年资产负债表

20X0/12/31(单位:亿元)

资产	期末余额	负债及股东权益	期末余额
流动资产	180	应付账款	90
非流动资产	90	短期借款	90
		股东权益	90
资产总计	270	负债和股东权益总计	270

CH 企业 20X0 年的营业收入为 200 亿元,净利润为 5 亿元,股利支付率为 20%。在 20X1 年预计将通过股权再融资筹集资金 22.5 亿元,占 20X0 年期末股东权益的 25%。如果在预测期内保持基期财务比率与经营效率不变,可知企业 20X1 年预期营业收入增长率为:

$$GROWTH_{20X1} = \frac{\Delta S}{S_0} = \frac{F + ROE_0 \times (1 - d_0)}{1 - ROE_0 \times (1 - d_0)} = \frac{25\% + 5 \div 90 \times (1 - 20\%)}{1 - 5 \div 90 \times (1 - 20\%)} = 30.81\%$$

如果 20X2 年 CH 企业不能以 20% 股东权益的规模发行新股,且保持财务政策与经营效率不变,则可知 20X2 年预期营业收入增长率为:

$$GROWTH_{20X2} = \frac{\Delta S}{S_0} = \frac{F + ROE_0 \times (1 - d_0)}{1 - ROE_0 \times (1 - d_0)} = \frac{0 + 5 \div 90 \times (1 - 20\%)}{1 - 5 \div 90 \times (1 - 20\%)} = 4.65\%$$

20X1 年股权融资资金不能对 20X2 年企业增长提供支持,与之相应,20X2 年企业营业收入增长率显著下滑超过 25 个百分点。

上述结果表明,如果在预测期内保持与基期相同的经营效率与财务政策,则一次性的股权融资仅能支持一年的高营业收入增长比率。换一个角度考察增发对企业营业收入增长率的影响,如果在股权筹资后,企业制定一个固定的营业收入增长率目标,在外部债务融资能力允许的条件下(负债率不超过企业承受能力),权益融资资金将可以支持多个年度的企业发展需要。

【例5-9】 仍以 CH 企业为例,在 20X1 年预计将通过股权再融资筹集资金 22.5 亿元,占 20X0 年期末股东权益的 25%。为简化计算,假设企业营业收入净利率 2.5%、股利支付率 20%、总资产营业收入百分比 135% 将保持不变。企业预计当资产负债率高于 80% 时,偿债风险会比较高,可能难以获得银行进一步的贷款融资支持,进而引发资金链问题,危及正常生产运营。那么,企业能够保持几年 50% 的营业收入增长率?或者保持几年 25% 的营业收入增长率?

1)保持 50% 的营业收入增长率,可得:

$$20X1 \text{ 年企业的营业收入} = 200 \times (1 + 50\%) = 300(亿元)$$
$$净利润 = 300 \times 2.5\% = 7.5(亿元)$$
$$股东权益 = 90 + 22.5 + 7.5 \times (1 - 20\%) = 118.5(亿元)$$
$$总资产 = 300 \times 1.35 = 405(亿元)$$
$$应付账款 = 90 \times (1 + 50\%) = 135(亿元)$$
$$短期借款 = 405 - 118.5 - 135 = 151.5(亿元)$$

假设非流动资产、流动资产与营业收入同比增长。预计 20X1 年资产负债表如表 5-9 所示。

表 5-9　CH 20X1 年资产负债表（50%增长率）

20X1/12/31（单位：亿元）

资产	期末余额	负债及股东权益	期末余额
流动资产	270	应付账款	135
非流动资产	135	短期借款	151.5
		股东权益	118.5
资产总计	405	负债和股东权益总计	405

20X1 年期末资产负债率 = 1 − 118.5 ÷ 405 = 70.74%。

以此类推，在 50% 营业收入增长率下，企业后续年度资产负债率分别如表 5-10 所示。

表 5-10　CH 预计资产负债率（50%增长率）

会计年度	20X1	20X2	20X3
资产负债率	70.74%	79.01%	84.53%

可以发现，在 20X2 年预计企业资产负债率为 79.01%，在 20X3 年为 84.53%，首次超过 80%。因而，企业在 20X1 − 20X2 共 2 年维持 50% 的营业收入增长率。

同理可得，当企业维持 25% 营业收入增长率时，预计资产负债率如表 5-11 所示。

表 5-11　预计资产负债率（25%增长率）

会计年度	20X1	20X2	20X3	20X4	20X5
资产负债率	65.19%	70.67%	75.05%	78.56%	80.34%

表 5-11 表明，企业可以保持 20X1~20X4 年共计 4 年 25% 的营业收入增长率。在 20X5 年资产负债率预计为 80.34%，超过企业的最大承受能力。如下图 5-13 所示可以对 CH 企业 50% 和 25% 营业收入增长率下的资产负债率变动，以及一次性股权融资能够支持企业增长的年度获得更为直观的认识。

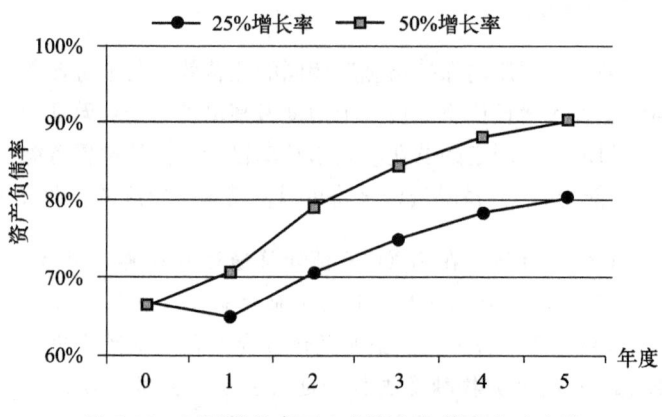

图 5-13　不同增长率下企业资产负债率变动比较

实际上，在资产负债比率上限确定的条件下，企业制定的营业收入增长率目标越高，一次性股权融资所能支持的企业营业收入增长年限越少，在企业管理营业收入增长率中，体现了增长率与增长年限相权衡的基本思想。

5.6　企业营业收入增长率管理

可持续增长率与实际增长率是两个不同的概念。可持续增长率是公司当前经营效率和财务政策决定的内在增长能力，而实际增长率是本年营业收入相对于上年营业收入额的增长百分比，它们之间有一定的联系。

可持续增长率的财务决策思想，是权衡企业的实际增长与可持续增长率的关系，两者财务关系的综合体现在对企业财务流动性的平衡管理。企业管理层应事先判断在一定的经营效率水平下，实际增长率明显超过或低于可持续增长率时所可能引发的财务问题。可持续增长率提示管理层能否有意识通过对管理营业收入增长率的管理，避免出现资金持续紧张的状况。Van Horne 认为，经验数据表明实际增长率不宜超过可持续增长率的 4~6 倍，否则将很容易使企业陷入财务困境甚至财务危机的境地。

（1）实际增长率大于可持续增长率

实际增长率大于可持续增长率意味着企业现金短缺。处于初创期和成长期的企业容易发生现金短缺。当实际增长超过可持续增长时，企业处于资金周转相对紧张的阶段，如果管理层预判企业高增长状况是可持续的，可以结合实际情况采取以下可能的措施：

① 增发新股融资。通过发行新股进行权益资本融资，实现支撑企业增长的融资需求。但缺陷是融资实现受资本市场限制，也会导致稀释每股收益。

② 提高财务杠杆。通过债务融资或降低股利支付提高财务杠杠，实现支撑企业增长的融资需求。由于财务杆杆与股利支付率都是公司重要的财务政策，且通过提纲财务杠杆实现对增长支撑能力是有限的。

③ 剥离低效业务。通过剥离低效业务单元，提高资产配置效率。通过出售资产收益率低且没有市场前景的业务单元，一方面缓解了资金约束，另一方面可以加大对本企业具有增长潜力的业务进行投资，改善了资产配置效率，为企业在新业务领域投资，实现增长的可持续创造了条件。

④ 实现资本杠杆。管理层可以通过出售本企业具有良好市场前景和增长能力业务单元的部分资产，主动寻求引入财务流动性好的其他企业资本投资。一方面，可以获得现金缓解融资压力，另一方面可以发挥本企业的资本杠杠效应，在保持一定增长速度情形下，做大业务规模。

（2）实际增长率小于可持续增长率

当实际增长率小于可持续增长率时，意味着企业对资金的需求程度下降，甚至有可能从高增长下的资金紧张状态转为资金相对宽松的状态。如果管理层预判企业低增长状况还将继续，可以结合实际情况采取以下可能的措施：

① 增发股利、回购股票。通过增发股利或回购股票，一方面可以提高对股东回报的力度，使股东及时享有在目前营业收益水平下的投资回报。另一方面，减少外部发行的普通股，起到一定的稳定股票价格的作用。

② 偿还债务、新增投资。通过偿还债务或新增投资，一方面可以降低债务融资成本，缓解本金与利息对财务流动性的压力。另一方面，加大销售投入和购买资产，提升对营业收入增长的支持力度。但前提是新增投资应能够带来相应的营业收入增加，否则，只会降低资产周转率，而不会改变公司盈利状况。

③ 转型升级，稳定增长。通过转型升级实现稳定增长，是管理层通过经营战略实现财务业绩提升的有效途径。如果企业目前的营业收入增长乏力，且在本企业目前现金流状况较好情形下，管理层可以通过转型升级实施方案，实现未来增长的可持续性。

（3）可持续增长率对价值管理的影响

从可持续增长率的财务关系可以看出，可持续增长率与净资产收益率密切相关。显然，如何实现净资产收益率对可持续增长率的贡献能力，是企业管理层决策中权衡经营效率与实施财务政策的体现。其中，实现净资产收益率预期目标，是企业提升价值的关键所在。通过可持续增长率所内含的财务关系可以看出，管理层通过对提升盈利能力、资产周转效率、运用财务杠杆、控制股利支付率的有效管理与权衡决策，是与实现企业价值管理的基本导向是一致的。

本章小结

本章主要介绍了可持续增长率的财务决策思想是权衡企业的实际增长与可持续增长率的关系,两者财务关系的综合体现在对企业财务流动性的平衡管理。

在财务预测部分主要介绍了财务预测的意义、财务预测的步骤以及财务预测的基本方法。财务规划部分主要介绍了外部融资需求、内含增长率、可持续增长率的计算前提及计算方法。

财务预测是进行财务规划的基础和前提。估计公司未来营业收入增长比率,并以此为基础预测企业财务报表,进而进行财务规划。企业财务规划是指为实现企业增长目标而确定能够获得的相应资金或其他财务资源支撑能力的过程。财务规划包括两个方面的内容:一是根据营业收入预期增长率估计外部融资需求,二是融资能力约束条件下营业收入可以实现的最大增长率。

外部融资需求包括外部融资需求计算的基本方法、通货膨胀情况下外部融资需求的计算,以及经营效率与财务政策变动下外部融资需求的计算。当预测期内的资产营业收入百分比、流动负债营业收入百分比、营业收入净利率、股利支付率中任一指标相对于基期发生变化时,都会对企业的外部融资需求造成影响。通货膨胀造成货币资金的贬值,会加大企业的外部融资需求。

融资能力约束条件下营业收入可以实现的最大增长率包括内含增长率与可持续增长率。内含增长率体现的是企业的自我发展能力,仅依靠留存收益及流动负债的自发增长实现企业成长,可持续增长率是一种均衡增长,是在企业不发行新股并保持既定经营指标和财务指标时的最大营业收入增长率。

当资产营业收入百分比、营业收入净利率、股利支付率、权益乘数发生变动,或增发新股时,企业可以实现内含增长率、可持续增长率以外的营业收入增长率。允许经营与财务政策变动更符合企业的真实经营状况,有利于企业对营业收入增长率进行更加准确的规划与管理。在企业层面因素外,宏观经济环境背景,如通货膨胀率,也会影响企业营业收入增长率。

习题

一、简答题

1. 什么是财务预测?简述财务预测的意义。
2. 财务预测的基本步骤与方法包括哪些?
3. 当企业实现营业收入的增长时,资产的增长包括哪几种方式?
4. 什么是财务规划?财务规划主要包括哪两个方面的内容?
5. 如何计算外部融资需求?
6. 简述内含增长率的含义及计算方法。
7. 简述可持续增长率的含义及计算方法。
8. 简述可持续增长率与内含增长率的联系和区别。

二、讨论题

1. 依据 Van Horne 的经验数据[一],营业收入的实际增长率一般不应超过可持续增长率的 4~6 倍。而在中国证券市场上,超速增长的上市公司比比皆是。以 2011 年深沪两市 A 股房地产开发与经营行业上市公司为例[二],110 家企业中,实际营业收入增长率超过可持续增长率 6 倍的共有 25 家,占比 22.7%,超过可持续增长率 4 倍的共有 32 家,占比 29.1%。

讨论问题:为何超速增长的现象普遍存在?房地产开发与经营行业上市公司是如何实现超速增长的?企业超速增长能否持续?

[一] Van Horne James C., 1995. Financial Management and Policy[M]. Prentice Hall, Inc., 308-322.
[二] 数据来源:CSMAR 金融研究数据库。可持续增长率数据直接从数据库中提取得到,计算公式为"销售净利率 × 总资产周转率 × 留存收益率 × 期初权益期末总资产乘数"。

2. 在银行借款、普通公司债券、股权融资外，可分离交易可转债作为一种债券和股票的混合融资品种，也是上市公司可以选择的一种融资方式。相比于普通公司债权融资，其债券利率更低；相比于外部股权融资，其审核条件更宽松。但是，通过可分离交易可转债融资，发行方则需要同时考虑债务融资与股权融资两方面因素。

讨论问题： 管理层如何设计认股权证条款（如行权日期、行权价格与行权比例等）与债券期限、利率，以最大限度地为企业营业收入增长提供融资支持？发行方企业经营业绩对于可分离交易可转债实现的权益融资规模有何影响？

表5-12 可分离交易可转债行权日期统计分析表

序号	名称	代码	发行单位	债券年度	行权日期
1	钢钒债1	115001	攀枝花新钢钒股份有限公司	2006	（1）自认股权证上市之日起12个月的最后10个交易日，（2）自认股权证上市之日起24个月的最后10个交易日
2	国安债1	115002	中信国安信息产业股份有限公司	2007	自认股权证上市之日起24个月的最后10个交易日
3	中兴债1	115003	中兴通讯股份有限公司	2008	自认股权证上市之日起24个月的最后10个交易日
4	马钢债	126001	马鞍山钢铁股份有限公司	2006	（1）自认股权证上市之日起12个月的最后10个交易日，（2）自认股权证上市之日起24个月的最后10个交易日
5	中化债	126002	中化国际（控股）股份有限公司	2006	自认股权证上市之日起12个月的最后5个交易日
6	云化债	126003	云南云天化股份有限公司	2007	自认股权证上市之日起24个月的最后10个交易日
7	武钢债	126005	武汉钢铁股份有限公司	2007	自认股权证上市之日起24个月的最后5个交易日
8	深高债	126006	深圳高速公路股份有限公司	2007	自认股权证上市之日起24个月的最后5个交易日
9	日照债	126007	日照港股份有限公司	2007	自认股权证上市之日起12个月的最后10个交易日
10	上汽债	126008	上海汽车集团股份有限公司	2008	自认股权证上市之日起24个月的最后5个交易日
11	赣粤债	126009	江西赣粤高速公路股份有限公司	2008	（1）自认股权证上市之日起12个月的最后10个交易日，（2）自认股权证上市之日起24个月的最后10个交易日
12	中远债	126010	中远航运股份有限公司	2008	自认股权证上市之日起18个月的最后5个交易日
13	石化债	126011	中国石油化工股份有限公司	2008	自认股权证上市之日起24个月的最后5个交易日
14	上港债	126012	上海国际港务（集团）股份有限公司	2008	自认股权证上市之日起12个月的最后5个交易日
15	青啤债	126013	青岛啤酒股份有限公司	2008	自认股权证上市之日起18个月的最后5个交易日
16	国电债	126014	国电电力发展股份有限公司	2008	自认股权证上市之日起24个月的最后5个交易日
17	康美债	126015	广东康美药业股份有限公司	2008	自认股权证上市之日起12个月的最后5个交易日
18	宝钢债	126016	宝山钢铁股份有限公司	2008	自认股权证上市之日起24个月的最后5个交易日
19	葛洲债	126017	中国葛洲坝集团股份有限公司	2008	自认股权证上市之日起18个月的最后5个交易日

(续)

序号	名称	代码	发行单位	债券年度	行权日期
20	江铜债	126018	江西铜业股份有限公司	2008	自认股权证上市之日起 24 个月的最后 5 个交易日
21	长虹债	126019	四川长虹电器股份有限公司	2009	自认股权证上市之日起 24 个月的最后 5 个交易日

资料来源：相关可分离交易可转债的"认股权和债券分离交易的可转换公司债券募集说明书"。

3. 证券分析师的盈余预测是投资者构建投资组合的重要依据。"具体步骤是：①证券分析师做出盈利预测；②证券分析师考虑某股票的成长性和风险等因素，输入估值模型的参数，给出股票下一时间段的合理估值，如最常用的是合理的动态市盈率；③将合理的估值（动态市盈率）和目前的实际估值（实际市盈率）进行对比，得到下一时间段的预期收益率。"但是，分析师的盈余预测存在选择性偏差，即倾向于发布乐观的盈余预测，而忽视负面信息。已有研究分别从证券公司和证券分析师利益驱动视角，及分析师盈利预测受投资者情绪影响视角，对分析师乐观偏差的成因做出解释。

讨论问题：你认为我国证券市场上是否存在着分析师盈余预测选择性偏差问题？分析师倾向于发布乐观的盈余预测，还是悲观的盈余预测？分析师做盈余预测是否会受到利益驱动，是否会受到投资者情绪影响，为什么？

4. 企业超速增长需要外部融资支持，但是，企业获得外部融资支持并不一定能够实现超速增长，甚至可能出现业绩下滑。公司再融资之后业绩下滑的现象，又被称为"the new issues puzzle"[⊖]。在我国也存在着"SEO 后的业绩下滑之谜"现象，已有研究分别从盈余管理和大股东掏空两个视角对配股后企业业绩下滑做出解释。盈余管理视角下，学者认为，企业为满足证监会对申请配股公司在配股前三年的净资产收益率要求，会进行盈余管理，最终导致配股后的业绩反转。大股东掏空视角下，学者认为，配股后企业的会计业绩和真实业绩同时显著下滑，表明我国上市公司配股业绩下滑的根本原因是大股东的掏空行为。

讨论问题：盈余管理因素与大股东掏空因素，是否是上市公司配股后业绩下滑的主要原因？企业发行公司债、企业债后，是否也存在着业绩下滑的问题？证监会等监管机构应当如何完善体制机制，提升上市公司再融资前的会计信息质量，约束控股股东的利益攫取行为，以保障中小投资者的权益？

三、分析计算题

1. A 公司 2011 年度实现营业收入 4 000 万元，净利润为 100 万元，分配股利 60 万元。2011 年 12 月 31 日资产负债表如下。

表 5-13 （单位：万元）

项目	金额	项目	金额
流动资产	240	短期借款	46
长期资产	80	应付票据	18
		应付账款	25
		预提费用	7
		长期负债	32
		负债合计	128
		股本	100
		资本公积	57
		留存收益	35
		股东权益合计	192
合计	320	合计	320

⊖ Loughran, Tim and Jay R. Ritter, 1995. The new issues puzzle. The Journal of Finance 50, 23-51.

历史资料显示，企业营业收入与流动资产、长期资产、应付票据、应付账款、预提费用项目成正比。请回答下列问题。
(1) 假设 2012 年营业收入增长率为 30%，保持 2011 年的营业收入净利率、股利支付率和长期负债不变，采用营业收入百分比法计算 2012 年的外部融资需求。
(2) 假设 2012 年营业收入增长率为 40%，保持 2011 年的营业收入净利率、股利支付率和长期负债不变，求 2012 年外部融资收入增长比。
(3) 假设 2012 年营业收入增长率为 40%，保持 2011 年的股利支付率、长期负债不变，营业收入净利率增长为 5%，求 2012 年的外部融资需求。

2. B 公司 2011 年年末总资产为 3 000 万元，流动负债为 1 000 万元，非流动负债为 2 000 万元。2011 年实现营业收入 5 000 万元，净利润为 400 万元，分配股利 80 万元。请回答下列问题。
(1) 若流动负债随营业收入同比增长，则企业的内含增长率为多少？
(2) 若不考虑自发增长的流动负债部分，则内含增长率为多少？

3. C 公司 2006～2010 年的财务报表数据如下所示。

表 5-14 （单位：万元）

	2006	2007	2008	2009	2010
营业收入	1 000	1 200	2 880	2 016	2 419
净利润	100	120	288	202	242
股利	20	24	58	40	48
股东权益	480	576	806	968	1 161
负债	480	576	1 958	968	1 161
总资产	960	1 152	2 765	1 935	2 322

请回答下列问题。
(1) 采用 Higgin 模型计算公司 2007～2010 年的可持续增长率。
(2) 采用 Van Horne 模型计算公司 2006～2010 年的可持续增长率。

4. D 公司 2011 年年末总资产为 2 500 万元，其中负债为 1 500 万元，股东权益为 1 000 万元。2011 年实现营业收入 2 000 万元，净利润为 200 万元，分配股利 40 万元。请回答下列问题。
(1) 假设 D 公司 2012 年营业收入净利率上升为 25%，股利支付率、资产周转率、权益乘数保持不变，且不增发新股，求 D 公司 2012 年的营业收入增长率。
(2) 假设 D 公司 2012 年股利支付率下降为 5%，营业收入净利率、资产周转率、权益乘数与 2011 年相同，且不增发新股，求 D 公司 2012 年的营业收入增长率。

5. D 公司 2011 年年末总资产为 2 500 万元，其中负债为 1 500 万元，股东权益为 1 000 万元。2011 年实现营业收入 2 000 万元，净利润为 200 万元，分配股利 40 万元。请回答下列问题。
(1) 假设 D 公司 2012 年资产周转率上升为 1.2，营业收入净利率、股利支付率、权益乘数保持不变，且不增发新股，求 D 公司 2012 年的营业收入增长率。
(2) 假设 D 公司 2012 年权益乘数上升为 3.0，营业收入净利率、股利支付率、资产周转率保持不变，且不增发新股，求 D 公司 2012 年的营业收入增长率。

6. E 公司 2011 年财务数据如下所示。
(1) 2011 年年末总资产为 10 000 万元，其中流动负债为 2 000 万元，非流动负债为 2 000 万元，股东权益 6 000 万元；
(2) 2011 年实现营业收入 1 600 万元，净利润 480 万元，未分配股利。
假定 E 公司的流动负债随营业收入同比增长，股利分配率为零，E 公司能够承受的资产负债率上限为 85%。请回答下列问题。
(1) 假设 E 公司设定 80% 的营业收入增长率目标，则企业能够维持几年超速增长？

（2）假设 E 公司设定 150% 的营业收入增长率目标，则企业能够维持几年超速增长？

7. F 公司 2008~2011 年度的财务数据如下所示，股利分配率为 0%。

表 5-15　　　　　　　　　　　　　　　　　（单位：元）

	2008	2009	2010	2011
本期净利润	191 125 000	124 259 000	64 673 600	4 106 010
期初股东权益	488 568 000	582 421 000	690 528 000	744 922 000
营业收入增长率	-16%	-88%	-53%	-43%

请回答下列问题。
（1）计算 F 公司每一年的可持续增长率。
（2）比较 F 公司的可持续增长率和实际增长率。
（3）公司管理层应当如何应对上述问题？

8. G 公司 2007~2011 年度的财务数据如下所示，股利分配率为 0%。

表 5-16　　　　　　　　　　　　　　　　　（单位：元）

	2008	2009	2010
本期净利润	1 996 270 000	1 612 450 000	2 487 130 000
期初股东权益	3 796 080 000	6 259 690 000	10 233 600 000
营业收入增长率	75%	118%	50%

请回答下列问题：
（1）计算 E 公司每一年的可持续增长率。
（2）比较 E 公司的可持续增长率和实际增长率。
（3）公司管理层应当如何应对上述问题？

四、自测题

1. 甲公司 2011 年有关财务数据如右表所示。

（单位：万元）

项目	金额
货币资金	200
交易性金融资产	100
应收账款	500
存货	600
其他流动资产	300
流动资产合计	1 700
固定资产	2 300
资产合计	4 000
短期借款	600
应付账款	400
长期借款	1 000
实收资本	1 200
留存收益	800
负债及所有者权益合计	4 000
营业收入	4 000
净利润	200
支付股利	60

要求：计算并回答以下问题。
（1）假设企业资产项目中除了货币资金和交易性金融资产外，其他资产项目与营业收入的比例保持不变，负债部分仅应付账款与营业收入的比例不变，长期借款与短期借款可以保持基期数额，企业最低现金余额保持为 100 万元，交易性金融资产可以随时变现，若 2012 年计划营业收入为 5 000 万元，企业需要补充多少外部融资？（保持目前的股利支付率、营业收入净利率不变，且营业收入净利率可以涵盖增加的利息）
（2）假设该企业 2011 年不能增加借款，也不能发行新股，其他假设与题（1）保持一致，预计其可实现的营业收入净利率。
（3）假设该公司的实收资本一直保持不变，公司在今后可以维持 2011 年的经营效率和财务政策，不断增长的产品能为市场所接受，不变的营业收入净利率可以涵盖不断增加的利息，2012 年可实现的销售额是多少？2012 年预期股利发放额是多少？
（4）假设甲公司 2012 年的计划营业收入增长率为 10%，请回答下面两个互不相关的问题。
　　1）如果不打算从外部筹集权益资金并保持 2011 年的财务政策和资产周转率，营业收入净利率应达到多少？
　　2）如果想保持 2011 年的经营效率和财务政策不变，需要从外部筹集多少股权融资？

2. 乙公司 2009~2011 年部分财务数据如下所示。

表 5-17　　　　　　　　　　　　　　　　　　　　（单位：万元）

	2009	2010	2011
营业收入	1 000	1 250	1 750
税后利润	100	125	175
股利	50	62.5	87.5
留存收益	50	62.5	87.5
股东权益	250	312.5	400
负债	250	312.5	475
总资产	500	625	875

要求：
(1) 计算2010、2011年的实际增长率和可持续增长率。
(2) 分析2011年超速增长以及可持续增长情况下的资产规模，并且计算超速增长所需额外资金。
(3) 分析2011年超速增长下利润留存提供的资金，可持续增长下利润留存提供的资金，计算超速增长提供的额外利润留存。
(4) 分析2011年超速增长需要增加的负债，可持续增长需要增加的负债，计算超速增长需要增加的额外负债。

第6章

风险与收益

学习目标

- ◆ 理解风险收益均衡原理
- ◆ 掌握证券资产风险与收益的衡量
- ◆ 理解风险资产组合有效集与资本市场线
- ◆ 掌握资本资产定价模型与证券市场线
- ◆ 理解套利定价模型
- ◆ 掌握有效市场假说

引言

本章主要内容由风险与收益的权衡、单项资产的风险与收益、投资组合的风险与收益、资本资产定价模型四个部分组成。本章在阐述风险与收益相关概念的基础上,第一部分,引入风险与收益的基本知识及两者权衡的思想,旨在解决的主要问题是,如何理解风险管理与风险规避的基本思想,如何区分日常生活的风险概念与财务管理中的风险概念。第二部分,介绍单项投资的风险与收益的测度方法,旨在解决的主要问题是,如何比较单项资产的风险与收益,进而做出投资决策。第三部分,分析风险资产组合的可行集与有效集,揭示投资组合的风险分散化效应,并在此基础上引入无风险资产,构建资本市场线,旨在解决的主要问题是,如何区分系统风险与非系统风险,如何在可选的证券资产中决定最佳的风险–收益机会,构建最优投资组合。第四部分,阐述资产的系统风险与非系统风险,于市场均衡的基础上推导资本资产定价模型,并介绍套利定价模型及有效市场假说,旨在解决的主要问题是,如何在资产组合的基础上对组合中的单项资产定价,给出风险与期望收益之间的关系式,从而为投资者决策提供依据。

本章内容所讲述的理论与方法是学习后续各章内容的基础。其中,通过资本资产定价模型计算出的期望收益广泛应用于证券估价,作为投资者进行投资决策时依据的贴现率或评估企业价值时所需的权益资本成本。第8章"投资项目评价"、第9章"资本成本分析"以及第11章"企业价值评估"等后续章节也会运用资本资产定价模型行计算。而有效市场假说则是诸多财务理论推导的前提假设,是资本市场定价的理论基石。

本章的内容框架如图6-1所示。

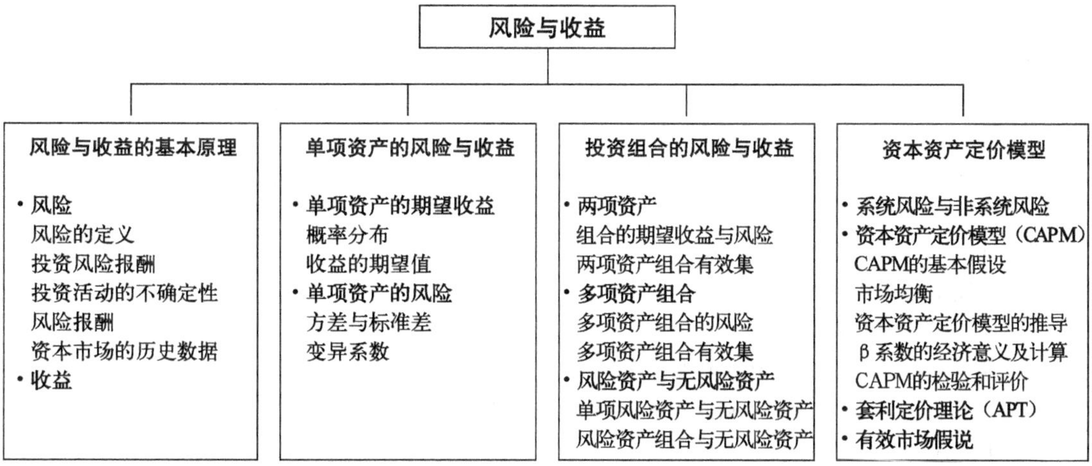

```
                          风险与收益
                              │
    ┌─────────────────┬───────┴───────┬─────────────────┐
┌───┴─────────┐ ┌─────┴───────┐ ┌─────┴───────┐ ┌───────┴─────┐
│风险与收益的基本原理│ │单项资产的风险与收益│ │投资组合的风险与收益│ │资本资产定价模型  │
│• 风险        │ │• 单项资产的期望收益│ │• 两项资产     │ │• 系统风险与非系统风险│
│  风险的定义   │ │  概率分布    │ │  组合的期望收益与风险│ │• 资本资产定价模型（CAPM）│
│  投资风险报酬 │ │  收益的期望值 │ │  两项资产组合有效集│ │  CAPM的基本假设│
│  投资活动的不确定性│ │• 单项资产的风险│ │• 多项资产组合  │ │  市场均衡    │
│  风险报酬    │ │  方差与标准差 │ │  多项资产组合的风险│ │  资本资产定价模型的推导│
│  资本市场的历史数据│ │  变异系数    │ │  多项资产组合有效集│ │  β系数的经济意义及计算│
│• 收益        │ │              │ │• 风险资产与无风险资产│ │  CAPM的检验和评价│
│              │ │              │ │  单项风险资产与无风险资产│ │• 套利定价理论（APT）│
│              │ │              │ │  风险资产组合与无风险资产│ │• 有效市场假说│
└─────────────┘ └─────────────┘ └─────────────┘ └─────────────┘
```

图 6-1　本章内容框架图

6.1　风险与收益的权衡

风险是一个非常重要的财务概念，任何决策都有风险，风险观念在财务学中具有普遍意义。因此，有人说"时间价值和风险价值是财务管理中两个最重要的原则"。人们通常都是厌恶风险的，那么投资者应当如何规避风险和管理风险呢？风险管理的根本目的不是完全消除风险，而是在控制风险的前提下获得最大收益。换言之，财务活动中的风险是客观存在的，投资者在承担风险时都期望获得与风险对等的额外收益，这种风险与收益的对称关系被称为风险与收益的均衡。需要注意的是，这里的收益是指投资者在投资决策前的期望收益，而不是最终实现的收益。从单项投资行为来看，投资者期望获得很高的收益，但实际获得的收益可能很高，也可能很低，甚至可能血本无归。但从社会总资本角度来看，在长期持有资产的条件下，高风险的投资所对应的收益较高，低风险的投资对应的收益较低，风险与收益之间总是存在一种均衡关系。

6.1.1　风险

1. 风险的定义

风险是一定条件下、一定时期内可能发生的各种结果的变动程度。在财务学中，风险指未来投资收益的不确定性。一项资产未来收益的不确定程度越高，其风险越大。风险具有客观性，对于特定投资，风险大小是客观的、不能更改，而是否愿意承担风险以及承担多大风险是可以选择的，由投资者主观决定。

例如，在项目投资决策时，投资者只能预测未来收益的几种可能性，而不可能确定实际收益率。事实上，与投资项目相关的宏观环境及微观环境都有可能发生投资者意想不到且无法控制的变化，使实际收益率偏离期望收益。

需要注意，不能按照日常生活的概念来理解风险的定义，将风险视为发生损失的可能性。对于一个未发生的事件，其结果可能是好的，也可能是不好的。因此风险不仅包括负面效应的不确定性，还包括正面效应的不确定性。它既可能带来超出预期的损失，也可能带来超出预期的收益。

2. 投资活动的风险

（1）投资活动的不确定性。按照投资结果的不确定程度，投资活动可以分为确定型投资和不确定型投资。确定型投资的未来结果不会偏离预期判断，投资者可以根据投资收益做出决策。而不确定型投资的未来结果是不确定的，可能会偏离预期判断，决策者无法预知实际结果。不确定型投资又进一步分为两种：一种是风险型投资，一种是完全不确定型投资。风险型投资所有可能出现的结果以及每种结果出现的概率都是已知的（或是可以估计），而完全不确定型投资可能出现的结果和每种结果发生的概率是未知的（而且无法估计）。投资活动的风险类型如图6-2所示。

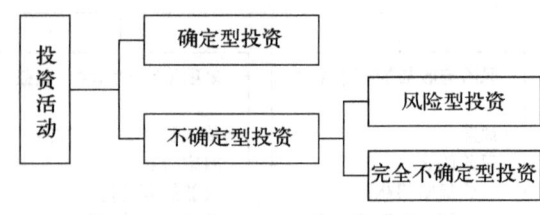

图6-2 投资活动风险类型界定

三种投资活动的具体表述如下。

1）确定型投资，指决策者对未来情况已知或基本确定，可以明确知道结果的投资。如企业购买国库券，由于这种证券由国家财政部担保并发行，到期投资者可依据契约取得预期利息收入并收回本金，所以可视为确定型投资。除国库券外，银行存款也具有收益确定、无风险的特征，也可以视为确定型投资。但是，从整体上来看，确定型投资在所有投资活动中只占极小的一部分。

2）风险型投资，指决策者对投资的未来情况不能完全确定，但事先可以知道所有可能的结果，并且知道每一种结果出现的概率。例如掷硬币的结果只有两个——正面和反面，当掷硬币的次数多到一定程度时，两种结果出现的概率各为50%。

3）完全不确定型投资，指决策者事先不知道决策的所有可能结果，或者虽然知道可能的结果，但不知道它们出现的概率。如企业进行股票投资的结果有三个——盈利、保本、亏损，但是，这三种结果可能出现的概率是未知的。

任何一项风险型投资，投资者总会权衡风险和期望收益。投资者承担较大的风险，就会期望获得较高的收益；如果投资者对风险采取谨慎态度，只愿意承担较小的风险，那么期望收益也会比较低。

（2）风险溢价。经济学中假设，所有投资者都厌恶风险，并力求回避风险。既然如此，为何还有大量的投资者进行风险型投资呢？这是因为承担风险可以获得额外收益，即风险溢价。

风险溢价是指投资者由于承担风险而获得的超过货币时间价值的额外收益。在市场经济条件下，已知未来投资结果的确定型投资是很少的。实践中，几乎所有的投资决策都面临风险，投资结果都具有不确定性。

风险溢价是对投资者承担投资风险的一种价值补偿。风险与收益是均衡的，在整个资本市场层面上，等量风险会带来等量收益。这种均衡是如何形成的呢？如前所述，各投资项目风险大小不同，在期望收益相同的情况下，投资者都会选择风险小的投资项目。结果，竞争使其风险增加，收益下降。最终，高风险的项目必须有高收益，否则就没有人投资；而低收益的项目必须风险很低，否则也没有人投资。风险与收益的这种均衡关系，是市场竞争的结果。

假定没有通货膨胀的影响，期望收益包括两个组成部分：一部分是货币时间价值，即无风险收益；另一部分是风险溢价，即承担风险而获得的额外收益。其计算公式为：

期望收益 = 无风险收益 + 风险溢价

以上原理也可以形象地表示，如图6-3所示。

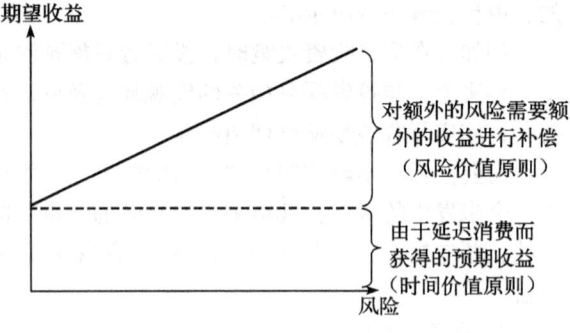

图6-3 风险与期望收益的关系

（3）资本市场的历史数据。资本市场中

的历史数据也印证了风险与收益之间的匹配关系,如表6-1与图6-4所示。

表6-1　1926~2005年间美国证券投资的年度收益　　　　　（单位:%）

项目	名义收益率（平均值）	实际收益率（平均值）	风险溢价（相对于短期政府债券）
小公司股票	17.95	14.82	14.20
大公司股票	12.15	9.02	8.40
长期政府债券	5.68	2.55	1.93
短期政府债券	3.75	0.62	0.00
通货膨胀率	3.13	—	—

资料来源:http://highered.mcgraw-hill.com/sites/dl/free/007338237x/587203/Annual_Holding_Period_Returns_on_Different_Asset_Classes.xls。其中,通货膨胀数据来自美国劳动统计局,1926~1995年大公司股票、小公司股票、长期政府债券、短期政府债券收益数据来自美国证券价格研究中心,1996年及以后的国债收益数据来自莱曼兄弟公司国债指数,1996年及以后的股票收益数据来自于S&P 500、Russell 2000。

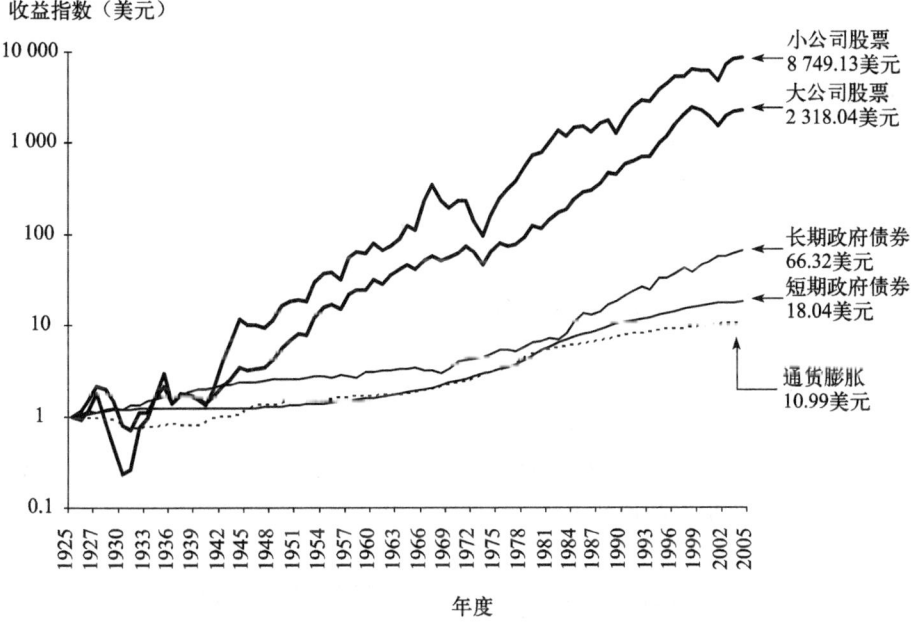

图6-4　1926~2005年间美国各种证券投资方式的收益指数

注:计算所需资料来源同表6-1。其中,收益指数（以对数列示）表示从1926~2005年间投资1美元于各种证券投资方式最终可以获得的收益。计算方法如下:如果将1美元投资于证券市场,并将每年收益再投资,最终得到的总收益 = $(1+R_{1926})(1+R_{1927})\cdots(1+R_{2005})$。其中,$R_i$表示$i$年的收益率（$i=1926\sim2005$）。

图6-4和表6-1列示了美国1926~2005年间投资于公司股票以及政府债券所获得的年度收益情况。其中,名义收益率或实际收益率（实际收益率等于名义收益率减通货膨胀率,主要为消除通货膨胀带来的影响）代表了投资获得的收益水平。表6-1显示,投资于小公司股票获得的收益最高,接下来依次是大公司股票、长期政府债券。收益最小的是短期政府债券,在扣除通货膨胀率后其实际收益率只有0.62%。

从图6-4中可以看出,在1926年将1美元投资于大公司股票投资组合并将股利用于再投资,至2005年投资组合价值将增长到2318.04美元。而在1926年将1美元投资于短期政府债券,至2005年投资组合的价值将仅有18.04美元。持有股票可以获得更高的收益,持有政府债券仅获得略高于通货膨胀率的补偿。但是,高收益的背后潜藏着高额损失的可能性,不同年度的收益存在着大幅度的变化。大企业股票投资组合在1931年、1937年分别遭受了45.56%及36.03%的损失，而1928年、1933年分别获得了39.29%及54.56%的收益。而持有短期政府债券时，每年的收益则更为平稳，不会出现较大的变动。

由于投资短期政府债券所承担的风险很小，人们往往将其视为无风险资产。相应地，将投资于短期政府债券的收益率视为无风险收益率。[⊖]投资于其他资产获得的收益与无风险收益之间的差额称作风险溢价，它代表投资者因承担更高的风险而获得的额外收益。平均来讲，投资者承担的风险越高，获得的风险溢价越高。反之，投资者承担的风险越低，获得的风险溢价也越低。与上述分析一致，投资于公司股票，投资者承担的风险较高，因此获得的风险溢价也较高；而投资于政府债券，投资者承担的风险较低，因此所获得的风险溢价也较低。

从本节分析可以发现，投资者厌恶风险，却仍然进行风险型投资，目的在于获得超过货币时间价值的额外收益——风险溢价。投资者总希望冒较低风险而获得较高收益，或者至少获得的收益与所承担的风险相当。因此，权衡投资风险与期望收益是分析风险型投资项目可行性的重要组成部分。

6.1.2 收益

在财务管理学科中，收益率的定义是：每一单位的投资得到了多少单位的回报。其计算公式如下。

$$R = \frac{W_1 - W_0}{W_0}$$

式中　R——投资于某项资产所获得的收益率；
　　　W_0——该项资产的期初价值；
　　　W_1——该项资产的期末价值。

例如，期初投资于某项资产A，初始投资金额为W_0，期末由于这笔投资而获得的金额为W_1，则$W_1 - W_0$就是这段时期内投资于资产A的收益额，再除以W_0，便得到从期初到期末这段时间内的收益率。根据选取时间段的不同，收益率可以是年收益率、月收益率、周收益率或者日收益率等。

特别的，股票投资收益率主要包括股利与资本利得两部分。每股收益率可以按以下公式计算。

$$R_t = \frac{D_t + (P_t - P_{t-1})}{P_{t-1}}$$

式中　R_t——收益率；
　　　t——过去（或未来）特定的时间点；
　　　D_t——第t期的现金股利；
　　　P_t——第t期的股价；
　　　P_{t-1}——第$t-1$期的股价。

值得注意的是，上述公式不但适用于计算证券投资的历史收益率，也适用于预测未来的收益率。其中，$(P_t - P_{t-1})$代表该期间的资本利得或损失。

⊖ 在美国证券市场中，通常将政府发行的国库券视为无风险资产。而在中国的证券市场中，国库券发行规模比较有限，远远不能满足投资者的实际需要，在投资理财中难以购入国库券资产。因此，通常可以将银行存款视为中国证券市场中的无风险资产，相应地将一年期整存整取银行存款利率视为无风险收益。

【例6-1】 某投资者于2010年初购买A公司股票1 000股,每股10元。2010年8月30日,A公司派发现金股利,每股派发0.1元。2010年12月31日,A公司股票涨至每股12元,该投资者将1 000股股票全部卖出。2010年投资者获得的实际收益额和每股收益率各是多少?

解 该投资者的投资收益包括现金股利和资本利得两个方面,其中:

$$现金股利 = D_t = 0.1 元/股$$
$$资本利得 = P_t - P_{t-1} = 12 - 10 = 2 元/股$$

因此,

$$投资者获得的实际收益额 = (0.1元/股 + 2元/股) \times 1\,000 股 = 2\,100 元$$

$$每股收益率 R_t = \frac{D_t + (P_t - P_{t-1})}{P_{t-1}} = \frac{0.1 + (12 - 10)}{10} = 21\%$$

6.2 单项资产的风险与收益

上节内容指出,风险与收益是投资活动中必须考虑的两个基本因素。因此,需要首先了解风险的统计学度量方式,以及期望收益的概念与计算方法。本小节在概率和概率分布的基础上,逐步讲述单项资产的期望收益与风险度量,并进一步阐释单项资产投资决策思路。

6.2.1 单项资产的期望收益

1. 概率分布

概率是指随机事件各项结果发生的可能性。通常情况下,投资活动可能产生的各种收益情况并不确定,其出现或发生的可能性,可以用相应的概率描述。概率分布是一系列可能结果以及结果发生可能性的函数或图形表示。

概率分布分为离散型分布和连续型分布两种。离散型分布,是指可能出现的收益状况是有限的,每种可能结果的概率是已知的。例如对下一年宏观经济情况的预测分为悲观、中等、乐观三种情况,概率依次为25%、50%、25%,这就是离散型分布。而连续型分布是指可能出现的收益状况是无限多的,并且概率密度函数是连续的(对概率密度函数积分可得概率)。离散型分布与连续型分布如图6-5所示。

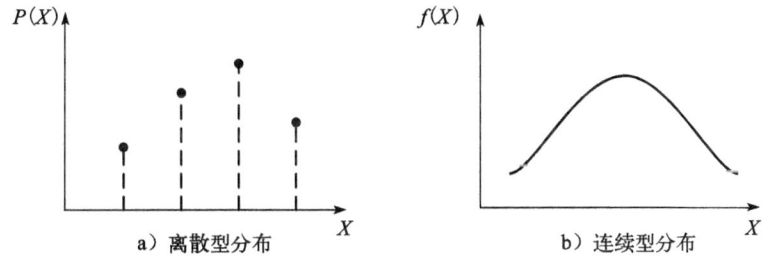

图6-5 离散型分布与连续型分布示意图

2. 收益的期望值

由于投资结果不确定,未来的投资收益会出现多种可能。投资收益的期望值是由各种可能的收益率按其概率加权平均得到的,它反映的是一种集中趋势。其计算公式如下。

$$E(R_i) = \sum_{i=1}^{n} R_i P_i$$

式中 $E(R_i)$ ——期望收益;

R_i——第i种情况下可能获得的收益；

P_i——第i种情况出现的概率。

【例6-2】 某投资方案的收益率及概率分布情况如表6-2所示。

表6-2　某投资方案的收益状况

经济状况	发生概率	收益率
悲观	25%	10%
中等	50%	20%
乐观	25%	30%

根据表6-2，该方案的期望收益为：

$$E(R_i) = \sum_{i=1}^{n} R_i P_i = 25\% \times 10\% + 50\% \times 20\% + 25\% \times 30\% = 20\%$$

6.2.2　单项资产的风险

实际生活中存在着各种各样的投资机会，它们的期望收益可能相同，也可能不同，同时，其实际收益率也可能存在着很大的不确定性，这就是投资风险。对于期望收益相同的投资项目，比较其风险大小通常用方差和标准差；而对于期望收益不同的投资项目，比较其风险大小则用变异系数。

1. 方差与标准差

方差和标准差是描述各种可能结果相对于期望值离散程度的常用指标。方差通常用$\text{Var}(X)$、σ_x^2表示，标准差常用σ_x表示，标准差是方差的算术平方根。当各种可能结果的概率可以准确估计时，其计算公式如下：

$$\sigma_R^2 = \sum_{i=1}^{n} [R_i - E(R_i)]^2 \times P_i$$

$$\sigma_R = \sqrt{\sigma_R^2} = \sqrt{\sum_{i=1}^{n} [R_i - E(R_i)]^2 \times P_i}$$

式中　σ_R^2——方差；

σ_R——标准差；

$E(R_i)$——期望收益；

R_i——第i种情况下可能获得的收益率；

P_i——第i种情况出现的概率；

n——所有可能结果的数目。

特别的，当各种可能结果出现的概率相等时，总体方差和总体标准差公式转化为：

总体方差：
$$\sigma_R^2 = \frac{\sum_{i=1}^{n} [R_i - E(R_i)]^2}{N}$$

总体标准差：
$$\sigma_R = \sqrt{\frac{\sum_{i=1}^{n} [R_i - E(R_i)]^2}{N}}$$

【例6-3】 A、B两个投资项目的收益率及概率分布情况如表6-3所示，作为理性的投资者，在权衡风险与收益后，应该选择哪一个投资项目？

表6-3　A、B投资方案的收益状况

经济状况	发生概率	A 收益率	B 收益率
悲观	25%	10%	12%
中等	50%	20%	20%
乐观	25%	30%	28%

解　两个项目的期望收益分别为：

A 项目的期望收益 $E(R_a) = 25\% \times 10\% + 50\% \times 20\% + 25\% \times 30\% = 20\%$

B 项目的期望收益 $E(R_b) = 25\% \times 12\% + 50\% \times 20\% + 25\% \times 28\% = 20\%$

两项目的方差、标准差分别为：

$$\sigma_R^2(A) = \sum_{i=1}^n [R_i - E(R_i)]^2 \times P_i = (10\% - 20\%)^2 \times 25\% + (20\% - 20\%)^2 \times 50\% + (30\% - 20\%)^2 \times 25\% = 0.005$$

$$\sigma_R^2(B) = \sum_{i=1}^n [R_i - E(R_i)]^2 \times P_i = (12\% - 20\%)^2 \times 25\% + (20\% - 20\%)^2 \times 50\% + (28\% - 20\%)^2 \times 25\% = 0.0032$$

$$\sigma_R(A) = \sqrt{\sigma_R^2(A)} = \sqrt{0.005} = 7.07\%$$

$$\sigma_R(B) = \sqrt{\sigma_R^2(B)} = \sqrt{0.0032} = 5.66\%$$

由于两个项目的期望收益相同，而 B 项目的标准差（或方差）小于 A 项目，即 B 项目的风险小于 A 项目，所以应当选择 B 项目。

在证券市场中，投资者通常难以直接得到股票未来的期望收益及其概率分布。因而，通常采用历史收益率的均值及标准差估算证券未来的收益及风险。在采用样本计算时，方差、标准差的计算公式也应做出相应的调整[①]：

样本方差：
$$\sigma_R^2 = \frac{\sum_{i=1}^n [R_i - E(R_i)]^2}{N-1}$$

样本标准差：
$$\sigma_R = \sqrt{\frac{\sum_{i=1}^n [R_i - E(R_i)]^2}{N-1}}$$

其中，N 为样本的数量。其余变量与总体方差计算中的变量定义相同。

【例6-4】 四川长虹 2010 年 1~12 月每月的股票收益率如表 6-4 所示，请计算这只股票的年度期望收益及标准差。

表6-4　四川长虹2010年股票收益率

日期	收益率	日期	收益率	日期	收益率
2010/01	0.034	2010/05	-0.064	2010/09	-0.031
2010/02	0.069	2010/06	-0.059	2010/10	0.034
2010/03	-0.073	2010/07	0.122	2010/11	-0.093
2010/04	0.065	2010/08	0.014	2010/12	-0.031

资料来源：CSMAR 国泰安数据库。

解　四川长虹 2010 年度的期望收益为：

[①] 与总体数据不同，样本数据的自由度为 $N-1$。

$$E(R) = (0.034 + 0.069 - 0.073 - 0.065 - 0.064 - 0.059 + 0.122 + 0.014 - 0.031$$
$$+ 0.034 - 0.093 - 0.031) \div 12 = -0.016$$

2010 年度月收益率的方差及标准差为：

$$\sigma^2_{长虹}(R) = \frac{1}{N-1}\sum_{i=1}^{n}[R_i - E(R_i)]^2 = \frac{1}{12-1}\sum_{i=1}^{12}[R_i - (-0.016)]^2 = 0.004$$

$$\sigma_{长虹}(R) = \sqrt{\sigma^2_{长虹}(R)} = \sqrt{0.004} = 6.62\%$$

对于期望收益相同的项目，标准差越大，收益分布的离散程度就越大，风险也就越高。根据投资者都厌恶风险这一基本假设，在期望收益相同的前提下，投资者都会选择风险小的项目，即标准差小的项目。

2. 变异系数

在两种期望收益相同而标准差不同的投资方案之间进行选择时，投资者会选择标准差较小的方案，以使风险较低；相应的，在两种标准差相同而期望收益不同的投资方案之间进行选择时，投资者会选择期望收益较高的方案。因为大部分投资者都认为收益总是"有益的"，而风险总是"有害的"，所以投资者都想获得更多的收益而尽量减少风险。

然而，如果投资项目的规模不同，期望收益不同，在比较其风险时，就不能使用方差或标准差来判断了。例如存在两个投资机会 A 和 B，其收益的正态分布特征如表 6-5 所示。

表 6-5　A、B 投资方案的收益特征

	A 方案	B 方案
期望收益	8%	24%
标准差	6%	8%

从表 6-5 中能否直接得出结论：因为方案 B 的标准差大于方案 A，所以方案 B 的风险大于方案 A？

如果仅以标准差作为衡量风险的标准，则会得出这一结论。然而，考虑期望收益的取值之后，则会发现方案 A 的变动性更大。这类似于亿万富翁的年收入标准差 1 万美元所面临的风险实际上远远小于普通人的年收入标准差 8 000 美元所面临的风险。

因此，在比较期望收益不同的项目的风险时，应该采用变异系数（coefficient of variation, CV），它表示单位期望收益对应的标准差大小，或单位收益面临的风险大小。变异系数在标准差的基础上除以了期望收益，从而调节了投资的规模或范围，其计算公式如下：

$$CV = \frac{\sigma_R}{\overline{R}}$$

式中　CV——某资产收益率的变异系数；

　　　σ_R——该资产收益率的标准差；

　　　$\overline{R}$——该资产期望收益。

【例 6-5】　现有 A、B 两个投资方案，其收益的概率分布如图 6-6 所示。在两个投资方案中，哪一个方案的风险较小？

解　从图 6-6 所示的概率分布图中可以很直观地看出，A、B 方案的投资收益均服从正态分布。其中方案 A 的期望收益为 6%，方案 B 的期望收益为 20%。

同时，从概率分布图中可以算出：

$$\sigma(A) = 8\% - 6\% = 2\%$$

$$\sigma(B) = 24\% - 20\% = 4\%$$

两方案的期望收益不同,因此应计算变异系数来衡量风险:

$$CV_A = \frac{\sigma_A}{R_A} = \frac{2\%}{6\%} = 0.33$$

$$CV_B = \frac{\sigma_B}{R_B} = \frac{4\%}{20\%} = 0.20$$

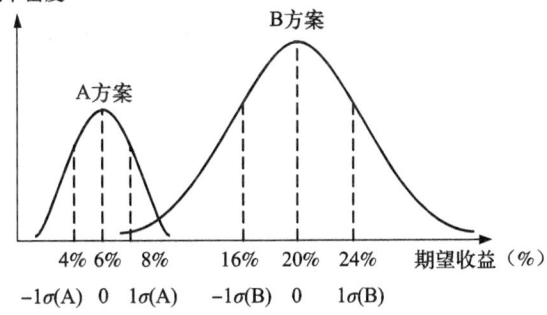

图6-6 A、B方案收益的概率分布

通过以上计算和分析可以得出,虽然方案A的标准差(2%)小于方案B(4%),但两个方案的标准差比较接近。而方案A的期望收益只有6%,方案B的期望收益却有20%,相差很大。因此,当剔除规模的影响,用标准差除以期望收益计算变异系数时,方案A的变异系数要远远大于方案B。当期望收益变动同样百分比时,方案A的波动程度要远大于方案B。这就是方案A的风险比方案B大的原因。

6.3 投资组合的风险与收益

本章的第一节分析了美国证券市场中各种投资方式的历史收益,第二节介绍了单项资产风险和收益的计量方式。通过这两节的内容可知,在众多证券投资方式中,投资于股票的期望收益是最大的。然而,为什么大多数时候投资者并不简单地选择内在价值最大的股票,而是同时持有不同的股票,甚至持有股票、债券等不同的金融工具的组合?

实际上,很少有投资者只选取一项资产进行投资,他们往往将不同的资产组合在一起,为的是减少投资风险。这种将不同的资产组合在一起构成的总投资,称为投资组合。投资者的目的是获得一个有效的投资组合,在确定的风险水平下追求期望收益最大化,或者是在确定的收益水平下追求风险最小化。

本节将重点介绍资产组合理论的基本内容,论证分散投资的重要意义。在对资产组合的研究中,最为重要的是马科维茨于1952年提出的现代投资组合理论㊀,这一理论具有里程碑意义,被认为是现代资产组合理论的开端,成为金融投资和金融市场理论体系中最重要的内容之一。马科维茨从投资者如何通过多样化的投资组合降低风险的角度提出,当增加投资组合中的资产数量时,投资组合的风险(用总收益的方差或标准差表示)将随之下降,而投资组合的期望收益率则可以是所有个别资产期望收益的加权平均值。这说明通过多个资产的投资组合而不是投资于个别资产,投资者可以在不减少收益的情况下降低投资组合的总风险。马科维茨提出的投资组合理论,体现了"不要把鸡蛋放在一个篮子里"的思想,深刻地揭示了合理投资组合设计的核心理念,被认为是公司财务理论发展的开端。马科维茨投资组合的选择原则是:选择那些在一定风险水平下收益最高的资产,然后将其作为有效投资组合,也就是说投资者追求在一定收益回报率下的风险最小化,或者在风险一定的情况下收益回报率的最大化。

本节前两小节的内容,都将围绕这一理论的核心思想展开。第一小节从两项资产组合入手,讨论如何计算投资组合的期望收益和标准差,以及两项风险资产的可行集与有效集;第二小节过

㊀ Markowitz, Harry, 1952, "Portfolio Selection", Journal of Finance, 7, 77-91.

渡到多项风险资产组合，讨论多项风险资产的可行集与有效集。1958年，詹姆斯·托宾（James Tobin）对哈里·马科维茨的理论进一步完善[⊖]，将投资者构建有效资产组合的范围从风险资产扩大到了风险资产和无风险资产共同构成的组合，从而得出最优资本配置，即资本市场线。这一部分内容在本节第三小节介绍。

6.3.1 两项资产构成的投资组合

1. 两项资产组合的期望收益

投资组合的期望收益等于投资组合中各项资产期望收益的加权平均数，其中权重是投资于各项资产的资金占投资于整个组合的比例。投资组合期望收益的计算公式如下：

$$E(R_p) = \sum_{i=1}^{m} w_i E(R_i)$$

式中 $E(R_p)$ ——投资组合的期望收益；

w_i ——投资于某项资产的资金占整个投资组合的比例；

$E(R_i)$ ——组合中各项资产的期望收益。

投资组合的收益和风险在两项资产投资组合下很好理解。假设投资者只选择两项资产 A 和 B，w_a 表示在投资组合中资产 A 所占的比重，w_b（这里 $w_b = 1 - w_a$）表示资产 B 所占的比重。则投资组合的期望收益 $E(R_p)$ 计算如下[⊖]：

$$E(R_p) = w_a E(R_a) + w_b E(R_b)$$

【例6-6】某投资者共拥有1 000 000元人民币，其中400 000元投资于A公司股票，600 000投资于B公司股票，两公司股票收益随宏观经济形势影响的概率分布如表6-6所示。

表6-6 持有A、B公司股票的收益状况

经济状况	发生概率	A股票收益率	B股票收益率
悲观	25%	10%	8%
中等	50%	20%	10%
乐观	25%	30%	16%

求 该投资者持有这一投资组合的期望收益是多少？

解 由于三种经济形势下A、B股票的收益不同，所以需要先计算出A、B股票的期望收益，再根据A、B股票占投资组合的比重，最终计算出投资组合的期望收益。

A、B股票的期望收益分别为：

$$E(R_a) = 25\% \times 10\% + 50\% \times 20\% + 25\% \times 30\% = 20\%$$
$$E(R_b) = 25\% \times 8\% + 50\% \times 10\% + 25\% \times 16\% = 11\%$$

A、B股票占投资组合的比重分别为：

$$W_a = 400\ 000/1\ 000\ 000 = 0.4$$
$$W_b = 600\ 000/1\ 000\ 000 = 0.6$$

投资组合的期望收益为：

$$E(R_p) = w_a E(R_a) + w_b E(R_b) = 0.4 \times 20\% + 0.6 \times 11\% = 14.6\%$$

⊖ Tobin, James, 1958, "Liquidity Preference as a Behavior Toward Risk", Review of Economic Studies, 25, 65-86.

⊖ 需要注意的是，等式中收益率为随机变量，为简便起见，此处将时间下标省略。

2. 两项资产组合的风险

(1) 方差和协方差。投资组合的期望收益是各项资产期望收益的加权平均值。然而投资组合的方差并不存在这种线性特征，这点是极其重要的。

两项资产组合的方差计算公式如下：

$$\mathrm{Var}(R_p) = w_i^2 \sigma_i^2 + 2 w_i w_j \mathrm{Cov}(R_i, R_j) + w_j^2 \sigma_j^2$$

式中 R_i，R_j——资产 i、资产 j 在某种情况下的收益率；

ω_i，ω_j——组合中资产 i、资产 j 所占的比重；

σ_i，σ_j——资产 i、资产 j 收益率的标准差；

$\mathrm{Cov}(R_i, R_j)$——资产 i、资产 j 收益率的协方差 $^{\ominus}$。

从上述计算公式可以看出，两项资产组合的方差主要由三项内容构成：①资产 i 的方差（σ_i^2），②资产 j 的方差（σ_j^2），③资产 i 和资产 j 的协方差（$\mathrm{Cov}(R_i, R_j)$）。也就是说，投资组合的方差取决于组合中各种资产的方差，以及资产之间的协方差。各项资产的方差度量每种资产收益率自身的波动程度，协方差则度量两项资产之间的相互关系。

协方差是两个随机变量同时移动的倾向性的数理表示，具有正协方差的两个变量倾向于同时同向移动，而具有负协方差的两个变量则倾向于同时反向移动。在每项资产方差给定的情况下，如果两项资产收益率之间越倾向于同向变动，即两项资产收益率的协方差越大，投资组合的方差越大，风险越高；反之，如果两项资产收益率之间越倾向于反向变动，即两项资产收益率的协方差越小，投资组合方差越小，分散风险的能力越强。

(2) 相关系数。协方差给出的是两个变量相对运动的绝对值。有时候，投资者更需要了解这种运动的相对值，即相关系数（ρ）。两个变量间的相关系数，通过协方差除以两个变量的标准差之积求得，它的值总是位于 -1 到 $+1$ 之间。通过下式可将协方差 $\mathrm{Cov}(R_i, R_j)$ 转化为相关系数 ρ。

$$\rho_{ij} = \frac{\mathrm{Cov}(R_i, R_j)}{\sigma_i \sigma_j}$$

两项资产收益率的三种典型相关状况如图 6-7 所示。其中，相关系数为 $+1$ 时，两项资产收益率是完全正相关的，它们同时以相同的比例同向移动；相关系数为 -1 时，两项资产收益率是完全负相关的，它们同时以相同的比例反向移动；相关系数为 0 时，这两项资产在同一时期的收益是不相关的。

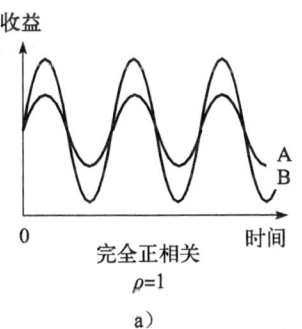
a) 完全正相关 $\rho=1$

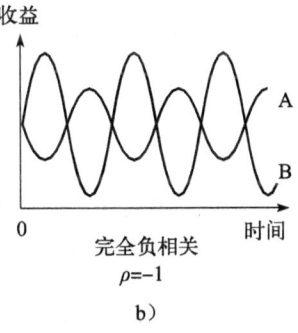
b) 完全负相关 $\rho=-1$

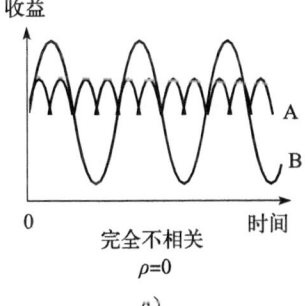
c) 完全不相关 $\rho=0$

图 6-7 不同的相关系数

$\ominus$ $\mathrm{Cov}(R_i, R_j)$ 也可写作 σ_{ij}，计算公式为：$\mathrm{Cov}(R_i, R_j) = \sigma_{ij} = E\{[R_i - E(R_i)][R_j - E(R_j)]\}$

在投资组合方差中引入相关系数后,最终能获得一个更容易理解的投资组合方差表达式:
$$\mathrm{Var}(R_p) = w_i^2\sigma_i^2 + 2w_iw_j\rho_{ij}\sigma_i\sigma_j + w_j^2\sigma_j^2$$

相应的,组合的标准差 σ_p 就等于方差开平方,即
$$\sigma_p = \sqrt{\mathrm{Var}(R_p)} = \sqrt{w_i^2\sigma_i^2 + 2w_iw_j\rho_{ij}\sigma_i\sigma_j + w_j^2\sigma_j^2}$$

【例6-7】 假设A证券的期望收益为10%,标准差是12%,B证券的期望收益为18%,标准差是20%。假设等比例投资于两项证券,即各占50%,则有:

1)组合的期望收益为:
$$R_p = 10\% \times 0.50 + 18\% \times 0.50 = 14\%$$

2)组合的风险根据两项证券相关系数的不同而不同,举例分析如下。

当 $\rho=1$ 时,两项证券的收益完全正相关,没有任何抵消作用:
$$\sigma_p = \sqrt{w_A^2\sigma_A^2 + 2w_Aw_B\rho_{AB}\sigma_A\sigma_B + w_B^2\sigma_B^2}$$
$$= \sqrt{0.5^2 \times (12\%)^2 + 2 \times 0.5 \times 0.5 \times 1 \times 12\% \times 20\% + 0.5^2 \times (20\%)^2} = 16\%$$

当 $\rho=0.2$ 时,两项证券的收益正相关:
$$\sigma_p = \sqrt{w_A^2\sigma_A^2 + 2w_Aw_B\rho_{AB}\sigma_A\sigma_B + w_B^2\sigma_B^2}$$
$$= \sqrt{0.5^2 \times (12\%)^2 + 2 \times 0.5 \times 0.5 \times 0.2 \times 12\% \times 20\% + 0.5^2 \times (20\%)^2} = 12.65\%$$

当 $\rho=0$ 时,两项证券的收益完全不相关:
$$\sigma_p = \sqrt{w_A^2\sigma_A^2 + 2w_Aw_B\rho_{AB}\sigma_A\sigma_B + w_B^2\sigma_B^2} = \sqrt{0.5^2 \times (12\%)^2 + 0.5^2 \times (20\%)^2} = 11.66\%$$

当 $\rho=-0.2$ 时,两项证券的收益负相关:
$$\sigma_p = \sqrt{w_A^2\sigma_A^2 + 2w_Aw_B\rho_{AB}\sigma_A\sigma_B + w_B^2\sigma_B^2}$$
$$= \sqrt{0.5^2 \times (12\%)^2 - 2 \times 0.5 \times 0.5 \times 0.2 \times 12\% \times 20\% + 0.5^2 \times (20\%)^2} = 10.58\%$$

当 $\rho=-1$ 时,两项证券的收益完全负相关,抵消作用达到最大:
$$\sigma_p = \sqrt{w_A^2\sigma_A^2 + 2w_Aw_B\rho_{AB}\sigma_A\sigma_B + w_B^2\sigma_B^2}$$
$$= \sqrt{0.5^2 \times (12\%)^2 - 2 \times 0.5 \times 0.5 \times 1 \times 12\% \times 20\% + 0.5^2 \times (20\%)^2} = 4\%$$

以上计算过程蕴含着非常重要的原理:当两项资产的相关系数等于1时,投资组合的标准差达到最大,等于组合中各资产标准差的加权平均数;只要两项资产之间的相关系数小于1,投资组合的标准差就小于各资产标准差的加权平均数;而当两项资产的相关系数等于-1时,投资组合的标准差达到最小化。

3. 两项资产组合的可行集与有效集

(1)两项资产组合的可行集与有效集。在上一节中,以等比例投资为例,考察了两项证券的相关系数对于风险分散化效用的影响。在相关程度外,投资比例也是影响投资组合整体风险的重要因素。如投资比例发生变化,投资组合的期望收益和标准差也会随之发生改变。

三一集团是全球工程机械制造商50强、全球最大的混凝土机械制造商、中国企业500强。云南白药控股有限公司的云南白药创制至今已有一百多年历史,畅销海内外。两家企业分属制造业与医药行业,行业差异明显,预计能够较好地实现分散风险的目的。下文分别选取两家企业旗下的上市公司,三一重工(600031)和云南白药(000538)构建投资组合,结果如表6-7所示。

表 6-7　三一重工与云南白药不同投资比例的组合　　　$\rho = -0.18$

组合	对云南白药的投资比例	对三一重工的投资比例	组合的期望收益	组合的标准差
1	1.00	0.00	2.62%	9.49%
2	0.76	0.24	3.61%	7.80%
3	0.60	0.40	4.27%	8.60%
4	0.40	0.60	5.10%	11.29%
5	0.20	0.80	5.92%	14.89%
6	0.00	1.00	6.75%	18.90%

资料来源：CSMAR 国泰安金融研究数据库。采用 2010 年月度数据估计三一重工（600031）和云南白药（000538）的收益状况。三一重工的期望收益率为 6.75%，标准差为 0.189；云南白药的期望收益率为 2.62%，标准差为 0.095；三一重工与云南白药收益的协方差为 -0.003，相关系数为 -0.180。

也可以用图形描绘出不同投资比例下，期望收益与投资风险之间的关系，如图 6-8 所示。图中圆点与表 6-7 的六种证券组合一一对应。联结这些圆点形成的曲线称为可行集，它反应投资组合的风险与期望收益之间的权衡关系。

该图有几项特征是非常重要的。

1）它揭示了资产组合的风险分散化效应。比较曲线和以虚线绘制的直线的距离可以判别分散化效应的大小。图中直线由全部投资于云南白药和全部投资于三一重工所对应的两点连接而成。它是两项证券收益完全正相关（无分散化效应）时的机会集，曲线则代表同时投资两家上市公司股票的机会集。从曲线和直线间的距离可以看出，由于两种证券的相关系数为负，风险分散效果相当显著。投资组合的风险分散效应可以通过曲线

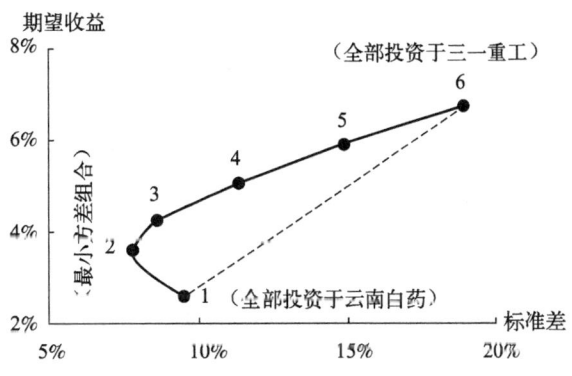

图 6-8　两项资产组合的可行集

1—2 的弯曲看出来。从 1 点出发，拿出一部分资金投资于风险较大的三一重工，会比全部资金投资于风险较小的云南白药的标准差还要小。这种结果与人们的直觉相反，揭示了风险分散化的内在特征。一种证券的某些未预期变化往往会被另一种证券的某些反向未预期变化所抵消。

2）它表达了最小方差组合。曲线最左端的第 2 点组合被称做最小方差组合，它是组合中的各项资产以不同比例构成的所有组合中标准差最小的一种。在本例中，最小方差组合是 76% 的资金投资于云南白药、24% 的资金投资于三一重工。离开此点，无论增加或减少投资于三一重工的比例，都会导致标准差的小幅上升。必须注意的是，机会集曲线向左弯曲并非必然伴随分散化投资发生，它取决于相关系数的大小。当两项证券之间的相关系数为负数时，机会集曲线一定会向左弯曲；而在两项证券之间的相关系数为正数时，曲线可能会出现弯曲，也可能不会出现。

3）它表达了投资组合的有效集。在只有两项证券的情况下，投资者的所有投资机会只能出现在机会集曲线上，而不会出现在该曲线上方或下方。改变投资比例只会改变组合在机会集曲线上的位置。最小方差组合以下的组合（曲线上点 1—2 的部分）是无效的。没有人会计划持有期望收益比最小方差组合期望收益还低的投资组合，因为它们与最小方差组合相比不但标准差大（风险大），而且收益低。因此，机会集曲线 1—2 的弯曲部分是无效的。本例中，有效集是点 2—6 之间的那段曲线，即从最小方差组合点到最高期望收益组合点的那段曲线。

（2）相关性对可行集与有效集的影响。图 6-8 中，只列示了相关系数为 -0.18 和 1 的机会集曲线，假设云南白药与三一重工的相关系数变为 0.5，其机会集曲线就会随之发生变化，如图 6-9

所示。

从图 6-9 中可以看出：①相关系数为 0.5 的机会集曲线与完全正相关的直线距离缩小了，并且没有向后弯曲的部分。②最小方差组合是 100% 投资于云南白药。将任何比例的资金投资于三一重工，所形成投资组合的方差都会高于将全部资金投资于风险低的云南白药。因此，新的有效集就是整个机会集。

总而言之，资产收益率的相关系数越小，机会集曲线就越弯曲，风险分散化效应也就越强。资产收益率之间的相关性越高，风险分散化效应越弱。完全正相关的投资组合，不具有风险化效应，其机会集是一条直线。

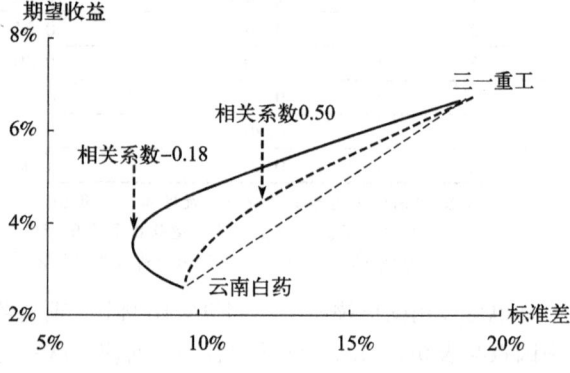

图 6-9 相关系数对两项资产组合可行集的影响

6.3.2 多项资产组合

1. 多项资产组合的方差与标准差

通过上述分析可知，由于资产收益率之间存在相关性，两项资产组合的风险不是组合中各项资产风险的简单加权平均数。由两项资产组合扩展到多项资产组合，其蕴含的原理也是一样的。

多项资产组合的方差等于组合中任意两项资产协方差的加权平均。其计算公式如下：

$$\text{Var}(R_p) = \sum_{i=1}^{n}\sum_{j=1}^{n} w_i w_j \text{Cov}(R_i, R_j)$$

式中　$\text{Var}(R_p)$ ——组合的方差；
　　　　n ——组合中的资产个数；
　　　　R_i, R_j ——组合中任意资产 i、资产 j 的期望收益；
　　　　$\text{Cov}(R_i, R_j)$ ——组合中任意资产 i 与资产 j 期望收益的协方差；
　　　　ω_i, ω_j ——组合中任意资产 i、资产 j 投资金额各自占投资组合的比重。

相应的，组合的标准差计算公式为：

$$\sigma_p = \sqrt{\text{Var}(R_p)} = \sqrt{\sum_{i=1}^{m}\sum_{j=1}^{m} w_i w_j \text{Cov}(R_i, R_j)}$$

仔细观察不难发现，两项资产组合的方差和标准差的计算其实是多项资产组合的方差和标准差计算的一个特例。只不过，两项资产组合包含的资产数量少，计算起来比较简单；而多项资产组合的方差和标准差的计算，则要用到协方差矩阵，如图 6-8 所示。

表 6-8　协方差矩阵

资产	1	2	3	…	n
1	$w_1^2 \sigma_1^2$	$w_1 w_2 \text{Cov}(R_1, R_2)$	$w_1 w_3 \text{Cov}(R_1, R_3)$	…	$w_1 w_n \text{Cov}(R_1, R_n)$
2	$w_2 w_1 \text{Cov}(R_2, R_1)$	$w_2^2 \sigma_2^2$	$w_2 w_3 \text{Cov}(R_2, R_3)$	…	$w_2 w_n \text{Cov}(R_2, R_n)$
3	$w_3 w_1 \text{Cov}(R_3, R_1)$	$w_3 w_2 \text{Cov}(R_3, R_2)$	$w_3^2 \sigma_3^2$	…	$w_3 w_n \text{Cov}(R_3, R_n)$
…	…	…	…	…	…
n	$w_n w_1 \text{Cov}(R_n, R_1)$	$w_n w_2 \text{Cov}(R_n, R_2)$	$w_n w_3 \text{Cov}(R_n, R_3)$	…	$w_n^2 \sigma_n^2$

协方差矩阵将资产组合方差计算公式中的所有项都列在一个矩阵中。从矩阵内部来看，第 i 行第 j 列所对应的元素，就是资产 i 和资产 j 的协方差再乘以对应的权重。例如，第 2 行第 3 列所

对应的元素 $w_2w_3\text{Cov}(R_2, R_3)$，就表示组合中第 2 项资产和第 3 项资产的协方差，再乘以第 2 项资产对应的比重 w_2 和第 3 项资产对应的比重 w_3。矩阵对角线（$i=j$）所对应的元素相当于资产 i 的方差再乘以对应比重的平方。

2. 多项资产组合的可行集与有效集

明确多项资产组合的收益和风险计量方法后，可以讨论这两者之间的关系。在上一部分中，曾讨论了两项资产组合的可行集与有效集，发现一条简单的曲线能够概括所有可能的投资组合。而在多项资产组合中，由于资产数量的增多，可行集扩大到了一个平面，如图 6-10 所示。

图 6-10 的阴影部分代表了两项资产组合的机会集（或称可行集），阴影部分中任何一点，都代表一种投资组合。其中，A 点在可行集最左端，B 点在可行集最右端。对于给定的多项资产，所有可能的投资组合都落在这一有限区域内。投资组合的期望收益是各项资产期望收益的加权平均值，因此，任何投资者都不能选择出一个期望收益超过给定阴影区域的组合。同时，任何人也不可能选择出一个标准差低于给定阴影区域的组合。

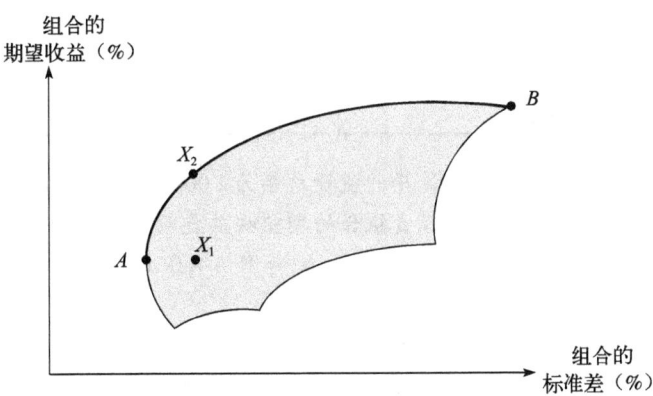

图 6-10 多项资产组合的可行集与有效集

此外，任何投资者都不可能选择一个期望收益低于图中加粗曲线的组合。也就是说，任何投资者都只会在阴影区域上方从 A 到 B 这一边界上选择投资组合，A 到 B 这一曲线称作有效边界。这是因为任何一个处于该边界下方的点，其期望收益都小于相同风险下落在有效边界上的点。例如，图中有效边界上的点 X_2 和位于其正下方的点 X_1，如果点 X_1 所对应的风险是投资者可以接受的风险，那么投资者应该选择点 X_2 而不是点 X_1。因为两个点对应的标准差相同，即风险相同，而点 X_2 的期望收益却高于点 X_1 的期望收益。在风险相同的情况下，所有投资者都会选择期望收益高的投资组合。同理，在期望收益相同的情况下，所有投资者都会选择风险小的投资组合。例如，有效边界上的 A 点和位于它正右方的 X_1 点，两个点所代表的投资组合的期望收益相同，而 X_1 点的风险却高于 A 点，因此，投资者都会选择 A 点代表的投资组合，而不会选择 X_1 点所代表的投资组合。

图中的这一有效边界，就是两项资产组合的有效集，也称为 Markowitz 有效边界。所有投资者都会选择 Markowitz 有效边界上的点，而点的具体位置，取决于投资者的风险承受能力。

6.3.3 风险资产与无风险资产的组合

前面两小节的讨论都是围绕 Markowitz 的资产组合理论展开的。1958 年，James Tobin 指出，Markowitz 假定投资者在构建有效投资组合时，是在风险资产的范围内选择的，而没有考虑无风险资产和现金。实际上，投资者在购入风险资产后，会同时持有国库券㊀等无风险资产或现金。他还指出，风险资产有许多项，例如不同风险收益水平的债券和股票，而各种风险资产在风险资产组合中的比例与风险资产整体占全部投资的比例无关㊁。

㊀ Tobin, James, 1958, "Liquidity Preference as a Behavior Toward Risk", Review of Economic Studies, 25, 65-86.
㊁ 在中国证券市场中，通常将银行存款视为无风险资产，一年期整存整取银行存款利率视为无风险收益。

本小节从无风险资产与单项风险资产的组合入手,逐步介绍这些内容。

1. 无风险资产与单项风险资产的组合

图 6-10 假设所有处于有效集的资产(证券)都具有风险。从另一角度看,投资者很容易将一个风险证券与一个低风险或无风险证券构成组合,例如投资于国债。

【例 6-8】 某投资者考虑投资 A 公司的普通股。此外,该投资者也可以按照无风险收益率借入或者贷出资金,有关参数如表 6-9 所示。

表 6-9 公司股票和无风险利率的期望收益和标准差

项目	A 公司股票	无风险利率
期望收益(%)	15	10
标准差	0.2	0.0

假设该投资者选择的投资总额为 1 000 元,其中 400 元投资于 A 公司股票,600 元投资于无风险的资产。显然,投资组合的期望收益是两项资产期望收益的加权平均数:

$$R_p = 0.4 \times 0.15 + 0.6 \times 0.10 = 12\%$$

而组合的方差为:

$$\text{Var}(R_p) = X_{风险}^2 \sigma_{风险}^2 + 2X_{风险} X_{无风险} \sigma_{风险,无风险} + X_{无风险}^2 \sigma_{无风险}^2$$

依据定义,无风险资产不存在风险,所以 $\sigma_{风险,无风险} = \sigma_{无风险}^2 = 0$,$X_{风险}$,$X_{无风险}$ 为权重系数,所以有:

$$\text{Var}(R_p) = X_{风险}^2 \sigma_{风险}^2 = 0.40^2 \times 0.20^2 = 0.0064$$

$$\sigma_p = X_{风险} \sigma_{风险} = 0.40 \times 0.20 = 0.08$$

由一种风险资产和一种无风险资产构成的组合的收益和风险的关系如图 6-11 所示。该投资者在上述两项资产中的投资比例是 40%、60%,可以表示在由无风险资产和风险资产之间形成的一条直线上。值得注意的是,与两项不完全正相关的风险资产的投资组合不同,这种情况下的"机会集"或者"可行集"是直线,不是弯曲的。

从另一角度看,假设该投资者以无风险利率借入 200 元,加上自己的 1 000 元,他投资于 A 股票的总额是 1 200 元,那么投资组合的期望收益 = 120% × 15% + (−20% × 10%) = 16%。应该注意到,16% 的投资组合期望收益大于 A 股票 15% 的期望收益。这是因为他的借入利率只有 10%,而所投资的证券的期望收益大于 10%。这一投资组合的标准差为 0.24($X_{风险} \sigma_{风险} = 1.2 \times 0.20$)。借款投资加大了投资收益的变动性,该投资组合的风险大于全部资金投资于 A 股票的风险。

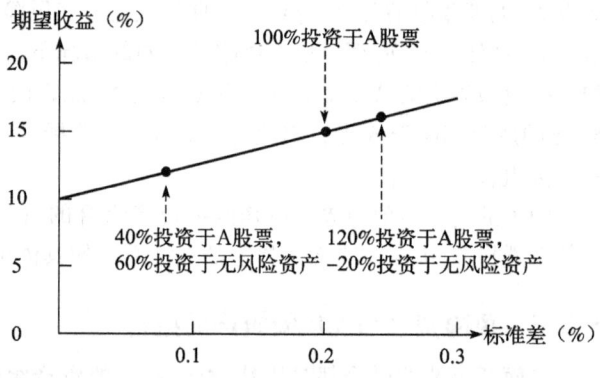

图 6-11 一种风险资产与无风险资产构成组合的风险与收益

2. 无风险资产与风险资产组合的组合

根据投资组合理论,在一个不存在无风险资产的世界里,投资者将在 Markowitz 有效边界上选择资产组合。但当无风险资产存在时,就产生了资本市场线(capital market line,简称 CML),资本市场线要优于 Markowitz 有效边界。

(1) 最优资产组合（资本市场线）。上文介绍了无风险资产与一项风险资产构成的资产组合。事实上，相对于一项风险资产，投资者更愿意同时投资于无风险资产与风险资产组合。

多项风险资产与无风险资产组合的可行集与有效集如图6-12所示。图中阴影部分代表多项风险资产组合的可行集，其中XAY边界（粗线部分）为Markowitz有效边界，代表风险资产组合有效集；$R(f)$点代表无风险资产。那么，投资者在风险资产组合与无风险资产之间进行资本配置，就相当于选择风险资产可行集内的一点，与$R(f)$点作直线。直线上的每一点，代表所选定的风险资产组合与无风险资产按照不同比例而构建的新的投资组合。

下面比较图中的两条直线：直线Ⅰ是风险资产可行集中的任意一点P（除有效边界）与无风险资产的连线，直线Ⅱ则是从无风险收益$R(f)$向风险资产有效集所作的切线，切点为A。

虽然投资者可以选择直线Ⅰ上的任何一点所代表的投资组合，但是在直线Ⅰ上并不存在最优的投资组合。原因在于，如果投资者能够承受直线Ⅰ上任何一点所代表的投资组合的风险，那么也能够持有直线Ⅱ上具有同等风险的一点所代表的投资组合。与直线Ⅰ上的点相比，直线Ⅱ上的点的期望收益较高，而标准差相同。因此，在所有风险资产组合与无风险资产的连线（即风险资产与无风险资产组合的可行集）中，直线Ⅱ是最优选择，它是风险资产与无风险资产组合的有效集，通常也称做"资本市场线"（capital market line，CML）。

从图中可以看出，由于无风险资产的加入，在相同风险下，资本市场线上的点所代表的风险资产与无风险资产的组合比Markowitz有效边界上的点所代表的风险资产组合具有更高的收益。因此，资本市场线是资本市场中最优的资本配置。

(2) 分离定理。由于资本市场线是无风险资产与A点的连线，因此投资者在构建最优的投资组合时，必然持有A点所代表的风险资产组合。接下来需要确定投资于无风险资产和风险资产组合的比例。通过第一节内容可知，风险是客观存在的，而承担多少风险则是投资者主观决定的。因此，这一比例的确定取决于投资者的风险厌恶程度。一个厌恶风险的投资者，可能会选择直线$R(f)$至A之间的某一点，例如点1。而一个风险承受能力较强的投资者很可能会选择按近于A点甚至超过A点的点，例如点2就是投资者通过以无风险利率借钱增加对A的投资。

通过以上的分析可以得出，投资者在构建同时包含无风险资产与风险资产的有效投资组合时，会进行相互独立的两步决策：

第一步，确定风险资产组合的构成。依据前面讲到的Markowitz投资组合理论，投资者在估计出组合中各种资产的期望收益、方差，以及各资产收益率之间的协方差之后，可以计算出风险资产的有效集，如图6-12中的曲线XAY。随后，投资者从无风险资产$R(f)$向有效集XAY曲线作切线，切点A就是投资者所要持有的风险资产组合。

第二步，确定风险资产组合（A点）与无风险资产之间的投资比例。一种选择是投资者将资金部分投资于无风险资产，部分投资于风险资产。在这种情况下，投资者只能选择直线Ⅱ上$R(f)$到A点之间的某一点。另一种选择是，投资者以无风险利率借入资金，加上自有资金，增加对A点这个风险资产组合的投资。在这种情况下，投资者可

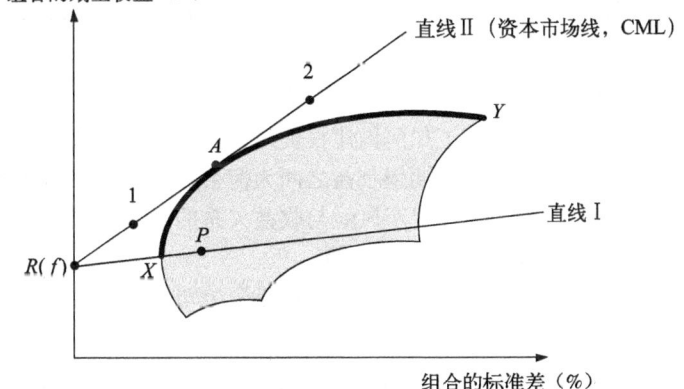

图6-12　多项风险资产与无风险资产组合的可行集与有效集

以选择直线Ⅱ上超过 A 点的某一点，从而获得比第一种选择更高的期望收益。而借入或者贷出无风险资产的多少，即确定投资组合在直线Ⅱ上的位置，则是由投资者的个人风险承受能力决定的。

这种两步独立决策的过程也被称为"分离原理"。

因此可见，当加入无风险资产后，投资者可以通过构建风险资产与无风险资产的组合，取得 Markowitz 有效边界的最优组合时，所有投资者都会持有 A 点所代表的风险资产组合，而借入还是贷出无风险资产则由投资者的个人风险承受能力决定。

6.4 资本资产定价模型

通过前一节内容可知，Harry Markowitz（1952）的现代资产组合理论以资产收益率的均值—方差形式提出了投资者的资产选择问题，阐释了个体投资者如何通过评价资产组合的收益和风险寻求适合自己的最优组合，为资本资产定价模型的提出奠定了理论框架。在本节中，我们假定每一位投资者都按理性原则以及个人偏好做出投资决策，进而在资本市场层面上利用资本资产定价模型分析投资者集体行为的结果，即市场均衡状态下资产的竞争性价格。

资本资产定价模型（capital asset pricing model，CAPM）由美国著名经济学家 William Sharpe 于 1964 年提出[一]，该模型是一种阐述风险资产均衡价格决定模式的模型，主要用来解释风险资产均衡价格的形成机制，即当市场达到均衡时，风险资产如何表现其合理价格。模型以投资者都按照 Markowitz 资产组合理论进行投资管理为前提，在一系列严格的假设条件下，用一个简单的线性关系定性描述了资产的期望收益与风险之间的关系。其进步之处在于以 β 系数作为度量资产风险的指标，这不仅大大简化了 Markowitz 模型中关于风险值的计算工作，而且可以对过去难以估价的证券资产进行定价。同时，他在模型中将 Markowitz 理论中的资产风险进一步分为"系统风险"和"非系统风险"两部分，提出投资的分散化只能消除非系统风险，而不能消除系统风险。作为一种阐述风险资产均衡价格决定的理论，资本资产定价模型是现代资产定价理论的奠基石，它的出现使得证券投资理论从以往的定性分析转入定量分析，从规范性转入实证性，对证券投资的理论研究和实际操作都产生了巨大的影响。鉴于资本资产定价模型简洁的数学表示和缜密的逻辑推理，它在理论研究和实际生活中受到广泛关注和应用，模型的主要提出者 William Sharpe 也因此获得 1990 年度诺贝尔经济学奖。

定价理论是现代资本市场理论的核心。本节将围绕资产定价这一主线，以资本资产定价模型为重点，对三个相关的重要理论做出介绍。其中，前两个小节介绍资本资产定价模型的主要内容与推导，第三小节介绍套利定价理论[二]，第四小节介绍资本市场定价的基础——有效市场假说。

6.4.1 系统风险与非系统风险

前面几节介绍了如何构建投资组合并衡量组合的风险与收益，却没有深入分析单项资产或资产组合的实际收益与期望收益之间为何会存在差异，本节将深入解释为何会存在这些差异。弄明白这一点，会对后面资产风险与收益关系的确立带来很大益处。

1. 期望收益与非期望收益

为简化讨论，本部分集中讨论投资公司股票的收益。哪些因素决定了未来一年内投资某公司

㊀ William Sharpe, 1964, "Capital Asset Prices: A Theory of Market Equilibrium Under Conditions of Risk", Journal of Finance, 3, 425-442.

㊁ 定价理论的核心包括资本资产定价理论、套利定价理论和期权定价理论，此处仅对前两者做详细介绍。

股票所获得的收益呢？

任何在金融市场上交易的股票，其投资收益都可分为以下两个部分。

第一部分是投资于该股票的期望收益（或正常收益），即市场中该股票的投资者已经预期到的收益。这部分收益取决于投资者对该股票信息的掌握程度，以及对于下一年影响股市整体收益的重要因素的判断。

第二部分是投资于该股票的不确定收益（或收益的风险部分）。这部分收益来源于未来一年内一些未预期到的相关消息的公布，例如，该公司研发的相关新闻，该公司公布的销售业绩高于（或低于）预期水平的部分，政府公布的国民生产总值（GDP），突然的、未预期到的利率上调（或下调），等等。因此，投资该股票的实际收益可以表示为：

$$实际收益 = 期望收益 + 非期望收益$$

用公式表示，即为：

$$R = E(R) + U$$

其中，R 表示投资股票一年内的实际收益，$E(R)$ 表示实际收益中投资者已经提前预期到的部分，而 U 表示未预期到的部分。也就是说，从短期来看，投资者投资于该股票的实际收益（R）与期望收益（$E(R)$）是不同的，其差异来源于一年内未预期到的各种相关消息的公布。对于任何给定的一年，该部分非期望收益可能为正也可能为负。但是从长期来看，非期望收益的平均值趋向于 0，投资者获得的实际收益与期望收益趋于相等。

2. 消息的公布

投资者在做出投资决策时，其未来收益并非当时能够确定，而是需要进行预测。投资者在预测投资收益时，会以一系列相关预期为依据，如公司未来的财务状况、未来一年的宏观经济情况等。例如，A 公司的业务与宏观经济情况紧密相关，当 GDP 高速增长时，该公司的业务也快速膨胀；而当 GDP 增长停滞时，该公司的业务也随之萎靡。那么，当投资者做关于该公司股票的投资决策时，必然首先需要预测下一年 GDP 的增长情况。

这些不确定信息被公布确认，就形成了公告。在一些情况下，公告与投资者的预测是完全一致的，这时，公告相当于对投资者所做出的预测进行了确认。然而大多数情况下，公告与投资者所做出的预测是不完全一致的，其中或多或少会有些差异，这时公告中就含有了意外成分。例如，投资者在做 A 公司股票的投资决策时，预测下一年 GDP 将增长 5%。如果下一年在政府公布的 GDP 数字中，GDP 较上一年恰好增长了 5%，则该公告与投资者的预期是完全一致的。然而，如果 GDP 较上一年增长了 6%，那么其中 5% 是预期部分，多增长的 1% 就是意外部分。

因此，通常来说，一项公告可以被分解为两个部分，已经预期到的部分和未预期到的部分（即意外部分）：

$$公告 = 预期部分 + 意外部分$$

其中，公告中的预期部分正是市场中的投资者预测期望收益（E(R)）时所用到的信息，而意外部分则影响到实际收益中的非期望收益。

进一步分析可以得出，在一项公告对一个公司股价的影响中，真正起作用的是公告中的意外部分，而不是预期部分。因为在有效市场中，公司的股价是由市场中所有投资者的预期决定的。在公告发布之后，实际公告与投资者预期之间的差异，就造成了公司股价的变化。例如，2001 年 7 月，美国电子制造企业 Motorola（摩托罗拉）宣布公司的销售额降低了 19%，给投资者造成了每股 35 美分的损失。这看起来似乎是一个很坏的消息，然而在两天之内，公司的股价却上涨了 17%。这是因为在公告发布之前，投资者所预测的亏损比实际公布的数字更多。

至此，已经能够明确看出第 1 小节中实际收益的组成与本小节中公告的组成之间的联系。投资者获得的实际收益可以分解为期望收益与非期望收益,其中,期望收益是投资者根据一系列已经预料到的信息而做出的收益预测,这些信息就是后来公告中的预期部分;而未预料到的信息,就是公告中的意外部分,则是形成实际收益中非期望收益的直接原因。

3. 系统风险与非系统风险

在投资者所获得的实际收益中,由于公告中的意外部分而造成的非期望收益,是任何投资的真正风险。毕竟,如果投资者总是能获得与期望收益相同的实际收益,这项投资就是确定的、无风险的。投资一项资产的风险主要来源于投资者未曾预料到的那些意外消息的公布。

尽管如此,在这些风险的来源中,存在着非常重要的区别。回顾本小节第一部分中公布信息的列表,其中一部分与所投资的公司直接相关,如公司的研发和销售信息的公布,而另一部分则更加普遍,如 GDP 和利率的上升。哪种类型对该公司的影响更特殊呢?

显然,GDP 和利率的信息对所有公司的影响都是非常重要的,而具体公司的研发和销售信息只对该公司造成特殊影响。本部分将区分这两种类型的意外消息,因为正如所看到的,它们所造成的影响是非常不同的。第一类意外消息影响绝大多数的资产,将它们归结为系统风险;而第二类意外消息只影响具体的一项或很小的一组资产,将它们归结为非系统风险。

至此,可以将资产组合的总风险细分为两个部分。

$$资产组合的总风险 = 系统风险 + 非系统风险$$

同时,也可以把本小节第一部分提到的投资者所获得的实际收益进行进一步的细分:

实际收益 = 期望收益 + 非期望收益
  = 期望收益 + 公告中的意外部分所带来的收益
  = 期望收益 + 系统风险带来的收益 + 非系统风险带来的收益[⊖]

(1) 系统风险与非系统风险。系统风险,又称市场风险。是由整个经济系统的运行状况决定的,是经济系统中各项资产相互影响、共同运动的总体结果,无法通过多项资产的组合来分散。我国上海证券市场的上市公司证券投资风险中系统风险占总风险的比例如表 6-10 所示。

表 6-10 上海证券市场 1993~1998 年间系统风险占总风险比例(年度平均值)

1993	1994	1995	1996	1997	1998
0.7024	0.6927	0.628	0.5203	0.4147	0.2751

资料来源:张人骥等,2000,上海证券市场系统风险趋势与波动的实证分析,金融研究,1,92-98。

非系统风险,又称可分散风险或个别风险,是指那些通过资产组合的风险分散效应可以消除掉的风险。非系统风险只与个别企业或少数企业相联系,是由每个企业自身的经营状况和财务状况所决定的,并不对大多数企业产生影响。非系统风险取决于投资者与公司特定相关的事项,如罢工、诉讼、监管、关键人员损失等。

非系统风险由经营风险和财务风险组成。经营风险是指某个企业或企业的某些投资项目的经营条件发生变化,而对企业的盈利能力和资产价值产生的影响。按照风险来源,可以将经营风险分解为内部原因和外部原因。内部原因是指由于企业本身经营管理不善造成的盈利波动,如决策失误、管理不善造成的产品成本上升、质量下降等。外部原因是指由于企业外部的某些因素变化对企业经营收益的影响,如政府产业政策的调整、竞争对手的壮大、顾客购买偏好的转移等。财务风险是指企业因借入资金而造成的股东收益不确定性的增加,如企业因营运资金管理不善,导致不能偿还到期借款等。

(2) 分散化的作用。在多项资产组合方差中,随着资产数目的增加,单项资产方差的重要性

⊖ 不能割裂地看待期望收益与非期望收益。系统风险带来的收益变动越大,投资者会要求更高的期望收益作为补偿。

逐渐降低。当某个资产加入到一个极其分散的投资组合中，同该资产的方差一样，该资产与任何单项资产的协方差对整体投资组合方差所起的作用是非常小的。只有该资产同所有其他资产的协方差之和才会对投资组合方差有一定影响，因此，在评估单项资产对投资组合整体风险的影响时，投资者只会对这一资产同投资组合之间的协方差感兴趣。

通过增加组合中资产的个数、调整不同资产的投资比例来减弱和消除资产的非系统风险对投资组合收益的影响，称为风险分散。风险分散的根本原因在于，资产价格不是完全同步变动的。当一只股票的价格上涨时，投资组合中其他证券的价格可能会下跌。相反的，当一只股票的价格下跌时，投资组合中其他证券的价格可能会上涨。不同股票的涨跌相互抵消，能够有效地降低整体资产收益率的变动幅度。正如人们常说的，不要将鸡蛋放在同一个篮子中，与之十分相似的是，在证券投资中选择多项资产构建投资组合，也是一种行之有效的分散风险的方式。而风险不可能完全消除（系统风险存在）的根本原因在于，证券价格往往会与指数资产同步变动，牛市时多数股票都能获得正收益，熊市时股票又常常同时下跌。归根到底，投资组合价值是市场经济环境状况的反映，而未来经济形势又难以准确预料，因此这一风险是难以规避的。从数理角度来看，在资产数目趋于无穷时，资产组合方差项中的协方差项不趋于零，使投资组合风险不能完全分散。特别的，对于等权重投资组合，假设不同证券的方差相等，证券之间的协方差相同，则有

$$\text{Var}(R_p) = \sum_{i=1}^{n}\sum_{j=1}^{n} w_i w_j \text{Cov}(R_i, R_j) = \frac{1}{n^2}\sum_{i=1}^{n}\text{Var}(R_i) + \frac{n^2-n}{n^2}\sum_{i=1}^{n}\sum_{j=1,j\neq i}^{n}\text{Cov}(R_i, R_j)$$
$$= \frac{1}{n^2}[n\sigma^2 + (n^2-n)\rho\sigma^2]$$

当 $n \to \infty$ 时，得出：

$$\lim_{n\to\infty}[\text{Var}(R_p)] = \lim_{n\to\infty}\left[\frac{1}{n}\sigma^2 + \left(1-\frac{1}{n}\right)\rho\sigma^2\right] = \rho\sigma^2 \to \text{Cov}(R_i, R_j)$$

图 6-13 以投资组合收益率的方差来衡量投资组合的总风险，全图描绘了随着更多的资产（横轴表示）加入投资组合，可分散风险、不可分散风险和总风险（纵轴表示）的变化特征。随着资产的加入，分散化作用使投资组合的总风险逐渐降低直至一个极限，即所有的非系统风险全部被分散掉，剩下的只是投资组合对系统风险的敏感程度。这一过程也被称为充分分散化。

对于一个有效资本市场中的资产定价，上面的分析能够告诉投资者什么？当评价一项资产是否应包含在一个投资组合

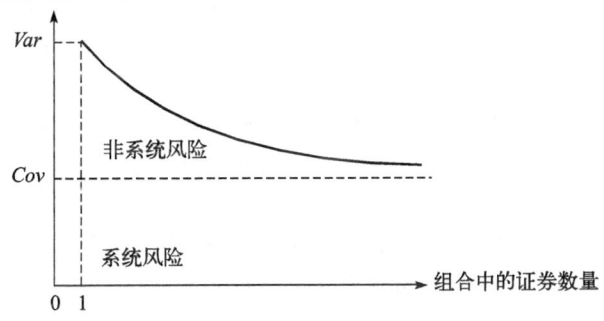

图 6-13　系统风险与非系统风险

中时，投资者如何评价资产所提供的收益是否足以弥补与购买资产有关的风险？对于一项与其他资产正相关的资产，投资者会要求一个较高的期望收益，而对于一项对系统风险因素不太敏感的资产，投资者愿意接受一个较低的期望收益。事实上，最理想的资产是与投资组合中的其他资产负相关而且具有较高期望收益的资产，因为将负相关的资产组合在一起，投资组合收益率的整体波动性降低了。

6.4.2　资本资产定价模型

在金融市场中，几乎所有的金融资产都是风险资产。理性的投资者总是追求投资者效用的最

大化，即在同等风险水平下的收益最大化，或是在同等收益水平下的风险最小化。资本资产定价理论所要研究的正是风险资产的均衡市场价格。

任何经济模型都是对复杂经济问题的有意简化，CAPM 模型也不例外。简单形式的资本资产定价模型有若干基本假定，它们的核心假设是尽量使个人相同化，尽管这些人本来有着不同的初始财富和风险厌恶程度。由于资本资产定价模型是在 Markowitz 均值—方差模型的基础上发展而来，因此它的假设还继承了投资组合理论的假设。

1. 资本资产定价模型的基本假设

CAPM 模型的基本假设如下：

1）市场中存在大量投资者，每个投资者的财富相对于所有投资者的财富总和来说是微不足道的。投资者是价格的接受者，单个投资者的交易行为对证券价格不产生影响。这一假定与微观经济学中对完全竞争市场的假定是一致的。

2）所有投资者都在同一证券持有期计划自己的投资行为。这种行为是短视的，因为它忽略了在持有期结束的时间点上发生任何事件的影响，短视行为通常是非最优行为。

3）投资者的投资范围仅限于公开金融市场上交易的资产，譬如股票、债券、借入或贷出无风险资产，等等。这一假定排除了投资于非交易性资产，如教育（人力资本）、政府资本（如市政大楼、国际机场）等。此外，假定投资者可以以固定的利率借入或贷出任何额度的无风险资产。

4）不存在证券交易费用（佣金和服务费用）及赋税。实际生活中，不同的税收级别直接影响到投资者对投资资产的选择。举例来说，利息收入、股利收入、资本利得所承担的税赋不尽相同。另外，实际交易会发生费用支出，交易费用依据交易额度和投资者信誉而不同。

5）所有投资者均是理性的，在确定的期望收益下，追求投资资产组合的方差最小化，这意味着他们都采用了 Markowitz 的资产组合选择模型。

6）所有投资者对证券的评价以及对经济局势的看法均一致。因此，投资者对于有价证券收益率的概率分布预期是一致的。也就是说，所有投资者对证券期望收益、标准差及证券间的协方差看法一致。依据 Markowitz 模型，给定一系列证券的价格和无风险利率，所有投资者拥有相同的投资可行域，从而产生了风险资产组合的有效边界，以及唯一的最优风险资产组合。这一假设也被称为同质预期（homogeneous expectations）假设。

显然，这些都是非常严格的假设条件，在真实的资本市场中并不能完全实现。然而，即使违背一个或多个（但不是所有的）假设条件，资本资产定价模型的基本预测仍然适用。不管怎样，对一个理论的真正检验，在于检验它如何较好地解释客观现实以及能否被实践所证实，而不是要检验其假设条件如何真实可信。

2. 市场均衡

由以上资本资产定价模型的假设可以得出，这些假设将复杂的现实环境简化成一种极端的情形：资本市场是完全市场，没有任何摩擦性因素阻碍投资；人们拥有相同的信息，对资产的前景持一致的观点。在这样一个经过高度提炼的市场上，通过考察投资者的集体行为，便可以寻求资产的风险与收益的均衡关系，从而理解资产价格的决定模式。

资产定价的核心问题在于确定市场均衡状态下的资产竞争性价格。在金融市场上，每一位投资者都按理性原则以及个人偏好做出投资决策并采取相应行动，而所有投资者的个体投资行为的集合就形成了市场上全部投资者的集体行为。资本资产定价模型假设的核心是尽量使个人相同化，并且追求财富的最大化，尽管这些投资者本来有着不同的初始财富和风险厌恶程度。这意味着，所有投资者会将 Markowitz 分析同样应用于广泛的风险证券的投资，在相同的时期内计划他们的投资,并且投资顺序也相同。因此,他们必然会选择相同的最优风险资产组合,即本章第三节图6-12中的A点。而这一点就是市场资产组合,通常记做M。

那么什么是市场资产组合呢?当市场中的所有投资者的资产组合加总在一起时,无风险的借和贷将相互抵消(因为每一个借入者都有相应的借出者与之对应),加总的风险资产组合的价值就等于整个经济中全部财富的价值。这些加总的风险资产组合就是市场资产组合。由于假设投资者的所有投资习惯都趋向于个人相同化,因此每个投资者均有优化其资产组合的倾向,最终所有投资者的投资组合会趋于一致,每种资产的权重等于该资产在整个市场资产组合中所占的比例。对于股票来说,每只股票在市场资产组合中的比例等于该股票的市值(每股市场价格乘以流通在外的股数)占所有股票市场价值的比例。

为什么最优风险资产组合(A点)一定是市场资产组合(M)呢?这里可以用逆向思维来推理。假定最优风险资产组合中不包含某公司股票,例如X公司。当所有投资者对X公司股票的需求为零时,X公司股票的股价会相应下跌。当这一股价变得异常低廉(即股票市场价值远远低于公司内在价值)时,它对于投资者的吸引力会超过其他任意一只股票。最终,X公司股票的股价会回升到这样一个水平:在这一水平上,X公司股票完全可以被接受进入最优风险资产组合。

这样的价格调整过程保证了所有股票都被包含在最优风险资产组合中;更进一步的,说明所有风险资产都必须包括在市场资产组合中。区别仅仅在于,在什么样的价位上,投资者才愿意将其纳入最优资产组合。

以上分析看似绕了很大一圈,才得到一个简单但非常重要的结果:如果所有投资者均持有相同的风险资产组合,则这一组合一定是市场组合(M)。上述的分析旨在阐明本节论述的结果同其理论基础之间的联系,应当讲,这一均衡过程是证券市场运作的基础。

3. 资本资产定价模型的推导

由以上分析可以知道,当证券市场达到均衡时,无法通过改变市场组合中任意一项资产或资产组合的比重,使得整个组合的期望收益相对于风险有所上升,或使得单位风险的收益增加。下面给出资本资产定价模型的数学推导。

在一个 $r-\sigma$ 坐标系中,画出 Markowitz 可行集及资本市场线(CML),其中 M 点为均衡时的市场组合,曲线 XMY 是风险资产组合的有效边界,R_f 为无风险利率,如图6-14所示。

在可行集里任选一项资产 i,由于单项资产通常不是有效的,所以 i 位于有效边界的右侧,不失一般性。设资产 i 处于 I 的位置,构造一个投资组合 P,由资产 i 和市场组合 M 相结合而成,其中资产 i 的投资比例是 x_i,市场组合的比例是 $(1-x_i)$。则有如下推导。

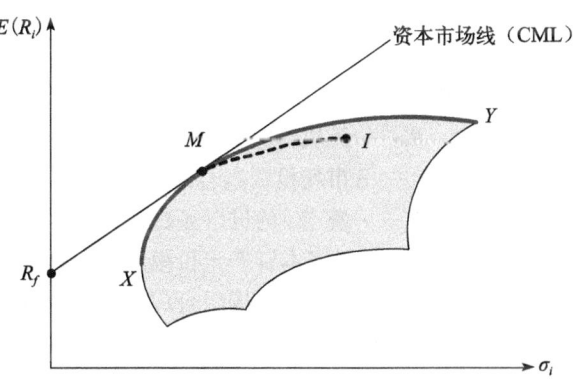

图6-14 资本资产定价模型的推导

投资组合 P 的期望收益为:
$$E(R_p) = x_i E(R_i) + (1-x_i)E(R_m) \quad (1)$$
投资组合 P 的标准差为:
$$\sigma_p = [x_i^2 \sigma_i^2 + (1-x_i)^2 \sigma_m^2 + 2x_i(1-x_i)\sigma_{im}]^{1/2} \quad (2)$$

回顾有关投资组合的内容可知，所有这类组合都位于连接点 I 与 M 的曲线（如图 6-14 中虚线所示）上。显然，除 M 点外，虚线段 MI 整体处于有效边界的右侧。

求曲线段 MI 的斜率值。

式（1）对 x_i 求导，得：

$$\frac{\mathrm{d}R_p}{\mathrm{d}x_i} = E(R_i) - E(R_m)$$

式（2）对 x_i 求导，得：

$$\frac{\mathrm{d}\sigma_p}{\mathrm{d}x_i} = \frac{(x_i\sigma_i^2 + x_i\sigma_m^2 - \sigma_m^2 + \sigma_{im} - 2x_i\sigma_{im})}{\sigma_p}$$

于是 MI 的斜率为：

$$\frac{\mathrm{d}R_p}{\mathrm{d}\sigma_p} = \frac{\mathrm{d}R_p}{\mathrm{d}x_i}\bigg/\frac{\mathrm{d}\sigma_p}{\mathrm{d}x_i} = \frac{[E(R_i) - E(R_m)]\sigma_p}{(x_i\sigma_i^2 + x_i\sigma_m^2 - \sigma_m^2 + \sigma_{im} - 2x_i\sigma_{im})} \quad (3)$$

考虑到市场均衡的含义，虚线段从端点 I 向端点 M 移动的过程中斜率不断增大，并最终在 M 处其斜率与 CML 斜率相等，于是有：

在端点 M 处，$x_i = 0$，且 $\sigma_p = \sigma_m$，代入式（3），可得：

$$\frac{\mathrm{d}R_p}{\mathrm{d}\sigma_p}\bigg|_M = \frac{[E(R_i) - E(R_m)]\sigma_m}{(\sigma_{im} - \sigma_m^2)}$$

而资本市场线 CML 的斜率为 $\dfrac{E(R_m) - R_f}{\sigma_m}$，故：

$$\frac{[E(R_i) - E(R_m)]\sigma_m}{(\sigma_{im} - \sigma_m^2)} = \frac{E(R_m) - R_f}{\sigma_m}$$

整理得：

$$E(R_i) = R_f + \frac{E(R_m) - R_f}{\sigma_m^2}\sigma_{im}$$

设 $\beta_i = \dfrac{\sigma_{im}}{\sigma_m^2}$，则上式可以变换为：

$$E(R_i) = R_f + \beta_i[E(R_m) - R_f]$$

式中　$E(R_i)$——资产 i 的期望收益；

R_f——无风险收益率；

$E(R_m)$——市场投资组合的期望收益；

β_i——资产 i 的贝塔系数。

这一公式，就是资本资产定价模型的一般表达形式，其中 $[E(R_m) - R_f]$ 被称为市场风险溢价，它表明投资者为持有市场组合而不是无风险资产所要求的额外补偿。资本资产定价模型的公式表明，当市场达到均衡时，任意资产（或资产组合）i（无论有效组合还是非有效组合）的期望收益由两部分组成：一是无风险资产的收益率，一是因存在风险而提供的补偿 $\beta_i[E(R_m) - R_f]$。资产的风险越大，要求补偿的风险溢价就越多。需要注意的是，在这里，资产的风险已经不再用期望收益的标准差来衡量，而是用该项资产的 β 系数来衡量。这是因为规避风险的投资者都尽量通过资产的多元化来降低风险，当市场达到均衡时，所有的投资者都会建立市场组合与无风险资产的某种比例的组合，从而最大限度地实现规避可分散化风险的目的，最终结果是投资组合的非系统风险等于零，自然单个资产的风险溢价就应该与它对投资组合风险的贡献大小而不是单项证券的总风险成比例。

资本资产定价模型如图 6-15 所示,其中期望收益 $E(R_i)$ 位于 Y 轴,贝塔系数(而不是标准差)位于 X 轴。从 R_f 点右侧开始并向上延伸经过市场组合 M 的直线称为证券市场线(SML),所有的证券都根据相应的风险收益特征分布在该证券市场线上。证券市场线的截距是无风险收益率,而证券市场线的斜率则等于市场风险溢价($E(R_m) - R_f$)。在我国证券市场中,受到发行规模因素的限制,投资者难以按需购入国债、国库券资产,因此,无风险收益通常可以取为一年期整存整取银行存款利率。

市场风险溢价是投资于证券市场投资组合获得的期望收益与同期无风险收益之间的差额。通常情况下,投资者购入证券资产时要求的收益率难以可靠计量,因而,研究人员通过考察投资者在过去从相同或相似的投资中赚得的平均收益率,并且假设在未来他们将要求同样的收益率,以此作为投资者期望收益的估计值。特别的,对于市场风险溢价,可用证券市场的历史平均收益率与同期无风险收益率来估计其真实期望收益。⊖

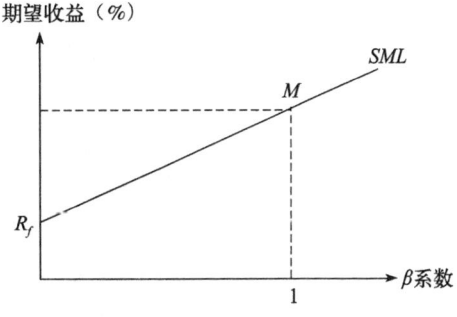

图 6-15 证券市场线

证券市场线的斜率(即市场风险溢价)与市场投资风险和投资者风险厌恶程度的平均水平密切相关。在数学上,可以将上述关系表述为:

$$E(R_m) - R_f = \bar{A} \times \sigma_m^2$$

其中,$E(R_m)$ 为市场投资组合的期望收益,R_f 为无风险收益率,$E(R_m) - R_f$ 即为市场风险溢价,σ_m^2 是证券市场投资组合的方差,表示投资者购入市场投资组合时承担的风险。市场风险溢价与市场投资风险的比值,则代表了个人投资者风险厌恶的平均水平。显然,当市场投资组合的风险保持不变时,投资者对风险的厌恶感越强,市场风险溢价越高,证券市场线的斜率也就越大。这就意味着对于确定投资风险的证券资产,投资者要求的风险补偿越高。

市场均衡下,资本市场中资产价格没有改变的趋势,投资者对他们现有的资产持有情况满意并且不试图改变这种状态。这是因为,当投资者寻求购买投资组合中的构成资产时,这些资产的价格就会提高,而投资组合中其他构成资产的价格会降低。但是每项资产的价格将降低或升高多少?答案是每项资产的价格持续变化直至该资产能够提供一个弥补其风险的期望收益,从而使该资产位于证券市场线上。

资本资产定价模型可以依据资产的期望收益同市场风险溢价、贝塔系数之间的线性关系推出资产的期望收益。

【例 6-9】 假设我国市场中的无风险利率是 2.25%,股票市场的风险溢价为 8.19%,深万科 A(000002)的贝塔系数为 1.05,中国联通(600050)的贝塔系数为 0.90。则投资者投资于深万科 A 和中国联通的期望收益各是多少?

解 根据资本资产定价模型,股票市场的风险溢价为 8.19%,则 $[E(R_m) - R_f] = 8.19\%$,所以深万科 A 的期望收益为:

$$E(R_{深万科}) = R_f + \beta_{深万科}[E(R_m) - R_f] = 2.25\% + 1.05 \times 8.19\% = 10.85\%$$

中国联通的期望收益为:

⊖ 廖理、汪毅慧(2003)认为,我国证券市场早期的投机性较强,自 1997 年以来,市场投资逐步回归理性。因此,本文采用 1997~2010 共计 14 年的综合市场收益率及同期一年期整存整取银行存款利率计算得出中国证券市场风险溢价为 8.19%。廖理、汪毅慧,2003,中国股票市场风险溢价研究,金融研究,23-31。

$$E(R_{\text{中国联通}}) = R_f + \beta_{\text{中国联通}}[E(R_m) - R_f] = 2.25\% + 0.90 \times 8.19\% = 9.62\%$$

通过上例可以看到，利用资本资产定价模型，可以根据已测出的 β 系数来估计某股票的期望收益。反过来，如果已知某证券的期望收益，同时又可以测出无风险收益率及市场风险溢价，那么就可以估算出该证券的 β 系数。

【例6-10】 假设在【例6-9】中，两只股票的 β 系数未知，但已知深万科A（000002）的期望收益为 10.85%，中国联通（600050）的期望收益为 9.62%，则两只股票的 β 系数各是多少？

解 将已知数据代入资本资产定价模型可得：

$$E(R_{\text{深万科}}) = R_f + \beta_{\text{深万科}}[E(R_m) - R_f] = 2.25\% + \beta_{\text{深万科}} \times 8.19\% = 10.85\%$$

$$E(R_{\text{中国联通}}) = R_f + \beta_{\text{中国联通}}[E(R_m) - R_f] = 2.25\% + \beta_{\text{中国联通}} \times 8.19\% = 9.62\%$$

从而解得 $\beta_{\text{深万科}} = 1.05$，$\beta_{\text{中国联通}} = 0.90$。

【例6-9】和【例6-10】反映了资本资产定价模型在实际中两种非常重要的应用。在实际操作中，研究人员通过估计证券资产的贝塔系数[①]，并依据无风险收益率及市场风险溢价数据，就可以计算得出这一资产的期望收益，从而确定公司的权益资本成本（有关权益资本成本的介绍详见第9章）。反之，如果知道了股票的期望收益，就可以倒推回股票的贝塔系数。

4. 贝塔系数的经济意义及计算

（1）系统风险与贝塔系数。与一项资产相关的风险可以分为系统风险和非系统风险两个部分。其中，非系统风险可以通过构建充分分散化的投资组合来分散掉，而系统风险则无法通过分散化投资消除。因此，对于一个投资组合，投资者应该关注投资组合的整体风险，而不是组合中每一项资产的单独风险。进一步的，当投资者考虑是否要在已有的资产组合中加入新的资产时，所考虑的重点应该是这一资产对整个组合的风险贡献如何，而不是这一资产独立风险的大小。

每一项资产对充分分散化的资产组合总风险（非系统风险已被完全分散掉，所以只有系统风险）的贡献，可以用贝塔系数来衡量。贝塔系数的定义为某个资产的收益率同市场组合收益率之间的相关性，它反映了个别资产收益率的变化与市场上全部资产平均收益率变化的关联程度，即相对于市场全部资产平均风险水平来说，一项资产所包含的系统风险的大小。即：

$$\beta = \frac{\text{个别资产对市场组合系统风险的贡献}}{\text{市场组合的系统风险水平}}$$

其计算公式可以表述为：

$$\beta_i = \frac{\text{Cov}(R_i, R_m)}{\text{Var}(R_m)} = \frac{\text{Cov}(R_i, R_m)}{\sigma_m^2} = \frac{\rho \sigma_i \sigma_m}{\sigma_m^2} = \rho \frac{\sigma_i}{\sigma_m}$$

式中　　β_i——第 i 项资产的 β 系数；

$\text{Cov}(R_i, R_m)$——第 i 项资产收益率同市场资产组合收益率间的协方差，也记作 σ_{im}；

$\text{Var}(R_m)$——市场资产组合收益率的方差，也可记作 σ_m^2；

ρ——第 i 项资产与市场资产组合收益率之间的相关系数。

特别的，对于市场组合的 β 系数，有：

$$\beta_m = \frac{\text{Cov}(R_m, R_m)}{\sigma_m^2} = \frac{\sigma_m^2}{\sigma_m^2} = 1$$

因此，市场组合的贝塔系数等于1。

[①] 最常见的情况是通过计算历史的 β 系数来预测未来的 β 系数。

（2）资产组合的贝塔系数。资产组合的贝塔系数是由构成这一组合的各单项资产的风险共同形成的。因此，其贝塔系数的大小，是由各单项资产的贝塔系数按其占整个资产组合的比重加权平均而得。

$$\beta_p = \sum_{i=1}^{n} w_i \beta_i$$

式中　β_p——资产组合 P 的贝塔系数；
　　　w_i——资产 i 占整个资产组合 P 的比例；
　　　β_i——资产 i 的贝塔系数。

【例 6-11】 某投资者持有一个由四项资产构成的资产组合，每项资产占整个资产组合的权重均为 25%，贝塔系数依次为 0.8、0.9、1.1 和 1.2，求：

1）整个资产组合的 β 系数是多少？
2）若将组合中 $\beta=1.3$ 的一项资产换为 $\beta=0.7$ 的一项资产，各资产权重不变，则整个资产组合的 β 系数是多少？

解　1）$\beta_p = (0.8 + 0.9 + 1.2 + 1.3)/4 = 1.05$
　　　2）$\beta_p = (0.8 + 0.9 + 1.2 + 0.7)/4 = 0.9$

由此可见，可以通过改变投资组合中的资产，来改变整个投资组合的风险。

（3）贝塔系数的估计及影响因素。资本资产定价模型是"事前"模型，模型中的收益率都是期望值，贝塔系数反映了已有股票的收益率并描述了未来收益率的变化趋势。一般情况下，我们通过历史数据估计得到的贝塔系数可以作为证券系统预期风险的合理估计。

贝塔系数是一个对资产收益率和市场投资组合收益率之间共同运动程度的直接线性预测结果。事实上，如果对数理统计比较熟悉，会发现任意一项资产的 β 系数，均可通过同一时期内该资产收益率和市场资产组合收益率之间的线性回归方程轻易预测得出。股票市场中的某一特定股票与整个市场有着特定的关联性，这种关联性与上市公司的本身特性有关。把多年积累的股票 i 的收益率 R_i 与市场收益率 R_m 的数据做回归分析，可以得到线性回归方程：

$$R_i = a + \beta_i R_m + \varepsilon$$

式中　β_i——股票 i 的贝塔系数；
　　　a——常数项；
　　　ε——误差项。

上述回归方程所代表的直线称为证券特征线（SCL），证券特征线的斜率，就是该项资产的 β 系数。

我国几个上市公司股票的证券特征线如图 6-16 所示。其中，作为度量系统风险的指标，β 系数反映了上市公司面临风险的高低。从图中不难看出，从交通运输设备制造业的一汽轿车（000800），到食品制造业的光明乳业（600597），到通信行业中的中国联通（600050），到医药制造业的云南白药（000538），随着行业风险的降低，公司的贝塔系数也在由高变低。事实上，行业是影响公司贝塔系数的一个主要因素。

在经济繁荣时期，奢侈品行业的收入往往会急剧增加，而与居民生活密切相关的日用品行业的销售收入则常常不会发生显著变动。相比之下，购置轿车是家庭的一项较为重大的支出，而云南白药则是众多家庭的常备药物。因而，在繁荣时期，一汽轿车股价的上涨速度会比市场投资组合的上涨速度更快，而云南白药股价的上涨会更为平稳。一汽轿车对于市场经济环境变动的敏感程度远高于云南白药。不同行业的上市公司在投资的系统风险上存在着显著的差异。[⊖]

[⊖] 在后续章节将对贝塔系数的影响因素做出更为系统的分析，分别考察财务杠杆、经营杠杆对权益资本成本的影响。

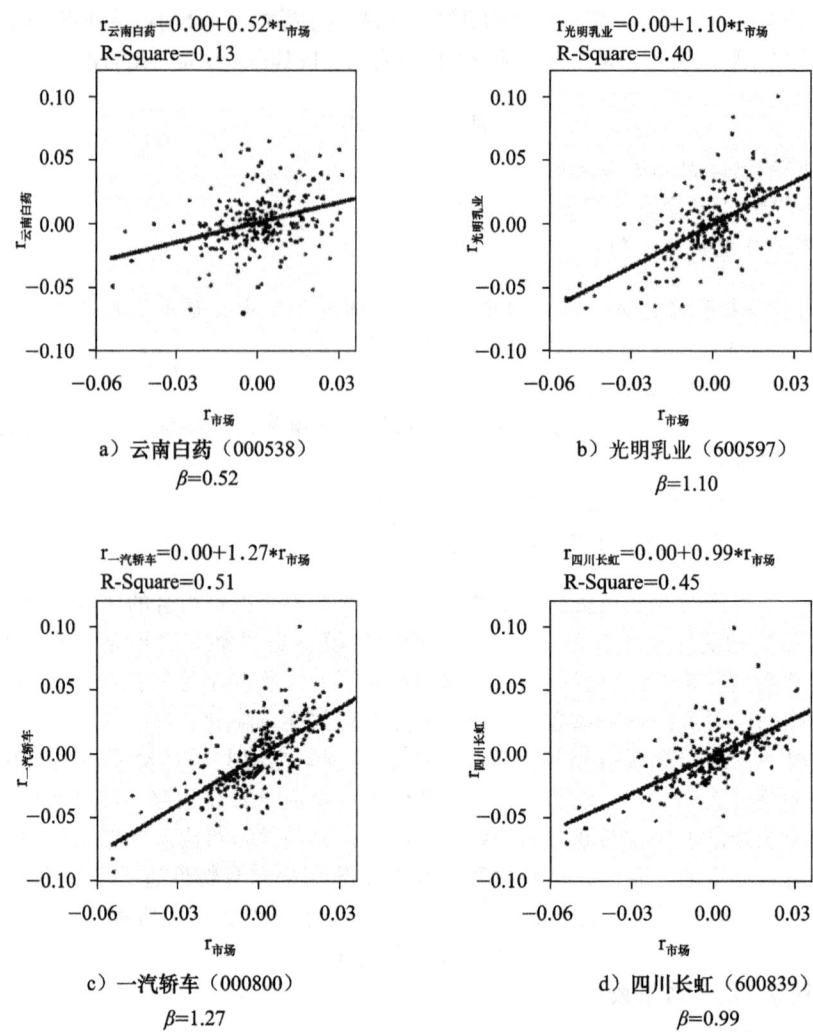

图 6-16 2010 年我国不同行业代表性上市公司的证券特征线及 β 系数

注：采用线性回归方法计算，将个股收益率与其所在市场的整体收益率做回归。其中，个股收益率选用"考虑现金红利再投资的日个股回报率"，市场收益率选用"考虑现金红利再投资的日市场回报率"（流通市值加权平均法）。当个股停牌时，其回报率取为零。

资料来源：深圳国泰安信息技术有限公司中国股票市场与会计研究数据库（CSMAR）。样本区间：2010 年。

5. 资本市场线与证券市场线的比较

如何区分证券市场线与资本市场线是本章的难点问题。在本节中，将资本市场线与证券市场线的主要区别、共同点及联系总结如下。

资本市场线与证券市场线主要有以下三点差异。

1) 研究对象不同。资本市场线描述的是最优投资组合（非系统风险充分分散化）的期望收益与风险之间的关系，它是无风险资产伸向风险资产有效集（也称 Markowitz 有效边界）的切线。其中最优资产组合由两部分构成：一部分是无风险资产，而另一部分是 Markowitz 有效边界上的一个风险资产组合（即市场投资组合）。而证券市场线描述的则是在市场均衡条件下，单项资产或投资组合的期望收益与风险之间的关系。这里所指的投资组合包括无效的证券投资组合（非系统风险未完全分散）。证券市场线研究的对象更为宽泛。

2）研究问题不同。资本市场线站在投资者的角度上，分析如何在确定风险下，尽可能获得最高的期望收益，或在确定的期望收益下，尽可能降低投资项目的风险。资本市场线阐明了构建有效投资组合的方式方法。证券市场线则以整体资本市场为背景，研究市场均衡状态下，单项证券或投资组合的合理定价问题。证券市场线关注于证券资产的内在价值，考察了风险资产的系统风险及风险溢价之间的联系。

3）风险度量方式不同。资本市场线与证券市场线均描述了风险与收益之间的联系。但是，资本市场线的横轴为标准差，度量了证券投资组合的总体风险，包含系统风险与非系统风险。而证券市场线的横轴为贝塔系数，β值代表的则是系统风险。标准差从证券资产收益率的变动程度考察投资的风险大小，而贝塔系数则站在投资组合角度上，计量单项证券对于投资组合的风险贡献。系统风险与期望收益呈正相关关系。非系统风险可以通过构建证券组合分散掉，不需要风险溢价，与期望收益无关。

尽管资本市场线与证券市场线差异明显，但两者仍有一些共同的特点。

1）两者均体现了风险与收益相均衡的基本原理。证券市场线与资本市场线横轴体现投资风险，纵轴体现期望收益。对于无风险资产，投资者仅要求极低的无风险收益率作为补偿，而对于高风险资产，投资者要求的收益率甚至会远超过市场投资组合的期望收益。两条直线的斜率均为正数，表明证券投资的风险越大，投资者要求的收益率也越高，符合风险与收益的均衡。

2）两者建立在一系列相同的假设条件基础之上。证券市场线和资本市场线均假设：①投资过程中不存在证券交易费用及赋税，②所有投资者都是理性的，在确定的期望收益下，追求资产组合的方差最小化，或是在确定的投资风险（方差）下，追求期望收益的最大化，③所有投资者对证券资产的期望收益、方差及证券间的协方差看法一致。㊀而证券市场线则在资本市场线假设的基础上，推导得出市场均衡状态下资产的竞争性价格。

下文结合图形对资本市场线与证券市场线之间的联系做出更为具体的说明，如图6-17所示。图中M点为市场投资组合，A点为证券A，B点为与证券A期望收益相同的投资组合B，D点为与证券A总体风险相同的投资组合D，投资组合B、D均在资本市场线上。

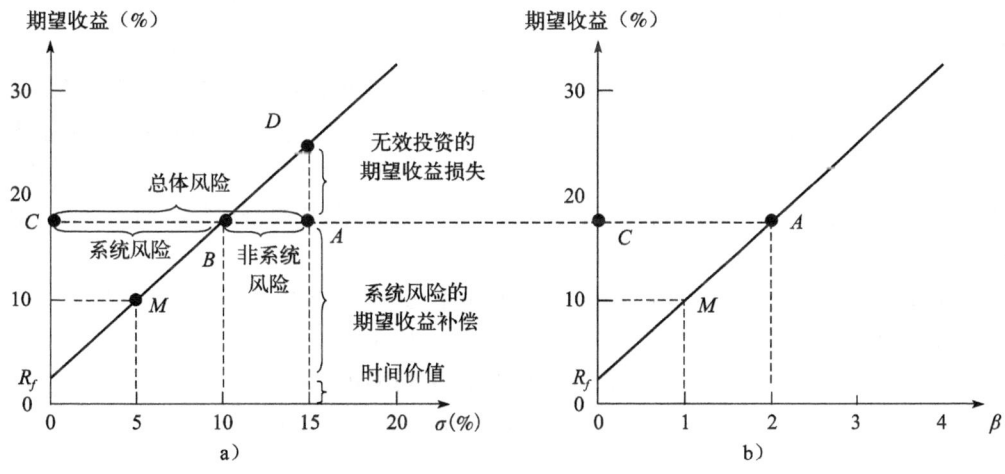

图6-17 资本市场线与证券市场线

㊀ 仅考虑公开金融市场上的资产，如股票、债券等，不考虑艺术品、教育等投资。仅举例说明，相同的假设条件未全部列出。

1）证券 A 的期望收益。无风险收益率为 2.25%，预计市场组合的期望收益为 10%，标准差为 5%；股票 A 的 β 系数为 2，标准差为 15%。股票 A 的系统风险高于市场投资组合，因而，A 点位于 M 点的右侧。依据资本资产定价模型，证券 A 的期望收益为：

$$E(R_A) = 2.25\% + 2 \times (10\% - 2.25\%) = 17.75\%$$

2）在风险不变的条件下，投资者能够实现的最大期望收益。17.75% 的收益率仅对证券 A 的系统风险做出了补偿，而与它的非系统风险无关。在资本市场线中，股票 A 的总风险为 AC，其中 BC 为系统风险，通过承担系统风险，投资者可以获得 15.5% 的风险溢价，AB 为非系统风险，与期望收益无关，承担非系统风险使投资者蒙受了无谓损失。

如果股票 A 的全部风险都能够获得风险补偿，那么股票 A 的期望收益将会提高到多少呢？资本市场线的斜率可以表示为 $(ER_m - R_f)/\sigma_m$，体现了风险与收益的权衡关系。在本例中，资本市场线斜率等于 1.55。假如股票 A 的全部风险都可以得到补偿，那么期望收益将可以达到 25.5%（$2.25\% + 1.55 \times 15\%$）。然而，由于部分风险可以分散，投资者实际获得的期望收益仅为 17.75%。未分散化风险使投资者蒙受了 7.75%（$25.5\% - 17.75\%$）的期望收益损失。

3）在期望收益不变的条件下，投资者需要承担的最小风险。通过构建投资组合，在保持期望收益不变的前提之下，投资者能够将投资风险降低多少呢？事实上，B 点揭示了与股票 A 同系统风险的投资组合的风险与收益。投资组合 B 与股票 A 的期望收益相同，但是，总风险却远远小于股票 A。

$$资本市场线斜率 = \frac{R_M - R_f}{\sigma_M - \sigma_f} = \frac{R_B - R_f}{\sigma_B - \sigma_f}$$

代入数据可得，投资组合 B 收益率的标准差为 10%，总风险 $\sigma_B^2 = 0.01$。相比之下，股票 A 收益率的标准差为 15%，总风险为 $\sigma_A^2 = 0.0225$。如果采用方差度量风险[一]，证券 A 的投资风险中，系统风险仅占 44.4%（$0.01/0.0225$），有 55.6% 的非系统风险可以分散掉。

6. 对资本资产定价模型的检验和评价

资本资产定价模型是现代资产定价理论的奠基石，对于资产风险及期望收益之间的关系给出了精确的预测。这一模型给出了两个极富创造力的命题。首先，它提供了一种估计证券资产期望收益的方法。例如，投资者在分析证券时，极为关心股票在给定风险的前提下其期望收益同其"正常应有"的收益之间的差距。其次，参照证券资产，投资者同样可以为非上市资产估价。例如，证券一级市场的发行应当如何定价，一个主要的新投资项目如何影响投资者对公司股票收益率的要求。尽管资本资产定价模型同实证检验并不完全一致，但该模型的简单明了以及在诸多领域应用的高精确度，使它仍然得到广泛的应用。

作为财务界的最重要的理论基石之一，CAPM 模型几十年来经历了无数的实证检验。

早期的验证大多都支持 CAPM 模型。Black, Jensen 和 Scholes（1972）[二]以及 Fama 和 Macbeth（1973）[三]对 1969 年之前的数据进行检验，发现如 CAPM 模型预言的那样，平均股票收益与 β 之间的正相关关系成立。然而后来，特别是 20 世纪 80 年代以来，负面的验证结果接踵而至。Reinga-

---

[一] 张人骥等，2000，上海证券市场系统风险趋势与波动的实证分析，金融研究，1，92-98。本文系统风险占总风险的比例参考上述论文的计量方法。

[二] Black, Fischer, Michael C. Jensen, and Myron Scholes, 1972, The capital asset pricing model: someempiricaltests, inM. Jensen, ed: Studies in the Theory of Capital Markets (Praeger).

[三] Fama, Eugene F., and James Mac Beth, 1973, Risk, return, and equilibrium: empirical test, Journal of Political Economy 81, 607-636.

num（1981）^㊀，Lakonishok 和 Shapiro（1986）^㊁发现平均股票收益率之间的这种正相关关系在20世纪70年代之后的数据消失了。Fama 和 French（1992）^㊂在他们那篇经典之作中使用了 1962~1989 年之间的数据，证明即使在 β 为唯一解释变量的情况下，CAPM 所预言的关系也不存在。

与此同时，许多其他因素被发现对于股票收益率具有显著解释能力。Banz（1981）^㊃的规模效应是其中著名的发现。他发现市场权益（market equity，即 ME，股票价格与流通数量的乘积）对于市场 β 值所提供的截面平均收益率具有解释能力。小股票（即低 ME）的平均收益率大大高于 β 所预测的收益率而大股票的平均收益率则较预测值低很多，即 ME 与收益率负相关。Bhandari（1988）^㊄发现财务杠杆与平均收益率之间是正相关的。虽然财务杠杆与风险和期望收益有关看来是合理的，但是在 SLB 模型中，财务杠杆与其他因素一样，都包容在 β 之中。Bhandari 发现即使在有 ME 和 β 的模型中，财务杠杆仍然对收益率具有解释能力。

Stattman（1980）^㊅，Rosenberg，Reid 和 Lanstein（1985）^㊆发现美国股票的平均收益率与企业普通股的账目值（BE）与其市场值（ME）之比（BE/ME）正相关。Chan，Hamao 和 Lakonishok（1991）^㊇发现 BE/ME 对于日本股票的截面平均收益率具有很强的解释力。Basu（1977）^㊈在包括规模和市场 β 的测试中，发现 E/P 对于美国股票的平均收益率具有解释能力。

综上所述，学术界对 CAPM 的检验结果毁誉参半，不同学者为其有效性争论不休。至今，对 β 的有效性和资产收益率的影响因素的检验仍然是财务界的学术焦点之一。

6.4.3 套利定价理论

1976 年，美国著名经济学家 Stephen A. Ross 提出了套利定价理论（arbitrage pricing theory，APT）^㊉，从另一个角度探讨了风险资产的定价问题。套利定价理论是一个类似于资本资产定价模型（CAPM）的均衡状态下的定价模型，并得出了与 CAPM 相似的结论，即证券风险与期望收益之间的线性关系——风险越大，期望收益就越大。不同的是，套利定价理论用套利概念定义均衡，不需要市场组合的存在性，而且它建立在比资本资产定价模型更少且更合理的假设之上。

在导出资本资产定价模型时，假设投资者都按照均值—方差准则进行投资决策。在这种假设下，投资者把资本市场线的斜率最大化，在给定的标准差水平下寻求期望收益最高的证券。然而，在导出套利定价理论时，Ross 并没有回避风险，也没有假定以均值—方差为决策依据。相

㊀ Reinganum, Marc R., 1981, A new empirical perspective on the CAPM, Journal of Financial and Quantitative Analysis 16, 439-462.

㊁ Lakonishok, Josef, and Alan C. Shapiro, 1986, Systematicrisk, totalrisk, and size as determinants of stock market returns, Journal of Banking and Finance 10, 115-132.

㊂ Fama, Eugene F., and Kenneth R. French, 1992, The cross-section of expected stock returns, Journal of Finance, 47, 427-466.

㊃ Banz, Rolf W., 1981, The relationship between return and market value of common stock, Journal of Financial Economics 9, 3-18.

㊄ Bhandar, Laxmi Chand, 1988, Debt/Equity ratio and expected common stock returns: empirical evidence Journal of Finance 43, 507-528.

㊅ Stattman, Dennis, 1980, Book values and stock returns, The Chicago MBA: A Journal of Selected Papers 4, 25-45.

㊆ Rosenberg, Barr, Kenneth Reid, and Ronald Lanstein, 1985, Persuasive evidence of market inefficiency Journal of Portfolio Management 11, 9-17.

㊇ Chan, Louis K., Yasushi Hamao, and Josef Lakonishok, 1991, Fundamentals and stockreturnsin Japan Journal of Finance 46, 1739-1789.

㊈ Basu, S., 1977, Investment performance of common stocks in relationto their price earnings ratios: attest of the efficient market hypothesis, Journal of Finance 32, 663-682.

㊉ Ross, A. Stephen, 1976, The arbitrage theory of capital asset pricing, Journal of Economic Theory, 13 (3): 341-360.

反,他认为证券的期望收益与风险之间存在正比例关系是因为证券市场上没有套利机会。如果投资者可以找到这样一个资产组合,其初始净投资为零且又赚到一定的正收益,那么所有投资者都会去投资这类具有吸引力的证券。结果是,这种资产组合的价格将发生变化,直到均衡状态下正的收益率降为零并且这种诱人的投资机会从市场上消失为止。实际上,当这种交易不再存在时,投资者就失去了套利机会,并得到一种与资本资产定价模型非常类似的风险—收益关系。

基于上述逻辑,严格地讲,当可以进行套利交易时,市场并不处于均衡状态,这就是套利定价理论之所以是均衡定价模型的原因。因此,当所有的套利机会都被消除时,套利定价理论得出的是市场均衡价格。Ross 在套利定价模型中用多个因素来解释风险资产收益率,并根据无套利原则,得到风险资产收益率与多个因素之间存在(近似的)线性关系这一结论。

套利定价模型的具体表述形式如下。

1)单因素模型如果影响证券 i 收益率的因素只有一种因素 k 时,则该证券的期望收益 i 与其影响因素之间的关系为:

$$E(R_i) = R_f + \lambda_k \cdot b_{ik}$$

下面对 λ_k 的含义做出解释:就 λ_k 而言,可以考虑一个对因素 k 有单位敏感度的组合,即 $b_{ik}=1$。组合的期望收益 $\bar{\delta}_k = R_f + \lambda_k$,所以 $\lambda_k = \bar{\delta}_k - R_f$,它是单位敏感度的组合的期望超额收益(即高出无风险收益率的那部分收益率),也被称做因素风险溢价或因素期望收益溢价。所以证券期望收益的单因素模型可以表示为:

$$E(R_i) = R_f + (\bar{\delta}_k - r_f)b_{ik}$$

2)多因素模型。若影响证券 i 收益的因素个数 $k>1$,那么上式可以拓展为:

$$E(R_f) = R_f + (\bar{\delta}_1 - r_f)b_{i1} + (\bar{\delta}_2 - r_f)b_{i2} + \ldots + (\bar{\delta}_k - r_f)b_{ik}$$

其中,$\bar{\delta}_1, \bar{\delta}_2, \cdots, \bar{\delta}_k$ 的含义同上。

上式是套利定价理论的一般表达式。该理论认为,某种证券的期望收益由两部分组成:其一是无风险资产的收益率,其二是对各影响因素的敏感度 b_{ik} 和敏感度为 1 时的组合期望收益与无风险资产收益率之差这两项的乘积。

事实上,当收益率通过单一因子(市场组合)形成时,将会发现套利定价理论形成了一种与资本资产定价模型相同的关系。因此,套利定价理论可以被认为是一种广义的资本资产定价模型,为投资者提供了一种替代性的方法,来理解市场中的风险与期望收益间的均衡关系。套利定价理论与现代资产组合理论、资本资产定价模型、期权定价模型等一起构成了现代金融学的理论基础。

6.4.4 有效市场假说

资本资产定价模型的很多基本假设中,都围绕着的一个非常重要的基础理论:有效市场假说。有效市场假说是财务学中最经典的理论之一,它研究了市场信息与证券价格之间的关系,是资本市场定价的基础,本章的很多内容都是在有效市场假说的基础上展开的。

有效市场假说由 Fama (1970)[一] 提出,该假说首次系统阐述了有效市场的概念:如果市场中的价格完全反映了所有可用的信息,就可以将这个市场称为有效的。有效市场有三种形式:弱型有效市场、半强型有效市场和强型有效市场。一、对于弱式有效市场,即所有与证券相关的历史

[一] Fama, E. F., 1970, "Efficient Capital Market: A Review of Theory and Empirical Work", Journal of Finance, 25, 383-417.

信息已经完全反映在证券的价格中了，投资者无法通过分析证券过去的价格或者收益率信息推测交易规则，从而获得超额收益。换句话说，过去的价格或者收益率信息无益于获得超额收益。

二、对于半强式有效市场，即没有任何投资者可以通过以任何公开渠道可获得的信息（公司年报、公告、证券报刊、电视等媒体披露的信息）推测出来的交易规则获得超额收益。这其实是说，如果市场是半强有效的，所有公开渠道信息已经反映在证券价格上了。三、对于强式有效市场，即没有任何投资者可以利用任何公开和非公开的信息而获得超额收益。显然，现实中并不存在这样一个强式有效市场，证券价格已经充分反映了可利用的任何公开和非公开的信息。事实上，时常会有掌握内幕信息的人，如公司高管人员、证券交易人员等利用信息优势进行交易而获利。

1. 有效市场的概念

有效市场是指资产的市场价格能够充分反映所有相关、可用信息的资本市场（此处主要研究股票市场）。这意味着证券的现有市场价格反映了它的基本现值或内在价值，因此不存在利用有关、可用信息谋取或赚取非正常收益（给定风险下超过期望收益的部分，又称超额利润或剩余利润）的任何方法。

经济学中假设，投资者都是理性的。因此，投资者为从股票交易中赚取利润而提供、研究、销售和使用相关信息，其最终结果就是使得市场成为有效市场。如果任何人都没有办法利用任何信息赚取非正常收益，而只能期望获得均衡收益，市场就是有效的，即价格充分反映了信息。

公布信息（此处为利好消息）时，市场中股票价格可能的调整方向如图 6-18 所示。

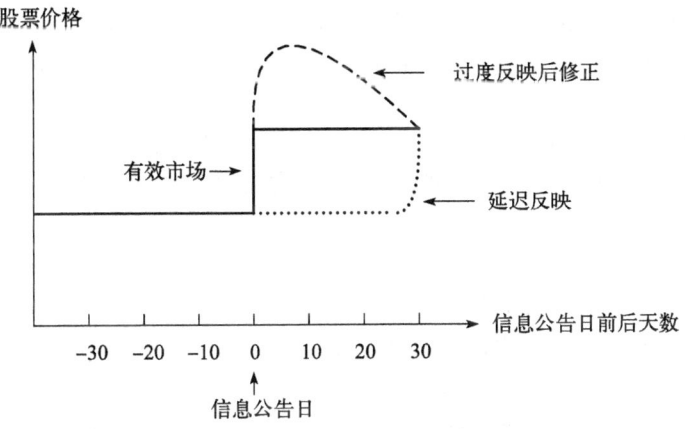

图 6-18　有效和无效市场中价格对新信息的反映

1）实线表示股票价格在有效市场状况下的调整方向。在这种情况下，股票价格根据新的信息及时进行调整，出现明显变化。

2）点线描绘了股票价格延迟反映的情况。在这种情况下，市场需要用一段时间才能完全吸收消化信息，例如图中，在利好消息公布后，市场用 30 天时间才将这一信息反映完全。

3）虚线描绘了股票价格过度反映的情况。在这种情况下，市场对信息过度反映，随后修正回归到真实的价格。

值得注意的是，点线和虚线表示了无效市场中股票价格可能出现的运动趋势。如果市场费时多日进行价格调整，那么投资者能够在信息公布时买入股票，在价格回归均衡状态时卖出股票，以此获得交易利润。而在有效市场中，这一点是无法做到的。

无论对于投资者还是对于公司来说，有效市场假说都具有非常重要的含义。

1）对于投资者来说，由于价格及时地反映了新的信息，投资者只能期望获得正常收益率。等到信息披露后才认识到信息的价值对投资者来说没有任何好处。实际上，在投资者进行证券交易之前，价格已经调整到位。

2）对于公司来说，公司只能从发行的证券中获得公允的价值。所谓"公允"，是指公司发行证券所获的价值正好等于证券的现值。因此，在有效资本市场中，不存在通过愚弄投资者而创造价值的融资机会。

2. 有效市场的三种形式

前面的讨论均假设有效市场能够及时反映所有的相关信息。在现实中，某种信息对股票价格的作用可能快于其他信息。为了分析股票价格对不同信息的反映程度，研究人员将信息分为三类：历史交易信息、公开信息和所有信息。相应的，根据证券价格对不同信息的反映程度，可以将有效市场分为三种形式：弱型有效市场、半强型有效市场和强型有效市场。

1）在弱型有效市场中，股价已经充分反映了所有能够从市场交易数据中得到的历史信息，包括过去的股价、交易量、空头的利益等。市场价格趋势分析是徒劳的，过去的股价资料是公开的，并且毫不费力就可获得。如果这样的数据曾经传达了未来业绩的可靠信号，那么所有投资者必然已经学会如何运用这些信号。随着这些信号变得广为人知，它们最终也会失去分析价值。例如，一个购买信号会引起股价的即时上升。因此，在弱型有效市场中，技术分析会失去作用，任何投资者都不能依靠对历史数据的分析而获得非正常收益。

2）在半强型有效市场中，股价已经充分反映了所有相关的公开可用信息。除历史信息外，这种信息还包括了公司生产线的基本数据、管理质量、持有的专利、资产负债表的构成、利润的预测等公开信息。换言之，投资者能从公开已知资源中所获取的任何信息均已反映在股价中。因此，在半强型有效市场中，财务分析会失去作用，任何投资者都不能依靠对公开信息的分析而获得非正常收益。

3）在强型有效市场中，股价已经充分反映了与公司相关的所有信息，包括公开信息和内幕信息。因此，在强型有效市场中，任何投资者都不能依靠任何渠道、任何形式的信息分析获得非正常收益。

三种形式的有效市场下股价所反映信息之间的关系如图6-19所示。其中，历史信息是公开可用信息的子集，公开可用信息又是所有相关信息的子集。因此，强型有效市场包含半强型有效市场，半强型有效市场又包含弱型有效市场。

有效市场假说是财务学中最经典、最基础的理论之一，被称为现代财务理论的基石。有效市场假说一经提出，就激起学术界对资本市场有效程度经久不息的探讨。几乎所有的研究都支持资本市场是有效率的。

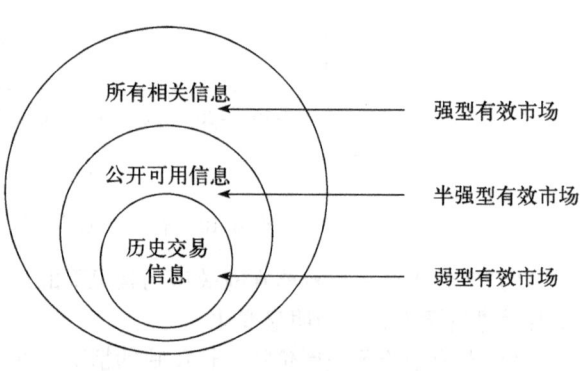

图6-19　三种形式的有效市场下股价所反映信息之间的关系

本章小结

本章主要讨论了风险与收益的权衡、单项资产的风险与收益、投资组合的风险与收益、资本资产定价模型四节内容。

风险和收益是投资活动中必须考虑的两个基本因素。财务活动中风险是客观存在的，投资者进行任何一项风险型投资，总会在风险与期望收益之间权衡。投资者选择承担较大的风险，则期望获得的收益也较高；反之，选择承担较小的风险，则期望获得的收益也较低。需要注意的是，这里的收益指投资者在决策前的期望收益，而并非最终实现的投资收益。风险与收益权衡的基本思想指导本章各节的展开。

期望收益是衡量投资收益的常用指标，它是各种可能获得的投资收益率按其概率的加权平均值。标准差是衡量投资风险的常用指标，描述各种可能结果相对于期望收益的离散程度。根据风险收益权衡原理，对两项资产进行投资比较时，若期望收益相同，应当选择标准差较小的一项；若标准差相同，应当选择期望收益较高的一项；若期望收益与标准差均不相同，则应在标准差基础上剔除期望收益规模的影响，选择变异系数较小的一项。需要注意的是，此处的收益率是相对值，不可与收益值相混淆。关于单项资产期望收益与风险的基本讨论可以推广至投资组合。

不同单项资产组合在一起时，由于资产之间比例及相关程度的影响，资产组合的风险可以被部分分散掉。资产之间的相关程度越低，能够分散掉的风险就越多。规避风险的投资者能充分利用资产组合原理，通过投资证券组合来降低风险。当交易费用忽略不计时，其最优资本配置决策是购买一个特定的风险资产组合（资本市场线与 Markowitz 有效边界的切点）并与无风险资产结合，以达到期望收益与风险的最佳权衡点。其中，风险资产组合与无风险资产的配置比例取决于投资者的个人偏好，无论采取何比例，所有投资决策都在资本市场线上。需要注意的是，当交易成本不可忽略时，规避风险的投资者的最优决策变为购买相对较少的证券，这样，分散化的大部分好处可以以合理的成本代替。最优资本配置过程为资本资产定价模型的推导提供了基础，模型中的市场组合就是从此处投资者共同持有的风险资产组合演变而来。

任何证券的风险均来自于两种：系统风险与非系统风险。前者源于对宏观因素的敏感程度，后者源于公司自身的特有风险。充分分散化的资产组合可以消除组合中的全部非系统风险，但无法规避系统风险的存在。在资本资产定价模型中，衡量资产系统风险的最好指标是 β 系数，它反映某项资产对市场组合系统风险值的贡献程度，即该资产收益率在多大程度上随市场收益的变化而变化。β 系数越高，资产收益率受市场波动幅度的影响程度就越大。资本资产定价模型认为，任意单项资产或资产组合的风险溢价等于其 β 系数与市场组合风险溢价的乘积，从而量化了资产的期望收益与风险之间的关系。需要注意的是，该模型是在市场均衡的前提下推导而成的，虽然存在一定的前提假设，但仍被实务界检验并认可。资本资产定价模型的产生提供了一种对潜在投资项目收益率进行精确预测的方法，并使得投资者能对不在市场交易的资产同样做出合理估价，是现代资产定价理论的奠基石。套利定价理论是一个类似于资本资产定价模型（CAPM）的均衡状态下的定价模型，得出了与 CAPM 相似的结论，不同的是其假设条件更为宽松。有效市场假说是财务学中最经典的理论之一，它研究了市场信息与证券价格之间的关系，认为在有效市场中，价格能正确反映所有可获得的信息，并给出有效市场的三种具体形式。

本章涉及的重要公式如表 6-11 所示。

表 6-11 本章重要公式

单项资产		期望收益	$E(R_i) = \sum_{i=1}^{n} R_i P_i$
	风险	方差	$\sigma_R^2 = \sum_{i=1}^{n} [R_i - E(R_i)]^2 \times P_i$
		标准差	$\sigma_R = \sqrt{\sigma_R^2} = \sqrt{\sum_{i=1}^{n} [R_i - E(R_i)]^2 \times P_i}$
		变异系数	$CV = \dfrac{\sigma_R}{R}$

(续)

两项资产组合	期望收益		$E(R_p) = \sum_{i=1}^{m} w_i E(R_i)$
	风险	方差	$\text{Var}(R_p) = w_i^2 \sigma_i^2 + 2w_i w_j \text{Cov}(R_i, R_j) + w_j^2 \sigma_j^2$
			$\text{Var}(R_p) = w_i^2 \sigma_i^2 + 2w_i w_j \rho_{ij} \sigma_i \sigma_j + w_j^2 \sigma_j^2$
		协方差	$\text{Cov}(R_i, R_j) = \sigma_{ij} = E\{[R_i - E(R_i)][R_j - E(R_j)]\}$
		相关系数	$\rho_{ij} = \dfrac{\text{Cov}(R_i, R_j)}{\sigma_i \sigma_j}$
资本资产定价模型	β 系数		$\beta_i = \dfrac{\text{Cov}(R_i, R_m)}{\text{Var}(R_m)} = \dfrac{\text{Cov}(R_i, R_m)}{\sigma_m^2}$
	资本资产定价模型（CAPM）		$E(R_i) = R_f + \beta_i[E(R_m) - R_f]$

▶ 习题

一、简答题

1. 什么是风险？财务学中的风险与日常生活中通常所指的风险有何不同？
2. 已知两项资产的期望收益与标准差，在其中选择一项进行投资，理性的投资者应当如何进行决策？
3. 资产组合的可行集与有效集各指什么？它们之间有怎样的联系？
4. 在两项风险资产构成的资产组合中，相关系数对可行集的形状有怎样的影响？
5. 为什么说资本市场线是最优资本配置？资本市场线代表了哪些资产的投资组合？
6. 什么是系统风险与非系统风险？其中哪一个可以通过投资组合的分散化效应予以消除？
7. 什么是证券市场线？在市场均衡状态下，证券资产如何定价？
8. 如何理解 β 系数的含义？它用来衡量何种性质的风险？哪些因素会影响到 β 系数的大小？

二、讨论题

1. 证券市场线与资本市场线有哪些区别和联系？
2. Banz（1981）[一]、汪炜、周宇（2002）、[二]石予友（2008）[三]等众多研究发现，资本资产定价模型与证券市场实际情况不符，主要体现在以下三方面。
(1) 贝塔异象：贝塔值较低的证券，其历史平均收益率要高于资本资产定价模型预测的结果，贝塔值较高的证券，其平均收益率要低于资本资产定价模型预测的结果。
(2) 价值异象：账面市价比（B/M）较高的企业，其证券的平均收益率要高于账面市价比较低的企业。
(3) 动量异象：最近 6 个月（或 12 个月）收益率较高的证券，相比于最近 6 个月（或 12 个月）收益率较低的证券，其未来 12 个月的平均收益率更高。

讨论问题：
(1) 为什么会出现上述资本资产定价模型难以解释的现象？
(2) 资本资产定价模型是否依然成立？

[一] Banz R，1981. The relationship between return and market value of common stocks. Journal of Financial Economics 9，3-18.
[二] 汪炜，周宇，2002. 中国股市规模效应和时间效应的实证分析，经济研究，10，16-21。
[三] 石予友，仲伟周，马骏，陈燕，2008. 股票的权益比、账面市值比及公司规模与股票投资风险，金融研究 6，122-129。

3. 证券研究报告是指证券公司对证券的价值或者影响其市场价格的因素进行分析，含有对具体证券及证券相关产品的价值分析、投资评级意见等内容的文件。一般情况下，如果证券的市场价格低于证券分析师估值，证券研究报告就会给出"买入"投资意见。当前主流券商均采用市净率、市盈率评估证券的市场价值或目标价格。如2012年1月4日广发证券对云南白药（000538）的证券研究报告中提出：维持公司2011~2013年EPS预测分别为1.75/2.21/2.88元，对应动态市盈率分别为29/23/18倍……目前公司股价对应2012年预测市盈率仅23倍，维持买入评级。2012年3月19日申银万国对云南白药的证券研究报告中提出：我们维持公司2012~2013年每股收益2.23元、2.83元，预测2014年每股收益3.57元，同比分别增长28%、27%、26%，对应的预测市盈率分别为25倍、19倍、15倍。⊖

讨论问题：
(1) 为何证券分析师如此青睐于采用市净率、市盈率评估证券价值，而极少采用资本资产定价模型预测证券投资的收益率？
(2) 市净率、市盈率评估方法与资本资产定价模型评估方法各有何利弊？当前中国证券市场中，哪一种评估方式的适用性更好？

4. 资本资产定价模型指出，证券风险越高，预期收益率越高，而证券风险可以通过贝塔系数度量。实践中通常采用证券收益率与证券市场收益率回归的方法估计证券资产的贝塔系数，但是，研究人员需要依据具体情况确定无风险收益率与市场风险溢价标准、回归分析估计窗口长度和回归模型中的样本时间间隔等参数。

讨论问题：
(1) 如何确定无风险收益，采用定期存款利率或是国债利率？怎样选择银行存款及国债的期限长度？
(2) 如何确定市场风险溢价？市场风险溢价为市场期望收益减去无风险收益，那么市场期望收益应该如何选取，是采用深沪两市加权平均收益，还是深圳证券交易所上市公司采用深证成指收益、上海证券交易所上市公司采用上证指数收益？
(3) 如何确定回归模型中的样本时间长度？采用尽可能长的估计窗口，以保证充足的样本，还是采用较短的估计窗口，以保证估计结果的时效性？
(4) 如何确定回归模型中的样本时间间隔？证券资产与证券市场的收益率，应当采用年收益率、月收益率、周收益率还是日收益率？

三、分析计算题

1. 某投资者于2007年年初购入1 000股A公司股票，每股8元；2007年12月31日，股价上涨至每股16元；2008年12月31日，股价跌至每股12元，A公司派发现金股利每股0.1元。该投资者在收到现金股利后将股票全部售出。试计算：
(1) 2007年投资者获得的实际收益额和每股收益率各是多少？
(2) 投资者从购入到出售A公司股票实现的收益额是多少？

2. 已知股票A的期望收益为8%，标准差为12%，股票B的期望收益为10%，标准差是15%；现有某投资者投资于A、B股票各1 000万，试计算：
(1) 组合的期望收益是多少？
(2) 当两只股票的相关系数为-1、0、1时，组合的标准差分别是多少？

3. 已知股票A的期望收益为8%，标准差为12%，每股股价为4元，股票B的期望收益为10%，标准差是15%，每股股价为6元；现有某投资者投资于A、B股票各1 000万股，试计算：
(1) 组合的期望收益是多少？
(2) 当两支股票相关系数为-1、0、1时，组合的标准差分别是多少？

4. 宏观经济状况以及A、B两只股票收益率的预测如下表所示。

⊖ 资料来源：金融界网站，http://www.jrj.com.cn。

表 6-12

经济状况	出现概率	A	B
衰退	0.1	−2%	5%
稳定	0.4	3%	3%
适度增长	0.3	5%	1%
繁荣	0.2	6%	−1%

(1) 计算 A、B 两只股票的期望收益及标准差,比较两者的投资风险。
(2) A、B 两只股票的相关系数是多少?
(3) 绘制 A、B 股票投资组合的可行集,并标注有效集。

5. 已知无风险收益率为 2.25%,市场风险溢价为 8%,根据资本资产定价模型:
(1) 市场投资组合的预期收益率是多少?
(2) 画出期望收益和贝塔系数之间的关系图。
(3) 如果市场对某证券要求的期望收益是 6.41%,则该证券的贝塔系数是多少?

6. 考虑下列关于三只股票的信息。

表 6-13

	A 股票	B 股票	C 股票	无风险资产	市场组合
预期收益率	12.50%	7.20%	3.75%	2.25%	10.25%
方差	0.02	0.1196	0.0205	0	0.0064
与市场组合收益的协方差	0.007	0.0045	0.0013	0	0.0064

试回答:
(1) 根据资本资产定价模型,分别计算投资者购买股票 A、B、C 要求的期望收益。
(2) 说明你建议投资者应购买哪一只股票。

7. 某研究人员对云南白药(000538)2010 年日收益率与市场综合日收益率进行回归分析,得出线性回归方程如下:

$$R_{云南白药} = 0.00 + 0.52 R_{市场}$$

已知 2010 年年初一年期整存整取银行存款利率为 2.25%,假设市场风险溢价为 8%,试回答:
(1) 云南白药股票的系统风险高于还是低于市场平均风险?
(2) 云南白药股票的期望收益是多少?如果一年期整存整取银行存款利率上升为 3%,市场风险溢价保持不变,云南白药股票的期望收益是多少?
(3) 在回归期内,云南白药股票的表现好于预期收益还是弱于预期收益?

8. 某投资者持有云南白药、四川长虹、一汽轿车、光明乳业四种股票,其贝塔系数分别为 0.52、0.99、1.27、1.10,在由上述股票组成的投资组合中,各股票所占的比重分别为 40%、30%、20% 和 10%。已知无风险收益率为 2.25%,市场风险溢价为 8%,试回答:
(1) 云南白药、四川长虹、一汽轿车、光明乳业的期望收益是多少?
(2) 投资组合的贝塔系数是多少,期望收益是多少?
(3) 一汽轿车当前每股股价为 16 元,收到上市公司派发的现金股利每股 0.427 元,预计股利以后每年增长 5%。投资者应当出售一汽轿车股票吗?

9. 如下图所示,已知无风险收益率为 2.25%,市场投资组合的风险溢价为 8%,标准差为 5%,股票 A 的贝塔系数为 0.5,标准差为 7.5%。试回答:
(1) 股票 A 的期望收益是多少?
(2) 股票 A 系统风险占总风险的比率是多少?
(3) 在风险不变的条件下,通过优化投资组合能够实现的最大期望收益是多少?

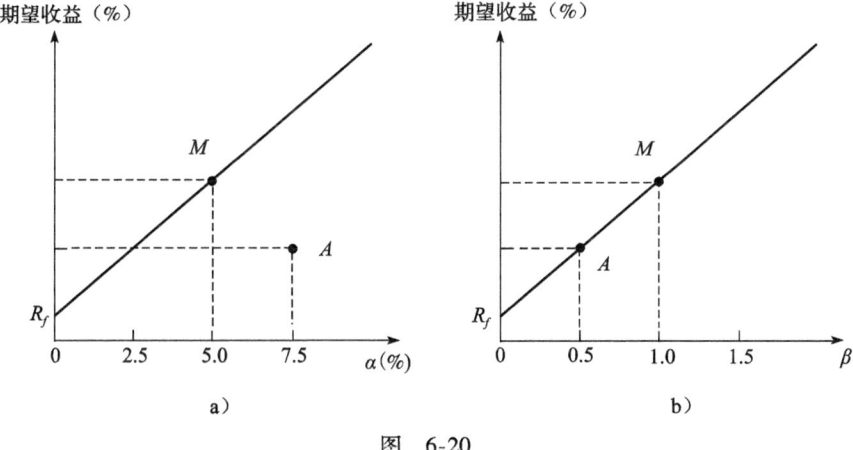

图 6-20

10. 大型制造公司 A 的咨询顾问对某投资项目进行评估,该项目的预期税后现金流情况如下。

表 6-14 （单位：万元）

年份	税后现金流
0	-40
1～10	15

假设该项目的贝塔系数为 1.5,无风险收益率为 8%,市场组合的期望收益为 16%,项目完全由权益资本融资,则该投资项目的净现值为多少？在第几期该项目的净现值转为正数？

四、自测题

1. 股票 A 和股票 B 的部分年度收益资料如下。

表 6-15

年度	A 股票收益率（%）	B 股票收益率（%）
1	26	13
2	11	21
3	15	27
4	27	41
5	21	22
6	32	32

要求：
（1）分别计算投资于股票 A 和股票 B 的平均收益率和标准差。
（2）计算股票 A 和股票 B 收益率的相关系数。
（3）如果投资组合中,股票 A 占 40%,股票 B 占 60%,组合的期望收益和标准差是多少？
提示：自行列表计算所需的中间数据,中间数据保留小数点后 4 位。

2. 假设资本资产定价模型成立,表中的数字是相互关联的。求出表中"?"位置的数字,并列出计算过程。

表 6-16

证券名称	期望收益	标准差	与市场组合的相关系数	β 系数
无风险资产	?	?	?	?
市场组合	?	0.10	?	?
A 股票	0.22	?	0.65	1.30
B 股票	0.16	0.15	?	0.90
C 股票	0.31	?	0.20	?

Chapter 7 第7章

时间价值与证券估价

▶ 学习目标

- 理解货币时间价值在财务价值管理中的意义
- 掌握复利、终值、现值、年金的概念及其等值运算
- 理解名义利率和实际利率
- 理解几种价值的概念
- 掌握债券的估价方法
- 掌握优先股和普通股的估价方法
- 掌握债券收益率和股票收益率的计算方法

▶ 引言

本章主要内容包括货币时间价值与现金流等值运算、债券估价及股票估价三个部分。第一部分，在了解货币时间价值的基础上，阐述了现值、终值及年金的含义及相互转化的计算方法，旨在解决的主要问题是如何实现不同时点发生现金流的折算和比较。第二部分，在考虑货币时间价值的基础上，对永久债券、有限到期日债券以及流通债券进行价值评估，并对债券价值的相关影响因素进行了分析，旨在解决的主要问题是如何根据债券的市场机会报酬率和债券利息以本金现金流量计算债券的内在价值，更一般的问题是如何计算一项资产的现实价值。第三部分，应用"股利贴现模型"对"零增长"模型、"固定增长"模型和"分阶段性增长"模型三种股利增长模型的股票进行估价，并与增长机会模型进行对比分析，旨在解决的主要问题是如何根据股票的市场机会报酬率和股利现金流计算股票的内在价值，并实现普通股永续现金流的计算。

本章内容是进一步学习公司财务管理中其他关于资产估价问题的基础。其中，货币时间价值、复利现金流量的计量及其等值运算是公司财务管理的基本原理与方法，而基于现金流量贴现原理的债券与股票估价则是这一基本方法的具体应用，用这种方法计算的证券内在价值是对现实市场价值进行判断的基础。对上述问题的分析有助于理解并解决公司财务中关于资产估价的一系列具体问题，如后续章节中的投资项目评估、企业的价值评估以及融资租赁方案评价等实际问题。

本章的内容框架如图7-1所示。

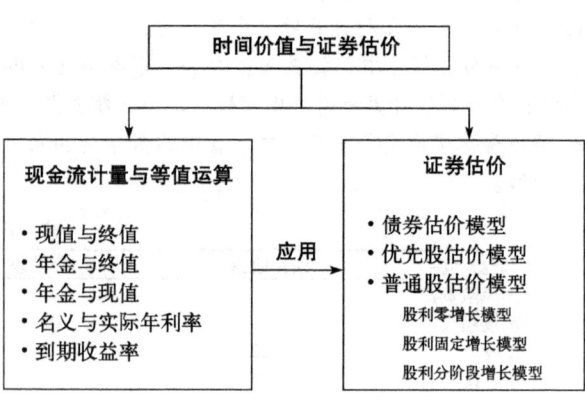

图 7-1 本章内容框架图

7.1 货币时间价值

本节讨论的主要问题是货币时间价值的本质与现金流量的计量及等值运算方法。同样金额的现金流量在不同时点价值不同的原因就是货币时间价值的存在,对现金流量进行计量的方式主要有现值、终值及年金等形式,计算现金流量在不同时点价值的方法是等值运算,即运用现值和终值公式计算现金流量在其收付时点与任何另一时点之间的等值价值转换。

7.1.1 货币时间价值的含义

货币时间价值是指货币随着时间的推移而发生的增值,是货币经过一定时间的投资和再投资所增加的价值,也称为资金的时间价值。货币之所以具有时间价值,是由于货币作为一种特殊商品的稀缺性特点,即现在的一单位货币与未来的一单位货币的购买力之所以不同,是因为要节省现在的一单位货币不消费而改在未来消费,就必须有大于一单位的货币可供消费,作为弥补延迟消费的贴水,这体现的就是货币的机会成本[一]。

从量的角度上看,资金在运用过程中所增加的价值并不全部是资金的时间价值,其中还包括投资者因承担投资风险和通货膨胀而获得的补偿,因此,所谓的时间价值应当是在没有风险和没有通货膨胀条件下的社会平均资金收益率[二]。

货币时间价值有两种表现形式:一种是用绝对数值表示,即时间价值额是资金在生产经营过程中带来的真实增值额,是一定数额的资金与时间价值率的乘积;另一种是用相对数值来表示,即没有风险和没有通货膨胀条件下的社会平均资金利润率。货币时间价值是企业筹资、投资和利润分配等财务活动中不可或缺的基本影响因素。

7.1.2 终值与现值

货币时间价值的表现形式,主要有终值和现值两种。其中,终值是指现在投入的资金在未来某个时点的价值,而现值则是未来某个时点的价值折算到现在时点上,相当于现在投入的资金量。现值与终值是相对的,现值可以由终值扣除货币时间价值的因素后求得,这种由终值求得现值的方法称为贴现(或折现)法。

终值和现值的计量有两种模式:单利模式和复利模式。

单利是指只对借(贷)的原始金额或本金支付(收取)的利息,而不将以前计息期产生的利息累加到本金中再次计算利息的一种计息方法,即利息不再生息的一种计量模式。

复利则是不仅借(贷)的本金需要支付(收取)利息,而且本金所产生的利息也要在后续各期计息,即通常所说的"利滚利"。复利这种利息计算方法在财务管理的价值分析中非常重要,财务管理中的投资、筹资等决策都是建立在复利的基础之上,其原因就在于企业所进行的投资、筹资决策都是在连续不断地进行,其前期所产生的现金流量要重新投入到企业后续经营活动中进行循环,因此在进行财务决策时,有必要考虑复利的概念。

[一] 把货币这一稀缺资源用于一种用途而放弃在其他用途上的最大价值,即为使用(或不使用)货币的机会成本。
[二] 资金作为一种生产要素,可以投资于不同的行业,而不同的行业由于其对资金的需求程度、利用效率等存在差异,因此所获得的收益也会不同。但是,资金总会追逐尽可能高的收益,因此会不断地从收益低的部门转入收益高的部门,最终市场中各部门的投资收益率会趋于平均化。每个企业投资时,至少要获得社会平均收益率,否则不如投资于其他的项目或行业,这个平均收益率就构成了货币时间价值的基础。

下面对复利模式下的终值和现值计算进行介绍。

1. 复利终值计算

复利终值是指现在的一笔资金按复利计算的未来价值，其计算公式[1]为：

$$F = P(1+i)^n \tag{7-1}$$

式中　F——终值；

　　　P——现值；

　　　i——利率；

　　　n——期数（若按年利率计算，n代表年数；若按月利率计算，n代表月数）。

其中，$(1+i)^n$称为复利终值系数，可用符号$(F/P, i, n)$或者$FVIF_{i,n}$表示。对于复利终值系数，可通过"复利终值系数表[2]"（见书后附录）或计算器计算得到。

【例7-1】 假设现将1 000元存入银行，存款按复利利率8%计息，9年后总共可以得到多少钱？

根据上述已知现值求终值的计算公式，计算如下：

$$F = P \times (F/P, 8\%, 9) = 1\,000 \times 1.999 = 1\,999(元)$$

72法则——一种估计复利估价的近似计算方法。

在给定复利利率下，一笔资金经过多长时间，其价值可以翻一番？基于复利计算法使资金翻倍的一个快捷方法就是利用"72法则"，即用72除以复利利率，可得到使资金的价值翻一倍的年数。例如，复利利率为6%，则资金价值增长一倍所需时间为72/6% = 12年。

对于我们遇到的大部分利率，"72法则"都可以计算出比较准确的使资金倍增所需要的投资期数，但是不容忽略的一点是"72法则"计算的结果是估计值，与准确值之间会有一定的偏差。在实际应用中，尽管存在着准确性的问题，但是由于使用该法则能够迅速得出资金倍增问题的估计值，故其仍能为近似计算提供很大程度上的便利。

2. 复利现值计算

复利现值是复利终值的对应概念，是指未来一定期间的一笔资金按复利计算的现在价值。

由复利终值的计算公式$F = P(1+i)^n$可得：

$$P = \frac{F}{(1+i)^n} = F(1+i)^{-n} \tag{7-2}$$

式中，$(1+i)^{-n}$是把终值折算为现值的系数，称为复利现值系数，用符号$(P/F, i, n)$或者$PVIF_{i,n}$表示，该系数可通过"复利现值系数表"（见书后附录）或计算器计算取得。

【例7-2】 假设想在9年后得到本息合计1 000元，存款按复利利率8%计息，则现在应存入银行多少钱？

根据上述已知终值求现值的计算公式，可得：

$$P = F \times (P/F, 8\%, 9) = 1\,000 \times 0.500\,2 = 500.2(元)$$

---

[1] 该公式的推导过程如下：
第1年：$F = P(1+i)$
第2年：$F = P(1+i)(1+i) = P(1+i)^2$
……
第n年：$F = P(1+i)(1+i)\cdots(1+i) = P(1+i)^n$

[2] "复利终值系数表"的第一行是利率i，第一列是计息期数n，相应$(1+i)^n$的值在其纵横相交处。

7.1.3 年金

前面介绍的终值和现值都是在某一时点发生的一次性货币收付的金额，它们可以说是货币时间价值计量的基础，但在财务管理实务中也出现了很多连续发生的相等或不相等金额的货币收付，我们把在一定期限内一系列相等金额的收付款项叫做年金。年金在日常生活中十分常见，例如，分期偿还贷款、分期付款赊购、发放养老金等，都是年金现金流量的形式。年金现金流量具有的四个特征是：等额，即现金流量大小相等；定期，即现金流量时间间隔相同；同向，即现金流量方向相同；利率相同，即现金流量持续期内利率保持不变。只有这四个特点同时具备，才能称其为年金。

按照现金流量发生的时间起点的不同，年金可分为普通年金、先付年金和递延年金。如果一种年金是永续发生的，则又称为永续年金。普通年金是年金的基础形式，普通年金以外的各种形式的年金都可以看做它的转化形式。

1. 普通年金

普通年金是指在每期期末发生的等额收付现金流量，又称为后付年金。假设年金为 A，计息期数为 n，则普通年金的形式如图 7-2 所示。

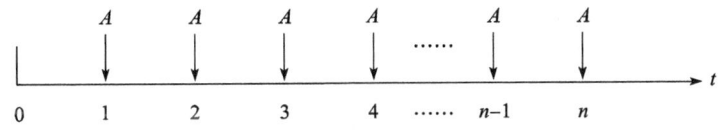

图 7-2 普通年金示意图

（1）普通年金终值的计算。

普通年金终值是指一定时期内每期期末等额收付现金流量的复利终值之和，如图 7-3 所示。

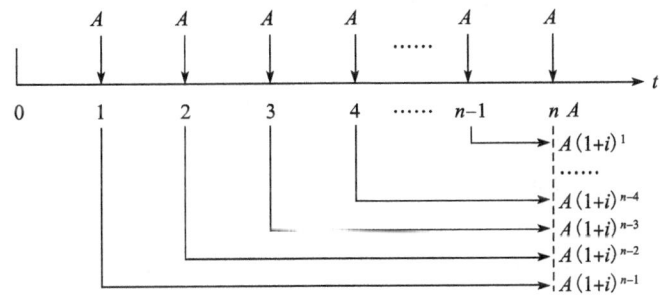

图 7-3 普通年金终值示意图

从图 7-3 可知，普通年金现金流量的终值就是各期等额现金流量的复利终值之和，n 期年金终值为：

$$F = A + A(1+i) + A(1+i)^2 + \cdots + A(1+i)^{n-1} \tag{1}$$

（1）式两边同时乘以 $(1+i)$，可得：

$$(1+i)F = A(1+i) + A(1+i)^2 + A(1+i)^3 + \cdots + A(1+i)^n \tag{2}$$

（2）式 - （1）式，得：

$$(1+i)F - F = A(1+i)^n - A$$

$$F = A\frac{(1+i)^n - 1}{i} \tag{7-3}$$

$\frac{(1+i)^n - 1}{i}$ 是普通年金现金流量为1元、利率为 i、持续 n 期的年金终值,又称年金终值系数,可用符号 $(F/A, i, n)$ 或者 $FVIFA_{i,n}$ 表示,该系数可通过"年金终值系数表"(见书后附录)取得。

【例7-3】 假设每年年末等额存入银行10 000元,存款按复利利率8%计息,6年后得到本息之和多少?

根据已知年金求终值的计算公式,得:

$$F = A \times (F/A, 8\%, 6) = 10\,000 \times 7.335\,9 = 73\,359 \text{(元)}$$

(2) 偿债基金的计算(普通年金终值的逆运算)。

偿债基金是指为使年金终值达到给定金额,每年年末应支付或收到的等额数值,即已知终值反算年金。根据普通年金终值的计算公式 $F = A\frac{(1+i)^n - 1}{i}$ 推导可知:

$$A = F\frac{i}{(1+i)^n - 1} \tag{7-4}$$

其中,$\frac{i}{(1+i)^n - 1}$ 为年金终值系数的倒数,称为"偿债基金系数",计作 $(A/F, i, n)$,它可以把普通年金终值折算为每年需要支付的金额。偿债基金系数可以通过"年金终值系数表"中数值的倒数得到,也可以直接用计算器计算得出。

【例7-4】 某企业5年后有一笔数额为100万元的到期借款,为此设置偿债基金,假设利率为8%,企业每年年末需要存入银行多少钱,才能到期用本利之和偿清借款?

根据已知终值求年金的计算公式,得:

$$A = F \times (A/F, 8\%, 5) = 100 \times (1/5.866\,6) = 17.05(\text{万元})$$

因此在复利利率为8%时,每年需存入17.05万元,5年后才可以还清借款。

有一种折旧方法,称为偿债基金法,该方法认为在若干年后购置设备,并不需要每年提存设备原值与使用年限的算术平均数作为折旧额,由于利息不断增加,每年只需提存较少的数额即按偿债基金提取折旧,即可在使用期满时得到设备原值。偿债基金法下的年折旧额计算,就是根据偿债基金系数乘以固定资产原值计算出来的。

(3) 普通年金现值的计算。

普通年金现值是指将发生在未来每期期末等额现金流量折算到现在时点的价值,如图7-4所示。

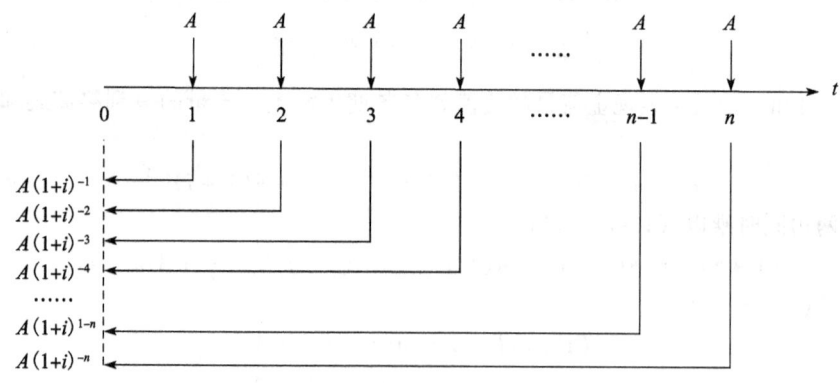

图7-4 普通年金现值示意图

计算普通年金现值的一般公式如下：式（2）-式（1）可得：

$$P = A(1+i)^{-1} + A(1+i)^{-2} + \cdots + A(1+i)^{-n} \qquad (3)$$

（3）式两边同时乘以（1+i）得：

$$P(1+i) = A + A(1+i)^{-1} + \cdots + A(1+i)^{-(n-1)} \qquad (4)$$

式（4）-式（3）可得：

$$P(1+i) - P = A - A(1+i)^{-n}$$

整理得：

$$P = A\frac{1-(1+i)^{-n}}{i} \qquad (7\text{-}5)$$

其中，$\frac{1-(1+i)^{-n}}{i}$ 为年金现值系数，计作 $(P/A, i, n)$ 或者 $PVIFA_{i,n}$，可以通过"年金现值系数表"（见书后附录）得到。

【例7-5】 假设今后3年每年年末需要支付1000元，按复利利率8%计算，则相当于现在一次性支付多少钱？

根据已知年金求现值的计算公式，得：

$$P = A \times (P/A, 8\%, 3) = 1\,000 \times 2.577\,1 = 2\,577.1 （元）$$

（4）投资回收系数的计算（普通年金现值的逆运算）。

投资回收系数是指为使累计年金达到现在的既定金额，每年年末应收付的年金数额，即已知现值反算年金。

根据普通年金现值的计算公式 $P = A\frac{1-(1+i)^{-n}}{i}$ 推导可知：

$$A = P\frac{i}{1-(1+i)^{-n}} \qquad (7\text{-}6)$$

其中，$\frac{i}{1-(1+i)^{-n}}$ 是普通年金现值系数的倒数，称为投资回收系数，计作 $(A/P, i, n)$，其数值可以通过"年金现值系数表"中数值的倒数得到，也可以直接用计算器计算得出。

【例7-6】 某企业欲向银行借款50万元购置一台生产设备，该设备预计可使用3年，假设复利利率为8%，则该设备每年至少给企业带来多少收益才是可行的？

根据已知现值求年金的计算公式，得：

$$A = P \times (A/P, 8\%, 3) = 50 \times (1/2.577\,1) = 19.40（万元）$$

因此，该设备每年至少要给企业带来19.40万元的收益，该项投资才是可行的。

2. 先付年金

先付年金是指在每期期初发生的等额现金流量，又称预付年金或即付年金，如图7-5所示。

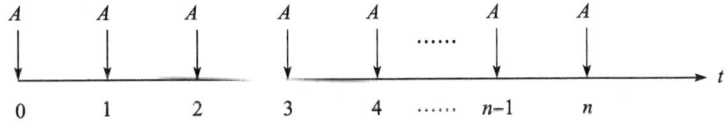

图7-5 先付年金示意图

由于先付年金现金流量在期初发生，实际上只是比普通年金提前了一期，因此计算其终值和现值较为简单。

(1) 先付年金终值的计算。由于先付年金与普通年金相比只是将各期期末发生的现金流量提前到各期期初，因此计算其终值只要比普通年金终值多计算一个期间的现金流量即可。其计算公式如下：

$$F = 普通年金的终值 \times (1+i) = A \times \frac{(1+i)^n - 1}{i} \times (1+i)$$

$$= A \times \left[\frac{(1+i)^{n+1} - (1+i)}{i}\right] = A \times \left[\frac{(1+i)^{n+1} - 1 - i}{i}\right]$$

$$= A \times \left[\frac{(1+i)^{n+1} - 1}{i} - 1\right] = A \times \left[\left(\frac{F}{A}, i, n+1\right) - 1\right]$$

$$= A \times [FVIFA_{i,n+1} - 1] \tag{7-7}$$

其中，$\left[\frac{(1+i)^{n+1} - 1}{i} - 1\right]$ 是先付年金终值系数，或称为 1 元的先付年金终值。它与普通年金终值系数相比，期数加 1，系数减 1，可计作 $[(F/A, i, n+1) - 1]$ 或者 $[FVIFA_{i,n+1} - 1]$。在计算时可以利用"普通年金终值系数表"查得 $(n+1)$ 期的值，再减去 1 得到 1 元先付年金的终值系数。

【例 7-7】 假设每年年初等额存入银行 10 000 元，存款按复利利率 8% 计息，6 年后得到本息之和是多少？

在例 7-3 的计算中得到，普通年金的终值为 73 359 元，则先付年金的终值为：

$$F = 普通年金的终值 \times (1+i) = 73\,359 \times 1.08 = 79\,228(元)$$

或者，根据先付年金已知年金求现值的计算公式，得：

$$F = A \times [(F/A, i, n+1) - 1] = 10\,000 \times [(F/A, 8\%, 7) - 1]$$
$$= 10\,000 \times [8.9228 - 1] = 10\,000 \times 7.9228$$
$$= 79\,228(元)$$

(2) 先付年金现值计算。先付年金比普通年金提前一期发生，即在各期期初发生，因此计算其现值只要比普通年金现值少计算一个期间即可。将普通年金的现值乘以 $(1+i)$，即相当于减少了 1 个期间的贴现期。

其计算公式如下：

$$P = 普通年金的现值 \times (1+i) = A \times \frac{1 - (1+i)^{-n}}{i} \times (1+i)$$

$$= A \times \left[\frac{1 + i - (1+i)^{-(n-1)}}{i}\right] = A \times \left[\frac{1 - (1+i)^{-(n-1)}}{i} + 1\right] = A \times \left[\left(\frac{P}{A}, i, n-1\right) + 1\right]$$

$$= A \times [PVIFA_{i,n-1} + 1] \tag{7-8}$$

其中，$\left[\frac{1 - (1+i)^{-(n-1)}}{i} + 1\right]$ 是先付年金现值系数，或称为 1 元的先付年金现值。它与普通年金现值系数相比，期数减 1，系数加 1，可计作 $[(P/A, i, n-1) + 1]$ 或者 $[PVIFA_{i,n-1} + 1]$。在计算时可以利用"普通年金现值系数表"查得 $(n+1)$ 期的值，再加 1 得到 1 元先付年金的现值系数。

【例 7-8】 假设今后 3 年每年年初需要支付 1 000 元，按复利利率 8% 计算，则相当于现在一次性支付多少钱？

例 7-5 的计算得到，普通年金的现值为 2 577.1 元，则先付年金的现值为：

$$F = 普通年金的现值 \times (1+i) = 2\,577.1 \times 1.08 = 2\,783.3(元)$$

或者，根据先付年金已知年金求终值的计算公式，得：

$$F = A \times [(P/A, i, n-1) + 1] = 1\,000 \times [P/A, 8\%, 2 + 1]$$
$$= 1\,000 \times [1.783\,3 + 1] = 1\,000 \times 2.783\,3 = 2\,783.3(元)$$

3. 递延年金

递延年金是指距现在若干期以后发生的每期期末发生的等额现金流量，递延年金的形式如图7-6所示。一般用 m 表示递延期数，n 表示实际发生年金的期数。

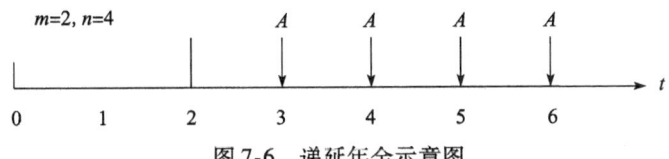

图 7-6 递延年金示意图

（1）递延年金终值的计算。递延年金的终值计算方法和普通年金终值类似：

$$F = A \cdot \frac{(1+i)^n - 1}{i} \qquad (7-9)$$

式中　n——实际发生年金的期数。

（2）递延年金现值的计算。常用的递延年金现值的计算方法有两种。

方法一：把递延年金视为其普通年金，求出递延期期初的现值，然后再将此现值再次贴现到期初，如图7-7所示。

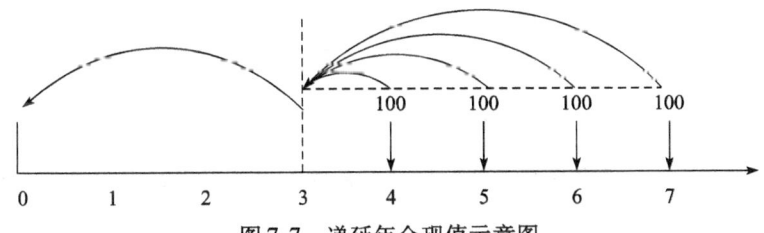

图 7-7 递延年金现值示意图

$$P_3 = A \times (P/A, i, n) = 100 \times (P/A, 8\%, 4) = 100 \times 3.312\,1 = 331.21$$
$$P_0 = P_3 \times (P/F, i, m) = 331.21 \times (P/F, 8\%, 3) = 331.21 \times 0.793\,8 = 262.91$$

即：

$$P = A \times (P/A, i, n) \times (P/F, i, m) \qquad (7-10)$$

方法二：假设递延期中也进行支付，先求出 $(m+n)$ 期的年金现值，然后，扣除实际并未进行支付的递延期（m）的年金现值，即可得出最终结果，如图7-8所示。

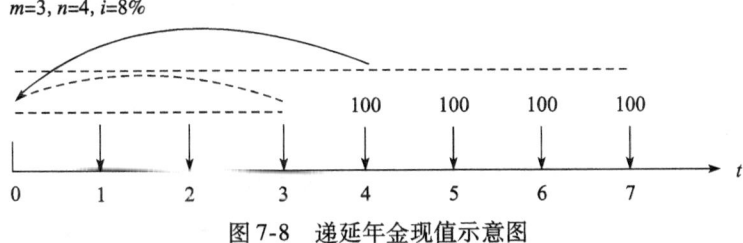

图 7-8 递延年金现值示意图

即：

$$P = A \times [P/A, i, (m+n)] - A \times (P/A, i, m) \qquad (7-11)$$

除了上述两种计算方法,也可以求出递延年金期末的终值,然后再将此终值贴现到第一期期初。但是无论采用哪种方法,计算结果都是一致的。

4. 永续年金

永续年金是指无期限等额收付的特种年金,即期限趋于无穷的普通年金。在实际生活中,无期限债券、优先股股息、奖励基金等都属于永续年金。

由于永续年金没有终止的时间,因此其终值趋于无穷大,所以我们只需计算其现值。

永续年金现值可以通过普通年金现值的计算公式导出,普通年金现值计算公式如下:

$$P = A \frac{1-(1+i)^{-n}}{i}$$

当 $n \to \infty$ 时,$(1+i)^{-n}$ 的极限为 0,故上式可以写为:

$$P = \frac{A}{i} \tag{7-12}$$

7.1.4 复合现金流量的等值运算

现实生活中,有时现金流量的分布形式是复合形式的,并不呈现严格的规律性,对这类复合现金流量,可以视为由几部分现金流量叠加而成。

下面通过一个例子来介绍这种混合现金流量问题的解题方法。

【例 7-9】 设有一组现金流量图如图 7-9 所示,若在复利 8%的贴现率下,如何计算其现值总额呢?

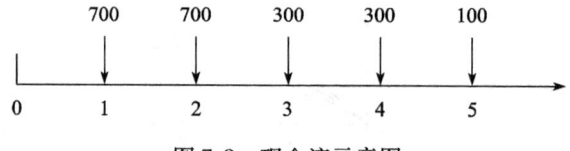

图 7-9 现金流示意图

方法一:分别逐项计算单个现金流量的现值,再对各项现值进行求和运算,如图 7-10 所示。其计算公式如下:

$$P = A_1(1+i)^{-1} + A_2(1+i)^{-2} + \cdots + A_{n-1}(1+i)^{-(n-1)} + A_n(1+i)^{-n}$$

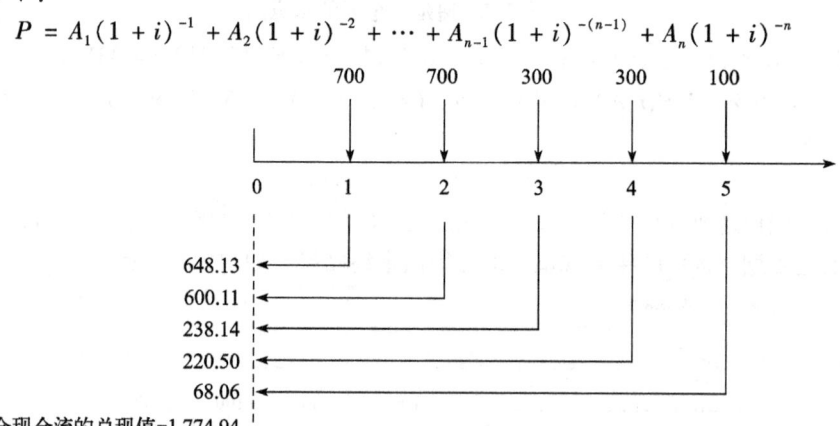

图 7-10 现金流计算方法示意图(1)

方法二:采用组合的方法将上述现金流量分解为年金组合或与单个现金流量组合的叠加,并求每组现金流量的现值。下面将介绍三种组合叠加方法。

第一种组合叠加,如图 7-11 所示。

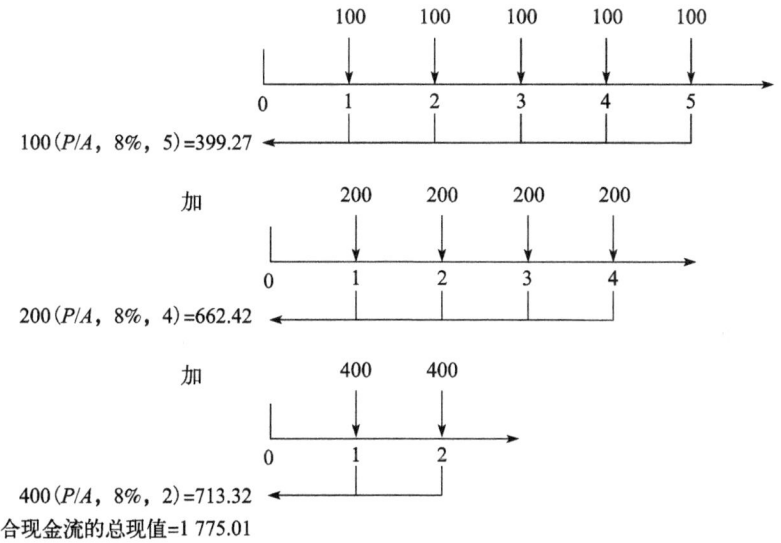

图 7-11 现金流计算方法示意图（2）

第二种组合叠加，如图 7-12 所示。

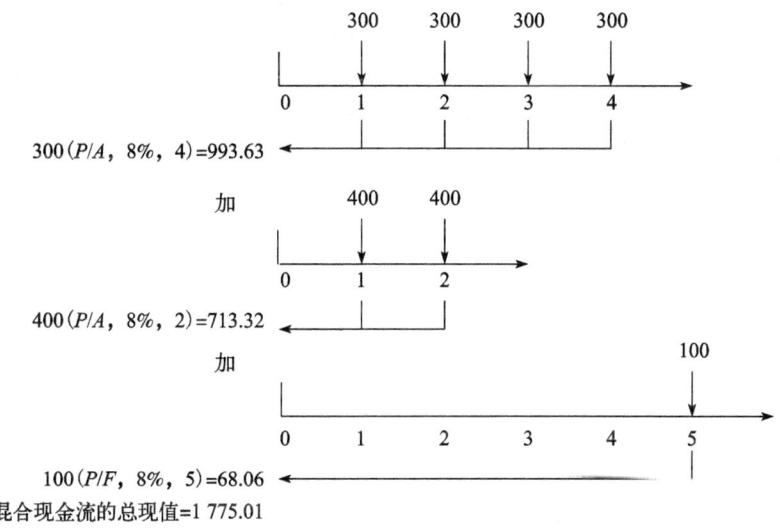

图 7-12 现金流计算方法示意图（3）

第三种组合叠加，如图 7-13 所示。

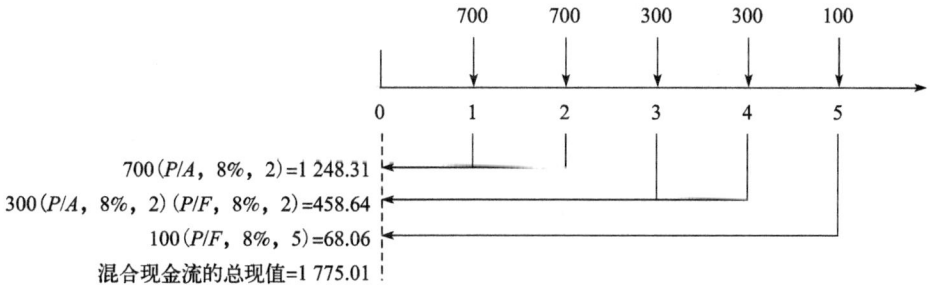

图 7-13 现金流计算方法示意图（4）

上面所介绍的方法一是最普遍的逐个现金流量贴现再求和的方法，可以解决任何混合现金流量的现值问题，但这种方法在计算中贴现次数多、计算量大。方法二通过分解找出年金、单个复利的组合，相对地简化了计算，例 7-9 中只介绍了三种组合叠加方法，实际上解决混合现金流量问题有很多变通的组合叠加方法，最后计算的结果都是相同的，读者可以自己进行尝试。

除了上面所讲的混合现金流量，本章的附录部分（见本章附录 7A 和附录 7B）还对另外两种比较常见的序列现金流量（等差序列现金流量、等比序列现金流量）进行了介绍。

7.1.5 复利期间与实际利率

终值和现值通常是按年来进行计算，但在很多时候会遇到复利计息期短于 1 年的情况，如果 1 年中计息 m 次，则第 n 年年末终值的计算公式为：

$$F_n = P\left(1 + \frac{r}{m}\right)^{mn} \tag{7-13}$$

式中　n——年数；
　　　m——1 年中复利计息的次数；
　　　r——年利率；
　　　F_n——n 年后的终值；
　　　P——现金流量的现值。

基于不同的计息期，相同的投资可能会提供不同的回报。

假设年复利利率为 12%，1 年内多个计息期的情况下，1 元钱 1 年末的终值如表 7-1 表示。

表 7-1　1 年内多次复利 1 元复利终值计算表

复利期间	复利次数	现值（元）	终值（元）
一年	1 次	1	$1 \times (1 + 12\%) = 1.1200$
半年	2 次	1	$1 \times \left(1 + \frac{12\%}{2}\right)^2 = 1.1236$
季度	4 次	1	$1 \times \left(1 + \frac{12\%}{4}\right)^4 = 1.1255$
月	12 次	1	$1 \times \left(1 + \frac{12\%}{12}\right)^{12} = 1.1268$
天	365 次	1	$1 \times \left(1 + \frac{12\%}{365}\right)^{365} = 1.1275$

由上表可以看出，随着复利期间从 1 年缩短到 1 天，复利次数从 1 次增加到 365 次，1 元现金的终值从 1.12 元增加到 1.127 5 元。由此可知复利期间越短，复利的次数越多，对投资者越有利，这主要是由复利的特点决定的：复利的次数越多，投资者通过利息赚取利息的次数也就会越多。

当利息在 1 年内的复利次数大于 1 次时，给出的年利率叫做名义年利率。只有在每年只复利 1 次时名义利率才等于实际年利率。

根据定义，有：

$$1 + i = \left(1 + \frac{r}{m}\right)^m$$

式中　r——名义年利率；
　　　m——每年计息期数；

i——实际年利率。

因此，给定名义年利率 r 和计息期数 m 时，实际年利率的计算公式为：

$$i = \left(1 + \frac{r}{m}\right)^m - 1 \tag{7-14}$$

【例 7-10】 假设将 100 万元存入银行，存款按复利利率 8% 计息，存款期为 3 年，则每年复利一次、每季度复利一次的终值各是多少？实际年利率为多少？

每年复利一次的终值为：

$$F = 100 \times (1 + 8\%)^3 = 100 \times 1.2597 = 125.97(万元)$$

每季度复利一次的终值为：

$$F = 100 \times \left(1 + \frac{8\%}{4}\right)^{4 \times 3} = 100 \times 1.2682 = 126.82(万元)$$

实际年利率为：

$$i = \left(1 + \frac{8\%}{4}\right)^4 - 1 = 1.0824 - 1 = 8.24\%$$

从上例的计算结果可知，当 1 年复利次数超过一次时，实际年利率会比名义年利率高，复利次数越多，货币的时间价值也就越大。

实际上，有时利息是永续计算的，当年计息次数 m 趋向于无穷时，就是永续复利，此时式（7-13）中的 $(1 + r/m)^{mn}$ 趋向于 $e^{r \cdot n}$，其中，e 近似等于 2.71828。因而，在名义年利率为 r，现金流量现值为 P，永续复利下第 n 年年末的终值为：

$$F = P \cdot e^{r \cdot n} \tag{7-15}$$

在例 7-10 中，若存款期、名义年利率均保持不变，则永续复利下第 3 年年末的终值为：

$$F = P \cdot e^{r \cdot n} = 100 \times e^{0.08 \times 3} = 100 \times 2.71828^{0.24} = 127.12(万元)$$

通过与例 7-10 的比较可知，在既定的名义年利率下，第 n 年末的终值在永续复利下达到最大值。

7.1.6 贷款的分期偿还

许多贷款，特别是长期的巨额贷款，债权人为了减少风险，通常要求债务人分期偿还，例如在抵押贷款、消费贷款和特种商业贷款中，分期偿付是很普遍的。如果贷款每期的还款额相等，还款额中既有利息，也有本金，这种还款方式叫做等额本息还款法。对于每期的还款额，分析中通常需要分离本金和利息，即通常所说的贷款分摊，其原因就在于对于债务人来说，利息的支付可以抵减应税收入，本金的偿还则无法抵减，对于债权人来说则恰恰相反，利息收入是应纳税收入，而本金的回收则不需要纳税。

下面就来介绍贷款分期还款问题的分析方法。

假设期初贷款额为 P_n，期限为 n 年，年利率为 i，每年复利一次，每次等额偿还，年偿还额为 R，则利用前面介绍的投资回收系数公式，可求得年等额偿还金额：

$$R = P_n \frac{i}{1 - (1 + i)^{-n}}$$

然后，再逐年分析利息的支付和本金的偿还：第 1 年末，偿还额为 R，利息支付额为 iP_n，于是本金偿还额为 $R - iP_n$，第 2 年初（即第 1 年末）未偿还的本金额为 $P_n - (R - iP_n)$。我们再来考察一下，上述未偿还的本金额还意味着什么。

根据普通年金的现值公式：

$$P_n = R \cdot \frac{1-(1+i)^{-n}}{i}$$

代入上述第 2 年初未偿还的本金计算式，得：

$$P_n - (R - i \cdot P_n) = (1+i)P_n - R = (1+i)R \cdot \frac{1-(1+i)^{-n}}{i} - R = R \cdot \frac{1-(1+i)^{-(n-1)}}{i}$$

$$= P_{n-1}$$

这表明第 2 年年初（即第 1 年末）未偿还的本金额就是第 2 年初年金的现值 P_{n-1}。

第 2 年年末，偿还额仍为 R，利息支付额为 iP_{n-1}，于是本金的偿还额为 $R - iP_{n-1}$，第 3 年年初（即第 2 年年末）尚未偿还的本金额为 $P_{n-1} - (R - iP_{n-1}) = P_{n-2}$。

……

一般地，第 t 年末（$1 \leq t \leq n$）偿还额为 R，利息支付额为 iP_{n-t+1}，本金的偿还额为 $R - iP_{n-t+1}$，尚未偿还的本金额为 $P_{n-t} = P_{n-t+1} - (R - iP_{n-t+1})$。最后，当 $t = n$ 时，尚未偿还的本金额为：

$$P_1 - (R - iP_1) = (1+i)P_1 - R = (1+i)R\frac{1}{1+i} - R = 0$$

【例 7-11】 有一贷款额为 2.2 万元的贷款，合同规定年利率为 12%，要求在 6 年内还清，求每年的还本付息额，支付的本金额及利息额。

首先计算每年的还本付息额：

$$R = P_n \frac{i}{1-(1+i)^{-n}} = 22\,000 \times \frac{1}{4.111\,4} = 5\,351(元)$$

然后将每年的还本付息额进行分离，其分摊情况如表 7-2 所示。

表 7-2 贷款的分摊 （单位：元）

年份	(1) 本期还本付息额	(2) = (4)$_{t-1}$ ×0.12 本期利息支付额	(3) = (1) − (2) 本期本金偿还额	(4) = (4)$_{t-1}$ − (3) 期末贷款余额
0	—	—	—	22000
1	5 351	2 640	2 711	19 289
2	5 351	2 315	3 036	16 253
3	5 351	1 951	3 400	12 853
4	5 351	1 542	3 809	9 044
5	5 351	1 085	4 266	4 778
6	5 351	573	477 8	0

通过对表 7-2 的分析可知，利息的支付额和本金的还款额在整个还款期间是变化的。在早期，对利息的支付在该期的还本付息额中占相当大的一部分。以后，随着未偿还贷款余额的减少，利息的支付所占的比重也就逐渐缩小，相反，对本金的偿还的比重逐渐增大。

实务中常用的另一种还款方式是等额本金还款法，即每个还款期内等额偿还贷款本金，利息则按照实际占用的本金额和计息期利率来计算。这种方法无须对本金和利息进行分摊，但是前期的还款额较大。

7.2 债券估价

本节讨论的主要问题是根据债券的市场机会报酬率和债券利息及本金现金流量计算债券的现

时价值,更一般的问题是如何计算一项资产的现时价值。现时价值计算使用的方法是现金流量贴现法,即把该项资产全部未来预期现金流量按照该项资产的市场平均报酬率贴现后的现值。对于债券估价而言,是将债券的全部利息及本金现金流量按照债券的市场报酬率贴现。

7.2.1 证券估价的基本原理

1. 价值的含义

证券估价就是对证券的内在价值进行合理的评定,在不同应用场合使用的价值概念有如下几种。

1) 清算价值与持续经营价值。清算价值是指一项或一组资产从正在运营的组织中分离出来单独出售所能获得的货币价值。这种价值与企业持续经营价值相对应。持续经营价值是指企业作为一个正在持续运营的组织整体出售时所能获得的货币价值。通常情况下这两个价值是不相等的。

2) 账面价值与市场价值。资产的账面价值是指资产的入账价值,在现行会计模式下,资产通常按历史成本入账。实际上,资产的账面价值就是企业资产负债表上按历史成本列示的各项资产的数值。对于固定资产而言,资产的账面价值等于资产的原始成本减去累计折旧。资产的市场价值是指该项资产或类似资产在公开市场上进行交易时的市场价格或交易价格,这通常是市场上买卖双方进行竞价后产生的双方均能接受的价格。

3) 市场价值与内在价值。资产或证券的内在价值是在对所有影响价值的因素,如收益、现金流量、预期等都正确估价后,该资产或证券应得的价值。如果证券市场是有效的,信息是完全披露的,证券的内在价值和它的市场价值应该相等,如果两者不相等,投资者的套利行为将会促使其市场价值向其内在价值回归。根据资产或证券的内在价值与市场价值的关系,投资者可以判断某种资产或证券的价值究竟是被高估(内在价值低于市场价值)还是被低估(内在价值高于市场价值)了,以此为基础做出投资或筹资决策。

本节所讨论的证券估价指的是其内在价值。

2. 证券估价的过程

资产或证券的内在价值是投资者获得的未来预期现金流量按投资者要求的必要报酬率在一定期间内贴现的现值。因此,资产或证券的价值受以下三个因素影响:一是未来各期预期现金流量数值;二是未来预期现金流量的持续时间;三是投资者进行该项投资所要求的必要报酬率,该收益率必须能够补偿投资者认为获取该项资产未来预期现金流量的风险。

资产或证券估价的基本模型可用公式表示为:

$$V = \frac{C_1}{(1+k)^1} + \frac{C_2}{(1+k)^2} + \cdots + \frac{C_n}{(1+k)^n}$$

或:

$$V = \sum_{t=1}^{n} \frac{C_t}{(1+k)^t}$$

式中 C_t——t 时间发生的现金流量;

V——资产在 $1-n$ 年内产生的全部预期现金流 C_t 的现值,即内在价值;

k——投资者要求的必要报酬率;

n——预期现金流量的持续期间。

基于上述现金流量贴现模型,对资产或证券进行估价需要事先预期该项资产或证券能产生的未来现金流量的水平、持续期间,预期投资所要求的必要报酬率,然后用投资者要求的报酬率把未来预期现金流量贴现为现值即可。

上述资产或证券的估价公式是整个估价过程的基础，下面将要介绍的债券和股票的估价公式都是它的变形。

7.2.2 债券估价

债券是发行者为筹集资金而向债权人发行的，在约定时间支付一定比例的利息，并在到期时偿还本金的一种有价证券。影响债券价值的因素主要是债券面值、票面利率、期限、到期时间和所采取的贴现率等。债券面值是指设定的票面金额，它代表发行人借入并且承诺在未来某一特定时间偿付给债券持有人的金额。票面利率是指债券的发行者预计一年内向投资者支付的利息占票面金额的比例。票面利率不同于实际利率，因此债券的市场价格往往和它的面值不相等。债券的期限是指债券从发行到偿还本金所经历的时间，一般以年来表现。债券的到期时间是指当前日至到期日之间的时间间隔。贴现率可以选择市场利率或投资者要求的必要报酬率。

债券估价是对某种债券进行分析以后对其内在价值的估计。债券估价在投融资决策中具有重要的实践意义。从发行企业的角度看，企业发行债券从资本市场上筹集资金，必须要对它进行合理定价。定价偏低会导致发行方筹资数量减少，相对筹资成本增加；而定价偏高则可能会使筹资失败。同样，投资者进行债券投资，首先必须分析债券本身所具有的价值，然后将债券价值与当前该债券的价格进行对比，以确定是否购买。

资产的价值等于该项资产全部预期未来现金流量按照投资者要求的必要报酬率进行贴现的现值。在应用这个概念对债券进行估价时，要了解三个要素：①债券现金流量的信息：利息支付的时间及数量、本金或面值支付的时间及数量；②债券到期时间；③债券投资者要求的报酬率。

典型的债券是固定利率，每年计息并支付利息，到期归还本金，按照这种模式，债券价值估计的基本模型可以表示为：

$$V = \frac{I_1}{(1+k_d)^1} + \frac{I_2}{(1+k_d)^2} + \cdots + \frac{I_n}{(1+k_d)^n} + \frac{M}{(1+k_d)^n} \tag{7-16}$$

式中　V——债券价值；

　　　I_n——t 时间收到的利息；

　　　k_d——贴现率，一般采用当时的市场利率或者投资者要求的报酬率；

　　　M——到期的本金；

　　　n——债券到期前的年数。

1. 永久债券

永久债券是一种没有到期日，永续定期支付利息的债券。这种永久债券的现金流量实际上是一种永续利息年金，这种债券的一个典型的例子就是英国的统一公债，它最早是英国在拿破仑战争后为偿债而发行的，英国政府必须无限期地向债券持有人支付固定利息。

根据债券估价的基本模型可得到永久债券价值的计算公式。债券估价的基本模型为：

$$V = \frac{I_1}{(1+k_d)^1} + \frac{I_2}{(1+k_d)^2} + \cdots + \frac{I_n}{(1+k_d)^n} + \frac{M}{(1+k_d)^n}$$

令其中 $I_1 = I_2 = \cdots = I_n = I$，$M=0$，$n \to \infty$，可得：

$$V = \frac{I}{(1+k_d)^1} + \frac{I}{(1+k_d)^2} + \cdots + \frac{I}{(1+k_d)^t} = \sum_{t=1}^{\infty} \frac{I}{(1+k_d)^t}$$

上式可以简化为[注]:

$$V = \frac{I}{k_d} \tag{7-17}$$

【例7-12】 面值为1 000元的永久债券,票面利率是6%,假设投资者要求的报酬率为8%,则该债券的价值是多少?

根据永久债券价值的计算公式,得:

$$V = \frac{I}{k_d} = \frac{60}{8\%} = 750(元)$$

2. 有限到期日债券

(1) 非零息债券。非零息债券是一种在有限期限内付息的债券。根据债券估价的基本模型:

$$V = \frac{I_1}{(1+k_d)^1} + \frac{I_2}{(1+k_d)^2} + \cdots + \frac{I_n}{(1+k_d)^n} + \frac{M}{(1+k_d)^n}$$

令其中 $I_1 = I_2 = \cdots = I_n = I$,可得:

$$V = \frac{I}{(1+k_d)^1} + \frac{I}{(1+k_d)^2} + \cdots + \frac{I}{(1+k_d)^n} + \frac{M}{(1+k_d)^n} = \sum_{t=1}^{n} \frac{I}{(1+k_d)^t} + \frac{M}{(1+k_d)^n}$$

$$= I(P/A, k_d, n) + M(P/F, k_d, n) \tag{7-18}$$

【例7-13】 面值为1 000元的非零息债券,期限为30年,票面利率为6%,假设市场报酬率为8%,则该债券的价值是多少?

根据非零息债券价值的计算公式,得:

$$V = 60 \times (P/A, 8\%, 30) + 1\,000 \times (P/F, 8\%, 30) = 60 \times 11.257\,8 + 1\,000 \times 0.099\,4 = 774.87(元)$$

(2) 零息债券。零息债券是一种不向持有人支付利息,而是以大大低于面值的价格向购买者出售的债券。它以价格增值的形式作为投资者的报酬。

根据债券估价的基本模型:

$$V = \frac{I_1}{(1+k_d)^1} + \frac{I_2}{(1+k_d)^2} + \cdots + \frac{I_n}{(1+k_d)^n} + \frac{M}{(1+k_d)^n}$$

令其中 $I_1 = I_2 = \cdots = I_n = 0$,可得:

$$V = \frac{M}{(1+k_d)^n} = M(P/F, k_d, n) = M(PVIF_{k_d,n}) \tag{7-19}$$

【例7-14】 面值为1 000元,期限为30年的零息债券,假设投资者要求的报酬率为8%,则该债券的价值是多少?

根据零息债券价值的计算公式,得:

$$V = 1\,000 \times (P/F, 8\%, 30) = 1\,000 \times 0.099\,4 = 99.40(元)$$

(3) 半年付息债券。在前面的例子中,利息都是按年支付的,但绝大多数公司债券是每半年

[注] 根据前面关于永续年金的讨论,永续年金现值的计算公式的推导过程如下。$P = A \frac{1-(1+i)^{-n}}{i}$,当 $n \to \infty$ 时,$(1+i)^{-n}$ 的极限为0,可以简化为:$P = \frac{A}{i}$。

同理,永久债券的估价公式可简化为:$V = \frac{I}{k_d}$。

付息一次的。

如果债券每半年付息一次,则只需将非零息债券估价公式做如下调整即可:

1) 将 I 调整为 $\dfrac{I}{2}$;

2) 将 k_d 调整为 $\dfrac{k_d}{2}$;

3) 将期限调整为 $2n$。

相关公式如下:

$$V = \sum_{t=1}^{2n} \frac{\frac{I}{2}}{\left(1+\frac{k_d}{2}\right)^t} + \frac{M}{\left(1+\frac{k_d}{2}\right)^{2n}} = \frac{1}{2}(P/A, k_d/2, 2n) + M(P/F, k_d/2, 2n) = \frac{1}{2}(PVIFA_{k_d/2,2n}) + M(PVIF_{k_d/2,2n})$$

(7-20)

【例 7-15】 面值 1 000 元,票面利率 6% 的债券,每半年付息一次,期限 15 年,假设市场报酬率为 8%(每年),则此债券的价值是多少?

根据半年付息债券价值的计算公式,得:

$V = 30 \times (P/A, 4\%, 30) + 1\,000 \times (P/F, 4\%, 30) = 30 \times 17.292\,0 + 1\,000 \times 0.308\,3 = 827.06(元)$

7.2.3 债券的到期收益率

从理论上来讲,对于每一种债券,每个投资者要求的报酬率都是不同的,但我们最关心的是由当前的市场价格所揭示的收益率。债券的到期收益率(Yield to Maturity,YTM)是指以特定价格购买债券并持有至到期日可以获得的收益率,它是使未来现金流量等于债券购入价格的贴现率,实际上是债券投资的内部收益率。如果债券的到期收益率高于投资者要求的报酬率,则可以考虑购买该债券,反之,则不适合进行投资。

回顾一下非零息债券的估价公式,求解债券的到期收益率只需以债券的市场价值(P)代替其内在价值(V),解出 K_d 即可。

$$P = \sum_{t=1}^{n} \frac{I}{(1+k_d)^t} + \frac{M}{(1+k_d)^n} = I(P/A, k_d, n) + M(P/F, k_d, n) = I(PVIFA_{k_d,n}) + M(PVIF_{k_d,n})$$

解得:

$$k_d = YTM \tag{7-21}$$

【例 7-16】 面值 1 000 元,票面利率 10% 的债券,剩余期限 15 年,债券的市场价值为 1 250 元,求该债券的到期收益率。

求解方程:

$1\,250 = 100 \times (P/A, k_d, 15) + 1\,000 \times (P/F, k_d, 15)$

需要使用"尝试—插值法"⊖

用 $k_d = 8\%$ 计算:

$100 \times (P/A, 8\%, 15) + 1\,000 \times (P/F, 8\%, 15) = 100 \times 8.559\,5 + 1\,000 \times 0.312\,5 = 1\,171.15(元)$

现值 1 171.15 小于 1 250,说明试用的比率过高了,即债券的到期收益率要低于 8%。

⊖ 债券到期收益率的计算非常复杂,常用的求解方法有尝试—插值法、近似法和使用金融计算器等。

用 $k_d = 7\%$ 计算：

$100 \times (P/A, 7\%, 15) + 1\,000 \times (P/F, 7\%, 15) = 100 \times 9.107\,9 + 1\,000 \times 0.362\,4 = 1\,273.19(元)$

现值 1 273.19 元大于 1 250 元，说明试用的比率过低了，即债券的到期收益率要高于 7%。通过两次试算可知，债券的到期收益率在 7%~8% 之间。

使用插值法[⊖]得：

$k_d = 7\% + [(1\,273.19 - 1\,250)/(1\,273.19 - 1\,171.15)] \times (8\% - 7\%) = 7.23\%$

7.2.4 债券估价相关因素

1. 投资者要求的报酬率

债券价值与投资者要求的报酬率的变动呈反向关系。投资者要求的报酬率上升，债券的价值下降；反之，债券价值上升。

此外，当投资者要求的报酬率高于债券票面利率时，债券的内在价值会低于债券面值；当投资者要求的报酬低于债券票面利率时，债券的内在价值会高于面值。

如有一种债券的面值为 1 000 元，票面利率为 12%，5 年后到期。

1）当投资者要求的报酬率为 12% 时，可计算出该债券的内在价值为 1 000 元，等于其面值，可以得到以下关系。

如果，投资者要求的报酬率 = 债券的票面利率，则：债券的内在价值 = 债券面值。

2）当投资者要求的报酬率为 15% 时，可计算出该债券的内在价值为 899.24 元，低于其面值，可以得到以下关系。

如果，投资者要求的报酬率 > 债券的票面利率，则：债券的内在价值 < 债券面值。此时，债券以低于其面值的价格出售，即折价发行。

3）当投资者要求的报酬率为 9% 时，可计算出该债券的内在价值为 1 116.80 元，高于其面值，可以得到以下关系。

如果，投资者要求的报酬率 < 债券的票面利率，则：债券的内在价值 > 债券面值。此时，债券以高于其面值的价格出售，即溢价发行。

2. 到期时间

当债券接近到期日时，折价或溢价发行的债券，偏离（低于或高于）面值的部分经摊销过程而逐渐减少，债券的内在价值逐渐回归面值。仍引用上面的例子来进行说明。

不同的到期时间下，折价或溢价发行的债券各自的内在价值及其变化情形如表 7-3 所示。

表 7-3 债券到期期限与债券市场价值之间的关系 （单位：元）

市场要求的收益率（%）	不同到期年限的内在价值		价值变化
	5 年	2 年	
9	1 116.80	1 053.08	-63.2
12	1 000.00	1 000.00	0.00
15	899.24	951.12	51.88

从表 7-3 中可以得出如下结论。

⊖ 插值法用于估计处于两个已知数值之间的一个未知数值。从数学上可以把贴现率的差值法归纳为：

$$被插入的贴现率 \; k_D = K_L + \frac{(k_H - k_L)(P_L \cdot P_{YTM})}{P_L - P_H}$$

式中，k_L 是比债券的到期收益率低的贴现率，k_H 是比债券的到期收益率高的贴现率，P_L 是投资按贴现率 k_L 进行贴现的现值，P_H 是债券按贴现率 k_H 进行贴现的现值，P_{YTM} 是债券的市场价值。

1) 随着债券接近到期日,溢价发行债券的内在价值将会下降。本例中,债券内在价值从离到期日还有 5 年时的 1 116.80 元降至距离到期日还有 2 年的 1 053.08 元。

2) 随着债券接近到期日,折价发行债券的内在价值将会上升。本例中,债券内在价值从离到期日还有 5 年时的 899.24 元升至距离到期日还有 2 年的 951.12 元。

债券整个期限内价值的变化情况如图 7-14 所示。从图中可以看到,随着到期日的临近,无论折价发行债券还是溢价发行债券的价值都向债券的面值逼近。

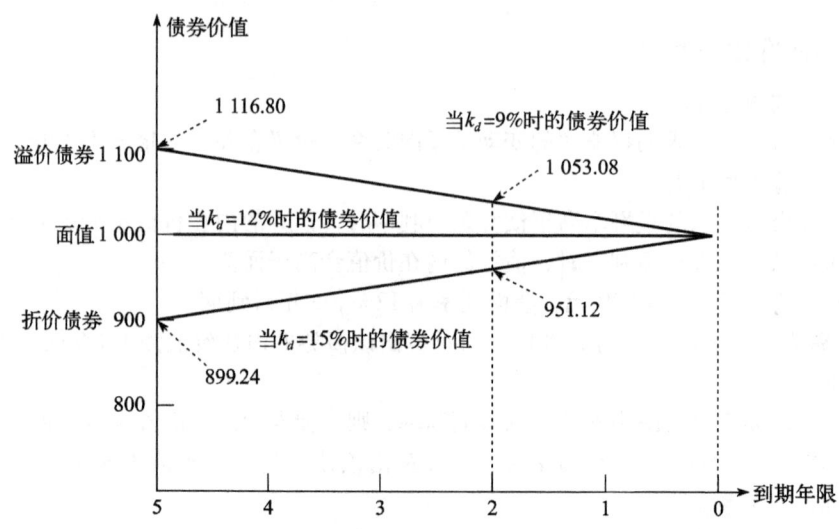

图 7-14　债券整个期限内的到期年限与市场价值的对应状况

图 7-14 显示的是连续付息或者是支付期无限小的情景,因此才会表现为一条直线,但实务中是每间隔一段时间支付一次利息,那么债券价值就随着付息期而呈现周期性波动⊖,如图 7-15 所示。

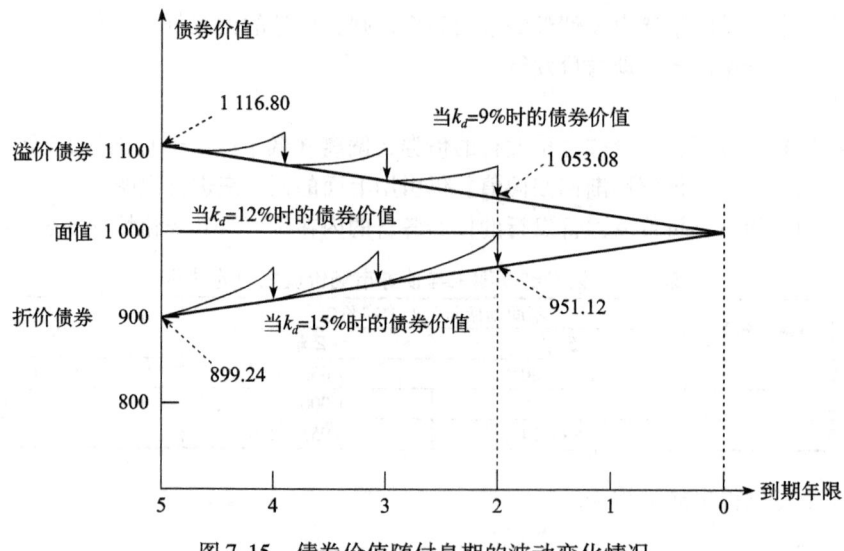

图 7-15　债券价值随付息期的波动变化情况

⊖ 割息前债券价值逐渐上升,在割息时达到最大,割息后突降至低端。值得一提的是,由于债券价值的周期性波动,因此折价发行的债券某一时点的价值有可能超过面值。

7.3 股票估价

本节讨论的主要问题是根据股票的市场机会报酬率和股利现金流量计算股票的现时价值。将现金流量贴现法应用到股票的估价上，即可得到股票估价的基本模型，即通常所说的"股利贴现模型"。

在应用该模型对普通股进行估价时，由于永续的、不规则的预期股利现金流量无法使用年金现金流量来进行计算，通常对股利的增长模式进行一定的假设，以简化预期股利的估计程序，即"零增长"模型、"固定增长"模型和"分阶段性增长"模型三种模型。

7.3.1 股票估价的基本模型

同对债券估价的分析一样，对股票进行估价时，同样要了解三个要素：①股票现金流量的数量规模与时间分布特征，②持续期间，③投资者要求的报酬率。股票带给持有者的现金流入包括两部分：股利收入现金流量和利得收益现金流量，通常为出售价格。股票的内在价值由一系列的股利和将来出售股票时的现值构成。

如果股东永远持有股票，则他将只获得股利。此时，股票的价值是一个永续的股利现金流量的现值，这个现金流量的现值就是股票的价值，其估价的基本定义性模型如下。

$$V = \frac{D_1}{(1+k)^1} + \frac{D_2}{(1+k)^2} + \frac{D_3}{(1+k)^3} + \cdots + \frac{D_t}{(1+k)^t} = \sum_{t=1}^{\infty} \frac{D_t}{(1+k)^t} \quad (7\text{-}22)$$

式中 D_t——t 时间的股息；

k——贴现率，即投资者要求的报酬率，通常用 k_p 来表示优先股的贴现率，用 k_e 表示普通股的贴现率；

t——年份。

如果投资者不打算永久地持有该股票，而是在一段时间后出售，这时股票带给投资者的未来现金流入包括现金股利收入和将来股票出售时的售价两个部分，于是股票价值计算的公式表示为：

$$\begin{aligned} V_0 &= \frac{D_1}{(1+k)^1} + \frac{D_2}{(1+k)^2} + \cdots \frac{D_T}{(1+k)^T} + \frac{P_T}{(1+k)^T} \\ &= \sum_{t=1}^{T} \frac{D_t}{(1+k)^t} + \frac{P_T}{(1+k)^T} \end{aligned} \quad (7\text{-}23)$$

式中 P_T——第 T 期末的股票售价；

T——股票买进后预备持有的期限。

上式表明，若投资者在第 T 期出售股票，则股票的价值就等于第 1 期至第 T 期的每年股利的现值加上第 T 期股票售价的现值之和。

实际上，当第一个投资者将股票出售以后，买入这只股票的接替投资者所能得到的未来现金流量就是其持有股票期间所得到的公司派发的现金股利和再次出售时所得到的售价。对于第三个、第四个等后续投资者来说，他们所能得到的未来现金流量仍然是其持有股票期间所得到的公司派发的现金股利和再次出售时所得到的售价。如果将一个个投资者串联起来，连续地考虑股票的买入卖出过程，可以发现股票出售时的售价是股票投资者之间的一种现金收付，并不是股票发行公司给股东提供的回报，这些现金收付是相互抵消的。普通股真正能够给投资者提供的回报，就是发行公司向股东派发的现金股利⊖。基于这一点，普通股股票的价值可以表示为：

$$V_0 = \frac{D_1}{(1+k)^1} + \frac{D_2}{(1+k)^2} + \frac{D_3}{(1+k)^3} + \cdots + \frac{D_t}{(1+k)^t} = \sum_{t=1}^{\infty} \frac{D_t}{(1+k)^t} \quad (7\text{-}24)$$

式（7-24）是评价股票价值的一般模型，它通过股利贴现来计算股票价值，因而这种股票估价方法被称为股利还原法，该式被称为股利贴现模型（dividend discount model，DDM）。又因为它是由美国投资学家 Williams 于 1938 年最先提出的⊜，故又被称为 Williams 模型（Williams model）。

7.3.2 优先股估价

先来看一种对股利贴现模型简单的应用：优先股的估价。

优先股是介于债券和普通股之间的一种混合证券。优先股的价值是其未来股利按投资者要求的报酬率贴现的现值。大部分优先股在各期间支付固定的股利，这一特点又使其具有债券固定利息的特征；大多数优先股是永续的，这一特点又使其具有普通股永续的特征。因此，同永久债券一样，优先股可视为一种永续年金。计算优先股的价值只需将式（7-24）简化为：

$$V = \frac{D}{k_p} \quad (7\text{-}25)$$

【例 7-17】 面值为 100 元，票面股利率为 6% 的优先股，投资者要求的预期报酬率为 8%，则优先股的价值是多少？

根据优先股价值的计算公式，得：

$$V = \frac{D}{k_p} = \frac{100 \times 6\%}{8\%} = 75(\text{元})$$

7.3.3 普通股估价

普通股是代表公司最终所有权（和风险）的有价证券。应用式（7-24）对普通股进行估价时，面临的主要问题是如何预计未来每年的股利。股利的多少，取决于每股盈利和股利支付率两个因素，对其评估的方法是历史资料的统计分析，例如回归分析、时间序列的趋势分析等。股票估价的基本模型要求无期限地预计未来的股利（D_t），这显然根本不可能做到，因此我们通常利用一些特定的模型来简化未来股利的发放模式，使股利贴现模型具有实际计算意义。通常这些模型可以依据"股利是否增长"以及"股利的增长形态"两个标准划分为"零增长"、"固定增长"

⊖ 假设第一个投资者以 P_0 的价格买入普通股股票并连续持有 3 年，在第 3 年末以 P_3 的价格售出，则他所得到的全部现金流量的价值为：$V_0 = \frac{D_1}{(1+k)^1} + \frac{D_2}{(1+k)^2} + \frac{D_3}{(1+k)^3} + \frac{P_3}{(1+k)^3}$。这个投资者在持有股票的 3 年内所获得的股利现金流量分别是 D_1、D_2、D_3。此外，在第 3 年末出售股票所获得的价差收益，即资本利得收益是 P_3 与 P_0 之差。第二个投资者以 P_3 的价格买入股票，持有了 1 年，他得到的现金流量为：$V_3 = \frac{D_4}{(1+k)^4} + \frac{P_4}{(1+k)^4}$。第三个投资者以 P_4 的价格买入股票，持有了 3 年，他得到的现金流量为：$V_4 = \frac{D_5}{(1+k)^5} + \frac{D_6}{(1+k)^6} + \frac{D_7}{(1+k)^7} + \frac{P_7}{(1+k)^7}$。将 V_3、V_4 的表达式代入 V_0，有 $V_0 = \frac{D_1}{(1+k)^1} + \frac{D_2}{(1+k)^2} + \cdots + \frac{D_7}{(1+k)^7} + \frac{P_7}{(1+k)^7}$。通过推导可见，只要一直推导到无穷，股票的所有中间价格均会抵消掉，股票的价值只与股利相关。

⊜ Williams, John, B., 1938, The Theory of Investment Value, Cambridge, Mass: Harvard University Press.

和"阶段性增长"三种股利增长模式。我们用 g 来表示股利的增长率[一]。

1. 固定增长模型

在固定增长模型下,假定股利按常数增长,即 $g_{t+1} = g_t = g$,由股票估价的基本模型可得股票价值的计算公式为:

$$V = \sum_{t=1}^{\infty} \frac{D_0(1+g)^t}{(1+k_e)^t} \text{[二]}$$

$$= \frac{D_0(1+g)}{k_e - g} = \frac{D_1}{k_e - g} \quad (k_e > g) \quad (7\text{-}26)$$

式(7-26)所示的模型是由著名的学者 Myron J. Gordon 于 1962 年在威廉姆斯模型基础之上发展起来的[三],因此,又名戈登模型(Gordon model)。

【例 7-18】 某股票的股利预期增长率为 8%,每股股票刚收到 1.2 元的股息($T=0$ 时的股息,按年付息)。假设股票的预期报酬率为 10%,则该普通股的价值是多少?

根据固定增长模型下普通股价值的计算公式,得:

$$D_1 = 1.2 \times (1 + 0.08) = 1.296(\text{元})$$

$$V = \frac{D_1}{k_e - g} = \frac{1.296}{0.10 - 0.08} = 64.8(\text{元})$$

2. 零增长模型

在零增长模型下,预期股利增长率 g 为 0,其支付过程是一个永续年金。故其价值公式可简化为:

$$V = \frac{D}{k_e} \quad (7\text{-}27)$$

【例 7-19】 某股票的股利预期增长率为 0,每股股票刚收到了 1.2 元的股利(按年付息),假设普通股的预期收益率为 10%,则该普通股的价值是多少?

根据零增长模型下普通股价值的计算公式,得:

$$V = \frac{D}{k_e} = \frac{1.2}{10\%} = 12(\text{元})$$

[一] 关于股利增长率 g 的三点说明如下。①从理论上讲,g 就是公司的成长率,它至少应当不低于行业平均利润率。从操作上看,一条近似的思路是以净资产报酬率为标准来推断股利增长率。公司将利润留存用以增加资本,资本扩大增加利润,多获利润则多分股利。依照这样的思路,假设一个经营稳定的公司,每年的利润留存率都相等,每年的净资产报酬率也相等,则股利增长率的计算公式为:$g = ROE \times r$。其中,ROE 表示净资产报酬率(净收益/普通股账面价值),r 表示利润留存比率,即(1 - 股利支付率)。②股利增长率 g 可以为正数、负数或 0。当 $g > 0$ 时,说明股利不断增长,在其他条件都相同的情况下,该股票能够带来更多的股利收益,股价持续上升;当 $g = 0$ 时,股利一直保持不变,此时股价的确定与优先股股价的确定相似,股价保持不变;当 $g < 0$ 时,预期获得的股利不断减少,股价因此逐年降低。③股利增长率 g 一定小于股东要求的必要报酬率 k_e。从式(7-26)可以看出,当 $g \geq k_e$ 时,股票股价要么为负,要么无穷大,这是不符合实际的。这主要是因为高增长的企业风险较高,相应的必要报酬率也高,因此 g 越大,k_e 也就越大。

[二] 公式推导:$V = \sum_{t=1}^{\infty} \frac{D_0(1+g)^t}{(1+k_e)^t}$,这是一个无穷等比极数,公比为 $q = \frac{1+g}{1+k_e}$,第一项为 $a = \frac{D_0(1+g)}{1+k_e}$,运用等比求和公式 $\frac{a}{1-q}$ 即可求得该式。

[三] Gordon, Myron, J., 1962, The Investment, Financing, and Valuation of the Corporation. Homewood, IL: Richard D. Irwin。

3. 分阶段性增长模型

在现实环境中,任何公司的普通股股利都不可能是固定不变的。在前面的分析中,我们假设公司普通股的股利固定不变或固定增长,但那是处于非常理想的状况,在现实生活中,大多数公司的股利既不是长期固定不变的,也不是长期固定增长的,而是会随着企业增长模式的特征呈现出一定的阶段性。由于在不同的时期有着不同的增长率,只有采用分阶段性的增长模型才能确定股票的价值。

由于普通股的股利现金流量具有永续和不稳定的特征,无法直接利用普通股股利的基本定价模型计算其价值,要利用这一基本定义性模型实现价值计算,变通的做法只能是将无规则的永续股利现金流量假设为固定增长(股利零增长可以视为股利固定增长的一种特例)。股利固定增长可以分为从第1年开始连续固定增长和从某个年度起连续固定增长两种类型,前者即是一般意义上的股利固定增长模型,而后者则是分阶段的股利定价模型。其实,分阶段的股利定价模型一方面近似地反映了股利增长模型的变化,另一方面也是解决无法实现永续的无规则现金流量的现值计算问题。只要在有限的期限内(一个或两个有限期均可,即称为两阶段或三阶段股利定价模型)如实计算股利现金流量有现值,最后的永续股利现金流量阶段即使是固定增长并非符合真实股利现金流量的规律,这部分现金流量的价值对总体限制的影响也是比较小的。

综上所述,股利定价有三种模型:固定增长模型、零增长模型、分阶段增长模型。就其计算过程本质而言,可以视为一种模型,即固定增长模型,因为零增长模型是固定增长模型的特例,分阶段增长模型除在前阶段的有限期限内外,是延迟的固定增长模型。

对于分阶段性的增长模型,最常采用的是两阶段增长模型。两阶段增长模型即股利在经历一个有限期间后进入永续的固定增长阶段。

股票估价的一般模型为:

$$V = \sum_{t=1}^{\infty} \frac{D_t}{(1+k)^t}$$

以股利增长率变化的时间点第 n 年为分界点,分解为两个阶段,即可得到两阶段增长模型的基本形式:

$$V = \sum_{t=1}^{n} \frac{D_t}{(1+k_e)^t} + \frac{1}{(1+k_e)^n} \sum_{t=n+1}^{\infty} \frac{D_t}{(1+k_e)^t}$$

这个模型假设从第 $n+1$ 年开始,在第二阶段股票股利以固定增长率 g_c 增长,故上式又可以写为:

$$V = \sum_{t=1}^{n} \frac{D_t}{(1+k_e)^t} + \frac{1}{(1+k_e)^n} \left[\frac{D_{n+1}}{k_e - g_c} \right] \quad (7\text{-}28)^{\ominus}$$

对于如式(7-28)所示的二阶段增长模型,具体操作方法如图7-16所示。

这种模型的估价步骤如下。

步骤1:区分出股票股利在有限期间内的变化特征与固定增长期间内的增长率。

步骤2:计算在有限期间内的预期股利现金流量贴现值。

由于在有限期间的未来各期股利常常有很大的变化,因此各期增长率常需要分别估计。在估

$\ominus$ 在使用该模型时必须注意以下两个问题。①如何确定有限期间增长阶段的长度,即公式中的 n 的确定问题。虽然从理论上讲有限期间增长阶段持续的时间可以和产品生命周期以及存在的项目机会联系在一起,但这些因素具有较大的主观性,因而很难准确量化。②该模型假设由两阶段形成,我们须注意由有限期间增长阶段到平稳阶段的过渡不是一蹴而就的,而在我们的公式中是无法体现过渡过程的,因此选择合理的 $D_t(t=n+1)$ 值是很谨慎的。

计出各期的增长率之后，即可以利用本期股利分别计算出各期的预期股利现金流量，并将其贴现值加总。

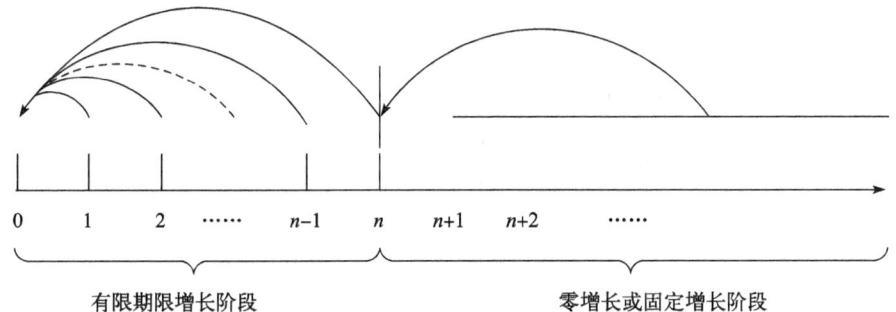

图7-16 两阶段增长模型股票估价示意图

相关公式如下：

$$D_1 = D \times (1 + g_1)$$
$$D_2 = D_1 \times (1 + g_2) = D \times (1 + g_1) \times (1 + g_2)$$
$$\cdots\cdots\cdots\cdots$$
$$D_n = D \times (1 + g_1) \times (1 + g_2) \cdots (1 + g_{n-1}) \times (1 + g_n)$$
$$P(D_S) = \sum_{t=1}^{n} \frac{D_t}{(1 + k_e)^t} = \frac{D_1}{(1 + k_e)} + \cdots + \frac{D_n - 1}{(1 + k_e)^{n-1}} + \frac{D_n}{(1 + k_e)^n}$$

式中 $g_1, g_2, \cdots, g_n$ 分别表示在有限期间内（共 n 期）各期的预期股利增长率，因而各期的预期股利 $D_1, D_2, \cdots, D_n$ 可由这些增长率……计算而得，$P(D_S)$ 则表示这些预期股利在有限增长期间的现值总和。

步骤3：计算在固定增长期间的价值，并将其转化为现值。

在此期间由于股利的增长率保持不变，因此可以利用式（7-26）来先行计算超常增长期间结束后的股价，再将其贴现到第 0 期。

假设 g_c 为固定股利增长率，则依照前一步的变量定义，可知在第 n 期末时的价值 V_n 为：

$$V_n = \frac{D_n(1 + g_c)}{k_e - g_c}$$

接着再以必要报酬率 k_e 将 V_n 贴现到第 0 期，即代表在固定增长期间的股利贴现值总和 $P(D_c)$，如下所示：

$$P(D_c) = \frac{V_n}{(1 + k_e)^n} = \frac{1}{(1 + k_e)^n}\left[\frac{D_n(1 + g_c)}{(k_e - g_c)}\right]$$

步骤4：将步骤2、步骤3步所得的股利现值和 $P(D_S)$、$P(D_c)$ 再加总，即可得到两阶段增长情形下的股票的价值，如下所示：

$$V = P(D_S) + P(D_c) = \sum_{t=1}^{n} \frac{D_t}{(1 + k_e)^t} + \frac{1}{(1 + k_e)^n}\left[\frac{D_n(1 + g_c)}{(k_e - g_c)}\right]$$

下面通过一个具体的例子来说明其具体的应用。

【例7-20】 某股票在前 3 年的股利增长率分别为 10%、16%、12%，从第 4 年开始为 6%，每股股票刚收到 1.2 元的股利（按年付息）。假设投资者要求的报酬率为 10%。则普通股的价值是多少？

步骤1：根据题意可知，该股票的有限期间为前3年，其中，$g_1=10\%$，$g_2=16\%$，$g_3=12\%$。

步骤2：
$$P(D_S) = P(D_1) + P(D_2) + P(D_3)$$
$$= D_1(P/F,10\%,1) + D_2(P/F,10\%,2) + D_3(P/F,10\%,3)$$
$$= D_0(1+g_1)(P/F,10\%,1) + D_0(1+g_1)(1+g_2)(P/F,10\%,2)$$
$$+ D_0(1+g_1)(1+g_2)(1+g_3)(P/F,10\%,3)$$
$$= 1.2 \times 1.10 \times 0.9091 + 1.2 \times 1.10 \times 1.16$$
$$\times 0.8264 + 1.2 \times 1.10 \times 1.16 \times 1.12 \times 0.7513$$
$$= 3.76(\text{元})$$

步骤3：
$$P(D_c) = \frac{V_3}{(1+k_e)^3} = \frac{1}{(1+k_e)^3}\left[\frac{D_3(1+g_c)}{(k_e-g_c)}\right]$$
$$= \frac{D_0(1+g_2)(1+g_3)(1+g_c)}{(k_e-g_c)}(P/E,10\%,3)$$
$$= \frac{1.20 \times (1+10\%) \times (1+16\%) \times (1+12\%) \times (1+6\%)}{(10\%-6\%)} \times 0.7513$$
$$= 45.45 \times 0.7513$$
$$= 34.15(\text{元})$$

步骤4：
$$V = P(D_S) + P(D_c) = 3.76 + 34.15 = 37.91(\text{元})$$

以上计算过程，可以用图形来表示，如图7-16所示。

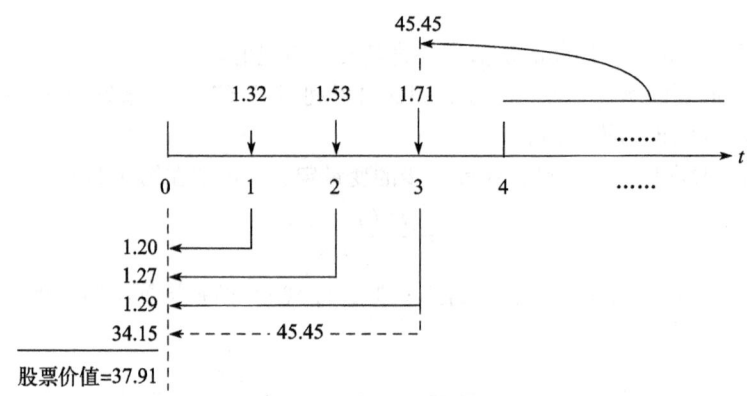

图7-17 两阶段股票估价计算示意图

与两阶段增长模型相似，我们可以根据股票股利的增长情况建立三阶段等多阶段的估价模型。

三阶段增长基本模型：
$$V = \sum_{t=1}^{m}\frac{D_t}{(1+k_e)^t} + \sum_{t=m+1}^{n}\frac{D_t}{(1+k_e)^t} + \sum_{t=n+1}^{\infty}\frac{D_t}{(1+k_e)^t} \quad (n>m) \quad (7-29)$$

三阶段增长模型包括稳定高增长的初始阶段、增加下降的第二阶段和固定低速增长的第三阶段，且会一直持续下去，如图7-17所示。

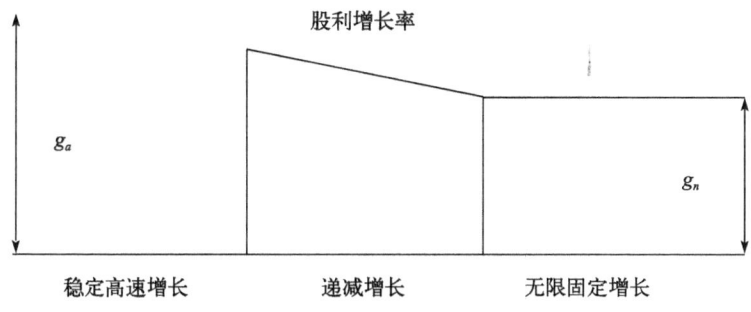

图 7-18 三阶段股利折现模型的股利增长率

其原理和计算方法与两阶段增长模型类似,该模型非常灵活,它适用于那些不仅增长率会随着时间的推移发生变化,并且在其他方面,尤其是股利支付政策和风险方面也会发生预期变化的公司。股利的增长阶段划分得越细,计算出来的股票的价值相对来说也就越接近于实际,但同时其操作也就越复杂,使用者可以根据自己的实际需要加以选择。

【例7-21】 某股票在前3年的股利增长率分别为10%、14%、19%,从第4年开始每年降低4%,直到第6年开始进入无限稳定增长,每股股票刚收到1.2元的股利(按年付息)。假设投资者要求的报酬率为10%,则普通股的价值是多少?

步骤1:根据题意可知,该股票的稳定高速增长期为前3年,其中,$g_1 = 15\%$,$g_2 = 11\%$,$g_3 = 7\%$。

$$\begin{aligned}P(D_{S1}) &= P(D_1) + P(D_2) + P(D_3) \\ &= D_1(P/F,10\%,1) + D_2(P/F,10\%,2) + D_3(P/F,10\%,3) \\ &= D_0(1+g_1)(P/F,10\%,1) + D_0(1+g_1)(1+g_2)(P/F,10\%,2) \\ &\quad + D_0(1+g_1)(1+g_2)(1+g_3)(P/F,10\%,3) \\ &= 1.32 \times 0.9091 + 1.50 \times 0.8264 + 1.79 \times 0.7513 \\ &= 3.78(元)\end{aligned}$$

步骤2:递减增长期为第4年到第6年,其中,$g_4 = 15\%$,$g_5 = 11\%$,$g_6 = 7\%$。

$$\begin{aligned}P(D_{S1}) &= P(D_4) + P(D_5) + P(D_6) \\ &= D_4(P/F,10\%,4) + D_5(P/F,10\%,5) + D_6(P/F,10\%,6) \\ &= D_0(1+g_1)(1+g_2)(1+g_3)(1+g_4)(P/F,10\%,4) \\ &\quad + D_0(1+g_1)(1+g_2)(1+g_3)(1+g_4)(1+g_5)(P/F,10\%,5) \\ &\quad + D_0(1+g_1)(1+g_2)(1+g_3)(1+g_4)(1+g_5)(1+g_6)(P/F,10\%,6) \\ &= 2.06 \times 0.6830 + 2.29 \times 0.6209 + 2.45 \times 0.5645 \\ &= 4.21(元)\end{aligned}$$

步骤3:

$$\begin{aligned}P(D_c) &= \frac{V_6}{(1+K_e)^6} = \frac{1}{(1+K_e)^6}\left[\frac{D_6(1+g_c)}{K_e - g_c}\right] \\ &= \frac{D_0(1+g_1)(1+g_2)(1+g_3)(1+g_4)(1+g_5)(1+g_6)}{(K_e - g_c)}(P/F,10\%,6) \\ &= \frac{2.62}{10\% - 7\%} \times 0.5645 = 87.33 \times 0.5645 = 49.30(元)\end{aligned}$$

步骤 4：
$$V = P(D_{S1}) + P(D_{S2}) + P(D_C) = 3.78 + 4.21 + 49.30 = 57.29(元)$$

以上计算过程，可以用图形来表示，如图 7-19 所示。

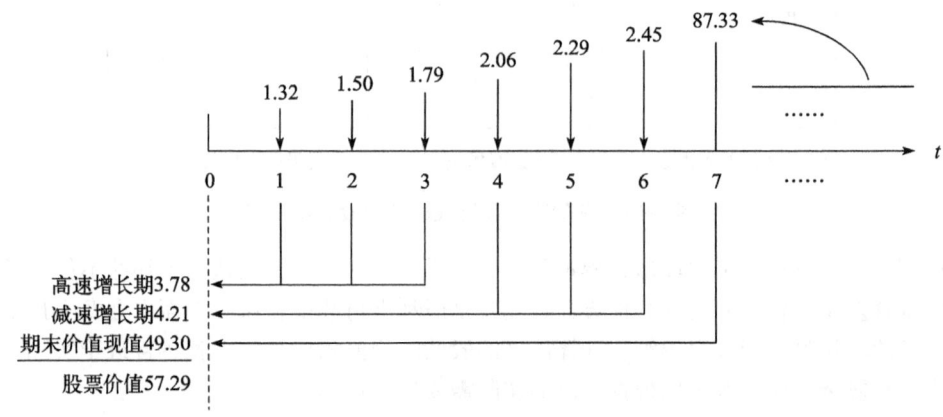

图 7-19　三个阶段股票估价示意图

7.3.4　股票的收益率

以债券当前的市场价格替代债券估价公式中的债券内在价值所得到的贴现率，代表了市场价格所揭示的收益率。同理，以股票当前的市场价格替代股票估价公式中的股票内在价值，求解贴现率，其解便是市场对股票所要求的收益率，也是投资者按当前市场价格买入股票后预期能够得到的收益率。

1. 优先股收益率

计算优先股的收益率要用到优先股的估价公式：

$$V = \frac{D}{k_p}$$

根据上式可以得出投资者要求的报酬率为：

$$k_p = \frac{D}{V} \tag{7-30}$$

若想求优先股的收益率，只需将上式中的优先股的内在价值（V）用优先股的市场价格（P）代替即可。即：

$$\overline{k_p} = \frac{D}{P} \tag{7-31}$$

【例 7-21】　假定一只优先股的年金股利为 5 元，交易价格为 50 元，则该优先股的收益率是多少？

$$\overline{k_p} = \frac{D}{P} = \frac{5}{50} = 10\%$$

式（7-31）中的 $\overline{k_p}$ 表示评估的是一种预期收益率，式（7-30）中的 k_p 代表的是投资者要求的必要报酬率，如果市场是有效的，即股票的价格是公平的市场价格，且证券市场处于均衡状态，那么预期收益率与必要报酬率相等。

2. 普通股收益率

假定采用固定增长模型，计算普通股收益率。

根据：

$$V = \frac{D_1}{k_e - g}$$

可解出：

$$k_e = \frac{D_1}{V} + g$$

同样，用市场价格（P）代替内在价值（V），得到：

$$\overline{k_e} = \frac{D_1}{P} + g \tag{7-32}$$

从式（7-32）可知，股票的收益率可以分为两个部分。第一部分是 $\frac{D_1}{P}$，叫做股利收益率，它是根据现金股利除以当前股价计算出来的。第二部分是增长率 g，叫做股利增长率。由于股利的增长速度也就是股价的增长速度，因此，g 可以解释为股价增长率或资本利得收益率。

【例7-22】 假定一只普通股的预期股利为 5 元，预期增长率为 5%，交易价格为 50 元，则该普通股的收益率是多少？

$$\overline{k_e} = \frac{D_1}{V} + g = \frac{5}{50} + 5\% = 15\%$$

7.3.5 股利贴现模型与增长机会现值模型

对股票进行价值评估，除了可以使用股利现金流量贴现模型外，也可以使用增长机会现值模型⊖（net present value of growth opportunity，NPVGO）。增长机会现值模型适用于那些具有增长机会或有机会投资于盈利项目的公司，其基本计算公式为：

$$V = \frac{EPS_1}{k} + NPVGO \tag{7-33}$$

式中　V——股票价值；
　　　EPS_1——下一年的每股收益；
　　　　k——投资者要求的收益率；
　　$NPVGO$——增长机会现值。

增长机会现值模型可以视为无增长机会下与有增长机会下的股票价值之和。其中，EPS_1/k 可以理解为零增长模式下的价值部分，而 NPVGO 可以看作企业增长实现的价值部分，是企业再投资实现的收益现金流量的净现值。增长机会现值模型与股利固定增长模型在现金流量现值的价值计算结果上是等价的，可以通过以下简单验证得到。

假设 r 为留存收益率（1 - 股利支付率），ROE 为权益报酬率，股利的增长率为 g，k 为投资者要求的收益率，则第一期投资所带来的净收益为：

$$P_1 = \frac{EPS_1 \times r \times ROE}{k} - EPS_1 \times r \tag{1}$$

⊖ 《证券市场周刊》选用"增长机会现值模型计算的价值与市值的比率"对上市公司的成长性进行排名，评出最佳成长上市公司 50 强。

由于盈利的增长率⊖、留存收益率、权益报酬率均保持不变，因此此后各期投资所带来的净收益的增长率均为 g，因此增长机会的现值可以表示为 $NPVGO = \dfrac{P_1}{k-g}$。

因此，应用增长机会现值模型得到的股票价值为：

$$V = \frac{EPS_1}{k} + \frac{P_1}{k-g} \tag{2}^{\ominus}$$

将（1）式代入（2）式，可得：

$$V = \frac{EPS_1}{k} + \frac{\dfrac{EPS_1 \times r \times ROE}{k} - EPS_1 \times r}{k-g} = \frac{EPS_1(k-g) + EPS_1 \times r \times ROE - EPS_1 \times r \times k}{k(k-g)}$$

$$= \frac{EPS_1(k-g+r \times ROE - r \times k)}{k(k-g)} \tag{3}$$

将 $g = ROE \times r$，$D_1 = EPS_1(1-r)$ 代入（3）式，可得

$$V = \frac{\dfrac{D_1}{(1-r)} \times (k-g+g-r \times k)}{k(k-g)} = \frac{D_1}{(k-g)} \tag{4}$$

（4）式即为股利贴现模型中的固定增长模型，与式（7-26）一致。无论采用股利贴现模型还是增长机会现值模型，最终得到的股票价值都是一样的，因此它们都运用了货币时间价值中不同时点的现金流量相互转换的计算原理。两种方法的不同点是对于股票价值的逻辑思维和分析视角不同，增长机会现值模型将股票价值看做现有资产及其再投资所共同产生的价值，而股利增长模型是把股票价值看做投资者实际得到的回报价值。值得注意的是，公司管理层将留存收益进行再投资并不意味着一定能够增加股东的财富，只有当再投资收益率大于投资者要求的回报率时，才能增加股东财富⊜。

【例7-23】 假设一只股票在第1年年底每股收益为10元，股利支付率为40%，净资产收益率为20%，股东要求的报酬率为16%，要求采用股利贴现模型和增长机会现值模型计算该股票的价值。

1）采用股利贴现模型。

通过分析题意，可知该股票的股利为固定增长，增长率为 $g = ROE \times r = 20\% \times (1-40\%) = 12\%$，则：

$$V = \frac{D_0(1+g)}{k_e - g} = \frac{D_1}{k_e - g} = \frac{10 \times 40\%}{16\% - 12\%} = 100(元)$$

2）采用增长机会现值模型。

⊖ 假设股利的增长率为 g，由于 $D = EPS(1-r)$，r 固定不变，因此，此假设也暗含盈利的增长率为 g。

⊜ 在增长机会现值模型中，如果权益报酬率 $ROE > k$，则 $P_1 > 0$、$NPVGO > 0$，表明公司应该减少股利发放率，保留盈余进行再投资。反之，若权益报酬率 $ROE < k$，则 $P_1 < 0$、$NPVGO < 0$，表明公司应增加股利的发放，避免保留盈余再投资。

⊜ 根据下文推导可知，第一期投资所带来的净收益为：

$$NPV_1 = \frac{rEPS_1 ROE}{k} - rEPS_1 = rEPS_1\left(\frac{ROE}{k} - 1\right)$$

若要求再投资能够增加股东财富，即 $NPVGO > 0$，即要求 $\dfrac{NPV_1}{k-g} > 0$，则 $NPV_1 > 0$，根据上式可知要求 $ROE > k$，即再投资收益率大于投资者要求的收益率。

$$V = \frac{EPS_1}{k} + \frac{P_1}{k-g} = \frac{EPS_1}{k} + \left(\frac{EPS_1 \times r \times ROE}{k} - EPS_1 \times r\right)/(k-g)$$

$$= \frac{10}{16\%} + \left[\frac{10 \times (1-40\%) \times 20\%}{16\%} - 10 \times (1-40\%)\right]/(16\% - 12\%)$$

$$= 62.5 + 37.5 = 100(元)$$

通过计算可以验证，无论采用股利贴现模型还是增长机会现值模型，最终计算出的股票价值都是一样的。

附录7A 等差序列现金流量

等差序列现金流量也是一种常见的现金流量形式，其现金流量状况如图7A-1所示。视每期等值递增额 G 为正或负，又可分为等差递增现金流量和等差递减现金流量。

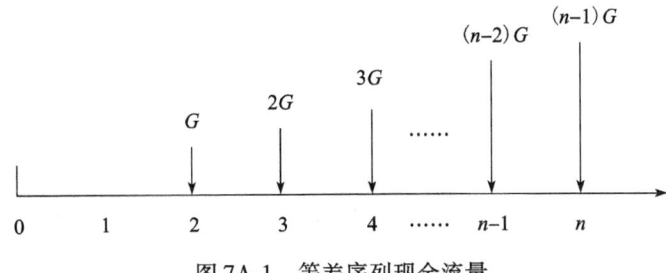

图7A-1 等差序列现金流量

7A.1 等差序列现金流量终值公式

该等差序列的终值可以看做单个现金流量终值的合计，即：

$$F = G(1+i)^{n-2} + 2G(1+i)^{n-3} + \cdots + (n-2)G(1+i) + (n-1)G$$
$$= G[(1+i)^{n-2} + 2(1+i)^{n-3} + \cdots + (n-2)(1+i) + (n-1)] \quad (1)$$

将（1）式两边乘以 $(1+i)$，得到：

$$F(1+i) = G[(1+i)^{n-1} + 2(1+i)^{n-2} + \cdots + (n-2)(1+i)^2 + (n-1)(1+i)] \quad (2)$$

从（2）式减去（1），得到：

$$F + iF - F = G[(1+i)^{n-1} + (1+i)^{n-2} + \cdots + (1+i)^2 + (1+i) + 1] - nG$$
$$= G\left[\frac{(1+i)^n - 1}{i}\right] - nG \quad (3)$$

因此：

$$F = \frac{G}{i}\left[\frac{(1+i)^n - 1}{i} - n\right] \quad (4)$$

其中，$\frac{1}{i}\left[\frac{(1+i)^n - 1}{i} - n\right]$ 称为等差序列终值系数，可以表示为 $\left(\frac{F}{G}, i, n\right)$。

7A.2 等差序列现值公式

由（4）式乘以现值系数得：

$$P = \frac{G}{i}\left[\frac{(1+i)^n - 1}{i(1+i)^n} - \frac{n}{(1+i)^n}\right] \quad (5)$$

其中，$\frac{1}{i}\left[\frac{(1+i)^n-1}{i(1+i)^n} - \frac{n}{(1+i)^n}\right]$ 称为等差序列现值系数，可以表示为 $\left(\frac{P}{G}, i, n\right)$。

7A.3 等差序列年金公式

该公式由等差序列现值公式乘以投资回收系数而得：

$$A = G\left[\frac{1}{i} - \frac{n}{(1+i)^n - 1}\right] \quad (6)$$

其中，$\left[\frac{1}{i} - \frac{n}{(1+i)^n-1}\right]$ 称为等差序列年金系数，也称为级增系数，可以表示为 $\left(\frac{A}{G}, i, n\right)$。

【例7A-1】 某公司发行的股票目前市场价值每股100元，每股股利10元，预计每股股利每年增加2元。假设投资者要求的必要报酬率为15%，则现在买入该公司的股票是否合算？

容易证明：

$$\left(\frac{P}{A}, i, \infty\right) = \frac{1}{i}, \quad \left(\frac{P}{G}, i, \infty\right) = \frac{1}{i^2}$$

故可以得到：

$$V = 10\left(\frac{P}{A}, i, \infty\right) + 2\left(\frac{P}{G}, i, \infty\right) = 10 \times \frac{1}{0.15} + 2 \times \frac{1}{0.15^2} = 155.56(元)$$

因为 155.56 > 100，所以该投资是合算的。

附录7B 等比序列现金流量

所谓的等比序列现金流量是指现金流量以一个固定的百分比 j 逐年增加，其现金流量状况如图7B-1所示。

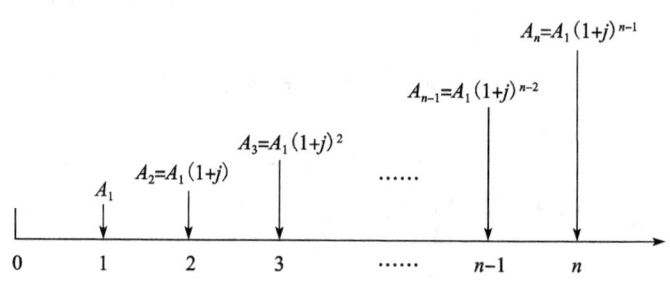

图7B-1 等比序列现金流

由于

$$P = \sum_{t=1}^{n} A_1(1+j)^{t-1}(1+i)^{-n} = \frac{A_1}{1+j}\sum_{t=1}^{n}\left(\frac{1+j}{1+i}\right)^t$$

从而，

$$P = \frac{A_1[1 - (1+i)^{-n}(1+j)^n]}{i - j}(i \neq j) \quad (7)$$

$$P = A_1 n(1+i)^{-1} \quad (i=j) \tag{8}$$

若将（7）式和（8）式分别乘以复利终值系数，则可以得到等比序列现金流量的终值公式；将（7）式和（8）式分别乘以投资回收系数，即可得到等比序列现金流量的年金公式。

【例7B-1】 某企业需要扩大生产规模，若租用某厂房，目前每年的租金为 23 000 元，预计租金水平在今后的 10 年内将以每年 5% 的速度上涨。若购买该厂房，则需要一次性支付 20 万元，但预期 10 年后该厂房仍可以以 20 万的价格卖出。假设贴现率为 15%，哪一种决策更为经济？

租用厂房：

$$P_{租用} = \frac{A_1[1-(1+i)^{-n}(1+j)^n]}{i-j} = 23\,000\left[\frac{1-(1+0.15)^{-10}(1+0.05)^{10}}{0.15-0.05}\right] = 137\,393(元)$$

购买厂房：

$$P_{购买} = 20\,000 - 20\,000(1+0.15)^{-10} = 150\,563(元)$$

按照费用现值最小原则可知，租用该厂房比较经济。

本章小结

本章讨论的主要问题是货币时间价值的本质、计算及其在证券估价中的应用。本章主要包括现金流量计量及其等值运算和证券估价两部分内容。

第一部分现金流量计量及其等值运算，主要讨论了货币时间价值的内涵、现金流量的计量及其等值运算，说明了如何运用现值和终值公式计算现金流量在其收付时点与任何另一时点之间的等值价值转换，比较分析了普通年金、先付年金、递延年金和永续年金四种年金形式之间的联系和区别，阐述了名义利率和实际利率之间的关系，并通过贷款的分期偿付介绍了年金的实际应用。

第二部分证券估价，从一般的资产估价出发，介绍了现金流量贴现法在债券和股票估价中的应用。根据债券到期期限的不同，可以将其分为永久债券和有限到期日债券，其中有限到期日债券又可细分为非零息债券、零息债券和半年付息债券三种形式。债券的价值主要受贴现率、到期时间等因素的影响。将现金流量贴现法应用到股票估价上，即可得到股票估价的基本模型，即"股利贴现模型"。在应用该模型对普通股进行估价时，由于永续的、不规则的预期股利现金流量无法使用年金现金流量来进行计算，通常对股利的增长模式进行一定的假设，以简化预期股利的估计程序，即"零增长"模型、"固定增长"模型和"分阶段性增长"模型三种模式。其中"零增长"模型实质上是"固定增长"模型的特例，当股利增长率为零时，固定增长模型即退化为"零增长"模型。而"分阶段性增长"模型则是延迟的固定增长模型，它假设股利在一段时间里按照预期的规律增长，在经历有限的预期增长阶段之后，仍恢复到永续的固定增长。

本章主要的计算公式如表 7-4 所示。

表 7-4 现金流量计量及等值运算公式汇总表

	终值公式	现值公式
复利	$F = P(1+i)^n = P(F/P, i, n) = P \mathit{FVIF}_{i,n}$ (7-1)	$P = F(1+i)^{-n} = F\dfrac{1}{(1+i)^n}$ $= F(P/F, i, n) = F \mathit{PVIF}_{i,n}$ (7-2)

(续)

	终值公式	现值公式
普通年金	$F = A \dfrac{(1+i)^n - 1}{i}$ $= A(F/A, i, n) = AFVIFA_{i,n}$ (7-3)	$P = A \dfrac{1 - (1+i)^{-n}}{i}$ $= A(P/A, i, n) = APVIFA_{i,n}$ (7-5)
先付年金	$F = A \times \left[\dfrac{(1+i)^{n+1} - 1}{i} - 1 \right]$ $= A[(F/A, i, n+1) - 1]$ $= A \times [FVIFA_{i,n+1} - 1]$ (7-7)	$P = A \times \left[\dfrac{1 - (1+i)^{-(n-1)}}{i} + 1 \right]$ $= A[(P/A, i, n-1) + 1]$ $= A \times [PVIFA_{i,n-1} + 1]$ (7-8)
递延年金	$F = A \cdot \dfrac{(1+i)^n - 1}{i}$ (7-9)	方法一： $P = A \times (P/A, i, n) \times (P/F, i, m)$ (7-10) 方法二： $P = A \times [P/A, i, (m+n)] - A \times (P/A, i, m)$ (7-11)
永续年金		$P = \dfrac{A}{i}$ (7-12)

习题

一、简答题

1. 什么是货币时间价值？为什么要采用复利概念进行计算？
2. 年金现金流量有哪几个特征？年金主要分哪几类？计算上有什么联系？
3. 已知名义年利率，当复利期间小于一年（半年、季度、月、天）时，实际年利率将会随着复利期间的缩短而呈现怎样的变化？试解释其原因。
4. 基于现金流量贴现模型计算一个证券、股票或一项资产的价值的一般性表述是什么？其价值评估的重要影响因素是什么？
5. 为什么一项资产（证券）的价值计算是以现行市场利率或要求的预期收益率对这一资产的未来全部预期现金流量进行贴现？
6. 在什么情况下，债券的票面利率和到期收益率是不一致的？
7. 普通股的股利估价模型一般有哪几个？划分这些模型的根本原因是什么？为什么说这些模型中存在一个最基本的模型？
8. 在估计股票价值时，为什么使用现金贴现模型和增长机会模型的计算结果是一致的？
9. 请思考，对于折价、平价和溢价发行的债券，当付息频率加快时，三种债券的价值会受到什么样的影响？
10. 债券的到期收益率计算含义是什么？有什么实际应用意义？

二、讨论题

1. 货币时间价值是人们认知心理的反应，由于人在认识上的局限性，总是对现存事物的感知能力比较强，而对未来事物的认识比较模糊。货币时间价值是一个客观存在的理财原理，有人称之为理财的第一原则，在家庭理财规划（个人理财业务或个人贷款还款计划）中引入货币时间价值概念是非常必要的。

张先生夫妇两人近期准备购置一套住房,基本资料如下。

两人年收入合计26万元,每年储蓄比率为70%,目前拥有存款10万元,年投资报酬率为12%。张先生计划三年后买房,面积80平方米左右,贷款20~30年,根据估算,三年后平均房价为3.5万元/平方米,贷款利率为5%。

夫妇两人去中国建设银行个人贷款业务部进行了咨询,两人估算了需要向银行申请住房贷款的总额,具体如下。

三年后可用作首付的金额 $= 10 \times (F/P,12\%,3) + 70\% \times 26 + 70\% \times 26 \times (F/A,12\%,2)$
$= 67.27$(万元)

需贷款金额 $= 80 \times 3.5 - 67.27 = 212.73$(万元)

但是张先生与妻子在还款方式的选择上发生了分歧。

张先生妻子认为,采用25年等额本息还款的方式更为合适,每月的还款额均为12 435.98元,且不打算提前还款。

张先生的考虑显得更加周全:采用30年等额本金还款法更适合,第一个月的还款额为14 772.92元,以后每月递减24.62元,如果日后有一定的积蓄,可以考虑提前还款。

讨论问题:请通过讨论确定上述谁的方案更合适。

2. 股票价值评估有两种常用的模型:股利贴现模型和增长机会现值模型。这两个模型都是以货币时间价值为基础,因此对于股票价值评估的结果是相同的。两者的不同点是对于股票价值评估的逻辑思维和分析视角不同:增长机会现值模型是将股票价值看做现有资产及其再投资所共同产生的价值,可以分为无增长机会下的股票价值与所有增长机会下盈余的净现值之和;股利增长现值模型是将投资者实际得到的回报价值作为股票估价的基础。

讨论问题:

(1) 股利贴现模型和增长机会现值模型将会对管理层的行为产生什么影响?

(2) 对投资者进行公司股票价值判断产生什么影响?

3. 股利贴现模型是股票估价中最常用的模型之一,它是一个理论严谨但在实际中操作困难的模型。由于企业未来的发展和管理政策存在很大的不确定性,因而其税后盈利以及股利支付率难以准确估计。模型中的另一个变量——股东要求的回报率的计算方法也存在争议,理论上它是投资者要求的必要报酬率,但不同的投资者要求的回报率不尽相同。

在实务中,获取贴现率的方法较多,常用的有股票历史上长期的平均收益率、债券的收益率加上一定的风险报酬率、资本资产定价模型(CAPM)等。这三种不同的方法有各自不同的优缺点。其数据获取的难易程度以及测量的准确度等方面存在诸多的差异。

讨论问题:请分析判断,哪一种贴现率的计算方法最优?原因是什么?

三、分析计算题

1. 货币时间价值的等值计算

某企业现有一笔120 000元的资金,准备存入银行,以便8年后用这笔款项的本利之和购买一台设备,该设备的预计价格为240 000元。

资料:复利利率为10%

要求:请判断8年后能否用这笔款项的本利之和购买该设备。

2. 以货币时间价值为基础的付款决策

某公司有一项付款业务,现有两个付款方案,有关资料如下。

(1) 甲方案:现在支付100万元,一次性结清;

(2) 乙方案:分3年付款,1~3年各年末的付款额分别为30、35、40万元;

(3) 年利率为 8%。

要求：请从甲、乙两方案中选优。

3. **普通年金、先付年金、递延年金的对比计算**

   某企业拟采用融资租赁的方式于 2012 年 1 月 1 日从租赁公司租入一台设备，设备款为 40 000 元，租期为 3 年，到期后设备归企业所有，现租赁公司提供了四种租金方案，具体资料如下。

   (1) 甲方案：每年年末支付 14 000 元，连续付 3 年；
   (2) 乙方案：每年年初支付 14 000 元，连续付 3 年；
   (3) 丙方案：第 1 年年初支付 22 500 元，第 3 年年末支付 22 500 元；
   (4) 丁方案：第 1 年不付款，第 2 年、第 3 年每年年末支付 22 500 元；
   (5) 企业的资本成本为 10%；

要求：请计算并说明哪种租金支付方式对企业更为有利。

4. **插值法计算实际利率**

   某企业在第 1 年年初向银行贷款 100 万元，银行规定从第 1 年到第 10 年每年年末等额偿还 13.8 万元。

要求：请计算该贷款的年利率。

5. **名义利率和实际利率的换算**

   有 A、B 两家银行，A 银行的年利率为 8%，每季度复利一次，B 银行每月复利一次，并期望其实际年利率与 A 银行相等。

要求：请计算 B 银行的名义利率。

6. **增长机会模型和现金折现模型的对比计算**

   甲公司现想利用闲置资金购买一只股票，相关资料如下。

   (1) 这只股票在第 1 年年底每股收益为 10 元；
   (2) 这只股票的股利支付率为 40%，净资产收益率为 20%；
   (3) 股东要求的必要报酬率为 16%。

要求：

   (1) 采用股利贴现模型计算这只股票的价值。
   (2) 采用增长机会现值模型计算这只股票的价值。
   (3) 试讨论增长机会现值模型的理论基础。

7. **债券定价决策**

   某公司有个较好的投资项目，由于自有资金不足，无法独立完成该项目前期的资金投入，因此 A 公司的高管决定采用外部融资的方式募集资金，但是公司不满足股票再融资的条件，只能采用债券的方式来募集资金，有关资料如下。

   (1) 债券的面值为 1 000 元，预计发行期间为 5 年；
   (2) 每季度付息 37.5 元；
   (3) 假设投资者要求的年名义回报率为 12%。

要求：如果你是公司的高管，此债券该如何定价。

8. **债券购买决策**

   刘先生手头有一笔闲置资金想要进行投资。由于存款利率较低，他认为购买债券是较好的选择，目前表现较好的债券有以下 A、B、C 三种，资料如下。

   (1) 三种债券的面值、票面利率以及到期价格如下表：

表 7-5　债券信息情况表　　　　　　　　　　　　　（单位：元）

债券	面值	票面利率	到期价格
A	1 000	4%	990（1 年后）
B	1 000	10%	990（6 年后）
C	1 000	8%	990（10 年后）

（2）市场利率为 8%；
（3）三种债券均以面值作为发行价。
要求：请通过分析，帮助刘先生决定购买哪种债券。

9. 股票股价模型（两阶段增长）

甲公司是一家投资者公认的成长能力较好、盈利能力稳定的上市公司，其拥有的股票数量为 1 560 万股，预期能够长期保持较强的持续经营能力。相关资料如下：
（1）每股刚刚发放了 1 元现金股利，公司高管预期明年将会发放现金股利 1.08 元，并以此增长速度持续 3 年；
（2）3 年后的增长率预计降低为 5%；
（3）投资者要求的必要报酬率为 9%；
（4）不考虑优先股。
要求：请计算该公司股东权益的市场价值。

10. 债券价值评估

A、B 两家公司同时于 2009 年 1 月 1 日发行面值为 1 000 元、票面利率为 10% 的 5 年期债券。A 公司债券规定利随本清，不计复利，B 公司债券规定每年 6 月底和 12 月底付息，到期还本。
要求：
（1）若 2011 年 1 月 1 日 A 债券市价为 1 050 元，投资的必要报酬率为 12%（复利并按年计息），问 A 债券是否被市场高估。
（2）若 2011 年 1 月 1 日 B 债券市价为 1 050 元，投资的必要报酬率为 12%，问该资本市场是否完全有效。
（3）若 C 公司 2012 年 1 月 1 日能以 1 020 元购入 A 公司债券，计算复利有效年到期收益率。
（4）若 C 公司 2012 年 1 月 1 日能以 1 020 元购入 B 公司债券，计算复利有效年到期收益率。
（5）若 C 公司 2012 年 4 月 1 日购入 B 公司债券，投资的必要报酬率为 12%，则 B 债券价值为多少？

11. 股票价值评估

目前股票市场上有三种证券可供选择，基本资料如下。
（1）甲股票目前的市价为 9 元，该公司采用固定股利政策，每股股利为 1.2 元；
（2）乙股票目前的市价为 8 元，该公司刚刚支付的股利为每股 0.8 元，预计第一年的股利为每股 1 元，第二年的每股股利为 1.02 元，以后各年股利的固定增长率为 3%；
（3）丙债券面值为 10 元，利息率为 5%，每年付息一次，复利计息，期限为 10 年，目前该债券市价为 12 元，折现率为 4%；
（4）无风险收益率为 8%，市场上所有股票的平均收益率为 13%，甲股票的 β 系数为 1.5，乙股票的 β 系数为 1.2。
要求：
（1）分别计算甲、乙股票的必要收益率。
（2）为该投资者做出应该购买何种证券的决策。
（3）按照（2）中所做出的决策，投资者打算长期持有该股票，计算投资者购入该种股票的持有期年均收益率。

(4) 按照（2）中所做出的决策，投资者持有3年后以9元的价格出售，计算投资者购入该种股票的持有期年均收益率。
(5) 如果投资者按照目前的市价，同时投资购买甲、乙两种股票各200股，计算该投资组合的β系数和必要收益率。
(6) 假设甲股票的标准差为40%，乙股票的标准差为25%，甲、乙股票的相关系数为0.8，计算按照（5）构成的投资组合的标准差。

12. 公司价值评估综合题（结合资本结构）

某证券公司为了对A上市公司进行综合评估，需要准确计算其资本结构，获取资本结构最常用的方法是通过公司资产负债表来计算公司债券的市场价值，相关资料如下。

(1) A公司经整理后的部分资产负债表（2012年12月31日）如下：

表7-6　A公司部分资产负债表　　　　　（单位：万元）

项目	金额	项目	金额
长期负债（债券，面值）	10 000	留存收益	4 000
优先股	2 000	负债及股东权益合计	26 000
普通股（面值，共1 000 000股）	10 000		

(2) 资料（1）中债券的票面利率为4%，每半年支付一次，每份面值1 000元，2020年1月1日到期，到期收益率为6%；
(3) 资料（1）中优先股的票面利率为6%，投资者要求的预期报酬率为8%；
(4) 资料（1）中普通股的预期增长率为5%，每股刚刚收到0.5元的股利，股票的预期收益率为10%；
(5) 留存收益成本⊖率为5%。

要求：
(1) 计算债券在资产负债表日的市场价值。
(2) 计算优先股在资产负债表日的市场价值。
(3) 计算普通股在资产负债表日的市场价值。
(4) 计算A公司的资产负债率以及资本成本。

四、自测题

1. 根据货币时间价值规划筹款计划

假设父母自小孩出生开始，于每年年初等额地存入银行一笔钱，为小孩上大学做准备。相关资料如下：
(1) 连续存款持续至第17年；
(2) 小孩18岁上大学，每年年初等额支付大学学费1万元整，连续持续付学费4年；
(3) 存款按复利利率5%计息；

要求：自小孩出生至上大学前一年的17年内，父母每年等额的存款额是多少？

2. 基于股票价值评估的方案决策

某公司正在考虑是否扩大其产品市场，相关资料如下。
(1) 该公司目前的β系数为1.2，预计扩张后β系数将上升至1.5；
(2) 公司长期收益增长率预计在扩张后的前3年将由目前的4%上升至12%，从第4年开始将以每年2%的速度下降，直至下降为6%的水平后稳定增长；

⊖ 留存收益成本是指股东因未分配股利而丧失的对外投资的机会损失，留存收益的成本率就是普通股东要求的投资收益率。

(3) 该公司目前发放的股利为每股1元，股利发放与收益同比率增长；
(4) 市场无风险收益率为8%，市场上所有股票的平均收益率为12%。

要求：根据上述资料，判断该公司是否应该扩大其产品市场。

3. 投资决策分析

甲公司有一笔闲置资金，可以进行为期一年的投资，市场上有三种债券可供选择，相关资料如下。

(1) 三种债券的面值均为1 000元，到期时间为五年，到期收益率为8%。
(2) 甲公司计划一年后出售购入的债券，一年后三种债券的到期收益率仍为8%。
(3) 三种债券票面利率和付息方式不同。A债券为零息债券，到期支付1 000元；B债券的票面利率为8%，每年年末支付80元利息，到期支付1 000元；C债券的票面利率为10%，每年年末支付100元利息，到期支付1 000元。
(4) 甲公司利息收入适用的所得税税率为30%，资本利得适用的企业所得税税率为20%，发生投资损失可以按照20%抵税，不抵消利息收入。

要求：

(1) 计算每种债券当前的价格。
(2) 计算每种债券一年后的价格。
(3) 计算甲公司投资于每种债券的税后收益率。

第8章

投资项目评价

▶ 学习目标

- 理解投资项目的基本概念、企业资本投资的一般过程及投资项目评价的主要内容
- 掌握投资项目现金流量的概念、构成及其预测的基本思想
- 掌握投资项目评价指标的含义、决策规则、优缺点及使用时需注意的重要问题
- 理解投资项目评价的原理与方法的扩展性实例应用

▶ 引言

本章主要介绍了投资项目评价概述、投资项目现金流量及其预测、投资项目评价标准、投资项目评价的实例应用四个部分的内容。第一部分，在定义企业投资项目相关概念的基础上，阐述了企业资本投资的一般过程以及投资项目评价的内容，旨在解决的核心问题是企业在投资项目评价时怎样分析项目的市场前景、财务效益及企业的核心能力；第二部分，将企业投资项目的现金流量归纳提炼为"相关、税后、差额"现金流量的决策依据要素与投资项目的"期初、期间、期末"现金流量的决策分类方法，旨在解决的主要问题是如何在企业投资项目评价过程中实现全部预期现金流量构成要素的完整性与时点分布的准确性；第三部分，在介绍常用的企业投资项目评价指标的基础上，指出了各指标的决策规则与优缺点，旨在解决的核心问题是如何使发生在不同时点的预期现金流量具有可比性以及如何恰当地应用评价指标进行企业投资项目评价与决策；第四部分，在应用本章前序各部分的分析方法的基础上，举例说明如何解决固定资产更新改造决策、投资资本限额决策、投资项目风险决策等企业投资项目决策的扩展性应用问题。在上述四个部分内容讨论的过程中，重点分析了以下问题：在估计投资项目的预期现金流量时，机会成本在什么情况下会被视为现金流入量？项目净经营性营运资本变化的发生时点如何确认？运用净现值评价投资项目时为什么不能直接以企业资本成本率作为贴现率，而要使用项目的资本成本率？运用净现值已经能够评价并判断一个投资项目是否可行，为什么还要计算内部收益率，二者相比较谁更优？杠杆融资的投资项目评价时，使用加权平均资本成本作为贴现率的预期现金流量中为什么不包含债务利息支出？

本章运用了前序章节复利现金流量的计量与其等值运算方法以及权益报酬率的估算方法（资本资产定价模型），同时本章也是学习后续各章内容的基础。例如，本章使用的净现值方法评价资本性价值增值的基本原理是后续相关章节的基础，如企业价值评估、融资租赁方案的评价均沿用了净现值评价的方法。在公司财务中，一项单项资产、一个投资项目乃至整个企业的价值评估方法均可以运用现金流量贴现的原理。

本章的内容框架如图 8-1 所示。

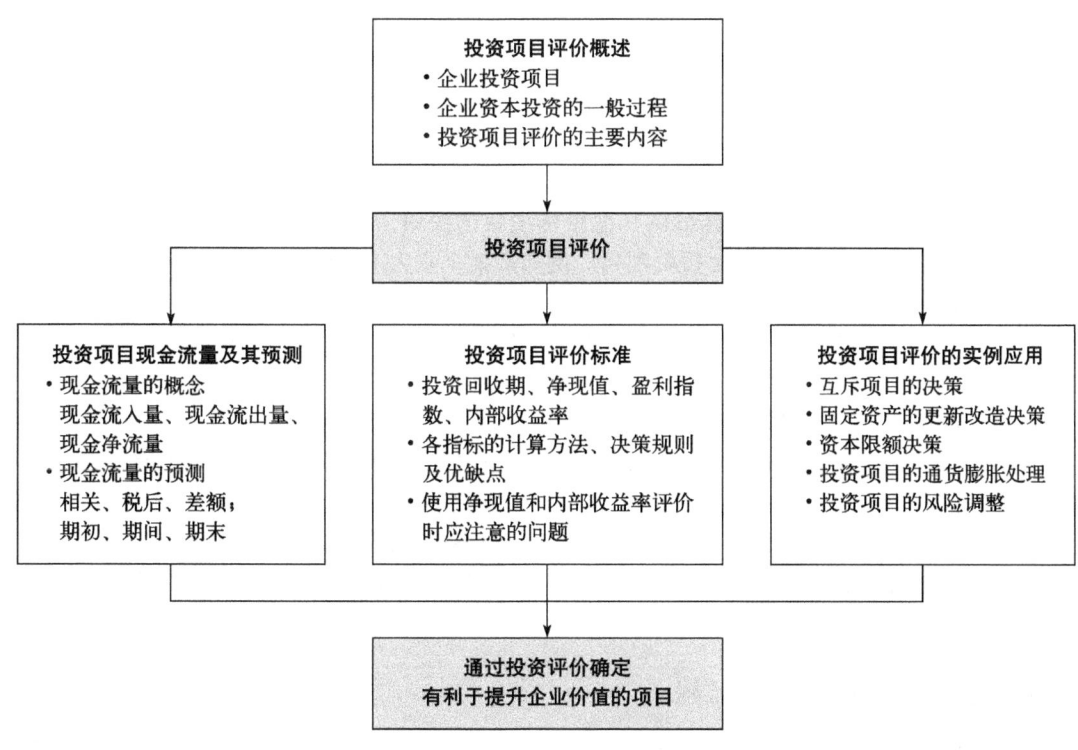

图 8-1 本章的内容框架图

8.1 投资项目评价概述

本节在定义企业投资和投资项目相关概念的基础上,阐述了企业资本投资的一般性过程,包括投资项目的识别与筛选、评价与决策、实施与管控三个阶段。其中,评价与决策是企业投资最关键的步骤,投资项目评价的内容包括市场前景分析、财务效益分析、企业的核心能力分析。

8.1.1 企业投资项目

1. 企业投资

投资一般是指在当前投入确定数量的资金以求在未来能够获得不确定数量的预期收益。正如美国斯坦福大学教授夏普(William F. Sharpe)在其《投资学》中对投资的定义:"投资是为获取未来的资金而牺牲当前的资金。投资一般具有时间和风险两个方面的特征。从时间特征来看,牺牲是现在发生,而回报则是未来发生;从风险特征来看,牺牲的资金数量具有确定性,而回报的资金数量则具有不确定性。"[一]美国波士顿大学教授博迪(Zvi Bodie)在其《投资学精要》中这样定义投资:"投资是牺牲当前的资金或其他资源以求获得未来的预期收益。"[二]这里主要有两个要点:第一是发生时点,投资支出发生在当前,而投资收益发生在未来;第二是投资风险,当前支出的投资成本是确定的,但未来取得的预期投资收益是不确定的。

企业投资是一个非常广泛的概念。从投资对象来看,可以涉及经营性资产和金融性资产等。

[一] Sharpe William F, Alexander Gordon J, Bailey Jeffery V. Investments [M]. 6th ed. 北京:清华大学出版社, 2002.
[二] Bodie Zvi, Kane Alex, J Marcus Alan. Essentials of Investments [M]. 8th ed. 北京:清华大学出版社, 2011.

本章内容主要针对经营性固定资产的投资项目评价。

2. 企业投资项目类型

企业投资项目是企业投资活动的载体，通常可以分为两类：一是新增经营性固定资产和固定资产更新改造项目；二是将新设立企业视为一个整体投资项目。

按照投资项目之间的关系划分，企业的投资项目还可以分为独立项目和互斥项目。独立项目是指是否接受该投资项目，并不会影响其他投资项目的决策。互斥项目是指如果接受该投资项目，则必须放弃另一个或其他多个投资项目。例如，某企业为了降低生产成本与提高产量，计划配备技术更先进的机器设备。该企业可以选择自主研发建造或者从国外直接引进新设备。这两种方案购建的是功能上相互替代的新设备，需要通过比选评价来最终选择一个方案而放弃另一个方案，因此是互斥项目。

在两个或两个以上的投资项目评价中，识别投资项目的类型对于接下来的分析至关重要，不同类型的项目应当采用不同的评价规则。对于相互独立的投资项目，各个项目的决策互不影响，因而只需根据评价指标的决策原则来直接判断独立项目本身是否可行；对于相互排斥的投资项目，首先每个项目本身均可行，但由于各个项目不能同时被接受，需在多个备选投资方案中筛选出一个最优方案，一般按照项目寿命期是否相等、初始投资额是否相等来采取不同的项目评价方法⊖。

8.1.2 企业资本投资的一般过程

企业的经营性固定资产投资所需投入的资金量较大，投资项目的寿命期相对较长，若投资决策不当，造成企业的资源浪费和价值损失的额度也较大，因此对拟定的备选投资方案应该慎重作决策，并加强过程管理。如图8-2所示，企业进行固定资产投资的完整过程一般包括投资项目的识别与筛选、评价与决策、实施与管控三个阶段。

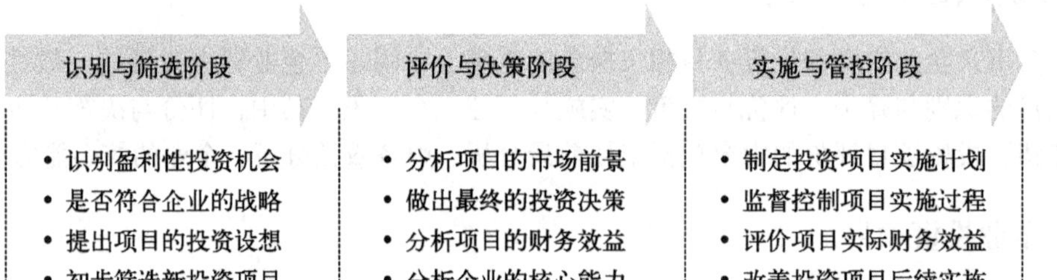

识别与筛选阶段	评价与决策阶段	实施与管控阶段
· 识别盈利性投资机会 · 是否符合企业的战略 · 提出项目的投资设想 · 初步筛选新投资项目 · 形成提交项目建议书	· 分析项目的市场前景 · 做出最终的投资决策 · 分析项目的财务效益 · 分析企业的核心能力	· 制定投资项目实施计划 · 监督控制项目实施过程 · 评价项目实际财务效益 · 改善投资项目后续实施 · 改善未来项目投资决策

图8-2 企业进行固定资产投资的完整过程

1. 投资项目的识别与筛选

企业投资决策的第一阶段是识别盈利性投资机会并判断其是否符合企业的发展战略，进而提出项目的投资设想并作初步筛选，最后形成项目建议书。在市场经济中，投资机会可能随处存在，也可能随时变化。企业需要通过市场调研等方法研究企业的外部环境，把握客户需求、产品技术、市场条件等方面的动态变化，从而识别投资机会并提出投资设想。为了形成持续竞争优势，企业要在新的投资项目中体现战略规划，因此所提出的投资设想应当符合企业长期战略规划。然后企业利用筛选指标对新投资项目进行简单的初步筛选，形成并提交项目建议书。

⊖ 具体在本章的"8.4 投资项目评价的实例应用"中进行介绍。

2. 投资项目的评价与决策

企业投资决策的第二阶段是基于项目的市场前景、财务效益及企业的核心能力对新投资项目进行评价与比较，并做出接受或拒绝项目的最终决策。投资项目评价时对经筛选之后所提交的项目建议书进行深入的经济性分析，详细地评价与比较各投资项目的优劣，为企业进行投资决策提供依据。投资项目评价的内容主要包括以下三个方面。第一，分析投资项目的市场前景，确定影响投资项目未来预期收益的各种因素，以便未来有效管理项目的实施过程。第二，分析投资项目的财务效益，判断投资项目是否能够产生良好的预期收益且增加企业价值。第三，分析企业的核心能力，判断企业能否顺利实施新投资项目，并通过过程管理实现预期收益。其中，财务效益分析是投资项目评价的最主要内容，主要关注预期现金流量、评价指标、资本限额、风险程度、通货膨胀等。在评价与比较投资项目之后，企业将对是否真正投入资金并开始实施项目做出最终的决策。

3. 投资项目的实施与管控

企业投资决策的第三阶段是制定投资项目的实施计划，监控、评价与协调项目的实施过程，以便做出后续改善。在实施投资项目的过程中，一方面监督与控制该项目的实施进度、工程质量，保证其按计划如期完成；另一方面评价投资项目实际的财务效益，考察投资项目决策的正确性以及实际情况与预期目标的偏离程度，对该项目实施过程中出现的问题进行分析并采取改进措施，借此改善项目的后续实施和未来的投资决策。

8.1.3 投资项目评价的主要内容

投资项目评价的结果是企业进行投资决策的依据，评价内容主要包括投资项目的市场前景分析、财务效益分析、企业的核心能力分析。

1. 市场前景分析

投资项目的市场前景分析是对影响新投资项目未来预期收益的各种因素做出判断。企业应在考虑宏观的经济趋势与政策导向的基础上，进一步分析行业政策与市场环境、供需关系与产销格局、科技进步与技术创新三个方面因素的影响。表 8-1 具体列示了在投资项目的市场前景分析时所应考虑的主要因素。

表 8-1 投资项目的市场前景分析所应考虑的主要因素

经济趋势与政策导向	行业政策与市场环境	供需关系与产销格局	科技进步与技术创新
（1）经济增长与变化趋势	（1）政策调控与产业布局	（1）国内市场与国际市场	（1）科技政策与发展规划
（2）经济环境与调整导向	（2）行业竞争与进入壁垒	（2）客户需求与变化趋势	（2）技术创新与发展趋势
（3）政府政策与扶持措施	（3）市场竞争与贸易政策	（3）产品周期与产品替代	（3）环境保护与政策要求

2. 财务效益分析

投资项目评价的财务效益分析是对新投资项目能否产生良好的预期财务收益并增加企业价值做出判断。对企业投资项目进行财务评价主要关注预期现金流量、评价指标、风险程度、资本限额、通货膨胀等。

投资项目评价时财务效益分析的首要步骤是估计新投资项目的预期现金流量，因为现金流量能够反映该项目全部预期经济利益的数量与发生时点，体现了投资项目评价的客观性。基于预测的相关现金流量，还需要运用投资项目的评价指标对项目是否可行做出判断。评价指标包括投资回收期、净现值、盈利指数和内部收益率等，其中，净现值和内部收益率是实际当中应用最广的两个指标。在利用评价指标评价投资项目时,需要同时考虑项目的风险程度,即预期收益偏离真正实现收益的可能性。此外,还需考虑投资项目的融资方式、可投入资金数量以及通货膨胀等因素,以提高财务效益分析的可靠性。

3. 企业的核心能力分析

如果一个投资项目具有广阔的市场前景与良好的预期财务效益,则该项目一定可行吗?答案是否定的。一个完整的投资项目评价不仅要考虑项目的市场前景与预期财务效益,还应考虑企业的核心能力(core competency)。

Prahalad and Hamel(1990)[一]最早在《哈佛商业评论》中明确提出核心能力的概念,并给予定义:"核心能力是组织中的积累性学习能力,特别是关于如何协调不同的生产技能和整合多种技术流派的能力。"随后不同学者从知识(Leonard-Barton,1992)[二]、资源(Christine,1997)[三]、产品平台(Meyer and Utterback,1993)[四]、技术与组织能力(Coombs,1996)[五]等不同的认识角度拓展了核心能力的相关研究,并形成了不同的流派。综合前人的观点,核心能力是企业所独有的、难以被模仿的、能够为企业与顾客创造价值的资源与能力的有机整合,是企业成长过程中逐渐积累形成的持续竞争优势之源。可以将企业的核心能力视为一个系统,如图 8-3 所示。核心能力系统可分为中心层、发挥层、保护层三层:中心层包括资源和能力两个组成要素,是核心能力的根本来源;发挥层是指企业活动中主动对中心层要素加以利用的能力,包括营销能力、人才资本、企业文化、研发能力四个组成要素;保护层是指企业活动中保护中心层所发挥的作用免受不利因素侵扰的能力,包括危机管理能力、知识产权保护能力和信息获取能力三个组成要素。

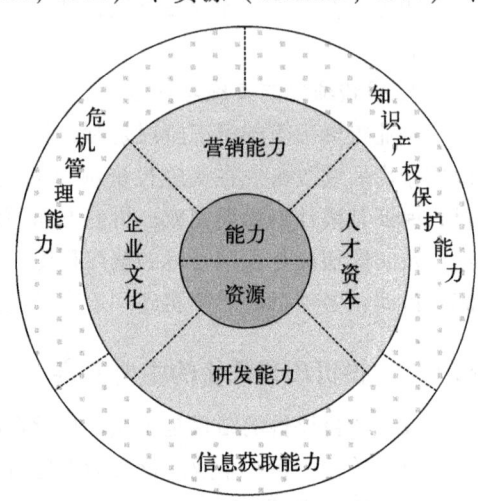

图 8-3 企业核心能力系统

即使一个投资项目具有广阔的市场前景与良好的预期效益,也不意味着该项目一定可行,企业的核心能力分析依然十分关键。第一,需要考虑企业是否具备了实施与管理该项目以实现预期收益的核心能力。企业核心能力包含资源与能力两个基本组成要素。在投资项目评价中,一方面是企业实施与管理该项目所需要的资源,包括产品的核心技术、项目的人力资源、项目的投资资金等;另一方面是企业实施与管理该项目的能力,包括产品研发与技术创新的能力、产品生产与市场营销的能力、信息沟通与组织协调的能力、跟踪监控与效果评价的能力、风险识别与风险管控的能力等。第二,需要考虑该项目的实施是否有助于企业核心能力的进一步培育与提升。核心

[一] Prahalad C. K., Hamel G. The Core Competency of the Corporation [J]. Harvard Business Review, 1990, May-June: 79-90.

[二] Leonard-Barton Dorothy. Core Capabilities and Core Rigidities: A Paradox in Managing New Product Development [J]. Strategic Management Journal, 1992, 13: 111-125.

[三] Oliver Christine. Sustainable Competitive Advantage: Combining Institutional and Resource-Based Views [J]. Strategic Management Journal, 1997, 18: 697-713.

[四] Meyer, M. H. and Utterback J. M. The Product Family and the Dynamics of Core Capability [J]. Sloan Management Review, 1993, spring: 29-47.

[五] Coombs Rod. Core Competencies and the Strategic Management of R&D [J]. R&D Management, 1996, 26 (4): 345-355.

能力是企业成长过程中长期培育形成的。进行投资项目评价时,需要考虑该项目的实施是否与企业的战略发展规划相一致,从而有助于企业在某个领域内形成持续竞争优势,进一步提升核心能力。

8.2 投资项目现金流量及其预测

资本性项目投资作为企业的一项预付成本,首先表现为现金流出量,并以该项目投入运营后所取得的预期收益进行补偿,而这种预期收益最终表现为现金的流入量。在投资项目整个寿命期内资金运动的全过程可以用现金的流出量与流入量来描述,因此,现金流量是投资项目评价的基础。

8.2.1 现金流量的主要概念

1. 投资项目评价使用现金流量

为什么评价投资项目时使用现金流量而非会计利润?会计利润的确认会受到会计方法选择和人为判断等因素的影响,例如,收入应在何时确认、何种支出应被视为资本性投资且在资产使用期内进行系统地折旧和摊销、应采用直线折旧法还是加速折旧法等。一些非付现成本(如折旧费和摊销费)使当期会计利润减少但不会影响现金流量;经营性流动资产存量的增加(如存货和应收账款)形成现金流出量,但该现金流出量通常不影响当期损益。因此,会计上确认的利润并非全部具有现金流量的支持,即并不一定是实现的现金流量意义上的经济利益。

相比之下,使用现金流量对投资项目进行评价,对财务决策的影响体现出以下三个特征:时点分布、利益折算、复利计算。第一,投资项目的预期现金流量呈现出具体发生的时点分布特征,而会计利润则是反映了企业一定期间内的盈利水平。第二,投资项目的预期现金流量可以实现在不同发生时点之间进行折算,而会计利润只能确认为企业当期的盈利,各期之间只能比较而不可折算。第三,投资项目的预期现金流量在各个时点上的净流量可以被视为对后续期的实质性再投入资金,因而其价值符合复利计算的原理。

2. 投资项目评价中现金流量的概念

在投资项目评价中,现金流量是指一个新投资项目所引发的在整个寿命期内现金支出和现金收入的变化量。这里的"现金"是广义的概念,既可能是未来直接产生的货币资金,也可能是项目投入运营后占用的非货币资源的变现价值(或重置成本)。

表8-2详细列示了投资项目评价中现金流量的具体概念。投资项目的现金流量包含现金流出量、现金流入量和现金净流量。投资项目的现金流出量是指该项目实施所引起的整个寿命期内所发生的现金支出增加量,主要包括固定资产的购建支出及相关费用、丧失的机会收益、净经营性营运资本的投资、营业成本与费用的付现支出、营业外付现支出、所得税缴纳等。投资项目的现金流入量是指该项目实施所引起的整个寿命期内发生的现金收入增加量,主要包括营业现金收入、营业外现金收入、折旧及摊销费用抵税、净经营性营运资本的收回、固定资产的处置净收入以及抵税、恢复的机会收益等。投资项目的现金净流量是指特定期间内该项目实施所引发的现金流入量和现金流出量的差额。这里所说的"特定期间",可以指1年,亦可以指投资项目持续的整个寿命期年限。当现金流入量大于现金流出量时,现金净流量为正值;反之则为负值。

表8-2　企业投资项目评价中现金流量的具体概念

现金流出量	
固定资产的购建支出及相关费用	在项目初始的时点,发生的需用现金支付的购建固定资产各项支出,这类支出计入固定资产原值,如:固定资产购买价格、运输费、安装调试费等
丧失的机会收益	在项目初始的时点,因该项目实施将占用土地或厂房而丧失的机会收益
净经营性营运资本的投资	在项目初始的时点,依据该项目运营第一年的营业收入而预先地垫付投资净经营性营运资本 在项目运营期间,为了保证项目营业收入增加而自发性地追加投资净经营性营运资本
营业付现支出	在项目运营期间,发生的需用现金支付的各项营业成本与费用
其他营业外付现支出	在项目运营期间,由该项引发的营业外付现支出,如罚款
所得税缴纳	在项目运营期间,依据该项目营业及营业外现金收入扣除营业及营业外现金支出后的利润而缴纳的所得税 在项目结束的时点,固定资产的变现价值高于账面价值的差额部分所缴纳的所得税[1]
现金流入量	
营业现金收入	在项目运营期间,各期实际发生的营业现金收入以及与该项目相关的其他现金收入
营业外现金收入	在项目运营期间,由该项目引发的营业外现金收入,如政府补贴
折旧及摊销费用抵税	在项目运营期间,固定资产折旧以及相关费用摊销而抵减的所得税支出数额。需要注意的是,一旦新投资项目实施便已经决定了折旧与摊销的额度,而与投资项目的实际经营情况无关。因此,相比于其他预期现金流量,因折旧与摊销抵税而被视为现金流入量的风险水平较低
净经营性营运资本的收回	在项目运营期间,由于项目营业收入减少而自发性地收回超出需求的净经营性营运资本 在项目结束的时点,企业将项目的净经营性营运资本的存量全部收回,即从项目占用形式转给企业其他项目
固定资产的变现价值以及抵税	在项目结束的时点,固定资产的变现价值以及变现价值低于账面价值的差额部分所抵减的所得税
恢复的机会收益	在项目结束的时点,该项目所占用的土地或厂房能够恢复到可出售的状态,原本丧失的机会收益也随之恢复
现金净流量	

[1] 这里有两个概念需要补充说明:固定资产的变现价值假设已经扣除了相关的处置费用;账面价值是指固定资产报废时的残值或者对外出售固定资产时的净值。

8.2.2　现金流量的预测

投资项目现金流量的预测是进行财务效益分析的基础,主要内容如图8-4所示。第一,考虑"相关、税后、差额"现金流量的决策依据要素,确认纳入项目评价过程的现金流量的范围。第二,遵循现金流量与资本成本的一致性原则,确认项目的现金流量是否包含债务融资与通货膨胀的影响,即确认现金流量的特征属性。第三,按照"期初、期间、期末"现金流量的决策分类方法,确认项目现金流量的发生时点。

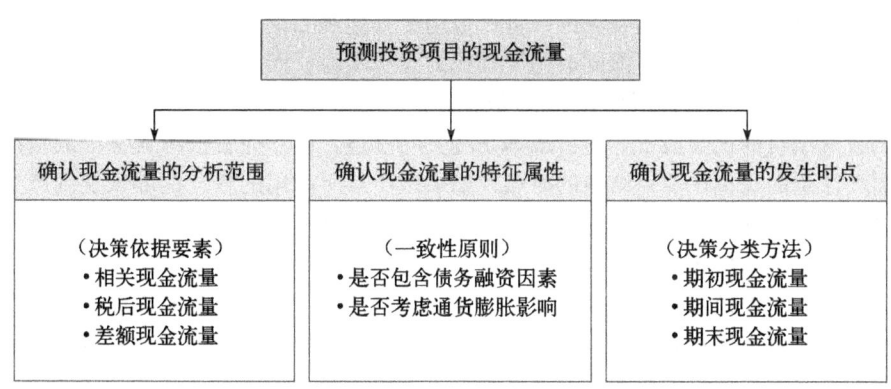

图 8-4　投资项目现金流量预测的主要内容

1. 确认纳入投资项目评价过程的现金流量的范围

在进行投资项目评价时,识别哪些现金流量应该纳入评价过程是预测项目现金流量的首要环节,一般通过"相关、税后、差额"现金流量的决策依据要素来实现项目全部预期现金流量的构成要素的完整性。

(1) 考虑相关的现金流量。投资项目的相关现金流量是指因该项目实施而引发的、相比于没有接受该项目的原始状态而增加或减少的现金流变化量。相关现金流量是当且仅当接受该项目时所引发的增量现金流量,不同于企业的现金流量或者其他项目的现金流量。考虑相关现金流量旨在识别投资项目评价时需要预测的全部的现金流量。

(2) 考虑税后的现金流量。投资项目的税后现金流量是指某项现金流量的发生会影响企业当期损益,需要考虑所得税的缴纳或扣减带来的现金支出或流入的影响。缴纳的所得税作为实际发生的支出性现金流量,而折旧与摊销等非付现费用以及资产折价变现而抵减的所得税支出数额则被视为现金流入量[⊖]。考虑税后现金流量旨在保证投资项目评价时所需预测的现金流量的完整性,避免有所遗漏。

(3) 考虑差额的现金流量。投资项目的差额现金流量是指对项目评价与决策产生实质性影响的现金流量。在独立项目评价中,差额现金流量就是相关现金流量;在互斥项目评价中,差额现金流量是两个互斥项目在同一时点上的增量现金流量的差异[⊜]。

相关现金流量、税后现金流量、差额现金流量三者的关系如下。相关现金流量是从单个项目本身来考察新投资项目为企业带来的增量现金流量,界定了投资项目评价时所需预测的全部现金流量。识别相关现金流量时,为了保证其完整而无遗漏,需要考虑某项现金流量是否会引起所得税的缴纳与抵减。确定了相关现金流量之后,需要进一步寻找能够对项目评价与决策产生实质性影响的现金流量,即差额现金流量。在独立项目评价中,差额现金流量就是相关现金流量。

在识别纳入投资项目评价过程的现金流量时,应该记住"相关、税后、差额"现金流量这三个决策依据要素。为了进一步拓展对其应用,并加深理解,下面介绍几条具体原则。

(1) 考虑项目的机会成本。机会成本是指在两个或两个以上的互斥项目评价中,某一资产因

⊖ 以企业的固定资产折旧为例,折旧按照规定抵减应税收入,在企业盈利的条件下能减少纳税额,但其本身并没发生现金支出。因此,折旧以减少纳税的方式节约了现金支出,被视为现金流入,从而产生了"税盾效应"。

⊜ 当各个项目寿命期不同时,差额现金流量无法直接比较计算,此时各项目之间经转化的与各自净现值等价的年金之差也可认为是广义上的差额现金流量。

被用于当前所评价的投资项目而丧失的该资产被用于其他项目时的潜在最大收益。"潜在"是指该资产用于被接受的项目之后不能同时用于其他的互斥项目，因此，在被拒绝的项目中该资产的收益并不能真正实现。"最大"是指在所有被拒绝的互斥项目中该资产能够带来的最大收益，才是被接受的投资项目的机会成本。机会成本是丧失的收益，而非通常成本含义中的资产消耗与费用支出。需要注意的是，在项目结束的时点，如果该项目所占用的资产能够恢复到产生潜在收益的状态，则期初丧失的机会收益随之恢复，视为期末的现金流入量。例如，某企业目前有一块闲置土地可以用于出售。然而，企业计划投资的一个新项目需要占用该土地以建造生产车间。在项目初始的时点，该土地被占用而丧失的可出售收益，视为期初的现金流出量。在项目结束的时点，该土地恢复到可出售状态而恢复的机会收益，视为期末的现金流入量。期初丧失和期末恢复的机会收益均按照土地当时的市场售价计量。

将新投资项目实施的机会成本纳入项目评价过程的现金流量是基于"相关、税后、差额"现金流量这三个决策依据要素。第一，从单个项目角度来看，新投资项目丧失的机会收益被视为现金流出量，是该项目引发的相比于没有该项目的原始状态下的增量现金流量，也即项目的相关现金流量。第二，机会成本不是通常成本含义中的资产消耗与费用支出，并未对企业当期损益产生影响，因而不考虑所得税的影响。第三，从严格意义上讲，机会成本只发生于两个互斥项目之间，新投资项目是使用某项资产的最佳方案，而与其互斥的另一个项目则是使用该资产的次优方案。次优方案能够实现的预期收益是新投资项目丧失的机会收益，将其视为现金流出量可以认为是两个方案求差额现金流量的做法。

（2）考虑项目的联动影响。项目的联动影响是指企业接受当前所评价的投资项目之后，该项目之外的其他经营活动的现金流量所受到的关联性影响。在识别纳入投资项目评价过程的现金流量时，不能孤立地考察项目自身的经营状况而忽略了项目对其他经营活动的联动影响。实际中有正向的联动影响，也有负向的联动影响：当新项目生产的产品与该项目之外的某个旧项目所生产的产品是替代关系时，则新项目产品的上市可能减少旧项目产品的销量，即新投资项目实施带来负向的联动影响；反之，当新项目生产的产品与该项目之外的某个旧项目所生产的产品是互补关系时，则新项目产品的上市可能增加旧项目产品的销量，即新投资项目实施带来正向的联动影响。

将新投资项目的联动影响纳入投资项目评价过程的现金流量是基于"相关、税后、差额"现金流量这三个决策依据要素。第一，从单个项目本身来看，新投资项目实施的联动影响带来的企业现金流量新增或减少，是该项目引发的相比于没有该项目原始状态下的增量现金流量，也即项目的相关现金流量。第二，新投资项目的联动影响是对该项目之外的其他经营活动的关联性效应，一般会影响企业的当期损益，因此是考虑所得税影响的税后现金流量。第三，在独立项目评价中，因联动影响而产生的增量现金流量即差额现金流量；在互斥项目评价中，只有各个项目因各自联动影响而引发的、在同一时点上发生的现金流量差异，才是真正为项目投资决策提供实质性依据的差额现金流量。

（3）考虑项目的净经营性营运资本的变化。在投资项目的整个寿命期内，项目的净经营性营运资本（以下简称"营运资本"）随着营业收入的波动而自发性地发生联动。每期的营运资本与当期营业收入具有一定的比例关系，这个关系由各个项目自身的营运资本周转率来决定。项目的营运资本的变化一般分为三个阶段：在项目初始的时点，依据该项目运营第一年的营业收入而预先地垫付投资营运资本；在项目运营期间，为了保证营业收入增加而自发性地追加投资营运资本，或者因营业收入减少而自发性地收回营运资本；在项目结束的时点，企业将营运资本的存量全部收回，即从项目占用形式转给企业其他项目。关于营运资本的变化而引发的预期现金流量的发生时点，均在每期期初确认发生，这反映了企业对项目经营所需的营运资本的预先性准备。[⊖]因营运资本的变化而引发的现金流量始终没有离开企业，其增减变动只是项目与企业之间的内部现金流动过程。

将新投资项目的营运资本的变化纳入投资项目评价过程的现金流量是基于"相关、税后、差额"现金流量这三个决策依据要素。第一，从单个项目本身来看，项目营运资本的变化所引发的现金流入量与流出量，是该项目引发的相比于没有该项目的原始状态下的增量现金流量，也即项目的相关现金流量。第二，项目营运资本的变化不影响企业的当期损益，因而不考虑所得税的影响。第三，在独立项目评价中，因项目营运资本的变化而引发的增量现金流量即差额现金流量；在互斥项目评价中，只有各个项目因各自营运资本的变化而引发的、在同一时点上发生的现金流量差异，才是真正为项目投资决策提供实质性依据的差额现金流量。

（4）考虑处置固定资产的税收影响。当固定资产的变现价值低于账面价值时，折价的部分作为损益项计入当期的营业外支出，所抵减的所得税支出数额被视为项目的现金流入量；反之，当固定资产的变现价值高于账面价值时，溢价的部分作为损益项计入当期的营业外收入，因而缴纳的所得税构成项目当期的现金流出量。需要说明的是，固定资产的变现价值假设已经扣除了相关的处置费用，账面价值是指固定资产报废时的残值或者对外出售固定资产时的净值。

将处置固定资产时抵减或缴纳的所得税纳入投资项目评价过程的现金流量是基于"相关、税后、差额"现金流量这三个决策依据要素。第一，从单个项目本身来看，处置固定资产时抵减所得税而被视为现金流入量或者缴纳所得税而引发的现金流出量，是该项目引发的相比于没有该项目的原始状态下的增量现金流量，也即项目的相关现金流量。第二，固定资产的变现价值相比于账面余值的折价或者溢价部分计入企业的当期损益，因此属于考虑所得税的税后现金流量。第三，在独立项目评价中，因处置固定资产时抵减或缴纳所得税而产生的增量现金流量即差额现金流量；在互斥项目评价中，只有各个项目因处置固定资产时抵减或缴纳所得税而引发的、在同一时点上发生的现金流量差异，才是真正为项目投资决策提供实质性依据的差额现金流量。

（5）不考虑过去的沉没成本。沉没成本是指过去已经发生的现金支出，它不因接受或者拒绝当前所评价的投资项目而发生改变。换言之，沉没成本已经成为过去，是不可逆转的现金支出。例如，企业在评价某个新投资项目之前，已经对项目产品进行市场调研。无论企业最终是否接受该项目，支付调研费所引发的现金支出都已经发生，因此市场调研费是沉没成本。

沉没成本带来的现金支出在过去已经发生，无论企业是否接受当前所评价的投资项目，它都无法恢复。因此，沉没成本与将要做出的投资决策不相关。由相关现金流量、税后现金流量和差额现金流量的关系可知，相关现金流量确认了所需预测的全部现金流量，如果不是项目的相关现金流量，则无须再做进一步分析。总之，在识别纳入项目评价过程的现金流量时不考虑沉没成本。

（6）注意企业可分配成本的处理。可分配成本是指在企业日常经营中无法直接确认和计入有关部门或产品的成本，这部分成本需要按照一定的标准分配计入相关部门或产品中。在投资项目

⊖ 关于净经营性营运资本变化而引发的预期现金流量的发生时点，尚未形成统一认识：一是在每期期初确认发生（Brigham, Ehrhardt, Financial Management: Theory and Practice, 10th Edition）；二是项目运营之前初始垫支，投入运营后在各期期末确认发生，这样第1期无净经营性营运资本变化（Ross, Westerfield, Jaffe, Corporate Finance, 8th Edition）；三是无初始垫付，全部在各期期末确认发生（Brealey, Myers, Allen, Principles of Corporate Finance, 10th Editon）。严格来说，无论在期初或期末确认都不合理。因为实际上即使在一个期间内，净经营性营运资本随着营业收入波动也是持续地、自发地增加或减少，但这里假设不考虑一个期间内的资金时间价值。

评价中，处理企业可分配成本的关键在于其是否存在因新投资项目而引发的增量现金流量。如果企业的可分配成本因接受新投资项目而增加（新项目的实施一般不会导致企业可分配成本减少），则只有增加的部分才是该项目的相关现金流量。例如，某零售连锁企业目前的可分配的一般管理费用为每年60万元，假设其成本分配的标准是按照门店数量平均分配。企业旗下已有5家门店，并计划投资新开设一家门店，新门店将使企业可分配的一般管理费用增加至每年66万元。因此，项目实施之后新门店将分摊到11万元的管理费用。需要注意的是，新门店每年分摊的11万元管理费用不是该项目的相关现金流量，只有可分配的一般管理费用因开设新门店而增加的6万元增量才是该项目的相关现金流量。

将新投资项目实施而增加的企业可分配成本纳入该项目评价过程的现金流量是基于"相关、税后、差额"现金流量这三个决策依据要素。第一，从单个项目本身来看，投资项目实施之后企业可分配成本增加而带来的现金流出量，是该项目引发的相比于没有该项目的原始状态下的增量现金流量，也即项目的相关现金流量。第二，可分配成本是企业经营活动中的待分配成本，增加的可分配成本将影响企业的当期损益，因而属于考虑所得税的税后现金流量。第三，在独立项目评价中，投资项目实施之后企业可分配成本增加而引发的增量现金流量即差额现金流量；在互斥项目评价中，只有各项目实施之后企业可分配成本增加而引发的、在同一时点上发生的现金流量差异，才是真正为项目投资决策提供实质性依据的差额现金流量。

（7）注意债务利息费用的处理。第一，需要明确投资项目的资金来源。当投资项目的资金均来自于权益融资时（即全权益融资的项目），只存在属于股东的权益现金流量，无须考虑债务利息支出如何处理的问题。当投资项目的资金部分或者全部来自于债务融资时（即杠杆融资的项目），债务利息作为一项税前可扣除费用，能抵减企业当期缴纳所得税的现金支出。因此，杠杆融资的投资项目评价需要考虑债务利息的节税效应对项目价值的影响[①]。第二，在评价杠杆融资的项目时，债务利息支出应该纳入项目评价的现金流量吗？按照对债务利息支出的处理方式不同，可以分为两类：一是债务利息支出不纳入项目评价的现金流量。如加权平均资本成本法，债务利息支出对项目价值的影响间接反映在贴现率中，这是本章内容默认采用的方法。二是债务利息支出纳入项目评价的现金流量。如修正现值法和权益现金流量法，债务利息支出对项目价值的影响直接反映在现金流量中。即投资项目的预期现金流量中包含了债务利息引起的现金流出量，而贴现率是权益资本成本。加权平均资本成本法、修正现值法和权益现金流量法构成了杠杆融资的投资项目评价的三种常用方法[②]。

2. 确认纳入投资项目评价过程的现金流量的特征属性

在明确纳入投资项目评价的现金流量之后，需要确认现金流量是否包含了债务融资与通货膨胀的影响，即确认现金流量的特征属性。在投资项目评价的过程中，需要遵循现金流量与资本成本的一致性原则，如图8-5所示。

按照是否包含债务融资的影响，投资项目的预期现金流量可以分为两类：实体现金流量和股权现金流量。实体现金流量是指没有包含债务融资引起的现金流入和支出、属于股东和债权人的现金流量。股权现金流量是指包含债务融资引起的现金流入和支出之后、仅仅属于股东的现金流量。遵循现金流量与资本成本的一致性原则，如果项目现金流量的贴现率是股东、债权人要求的综合投资报酬率（即加权平均资本成本），则纳入项目评价的现金流量应该是实体现金流量，如

[①] 值得注意的是，债务利息的节税效应实际上隐含了三个部分的现金流量：借入款项的现金流入、税后利息支出和本金偿还的现金支出。这三部分现金流量的现值之和恰好等于债务利息抵税视为的现金流入量的现值。

[②] 详见本章附录部分，关于杠杆融资的投资项目评价。

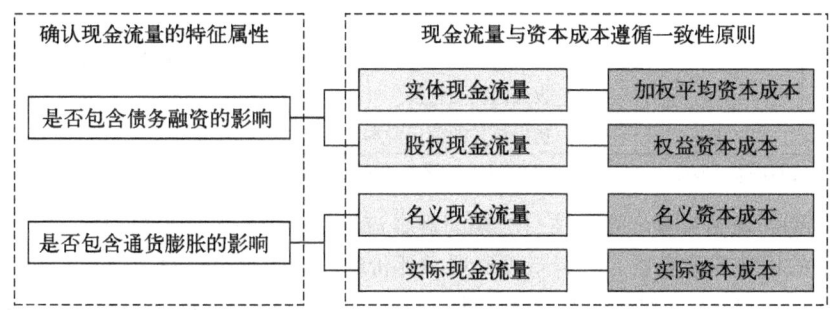

图 8-5　确认现金流量特征属性的要点及原则

加权平均资本成本法。如果项目现金流量的贴现率是股东所要求的投资报酬率，即权益资本成本，则纳入项目评价的现金流量应该是股权现金流量，如修正净现值法、权益现金流量法。

按照是否包含通货膨胀的影响，投资项目的预期现金流量可以分为两类：名义现金流量和实际现金流量。名义现金流量是指预期现金流量的数值只是表面上流入或支出的现金数额，而没有考虑资金的实际购买力。实际现金流量则考虑了资金的实际购买力。基于现金流量与资本成本的一致性原则，对于名义现金流量要使用名义资本成本进行贴现，而实际现金流量则要使用实际资本成本进行贴现 [⊖]。

3. 确认纳入投资项目评价过程的现金流量的发生时点

一个完整的现金流量预测还需确认现金流量的发生时点，一般按照投资项目的"期初、期间、期末"现金流量的决策分类方法来实现项目全部预期现金流量时点分布的准确性。如图 8-6 所示，投资项目的预期现金流量按照发生时点来归类可以分为以下三种：项目期初现金流量、项目运营期间现金流量与项目期末现金流量。

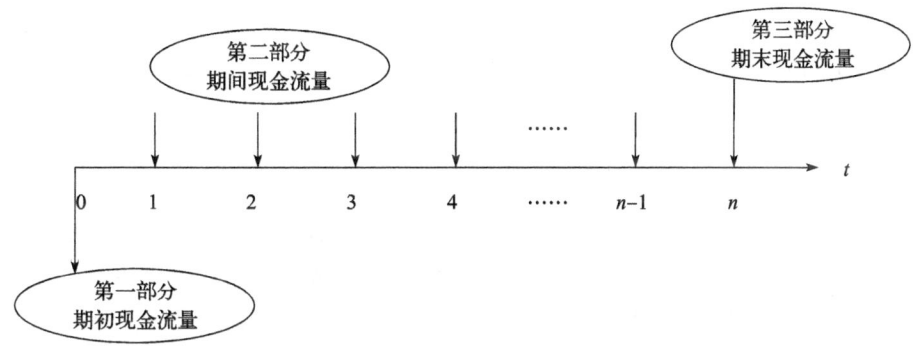

图 8-6　投资项目预期现金流量的发生时点归类

（1）确认期初现金流量。投资项目的期初现金流量是指由新投资项目引发的、在该项目正式投入运营之前的初始阶段（一般认为是现金流量分析的零时点）发生的相关现金流量。进行新投资项目评价时，期初现金流量主要有：固定资产的初始投资[⊖]（包括购建成本以及运输费、安装调试费等）、垫付的营运资本、丧失的机会收益等。表 8-3 列出了投资项目期初的现金流量组成。

⊖ 关于投资项目评价中通货膨胀的处理，详见本章 8.4 投资项目实例应用。
⊜ 一般情况下，初始投资阶段中固定资产的初始投资通常在年内一次性投入（如购买的机器设备），如果原始投资不是一次性投入（如在建工程），则应把投资归属于不同的投入年份之中。

表 8-3　投资项目期初的现金流量组成

(1)	-	固定资产的初始投资（包括购建成本、运输费、安装调试费等）
(2)	-	丧失的机会收益
(3)	-	初始垫付的营运资本

注："+"代表现金流入量，"-"代表现金流出量，表 8-4 和表 8-5 也是如此。

（2）确认期间现金流量。投资项目的期间现金流量是指由新投资项目引发的、在该项目整个运营期间发生的相关现金流量。进行新投资项目评价时，期间现金流量主要有因该项目营业收入波动而自发性地追加投资或收回的营运资本和该项目的营业现金流量。营业现金流量是指因该项目的生产经营活动而产生的增量现金流量，其中包括项目的营业收入、付现成本和费用、缴纳的所得税等。这里假设项目投资资金均来自权益融资，因此付现成本中没有包含债务融资的利息费用。表 8-4 列示了投资项目运营期间的现金流量组成。

表 8-4　投资项目运营期间的现金流量组成

(1)	+	营业收入	
(2)	-	付现的成本和费用＝营业成本和费用－折旧等非付现成本和费用（不包括债务利息支付）	直接法
(3)	-	所得税缴纳＝（营业收入－营业成本和费用）×所得税率	
(4)	=	项目营业现金净流量	
(5)	-(+)	自发性地追加投资（收回）的营运资本	

对于投资项目运营期间因该项目的生产经营活动而产生的营业现金流量，有以下三种不同的计算方法[⊖]：

1）直接法——现金流入量和现金流出量的差额。投资项目的营业收入带来收益性现金流入，而非付现成本和费用、所得税缴纳则带来支出性现金流出，因而从项目的营业收入开始，逐步减掉付现成本、费用以及所得税缴纳，从而得出营业现金净流量。在整个计算过程中，不考虑所有严格意义上的非付现成本和费用。

$$\text{营业现金净流量} = \text{营业收入} - \text{付现成本和费用} - \text{所得税} \tag{8-1}$$

2）间接法——以税后净利润为基础调整。在间接法的计算中，投资项目的营业现金净流量可以视为两个部分构成：一是当期实现的税后净利润，视为现金流入量；二是在计算税后净利润的过程中已经扣减的折旧、摊销等非付现成本和费用，以现金流入量的形式加回。因此，间接法是从项目的税后净利润开始，逐步加回所有的非付现成本和费用。需要注意的是，如果债务利息支出没有纳入项目评价的现金流量，则间接法中投资项目的税后净利润也没有扣除债务利息，这与通常所指的企业利润表中的净利润不同。

$$\text{营业现金净流量} = \text{税后净利润} + \text{非付现成本和费用} \tag{8-2}$$

这个表达式与表达式（8-1）是一致的，可以直接从式（8-1）中推导出来：

营业现金净流量 ＝ 营业收入 － 付现成本和费用 － 所得税
　　　　　　　 ＝ 营业收入 －（营业成本和费用 － 非付现成本和费用）－ 所得税
　　　　　　　 ＝（营业收入 － 营业成本和费用 － 所得税）＋ 非付现成本和费用
　　　　　　　 ＝ 税后净利润 ＋ 非付现成本和费用

⊖　三种表达式的前提假设都是，营业收入全部为营业现金收入，而成本和费用可分为付现成本和费用和非付现成本和费用。

3）税盾法——所得税对现金流量的影响。根据前面提到的税后成本、税后收入和税负减少可知，由于所得税的影响，投资项目的现金流量并不等于其实际的收支金额。

推导从这里开始：

$$税后收入 = 营业收入 \times (1 - 所得税税率)$$

$$税后成本 = 付现成本和费用 \times (1 - 所得税税率)$$

$$税负减少 = 非付现成本和费用 \times 所得税税率$$

从上述公式可以看出，现金收付项目是考虑所得税之后的现金流量，而非现金流项目（非付现成本和费用）则可以抵减所得税，被视为现金流入量，即

$$\begin{aligned}营业现金净流量 &= 税后收入 - 税后成本 + 税负减少 \\ &= 营业收入 \times (1 - 所得税税率) - 付现成本和费用 \times \\ &\quad (1 - 所得税税率) + 非付现成本和费用 \times 所得税税率 \\ &= (营业收入 - 付现成本和费用) \times (1 - 所得税税率) + \\ &\quad 非付现成本和费用 \times 所得税税率 \end{aligned} \quad (8-3)$$

因此，应把税后增量现金流量看成是由两个部分组成的：第一部分是现金收付项目考虑所得税之后的现金流量；第二部分是非付现成本和费用的抵税部分。这个表达式也可由式（8-2）直接推导出来：

$$\begin{aligned}营业现金流量 &= 税后净利润 + 非付现成本和费用 \\ &= (营业收入 - 付现成本和费用 - 非付现成本和费用) \times \\ &\quad (1 - 所得税税率) + 非付现成本和费用 \\ &= (营业收入 - 付现成本和费用) \times (1 - 所得税税率) - \\ &\quad 非付现成本和费用 \times (1 - 所得税税率) + 非付现成本和费用 \\ &= (营业收入 - 付现成本和费用) \times (1 - 所得税税率) + \\ &\quad 非付现成本和费用 \times 所得税税率 \end{aligned}$$

投资项目的营业现金净流量的计算方法主要有直接法、间接法和税盾法，实际应用中最常用的是税盾法。对于直接法（见式（8-1）），其表达式中的所得税需要根据投资项目的净利润来计算，而投资项目的净利润又需要根据营业收入及相关成本和费用来计算。对于间接法（见式（8-2）），其表达式中的税后净利润需要根据项目的净利润来计算。因此直接法与间接法应用时所需的数据均需要二次加工计算，并非直接预测的现金流量数据。相比之下，税盾法（见式（8-3））应用时所需的数据（即营业收入、付现成本和费用、非付现成本和费用）均能直接预测，且只须知道企业所适用的所得税率即可，因而最为直观与简便。

（3）确认期末现金流量。投资项目的期末现金流量是指由新投资项目引发的、在该项目结束运营之后发生的相关现金流量。进行新投资项目评价时，期末现金流量主要有：最终收回的营运资本、恢复的机会收益、固定资产的变现价值、固定资产变现价值相比于账面价值的溢价部分所支付的所得税（或者固定资产变现价值相比于账面价值的折价部分所抵减的所得税）。表8-5列出了投资项目期末的现金流量组成。

表8-5　投资项目期末的现金流量组成

（1）	+	固定资产的变现价值
（2）	-（+）	资产溢价变现所支付的所得税（资产折价变现所抵减的所得税）
（3）	+	恢复的机会收益①
（4）	+	最终收回的营运资本

①在投资项目结束的时点，该项目所占用的土地或厂房恢复到可出售的状态，原本丧失的机会收益也随之恢复，视为期末的现金流入量。恢复的机会收益以土地或厂房当时的市场售价计量。

下面通过一个小案例的分析加深对现金流量完整的预测过程的理解。

【例8-1】 A企业对其产品市场进行了全面调研，并已支付了50万元的调研费。该企业正在考虑是否投资一个新产品项目，有关资料如下：

（1）生产新产品需重新购建一套机器设备。设备的购买价格为500万元，运输装卸费20万元，安装调试费80万元。税法规定的折旧年限为10年，按直线法折旧，净残值率为5%。项目计划使用6年，项目终结时设备的变现价值预计为250万元。生产新产品需要暂时占用原本可以对外出售的土地及地上闲置仓库，目前售价为200万元，假设此价至少维持6年，且在此不考虑仓库的折旧以及其账面价值与售价的差异。

（2）预计第1年至第6年该项目的营业收入分别为700万元、850万元、1 050万元、1 200万元、900万元和600万元，营业付现成本始终保持在营业收入的40%，期间付现费用（不包括折旧）分别为200万元、220万元、250万元、290万元、260万元和230万元。

（3）项目运营所需的营运资本随营业收入的变化而变化，预计为当年营业收入的10%。项目终结时，营运资本全部从项目中退出，不遗留相关交易类资金（现金、存货、应收账款和应付账款等全部结清）。营运资本变化引发的现金流量均在各期期初发生。

（4）A企业适用的所得税税率为25%。

依据相关、税后、差额现金流量的基本思想识别纳入投资项目评价过程的预期现金流量，如表8-6所示。

表8-6　A企业投资项目现金流量的组成

项目期初的现金流量	项目营运期间的现金流量	项目期末的现金流量
（1）机器设备购建成本（包括运输费、安装调试费等） （2）丧失的机会收益 （3）初始垫付的营运资本	（1）营业收入 （2）付现成本和费用 （3）所得税 （4）自发性追加投资（或收回）的营运资本	（1）固定资产的变现价值 （2）折价变现而抵减的所得税 （3）恢复的机会收益 （4）最终收回的营运资本

1）**新设备的购建与处置**：这项购买在第0年产生了600万元[○]的现金流出。项目终结时，设备的变现价值为250万元，企业能获得一笔现金流入。需要注意的是，由于设备的变现价值250万元低于净值258万元[○]，8万元的折价部分计入当期营业外支出，抵减的2万元所得税视为现金流入量。

2）**占用土地及地上闲置仓库的机会成本**：如果企业接受新产品项目，则将占用原本可以对外出售的土地及地上闲置仓库，因此而丧失的原本出售土地及仓库而带来的收益是该项目的机会成本，视为现金流出量。在项目结束的时点，该项目所占用的土地及地上闲置仓库恢复到可出售的状态，原本丧失的机会收益也随之恢复，视为期末的现金流入量。两者均按照土地及仓库当时的市场售价计量。

3）**沉没成本**：开展市场调研所支付的调研费应该作为沉没成本，不予考虑。因为调研费是已经发生的且不可逆转现金支出，这一现金支出不会因目前接受或拒绝新产品项目而得到恢复。

4）**营运资本的变化**：营运资本在项目前期因业务扩张而有所增加，之后随着营业收入的下降而减少，项目结束经营后营运资本最终全部收回。初始垫付以及因营业收入增加而自发性追加投资的营运资本应计入现金流出量；因营业收入减少而自发性收回的营运资本或者项目结束经营后最终收回的全部营运资本应计入现金流入量。

○ 新机器设备的入账成本为 = 500 + 20 + 80 = 600（万元）。
○ 设备账面净值 = 600 − 600 × (1 − 5%) ÷ 10 × 6 = 258（万元）。

5) 经营活动中的营业现金流量：项目经营活动中的营业收入带来的现金流流入是项目经营期间增量营业现金流量的主要部分，付现成本及费用、所得税缴纳则带来支出性营业现金流量。

将新投资项目的全部现金流量分为来自投资活动的现金流量与来自营业活动的现金流量，分别估计各个时期的投资现金净流量、营业现金净流量，进而计算总现金净流量（见表8-7至表8-10）。

- 投资现金流量

表8-7　A企业的项目投资情况　　　　　　　　　　（单位：万元）

年份	零时点	第1年	第2年	第3年	第4年	第5年	第6年
(1) 机会成本	-200.00						200.00
(2) 机器设备购建支出	-600.00						
(3) 累计折旧		57.00	114.00	171.00	228.00	285.00	342.00
(4) 账面折余价值（年末）		543.00	486.00	429.00	372.00	315.00	258.00
(5) 设备变现的资本利得							252.00
(6) 营业收入		700.00	850.00	1 050.00	1 200.00	900.00	600.00
(7) 营运资本		70.00	85.00	105.00	120.00	90.00	60.00
(8) 营运资本变化	-70.00	-15.00	-20.00	-15.00	30.00	30.00	60.00
(9) 投资现金净流量	-870.00	-15.00	-20.00	-15.00	30.00	30.00	512.00

- 营业现金流量

表8-8　A企业项目的营业活动情况　　　　　　　　（单位：万元）

年份	零时点	第1年	第2年	第3年	第4年	第5年	第6年
(1) 营业收入		700.00	850.00	1 050.00	1 200.00	900.00	600.00
(2) 付现营业成本		-280.00	-340.00	-420.00	-480.00	-360.00	-240.00
(3) 付现期间费用		-200.00	-220.00	-250.00	-290.00	-260.00	-230.00
(4) 折旧		-57.00	-57.00	-57.00	-57.00	-57.00	-57.00
(5) 税前利润		163.00	233.00	323.00	373.00	223.00	73.00
(6) 所得税		-40.75	-58.25	-80.75	-93.25	-55.75	-18.25
(7) 税后净利润		122.25	174.75	242.25	279.75	167.25	54.75

对于营业现金流量的具体估计，可以采用直接法、间接法和税盾法三种方法。

表8-9-1　A企业项目的增量营业现金流量（直接法）　（单位：万元）

年份	零时点	第1年	第2年	第3年	第4年	第5年	第6年
(1) 营业收入		700.00	850.00	1 050.00	1 200.00	900.00	600.00
(2) 付现营业成本		-280.00	-340.00	-420.00	-480.00	-360.00	-240.00
(3) 付现期间费用		-200.00	-220.00	-250.00	-290.00	-260.00	-230.00
(4) 所得税		-40.75	-58.25	-80.75	-93.25	-55.75	-18.25
(5) 营业现金净流量		179.25	231.75	299.25	336.75	224.25	111.75

注：除了营业资本投资，本章假设所有现金流量均在年末发生，其后无特殊情况不再继续说明。

表8-9-2　A企业项目的增量营业现金流量（间接法）　（单位：万元）

年份	零时点	第1年	第2年	第3年	第4年	第5年	第6年
(1) 税后净利润		122.25	174.75	242.25	279.75	167.25	54.75
(2) 折旧		57.00	57.00	57.00	57.00	57.00	57.00
(3) 营业现金净流量		179.25	231.75	299.25	336.75	224.25	111.75

表 8-9-3　A 企业项目的增量营业现金流量（税盾法）　　（单位：万元）

年份	零时点	第 1 年	第 2 年	第 3 年	第 4 年	第 5 年	第 6 年
(1) 营业收入		700.00	850.00	1 050.00	1 200.00	900.00	600.00
(2) 付现营业成本		-280.00	-340.00	-420.00	-480.00	-360.00	-240.00
(3) 付现期间费用		-200.00	-220.00	-250.00	-290.00	-260.00	-230.00
(4) 现金收付项目×(1-25%)		165.00	217.50	285.00	322.50	210.00	97.50
(5) 非付现项目×25%		14.25	14.25	14.25	14.25	14.25	14.25
(6) 营业现金净流量		179.25	231.75	299.25	336.75	224.25	111.75

- 总体现金净流量

表 8-10　A 企业项目的总体现金净流量　　（单位：万元）

年份	零时点	第 1 年	第 2 年	第 3 年	第 4 年	第 5 年	第 6 年
(1) 营业现金流量		179.25	231.75	299.25	336.75	224.25	111.75
(2) 投资现金流量	-870.00	-15.00	-20.00	-15.00	30.00	30.00	512.00
(3) 总体现金净流量	-870.00	164.25	211.75	284.25	366.75	254.25	623.75

8.3　投资项目评价标准

投资项目的现金流量是投资项目评价的基础，在对投资项目的现金流量进行预测之后，还需选择合适的评价标准进行计算，并针对投资项目的评价结果做出判断。投资项目评价标准主要包括投资回收期、净现值、盈利指数和内部收益率等。实际当中应用最广的是净现值和内部收益率，这也是本节的学习重点。

8.3.1　投资回收期

投资回收期（payback period，PBP）是指从开始实施投资方案到收回初始投入资金所需的时间，也即使投资项目的相关累计现金净流量等于初始现金流出量所需的时间。

1. 投资回收期的计算

如果项目初始投资是一次性现金支出，且每年现金净流量相等，用符号 PBP 表示投资项目的回收期：

$$PBP = \frac{ICO_0}{NCF_t} \tag{8-4}$$

式中　PBP——回收期；
　　　ICO_0——初始现金流出量；
　　　NCF_t——第 t 年的现金净流量。

一般在各年现金净流量不等的情况下，或原始投资是分几年投入的，则可通过计算累计现金净流量的方法求出投资回收期：

$$PBP = T - 1 + \frac{ICO_0 - \sum_{t=1}^{T-1} NCF_t}{NCF_T} = T - 1 + \frac{第\ T-1\ 年尚未回收的投资}{第\ T\ 年的现金净流量} \tag{8-5}$$

式中　T——累计现金净流量首次为正值或零的年份；
　　　$ICO_0 - \sum_{t=1}^{T-1} NCF_t$——第 $T-1$ 年尚未回收的投资；
　　　NCF_T——第 T 年的现金净流量。

【例8-1续1】 延续使用【例8-1】的相关数据，A 企业投资项目的各年现金流入量不等，如表8-11所示，累计现金净流量首次为正值的年份是第4年[⊖]，至第3年的尚未回收的投资为209.75万元[⊖]，第4年的现金净流量为366.75万元。

表8-11 投资回收期计算表　　　　　　　　　　（单位：万元）

年份	现金净流量	累计回收额	未回收额
零时点	-870.00	0.00	870.00
第1年	164.25	164.25	705.75
第2年	211.75	376.00	494.00
第3年	284.25	660.25	209.75
第4年	366.75	870.00	0.00
第5年	254.25	870.00	0.00
第6年	623.75	870.00	0.00

因此，投资回收期为：

$$PBP = 4 - 1 + \frac{209.75}{366.75} = 3.57(年)$$

2. 投资回收期的决策规则

使用投资回收期法进行投资项目评价时，决策规则如表8-12所示。

表8-12 投资回收期的决策规则

独立项目评价	互斥项目评价
PBP≤企业要求期限时接受，PBP>企业要求期限时拒绝。如果投资项目能够在企业要求的期限内收回投资成本，则该项目可接受；反之，如果项目不能在企业要求的期限内及时收回投资成本，则应予以否决	以投资回收期最短的项目为最优。项目投资回收期越短，说明项目能够越快地回笼资金用以投资其他项目

3. 投资回收期的优点与缺点

投资回收期法的原理易于理解而且计算简单易行，反映了项目能够收回投资成本所需的时间。由于项目的投资回收期一般短于项目的寿命期，企业在后续跟踪评价时能够更早地判断基于投资回收期做出的投资决策是否正确。然而，投资回收期无法考察回收期之后的现金流量，也没有考虑资金的时间价值，并且企业在确定目标回收期时缺乏参考标准，带有一定的主观性。图8-7说明了投资回收期主要的优点与缺点。

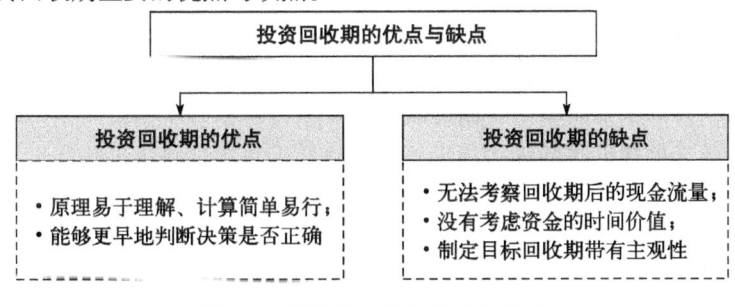

图8-7 投资回收期的优点与缺点

⊖ 第4年的累计现金净流量 = -870 + 164.25 + 211.75 + 284.25 + 366.75 = 157（万元）。
⊖ 第3年尚未回收的投资 = │-870 + 164.25 + 211.75 + 284.25│ = 209.75（万元）。

针对投资回收期法未考虑资金的时间价值的缺陷,一种改进的方法是使用**贴现回收期法**(discounted payback period,*DPBP*)。使用项目的资本成本率对现金流量进行贴现,然后考察贴现现金流量弥补初始投资成本的速度快慢。这种方法在保留了回收期基本特征的同时,还考虑了资金的时间价值,但是贴现回收期法依然无法考察投资项目在回收期之后产生的现金流量。

【例8-1续2】 延续使用【例8-1】的相关数据,假设A企业投资项目的资本成本率为10%[一]。如表8-13所示,经贴现的累计现金净流量首次为正值的年份是第5年[二],至第4年的尚未回收的投资为81.62万元[三],第5年经贴现的现金净流量为254.25万元。

表8-13 贴现投资回收期计算表 (单位:万元)

年份	现金净流量	贴现现金净流量	累计回收额	未回收额
零时点	-870.00	-870.00	0.00	870.00
第1年	164.25	149.32	149.32	720.68
第2年	211.75	175.00	324.32	545.68
第3年	284.25	213.56	537.88	332.12
第4年	366.75	250.50	788.38	81.62
第5年	254.25	157.87	870.00	0.00
第6年	623.75	352.09	870.00	0.00

因此,贴现回收期为:

$$DPBP = 5 - 1 + \frac{81.62}{157.87} = 4.52(年)$$

8.3.2 净现值

评价投资项目的可行性最为直观的方法是度量项目投资的资本所增加的价值,那么如何使得不同时点的预期现金流量具有可比性呢?净现值法有效地解决了这个问题。**净现值**(net present value,*NPV*)是以投资项目的资本成本率作为贴现率,计算该项目全部的预期现金流入量的现值与预期现金流出量的现值之间的代数和。

1. 净现值的计算

净现值法将项目全部的预期现金流入量和现金流出量都以该项目的资本成本率作为贴现率来分别折算为现值,进而计算两者现值的代数和。从计算上看,该表述等价于项目的全部预期现金净流量的现值的代数和。净现值计算的表达式如下:

$$NPV = \sum_{t=0}^{n}(CI_t - CO_t)(P/F, i, t) = \sum_{t=0}^{n}\frac{(CI_t - CO_t)}{(1+i)^t} = \sum_{t=0}^{n}\frac{NCF_t}{(1+i)^t} \quad (8-6)$$

式中 *NPV*——净现值;
CI_t——第 *t* 年的现金流入量;
CO_t——第 *t* 年的现金流出量(包括投资);
NCF_t——第 *t* 年的现金净流量;
i——贴现率,即项目的资本成本率;
n——项目的寿命期。

上述表达式也可以写成:

[一] 这里假设折旧抵税所视为的现金流入量与项目其他预期现金流量的风险相同,对项目全部的预期现金流量使用同一个资本成本率来贴现。
[二] 第5年经贴现的累计现金净流量 = -870 + 149.32 + 175.00 + 213.56 + 250.50 + 157.87 = 76.25(万元)。
[三] 第4年尚未回收的投资 = | -870 + 149.32 + 175.00 + 213.56 + 250.50 | = 81.62(万元)。

$$NPV = -ICO_0 + \sum_{t=1}^{n} \frac{NCF_t}{(1+i)^t} \tag{8-7}$$

式中 ICO_0——项目初始投资额。

使用净现值法进行投资项目评价的目的是使项目的未来预期现金流量与投资支出现金流量具有一个比较的共同时间参考点。约定俗成的时点是发生项目初始投资的时点,即零时点。在计算净现值时,将项目预期现金流量贴现到该时点,并与投资支出作比较。

事实上,除了将项目的预期现金流量贴现到初始投资时点之外,将项目的预期现金流量折算到其他不同的时点,也可以得到相同的结论。

2. 净现值的决策规则

使用 NPV 方法进行投资项目评价时,决策规则如表 8-14 所示。

表 8-14 净现值的决策规则

独立项目评价	互斥项目评价
NPV≥0 时接受,NPV<0 时拒绝 当 NPV≥0 时,说明该投资项目的收益恰好能够满足外部投资者要求获得的报酬,或者在补偿该项目外部投资者之余,还能为企业创造额外的价值,从而可知该项目可接受 当 NPV<0 时,则说明该项目的收益不足以满足外部投资者要求获得的报酬,从而应予以否决	**在寿命期相同的情况下才能以 NPV 最大为最优** 当各个项目的寿命期相同时,可以直接计算比较各个项目的 NPV,以 NPV 最大的项目为最优 当各个项目的寿命期不同时,采用最小公倍数法或永续现金流法选出最优的投资项目①

①关于最小公倍数法和永续现金流法的介绍及应用详见"8.4.1 互斥项目的决策"的相关内容。

下面通过一个简单的例子来进一步加深对净现值决策规则的理解。

【例 8-1 续 3】 延续使用【例 8-1】的相关数据,A 企业在第 0 年的初始投资成本为 870 万元,之后 6 年的现金净流量如表 8-15 第 2 列所示。将项目的现金净流量分别以 10%、15%、20% 和 25% 的项目资本成本率进行贴现,计算得出项目的净现值如表 8-15 最后一行所示。

当项目的资本成本率为 10% 时,

$$\begin{aligned}NPV_{10\%} &= -ICO_0 + \sum_{t=1}^{6} \frac{NCF_t}{(1+i)^t} \\ &= -870.00 + \frac{164.25}{1+10\%} + \frac{211.75}{(1+10\%)^2} + \frac{284.25}{(1+10\%)^3} + \\ &\quad \frac{366.75}{(1+10\%)^4} + \frac{254.25}{(1+10\%)^5} + \frac{623.75}{(1+10\%)^6} \\ &= -870.00 + 149.32 + 175.00 + 213.56 + 250.50 + 157.87 + 352.09 \\ &= 428.34 (万元)\end{aligned}$$

当项目的资本成本率为 15%、20%、25% 时,NPV 的计算方法与上式同理。

表 8-15 净现值计算表 (单位:万元)

年份	现金净流量	以 10% 贴现	以 15% 贴现	以 20% 贴现	以 25% 贴现
零时点	-870.00	-870.00	-870.00	-870.00	-870.00
第 1 年	164.25	149.32	142.83	136.88	131.40
第 2 年	211.75	175.00	160.11	147.05	135.52
第 3 年	284.25	213.56	186.90	164.50	145.54
第 4 年	366.75	250.50	209.69	176.87	150.22
第 5 年	254.25	157.87	126.41	102.18	83.31
第 6 年	623.75	352.09	269.66	208.89	163.51
NPV		428.34	225.60	66.37	-60.50

计算净现值所采用的贴现率是项目的资本成本率,也就是投资者要求的必要报酬率。因此,当 $NPV=0$ 时,项目的收益恰好能够满足外部投资者要求获得的报酬;当 $NPV>0$ 时,项目的收益用于满足外部投资者要求获得的报酬之后仍有剩余;若 $NPV<0$,其项目的收益不足以满足外部投资者要求获得的报酬。当项目的资本成本率分别为10%、15%和20%时,计算的净现值均为正,说明这三种情况下该项目均可以接受。项目的资本成本率为10%时所计算的净现值最大,说明对于同一个项目而言,资本成本率越大,则项目收益用于满足外部投资者要求获得的报酬越多,进而计算的净现值越小。当项目的资本成本率为25%时,计算的净现值为负,说明此时项目应予以否决。

3. 净现值的优点与缺点

资本投资的目的在于寻求价值增值,净现值法通过将项目未来全部的预期现金流量与投资支出现金流量折算到共同的现时时点,并进行比较,最为直观与准确地度量了项目的投资资本的价值增加量。然而,净现值也存在缺点,无法考察项目资金的产出与投入比率,尤其在资本限额决策中,仅仅依据净现值无法做出正确的决策。图8-8说明了净现值主要的优点与缺点。

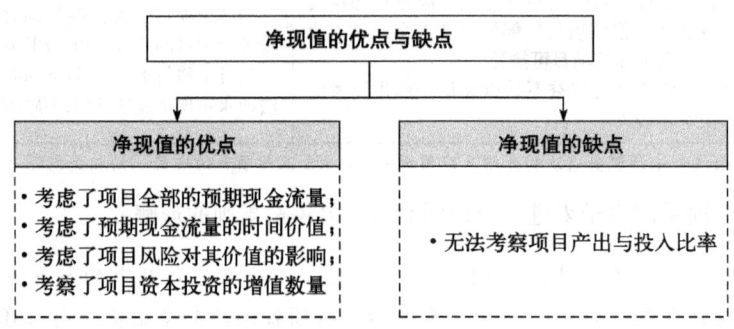

图8-8 净现值的优点与缺点

8.3.3 盈利指数

企业除了关注资本投资的增值数量之外,还会关注资本投资的效率。如何能够在考虑资金时间价值的情况下考察资本投资效率?盈利指数有效地解决了这个问题。**盈利指数**(profitability index, PI)也叫作现值指数、获利指数,是指投资项目全部的预期现金净流入量的现值与投资成本的现值的比率。盈利指数考察了单位投资的现值能够产生的未来现金净流入量的现值,反映了项目的产出与投入的比率,其基本特点与净现值类似。

1. 盈利指数的计算

盈利指数的计算方法与净现值类似。用符号 PI 表示投资项目的盈利指数:

$$PI = \frac{\sum_{t=1}^{n} \frac{NCF_t}{(1+i)^t}}{\sum_{t=0}^{n} \frac{CO_t}{(1+i)^t}} \tag{8-8}$$

式中 PI——盈利指数;

NCF_t——第 t 年的现金净流入量;

CO_t——第 t 年的投资现金流出量;

i——贴现率,即项目的资本成本率;

n——项目的寿命期。

一般情况下，项目的投资支出只有一次初始投资⊖，上述表达式也可以写成：

$$PI = \frac{\sum_{t=1}^{n} \frac{NCF_t}{(1+i)^t}}{ICO_0} = 1 + \frac{NPV}{ICO_0} \tag{8-9}$$

式中　ICO_0——项目初始投资额；
　　　NPV——净现值。

2. 盈利指数的决策规则

盈利指数是一个相对指标，通过计算投资项目产出与投入的比率来反映企业资本投资的效率。使用 PI 方法进行投资项目评价时，决策规则如表8-16所示。

表8-16　盈利指数的决策规则

独立项目评价	互斥项目评价
$PI \geqslant 1$ 时接受，$PI < 1$ 时拒绝 当 $PI \geqslant 1$ 时，说明该投资项目的收益恰好能够满足外部投资者要求获得的报酬，或者在补偿该项目外部投资者之余，还能为企业创造额外的价值，从而可知该项目可接受 当 $PI < 1$ 时，则说明该项目的收益不足以满足外部投资者要求获得的报酬，从而应予以否决	在寿命期相同且初始投资规模也相同的情况下才能以 PI 最大为最优 当各个项目的寿命期相同且初始投资规模也相同时，以 PI 值最大的项目为最优 当各个项目的寿命期相同但初始投资规模不同时，应该先估计所比较的两个项目的差额现金流量，再计算差额现金流量的 PI 值，按照此方法逐步选出最优项目

盈利指数和净现值都是基于投资项目全部的预期现金净流入量的现值与投资产生的现金净流出量的现值来计算的，前者是计算比值，后者是计算差值，表8-17说明了独立项目评价时盈利指数和净现值之间的对应关系。

表8-17　评价独立项目时净现值与盈利指数的对应关系

该投资项目可接受	$NPV > 0$	$PI > 1$
该投资项目可接受	$NPV = 0$	$PI = 1$
该投资项目不可行	$NPV < 0$	$PI < 1$

【例8-1续4】　延续使用【例8-1】的相关数据，A企业的初始投资成本为870万元，贴现后的累计现金净流入量如表8-18第3行所示。在项目的资本成本率分别为10%、15%、20%和25%的情况下，计算得出项目的盈利指数如表8-18最后一行所示。

表8-18　盈利指数计算表　　　　　　　　　　（单位：万元）

资本成本率	10%	15%	20%	25%
初始投资成本	870.00	870.00	870.00	870.00
预期现金净流入量的现值	1 298.34	1 095.60	936.37	809.50
NPV	428.34	225.60	66.37	-60.50
PI	**1.49**	**1.26**	**1.08**	**0.93**

3. 盈利指数的优点与缺点

盈利指数与净现值从本质上看相似，因而，盈利指数法与净现值法的部分优点相同。由于盈利指数法考虑了投资项目的初始投资规模，表现出它不同于净现值法的优点，考察了项目资金产出与投入的比率，即投资资本的单位投资效率。然而，盈利指数也存在缺点，无法直接考察项目投资的价值增加量。图8-9说明了盈利指数主要的优点与缺点。

⊖　对于非常规项目，投资可能有第二次即二期投资。本书的讨论只涉及常规项目，即项目的投资只有一次初始投资。

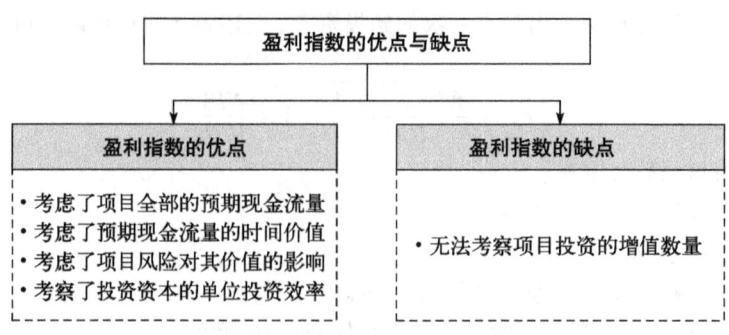

图 8-9 盈利指数的优点与缺点

8.3.4 内部收益率

净现值和盈利指数的计算都需要估计项目的预期现金流量和资本成本率,但是项目的资本成本率往往难以准确估计,它等于投资者要求的必要报酬率,是外生变量。如何在考虑资金时间价值的情况下,仅通过项目的预期现金流量就能考察项目本身所具备的预期收益能力呢?内部收益率有效地解决了这个问题。**内部收益率**(internal rate of return,IRR)是投资项目评价中除了净现值之外另一个广泛应用的评价指标,包含计量含义与财务含义上的两层解释。

从**计量含义**上看,内部收益率是指使投资项目的预期现金流入量现值等于现金流出量现值的贴现率,也就是使项目的净现值等于零的贴现率。内部收益率反映了投资项目的经济保本点,如果项目的资本成本率等于该收益率的大小,则企业只有在项目运营的最后一年才能把项目的初始投资成本收回。

从**财务含义**上看,内部收益率是投资项目本身所**固有**的**最高**的预期收益率。这里"固有"是指,内部收益率是投资项目的完全内生变量,本身不受资本市场利率的影响,而是取决于投资项目本身所产生的现金流量,只要确定了项目的预期现金流量(包括各期现金流量的数值大小、发生时点和持续时间),也就确定了内部收益率。"最高"是指,投资者要求的必要报酬率不能超过投资项目的内部收益率,否则将无法保障补偿资本成本。内部收益率是投资项目的预期收益率,即管理层依据项目的预期现金流量,客观预测的项目本身可实现的收益率。

1. 内部收益率的计算

计算 IRR 的过程,等同于对方程 NPV=0 进行求解的过程,如下式所示:

$$NPV = \sum_{t=0}^{n} \frac{(CI_t - CO_t)}{(1 + IRR)^t} = \sum_{t=0}^{n} \frac{NCF_t}{(1 + IRR)^t} = 0 \tag{8-10}$$

式中 NPV——净现值;
  IRR——内部收益率;
  CI_t——第 t 年的现金流入量;
  CO_t——第 t 年的现金流出量(包括投资);
  NCF_t——第 t 年的现金净流量;
  n——项目的寿命期。

使用这种方法会涉及各个期间的现金流入量和流出量的贴现过程,因此较为复杂,难以用简单的公式解出高次方程。只有当每年的现金净流量均相等且内部收益率为整数时,才可以通过年金系数的方法查表求出内部收益率,但是这种情况并不常见。通常情况下,需要进行"逐步测试"。首先估计一个贴现率作为项目的资本成本率,用它来计算项目的净现值。如果 NPV≥0,表示估计的贴现率低于项目本身实际可能达到的预期收益率,应提高贴现率后进一步测试;如果 $NPV<0$,表示估计的贴现率高于项目本身实际可能达到的预期收益率,应降低贴现率后进一步测试。通过如此尝试,直至净现值等于零或基本接近于零,这时所估计的贴现率即为项目本身的内部收益率。为了进一步提高估计的准确程度,可以先估计使项目净现值为正和使项目净现值为负的贴现率,然后采用"插值法"来计算项目的内部收益率。

使用"插值法"的原理来源于"相似三角形各边成等比例"。如图 8-10 所示,在 NPV 函数曲线上,当贴现率间隔很小时,由该贴现率确定的 NPV 曲线可近似看成一段直线。据此,首先在待求解的 IRR 左侧确定一个低点贴现率 i_L,对应净现值 NPV_L,然后在其右侧确定一个高点贴现率 i_H,对应净现值 NPV_H,令高低点贴现率尽可能地接近⊖。这样做的目的是使各变量之间线性的关系更加显著,提高计算精度,因为只有当 NPV 曲线近似为直线时,连接净现值高低点 AB 的直线与横轴的交点 i 才能与 IRR 接近。各变量之间的对应关系如下:

贴现率 i_L——净现值 $NPV_L>0$

内部收益率 IRR——净现值 $NPV_{IRR}=0$

贴现率 i_H——净现值 $NPV_H<0$

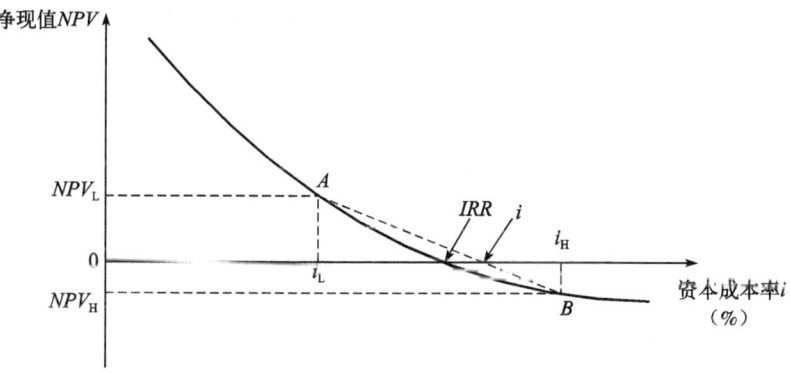

图 8-10 NPV 函数曲线图——插值法计算 IRR

利用相似三角形各边成等比例关系的原理,列出等式:

$$\frac{IRR - i_L}{i_H - i_L} = \frac{NPV_{IRR} - NPV_L}{NPV_H - NPV_L} \tag{8-11}$$

$$\frac{IRR - i_L}{i_H - i_L} = \frac{0 - NPV_L}{NPV_H - NPV_L}$$

$$IRR = i_L + \frac{0 - NPV_L}{NPV_H - NPV_L}(i_H - i_L) \tag{8-12}$$

式中 i_H——高点贴现率;

i_L——低点贴现率;

IRR——内部收益率;

NPV_H——高点贴现率所对应的净现值;

NPV_L——低点贴现率所对应的净现值;

NPV_{IRR}——净现值为零。

⊖ 一般要求 $i_H - i_L \leq 3\% \sim 5\%$,否则按上述插值法计算出的 IRR 近似值误差较大。

【例8-1 续5】 延续使用【例8-1】的相关数据。根据净现值分析,当项目的资本成本率等于20%时,项目NPV为正值;当项目的资本成本率等于25%时,项目NPV为负值。故该投资项目的内部收益率在20%至25%之间。

先以22%作为资本成本率进行尝试,

$$NPV_{22\%} = -870.00 + \frac{164.25}{1+22\%} + \frac{211.75}{(1+22\%)^2} + \frac{284.25}{(1+22\%)^3}$$

$$+ \frac{366.75}{(1+22\%)^4} + \frac{254.25}{(1+22\%)^5} + \frac{623.75}{(1+22\%)^6}$$

$$= -870.00 + 134.63 + 142.27 + 156.54 + 165.55 + 94.07 + 189.17$$

$$= 12.23(万元)$$

因为$NPV_{22\%}$是正值,所以试用更大的资本成本率——24%,得到:

$$NPV_{24\%} = -870.00 + \frac{164.25}{1+24\%} + \frac{211.75}{(1+24\%)^2} + \frac{284.25}{(1+24\%)^3}$$

$$+ \frac{366.75}{(1+24\%)^4} + \frac{254.25}{(1+24\%)^5} + \frac{623.75}{(1+24\%)^6}$$

$$= -870.00 + 132.46 + 137.71 + 149.09 + 155.13 + 86.73 + 171.59$$

$$= -37.29(万元)$$

如果对测试结果的精确度不满意,可以使用"插值法"来改善,计算过程如下:

$$\left.\begin{matrix} 22\% \\ IRR \\ 24\% \end{matrix}\right\} x\% \Bigg\} 2\% \qquad \left.\begin{matrix} 882.23 \\ 870 \\ 832.71 \end{matrix}\right\} 12.23 \Bigg\} 49.52$$

$\frac{x\%}{2\%} = \frac{12.23}{49.52}$,$x\% = \frac{12.23}{49.52} \times 2\%$,解得$x = 0.49$。因此,$IRR = 22\% + 0.49\% = 22.49\%$。

2. 内部收益率的决策规则

内部收益率是投资项目本身所固有的最高可以实现的预期收益率。进行投资项目评价时,内部收益率本身不能直接作为项目是否可接受的判断依据,它必须与资本成本率进行比较之后才能做出判断。此外,无论是独立项目决策还是互斥项目决策,使用内部收益率法都要尤为注意,不能简单地认为$IRR \geq i_{资本成本}$就可行,或者IRR越大越好,否则在某些情况中,可能导致投资决策错误。使用内部收益率法进行投资项目评价时,决策规则如表8-19所示。

表8-19 内部收益率的决策规则

独立项目评价	互斥项目评价
$IRR \geq i_{资本成本}$时接受,$IRR < i_{资本成本}$时拒绝 当$IRR \geq i_{资本成本}$时,该项目本身实际能达到的预期收益能够补偿新投资项目的资本成本,从而该项目可接受; 当$IRR < i_{资本成本}$时,则应予以否决。这里不考虑多重内部收益率的特殊情况	**不能简单地以IRR最大为最优**。即使各项目$IRR > i_{资本成本}$,也不能简单地以各个项目自身的IRR大小对各个项目的优劣做出判断,而应该先估计所比较的两个项目的差额现金流量,再计算差额现金流量的IRR值,按照此方法逐步选出最优项目[①]

① 当各个项目的初始投资额不同或者现金流量分布特征不同时,内部收益率越大并不一定代表项目越优。详见本章8.3.5小节关于内部收益率与净现值的评价结果可能出现不一致的特殊情况的介绍。

3. 内部收益率法的优点与缺点

内部收益率本质上是由净现值推导而来,因而两者的部分优点相同。由于内部收益率提供了投资项目的自身能够实现的预期收益率,还表现出它不同于净现值的优点:一是考察了投资者能够要求的必要报酬率的上限;二是反映了管理层进行项目投资决策的安全边界。然而,内部收益率也存在缺点:一是如果项目的现金净流量的正负号多次改变,则会产生多重内部收益率的问题；二是投资项目各期的现金净流入量被隐含地假设为以内部收益率进行再投资，这一假设并不合理。图8-11说明了内部收益率主要的优点与缺点。

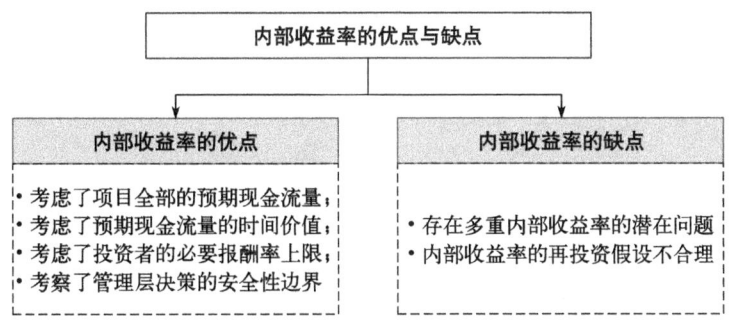

图8-11　内部收益率的优点与缺点

8.3.5　使用 NPV 和 IRR 评价时应注意的问题

从投资决策角度出发，使用 NPV 和 IRR 进行投资项目评价时应该注意以下几个问题。

1. 计算 NPV 时贴现率的选择

使用 NPV 进行投资项目评价时为什么不能使用企业的资本成本率来作为贴现率，而需要单独估计项目的资本成本率？

第一，投资项目与企业整体的经营风险可能不同。在多元化经营的企业当中，单个投资项目的经营业务特征与整个企业的经营业务特征不同，因而投资项目的经营风险与企业整体的经营风险不同；**第二，资本成本率与经营风险密切相关**。企业的资本成本率与企业整体的经营风险相关，一般用于整个企业的资产价值评价。投资项目评价需要针对不同项目及其风险大小来单独估计项目的资本成本率。

实务当中项目的资本成本率往往很难准确估计。一般假设投资项目的融资能维持企业目标资本结构不变。**第一，卸载类比企业的财务杠杆**。寻找一个经营业务与当前所评价项目类似的上市企业，计算该上市企业不包含财务杠杆的 β 值；或者寻找多个业务类似的上市公司，计算这些公司不包含财务杠杆的 β 值的平均值，所计算的该 β 值（或者平均值）反映了当前所评价项目的经营风险；**第二，加载项目所在企业的财务杠杆**。将不包含财务杠杆的 β 值（或者平均值）重新加载项目所在企业的财务杠杆，并用 CAPM 模型计算投资项目的权益资本成本；**第三，加权项目所在企业的债务权益价值比重**。项目的权益资本成本已经估计得出，同时项目的债务资本成本相对容易确定，最后根据项目所在企业的资本结构计算该项目的加权平均资本成本。

2. 计算 IRR 的应用价值

使用 NPV 已经能够评价并判断一个投资项目是否可行，为什么还需要计算 IRR？因为 IRR 能够为投资者和企业管理者提供 NPV 所不能提供的有用信息。

从投资者角度来看，内部收益率是投资者可以选择的必要报酬率的上限。如果将其必要报酬率（即资本成本率）设定在低于内部收益率的水平，那么项目的 NPV 为正值，项目可以接受；相反，如果投资者将其必要报酬率设定在高于内部收益率的水平，那么项目的 NPV 为负值，项目应予否决。为了更形象地说明 NPV 与 IRR 之间的关系，首先应该理解 NPV 函数曲线○，如图8-12

○ 注意净现值曲线是向下弯曲的——它不是直线。随着贴现率的不断增长，该曲线无限贴近初始投资时点的现金流量（即项目的投资成本）。因为当贴现率无限高时，未来现金流量的现值接近于零，所以当 i→∞ 时，净现值就是 CO_0。同时，需要注意的是，在某些情况下，净现值曲线可能与横轴有几个交点，也可能永不相交，这一点留给读者思考。

所示。在投资项目所有经济数据不变的情况下，使资本成本率 i 从小到大逐渐变化，则 NPV 随着 i 的增大逐渐减小，因此 NPV 是资本成本率 i 的减函数。NPV 函数曲线在 $NPV=0$ 时，与代表资本成本率 i 的横坐标相交于 i^*，此时这个特殊的贴现率就是 IRR。

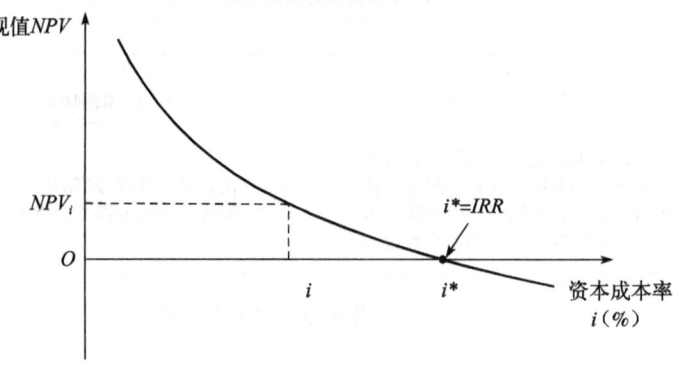

图 8-12　NPV 函数曲线图

从管理者角度来看，内部收益率反映了企业管理者进行项目投资决策的安全边界（safety margin）。投资决策过程中存在估计项目现金流量偏误的风险，即投资项目运营后的实际现金流量偏离原来的预期现金流量，项目的实际收益低于预期，进而影响投资决策的准确性。内部收益率与必要报酬率之间的差额是对项目投资决策的安全性的度量。举个简单的例子，项目 A 和项目 B 的预期现金流量如表 8-20 所示。两个项目的 NPV 相同，但项目 A 的 IRR 更大，因此在防范现金流量估计偏误风险方面，项目 A 的投资决策具有更大的安全边界：当项目 A 的实际经营现金净流量相比预期现金流量下降 30% 时，⊖项目依然能够补偿投资者要求的报酬；而当项目 B 的实际经营现金净流量相比预期现金流量仅下降 6% 时，⊖项目已经不能补偿投资者要求的报酬。

表 8-20　项目 A 和项目 B 的预期现金流量　　　　　　　　（单位：万元）

项目	项目 A		项目 B	
年份	零时点	第 1 年	零时点	第 1 年
初始投资	10		100	
经营现金净流量		17.6		116.6
NPV	6		6	
IRR	76%		16.6%	

注：项目的资本成本率为 10%。

3. NPV 与 IRR 的比较

NPV 和 IRR 是投资项目评价的实务当中应用最为广泛的两个指标，那么二者谁更优呢？为什么？

内部收益率法和净现值法二者各具特点，都能够为决策者提供了不同类型的有用信息，一般情况下二者并没有优劣之分。内部收益率反映了投资者可以选择的必要报酬率上限，同时反映了管理者进行投资决策的安全边界，而净现值并不能提供上述信息。净现值最为直观与准确地度量

⊖ 当 A 项目的实际经营现金净流量相比预期现金流量下降 37.5% 时，净现值降为 0。
　计算式如下：[17.6 − 10 × (1 + 10%)] ÷ 17.6 × 100% = 37.5%。
⊖ 当 B 项目的实际经营现金净流量相比预期现金流量下降 5.66% 时，净现值降为 0。
　计算式如下：[116.6 − 100 × (1 + 10%)] ÷ 116.6 × 100% = 5.66%。

了项目投资资本所增加的价值,而内部收益率作为比率指标,并不具备这一功能。但是,在预期现金净流量多次变号、互斥项目初始投资不同、互斥项目预期现金净流量的时点分布特征不同三种情况下,内部收益率法存在一定的缺陷,其评价结论可能与净现值法的结论相悖,此时应当以净现值法为准。

(1) 预期现金净流量多次变号。在独立项目评价中,如果投资项目产生常规的现金流量,在初始阶段发生现金净流出,其后各期始终是现金净流入,即现金流量的符号是按照 −、+、+、+…… 的模式排列(前面的 "−" 号可以多于一个,但不能在出现 "+" 号以后再次出现 "−" 号),内部收益率法与净现值法的结论一般保持一致。但如果投资项目的预期现金流量在整个寿命期内多次改变符号,则会出现**多重内部收益率**(multiple IRR)的现象[⊖],可能导致内部收益率法与净现值法的结论相悖。实务当中多重收益率的情况也确实存在,例如某些投资项目在未来运营期间需要追加投资以购建配套设施,又如某些投资项目在后期需要追加投资以弥补对环境造成的不良影响,恢复自然景观等。

如图 8-13 所示,当 $i < IRR_1$ 时,两个内部收益率均大于资本成本率,一般认为应接受该项目。但此时的项目的净现值为负值,依据净现值的决策规则,应予以拒绝。在这种情况下,内部收益率法与净现值法的结论显然相互矛盾,且内部收益率的结论是错误的。之所以会出现这种情况是因为在投资项目的整个寿命期内现金流量两次改变符号(先由 "−" 号变为 "+" 号,再由 "+" 号变为 "−" 号),使得净现值与资本成本率之间不再是单调函数。这里只有当 $IRR_1 < i < IRR_2$ 时,才会出现正的净现值,其他情况下净现值均为负值。此外,理论上还存在一种预期现金流量先流入后流出的情况,但是在实务当中很少见。如图 8-14 所示,此时可能 $IRR > i_{资本成本}$ 并不能说明该项目可以接受,因为依据资本成本 i 计算的 $NPV<0$。

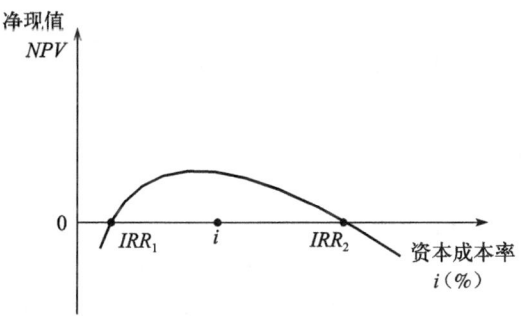
图 8-13 NPV 函数曲线图——多重 IRR

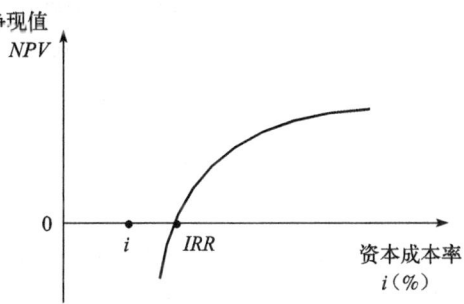
图 8-14 NPV 函数曲线图——IRR 失效

(2) 初始投资额不等。在互斥项目的评价当中,如果各个项目的初始投资额不相等(假设寿命期相同),在确认各项目内部收益率均大于资本成本之后,比较各个项目的内部收益率大小与直接比较各个项目的净现值大小可能会产生不一致的结论。

⊖ 对于一个产生非常规现金流量的投资项目,当用方程 $\sum_{t=0}^{n} \frac{NCF_t}{(1+IRR)^t} = 0$ 求解其内部收益率时,有可能会得到不止一个内部收益率的值,即产生多重内部收益率。上述方程可以转化为 $\sum_{t=0}^{n} NCF_t x^t = 0, x = \frac{1}{1+IRR}$。依据笛卡儿符号法则(Descartes' rule of signs),一个系数为实数的一元多项式的各项按降序排列,其正根数等于多项式变号数,或是变号数减二的倍数,负根数等于奇次项变号后多项式的变号数,或是变号数减二的倍数。据此可以判断方程的实数根的个数等于正根个数与负根个数之和,而虚数根个数等于根的总数(n)减去实数根个数的差。因此,如果投资项目的预期现金流量变号 M 次,该项目至少具有 M 个 IRR。

【例8-2】 某企业投资项目A、B的各期现金流量如表8-21所示。

表8-21 投资项目A、B的净现值与内部收益率　　　　（单位：万元）

年份	零时点	第1年	第2年	第3年	$NPV(i=10\%)$	IRR
A	-1 000.00	500.00	500.00	500.00	243.43	23.38%
B	-12 000.00	5 000.00	5 000.00	5 000.00	434.26	12.04%

如果投资项目A、B相互独立，在资本成本率$i=10\%$的情况下，项目A的$NPV>0$，$IRR>i$，项目B的$NPV>0$，$IRR>i$，因此两个项目都可以接受，净现值法与内部收益率法的结论一致。如果投资项目A、B相互排斥，计算两个项目的净现值，得$NPV_B>NPV_A$，根据净现值的决策规则，应该选择项目B。而计算两个项目的内部收益率，得$IRR_A>i$，$IRR_B>i$，且$IRR_A>IRR_B$，如果只是简单比较内部收益率的大小，应该选择项目A。利用净现值和内部收益率指标得出的结论是相互矛盾的，此时应该以净现值指标的结论为准。

(3) 现金流量的时点分布特征不同。对于多个互斥项目，如果各项目的预期现金流量的时点分布特征不同（即使各项目的初始投资规模相等），在确认各项目内部收益率均大于资本成本之后，比较各个项目的内部收益率大小与直接比较各个项目的净现值大小可能会产生不一致的结论。

【例8-3】 某企业投资项目A、B的各期现金流量如表8-22所示。投资项目A的现金流量在产生效益后5年内始终保持不变，但每年发生的数额较小；而投资项目B的现金流量则集中在前3年发生，且每年发生的数额较大。

表8-22 投资项目A、B的净现值与内部收益率　　　　（单位：万元）

年份	零时点	第1年	第2年	第3年	第4年	第5年	$NPV(i=10\%)$	IRR
A	-5 000.00	1 800.00	1 800.00	1 800.00	1 800.00	1 800.00	1 823.42	23.44%
B	-5 000.00	3 500.00	2 500.00	1 500.00	200.00	200.00	1 635.69	29.66%

如果投资项目A、B相互独立，在资本成本率$i=10\%$的情况下，项目A的$NPV>0$，$IRR>i$，项目B的$NPV>0$，$IRR>i$，因此两个项目都可以接受，净现值法与内部收益率法的结论一致。如果投资项目A、B相互排斥，不难计算出在贴现率为10%的情况下，$NPV_A>NPV_B$，根据净现值的决策规则，应该选择项目A。而通过计算内部收益率可以得到，$IRR_A>i$，$IRR_B>i$，且$IRR_A<IRR_B$，如果只是简单比较内部收益率的大小，应该选择项目B。利用净现值和内部收益率指标得出的结论是相互矛盾的，此时应该以净现值指标的结论为准。

投资项目A、B的NPV函数曲线如图8-15所示。当贴现率较低时，项目A的净现值高于项目B的净现值；当贴现率为i_0时，项目A、B的净现值相等，两条净现值曲线相交于点(i_0, NPV_0)①；当贴现率高于i_0时，项目B的净现值反而高于A的净现值。由此可以看出，项目A的净现值对贴现率的变化表现得比项目B的净现值更为敏感，也就是说，项目A的NPV函数曲线倾斜得更为陡峭。

造成这一差异的原因是投资项目的预期现金流量的时点分布特征不同。当投资项目的预期现金流量集中在远期发生，且贴现率较低时，远期现金流量对净现值的贡献起主要作用；而当投资

---

① 交叉点处的贴现率也叫费雪交叉利率（Fisher Rate），本章不在此进行深入介绍。

项目的现金流量集中在近期发生，且贴现率较高时，近期现金流量对净现值的贡献起主要作用。例 8-3 中，在比较相互排斥的投资项目 A、B 时，只要资本成本大于项目 A、B 的 NPV 曲线交叉点处所对应的贴现率 i_0，$NPV_A < NPV_B$ 且 $IRR_A < IRR_B$，此时使用净现值法或内部收益率法都会选择项目 B；而当资本成本小于贴现率 i_0 时，$NPV_A > NPV_B$ 但 $IRR_A < IRR_B$，使用净现值法与内部收益率法得出的结论相互矛盾，此时应当以净现值法为准。

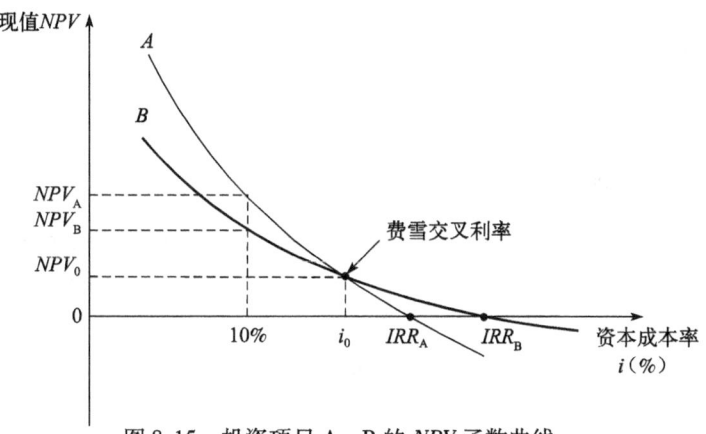

图 8-15 投资项目 A、B 的 NPV 函数曲线

8.4 投资项目评价的实例应用

本节在前述基础上做了一些拓展性实例分析，主要包括互斥项目的决策、固定资产的更新改造决策、资本限额决策、投资项目的通货膨胀处理、投资项目的风险调整等。

8.4.1 互斥项目的决策

互斥项目的决策是指在多个自身可行但又不能同时接受的投资项目中选出一个最优的项目。当各投资项目的寿命期相同时，一般直接计算比较各项目的净现值大小，也可先计算其中两个项目的差额现金流量，再计算差额现金流量的净现值或计算差额现金流量的内部收益率并与资本成本做比较[⊖]，以此逐步选出最优项目。当各投资项目寿命期不同时，如何将各项目的预期现金流量置于一个可比较的共同时段内呢？一般只利用净现值指标采用最小公倍数法或永续现金流法。

1. 项目寿命期不同的投资决策

当各互斥项目的寿命期不同时，不能直接以各项目的净现值大小作为决策依据，否则可能导致决策错误。一种可行的解决办法是假设项目未来进行重置，从而将各互斥项目置于一个共同的寿命期内进行评价。具体可以采用最小公倍数法和永续现金流法。

（1）最小公倍数法：假设两个互斥项目各自重置数次，从而选取两个项目寿命期的最小公倍数作为共同的寿命期并进行评价。

（2）永续现金流法：假设两个项目均重置无限多次，从而选取无限久远作为共同的寿命期并进行评价。

【例 8-4】 设有相互排斥的投资项目 A 和 B，其现金流量情况如表 8-23 所示。项目 A 的寿命期为 2 年，项目 B 的寿命期为 3 年，项目的资本成本率均为 12%。

⊖ 本章不考虑同一家企业的互斥项目具有不同的资本成本的情况。

表 8-23　投资项目的现金流量　　　　　　　　　　　　　（单位：万元）

年份	项目 A	项目 B
零时点	−200	−380
第 1 年	110	50
第 2 年	160	200
第 3 年		300

首先计算项目 A 和 B 的净现值，

$$NPV_A = -200 + \frac{110}{1+12\%} + \frac{160}{(1+12\%)^2} = 25.77(万元)$$

$$NPV_B = -300 + \frac{50}{1+12\%} + \frac{200}{(1+12\%)^2} + \frac{300}{(1+12\%)^3} = 37.62(万元)$$

（1）方法一，先取这两个项目的寿命期的最小公倍数，即 6 年，来作为共同比较的基础。这就是说，项目 A 需要再重置两次，项目 B 则需要再重置一次，在重置过程中，现金流量状态不变，因此最后要比较的现金流量如图 8-16 所示。

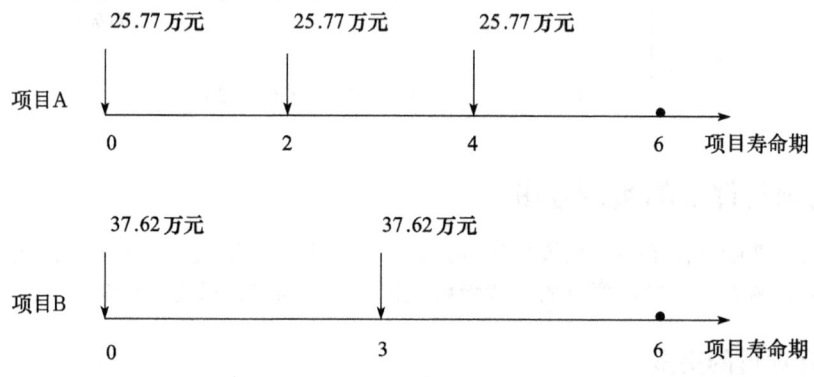

图 8-16　项目 A 和 B 的重置现金流情况

这样一来，就可以计算出 6 年共同寿命期内两个项目的现值：

$$NPV_A = 25.77 + 25.77 \times (P/S, 12\%, 2) + 25.77 \times (P/S, 12\%, 4) = 62.69(万元)$$

$$NPV_B = 37.62 + 37.62 \times (P/S, 12\%, 3) = 64.40(万元)$$

由此可见，项目 B 的净现值大于项目 A，故项目 B 较优。

（2）方法二，取这两个项目的寿命期的最大公倍数，也就是无限大作为共同比较的基础，比较永续现金流的现值。

$$转换为等年值_A = \frac{25.77}{(P/A, 12\%, 2)} = 15.25(万元)$$，即项目 A 寿命期内的现金流等于每年流入 15.25 万元的年金。

$$等年值_B = \frac{37.62}{(P/A, 12\%, 3)} = 15.66(万元)$$，即项目 B 寿命期内的现金流等于每年流入 15.66 万元的年金。

$$无限次重置 NPV_A = \frac{15.25}{12\%} = 127.08(万元)$$

$$NPV_B = \frac{15.66}{12\%} = 130.50(万元)$$

由此可见，项目 B 的净现值大于项目 A，故项目 B 较优。

采用最小公倍数法与采用永续现金流法所得的结论相同,然而两种方法本身有所区别。最小公倍数法比较直观,易于理解,但如果所需的重置次数较多,则计算较为不便。例如,寿命期为 9 年的项目与寿命期为 13 年的项目两者相互排斥,若采用最小公倍数法则前者需要重置 13 次,而后者需要重置 9 次。相比之下,永续现金流法应用较为简便。然而,实际中真正能够无限重置的项目甚少,因此永续现金流法的无限重置假设可能带来较大的误差。

最小公倍数法和永续现金流法存在共同的缺点:第一,没有考虑可用资金的限制。【例 8-4】中采用最小公倍数法时项目 A 重置 3 次需要 600 万元资金,项目 B 重置 2 次需要 760 万元资金,采用永续现金流法时更是假设重置无数次,那是否有足够的资金让项目重置呢?第二,对于技术进步较快的领域,更多的可能是资产的更新换代,而不是原样复制;第三,外部经济环境的改变(如通货膨胀)会使得项目的现金流量不断变化,而非一直不变。

实际应用中,只有重置概率很高的投资项目才适宜这两种方法。此外,对于寿命期差异较小的投资项目,例如 9 年和 10 年的项目,直接比较净现值比做重置现金流分析更合适。因为预测现金流量和资本成本的误差相比于年限差别带来的误差可能更大。

2. 项目寿命期相同但初始投资额不等的投资决策

在比较多个相互排斥的投资项目时,常常会遇到初始投资额不等的投资决策问题,因此,企业面临这样的问题:如果备选的多个投资项目各自的内部收益率均大于资本成本,在这种情况下,是不是内部收益率越大的项目越好呢?根据什么来判断企业应当多花一些资金来采用初始投资额较多的项目呢?

首先,应当指出,对于多个内部收益率都超过资本成本的相互排斥项目,绝不能认为内部收益率越大越好,而应当根据差额内部收益率来判断它们的优劣。

为什么要运用差额内部收益率来判断?这个问题实质上是讨论差额内部收益率的意义,下面结合例题来理解。

【例 8-5】 某企业目前正在评价四个相互排斥的投资项目 A、B、C、D,期限均为 6 年,项目的资本成本率均为 10%,这四个项目按其初始投资额大小排列如表 8-24 所示。

表 8-24 投资项目的现金流量　　　　　　　　　　（单位:万元）

年份	项目 A	项目 B	项目 C	项目 D
零时点	−500	−800	−1 000	−1 400
第 1 年	140	200	270	360
第 2 年	140	200	270	360
第 3 年	140	200	270	360
第 4 年	140	200	270	360
第 5 年	140	200	270	360
第 6 年	140	200	270	360
IRR	17.19%	12.98%	15.81%	14.00%

按照内部收益率的决策规则,投资项目 A、B、C、D 的内部收益率均大于资本成本,并且项目 A 的内部收益率最高,似乎是最优方案。但是之前已经指出过,在比较初始投资额不等的多个投资项目时,不能直接使用内部收益率指标进行判断,而应当按差额内部收益率来判断。其决策过程如下:

(1) 按照初始投资额大小将各投资项目排列;

(2) 计算初始投资额最小的项目 A 的内部收益率,为 17.19%,由于 $IRR_A > 10\%$,所以项目

A 保留待选;

（3）作项目 B 与项目 A 的现金流量之差，即差额现金流量，再确定此差额现金流量的内部收益率，即

$$0 = (-800 + 500) + \sum_{t=1}^{6} \frac{(200 - 140)}{(1 + IRR_{B-A})^t}$$

求得，$IRR_{B-A} = 5.47\%$

由于 $IRR_{B-A} < 10\%$，所以淘汰项目 B；

（4）此时剩下项目 A、C、D，作项目 C 与项目 A 的现金流量之差，再确定此差额现金流量的内部收益率，即

$$0 = (-1\,000 + 500) + \sum_{t=1}^{6} \frac{(270 - 140)}{(1 + IRR_{C-A})^t}$$

求得，$IRR_{C-A} = 14.40\%$

由于 $IRR_{C-A} > 10\%$，所以淘汰项目 A；

（5）此时剩下项目 C、D，作项目 C 与项目 D 的现金流量之差，再确定此差额现金流量的内部收益率，即

$$0 = (-1\,400 + 1\,000) + \sum_{t=1}^{6} \frac{(360 - 270)}{(1 + IRR_{D-C})^t}$$

求得，$IRR_{D-C} = 9.31\%$

由于 $IRR_{D-C} < 10\%$，所以淘汰项目 D；

（6）最后只剩下项目 C，所以项目 C 是最优方案。

项目 C 本身的内部收益率只有 15.81%，不如项目 A 的内部收益率 17.19%，为什么项目 C 反而会优于项目 A 呢？

设想企业有 500 万元的资金，那么，全部投入项目 A 投资能获得 17.19% 的收益率，大于投资者最低要求报酬率 10%。

假定企业可以用来投资的资金达到 800 万元，除了投资项目 A 以外还可以选择投资项目 B。如果拿出其中的 500 万元投入项目 A 投资，能获得 17.19% 的收益率，而剩下的 300 万元如果用于其他地方，肯定能获得 10% 的收益率。但是如果将 800 万元全部投入项目 B，仅能获得 12.98% 的收益率，那么是否值得增加投资额呢？实际上，项目 B 可以看做是项目 A 加上项目 B 与 A 的差额。800 万元资金中，有 500 万元投入项目 A，获得 17.19% 的收益率，这与单独投资项目 A 产生的效益是等同的。而另外的 300 万元则按差额内部收益率来判断，仅获得 5.47% 的收益率。显然，将 800 万元全部投入项目 B，不如将其中的 500 万元投入项目 A，而将剩下的 300 万元用于其他地方，肯定能获得 10% 的收益率，这也就说明项目 A 优于项目 B，淘汰项目 B。

那么项目 C 何以比项目 A 好呢？假定企业可以用来投资的资金达到 1\,000 万元，除了投资项目 A 以外还可以选择投资项目 C。因为根据上面的分析，项目 C 可以看做是项目 A 加上项目 C 与 A 的差额。将其中的 500 万元投入项目 A，获得 17.19% 的收益率，这与单独投资项目 A 产生的效益是等同的。而另外的 500 万元则按差额内部收益率来判断，能获得 14.40% 的收益率。显然，这 1\,000 万元全部投入项目 C 更有利，淘汰项目 A。

同理，比较项目 C 与 D，所以项目 C 是最优方案，淘汰项目 D。

事实上，通过计算项目 A、B、C、D 的净现值可以得出一致的结论。从表 8-25 可以看出，项目 C 能够给企业带来最高的净现值，所以项目 C 是最优方案。

表 8-25 投资项目的净现值　　　　　　　　　　　　（单位：万元）

年份	项目 A	项目 B	项目 C	项目 D
零时点	-500.00	-800.00	-1 000.00	-1 400.00
第 1 年	140.00	200.00	270.00	360.00
第 2 年	140.00	200.00	270.00	360.00
第 3 年	140.00	200.00	270.00	360.00
第 4 年	140.00	200.00	270.00	360.00
第 5 年	140.00	200.00	270.00	360.00
第 6 年	140.00	200.00	270.00	360.00
NPV	109.74	71.05	175.92	167.89

8.4.2 固定资产的更新改造决策

固定资产的更新改造决策是指通过分析预期现金流量，对当前技术上或经济上不宜继续使用的旧设备选择进行更新或者改造。所谓更新，是指购建技术先进的新设备以替换现有的旧设备；所谓改造，是指使用先进技术对现有旧设备进行局部改造。由于竞争的加剧和科技的进步，固定资产的更新周期大大缩短，旧设备因技术落后往往物资消耗大，维修费用高，这就需要选择原料消耗低，生产效率更高的新设备来取代旧设备，因此，固定资产的更新改造决策成为企业投资的一项重要内容。

进行固定资产更新改造决策时，所评价方案的预期现金流量同样可以遵循"期初、期间、期末"现金流量的决策分类方法来确认发生时点。具体的现金流量组成如表 8-26 所示。

表 8-26 固定资产更新改造决策时期初、期间、期末现金流量的组成

期初现金流量					
继续使用旧设备			购建新设备		
(1)	-	旧设备的变现价值（机会成本）	(1)	-	新设备的初始投资
(2)	+（-）	旧设备溢价变现所支付的所得税（旧设备折价变现所抵减的所得税）	(2)	-	追加的营运资本初始投资
(3)	-	旧设备的改造费用			
(4)	-	追加的营运资本初始投资			
期间现金流量					
继续使用旧设备			购建新设备		
(1)	+	营业收入	(1)	+	营业收入
(2)	-	付现的成本和费用	(2)	-	付现的成本和费用
(3)	-	所得税缴纳	(3)	-	所得税缴纳
(4)	-（+）	自发性地追加投资（收回）的营运资本	(4)	-（+）	自发性地追加投资（收回）的营运资本
期末现金流量					
继续使用旧设备			购建新设备		
(1)	+	旧设备的变现价值	(1)	+	新设备的变现价值
(2)	-（+）	设备溢价变现所支付的所得税（设备折价变现所抵减的所得税）	(2)	-（+）	设备溢价变现所支付的所得税（设备折价变现所抵减的所得税）
(3)	+	最终收回的营运资本	(3)	+	最终收回的营运资本

注："+"代表现金流入，"-"代表现金流出。

设备改造方案的**期初现金流量**主要有旧设备的改造费用和该方案的机会成本，包括旧设备的变现价值、旧设备变现价值相比于账面价值的溢价部分所支付的所得税（或者旧设备变现价值相比于账面价值的折价部分所抵减的所得税），如果旧设备改造之后能够扩大产能并增大投资项目

的营业收入，则初始现金流量中还要考虑在项目已有运营资本存量的基础上追加的营运资本初始投资。**期间现金流量**主要有每年自发性地追加投资或收回的营运资本和投资项目的营业现金流量，其中营业现金流量包括项目的营业收入、付现成本和费用、缴纳的所得税等。**期末现金流量**主要有旧设备的变现价值、旧设备变现价值相比于账面价值的溢价部分所支付的所得税（或者折价部分所抵减的所得税）、最终收回的营运资本等。

设备更新方案的**期初现金流量**主要有新设备的初始投资。如果购建的新设备能够扩大产能并增大投资项目的营业收入，则初始现金流量中还要考虑在项目已有运营资本存量的基础上追加的营运资本初始投资。**期间现金流量**主要有项目的营业收入、付现成本和费用、缴纳的所得税以及每年自发性地追加投资或收回的营运资本。**期末现金流量**主要有新设备的变现价值、新设备变现价值相比于账面价值的溢价部分所支付的所得税（或者折价部分所抵减的所得税）、最终收回的营运资本等。

在固定资产的更新改造决策中，购建新设备与改造旧设备是两个相互排斥的投资方案。当新设备的使用年限与目前使用的旧设备的剩余使用年限相等时，可以直接分析两个方案每年的差额现金流量，并计算其净现值，即采用差额分析法。当新设备的使用年限与旧设备的剩余使用年限不相等时，差额分析法不再适用，并且两个方案的净现值也因项目寿命期的差异而不能直接比较。此时可以借鉴永续现金流法的思想，计算两个方案与各自净现值等价的年金并比较。

1. 使用年限相等的固定资产更新改造决策

当新设备的使用年限与目前使用的旧设备的剩余使用年限相等时，普遍运用的分析方法是差额分析法。首先分析购建新设备相比于继续使用旧设备而引发的差额现金流量，进而再求其净现值，如果差额现金流量的净现值大于零，则选择购建新设备，否则继续使用旧设备。

【例8-6】 甲企业是一家专业生产铜板带材的民营企业，其产品广泛应用于电气设备及器材、日用消费品、机械、建筑、通信等行业。为了提高铜原料的利用率，进而加强产品的成本优势，该企业计划将一种回收利用废杂铜的先进技术应用到产品生产过程中。应用该技术需要对目前的旧设备进行技术改造或者重新购建新设备，有关资料如下：

（1）继续使用旧设备。旧设备当初以1 400万元购入，计划使用10年，已经使用了6年。税法规定的折旧年限为10年，按直线法计提折旧，预计无残值。为了将新技术应用到生产当中，需要对旧生产线进行一次技术改造，改造费用为200万元，改造之后旧生产线的使用年限延长2年，年产能为1 500吨不变。产品的销售单价稳定在3万元/吨，单位变动付现成本降低至2万元/吨，而每年固定付现成本增加至200万元。

（2）购建新设备。新设备的购建成本为2 000万元，计划使用6年，项目结束时的变现价值预计为600万元。税法规定的折旧年限为10年，按直线法计提折旧，预计无残值。由于厂房与土地资源有限，需要拆除当前的旧设备，在原址上购置安装新设备。目前旧设备的变现价值为400万元。新设备的年产能由1 500吨提高到2 000吨。产品的销售单价保持3万元/吨不变，单位变动付现成本降低至2万元/吨，每年固定付现成本增加至300万元。企业每年生产的铜板带材都能够全部销售。

（3）旧设备改造和新设备购建安装完成后，销售产品所需的营运资本重新垫付投资。各年营运资本的存量保持在当年营业收入的10%，在年初垫付投资，项目结束时全部从项目中收回。

（4）企业适用的所得税率为25%。投资项目的资本成本率为10%。

（5）依据税法规定，旧设备的技术改造费用应当资本化，并且改造之后旧设备的折旧年限也延长2年。

(6) 不考虑处置清理旧设备与购建安装新设备所需的时间。

要求：计算分析继续使用旧设备与购建新设备这两个投资方案的优劣。

由于新设备的使用年限与旧设备的剩余使用年限相等，因此可以采用差额分析法。

首先，分别识别继续使用旧设备和购建新设备这两个方案的相关现金流量，对企业当期损益产生影响的还应考虑所得税的缴纳与抵免带来的现金支出与流入。在确定投资项目评价时所需预测的现金流量的范畴之后，进一步计算两个方案的差额现金流量，寻找对投资项目评价与决策产生实质性影响的现金流量。然后，确认差额现金流量的发生时点，并按照投资项目的"期初、期间、期末现金流量"的决策分类方法来进行准确分类。最后，依据所预测的差额现金流量来计算净现值。

表8-27　新、旧设备项目的差额现金流量分析　　　　（单位：万元）

年份	零时点	第1年	第2年	第3年	第4年	第5年	第6年
继续使用旧设备							
旧设备变现价值（机会成本）	-400.00						
变现损失抵减（机会成本）	-40.00						
旧设备改造费用	-200.00						
营业收入		4 500.00	4 500.00	4 500.00	4 500.00	4 500.00	4 500.00
变动付现成本		-3 000.00	-3 000.00	-3 000.00	-3 000.00	-3 000.00	-3 000.00
固定付现成本		-200.00	-200.00	-200.00	-200.00	-200.00	-200.00
所得税缴纳（未考虑折旧）		-325.00	-325.00	-325.00	-325.00	-325.00	-325.00
折旧的所得税抵减		31.67	31.67	31.67	31.67	31.67	31.67
营运资本投资	-450.00						
营运资本收回							450.00
旧设备各年现金净流量	-1 090.00	1 006.67	1 006.67	1 006.67	1 006.67	1 006.67	1 456.67
购建新设备							
新设备购建成本	-2 000.00						
营业收入		6 000.00	6 000.00	6 000.00	6 000.00	6 000.00	6 000.00
变动付现成本		-4 000.00	-4 000.00	-4 000.00	-4 000.00	-4 000.00	-4 000.00
固定付现成本		-300.00	-300.00	-300.00	-300.00	-300.00	-300.00
所得税缴纳（未考虑折旧）		-425.00	-425.00	-425.00	-425.00	-425.00	-425.00
折旧的所得税抵减		50.00	50.00	50.00	50.00	50.00	50.00
营运资本投资	-600.00						
营运资本收回							600.00
新设备变现价值							600.00
变现损失抵税							50.00
新设备各年现金净流量	-2 600.00	1 325.00	1 325.00	1 325.00	1 325.00	1 325.00	2 575.00
差额(新-旧)现金流量	-1 510.00	318.33	318.33	318.33	318.33	318.33	1 118.33

计算步骤说明：

旧设备变现损失抵减(机会成本) = -(1 400 - 1 400 ÷ 10 × 6 - 400) × 25% = -40(万元)

改造后旧设备的账面余值 = 1 400 - 1 400 ÷ 10 × 6 + 200 = 760(万元)

改造后旧设备折旧的所得税抵减 = 760 ÷ 6 × 25% = 31.67(万元)

新设备折旧的所得税抵减 = 2 000 ÷ 10 × 25% = 50(万元)

新设备变现损失抵税 = (2 000 - 2 000 ÷ 10 × 6 - 600) × 25% = 50(万元)

$$NPV_{差额} = -1510.00 + \frac{318.33}{1+10\%} + \cdots + \frac{318.33}{(1+10\%)^5} + \frac{1118.33}{(1+10\%)^6} = 327.99(万元)$$

购建新设备和继续使用旧设备的差额现金流量的净现值为正,等于327.99万元,因此企业应当选择购建新设备的投资方案。

2. 使用年限不相等的固定资产更新改造决策

当新设备的使用年限和目前使用的旧设备的剩余使用年限不相等时,差额分析法不再适用,而分别计算的两个方案的净现值也因项目寿命期的差异而不能直接比较,此时普遍采用的分析方法是约当年金法。约当年金法与永续现金流法类似,假设投资项目能够无限重置,进而拉平新、旧设备的现金流量,即分别计算两个投资项目与各自净现值等价的现金流量年平均值。将现金流量"年金化"的方法有以下两种:一是先求全部现金流量的净现值,再求与其价值相等的年金;二是分析并提取当前已经存在的每年发生额相等的现金流量,然后求剩余现金流量的净现值,并转化为年金,最后将转化的年金与之前所提取的现金流量相加。

【例8-6续】 延续使用【例8-6】的相关数据,假设技术改造不能延长旧设备的使用年限,其他数据均不变。

要求:计算分析继续使用旧设备与购建新设备这两个方案的优劣。

由于新设备的使用年限与旧设备的剩余使用年限不相等,因此可以采用约当年金法。首先,分别识别两个投资方案的相关现金流量,对企业当期损益产生影响的还应考虑所得税的缴纳与抵免带来的现金支出与流入。然后,分别依据两个投资方案的相关现金流量来计算二者的净现值。最后,借鉴永续现金流的思想:假设投资项目能够无限重置,进而拉平新、旧设备的现金流量,即分别计算两个投资项目与各自净现值等价的现金流量年平均值,并比较大小。改造旧设备的现金流量如表8-28所示。

表8-28 继续使用旧设备的现金流量 (单位:万元)

年份	零时点	第1年	第2年	第3年	第4年
旧设备变现价值(机会成本)	-400.00				
变现损失抵减(机会成本)	-40.00				
旧设备改造费用	-200.00				
营业收入		4 500.00	4 500.00	4 500.00	4 500.00
变动付现成本		-3 000.00	-3 000.00	-3 000.00	-3 000.00
固定付现成本		-200.00	-200.00	-200.00	-200.00
所得税缴纳(未考虑折旧)		-325.00	-325.00	-325.00	-325.00
折旧的所得税抵减		47.50	47.50	47.50	47.50
营运资本投资	-450.00				
营运资本收回					450.00
旧设备各年现金净流量	-1 090.00	1 022.50	1 022.50	1 022.50	1 472.50

$$NPV_{旧设备} = -1\,090.00 + \frac{1\,022.50}{1+10\%} + \cdots + \frac{1\,022.50}{(1+10\%)^3} + \frac{1\,472.50}{(1+10\%)^4} = 2\,458.54(万元)$$

$$等值年金_{旧设备} = \frac{2\,458.54}{(P/A, 10\%, 4)} = \frac{2\,458.54}{3.169\,9} = 775.59(万元),即如果继续使用旧设备,则$$

未来发生的现金流量等价于每年流入775.59万元的年金。

购建新设备的现金流量如表8-29所示。

表 8-29 购建新设备的现金流量 （单位：万元）

年份	零时点	第1年	第2年	第3年	第4年	第5年	第6年
新设备购建成本	-2 000.00						
营业收入		6 000.00	6 000.00	6 000.00	6 000.00	6 000.00	6 000.00
变动付现成本		-4 000.00	-4 000.00	-4 000.00	-4 000.00	-4 000.00	-4 000.00
固定付现成本		-300.00	-300.00	-300.00	-300.00	-300.00	-300.00
所得税缴纳（未考虑折旧）		-425.00	-425.00	-425.00	-425.00	-425.00	-425.00
折旧的所得税抵减		50.00	50.00	50.00	50.00	50.00	50.00
营运资本投资	-600.00						
营运资本收回							600.00
新设备变现价值							600.00
变现损失抵税							50.00
新设备各年现金净流量	-2 600.00	1 325.00	1 325.00	1 325.00	1 325.00	1 325.00	2 575.00

$$NPV_{新设备} = -2\,600.00 + \frac{1\,325.00}{1+10\%} + \cdots + \frac{1\,325.00}{(1+10\%)^5} + \frac{2\,575.00}{(1+10\%)^6} = 3\,876.31 \text{（万元）}。$$

等值年金$_{新设备} = \frac{3\,876.31}{(P/A, 10\%, 6)} = \frac{3\,876.31}{4.355\,3} = 890.02$（万元），即如果购建新设备，则未来发生的现金流量等价于每年流入890.02万元的年金。

相比于继续使用旧设备，购建新设备的现金流量的年金更大，因此，企业应该选择购建新设备的投资方案。

3. 固定资产的更新改造决策需要注意的问题

约当年金法之下，假设项目可以无限重置，如果重置后的现金流量状况与重置前完全相同，则计算较为简便。然而，企业面临固定资产的更新改造决策反映了对资产更新换代的需求，而非原样复制，且在通货膨胀、市场需求变化等外部经济环境的作用下，很难保证当前旧设备报废之后还能找到与其寿命期内现金流量相同的可替换设备。因此，在实际情况中对于使用年限不相等的固定资产的更新改造决策应当注意以下两点。

第一，当新资产的寿命与旧设备的剩余寿命的差额较小（如10年和11年）时，做重置现金流量分析带来的预期现金流量以及项目资本成本的误差相比于年限差别带来的误差可能更大，因此，直接计算比较两个方案的净现值更为合适。

第二，约当年金法的假设前提是未来旧设备报废之后可以按原来的年金找到可代替的设备，但是如果可以预计未来的代替设备的现金流量状况发生变化，则需要把未来代替设备的现金流量一同纳入分析范围，合并计算目前继续使用的旧设备以及未来代替设备的综合年金，然后与当前更新设备的年金进行比较，从而成为多阶段决策的问题。

4. 固定资产的经济寿命

在实际生产经营中，固定资产往往存在一个最经济的使用年限（即经济寿命），同样也是固定资产更新的最佳时机。固定资产的更新时机一般是基于经济效益进行选取，而非其使用寿命完全耗尽。如图8-17所示，随着使用期限的延长，固定资产逐渐陈旧，性能降低，每年的维护费用、修理费用以及能源消耗等运行成本逐渐增加，同时固定资产的价值逐渐减少，其占用资金的机会成本逐年减少，从而平均年成本先减少后增加。因此，固定资产的经济寿命是平均年成本达到最低的年份。

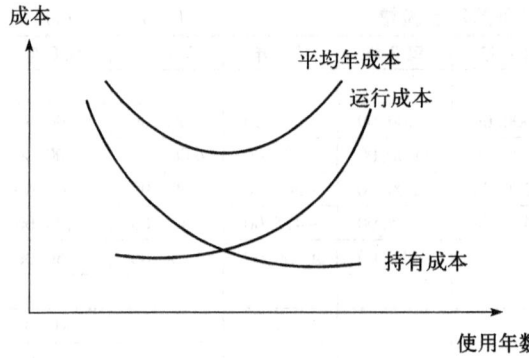

设：C——固定资产原值；
S_n——n 年后固定资产余值；
C_t——第 t 年运行成本；
n——预计使用年限；
i——项目现金流量的贴现率；
UAC——平均年成本。

则 $UAC = \left[C - \dfrac{S_n}{(1+i)^n} + \sum\limits_{t=1}^{n} \dfrac{C_t}{(1+i)^t} \right] \div (P/A, i, n)$

图 8-17 固定资产的平均年成本

8.4.3 资本限额决策

企业进行投资时，可能面对许多选择，而当企业无法筹措到所有项目所需的资金时，就需要在资本限额内做出投资选择。以上的投资项目评价分析中，都没有考虑投资项目所需的资金规模是否充足的问题。而实际上企业的资本预算规模往往受到资金有限的约束，这种状况称为资本限额。资本限额问题在实际的投资项目评价分析中十分普遍，往往会对企业产生负面的影响，至于影响到什么程度则依赖于资本限额的松紧程度。如果约束很少并且时间很短，那么资本限额对企业投资决策的影响也许可以忽略不计；如果资金严重不足，导致企业不得不大幅度削减新的投资项目或限制了企业内部资金的再投资，最终将导致企业整体财富的下降，失去竞争优势。

为什么存在资本限额？它的存在是否合理？一般来说，资金规模约束主要有三个原因：第一，企业管理层可能认为资本市场的条件暂时不利，例如在股市萧条期间，股票价格偏低，而较高的市场利率又导致较高的融资成本，因此，许多企业既不愿意借债，也不愿意发行股票；第二，企业也许缺少有能力的管理人员来实施新的投资项目，这种情况通常发生在项目的技术含量较高的时候；第三，出于不可预计的考虑，例如企业的管理层害怕负债，希望避免还本付息，或者发行普通股的资金被限制用于维持稳定的红利政策。

资本限额问题的前提假设是各个独立的投资项目本身都是可行的，但由于资本限额无法同时实施所有的项目。如果企业在投资项目上存在资金有限的约束，正确的决策规则是选择不超过资本限额的净现值总和最大的投资项目组合，即选择能使股东财富增加最多的项目。

【例 8-7】 某企业目前正在评价 8 个可能的投资项目 A、B、C、D、E、F、G、H，每个项目的初始投资额以及评价指标如表 8-30 所示。项目的资本成本率为 10%。假设所有的投资项目不可拆分（即初始投资只能一次投入），该企业的投资资本预算限定在 650 万元。

表 8-30 各投资项目概况

年份	项目 A	项目 B	项目 C	项目 D	项目 E	项目 F	项目 G	项目 H
初始投资额（万元）	50.00	100.00	100.00	150.00	250.00	300.00	350.00	500.00
IRR	18%	25%	36%	20%	26%	28%	19%	15%
NPV（万元）	10.00	130.00	110.00	100.00	50.00	400.00	150.00	120.00
PI	1.20	2.30	2.10	1.67	1.20	2.33	1.43	1.24

（1）根据内部收益率最大化进行排序：当投资资本预算限定在 650 万元，可以选择项目 C、F、E 的组合，这样，

总投资额 = 100 + 300 + 250 = 650（万元）

总净现值 = 110 + 400 + 50 = 560(万元)

（2）根据净现值最大化进行排序：当投资资本预算限定在650万元，可以选择项目F、G的组合，这样，

总投资额 = 300 + 350 = 650(万元)
总净现值 = 400 + 150 = 550(万元)

（3）根据盈利指数最大化进行排序：当投资资本预算限定在650万元，可以选择项目F、B、C、D的组合，这样，

总投资额 = 300 + 100 + 100 + 150 = 650(万元)
总净现值 = 400 + 130 + 110 + 100 = 740(万元)

通过上述分析可以看出，选择项目F、B、C、D的组合可以达到价值最大化。

通过例8-7可以看出，最优投资方案应是不超过资本限额的净现值总和最大的投资项目组合。

8.4.4 投资项目的通货膨胀处理

通货膨胀对投资项目评价过程的影响，具体表现在两个方面：一是影响现金流量的估计；二是影响资本成本的估计。在投资项目评价的过程中，只有正确处理通货膨胀对现金流量及资本成本的影响，才能保证项目决策的准确性。

先来看通货膨胀对现金流量的影响。通货膨胀影响之下，投资项目未来的预期现金流量的资金购买力下降了，因此，投资项目未来的预期现金流量在考虑资金的实际购买力之后"变小"了。没有考虑资金实际购买力的未来预期现金流量，即表面上流入或支出的现金数额，是名义现金流量；而考虑资金实际购买力之后而"变小"的现金流量，是实际现金流量。两者的关系为：实际现金流量$_n$ = 名义现金流量$_n$ ÷ (1 + 通货膨胀率)^n，n 是相对于基期的期数。

再来看通货膨胀对资本成本的影响。通货膨胀影响下，投资者未来获得的投资报酬的资金购买力下降了，因此，投资项目的资本成本在考虑资金的实际购买力之后"变小"了。这里没有考虑资金实际购买力的资本成本，是名义资本成本；而考虑资金实际购买力之后而"变小"的资本成本，是实际资本成本，只有实际资本成本才真正反映了货币的时间价值。两者的关系为：

$$1 + i_{实际} = (1 + i_{名义}) \div (1 + 通货膨胀率)$$

在投资项目评价过程中，对通货膨胀的处理应当遵循现金流量与资本成本的一致性原则，即名义现金流量要使用名义资本成本来折现，实际现金流量要使用实际资本成本来折现。需要注意的是，由于现金流量和资本成本都会受到通货膨胀的影响，在计算的过程中两者的影响恰好相互抵消，从而采用名义数据和采用实际数据所计算的项目净现值是完全相同的。因此，在现金流量与资本成本的通货膨胀处理保持一致性的前提下，投资项目评价的最终决策结果并不受影响。在实际情况中，由于通货膨胀率的估计很难保证精确性，且从名义数据调整到实际数据的过程较为繁琐，所以更多地采用名义数据进行投资项目评价。

【例8-8】 A企业预测某一项目的实际现金流量如表8-31所示，名义资本成本为10%，通货膨胀率预计为5%，求此项目的净现值。

表8-31 项目的实际现金流量　　　　　　　　　　（单位：万元）

年份	零时点	第1年	第2年	第3年	第4年	第5年
实际现金流量	-200.00	50.00	100.00	130.00	90.00	60.00

依据现金流量与资本成本的一致性原则，本题可以采用两种方法：

1. 采用实际现金流量和实际资本成本计算项目的净现值。

先计算项目的实际资本成本：$i_{实际} = \dfrac{1+i_{名义}}{(1+通货膨胀率)} - 1 = \dfrac{1+10\%}{(1+5\%)} - 1 = 4.76\%$。

再使用项目的实际现金流量与实际资本成本计算净现值：

$$NPV = -200 + \dfrac{50}{1+4.76\%} + \dfrac{100}{(1+4.76\%)^2}$$
$$+ \dfrac{130}{(1+4.76\%)^3} + \dfrac{90}{(1+4.76\%)^4} + \dfrac{60}{(1+4.76\%)^5}$$
$$= -200 + 47.73 + 91.12 + 113.07 + 74.72 + 47.55$$
$$= 174.19(万元)$$

2. 采用名义现金流量和名义资本成本计算项目的净现值。

先计算项目的名义现金流量：依据"名义现金流量$_n$ = 实际现金流量$_n$ × (1 + 通货膨胀率)^n"计算该项目的名义现金流量，如表 8-32 所示。

表 8-32 项目的名义现金流量 （单位：万元）

年份	零时点	第 1 年	第 2 年	第 3 年	第 4 年	第 5 年
名义现金流量	-200.00	52.50	110.25	150.49	109.40	76.58

再使用项目的名义现金流量与名义资本成本计算净现值：

$$NPV = -200 + \dfrac{52.50}{1+10\%} + \dfrac{110.25}{(1+10\%)^2} + \dfrac{150.49}{(1+10\%)^3} + \dfrac{109.40}{(1+10\%)^4} + \dfrac{76.58}{(1+10\%)^5}$$
$$= -200 + 47.73 + 91.12 + 113.07 + 74.72 + 47.55$$
$$= 174.19(万元)$$

8.4.5 投资项目的风险调整

在实际情况中，投资项目总是存在不同程度的风险。项目的风险反映了项目报酬的不可预期部分，即来自于意外事项的部分。如果某投资项目的实际情况完全符合所预期的情况，则其不含任何风险。投资项目评价时需要解决的重要问题是如何识别投资项目的风险并将其纳入项目的评价过程，从而保证投资决策的准确性。

1. 投资项目的风险识别

投资项目的整体风险包括**系统风险**（systematic risk）和**非系统风险**（unsystematic risk）。如表 8-33 所示，非系统风险可以被大规模的资产组合所分散，其中一部分可以被企业的多元化经营分散，另一部分不能被企业资产组合所分散的风险则可以被外部投资者的多元投资组合分散。系统风险则完全无法分散，有时被称为**市场风险**（market risk）。

表 8-33 投资项目的整体风险、系统风险、非系统风险

投资项目的整体风险		
非系统风险		系统风险
被企业的多元化经营所分散的风险	被投资者多元投资组合分散的风险	完全无法分散的风险

2. 投资项目的风险调整

投资项目的风险调整是指把项目的风险因素反映在项目的资本成本或者预期现金净流量之中，通过调增资本成本或调减预期现金净流量来实现对项目预期价值的保守估计。如果风险调整之后经评价的项目依然可行，说明即使将来出现意外事项带来的风险，投资项目也能够产生余量

现金流量。具体的风险调整方法主要有两种：风险调整资本成本法和风险调整现金流量法。实际中一般根据项目的系统风险调整资本成本，而根据项目的整体风险调整现金流量，原因如下：对于风险调整资本成本，因为非系统风险可以被企业的资产组合和投资者的投资组合所分散，只有剩余的系统风险才会影响到投资者的投资报酬，所以风险调整资本成本是在无风险报酬率的基础上增加对投资者承担系统风险的补偿性报酬；对于风险调整现金流量法，该方法之下现金流量的贴现率是无风险报酬率，而调整之前的投资项目的预期现金流量则包含了该项目的整体风险，因为现金流量与资本成本的风险特征需保持一致，所以风险调整现金流量是从项目的预期现金流量中消除项目整体风险导致的不确定的现金流量。

(1) 风险调整资本成本法。风险调整资本成本法的基本思路是依据项目的系统风险大小在无风险报酬率的基础上增加对投资者承担系统风险的额外报酬，构成按系统风险大小进行调整的资本成本，进而据以计算投资项目的净现值。该方法的特征是补偿企业外部投资者承担投资项目系统风险而要求获得的报酬，使净现值计算公式的分母变大。对投资项目的资本成本进行风险调整主要包含以下三种方法：

1) 依据资产定价模型来调整资本成本。风险调整资本成本法中关注的是投资项目的系统风险，因而可以依据资产定价模型（CAPM 模型）来调整投资项目的资本成本。需要注意的是，使用该方法进行风险调整后的资本成本是权益资本成本，需要根据投资项目预期现金流量的特征来决定是否需要进一步估计加权平均资本成本。[一] 依据资产定价模型来调整资本成本的表达式如下：

$$K_i = R_f + \beta_i \times (R_m - R_f) \tag{8-13}$$

式中 K_i——项目 i 按风险调整的资本成本；

R_f——无风险报酬率；

β_i——项目 i 的系统风险的 β 系数；

R_m——市场所有项目平均的资本成本。

2) 依据风险报酬率模型来调整资本成本。投资项目的必要报酬率包含无风险报酬率和风险报酬率两部分，无风险报酬率一般是当期的国库债券利率，风险报酬率是指投资者因承担系统风险而要求的、超过资金时间价值的额外报酬率。依据风险报酬率模型来调整资本成本的表达式如下：

$$K_i = R_f + b_i \times CV_i \tag{8-14}$$

式中 K_i——项目 i 按风险调整的资本成本；

R_f——无风险报酬率；

b_i——项目 i 的风险报酬系数[二]；

CV_i——项目 i 的预期标准离差率（变化系数）。

3) 依据投资项目的风险等级来调整资本成本。首先对影响投资项目风险的各个因素进行评分，然后根据评分确定风险等级并据以调整项目的资本成本。实际应用中可以根据不同期间影响因素及其变动情况确定各因素得分，然后计算各期间的总得分；随着总得分的增加，风险等级也随之增加，然后由专业人员根据经验等确定相应的项目资本成本。

(2) 风险调整现金流量法。风险调整现金流量法的基本思路是依据项目的整体风险大小估计肯定当量系数[三]，把包含风险的不确定的现金净流量乘以肯定当量系数，从而调整为无风险的确

[一] 投资项目的预期现金流量与资本成本应该遵循一致性原则：如果是实体现金流量，则对应的资本成本为加权平均资本成本；如果是股权现金流量，则对应的资本成本为权益资本成本。

[二] 风险报酬系数是企业承担风险的度量，一般由专业机构根据经验并结合其他因素进行评估。

[三] 肯定当量系数反映了每单位不确定的现金净流量折算成的使投资者满意的确定的现金净流量。

定的现金净流量,然后以无风险报酬率作为项目的资本成本并据以计算投资项目的净现值。该方法的特征是消除项目预期现金流量中因项目整体风险而导致的不确定的现金流量,使净现值计算公式的分子变小。基本表达式如下:

$$NPV = \sum_{t=0}^{n} \frac{a_t \times NCF_t}{(1+R_f)^t} \tag{8-15}$$

式中 NPV——净现值;

n——项目的寿命期;

a_t——肯定当量系数;

NCF_t——第 t 年的现金净流量;

R_f——无风险报酬率。

调整项目现金流量的实际应用中需解决的关键问题在于如何估计一个肯定当量系数。一般情况下,当未来现金流量确定时,可取 $a_t = 1.00$;当现金流量的风险很小时,可取 $0.80 \leqslant a_t < 1.00$;当现金流量的风险一般时,可取 $0.40 \leqslant a_t < 0.80$;当现金流量的风险很大时,可取 $0 < a_t < 0.40$。肯定当量系数的选取可能会因人而异,敢于冒险的投机者会选取较高的肯定当量系数,而不愿意冒风险的投资者会选取较低的肯定当量系数。为了防止决策者的个人偏好不同而造成的决策失误,有些企业根据预期现金净流量的标准离差率来确定肯定当量系数,两者的经验对照关系如表 8-34 所示。

表 8-34 预期现金净流量的标准离差率与肯定当量系数的经验对照关系

标准离差率	0.01~0.07	0.08~0.15	0.16~0.23	0.24~0.32	0.33~0.42	0.43~0.54	0.55~0.70	…
肯定当量系数	1	0.90	0.80	0.70	0.60	0.50	0.40	…

【例 8-9】 某企业需要对 A、B 两个相互排斥的投资项目进行投资决策,无风险报酬率为 4%。两个项目各年预期的现金净流量及其概率分布如表 8-35 所示。

表 8-35 预期各年的现金流量及其概率分布

年份	A 项目		B 项目	
	现金净流量(万元)	概率	现金净流量(万元)	概率
零时点	-200.00	1.00	-230.00	1.00
第 1 年	150.00	0.25	165.00	0.25
	130.00	0.50	145.00	0.50
	110.00	0.25	125.00	0.25
第 2 年	170.00	0.20	180.00	0.20
	130.00	0.60	140.00	0.60
	90.00	0.20	100.00	0.20
第 3 年	180.00	0.30	200.00	0.30
	130.00	0.40	140.00	0.40
	80.00	0.30	80.00	0.30

(1) 计算 A、B 项目各年的预期现金净流量的期望值。

A 项目:

$$E_1 = 150 \times 0.25 + 130 \times 0.50 + 110 \times 0.25 = 130(万元)$$
$$E_2 = 170 \times 0.20 + 130 \times 0.60 + 90 \times 0.20 = 130(万元)$$
$$E_3 = 180 \times 0.30 + 130 \times 0.40 + 80 \times 0.30 = 130(万元)$$

B 项目:

$$E_1 = 165 \times 0.25 + 145 \times 0.50 + 125 \times 0.25 = 145(万元)$$
$$E_2 = 180 \times 0.20 + 140 \times 0.60 + 100 \times 0.20 = 140(万元)$$
$$E_3 = 200 \times 0.30 + 140 \times 0.40 + 80 \times 0.30 = 140(万元)$$

（2）计算各年现金净流量的标准差。

A 项目：
$$d_1 = \sqrt{(150-130)^2 \times 0.25 + (130-130)^2 \times 0.50 + (110-130)^2 \times 0.25} = 14.14$$
$$d_2 = \sqrt{(170-130)^2 \times 0.20 + (130-130)^2 \times 0.60 + (90-130)^2 \times 0.20} = 25.30$$
$$d_3 = \sqrt{(180-130)^2 \times 0.30 + (130-130)^2 \times 0.40 + (80-130)^2 \times 0.30} = 38.73$$

B 项目：
$$d_1 = \sqrt{(165-145)^2 \times 0.25 + (145-145)^2 \times 0.50 + (125-145)^2 \times 0.25} = 14.14$$
$$d_2 = \sqrt{(180-140)^2 \times 0.20 + (140-140)^2 \times 0.60 + (100-140)^2 \times 0.20} = 25.30$$
$$d_3 = \sqrt{(200-140)^2 \times 0.30 + (140-140)^2 \times 0.40 + (80-140)^2 \times 0.30} = 46.48$$

（3）计算各年现金净流量的标准离差率。

A 项目：

$$q_1 = \frac{d_1}{E_1} = \frac{14.14}{130} = 0.11$$

$$q_2 = \frac{d_2}{E_2} = \frac{25.30}{130} = 0.19$$

$$q_3 = \frac{d_3}{E_3} = \frac{38.73}{130} = 0.30$$

B 项目：

$$q_1 = \frac{d_1}{E_1} = \frac{14.14}{145} = 0.10$$

$$q_2 = \frac{d_2}{E_2} = \frac{25.30}{140} = 0.18$$

$$q_3 = \frac{d_3}{E_3} = \frac{46.48}{140} = 0.33$$

（4）查表 8-34，求得 A、B 两个项目各年的肯定当量系数分别为：

A 项目：
$a_1 = 0.90$
$a_2 = 0.80$
$a_3 = 0.70$

B 项目：
$a_1 = 0.90$
$a_2 = 0.80$
$a_3 = 0.60$

（5）计算 A、B 两个投资项目的净现值，如表 8-36 所示。

表 8-36　风险调整现金流量法计算项目净现值

年份	现金净流量（万元）	肯定当量系数	肯定现金净流量（万元）	现值系数(4%)	调整前现值（万元）	调整后现值（万元）
A 项目						
零时点	-200.00	1.00	-200.00	1.00	-200.00	-200.00
第 1 年	130.00	0.90	117.00	0.96	124.80	112.32
第 2 年	130.00	0.80	104.00	0.92	119.60	95.68
第 3 年	130.00	0.70	91.00	0.89	115.70	80.99
NPV					160.10	88.99
B 项目						
零时点	-230.00	1.00	-230.00	1.00	-230.00	-230.00
第 1 年	145	0.90	130.50	0.96	139.20	125.28
第 2 年	140	0.80	112.00	0.92	128.80	103.04
第 3 年	140	0.60	84.00	0.89	124.60	74.76
NPV					162.60	73.08

在投资项目评价的时候，如果不根据项目的风险对现金流量进行调整，则 A 项目的净现值为 160.1，B 项目的净现值为 162.6，从而应该选择 B 项目。然而，根据项目的风险对现金流量进行调整之后，计算得 A 项目的调整后净现值为 88.99，B 项目的调整后净现值为 73.08，从而应该选择 A 项目。因此，投资项目评价中的风险调整十分重要，如果忽视项目所包含的风险，可能会导致投资决策错误。

3. 风险调整资本成本法和风险调整现金流量法的比较

风险调整资本成本法容易夸大投资项目的远期风险，导致项目决策错误。该方法将资金的时间价值和风险价值同时反映在资本成本中，因此，在使用资本成本对项目预期现金流量进行贴现时，投资项目的风险被重复计算的次数会随着贴现期数的增加而增加。这样容易夸大投资项目的远期风险，进而可能否定原本可行的投资项目。有效的方法是不断地调整资本成本中的风险附加值，并使用不同的资本成本来分阶段计算项目的净现值，但这无疑加大了计算的难度。

相比之下，风险调整现金流量法克服了调整资本成本过程中夸大远期风险的缺点。该方法先调整投资项目的预期现金净流量，使之成为不含任何风险的肯定现金流量，然后用无风险报酬率对其进行贴现，从而实现对资金风险价值和时间价值的分别调整。对于项目未来各期的现金流量则根据不同的风险程度而分别采用不同的肯定当量系数进行调整，但如何准确、合理地确定肯定当量系数是实际应用中需要解决的关键问题。

附录 8A 杠杆融资的投资项目评价

在前述投资项目评价的相关内容中有一个隐含的假设，即项目投资资金均来自全权益融资，因此没有考虑融资结构。但实际上资本预算决策和融资决策是相互联系的。同一个投资项目在一个全权益融资情况下不可行，而在杠杆融资情况下（其他条件不变）则可能可行，这是因为杠杆融资的项目投资资金可能部分来自于债务融资，而财务杠杆通常能够降低项目的资本成本，使一些项目的净现值由负数变成正数。

那么如何进行杠杆融资的投资项目评价呢？在此介绍三种方法：修正现值法、权益现金流量法、加权平均资本成本法。

1. 修正现值法

修正现值法（adjusted present value，APV）先是假设在全权益融资情况下对投资项目进行评价，然后在此基础上补充考虑债务融资方式的附带影响，即先计算假设全权益融资下的项目净现值，再加上债务融资方式的附带影响的净现值。其基本表达式为：

$$APV = NPV + NPVF = \sum_{t=1}^{n} \frac{NCF_t}{(1+K_0)^t} - CO_0 + NPVF \qquad (8A\text{-}1)$$

式中　APV——杠杆融资的项目净现值；

　　　NPV——假设全权益融资的项目净现值；

　　　$NPVF$——债务融资方式的附带影响的净现值；

　　　n——项目的寿命期；

　　　NCF_t——假设全权益融资下第 t 年属于权益所有者的项目现金净流量；

　　　K_0——假设全权益融资情况下的资本成本；

　　　CO_0——初始投资额。

债务融资方式的附带影响一般包括以下四个方面的影响：

第一，债务利息的节税效应。债务利息作为一项税前可扣除费用，会减少企业当期的税前利润，从而减少纳税支出。

第二，新债券的发行成本。企业发行债券，需要投资银行等机构的参与，企业必须给予这些机构补偿，这就是发行成本，它降低了投资项目的价值。

第三，债务融资的利息补贴。由于地方政府发行的债券是免税的，免税债券的利率远远低于应税债券的利率。这种免税债券利率上的优惠会使投资项目的价值增加。

第四，财务困境成本。随着债务融资的增加，企业可能会陷入财务困境，甚至陷入破产的可能性也大大增加。财务困境将增加企业的成本，从而降低投资项目的价值。

以上四个方面的影响中，债务利息的节税效应是影响杠杆融资下投资项目评价的最重要因素。

【例8A-1】 E企业正在评估一个新投资项目，项目所需设备的购建成本为2 250万元，寿命期和折旧年限同为5年（按直线法折旧，无残值）。预计项目在未来5年内的年营业收入为1 000万元，付现成本和费用为150万元。E企业的所得税税率为25%，全权益资本成本为20%。本例不考虑项目营运资本需求。

（1）无杠杆的项目净现值。假设该投资项目所需的资金全部来自于权益融资，项目预期现金流量情况估计如表8A-1所示。

表8A-1　E企业的项目现金流量　　　　（单位：万元）

年份	零时点	第1年	第2年	第3年	第4年	第5年
初始投资	-2 250.00					
营业收入		1 000.00	1 000.00	1 000.00	1 000.00	1 000.00
付现成本和费用		-150.00	-150.00	-150.00	-150.00	-150.00
所得税缴纳（未考虑折旧）		-212.50	-212.50	-212.50	-212.50	-212.50
折旧抵税		112.50	112.50	112.50	112.50	112.50
预期现金净流量	-2 250.00	750.00	750.00	750.00	750.00	750.00

$$NPV = -2\,250 + (1 - 25\%) \times (1\,000 - 150) \times (P/A, 20\%, 5) + 25\% \times 450 \times (P/A, 20\%, 5)$$
$$= -7.04(万元)$$

在假设全权益融资的情况下，该投资项目的净现值为负数，因此项目不可行。下面用修正现值法来说明债务融资的影响。

（2）债务融资方式附带效应的净现值。假设E企业为该项目融资时获得了一笔5年期的一次性偿还的贷款，贷款总额为574.23万元[○]，其中包含1%的发行成本，贷款利率为10%。债务融资的相关现金流量估计如表8A-2所示。

○ 贷款数额所假设的数字是按目标负债与市场价值比率0.25来计算的，这样使得后面举例说明权益现金流量法的运用时能够便于计算。贷款数额的计算公式如下：设贷款数额为 M 万元，$APV = NPV + NPVF = NPV + 25\% \times 10\% \times (P/A, 10\%, 5)M$，由目标负债与市场价值比率0.25可知，$APV + 2\,250 = 4M$。解上述联立方程得 $M = 574.23$ 万元。

表8A-2　E企业债务融资的相关现金流量　　　　　　　　　　（单位：万元）

年份	零时点	第1年	第2年	第3年	第4年	第5年
借入款项	574.23					
利息费用		−57.42	−57.42	−57.42	−57.42	−57.42
税后利息支付		−43.07	−43.07	−43.07	−43.07	−43.07
贷款偿还						−574.23
发行成本	−5.74					
摊销额		−1.148	−1.148	−1.148	−1.148	−1.148
摊销抵税		0.287	0.287	0.287	0.287	0.287

债务融资会改变一个项目的净现值，下面来看债务融资的附带影响。本题中只考虑了债务利息的节税效应和债务发行成本的影响。

债务利息的节税效应实际上隐含了借入款项、税后利息支付和本金偿还三个部分的影响，三部分的净现值之和等于债务利息抵税的净现值。

债务发行成本在项目初始支付，在整个借款期内按直线法摊销抵税。

具体计算如下：

$NPVF$ = 债务利息抵税的净现值 + 发行成本摊销抵税的净现值 − 发行成本
　　　= $25\% \times 574.23 \times 10\% \times (P/A, 10\%, 5) + 25\% \times 1.148 \times (P/A, 10\%, 5) - 5.74$
　　　= 49.76（万元）

$APV = NPV + NPVF = -7.04 + 49.76 = 42.72$（万元）

在杠杆融资情况下，该投资项目的净现值为正，因此项目可行。

2. 权益现金流量法

权益现金流量法（flow to equity，FTE）只对杠杆融资下属于权益所有者的项目现金流量进行贴现，贴现率为杠杆融资下的权益资本成本。其基本表达式为：

$$NPV_B = \sum_{t=1}^{n} \frac{LCF_t}{(1+K_S)^t} - (CO_0 - B) \tag{8A-2}$$

式中　NPV_B——杠杆融资的项目净现值；
　　　n——项目的寿命期；
　　　LCF_t——杠杆融资下第t年属于权益所有者的项目现金净流量；
　　　K_S——杠杆融资下的权益资本成本；
　　　CO_0——初始投资额；
　　　B——贷款额。

需要注意的是，初始投资中扣除贷款额之后才是属于权益所有者的现金流出。

（1）计算LCF。LCF（杠杆融资下属于权益所有者的项目现金净流量）可以直接由NCF（假设全权益融资下属于权益所有者的项目现金净流量）来计算。属于权益所有者的项目现金净流量在杠杆融资和全权益融资这两种情况下的差异主要在于税后利息支付和本金偿还，即

$$LCF = NCF - (1-T) \times K_B \times B - P \tag{8A-3}$$

式中　LCF——杠杆融资下属于权益所有者的项目现金净流量；
　　　NCF——假设全权益融资下属于权益所有者的项目现金净流量；
　　　T——企业的所得税税率；
　　　K_B——杠杆融资下的债务资本成本，即贷款利率；

B——贷款额;

P——借款本金,如果当年没有发生本金偿还,则P为零。

(2) 计算K_S。杠杆融资下的权益资本成本可以通过下式进行计算:

$$K_S = K_0 + (1 - T) \times (K_0 - K_B) \times \frac{B}{S}^{\ominus} \quad (8A\text{-}4)$$

式中 K_S——杠杆融资下的权益资本成本;

K_0——假设全权益融资下的资本成本;

T——企业的所得税税率;

K_B——杠杆融资下的债务资本成本,即贷款利率;

B——债务的价值;

S——权益的价值。

【例8A-1 续1】 延续使用【例8A-1】的相关数据,杠杆融资下属于权益所有者的项目现金流量如表8A-3所示。

表8A-3 杠杆融资下属于权益所有者的项目现金流量 (单位:万元)

年份	零时点	第1年	第2年	第3年	第4年	第5年
初始投资	-2 250.00					
全权益融资下的营业现金净流量		750.00	750.00	750.00	750.00	750.00
借入款项	574.23					
税后利息支付		-43.07	-43.07	-43.07	-43.07	-43.07
贷款偿还						-574.23
属于权益所有者的项目现金流量	-1 675.77	706.93	706.93	706.93	706.93	132.70

计算杠杆融资情况下的权益资本成本K_S,

$$K_S = K_0 + (1 - T) \times (K_0 - K_B) \times \frac{B}{S} = 20\% + (1 - 25\%) \times (20\% - 10\%) \times \frac{1}{3} = 22.5\%。$$

财务杠杆的提高导致权益所有者的风险增大,所以杠杆融资下的权益资本成本K_S大于假设全权益融资下的资本成本K_0。

$$NPV_B = \sum_{t=1}^{n} \frac{LCF_t}{(1+K_S)^t} - (CO_0 - B)$$

$$= -1\ 675.77 + \frac{706.93}{1 + 22.5\%} + \frac{706.93}{(1 + 22.5\%)^2} + \frac{706.93}{(1 + 22.5\%)^3} + \frac{706.93}{(1 + 22.5\%)^4} + \frac{132.70}{(1 + 22.5\%)^5}$$

$$= 119(万元)$$

3. 加权平均资本成本法

杠杆融资的项目资金部分来自债务融资,其融资成本是债务融资成本和权益融资成本的加权平均数。考虑税收的情况下,加权平均资本成本(weighted average cost of capital,$WACC$)$^{\ominus}$的计算公式为:

$$K_{WACC} = \frac{S}{S + B} \times K_S + \frac{B}{S + B} \times K_B \times (1 - T) \quad (8A\text{-}5)$$

$\ominus$ 根据资本结构的MM理论来确定,详见第9章,本章不在此做介绍。

$\ominus$ 详见第9章,本章不在此做介绍。

式中 K_{WACC}——杠杆融资下的加权平均资本成本；
　　　K_S——杠杆融资下的权益资本成本；
　　　K_B——杠杆融资下的债务资本成本，即贷款利率；
　　　T——企业的所得税税率；
　　　B——债务的价值；
　　　S——权益的价值。

负债和权益一般要按市场价值而非会计账面价值来表示。这种方法是对在假设全权益融资情况下的属于权益所有者的项目现金净流量按加权平均资本成本贴现。其基本表达式为：

$$NPV_B = \sum_{t=1}^{n} \frac{NCF_t}{(1+K_{WACC})^t} - CO_0 \qquad (8A-6)$$

式中 NPV_B——杠杆融资的项目净现值；
　　　n——项目的寿命期；
　　　NCF_t——假设全权益融资下第 t 年属于权益所有者的项目现金净流量；
　　　K_{WACC}——杠杆融资下的加权平均资本成本；
　　　CO_0——初始投资额。

杠杆融资的项目投资资金部分来自债务融资，但为什么上述公式中贴现的现金流量没有扣除债务利息费用？

第一，项目的预期现金流量与项目的资本成本率在投资者情况方面的应当遵循一致性原则。当项目现金流量的贴现率是股东所要求的报酬率（即权益资本成本）时，则被贴现的现金流量应当是扣除债务利息费用的归属于股东的现金流量（即股权现金流量），如权益现金流量法。当项目现金流量的贴现率是股东和债权人所要求报酬率的加权平均值（即加权平均资本成本）时，则被贴现的现金流量应当是未扣除债务利息费用的归属于股东和债权人的现金流量（即实体现金流量），如加权平均资本成本法。

第二，避免重复考虑债务资本成本。债务利息费用是债务融资的资本成本。使用股东和债权人所要求报酬率的加权平均值（即加权平均资本成本）来贴现项目的现金流量的过程就已经考虑了对债务资本成本的补偿。如果先扣除利息费用，再将剩下的现金流量按照加权平均资本成本来体现，则会重复债务资本成本。

【例8A-1续2】 延续使用【例8A-1】的相关数据，杠杆融资项目的实体现金流量如表8A-4所示。

表8A-4　杠杆融资项目的实体现金流量　　　　　　　　　（单位：万元）

年份	零时点	第1年	第2年	第3年	第4年	第5年
初始投资	-2 250.00					
全权益融资下的营业现金净流量		750.00	750.00	750.00	750.00	750.00

$$K_{WACC} = \frac{S}{S+B} \times K_S + \frac{B}{S+B} \times K_B \times (1-T) = \frac{3}{4} \times 22.5\% + \frac{1}{4} \times 10\% \times (1-25\%) = 18.75\%。$$

债务融资能够带来节税效应，所以杠杆融资下的加权平均资本成本 K_{WACC} 小于假设全权益融资下的资本成本 K_0。

$$NPV_B = \sum_{t=1}^{n} \frac{NCF_t}{(1+K_{WACC})^t} - CO_0 = 750 \times (P/A,18.75\%,5) - 2\,250 = 56.08(万元)。$$

4. APV 法、FTE 法、WACC 法的比较

APV 法先是假设在全权益融资的情况下对投资项目进行评价,即在计算公式中,分子为全权益融资下的项目现金净流量,分母为全权益融资下的资本成本。然后在假设全权益融资下的项目净现值的基础上加债务融资方式附带影响的净现值。

FTE 法是对杠杆融资的项目现金净流量中属于权益所有者的部分进行贴现,贴现率是杠杆融资下的权益资本成本。因为杠杆的提高导致权益所有者风险的增大,所以杠杆融资下的权益资本成本应该大于全权益融资下的资本成本。

WACC 法在计算过程中,分子为实体现金流量,分母为债务资本成本和权益资本成本的加权平均数。债务的影响没有反映在分子上,而是体现在分母上,分母中的债务资本成本是税后的,体现了负债的节税效应。

(1) APV 法与 WACC 法的比较。APV 法与 WACC 法的分子都使用了假设全权益融资的项目现金净流量(NCF)。但是,APV 法先用全权益资本成本贴现现金流量得到全权益融资下的项目净现值,然后加上债务融资方式附带影响的净现值得到杠杆融资的项目净现值。WACC 法则将现金流直接按加权平均资本成本贴现,并且加权平均资本成本小于全权益资本成本。这两种方法都反映了利息费用的节税效应:APV 法是直接加上利息节税现值;WACC 法则采用比全权益资本成本更低的加权平均资本成本来间接反映。

(2) 评价的主体。FTE 法与 APV 法、WACC 法差异较大。对于 APV 法和 WACC 法,在最后一步均扣减初始投资成本,而在 FTE 法中,只扣除企业权益投资成本的部分。因为 APV 法和 WACC 法评价的是假设全权益融资下属于权益所有者的那部分项目现金净流量,即不包含债务有关现金流量的实体现金净流量;相反,FTE 法评价的是杠杆融资下属于权益所有者的那部分项目现金净流量,即包含债务有关现金流量的股权现金流量,相应地在初始投资中也应扣减债务融资的部分。

(3) 应用条件。如果投资项目的风险在其整个寿命期内保持不变,我们就可以假设全权益融资的资本成本 K_0 保持不变(这种情况多数时候比较符合现实)。此外,如果企业的产权比率在投资项目的整个寿命期内也保持不变,则杠杆融资下的权益资本成本 K_S 和加权平均资本成本 K_{WACC} 也将保持不变。此时 FTE 法和 WACC 法计算相对容易。但如果企业的产权比率逐年变化,则 K_S 和 K_{WACC} 也将逐年变化,即 FTE 法和 WACC 法中的分母将每年变动,使得计算相对繁杂,误差也随之增大。所以当企业的产权比率随时间的推移不断变化时,FTE 法和 WACC 法的计算就很困难。

APV 法的计算是以未来各期的负债绝对水平为基础的。当未来各期的负债水平能较为准确地预测时,使用 APV 法计算相对容易;但当未来各期的负债绝对水平的不确定性较大时,使用 APV 法的准确性也难以保证。

因此,若企业的产权比率适用于投资项目的整个寿命期,建议使用 FTE 法和 WACC 法;若投资项目整个寿命期内的负债绝对水平已知,建议使用 APV 法。

附录 8B 管理(实物)期权

传统的投资项目评价方法主要是贴现现金流量的方法,从理论和实践上看,传统的贴现现金流法实际上建立在较为严格的假设之上:第一,贴现现金流量法必须精确预测投资项目在各年产生的现金净流量,并且能够确定合理的贴现率;第二,如果市场条件比预期的差,就能够以某种方法终止投资并收回初始投资;第三,投资具有不可延缓性,即公司只能选择现在投资,否则将

永远失去这个投资机会；第四，在项目的寿命期内，投资环境不会发生预期以外的变化。

然而，上述假设在实践中往往并不成立，在实际操作中很难把握。在投资实践中，宏观经济环境在不断发生变化，难以精确预测项目寿命期内各年产生的现金净流量与确定合理的贴现率。投资环境的变化具有不确定性，可能向不利于或者有利于投资项目的方向发展，因而，投资具有不可延缓性的假设前提失去了现实意义。简单地采用传统的贴现现金流量法容易导致忽视未来的管理灵活性。

管理期权（managerial options）又称实物期权，是管理人员进一步做出决策来影响一个项目的预期现金流量、项目寿命或未来是否接受的灵活性。管理期权作为期权的一种，具有期权的一般特征，它是一种选择权，其购买者（或持有者）在支付一定金额的权利金后，即拥有在未来一定时间内，以预定的价格（执行价格），购买或出售一定数量资产的权利。基于管理期权思想估计的投资项目价值等于采用传统方法计算得出的净现值与管理期权的价值之和：

$$投资项目价值 = 净现值 + 管理期权价值$$

管理期权的数量越多，其使用环境的不稳定性越高，则上述公式中管理期权价值会越大，从而投资项目的价值越大。换言之，不确定性越大，使用管理期权的机会就越大，从而管理期权的价值越大。

管理期权主要包括三种类型：扩张（或紧缩）期权、放弃期权和延迟期权。

1. 扩张（或紧缩）期权

扩张（或紧缩）期权是一种重要的管理期权，当条件有利时允许公司扩大生产，当条件不利时则允许公司紧缩生产。

当经济前景发展势头强劲时，扩张期权是重要的管理期权之一。例如，在进行关于新产品的投资项目评价时，初始评估得出的项目净现值为负，然而营销人员发现该新产品对特定人群很有吸引力，市场前景很好，如果销售量急剧增长，企业的现金流量将会大幅度提高。只有现在开始投资才可能激发起更大的市场需求，否则将会失去占领市场的先机。在这种情况下，虽然初始评估的净现值为负，但是考虑扩张期权的价值之后投资项目依然能够创造价值，该项目可以被接受。

2. 放弃期权

如果某投资项目具有**放弃价值**（abandonment value），包括出售该投资项目的资产或把这些资产应用到企业的其他领域，则需要考虑项目的放弃期权。对于既无外部市场价值又无其他用途的某些特定项目，其放弃价值为零。

当发生以下两种情况时，一般放弃投资项目，行使放弃期权：第一，其放弃价值大于投资项目后续未来现金流量的价值；第二，选择放弃投资项目比未来某个时期放弃更好。当有能力放弃投资项目时，投资项目的价值就可以得到增强。考虑放弃期权价值时的投资项目价值计算如下：

$$投资项目价值 = 没有放弃期权的净现值 + 放弃期权的价值$$

3. 延迟期权

延迟期权亦称时机选择期权。如果某投资项目未来的投资环境具有较大不确定性，并且会影响项目预期现金流量进而影响项目的可行性，则需要考虑项目的延迟期权。延迟期权赋予了投资决策者在未来某个时刻进行项目延迟投资的权利，以防止市场环境出现不利变化时遭受投资损失。通过行使延迟期权，企业能够获取关于市场、价格、成本以及其他方面的新信息，进而做出更加合理的投资决策。

需要注意的是，行使延迟期权时需要确定合理的延迟期限。一方面，延迟投资意味着企业放弃了项目延迟期限内的现金流量。另一方面，企业可能失去先发优势，尤其对于新产品的投资项目，可能失去抢占市场份额的先机。

本章小结

本章主要介绍了投资项目评价概述、投资项目现金流量及其预测、投资项目评价标准、投资项目评价的实例应用四节内容。

(1) 投资一般是指在当前投入确定数量的资金以求在未来能够获得不确定数量的预期收益,企业投资可以涉及经营性资产和金融性资产等,本章内容主要针对经营性固定资产的投资项目评价。投资项目按不同的标准可以分为不同的类型,重点应该掌握独立项目和互斥项目的识别与评价。投资项目评价的结果是进行投资决策的依据,评价内容包括市场前景分析、财务效益分析、核心能力分析。

(2) 现金流量是投资项目评价的基础,对财务决策的影响体现出时点分布、利益折算、复利计算这三个特征。预测投资项目的现金流量的完整过程总结如下:首先,考虑"相关、税后、差额"现金流量的决策依据要素,确认纳入项目评价过程的现金流量的范围。然后,遵循现金流量与资本成本的一致性原则,确认项目的现金流量是否包含与债务融资有关的现金流量以及是否考虑通货膨胀的影响。最后,按照"期初、期间、期末"现金流量的决策分类方法,确认投资项目的现金流量的发生时点。

(3) 投资项目评价标准主要包括投资回收期、净现值、盈利指数和内部收益率等。实际当中应用最广的是净现值和内部收益率。净现值最为直观与准确地度量了项目投资的资本所增加的价值,内部收益率反映了投资项目的经济保本点,是投资项目本身所固有的最高的预期投资收益率。当使用净现值法与使用内部收益率法所得的结论不一致时,应该以净现值法为准。

(4) 在互斥项目评价中,如果各投资项目的寿命期相同,一般直接计算比较各项目的净现值大小,也可先计算其中两个项目的差额现金流量,再计算差额现金流量的净现值或计算差额现金流量的内部收益率并与资本成本作比较。如果各投资项目的寿命期不同,可以假设项目能够重置,采用最小公倍数法或永续现金流法来将各个项目置于共同的寿命期内并进行比较。在固定资产的更新改造决策中,如果新设备的寿命与旧设备的剩余寿命相同,可采用差额分析法;如果新设备的寿命与旧设备的剩余寿命不同,则应该采用约当年金法。在解决资本限额问题时,正确的决策规则是选择不超过资本限额的净现值总和最大的投资项目组合。对通货膨胀的处理应当遵循现金流量与资本成本的一致性原则,即名义现金流量要使用名义资本成本来折现,实际现金流量要使用实际资本成本来折现。此外,投资风险的调整方法主要有风险调整资本成本法和风险调整现金流量法,把项目的风险因素反映在项目的资本成本或者预期现金净流量之中,通过调增资本成本或调减预期现金净流量来实现对项目预期价值的保守估计。

习题

一、简答题

1. 如果一个新投资项目的市场前景广阔,且考虑投资风险之后该项目在经济价值上可行(净现值大于0),请问此时能否直接做出接受该项目的决策,为什么?
2. 如何理解公司投资项目的相关现金流量、税后现金流量以及差额现金流量的含义?从投资项目评价角度来看,三者之间的关系是什么?
3. 什么是投资项目的机会成本?机会成本对项目的预期现金流量会产生怎样的影响?
4. 投资项目的营运资本是如何变化的?营运资本变化对项目的预期现金流量会产生怎样的影响?
5. 请简要说明投资项目现金流量预测的主要内容。
6. 什么是内部收益率?内部收益率是由什么因素决定的?
7. 使用内部收益率进行独立项目评价时,是否 $IRR \geq i_{资本成本}$ 时项目就可行?使用内部收益率进行互斥项目评价时,是否 IRR 越大越好?
8. 在投资项目评价中,使用净现值已经能够评价并判断一个投资项目是否可行,为什么还需要计算内部收益率?

9. 在公司固定资产的更新改造决策中,什么时候需要采用约当年金法?约当年金法的基本思路是什么?
10. 什么是投资项目的风险调整?风险调整资本成本法的基本思路是什么?风险调整现金流量法的基本思路是什么?
11. 在杠杆融资的投资项目评价中,使用加权平均资本成本作为贴现率时为什么被贴现的现金流量中不包含债务利息支出?

二、讨论题

1. 某公司正在考虑以下几个备选的互斥投资项目,它们的财务评价情况如表8-37所示。其中,NPV已经是无限重置假设下所计算的价值。项目的资本成本率均为10%。

表8-37 各投资项目的财务评价情况

年份	项目 A	项目 B	项目 C
初始投资(万元)	500.00	500.00	200.00
NPV(万元)	150.00	100.00	50.00
IRR	30%	13%	22%
投资回收期(年)	8	3	3

讨论问题:依据已知条件,项目A的净现值最大,但它一定是最优的吗?项目B和项目C分别在什么情况下是最优方案?

2. 某公司有600万元的留存收益可以用于扩大投资,目前正在考虑一个新投资项目,项目预期现金流量如表8-38所示。假设设备的处置收入与其账面净残值相等,资本成本率为10%。

表8-38 投资项目的预期现金流量 (单位:万元)

年份	零时点	第1年	第2年	第3年
初始投资	-600.00			
经营现金净流量		250.00	300.00	160.00
设备净残值	600	400	200	0

如果公司一直使用设备到其自然寿命结束,则项目净现值计算如下:

$$NPV = -600.00 + \frac{250}{1+10\%} + \frac{300}{(1+10\%)^2} + \frac{160}{(1+10\%)^3} = -4.58(万元)$$

讨论问题:该投资项目的净现值小于零是否意味着一定不可行,为什么?(提示:可以从杠杆融资、管理期权等方面考虑。)

3. 一般的投资项目评价在计算净现值时隐含的假设是项目投资资金均来自全权益融资,没有考虑其融资决策。但实际上投资项目的资金可能部分来自于债务而形成杠杆融资,此时项目的融资决策会影响投资决策。进行杠杆融资的投资项目评价时,主要有WACC法、FTE法和APV法。一般认为当负债绝对水平保持一定时,使用APV法;当负债比率保持一定时,使用WACC法和FTE法。

讨论问题:从投资决策角度考虑,APV法更优还是WACC法和FTE法更优?

4. 2013年3月20日,尚德电力控股有限公司(STP. NYSE,下称"尚德电力")发布公告称,其全资控股子公司、全球四大光伏公司无锡尚德太阳能电力有限公司正式进入破产重组程序。

导致无锡尚德破产的直接原因是尚德电力因其控股80%的环球太阳能基金(以下简称"GSF")管理公司的反担保骗局而陷入了财务困境。尚德电力曾为GSF投资建设的光伏电站项目提供约5.54亿欧元的融资担保,同时GSF的管理公司相关方以5.6亿欧元等值的德国政府债券为尚德提供了反担保。但是当尚德决定卖出持有GSF 80%的股权以偿还公司2013年3月到期的5.41亿美元可转债时,却发现这份反担保可能系捏造⊖。尚德因而无力偿还短期债务,公司财务困境凸显。

⊖ 尽管已经有超过60%的债权持有者愿意将偿还期推迟至5月15日,但是公司仍无力偿还。

为什么曾经风光无限的光伏龙头公司无锡尚德会陷入债务破产危机？业界对此有各种各样的评论：（1）认为公司管理层过度投资；（2）行业过度扩张导致国内光伏产能急剧过剩和市场无序竞争；（3）地方政府投资光伏项目；（4）管理者通过关联交易掏空尚德；（5）公司营业收入95%依赖海外市场；（6）金融危机引发全球经济衰退；（7）市场需求萎缩，产品价格下跌；（8）欧美对我国光伏产品反倾销与反补贴；等等。

讨论问题： 如果把尚德在光伏产业的投资视为一个整体的光伏投资项目，那么尚德破产反映的核心问题是投资项目决策中的风险难以完全预期，项目的实际现金流量与预期现金流量出现差异。结合投资项目评价中的市场前景分析、财务效益分析和核心能力分析，试讨论哪些因素在评估过程中没有被考虑到，从而导致了上述问题的发生？

三、分析计算题

1. 项目的机会成本和沉没成本

某公司拥有一台旧机器设备，目前的市场公允价值是30万元，但由于某个新投资项目的引进，公司计划花费10万元对其进行修理，从而使其能够继续运行5年。公司对该项目进行评价前，已经为其花费了50万元的研究与开发费用，预计该项目投入运营之前还需200万元的新增投资。

要求：
(1) 试确认该项目的机会成本。
(2) 试确认该项目的沉没成本。

2. 可分配成本变化的增量现金流量

某公司是一家从事餐饮连锁的小型公司，目前一共拥有9家连锁餐馆，可分配的一般管理费用为每年180万元，并假设其按照连锁经营的餐馆数量进行平均分配。该公司计划投资新开设一家餐馆，预计新餐馆将使公司可分配的一般管理费用增加至190万元。因此，新餐馆开始经营之后其每年将分摊到19万元的管理费用。

要求： 试计算由公司可分配成本变化引起的新餐馆项目的增量现金流量。

3. 处置固定资产的增量现金流量

某公司计划购置一台新设备来替代现有的一台旧设备。旧设备于8年前以40万元购入，税法规定的折旧年限为10年，采用直线法计提折旧，预计残值率为10%，目前旧设备的可变现价值为10万元，该公司适用的所得税税率为25%。

要求： 试计算处置旧设备带来的增量现金流量。

4. 投资项目完整的现金流量预测

某公司准备增添一台设备用于生产产品。预计设备的购建成本为500万元，税法规定的折旧年限与计划使用年限均为5年，按直线法进行折旧，残值为零。未来第1年至第5年产品年销售量预计分别为2.5万个、4万个、6万个、5万个和3万个，销售单价稳定在200元每个，单位变动付现成本为100元每个，固定付现成本为50万元。各年营运资本存量为当年营业收入的10%，在各年年初确认发生，在项目结束时全部收回。公司的所得税税率为25%。

要求： 试计算该项目各年的现金净流量。

5. 投资项目完整的现金流量预测

某人拟开设一个彩扩店，通过调查研究提出以下方案：

(1) 设备投资：冲扩设备购价20万元，预计可使用5年，报废时无残值收入；按照税法要求，该设备折旧年限为5年，采用直线法折旧，残值率为10%；计划在2015年1月1日购进并立即投入使用。

(2) 门店装修：装修费用预计5万元，在装修完工的2015年1月1日支付。

(3) 收入和成本预计：预计2015年1月1日开业，前6个月每月收入3万元（已扣除营业税，下同），以后每月收入 4 万元；耗用相纸和冲扩液等成本为收入的 60%；人工费、水电费和房租等费用每月 0.8 万元（不含设备折旧、装修费摊销）。

(4) 营运资本：开业时一次垫付 2 万元，5 年后结束营业时收回。

(5) 适用的所得税税率为 25%。

要求：计算该项目每年的现金净流量。

6. 净现值的计算

某公司正在考虑用一台效率更高的新设备取代现有的旧设备，有关资料如下：

(1) 旧设备的原值为 16 万元，税法规定的折旧年限为 8 年，法定残值为零。目前已经使用 3 年，预计尚可使用 5 年，报废时无残值收入。旧设备目前的市场公允价值为 8 万元。

(2) 购买和安装新设备需要 48 万元，税法规定的折旧年限与使用年限均为 5 年，按直线法计提折旧，法定残值为原值的 1/12，预计清理残值为 1.2 万元。由于该设备的效率较高，每年可以节约付现成本 14 万元。

(3) 公司的所得税率为 25%。

(4) 公司投资项目的资本成本率为 10%。

要求：评价与判断该公司是否应该购置新设备。

7. 净现值的计算

项目 A 和 B 是两个相互排斥的方案，项目的资本成本率和每年的预期现金净流量如表 8-39 所示。

表 8-39 项目 A 和 B 的预期现金净流量 （单位：万元）

年份	零时点	第 1 年	第 2 年	第 3 年	第 4 年
项目 A	-100.00	10.00	35.00	60.00	85.00
项目 B	-100.00	100.00	20.00	20.00	20.00

注：项目的资本成本为 10%。

要求：试采用差额分析法比较两个投资项目的优劣。

8. 内部收益率的计算

某公司正在考虑投资生产某个自主研发的新产品。公司过去没有投资过类似项目，且市场上也没有其他公司的类似项目可供参考，因此，项目的资本成本率较难估计。项目每年的预期净现金流量如表 8-40 所示。

表 8-40 投资项目的预期现金净流量 （单位：万元）

年份	零时点	第 1 年	第 2 年	第 3 年	第 4 年
项目的预期现金净流量	-500.00	100.00	260.00	340.00	300.00

要求：试采用插值法计算该投资项目的内部收益率。

9. 净现值、盈利指数、投资回收期的计算

某公司经过市场调研，计划投资一个新项目，有关资料如下：

(1) 新项目需要购置一条新的生产线，购置支出（包括运输费和安装调试费等）为 100 万元，税法规定的折旧年限为 5 年，按直线法计提折旧，法定残值为零。生产线的使用寿命为 5 年，报废后无残值。

(2) 生产线需要占用原本可以对外出售的车间，目前的市场公允价值为 120 万元（此价至少维持 5 年）。

(3) 项目投产后各年的营业现金收入（万元）预计分别为 100、120、150、110、80。每年的营业成本（不含折旧）与费用为 40 万元，且保持不变。

(4) 项目运营所需的营运资本随营业收入的变化而变化，预计为当年营业收入的 10%，且均在当期期

初确认发生。项目终结时，营运资本全部从项目中收回。
(5) 市场调研支出为10万元。
(6) 公司适用的所得税税率为25%。
(7) 资本成本率为10%。

要求：
(1) 分析各年的预期现金流量。
(2) 计算该项目的回收期。
(3) 计算该项目的净现值。
(4) 计算该项目的盈利指数。

10. 资本限额下的投资组合选择

某公司目前有5个相互独立的新投资项目可以考虑，可用资金为800万元。各个项目的资本性投资构成其初始现金流量，项目投入运营之后不再追加资本性投资。各个项目的资本成本率均为10%，各年的现金净流量如表8-41所示。

表8-41 各投资项目的预期现金净流量　　　　　　　　　　（单位：万元）

年份 项目	零时点	第1年	第2年	第3年	第4年
项目A	-250.00	100.00	120.00	150.00	100.00
项目B	-390.00	100.00	150.00	150.00	150.00
项目C	-300.00	50.00	100.00	150.00	150.00
项目D	-450.00	150.00	200.00	250.00	200.00
项目E	-400.00	190.00	300.00	200.00	150.00

注：各个项目的资本成本均为10%。

要求：
(1) 计算每个投资项目的净现值。
(2) 计算每个投资项目的盈利指数。
(3) 选出最佳的投资组合。

11. 通货膨胀的处理

南方某公司的产品在北方地区的销量逐渐攀升，但由于目前的生产基地在南方，产品销往北方的物流成本一直较高。为了解决这个问题，该公司计划在北方某城市新建一个生产基地，建设期预计为2年。这期间该公司打算建立一个临时的配送中心来解决北方地区产品配送的问题。投资项目的有关资料如下：
(1) 建立配送中心所需的土地购价为300万元，房屋建造费用为100万元。
(2) 配送中心投入使用后每年的运营成本为50万元，同时每年可以为公司减少200万元的产品物流成本。
(3) 2年之后公司将出售该配送中心（包括土地），预计可出售价格为350万元。
(4) 由于配送中心的使用年限较短，在此不考虑房屋的计提折旧。
(5) 项目的预期现金流量为名义现金流量，实际资本成本率为10%，通货膨胀率为2%。

要求：利用净现值法来评价该投资项目的可行性。

12. 寿命期不相同的互斥项目决策

某公司有一个闲置厂房，计划投资一个新项目，现有如下两种方案可供选择：
(1) 投资项目A：该项目生产设备的购置支出（包括运输费、安装调试费等）为700万元，税法规定的折旧年限以及使用寿命均为5年，无清理残值，按照直线法计提折旧。预计未来第1年项目的营业收入为 1 200 万元，以后每年稳定在 1 500 万元。每年的营业成本与费用（不包含折旧等非付现成本）均为营业收入的 60%。

(2) 投资项目 B：该项目生产设备的购置支出为 600 万元，税法规定的折旧年限以及使用寿命均为 6 年，无清理残值，按照直线法计提折旧。预计未来第 1 年项目的营业收入为 1 000 万元，第二年 1 500 万元、以后每年稳定在 2 000 万元。每年的营业成本与费用（不包含折旧等非付现成本）均为营业收入的 70%。

(3) 两个项目各年营运资本的存量保持在当年营业收入的 10%，均在各期期初确认发生。

(4) 资本成本率为 10%，公司适用的所得税税率为 25%。

要求：分别评价两种投资方案，并做出投资决策。（提示：可以采用永续现金流法。）

13. 固定资产更新改造

某公司通过调查研究发现，可以用一台效率更高的新设备来取代现有的旧设备，进而有效地降低项目的运营成本，新、旧设备的相关资料如下：

旧设备的原值为 520 万元，已经使用了 4 年，预计尚可使用 4 年，但需要在第 5 年进行一次维修，修理费用为 100 万元。依据税法规定，修理费用计入当期损益。旧设备的折旧年限为 8 年，按照直线法计提折旧，4 年后的清理残值为零，目前的变现价值为 250 万元。

购买和安装新设备需要 360 万元，预计可以使用 6 年，但需要在第 4 年进行一次维修，修理费用为 80 万元。依据税法规定，修理费用计入当期损益。新设备的折旧年限为 6 年，按照直线法计提折旧，6 年后的清理残值为零。

使用旧设备时，项目的年运营成本为 80 万元，更换新设备之后，每年可以节约运营成本 30 万元。相关数据经整理如表 8-42 所示。

表 8-42　使用新设备与使用旧设备的预期现金流量　　　　（单位：万元）

	新设备	旧设备
原值	360.00	520.00
预计使用年限	6.00	8.00
已经使用年限	0.00	4.00
尚可使用年限	6.00	4.00
年折旧额（直线法）	60.00	65.00
年运营成本	50.00	80.00
修理支出	（投运第 4 年）80.00	（投运第 5 年）100.00
目前变现价值		250.00
最终处理残值	0.00	0.00

注：项目的资本成本率为 10%，企业所得税率为 25%。

要求：对继续使用旧设备和购置新设备这两个投资方案进行评价，选出最佳方案。

四、自测题

1. 甲公司是一家大型铜矿企业，主要从事铜矿的勘探、开采和冶炼。为了拓展自身经营业务，形成产业链优势，公司计划进入铜板带材加工行业。目前公司正在考虑一个生产铜板带材的新投资项目，有关资料如下：

(1) 生产铜板带材需要购建一条新生产线，生产线的购置支出（包括运输费、安装调试费等）为 2 000 万元，税法规定的折旧年限为 10 年，按直线法计提折旧，残值率为 5%。设备计划使用 6 年，项目结束时的变现价值为 660 万元。

(2) 项目投入运营后，预计未来第 1~3 年产品的年销售量分别为 1 000 吨、1 100 吨、1 300 吨，第 4~6 年的年销售量稳定在 1 500 吨。产品的销售单价稳定在 3 万元每吨，单位变动付现成本为 2 万元每吨，每年的固定付现成本为 200 万元。
(3) 甲公司目前的资本结构（负债/权益）为 2/3，进入铜板带材加工行业后仍维持该目标资本结构。税前债务资本成本为 8%。甲公司过去没有投资过类似项目，但新项目与另一家乙公司的经营业务类似。乙公司的资本结构（负债/权益）为 1，股东权益的 $\beta_{权益}$ 为 1.6。目前市场的无风险报酬率为 5%，平均风险溢价为 10%。
(4) 项目各年的营运资本始终保持在当年营业收入的 10%，在各年年初追加投资，在项目结束时全部收回。
(5) 两家公司适用的企业所得税率为 25%。
(6) 不考虑新生产线购置与安装所需的时间。

要求：
(1) 计算甲公司生产铜板带材项目的资本成本率。
(2) 计算该项目的内部收益率。
(3) 计算该项目的净现值。

2. 乙公司是一家电子制造商，其自主研发的产品 F-I 自上市后销量平平，为公司贡献的经营利润较少。经过市场调研，该公司发现 F-I 产品的功能已经很难满足当前客户的使用需求，即将被淘汰。目前有两种方案可供选择，有关资料如下：

(1) 将产品 F-I 升级为二代产品 F-II。公司需对目前的旧生产线进行一次"升级"改造。旧生产线的原值为 500 万元，税法规定的折旧年限为 5 年，预计无残值，按照直线法计提折旧。目前旧生产线已使用 2 年，目前的可变现价值为 250 万元。若对其进行投资改造，则需改造费用 100 万元。改造后生产线仍可使用 3 年，3 年后报废，无残值收入。F-II 产品在未来 3 年的销售量分别为 50 万个每年、60 万个每年、60 万个每年，销售单价为 20 元每个单位变动付现成本提高 10 元每个，每年的固定付现成本为 100 万元。
(2) 转为生产销售产品 M。产品 M 是 F-I 的替代品，具有广阔的市场前景。生产 M 需要重新购建一条生产线。由于公司没有可用的厂房和土地用来增加新的生产线，只能拆除当前的旧生产线。新生产线的购建支出为 800 万元，税法规定的折旧年限与计划使用年限均为 5 年，残值率为 5%，按照直线法计提折旧，预计 5 年后的变现价值为 60 万元。产品 M 在未来 5 年的销量预计为第 1 年 50 万个，第 2 年 60 万个，以后每年稳定在 70 万个，销售单价为 25 元每个，单位变动成本为 10 元每个，每年的固定付现成本为 150 万元。
(3) 项目各年的营运资本始终保持在当年营业收入的 10%，在各年年初追加投资，在项目结束时全部收回。
(4) 假设两个方案的预期现金流量都是名义现金流量，投资项目的实际资本成本率为 12%，通货膨胀率维持 3%。公司适用的所得税率为 25%。
(5) 依据税法规定，旧生产线的技术改造费用应当资本化。
(6) 不考虑旧生产线处置清理和新生产线购建所需的时间。

要求：
(1) 计算投资项目的名义资本成本率。
(2) 采用约当年金法对改造旧生产线与购建新生产线的两个方案进行评价，并做出投资决策。

第9章

期 权

学习目标

- 理解期权到期日价值的确定。
- 掌握期权价值的影响因素。
- 理解期权估价的原理。
- 掌握二叉树期权估价模型与布莱克-斯科尔斯模型。
- 掌握主要的实物期权估价方法。

引言

本章主要内容由期权概述、期权定价、实物期权三个部分组成。第一部分，在阐述金融期权相关概念的基础上，简要介绍了期权市场、期权买卖双方的到期日价值，以及到期日前期权价值的边界和影响因素。旨在解决的问题是如何理解期权的权利实质，如何理解看涨期权、看跌期权的关系及如何利用两类期权进行风险管理，如何理解公司权益是公司资产的看涨期权等。第二部分，介绍了期权定价模型的基本思路，阐述了二叉树期权定价模型和布莱克-斯科尔斯期权定价模型的假设、计算方法及两者的联系，旨在解决的问题是如何通过构造复制组合进行期权价值评估，如何理解风险中性定价原理等。第三部分，在阐述实物期权原理的基础上，介绍期权定价方法在投资项目期权评价中的拓展运用，旨在解决的问题是如何定量考虑扩张期权、时机选择期权及放弃期权对项目价值评估的影响。

本章内容与前序相关章节有密切的联系，同时也是学习后续各章内容的基础。例如：本章的期权定价模型可应用于第4章中可转换债券价值的评估；实物期权的内容是对第8章投资项目评价的拓展与补充。本章的期权估价模型也是第13章企业价值评估的四种主要方法之一。这也说明在公司财务中，期权估价法对单项资产、项目乃至整个企业的价值评估都具有重大作用。

本章的内容框架如图9-1所示。

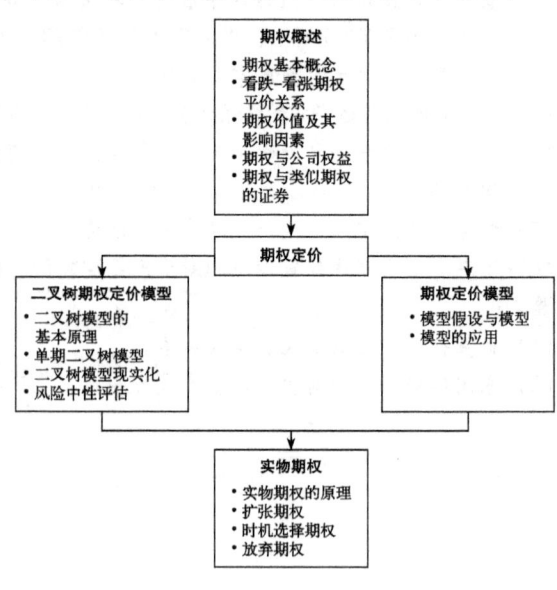

图9-1　本章的内容框架图

9.1 期权概述

金融期权是交易双方达成的一项财务合约,1973年芝加哥期权交易所的看涨期权交易是最早的标准化的期权合约交易。在证券市场上,金融期权最早是被用于企业的套期保值,即企业在投资某一项目时,同时购入看涨期权或者看跌期权,使期权的公允价值或现金流变动,预期抵消该项目全部或部分公允价值或现金流变动,以达到规避外汇风险、利率风险、商品价格风险、股票价格风险、信用风险等目的。随着证券市场的发展,金融期权的投机功能逐步体现,投机者利用标的资产的价格走势进行投机交易,通过预计标的资产价格上涨或者下降买入看涨或者看跌期权,以期获得收益。如果股票看涨期权的投资者不打算长期持有该股票,一般会以较低约定价格买入股票,再以市场价格将股票抛售赚得价差。本章将主要从企业的角度对期权进行讲解。

期权是一种在到期日或到期日之前按照某一特定的履约价格买入或卖出规定数量的某种标的资产的权利,但这并不是期权所有者的义务。因此,期权所有者可以根据是否有利来决定是否执行期权所赋予的权利。根据资产标的不同,有各种不同的期权,如股票期权、外汇期权、商品期权、股票指数期权等。瑞典皇家科学院 Bertil Näslund 教授在 1997 年度诺贝尔经济学奖授予仪式上演讲时开篇曾举了一个简单例子说明了期权在实务中的应用:"如果一家瑞典公司要在 6 个月后支付所购买的价值 1 000 万克朗的机器货款,但面临着汇率变化的风险。为避免因支付货币增值的风险,公司可以按照事先确定的支付货币的价值购买一个为期 6 个的期权,而这项期权并非必须执行的义务。显然,这里提到的支付货币期权的价格是由其价值决定的。"

期权存在的历史很长,可以追溯到古希腊亚里十多德时代,但直到 20 世纪 60 年代末之前尚未出现真正可以让人接受的评估和期权合约定价方法。三位美国学者,Fischer Black、Robert Merton 和 Myron Scholes 在 1970 年左右的工作改变了这一状况。Black 和 Scholes(1973)在美国芝加哥大学出版的《政治经济学期刊》发表的论文中提出的股票期权定价模型(这一理论以两位学者名字命名,被称为"布莱克-斯科尔斯模型")解决了期权定价问题。比这一模型公式本身更为重要的是有了一个突破,即解决了各种期权定价中的风险溢价计算的障碍问题(在其他的估价模型中,如基于现金流量的价值评估模型需对风险溢价做出估计以确定权益报酬率,但风险溢价理论上取决于投资者对风险的态度,在实务中存在测度的困难。在布莱克-斯科尔斯的期权定价模型中,不需要再计算风险溢价,但这并不是说风险溢价消失了,而是已经包含在期权价格当中了)。在布莱克-斯科尔斯期权定价模型用于在买入和卖出期权定价的 5 个因素中没有了风险溢价,使得这一模型可以非常广泛并有效地用于解决各种期权及其他衍生证券的估价问题。此外,期权定价模型对其他诸如投资方案选择、负债及保险合同等价值评价问题也产生了很大的影响。为此,哈佛大学的 Robert Merton 教授和斯坦福大学的 Myron Scholes 教授被授予 1997 年度诺贝尔经济学奖。

了解期权的有关知识对于企业财务管理具有重要意义:首先,期权是企业重要的风险管理工具,如降低外汇交易风险的外汇期权等;其次,许多投资项目都内嵌有期权,期权被广泛应用于投资项目的评价,如扩张期权等;最后,企业发行的证券也常常附有期权,如可转换债券等。本节内容将介绍期权的基本概念,并对期权的价值展开初步讨论。

9.1.1 期权基本概念

1. 期权的定义、特征和分类

期权(option)是一种选择权,是持有者通过付出一定的成本而获得的,在未来某个时期或之前以交易双方商定的价格购买或出售一定数量的某项标的资产的权利。该商定价格称作期权的**执行价格**（exercise price）。期权交易就是对这种选择权的买卖。

期权交易是买卖权利的交换，其特征主要有以下三点：①蕴含的权利和义务不对称。期权购买者，在期权合约中处于多头，拥有执行期权的选择权；期权出售者，在期权合约中处于空头，拥有履行合约的义务。不论何时执行期权，期权合约的空头方都有义务在多头方要求履约时卖出或者买进标的资产，从这种意义上说，期权是一种"特权"，期权持有人只享有权利而不承担相应的义务。②成本与收益不对称。多头方获得期权的成本为支付数额固定的期权费用，而行使权利时的收益是不固定的，因此，在损失最多为购买期权的成本费用的情况下，收益可能很大；而空头方获得的收益仅限于所收取的期权费，但遭受的损失可能很大。③具有较强的时间性。期权持有者超过规定的有效期，权利将自动失效。其价值表现为降低投资风险的同时给多头方带来更高的收益，且未来的不确定性越大，期权的价值就越大。

根据不同的分类标准，可以将期权划分为很多类别。①按照期权持有人权利的类别划分，期权可分为看涨期权和看跌期权。②根据权力行使时间的不同划分，期权可分为**欧式期权**（European option）和**美式期权**（American option）。欧式期权是指只允许其持有者在到期日当天执行的期权。美式期权是指允许其持有者在期权合约到期日或到期日之前任何时间执行的期权。③根据标的资产的不同划分，期权有股票期权、外汇期权、商品期权、股票指数期权等。本节内容主要按照第一种划分方法把期权分为看涨期权和看跌期权展开讨论。

2. 期权的到期日价值

看涨期权（call option）赋予期权持有者在将来确定的到期日或之前，以执行价格购买标的资产的权利。例如，执行价格为70元的A公司股票3月份到期的欧式看涨期权，赋予了其持有者在到期日以70元的价格购买一股A公司股票的权利。如果看涨期权的执行价格低于当前股票的市价，则看涨期权处于**实值**（in-the-money）状态；如果执行价格高于当前股票市价，则看涨期权处于**虚值**（out-of-the-money）状态；如果执行价格等于当前股票市价，则看涨期权处于**平价**（at-the-money）状态。

对期权持有者来说，期权是一项权利而不是义务，因此，持有者可以选择不执行权利。就看涨期权而言，持有者只有当标的资产的市值超过执行价格时才会执行期权合约。如果期权在到期日仍没有执行，就会失效，不再具有价值。于是，对于看涨期权的购买方而言，到期时看涨期权的价值为：

$$C_B = \max(S - K, 0) \tag{9-1}$$

式中　　C_B——看涨期权购买方的价值；

　　　　S——到期日的股票价格；

　　　　K——期权执行价格。

看涨期权购买方的价值为股价和期权执行价格之差与零两者中的较大者。

对于看涨期权的出售者而言，出售一份看涨期权，便向看涨期权的购买方承诺一旦购买方要求执行期权，就一定依约出售股票。所以，看涨期权购买方的资产就是出售者的负债，对于看涨期权的出售方而言，到期看涨期权的价值为：

$$C_S = -\max(S - K, 0) \tag{9-2}$$

式中　　C_S——看涨期权出售方的价值。

看涨期权购买方的收益即为看涨期权出售方的损失。

通过一个例子可以直观的了解看涨期权到期日的价值与到期日标的资产价格、期权执行价格间的关系。某投资者于2012年6月购买了一份执行价格为70元的2013年3月份到期的A公司股票欧式看涨期权。该投资者与看涨期权出售者在到期日的收益情况（单位：元）如图9-2所示。

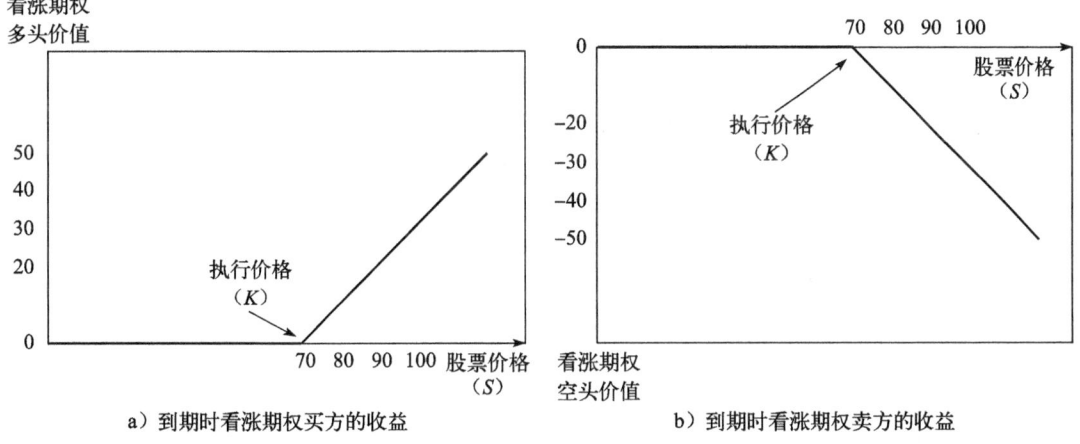

图 9-2

图9-2称为头寸图,反映了看涨期权买卖双方的到期收益状况,也就是到期时看涨期权的价值。由图9-2可知,若到期日股票价格小于70元,看涨期权将不被执行,看涨期权买方与卖方的收益均为0;若到期日股票价格大于70元,假设为80元,则看涨期权将被执行,看涨期权买方的收益为10元,看涨期权卖方将因执行合约而损失10元。

然而,由于头寸图中并不涉及购买期权的初始成本或出售期权的初始收入,因此不能反映期权合约双方的最终利润状况,在看涨期权买方的到期收益中扣除其购买期权的初始成本即可得到看涨期权买方的到期利润;在看涨期权卖方的到期收益中加上其出售期权的初始收入即可得到看涨期权卖方的到期利润。续前例,若执行价格为70元的2013年3月份到期的A公司股票看涨期权的价格为10.8元,该投资者与看涨期权出售者在到期日的净利润状况(单位:元)如图9-3所示。

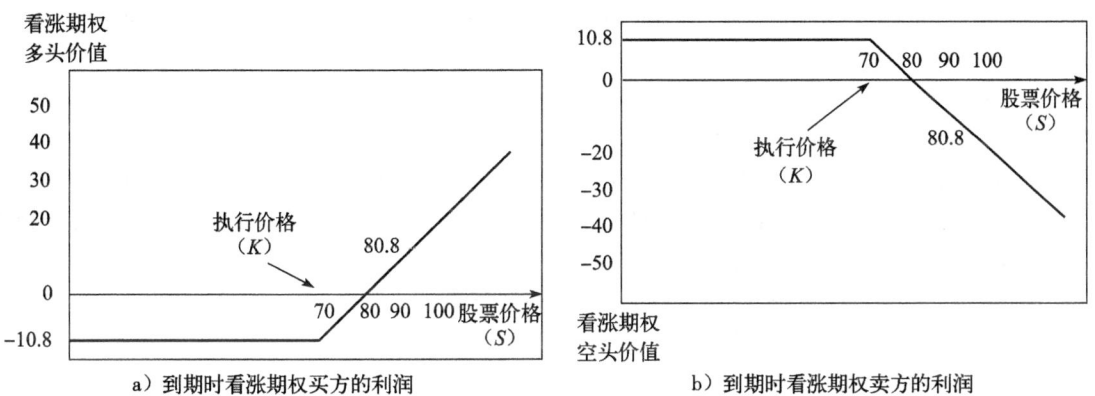

图 9-3

由图9-3可知,看涨期权买方的净利润存在以下4种状态:

1) 损失。如本例中股票价格不高于70元时,看涨期权到期日股票价格不高于执行价格,看涨期权不被执行,看涨期权买方将直接损失10.8元期权费。

2) 减损。如本例中股票价格高于70元但小于80.8元时,看涨期权到期日股票价格高于执行价格但小于执行价格与期权费之和,看涨期权将被执行,但此状态看涨期权买方的净利润(相比于不购买看涨期权而在到期日直接购买股票)仍为负,看涨期权买方的财富减损但损失额小于期权费。

3) 保本。如本例中股票价格等于 80.8 元时，看涨期权到期日股票价格等于执行价格与期权费之和，看涨期权将被执行，此状态看涨期权买方的净利润（相比于不购买看涨期权而在到期日直接购买股票）为 0，实现了保本。

4) 获利。如本例中股票价格大于 80.8 元时，看涨期权到期日股票价格大于执行价格与期权费之和，看涨期权将被执行，此状态看涨期权买方的净利润（相比于不购买看涨期权而在到期日直接购买股票）为正，即看涨期权买方通过购买看涨期权实现了获利。

类似地，看涨期权卖方的净利润也存在 4 种状态：

1) 获利。如本例中股票价格不高于 70 元时，看涨期权到期日股票价格也不高于执行价格，看涨期权不被执行，看涨期权卖方将直接赚得期权费。在本例中表现为看涨期权卖方赚得了 10.8 元的期权出售收入。

2) 得益。如本例中股票价格高于 70 元但小于 80.8 元时，看涨期权到期日股票价格高于执行价格但小于执行价格与期权费之和，看涨期权将被执行。此状态下，看涨期权卖方须以执行价格出售标的股票，看涨期权卖方遭受损失但损失额小于期权出售时获得的期权费收入。因此，看涨期权卖方的净利润仍为正，但看涨期权卖方的财富增加额小于期权费。

3) 保本。如本例中股票价格等于 80.8 元时，看涨期权到期日股票价格等于执行价格与期权费之和，看涨期权将被执行。此状态下，看涨期权卖方须以执行价格出售标的股票，遭受亏损；但由于在期权出售时，期权卖方获得了期权出售收入，因此，看涨期权卖方的净利润为 0，实现了保本。

4) 损失。如本例中股票价格大于 80.8 元时，看涨期权到期日股票价格大于执行价格与期权费之和，看涨期权将被执行。此状态下，看涨期权卖方须以执行价格出售标的股票，看涨期权卖方遭受亏损且亏损额超出期权出售获得的期权费收入。因此，看涨期权卖方的净利润为负。

与看涨期权相反，**看跌期权**（put option）赋予期权持有者在到期日或之前以确定的执行价格出售某种资产的权利。例如，执行价格为 80 元的 A 公司的股票 2013 年 3 月份到期的欧式看跌期权就赋予其持有者在到期日以 80 元的价格出售一股 A 公司股票的权利。如果看跌期权的执行价格高于当前股票的市价，则看跌期权处于实值状态；如果执行价格低于当前股票市价，则看跌期权处于虚值状态；如果执行价格等于当前股票市价时，则看跌期权处于平价状态。

一般来说，只有在执行价格高于标的资产的市场价格时看跌期权才会被执行，即持有者只愿以高价卖出低值资产。如果期权在到期日仍没有执行就会失效，不再具有价值。于是，对于看跌期权的购买方而言，到期时看跌期权的价值为：

$$P_B = \max(K - S, 0) \tag{9-3}$$

式中　P_B——看跌期权购买方的价值；
　　　K——期权执行价格；
　　　S——到期日的股票价格。

看跌期权购买方的价值为期权执行价格和股价之差与零两者中的较大者。

与看涨期权一样，看跌期权出售者的收益与购买方的收益也恰好相反。到了执行日，如果股票价格高于执行价格，看跌期权购买者不会执行期权，期权出售者的负债额就将转变成 0；如果股票价格低于执行价格，看跌期权购买者将执行期权，看跌期权出售者就将损失期权执行价格与股票价格之间的差额。所以，对于看跌期权的出售方而言，到期看跌期权的价值为：

$$P_S = -\max(K - S, 0) \tag{9-4}$$

式中　P_S——看跌期权出售方的价值。

看跌期权购买方的收益即为看跌期权出售方的损失。

看跌期权到期日的价值与到期日股票价格、期权执行价格间的关系同样可以通过看跌期权的头寸图来反映。某投资者于 2012 年 6 月购买了一份执行价格为 80 元的 2013 年 3 月份到期的 A 公司股票欧式看跌期权。该投资者与看跌期权出售者在到期日的收益情况（单位：元）如图 9-4 所示。

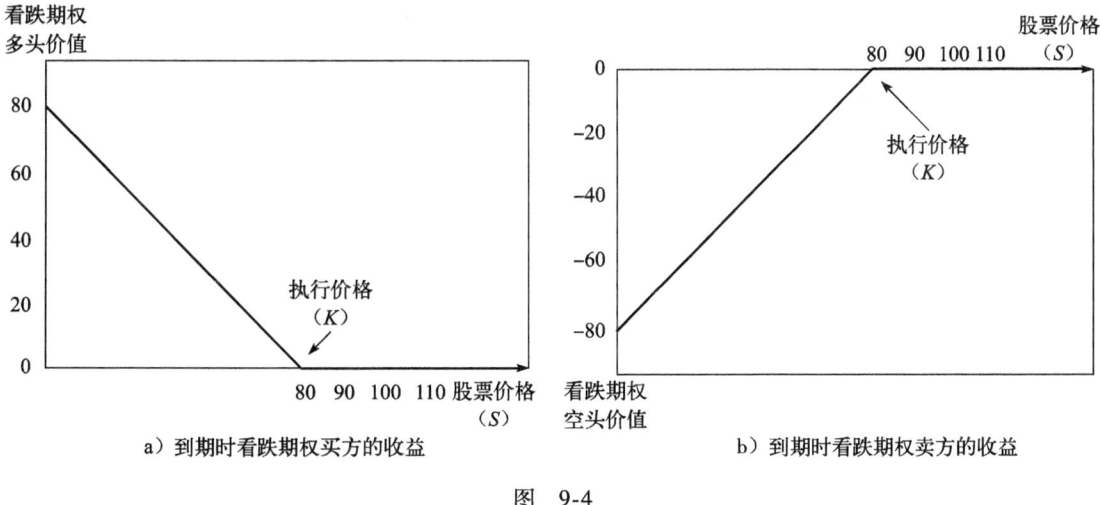

图 9-4

由图 9-4 可知，若到期日股票价格小于 80 元，假设为 60 元，看跌期权将被执行，看跌期权到期日价值为 20 元，看跌期权卖方将因执行合约而损失 20 元；若到期日股票价格高于 80 元，看跌期权不被执行，看跌期权买方与卖方的收益均为 0。

看跌期权头方的到期利润等于看跌期权买方的到期收益减去购买期权的初始成本；看跌期权卖方的到期利润等于看跌期权卖方的到期收益加上出售期权的初始收入。若执行价格为 80 元的 2013 年 3 月份到期的 A 公司股票看跌期权的价格为 8.5 元，该投资者与看跌期权出售者在到期日的净利润状况（单位：元）如图 9-5 所示。

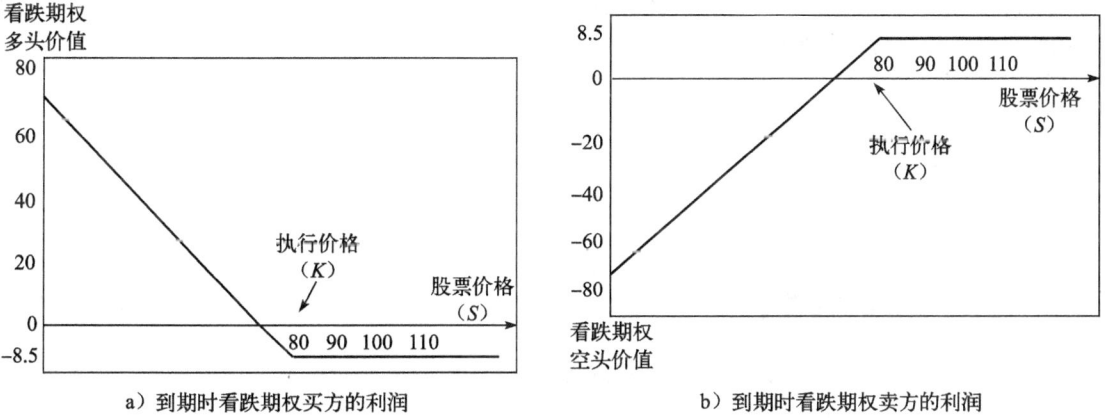

图 9-5

看跌期权买方和卖方的净利润和看涨期权相似，可以看出在期权交易中，如果不考虑交易手续费和税负，买卖双方是一个**零和博弈**（zero-sum game），期权买方的风险是可以预见并以期权费为限的，而收益的可能性却是不可预见的；期权卖方的风险是不可预见的，而获得收益的可能性是可预见并以期权费为限的。

9.1.2 看跌-看涨期权平价关系

期权是进行风险管理的有效工具之一。投资者全部购买股票是有风险的，所以可以考虑既投资股票，又购买该股票的看跌期权，以此将投资的潜在风险控制在一定水平，即利用看跌期权的性质对股票提供下跌保护⊖。假设投资者同时持有某公司的一股股票和一份看跌期权。如果到期日股票价格高于看跌期权的执行价格，看跌期权不被执行，投资者的收益为股票投资收益；如果到期日股票价格低于看跌期权的执行价格，看跌期权被执行，股票将以执行价格出售给看跌期权出售方，从而避免了股价下跌造成的损失。

现假设某投资者持有 A 公司的一股股票，并于 2012 年 6 月购买了一份执行价格为 80 元的 2013 年 3 月份到期的 A 公司股票欧式看跌期权。该投资者在到期日的收益情况（单位：元）将如图 9-6 所示。

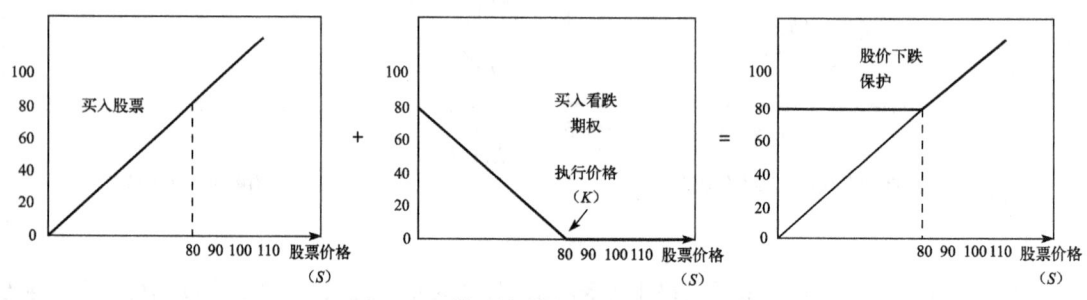

图 9-6　到期时保护性看跌期权的收益

同样地，利用看涨期权也可以产生与股票和看跌期权组合同样的收益。假设该投资者于 2012 年 6 月购买了一份执行价格为 80 元的 2013 年 3 月份到期的 A 公司股票欧式看涨期权，并购买与期权同时到期的现值为 80 元的无风险债券。若到期时，A 公司的股票价格高于 80 元，该投资者将执行看涨期权，以 80 元购入 A 公司的一股股票，然后以股票市价售出股票，获得市价与执行价格间的差额；若到期时，A 公司的股票价格低于 80 元，看涨期权将不被执行。而无论 A 公司的股票价格怎样变动，无风险债券总会给投资者带来 80 元的收入。所以，该投资者在到期日的收益情况（单位：元）将如图 9-7 所示。

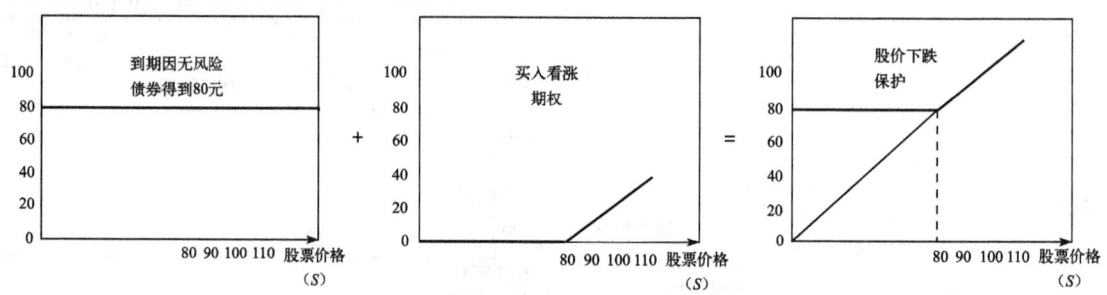

图 9-7　到期时看涨期权与无风险债券的收益

从以上的分析中不难发现，无论股票价格如何变动，看涨期权加无风险债券与股票加看跌期权给投资者带来的收益总是相同的，因为如果收益不相同的话，投资者可以买入便宜的组合并卖出贵的组合形成套利行为，说明定价有误。因此，两种组合的收益相等，其成本也必然相等，可以此得到一个基本的欧式期权关系式：

⊖　这种把股票和看跌期权组合的金融产品称为"保护性看跌期权"（protective put）。

看涨期权价值 + 执行价格现值 = 看跌期权价值 + 股票价格

这一基本关系式就是**看跌 – 看涨期权平价关系**（put-call parity），这一关系只有在看跌和看涨期权有相同的执行价格和到期日时才成立，且无风险债券的到期日也要和期权的到期日相一致。投资者可以根据此平价关系，利用欧式看跌期权价格推断出有相同行权价和到期日的欧式看涨期权价格，反之亦然。

看跌 – 看涨期权平价关系也可表示为：

$$C + \frac{K}{(1+r_f)^T} = S_0 + P \tag{9-5}$$

式中　C——看涨期权的价值；
　　　K——执行价格；
　　　r_f——无风险利率；
　　　T——期权有效期；
　　　$\frac{K}{(1+r_f)^T}$——无风险债券的成本；
　　　S_0——股票的现价；
　　　P——看跌期权的价格。

式（9-5）只对有效期内不分发股息的情况适用，对于股票支付股息的欧式看涨期权，这一平价关系可推广为：

$$C + \frac{K}{(1+r_f)^T} = S_0 + P - PV(\text{股息}) \tag{9-6}$$

式中　PV（股息）——期权有效期内股票所支付的股息的现值。

同样，式（9-6）也只适用于欧式期权，并且每个期权都持有到到期日，等号两边所代表的两种资产组合的现金流会相等。如果看涨期权或看跌期权在到期日前的不同时间被执行，则不能保证预期收益是相等的，此时，两种资产组合会有不同的价值。

上文提到的保护性看跌期权在实际的证券市场中是一种规避股票风险的投资策略。除此之外，主要的投资策略还包括抛补的看涨期权和对敲两类，抛补的看涨期权是指买进股票的同时卖出它的看涨期权，这种策略多被机构投资者采用。假设投资者原本就打算在未来某一时点以成本 A 买入一只股票，那么他可以选择现在卖出该股票的看涨期权获得期权费 B，如果到期股票价格小于或者等于 A，那么投资者会获得的最少为 B 的利润，如果到期股票价格大于 A，那么投资者会获得少于 B 的利润，此时相比于直接在未来某一时点直接以 A 买入股票可以获得更大的保障。对敲是指同时买进具有相同到期价格与到期时间的同一种股票的看涨期权与看跌期权。如果投资者认为一只股票的股价在未来会有大幅升降，但不知道会向哪个方向变动的话，可以选择对敲的投资策略以期获得收益，但如果期权到期时股票价格不变，投资者将损失看涨期权加上看跌期权的期权费。读者可以尝试画出抛补的看涨期权和对敲两类期权策略的收益图。

9.1.3　期权价值及其影响因素

1. 看涨期权价值的边界

期权的价值由期权的**内在价值**（intrinsic value）和期权的**时间价值**（time value）两部分构成。期权的内在价值，是立即执行期权所带来的收益。对于实值期权而言，其内在价值为股票现价与执行价格的差额；对于虚值期权和平价期权，其内在价值为 0。

期权实际价格与内在价值的差即为期权的时间价值。期权的时间价值来源于因期权合约尚未到期股票价格的潜在波动性。离到期时间越远，股价波动的可能性越大，期权的时间价值也越大。随着到期日的临近，期权的时间价值逐渐减小。如果已经到了到期时间，时间价值为 0，期权的价值只剩下内在价值。

通过绘制期权的头寸图（见图9-2及图9-4），我们已经了解了期权到期日的价值情况。在本部分内容中，将通过讨论看涨期权价值的上、下限[⊖]，分析到期日前期权价值的范围。

看涨期权价值的**上限**（upper-bound）为股票价格。这是因为，股票的最终收益总要高于期权的收益：若期权到期日，股票价格高于期权的执行价格，看涨期权的价值就等于股票价格减去执行价格；如果股票价格低于执行价格，看涨期权的价值则为0。

看涨期权价值的**下限**（lower-bound）为0与当前股价减去执行价格的现值中的较大者。为理解这一结论，不妨假设存在A、B两个交易组合。组合A为一份欧式看涨期权加上数量为执行价格现值的现金；组合B为公司的一股股票。由图9-7可知，组合A的到期日价值为到期日股票价格与执行价格中的较大者；而组合B的到期日价值为到期日股票价格。由于到期日组合A的价值不低于组合B的价值，组合A的成本也不低于组合B的成本，否则将发生套利行为。所以，到期日前，欧式看涨期权的价值加上执行价格的现值不小于股票当前价格，也即看涨期权价值不小于当前股价减去执行价格的现值，其表达式为：

$$C \geq S_0 - \frac{K}{(1+r_f)^T} \tag{9-7}$$

式中　C——看涨期权的价值；
　　　S_0——股票的现价；
　　　K——执行价格；
　　　r_f——无风险利率；
　　　T——期权有效期；
　　　$\frac{K}{(1+r_f)^T}$——执行价格的现值。

另外，对于期权而言，最差的情况是到期时价值为0，因此，该看涨期权的价值是非负的。式（9-7）可调整为：

$$C \geq \max\left(S_0 - \frac{K}{(1+r_f)^T}, 0\right) \tag{9-8}$$

由看涨期权的上、下限，可得到到期日前看涨期权价值所处的范围，如图9-8所示。

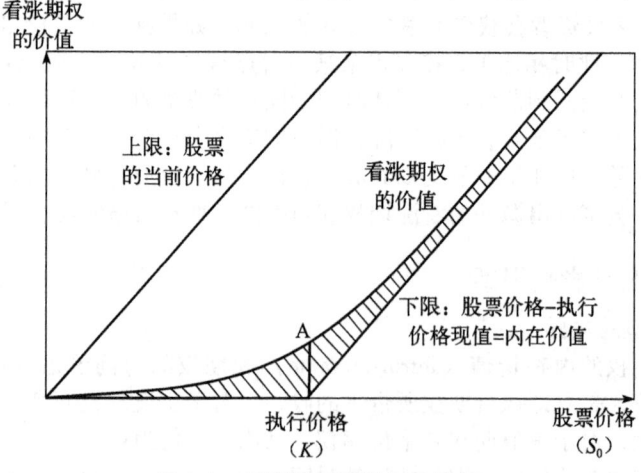

图9-8　到期前看涨期权的价值

⊖ 为方便讨论，本小节分析的看涨期权仅为无股息股票的欧式看涨期权。

由图 9-8 可知，看涨期权的价值曲线是位于股票当前价格与股票价格减执行价格现值之间的向上弯曲的曲线，该曲线起始于上下限交汇处（0 点），然后开始上涨，并逐渐与下限的向上倾斜的部分平行，阴影部分为期权的时间价值。由看涨期权的价值曲线可以看出，当股票价格非常低时，由于期权几乎没有执行的可能性，期权的价值几乎为 0；当股票价格非常高时，由于执行期权几乎成为必然，期权价格等于股票价格减去执行价格的现值。

2. 期权价值的影响因素

为推导期权价值的影响因素，在图 9-8 中以执行价格的折点 K 为横坐标垂直于 x 轴与看涨期权价值曲线相交于点 A，这时股票价格恰好等于执行价格，假设 A 点上有 X、Y 两支除波动率不同以外，其他因素都相同的股票，它们有 50% 的可能性为虚值期权，也有 50% 的可能性为实值期权，其未来股票价格分布如图 9-9 [⊖] 所示。

在图 9-9 中，X、Y 的唯一区别是 Y 的波动率更大，所以预测 Y 股票在期权到期日的价格要比预测 X 股票在期权到期日价格更困难，Y 股票具有更大的上涨潜力，Y 公司股票的看涨期权具有较高收益率的可能性更大。将 X、Y 两

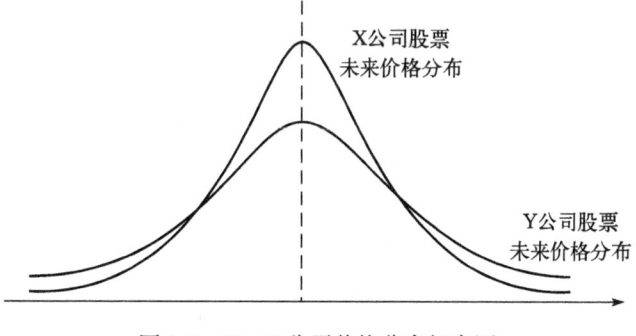

图 9-9　X、Y 公司价格分布概率图

只股票的具体情况嵌入到图 9-8 中，衍生出两只股票的到期前看涨期权的价值如图 9-10 所示。

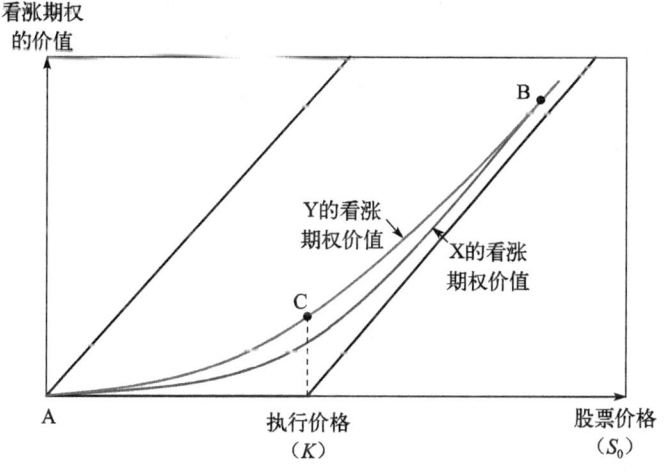

图 9-10　X、Y 到期前看涨期权的价值

为更好理解期权价值曲线并解释期权价值的影响因素，在价值曲线上设立了 A、B、C 三点对不同状态下的期权价值进行分析，并认为期权的价值取决于股票当前价格、期权执行价格、期权有效期、股票价格波动率及无风险利率五大因素。下面以看涨期权为例，以 A、B、C 三点为基点，详细阐述五大因素对看涨期权价值的影响。

以 A 点为例，当股票价格为 0 时意味着股票将来也不会有价值，期权到期时肯定不会被执行，期权今天的价值也为 0。当执行价格确定时，随着股票价格的升高期权被执行的可能性增加。

⊖ 为了简化模型，这里假设可能的股票价格分布具有对称性，但这并不是必要的假设。

而看涨期权在将来某一时刻行使时,期权收益等于股票价格与执行价格的差额。因此,当执行价格不变时,看涨期权价值随着股票价格的上升而增大;与此同时,也很容易得到,当股票价格不变时,看涨期权价值随着执行价格的上升而降低。

以 B 点为例,此时期权价值曲线逐渐变得与期权价格下限平行。其主要原因是,股票价格越高,期权最终被执行的可能性就越大,当股票价格足够高时,期权将会被执行就基本确定,投资者相当于拥有了一份还没有付款的股票。如果期权投资者有一部分是通过借款来完成,延迟支付能力在无风险利率高时期权有较大价值,且延迟时间越长期权价值越大,所以看涨期权的价值与无风险利率和距离到期的时间正相关。

以 C 点为例,此时股票价格刚好等于执行价格,因此今天执行期权将没有价值。但在未来一段时间内,X 股票的变动不算太大,期权所拥有的时间价值较小,那么 X 股票所对应的期权价值不高;相反,其他条件相同下的 Y 股票变动相对较大,甚至可能翻番或者折半,期权所拥有的时间价值较大,那么 Y 股票所对应的期权价值也较高。总体来说,当波动率增大时,股票价格大幅上升或大幅下降的机会增大。对于看涨期权持有者而言,他将从股票上升中获利,而股票下跌给其带来的损失是有限的。因此,看涨期权的价值将随标的资产波动率的增加而增加。另外,从统计学的角度来讲,期权的价值在 C 点附近多取决于累计波动性,即如果给定波动性,距离到期日时间更长的期权更有价值。⊖

综上所述,期权价值有股票当前价格、期权执行价格、期权有效期、股票价格波动率及无风险利率 5 大因素。对于看跌期权而言,股票价格、执行价格、利率对看跌期权价值的影响与对看涨期权价值的影响相反:随着股价的增加、执行价格的减少、利率的上升,看跌期权的价值下降。而期权有效期和股票价格波动率对看跌期权的影响与对看涨期权价值的影响方向相同:有效期的增加、股票价格波动率的增大将使看跌期权的价值上升。表 9-1 更直观地体现其对期权价值的作用。

表 9-1　看涨期权价格的决定因素

增加的变量	影响看涨期权方向	影响看跌期权方向
股票价格	正向	负向
执行价格	负向	正向
无风险利率	正向	负向
到期日	正向	正向
股票价格的波动性	正向	正向

9.1.4　期权与公司权益

持有公司股票的投资者受到"有限责任"的保护:一旦公司无法清偿债务,公司的债权人仅能获得公司的资产,而对公司股东财产没有追索权。由于这一特性,公司的权益可以被看做公司资产的看涨期权,其执行价格相当于公司未清偿债务的价值。在贷款到期时,如果公司的资产价值大于未清偿债务,股东会归还债务将公司资产赎回;如果公司的资产价值小于未清偿债务,股东将放弃公司资产,如图 9-11 所示。所以,股东拥有以未清偿债务价格买回公司资产的权利,即拥有公司资产的看涨期权。

利用看涨期权的性质能更好地理解第 10 章中所提及的资产替代问题。公司权益是以公司资

⊖ 如果股票价格服从随机游动,则连续的价格变化是相互独立的。到期日前累积的价格变化为 t 个随机变量的总和,独立的随机变量之和的方差等于这些变量的总和。如果 σ^2 是每日价格变化的方差,并且距离到期日尚有 t 天,则累积价格变化的方差为 $\sigma^2 t$。

产为标的的看涨期权,与其他期权一样,期权的价值将随着标的资产风险(波动率)的增加而增加。如果经理能在不改变其他因素的前提下,用有风险的资产来替代较安全的资产,那么公司权益的价值就会上升,股东将从中获益。相应地,公司的债务价值会下降。

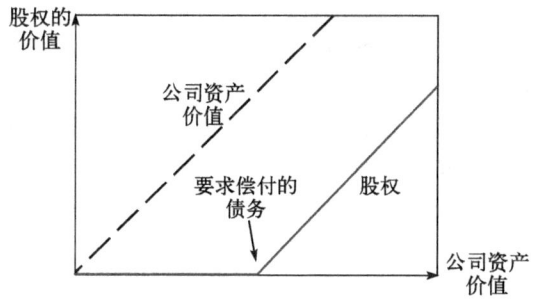

图 9-11 作为看涨期权的股权

9.1.5 期权与类似期权的证券

本书在介绍第四章长期融资时,曾用期权的知识讲解过可转换债券与认股权证的价值曲线,在学习了本章第一节期权概述的基本内容过后,可以更加深入理解可转换债券与认股权证的价值构成原理,图 9-12 为一定利率下可转换债券的价值与股票价值的关系。

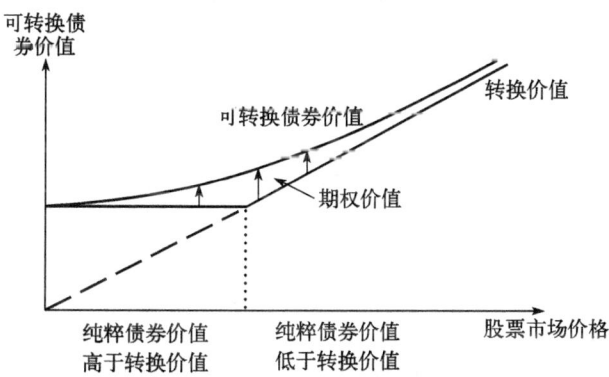

图 9-12 一定利率下可转换债券的价值与股票价值的关系图

从图 9-12 中可以看出,可转换债券的价值通常会高于纯粹债务价值和转化价值,这是因为可转换债券持有者通过等待而得到的期权是有价值的,实际上,可转换债券是一个普通债券和一个看涨期权的组合,持有者可以通过等待来观察纯粹债券价值和转换价值的价格差来决定是转换成普通股票还是持有至到期。由图可知,当股价趋近于 0 时,纯粹债券价值是有效下限,转换的期权价值也趋近于 0,可转换债券就像普通债券一样在市场上交易;当股价很高时,持有者选择将债券转换为股票的可能性非常大,债券的价格基本取决于转换价格,转换的期权价值趋近于 0;而当股价处于纯粹债券和转换价值的交点附近时,持有者的等待最有价值,因此期权价值也就最大。因此,图 9-12 中期权价值呈现出先变大后变小的趋势。

本书第四章所介绍的认股权证实际上也是公司发行的看涨期权,它与看涨期权主要有两个不同点:①认股权证的执行需要公司发行新股,这就增加了公司的股票数;而看涨期权的执行只需要卖方交割已经发行的股票,公司的总股数不变。②当认股权证的持有者以执行价格购买股票时会为公司带来现金流,而看涨期权的执行则不会。回顾图 4-15 可以发现,认股权证的价值曲线与图 9-7 到期前看涨期权的价值基本一致。

9.2 期权定价

期权定价理论是公司财务最主要的基本理论之一。由于期权的风险时刻随着股票价格的变动而变动，无法确定一个合适的折现率对期权的期望现金流进行贴现，所以资产价值评估的现金流量贴现法并不适用于对期权价值进行评估。Black 和 Scholes 指出，可通过构造无风险债券和股票的组合，复制期权的收益，而购买此复制组合的成本就等于期权的价值。这一观点成为期权定价模型的基本思路，使得对期权价值评估得以实现。本节将先介绍相对较为容易理解的**二叉树期权模型**（Binomial Model），再介绍**布莱克-斯科尔斯**（Black-Scholes）**期权模型**。

9.2.1 二叉树期权定价模型

1. 二叉树模型的基本原理

二叉树模型的基本原理是把期权的有效期划分为多个很小的时间间隔 Δt，并假设在每一个时间间隔 Δt 内股价 S 只有上升和下降两种可能。因此，二叉树模型实际上是在用大量离散的小幅度二值运动来模拟连续的股价运动。如下图9-13所示，"u" 和 "d" 分别代表股价上升或下降为原来数值的倍数。需要注意的是，在较大的时间间隔内，这种运动是不符合实际的，但是当时间间隔足够小，且每个瞬间股价只有两个方向变动时，假设是可以接受的。运用二叉树模型为期权定价，主要有通过普通股与借款构造期权等价物和风险中性定价两种方法。

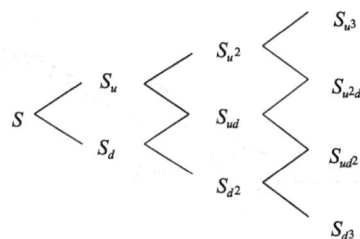

图 9-13　二叉树模型的基本框架

2. 单期二叉树模型

在计算期权当期的价值时，可以通过构造一个由无风险债券和股票构成的复制组合来完成，该复制组合在到期日的收益无论股价上升还是下降，均与期权的收益相同。假设当前的股价为 S，在下一期，股价或者上涨至 S_u，或者下跌到 S_d，无风险利率为 r_f。且股价上涨时，期权的价值为 C_u；股价下跌时，期权的价值为 C_d。由于期权当期价值与复制组合收益相同，因此要得到期权当期价值，需要寻找合适的股票数量 Δ 和无风险债券的借贷金额（B），使下式成立：

$$S_u \Delta + (1 + r_f) B = C_u \quad 且 \quad S_d \Delta + (1 + r_f) B = C_d \tag{9-9}$$

不难求得：

$$\Delta = \frac{可能的期权价格变化幅度}{可能的股票价格变化幅度} = \frac{C_u - C_d}{S_u - S_d} \tag{9-10}$$

$$B = \frac{C_u - S_u \Delta}{(1 + r_f)} = \frac{C_d - S_d \Delta}{(1 + r_f)} \tag{9-11}$$

由于复制组合的到期日收益与期权相同，因此，期权目前的价值必与复制组合的成本相等，其表达式为：

⊖ 股票数量 Δ 被称为期权德尔塔（option delta）。如果投资者出售一份期权并持有 Δ 股股票，那么其到期日的投资收益将不受股票价格的影响，因此，Δ 也被称为套期保值率（hedge ratio）。

$$C = S\Delta + B \tag{9-12}$$

通过一个例子可以直观地了解单期二叉树模型的期权价值评估过程。假设有一份6个月期的执行价格为70元的A公司股票欧式看涨期权，若A公司股票当前价格为70元，期权到期日，股票价格将上升到85元或下跌至60元，且6个月的无风险利率为3%。根据式（9-10）和式（9-11）可知，应当构造的复制组合是：购入0.6股A公司股票并从银行借入34.95元。6个月末，看涨期权与复制组合的收益状况如表9-2所示。

表9-2 到期日看涨期权与复制组合收益状况

期初投资策略		6个月末收益状况	
		股价为85元	股价为60元
看涨期权（执行价格为70元）		15	0
复制组合	购入0.6股股票	51	36
	以3%利率借入34.95元	-36	-36
	合计	15	0

表9-2表明，对股票按照复制组合进行杠杆投资将获得与看涨期权完全相同的收益，因此，两种投资策略在期初必有相同的投资成本。所以，6个月期的执行价格为70元的A公司股票欧式看涨期权的价格为：

$$C = S\Delta + B = 70 \times 0.6 - 34.95 = 7.05(元)$$

3. 二叉树模型现实化

单期二叉树模型存在的问题是，对股票价格仅仅假定有两种可能价格，往往是不符合实际的。解决这一问题的途径是，将时间间隔划分的越来越细，而在每段时间间隔内股票价格仍只呈现两种可能的变化。多期二叉树模型计算的具体路径是，从二叉树的末端开始，依次从后向前回推，最终求出期权当前的价值。

通过一个两期二叉树模型的期权价值评估例子可以直观了解上述多期二叉树模型的应用思路。同样是一份6个月期的执行价格为70元的A公司股票欧式看涨期权，且A公司股票当前价格为70元。但是股票价格的变化情况变化为：每3个月上涨15%或下降13.04%。3个月无风险利率为1.5%。股价变动的两期二叉树如图9-14所示。

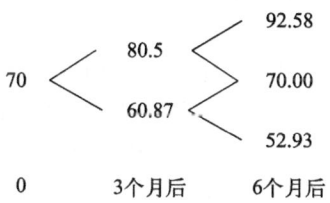

图9-14 股价变动的两期二叉树

要计算当前期权的价值，首先要计算3个月后看涨期权的可能价值。而3个月后期权的价值可依据6个月后股票价格变动的情况利用单期二叉树模型求出。

3个月后期权的价值可分为两种情况：

（1）股价为80.5元，期权的有效期为3个月、执行价格为70元，未来3个月股价上升至92.58元或下降至70元。所以看涨期权的到期日价值为22.58元或0元。根据式（9-10）和式（9-11）可知，应当构造的复制组合是：购入1股A公司股票并从银行借入68.97元。所以这种情况下，3个月末期权的价值为11.53元。

（2）股价为60.87元，期权的有效期为3个月、执行价格为70元，未来3个月股价上升至70元或下降至52.93元，看涨期权的到期日价值均为0。所以这种情况下，3个月末期权的价值为0元。

已知 3 个月后期权的价值，便可利用单期二叉树模型计算出期初看涨期权的价值。此时，股价上涨为 80.5 元时，看涨期权的价值为 11.53 元；股价下降为 60.87 元，看涨期权的价值为 0 元。根据式（9-10）和式（9-11）可知，应当构造的复制组合是：购入 0.59 股 A 公司股票并从银行借入 35.24 元。最终可求得期权的价值为 6.06 元。

通过不断缩短每一时期的时间间隔，增加股价二叉树的时期数，可以构造出更为现实的股价变动模型。然而，随着二叉树时期数的增加，每一期标的资产上升与下降时价值如何标定成为使用二叉树模型进行期权定价过程中的主要问题之一。期数增加后，要调整价值变化的升降幅度，以保证资产收益率的标准差保持不变。每期资产价值设定的一种标准方法是，假设每一期的资产收益率为 $\pm \sigma/\sqrt{t}$，即

$$上升乘数\ u = 1 + 上升百分比 = e^{\sigma\sqrt{t}}；下降乘数\ d = 1 - 下降百分比 = 1/u \quad (9\text{-}13)$$

式中　σ ——标的资产收益率的标准差；

　　　t ——以年表示的时期长度。

4. 风险中性评估

在二叉树模型中，通过构造复制组合，在不需要知道出现每一种标的资产可能的未来价值的概率的情况下便可计算期权的价值。然而，每一期都运用财务杠杆投资股票来复制期权是比较繁琐的。进一步分析二叉树模型的假设条件，可以发现多期二叉树模型的计算中，并没有用到股价变化的概率。即假设当有套利机会出现时，投资者将毫不犹豫地利用它，期权价格并不会取决于投资者对价格的态度，所以上述分析隐含了风险中立的观点。

利用这个观点，可以在计算期权的过程中，简化多期二叉树中多次复制投资组合的步骤。若假设市场中投资者都是风险中性的，那么资产的预期收益率都应当是无风险利率。由此，可依据标的资产可能的未来价值，计算出可能价值相对应的概率，即

$$期望收益率 = 上升概率 \times 上升收益率 + 下降概率 \times 下降收益率 \quad (9\text{-}14)$$

式（9-14）计算得出的上升概率、下降概率称作**风险中性概率**（risk-neutral probabilities）。需要注意的是，据此得到的上升概率与下降概率并非是资产价值上升、下降的实际概率。在现实世界中，投资者并不是风险中性而是风险厌恶的。为使在假设的风险中性世界中，所有资产都具有相当于无风险利率的期望回报率，那么相对于实际概率，风险中性概率必然要加大下降状态的概率，减小上升状态的概率。

由于假设投资者都是风险中性的，期权到期日的期望价值也可以使用无风险利率进行折现。所以，使用无风险利率对依据风险中性概率计算出来的期权到期日期望价值折现，最终求得期权的价值。

下面用风险中性评估方法对单期二叉树模型中的看涨期权进行重新估值。依旧是 6 个月期的执行价格为 70 元的 A 公司股票欧式看涨期权，A 公司股票当前价格为 70 元，期权到期日，股票价格将上升到 85 元或下跌至 60 元，且 6 个月的无风险利率为 3%。可知，股票上涨时的上升收益率为 21.43%，下跌时的下降收益率为 -14.29%。根据式（9-14），可计算风险中性概率：

$$期望收益率 = 上升概率 \times 上升收益率 + 下降概率 \times 下降收益率$$

$$3\% = 上升概率 \times 21.43\% + (1 - 上升概率) \times (-14.29\%)$$

$$上升概率 = 0.484；\quad 下降概率 = 0.516$$

又由于期权到期日的价值为 15 或 0 元，可计算期权当前价值：

$$C = \frac{上升概率 \times 上升期权价值 + 下降概率 \times 下降期权价值}{1 + 无风险收益率}$$

$$= \frac{0.484 \times 15 + 0.516 \times 0}{1 + 3\%} = 7.05(元)$$

可见，风险中性评估的最终结果与单期二叉树模型中构造复制组合计算出的期权价值一致。

9.2.2 布莱克-斯科尔斯期权定价模型

如果将二叉树模型中每一期的时间长度缩短至零,那么时期数将增加至无穷,到期股票价格分布逐渐接近于对数正态分布。此时,二叉树期权定价模型的结果就可以直接通过布莱克-斯科尔斯模型进行计算。

1. 布莱克-斯科尔斯模型假设与模型

布莱克-斯科尔斯模型建立在以下3个重要假设的基础上:

(1) 在期权到期前,股票不支付股息。
(2) 无风险利率与股票价格的方差在期权有效期内保持不变。
(3) 股票价格是连续的,股票价格随机游走。

布莱克-斯科尔斯模型认为期权与标的资产(股票)价格不确定性的来源相同,其基本思路与二叉树期权定价模型的思想类似,即通过构造股票与衍生品的组合来消除不确定性,利用无套利定价原理、风险中性定价方法求得期权价格,其证明和推导过程涉及复杂的数学问题,但不影响布莱克-斯科尔斯模型的广泛应用。

布莱克-斯科尔斯模型提出的不支付股息的欧式看涨期权的价格为:

$$C = SN(d_1) - Ke^{-rT}N(d_2) \text{ 或 } = SN(d_1) - PV(K)N(d_2)$$

其中,

$$d_1 = \frac{\ln(S/K) + (r + \sigma^2/2)T}{\sigma\sqrt{T}} \text{ 或 } d_1 = \frac{\ln[S/PV(K)]}{\sigma\sqrt{T}} + \frac{\sigma\sqrt{T}}{2} \quad d_2 = d_1 - \sigma\sqrt{T} \quad (9\text{-}15)$$

式中 C——当前看涨期权的价格;

S——当前的股票价格;

$PV(K)$——按连续复利计算的执行价格 K 的现值;

$N(d)$——正态分布的累积概率密度函数,表示标准正态分布中随机变量小于 d 的概率;

K——执行价格;

r——无风险利率;

T——期权的有效期;

σ——股票连续复利的收益率的标准差。

需要强调的是,由于布莱克-斯科尔斯模型假设套期保值率是连续变化的,因此,模型中的无风险利率(r)是指按连续复利计算的利率,Ke^{-rT} 即为按照连续复利计算的执行价格的现值。对于股票连续复利的收益率的标准差,可使用股票的历史收益率数据来估计,计算公式如下:

$$\sigma^2 = \frac{n}{n-1}\sum_{t=1}^{n}\frac{(R_t - \overline{R})^2}{n} \quad (9\text{-}16)$$

其中,$R_t = \ln(S_t/S_{t-1})$。

式中 n——样本期观察值的数量;

R_t——$t-1$ 期到 t 期的股票收益率;

$\overline{R}$——样本期的平均股票收益率;

S_t——t 期的股票价格。⊖

⊖ 作为布莱克-斯科尔斯模型的实际应用之一,若假定实际期权价格与布莱克-斯科尔斯公式计算出的期权价格一致,可运用布莱克-斯科尔斯公式"倒推"股票连续复利的收益率标准差。即将期权的实际市场价格作为输入变量,求解出股票收益率的标准差。这一收益率标准差的估计值称为隐含波动率(implied volatility)。

由式(9-15),可以得出以下几点结论:

(1) 期权的价格与股票的期望收益率无关。这是因为,股票的期望收益率已经包含在当前的股票价格中。这是布莱克-斯科尔斯模型的一个重要突破,它解决了各种期权定价中的风险溢价计算的障碍问题,使得该模型可以广泛有效地用于解决各种期权及其他衍生证券的估价问题。

(2) 从经济含义来看,$N(d_1)$等于保值比率Δ,反映了标的资产变动一个很小单位时,期权价格的变化量。或者说,如果要避免标的资产价格变化给期权价格带来的影响,一个单位的多头看涨期权就需要Δ单位的空头标的资产加以保值。$N(d_2)$实际上欧式看涨期权被执行的概率,因此,$Ke^{-rT}N(d_2)$是K的风险中性期望值的现值。$SN(d_1)$是期权持有者将来可能支付的价格的现值。因此,整个布莱克-斯科尔斯公式可以被看做期权未来预期收益的现值,即看涨期权价格等于资产价格期望现值减去行权价格现值。从极端情况下来看,若$N(d_1)$、$N(d_2)$均为1,表明看涨期权被执行的可能性很大,期权的价值为当前的股价与执行价格现值的差额($S-Ke^{-rT}$);若$N(d_1)$、$N(d_2)$均为趋于0,意味着看涨期权将不会被执行,期权价值为0。⊖

【例9-1】 假设A公司股票当前价格为70元,市场无风险年利率是5.83%。历史数据显示,A公司股票年收益方差为0.215。用布莱克-斯科尔斯模型估计一份6个月期的执行价格为70元的A公司股票欧式看涨期权的价格。

步骤1:根据式9-15,计算d_1和d_2。

$$d_1 = \frac{\ln(S/K) + (r + \sigma^2/2)T}{\sigma\sqrt{T}}$$

$$= \frac{\ln(70/70) + (5.83\% + 0.215/2) \times 0.5}{\sqrt{0.215 \times 0.5}} = 0.2528$$

$$d_2 = d_1 - \sigma\sqrt{T} = 0.2528 - \sqrt{0.215 \times 0.5} = -0.0751$$

步骤2:根据步骤1中求得的d_1、d_2,计算$N(d_1)$、$N(d_2)$ ⊜。

$$N(d_1) = N(0.2528) = 0.5998$$

$$N(d_2) = N(-0.0751) = 0.4701$$

步骤3:将各参数代入式(9-15)中,计算期权的价值C。

$$C = SN(d_1) - Ke^{-rT}N(d_2)$$

$$= 70 \times 0.5998 - 70 \times e^{-5.83\% * 0.5} \times 0.4701 = 10.02(元)$$

随着股票当前价格的不同,对应的期权价值也会呈现如图9-15所示的变化。

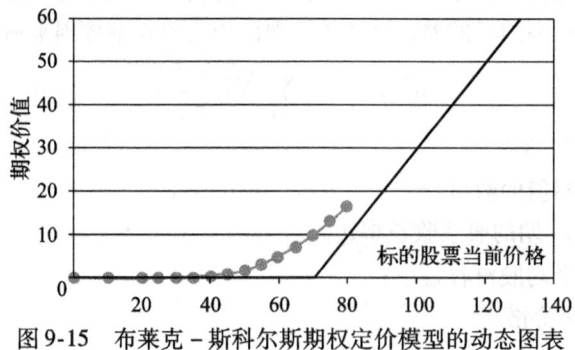

图9-15 布莱克-斯科尔斯期权定价模型的动态图表

⊖ 刘淑莲. 财务管理 [M]. 2版. 大连:东北财经大学出版社,2007.
⊜ 累积概率的计算可以通过查正态分布表得出,或者使用Excel软件中的公式NORMSDIST计算。

式 (9-15) 给出的仅为不支付股息的欧式看涨期权的价格。对于不支付股息的欧式看跌期权的价格，可利用看跌－看涨期权平价关系，在式 (9-15) 的基础上经过推导得到：

$$P = C + Ke^{-rT} - S$$
$$= SN(d_1) - Ke^{-rT}N(d_2) + Ke^{-rT} - S$$
$$= Ke^{-rT}[1 - N(d_2)] - S[1 - N(d_1)] \quad (9\text{-}17)$$

相应地，看跌期权的复制组合为：出售 $1 - N(d_1)$ 股股票并持有金额为 $Ke^{-rT}[1 - N(d_2)]$ 的无风险债券。

若待评估的期权到期日前股票支付股息，则需要对布莱克－斯科尔斯公式进行适当调整。股息只有股东可以享有，期权持有人不能享有。对于欧式期权而言，由于其只能在到期日被行权，期权的持有者不会获得任何在到期日前发放的股息收益。因此，在期权估价时要从股票现价中扣除期权到期日前所派发的全部股息的现值，视同所有到期日前预期发放的未来股息已经发放。假设股票的年股息收益率为 δ，全部股息的现值为 $S(1 - e^{-\delta T})$，所以，经股息调整后的股票现价为 $Se^{-\delta T}$。用 $Se^{-\delta T}$ 代替式 (9-15)、式 (9-17) 中的 S，即可对支付股息的欧式期权进行估价。

进一步可以将估价由欧式期权扩展到美式期权。对于不支付股息的美式看涨期权，可以直接套用布莱克－斯科尔斯公式。这是因为，在不支付股息的情况下，美式看涨期权的价值与距到期日的时间长度正相关，因此，美式期权在到期日前不应该被执行，其价值也应与欧式期权一致。而对于支付股息的美式看涨期权，如果股票支付的股息不足以弥补因提前执行期权而损失的执行价款的利息，期权仍不宜被提前执行，那么仍可采用布莱克－斯科尔斯模型进行估值；否则，只能使用二叉树模型。对于美式看跌期权，由于到期日前执行期权所带来的执行收入可进行再投资，所以，提前执行可能是有益的。因此，美式看跌期权估值不能直接套用布莱克－斯科尔斯公式，只能使用二叉树模型方法对期权进行估价。

2. 布莱克－斯科尔斯模型的应用

（1）资产组合保险。由 9.1 节内容可知，保护性看跌期权是实现资产保险的一个简便方法，看跌期权通过将标的资产的价值锁定在某个价格下限从而提供了一种对资产的保险。可是，使用保护性看跌期权对股票资产组合保险时，往往难以找到恰好以投资的资产组合为标的资产的看跌期权。若以包含了非投资资产为标的的看跌期权对资产组合进行保险，则会产生追踪误差，从而影响保险效果。即使有资产相匹配的看跌期权，所交易的看跌期权的期限也未必能与保险计划的期限相一致。

保护性看跌期权资产组合对股票资产组合价格变动的净风险，等于股票的风险减去看跌期权的风险。即使所需到期日的资产组合的看跌期权不存在，期权价格对股票资产组合价值的反应也可以通过理论上的布莱克－斯科尔斯期权定价公式确定。因此，解决匹配的保护性看跌期权缺失问题的可能策略是，构造"合成的"保护性看跌期权，使得持有一定数量股票对市场的波动的风险与假设的保护性看跌期权的风险相同。而套期保值率 (Δ) [⊖] 是标的股票资产组合价值的单位变化所引起的看跌期权价格的变化量，所以，通过出售等于看跌期权的套期保值率比例股票，换成现金等价物，股票资产组合的风险便等于保护性看跌期权的头寸风险。确定套期保值率是该策略的关键，而在布莱克－斯科尔斯模型下，看跌期权的套期保值率即 $N(d_1) - 1$。

【例 9-2】 假定 D 公司投资的一个资产组合的现值 100 万元，根据布莱克－斯科尔斯期权定价公式得知该资产组合为标的的看跌期权的套期保值率 ($N(d_1) - 1$) 为 -0.5。已知目前市场上尚

⊖ 套期保值率是资产组合管理与控制的最基本工具。

不存在标的资产与该资产组合相同的看跌期权，D 公司应该如何构造该资产组合的合成的保护性看跌期权？

根据复制组合与套期保值率之间的关系可知，要构造一份该看跌期权，复制组合需出售 0.5 股资产组合股票，并购买相应金额的无风险债券。因此，为合成保护性看跌期权，D 公司应当仅投资 50 万元于资产组合的股票而将另 50 万元用于持有无风险债券。

（2）认股权证定价。认股权证是一种允许持有人在指定时期内以确定的价格直接向权证发行公司购买普通股的证券。认股权证常与公司债券捆绑发行，以使企业能够以较低的利率发行长期债券；或者为避免公司发行新股对原股东收益的稀释，而配发给原股东。

对于认股权证持有者而言，认股权证与以公司股票为标的的看涨期权很相似：均赋予其持有者以按确定价格购买普通股的权利。然而，认股权证并不完全等同于公司股票的看涨期权。看涨期权的交易是金融市场投资者之间的交易，其执行并不会影响到公司流通在外的股票数量；而认股权证则是由公司发行的，认股权证执行时，发行公司必须增发相应数量的公司股票，出现了股权稀释。因此，在评估认股权证价值时必须考虑到股权的稀释。

投资者执行一份看涨期权获得的收益为：

$$\frac{公司净价值}{公司发行的股份数} - 执行价格$$

而投资者执行一份认股权证获得的收益为：

$$\frac{公司净价值 + 执行价格 \times 认股权证份数}{公司发行的股份数 + 认股权证份数} - 执行价格$$

因此，执行一份认股权证获得的收益可用执行一股看涨期权获得的收益为：

$$\frac{公司发行的股份数}{公司发行的股份数 + 认股权证份数} \times 看涨期权执行收益 \tag{9-18}$$

式（9-18）表明，执行认股权证获得的收益只占执行无认股权证公司股票看涨期权所获得收益的一个特定比例。由于该比例必定小于 1，所以，执行认股权证所获取的收益总是少于由执行看涨期权所获的收益。认股权证带来的收益为看涨期权的特定比例，认股权证的成本（即期初购买价值）也必定为看涨期权成本的相同比例。而看涨期权的价值可应用布莱克－斯科尔斯模型进行评估，再经过比例调整即可获得认股权证价值。所以，应用布莱克－斯科尔斯模型评估认股权证价值的一般步骤为：①利用布莱克－斯科尔斯模型计算与该认股权证条件相同的看涨期权的价值。②将该看涨期权的价值乘以比率 $\frac{公司发行的股份数}{公司发行的股份数 + 认股权证份数}$，即可得到认股权证的价值。

9.3 实物期权

企业管理层面临的众多决策中都可能隐含着期权，其价值取决于事物未来的不确定性状态。如何准确地识别和正确地估计期权是企业做出正确决策的基础。例如，当一家企业拟投资一个新产品项目时，由于此前市场上并没有类似产品，新产品的潜在市场容量、竞争对手的实力等目前都难以进行相对准确的评估，而这些因素将对拟投资项目的价值产生极大的影响；并且在项目进行过程中，投资者也可以利用前期投资的反馈信息，通过管理行为影响项目产生的现金流，进而产生未来收益。所以现实中大多数被投资项目是具有时间价值的，管理者又应当如何对项目进行评价和决策呢？

使用传统现金流量折现法对项目进行评价时，隐含着一个假设：企业投资项目后，将被动等待而无法影响它所产生的现金流收入。这导致了现实中的企业管理层在项目的寿命期内根据新的信息及市场环境而主动进行未来决策的权利在项目价值评估时被忽视，成为传统现金流量折现法的局限所在，因为一些在现金流量折现法下看似不值得投资的项目，实际上从战略高度来看是完全值得投资的。

20世纪70年代以后发展起来的期权定价理论给以现金流量折现为基本方法的项目价值评估提供了一种新思路。管理层在项目的寿命期内，对项目做出的进一步决策是有价值的，这些决策可以影响一个项目的预期现金流量、项目寿命、未来是否可接受的灵活性，它们被称为实物期权。如果期权的价值足够高，则按传统现金流量折现法得出的项目应当被拒绝的决策可能转变为可接受项目的决策。因此，在项目价值评估过程中，合理地考虑和包含这些实物期权的价值才能正确地做出项目投资决策。识别实物期权是对有内嵌期权的项目进行估价的第一步，常见的实物期权主要有：扩张期权、时机选择期权和放弃期权。

9.3.1 实物期权的原理

实物期权可能存在于企业运营的各个方面，如何识别实物期权往往是最为棘手的问题。比如说，某企业为了激励公司高管而提出了激励计划：目前公司股价为10元，如果年末股票价格超过当前价格1元，高管将获得20 000元的奖励，但其最高奖励设定为100 000元。图9-16a反映了企业高管的损益。

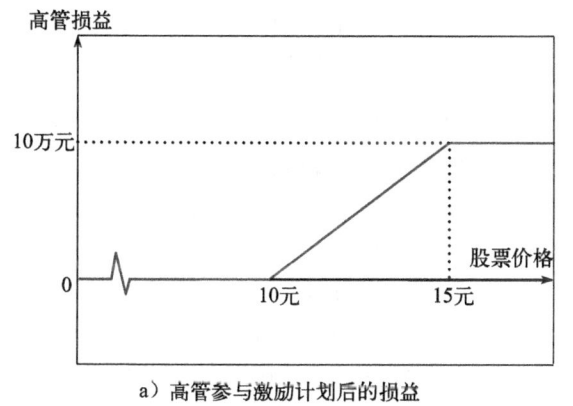 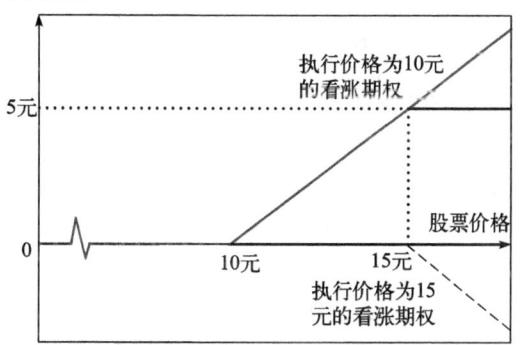

图 9-16

其实，这张收益图可以简单地看成企业买卖看涨期权的综合收益图，即该企业购买了20 000份执行价格为10元的看涨期权，同时出售20 000份执行价格为15元的看涨期权，1份看涨期权的损益如图9-16b所示。很容易发现，买卖期权组合带来的损益和高管参与激励计划后的损益图完全一致。站在企业决策的角度来说，其实施此激励计划的成本就是20 000份执行价格为10元的看涨期权与20 000份执行价格为15元的看涨期权的价值差。

可以看出，准确识别并正确计算期权对企业的经营决策有重要意义，精明的企业家往往能够利用选择的权力来提高企业获利的可能性，这就充分地发挥了期权的价值。目前，期权定价理论已使以现金流量折现为基本方法的项目价值评估有了进一步发展。

投资者在投资一个项目时，首先应对项目进行正确的评价。传统现金流折现法的假设前提是，投资者做出投资决策，然后被动等待项目产生收益或遭受损失。但对于实务中大多数项目而言，投资者的进一步决策可以影响一个项目未来的发展，从而增加一个项目的价值。这种决策对项目产生的未来不确定性与期权具有很强的相似性,尤其是对于风险越大的项目,不确定性越高,在传统现金流折现法下的折现率也就越高,从而项目价值越低。但高风险不一定意味着低价值,有时候不确定性越高,其投资机会的价值也就越高,而传统现金流折现法遗漏了这个问题。如果忽略这类项目类似期权的特点,并用传统现金流折现法进行评估,容易导致放弃对有价值项目的投资、过早或过晚而不是在最恰当的时候投入资金。在期权方法下,投资方案的净现值可称为投资项目价值。它由两部分构成,一部分是传统的基本净现值,另一部分是期权价值。即

$$NPV_R = NPV + V_{R_O} \tag{9-19}$$

式中 NPV_R——考虑了实物期权价值以后项目当前的总价值;

V_{R_O}——项目的实物期权价值。

只要 NPV_R 大于 0,就说明方案可行。在互斥方案中,投资项目价值越大的方案越值得投资。

分析实物期权具体如何评价项目时,投资包含实物期权的项目类似于投资公司股票,可以将项目投资看成是一项看涨期权,通过确立项目特征因素与期权价值决定因素之间的关系,运用期权定价方法评价企业投资项目的价值,现通过表 9-3 将项目特征因素转换成期权变量。

表 9-3 把项目特征因素转换成为期权的变量

项目	变量	看涨期权
为获得资产而要求的支出	K	执行价格
所获资产的价值	S	当前的股票价格
决策可延迟的时间	T	期权有效期
标的资产的风险	σ^2	股票连续复利收益率的方差
资金的时间价值	r	无风险利率

在确定变量后,又如何评价项目的价值呢?NPV 作为衡量项目净现值最具代表性的指标,用来表示某项资产的价值与其成本之间差异,当某个项目价值大于其成本时,则该项目的 NPV 大于零,公司应考虑对其进行投资。除了用传统的减式表示净现值以外,还可以用商式得到净现值率:

$$NPV_q = PV(期望净现金流)/PV(资本支出) \tag{9-20}$$

为直观感受 NPV_q,图 9-17 中的实线部分将净现值率 NPV_q 的大小进行排列,$NPV_q > 1$ 的项目将被接受;而 $NPV_q < 1$ 的项目被拒绝。同时,图 9-17 的实线部分也可以用来决定在到期时一个看涨期权是否应该执行:在到期时,如果股票价格高于执行价格(即项目处于"实值状态"),则应执行其买入股票的权利。这里股票价格 S 对应期望现金流量的现值,而执行价格 K 对应于资本支出的现值,因此,对于一个看涨期权来说,NPV_R = 股票价格$(S)/PV$(资本支出)[⊖],若 $NPV_q > 1$,期权处于"实值状态",应该执行;若 $NPV_q < 1$,期权处于"虚值状态",不应该执行。

由于大多数投资决策存在时间延迟的情况,投资项目就如同一个尚未到期的期权,NPV_q 需结合项目的风险特征来反映项目的实际价值。项目隐含着的单位时间内项目收益的波动性用收益率的方差 σ^2 来衡量。单位时间内收益率的方差乘以剩余的时间长度,就得出累计的方差 $\sigma^2 T$。累计方差的值越大,期权的价值就越高。累计方差和 NPV_q 加在一起可以用来评估一个欧式看涨期

⊖ 这里 NPV_q 只考虑了决定期权价值的五个因素中的四个,即股票价格 S、执行价格 K、无风险利率 r 和期权有限期 T。由于 K 要折现为现值,因此在计算 NPV_q 时要纳入变量 r 和 t。在 $B-S$ 模型中,折现是在连续复利的基础上计算的。所以 K 的现值由 Ke^{-rT} 得出。尽管如此,在到期时 $T=0$,因此 K 的现值即为 K,而 NPV_q 就是文中所述的 S/K。然而,在到期之前,$Ke^{-rT} < K$,因此,假设其他条件不变,$NPV_q > S/K$。

权的价值。于是可以在原来的基础上增加一维，即累计方差的平方根 $\sigma\sqrt{T}$，形成完整的图9-17。当 σ 或 T 任一个为0时，期权或投资项目将无累计方差，这时可用传统现金流量折现法。但更一般的当 σ 和 T 都不为0时，累计方差和 NPV_q 加在一起才能真实反映一个期权或投资项目价值的高低。

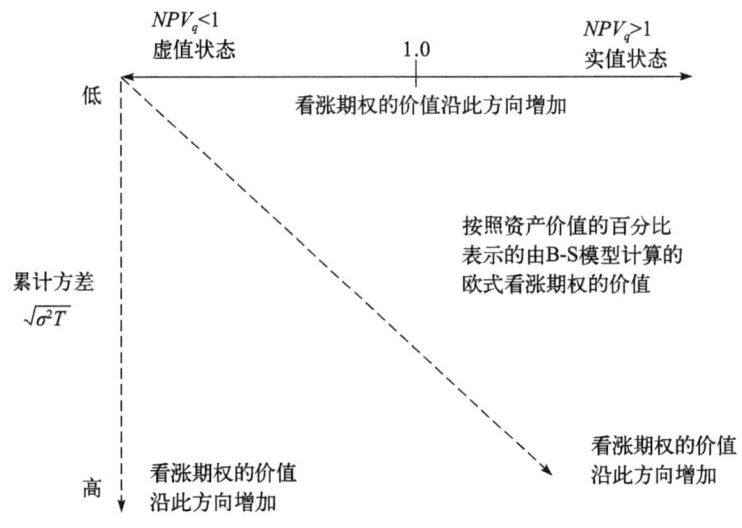

图9-17 看涨期权定价：NPV_q 和累积方差

那么，又该如何利用累积方差 $\sigma\sqrt{T}$ 和净现值率 NPV_q 来做出最优执行的决策？

事实上，如果 NPV 表示立即执行项目，而 NPV_q 表示可以延时执行项目的话，随着时间的推移，NPV 决策和 NPV_q 决策必然趋于一致：在到期时，NPV 与 NPV_q 要么分别大于0和1，要么分别小于0和1。但在到期之前，可能会出现 NPV_q 大于1而 NPV 小于0的情况。具有 $NPV_q > 1$ 特性的期权或者投资项目并非都处于实值状态：有些项目的 $NPV > 0$，可以立即执行；而另一些项目则 $NPV < 0$。所有 NPV（代表执行可以获得的价值）$=0$ 的点组成一条曲线[⊖]，曲线的上端点是累计方差为0且 $NPV_q = 1$ 的点，曲线从这一点开始向下方倾斜。在这条线上方的期权同时 $NPV > 0$ 和 $NPV_q > 1$ 的特性，并且它们都处于实值状态；那些在曲线下方的期权有 $NPV_q > 1$ 但 $NPV < 0$ 的性质，它们处于虚值状态。将以上逻辑思想向前推进一步，可以将看涨期权的空间大致划分为六个区域，每个区域都有相应不同的管理方式，如图9-18所示。

$$NPV_q = \frac{标的资产价值}{PV(执行价格)}$$

图9-18的右半部分分为Ⅰ、Ⅱ、Ⅲ三个区域，他们都具有 $NPV_q > 1$ 的性质；左半部分被划分为Ⅳ、Ⅴ、Ⅵ三个区域，在这三个区域中有 $NPV_q < 1$。

在图的右半部分，区域Ⅰ是无累计方差的期权，处于实值状态（$NPV > 0$），等待是无价值的所以应该立即执行。区域Ⅱ也处于实值状态，但这些期权仍有累计方差，如果有可能公司应该等待机会去执行，但若标的资产的价值正在不断损耗，就应该提早执行。比如说，当这类项目面临着竞争对手的争夺时，投资者会立即进行投资。区域Ⅲ代表的期权由于 NPV_q 大于1，所以尽管其 NPV 小于0，但他们仍然大有前途，在这类项目的大样本中，可以预见许多项目会进入实值状态。

⊖ 曲线的位置随 r 和 σ 的不同而不同。在 $r=0$ 的极端情况下，曲线是一条通过 $NPV_q = 1$ 的垂直线，随着 r 的增加，曲线的斜率减小，并向右弯曲。

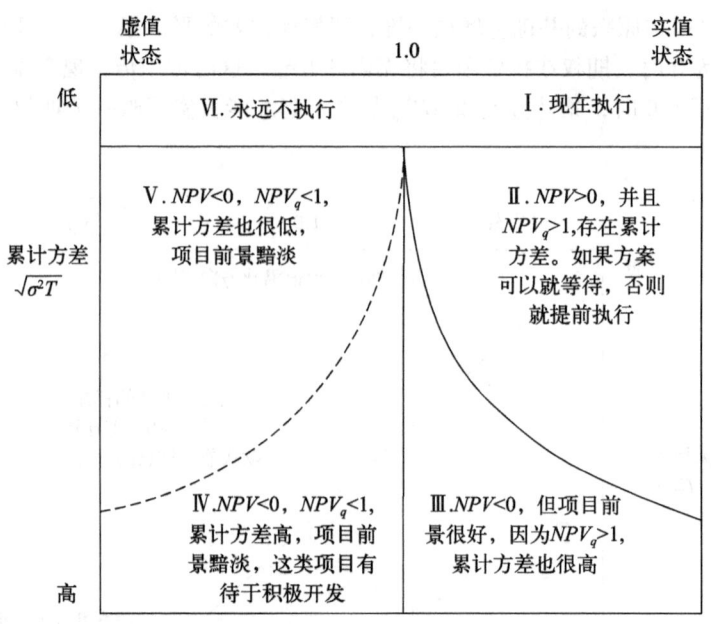

图 9-18 在看涨期权空间中描述项目的标准

在图的左半部分，区域Ⅵ在最顶端，其累计方差为 0，因此这类期权从不执行。区域Ⅴ包含了相对来说无发展前途的期权，他们的 NPV_q 和（或）$\sigma\sqrt{T}$ 的值都很低，这类项目中的大多数也将不被执行，不论他们是否受到重视。区域Ⅳ中的期权，虽然 NPV_q 的值很低，但 $\sigma\sqrt{T}$ 的值很高，对于这类项目要积极进行培养和开发以便进入实值状态。

由此可以得出结论：在现实环境下的项目投资中，投资者在项目进行过程中的进一步决策会影响项目后期的发展，而这种包含实物期权的项目和股票有相似之处，相比起采用传统现金流量折现的方法，充分考虑时间价值，并运用加入期权因素的定价方法可以更加较为准确地评价企业投资项目。

9.3.2 扩张期权

项目实施给企业带来的未来投资机会即为项目的扩张期权。扩张期权能让企业在市场条件比预期好时扩大它的生产能力：扩大现有生产线、扩展到新的销售市场或是增加新产品的机会。而扩张期权依附于当前项目的实施而存在：此类项目大多落在图 9-18 的区域Ⅲ或者区域Ⅱ内，即只有现在开始投资才可能激发起更大的市场需求，如果现在不投资，就会失去占领市场的先机。因此，传统现金流量折现法低估了拥有扩张期权的项目的价值。扩张期权是以增加的生产能力（未来投资）的现金流流入现值为标的资产价值、增加的生产能力的投资成本为执行价格的看涨期权。内嵌有扩张期权的项目价值即为基于现金流量折现法计算的项目净现值与扩张期权的价值的合计，通过式（9-19）可以更为准确地评价项目的价值。

通过一个例子可以更直观地理解扩张期权的内涵。假设 H 公司拥有一项新药品的专利权，由于新药品销售的市场不确定性较大，公司计划将新药品的生产销售分成两个阶段：第一阶段，进行小规模新药品生产并在公司所在地的周边省份进行销售；第二阶段，若第一阶段后，新产品的市场的受欢迎程度较高，将进行大规模的新药品生产并在全国范围内进行推广。可知，项目第二阶段是否进行投资依赖于项目第一阶段的经营状况：若第一阶段新产品市场反映良好，预期第二阶段的投资收益将大于投资成本，公司将继续投资项目的第二阶段；若第一阶段新产品市场反映较差，预期第二阶段的投资收益将低于投资成本，则公司将放弃投资项目的第二阶段。因此，项目第一阶段的投资内嵌有扩张期权，它使公司拥有了进行项目第二阶段投资的选择权：第二阶段项目的营业现金流量现值即为期权标的资产的当前价值；第二阶段的投资成本即为期权的执行价格。【例9-3】展示了估算该扩张期权价值的具体步骤和方法。

【例9-3】 若H公司该新药品项目第一阶段（为期3年）的初始投资需要500万元，预计每年带来的营业现金流量为200万元；第二阶段（为期6年）预计将需要投资1 500万元，每年的预期营业现金流量为400万元，营业现金流量的标准差为25%。假设H公司使用12%的资本成本对项目进行评估，且市场的无风险收益率为6%，计算扩张期权的价值以及考虑扩张期权价值后项目第一阶段的净现值（为简化分析，暂不考虑企业所得税的影响）。

步骤1：分析传统现金流量折现法下项目第一阶段的净现值。

表9-4 不考虑扩张期权项目第一阶段的净现值 （单位：万元）

年份	0	1	2	3
营业现金流量		200	200	200
营业现金流量现值（12%）		178.57	159.44	142.36
营业现金流量现值合计	480.37			
初始投资	-500			
净现值	-19.63			

表9-4表明，在传统现金流折现法下，项目第一阶段的净现值为-19.63万元，H公司不应当对项目进行投资。

步骤2：分析以项目第二阶段为标的资产的扩张期权的价值。

根据第二阶段营业现金流量计算标的资产的当前价值（S）：

$$S = 400 \times (P/A, 12\%, 6)/(1+12\%)^3$$
$$= 400 \times 4.111\,4/(1+12\%)^3 = 1\,170.57(万元)$$

（查"年金现值系数表"可知，$(P/A, 12\%, 6) = 4.111\,4$）

根据第二阶段投资额计算标的资产的执行价格现值Ke^{-rT}：

$$Ke^{-rT} = 1\,500 \times e^{-6\% \times 3} = 1\,252.91(万元)$$

根据式（9-15），计算以项目第二阶段为标的资产的扩张期权的价值：

$$d_1 = \frac{\ln(S/K) + (r + \sigma^2/2)T}{\sigma\sqrt{T}}$$

$$= \frac{\ln(1\,170.57/1\,500) + [6\% + (25\%)^2/2] \times 3}{25\% \times \sqrt{3}} = 0.059\,5$$

$$d_2 = d_1 - \sigma\sqrt{T} = 0.059\,5 - 25\% \times \sqrt{3} = -0.373\,5$$

$$C = SN(d_1) - Ke^{-rT}N(d_2)$$

$$= 1\,170.57 \times N(0.059\,5) - 1\,252.91 \times N(-0.373\,5) = 169.04(万元)$$

所以，投资项目第一阶段带来的以项目第二阶段为标的资产的扩张期权的价值为169.04万元。

步骤3：计算考虑扩张期权后项目第一阶段的净现值。

考虑扩张期权后项目第一阶段净现值＝未考虑扩张期权项目第一阶段净现值＋扩张期权价值

$$NPV_R = NPV + V_{R_O} = -19.63 + 169.04 = 149.41(万元)$$

所以，经扩张期权价值调整后，项目第一阶段的净现值为 149.41 万元，H 公司应当对项目进行投资。

9.3.3 时机选择期权

运用传统的净现值评估法，项目或者被接受，或者被拒绝。然而，有些情况下即使项目的净现值为正也不一定必须马上投资。延后一段时间，待项目的市场情况进一步明朗后再决定是否投资，往往能明显降低投资的风险。这说明选择实施投资机会的最优时机的权利是有价值的，这类延期投资的期权即为时机选择期权。然而，延迟投资往往也是有成本的，它可能意味着企业必须放弃项目早期的现金流量甚至失去先发优势。因此，时机选择期权往往是以项目价值为标的资产、以等待投资的投资额为执行价格的支付股息的欧式看涨期权。

投资时机的选择，可以视为是两个相互排斥项目的投资决策：项目 1，立即进行该项目投资；项目 2，等待以获取新信息后再进行投资。决策的方法即选择净现值较高的项目：若立即投资的净现值高于延迟投资的期权价值，则应当立即进行投资；否则，应当选择继续等待。我们用图 9-18 来解释，项目 1 立即执行，所以该类项目落在区域 I 内，而项目 2 等待新的信息再进行投资，该类项目主要落在区域 II 中，判断两个项目孰优孰劣关键在于他们当期或未来折现现金流孰大孰小，即哪一个项目在图中的横坐标更偏向右边。用式（9-19）来解释，项目 1 因需要立即执行，没有期权价值，所以 V_{R_O} 为 0，NPV_R 即为 NPV；项目 2 要延期执行，在等待期间没有净现值流入，但是有价值为 V_{R_O} 的选择权，所以 NPV 为 0，NPV_R 即为 V_{R_O}。

同样通过一个例子加强对时机选择期权含义的理解。假设 M 公司计划在某市 Y 地段开设一家大型超市，超市可以现在立即投资，或等待 1 年后超市的市场前景明朗时进行投资，之后便会由于其他零售企业的抢先投资而丧失投资机会。但若 1 年后投资，公司将丧失第 1 年的营业现金流量。等待 1 年后投资的权利实质是一份看涨期权：若经过 1 年的观察，超市的市场前景较好，预期项目的投资收益将大于投资成本，M 公司将进行项目投资，即相当于以投资成本购入价值为投资收益的资产；若经过 1 年的观察，超市的市场前景较差，预期项目的投资收益将低于投资成本，M 公司则放弃投资，即相当于不执行看涨期权。不难理解，在这份看涨期权中，投资超市的营业现金流入现值即为期权的标的资产的当前价值，1 年后投资的投资额即为期权的执行价格。此外，由于等待 1 年后投资将丧失第 1 年的经营现金流，即相当于股票期权中股票支付的股息，因此，该看涨期权是支付股息的看涨期权。【例 9-4】展示了估算该时机选择期权价值的具体步骤和方法。

【例 9-4】 若 M 公司现在投资或 1 年后投资，超市的投资成本均为 3 000 万元。由于 Y 地段是新开发地段，超市的市场前景尚不明朗，如果现在投资，目前预期每年可带来的税后营业现金流量为 480 万元。若一年后投资超市，由于对超市客流量的深入了解，可进一步判断超市的盈利能力，超市每年税后营业现金流量将为 300 万或 600 万元。但若 1 年后投资将丧失第 1 年的营业现金流量。假设该超市项目是永续的且资本成本为 15%，市场的无风险收益率为 6%。M 公司应该何时进行该项目投资？

步骤 1：计算立即投资时项目的净现值。

$$净现值 = \frac{480}{15\%} - 3\,000 = 200(万元)$$

可知，$NPV_{R_1} = NPV = 200(万元)$，若立即投资项目可带来 200 万元的净现值。

步骤 2：计算延期投资期权的价值。

分析：由于本例中的延期投资期权的性质为支付股息的欧式看涨期权，且鉴于超市未来可能的盈利状况仅有两种，可采用二叉树模型计算期权价值。

1) 计算项目价值的上升收益率和下降收益率，并根据风险中性评估原理计算上升概率和下降概率。

一年后项目上升价值：$\frac{600}{15\%} = 4\,000$（万元）

一年后项目下降价值：$\frac{300}{15\%} = 2\,000$（万元）

上升收益率：$(600 + 4\,000)/3\,000 - 1 = 53.33\%$

下降收益率：$(300 + 2\,000)/3\,000 - 1 = -23.33\%$

根据式（9-14）有：

期望报酬率 = 上升收益率 × 上升概率 + 下降收益率 × 下降概率

$6\% = 53.33\% \times$ 上升概率 $- 23.33\% \times (1 -$ 上升概率$)$

上升概率 $= 0.3826$；下降概率 $= 0.6174$

2) 计算期权在第 1 年末的可能价值，进而得到延期投资期权的现值。

分析：看涨期权的到期日价值 $C_B = \max(S - K, 0)$，项目 1 年后投资的价值即为标的资产的到期日价值 S，项目 1 年后投资的初始投资额即为执行价格 K。

若超市盈利能力良好，则

$$C_B = \max(S - K, 0)$$
$$= \max(4\,000 - 3\,000, 0) = 1\,000$$

当超市盈利能力较好时，项目的价值将为 4 000 万元，高于初始投资额，此时 M 公司将在 Y 地段设立超市，期权的到期日价值为 1 000 万元。

若超市盈利能力较差，则

$$C_B = \max(S - K, 0)$$
$$= \max(2\,000 - 3\,000, 0) = 0$$

当超市盈利能力较差时，项目的价值将为 2 000 万元，低于初始投资额，此时 M 公司将不会在 Y 地段设立超市，期权的到期日价值为 0。

根据风险中性评估原理，延期投资期权的现值为：

$$C = \frac{上升概率 \times 上升期权价值 + 下降概率 \times 下降期权价值}{1 + 无风险收益率}$$

$$= \frac{0.3826 \times 1\,000 + 0.6174 \times 0}{1 + 6\%} = 360.94（万元）$$

可知，$NPV_{R_2} = V_{R_0} = 360.94$，若延期投资项目可带来 360.94 万元的收益，也可以这样理解，等待将失去 200 万元，但却持有了价值为 360.94 万元的选择权。

步骤 3：比较当期投资项目的净现值与延期投资期权的价值的大小，决定项目投资时机。

步骤 2 中的计算结果表明，等待至下一年只有在有利可图时才投资的当前价值为 360.94 万元，超过了立即投资将带来的 200 万元的净现值。因此，M 公司应当等待至第 1 年末，进一步了解了超市的盈利能力后再决定是否进行投资。

9.3.4 放弃期权

使用传统现金流量折现法对项目进行评价时，假设项目资产将在特定的经济寿命期内使用。

然而现实中，当市场条件恶化、现金流低于预期值时，有些项目并不一定必须运营到经济寿命期结束，而是可以灵活地选择提前放弃该项目。此类项目大部分在执行过程中落入图9-18的区域V中。具体而言，若项目的清算价值大于继续经营价值，就应当被终止。这种在项目寿命期间内放弃继续经营项目的权利，即为放弃期权。放弃期权是以项目为标的资产、项目清算价值为执行价格的美式看跌期权。放弃期权可以减轻不良的投资结果对项目的影响，从而增加最初项目的价值。因此，内嵌有放弃期权的项目价值可视为基于现金流量折现法计算的项目净现值与放弃期权的价值之和。与放弃期权特点结合，将式（9-19）变形可得：

$$项目投资价值 = 无放弃期权的资产价值 + 放弃期权价值 \quad (9-21)$$

结合一个例子进一步阐述放弃期权的概念。假设A公司拟投资一个生命期为6年的新产品项目，该项目的全部投资为新购置一套机器设备，且在1－5年年末设备可按资产账面折余价值变现。在本例中，项目设备各年末的变现价值，即为项目各年的清算价值。对于A公司管理层而言，如果依据该生产项目以后各期的预期营业现金流量计算的本期价值小于本期设备出售金额，那么管理层将终止产品生产出售设备，以最大化企业价值，即相当于以设备变现值出售该生产项目；如果本期价值大于本期设备出售金额，管理层将继续经营该项目。因此，设备变现价值是管理层继续经营项目的价值下限，即看跌期权的执行价格，而项目本身即为期权的标的资产。【例9-5】展示了估算该放弃期权价值的具体步骤和方法。

【例9-5】 若A公司需新购置的机器设备的购买价格为1 000万元。设备的使用寿命和折旧年限均为6年。1－5年年末设备可按资产账面折余价值变现（设备按直线法折旧、净残值率为0）。据调查，目前同等规模的类似项目营业收入为400万元，预计在未来的6年中，营业收入每年上涨13%。生产成本由付现营业成本和设备折旧构成，付现营业成本始终保持在营业收入的40%。项目运营期间每年发生的期间费用为100万元。由于该新产品的市场不确定性较大，营业收入的标准差为45%，适用的折现率为12%。为简化计算，暂不考虑项目对A公司各项税收的影响，且假设所有的现金流量均在年末发生，市场的无风险收益率为6%。计算放弃期权的价值以及考虑放弃期权后项目的净现值。

步骤1：分析传统现金流量折现法下项目的净现值，如表9-5所示。

表9-5　不考虑放弃期权时项目的净现值　　　　　　　　　（单位：万元）

年份 项目	0	1	2	3	4	5	6
预期营业收入		452	510.76	577.16	652.19	736.97	832.78
减：付现营业成本		180.80	204.30	230.86	260.88	294.79	333.11
边际贡献		271.20	306.46	346.30	391.31	442.18	499.67
边际贡献的现值（12%）		242.14	244.30	246.49	248.68	250.90	253.15
边际贡献现值合计	1 485.66						
期间费用支出		−100	−100	−100	−100	−100	−100
期间费用的现值（6%）		−94.34	−89.00	−83.96	−79.21	−74.73	−70.50
期间费用现值合计	−491.74						
营业现金流量现值	993.92						
初始投资	−1 000						
净现值	−6.08						

注：由于付现营业成本是营业收入的固定比例，付现营业成本也应按12%的折现率进行贴现。所以，边际贡献的现值计算时采用的折现率为12%。另，期间费用在本例中属固定成本，适用6%的无风险折现率。

由表9-5计算结果可知,在传统现金流折现法下,项目的净现值为负,不具有投资的财务可行性。

步骤2:构造二叉树,计算销售收入的上升乘数、下降乘数;上升概率、下降概率。

根据二叉树模型中介绍的股票收益率与价格升降变化间的关系式,可求得:

$$上升乘数(u) = e^{\sigma\sqrt{h}} = e^{0.45*1} = 1.5683$$

$$下降乘数(d) = 1/u = 0.6376$$

根据风险中性评估原理,股票的预期收益率应当是无风险利率,可求得销售收入上升概率和下降概率。

期望报酬率 = 上升收益率 × 上升概率 + 下降收益率 × 下降概率

$6\% = (1.5683 - 1) ×$ 上升概率 $+ (0.6376 - 1) × (1 -$ 上升概率$)$

上升概率 $= 0.4539$;下降概率 $= 0.5461$

步骤3:根据销售收入上升乘数、下降乘数,构造销售收入二叉树,并进一步计算营业现金流量二叉树,如表9-6所示。

销售收入二叉树构造中的基本关系式:

下一年的上行收入 = 本年收入 × 上升乘数

下一年的下行收入 = 本年收入 × 下行乘数

营业现金流量二叉树构造所依赖的基本关系:

营业现金流量 = 销售收入 - 付现营业成本 - 期间费用

表9-6 销售收入与营业现金流量二叉树 (单位:万元)

年份	0	1	2	3	4	5	6
销售收入二叉树	400	627.32 / 255.04	983.83 / 400 / 162.61	1542.93 / 627.32 / 255.04 / 103.68	2419.78 / 983.83 / 400 / 162.61 / 66.11	3794.94 / 1542.93 / 627.32 / 255.04 / 103.68 / 42.15	5951.60(5951.60) / 2419.78 / 983.83 / 400 / 162.61 / 66.11 / 26.88
营业现金流量二叉树	140	276.39 / 53.02	490.30 / 140 / -2.43	825.76 / 276.39 / 53.02 / -37.79	1351.87 / 490.30 / 140 / -2.43 / -60.33	2176.96 / 825.76 / 276.39 / 53.02 / -37.79 / -74.71	3470.96 / 1351.87 / 490.30 / 140 / -2.43 / -60.33 / -83.87

步骤4:计算项目在各期的持续经营价值,如表9-7所示。

根据构造的营业现金流二叉树以及项目下期期末价值，从后向前，依次计算未经放弃期权调整的各期末持续经营价值：

当期项目价值 =［上升概率×（下期上行营业现金流 + 下期上行期末价值）+
　　　　　　　下降概率×（下期下行营业现金流 + 下期下行期末价值）］/（1 + 无风险收益率）

表9-7　调整前项目各期末持续经营价值　　　　　　　　　　　　（单位：万元）

年份	0	1	2	3	4	5	6
调整前项目价值	948.53	1 461.04 344.03	2 015.01 613.61 43.83	2 510.30 862.00 191.83 −80.64	2 720.64 997.36 296.69 11.82 −104.00	2 182.75 831.47 282.08 58.69 −32.12 −69.04	0 0 0 0 0 0 0

步骤5：考虑放弃期权，对项目各期末价值进行调整。

根据项目各期末清算价值对项目价值进行调整：若项目在某期末的持续经营价值低于清算价值，则该项目将被终止，此时项目的期末价值即为清算价值。例如，在第五年期末项目的清算价值（设备变现值）为166.67万元，而在持续经营下第五年的第4、5、6节点均低于清算价值，此时，将第4、5、6节点的价值用清算价值进行替换。替换后，再依次重新由后向前推算。调整后项目的各期期末价值如表9-8所示。

表9-8　调整前项目各期末持续经营价值　　　　　　　　　　　　（单位：万元）

年份	0	1	2	3	4	5	6
设备账面折余值（清算价值）		833.33	666.67	500	333.33	166.67	0
调整后项目价值	1 241.05	1 555.48 833.33	2 029.77 784.65 666.67	2 510.30 890.66 500 500	2 720.64 997.36 352.32 333.33 333.33	2 182.75 831.47 282.08 166.67 166.67 166.67	0 0 0 0 0 0 0

步骤6：确定调整后项目的净现值。

由于项目初始投资为1 000万元，调整后项目价值为1 241.05万元，因此，

　　考虑放弃期权后项目的净现值为 = 1 241.05 − 1 000 = 241.05（万元）

项目净现值远大于0，能够为股东创造价值，应当被投资。结合式（9-21），放弃期权的价值即为调整后项目净现值与传统现金流折现法下项目净现值的差额：

$$放弃期权的价值 = 项目投资价值 - 无放弃期权的资产价值$$
$$放弃期权的价值 = 241.05 - (-6.08) = 247.13（万元）$$

扩张期权、时机选择期权和放弃期权仅仅是比较常见的三大实物期权，其实实物期权的运用存在于企业运营和决策的各个方面，近年来关于实物期权的深入探讨也层出不穷。比如在评估项目风险时，公司所使用的标准资产预算模型常常倾向于高估企业风险、低估企业的价值，这是因为以这种方式预测出的企业风险实际上是将企业的成长机会考虑在内的，因此也包含企业延迟、扩张或者放弃某个项目的选择权力。为了更加准确的评估项目风险，有学者认为在计算贝塔值的时候应该卸载因成长机会而形成的杠杆。认真理解实物期权并灵活运用能够更好的评估企业项目，有助于公司领导层做出准确的决策。⊖

▶本章小结

本章主要讨论了期权概述、期权定价、实物期权三节内容。

（1）期权赋予其持有者在未来某个时期或之前以固定价格购买或出售一定数量的标的资产的权利。而作为不承担义务的代价，投资者购买期权合约必须支付期权费。期权到期日价值的大小取决于到期日标的资产与执行价值的差额：看涨期权到期日的价值为股价和期权执行价格之差与零两者中的较大者；看跌期权到期日的价值为期权执行价格和股价之差与零两者中的较大者。对于欧式期权存在着看跌－看涨期权平价关系（put-call parity），即

$$看涨期权价值 + 执行价格现值 = 看跌期权价值 + 股票价格$$

（2）股票当前价格、期权执行价格、期权有效期、股票价格波动率及无风险利率五大因素均会对到期日前期权价值产生影响。对于欧式看涨期权而言，其到期日前价值不高于股票价格，不小于0与当前股价减去执行价格的现值中的较大者。随着股价的增加、执行价格的减少、利率的上升，看涨期权的价值上升，看跌期权的价值下降；有效期的增加、股票价格波动率的增大将使看涨期权的价值和看跌期权的价值均上升。

（3）期权估价的方法主要有二叉树期权模型和布莱克－斯科尔斯期权模型。两大模型估价的基本思路均是构造无风险债券和股票的组合复制期权的收益，并通过计算购买复制组合的成本估计期权的价值。二叉树期权模型将下一期股票价格的可能变化简化上升和下降的"两个值"之一。利用"复制组合在到期日的收益无论股价上升还是下降，均与期权的收益相同"这一关系，得出复制组合的股票数量Δ和无风险债券的借贷金额（B）满足下式：

$$\Delta = \frac{可能的期权价格变化幅度}{可能的股票价格变化幅度} = \frac{C_u - C_d}{S_u - S_d}$$

$$B = \frac{C_u - S_u\Delta}{(1+r_f)} = \frac{C_d - S_d\Delta}{(1+r_f)}$$

进而，求出期权的价值为：$C = S\Delta + B$。

（4）在满足模型3个重要假设的基础上，布莱克－斯科尔斯模型提出不支付股息的欧式看涨期权的价格为：

$$C = SN(d_1) - Ke^{-rT}N(d_2) \text{ 或 } = SN(d_1) - PV(K)N(d_2)$$

其中，$d_1 = \frac{\ln(S/K) + (r + \sigma^2/2)T}{\sigma\sqrt{T}}$ 或 $d_1 = \frac{\ln[S/PV(K)]}{\sigma\sqrt{T}} + \frac{\sigma\sqrt{T}}{2}$；$d_2 = d_1 - \sigma\sqrt{T}$。

⊖ 资料来源：Antonio E. Bernardo. Journal of Applied Corporate Finance, 2012, vol (24)：94-100.

布莱克-斯科尔斯模型的贡献不仅限于对期权的估价，还广泛应用于资产组合保险和认股权证等证券的估价。

（5）实物期权是管理层在项目的寿命期内进一步做出决策的灵活性。传统现金流量折现法由于忽视了这种实务中存在的灵活性，难以对内嵌有实物期权的项目进行准确评估。常见的实物期权主要有：①扩张期权，即项目实施给企业带来的未来投资机会；②时机选择期权，即选择实施投资机会的最优时机的权利；③放弃期权，即在项目寿命期间内放弃继续经营项目的权利。

习题

一、简答题

1. 什么是期权？期权出售人为什么不一定拥有标的资产？
2. 影响期权价值的因素有哪些？以看涨期权为例说明以上因素对期权价值的影响。
3. 期权的价值评估有两种等价的方法，一种是构建复制组合，另一种是什么？试说明该方法的假设前提。
4. 实物期权主要有哪几种类型？简要解释各类实物期权的含义。
5. 看涨期权的损益特点是：净损失有限，而净收益却潜力巨大。但是在现实生活中，投资期权并不一定比投资股票好，请解释原因。
6. 看涨期权的 Δ 是否能超过 1.0 或者小于 0 呢？为什么？
7. 布莱克-斯科尔斯公式是否对美式和欧式期权均适用？请简要解释。
8. 有人认为，期权的价值依赖于未来股票价格的期望值，你赞成这种说法吗？为什么？
9. 请对观点"实物期权的估价方法克服了传统折现现金流方法忽视项目本身具有实物期权的特性，所以实物期权可以完全取代传统折现现金流方法"进行评价。
10. 有人认为期权定价的方法不合理，因为期权定价方法认为有风险资产的实物期权比安全资产的期权更有价值。你怎么看待这个问题？
11. A 投资者从资本市场上买入一份看跌期权，一般情况下他面临怎样的投资净损益？请作图解释。
12. B 公司投资的一个资产组合的现值 80 万元，根据布莱克-斯科尔斯期权定价公式得知该资产组合为标的的看跌期权的套期保值率 $N(d_1 - 1)$ 为 -0.3。目前市场上尚不存在标的资产与该资产组合相同的看跌期权，B 公司应该如何构造该资产组合的保护性看跌期权？
13. 如果你是一家大型交通运输制造业公司的 CFO，你公司决定期投产一个颇具潜力的越野车系列，但是国内汽车行业竞争激烈，市场对新产品的反映情况不确定。此时你会采取什么措施？
14. 假设你拥有一块空地的产权，可以选择立即开发成商品房，也可以留待以后处置。①如果不立即进行开发而选择等待，这样做有什么好处？②在什么条件下你会放弃等待而决定立即进行物业开发？

二、讨论题

1. 经典问题探讨——二叉树和 B-S 公式的对比

R&D 项目投资往往由一些连续的阶段组成，如基础研究阶段、应用研究阶段、开发设计阶段、检测阶段、市场化阶段等等。R&D 投资的价值不仅取决于初始投资机会的价值，还取决于由该投资产生的一系列投资机会的价值。前期的上游机会引致后期具有潜在价值的下游机会。因此，R&D 项目是一种类似于金融期权中的欧式看涨期权的复合期权；当前一个看涨期权交割时，产生了另一个看涨期权。

实物期权正是以其能够"捕获" R&D 项目投资中的灵活性价值而越来越受到关注。在期权定价模型中，布莱克-斯科尔斯模型和二叉树模型在不同类型的项目评估中各有所长，许多学者将两者或者两者的修正模型运用于 R&D 项目的评估中并取得了较大的突破。但如何更加准确评估 R&D 项目价值一直是值得探讨的问题。

讨论问题： 根据两个模型与 R&D 项目的特点，说明这两个模型在衡量 R&D 项目投资中谁表现得更好？请给出理由。

2. 概念辨析型——金融期权与实物期权的区别

金融期权是指期权的持有者在未来一定时间内拥有以一定价格购买或出售某项金融资产的权利；

实物期权是指企业可以取得一个权利，在未来以一定价格取得或出售一项实物资产或投资计划。实物期权是以期权概念定义的现实选择权，是与金融期权相对应的概念。

实物期权原理将项目特征因素转换成期权变量，通过确立项目特征因素与期权价值决定因素之间的关系，运用期权定价方法评价企业投资项目的价值。实物期权可以由金融期权推导而来，两者在性质、功能和计算方法等方面有所不同，但常常被人所混淆。

讨论问题： 金融期权与实物期权两者之间有何差异？

3. 决策权衡型——期权激励

期权激励是指企业所有者给予企业高级管理人员和技术骨干在规定时间内以一种事先约定的价格购买公司普通股的权利。本质上，期权激励是一种分配机制，即让管理层享有一定的公司剩余利益分配权，但这种权利的实施一般是以财务状况的改善和公司经营业绩的提升为前提条件。

对公司员工实施期权激励也被形象地比喻为"金手铐"，成为企业网住核心人才的重要办法。这套制度设计者的初衷就是为了促使公司人员都能从长期的角度来对待个人利益和公司利益。股票期权固然有激励功效，但如果熊市到来，股票期权的风险十分显著，是否鼓励公司管理人员持有公司的大量股份成为了一个争论的焦点。

讨论问题：
(1) 结合期权原理，说明公司在激励公司高管是采用低薪加股票期权的办法好，还是支付高薪但无期权的办法好呢？
(2) 目前一般都认为中国股票市场是一种弱势有效性。中国资本市场的弱势性主要表现：市场结构不合理、法制不健全、监管部门执法力度弱、投机性强等，在这样的情况下，两种激励高管的方式孰优孰劣呢？

4. 理解辨析型——实物期权

国家为促进铝行业健康发展，实现节能减排的目标，出台了《铝行业准入条件》等文件，明确了准入铝企业的最低规模，以限制规模不达标的小企业的进入并集中产能；为了扶持现存的大型铝企业，发放大量的补贴，有的企业各种补贴甚至占到了全年业绩的25%以上。可以说目前铝行业得到了政府的充分支持。与此同时，各个企业也在寻求积极的发展，由于西部资源丰富，人力成本和电力成本较低，大多数企业开始在西部建厂扩张。

在阅读"《铝行业准入条件》相关解读""政府补贴难，铝业解困当自强"等背景材料后，可以看出，受制于金融危机和国家淘汰落后产能等政策影响，2013年年初至今由于亏损原因而导致的中国电解铝行业减产已经超过100万吨。而实际上，中国的电解铝行业亏损自2011年年底便开始存在，电解铝的产能削减存在着较长的滞后，且其减产的幅度远远小于亏损的幅度。

铝企业出现亏损的情况下选择继续生产，证明电解铝行业有值得企业等待的价值，在图9-19中处于区域Ⅲ甚至偏向Ⅳ，尽管其 NPV 小于0，但可以预见电解铝会进入实值状态或有其他原因导致铝企业选择等待。

讨论问题： 从行业准入、政府补贴和公司治理方面探讨我国电解铝产能削减存在滞后、大部分铝企业选择等待的原因。

5. 财务新进展+决策权衡型——联想IBM收购案

期权博弈理论是在采用期权定价理论思想方法基础上，利用博弈论的思想对项目投资决策的方法，充分体现了决策者的管理柔性及竞争者之间的战略互动。其主要思想基础：一是对未来客观世界的不确定性认识，主要包括对金融市场特别是文化、市场需求等不确定因素的识别与分析研究；二是克服传统理论方法忽视管理作用和时间影响因素的弊端，对企业项目投资的管理柔性及期权特征加以认真考虑；三是在科学估价投资价值的基础上针对不同的市场结构和竞争者决策状况做出科学决策。期权博弈理论认为买卖方在兼并过程中对目标企业拥有越完全的信息越有可能并购成功。

2005年3月9日联想对标的项目的业绩、文化方面有过一定的了解和考虑并进行了详细的评估决定收购IBM的PC业务，最终交易总额为12.5亿美元，联想将以两种方式向美国IBM支付交易额，其中现金至少为

6.5亿美元，联想普通股至多6亿美元。交易完成后IBM没有要求联想全部用现金支付，而是将全部交易额中的近一半换成持有联想集团18.9%的股份，成为联想第二大股东，股权在三年内不得出售。

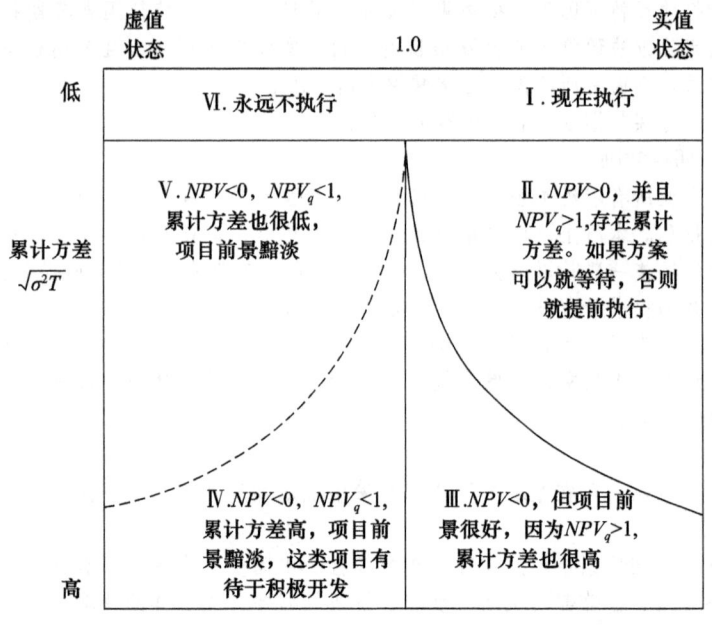

图 9-19

讨论问题：作为买方的联想选择收购IBM收益不佳的PC业务，作为卖方的IBM选择了股权而不是现金，请查阅相关资料，分别从业绩、文化、人力资源和目标企业的估值等角度分析这是否是一个成功期权博弈？为什么？

三、分析计算题

1. 风险中性定价、Δ（套期保值比率）

C公司的股价每月仅变动1次：或上涨20%，或下跌16.7%。其当前股价为40元/股。假设年利率为12.7%，也就是每月1%，执行价格为40元/股。

要求：

(1) 一个月后看涨期权价值为多少？

(2) 期权的Δ（套期保值比率）为多少？

2. 看跌期权计算

看涨和看跌期权的执行价格均为52元/股，6个月到期，若无风险名义年利率为10%，股票的现行价格为42元/股，看涨期权的价格为8.50元。

要求：计算看跌期权的价格。

3. 多头及空头期权价值及损益

D投资者在2009年年初购入资本市场上E售出的一份看涨期权，标的股票的当前市价为49元/股，期权的等待期为2年，到期执行价格为50元/股，期权价格为5元。D投资者购入该期权期待未来股价上涨以获取净收益，假设2011年期权到期日股票市价涨到了70元/股。

要求：

(1) 此时D投资者行权的净损益是多少？

(2) E售出看涨期权的净损益是多少？

4. 二叉树计算

2012年6月26日，F投资者购买了某公司12个月内到期的看涨期权，已知股票现价为45元/股，其收益标准差为24%，年无风险利率为1.5%。

要求：

(1) 用二叉树期权定价模型确定股价每六个月上升或下降一次时期权的价值；

(2) 用二叉树期权定价模型确定股价每三个月上升或下降一次时期权的价值。

5. 保护性看跌期权

G是一位风险厌恶型的投资者，他对投资股票一直心存疑虑：股票可以获得高收益但同时也伴随高风险。因此他向一位股票经理人寻求帮助，股票经理人给他提出如下的方案：购入一股某公司的股票的同时购入该股票的一股看跌期权。假设G听从该经理人的意见，购买了100股H公司的股票，购入价格为32元/股；同时购入该股票的100股看跌期权，执行价格为32元/股，期权成本为2元，等待期为2年。

要求：

(1) 股票市场价格下降30%时G投资者的组合净损益；

(2) 股票市场价格上涨30%时G投资者的组合净损益；

(3) 分析这样的组合是否能够降低投资风险。

6. 布莱克-斯科尔斯公式的运用1

I公司为了应对激烈的市场竞争，准备采用股权激励的方式向管理层发放股票期权，以提高公司的业绩。已知期权授予日该公司的收盘价为30元/股，公司董事会确定期权执行价格为35元/股，期权的平均等待期为2年，该股票年收益率标准差为20.12%，无风险利率采用期权授予日零存整取一年期银行存款利率1.8%。

要求：

(1) 请用布莱克-斯科尔斯模型确定该股票期权的价值；

(2) 假设该公司在这期间向股东支付了股利，并且股利是连续支付的，标的股票的年股利收益率为1.5%，请重新确定该股票期权的价值。

7. 期权股价综合

J投资者购买了某公司目前市价为80元/股的股票，同时拥有一股以该股票为标的资产的看涨期权，该看涨期权的执行价格为80元/股，等待期为1年，一年后股票的可能变化：上升25%，或者下降20%，无风险利率为每年4%。

要求：

(1) 计算套期保值比率；

(2) 利用复制原理确定期权价格；

(3) 利用风险中性原理确定期权价格；

(4) 两个原理下确定的期权价格有什么异同吗？

8. 布莱克-斯科尔斯公式的运用2

假设K公司股票现价为50元/股，有1份以该公司为标的资产的看涨期权和看跌期权，执行价格均为52元/股，6个月到期。K公司过去6年的股价如表9-9所示，假设各年均没有发放股利。目前半年期每张面值为100元的国债，市价为96.57元/份，到期值为103元，6个月的无风险利率为2%。

表 9-9

年份	股价（元/股）	年份	股价（元/股）
1	10.00	4	49.87
2	13.68	5	52.31
3	22.56	6	21.90

要求：
（1）计算股票连续复利收益率的标准差；
（2）计算连续复利的无风险收益率；
（3）利用布莱克-斯科尔斯公式计算看涨期权价格。

9. 布莱克-斯科尔斯公式的运用3

2012年6月23日，L公司股票价格为每股60元，以L公司为标的资产的看涨期权的收盘价格为每股5元，其行权价格为每股68元。截至2012年6月23日，看涨期权还有213天到期。L公司的股票收益标准差预计为每年30%，资本市场的无风险利率为（有效）年利率7%。

要求：
（1）使用布莱克-斯科尔斯模型计算该项期权的价值（d_1和d_2的计算结果取两位小数，其他结果取四位小数，一年按365天计算）；
（2）如果你是一位投资经理并相信布莱克-斯科尔斯模型计算出的期权价值的可靠性，简要说明你将如何做出投资决策。

10. 实物期权计算

资料如下：
（1）M公司拟开发一种新的高科技产品，项目投资成本为100万元。
（2）预期项目可以产生平均每年12万元的永续现金流量。该产品的市场有较大不确定性。如果消费需求量较大，预计经营现金流量为15万元；如果消费需求量较小，预计经营现金流量为9万元。
（3）如果延期执行该项目，一年后则可以判断市场对该产品的需求量，届时必须做出放弃或立即执行的决策。
（4）假设等风险投资要求的最低报酬率为10%，无风险报酬率为5%。

要求：
（1）计算不考虑期权的项目净现值；
（2）采用二叉树方法计算延迟决策的期权价值；
（3）如果你是M公司的CFO，你会选择立即实行该项目还是延迟执行，为什么？

11. 布莱克-斯科尔斯公式的运用微型案例

2011年万科股份有限公司开始实施其股权激励计划，公司拟向激励对象授予总量11 000万份的股票期权，股票期权计划的有效期为5年，采用多次授予多次行权的模式。授予的股票期权于授权日开始，经过一年的等待期，在之后的三个行权期即第一、第二和第三个行权期分别有40%、30%、30%的期权在满足业绩条件前提下获得可行权的权利，下表为万科股票期权公允价值影响因素。

表 9-10

影响因素		参数
行权价格		8.89元/股
授予当日股票市价		8.89元/股
股票期权剩余有效期	第一个行权期	3年
	第二个行权期	4年
	第三个行权期	5年
股票历史收益率标准差		40.53%
无风险利率	第一个行权期	3.85%
	第二个行权期	4.025%
	第三个行权期	4.20%

假设万科对应年份业绩条件达到了可行权的条件，激励对象全部行权。

要求：请运用布莱克-斯科尔斯期权定价模型确认万科股份有限公司此次股票期权激励费用总额为多少？（注：先计算3个行权期内股票期权的公允价值，再按行权比例确认最终股票期权费用。）

12. 实物期权微型案例

英国石油公司（BP）打算在墨西哥湾某处进行海上石油勘探，并从事该地区深海石油开采。该项目的初始投资为3 000万美元，并且每年增加10%，目前的油价为30美元/桶，可变生产成本为10美元/桶。如果产量增加，一年后的实际价格或下降为20美元/桶；如果限制产量，一年后油价将上升到40美元/桶。上升和下降的概率均为50%。预期年产量为20万桶。假设不存在其他固定生产成本，税率为0，所有现金流在年底发生。相似风险项目的资本成本为10%。

要求：如果你是BP的总裁，你会选择现在投资还是一年后投资，为什么？

四、自测题

1. 扩张期权

N公司是中国一个处于快速成长期的制造业企业，公司管理层经过周密的市场调查和分析认为某种新型产品可能有巨大发展，计划引进新型产品生产技术。考虑到市场的成长需要一定时间，该项目分两期进行。第一期投资1 500万元于2006年年末投入并于2007年投产，生产能力为80万，相关现金流量如下：

表 9-11

时间（年末）	2006	2007	2008	2009	2010	2011
税后经营现金流量（万元）		200	300	400	400	400

第二期投资3 200万元于2009年年末投入并于2010年投产，生产能力为160万，预计相关现金流量如下：

表 9-12

时间（年末）	2009	2010	2011	2012	2013	2014
税后经营现金流量（万元）		1 000	1 000	1 000	800	800

公司的必要报酬率为10%，无风险利率为6%。

要求：
(1) 计算不考虑期权情况下方案的净现值；
(2) 假设第二期项目的决策必须在2009年年底决定，该行业风险较大，未来现金流量不确定，可比公司的股票价格标准差为20%，可以作为项目现金流量的标准差，要求采用B-S期权定价模型确定考虑期权的第一期项目净现值为多少；
(3) 假设你是N公司的CFO，你会投资第二期项目吗？

2. 放弃期权

O公司拟开发一个锰石矿，预计投资2 700万元。矿山每年的营业收入为1 000万元，预计每年上涨10%，但是很不稳定，其价格服从年标准差为20%的随机游走，付现营业成本始终保持在营业收入的30%，项目寿命为4年，按直线法折旧，净残值率为0。有风险的必要报酬率为10%，无风险报酬率为5%。忽略成本和税收问题。

要求：
(1) 计算考虑放弃期权后项目的净现值；
(2) 计算放弃期权的价值。

第10章

资本成本

▶ 学习目标

- ◆ 理解（加权平均）资本成本在财务筹融资管理中的意义。
- ◆ 掌握各单项资本成本、加权平均资本成本的计算。
- ◆ 掌握基于项目风险调整估计项目资本成本的方法。

▶ 引言

本章主要内容由资本成本概述、各类别资本成本、企业加权平均资本成本、投资项目资本成本四个部分组成。第一部分，从筹资、投资两方面介绍资本成本概念的内涵，旨在解决的问题是如何理解资本成本与投资者要求的报酬率之间的关系。第二部分，在阐述不同融资方式特点的基础上，介绍了债务、优先股和普通股权益三类资本的资本成本计算方法，旨在解决的问题是如何利用资本成本与投资者要求的回报率之间的对应关系估计企业各种不同融资来源的资本成本。第三部分，在定义加权平均资本成本的相关概念的基础上，介绍了计算企业加权平均资本成本的一般方法，旨在解决的主要问题是如何确定企业各类资本的权重并依据各类资本成本确定企业加权平均资本成本。第四部分，将资本成本概念引入到项目的投资评价中，定义了项目资本成本的相关概念，介绍了基于项目风险调整估计项目资本成本的报酬率调整法和贝塔系数调整法，旨在解决的主要问题是进行项目评价时，若项目资本成本不同于企业加权平均资本成本，如何通过调整报酬率或贝塔系数来实现项目资本成本的调整。

本章内容所讲述的概念和方法与前面各章有紧密的联系，同时也是学习后续各章内容的基础。例如，本章阐述了贴现率的实质、对贴现率的选择及其计算方法，第7章货币时间价值、第8章投资项目评价是对贴现率的提前应用；在估计企业权益资本成本时沿用了第6章权益报酬率的估算方法（资本资产定价模型）；在确定各类资本权重时应用第2章财务报表分析、第3章短期融资和第4章长期融资的相关知识。同时，本章介绍的资本成本估计的一般方法也是第11章讨论企业资本结构安排的概念基础。

本章的内容框架如图10-1所示。

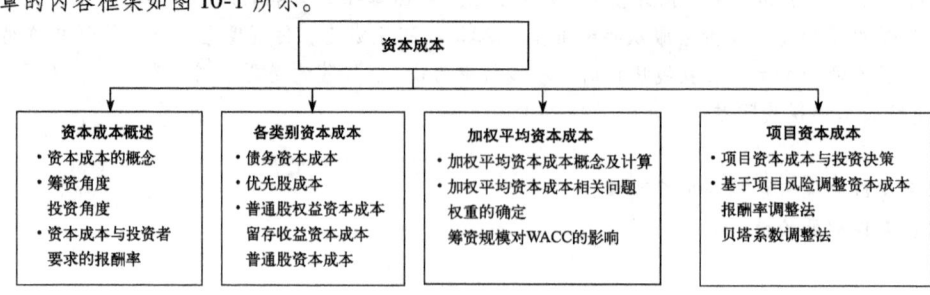

图10-1　本章内容结构框架图

10.1 资本成本概述

资本成本这一概念涉及两个方面。一是从企业管理者筹集资金的角度来看，资本成本是企业为筹集和使用资金而付出的代价。在市场经济环境下，资本成为一种特殊的商品，企业通过各种方式（长期借款、发行债券或股票等）筹集的资本往往都是有偿的，需要付出一定的代价。二是从投资者的角度理解，资本成本是资金提供者（债权人或股东）要求得到的投资报酬率。债权人或股东作为资本的拥有者，其向企业提供资金实质上是一种投资行为，企业必须满足投资者对投资回报的要求。而投资人要求的报酬率与资本市场有关，如果市场上其他投资机会的报酬率升高，投资人要求的回报也会上升。因此，可以将资本成本与"投资者要求的报酬率"（required rate of return）或"必要报酬率"看作同一问题的两个方面[一]。考虑企业的筹资决策时，强调资本成本；考虑投资者的投资决策时，强调投资者收益率。筹资者的资金来源于投资者的投资，若企业（项目）的收益率达不到投资者要求的报酬率，投资者将不会对企业（项目）进行投资，筹资者也就筹集不到所需的资金。因此，资本成本的高低实质上是由投资者的必要报酬率决定的。对于不同的筹资方式，它们之间存在的对应关系如表10-1所示。

表10-1 资本成本与要求的报酬率

企业的角度（筹资）——资本成本	投资者的角度（投资）——要求的报酬率
债务资本成本（税前）	债券投资者要求的收益率
优先股资本成本	优先股股东要求的收益率
普通股资本成本	普通股股东要求的收益率

那么，是否可以简单地将资本成本完全等同于投资者要求的报酬率呢？答案是否定的。两者之间的主要区别有两点。一方面，在债务融资中，公司的资本成本和投资者要求的收益率之间存在债务利息抵税的差异。例如，某公司的长期负债利息是10%，企业所得税率为25%。由于公司法规定利息费用可在税前扣除，那么该企业每支付1元的利息，就可以少支付0.25元的所得税。因此，该企业的实际债务成本为7.5%[二]。另一方面，企业在筹资过程中会发生筹资费用。如因借入长期借款而向银行支付的借款手续费，因发行股票、债券等而支付的发行费用等。由于筹资费用的存在，会使得企业的资本成本相应地提高。

综上所述，资本成本是企业为筹集和使用资金而付出的代价，也是企业（项目）必须获得的满足投资者要求的回报率。

企业资本成本的高低，取决于如下三个因素：①无风险报酬率，即无风险投资所要求的报酬率。②经营风险溢价，指由于公司未来前景的不确定性导致的投资者要求报酬率增加的部分。③财务风险溢价，指高财务杠杆产生的风险。由于公司所经营的业务不同（经营风险不同）、资本结构不同（财务风险不同），因此各公司的资本成本也不同。

10.2 各类别资本成本

普通股、优先股和债务是公司资本常见的三类来源。资本成本和投资者要求的收益率之间存

[一] 报酬率、收益率及回报率，三者只是称谓不同，意义一致，全书通用。
[二] 税后债务成本的简便计算方法：税后债务成本 = 税前债务成本 × (1 - 所得税税率) = 10% × (1 - 25%) = 7.5%。

在着对应的关系,因此计算各类别资本的成本时,可从投资者要求的收益率入手,再考虑税收、筹资费用等影响资本成本高低的因素。每类资本来源的投资人都希望在投资上取得报酬,但由于风险不同,每类资本来源要求的报酬率不同。本节主要讨论债务资本成本、优先股资本成本和普通股权益资本成本三类资本成本的计算方法。

10.2.1 债务资本成本

相对于股东,债务资金提供者承担的风险显著较低,债务资本成本低于权益资本成本。债务资本包括各种银行贷款和企业发行的债券,因此债务资本成本具体可分为银行借款成本和债券资本成本。

1. 银行借款成本

银行借款的税后成本包括税后借款利息费用和筹资费用。计算银行借款资本成本的方法一般有两种。

(1)不考虑货币时间价值。此时,银行借款资本成本是税后利息费用与借款获得的可使用资金总量的比率,即税后实际利率。

$$K_L = \frac{I_L \times (1 - T)}{L \times (1 - F_L)} \tag{10-1}$$

式中 K_L——银行借款税后资本成本;
I_L——银行借款年利息;
T——所得税税率;
L——银行借款总额;
F_L——银行借款筹资费用率。

(2)考虑货币时间价值。货币时间价值是指货币经过一定时间的投资和再投资所增加的价值。当不考虑时间价值时,借款每年应付的利息价值相同,因此只需简单地将利息费用比上借款总额即可得到银行借款的资本成本。而实际上,由于货币具有时间价值,借款总额应等于未来每年利息及期末偿付的本金贴现的价值,该贴现率便是银行借款的资本成本。计算公式如下:

$$L \times (1 - F_L) = \sum_{i=1}^{n} \frac{I_i \times (1 - T)}{(1 + K_L)^i} + \frac{P}{(1 + K_L)^n} \tag{10-2}$$

其中,P为借款本金,其他符号的含义同式(10-1)。K_L 可利用插值法求出。

【例10-1】 A企业借入一笔期限为3年的长期借款100万元,年利率为10%,每年付息一次,到期一次还本,筹资费用率为2%。假设企业所得税税率为25%。分别用公式(10-1)和式(10-2)计算该笔长期借款的资本成本。

根据式(10-1):

$$K_L = \frac{I_L \times (1 - T)}{L \times (1 - F_L)} = \frac{100 \times 10\% \times (1 - 25\%)}{100 \times (1 - 2\%)} \approx 7.65\%$$

根据式(10-2):

$$L \times (1 - F_L) = \sum_{i=1}^{n} \frac{I_i \times (1 - T)}{(1 + K_L)^i} + \frac{P}{(1 + K_L)^n}$$

$$100 \times (1 - 2\%) = \sum_{i=1}^{3} \frac{100 \times 10\% \times (1 - 25\%)}{(1 + K_L)^i} + \frac{100}{(1 + K_L)^3}$$

利用插值法可求得:

$$K_L = 8.28\%$$

2. 债券资本成本

企业发行债券，其利息费用亦在税前支付，因此也可为企业带来抵税利益。同时，债券发行的筹资费用一般较高，主要包括申请费、注册费、印刷费、上市费和推销费等。此外，债券发行的价格并不一定等于其面值，有溢价和折价发行的情况。类似银行借款成本，债券资本成本的计算方法也可分为不考虑货币时间价值和考虑货币时间价值两种。

（1）不考虑货币时间价值。与银行借款成本相同，此时债券资本成本等于税后债券利息与债券筹集可用资金总额的比率，即税后实际债券利率。

$$K_b = \frac{I_b \times (1 - T)}{B \times (1 - F_b)} \tag{10-3}$$

式中　K_b——债券资本成本；
　　　I_b——债券年利息费用；
　　　T——所得税税率；
　　　B——债券筹资额，按发行价格确定（并不一定等于面值）；
　　　F_b——债券筹资费用率。

（2）考虑货币时间价值。考虑货币时间价值时，根据债券估价模型可计算出债券资本成本。企业发行债券筹得的可用资金总额，应等于未来每年债券利息额及债券到期本金贴现的价值。对于发行债券的企业，该贴现率即是债券的资本成本。

$$B(1 - F_b) = \sum_{i=1}^{n} \frac{I_i}{(1+K)^i} + \frac{P}{(1+K)^n}$$

式中　I_i——第 i 期支付的债券利息；
　　　P——到期偿还的本金。

其他符号的定义同式（10-3）。需要注意的是该式中没有包含所得税率 T，即没有考虑债券利息抵税带来的收益。因此计算出的 K 仅是税前债券资本成本。将 K 进行利息支付抵税方面的调整，用 K_b 表示税后债券资本成本，通过下式求解：

$$K_b = K \times (1 - T) \tag{10-4}$$

【例 10-2】 A 企业将按面值发行一笔长期债券。期限为 5 年，债券面值总额 1 000 万元，票面利率为 10%，每年付息一次。发行费用为债券面值的 3%，企业所得税率为 25%。用式（10-3）和式（10-4）计算长期债券资本成本。

根据式（10-3）：

$$K_b = \frac{I_b \times (1 - T)}{B \times (1 - F_b)} = \frac{1\,000 \times 10\% \times (1 - 25\%)}{1\,000 \times (1 - 3\%)} \approx 7.73\%$$

根据式（10-4），先由插值法计算出税前债券资本成本：

$$1\,000 \times (1 - 3\%) = \sum_{i=1}^{5} \frac{1\,000 \times 10\%}{(1+K)^i} + \frac{1\,000}{(1+K)^5}$$

$$K \approx 10.81\%$$

税后债券资本成本为：

$$K_b = K \times (1 - T) = 10.81\% \times (1 - 25\%) = 8.11\%$$

应当注意，这仅是考虑所得税影响的简便算法，是不精确的。因为可以抵税的是债券的利息额，而不是贴现率。贴现率的大小还受筹资费用、折溢价发行的影响，但这与利息抵税无关。只有在平价发行、无手续费的情况下，才可用以上方法求解出较准确的税后债券资本成本。更为精确的计算公式如下：

$$B(1-F_b) = \sum_{i=1}^{n} \frac{I_i(1-T)}{(1+K_b)^i} + \frac{P}{(1+K_b)^n} \tag{10-5}$$

用插值法求出 K_b 即为企业发行债券的税后资本成本。

【例 10-3】 续【例 10-2】，用式（10-5）计算债券的税后资本成本。

根据式（10-5）：

$$1\,000 \times (1-3\%) = \sum_{i=1}^{5} \frac{1\,000 \times 10\% \times (1-25\%)}{(1+K_b)^5} + \frac{1\,000}{(1+K_b)^5}$$

利用插值法可求得：

$$K_b \approx 8.26\%$$

学习了如何计算债券资本成本后，还应对其有更深层次的理解。首先，计算税后债券资本成本的隐含条件是企业有应税收入。若企业不用纳税，则享受不到利息费用的抵税效应。其次，上面介绍的都是一些计算债券资本成本的基本模型，但实际上要估算债券资本成本是十分困难的。债券的形式多种多样，如可转换债券、附带认股权的债券、浮动利率债券以及利息和本金偿还时间不固定的债券等，这些债券成本的估算都比较复杂。最后，计算出的税后资本成本代表的是新增负债的边际成本，而不是已取得的债务的资本成本。在评价投资决策或估算企业价值时所使用的贴现率，也只能是未来新增负债的资本成本，而不是债务的历史成本。

以上计算的债务资本成本均为债务的承诺收益率（合同规定的收益），是债权人所得报酬率的上限，并不一定等于债权人的真实收益。当筹资公司因特有风险而经营失败，债权人可能无法得到承诺的本金和利息。所以，债权人的期望收益低于承诺收益。

10.2.2 优先股资本成本

和普通股相比，持有优先股的股东享有股利支付上的优先权。虽然优先股股利不属于企业的合同义务，而是由企业的董事会决定支付与否，但一般来说，绝大多数发行优先股的公司都是有充分准备支付设定股利的。因此，优先股股利大都定期支付。除了股利外，发行优先股也需要支付筹资费用。与债券利息不同的是，股利是在税后支付，因此不存在抵税收益。一般来说，可将优先股股利看作永续年金现金流量。于是，根据优先股股利定价模型，优先股资本成本即是每期股利与优先股股价之比：

$$K_p = \frac{P_D}{P_0 \times (1-F_p)} \tag{10-6}$$

式中 K_p——优先股资本成本；

P_D——优先股每年股利；

P_0——优先股现行市价；

F_p——优先股筹资费用率。

【例 10-4】 A 企业按面值发行了 100 万元的优先股，筹资费用率为 4%，每年固定的优先股股利为 12%，请用式（10-6）计算优先股成本。

根据式（10-6）：

$$K_p = \frac{P_D}{P_0 \times (1-F_p)} = \frac{100 \times 12\%}{100 \times (1-4\%)} \times 100\% = 12.5\%$$

10.2.3 普通股权益资本成本

企业普通股权益资金的来源主要有两个方面：一是通过留存收益内部筹集，二是通过发行普通股外部筹集。表面上看，留存收益来自企业的税后利润，取得留存收益不用支付筹资费用，使用留存收益也不需要付出利息、股利等成本。但实际上，对于股东来说，留存于企业的利润是其放弃获得的现金股利。股东愿意放弃享受现金股利的权利，而将其留用于企业，就相当于对企业进行追加投资。股东对这部分资金也要求获得与普通股等同的报酬，以弥补其承受的机会成本。因此，留存收益的资本成本和普通股一样，都是股东要求的必要报酬率。两者之间的差别在于，计算留存收益资本成本时不用考虑筹资费用。

一般来说，计算普通股权益资本成本的方法有三种：①股利贴现模型法；②资本资产定价模型法；③风险溢价法。首先来看留存收益资本成本的计算。

1. 留存收益资本成本

（1）股利贴现模型法。股利贴现模型的基本形式是：

$$P_0 = \sum_{t=1}^{\infty} \frac{D_t}{(1+K_S)^t} \qquad (10\text{-}7)$$

式中　P_0——初始时刻的每股市价；
　　　D_t——预期第 t 期期末的每股股利；
　　　K_S——适当的贴现率。

该模型假设股东将永远持有股票，其获得的股利是一个永续的现金流入。式中适当的贴现率 K_s 是使投资者期望的未来每股股利现值的总额等于每股现行市价的贴现率，对于企业来说即是权益资本成本。

该模型的应用难点在于需要无限期地预计每年的股利。因此，实际中通常将模型简化，即假设每年股利相同或以固定比率增长。于是，根据固定增长模型来计算权益资本成本：

$$K_e = \frac{D_1}{P_0} + g \qquad (10\text{-}8)$$

式中　D_1——预期第 1 年的每股股利；
　　　P_0——初始时刻的每股市价；
　　　g——现金股利固定年增长率（若每年股利相同，则 $g=0$）。

【例 10-5】 A 企业本年发放股利 1 元，当前的普通股市价为每股 20 元。预计股利年增长率为 12%，请用式（10-8）计算留存收益资本成本。

根据式（10-8）：

$$K_e = \frac{D_1}{P_0} + g = \frac{1 \times (1+12\%)}{20} + 12\% = 17.6\%$$

如果企业股利的增长并不是固定的，则上述计算权益资本成本的公式将不再成立。但我们可以根据分阶段的股利贴现模型的基本形式来确定预期报酬率。例如，假设未来 n 年的股利增长率为 g_1（高速增长期），随后的 m 年股利将以 g_2 的增长率增长（过渡期），最后从 $n+m+1$ 年起的永续增长率是 g_3，则有：

$$P_0 = \sum_{t=1}^{n} \frac{D_0(1+g_1)^t}{(1+k_s)^t} + \sum_{t=n+1}^{n+m} \frac{D_n(1+g_2)^{t-n}}{(1+k_s)^t} + \sum_{t=n+m+1}^{\infty} \frac{D_{n+m}(1+g_3)^{t-(n+m)}}{(1+k_s)^t}$$

通过插值法求出 K_s，即可得到权益资本成本。

(2) 资本资产定价模型法。企业的资本成本和投资者要求的报酬率在一定程度上是等价的。因此,权益资本成本也可以通过估计企业普通股的必要报酬率来直接求解。根据资本资产定价模型(CAPM),普通股的必要报酬率计算公式为:

$$K_e = K_f + \beta \times (K_m - K_f) \tag{10-9}$$

式中　K_f——无风险收益率;
　　　K_m——市场证券组合的期望收益率;
　　　β——股票的系统风险。

【例10-6】 A企业的β系数为1.5,市场无风险收益率为6%,平均风险股票必要报酬率为13%,请计算留存收益资本成本。

根据式(10-9):

$$K_e = K_f + \beta \times (K_m - K_f) = 6\% + 1.5 \times (13\% - 6\%) = 16.5\%$$

(3) 风险溢价法。所谓风险溢价法,是指在债券投资报酬率的基础上,追加一定的股票投资风险溢价。这种方法的理论依据是风险与收益相匹配。一般而言,股票投资者承担的风险高于债券投资者,因此,企业的普通股必须提供比本公司债券更高的期望收益。其计算公式为:

$$K_e = K_d(1 - T) + RP_c \tag{10-10}$$

式中　K_d——税前债务资本成本;
　　　RP_c——股东比债权人承担更大的风险而要求追加的收益率。

K_d的计算方法前面已经有所介绍,因此采用风险溢价法估算权益资本成本的关键在于估计风险溢价RP_c。RP_c没有直接的计算方法,但资本市场的经验表明,企业普通股的风险溢价对其自身发行的债券来说,绝大部分在3%~5%。

【例10-7】 A企业税前债券资本成本为10%,凭经验估计,A企业认为普通股风险溢价相对其发行的债券大约为4%,请计算留存收益资本成本。

根据式(10-10):

$$K_e = K_d + RP_c = 10\% + 4\% = 14\%$$

2. 普通股资本成本

企业新发行普通股资本成本的计算方法和留存收益基本相同。所不同的是,在利用上述三种方法计算普通股资本成本时,需要考虑企业发行新股的筹资费用。例如,根据固定增长股利贴现模型,考虑筹资费用,新发普通股资本成本计算公式为:

$$K_{ns} = \frac{D_1}{P_0(1 - F)} + g \tag{10-11}$$

式中　F——普通股筹资费用率。

【例10-8】 A企业普通股每股发行价格为20元,融资费用率为5%。预计下一年度的股利为2元,以后每年的股利增长率为3%,请计算A企业的普通股资本成本。

根据公式(10-11):

$$K_{ns} = \frac{D_1}{P_0(1 - F)} + g = \frac{2}{20 \times (1 - 5\%)} + 3\% \approx 13.53\%$$

以上介绍了三种计算普通股权益资本成本的方法。三种方法各有其优缺点,具体比较如表10-2所示。

表 10-2 普通股权益资本成本三种计算方法比较

普通股权益资本成本计算方法	优点	缺点
股利贴现模型法	原理简单，只需要知道当前股利、股票价格及未来股利增长率	实用性较差，实践中较难准确估计未来现金股利的增长率 准确性不足，分析人员常常采用税后利润来衡量预期收益，替代模型中的现金股利 D，没有严格遵守股利贴现模型的要求 计算较复杂，如果未来股利不以固定增长率增长，则需根据分阶段的股利贴现模型，利用插值法求解 K_s
资本资产定价模型法	理论性强，资本资产定价模型自提出以来，经受住了大量的经验上的证明，其逻辑严密且合理 适用范围广，该模型不需要对现金股利增长率做假设，即使企业没有分派红利也可应用此模型	β 系数难以确定，一般投资者很难有条件做出估算，即使可以从投资咨询公司获得相关信息，但也仅限于上市公司或规模较大的公司
风险溢价法	计算简便，只需估算债务资本成本便可求得 K_s	准确性较差，要求的风险溢价是基于所有公司的一个平均值，不如 CAPM 模型对单个公司风险溢价进行估计的方法精确 理论基础较弱，估计风险溢价时带有一定的主观色彩

10.3 加权平均资本成本

10.3.1 加权平均资本成本的概念及计算

由资本成本的概念可以知道，所有资本都有一个共同点，即提供这些资金的投资者都希望能从其投资中得到回报。如果一家企业唯一的投资者是普通股股东，那么在进行投资和融资决策时所采用的资本成本就是普通股股东要求的必要报酬率。然而，实际上大多数企业都采用了不同种类的资本融资方式，并且由于风险不同，各类投资者有着不同的必要报酬率，因而各类资本有着不同的资本成本。将企业看做一个整体，为满足所有投资者对投资收益的要求，在分析投融资决策时所使用的贴现率就应该是企业融集的各种不同资本的资本成本加权平均值。该加权平均值就是企业的加权平均资本成本。

以各种资本占全部资本的比重为权重计算 WACC，公式如下：

$$K_{WACC} = \sum_{i=1}^{n} W_i K_i \tag{10-12}$$

式中 K_{WACC}——加权平均资本成本；

K_i——第 i 种资本的个别资本成本；

W_i——第 i 种资本占总资本的比重。

一般来说，负债、优先股和普通股是大多数企业融资的主要类型，因此，通常计算 WACC 的公式为：

$$K_{WACC} = \frac{D}{V} \times K_d(1-T) + \frac{P}{V} \times K_p + \frac{E}{V} \times K_e \tag{10-13}$$

式中 K_d、K_p、K_e——税前债务资本成本、优先股资本成本、普通股资本成本；

D、P、E——债务资本、优先股资本、普通股权益资本；

V——企业资本总额。

【例 10-9】 A、B 企业的资本总额均为 2 000 万元，普通股股价均为 1 元/股，所得税税率均为 25%，其他资料如表 10-3 所示，请计算 A、B 企业的加权平均资本成本。

表 10-3 计算加权平均资本成本

资本构成	企业 A		企业 B		
	融资金额	占总资本权重	融资金额	占总资本权重	单项资本成本
债务资本	0	0	800 万元	40%	8%
优先股	0	0	200 万元	10%	10%
普通股	2 000 万元	100%	1 000 万元	50%	15%

利用表 10-3 列示数据，根据式（10-13）可计算出 A、B 企业的加权平均资本成本如下。

$$K_{WACC}^{A} = \frac{D}{V} \times K_d(1-T) + \frac{P}{V} \times K_p + \frac{E}{V} \times K_e = \frac{2\,000}{2\,000} \times 15\% = 15\%$$

$$K_{WACC}^{B} = \frac{D}{V} \times K_d(1-T) + \frac{P}{V} \times K_p + \frac{E}{V} \times K_e$$

$$= \frac{800}{2\,000} \times 8\% \times (1-25\%) + \frac{200}{2\,000} \times 10\% + \frac{1\,000}{2\,000} \times 15\% = 10.9\%$$

10.3.2 加权平均资本成本的相关问题

1. 关于 WACC 的计算

根据式（10-12）可知，计算加权平均资本成本需要知道两方面的信息：一是个别资本成本的大小（K_i），二是各单项资本占资本总额的比重（W_i）。

在考虑债务资本时，并没有具体区分短期债务和长期债务。虽然企业借入短期银行借款、发行短期融资券也需要支付利息，存在资本成本，但是由于短期债务的临时性，且这些短期负债一般可以与企业持有的短期投资大致相互抵消，其对企业加权平均资本成本大小的影响基本可忽略。通常情况下，计算加权平均资本成本时只考虑长期银行贷款或企业债券等长期债务资本。但是，我国的现实情况是，大多数企业都持有数量较多的短期借款，而且通过不断"借新债还旧债"的资本运作，短期借款已经成为企业长期性资本的重要来源。在这种情况下，计算我国企业的加权平均资本成本时，需要深入分析企业的资本使用状况，根据实际情况考虑短期借款的资本成本。

【示例 10-1】 四川长虹（600839）是我国上市公司短期借款长期化的典型例子，其资本构成如表 10-4 所示。

表 10-4 四川长虹的资本构成 （单位：百万元）

项目	2008 年	2009 年	2010 年	2011 年
短期借款	5 224.73	6 136.31	8 925.05	8 866.94
长期负债①	954.20	4 455.20	5 676.11	7 588.68
权益资本②	6 112.24	12 452.27	10 535.07	9 878.75
短期负债比重	42.51%	26.63%	35.51%	33.67%
长期负债比重	7.76%	19.33%	22.58%	28.82%
权益资本比重	49.73%	54.04%	41.91%	37.51%
取得借款收到的现金	9 639.20	14 163.29	17 311.59	16 814.21
偿还债务支付的现金	8 922.42	11 919.68	13 101.81	16 668.88

①长期负债 = 长期借款 + 一年内到期的长期借款 + 应付债券；
②权益资本 = 年末总股数 × 年末收盘价。
资料来源：根据四川长虹（600839）2008—2011 年年报整理。

由表10-4可知,四川长虹的短期借款占总资本的比重较大,有的年度甚至超过40%。而且,四川长虹不断通过借款和偿还债务维持短期借款的存量。短期借款已经构成四川长虹的一种长期性资本来源。因此,计算四川长虹的加权平均资本成本时,必须考虑短期借款的资本成本。

根据市场信息,计算出各单项资本成本,再根据式(10-12),可得出WACC,如表10-5所示。

表10-5 四川长虹加权平均资本成本

	2008年	2009年	2010年	2011年
短期负债资本成本(税前)①	7.17%	5.31%	5.36%	6.34%
长期负债资本成本(税前)	7.47%	5.76%	5.80%	6.70%
无风险报酬率②	3.92%	2.25%	2.30%	3.29%
风险溢价③	8.19%	8.19%	8.19%	8.19%
β系数④	0.96	0.89	0.96	0.96
权益资本成本	11.78%	9.54%	10.16%	11.15%
WACC⑤	8.58%	7.05%	6.67%	7.23%

①短期负债资本成本根据一年期贷款基准利率确定,长期负债资本成本根据五年期贷款基准利率确定。一年内贷款利率发生调整的,根据计息日进行加权。
②在美国资本市场中,通常选择国库券作为无风险资产,以短期国债的利率作为无风险收益。由于我国国债在发行规模上存在明显不足,在投资者需要无风险资产时,只能通过银行存款获得稳定的收益。因而,在我国资本市场上,通常以一年期银行定期存款作为无风险资产,其利率作为无风险利率。此处,选用一年期整存整取作为无风险资产,依据CSMAR数据库中提取的日度化无风险收益率,先计算平均日度化无风险收益率,再依据复利得到年度无风险收益率。
③在美国等成熟资本市场中,通常直接以市场收益率的历史数据与国库券收益率的差额作为市场风险溢价。廖理、汪毅慧(2003)认为我国早年股市波动剧烈,投机操纵成分较大,1997年以来,投资者理性大大增强。因此,此处使用1997年至2010年共计14年的综合市场收益与一年期整存整取利率计算得到市场风险溢价为8.19%。
④β系数估计使用线性回归法,即将证券投资回报率与市场指数回报率回归估计得到资产的贝塔系数值。按照资本资产定价模型,市场投资组合应包含资本市场上全部可供投资者选择的风险资产。但由于市场投资组合的更新频繁,收益率统计比较麻烦,在实际计算中,通常选用市场指数收益率作为替代。而回归时间间隔一般采用月收益率或日收益率。因此,此处β系数根据CSMAR数据库四川长虹"考虑现金红利再投资的日个股回报率"与"考虑现金红利再投资的综合日市场回报率"计算。
⑤2008年至2011年的WACC按照25%的企业所得税率计算。
资料来源:根据四川长虹(600839)2008—2011年年报及CSMAR数据库数据整理。

第i类资本在资本总额中的权重可以根据公司财务报表提供的历史数据计算而得,这样求得的是按资本的账面价值计算的权重。由于权益资本的账面价值往往与其市场价值差别较大,因此按这种方法计算的加权平均资本成本会失去现实客观性,不利于制定筹资、投资管理决策。那么,是否应该按照企业各类资本的市场价值来计算权重呢?按市场价值确定权重是指债券、股票等以现行资本市场价格为基础确定其资本比例,虽然这种方法能反映公司现实的资本结构和当前实际资本成本,但证券市场价格的频繁波动性会影响资本结构的相对稳定。不同的资本结构不但会影响个别资本在总资本中的权重,还会影响个别资本成本的大小。因此,在计算企业加权平均资本成本时,通常会假定企业管理层设定了一个适当的资本结构作为目标资本结构,并尽力保持该目标资本结构的稳定。正确的权重应基于目标资本结构,企业根据这个结构进行筹资,能使资本成本最低而企业价值最大。关于确定目标资本结构的问题将在第11章详细讨论。

2. 筹资规模对WACC的影响

介绍资本成本概念时曾说过,在市场经济环境下,资本已成为一种特殊的商品。那么,资本的供给曲线应与其他普通商品的供给曲线一样,都是一条由左下方向右上方倾斜的曲线,即随着对资本需求的增加,资本的价格(对筹资者而言,资本的价格便是资本成本)也会上升。因此,想要扩大融资规模的企业,通常要为新筹集的资本支付更高的价格(成本),企业加权平均资本成本将随筹资规模的扩大而上升。下面举例说明筹资规模对 WACC 的影响。

【例 10-10】 假设某公司的目标资本结构设定为长期借款：公司债券：普通股 = 20% : 30% : 50%，有关资本成本如表 10-6 所示。

表 10-6 筹资规模与资本成本

资本来源	筹集资金范围	资本成本（%）
长期银行借款	30 万元以下	5（税后）
	30 万元及以上	7（税后）
公司债券	90 万元以下	6（税后）
	90 万元及以上	8（税后）
普通股	200 万元以下	10
	200 万元及以上	12

所谓筹资临界点，是指在某些筹资点上，资本成本会随着筹资额的增加而上升。如表 10-6，通过发行公司债券筹集资金，发行额在 90 万元以下时，债券资本成本为 6%，发行额大于或等于 90 万元时，债券资本成本为 8%，90 万元就是利用公司债券筹资的临界点。同理，长期借款的临界点为 30 万元，发行普通股的临界点为 200 万元。根据目标资本结构，可以计算出总筹资额的临界点，计算公式为：

$$总筹资额的临界点 = \frac{某类资本的筹资临界点}{该类资本占总资本的比例}$$

将各类资本的筹资临界点转化为总筹资额的临界点如下。

长期借款：

$$300\ 000 \div 20\% = 1\ 500\ 000（元）$$

公司债券：

$$900\ 000 \div 30\% = 3\ 000\ 000（元）$$

普通股：

$$2\ 000\ 000 \div 50\% = 4\ 000\ 000（元）$$

150 万元、300 万元及 400 万元即是总筹资额的临界点。由此可得到四组筹资范围：①小于 150 万元；②150 万元~300 万元；③300 万元~400 万元；④大于或等于 400 万元。这意味着，如果总筹资额在 150 万元以下，根据目标资本结构的要求，长期借款的总额可保持在 30 万元以下，此时长期借款税后资本成本为 5%。如果总筹资额超过 150 万元，则按照资本结构的要求，长期借款的数量将超过 30 万元，从而导致其税后资本成本上升为 7%。对于其他三组筹资范围，也可做类似的解释。

列表求解相应筹资规模的加权平均资本成本，如表 10-7 所示。

表 10-7 各筹资范围的加权平均资本成本

筹资规模（万元）	资金类别	目标资本结构（%）	资本成本（%）	加权平均资本成本（%）
¥ < 150	长期借款	20	5	$K_{WACC} = 20\% \times 5\% + 30\% \times 6\% + 50\% \times 10\%$ = 7.8%
	公司债券	30	6	
	普通股	50	10	
150 ≤ ¥ < 300	长期借款	20	7	$K_{WACC} = 20\% \times 7\% + 30\% \times 6\% + 50\% \times 10\%$ = 8.2%
	公司债券	30	6	
	普通股	50	10	

筹资规模（万元）	资金类别	目标资本结构（%）	资本成本（%）	加权平均资本成本（%）
300≤¥<400	长期借款	20	7	K_{WACC} =20%×7%+30%×8%+50%×10% =8.8%
	公司债券	30	8	
	普通股	50	10	
¥≥400	长期借款	20	7	K_{WACC} =20%×7%+30%×8%+50%×12% =9.8%
	公司债券	30	8	
	普通股	50	12	

如表10-7所示，当企业总筹资额在150万元以下时，其加权平均资本成本为7.8%，当总筹资额超过150万元但小于300万元时，其加权平均资本成本将变为8.2%，以此类推。WACC随筹资额的变化而变化的情况可用图10-2来表示。

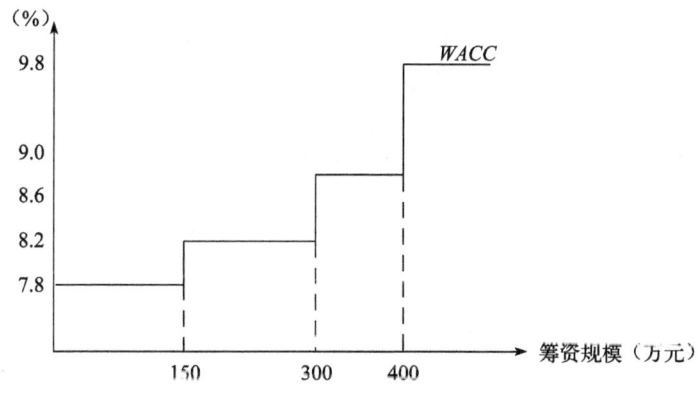

图10-2 不同筹资规模的 WACC

由以上分析可知，企业加权平均资本成本随筹资规模的增加存在递增的效应，这种新增加一单位资本所发生的加权平均资本成本称为边际资本成本（marginal cost of capital，MCC）。

10.4 投资项目的资本成本

10.4.1 项目资本成本与投资决策

如第7章所述，资产或证券的内在价值是投资者获得的预期现金流量按投资者要求的必要报酬率在一定期间内贴现的现值。只有当项目的内在价值（现值）大于投资者投入的资本（即净现值大于零）时，项目才值得投资。本节结合资本成本概念，对项目投资者要求的必要报酬率及项目投资评价过程展开进一步说明。

投资者要求的必要报酬率（required rate of return）是投资者要求从企业（项目）取得的与所承担风险相对应的投资收益率。进行项目投资时，投资者追求能够补偿时间成本、补偿因必须等待收益率的取得而牺牲的货币购买力保持成本以及补偿资本投资风险溢价的收益率，这一必要报酬率通常以金融市场上具有相同系统风险的投资所提供的报酬率来衡量。这是因为，投资者自己利用资金进行风险相当的投资而能获得的收益是其投资项目的机会成本；若项目的回报低于金融市场上相同系统风险的投资所提供的报酬率，投资者随时可以自己去金融市场上投资。

投资者要求的必要报酬率与项目的资本成本是同一个问题的两个方面。就企业的角度而言，企业为筹集项目所需资本，必须从项目投资中赚取、并向投资者提供不低于必要报酬率的收益率。所以，投资者要求的必要报酬率决定了企业在项目上正好保本的资本性投资报酬率，即项目的资本成本率（cost of capital）。在不考虑税收及筹资费用的情况下，两者在数量上相等。另一方面，一项投资只要能给投资者创造价值就值得进行。以资本成本作为项目预期现金流量的贴现率计算项目净现值，在确保所投资项目都是增值项目的同时，也能同时确保所有增值项目不因主观调增贴现率而被遗漏。

项目的内部收益率（IRR）是投资项目评价中的另一重要概念，指使投资项目的预期现金流入量现值等于现金流出量现值的贴现率，即使项目净现值为零的贴现率。它反映了依据管理层所掌握的拟投资项目的信息，客观预测的项目本身预期可实现的收益率，是该项目的预期收益率（expected rate of return）。

通过比较内部收益率与资本成本的大小可实现对项目的投资评价：如果内部收益率超过项目的资本成本，超过的部分将归企业的股东所有，股东财富增加；如果项目的内部收益率低于资本成本，那么项目将增加股东的成本负担。依据内部收益率的决策规则，项目的内部收益率（预期收益率）只有能够补偿拟投资本的资本成本，才具备财务可行性。所以，资本成本是新项目能够吸引股东和债权人进行投资所要达到的报酬率下限，是项目评价时适宜的基准收益率（hurdle rate）[一]。与此同时，项目的内部收益率（预期收益率）则为投资者提供了可以选择的最高要求报酬率。项目资本成本与预期收益率的关系总结如表 10-8 所示。

表 10-8 项目资本成本与预期收益率

项目投资收益率	股东财富（企业价值）	项目是否值得投资
项目资本成本（必要报酬率、基准收益率）＜预期收益率（内部收益率）	增加	是
项目资本成本（必要报酬率、基准收益率）＝预期收益率（内部收益率）	不变	是
项目资本成本（必要报酬率、基准收益率）＞预期收益率（内部收益率）	减少	否

10.4.2 基于项目风险调整资本成本

净现值法下，资本成本是项目预期现金流量适宜的贴现率；内部收益率法下，资本成本是内部收益率比较的基准。因此，采用两种方法中的任何一种对项目进行评价，都需要知道项目资本成本的大小。项目的资本成本是项目必须获得的满足投资者要求的回报率，其大小在本质上取决于项目本身的风险，按来源可具体分为经营风险和财务风险。而企业资本成本（WACC）是投资于企业债务和权益性证券的投资者要求的平均报酬率，反映的是企业现有资产（项目）作为一个整体的风险。这些现有项目可能与拟投资项目从属于不同行业，即便是专注于一类业务的企业，拟投资项目与企业现有项目所采用的财务杠杆也并不总相同。因此，拟投资项目的风险往往不同于企业的平均风险。在进行项目评价时，并不能一贯地将企业的加权平均资本成本作为其投资决策的"基准收益率"。只有当拟评估项目与企业现有经营活动的风险完全一致时，才能直接套用企业 WACC 作为项目的贴现率。

如图 10-3 所示，A、B 表示两个投资项目，X、Y 表示两个企业的总体风险。A、B 两个项目的风险水平都比企业 X 的总体风险水平高，但是比企业 Y 的总体风险水平低。首先考虑项目 A。若单纯地以企业 WACC 作为投资决策的贴现率，A 项目的收益率 R_A 小于 $WACC_Y$，企业 Y 会否决 A 项目；而 R_A 大于 $WACC_X$，企业 X 会认为 A 项目是值得投资的。实际上，在项目 A 所处的风险

[一] hurdle rate，又称 MARR（minimum acceptable rate of return），是指在已知一个项目的风险以及放弃其他项目的机会成本的前提下，投资者（企业）愿意接受这个项目时的最低回报率。

水平上，其提供的收益率超过了投资者要求的报酬率，投资 A 项目会增加股东的财富，因此对于两个企业来说，都应接受 A 项目。同理于项目 B。R_B 大于 $WACC_X$，企业 X 将投资于 B 项目；但 R_B 小于 $WACC_Y$，企业 Y 会拒绝 B 项目。此时就 B 项目的风险水平而言，投资者最低可接受的报酬率高于该项目的收益率，因此对于两个企业来说，都应拒绝项目 B。我们接受收益率较低的项目 A，拒绝收益率较高的项目 B，因为项目 B 的预期收益率虽比项目 A 更高，但是这个差额不足以补偿项目 B 更高的风险。

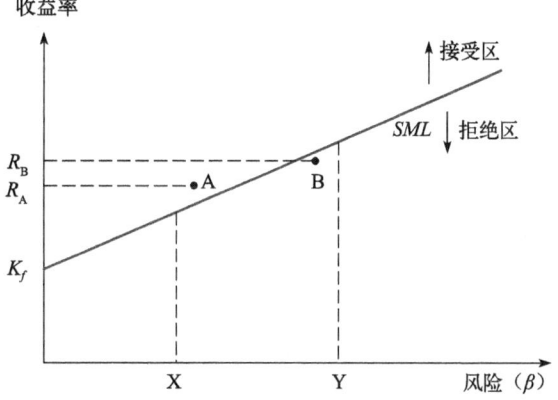

图 10-3 企业 WACC 与项目资本成本

以上分析表明，如果不考虑项目的风险，而笼统地将企业 WACC 用来评价单个投资项目，往往会做出错误的决策：错误地拒绝相对安全的项目，错误地接受相对而言具有风险性的项目。只有当投资项目的风险水平同企业整体风险水平大致相同的情况下，才能够将企业 WACC 作为评价该项目的"基准比率"。不同的项目通常面临不同的风险，根据风险与收益匹配的原则，项目的贴现率必须根据其风险差异进行调整。

基于风险调整得到拟投资项目资本成本，其前提是寻找一个参考对象作为调整的基点。若该项目的市场风险（经营风险）与企业其他项目的市场风险相同，参考对象可选择本企业。否则，需要选择与该项目具有相似经营风险的可比公司（如专注于该行业的企业）作为参考对象。然而，项目资本成本取决于项目的经营风险和财务风险，参考对象仅仅是与拟投资项目具有同等的经营风险。若参考对象的资本结构与项目不同，拟投资项目仍不能直接沿用参考对象的资本成本。出于这种资本结构上的差异，有必要对参考对象的资本成本进行调整。

接下来的问题是，如何通过对参考对象的资本成本进行财务风险调整得到拟投资项目资本成本。不妨设想，如果项目和参考对象均为完全权益融资，则项目与参考对象不存在财务风险。而由于参考对象与项目又具有相同的经营风险，所以此时项目的 WACC 与参考对象的 WACC 相等，都等于全权益资本成本。全权益资本成本被称为资本机会成本，其大小仅取决于全权益项目的经营风险。因此，要计算项目的资本成本，首先应得到资本机会成本。具体而言，可依据有税 MM 命题Ⅱ揭示的杠杆企业权益资本成本与无杠杆企业全权益资本成本之间的关系⊖，通过从参考对象的权益资本成本中卸载参考对象的财务杠杆获得资本机会成本。然后，仍依据有税的 MM 命题Ⅱ，在资本机会成本上加载项目的财务杠杆，即获得项目的权益资本成本。最后，通过加权平均资本成本的计算公式，可最终得到拟投资项目的资本成本。具体而言，项目的风险不同于企业风险特征时，项目资本成本通常可通过报酬率调整和贝塔系数调整两种方法获得。

1. 报酬率调整法

报酬率调整法，是通过从参考对象的 WACC 中卸载和加载财务杠杆，实现项目资本成本的调整，调整步骤如下：

⊖ 有关 MM 理论的详细内容，可参见第 11 章资本结构。

步骤1：先卸载。根据有税MM命题Ⅱ○，从参考对象的 WACC 中卸载财务杠杆，以计算资本机会成本。

假设参考企业C与拟投资项目P具有相似的市场风险，可根据参考企业C的负债权益比及其债务、权益资本成本，得到项目P负债为零时的资本机会成本。

$$资本机会成本 = r = \frac{r_d^C(1-T_C)(D_C/V_C) + r_e^C(E_C/V_C)}{1 - T_C \frac{D_C}{V_C}} \tag{10-14}$$

式中　D_C——参考企业C的债务价值；
　　　E_C——参考企业C的权益价值；
　　　V_C——参考企业C的价值；
　　　r_d^C——参考企业C的税前债务资本成本；
　　　r_e^C——参考企业C的权益资本成本；
　　　T_C——参考企业C的所得税税率。

步骤2：后加载。运用有税MM命题Ⅱ，加载项目的财务杠杆，计算项目的权益资本成本。

在项目P的负债比率○下，估计项目债务资本成本。依据步骤1中得到的资本机会成本、项目P的负债权益比及债务资本成本，计算项目P的权益资本成本。

$$r_e^P = r + (r - r_d^P)(1 - T_P)D_P/E_P \tag{10-15}$$

式中　D_P——拟投资项目的债务价值；
　　　E_P——拟投资项目的权益价值；
　　　r_d^P——拟投资项目的债务资本成本；
　　　r_e^P——拟投资项目的权益资本成本；
　　　T_P——拟投资项目适用的所得税税率。

步骤3：再加权。运用加权平均资本成本计算公式，在项目的融资权重下，计算项目加权平均资本成本。

根据项目P的负债权益比、债务资本成本及步骤2中得到的项目P的权益资本成本，计算项目P的加权平均资本成本 $WACC_P$。

$$WACC_P = r_d^P(1 - T_P)(D_P/V_P) + r_e^P(E_P/V_P) \tag{10-16}$$

式中　V_P——拟投资项目的价值。

【例10-11】 某家电企业Z计划投资项目A以进入房地产行业。项目A计划按50%的负债权

○ 有税MM命题Ⅱ指出，杠杆企业的普通股权益资本成本等于相同经营风险下无负债企业的权益资本成本加上财务风险溢价，即

$$r_e^L = r + (r - r_d^L)(1 - T)D_L/E_L$$

由此可推导出：

$$r\left[1 + (1 - T)\frac{D_L}{E_L}\right] = r_e^L + r_d^L(1 - T)\frac{D_L}{E_L}$$

即：$r = \dfrac{r_d^L(1-T)(D_L/V_L) + r_e^L(E_L/V_L)}{1 - T\dfrac{D_L}{V_L}}$

○ 如果不考虑税收，则加权平均成本等于资本机会成本，
式（10-14）可简化为：资本机会成本 $= r = r_d^C(D_C/V_C) + r_e^C(E_C/V_C)$
式（10-15）可简化为：$r_e^P = r + (r - r_d^P)D_P/E_P$

○ 项目的增量融资不必直接对应于直接为该项目筹措的资金。例如，当公司要保持债务与公司价值比率不变时，公司可减少其他投资的债务融资额，则该项目适用的负债比率仍为公司的目标负债比率。

益比进行融资。目前与项目 A 具有类似业务的房地产企业 Y 的负债权益比为75%，其权益的 β 值为1.2，借款利率为7.2%。项目 A 的预期借款利率为7%，两家企业的所得税税率均为25%，市场风险溢价为7.5%，无风险利率为2.5%。要求：计算项目 A 的资本成本。

由于企业 Z 是家电企业，项目 A 属于房地产项目，项目 A 与企业 Z 已有项目的经营风险有较大差距，所以不能在原企业资本成本的基础上进行调整，需要参考企业 Y 的资本成本数据。

（1）根据资本资产定价模型确定参考企业 Y 的权益资本成本。

根据式（10-9）：
$$r_e^Y = r_f + \beta_e^Y \times (r_m - r_f) = 2.5\% + 1.2 \times 7.5\% = 11.5\%$$

可得知企业 Y 的加权平均资本成本：
$$WACC_Y = r_d^Y(1-T_Y)(D_Y/V_Y) + r_e^Y(E_Y/V_Y) = 7.2\% \times (1-25\%) \times \frac{3}{7} + 11.5\% \times \frac{4}{7} = 8.89\%$$

（2）从企业 Y 的 WACC 中卸载财务杠杆。

根据式（10-14）：
$$r = \frac{r_d^Y(1-T_Y)(D_Y/V_Y) + r_e^Y(E_Y/V_Y)}{1-T\dfrac{D_Y}{V_Y}} = \frac{7.2\% \times (1-25\%) \times \dfrac{3}{7} + 11.5\% \times \dfrac{4}{7}}{1 - 0.25 \times \dfrac{3}{7}} = 9.95\%$$

假定投资项目的经营风险与该行业现有的经营风险相当，则全权益融资下项目 A 的贴现率也是9.95%。

（3）加载项目 A 的财务杠杆，得到项目 A 的权益资本成本 r_e^A。

根据式（10-15）：
$$r_e^A = r + (r - r_d^A)(1 - T_A)D_A/E_A = 9.95\% + (9.95\% - 7\%) \times (1 - 25\%) \times \frac{1}{2} = 11.06\%$$

（4）计算项目 A 的加权平均资本成本。

根据式（10-16）：
$$WACC_A = r_d^A(1-T_A)(D_A/V_A) + r_e^A(E_A/V_A) = 7\% \times (1-25\%) \times \frac{1}{3} + 11.06\% \times \frac{2}{3} = 9.12\%$$

采用全权益对项目进行融资时，项目的资本成本等于同等经营风险下的资本机会成本。加入债务资本后，由于债务利息抵税效应的存在，杠杆项目的资本成本得以逐渐降低，小于资本机会成本。与此同时，债务的引入加大了项目权益资本的风险，致使杠杆项目的权益资本成本增加。且随着债务比重的上升，项目的债务违约风险增加，债务资本成本也缓慢增加。用图形表示如图10-4所示。

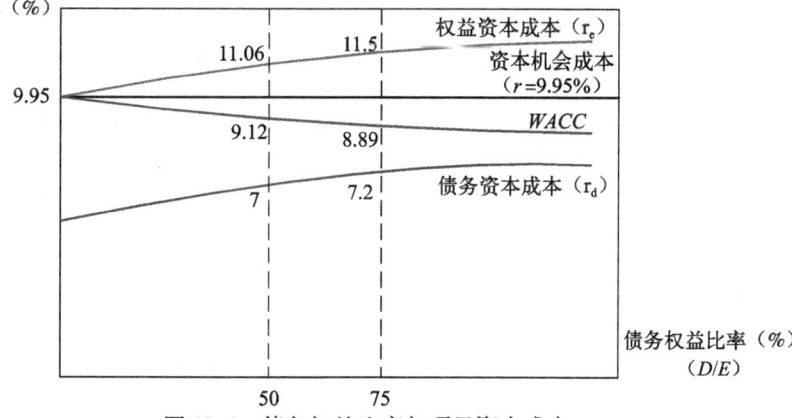

图10-4 债务权益比率与项目资本成本

2. 贝塔系数调整法

报酬率调整法的基本原理是运用有税 MM 命题 II 中，杠杆项目权益资本成本与无杠杆项目全权益资本成本之间的关系，实现"财务杠杆的调节"。而在特定的市场环境下，资本的贝塔系数是各类资本必要报酬率的唯一影响因素。若将资本资产定价模型引入到有税 MM 命题 II 的关系式中，即可得到杠杆项目权益贝塔与无杠杆项目权益贝塔间的关系⊖。贝塔系数调整法，就是依据得到的杠杆项目权益贝塔与无杠杆项目权益贝塔间的关系，用贝塔系数替代报酬率进行财务杠杆的卸载和加载，实现项目资本成本的调整。

在介绍贝塔系数调整方法前，首先了解资产贝塔的相关概念。在第 6 章中，我们介绍了单项资产（股票）的贝塔系数。项目资产贝塔则是项目总资产的贝塔系数。对于杠杆项目而言，资产贝塔与权益贝塔是不同的，衡量其资产贝塔还需要考察债权人的风险。项目本身可以看成是一个债务与权益的"资产组合"，而任何一个资产组合的贝塔值均可看成是该组合中各单项资产贝塔值的加权平均值。所以，杠杆项目资产贝塔正好就是债务贝塔和权益贝塔的加权平均数：

$$\beta_{杠杆资产} = \beta_{债务}(D/V) + \beta_{权益}(E/V) \tag{10-17}$$

因此，实务中也将调整项目资本成本的前两步替代为：①通过卸载参考对象权益贝塔的财务杠杆，得到相同经营风险的无杠杆项目贝塔系数（纯经营风险贝塔）；②加载拟投资项目的财务杠杆，得到项目的权益贝塔系数。然后再利用新负债比下的权益贝塔，根据资本资产定价模型计算拟投资项目 P 的权益资本成本和 WACC。

卸载财务杠杆计算无杠杆项目资产贝塔系数的公式：

$$\beta_U = \frac{\beta_d^C(1-T_C)(D_C/V_C) + \beta_e^C(E_C/V_C)}{1 - T_C\dfrac{D_C}{V_C}}^{\ominus} \tag{10-18}$$

式中 β_U ——无杠杆项目资产贝塔系数；

β_d^C ——参考企业 C 的债务贝塔系数；

β_e^C ——参考企业 C 的权益贝塔系数。

⊖ 将资本资产定价公式代入到有税 MM 命题 II 中，有：

$$r_e^L = r + (r - r_d^L)(1-T)D_L/E_L = r_f + \beta_U(r_m - r_f) + (\beta_U - \beta_d^L)(r_m - r_f)(1-T)D_L/E_L$$
$$= r_f + [\beta_U + (\beta_U - \beta_d^L)(1-T)D_L/E_L] * (r_m - r_f)$$

而由资本资产定价公式，杠杆企业的权益资本成本取决于无风险收益率与权益风险溢价两部分，即

$$r_e^L = r_f + \beta_e^L * (r_m - r_f)$$

由于两式相等，可得到：

$$\beta_e^L = \beta_U + (\beta_U - \beta_d^L)(1-T)D_L/E_L$$

⊖ 杠杆项目权益贝塔与无杠杆项目全权益贝塔间的关系可由有税 MM 命题 I 直接推导得到。

有税 MM 命题 I 指出，杠杆企业的价值等于具有相同经营风险的无杠杆企业的价值加上利息的抵税收益，即：$V_L = V_U + T \times D_L$。因此，杠杆项目可以看成是无杠杆项目与利息税盾的"资产组合"，有：

$$\beta_L = (1 - \frac{TD_L}{V_L})\beta_U + \frac{TD_L}{V_L}\beta_d^L \quad （假设债务利息税盾风险与债务风险一致）$$

由上式与式 (10-17)，有：

$$\frac{D_L}{V_L} \times \beta_d^L + \frac{E_L}{V_L} \times \beta_e^L = (1 - \frac{TD_L}{V_L})\beta_U + \frac{TD_L}{V_L}\beta_d^L$$

即式 (10-18)：

$$\beta_U = \frac{\beta_d^L(1-T)(D_L/V_L) + \beta_e^L(E_L/V_L)}{1 - \dfrac{TD_L}{V_L}}$$

加载财务杠杆计算拟投资项目权益贝塔的公式：

$$\beta_e^P = \beta_U + (\beta_U - \beta_d^P)(1 - T_P)D_P/E_P \qquad \text{①} \qquad (10\text{-}19)$$

式中 β_d^P——拟投资项目的债务贝塔系数；

β_e^P——拟投资项目的权益贝塔系数。

【例10-12】 采用调整贝塔系数的方法，重新计算【例10-12】中项目 A 的资本成本率。由资本资产定价模型，可以推知企业 Y 的债务 β_d^Y 为 0.63，项目 A 的债务 β_d^A 为 0.6。

(1) 卸载企业 Y 的财务杠杆，计算负债为 0 时的资产的贝塔系数。

根据式 (10-18)：

$$\beta_U = \frac{\beta_d^Y(1-T_Y)(D_Y/V_Y) + \beta_e^Y(E_Y/V_Y)}{1 - T_Y \dfrac{D_Y}{V_Y}} = \frac{0.63 \times (1-25\%) \times \dfrac{3}{7} + 1.2 \times \dfrac{4}{7}}{1 - 25\% \times \dfrac{3}{7}} = 0.99$$

(2) 加载项目 A 的财务杠杆，计算项目 A 的权益贝塔系数。

根据式 (10-19)：

$$\beta_e^A = \beta_U + (\beta_U - \beta_d^A)(1 - T_A)(D_A/E_A)] = 0.99 + (0.99 - 0.6)(1 - 25\%) \times 50\% = 1.14$$

(3) 根据资本资产定价模型确定项目 A 的权益资本成本。

根据式 (10-9)：

$$r_e^A = r_f + \beta_e^A \times (r_m - r_f) = 2.5\% + 1.14 \times 7.5\% = 11.06\%$$

(4) 计算项目 A 的加权平均资本成本。

根据式 (10-16)：

$$WACC_A = r_d^A(1-T_A)(D_A/V_A) + r_e^A(E_A/V_A) = 7\% \times (1-25\%) \times \frac{1}{3} + 11.06\% \times \frac{2}{3} = 9.12\%$$

需要特别强调的是，项目的资本成本并不等价于专门为项目所筹资金的融资成本。例如，公司 X 的目标资本结构为30%的债务、70%的权益，当前，公司正在考虑一个热门项目。由于企业的信用状况很好，可以8%的利率借到投资项目所需资金的70%，其余的30%可通过权益资本获得，当前企业股东的必要报酬率是15%。若无企业所得税，直接套用加权平均资本成本公式得到该项目的资本成本率仅为10.1%。然而，如果不考虑公司的信用状况，仅考虑项目自身的现金流量及风险，项目不可能借入70%的投资资本。新项目负债融资高于正常水平所能带来的好处是企业整体的积累，不全是新项目的贡献。当前对"廉价"债务的使用可能导致公司用尽信贷限额，从而损害公司在未来从事有价值项目的能力。评估"正确的"资本成本还需要预测未来所有投资机会和资本供给。另外，以70%的债务结构对项目进行投资将提升企业的债务比率，致使股东的财务风险增加，进而引起股东必要报酬率的增加。所以，该项目的"真实"资本成本率要高于10.1%，其具体值可通过将项目视为独立项目，并采用已介绍的两种方法进行资本成本的风险调整来获得。

---

① 若假定债务是无风险的（即 $\beta_d = 0$），则，

式 (10-18) 可简化为：

$$\beta_U = \beta_e^C/[1+(1-T_C)(D_C/E_C)]$$

式 (10-19) 可简化为：

$$\beta_e^P = \beta_U[1+(1-T_P)(D_P/E_P)]$$

本章小结

本章主要讨论了资本成本、各类别资本成本、加权平均资本成本、投资项目的资本成本四节内容。

资本成本可以从筹资和融资两个角度理解。从筹资的角度看,资本成本是企业筹集和使用资金所付出的代价;从投资的角度看,资本成本是投资者所要求的最低可接受报酬率。

企业不同来源的资本,由于风险不同,每类资本来源的报酬率不同且资本成本的计算方法也不同。债务资本是企业借入的所有需要支付利息的资金,因此,债务资本成本等于税后利息费用与债务融资获得的可使用资金总量的比率。权益资本是股东投入的资金,权益资本成本的计算有股利贴现模型法、资本资产定价模型法和风险溢价法三种。

一般情况下,加权平均资本成本的计算公式为:

$$K_{WACC} = \frac{D}{V} \times K_d(1-T) + \frac{P}{V} \times K_p + \frac{E}{V} \times K_e$$

计算时应重点考虑对权重的选择,并结合现实情况具体分析。如在我国某些企业,短期借款已经成为长期性资本的重要来源,计算其加权平均资本成本时就应考虑短期借款的资本成本。加权平均资本成本将随筹资规模的扩大而上升。

将加权平均资本成本作为计算 NPV 的贴现率,实际上是将其看做一种"基准比率"。只有当投资项目的风险同企业整体风险大致相同的情况下,才能够将企业 WACC 作为该项目的贴现率。当项目的风险不同于企业整体风险时,需要选定具有相似经营风险的参考对象,并基于项目与参考对象的资本结构差异对报酬率或贝塔进行风险调整,从而得到拟投资项目的资本成本。

习题

一、简答题

1. 什么是资本成本?如何理解资本成本与投资者要求的报酬率的关系?
2. 有人认为由于使用留存收益筹集资金不需要付出利息、股利等成本,所以留存收益筹资没有资本成本。对这个观点谈谈你的看法。
3. 请简要论述普通股权益资本成本计算的股利贴现模型法、资本资产定价模型法和风险溢价法的优缺点。
4. 为什么说计算加权平均资本成本时"正确的权重应基于目标资本结构"?
5. 在进行投资决策时,项目资本成本、必要报酬率和内部收益率三者之间的逻辑关系是什么?
6. 对单个项目或新项目进行投资评价时,企业是否应该用其加权平均资本成本作为投资决策的"基准比率"?为什么?
7. 简要阐述基于项目风险调整资本成本的基本思路。

二、讨论题

1. 在我国企业融资实务中,企业管理层进行融资决策时,通常会考虑各种融资方式下为筹措和占用资金而支付的各种筹资费和各种形式的占用费等,即资金成本。对于资金成本与本章介绍的企业资本成本的概念有以下两种观点。

    观点一:资本在实务中即表现为资金,因此资金成本就是资本成本。

    观点二:资金成本与资本成本是两个不同的概念。

    讨论问题:试论述你对以上观点的看法,并分析实务中基于资金成本的融资决策是否妥当。

2. 从投资者回报角度看,资本成本是投资者所要求的与其承担的风险相称的报酬率,反映了资本成本的机会成本属性;但从公司使用的角度来看,资本成本是企业选择资本投资项目的报酬率的最低水准,反映了资本成本的取舍率。两个角度在数值上应该完全相等。而在财务实践中,企业内部管理层往往并不直接以企业投资者的必要报酬率确定资本成本,而是以内部管理者的预期确定项目的资本成本水平。

讨论问题:以内部管理者的预期确定项目的资本成本水平的做法是否合理?论述你对该做法的观点。

3. 资本成本是企业进行投资决策时的取舍标准。从企业管理者筹集资金的角度来看,资本成本是企业筹集和使用资金而付出的代价。因此有观点认为,投资的资本成本大小主要取决于如何和从哪里筹集资金。

讨论问题:你是否赞同该观点,论述你对此观点的看法。

4. 2010年起,我国对央企及下属国企实施经济增加值(EVA)考核[1],资本成本估算是影响EVA计算准确性的重要因素。目前国资委制定的央企EVA考核办法对资本定义及资本成本率的规定为:

(1) 调整后资本 = 平均所有者权益 + 平均负债合计 - 平均无息流动负债 - 平均在建工程。
(2) 央企资本成本率原则上定为5.5%,对军工等资产通用性较差的企业,资本成本率定为4.1%。资产负债率在75%以上的工业企业和80%以上的非工业企业,资本成本率上浮0.5个百分点。

讨论问题:对一般央企的资本成本原则上确定为5.5%说明个人的理解与看法。

5. 对于公司所得税对企业价值的影响,存在以下两种观点。

观点一:当公司的税率偏高时,税后债务成本则偏低。因此,当税率高时,加权平均资本成本就会低。所以当税率相对高时,公司处于一个较低贴现率,公司会更值钱。

观点二:公司所得税的存在会减少流向债权人和股东的现金流量,所以,当税率越高时,公司的价值越低。

讨论问题:论述你对以上观点的看法。

三、分析计算题

1. 某公司计划筹集600万元来进行产品研发。公司拟采用发行债券的筹资方式,债券面值为100元,票面利率为15%,期限为10年,每年付息一次,到期还本。投资者对市场上等风险普通债券要求的报酬率为10%。

要求:
(1) 计算该债券的市场价值。
(2) 如果筹资成本为债券市价的5%,每张债券净筹资额为多少?共需要发行多少债券?
(3) 维持第(2)问中筹资成本为债务市价5%的假设且企业所得税税率为25%,则该债券的税后资本成本为多少?

2. 某公司目前的优先股面值为120元每股,股利收益率为面值的10%。该优先股市价为每股150元。如果要发行新的优先股,筹资成本为优先股当前市价的8%。

要求:计算该优先股的资本成本。

3. Y公司2009年的每股收益为0.66元,2014年的每股收益为1.13元,2014年年末的股票收盘价为23元。公司始终把净收入的25%作为现金股利支付。

要求:
(1) 若公司2009~2014年的收入以相同的增长率稳定增长,试计算公司的年均收入增长率。
(2) 若公司收入能够维持当前的增长率,试计算公司的权益资本成本。

4. L通信公司普通股市场价值总额为1 200万元,债务总价值350万元。当前公司股票的贝塔值是0.98,市场风险溢价为6%,无风险收益率为4%。假设该公司的债务是无风险的,公司适用所得税税率为25%。

---

[1] 2013年实行的新央企负责人经营业绩考核暂行办法中将大部分企业经济增加值指标的基本分由40分上升为50分,进一步加大了EVA指标考核所占的权重。

要求：
（1）计算该公司的权益资本成本。
（2）估计公司的加权平均资本成本。

5. D上市公司是G央企的一家子公司。为加快央企主业的整体上市进程，减少上市公司与母公司间的同业竞争与关联交易问题，2007年D公司以24元/股的发行价格向G企业定向发行3.67亿股股票，G企业以其持有的J公司和Q公司的100%的股份作为认购资产。定向增发前后D公司的相关财务数据如下。

表 10-9

	定向增发前	定向增发后
普通股股数（亿股）	4.5	8.17
普通股股价（元/股）	24	24
权益市值（亿元）	108	196
债务资本（亿元）	60	60
资本总额（亿元）	168	256

定向增发后，由于企业的杠杆比率下降，债务资本成本由6.5%下降为6.2%，权益资本成本由10%下降为9.5%。D公司适用的企业所得税税率为25%。债务的市场价值等于其账面价值。

要求：按照市场价值基础计算企业定向增发前后的加权平均资本成本。

6. 某公司有四个投资机会，如下表所示。

表 10-10

项目	投资成本（万元）	期望报酬率（%）
A	2 000	16.0
B	3 000	14.5
C	5 000	11.5
D	3 000	9.5

公司的目标资本结构为普通股权益资本40%、债务40%、优先股20%。公司的留存收益为1 000万元。预计年末的每股股利为3元，股利增长率固定为每年5%，目前股票市价为42.75元。若公司发行新股，筹资费用率为当前股票市价的10%。投资者对公司发行的债券期望报酬率是10%。所得税税率为25%。

要求：若要使投资于上述四个项目均可获利，则优先股资本成本最大为多少？

7. 某公司各类资本的账面价值、市场价值和目标价值及单项资本成本如下表所示。

表 10-11

资本类别		账面价值（万元）	市场价值（万元）	目标价值（万元）	类别资本成本
债务	银行借款	500	500	900	6%
	公司债券	800	1 200	2 000	7%
优先股		400	600	600	9%
普通股		1 000	3 000	4 000	11%

企业适用的所得税税率为25%。

要求：
（1）分别按账面价值基础、市场价值基础和目标价值基础计算该公司的加权平均资本成本；
（2）你认为公司的加权平均资本成本是多少？为什么？

8. 某公司的资本结构如下。

表 10-12

证券	贝塔值	市场价值（万元）
债券	0	400
优先股	0.3	150
普通股	1.1	900

要求：
(1) 计算公司资产的贝塔值。
(2) 如果该公司想要扩张当前业务且不改变当前资产贝塔，那么新增投资应该设定什么样的折现率？假设当前的无风险利率为4%，市场风险溢价为6%。

9. 一家全权益企业正在考虑下列项目。

表 10-13

项目	贝塔系数	预期报酬率
X	0.8	10%
Y	1.2	12%
Z	1.5	14.5%

该企业的资本成本为11%，当前市场的无风险报酬率为5%，市场平均风险溢价为6%。

要求：
(1) 哪些项目的预期报酬率高于企业11%的资本成本？
(2) 应该接受哪些项目？
(3) 如果以整个公司的资本成本为门槛率，哪些项目将被错误地接受或拒绝？

10. 为利用焦化副产品，某钢铁企业准备投资建设一个化工厂。公司财务人员对三家已经上市的化工企业A、B、C进行了分析，相关财务数据如下。

表 10-14

	A	B	C
$\beta_{权益}$	0.98	1.10	1.40
资本结构			
债务资本	30%	50%	60%
权益资本	70%	50%	40%
公司所得税税率	25%	25%	25%

公司税前债务资本成本为5.6%，预计继续增加借款不会发生明显变化，公司所得税税率为25%。公司目标资本结构是权益资本60%、债务资本40%。公司投资项目评价采用实体现金流量法。当前的无风险报酬率为4%，市场平均风险溢价为6%。

要求：计算化工厂建设项目的必要报酬率。

四、自测题

1. A公司当前的目标资本结构为长期借款:长期债券:普通股=20%:15%:65%。由于扩大经营规模的需要，拟筹措新资金，但仍保持现有的资本结构。有关筹资规模及相应资本成本如下表所示。

表 10-15

资本来源	筹集资金范围	资本成本（%）
长期借款	25万元以下	4（税后）
	25万元~60万元	6（税后）
	60万元及以上	7（税后）

（续）

资本来源	筹集资金范围	资本成本（%）
长期债券	80 万元以下	7.5（税后）
	80 万元及以上	8（税后）
普通股	300 万元以下	12
	300 万元及以上	15

要求：
（1）计算总筹资额临界点。
（2）计算各筹资范围的加权平均资本成本。

2. 某家电生产企业正在考虑建立一个工厂生产新型产品，要求你为其进行项目评价，有关资料如下。

为兴建工厂，公司需新购入一块土地，预计土地成本为 320 万元。建设工厂的固定资产投资成本为 800 万元。为简化计算，假设工厂建设期为零，可立即投入使用。另外，工厂投产时需要垫支营运资本 500 万元。

该工厂投入运营后，每年生产和销售 45 万台产品，售价为 160 元/台，单位产品变动成本 140 元/台，年固定成本（含制造费用、经营费用和管理费用）300 万元。

由于该项目的风险高于目前公司的平均风险，管理层预计该项目的投资者必要报酬率将比公司当前的加权平均税后资本成本高 1.5%。

该公司目前的资本来源状况如下：负债的主要项目是公司债券，该债券的票面利率为 6%，每半年付息，5 年后到期，面值 1 000 元/张，共 100 万张，每张债券的当前市价为 920 元；所有者权益的主要项目是普通股，流通在外的普通股共 10 000 万股，公司当前股价为 10 元，贝塔系数为 0.9。

当前的无风险收益率为 4%，市场风险溢价为 7%。该项目按公司当前的资本结构进行融资，并忽略债券和股票的发行费用。公司所得税税率为 25%。新工厂固定资产的折旧年限为 8 年，按直线法计提折旧，预计净残值为零，新购入的土地不计提摊销。

该工厂（包括土地）在运营 5 年后将整体出售，预计出售价格为 400 万元。假设垫支的营运资本在工厂出售时可全部收回。

要求：
（1）计算该公司当前的加权平均资本成本（按资本的市场价值计算权重）。
（2）计算项目评价时应使用的折现率。
（3）计算项目的初始投资（零时点现金流出）。
（4）计算项目的年经营现金净流量。
（5）计算该工厂在第 5 年末处置时的税后现金净流量。
（6）计算项目的净现值。

第11章 资本结构

学习目标

- ◆ 理解经营风险、财务风险和总风险。
- ◆ 理解三种杠杆产生的原因及其影响因素。
- ◆ 掌握经营杠杆、财务杠杆和总杠杆的计算。
- ◆ 了解三种早期的资本结构理论。
- ◆ 理解 MM 理论和米勒（Miller）模型。
- ◆ 了解权衡理论、代理理论、优序融资理论等现代资本结构理论。
- ◆ 掌握三种资本结构决策的方法。

引言

本章主要内容由杠杆原理与运用、资本结构理论、资本结构决策三个部分组成。第一部分，介绍了经营风险、财务风险、总风险的概念及影响因素，阐述了经营杠杆、财务杠杆、总杠杆的含义及其计算方法、影响因素等，旨在解决的主要问题是企业生产经营中的固定性经营成本和固定性融资成本会如何影响企业的利润和股东的收益。第二部分，以资本结构理论发展的时间为脉络，阐述了三大传统资本结构理论、MM 理论、米勒模型、权衡理论、代理理论及优序融资理论的主要内容，旨在解决的问题是在不同的理论假设前提下，如何认识企业资本结构安排对企业价值的影响。第三部分，应用杠杆原理及资本结构理论的相关知识，概述了影响企业资本结构的内外部因素，并在介绍确定企业最优资本结构的常用方法的基础上，指出了这些方法的优缺点，旨在解决的问题是如何综合运用定性分析与定量计算的方法进行企业资本结构决策。

本章内容所讲述的概念及理论与第 10 章有紧密的联系，如本章阐述的经营风险和财务风险是影响第 10 章资本成本中企业资本成本高低的主要因素。本章涉及的资本结构理论探讨的核心问题就是企业的资本结构安排对企业价值、加权平均资本成本的影响，第 10 章资本成本中基于风险调整的项目资本成本是对 MM 理论结论的直接应用，本章则详细阐述了 MM 理论的前提假设、有关命题及推导过程。同时，本章内容也是学习后续章节的基础。如资本结构理论为股利政策、融资租赁评价方法提供了理论基础，企业对资本结构的安排会影响股利分配政策，并最终影响企业价值评估。

本章的内容框架如图 11-1 所示。

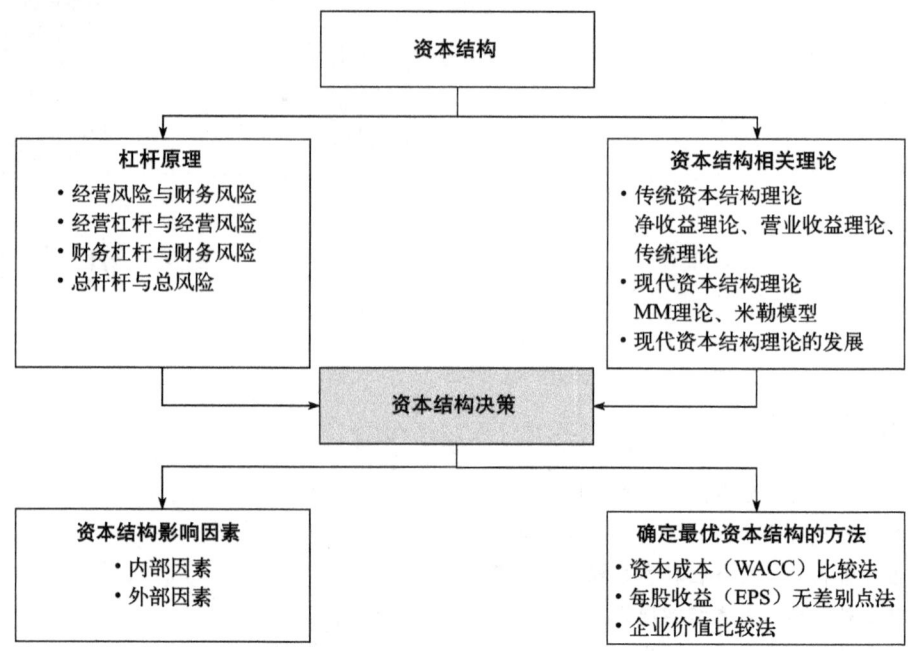

图 11-1　本章内容结构框架图

11.1　杠杆原理与应用

财务管理中存在着类似于自然界的杠杆效应：由于固定性成本的存在，当某一财务变量变动较小幅度时，将使得另一相关的财务变量以更大的幅度变动。杠杆效应分为经营杠杆和财务杠杆，前者是由与生产经营活动相关的固定性经营成本引起的，后者是由固定性的融资成本引起的。这两类杠杆分别是对企业经营风险和财务风险的度量。

杠杆的风险和收益是研究资本结构理论时需要考虑的问题，也是企业资本结构决策的一个基本因素。本节主要介绍经营风险、财务风险和总风险的概念，分析并计算企业的经营杠杆、财务杠杆以及总杠杆。

11.1.1　经营风险与财务风险

1. 经营风险

经营风险是企业生产经营活动的固有风险，即生产经营活动产生的未来预期收益的不确定性或可能的波动程度。经营风险是企业投资活动的结果，其大小取决于企业经营活动的性质，与企业的资本结构（是否负债经营、发行优先股等）无关。影响企业经营风险的因素主要有如下几项。

1）产品需求。若不考虑其他因素，市场对企业产品的需求稳定，企业的营业收入便有保障，则经营风险较低。反之，市场环境变化剧烈，对企业的产品需求不稳定，则经营风险较高。

2）市场售价。若企业能保持相对稳定的销售价格，则经营风险较小；若企业产品售价随竞争形势波动剧烈，则面临较高的经营风险。

3）产品成本。和市场价格一样，若企业能有效地控制各种投入生产要素的价格波动，使生产成本相对固定，则经营风险较小。相反，若生产成本波动较大，则利润的不确定性也较大。

4)市场环境及企业研发能力。如果企业产品的生命周期短,而企业又缺乏研究开发新技术、新产品的能力,则将面临被市场淘汰的风险,经营风险较高。

5)固定成本的比重。固定经营成本将会引发经营杠杆效应。固定成本占总成本的比例越高,单位产品分摊的固定成本就越大,一旦企业产销量减少,单位产品分摊的固定成本上升也越大,从而会导致利润更大幅度地变动,经营风险较大;反之,经营风险较小。

根据经营风险的定义,通常可用息税前利润(earnings before interests and taxes,EBIT)作为未来预期收益的度量指标,定义息税前利润的变动系数作为衡量经营风险的一个相对指标。息税前利润变动系数是其标准差除以它的期望值,具体公式如下:

$$CV_{EBIT} = \frac{\delta_{EBIT}}{E(EBIT)} \tag{11-1}$$

式中 CV_{EBIT}——营业利润变动系数;
δ_{EBIT}——营业利润标准差;
$E(EBIT)$——息税前利润期望值。

如图 11-2 所示,企业 A 预期 EBIT 大于企业 B,而其息税前利润标准差小于企业 B。根据式(11-1),企业 A 的息税前利润变动系数较小,因此经营风险较小。

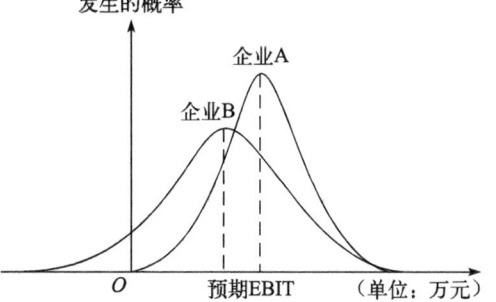

图 11-2 EBIT 概率分布图

2. 财务风险

财务风险是指由于公司使用了如债务、优先股等固定财务费用的融资方式所增加的公司普通股股东收益的风险。如果企业采用债务或优先股等方式筹资,就会产生固定性的融资成本。即无论企业的经营状况如何,都必须向债权人支付确定数量的利息及按约定的方式偿还本金,或向优先股持股人支付股息。一旦企业的经营状况不如预期,导致其没有足够的现金流偿还这些固定性融资费用,就可能陷入财务困境,甚至发生破产,这便是财务风险。如假设两家企业每年期望的息税前利润都是 200 万元,A 企业没有负债,B 企业发行了价值 1 000 万元、利率 8% 的永久性债券。于是,B 企业每年的固定利息费用为 80 万元,而 A 企业没有固定财务费用。若某年两家企业的收益都比期望值低 75%,为 50 万元,则 B 企业将无法用现金收益偿还利息,从而陷入财务困境。由此可知,财务风险是企业长期筹资决策的结果。通常用普通股每股收益(earnings per share,EPS)的波动性来衡量企业负债经营的财务风险。

值得注意的是,经营风险是指企业未来收益(EBIT)的不确定性,它是由企业项目性质决定的,与企业的资本结构没有直接关系;而财务风险是指由于企业负债经营,相对于固定性的融资成本,不能产生足够的现金流量,从而造成丧失偿债能力的风险及每股收益变动性的增加。因此,不管企业是否负债经营,股东都要承担经营风险。企业利用债务筹资后,将使经营风险集中到股东身上,债权人由于收取固定利息而不用承担经营风险,此时股东不仅要承担经营风险,还要承担财务风险,如图 11-3 所示。

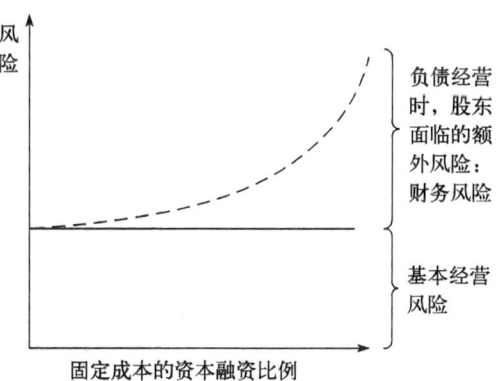

图 11-3 经营风险与财务风险

11.1.2 经营杠杆

1. 盈亏平衡分析

一般来说,企业的生产成本可以分为固定成本和变动成本两类。在一定的产量范围内,固定成本总额不受产销量或营业收入变化的影响;而变动成本是产量的函数,其总额与产出量成正比例变化关系。根据会计学的相关知识,EBIT 等于总收入减去总成本,其计算公式如下:

$$EBIT = PQ - VQ - FC = (P - V)Q - FC$$

式中　　Q——产销量;

　　　　P——产品单价;

　　　　V——单位变动成本;

　　　　FC——固定成本;

　　　　$P - V$——单位边际贡献。

使企业 EBIT 等于零时的销售量称为盈亏平衡(销售量)点,记为 Q_{BE}。于是:

$$Q_{BE} = \frac{FC}{P - V}$$

企业收入、成本和利润可以用盈亏平衡图来表示,如图 11-4 所示。

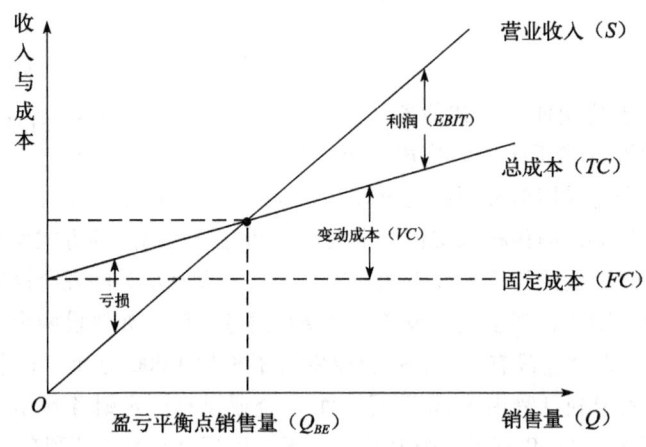

图 11-4　盈亏平衡图

如图 11-4 所示,在达到盈亏平衡点销售量(Q_{BE})之前,总成本(TC)大于营业收入(S);而在盈亏平衡点处,营业收入刚好等于总成本[固定成本(FC)和变动成本(VC)之和],此时企业利润为零;超过盈亏平衡点,企业开始盈利。

2. 什么是经营杠杆

在影响经营风险的诸因素中,固定成本的影响最为重要。在一定的营业收入范围内,固定成本总额是不变的,于是随着营业收入的增加,每单位产品所负担的固定成本,即单位固定成本就会降低⊖,从而单位产品的利润提高,息税前利润的增长率将大于营业收入的增长率。相反,营业收入的下降会提高产品单位固定成本,从而单位产品的利润减少,息税前利润的下降率将大于营业收入的下降率。如果企业不存在固定成本,则息税前利润等于边际贡献⊖,其变动率将与营业收入的变动率一致。这种在某一固定成本比重的作用下,营业收入一定程度的变动引起息税前

⊖ 分析的假设前提:产品的单价是固定的,营业收入的波动由产销量的波动引起。

⊖ 边际贡献=(产品单价-单位产品变动成本)×产销量,即边际贡献=$(P - V) \times Q$。

利润产生更大程度变动的现象,被称为经营杠杆效应。固定成本是引发经营杠杆的根源,而企业营业收入水平与盈亏平衡点的相对位置决定了经营杠杆,即经营杠杆的大小由固定性的经营成本和息税前利润两个因素共同决定。

通过一个例子可以直观地了解营业收入变动率对息税前利润变动率的影响程度。某企业在生产某种产品时有三种技术方案可供选择:技术 A、技术 B 和技术 C。相关数据如表 11-1 所示。

表 11-1 经营杠杆效应 （单位:元）

a) 初始情况			
	技术 A	技术 B	技术 C
产品价格（P）	10	10	10
销售量（件）	300	300	300
营业收入（S）	3 000	3 000	3 000
营业成本			
变动成本[①]（VC）	1 800	1 500	1 200
固定成本（FC）	0	500	720
盈亏平衡点（Q_{BE}）	0	100	120
营业利润（EBIT）	1 200	1 000	1 080
成本比率（固定成本相对额）			
固定成本/总成本	0	0.25	0.375
固定成本/营业收入	0	0.167	0.24

b)			
	技术 A	技术 B	技术 C
营业收入（S）	4 500	4 500	4 500
经营成本			
变动成本（VC）	2 700	2 250	1 800
固定成本（FC）	0	500	720
营业利润（EBIT）	1 800	1 750	1 980
EBIT 变动百分比（$\Delta EBIT/EBIT$）	50%	75%	83%

①技术 A 的变动成本率为 60%,技术 B 的变动成本率为 50%,技术 C 的变动成本率为 40%。

问题分析:假设下一年度 A、B、C 三种技术的固定成本保持不变,当营业收入均增加 50% 时,三种技术的息税前利润的变动程度分别是多少?

如表 11-1 续所示,当预计下一年度营业收入均增长 50% 时,技术 A 由于没有固定经营成本,其息税前利润变动百分比也是 50%;而 B、C 技术由于固定成本的存在,其息税前利润分别增长了 75% 和 83%。由此可知,固定成本引起了经营杠杆效应,即营业收入每变动一个百分比就使息税前利润变动一个更大的百分比。值得注意的是,固定成本虽然是引发经营杠杆的根源,但却不是决定经营杠杆大小的唯一因素,认为固定成本绝对额或相对额较大会自动表现出较强的经营杠杆效应是错误的。

B、C 技术有效地利用了经营杠杆,获得了经营杠杆利益。但是,如果预期下一年度营业收入将减少 50%,则 B、C 技术息税前利润的下降幅度将会大于 A 技术,即需要承受经营杠杆损失,因此经营杠杆是一把"双刃剑"。在上例中,产销量变化相同比例时,C 技术 EBIT 变动率最大,说明 C 技术的经营杠杆作用最强,同时经营风险也最大。

3. 经营杠杆系数

经营杠杆反映的是营业收入变化引起的息税前利润更大幅度的变动,对经营风险的影响最全面,因此常用经营杠杆来衡量经营风险的大小。而经营杠杆的大小需计算经营杠杆系数来度量。经营杠杆系数是指息税前利润变动率相对于营业收入变动率的倍数。计算公式为:

$$DOL = \frac{EBIT\text{变动百分比}}{\text{营业收入变化百分比}} = \frac{\Delta EBIT/EBIT}{\Delta S/S} \quad (11\text{-}2)$$

式中 DOL——经营杠杆系数；
$EBIT$——变动前的息税前利润；
$\Delta EBIT$——息税前利润的变动额；
S——变动前的营业收入；
ΔS——营业收入的变动额。

式（11-2）是经营杠杆系数的定义式。直接利用该公式计算某特定营业收入水平的经营杠杆系数通常很困难。若企业的成本–销售–利润保持线性关系，在实际计算经营杠杆时，可根据式（11-2）推导得出几个简单的替代公式。

已知销售量（Q）：

$$DOL_q = \frac{Q \times (P-V)}{Q \times (P-V) - FC} = \frac{Q}{Q - FC/(P-V)} = \frac{Q}{Q - Q_{BE}} \quad (11\text{-}3)^{\ominus}$$

式中 Q——变动前产销量；
Q_{BE}——变动前盈亏平衡点销售量。

已知营业收入（S）：

$$DOL_s = \frac{S - VC}{S - VC - FC} = \frac{EBIT + FC}{EBIT} \quad (11\text{-}4)^{\ominus}$$

式中 $EIBT$——变动前息税前利润；
FC——固定成本总额。

式（11-3）适用于计算企业单个产品或单种产品的经营杠杆系数，若企业生产多种产品，则利用式（11-4）计算企业总体经营杠杆系数更为方便。

【例11-1】根据表11-1中的资料，分别用式（11-3）、式（11-4）计算技术A、B和C的经营杠杆系数。

技术A：

$$DOL_q = \frac{Q}{Q - Q_{BE}} = \frac{300}{300} = 1 \qquad DOL_s = \frac{EBIT + FC}{EBIT} = \frac{1200 + 0}{1200} = 1$$

$\ominus$ 式（11-3）推导如下：

$$DOL = \frac{\Delta EBIT/EBIT}{\Delta S/S} = \frac{\Delta EBIT/EBIT}{P\Delta Q/PQ} = \frac{\Delta EBIT/EBIT}{\Delta Q/Q} = \frac{(EBIT' - EBIT)/EBIT}{(Q' - Q)/Q} \quad ①$$

其中 $EBIT'$、Q' 分别表示预计下一期的数量

$$EBIT = (P - V)Q - FC \quad ②$$

将②代入①式得：

$$DOL = \frac{\{[(P-V)Q' - FC] - [(P-V)Q - FC]\}/[(P-V)Q - FC]}{(Q' - Q)/Q} = \frac{(P-V)(Q' - Q)/[(P-V)Q - FC]}{(Q' - Q)/Q}$$

$$= \frac{(P-V)Q}{(P-V)Q - FC}$$

$\ominus$ 式（11-4）推导如下：
延续式（11-3），

$$DOL = \frac{(P-V)Q}{(P-V)Q - FC} \quad ③$$

$$VC = V \times Q \quad ④$$

$$S = P \times Q \quad ⑤$$

将④、⑤带入③式得：

$$DOL = \frac{(P-V)Q}{(P-V)Q - FC} = \frac{S - VC}{S - VC - FC} = \frac{EBIT + FC}{EBIT}$$

技术 B：

$$DOL_q = \frac{Q}{Q - Q_{BE}} = \frac{300}{300 - 100} = 1.5 \qquad DOL_s = \frac{EBIT + FC}{EBIT} = \frac{1\,000 + 500}{1\,000} = 1.5$$

技术 C：

$$DOL_q = \frac{Q}{Q - Q_{BE}} = \frac{300}{300 - 120} = 1.67 \qquad DOL_s = \frac{EBIT + FC}{EBIT} = \frac{1\,080 + 720}{1\,080} = 1.67$$

根据经营杠杆系数的两个计算公式，可以更系统地理解经营杠杆效应。

首先，由式（11-4）可知经营杠杆效应是由与生产经营有关的固定成本引起的。只要存在固定经营成本，无论数量大小，就存在经营杠杆效应（如表 11-1 中 B、C 技术下）；若固定经营成本为零，则经营杠杆系数等于 1，息税前利润随营业收入（产销量）同比例变动，不存在经营杠杆效应（如表 11-1 中技术 A）。

其次，固定成本虽然引发了经营杠杆，但固定成本的大小（绝对额或相对额）并不直接决定息税前利润对营业收入（产销量）变动的敏感程度。事实上，由式（11-3）可知，经营杠杆的大小由企业产销量水平与盈亏平衡点之间的距离决定。

以技术 B 为例，列出其不同产销量水平下的 EBIT 及经营杠杆系数，如表 11-2 所示。

表 11-2　技术 B 不同产销量水平下的 EBIT 及 DOL

产销量（Q）	营业利润（EBIT）	经营杠杆系数（DOL）
0	-500	0
30	-350	-0.43
80	-100	4
$Q_{BE}=100$	0	无穷大
120	100	6
180	400	2.25
240	700	1.71

从表 11-2 中可以看到，企业的产销量偏离盈亏平衡点越远，其息税前利润或亏损的绝对值就越大。同时，用经营杠杆系数度量的息税前利润对营业收入（产销量）变动的敏感性也越低。根据表 11-2 可以画出经营杠杆系数和产销量之间的关系图，如图 11-5 所示。

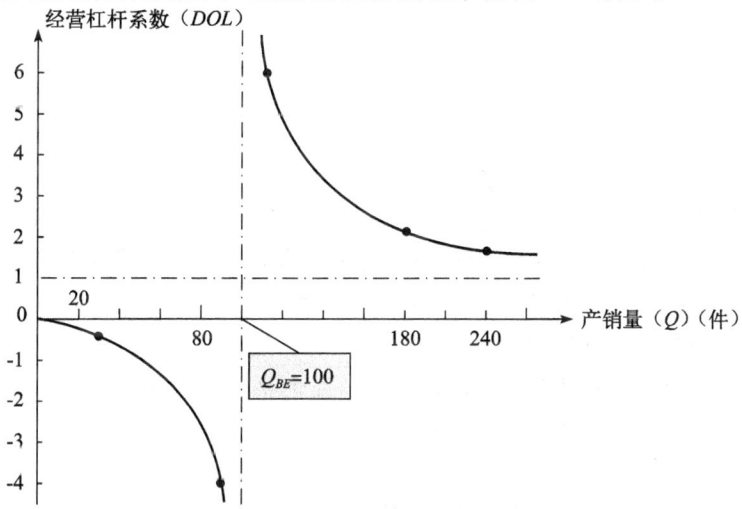

图 11-5　DOL 与产销量 Q 的关系图

图中的图形是以 $Q = Q_{BE}$ 和 $DOL = 1$ 为渐近线的双曲线，表明了经营杠杆系数与产销量之间的非线性关系。每个具有稳定的、线性的成本性态的企业，都能以各自的盈亏平衡点为中心，画出类似的图形。而且，基于营业收入描点 DOL，也可以得出形状相似的图形。

从图 11-5 可以发现，在销售量（营业收入）达到盈亏平衡点之前，经营杠杆系数的绝对值随销售量（营业收入）的增加呈递增的趋势，销售量（营业收入）越靠近盈亏平衡点，经营杠杆系数越趋近于无穷。在销售量（营业收入）超过盈亏平衡点之后，经营杠杆系数随销售量（营业收入）的增加呈递减的趋势，而且当销售量（营业收入）继续增长趋于无穷时，经营杠杆系数趋近于1。

根据表 11-1、表 11-2 及式 (11-3)、式 (11-4)，可总结出以下关于经营杠杆效应的结论。

1）经营杠杆效应由固定成本引发，经营杠杆的大小由固定成本和息税前利润两个因素共同决定。

2）息税前利润相同的企业，固定成本越大，经营杠杆越大，潜在的经营风险也越大。

3）若某企业的固定成本保持不变，则营业收入（息税前利润）越大，经营杠杆系数越小，经营风险也越小。相反，营业收入（息税前利润）越小，经营杠杆系数将越大，经营风险也越大。

4）不论企业固定成本水平的高低，如果企业在盈亏平衡点附近经营，则其经营杠杆系数的绝对值将会很高，面临较大的经营风险。如果企业营业收入（产销量）远远超过盈亏平衡点，或者远远低于盈亏平衡点，则其经营杠杆系数仍会较低。

4. 经营杠杆与经营风险

经营杠杆系数的大小虽然能够用来度量企业经营风险的大小，但经营杠杆本身并不是经营风险的来源。根据经营风险的定义，那些使得未来收益产生波动的因素才是导致经营风险的根源。例如宏观经济环境、市场竞争程度等对产品需求的影响，以及产品的发展前景、生产成本的变化等，才是引起企业经营风险的主要原因。而经营杠杆系数仅是企业总的经营风险的一个重要组成部分，它只是放大了市场和生产成本等不确定因素对利润变动的影响。如果企业保持固定的销售水平和固定的成本结构，则再高的经营杠杆系数也没有任何意义。只有当销售和生产成本等因素变化时，较高的经营杠杆系数会导致利润更大幅度的变动，企业的经营风险就越大。

11.1.3 财务杠杆

1. 什么是财务杠杆

当企业负债经营时，无论息税前利润为多少，固定性的财务费用，如债务的利息、优先股的股息等是不变的。当息税前利润增大时，每一元利润所负担的固定财务费用就会相对减少，从而每一元利润可供股东分配的部分会相应增加，普通股股东每股收益的增长率将大于息税前利润的增长率。反之，当息税前利润减少时，每一元利润所负担的固定财务费用就会相对增加，从而每一元利润可供股东分配的部分相应减少，EPS 的下降率将大于 $EBIT$ 的下降率。如果不存在固定性财务费用，则 EPS 的变动率将和 $EBIT$ 的变动率一致。这种固定性的财务费用对股东收益的影响被称为财务杠杆效应。财务杠杆是可以选择的，当企业使用具有固定性财务成本的融资方式时，便会产生财务杠杆。采用财务杠杆的目的是希望能增加股东的每股收益，但这同样会增加企业无力偿还债务的可能性。

通过一个例子可以更直观地了解 EPS 变动率和 $EBIT$ 变动率之间的关系，案例相关数据如表 11-3 所示。

表 11-3 财务杠杆效应：三种融资方案下 EPS 变化程度的比较

初始情况　企业 B 共需要融资 2 000 万元。目前已有发行在外的普通股 100 万股，每股 10 元。
　　　　　余下的 1 000 万元考虑以下三种融资方案。
　　　　　方案 Ⅰ：增发普通股 100 万股，10 元每股。
　　　　　方案 Ⅱ：筹集利率为 10% 的长期债务。
　　　　　方案 Ⅲ：发行优先股，税后股利为 9%。
预计息税前利润为 600 万元：

	Ⅰ. 普通股融资	Ⅱ. 长期负债融资	Ⅲ. 优先股融资
息前税前营业利润（EBIT）	600	600	600
固定利息费用（$I=10\%$）	0	100	0
税前利润（EBT）	600	500	600
所得税（税率 $T=25\%$）	150	125	150
税后利润（EAT）	450	375	450
优先股股利（PD）	0	0	90
可供股东分配的利润（EACS）	450	375	360
流通在外普通股股数（N，万股）	200	100	100
普通股每股收益（EPS，元/股）	2.25	3.75	3.6
假设下一年度 EBIT 增加 100%：			
息前税前营业利润（EBIT）	1 200	1 200	1 200
固定利息费用（$I=10\%$）	0	100	0
税前利润（EBT）	1 200	1 100	1 200
所得税（税率 $T=25\%$）	300	275	300
税后利润（EAT）	900	825	900
优先股股利（PD）	0	0	90
可供股东分配的利润（EACS）	900	825	810
流通在外普通股股数（N，万股）	200	100	100
普通股每股收益（EPS，元/股）	4.5	8.25	8.1
EPS 变动百分比率（$\Delta EPS/EPS$）	100%	120%	125%

如表 11-3 所示，预计下一年度 EBIT 增加 100% 时，若 B 企业采用方案 Ⅰ 进行无负债经营，则 EPS 的变动率等于 EBIT 的变动率为 100%。若 B 企业采用方案 Ⅱ 或 Ⅲ 融资，则由于固定性财务费用的存在（方案 Ⅱ 为债务利息，方案 Ⅲ 为优先股股利），其 EPS 分别增长了 120% 和 125%。可见，固定性财务费用引起了财务杠杆效应，即息税前利润每变动一个百分比就使普通股每股收益变动一个更大的百分比。正如同介绍财务风险时所说，普通股收益的波动性因固定性财务费用的存在而增加。

融资方案 Ⅱ、Ⅲ 成功地利用了财务杠杆，获得了财务杠杆利益。同样地，若下一年度 EBIT 下降，则方案 Ⅱ、Ⅲ 的 EPS 的下降幅度将大于方案 Ⅰ，即承受财务杠杆损失。因此，和经营杠杆一样，财务杠杆也是一把"双刃剑"。

2. 财务杠杆系数

根据财务杠杆的含义，定义财务杠杆系数来计量财务杠杆的大小。财务杠杆系数是指普通股每股收益的变动率相对于息税前利润变动率的倍数。财务杠杆系数越大，表明财务杠杆作用越大，财务风险也越大；反之则越小。具体计算公式如下：

$$DFL = \frac{EPS 变动百分比}{EBIT 变动百分比} = \frac{\Delta EPS/EPS}{\Delta EBIT/EBIT} \tag{11-5}$$

式中　　DFL——财务杠杆系数；

　　　　EPS——变动前的普通股每股收益；

　　　　ΔEPS——普通股每股收益的变动额；

　　　　$EBIT$——变动前的息税前利润；

　　　　$\Delta EBIT$——息税前利润的变动额。

和经营杠杆系数一样，式（11-5）是计算财务杠杆系数的理论公式。为使计算更简便，可根据式（11-5）推导得出计算公式：[⊖]

$$DFL = \frac{EPS\text{变动百分比}}{EBIT\text{变动百分比}} = \frac{EBIT}{EBIT - I - PD/(1-T)} \tag{11-6}$$

式中　　$EBIT$——变动前的息税前利润；

　　　　I——固定债务利息；

　　　　PD——优先股股利；

　　　　T——企业所得税率。

【例11-2】根据表11-3中的资料，用式（11-6）计算三种融资方案的财务杠杆系数。

方案Ⅰ：

$$DFL = \frac{EBIT}{EBIT - I - PD/(1-T)} = \frac{600}{600 - 0 - 0/(1-25\%)} = 1$$

方案Ⅱ：

$$DFL = \frac{EBIT}{EBIT - I - PD/(1-T)} = \frac{600}{600 - 100 - 0/(1-25\%)} = 1.2$$

方案Ⅲ：

$$DFL = \frac{EBIT}{EBIT - I - PD/(1-T)} = \frac{600}{600 - 0 - 90/(1-25\%)} = 1.25$$

根据式（11-6），可总结出以下关于财务杠杆效应的结论。

1）当固定性财务费用（I、PD）等于零时，企业不存在财务杠杆，因此财务杠杆是可以选择的。

2）在总资本、息税前利润确定的情况下，企业的固定性财务费用越大，财务杠杆系数就越大，财务风险也越大[⊖]。

3）不论固定性财务费用的高低，如果企业的息税前利润远远超过固定性财务费用，则财务杠杆系数较小，甚至将趋近于1。

[⊖]　式（11-6）的推导如下：

$$DFL = \frac{\Delta EPS/EPS}{\Delta EBIT/EBIT} = \frac{(EPS' - EPS)/EPS}{(EBIT' - EBIT)/EBIT} \quad ①$$

其中EPS'、$EBIT'$分别表示预计下一期的数量

$$EPS = \frac{(EBIT - I)(1-T) - PD}{N} \quad ②$$

$$\Delta EPS = \frac{[(EBIT' - I)(1-T) - PD] - [(EBIT - I)(1-T) - PD]}{N} = \frac{(EBIT' - EBIT)(1-T)}{N} \quad ③$$

将②、③式带入①得：

$$DFL = \frac{(EPS' - EPS)/EPS}{(EBIT' - EBIT)/EBIT} = \frac{EBIT(1-T)}{(EBIT - I)(1-T) - PD} = \frac{EBIT}{(EBIT - I) - PD/(1-T)}$$

[⊖]　在比较固定性财务费用的大小时，应该考虑其税后的大小。如方案Ⅱ的固定利息费用为100万元，大于方案Ⅲ的优先股股利90万元，但由于利息费用可在税前扣除，有抵税作用，因此方案Ⅱ的实际固定利息费用为75万元。所以，方案Ⅲ的财务杠杆系数大于方案Ⅱ。

3. 财务杠杆与财务风险

财务杠杆系数反映的是普通股每股收益对息税前利润变动的敏感程度，它衡量了由于企业使用财务杠杆而引起的风险增加相对额。财务杠杆系数是对财务风险的量化，但并非财务风险的同义词。财务风险是企业使用财务杠杆所导致的。因此，当企业采用优先股或债务等会产生固定财务费用的方式筹资时（如方案Ⅱ、Ⅲ），股东不仅要承担全部的经营风险，还要承担由于使用财务杠杆而带来的财务风险。

11.1.4 总风险和总杠杆

1. 总风险

企业的总风险是指在经营风险和财务风险共同作用下普通股每股收益的不确定性。因此，可以认为企业总风险等于经营风险加上财务风险。类似于经营风险，可以定义每股收益变动系数作为衡量企业总风险的一个相对指标：

$$CV_{EPS} = \frac{\delta_{EPS}}{E(EPS)} \tag{11-7}$$

式中 CV_{EPS}——每股收益变动系数；

δ_{EPS}——每股收益方差；

$E(EPS)$——每股收益期望值。

对于全权益的企业，股东只面临经营风险；而对于负债经营或发行了优先股的企业来说，股东除面临经营风险外，还要承担由于使用财务杠杆而引起的财务风险。于是，衡量财务风险的一个相对指标便是，每股收益变动系数（CV_{EPS}）与息税前利润变动系数（CV_{EBIT}）之差，即 $CV_{EPS} - CV_{EBIT}$。

2. 总杠杆及总杠杆系数

简单来说，总杠杆是经营杠杆和财务杠杆的联合作用。一个企业由于固定经营成本的存在会产生经营杠杆效应，同时，如果该企业负债经营或发行优先股，由于固定利息费用的存在会产生财务杠杆效应。这样，两种杠杆同时起作用，产销量的变动将被放大为每股收益更大的变动。

总杠杆描述了产销量两步放大 EPS 的过程，如图 11-6 所示。第一步，经营杠杆放大了产销量变动对息税前利润的影响；第二步，企业选择利用财务杠杆，放大了息税前利润变动对普通股每股收益的影响。这种在

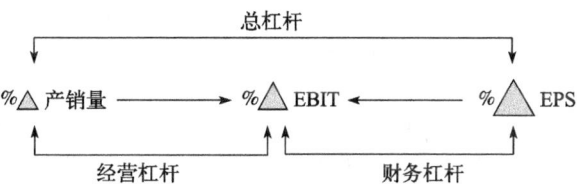

图 11-6 经营杠杆、财务杠杆与总杠杆

某一固定成本比率和某一债务资本比率下，产销量变动对每股收益产生的影响就称为总杠杆。

和度量经营杠杆与财务杠杆一样，定义总杠杆系数，从而衡量总杠杆作用的程度。总杠杆系数指普通股每股收益变动率相对于营业收入变动率的倍数。公式如下：

$$DTL = \frac{EPS \text{ 变动百分比}}{\text{营业收入变动百分比}} = \frac{\Delta EPS/EPS}{\Delta S/S} \tag{11-8}$$

根据总杠杆与经营杠杆、财务杠杆之间的关系，可用式（11-9）计算总杠杆系数：

$$DTL = DOL \times DFL = \frac{EBIT + FC}{EBIT - I - PD/(1-T)} \tag{11-9}{}^{\ominus}$$

$\ominus$ 式（11-9）推导如下：

$$DTL = \frac{EPS}{\text{营业收入变动百分比}} = \frac{\Delta EPS/EPS}{\Delta S/S} = \frac{\Delta EPS/EPS}{\Delta EBIT/EBIT} \times \frac{\Delta EBIT/EBIT}{\Delta S/S} = DFL \times DOL$$

总杠杆系数等于经营杠杆系数与财务杠杆系数的乘积,公式中各变量的含义同前。由总杠杆的计算公式可知:一方面,当企业不存在固定经营费用(FC)、固定财务费用(I)及优先股股利(PD)时,总杠杆系数等于1,每股收益将和营业收入同比率变动;若企业存在固定经营费用,总杠杆系数将大于1;进一步地,若企业还存在固定财务费用,则总杠杆系数的值将进一步增大,营业收入较小幅度的变动将引起每股收益更大幅度的变动。另一方面,当企业的 $EBIT$ 远远大于其固定经营费用和固定财务费用时,即使存在这两种费用,总杠杆系数的值也将趋近于1,每股收益变动率接近于营业收入变动率。因此,总杠杆的大小取决于经营杠杆及财务杠杆的大小,本质上由息税前利润、固定经营费用、固定财务费用三个财务因素共同决定。

【例11-3】 根据表11-1及表11-3中的资料,分别用式(11-8)和式(11-9)计算 B 企业采用融资方案 Ⅱ 时的总杠杆系数。

$$DTL = \frac{EPS 变化百分比}{营业收入变化百分比} = \frac{\Delta EPS/EPS}{\Delta S/S} = \frac{(8.25 - 3.75)/3.75}{(4\,500 - 3\,000)/3\,000} = 2.4$$

$$DTL = DOL \times DFL = \frac{EBIT + FC}{EBIT - I - PD/(1-T)} = 2 \times 1.2 = \frac{600 + 600}{600 - 100 - 0/(1-30\%)} = 2.4$$

总杠杆系数是对总风险大小的量化。在其他因素不变的情况下,总杠杆系数越大,总风险越大;反之则越小。企业可以通过很多方式对经营杠杆和财务杠杆进行组合,以获得一个理想的总杠杆系数和企业总风险。如经营杠杆高的企业可以在较低的程度上使用财务杠杆,这样高的经营风险便能被较低的财务风险抵消,从而获得一个适当的企业综合风险。当然,在选择经营杠杆与财务杠杆的组合时,应以企业(股东)的价值最大化为目标,在风险和收益之间进行权衡。

11.2 资本结构理论

莫迪利亚尼和米勒(MM)在1958年发表在期刊《美国经济评论》上的论文提出了三个在完美资本市场条件下关于资本结构的 MM 命题[⊖]。命题 Ⅰ 是指任何公司的市场价值将不受资本结构的影响,在一定风险水平下,其价值由投资所产生的预计收益决定。命题 Ⅱ 是指如果公司资产的预计收益保持不变,当增加资本结构中的无风险负债时,有杠杆(负债)公司的股东所要求的收益率将相应呈线性增加。命题 Ⅱ 其实在说如果公司的市场价值不变,公司的全部资本成本也不变,当用负债代替资本结构中的权益资本时,有杠杆公司的所有者权益的收益率应该是多少。命题 Ⅲ 是前两个命题的自然结果,是一个最佳投资政策的命题,即公司投资决策仅以权益资本为出发点即可。因为无论资本结构如何变化,公司的边际资本成本等于平均资本成本,而平均资本成本又等于无杠杆企业权益报酬率。

在莫迪利亚尼和米勒发表了其经典文章之后的几十年时间里,众多的学者做了大量的后续研究,从理论和实证两个方面对 MM 最初的研究进行了扩展、深入与验证。Harris 和 Raviv(1991)[⊜] 及 Myers(2001)[⊜] 的两篇关于资本结构研究的综述性文章分别对有代表性的后续研究进行了全面总结。

资本结构是当代财务理论的核心内容之一。在计算 $WACC$ 时,考虑的各单项资本权重的问

⊖ Modigliani, Franco and Merton H. Miller. The Cost of Capital, Corporation Finance and the Theory of Investment [J]. *The American Economic Review*, 1958, 48, 3: 261-297.

⊜ Harris, Milton and Artur Raviv. The Theory of Capital Structure [J]. *The Journal of Finance*, 1991, 46, 1: 297-355.

⊜ Myers, Stewart C.. Capital Structure [J]. *The Journal of Economic Perspectives*, 2001, 15, 2: 81-102.

题,即企业各种资本的价值构成及其比例关系,就属于企业资本结构的内容。通过对杠杆原理的学习,我们了解到负债既会为股东带来财务杠杆利益,也会增加相应的风险。那么,在企业的资本结构中,是否应该利用债务资本呢?债务与权益的比例为多少时才能使股东财富最大化?本节将主要介绍与这些问题相关的资本结构理论,探讨资本结构与企业价值之间的关系。资本结构理论发展的整个脉络如图 11-7 所示。

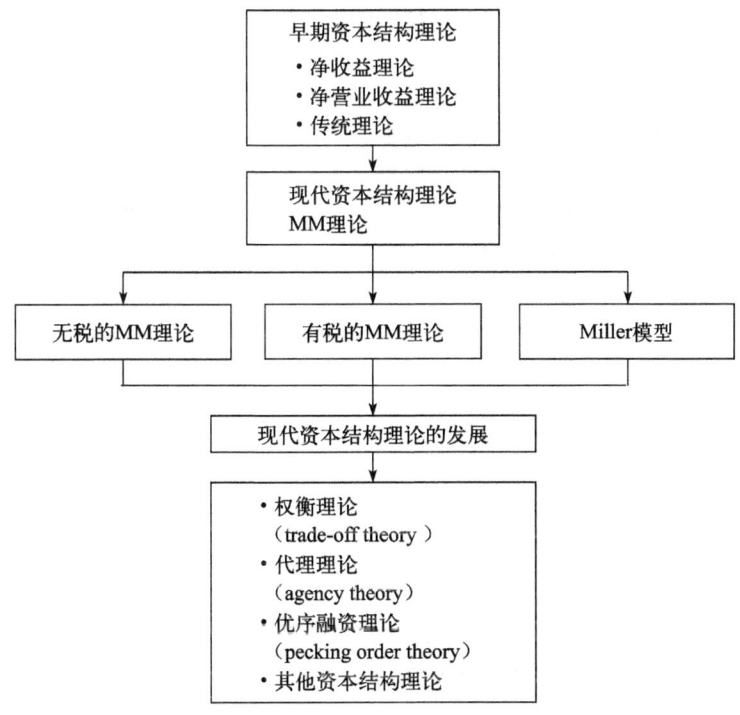

图 11-7 资本结构理论的发展

11.2.1 资本结构的概念

企业资本结构是指各种长期资本的价值构成和比例关系。例如,若某企业的资本来源是长期债务和普通股权益,那么该企业的资本结构就是长期债务资本和普通股权益资本的构成比例。

资本结构(capital structure)和财务结构(financial structure)是不同的两个概念。财务结构考虑的是所有资金的来源、组成及相互关系,即是资产负债表负债与所有者权益的所有内容的组合结构;而资本结构一般只考虑长期资本的来源、组成及相互关系。两者之间的关系如图 11-8 所示。

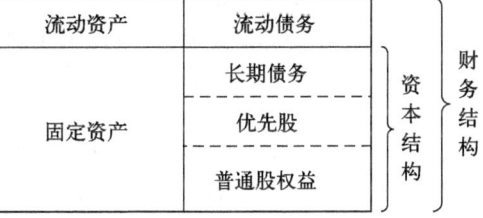

图 11-8 资本结构与财务结构

具体来说,财务结构包括全部的流动负债、长期负债、优先股以及普通股权益,而资本结构包括永久性的短期债务、长期负债、优先股及普通股权益。因此,资本结构理论研究的主要内容是,分析不同长期资本(债务资本和权益资本)的比例关系及其对企业价值的影响。

11.2.2 早期资本结构理论

从资本结构理论的发展来看，可分为"早期资本结构理论"和"现代资本结构理论"。美国的财务学者将20世纪50年代以前的资本结构理论归纳为"早期资本结构理论"。1952年，美国经济学家大卫·杜兰德（David Durand）在企业理财研究学术会议上提交的论文[一]总结了三种早期资本结构理论：净收益理论、净营业收益理论和传统理论。

1. 净收益理论

净收益理论假设债务的资本成本和权益的资本成本均固定不变，且企业能无限制地以低于权益资本成本的债务成本取得所需的全部债务资本。依据这样的假设条件，债务和权益的资本成本均不受财务杠杆的影响，只要债务成本低于权益成本，那么负债越多，企业的加权平均资本成本将越低，企业的净收益或税后利润就越多，从而企业的价值越大。按照该理论，企业应该最大限度地利用债务资金，不断降低企业的 WACC。当负债比率达到100%时，企业的价值最大。净收益理论的主要内容如图11-9所示。

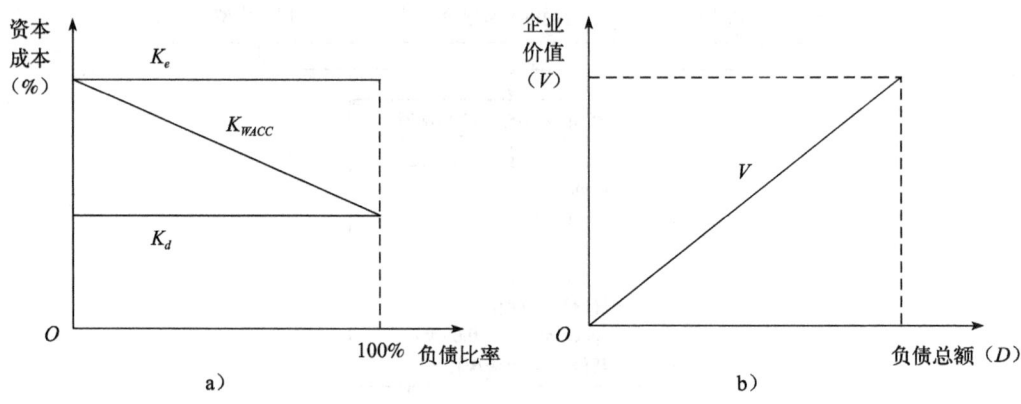

图11-9 净收益理论下的资本成本与企业价值

净收益理论的观点显然是不符合实际情况的。该理论只考虑到了财务杠杆利益，而忽略了财务风险。当企业负债比率较高时，财务风险较大，债权人和股东要求的收益率都会随之提高，而不是保持不变。

2. 净营业收益理论

净营业收益理论与净收益理论是完全相反的两种理论。净营业收益理论的主要观点是：不论企业的负债比率（财务杠杆）如何变化，企业的 WACC 都是固定不变的，企业的总价值也是固定不变的。该理论认为，企业利用财务杠杆时会带来财务风险。因此，即使债务资本成本固定不变，但增加成本较低的债务资本加大了权益的风险，权益资本成本会上升。这样一升一降，加权平均资本成本不会因负债比率的提高而降低，而是保持不变。从而，资本成本及企业价值与企业资本结构无关，企业不存在最佳资本结构的问题，决定企业价值的是营业收益。净营业收益理论的相关内容如图11-10所示。

显然，净营业收益理论的观点也是不符合实际情况的。该理论虽然认识到债务资本带来的财务风险，但实际上企业的加权平均资本成本不可能是一个常数，而且企业的价值也不仅仅取决于净营业收益。

㊀ Durand, David. Cost of Debt and Equity Funds for Business: Trend and Problems of Measurement [C]// Nat. Bur. Econ. Research, Conference on Research in Business Finance, New York, 1952: 215-247.

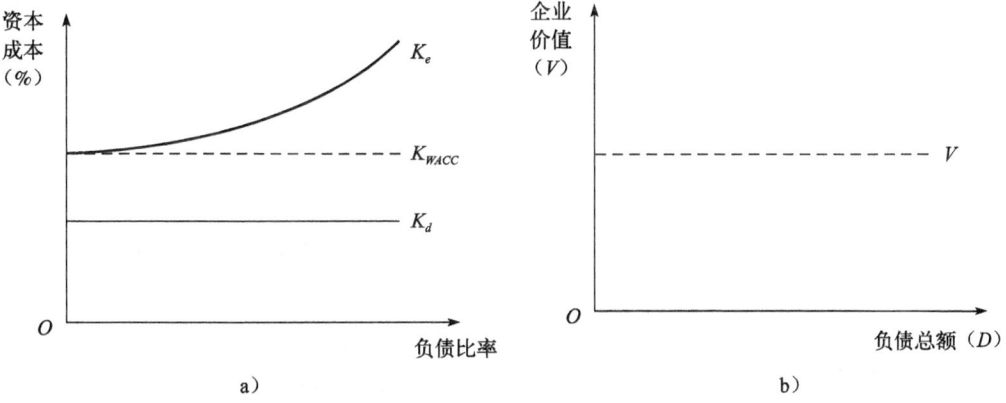

图 11-10 净营业收益理论下的资本成本与企业价值

3. 传统资本结构理论

净收益理论和净营业收益理论都是极端的资本结构理论。介于这两种理论之间,有一种折中的观点,称为传统资本结构理论(简称传统理论)。传统理论认为,企业利用财务杠杆尽管会导致权益成本(K_e)上升,但在一定程度内并不会明显增加企业的财务风险,债务资本成本(K_d)保持相对稳定。因此,利用成本较低的债务会使企业加权平均资本成本(K_{WACC})下降,企业总价值上升。但是,当债务比率超过一定程度时,企业财务风险加大,权益成本的上升就不再能被债务的低成本所抵消,加权平均资本成本便会上升,企业价值下降。若债务资本的比率继续增加,权益资本成本和债务资本成本均将加速上升,导致加权平均资本成本更大幅度地增加。这一过程如图 11-11 所示。

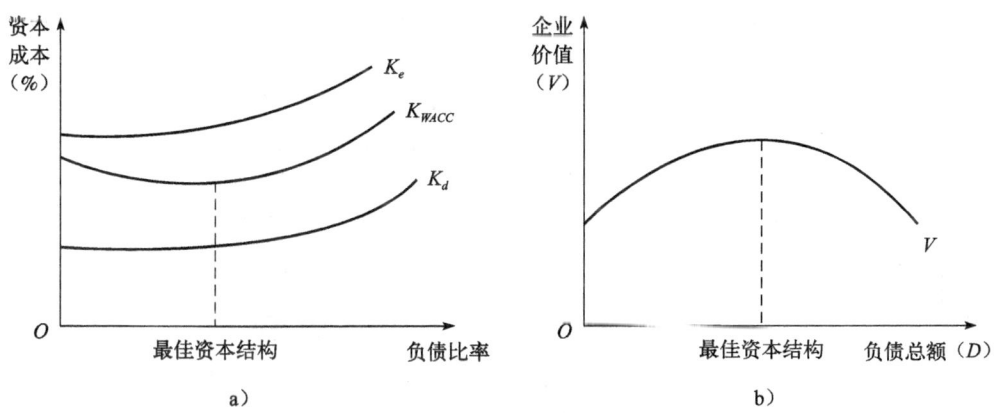

图 11-11 传统理论下的资本成本与企业价值

如图所示,企业价值曲线呈倒 U 形的结构。加权平均资本成本由下降变为上升的转折点便是其最低点,此时的企业价值最大,而该点对应的负债比率就是企业的最佳资本结构。

传统资本结构理论考虑到了财务风险及风险价值等因素,得出了比较符合经济实际的结论。但该理论缺乏严密的逻辑推理和证明,难以根据企业的财务状况,求解最优资本结构下的负债比率。

11.2.3 现代资本结构理论——MM 理论

现代资本结构理论的开端是 MM 理论。MM 理论是美国著名经济学家莫迪利亚尼和米勒提出的一系列资本结构理论。该理论第一次用科学严密的语言,在严格的假设条件下分析了资本结构和企业价值之间的关系。根据这一系列理论的发展脉络,主要可分为三个阶段[⊖]。

如图 11-12 所示,1958 年莫迪利亚尼和米勒在不考虑企业所得税的情况下,提出了 MM 理论;1963 年,当考虑企业所得税时,莫迪利亚尼和米勒修正了最初的 MM 理论。"无税"和"有税"条件下的 MM 理论各包含两个命题(定理),在"无税"和"有税"的条件下分别就资本结构对企业价值的影响(命题 I)、资本结构对权益资本成本的影响(命题 II)展开讨论。Farrar and Selwyn(1967)等学者研究了税收差异对资本结构的影响,根据税差学派相关理论,米勒(1997)探讨了企业所得税(T)、权益收入个人所得税(T_S)和债权收入个人所得税(T_D)三种所得税税率差异对企业价值的影响,提出了米勒模型。

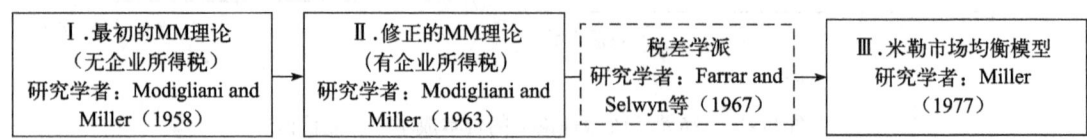

图 11-12　MM 理论的发展

尽管 MM 理论所依赖的严格假设基础与现实存在着相当大的偏离,但该理论通过证明在什么条件下资本结构不影响企业价值,为资本结构研究领域随后的研究指明了方向,其资本结构研究的中心地位一直未变。许多学者在 MM 理论的基础之上,不断放宽各种假设条件,从不同角度进一步研究了资本结构的决定因素,形成了资本结构的不同理论。下面首先介绍 MM 理论的主要内容。

1. MM 理论的基本假设条件

MM 理论的基本观点是:企业价值是由其全部资产的盈利能力决定的,而与实现资产融资的负债与权益资本的结构无关。但 MM 理论相关结论的得出,依赖于一系列假设条件。这些假设条件形成了一个理想的资本市场。MM 理论假设的主要内容如表 11-4 所示。

表 11-4　理想资本市场假设

		关键词	主要内容	放宽该假设条件
基本假设	假设 1	完全竞争市场	不管投资者和企业的行为如何,企业在任何时候都可按不变的价格转换证券;企业的任何行动都不能影响市场的利率结构	
	假设 2	无交易成本	没有市场交易成本,没有政府的限制,从而可以自由地交易,且资本资产可以无限制地分割	
	假设 3	相同的期望	每一个市场参与者对于企业未来的收益和风险都有相同的期望	
	假设 4	现金流的外生性	所有现金流是永续的(包括债券),融资决策不改变投资产生的现金流	
	假设 5	借贷平等	投资者(包括个人和机构)的借款利率与企业相同	

⊖ 各阶段的代表文章如下。
  I:Modigliani, Franco, and Merton H. Miller. The Cost of Capital, Corporation Financial, and the Theory of investments [J]. American Economic Review, 1958, 6, 48:4, 261-297.
  Modigliani, Franco, and Merton H. Miller. The Cost of Capital, Corporation Financial, and the Theory of investments: Reply [J]. American Economic Review, 1958, 9:655-669.
  II:Modigliani, Franco, and Merton H. Miller. Taxes and the Cost of Capital:A Correction [J]. American Economic Review, 1963, 6, 53:3, 443-453.
  税差学派:Farrar, Donald E., and Lee L. Selwyn. Taxes, Corporate Financial Policies and Returns to Investors [J]. National Tax Journal, 1967, 11:444-454.
  III:Miller, Merton H. Debt and Taxes [J]. *Journal of Finance*, 1977, 5, 32:2, 261-275.

(续)

		关键词	主要内容	放宽该假设条件
扩展条件	条件1	无个人所得税	无个人所得税，或对股利、利息和资本利得的课税是平等的	米勒模型
	条件2	无财务困境成本	企业和个人有可能陷入财务困境甚至破产，但是不会发生财务困境成本（诸如法律费用、会计清算费用、经营中断费用和企业重组费用，等等）	权衡理论
	条件3	无信息成本	企业和个人的可利用信息是相同的，而且获得这些信息是不需要付出成本的	优序融资理论、信号理论
	条件4	无代理成本	经理以最大化股东利益为目标，且不会发生债务代理成本	代理理论

在理想资本市场的假设前提下，莫迪利亚尼和米勒提出了以下两个主要命题。

2. 无税条件下的 MM 理论

在不考虑企业所得税的情况下，MM 理论得出了以下两个命题。

命题 I：杠杆企业的价值与无杠杆企业的价值相等，即无论企业负债多少，其 WACC 都与无债务时的权益成本相等，说明了企业的资本结构与企业价值无关。其表达式如下：

$$V_L = \frac{EBIT}{K_{WACC}^L} = V_U = \frac{EBIT}{K_e^U} \tag{11-10}$$

式中　V_L——杠杆企业的价值；

　　　V_U——无杠杆企业的价值；

　　　$EBIT$——企业全部资产的预期收益（永续）；

　　　K_{WACC}^L——有负债时的加权资本成本；

　　　K_e^U——无负债时的权益资本成本。

命题 I 的表达式是全部预期收益按照与企业风险等级相同的必要报酬率所计算的现值。公式表明，企业价值是由企业资产负债表左边的实物资产决定的，只要企业资产产生的现金流（$EBIT$）固定不变，资本结构选择就不会改变企业的价值。如果杠杆企业的价值等于无杠杆企业的价值，就说明了杠杆企业的加权资本成本无论债务多少都与无负债时的权益资本成本相等，进而也说明了企业加权资本成本与其资本结构无关。企业的加权平均资本成本也等于无杠杆企业的普通股权益资本成本，即 $K_{WACC}^U = K_{WACC}^L = K_e^U$。

命题 II：有杠杆企业的权益资本成本大于有相同经营风险的无杠杆企业的权益资本成本，在数量上等于无杠杆企业的权益资本成本加上风险溢价。其表达式如下：

$$K_e^L = K_e^U + 风险溢价 = K_e^U + (K_e^U - K_d) \times \frac{D_L}{S_L} \tag{11-11}$$

式中　D_L——杠杆企业的债务市场价值；

　　　S_L——杠杆企业权益的市场价值；

　　　K_d——不变的债务资本成本。

式（11-11）中的风险溢价是对杠杆企业财务风险的补偿。由财务杠杆效应可知，债务利息的固定性致使举债在增加权益的预期每股收益的同时加剧了权益收益的波动性，增加了权益资本的风险。理想资本市场下，该风险溢价的大小由无杠杆企业权益成本与债务成本之差以及杠杆企业的负债程度（债务权益价值比）决定。

对以上两个命题的证明，MM 利用了投资者套利[①]行为及自制财务杠杆来解释。对于 L 和 U 两家企业来说，若两者只是在资本结构和总市场价值上有所不同，而在企业规模、盈利能力等其他方面完全相同，则必发生套利行为。投资者会卖掉价值被高估企业的股票，买进价值被低估企业的股票，可实现在不增加任何风险的情况下增加投资收益。这一行为会持续到两个企业有完全相同的市值为止。另一方面，不论企业的资本结构如何（是否负债或负债多少），投资者都可以通过自制财务杠杆的方式，获得自己想要的资本结构及收益，如表 11-5 所示。

表 11-5　自制财务杠杆（不考虑企业所得税）

	杠杆企业 L	无杠杆企业 U
企业价值（V）	$V_L = S_L + D_L$	$V_U = S_U$
预计未来每年收益	$EBIT$	$EBIT$
利息费用	$K_d \times D_L$	0
分配的股利	$EBIT - K_d \times D_L$	$EBIT$
投资者的选择	买入比例为 N 的 L 企业股票	借入 $N \cdot D_L$ 的资金，购买比例为 N 的 U 企业股票①
投资者的收益	$N \times (EBIT - K_d \times D_L)$	$N \times EBIT - N \cdot D_L \times K_d = N \times (EBIT - K_d \times D_L)$
投资者的投资额	$N \times S_L$	$N \times S_U - N \cdot D_L$

①在这种情况下，投资者实际上是参照了 L 企业的负债结构，通过借入资金获得了和 L 企业一样的资本结构。这种方式就称为自制财务杠杆。

根据表 11-5 对投资者自制杠杆行为的分析可知，投资者通过自制财务杠杆，无论投资于哪家企业（L 或 U），最终获得的收益均为 $N \times (EBIT - K_d \times D_L)$。由于套利行为的存在，投资者投资的市场价值必然相等。于是可得 $N \times S_L = N \times S_U - N \cdot D_L$，从而 $S_L + D_L = S_U$，即 $V_L = V_U$，无税条件下 MM 命题 I 得证。

由企业价值等于资产预期收益贴现，可得：

$$V_L = \sum_{i=1}^{n} \frac{EBIT_i}{(1 + K_{WACC}^L)^i} \qquad V_U = \sum_{i=1}^{n} \frac{EBIT_i}{(1 + K_{WACC}^U)^i}$$

MM 假设所有公司都是永续零增长的，即 EBIT 永续且预期保持不变，所以：

$$V_L = \frac{EBIT}{K_{WACC}^L} \qquad V_U = \frac{EBIT}{K_{WACC}^U} \text{[②]}$$

两家公司的价值相等、未来 EBIT 相同，则有 $K_{WACC}^L = K_{WACC}^U = K_e^U$。根据企业 WACC 的计算公式（不考虑所得税），可得：

$$K_{WACC}^L = K_e^L \times \frac{S_L}{S_L + D_L} + K_d \times \frac{D_L}{S_L + D_L} = K_{WACC}^U = K_e^U$$

推导得出 $K_e^L = K_e^U + (K_e^U - K_d) \times \frac{D_L}{S_L}$，亦即 MM 命题 II。

[①] 在这种情况下，投资者实际上是参照了 L 企业的负债结构，通过借入资金获得了和 L 企业一样的资本结构。这种方式就称为自制财务杠杆。

[②] 根据年金现值公式：

$$V_L = EBIT \times \frac{1 - (1 + K_{WACC}^L)^{-n}}{K_{WACC}^L} \qquad V_U = EBIT \times \frac{1 - (1 + K_{WACC}^U)^{-n}}{K_{WACC}^U}$$

当 $n \to \infty$ 时，$(1 + K_{WACC}^L)^{-n}$、$(1 + K_{WACC}^U)^{-n}$ 的极限均为 0，故可得：

$$V_L = \frac{EBIT}{K_{WACC}^L} \qquad V_U = \frac{EBIT}{K_{WACC}^U}$$

MM 命题 II 表明，公司的权益成本可以划分成两个组成部分。一部分是 K_e^U，即公司总体资产的必要报酬率，其大小取决于公司经营活动性质，即公司权益的经营风险。公司的经营风险越大，K_e^U 就越大。权益成本中的第二部分，是由公司财务结构所决定的，即公司权益的财务风险。对一家全部权益公司而言，这部分就是零。当公司开始依赖债务筹资时，权益的必要报酬率就会上升。这是因为债务增加了股东的风险。因此，公司权益的总系统风险包括两部分：经营风险和财务风险。

用图 11-13 来表述无企业所得税情况下的 MM 理论。

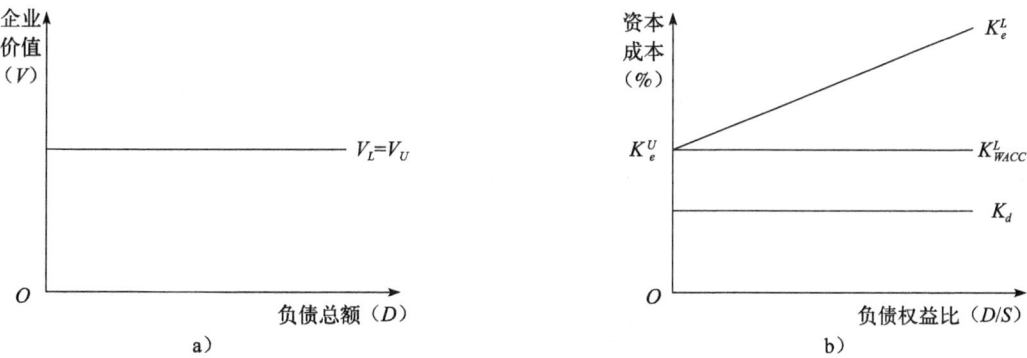

图 11-13 无税 MM 的命题 I 和命题 II

图 11-13 表明，在理想的资本市场假设条件下，债务资本成本保持不变[一]。不考虑企业所得税，企业增加负债会使得权益资本成本随之提高，且提高的权益资本成本完全抵消了债务筹资的低成本所带来的好处，使企业的加权平均资本成本不会由于资本结构的变动而变化。从而，企业价值和企业的资本结构无关。

3. 有税条件下的 MM 理论

MM 理论不考虑企业所得税得出的资本结构相关结论显然是不符合实际情况的。MM 理论的创始人莫迪利亚尼和米勒在 1963 年发表了修正最初 MM 理论的论文，讨论了考虑企业所得税的 MM 理论。修正的 MM 理论同样提出关于企业价值与权益资本成本的两个命题。

命题 I：杠杆企业的价值等于具有相同经营风险的无杠杆企业的价值加上利息的抵税收益。在永续性固定负债的特殊情况下，其表达式如下：

$$V_L = V_U + T \times D_L \tag{11-12}$$

式中 T——企业所得税税率。

由于债务利息可以在税前扣除[二]，导致杠杆企业纳税减少，相当于增加了企业的现金流量，经营收入便会有更多的部分流向股东，从而利息的抵税作用增加了企业的价值。利息的抵税价值称为杠杆收益。当未偿付债务数额固定而不随企业规模变动，且假设企业未来每年有足够的利润保障以获取利息抵税收益[三]时，该杠杆收益等于债务价值与所得税税率的乘积[四]。由此可知，企业负债比例越高，价值将越大。当然，实务中随着企业利润和价值的波动，企业的负债能力也在

[一] 在命题的拓展讨论部分，MM 对债务资本成本随着负债权益比率上升的实务现象进行了考虑，指出：放宽债务资本成本保持不变的条件，公司的整体价值仍与资本结构无关；但随着债务比重的增加，债务资本成本曲线向上倾斜，权益资本成本曲线的倾斜度逐渐减小，加权平均资本成本曲线保持不变。
[二] 需强调的是，债务本金的偿付是不能在税前扣除的，因此，本金不会产生税盾收益。
[三] 即满足息税前利润足以支付每年的利息费用，否则利息抵税可能无法起作用。
[四] 如果企业不是维持永久不变的债务水平，而是维持目标债务权益比率，此时的利息税盾价值可以通过比较杠杆企业价值与无杠杆企业价值（企业价值的计算可用加权平均资本成本折现公司的自由现金流得到）来确定。

发生变化，永续性固定负债仅仅是一种特殊的简化情况。

命题Ⅱ：杠杆企业的普通股权益资本成本等于相同经营风险下无杠杆企业的权益资本成本加上财务风险溢价。其表达式如下：

$$K_e^L = K_e^U + 风险溢价 = K_e^U + (K_e^U - K_d) \times (1-T) \times \frac{D_L}{S_L} \tag{11-13}$$

风险溢价等于无杠杆企业权益成本与债务成本之差、负债权益比率以及所得税税后因子 $1-T$ 的乘积。有税条件下 MM 命题Ⅱ的基本含义与无税条件下命题Ⅱ是一致的，不同的是由于所得税的存在，杠杆企业的权益资本成本比无税时的要小。

同样，下面将通过对比只在资本结构和总市场价值上有所不同，而在企业规模、盈利能力等其他方面完全相同的两家企业，对有税情况下的 MM 理论的两个命题进行证明。命题Ⅰ研究的是资本结构对企业价值的影响，而企业的价值取决于其未来给投资者带来的现金流的现值，因此，首先对两家企业支付给投资者的收益进行比较，如表 11-6 所示。

表 11-6　考虑企业所得税时的投资者收益

	杠杆企业 L	无杠杆企业 U
企业价值（V）	$V_L = S_L + D_L$	$V_U = S_U$
预计未来年收益	EBIT	EBIT
利息费用	$K_d \times D_L$	0
税收	$(EBIT - K_d \times D_L) \times T$	$EBIT \times T$
股东可得的净收益	$(EBIT - K_d \times D_L) \times (1-T)$	$EBIT \times (1-T)$
支付给债权人和股东的收益总额	$EBIT \times (1-T) + K_d \times D_L \times T$	$EBIT \times (1-T)$
利息抵税	$K_d \times D_L \times T$	

利息抵税可视为有价值的资产。假设企业 L 的债务是固定并且永续不变的，那么企业 L 每年将产生 $K_d \times D_L \times T$ 的现金流入。一般认为，抵税额的风险与产生这一抵税额的利息支付的风险相同。因此，抵税收益的现值可通过如下公式进行计算：

$$PV(抵税收益) = \frac{K_d \times D_L \times T}{K_d} = T \times D_L$$

杠杆企业 L 的投资者（股东和债权人）除利息抵税收益外的年现金流入为 $EBIT \times (1-T)$，而无杠杆企业 U 的价值即 $EBIT \times (1-T)$ 的现值。因此，$V_L = V_U + T \times D_L$，有税条件下 MM 命题Ⅰ得证。

根据有税收情况下的 MM 命题Ⅰ，杠杆企业的资产负债表可写为：

V_U = 无杠杆企业价值	D_L = 债务市值
$T \times D_L$ = 杠杆收益	S_L = 权益市值

资产负债表说明当企业增加债务 D_L 时，其价值相对于无杠杆企业增加了 $T \times D_L$。资产负债表左边的期望现金流量为[⊖]：$V_U \times K_e^U + T \times D_L \times K_d$；资产负债表右边表示企业资金的来源，属于债权人和股东的期望现金流量合计为[⊖]：$S_L \times K_e^L + D_L \times K_d$。在无增长永续模型、所有收益均发放股利的模型中：

⊖　无杠杆企业的价值等于其权益市值，股东要求的报酬率为 K_e^U；杠杆收益在本质上等同于债务，故其期望收益率为 K_d。
⊖　杠杆企业股东要求的报酬率为 K_e^L，债权人要求的必要报酬率为 K_d。

$$S_L \times K_e^L + D_L \times K_d = V_U \times K_e^U + T \times D_L \times K_d \quad ①$$

由 $S_L + D_L = V_U + T \times D_L$ 可得：

$$V_U = S_L + D_L \times (1 - T) \quad ②$$

由①、②推导得出：

$$K_e^L = \frac{[S_L + (1-T) \times D_L]}{S_L} \times K_e^U - (1-T) \times \frac{D_L}{S_L} \times K_d$$

化简即得有税条件下 MM 命题 Ⅱ：$K_e^L = K_e^U + (K_e^U - K_d) \times (1-T) \times \frac{D_L}{S_L}$。

有税条件下的 MM 理论两个命题的图示如图 11-14 所示。

对于命题Ⅱ的图 11-14b，也有教材以负债与公司价值比（D/V）为横坐标。此时：杠杆企业加权平均资本成本（K_{WACC}^L）为以无杠杆企业加权平均资本成本（K_e^U）为起点，随着负债与公司价值比（D/V）增大，逐渐下降的直线；杠杆企业权益资本成本（K_e^L）为以无杠杆企业加权平均资本成本（K_e^U）为起点，随着负债与公司价值比（D/V）增大，逐渐增大且斜率也逐渐增大的曲线，如图 11-14c 所示。

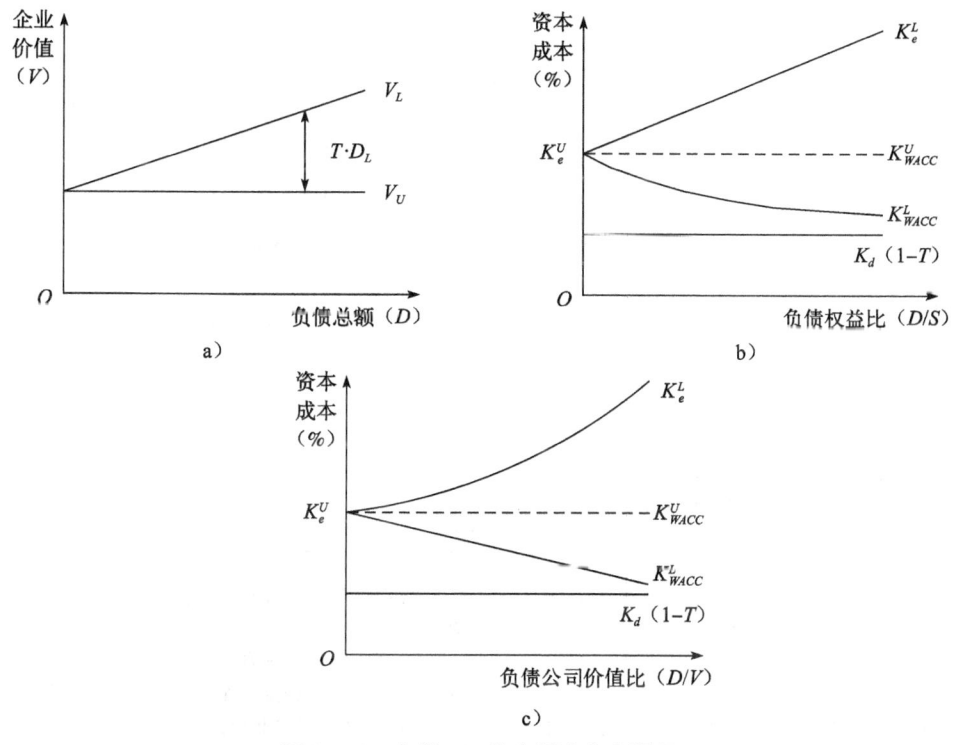

图 11-14 有税 MM 的命题Ⅰ和命题Ⅱ

如图 11-14 所示，若考虑企业所得税，企业会因为债务利息的抵税作用而获得杠杆收益，加权平均资本成本随着债务比例的上升而下降，杠杆企业的价值就等于无杠杆企业的价值加上杠杆收益。在该理论模型下，企业应实行高负债比例的资本结构，当企业是 100% 负债融资时价值最大。然而，获得全部利息抵税收益的前提是，企业有足够的应税收益（息税前利润）来利用利息抵税。这一约束可能会限制为获得抵税收益而增加债务的需求。

4. 米勒模型

虽然修正的 MM 理论考虑了企业所得税，但是并没有考虑个人所得税对债务比例与企业价值之间关系的影响。关于税收对资本结构影响的研究有一个重要的学派——税差学派（Farrar and Selwyn, 1967）。在该学派的研究基础上，Miller 保留了 MM 理论的所有假设，于 1977 年提出了同时考虑个人所得税和企业所得税的资本结构理论，即米勒模型。用公式表示如下：

$$V_L = V_U + \left[1 - \frac{(1-T)(1-T_S)}{1-T_D}\right] \times D_L \qquad (11\text{-}14)^{\ominus}$$

式中　T——企业所得税税率，

　　　T_S——权益收入的个人所得税税率$^{\ominus}$，

　　　T_D——债权收入的个人所得税税率。

用图 11-15 来对米勒模型的重要观点进行详细的描述。

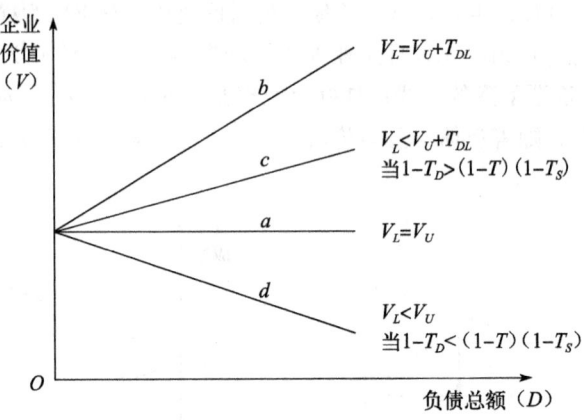

图 11-15　米勒模型的中财务杠杆与企业价值

1) $\left[1 - \dfrac{(1-T)(1-T_S)}{1-T_D}\right] \times D_L$ 表示杠杆收益，它替代了仅考虑企业所得税时 MM 命题 I 中的

$\ominus$　式（11-14）的推导过程如下：

考虑个人所得税后，无杠杆企业的价值可表示为：

$$V_U = \frac{EBIT(1-T)(1-T_S)}{K_e^U} \qquad ①$$

对于杠杆企业来说，其年现金流量可以分为：股东现金净流量和债权人现金净流量两个部分，即

$$CF_L = CF_{股东} + CF_{债权人} = (EBIT - I)(1-T)(1-T_S) + I(1-T_D)$$
$$= EBIT(1-T)(1-T_S) - I(1-T)(1-T_S) + I(1-T_D)$$

上式中第一项和无杠杆企业的税后现金流量相同，用 K_e^U 对该永续现金流折现；第二、三项表示企业债务融资的杠杆作用，以债务成本 K_d 折现。这三部分的现值之和便是杠杆企业的价值：

$$V_L = \frac{EBIT(1-T)(1-T_S)}{K_e^U} - \frac{I(1-T)(1-T_S)}{K_d} + \frac{I(1-T_D)}{K_d} \qquad ②$$

将①式代入②式可得：

$$V_L = V_U + \frac{I(1-T_D)}{K_d}\left[1 - \frac{(1-T)(1-T_S)}{1-T_D}\right] \qquad ③$$

由于税后的永续利息除以债务的要求回报率便是债务的市场价值，即

$$\frac{I(1-T_D)}{K_d} = D_L \qquad ④$$

将④代入③中便可得米勒模型：$V_L = V_U + \left[1 - \dfrac{(1-T)(1-T_S)}{1-T_D}\right] \times D_L$

$\ominus$　权益收入一般包括股利收入和股票价值增值收入，在此 T_S 是股利和资本利得个人所得税的加权平均。

$T \times D_L$；$1 - \dfrac{(1-T)(1-T_S)}{1-T_D}$ 称为债务的有效抵税税率。

2）如果忽略所有的税率，即 $T = T_S = T_D = 0$，那么米勒模型与无税条件下的 MM 命题 I 相同，如图 11-15 中的线条 a。

3）如果忽略个人所得税，即 $T_S = T_D = 0$，那么米勒模型与有税条件下的 MM 命题 I 相同，如图 11-15 中的线条 b。

4）如果权益和债权收入的个人所得税税率相等，即 $T_S = T_D$，那么米勒模型也与有税条件下的 MM 命题 I 相同，如图 11-15 中的线条 b。

5）如果 $(1-T)(1-T_S) = 1 - T_D$，则杠杆收益为零。这意味着企业因负债带来的利息抵税收益被投资者的个人所得税全部抵消。此时资本结构对企业价值或资本成本没有影响，与无税条件下的 MM 理论相同，如图 11-15 中的线条 a。

6）现实生活中，权益收入的个人所得税税率会低于债权收入的个人所得税税率。当 $(1-T)(1-T_S)$ 小于 $1-T_D$ 时，个人所得税会抵消一部分企业债务带来的抵税收益，因此杠杆公司获得的杠杆收益将小于仅考虑企业所得税的 MM 理论计算出的收益，如图 11-15 中的线条 c。

5. 对 MM 理论的评价

MM 理论的提出在财务经济学界产生了巨大的影响，引导了许多学者后续对资本结构的研究。而 MM 理论结论的成立，依赖于理想资本市场的一系列假设条件，这无疑与现实世界的真实情况不符。

第一，投资者的套利行为会受到阻碍，甚至无法进行。原因主要有以下三点。其一，个人对债务负无限偿还责任，而企业对债务仅承担有限责任，因此个人投资于杠杆企业要比"自制"杠杆损失的风险小，自制杠杆并非完全可以替代企业杠杆。其二，个人未必能与企业按同样的利率借款。实际上，企业的借款利率往往要低于个人借款利率，这也会使得个人借款替代企业杠杆受到限制。其三，理想资本市场不存在交易成本，而现实中投资者套利所得收益有可能不足以弥补交易所产生的费用，从而阻碍套利过程的进行。

第二，MM 理论及米勒模型均没有考虑财务风险的作用。随着债务比率的增加，债权人的风险也是不断增加的，因此债权人会要求更高的债务利率以补偿风险，导致企业的债务资本成本上升。这显然会对 MM 理论的结论产生影响。

第三，资本市场的有效性，使得对企业 EBIT 零增长的假定以及未来现金流量的预测都很难合理。

以上三点指出了 MM 理论的不足，但 MM 理论逻辑论证的严谨性是无可厚非的。MM 理论是理想资本市场条件下的正确结论，是研究非理想资本市场资本结构问题的基础。大多数对 MM 理论的质疑，都集中在理想资本市场的假设上。事实上，正是对 MM 理论假设条件的放宽，推动了资本结构理论的发展，产生了一系列可以直接运用于实际的理论。

11.2.4 现代资本结构理论的发展

在 MM 理论的基础上，后续的学者不断放宽研究的假设条件，通过与产权理论、不对称信息理论、公司治理理论等相互结合、交融发展，产生了权衡理论、信号理论、财务契约论、公司治理结构学派、机会窗口理论以及产业组织理论等资本结构理论的分支。其中最具代表性的三个理论是权衡理论、代理理论与优序融资理论。权衡理论通过放宽无财务困境成本的假设，构建了资本结构的目标比率模型；代理理论在权衡理论的基础上考虑两权分离下的委托代理冲突，进一步探寻最优资本结构；而优序融资理论则关注实务中的信息不对称现象，形成了资本结构的融资方式选择顺序模型。

1. 权衡理论

权衡理论[1]（trade-off theory）的基本观点是：债务融资在给企业带来利息抵税收益的同时，也给企业带来陷入财务困境的风险。因此，企业应当在平衡债务利息的抵税收益与财务困境成本的基础上确定使企业价值最大化的最佳资本结构。

权衡理论最早由 Myers(1966)[2] 提出，该理论在有税 MM 理论的基础上，放宽了无财务困境成本的假设。权衡理论的基本思想包括三个方面。第一，财务困境的发生会引发财务困境成本。理想资本市场假设下，企业和个人有陷入财务困境的可能，但是财务困境不会影响企业价值。然而，企业实际陷入财务困境后，企业的筹资、投资、经营等政策会出现扭曲，财务困境往往伴随着各种形式的财务困境成本。第二，未来财务困境发生的可能性会降低企业目前的价值。对于负债企业而言，财务困境发生的可能性总是存在的，而一旦陷入财务困境，企业的投资者就需要承担财务困境成本。因此，投资者会根据预期的企业财务困境可能性，要求提高资本报酬，以补偿他们承担的风险。财务困境成本的现值越大，其对企业价值的影响越大。第三，由于债务融资既会给企业来带利息抵税收益也会增加财务困境风险，企业存在使价值达到最大化的最佳资本结构。管理层应以该最佳资本结构为目标，不断调整其资本结构，使之趋近于目标债务比率。

财务困境指一个企业处于经营性现金流量不足以抵偿现有到期债务（包括应付未付款、诉讼费用、违约的利息和本金等），而被迫采取改正行动的境况。企业可通过出售主要资产、减少资本及研发支出、发售新股、债务重组或申请破产来处理财务困境。财务困境可视为企业陷入麻烦中的预警系统，只要企业能筹集足够的现金偿还债务就能走出困境、避免破产。当企业的财务状况进一步严重恶化，以至于无法进行正常的生产经营，企业才会进入破产程序[3]。

企业在遭遇财务困境时，因筹资、投资、经营等政策出现扭曲而招致的企业价值损失即为财务困境成本。财务困境成本可分为间接困境成本和直接困境成本。间接困境成本是指财务困境伴随着的非最优管理行为以及客户、供应商、资本提供者们造成的成本。陷入财务困境后，管理层会采取维持企业在短期可以生存但同时可能会损失长期价值的措施，如推迟设备维护、变卖长期资产、为削减成本而降低产品质量等短期行为。与此同时，由于企业资信状况恶化，供应商可能不再给予信用优惠甚至拒绝供货，这将导致企业进货资金成本上升。对于严重依赖商业信用的企业，供应商的潜在流失是企业一项非常严重的财务困境成本。另外，考虑到财务困境企业一旦破产将无力提供持续服务，客户会转向其他企业，导致企业销售收入下降。客户的流失对技术企业、耐用品制造商的影响尤其显著。即使企业最终成功地恢复元气、走出困境，这些间接困境成本也会对企业价值造成重大损失。如果企业的财务状况进一步恶化并进入破产程序，企业还将面临直接困境成本。直接困境成本源于不同权益求偿人之间协商、谈判而导致的交易成本，具体包括：因所有者与债权人之间的争执而延期清算导致的实物资产的损耗，企业破产、进行清算所发生的法律成本（律师费、诉讼费）和管理费用等。

---

[1] 权衡理论有狭义和广义之分。广义的权衡理论中，与债务税盾价值相对的除了财务困境成本以外，通常还包括债务的代理成本。本书中"权衡理论"是狭义的，有关债务的代理成本将在代理理论中进行详细阐述。

[2] Robichek, Alexander A., and Stewart C. Myers. Problems in the Theory of Optimal Capital Structure [J]. *Journal of Financial and Quantitative Analysis*, 1966, 1, 2: 1-35.
后来有许多学者对权衡理论进行了经验验证，如：
Masulis, Ronald W. The Impact of Capital Structure Change on Firm Value: Some Estimates [J]. *Journal of Finance*, 1983, 38: 107-126.
Bradley, Michael, Gregg A. Jarrell, and E. Han Kim. On the Existence of An Optimal Capital Structure: Theory and Evidence [J]. *Journal of Finance*, 1984, 39: 857-878.

[3] 破产又可分为破产清算（liquidation）和破产重组（reorganization）两种类型。破产清算意味着作为永续经营的企业的终止。它包括以残值出售企业的资产，出售所得扣除交易成本后，按已确定的优先顺序偿还债权人。破产重组则是指企业选择继续经营，由法院选出管理人对公司的资本和经营结构进行重组。

投资者（包括股东和债权人）预期到企业一旦陷入财务困境就可能发生这些成本，于是要求相应的报酬补偿他们承担的风险。因此，未来发生财务困境的可能性的增加会降低企业目前的价值，提升资本成本。基于修正的MM理论的命题，考虑了财务困境成本后，有负债企业的价值是无负债企业的价值加上抵税收益，再减去财务困境成本的现值。其表达式为：

$$V_L = V_U + T \times D_L - PV(FDC) \tag{11-15}$$

式中 $PV(FDC)$ ——财务困境成本的现值。

财务困境成本的现值由两个重要因素决定：①发生财务困境的可能性；②企业发生财务困境的成本大小。一般情形下，发生财务困境的可能性与企业收益现金流的波动程度有关。现金流与资产价值稳定程度低的企业，因违约无法履行偿债义务而发生财务困境的可能性相对较高。另外，由财务杠杆效应可知，使用的债务融资越多，固定的利息支出越多，企业在收益下滑时越可能陷入财务困境，因而伴随着财务困境的成本发生的可能性也越大。企业财务困境成本的大小则取决于财务困境成本来源的相对重要性以及行业特征。如果企业陷入财务困境后，会有大量潜在客户与核心员工的流失并且缺乏容易清算的有形资产，财务困境成本可能会很高。相反，不动产密集性高的企业财务困境成本可能较低。

权衡理论的图形表述如图11-16所示。

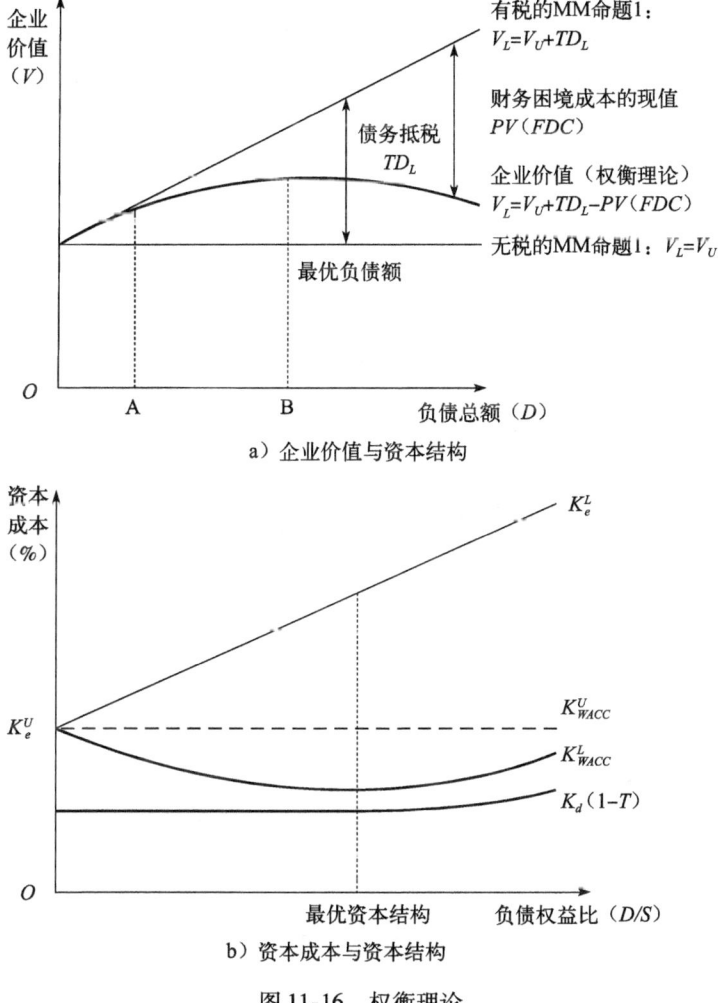

图11-16 权衡理论

由于债务利息的抵税收益，负债增加会增加企业价值，这是负债的第一效应；随着债务比率的增加，财务困境成本的现值也增加，这是负债的第二效应。如图 11-16a 所示，负债总额达到 A 点前，第一效应起主导作用；达到 A 点之后，第二效应的作用逐渐加强，直到 B 点，边际杠杆收益等于边际财务困境成本，企业价值达到最大，B 点的债务权益比即为最佳资本结构；超过 B 点，新增债务的不利影响超过利息的抵税收益，企业价值加速下降。对应图 11-16b，最优资本结构点的加权平均资本成本最低，债务资本成本也不是一直保持不变，而是随着负债比例的上升而逐渐增加。

权衡理论的表达式也可以根据米勒模型得出，只是杠杆收益还要反映增加的个人所得税。在 MM 理论或米勒模型中，杠杆的收益可以大致估计得到，而对潜在的财务困境成本的衡量几乎完全是主观的，无法精确地衡量。因此，在财务管理实践中，很难根据权衡模型准确计算出企业的最佳资本结构。但是，它的基本思想给我们提供了以下几点启示。

（1）经营风险低的企业可以多负债。因为经营风险越高（未来收益不确定性越大），在各个负债水平下发生财务危机的可能性越大，从而财务困境成本的现值将越大。

（2）拥有有形资产较多的企业可以比无形资产份额大的企业负债较多。陷入财务困境时，专用的、无形的资产比实物资产更容易贬值。这与现实实证研究相一致，如房地产企业的资产负债率较高。

（3）所得税税率高的企业应多负债。其他因素一定的情况下，所得税税率越高，债务利息抵税收益就越大，从而达到最佳资本结构时的负债比率越高。

权衡理论是对 MM 理论的进一步发展，根据权衡理论，每家企业应该制定其目标资本结构，使得杠杆的成本和收益达到边际平衡，实现企业价值最大化。权衡理论和 MM 理论的相关结论如图 11-17 所示。

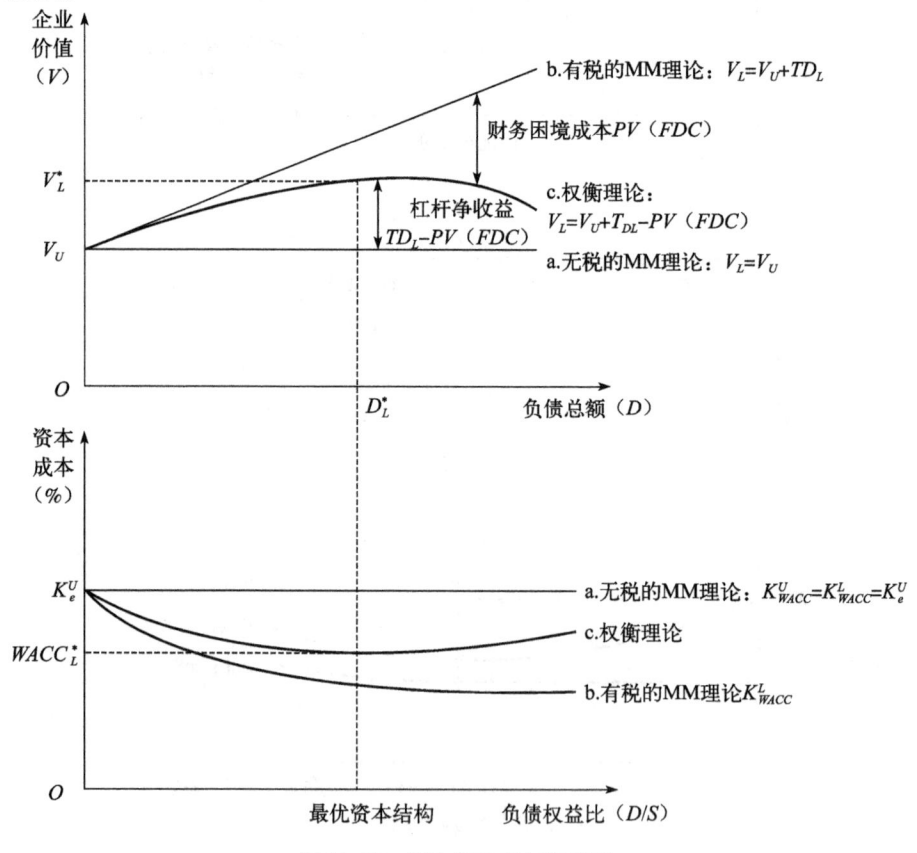

图 11-17　MM 理论及权衡理论

如图 11-17 所示，情况 a 反映了在无企业所得税和财务困境成本下，企业的价值和加权平均资本成本不受资本结构的影响。情况 b 表示考虑企业所得税，但忽略财务困境成本，企业的价值随负债的增加而增加，加权平均资本成本随债务比率的增加而减小。情况 c 即是在有企业所得税及财务困境成本下，企业的价值 V_L 在负债额为 D_L^* 时达到最大，加权平均资本成本最小为 $WACC_L^*$，此时企业的资本结构为最佳资本结构。

表 11-7 权衡理论概述

企业背景		企业存在财务困境风险
扭曲来源	间接财务困境成本	管理层的非最优管理行为、供应商及客户的流失等
	直接财务困境成本	延期清算导致的资产损耗、破产清算的法律成本和管理费用等
经济后果		财务困境风险的存在将提升资本成本、降低企业价值
基本观点		随着债务比率的增加，债务利息抵税收益增加，企业财务困境成本的现值也增加。最佳资本结构应权衡债务利息抵税收益与财务困境成本

权衡理论存在以下两方面的局限性。

（1）在权衡理论观点下，如果调整资本结构没有成本，那么所有的企业都一定会始终坚持自己的目标债务比率。但是，调整资本结构实际上是有成本的，这会导致最优目标的实现会延迟。如果随机事件使企业偏离了自己的目标资本结构，企业不能立即消除它们的影响，那么即使企业的目标债务比率完全相同，它们的实际债务比率仍然会存在随机差异。

（2）权衡理论成功解释了很多资本结构的行业差异，如：高科技成长型企业由于资产风险很大，负债较低；航空公司由于资产是有形的，负债较高。但是，该理论却不能解释现实中盈利能力较强的企业往往负债最少的事实。

2. 代理理论

代理理论（agency theory）的基本观点是：在信息不对称的环境下，利益不一致的委托代理关系双方存在代理冲突并引发代理成本；最优资本结构的确定应当在权衡理论的基础上，权衡债务代理成本与收益对企业最优资本结构的影响；有负债企业的价值是无负债企业的价值加上抵税收益和债务代理收益、减去财务困境成本的现值和债务代理成本的现值。

代理理论最早由 Jensen and Meckling(1976)[○]提出，并经 Myers(1977)[○]以及 Jensen(1986)[○]等发展完善。它是在权衡理论的基础上，进一步放松"委托人和代理人之间没有代理成本"这一假定而形成的。

代理理论的基本思想包括以下三个方面。第一，随着"所有权"与"控制权"的分离，企业中逐渐形成了委托代理关系：委托人要求代理人按照委托人的利益提供服务，并同时将部分决策权委托给代理人。企业中主要存在两类代理关系：经理和股东间的代理关系、股东和债权人间的代理关系。第二，在信息不对称的背景下，代理人利用其控制权最大化个人利益导致委托人的利益受损，即产生代理成本。在理性经济人假设下，代理关系双方都追求自身利益的最大化，因此代理人并不总是按最大化委托人利益行事，即存在代理冲突。且在信息不对称的背景下，委托人制定的监督和激励机制并不能完全消除代理人利益背离的行为[⑨]。委托人的监督支出

○ Jensen, Michael C. and William H. Meckling. Theory of the Firm: Managerial Behavior, Agency Costs and Ownership Structure [J]. Journal of Financial Economics, 1976, 3: 305-360.
○ Myers, Stewart C. Determinants of Corporate Borrowing [J]. Journal of Financial Economics, 1977, 5: 147-175.
○ Jensen, Michael C. Agency Costs of Free Cash Flow, Corporate Finance, and Takeovers [J]. The American Economic Review, 1956, 76: 323-329.
⑨ 不对称信息是代理成本存在的主要原因。如果委托代理双方信息是完全相同的，代理人的机会主义行为并不能得以实施，委托人实施代理是无成本的。

(monitoring expenditures)、代理人的保证支出(bonding expenditures)和剩余损失(residual loss)构成了代理成本。与代理关系对应,企业中的代理成本主要有权益代理成本和债务代理成本。第三,企业的资本结构会影响代理成本的大小进而影响企业未来现金流量的概率分布,并最终影响企业价值。在信息不对称的环境下,经理、股东、债权人间利益冲突的存在将导致非效率的次优化投资(suboptimal investment),致使企业的投资策略与资本结构相关。

次优化投资决策不以企业整体价值最大化为目标而仅使企业特定群体受益,依据投资扭曲的方向可分为过度投资(overinvestment)和投资不足(underinvestment)两类。两类情形的次优化投资都将减损企业价值。以下,将从次优化投资的视角,分别阐述资本结构对权益代理成本、债务代理成本的影响机制。

(1)权益代理成本。两权分离的企业制度下,经理在授权范围内配置企业的内部资源,成为外部股东的代理人。由于经理不持股或仅持有企业部分股权,经理承担了改善企业经营管理的全部努力成本却只享受到其产生的部分收益,外部股东与经理之间存在潜在的利益冲突[○]。具有信息优势的经理会权衡个人管理投入的边际成本与边际收入,以谋取个人利益最大化。因此,增加外部权益融资将减少经理的管理投入,降低企业的价值。

经理将利用其经营决策权做出旨在提升自己私人利益的过度投资决策,致使一些净现值为负的项目被采纳,造成企业价值的减损,即管理层过度投资(managerial overinvestment)。管理层过度投资行为产生的具体动因可分为以下三类。第一,营建企业帝国(empire building),即经理为获得更高的社会威望、薪酬及更多的特权,在企业缺乏盈利项目和成长机会时,仍然持续扩张而超过企业最优规模以增加自身对企业资源控制,而不是将多余的资金通过发放股利的形式返还给股东,造成企业过度扩张。而对于那些能产生大量自由现金流的大规模成熟型企业而言,经理具有把过度扩张的动机转变为实际行动所需要的资源。第二,形成管理层盘踞(managerial entrenchment),即经理为抵制被解雇的威胁、实现管理层盘踞[○],偏好投资于与个人专长相关的项目(即专属性投资),致使一些不能提升企业价值但能增强企业对经理个人能力依赖的项目被实施。第三,管理层的过度自信(managerial overconfidence),即经理虽以股东价值最大化为目标,但高估了企业和自己的能力,自信地认为其行为是有助于提升股东价值的,导致投资了实际并不能增加企业价值的项目。经理作为内部人取得了公司实际控制权的地位,外部股东因股权分散和信息不对称难以形成对内部经理人的实质性监督,而契约的不完全性导致激励机制也并不能完全消除权益代理问题。

提高资本结构中债务筹资的比例将有助于降低企业的权益代理成本,实现对经理的自利性机会主义行为的抑制。第一,在经理对企业持股的绝对额不发生变化的前提下,增加企业融资中的债务比例能够提升经理所有权的集中度,降低经理与股东利益的背离程度,进而缓解经理与股东间的利益冲突,减少冲突引发的损失。第二,增加对负债的依赖相当于引入约束机制,债务利息及本金的支付迫使经理交出现金,进而减少经理可用于过度扩张等活动的自由现金流。尤其对于低增长的成熟型企业而言,维持高债务比率,对降低企业的代理成本具有重要意义。第三,增加债务比重能迫使经理更加努力工作、减少特权消费,以降低企业破产的可能性。这是因为,企业

[○] Jensen, Michael C. and William H. Meckling. Theory of the Firm: Managerial Behavior, Agency Costs and Ownership Structure [J]. Journal of Financial Economics, 1976, 3: 305-360.

[○] 如果管理层未能寻求股东利益目标而又无法对其进行替换时,即出现了管理层盘踞。管理层盘踞效应将加剧经理与外部股东之间的信息不对称,使经理相对于外部分散股东而言,成为企业的实质控制人。

如果破产，经理将遭受控制权和名誉的损失，对经理而言破产成本很高。因此，从资本结构的设计角度出发，适当增加债务，可以约束经理随意支配企业自由现金流的浪费性投资与在职消费行为，减少对企业价值的侵害。

(2) 债务代理成本。除企业经理与股东之外，股东与债权人之间形成了另一层委托代理关系：债权人作为委托人将资金贷给企业，股东则作为代理人使用借入的资金进行投资。股东与债权人之间的利益冲突本质上源于股东有限责任的特性。与权益代理成本的普遍存在不同，债务代理成本只有在企业存在破产和财务困境的可能性时才会发生[一]。当企业存在显著违约风险时，代表股东利益的经理[二]会试图通过牺牲债权人的利益来增加股东的利益，股东与债权人之间潜在的利益冲突得以凸显，既可能表现为资产替代（asset substitution）形成的过度投资[三]，也可能表现为债务过剩（debt overhang）形成的投资不足。

资产替代[四]是指债务契约签订后，当企业遇到财务困境时，股东或代表股东利益的经理会有动机投资于比企业现有风险水平更高的项目，通过高风险资产对风险较低资产的替代来实现财富由债权人向股东的转移，即使该高风险项目的净现值为负。这是因为，股东对企业的剩余求偿权相当于行权价为债务面值的企业资产欧式看涨期权。标的资产的风险越大，看涨期权的价值越大，即企业权益价值越大：如果这一高风险项目成功了，企业的资产价值将远高于债务面值（行权价），看涨期权价值大于零，股东将获得全部剩余收益（相当于行权）；但如果该项目失败了，因此时企业处于财务困境或濒临破产的状况，企业价值将低于其债务面值（行权价），看涨期权价值为零，由于股东受有限责任制度的保护（相当于放弃行权），主要损失将由债权人承担。而债务的利率是根据债务发行时企业的平均风险确定的，因此，股东在债务发行后凭借选择高风险项目（替代平均风险项目）提高了债务资金的实际风险水平，降低了债务价值。与此同时，高风险所增加的额外收益由股东获得，增加了权益价值，实现财富由债权人向股东的转移。对于可以轻易增加投资风险的企业，发生资产替代问题的可能性更大。

【例11-4】 假设处于财务困境中的某企业，仅有的一笔170万元债务年末将到期，如果企业的策略不变，企业年末总市值为150万元。目前，该企业有一高风险项目A，需要5万元的初始投资（由企业已有现金提供）。项目可能的收益状况如表11-8所示。

表11-8 项目A预期收益状况 （单位：万元）

初始投资	情况（概率）	年末可能收入	期望收入	净现值
5	成功（10%）	30	3	-2
	失败（90%）	0		

从表11-8中看出，项目A的净现值为负，以企业整体价值最大化为决策目标，该企业不应当进行此项投资。但由于经理代表的是股东利益，可以进一步分析实施项目对债权人和股东价值各自的影响，如表11-9所示。

[一] 若企业不存在违约风险、债权人能够获取其固定收益，那么债权人并不在意企业经营状况的好坏，股东有限责任对债权人和股东间的利益分配并无影响。
[二] 由于经理的聘用和留职需经由股东选举出来的董事会的批准，所以，经理往往代表股东的利益。
[三] 过度投资中的一种，也称为风险转移（risk-shifting）或高风险项目的过度投资（overinvestment in risky projects）。
[四] 资产替代问题最早由 Jensen and Meckling 提出。参考阅读：
Jensen, Michael C. and William H. Meckling. Theory of the Firm: Managerial Behavior, Agency Costs and Ownership Structure [J]. Journal of Financial Economics, 1976, 3: 305-360.

表 11-9　实施项目 A 对债务与股权的价值影响　　　　　　　　　（单位：万元）

项目	原策略	实施项目 A			实施项目 A 的影响
		成功	失败	期望值	
公司总市值	150	175	145	148	-2
债务	150	170	145	147.5	-2.5
股权	0	5	0	0.5	0.5

如表 11-9 所示，如果该企业经理不实施高风险项目 A，企业最终将违约，债权人获得剩余的全部 150 万元，股东价值为 0。而如果经理实施该项目，当项目成功时，股东将获得剩余的 5 万元；即使项目失败，相对于不实施项目 A，股东也不会发生额外损失。实施项目 A 会给股东带来 0.5 万元的期望所得，因此，代表股东利益的经理将采取该项净现值为负的高风险项目。而与此同时，实施该项目将会给债权人带来 2.5 万元的期望损失，股权价值增加的 0.5 万元实质是由债务价值转移而来，产生了过度投资问题。

债务过剩⊖是指负债比例高的财务困境企业容易出现因经理（股东）放弃净现值为正的投资项目而使债权人利益受损、企业整体价值减少的现象。当陷入财务困境且有比例较高的债务时，企业难以再通过新增债务为新项目融资。而对于筹集外部权益资金对项目进行投资而言，由于债权的求偿权先于股权，将导致股东承担全部投资成本而大部分投资收益流向债权人，造成股东价值向债权人转移。企业的负债比例越高，债权人从新增投资中受益越多。如果新项目的净现值能够弥补外部权益融资导致的潜在价值转移，股东将愿意筹集资金进行投资。如果新项目的净现值不能弥补潜在的价值转移（即新项目从企业整体角度而言净现值为正，而对股东而言净现值为负），股东事先预见到投资新项目会导致自身财富减少，将拒绝投资该净现值为正的项目，造成投资不足。债务过剩对未来有大量盈利增长机会的成长型公司危害尤其严重。

【例 11-5】　续【例 11-4】，假设该企业不采取高风险的项目 A，而考虑另一个能产生 30% 固定回报率的无风险项目 B，B 项目需要 20 万元的初始投资，项目净现值为 6 万元。假设企业目前没有剩余现金，如果实施项目 B，必须从外部融入 20 万元。由于企业处于财务困境中，无法继续增加债务，假设 20 万元全部由企业现有股东提供。实施项目 B 对债权人和股东价值各自的影响如表 11-10 所示。

表 11-10　实施项目 B 对债权和股权价值的影响　　　　　　　　　（单位：万元）

项目	原策略	实施项目 B		实施项目 B 的影响
		追加资本	年末价值	
企业总市值	150	20	176	6
债务	150	0	170	20
股权	0	20	6	-14

如表 11-10 所示，股东为新项目 B 投入 20 万元，年末却只获得 6 万元的回报，该项目对股东而言的净现值为 -14 万元。项目产生的另外 20 万元收入将流向债权人，债务价值由 150 万元上升到 170 万元。此时，虽然项目能对企业整体带来 6 万元的净现值，但是代表股东利益的经理将放弃净现值为正的项目 B，造成对债权人和企业总价值的损失。

⊖　债务过剩（debt overhang）最早由 Myers 提出。参考阅读：
　　Myers, Stewart C. Determinants of corporate borrowing [J]. Journal of Financial Economics, 1977, 5：147-175.

然而在发行债务时，债权人如果意识到股东可能通过各种方式损害债权人的利益，会采取必要措施保护自身利益，如要求较高的回报以弥补其潜在损失或是在债务合约中添加缩短负债到期日、提出对资产担保能力要求的限制性条款等。企业则必须接受监督以确保其遵守了这些条款，而监督成本也将以高利率的形式施加给股东。债权人的自我保护增加了债务成本、削减了债务的优势，债务代理成本将最终由发行债务的股东承担。

将两类代理冲突对企业投资行为可能造成的扭曲进行总结，如表11-11所示。

表11-11 代理冲突引发的次优化投资行为

	过度投资		投资不足
	管理层过度投资	资产替代	债务过剩
代理冲突类型	经理与股东间的利益冲突	股东与债权人间的利益冲突	
企业背景	较少依赖债务融资且缺乏成长前景的企业	大量使用债务且处于高风险行业的财务困境企业	大量使用债务且处于经济前景较好行业的财务困境企业
诱发因素 负债率	低	高	高
成长性	低	低	低
现金流状况	充裕	短缺	短缺
经济后果	管理层为谋求私利投资于净现值为负的项目	投资高风险项目（净现值甚至为负）替代安全项目	股东拒绝贡献权益资本导致企业放弃净现值为正的项目
债务的影响	减少代理成本	增加代理成本	

（3）债务代理成本与收益的权衡。提高债务比例对企业价值的影响存在两面性：在负债比例较低的情况下，债务的约束作用可以使管理层与股东的冲突最小化，应当增加企业负债；随着负债比例的提高，债权人发现管理层所从事的投资或融资行为正在使他们承担的风险不断上升，并且可能已经危害到他们的利益，负债成本开始上升。在考虑了企业债务的代理成本与代理收益后，资本结构的权衡理论模型可以扩展为如下形式：

$$V_L = V_U + PV(利息抵税) - PV(财务困境成本) - PV(债务的代理成本) + PV(债务的代理收益)$$

代理理论分析的思想给我们提供了以下两点启示。

1）资产替代行为机会受限制的行业将有更高的负债水平。资产替代行为受限的行业，如受到较严监管的公共事业部门、缺乏增长机会的成熟行业，债务的代理成本较小，企业会有较高的负债水平。

2）有大量净经营现金流，但增长程度较慢甚至是负增长的成熟型企业应该持有更高水平的负债，以减少经理可用于实施机会主义行为的自由现金流量，降低权益代理成本。

3. 优序融资理论

优序融资理论（pecking order theory）的基本观点是，在信息不对称的背景下，企业进行融资时遵循一种啄食顺序（pecking order）：当企业存在融资需求时，会首先偏好于内源融资；若内源融资不能满足企业的资金需求，会偏好于发行债务的外部融资方式；如果债务发行过量，企业会选择的下一个融资方式是发行可转换债券；最后，企业才会选择以发行普通股的方式融资。优序融资理论认为，企业不存在一个明确的目标资本结构。

优序融资理论最早由 Myers（1984）[1] 提出，Myers and Majluf（1984）[2] 建立的 Myers-Majulf 模

---

[1] Myers, Stewart C. The Capital Structure Puzzle1 [J]. Journal of Finance, 1984, 39: 575-592.
[2] Myers, Stewart C., and Nicholas S. Majluf. Corporate Financing and Investment Decisions When Firms Have Information that Investors Do Not Have [J]. Journal of Financial Economics, 1984, 13: 187-221.

型系统地论证了这一理论。权衡理论和代理理论旨在构建企业最优资本结构模型，优序融资理论则通过放宽理想市场下无信息成本的假设，基于内部人与外部投资者间存在的信息不对称现象，揭示了企业融资方式选择的顺序。优序融资理论建立在两个关键假设的基础上：①内部人与外部投资者之间关于企业的价值存在信息不对称；②股票发行决策以发行前现有股东的价值最大化为目标。

该理论的基本思想包括以下三个方面。第一，管理层增发新股为企业融资，将被外部投资者视为企业价值被高估的信号。这是因为，若企业股票价值被低估，增发新股将使现有股东价值蒙受损失。因此，只有当企业股票价值被高估时，管理层才会选择外部权益融资方式。第二，在外部投资者的逆向选择行为下，企业发行股票将降低投资者对企业价值的预期，导致股票市价下跌。第三，在信息不对称的前提下，管理层形成一种优序融资顺序：首先，当企业存在融资需求时，会首先偏好于内源融资⊖；其次，由于信息不对称对债务融资成本影响较小⊜，若内源融资不能满足企业的资金需求，管理层会偏好于发行债务的外部融资方式；再次，如果债务发行过量，企业会选择的下一个融资方式是发行可转换债券；最后，企业才会选择以发行普通股的方式融资。第四，企业的债务比率是其累积的外部融资需求的反映，并不存在目标资本结构。

优序融资理论是在信息不对称框架下研究资本结构的一个方面。所谓信息不对称，是指企业内部管理层通常要比外部投资者拥有更多更准的企业信息。在这种情况下，企业管理层的许多决策，如股利分配、筹资方式选择等，不仅具有财务上的意义，而且向市场和外部投资者传递着信号。外部投资者通过管理层的这些决策所传递出的信息对企业未来的收益和投资风险做出判断。其中，企业债务比例或资本结构就是一种把内部信息传递给市场的工具。

在信息不对称的条件下，如果投资者掌握的关于企业资产价值的信息比企业管理层掌握的少，那么企业权益的市场价值就可能被错误地定价。当企业股票价值被低估时，管理层将避免增发新股，而采取其他的融资方式筹集资金，如内源融资或发行债券；而在企业股票价值被高估的情况下，管理层将尽量通过增发新股为新项目融资，让新的股东分担投资风险。这一结论可通过下面的例子证明，如表11-12所示。

表11-12 优序融资理论逻辑分析

	当前股价	管理层预期	权益定价结果	增发新股结果
情况Ⅰ	50元	60元	股票价值被低估	新投资者仅支付50元便获得了价值60元的股票
情况Ⅱ	50元	40元	股票价值被高估	新投资者支付50元却只获得了价值40元的股票

如表11-12情况Ⅰ，在企业前景较好而价值被低估时发行股票，新投资者将获得超额收益，而现有股东会蒙受损失；相反，如情况Ⅱ在企业价值被高估时发行新股，能使现有股东的价值得到保护。所以，如果企业管理层站在现有股东的立场、代表现有股东的利益，那么，只有当企业价值被高估时，才会为了新项目进行外部权益融资。

据此，外部投资者会产生逆向选择的心理：当企业发展前景较好时，管理者会选择债务方式筹资，以增加每股收益、提高企业价值；而企业发行新股，实际上是在向市场传递企业价值被高估的信号。于是，一般而言，企业发行股票将降低投资者对企业价值的预期，导致股票市价下跌。这种信号传递的结果是，管理者在债务融资和外部权益融资之间总是优先考虑债务融资。当然，对于借款已经非常多、再借款就可能陷入财务困境的企业，或是处于财务困境成本高昂行业

⊖ 信息不对称仅存在于外部融资中，因此，内源融资方式下不存在逆向选择成本。

⊜ 只要企业能到期还债，债权人并不关心企业的价值，因此，一般而言，信息不对称给债务融资带来的逆向选择成本低于权益融资，且债务到期归还的风险越低，逆向选择成本越小。

中的企业，仍然会被迫选择发行普通股。另一方面，与内源融资相比，债务融资容易引起财务困境成本和代理成本增加。因此，企业在筹集资本的过程中，遵循着内源融资、债务性融资和权益性融资这个顺序。

此外，优序融资理论也表明，信息不对称创造了依赖外部融资的另一种成本：企业因信息不对称放弃发行权益而错过良好投资机会的可能性。发行股票导致的潜在股价下跌可能阻碍企业发行股票为净现值大于零的项目融资，在此情况下，企业可能选择其他融资工具或者干脆放弃项目，导致投资不足（underinvestment）。股价受信息不对称的影响越大，错过良好投资机会的可能性越大。如果企业能保留足够的内部资金为其具有正 NPV 的项目融资，那么就能够避免这种成本。因此，保证有充分的资金宽松（financial slack）⊖对具有大量的正 NPV 项目的成长型企业是很有价值的。

与权衡理论不同，优序融资理论下企业并没有明确的目标资本结构，每个企业根据各自的资金需求来选择财务比率。企业首先从留存收益中筹集项目资金，这会降低资本结构中的债务比例；额外的资金需求由债务获取，无疑会使债务水平提高；在企业的债务水平在某一点耗尽时，将发行权益。因此，资本结构根据可利用的投资项目随机决定。在缺乏投资机会的情况下，企业不会为趋向某一目标资本结构而刻意调整其负债比率。该理论很好地解释了同一行业中盈利能力和财务杠杆之间的反向关系：高盈利但缺乏投资机会的企业现金充裕，将偿还部分债务；盈利能力差的企业内部资金较少，所以需要借入更多的资金满足投资需要，如表 11-13 所示。

表 11-13 优序融资理论概述

企业背景	企业内部人与外部投资者之间存在信息不对称
假设前提	企业管理层代表现有股东利益
扭曲来源	当企业价值被低估时发行股票，将使新投资者获得超额收益、现有股东蒙受损失，这与管理层的立场矛盾。因此，外部投资者产生逆向选择心理：企业进行外部权益融资，说明该企业的价值被高估
经济后果	发行新股将导致企业股价下跌，外部权益融资成本高昂
基本观点	企业将依照先内源、后债务、再权益的顺序进行融资，并且没有明确的目标资本结构

11.3 资本结构决策

长期债务与权益资本的组合形成了企业的资本结构。债务融资可以实现抵税收益，且在理论上用于抵税的利息数额至多可达息税前利润总额，因此，适当利用负债可以降低企业资本成本。但当债务比率过高时，杠杆收益会被债务成本抵消，企业面临较大的财务风险。因此，企业应该确定其最佳的债务比率（资本结构），使加权平均资本成本最低，企业价值最大。

11.3.1 资本结构影响因素

资本结构的理论研究表明，最佳资本结构是存在的：根据权衡理论的思想，企业的资本构成里应该有适量的债务，负债的两种效应相互抵消；再根据信息不对称框架下的资本结构理论，企业应保留一定的负债容量，以便在好的投资机会来临时，可发行债券，避免以高成本发行新股融资。但是资本结构理论是在一系列严格假设下产生的，而每个企业都处于不断变化的经营条件和

⊖ 资金宽松是指公司有现金、可出售证券、可立即变现的实物资产，并做好了进入债券市场的准备或从银行取得贷款。

外部经济环境中,所以资本结构理论难于解释现实条件下企业资本结构的特征。事实上,资本结构不仅在不同行业之间存在明显差异,即使在同一个行业内部的不同企业之间也会存在一定的差异。现实条件下影响资本结构的因素较为复杂,大体可以分为企业的内部因素和外部因素。

1. 内部因素

影响企业资本结构的内部因素通常有资产类型、营业收入确定性、成长性、盈利能力、管理层偏好、财务灵活性以及股权结构等。

(1) 资产类型。由于陷入财务困境时,有形资产相比无形资产贬值程度较小,所以,一般而言,有形资产比例高的企业的财务困境成本要比大量投资研究开发的类似企业低,从而可以具有较高的负债权益比率。此外,一般性用途资产比例高的企业因其资产作为债务抵押的可能性较大,要比具有特殊用途资产比例高的类似企业的负债水平高。

(2) 营业收入确定性。发生财务困境的可能性与企业收益现金流的波动程度有关。营业收入不确定性大的企业其收益和现金流量的波动较大,因违约无法履行偿债义务而发生财务困境的可能性相对较高。因此,营业收入不确定性大的企业比营业收入不确定性小的类似企业的负债水平低。

(3) 成长性。一方面,成长性好的企业因其快速发展,对外部资金需求比较大,而进行权益融资的成本又高于债务融资,因此,成长性好的企业要比成长性差的类似企业的负债水平高。另一方面,成长型企业因现金流波动性较大,常常面临着更高的不确定性,要比成熟型企业的负债能力低。

(4) 盈利能力。当企业盈利能力较强时,企业就可能保留更多的盈余。根据优序融资理论,企业融资的一般顺序是先内源融资、后债权融资、再外部权益融资。因此盈利能力强的企业因其内源融资的满足率较高,要比盈利能力较弱的类似企业的负债水平低。

(5) 管理层偏好。资本结构的优劣在一定程度上依赖于管理层的主观判断。喜欢冒险的管理人员,可能会安排比较高的负债比例以谋求更高的利润;反之,一些保守的管理层则会使用较少的债务。

(6) 财务灵活性。财务灵活性是指企业利用闲置资金和剩余的负债能力应付可能发生的偶然情况和把握未预见机会(新的好项目)的能力。财务灵活性大的企业要比财务灵活性小的类似企业的负债能力强。

(7) 股权结构。债务作为管理层机会主义的约束机制,较其他直接干预的监督成本低。所以,股权集中度高的企业因大股东有激励通过增加负债实现对管理层的监督,要比股权分散的类似企业的负债水平高。此外,由于发行新股可能会导致企业现有股东的相对控制地位被稀释,被大股东控制的企业为避免权益融资带来的控制权威胁,会更多地使用债务融资方式。

2. 外部因素

影响企业资本结构的外部因素通常有所得税税率、利率、资本市场、行业特征等。

(1) 所得税税率。负债的利息在税前扣除可以使企业在税收方面获益。然而并不是所有企业都有着同样的所得税税率。所得税税率越高,债务融资的抵税收益越大,企业越倾向于使用债务融资;如果税率很低,则债务融资的优势相对较小。

(2) 利率。利率水平偏高,会增加负债企业的固定财务费用负担,此时企业负债水平将低于利率水平较低时。此外,对利率变动趋势的预期也会影响企业的资本结构:预期未来利率将上升时,企业会在当前提高长期负债的比例;预期未来利率将下跌时,企业将较谨慎地使用债务融资方式。

(3) 资本市场。资本结构常常受到资本市场效率的影响。在非有效市场环境下,企业权益的市场价值可能被错误定价，管理层将在股票价格处于高位时发行股票，而在股价过低时转向负债（或回购股票）。另外，资本市场的发展状况也会影响企业的融资方式选择。如我国企业债券发行市场的发行规模较小，范围单一，导致企业缺乏发行债券的动力和积极性；同时由于我国银行的功能尚未完善，而长期贷款的风险较大，银行为控制呆坏账比率，并不偏好长期贷款。这两个因素导致债务融资的渠道不畅，我国上市公司在资本市场上倾向选择以权益方式进行融资。

（4）行业特征。不同行业面临的竞争程度不同，行业集中程度也不一样。集中度越高，竞争性越弱，企业就可以有较多的负债，反之负债就越少。不同行业的经营风险也不同，产品需求稳定、经营杠杆较低的行业负债能力较强。例如，公用事业公司的需求较稳定，所以有能力使用比工业公司更多的财务杠杆。

在分析资本结构影响因素时，需要注意以下两方面内容。首先，以上分析的各因素对资本结构的影响并不绝对。基于不同的资本结构理论视角，分析得到的各因素对资本结构的影响预期可能不一致⊖。例如，基于权衡理论，有形资产比例高的企业财务困境成本较低，该类企业的负债水平应较高；但基于优序融资理论，由于有形资产比例高的企业经理与外部股东间的信息不对称程度较低，权益资本成本较低，该类企业的负债水平应较低。其次，企业实际资本结构往往受企业自身状况与政策条件及市场环境多种因素的共同影响，并同时伴随着企业管理层的偏好与主观判断。例如，我国中小型民营企业相对于大型国有企业而言，外部融资约束的程度较高，表现为银行负债融资能力较低，并难于在证券市场上通过发行股票及债券进行融资。此外，在我国多数上市公司的融资结构中，商业信用融资与银行短期借款占全部负债的比例较高，而长期银行借款与公司债券融资等长期负债所占的比例则相对较低。

11.3.2 资本结构决策方法

资本结构决策旨在通过分析、比较和选择资本中债务资本与权益资本的比例关系，确定企业的最优资本结构，这是筹资管理中的重要问题。常见的资本结构决策方法有资本成本比较法、每股收益无差别点法和企业价值比较法。

1. 资本成本比较法

资本成本比较法，是指通过计算不同长期筹资组合方案的加权平均资本成本，并根据计算结果的高低来选择最佳的融资方案，确定最优资本结构。下面的例题说明了该方法的运用。

【例11-6】 某企业初始成立时需要资本总额7 000万元，有以下三种筹资方案，如表11-14所示。

表11-14　各筹资方案基本数据　　　　　　　　　　（单位：万元）

筹资方式	方案一		方案二		方案三	
	筹资金额	资本成本	筹资金额	资本成本	筹资金额	资本成本
长期借款	500	4.5%	800	5.25%	500	4.5%
长期债券	1 000	6%	1200	6%	2 000	6.75%
优先股	500	10%	500	10%	500	10%
普通股	5 000	15%	4 500	14%	4 000	13%
资本合计	7 000		7 000		7 000	

注：表中债务资本成本均为税后资本成本，所得税率为25%。

⊖ 本章的研讨题将对这一问题展开讨论。

根据加权平均资本成本计算公式式（9-11）及式（9-12），以表11-14中的数据计算三种不同筹资方案的加权平均资本成本如下。

方案一：

$$K_{WACC} = \frac{500}{7\,000} \times 4.5\% + \frac{1\,000}{7\,000} \times 6\% + \frac{500}{7\,000} \times 10\% + \frac{5\,000}{7\,000} \times 15\% = 12.61\%$$

方案二：

$$K_{WACC} = \frac{800}{7\,000} \times 5.25\% + \frac{1\,200}{7\,000} \times 6\% + \frac{500}{7\,000} \times 10\% + \frac{4\,500}{7\,000} \times 14\% = 11.34\%$$

方案三：

$$K_{WACC} = \frac{500}{7\,000} \times 4.5\% + \frac{2\,000}{7\,000} \times 6.75\% + \frac{500}{7\,000} \times 10\% + \frac{4\,000}{7\,000} \times 13\% = 10.39\%$$

通过比较不难发现，方案三的加权平均资本成本最低。因此，在适度的财务风险条件下，企业应按照方案三的各种资本比例筹集资金，由此形成的资本结构为最佳的资本结构。

企业在发展过程中追加筹资的资本结构决策，同样可用资本成本比较法确定。具体方法有两种：一种是直接测算各备选追加筹资方案的边际资本成本，选择最低的即最佳方案；二是将追加方案的各资本金额与企业原有资本结构汇总，计算企业的加权平均资本成本。

资本成本比较法的优点在于原理简单，计算过程也不复杂。但实际上，企业追求的实质是价值最大化，而该方法仅以资本成本最低为决策标准，没有具体测算财务风险因素。

2. 每股收益无差别点法

当企业因扩大经营规模需要筹措长期资本时，一般可供选择的筹资方式有普通股融资、优先股融资与长期债务融资。前面财务杠杆原理解释了当企业选择具有固定性融资成本的融资方式时会显现出杠杆效应，且财务杠杆系数越大，财务风险也越大。由于财务杠杆更多是关注息税前利润的变化程度引起每股收益变动的程度，主要应用于具有不同债务融资规模或比率的方案的财务风险比较，显然相对于单纯比较债务比率来判断财务风险具有更好的说服力。但如果想解决在某一特定预期盈利水平下的融资方式选择问题，特别是在长期债务融资与普通股融资之间进行选择时，因全部融资为普通股时不存在财务杠杆效应，可以运用每股收益无差别点法。可以说，每股收益无差别点法为企业管理层解决在某一特定预期盈利水平下是否应该选择债务融资方式的问题提供了一个简单的分析方法。

每股收益无差别点法是在计算不同融资方案下企业的每股收益（EPS）相等时所对应的盈利水平（EBIT）基础上，通过比较在企业预期盈利水平下所对应的不同融资方案的每股收益，进而选择每股收益较大的融资方案。显然，基于每股收益无差别点法的判断原则是比较不同融资方式能否给股东带来更大的净收益。

【例11-7】 某企业目前已有1 000万元长期资本，均为普通股，股价为10元/股。现企业希望再实现500万元的长期资本融资以满足扩大经营规模的需要。有三种筹资方式可供选择：Ⅰ.全部通过年利率为10%的长期债券融资；Ⅱ.全部利用股利率为12%的优先股筹资；Ⅲ.全部依靠发行普通股股票筹资，按照目前的股价，需增发50万股新股。假设企业预期的息前税前盈余为210万元，企业所得税税率为25%。要求：在预期的息前税前盈余水平下进行融资方式的选择。

利用EBIT－EPS方法进行分析，最直观的方法是画出每股收益无差别点图。如图11-18所示，横轴为EBIT，纵轴为EPS，每条直线代表一个筹资方案的EBIT－EPS关系。如果采用方案Ⅰ，则必须有息税前利润50万元（即500万元×10%），才能够支付长期债务利息。因此，50万元就是债务融资与横轴（息税前利润）的交点，为长期债务线的起点。若采用方案Ⅱ，优先股股利=500万元×12%=60万元。由于优先股股利在税后支付，所以应以1-税率除优先股股利，才能得出足以支付优先股股利的息税前利润。60万元÷（1-25%）=80万元，即为优先股线与横轴（息税前利润）的交点，为优先股的起点。普通股筹资没有固定性的财务费用，因此以0为起点。

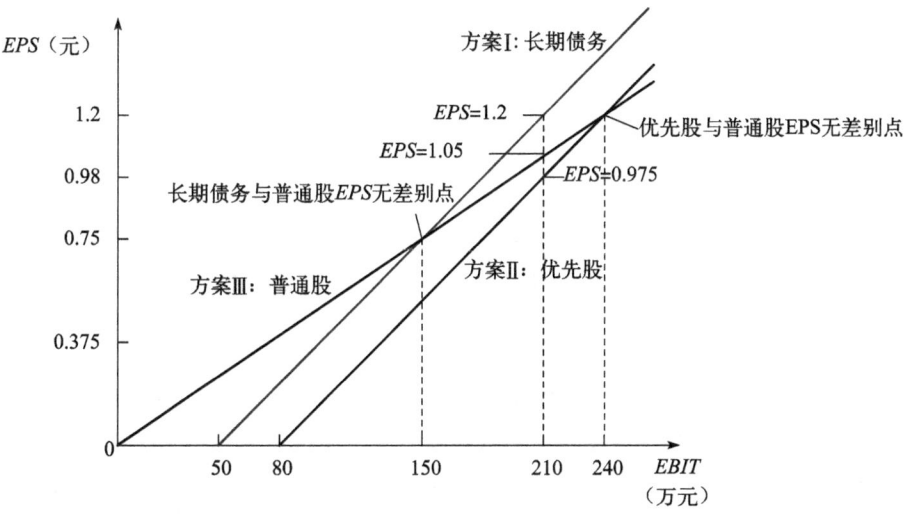

图11-18　EBIT-EPS分析

假设企业预期的息前税前盈余为210万元，计算三种方案的每股收益，如表11-15所示。

表11-15　三种筹资方案的每股收益（EPS）比较　　（金额单位：元）

	方案Ⅰ（债券）	方案Ⅱ（优先股）	方案Ⅲ（普通股）
EBIT	2 100 000	2 100 000	2 100 000
利息支出	500 000	—	—
税前收益	16 00 000	2 100 000	2 100 000
所得税（25%）	400 000	525 000	5 250 000
税后收益	1 200 000	1 575 000	1 575 000
优先股股利	—	600 000	—
普通股收益	1 200 000	975 000	1 575 000
普通股股数（N）	100万股	100万股	150万股
EPS	1.2	0.975	1.05

根据表11-15中的数据，息税前利润为210万元时，长期债务筹资每股收益为1.2元，优先股筹资每股收益0.975元，普通股筹资每股收益1.05元，由此可画出长期债务线、优先股线和普通股线的另一点。分别将两点连接起来，画出长期债务线、优先股线和普通股线，如图11-18所示。

无差别点的计算公式如下：

$$EPS = \frac{(EBIT - I_1)(1 - T) - PD_1}{N_1} = \frac{(EBIT - I_2)(1 - T) - PD_2}{N_2} \quad (11-16)$$

式中　EBIT——EPS无差别时的息税前利润；

I_i——年利息支出；

T——企业所得税税率；

PD_i——支付的优先股股利；

N_i——筹资后的发行在外的普通股股数。

方案Ⅰ与方案Ⅲ，即长期债务筹资和普通股筹资的无差别点上，$EPS_Ⅰ = EPS_Ⅲ$：

$$\frac{(EBIT - I_1)(1 - T) - PD_1}{N_1} = \frac{(EBIT - I_3)(1 - T) - PD_3}{N_3}$$

$$\frac{(EBIT - 50)(1 - 25\%) - 0}{100} = \frac{(EBIT - 0)(1 - 25\%) - 0}{150}$$

解方程得方案Ⅰ与方案Ⅲ的每股收益无差别点所对应的 $EBIT = 150$ 万元。

同样方法可求得方案Ⅱ与方案Ⅲ，即优先股筹资和普通股筹资的每股收益无差别点所对应的 $EBIT = 240$ 万元。

长期债务线与普通股线相交于营业利润为150万元的点上，此时，这两种筹资方式带来的每股收益相同。此为长期债务筹资与普通股筹资的每股收益无差别点。如果预期 EBIT 低于此点，则普通股融资比长期债务融资能提供更高的每股收益，应采用普通股筹资；如果预期 EBIT 高于此点，债务融资优于普通股融资。

普通股线和优先股线相交于营业利润为240万元的点上，此时，这两种筹资方式带来的每股收益相同。此为优先股筹资与普通股筹资的每股收益无差别点。如果预期 EBIT 低于此点，增发普通股为更好的筹资方案；如果预期 EBIT 高于此点，则发行优先股能提供更高的每股收益。

方案Ⅰ与方案Ⅱ即长期债务线与优先股线是平行的，不会产生每股收益无差别点，这说明债务融资在任何同一预期收益条件下均比发行优先股能提供更高的每股收益。

由于预期的息前税前盈余为210万元，在方案Ⅰ与方案Ⅲ比较时选择长期债务融资，而在方案Ⅱ与方案Ⅲ比较时选择普通股融资。但如果将三个方案综合起来考虑，选择长期债务融资方案能够实现最大的每股收益。

每股收益无差别点法在为企业管理层解决在某一特定预期盈利水平下应该选择什么融资方式提供了一个简单的分析方法。显然，这种方法侧重于对不同融资方式下的每股收益进行比较，但预期盈利水平与每股收益无差别点所对应的盈利水平之间的距离不同，反映的状态稳定性也不同。在上例中，长期债务和普通股筹资方式的每股收益无差别点所对应的息前税前盈余 $EBIT = 150$ 万元，当预期收益超过150万元时，债务融资方式的每股收益总是大于普通股融资方式的每股收益，且距离每股收益无差别点对应的息前税前盈余150万元越远，两种融资方式的每股收益差距越大，债务融资相对于普通股融资的优势越明显。

以提高普通股股东每股收益为出发点，通过 EBIT-EPS 分析，企业在筹集长期资金时，可以在不同的筹资方式之间做出有利的选择。但是这种分析方法没有考虑到负债增加所导致的财务风险的增加。财务杠杆是一把"双刃剑"，企业选择具有固定财务费用的筹资方式，一方面能提高每股收益，但同时也带来了财务风险。因此，财务人员在使用每股收益无差别点法判断筹资方式的合理性时，还应该加强对企业偿债能力和未来现金收益的分析。

3. 企业价值比较法

资本成本比较法和每股收益无差别点法的缺陷均在于，没有充分考虑企业财务风险等因素的影响。针对这一缺点，提出企业价值比较法。企业价值比较法是在充分反映财务风险的前提下，以企业价值的大小为决策标准，确定最佳资本结构的方法。

衡量企业价值的一种合理的方法是，企业的市场价值 V 等于其股票的市场价值 S 加上长期债务的价值 B：

$$V = S + B \tag{11-17}$$

为使计算简便,假设长期债务(长期借款和长期债券)的现值等于其面值,股票的现值则等于企业未来的净收益按股东要求的报酬率贴现。假设企业的经营利润永续,股东要求的回报率(权益资本成本)不变,则股票的市场价值为:

$$S = \frac{(EBIT - I)(1 - T) - PD}{K_e} \tag{11-18}$$

通过上述公式计算出企业的总价值和加权平均资本成本,以企业价值最大化为标准确定最佳资本结构,此时的加权平均资本成本最小。下面举例说明企业价值比较法的运用。

【例 11-8】 某企业的长期资本构成均为普通股,无长期债权资本和优先股资本。股票的账面价值为 3 000 万元。预计未来每年 EBIT 为 600 万元,所得税税率为 25%。该企业认为目前的资本结构不合理,准备通过发行债券回购部分股票的方式,调整资本结构,提高企业价值。经咨询,目前的长期债务利率和权益资本成本的情况如表 11-16 所示。

表 11-16 不同债务水平下的债务资本成本和权益资本成本

债券市场价值 B(万元)	税前债务资本成本 K_d(%)	股票 β 值	无风险报酬率 K_f(%)	市场证券组合必要报酬率 K_m(%)	权益资本成本 K_e①(%)
0	—	1.2	8	12	12.8
300	10	1.3	8	12	13.2
600	10	1.4	8	12	13.6
900	12	1.55	8	12	14.2
1 200	14	1.7	8	12	14.8
1 500	16	2.1	8	12	16.4

① 根据第 10 章的内容,计算权益资本成本的方法有三种,此处采用的是资本资产定价模型法(CAPM)。

根据表 11-16 的资料,运用式(9-12)、式(11-17)及式(11-18)即可计算出不同长期债务规模下的企业价值和加权平均资本成本。计算结果如表 11-17 所示。

表 11-17 企业市场价值和 WACC

企业市场价值 V(万元)①=②+③	债务市场价值 B(万元)②	股票市场价值 S(万元)③	税前债务资本成本 K_d(%)	权益资本成本 K_e(%)	加权平均资本成本 K_{WACC}(%)
3 515.63	0	3 515.63	—	12.8	12.80
3 538.64	300	3 238.64	10	13.2	12.72
3 577.94	600	2 977.94	10	13.6	12.58
3 498.59	900	2 598.59	12	14.2	12.86
3 389.19	1 200	2 189.19	14	14.8	13.28
3 146.34	1 500	1 646.34	16	16.4	14.3

从表 11-17 可以看到,初始情况下,企业没有长期债务,企业的价值 $V = S = 3 515.63$ 万元,加权平均资本成本 $K_{WACC} = K_e = 12.8\%$。当企业开始发行债务回购股票时,企业的价值上升,加权平均资本成本降低,直到长期债务 $B = 600$ 万元,企业价值达到最大,$V = 3 577.94$ 万元,加权平均资本成本最低,$K_{WACC} = 12.58\%$。若企业继续增加负债,企业价值便开始下降,加权平均资本成本上升。因此,长期债务为 600 万元时的资本结构为该企业的最佳资本结构。

现实条件下，由于资本结构的决策难以形成统一的原则与模式，尚无准确的公式可以用于评价企业的最优资本结构。企业在进行资本结构决策时，通常以其所在行业的平均值作为参照依据。这是因为行业平均值是现存企业在目前市场条件下各自进行资本结构决策而共同形成的，大体反映了现存企业融资结构的共同性特征。参照行业平均资本结构水平进行决策，可使企业不至于过度偏离这种共同性特征。

本章小结

本章主要讨论了杠杆原理与应用、资本结构理论与资本结构决策三节内容。

"杠杆原理与应用"的主要内容如图 11-19 所示。

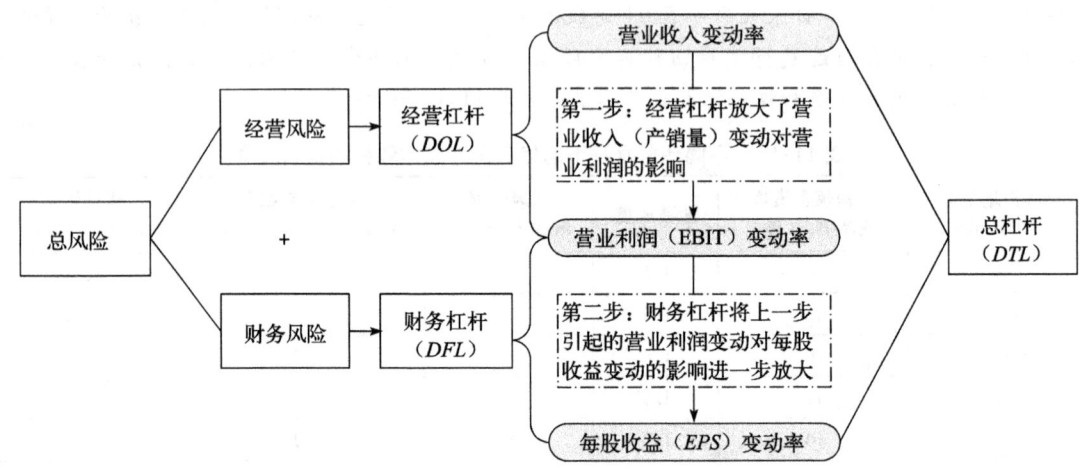

图 11-19 "杠杆原理与应用"的主要内容

经营风险是指由生产经营活动引起的未来收益或息税前利润（EBIT）的不确定性，财务风险是指由于企业无法偿付固定性融资费用而可能陷入财务困境甚至破产的风险，总风险即是经营风险加上财务风险。量化风险的方法是计算各种杠杆系数。经营杠杆是指由于固定经营成本的存在而引起的息税前利润变动率大于营业收入（产销量）变动率的现象。其计算公式为：

$$DOL = \frac{EBIT}{} = \frac{\Delta EBIT/EBIT}{\Delta S/S} = \frac{Q}{Q - Q_{BE}} = \frac{EBIT + FC}{EBIT}$$

由公式可知，经营杠杆的大小由息税前利润及固定成本共同决定。财务杠杆是指由于固定财务费用的存在而引起的普通股每股收益变动率大于息税前利润变动率的现象，其计算公式为：

$$DFL = \frac{EPS \text{变动百分比}}{EBIT \text{变动百分比}} = \frac{\Delta EPS/EPS}{\Delta EBIT/EBIT} = \frac{EBIT}{EBIT - I - PD/(1 - T)}$$

总杠杆是指经营杠杆和财务杠杆的联合作用，计算公式为：

$$DTL = \frac{EPS \text{变动百分比}}{\text{营业收入变动百分比}} = \frac{\Delta EPS/EPS}{\Delta S/S} = DOL \times DFL = \frac{EBIT + FC}{EBIT - I - PD/(1 - T)}$$

总杠杆的大小本质上是由息税前利润、固定经营费用、固定财务费用三个财务因素决定的。

资本结构理论研究的是企业资本结构、综合资本成本与企业价值三者之间的关系，主要可分为三个研究阶段：早期资本结构理论、现代资本结构理论以及现代资本结构理论的发展。净收益理论的观点是企业应该百分之百地利用债务资金，以使企业价值最大，资本成本最低；而净营业收益理论则认为企业的价值和资本结构无关；传统理论是一种介于以上两种理论之间的折中观点。现代资本结构理论的开端是 MM 理论。

无税的 MM 理论命题是：

$$I: V_L = V_U, \quad II: K_e^L = K_e^U + (K_e^U - K_d) \times \frac{D_L}{S_L}$$

即不考虑企业所得税，企业价值和资本结构无关，WACC 也保持不变；杠杆企业的权益资本成本等于无杠杆企业的权益资本成本加上风险溢价。

有税的 MM 理论命题是：

$$I: V_L = V_U + TD, \quad II: K_e^L = K_e^U + (K_e^U - K_d) \times (1-T) \times \frac{D_L}{S_L}$$

即考虑企业所得税，杠杆企业的价值等于无杠杆企业的价值加上杠杆收益，WACC 随着债务资本比率的上升而降低；杠杆企业的权益资本成本等于无杠杆企业的权益资本成本加上风险溢价。此时多一项税收的考虑。

MM 理论虽然在逻辑论证上十分严密，但使其成立的理想资本市场条件在现实中并不存在，许多学者通过放宽假设条件，进一步发展了资本结构理论。如考虑个人所得税对企业价值的影响，Miller 提出了米勒模型，公式是：

$$V_L = V_U + \left[1 - \frac{(1-T)(1-T_S)}{1-T_D}\right] \times D_L$$

放宽无财务困境成本的假设条件，可得出权衡理论；放宽无代理成本的假设条件，可得出代理理论；放宽无信息成本的假设条件，可得出优序融资理论、信号理论等。

现实条件下影响资本结构的因素较为复杂，大体可以分为企业的内部因素和外部因素两类。最优资本结构的决策方法主要有三种：资本成本比较法、每股收益无差别点法和企业价值比较法。其中，前两种方法均没有考虑财务风险等因素的影响，企业价值比较法则充分考虑了财务风险，选择使企业价值最大时的债务比率即为最佳资本结构。

习题

一、简答题

1. 为什么说"经营风险是不可避免的，而财务风险是可选择的"？
2. 什么是经营杠杆、财务杠杆及总杠杆？有关这些杠杆系数的知识对企业的经营管理者有何用处？
3. 什么是资本结构？资本结构是否等同于财务结构？
4. 早期的资本结构理论主要观点是什么？缺陷是什么？
5. 由于债务资本成本较低，所以有人认为即使在理想资本市场环境下，财务杠杆的使用也能降低企业的加权平均资本成本、提高企业的价值。对这种观点你如何看待？
6. 仅考虑企业所得税的理想资本市场下，所得税使得杠杆企业的价值大于无杠杆企业的价值，其玄机是什么？
7. 什么是财务困境成本？为什么即使没有破产的企业也会发生财务困境成本？权衡理论对企业进行资本结构决策有什么启示？
8. 权益代理成本的来源有哪些？简述提高债务比重对缓解权益代理成本的作用。
9. 为什么当一家企业的债务过多时，债权人会拒绝继续为其提供借款？试从代理理论进行解释。
10. 优序融资理论的主要内容是什么？为什么说在优序融资理论指导下进行融资，企业的负债比例将偏离一个明确的资本结构？
11. 简述影响企业资本结构的内部因素。

二、讨论题

1. 目前资本结构的理论研究对于企业的资本结构决策行为仍然没有形成一个公认、一致的观点。动态平衡理论和市场择时理论是资本结构理论的两大最新进展。

动态平衡理论认为：公司并不总保持目标杠杆比例是由于存在财务杠杆调整成本等交易成本。

市场择时理论认为：公司没有目标杠杆比例，公司当前的资本结构是其过去择时发行股票累积的结果。

讨论问题：你认为资本结构是动态优化还是择时发行的结果？阅读相关理论文献，并结合我国资本结构实务特征论述你的观点。

2. 优序融资理论是解释美国上市公司资本结构的主要理论之一，认为先债务融资再股权融资。但研究表明，我国上市公司存在强烈的股权融资偏好。从融资结构理论来讲，企业发行债券的综合成本应该更低，是什么原因导致中国上市公司如此偏好股权融资？

讨论问题：对中国上市公司股权融资偏好的"资本结构之谜"进行分析。

3. 针对资本结构的影响因素有以下几个观点。

(1) 规模越大，企业的债务比重越高。

(2) 成长性越好，企业的债务比重越高。

(3) 盈利能力越好，企业的债务比重越高。

讨论问题：基于权衡理论或优序融资理论，就以上观点阐述你的看法，并通过对我国上市公司资本结构的描述性统计，了解这些因素对我国资本结构决策实务的作用。

4. 微软（股票代码：MSFT）等软件行业的高盈利公司往往维持着债务资本水平较低的资本结构，如表 11-18 所示。

表 11-18　微软公司资本结构数据（基于账面价值权重）　（金额单位：百万美元）

	2012	2011	2010	2009	2008
长期负债	22 220	22 847	13 791	11 296	6 621
股东权益	66 363	57 083	46 175	39 558	36 286
债务资本权重（%）	25.08	28.58	23.00	22.21	15.43

讨论问题：试运用资本结构理论对这一现象进行分析。

5. 企业是否存在最优资本结构，是自 MM 定理提出以来的现代公司财务理论探讨的核心问题。根据权衡理论，每家企业都应该制定其目标资本结构，实现企业价值最大化；而优序融资理论认为，企业不存在一个明确的目标资本结构。

讨论问题：对实务中我国企业是否存在目标资本结构论述你的看法。

三、分析计算题

1. 某企业目前的产销量水平为 10 000 件，经营杠杆系数为 2，当前的息税前利润为 200 万元。

要求：

(1) 计算盈亏平衡点的销售量。

(2) 计算该企业的固定成本。

(3) 如果销售量预计在目前 10 000 件的基础上增加 20%，其他条件不变，企业在新的销售水平下，息税前利润为多少？经营杠杆系数是多少？

2. 某企业生产的 A 产品售价为 200 元/件，单位产品变动成本率为 40%，当年售出 A 产品 1 万件。该企业的负债为 200 万元，年利率为 10%，优先股为 100 万元，年股利率为 7.5%，企业所得税税率为 25%，已知该企业的经营杠杆系数为 1.5。

要求：

(1) 计算该企业的固定成本以及财务杠杆系数。

(2) 假设该企业正考虑对目前的资本结构进行调整，计划以 12% 的利率从银行取得 100 万元的新增借款回购部分公司股票，计算调整后企业的总杠杆系数。

3. 在无税的理想市场中，有除资本结构外各方面都完全一样的 A、B 两家企业。A 企业为全权益企业；B 企业为杠杆企业，有年利率为 10% 的 150 万元债务。两家公司预期每年产生的现金流都为 80 万元。每年付清债务的所有利息后，两家公司都将所有剩余现金流发放股利。

要求：
(1) 假设你持有 A 企业 10% 的股权，计算你每年可获得的现金流；并指出另外一种什么样的投资组合，将会给你带来相同的现金流。
(2) 假设你持有 B 企业 10% 的股权，计算你每年可获得的现金流；如果你能够以 10% 的利率借入资金，指出什么样的策略会给你带来相同的现金流。
(3) 结合前两问，说明为什么企业价值与资本结构无关。

4. 某全权益企业正在考虑利用发行债券对资本结构进行重组。拟将现有资本结构转变为含有普通股和 2 000 万元利率为 6% 的债券的资本结构。企业目前的权益资本成本为 10%，预计未来每年的 EBIT 为 600 万元。

要求：
(1) 若不考虑企业所得税，资本重组后企业的价值及股东要求的收益率是多少？
(2) 若考虑企业所得税，且税率为 25%。重组后债务利息抵税价值是多少？企业的加权平均资本成本会如何变化？

5. A 企业有 1 000 万股股票，当前的股价为 12 元。假设公司宣布计划借款 720 万元用于股票回购。

要求：
(1) 在理想资本市场中，这项计划宣布后，公司的股价将会是多少？
(2) 如果只考虑企业所得税，税率为 25%，那么计划宣布后，公司的股价会是多少？
(3) 如果只考虑企业所得税和财务困境成本，该项计划宣布后股价上涨到 12.15 元，则由于借款产生的财务困境成本现值是多少？

6. B 企业目前有 X、Y 两个可能的投资项目，项目的收益情况如下。

表 11-19

项目	初始投资（万元）	情况（概率）	年末可能收入（万元）
X	50	成功（80%）	60
		失败（20%）	40
Y	50	成功（40%）	85
		失败（60%）	25

为融得项目投资所需资金，企业经理计划向银行借入 40 万元借款，剩余 10 万元由企业留存收益提供。

要求：
(1) 你认为银行是否应该接受 B 企业的贷款申请？
(2) 如果要让 B 企业经理接受项目 X，银行提供的贷款额最多应是多少？

7. 某房地产企业唯一的一笔价值 800 万元的债务年末将到期，在未投资新项目的情况下，企业预期年末总资产价值只有 720 万元。企业目前正在考虑是否购入一块空地并进行开发，该项目需要投资 200 万元，预计项目年末完工时市场价值为 260 万元。

要求：
(1) 计算土地开发项目的净现值。
(2) 若项目投资所需的 200 万元需全部通过权益资本筹得，就土地开发项目对企业债务与股权价值的影响进行分析。
(3) 根据你的分析，企业股东是否愿意投资该项目？

8. 某公司的企业所得税税率为25%，个人利息收入所得税税率为32.5%。

   要求：根据米勒模型，计算当权益收入的个人所得税税率为多少时，企业的利息抵税收益将被投资者的个人所得税全部抵消。

9. 假设D企业已经决定进行一项资本重组，它涉及将现有的800万元债务增加到1 200万元，增加的债务用于回购企业股票。债务的利率是9%，并且预期不会改变。公司目前有1 000万股股票流通在外，每股价格是10元。

   要求：如果依据每股收益无差别点法预期重组可以提高每股收益，计算D企业的管理层预期EBIT至少达到什么水平。

10. 某公司目前正处于稳定增长期，年增长率为7%。该公司计划将收益的30%留存公司，以支持其发展。为使股东财富最大化，公司正考虑以下几种资本结构。

    表 11-20

方案	资产负债率（%）	期望EPS（元）	权益资本成本
A	30%	3.00	15.0%
B	40%	3.25	15.5%
C	50%	3.40	16.0%
D	60%	3.75	17.0%

    要求：判断四种方案下，哪种资本结构最优。

四、自测题

1. 证明：在只存在企业所得税的市场中，杠杆企业加权平均资本成本（$WACC_L$）与无杠杆企业加权平均资本成本（K_U）存在以下关系：

$$WACC_L = K_U \times [1 - T(D/V)]$$

简要阐述该等式的含义。

2. ABC公司正在考虑改变它的资本结构，有关资料如下。
（1）公司目前债务的账面价值1 000万元，利息率为6%，债务的市场价值与账面价值相同。公司发行普通股4 000万股，每股价格1元，所有者权益账面金额4 000万元（与市价相同）。公司每年的息税前利润为600万元，所得税税率为25%。
（2）公司将保持现有的资产规模和资产息税前利润率，每年将全部税后净利分派给股东，因此预计未来增长率为零。
（3）为了提高企业价值，该公司拟改变资本结构，举借新的债务，替换旧的债务并回购部分普通股。可供选择的资本结构调整方案有两个：
  1）举借新债务的总额为2 000万元，预计利息率为6.5%；
  2）举借新债务的总额为3 000万元，预计利息率为7%。
（4）假设当前资本市场上无风险收益率为4%，市场风险溢价为5%。

要求：
（1）计算该公司目前的权益成本和贝塔系数。
（2）计算该公司无负债的贝塔系数和无负债的权益成本（根据账面价值权重调整贝塔系数）。
（3）计算两种资本结构调整方案的权益贝塔系数、权益成本和实体价值。
（4）判断企业是否应调整资本结构并说明依据，如果需要调整应选择哪一个方案？

第12章

股利分配与政策

学习目标

- 理解企业利润结构及利润分配的原则和程序；
- 了解股利支付的形式和基本程序；
- 了解股利的相关理论和最新发展；
- 掌握四种基本股利政策的内容及其应用；
- 掌握股票股利与股票分割的内容及其应用；
- 理解股票回购及其对股价的影响。

引言

本章主要内容由利润分配概述、股利分配、股利理论和股利政策四部分组成。第一部分，在介绍企业的利润结构的基础上，阐述了企业利润分配的基本原则和分配的程序，旨在解决的问题是讨论企业应该如何根据利润结构和可供分配的利润进行利润的分配，让投资者了解目前我国上市公司盈利不分配的情况及其原因。第二部分，阐述了股利支付的形式、股利支付的程序和股利支付中的几个重要日期的确定方式，并进一步介绍了我国上市公司股利分配的主要形式和现状，旨在解决的问题是让投资者了解股利分配的相关知识和我国上市公司回报股东的情况，以及我国对上市公司股利分配的引导方向。第三部分，介绍了经典股利理论、现代股利理论和股利理论的最新发展，旨在解决的问题是探索股利政策对股票价值可能的影响以及影响的机制，为企业制定股利政策提供依据。第四部分，介绍了股利政策的影响因素和基本类型，阐述了股票股利、股票分割和股票回购的相关内容，旨在解决的问题是回答企业应该制定怎样的股利政策以及进行何种形式的股利分配，以维持稳定股价，提升企业价值的问题。

本章内容运用了前序相关章节的理论与方法，同时也是学习后续各章内容的基础。例如，本章综合运用了第2章利润表解读中有关利润结构的相关内容，对MM股利无关理论的证明以及举例也运用了第11章现金流量贴现估价法等有关知识点，同时本章也是学习第13章企业价值估价的前序准备。

本章的内容框架如图12-1所示。

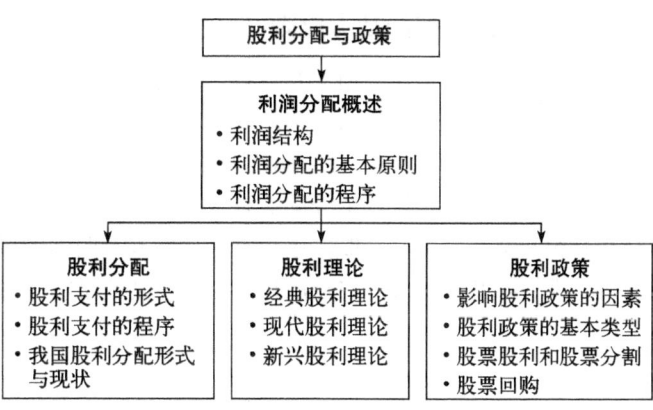

图12-1 本章内容结构框架图

12.1 利润分配概述

利润分配是企业对投资者或股东剩余索取权的分配。通常，企业在进行利润分配时，要按照国家有关法律、法规以及企业章程的规定，将实现的税后利润在企业与所有者之间进行分配。利润分配决策是股东当前利益与企业未来发展之间权衡的结果，将引起企业的资金存量与股东权益的规模及结构的变化，也将对企业内部的筹资活动和投资活动产生影响。

12.1.1 利润结构

利润是指企业在一定会计期间的经营成果，包括收入减去费用后的净额、直接计入当期利润的利得和损失等，是利润分配的基础。从利润表结构来看，利润包括营业利润、利润总额和净利润几个核心的概念。其中，营业利润由核心营业利润、营业利润调整项和投资收益构成。利润总额则在营业利润的基础上加上营业外收支净额构成。而净利润是利润总额按规定减去所得税费用后的余额。

一般而言，公司当期可用于分配的利润包括年初的未分配利润和当期实现的净利润。而可用于分配的当期实现净利润可能来源于核心营业利润、营业利润调整项、投资收益和营业外收支净额等四个项目。由于各项目的稳定性不同，对利润分配的保障程度也不同。

其中，核心营业利润与营业利润其他项目的稳定性差异明显：核心营业利润来源于主营业务，稳定性较高，有现金流支持；而营业利润调整项等主要来源于公允价值变动损益、资产减值损失等非经常性损益项目，稳定性较低，其中某些非经常性损益缺少现金流支持。此外，营业利润之外的项目中，营业外收支净额的稳定性也较低，某些项目也缺乏现金流支持，例如企业取得子公司、联营企业及合营企业的投资成本小于取得投资时应享有被投资单位可辨认净资产公允价值产生的收益、非货币性资产交换损益、债务重组损益等。

从财务角度来看，公司拥有核心营业利润来源是利润分配的基本保障。公司能否获得长期稳定的盈余是股利决策的重要依据。通常情况下，盈余稳定的公司相对于盈余不稳定的公司有较高的利润分配能力。因为盈余稳定的公司有足够的能力和信心分配当年利润，并且有相应的现金流支持；而盈余不稳定的公司对能否持续实现利润缺乏信心，或者即使有利润，也缺乏相应的现金流支持，从而对利润的可支配能力受到限制。

12.1.2 利润分配的基本原则

利润分配涉及企业各相关利益群体，是企业的一项重要工作。因此，在制定具体的利润分配方案时，应遵循以下基本的原则。

（1）依法分配原则。企业利润分配的对象是在一定会计期间内实现的税后利润。税后利润是企业的权益，企业有权自主分配。以《中华人民共和国公司法》[⊖]为核心的有关法律法规对企业利润分配的基本原则、一般次序和重大比例都有明确的规定和要求，以保障企业利润分配的有序进行，维护各利益相关者的合法权益，促使企业增加积累，增强风险防范能力。此外，上市公司

⊖ 《中华人民共和国公司法》由第十届全国人大常委会十八次会议于2005年10月27日通过，自2006年1月1日起正式施行。如未特别说明，下文提到的《公司法》均指该法。

利润分配的披露信息也要符合相关规定和要求[○]，充分透明。

（2）平衡发展原则。企业进行利润分配，需均衡长远利益和近期利益，坚持平衡发展原则。除按规定提取法定盈余公积金外，企业可以出于长远发展的考虑，合理留存利润为后续投资生产提供资金来源。这不仅为未来企业的扩大提供资金保证，有利于提升投资者未来的价值，而且也提高了企业经营的稳定性，同时发挥平抑利润分配数额波动、稳定投资回报率的效果。实践证明，投资者更推崇能提供稳定回报的企业，因此企业在进行利润分配时，应当处理好分配与积累的关系，实现平衡发展。

（3）利益权衡原则。利益机制是制约机制的核心，涉及投资者、债权人、经营者等多方面的利益，利润分配的合理与否是利益机制最终能否持续发挥作用的关键。一方面，利润分配要充分保护债权人的利益。企业必须在利润分配之前偿清所有债权人到期的债务，并在分配利润之后保持一定的偿债能力。另一方面，在保障投资者应分配利润的前提下，要确保经营者的利益。企业应通过利润分配时确定的激励政策，调动管理层的积极性，减少两权分离产生的代理成本，增加企业价值。因此，企业必须兼顾利益相关者的多方利益，并尽可能地保持稳定的利润分配。

12.1.3 利润分配的程序

企业的利润总额按照税法规定做相应的调整后，依法计算缴纳企业所得税。缴纳所得税后的当年实现净利润，根据《中华人民共和国公司法》和《中华人民共和国企业所得税法》[○]等有关法规的规定，一般应当按照如下顺序进行分配。

（1）计算可供分配利润。若企业用税前利润抵补亏损后，还存在法定期限未补足的亏损时，应该用税后利润进行弥补[○]。当年仍存在未弥补亏损的，不能进行后续分配。若不存在未弥补的亏损，企业应该计算可供分配利润作为后续分配的基础。可供分配利润应将本年净利润（或亏损）与年初未分配利润（或亏损）合并，并考虑可能存在的盈余公积补亏的金额。

（2）提取法定公积金。公司分配当年税后利润时，应当提取利润的 10% 列入法定公积金（非公司制企业也可按照超过 10% 的比例提取），在计算提取法定盈余公积的基数时，不应包括

○ 证监会公告〔2011〕41号第九条规定上市公司应该完善利润分配政策，积极回报股东，增强利润分配的透明度：上市公司应在年报"董事会报告"部分明确披露前三年股利分配情况或资本公积转增股本情况，以及前三年现金分红的数额、与净利润的比率；披露本次股利分配预案或资本公积转增股本预案。另外，上市公司应当披露现金分红政策的制定及执行情况，说明相关情况；对现金分红政策进行调整或变更的，应当详细说明调整或变更的条件和程序是否合规和透明。对于本报告期内盈利但未提出现金利润分配预案的公司，应详细说明未分红的原因、未用于分红的资金留存公司的用途。
2012年5月9日，证监会发布《关于进一步落实上市公司现金分红有关事项的通知》（证监发〔2012〕37号），明确规定在披露公司章程、招股说明书、定期报告以及重大资产重组报告等文件时，应该披露相应的现金分红政策。为贯彻证监会要求，2013年1月7日，上海证券交易所发布了《上海证券交易所上市公司现金分红指引》强化上市公司对现金分红政策的信息披露，要求上市公司在定期报告中明确披露有关现金分红政策的详细信息，同时明确在分红比例不达标、分红政策前后不一贯或无法给予投资者明确预期等情况下的信息披露要求。

○ 《中华人民共和国企业所得税法》由第十届全国人民代表大会第五次会议于2007年3月16日通过，自2008年1月1日起正式施行。

○ 企业弥补亏损的途径主要有三条。一是用以后年度税前利润弥补。《中华人民共和国企业所得税法》规定，纳税人发生年度亏损的，可以用下一纳税年度的所得弥补；下一纳税年度所得不足弥补的，可以逐年弥补，但是延续弥补期最长不得超过5年。5年内不论是盈利或亏损，都作为实际弥补期限计算。二是用以后年度税后利润弥补。企业发生的亏损经过5年期间未弥补足额的，尚未弥补的亏损应用所得税后的利润弥补。三是以盈余公积（利润分配中的法定公积金和任意公积金）弥补亏损。企业以提取的盈余公积弥补亏损时，应当由公司董事会提议，并经股东大会批准。

企业年初未分配利润。同时,《公司法》第167条规定,公司的法定公积金不足以弥补以前年度亏损的,在提取法定公积金之前,应当先用当年利润弥补亏损。因此,提取公积金的基数,不一定是可供分配的利润,也不一定是当年的税后利润。与此同时,公司法定公积金累计额达到公司注册资本的50%时,可以不再提取法定盈余公积金。

(3) 提取任意公积金。公司从税后利润中提取法定公积金后,经股东会或者股东大会决议,还可以从税后利润中提取任意公积金。非公司制企业经类似权力机构批准,也可提取任意公积金。

盈余公积包括企业按照规定从净利润中提取的各种积累资金,即法定盈余公积和任意盈余公积。两者的区别在于其各自计提的依据不同。前者以国家的法律或行政规章为依据提取,后者则由企业自行决定提取。企业提取的盈余公积主要用于弥补亏损、转增资本和扩大企业生产经营。

(4) 向股东分配股利。公司向股东(投资者)分配股利(利润)的依据是可供分配利润减去计提的盈余公积金后的余额,即可供投资者分配的利润。股利(利润)分配应以各股东(投资者)持有股份(投资份额)的数额为依据,每一股东(投资者)所取得的股利(分得的利润)与其持有的股份数(投资份额)成正比。但是,有限责任公司的全体股东约定或股份有限公司章程规定的,可以不按比例分配。

股东会、股东大会或者董事会违反上述利润分配顺序,即在公司弥补亏损和提取法定公积金之前向股东分配利润的,必须将违反规定分配的利润退还公司。

一般来讲,如果可供分配的利润为正数(本年累计盈利),在后续分配时才能分配股利(利润),总体上主要有以下四种可以分配利润的情况。

1) 公司当年盈利,且年初的未分配利润为正。

2) 公司当年盈利,年初未分配利润为负,但是当年的税后净利润弥补以前年度的亏损后还有剩余;或者虽然公司当年的税后净利润不足以弥补以前年度的亏损,但是公司决定以盈余公积弥补亏损,使得当年的可供分配利润为正。

3) 公司当年亏损,但年初未分配利润为正,以前年度的累计盈余可以弥补当年的亏损;或者虽然以前年度的累计盈余不足以弥补当年的亏损,但是公司决定以盈余公积弥补亏损,使得当年的可供分配利润为正。

4) 公司用公积金弥补亏损后,不存在可供分配的利润,但为维护公司股票的信誉,经股东大会特别决议,用公积金支付股利。

然而从法律角度满足股利(利润)分配条件的公司,也有可能在实际中并不进行分配,所以说影响利润分配的因素是复杂的。概括这些公司能够进行分配却不分配的原因,主要有以下三种情况。

第一,现金流不足。公司账面的盈利状况良好,却没有充裕的现金流支撑,现金形式的利润分配会带来现金流压力,因此不进行分配。

第二,未来发展需要大量资金。公司未来发展的资金压力较大,为兼顾长远发展,落实后续项目的资金需求,促进公司持续稳定发展,不进行分配。

第三,公司治理机制不健全,股利(利润)分配的主动性较差。

【示例12-1】 北京同仁堂股份有限公司(简称同仁堂)(600085)2011年7月6日发布了《北京同仁堂股份有限公司2010年度分红派息及资本公积金转增股本实施公告》。

具体分配方案是:按2010年末总股本520 826 278股为基数,向全体股东每股送红股0.5股,同时派发现金红利0.35元(含税),即每10股送红股5股并派发现金红利3.50元(含税)。同时向全体股东每股转增1股,每10股转增10股。

代扣代缴所得税情况如下。

对于流通股个人股东,公司按《关于股息红利个人所得税有关政策的通知》(财税〔2005〕102号)的规定,按10%的比例代扣代缴个人所得税,实际派发现金红利为:0.35 - (0.35 + 0.5) × 10% = 0.265(元/每股)。

对于合格境外机构投资者(QFII)股东,公司依据国家税务总局2009年1月23日《关于中国居民企业QFII支付股息、红利、利息代扣代缴企业所得税有关问题的通知》(国税函〔2009〕47号)的规定代扣代缴企业所得税,实际派发现金红利为每股0.35 - (0.35 + 0.5) × 10% = 0.265(元/每股)。

对于其余流通股机构投资者及法人股股东,按规定不交所得税,实际派发现金红利为每股0.35元。

该上市公司2011年年报中披露的合并所有者权益变动表归属于母公司股东权益部分的利润分配部分如表12-1所示。

表12-1 合并所有者权益变动表归属于母公司股东权益部分

编制单位:北京同仁堂股份有限公司 2011年1-12月　　　　　　　　　　　　　(单位:人民币元)

项目	本年金额				
	股本	资本公积	盈余公积	未分配利润	股东权益合计
(四)利润分配	260 413 139.00		29 868 221.75	-472 570 558.05	-182 289 197.30
1. 提取盈余公积			29 868 221.75	-29 868 221.75	
2. 对股东的分配	260 413 139.00			-442 702 336.30	-182 289 197.30
(五)股东权益内部结转	520 826 278.00	-520 826 278.00			
1. 资本公积转增股本	520 826 278.00	-520 826 278.00			

资料来源:同仁堂(600085)2010、2011年年度报告。

利润分配计算如下。

盈余公积:母公司实现的净利润为251 658 314.07元,按母公司实现净利润的10%提取法定盈余公积25 165 831.41元,再提取任意盈余公积4 702 390.34元,盈余公积金共计29 868 221.75元;

股票股利:520 826 278 × 5/10 = 260 413 139.00(元);

现金股利:520 826 278 × 0.35 = 182 289 197.30(元);

资本公积转增股本:520 826 278 × 10/10 = 520 826 278(元)。

如表12-1所示,利润分配一栏列示了本年度该公司在利润分配时所有者权益的变动额。母公司本年将可供分配利润中的472 570 558.05元用于分配。其中,提取盈余公积29 868 221.75元,发放现金股利182 289 197.30元,发放股票股利260 413 139.00元。另外,母公司将资本公积转增股本520 826 278.00元。由于发放股票股利和分配盈余公积仅是将相关金额从未分配利润转移到盈余公积和股本项目,资本公积转增股本只是股东权益的内部结转,并不影响股东权益总额,因此股东权益总的变动额是由于发放现金股利所致,即182 289 197.30元。

12.2 股利分配

股利分配是指企业向股东分派股利,是企业利润分配的一部分,主要包括股利支付形式的确定、股利支付程序中各日期的确定等。

12.2.1 股利支付的形式

一般而言，股利的支付形式主要有现金股利、股票股利、财产股利和负债股利。其中最常用的是现金股利和股票股利。

（1）现金股利。所谓现金股利，也称派现，是指公司用现金向股东分配的股利，它是股利支付的主要方式。大多数投资者认为，现金股利是"实实在在"的收益，因此许多公司经理便投其所好，分配现金股利。公司支付现金股利会导致公司未分配利润减少，股东权益相应减少，在股本不变的前提下，会直接降低每股净资产，提高净资产收益率。

（2）股票股利。股票股利是指公司向现有股东发放的额外的普通股股票，我国通常称为"送股"。与现金股利不同，股票股利只是权益资金在股东权益账户之间的转移，即将公司的未分配利润或盈余公积金转化为股本。股票股利并不会导致公司现金的流出，也不增加公司的资产，股东权益账面价值的总额也不发生变化。然而，发放股票股利将增加发行在外的普通股股票数量，导致每股股票所拥有的股东权益账面价值减少。不过由于股东所持有的股票数量将相应增加，每位股东的持股比例不变，每位股东所持有股票所代表的权益账面价值也不变。本章12.4将详细讲述该种股利形式。

（3）财产股利。财产股利是指股份公司以实物或有价证券的形式向股东发放的股利。股份公司发放财产股利主要是以公司所拥有的其他企业的有价证券，如债券、股票作为股利支付给股东。有的公司也以自己的产品作为财产股利发放，但这种方式一般不受股东欢迎，因为股东投资入股的根本目的是在未来获取价值，而非获取实物股利。

（4）负债股利。负债股利是指在某些特殊情况下，公司签发远期票据或用发行的公司债券来抵付已宣告发放的股利。发放这种股利多发生在公司宣告了发放股利后因财务状况突变，营运资金匮乏，因而发放股利具有困难，只能以增加负债的方式来处理。实际上这是一种股利的期权。

我国的法律规定，股份有限公司只能发放现金股利和股票股利，不能发放财产股利和负债股利。

12.2.2 股利支付的程序

根据公司法的规定，上市公司分红的基本程序如下。

第一步，董事会根据公司盈利水平和股息政策，确定股利分派方案；

第二步，董事会将方案提交股东大会审议，审议通过后，股利分配方案生效；

第三步，董事会向股东宣布，并在规定的股利发放日以约定的支付方式派发。

其中，确定股权登记日、除息日和股利发放日对分配股利是非常重要的。

（1）股利宣告日（announcement date）。股利宣告日即公司董事会将股东大会通过本年度利润分配方案的情况以及股利支付情况予以公告的日期。公告中将宣布每股派发股利、股权登记日、除息日、股利支付日以及派发对象等事项。我国上市公司一般是一年发放一次股利。

（2）股权登记日（record date）。股权登记日即有权领取本期股利的股东资格登记截止日期。凡是在股权登记日这一天登记在册的股东（即在此日及之前持有或买入股票的股东）才有资格领取本期股利，而在这一天之后登记在册的股东，即使是在股利支付日之前买入的股票，也无权领取本期分配的股利。此外，由于我国部分上市公司的股利分配除了分派现金股利以外，还伴随着送股或配股等分配方式，在股权登记日这一天仍持有或买进该公司的股票的股东是可以享有此次分红、送股或参与此次配股的股东，这部分股东名册由证券登记结算公司统计在案，届时会将所应支付的现金红利、应送的红股或者配股权划到这部分股东的账上。

（3）除息日（ex-dividend date）。除息日也称除权日，是指股利所有权与股票本身分离的日期，即将股票中含有的股利分配权利予以解除，即在除息日当日及以后买入的股票不再享有本次股利分配的权利。我国上市公司的除息日通常是在登记日的下一个交易日。由于在除息日之前的股票价格包含了本次派发的股利，而自除息日起的股票价格不再包含本次派发的股利，通常需要除权调整上市公司每股股票对应的价值，以便投资者对股价进行对比分析。

(4) 股利发放日 (payable date)。股利发放日是公司确定的向股东正式发放股利的日期。公司通过资金清算系统或其他方式将股利支付给股东。

【示例12-1续】 上例中，同仁堂发布的2010年度利润分配方案的实施日期如下：股权登记日为2011年7月11日，除息日为2011年7月12日，现金红利发放日为2011年7月18日，如图12-2所示。

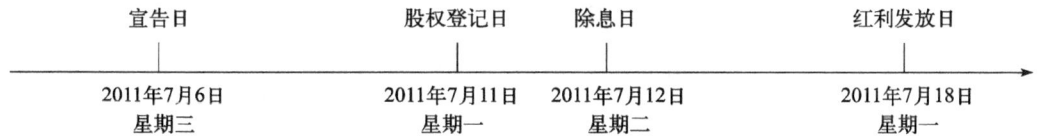

图 12-2　同仁堂（600085）股利分配过程

此次派发对象是截至2011年7月11日下午上海证券交易所收市后，在中国证券登记结算有限责任公司上海分公司（简称结算公司）登记在册的公司全体股东。因此，2011年7月11日为股权登记日，即只有在这一天登记在册的股东才有资格领取本期股利。

与我国上市公司不同，在美国的上市公司通常按季度发放股利，并把除息日确定在股权登记日之前的第二个交易日。例如，在美国纳斯达克（Nasdaq）上市交易的美国微软公司（Microsoft）在2010年一个季度股利公告（FY2010 Q2）显示：公告日，2009年12月9日；除息日，2010年2月16日；登记日，2010年2月18日；股利发放日，2010年3月11日[⊖]。在登记日前的两个交易日即除息日之前购买了公司的股票，才能成为本次股利的派发对象。如果是在除息日这一天或之后买入了股票，股利的发放对象依然是股票卖出方。

12.2.3　我国股利分配形式与现状

稳定的股利政策往往能向市场传递积极的信号，为上市公司树立稳健经营的良好形象。因此在有效市场中，上市公司会格外注意股利政策的制定。然而我国上市公司中"铁公鸡现象随"处可见，股利分配并不积极。

1. 我国股利分配形式

我国股利分配的形式包括现金股利、股票股利、股票股利和现金股利的组合和不分配股利四种形式。除此之外，转增股本虽然不是股利分配的形式，却常常伴随着股利分配，因此股利分配形式也常常表现为现金股利和转增股本、股票股利和转增股本、现金股利和股票股利以及转增股本结合的形式。

转增股本并未实现利润的分配，可是它和股票股利一样，都是股东权益账户之间的内部调整，除权后都起到了增加股东股本的作用。对于公司而言，转增股本起到了不同于股利分配的特殊作用。首先，转增股本可以使未实现盈利的公司同样进行利润分配。在我国，部分上市公司的盈利能力较差，自身经营实现的净利润并不允许其发放股利，但是大量的政府补助使得公司资本公积账户留存充足。在这种情况下，公司可以通过转增股本的方式将资本公积进行分配，达到股

⊖　资料来源：微软公司网站，http://www.microsoft.com/msft/FAQ/dividend.mspx。

利分配的目的。其次，上市公司为了实现再融资，可能利用转增股本的方式来吸引机构投资者，为定向增发做准备。

2. 我国股利分配的现状

2002~2012 年上市公司股利支付水平和盈利情况可以看出，我国上市公司中的股利分配率呈现了波动的趋势，并且在 2008 年出现了一个明显的波峰，自 2010 年以来，平均股利分配率逐渐上升。分配现金股利公司的每股收益和总体上市公司的每股收益均呈现上升趋势，与此同时分配现金股利公司的每股收益要高于总体上市公司的每股收益。具体情况如图 12-3 所示。

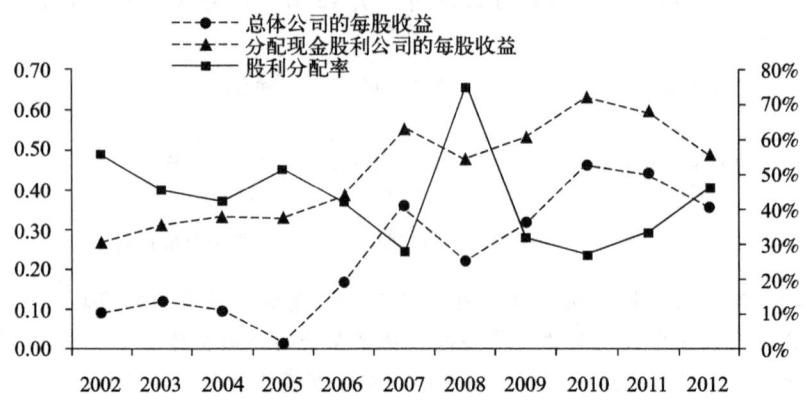

图 12-3 股利支付率和每股收益

注：1. 股利分配率 =（每股现金股利/每股收益）×100%。
2. 每股收益 = 全体上市公司年度净利润总和/总股数。
3. 本节中上市公司所分配股利归属年度为实施公告年度的上一年度。

资料来源：根据 CSMAR 数据库提供的深沪 A 股上市公司的有效样本整理。

从我国股利分配的形式看，最主要的是现金股利，并且仅分配现金股利的上市公司数量有上升的趋势。而自 2005 年以来，实施现金股利和股票股利组合的上市公司数量呈现了明显的上升趋势，但自 2011 年以来开始下降。相比前两者而言，仅分配股票股利的上市公司数量则很少，并且数量一直维持在较低的水平，具体如图 12-4 所示。

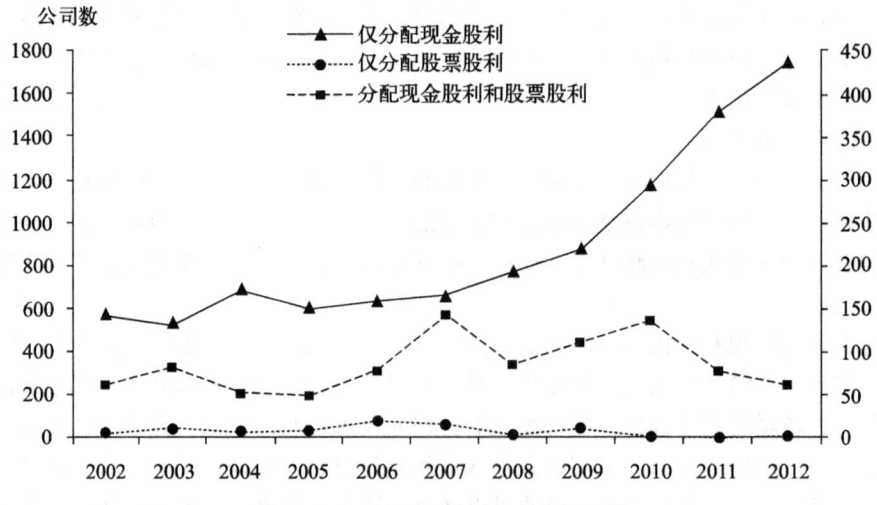

图 12-4 不同股利分配方式的公司数

注：仅分配现金股利以左坐标为准，仅分配股票股利、分配现金股利和股票股利以右坐标为准。
资料来源：根据 CSMAR 数据库提供的深沪 A 股上市公司的有效样本整理。

从股利分配的情况看，自进入 2002 年以来，我国上市公司不分配的问题呈波动下降趋势，特别是从 2008 年开始，上市公司"铁公鸡现象"日益改善，截止到 2012 年，不分配股利的上市公司数量已经下降到 30% 以下。而在盈利公司中，不分配的公司数在 2005 年出现明显的波谷，且在 2008 年以后也同样有明显的下降趋势。盈利但是不分配现金股利的公司数与盈利不分配股利的公司数趋势大致相同，但 2005 年并没有出现波谷。结合图 12-4 和表 12-2 可以看出，2005 年上市公司仅发放股票股利的公司数没有太大波动，但仅转增的公司数有较大增长，说明 2005 年盈利但是不分配现金股利的公司数与盈利不分配股利的公司数的差异是由当年纯转增公司数的巨大增长造成的。具体如图 12-5 所示。

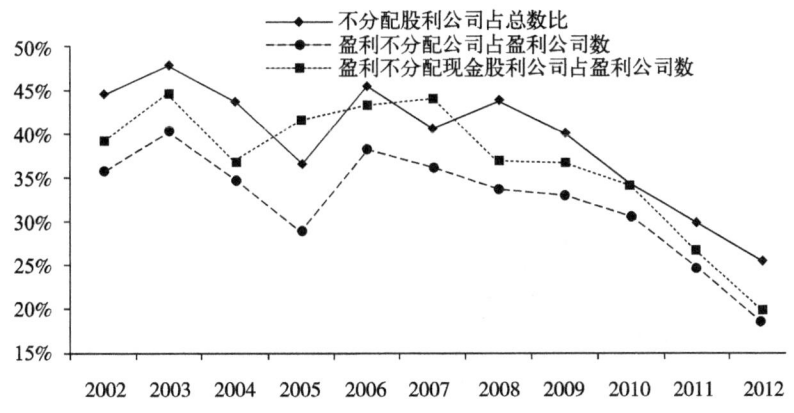

图 12-5 我国不分配股利问题严重

资料来源：根据 CSMAR 数据库提供的深沪 A 股上市公司的有效样本整理。

我国历年转增股本的公司数量及比重如表 12-2 所示。从表 12-2 中可以发现现金加转增是最受上市公司青睐的一种分配方式，采用该种分配方式的上市公司数量有明显的上升趋势。而股票股利加转增这种分配方式在我国较少实施，并且其占比也在逐渐减少。

表 12-2 我国历年转增股本的公司数量及比重

年度	上市公司总数	纯转增的公司		现金和转增		股票和转增		现金、股票和转增	
		数目	占公司总数比重（%）	数目	占公司总数比重（%）	数目	占公司总数比重（%）	数目	占公司总数比重（%）
2002	1 203	31	2.58%	59	3.60%	5	0.40%	40	2.90%
2003	1 267	37	2.92%	88	3.50%	8	0.40%	59	2.60%
2004	1 355	20	1.48%	119	5.80%	2	0.50%	34	3.80%
2005	1 453	223	15.35%	138	7.20%	3	0.10%	26	1.80%
2006	1 436	49	3.41%	79	5.20%	7	0.10%	38	1.30%
2007	1 551	104	6.71%	151	7.20%	6	0.30%	97	2.10%
2008	1 604	46	2.87%	123	7.10%	1	0.30%	44	5.60%
2009	1 754	54	3.08%	184	10.90%	3	0.10%	52	2.00%
2010	2 108	75	3.56%	380	18.00%	0	0.10%	71	3.10%
2011	2 343	53	2.26%	449	11.76%	0	0.16%	32	2.16%
2012	2 472	34	1.38%	370	13.39%	0	0.19%	27	2.48%

资料来源：根据 CSMAR 数据库提供的深沪 A 股上市公司的有效样本整理。

从以上的分析可以发现，2002 年以来我国上市公司的股利分配形式主要以现金股利为主。而在股利分配力度方面，不分配问题仍然较严重，整个证券市场的股利支付率明显偏低。2006-2007年我国股市的市盈率在50倍左右，如果股利支付率按60%计算，则股利率在1.2%左右。如果将不分配的上市公司也纳入考虑范围，则证券市场整体的股利率更低。这一数据指标大大低于美联储公布的5%的一般水平。

由于现金股利是回报投资者的主要体现方式，近年来中国证监会对上市公司的现金分红尤为关注，并致力于改善我国总现金分红比率较低、分红的连续性和稳定性不足、分红回报方式较为单一的问题。2004年以来我国监管当局关于分红配股的政策如表12-3所示。

表12-3 监管当局关于分红配股的政策

时间	文件或讲话	关键内容	重要意义
2008年	《关于修改上市公司现金分红若干规定的决定》	"公司应当明确现金分红政策" "上市公司可进行中期现金分红" "最近3年以现金方式累计分配的利润不少于最近3年实现的年均可分配利润的30%"	强化现金分红的硬性规定，细化现金分红的形式
2012年	《关于进一步落实上市公司现金分红有关事项的通知》	"上市公司制定利润分配政策尤其是现金分红政策时，应当履行必要的决策程序" "首次公开发行股票的公司，招股说明书中应披露公司是否有未来3年具体利润分配计划"	细化规范分红政策程序，上市公司利润分配和首次公开发行直接挂钩
2013年	《上海证券交易所上市公司现金分红指引》	明确股利政策，每年分红比例在30%以上，分红在50%以上有奖励	进一步细化和落实分红政策
2013年	《上市公司监管指引第3号——上市公司现金分红》	"提出差异化的现金分红政策" "具备现金分红条件的，应当采用现金分红进行利润分配" "上市公司可以依法发行优先股、回购股份"	明确现金分红在股利分配中的优先地位，提出差异化股利政策，股利多样化的股利分配形式

从表中可以看出，监管当局对上市公司股利分配特别是现金分红的关注的广度、深度、力度逐渐增加。首先，监管当局对上市公司股利分配特别是现金分红的关注的广度逐渐增加。股利分配特别是现金分红达到特定条件已经逐渐成为上市公司融资的硬性规定，如增发、再融资、首次公开发行等。其次，监管当局对上市公司股利分配特别是现金分红的关注的深度逐渐增加。证监会对股利分配特别是现金分红的分配比例进行了硬性规定并逐步强化，与此同时，针对上市公司股利分配的方式出台了细化和多样化的规定。最后，监管当局对上市公司股利分配特别是现金分红的关注的力度逐渐增加。自2004年以来，有关股利分配特别是现金分红的相关条款和政策出现频率逐渐增高，并且2008年、2012年、2013年发布的四个文件是特定针对现金分红出台的相关政策。

政策的出台特别是针对性较强的政策出台对上市公司的股利分配行为有着明显的影响力。如图12-3中股利分配率在2008年明显的波峰与2008年证监会出台的《关于修改上市公司现金分红若干规定的决定》有着密不可分的联系，上市公司在每股收益下降的时候，依然保持递增的现金分红力度。从图12-4和图12-5中可以看出，自2008年以来，股利分配，特别是现金股利分配公司数增加势头逐年变强，不分配股利公司占总公司数比例逐年下降，均离不开近年来逐步加强的现金分红政策规定力度。

2013年11月30日中国证监会颁布的《上市公司监管指引第3号——上市公司现金分红》在指引上市现金分红政策中迈出了较大的一步，为未来上市公司健康有序的现金分红行为奠定了良好的基调。首先是明确了现金分红在利润分配中的地位，证监会要求具备现金分红条件的上市公司应当采用现金分红进行利润分配,采用股票股利进行利润分配的,应当具有公司成长性、每股净资产的摊薄等真实合理因素㊀。其次是在已经明确的现金分红标准㊁的基础上,于2013年11月提出上市公司应该按照公司章程规定的程序,提出差异化的现金分红政策,具体如表12-4所示。

表12-4 中国证监会关于上市公司差异化分红政策的规定

上市公司发展阶段	资金支出安排	现金分红在本次利润中所占比例
成熟期	无重大资金支出安排	≥80%
成熟期	有重大资金支出安排	≥40%
成长期	有重大资金支出安排	≥20%
不易区分	有重大资金支出安排	≥20%

资料来源:根据中国证监会颁布的《上市公司监管指引第3号——上市公司现金分红》第五条整理。

与现金分红标准不同,差异化的分红政策不需要强制执行,但若上市公司未达到证监会规定,也需要向证监会做出合理解释,这有利于提高市场整体分红水平。最后是完善分红监管对策,要求分红披露的具体性、准确性和真实性;加强监督检查力度,具体明确了独立董事和中小股东的权利义务,规定了证券监管机构对未达到要求的上市公司应采取相应的监管措施。㊂

12.3 股利理论

从上一节有关我国股利分配形式与现状的介绍中不难看出,中国上市公司股利分配总体呈现出稳定性差、连续性低、股利支付率总体偏低等特点,而近年来中国证监会致力于改善这些问题并以此来保护中小股东的利益。在介绍有关公司具体的股利政策之前,我们不禁会问以下几个问题:为什么公司会支付股利?为什么投资者喜欢股利?发放股利是否影响公司价值?Black(1976)㊃将这些难以破解的理论问题称为"股利之谜"。

迄今为止国内外很多学者从不同角度对股利理论进行了研究。自Linter(1956)㊄对股利理论进行开创性的研究,并第一次提出股利分配的理论模型后,针对股利理论的争论就从来没有休止过。学术界对股利理论的研究大体上经历了两个阶段:一是股利理论产生与形成阶段,在该阶段出现了经典股利理论,包括MM股利无关理论、"在手之鸟"理论、税差效应理论;二是不断探索和完善的阶段,在该阶段出现了现代股利理论,包括客户效应理论、信号理论、代理成本理论、行为学派等。随着对理性行为假设约束的突破,又形成了基于行为金融学的新兴股利理论,包括理性预期理论、自我控制理论、后悔厌恶理论和股利迎合理论等。

MM股利无关理论是股利理论的基础,它解释了理想资本市场中股利政策的作用。而其他股利理论都是在其基础上的不断发展,并对其"完美市场"的假设进行逐步修正。依据各个股利理论对相关学术领域的贡献度和形成的时间,将它们分成经典股利理论、现代股利理论三个阶段。对这三个阶段的理论的简要介绍如表12-5所示。

㊀ 资料来源:2013年11月30日中国证监会颁布的《上市公司监管指引第3号——上市公司现金分红》第四条。
㊁ 中国证监会在2008年10月9日出台的《关于进一步落实上市公司现金分红有关事项的通知》中将最近三年以现金或股票方式累计分配的利润不少于最近三年实现的年均可分配利润的20%提升至30%。
㊂ 资料来源:2013年11月30日中国证监会颁布的《上市公司监管指引第3号——上市公司现金分红》。
㊃ Black, F. The Dividend Puzzle [J]. Journal of Portfolio Management, 1976, 2: 5-8.
㊄ Linter J. Distribution of Income of Corporations among Dividends, Retained Earnings, and Taxes [J]. American Economics Review, Papers and Proceedings, 1956, 46: 97-113.

表 12-5　三个阶段股利理论的简介

		股利无关理论	"在手之鸟"理论	税差效应理论
经典股利理论	核心前提假设	完善的资本主义市场假设：信息完全对称，不存在所得税和发行交易费用，投资者是理性的并追求个人价值最大化，投资决策独立于股利政策	放松了"投资决策独立于股利政策"假定，认为投资者对资本利得和股利收入要求不同的回报率	放松了"不存在所得税"假定
	理论基本思想	股利政策不会影响企业价值，不存在最优的股利政策	相对于资本利得，股利因其本身的确定性而具有较低的风险，因此股利优于资本利得，企业应实施高股利支付率政策	相对于现金股利，资本利得的所得税税率更低，而且具有推迟纳税的优势，企业应实施低股利支付率政策
现代股利理论		客户效应理论	股利信号理论	代理成本理论
	核心前提假设	放松了"不存在所得税"假定	放松了"信息对称"假定，认为管理者更多地掌握信息	放松了"信息对称"假定。认为股东和管理层之间存在着利益冲突
	理论基本思想	由于税收等级存在差异，投资者对股利水平的态度不同，企业试图以其特定的股利支付率吸引偏好它的追随者	管理当局掌握更多的内部信息，股利是管理者向外界传递内部信息的一种手段	现金股利的支付能够有效降低代理成本
股利理论最新发展		理性预期理论	自我控制理论	后悔厌恶理论	股利迎合理论	股利生命周期理论
	核心前提假设	突破理性行为假设的约束				
	理论基本思想	市场对决策的反应不仅取决于决策本身，更取决于投资者对该决策未来绩效的预期	股利政策为人们提供了一种外部约束机制，"消费股利而绝不动用资本利得"	投资者一般都是后悔厌恶型的，股票股利会给投资者带来后悔，所以他们更偏好现金股利	股利政策的制定迎合投资者需求	成熟期的公司比初创期的公司更加倾向于发放股利

12.3.1　经典股利理论

经典股利理论除了以 MM 股利无关理论为基础外，还包括"在手之鸟"理论和税差效应理论。下面主要从各个理论的核心思想、主要假设、基本内涵和局限性等进行介绍。

1. 股利无关理论

股利无关理论（dividend irrelevance theory）最早是由美国经济学家 Miller and Modigliani（1961）㊀提出的，该理论认为，在完善的资本市场上，企业价值取决于投资决策，而与融资决策无关。而股利政策是一种融资选择，决定着投资资金的内部或外部来源，因此企业价值与股利政策无关。

股利无关理论基于以下三个明确的假设。①完美资本市场假设（perfect capital markets），即买卖双方都是价格接受者且都能获得市场的信息，信息的取得成本为零，市场不存在交易成本（包括无税收和发行成本），企业的分配利润和留存收益不存在税收差异，股东的股利和资本利得也不存在税收差异。②理性行为假设（rational behavior），即投资者追求个人财富的最大化，但对增加的财富是来源于现金股利的分配还是所持股份的增值并不关心。③完全确定性假设（perfect certainty），即公司管理层与外部投资者之间不存在信息不对称，投资者知道关于公司未来现金流和利润的所有信息。

㊀ Miller Merton H. and Franco Modigliani. Dividend Policy, Growth, and the Valuation of Shares [J]. Journal of Business, 1961, 34(4): 411-433.

股利无关理论的基本内涵主要包括以下四个方面。

（1）从企业角度而言，股利政策不影响企业价值（或股票价格）。Miller and Modigliani（1961）发现，企业价值是由股票回报率、净收益和投资额构成的函数，与发放股利无关。即企业价值完全由其基本盈利能力和经营风险决定，只依赖于资产所产生的收入，而与这些收入如何在股利和留存收益间分配无关。当筹资决策与投资决策相互独立时，股利政策与企业价值无关，这是因为股息支付虽然能够暂时提高股票价格，但企业必须为此而扩大筹资，进而使得资金成本和财务风险提升，最终导致股价下跌，一升一降的影响会相互抵消。即在完美的资本市场中，为支付股利而进行的权益或债务融资行为，会抵消企业因发放现金股利而增加的价值。

（2）从股东角度而言，股利政策不影响股东收益。在任何股利政策下，股东都可以通过"自制股利"（homemade dividend）满足其个人偏好。如果收到的股利高于期望水平，可以把多余的现金用于再投资；如果收到的股利低于期望水平，可以卖掉多余的股份以获取现金。因此股利政策对股东收益没有影响。

（3）企业为提高股利支付水平而进行的增发行为实质上是新股东向老股东进行的一种价值转移。假定企业的投资与负债政策已经确定，且其税后利润除用于投资支出外，全部用于支付股利，那么管理层在不改变原定投资和负债方案的条件下，只能通过增发新股获取资金，用于增加股利支付。新股东购买股票所付出的资金应与股票的价值相当，否则会拒绝购买。而在新股东购买股票后，就发生了新老股东间的价值转移。即老股东将自己拥有的一部分资产转让给新股东，新股东则把与资产同等价值的现金交付给老股东，公司价值在此过程中并未改变。

（4）管理层应采用最优投资政策使企业价值最大化。投资政策是盈利的关键，而未来盈利水平决定了企业价值。所以，管理层应当采用最优投资政策使企业价值达到最大，满足股东财富最大化的目标。

股利无关理论的局限性主要在于完美资本市场的假设过于理想化，在现实情况下：①现金股利与资本利得的税率存在差异，投资者的偏好可能存在差异；②市场中存在信息不对称；③存在代理成本，过多的自由现金流可能导致管理层的过度投资问题；④企业可能调整股利政策来迎合特定类型投资者的偏好；⑤其他因素，包括交易成本和行为因素未纳入考虑。

在 MM 股利理论的假设下，股利政策只是股利分配在不同时点之间的权衡。Miller and Modigliani（1961）关于股利分配政策与企业价值无关的证明过程如下。

假设某公司为全权益资本的公司，$d(t)$ 为公司 t 期的每股股利，$X(t)$ 为公司 t 期的净收益，$I(t)$ 为公司 t 期的投资额，$n(t)$ 为公司 t 期初的股票数量，$m(t+1)$ 为 $t+1$ 期所增发的股票数量，$p(t)$ 为公司 t 期的初股票价格（发放前一期股利后的价格），$V(t)$ 为公司 t 期的市场价值，$\rho(t)$ 为股票报酬率，则有：

$$\frac{d(t) + p(t+1) - p(t)}{p(t)} = \rho(t) \tag{12-1}$$

可将上式变为：

$$p(t) = \frac{1}{1+\rho(t)}[d(t) + p(t+1)] \tag{12-2}$$

公司的 t 期的总体价值：$V(t) = n(t) \cdot p(t)$

公司的 t 期发放的股利总额：$D(t) = n(t) \cdot d(t)$

将式（12-2）两边同时乘以 $n(t)$，又根据 $n(t+1) = n(t) + m(t+1)$，即可得到公司的总体价值的表达式：

$$V(t) = \frac{1}{1+\rho(t)}[D(t) + n(t) \cdot p(t+1)] \tag{12-3}$$

$$= \frac{1}{1+\rho(t)}[D(t) + V(t+1) - m(t+1) \cdot p(t+1)] \tag{12-4}$$

式（12-3）表明公司市场价值等于其 $t+1$ 期的股利分配额 $D(t)$ 与股票市值 $n(t) \cdot p(t+1)$ 的贴现值，整理后可得式（12-4）。

根据公司的资金来源与资金运用相等，所以 $t+1$ 期公司所增发的股票价值等于公司预期投资额与 t 期发放该期股利后的净收益之间的差额，如式（12-5）所示：

$$m(t+1) \cdot p(t+1) = I(t) - [X(t) - D(t)] \tag{12-5}$$

将式（12-5）代入式（12-4），即得到式（12-6）：

$$V(t) = \frac{1}{1+\rho(t)}[X(t) - I(t) + V(t+1)] \tag{12-6}$$

从式（12-6）中不难发现，公式中并没有股利 $D(t)$ 出现，表明只要企业的投资额不因为发放股利而变化，其市场价值就不因股利的不同而变化，即证明了股利政策与企业价值无关。

前面在阐述 MM 理论时提到，企业不论使用怎样的负债权益比率，股利政策都不会影响企业价值。下面将举例说明该观点的主要内容。

【例 12-1】 假设 A 公司是一个全权益资本的公司，其发行在外的普通股总数为 10 万股，2005 年年底公司的股东权益总额为 500 万元，公司的权益报酬率为 20%，公司将在持续经营两年后解散。公司在 2006、2007 年将获得的净利润为 100 万元和 174 万元。在 2006 年年底，公司计划投资 80 万的新项目，该项目在 2007 年可收回全部投资并能获得收益，假设权益净利率为 30%。公司的筹资方案有以下两种：方案一，新项目投资全部从 2006 年净利润中提取，此时公司股东将只获得 20(100 − 80 = 20) 万元的现金股利；方案二，新项目投资仅从 2006 年净利润中提取 50 万元，余下资金 30 万元通过增发新股的方式筹集，净利润中剩余的 50(100 − 50 = 50) 万元作为现金股利发放给公司股东。新股东要求的权益报酬率与公司权益报酬率相同。以下将分别利用股利贴现模型计算两种方案下的公司价值与每股价值，以比较不同股利分配方案是否对公司价值及公司股东产生影响。公司新老股东从方案一和方案二得到的现金股利如表 12-6 所示。

表 12-6　A 公司股利分配方案的比较

（单位：人民币万元；特别注明的除外）

	方案一	方案二
2006 年		
现金股利	20	50
每股股利（元/股）	2	5
2007 年		
清算时的现金构成		
（1）初始权益总额		
①老股东权益总额	500	500
②新股东权益总额	0	30
（2）2006 年留存收益	80	50
（3）2007 年净利润 [(500 + 80) × 30% = 174]	174	174
（4）减：分配给新股东的现金总额		
①初始投资	0	30
②要求的投资回报	0	6
2007 年底老股东可得到的股利总额	754	718
每股股利（元/股）	75.4	71.8

方案一：2006 年公司股东将获得 20 万元现金股利；2007 年公司清算时，股东获得的总金额为 2006 年年底的股东权益总额加上 2007 年年底的净利润，合计 754 万元（500 + 80 + 174 = 754）。根据公司 20% 的权益报酬率，得到公司在 2005 年年底的价值：

$$V = \frac{20}{(1+20\%)} + \frac{754}{(1+20\%)^2} = 540$$

每股价值为： $P = V/10 = 540/10 = 54$（元）

方案二：2006 年公司股东将获得 50 万元现金股利；2007 年年底清算时，由于在 2007 年年初引入了新股东，需要支付投资本金和回报共计 36 万元（30 + 30 × 20% = 36）；老股东获得的现金总额为 718 万元（500 + 80 + 174 − 36 = 718）。据此计算公司在 2005 年年底老股东的股东价值：

$$V = \frac{50}{(1+20\%)} + \frac{718}{(1+20\%)^2} = 540$$

每股价值为： $P = V/10 = 540/10 = 54$（元）

从上面的计算结果可以看到，公司的股利政策并不会影响老股东的每股价值。在方案二中老股东在 2006 年年底相对于方案一而言多获取了一部分现金股利，但在 2007 年年底必须支付给新股东本金和适当的报酬，其价值并没有发生变化。而对于新股东来说，其在 2006 年年底投入 30 万元获得了一部分公司股票，在 2007 年年底获得本金和投资收益共计 36 万元，其净现值为：$-30 + 36/(1+20\%) = 0$，即老股东仅仅是给予了新股东一个净现值为 0 的投资机会。

从【例 12-1】可以看到，股利政策与股东价值无关。股东并不因为某一时期股利发放额的变化而使其所持有的股票价值增加或减少。【例 12-2】将进一步解释股利政策对于股东价值没有影响，其实质是老股东向新股东进行的一种价值转移。新股东得到了新发行的股票，其股价低于股利宣告前的价格，老股东则要承担股价的下跌损失，而这部分损失又通过额外的现金股利得到补偿。

【例 12-2】 假设 B 公司是一家全权益资本公司，目前该公司有 100 万元现金，该现金可用于发放现金股利，也可用于投资一个需要 100 万元的新项目。假设这个项目的净现值为 NPV，则项目实施后其价值为 100 + NPV。该公司的资产负债表如表 12-7 所示。

表 12-7　B 公司资产负债表　　　　　　　　　（单位：人民币万元）

现金	100	负债	0
固定资产	900	股东权益	1 000 + NPV
投资项目	NPV		
总资产	1 000 + NPV	负债与股东权益合计	1 000 + NPV

需要注意的是，这里的资产负债表中的数值是以市场价值为基础列示的，股东权益等于公司流通股的总价值。若公司利用现有的现金进行项目投资，则无需通过其他方式筹集资金，公司的股东权益为 1 000 + NPV 万元；若公司利用现金发放现金股利，则需要考虑通过其他方式筹集资金，主要包括债务融资和发行股票。如果考虑发行新股的筹资方式，则公司需要通过发放 100 万元的普通股的方式筹集资金进行项目投资。

假设该公司将 100 万元全部用于现金股利发放给公司股东，则在发放股利、发行新股以及项目投资完成后，公司引入了新股东，其股票价值为 100 万元，而由于公司的股利政策对公司市场价值没有影响，B 公司的股东权益仍然为 1 000 + NPV 万元，则容易得到老股东的股票价值为：

老股东股票价值 = 公司价值 − 新股东价值 = 1 000 + NPV − 100 = 900 + NPV

对于老股东而言，其收到了 100 万元的现金股利，但权益价值却减少了 100 万元，总的价值仍然不变，即股利政策对老股东的总价值没有影响。

假设 B 公司在发行股票以前发行在外的普通股为 100 万股，项目的净现值为 100 万元，则公司的股东权益为 $1\,000 + NPV = 1\,000 + 100 = 1\,100$（万元），在发放股利之前每股价值为 $1\,100/100 = 11$（元）。在公司发放现金股利之后，老股东股票价值为 $900 + NPV = 900 + 100 = 1\,000$（万元），每股价值为 $1\,000/100 = 10$（元），即每股下跌 1 元，其在股价上的总损失 100 万元恰好由其所获得的现金股利 100 万元所弥补。显然，新股的发行必须和宣告股利发放后的股票价格相同，即股价为发放现金股利后的价格 10 元/股，则 B 公司需要发放 10 万（100/10=10）股来筹集所需的资金。

该过程如图 12-6 所示。假设图中的每一个扇面表示 10 万股，在发放现金股利以前公司的股份数为 100 万股；发放现金股利并发行新股后，公司的老股东所持有的股份数不变，依然为 100 万股，而此时老股东与新股东持有的股份总数（图中阴影部分）为 110 万股（100 + 10 = 110）。由于公司的总的价值依然不变，老股东的每股价值由原来的 11 元变为了现在的 10 元，下跌的 1 元则由其每股多获得的现金股利 1 元所弥补，即老股东的每股价值被稀释。

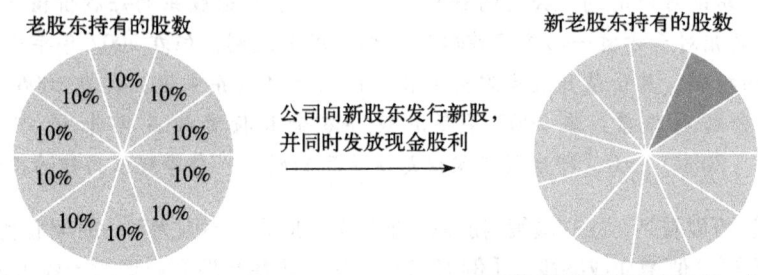

图 12-6 公司股东权益价值与利润分配政策之间的关系

图 12-6 展示了价值转移的发生过程，即公司将其发行新股所获得的资金作为股利支付给老股东，老股东在股价上的损失由股利的增加弥补。由于新股东得到一定比例的股数，老股东的持股比例降低。收到额外股利，却又蒙受股价损失，这对老股东有什么不同呢？如果这是老股东得到现金的唯一方式，也许会有所不同。但是在有效市场中，他们也能以出售股票或对外投资的方式"自制股利"，使自己得到满足。

如图 12-7 所示，假设老股东希望在时间 1 处和时间 2 处都能得到 10 元的股利。那么，当公司采取另一种股利分配方案（在两个时间点的股利分别为 11 元和 8.9 元）时，该投资者是否会不满意？事实并非如此。因为他可以将在时间 1 处多收的 1 元进行再投资，并在时间 2 处将获得 1.1 元（假设公司的权益报酬率为 10%）。这样，他在时间 1 和 2 处都能得到相同的 10 元现金股利。与此相反，假设老股东希望在时间 1 处获得 11 元而在时间 2 处获得 8.9 元，但是公司管理层却决定在时间 1 和时间 2 处均发放 10 元股利。此时，他可以在时间 1 处卖出 1 元的股票。这样在该点处获得的现金流量即为 11 元。由于在时间 1 处卖出了 1 元的股票，那么相应的在时间 2 处获得的现金流量变为 8.9 元（10 − 1.1 = 8.9）。

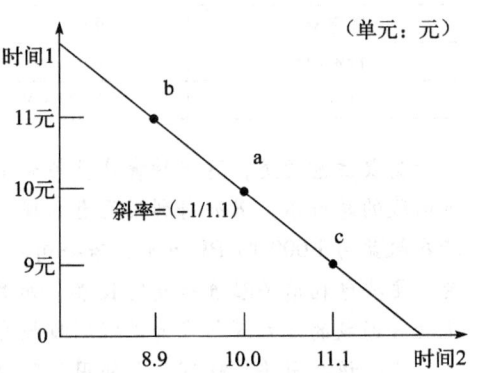

图 12-7 自制股利：时间 1 股利与时间 2 股利的权衡

以上解释了老股东"自制股利"的过程。企业的股利政策能被潜在的不满意股东通过自制股利而予以抵消。以上解释都是在 MM 股利无关理论的假设下提出的。对于股利政策的变化，股东可以通过股利再投资或出售部分股票而使其失效，最终获得他所期望的股利额。图 12-7 中的斜线不仅代表了管理层的所有可能选择，也代表了股东的所有可能选择。如果股东收到的股利分别为 11 元和 8.9 元（图中 b 点），他能通过将其中部分股利再投资，从而向图中右下部分移动，将其获得的股利调整到分别为 10 元和 10 元（图中 a 点）；反之，当股东处于 a 点时，也能通过出售部分股票，从而向图中左上部分移动，使其达到图中的 b 点。

由于企业和股东均能沿着图中斜线移动，因此本模型中的股利政策是无关的。股东可以通过再投资或出售部分股票而使其失效，最终得到斜线上股东期望的股利额。

以上的讨论表明了股利无关理论的主要观点。即在一个符合该理论假设的简单世界里，股利政策对于股东来说是无关的，只是某一时点的股利与另一时点的股利的权衡。无论提高还是降低现行股利，企业价值与股东价值都不会改变。

需要注意的是，尽管股利无关理论认为股利政策对于股东是无关的，但股利本身对于他们来说却是相关的。对于股东而言，若其他时间的每股股利保持不变，当管理层在某一时点上发放更多的股利时，通过前面的股利贴现模型可知股票价值将上升，这对于股东来说当然是个好消息，即股利本身对于股东是相关的。这一点与股利无关理论所阐述的观点需要加以区分。

2. "在手之鸟"理论

"在手之鸟"理论（bird in the hand theory）从投资者的心理状态出发进行研究，以股利重要论为基础，经 Williams(1938)、Lintner(1956)、Walter(1956) 以及 Gordon(1959) [一] 等发展而来。其中，Gordon 是该理论的代表人物。在 Miller and Modigliani(1961) 有关"股利无关理论"的文章发表之前，"在手之鸟"理论占据着重要地位，是影响最广泛、最持久的理论。"在手之鸟"理论认为，对股东而言，由留存收益再投资获得的收益是有风险的，并且随着时间的推移，投资风险逐渐增大。因此与资本利得相比，投资者更偏好现金股利，企业应实行高比例现金分红的股利政策。

"在手之鸟"理论的前提假设包括：①市场中信息完全对称，且不存在发行与交易成本；②股利与资本利得不存在税收差异；③相比于资本利得，现金股利所要求的报酬率更低。

一般来说，股东的收益来自当期股利和资本利得两个方面，前者取决于企业的股利政策，后者取决于股票的买卖价差。在利润分配过程中，当企业的股利支付率升高时，用于企业发展投入的资金会减少，虽然股东在当期获得了较高的股利，但未来的资本利得则有可能降低；而当企业的股利支付率下降时，股东用于发展企业的资金会增加，未来股东的资本利得将有可能提高。"在手之鸟"理论与股利无关理论的主要分歧在于"股利和资本利得无差异"这一假设，股东对股利政策的态度实质上反映了其在当期现金股利与未来资本利得之间进行的一种权衡。

"在手之鸟"理论的基本内涵主要包括以下三个方面。

（1）假设"股东对现金股利要求的报酬率更低"。这是因为股东不仅要求获得市场的行为水平的投资回报，还要求企业为其承担的风险进行补偿。由于较低的股利支付率或推迟支付股利增加了股东的投资风险，所以他们将要求更高的必要报酬率作为其负担额外风险的补偿。换言之，由于当前的现金股利比未来的资本利得投资风险小，所以股东对其要求的报酬率也相应更低。

（2）股东更偏好于现金股利。由于企业在经营过程中存在着诸多的不确定因素，所以股东会认为未来可获取的资本利得比当前就能得到的现金股利风险更大，不确定性更高。资本利得就好

[一] Gordon M. J. Dividends, Earnings, and Stock Prices [J]. The Review of Economics and Statistics, 1959, 41(2): 99-105.

像林中之鸟,看上去虽然很多,但却不一定抓得到;现金股利好像手中之鸟,是有把握按时、按量得到的收入,代表了比未来的资本利得更为可靠的一种利益,更受股东偏好。

(3) 提高股利支付率能够降低企业资本成本,提升股票价格及企业价值。根据股东收益的构成(权益资本收益率=资本利得收益率+现金股利收益率),当企业股利支付率升高时,股东的风险降低,他们所要求的权益资本收益率也降低,相应地,企业权益资本成本降低,由永续年金计算所得的企业权益价值上升(企业权益价值=股利总额/权益资本成本),股票价格上升。同理,股利支付率下降,股东的权益资本收益率升高,最终导致企业的权益价值和股票价格下降。

因此,企业应实行高比例现金分红的股利政策。对企业而言,股利支付可以降低股东的投资风险,使股东愿意接受较低的必要报酬率,从而降低企业的资本成本,提高企业价值;对股东而言,现金股利的风险比资本利得小,出于对当前收入的偏好,他们赞成高股利政策。

"在手之鸟"理论的局限性在以下几个方面:①混淆了投资决策和股利政策对股票价格的影响,用留存收益再投资所形成的资本利得的风险事实上是由投资政策决定的,与股利政策关系甚微。②该理论并未确切分析股利引起股票价格变动的过程,仅仅给出了一个定性的分析。③从长远来看,无论是现金股利还是资本利得,都需要企业的实际业绩支撑才能真正实现。否则,即便企业可以在短期内依靠筹集资金来满足既定现金股利的发放需求,但若无长期盈利业绩作支持,企业在未来必将无法保证持续现金股利的发放。换言之,如果股票市场在较长时期内是有效率的,就不存在现金股利风险一定低于资本利得风险这一结论,现金股利也就不一定优于资本利得。

3. 税差效应理论

以 Litzenberger and Ramaswamy (1979)[①]为代表的税差效应理论(tax differential theory)是在股利无关理论的基础上,放宽无税假设后形成的理论,体现出股东在税后资本利得收益率与税后股利所得收益率之间的权衡。该理论认为,在没有税收的情况下,公司选择何种股利支付方式并不重要,但如果现金股利税与资本利得税之间存在差异,支付现金股利就不一定是最优的股利政策。如果资本利得的所得税税率低于股利的所得税税率,且股东能够通过延迟实现资本利得而延迟缴纳所得税,则企业应当采取低股利支付政策,以提升股票价格,实现股东价值最大化。

税差效应理论的前提假设包括:①市场中的企业和投资者都是理性的;②完全竞争的资本市场;③资本利得税的税率低于现金股利税的税率。

税差效应理论的基本内涵主要包括以下三个方面。

(1) 对股东而言,资本利得优于现金股利。一方面,资本利得税税率通常低于现金股利税的税率。许多国家为了保护和促进资本市场投资,采取了对现金股利高征税、对资本利得低征税的差异税率制度,而中国目前的税制也是属于保护和支持资本市场投资的类型。另一方面,资本利得有递延纳税的优势,资本利得税在实际出售股票时缴纳,股东可以通过继续持有股票来推迟纳税时间从而获得时间价值。因此在其他条件不变的情况下,股东更加偏好资本利得。

(2) 对企业而言,降低股利支付率能够降低资本成本,提升企业价值。由于现金股利税的税率更高,相比于资本利得,股东为现金股利支付了更多的税收,故要求更高的必要报酬率作为补偿,这将导致企业的资本成本上升,企业价值降低。相反地,降低股利支付率则能够降低资本成本,提升企业价值。

[①] Litzenberger, Robert H., and Krishna Ramaswamy. The Effect of Personal Taxes and Dividends on Capital Asset [J]. Journal of Financial Economics, 1979, 7(2): 163-195.

(3) 管理层应采用低股利支付率的政策使得企业价值最大化。股东偏好资本利得，企业可以借助削减股利提高其价值，当股利为零时，股票价值最大。

税差效应理论的局限性体现在理论与实际的冲突。如果股东偏好资本利得，反对现金股利，那么最好的股利政策应当是不发放股利。但真实情况却是许多公司不但发放股利，而且公司的股东们对股利政策还相当重视。尽管后续研究从不同角度讨论了税收对股利政策的影响，但总体上来讲，税收对股利的影响无论是在理论上还是在实证检验中都尚未得出较为一致的结论。三种股利政策的比较如图 12-8 所示。

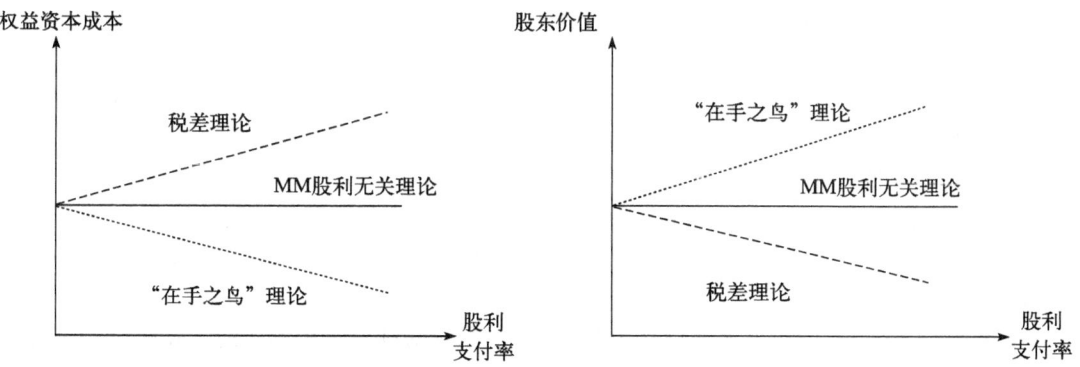

图 12-8　三种股利政策比较图

从图 12-8 中可以看出，以上三种经典股利理论代表了三种不同的观点。股利无关理论认为股利政策不会影响企业的价值，因此不存在最优的股利政策。"在手之鸟"理论认为股利的风险小于资本利得的风险，人们往往存在谨慎的心理，因此企业应采取较高股利发放率的政策。而税差效应理论则认为资本利得有推迟纳税的优势，如果资本利得税的税率低于股利税率，企业应采取低股利支付率的股利政策。

12.3.2　现代股利理论

1. 客户效应理论

客户效应理论（clientele effect theory）实际上是对税差效应理论的进一步发展，它在 MM 股利无关理论的基础上放松了无税假定，因此也可视为广义的税差理论，代表人物为 Elton and Gruber(1970)[⊖]。客户效应理论认为，投资者会根据自身对股利政策的偏好选择购买公司的股票。由于投资者所处的税收等级不同，其对待股利政策的态度也不相同，因此每个企业都会试图以特定的股利支付率来吸引偏好它的投资者（追随者"follower"）。

该理论主要涉及两个前提假设：①投资者是理性的，以税后财富最大化为目标；②对企业而言，分配利润和留存收益存在税收差异；对投资者而言，股利和资本利得存在税收差异。

客户效应理论的基本内涵主要包括以下三个方面。

(1) 对股东而言，所处税收等级的差异使其对资本利得和股利的偏好有所不同。Elton and Gruber(1970) 发现，每股资本利得与每股股利的大小关系取决于资本利得的所得税税率和股利的所得税税率。由此，投资者会因其所处税收等级的差异而对资本利得和股利产生不同的偏好。例如，退休人员通常偏好现金收入，他们的所得税税率很低，希望企业支付高现金股利。而那些

⊖　Elton, Edwin J., and Martin J. Gruber. Marginal Stockholder Tax Rates and the Clientele Effect [J]. Review of Economics and Statistics, 1970, 52(1): 68-74.

富有的投资者，其所得税税率往往较高。一方面，他们目前不需要通过股利获得现金；另一方面，他们希望将资金用于再投资以避免取得现金股利时需缴纳的税收。

（2）对企业而言，任何股利政策都不可能满足所有股东对股利的要求，每个企业都会试图以其特定的股利支付率来吸引偏好它的追随者。企业会根据情况相应调整其股利政策，使股利政策符合股东的愿望。高股利支付率的股票将吸引一类追随者，最终由处于低税率的投资者持有；而低股利支付率的股票将吸引另一类追随者，最终由处于高税率的投资者持有。

（3）管理层应该根据股东的不同需求，分门别类地制定股利政策。对于税负低、偏好现金股利的股东，企业应实施高现金分红比例的股利政策；而对于税负高、偏好资本增值、希望通过资本利得适当避税的股东，企业应实施低现金分红比例（甚至不分红）的股利政策。

客户效应理论的不足在于，尽管近年来有学者不断地对其进行探索和研究，但目前仍缺乏有力的实证研究结果作为支持该理论的证据。

2. 股利信号理论

股利信号理论（signaling theory）认为，在信息不对称的条件下，股利政策变化是管理层向外界传递内部信息的一种手段，股票价格的变化是投资者通过股利政策变化对企业前景进行分析和判断的结果。

股利信号理论是在股利无关理论的基础上放松了信息对称假定后形成的。股利信号理论假设公司管理层和外部投资者之间存在信息不对称，而股利变化所传递的信号能够减少两者之间掌握信息量的差异。

股利信号理论的基本内涵主要包括以下三个方面。

（1）**管理当局与外部投资者之间存在着信息不对称，股利政策变化是管理当局向外界传递其掌握的内部信息的一种手段**。企业管理当局对经营财务状况更加了解，他们通过调整股利政策向外界传递公司的财务状况和未来前景的信息，所以投资者和股东通常将企业的股利政策看做企业财务状况和未来盈利水平的信号。

（2）**股票价格的变化是投资者通过股利政策变化对企业前景进行分析和判断的结果，与其对股利的偏好无关**。一般情况下，如果管理当局预计企业发展前景良好，未来业绩将大幅度增长，就会通过增加发放股利的方式将这一信息及时传递给股东和潜在投资者。相反，如果预计企业前景不佳，未来盈利持续性将不理想，那么他们往往会维持甚至降低现有股利水平，这等于向股东和潜在投资者发出了利空信号。因此，当股利支付水平上升时，股票价格会上升；而股利支付水平下降时，股票价格会下降。此外，股票回购计划一般被视为"利好"消息。宣布回购在外的流通股通常被解读为内部人士认为公司的股票价格被低估。所以，当公司决定回购股票时，通常会引起股价上升。回购完成之后，流通在外的股数变少，每股收益上升，在分红比例不变的前提下，会导致每股股利增加。

（3）**信号方向有不同的解释**。后人在对信号理论进行更深入的研究时发现，增发股利也许并不是像原始观点里面所说的那样会传递"利好"消息，而是恰恰相反，传递"利空"的消息。例如，对于某些盈利能力相对稳定的、处于成熟期的企业而言，宣布增发股利或许意味着目前缺乏较好的投资机会，企业成长性较低；而宣布减少股利则反映了目前有新增投资项目需要资金支持，企业的成长性或许得到提升，是利好消息。因此，当这些公司支付的股利水平上升时，其股价会下降；当支付的股利水平下降时，股价反而会上升。

股利信号理论的局限性体现在以下几个方面。①市场对股利增减做出的相应反应，不仅信号理论可以解释，其他理论（如代理成本理论）也可以解释。②信号传递理论无法对不同行业、不同国家股利政策的差异做出合理的解释，例如股利支付水平高的行业盈利能力不一定强。③信号传递理论无法解释公司为什么不使用其他的方式来传递内部信息,即使存在其他成本更低而效果相当的信号传递方式。④信号传递理论无法解释在市场变得越来越有效、信息手段不断增强的情况下,支付股利为什么作为恒定的信号手段。⑤高速成长企业(行业)的股利支付率一般都很低,但它们往往又有很好的业绩;而对于有些由于缺乏净现值为正的投资机会而进行高派现的公司,信号理论却做出了相反的解释和预测。⑥股利政策的变化作为一种传递信息的方式,也可能被管理层利用——如在公司财务状况较差的情况下依然增发股利,从而使得外部投资者认为公司具有较好的盈利状况和投资前景。

总的说来,由于股利政策具有"混合性"的特征,即企业宣布股利政策的变化往往不是一种单纯的事件,而是包含着其他经营、财务信息的变化,同时各种股利支付方式交织在一起。因此,股利政策相关的信息含义和信号传递,至今仍然没有一致的结论。

3. 代理成本理论

代理成本理论(agency costs theory)的代表人物包括 Rozeff(1982)⊖和 Easterbrook(1984)⊜。Rozeff 是最早研究股利政策和代理问题的学者之一,他认为股利政策的影响因素包括投资决策、经营杠杆、财务杠杆以及代理成本。Easterbrook 则运用代理理论分析股利问题,阐述了股利在降低代理成本过程中的作用。

代理成本理论认为,支付现金股利能够降低代理成本,缓解由委托代理关系导致的利益冲突。这里所讲的代理成本理论主要是针对股东和经营管理者之间、控股股东和非控股股东之间的代理关系而言的。也有文献将针对股东和经营管理者之间代理关系的理论称为自由现金流理论(free cash flow theory)。该理论认为,由于股东和管理层之间的利益不一致,管理层有动机利用多余的现金流追逐自身利益却损害了股东的价值;而增加发放的股利可以减少管理层能够自由支配的现金流,降低管理层的低效率使用,从而减缓代理问题。

代理成本理论是在股利无关理论的基础上放松了"委托人和代理人之间没有利益冲突"这一假定而形成的。该假定的先决条件是"低市场价值容易导致公司被兼并与收购"、"充分竞争的经理人市场使投资者比较容易替换不称职的管理者"这两个市场机制能够有效运作且没有任何费用。显然,这在现实中是不可能的。

代理成本理论的基本内涵主要包括以下两点。

(1)支付股利有助于抑制管理层的投资非效率。发放现金股利使管理者可支配的自由现金流量减少,降低了管理者利用这部分资金进行私人投资或过度投资的程度,从而降低代理成本。

(2)支付股利有助于增强对管理层的外部监管。发放现金股利导致现金流出企业,使得公司所需资本由留存收益提供的可能性减少,需要对外进行新的债务或权益融资以满足新的资金需求。在资金募集过程中,公司的财务状况与经营成果均须接受金融中介机构的审核通过。若是向银行举债,则银行只有在肯定公司经营绩效及管理者行为的基础上,才会同意借款;若是在股票市场发行新股,亦须通过监管当局的审核。来自第三方的监督和评估对管理层形成外在压力,迫使其全力以赴经营企业,从而降低代理成本。

同理,增加现金股利也是降低由非控股股东与控股股东之间利益冲突引发的代理成本的有效方法。

代理成本理论也存在其局限性:该理论以市场的监督机制完全有效为前提,即市场能够迅速

⊖ Rozeff, MichaelS. Growth, Beta and Agency Costs as Determinants of Dividend Payout Ratios [J]. The Journal of Financial Research, 1982, 5(3): 249-259.

⊜ Easterbrook, Frank H. Twoagency-Cost Explanations of Dividends [J]. American Economic Review, 1984, 74(4): 650-659.

地识别股利政策所传递的信号,并据此对股票进行合理定价,但现实资本市场的监督机制并不是完全有效的,无法有效识别上市公司的舞弊等行为。

12.3.3 新兴股利理论

传统股利理论和现代股利理论均未突破理性行为假设的约束。而自20世纪80年代起,大量研究表明现实资本市场存在着与已有理论相悖的现象,基于理性行为假设的有效市场假说存在缺陷。20世纪80年代初,一些金融学家基于Kahneman[一]等人发展起来的非线性效用理论,将行为科学、心理学、社会学等学科引入股利理论的研究,形成了基于行为金融学的股利理论。行为金融学是基于心理学实验结果来分析投资者的各种心理特征,并以此来研究投资者的决策行为及其对资产定价的影响的学科。标准金融学符合理性行为假设,认为投资者是理性的,能够把握住每一次套利机会,因而保证了市场的有效以及价格的理性。而行为金融学则基于心理学原理,把金融投资过程看成一个心理过程,包括对市场的认知过程、情绪过程和意志过程,认为投资者是非理性的,情绪与认知偏差的存在使其无法做到理性预期和效用最大化,且投资者的非理性行为将导致市场的非有效,使资产价格偏离其基本价值。

行为金融学的基本观点包括:①投资者不是理性人;②个性差异导致投资者的偏好与行为方式不同;③投资者不是风险厌恶型,而是损失厌恶型(面对收益表现为风险厌恶,面对损失表现为风险偏好);④投资者对待风险的态度不是一成不变的;⑤市场不是有效的。

行为金融学为股利政策提供了新的解释,新兴股利理论包括理性预期理论、自我控制理论、后悔厌恶理论和股利迎合理论等。

1. 理性预期理论

理性预期理论(rational expectation theory)最早由 Muth(1961)[二]提出,由 Sargent and Wallace(1975)[三]等人进行了发展,以 Kahneman and Tversky(1979)[四]为代表人物。该理论认为,市场对管理层所做出的决策的反应,不仅取决于决策本身,更取决于投资者对管理层决策的未来绩效的预期。

理性预期理论表明,股东在判断风险时更注重财富相对某一参考点的变化情况,而非财富的绝对水平。根据理性预期理论,临近管理层宣布下期股利时,投资者会在股利公告之前根据公司内外部信息来预测股利的支付水平和方式,并将股利的实际公告数值与该预期进行比较。若实际公告内容符合预期,即使发放的股利多于前一年度,股价也不会变化;相反,若公告内容不符合预期,则投资者对公司价值进行重新评估,这就可能导致股价发生变化。且通常情况下,减少股利比提高股利引起的市场反应更加强烈,因为等量的损失和收益相比,投资者更加看重前者。

2. 自我控制理论

自我控制理论(self-control theory)的代表人物有 Kahneman and Tversky(1981)[五],Shefrin and Statman(1984)[六]。该理论认为,受情绪等心理因素影响,在现实当中人的行为不可能完全理性,

---

[一] Daniel Kahneman,行为经济学先驱,2002年获诺贝尔经济学奖。
[二] Muth, John F. Rational Expectations and the Theory of Price Movements [J]. Econometrica, 1961, 29(3): 315-335.
[三] Sargent, Thomas J., and Neil Wallace. Rationalexpectations, the Optimal Monetary Instrument, and the Optimal Money Supply Rule [J]. The Journal of Political Economy, 1975, 83(2): 241-254.
[四] Kahneman, Daniel, and Amos Tversky. Prospect Theory: An Analysis of Decision under Risk [J]. Econometrica, 1979, 47(2): 263-291.
[五] Tversky, Amos, and Daniel Kahneman. The Framing of Decisions and the Psychology of Choice [J]. Science, 1981, 211(4481): 453-458.
[六] Shefrin, Hersh, and Meir Statman. Explaining Investor Preference for Cash Dividends [J]. Journal of Financial Economics, 1984, 13(2): 253-282.

股利政策作为一种外部约束机制使投资者"只能消费股利而绝不动用资本利得"。

根据自我控制理论，人们往往是非理性的，达成未来目标的期望与实现当前需要的渴望存在冲突。冲突产生的结果是，即便已经意识到某些行为将导致不好的结果，人们却依然难以做到自我控制。于是，需要有一种外部约束机制来限制人们的这种由非理性导致的不利行为，以符合其长期发展的目标。而股利政策恰好可用作这样的一种外部约束机制：投资者将预备未来之需的资金购买股票，只用收到的股利来满足当前消费，进而减少由于意志力薄弱可能带来的损失。该行为能够在一定程度上阻止原始资本的变现，限制当前消费所能动用的资金。即对投资者而言，股利政策是一种外在的控制机制，他们更偏好支付现金股利的公司。

3. 后悔厌恶理论

Kahneman and Tversky(1982)[一]是后悔厌恶理论（regret aversion theory）的代表人物，他们很好地解释了Shefrin and Statman(1982)[二]的调查结果：对大多数人来说，出售股票会后悔，因为他们设想本来可以不采取这一行动而获取更高利润。

后悔厌恶理论认为，在不确定条件下，投资者在做出决策时要把现时情况和他们过去遇见过的需要做出选择的情况进行对比。如果某投资者认识到当初在当时的情况下另一种选择会使他处于更好的境地，他就会感到后悔；相反，如果从现时选择中得到了最好的结果，他就会有一种欣喜的感觉。由于投资者一般都是后悔厌恶型的，股票股利会给投资者带来后悔，所以他们更偏好现金股利。

4. 股利迎合理论

股利迎合理论（catering theory）是由Baker and Wurgler(2004)[三]提出的。该理论认为，股利政策的制定迎合了投资者需求。当投资者偏好股利并愿意为发放股利的股票支付更高的价格时，管理者就宣布发放股利；否则就宣布停止发放股利。

股利迎合理论主要基于三个假设：①由于心理或体制上的原因，投资者对于支付股息的股票的需求是无据可循的，并且是不断变化的；②MM式的套利不能通过区别股利纳税人和非股利纳税人的价格来阻止投资者的这种需要；③当投资者为支付股息的股票设定溢价时，管理层能够支付股利来理性地迎合投资者的需要。

该理论试图从投资者需求的角度来研究企业管理者发放股利的动机，解释了20世纪初国际上出现的"正在消失的股利"这一现象，即为何维持发放现金股利的公司不再大受欢迎。根据股利迎合理论，对于股东而言，股利政策变动能够反映其对股利发放偏好的改变；对管理者而言，他们可以通过调整股利政策来迎合投资者对股利的需求，达到获取股票溢价的最终目的。

5. 股利生命周期理论

DeAngelo, DeAngelo and Stulz(2006)[四]首先提出了股利生命周期理论（life-cycle theory）。该理论认为，初创期的公司更愿意将收益留存用于再投资，这是由于其投资机会多而自身盈利能力积累的现金不能满足投资需求，外部融资也面临较大的障碍；成熟期的公司多倾向于发放股利，因为它们盈利能力高而投资机会相对较少，公司有多于投资所需的现金流。而且，规模越大，盈利能力越强，留存收益占所有者权益的比重越高，公司支付股利的可能性越高。

[一] Kahneman, Daniel, and Amos Tversky. The Psychology of Preferences [J]. Scientific American, 1982, 246(1): 160-173.
[二] Shefrin, Hersh, and Meir Statman. The Disposition to Sell Winners Too Early and Ride Losers Too Long: Theory and Evidence [J]. The Journal of Finance, 1985, 40(3): 777-790.
[三] Baker, Malcolm, and Jeffrey Wurgler. A Catering Theory of Dividends [J]. The Journal of Finance, 2004, 59(3): 1125-1165.
[四] DeAngelo, Harry, Linda DeAngelo, and René M. Stulz. Dividend Policy and the Earned/Contributed Capital Mix: A Test of the Life-Cycle Theory [J]. Journal of Financial Economics, 2006, 81(2): 227-254.

股利生命周期理论将企业本身特性、外部经营环境及股东的预期相结合，对股利支付行为进行研究。根据股利生命周期理论，在早期成长阶段，企业自有资金无法满足投资机会所需的资本，所以应将留存收益用于再投资而非股利分配；进入成熟阶段后，企业投资机会减少，累积利润增加，此时，分配股利能够减少自由现金流，防止管理者侵占资金或过度投资，所以应适度进行股利分配。股利政策的生命周期理论实际上结合了企业生命周期不同阶段的财务资源与投资机会、筹资能力方面的特征，通过对特定阶段保留利润的相对成本与收益的权衡推导出最优股利政策。

12.4 股利政策

股利政策的本质是公司管理层决定当期盈利的分配比例以及分配的未来时间分布问题。上一节有关股利理论的介绍为股利政策的制定提供了理论基础；而在现实生活中，公司的股利政策通常需要与其融资政策、投资政策等公司内部因素和法律、契约等外部因素结合在一起考虑。

12.4.1 影响股利政策的因素

股利政策对于公司的生存与发展有着重要的影响。公司股利政策的形成受多种特有或者普遍的因素影响，通常一家公司的股利政策由下列因素决定。

1. 法律因素

为了维护有关各方的利益，各国的法律都对公司的利益分配顺序、资本充足性等方面有所规范，公司的股利政策必须符合这些法律规范。如我国《公司法》规定，公司分配当年税后利润时，应当提取利润的 10% 列入公司法定公积金，公司法定公积金累计额为公司注册资本的 50% 以上的，可不再提取。公司弥补亏损和提取公积金、法定公益金后所余利润，有限责任公司按照股东出资比例分配，股份有限公司按照股东持有的股份比例分配。股东会或董事会违反前款规定，在公司弥补亏损和提取法定公积金、法定公益金之前向股东分配利润的，必须将违反规定分配的利润退还公司。

2. 契约因素

一般来说，提高股利发放水平，公司的货币资金减少，资产流动性变差，这样就会对债权人等利益相关人造成损害。因此，为了使他们的利益不受损害，债权人通常都会在公司借款合同、债券契约、优先股协议以及租赁合约中加入关于股利政策的条款，以限制公司股利的发放。如对每股现金股利最高数额的限制，对发放现金股利时公司的流动比率、速动比率、利息保障倍数等重要财务指标的最低数额的限制等。另外，如果公司同时发行了优先股，优先股也会对公司普通股股利的发放有所限制。公司的股利政策必须满足上述契约的约束。2013 年 11 月，中国证监会为更好地解决融资需求并为投资者提供更多投资工具，开始展开优先股试点工作[一]，从契约因素来看，我国资本市场上优先股的发行将对股利政策产生影响。

3. 公司内部因素

在遵守外部性限制的前提下，公司的内部因素是影响股利政策最主要的因素，具体包括以下几个方面。

（1）变现能力限制公司现金股利的支付能力。公司的变现能力是影响股利政策的一个重要因

[一] 资料来源：2013 年 11 月 30 日国务院以国发〔2013〕46 号印发《关于开展优先股试点的指导意见》，决定开展优先股试点。

素，在公司的正常经营中，公司现金股利的分配应以不危及公司经营资金的流动性为前提。

（2）筹资能力限制公司股利支付程度。新设立的正在快速发展的公司，相对于规模较大已成熟的公司而言具有较大的经营和财务风险，难以顺畅地从外部取得长期资金，也难以通过发行股票或债券进行融资。因此，规模小、新创业的高速发展公司，往往把限制股利支付、多留存盈利作为其切实可行的筹资办法，管理层需对股利发放与筹资要求之间的利害、得失进行合理权衡。

（3）投资机会影响公司股利支付政策。如果一家公司处于高成长阶段并拥有较多的投资机会，管理层倾向于采用低股利支付率、高盈利再投资比率的政策用于满足公司资金的需求。反之，如果一个公司的投资机会较少，那么就有可能倾向于采用较低的盈利留存比率和较高的股利支付率。

（4）盈余稳定性影响公司股利政策稳定性。为了稳定股票价格、维持较好的市场形象，企业总是力图维持较为稳定的股利政策，盈利稳定的企业对保持较高的股利支付率更具信心，因此收益相对稳定、收益水平较高的公司倾向于采取高而稳定的股利政策。

4. 股东因素

股份公司的股利政策由董事会制定，并经过股东大会决议通过方可执行，股东意愿对股利政策具有举足轻重的影响，主要有以下几方面。

（1）股权控制要求。如果公司大量支付现金股利，就可能造成未来经营资金的短缺，如果再发行新的普通股以筹集所需资金，现有股东的控股权有可能被稀释。此外，随着新股发行，流通在外的普通股股数必将增加，最终会导致普通股的每股盈利和每股市价下降，从而影响现有股东的利益。

（2）股东投资机会。如果公司将留存收益用于再投资所得的报酬低于股东个人单独将股利收入投资于其他投资机会所得的报酬，则该公司就不应多留留存收益，而应该多发现金股利给股东。由此可见，股东的外部投资机会也是正确制定股利政策必须考虑的一个因素。

（3）税收政策的影响。如果一个公司绝大部分股东是高边际税率的纳税者，则其股利政策将倾向于多留盈利少派现，因为股利收入的税率要高于资本利得的税率，这种多留少派的股利政策可以给这些富有的股东带来更多的资本利得收入，从而达到少纳所得税的目的。相反，如果一个公司绝大部分股东是低收入阶层，其所适用的个人所得税税率较低，这些股东就更重视当期的股利收入，宁愿获得没有风险的当期股利，而不愿冒风险去获得以后的资本利得。

综上所述，股利政策的影响因素有很多，这些因素之间往往相互联系、相互制约。股利政策的制定很大程度上是权衡以上这些因素的影响，以实现各种利益关系的平衡。

12.4.2 股利政策的基本类型

基于股利理论和影响股利的因素，<u>企业应视客观经济环境和企业本身的实际经营状况确定自己的股利分配政策</u>。在进行股利分配的实务中，企业的股利分配政策⊖大致分为：剩余股利政策、固定或稳定增长股利政策、固定股利支付率政策、低正常股利加额外股利政策。一般来讲，公司的股利政策应保持连续性，从而股东能够判断其发展趋势。

1. 剩余股利政策

剩余股利政策是指在公司有着良好的投资机会时，根据拟投资项目的目标资本结构，测算出

⊖ 《上海证券交易所上市公司现金分红指引》为上市公司提供了固定金额政策、固定比率政策、超额股利政策、剩余股利政策四种备选分红政策。

投资所需的权益资本数量,并优先从当期盈余当中留用,剩余的盈余才可用于股利分配。具体应用方式为:根据拟投资项目的最优资本结构,以综合资金成本率最低为原则,最大限度地使用留存收益来满足投资项目所需的权益资本数额;当企业的留存收益超出拟投资项目所需增加的权益资金数额时,剩余的留存收益便可发放股利。这种形式的股利政策主要以满足公司的投资需求为出发点,注重于扩大再生产,主要考虑从收益中获得资金。

【例12-3】 假定X公司2006年度净利润为5 000万元,2007年度投资项目所需资金为3 000万元,公司的目标资本结构为自有资金占60%,借入资金占40%。按照目标资本结构的要求,计算该公司当年可发放的股利数额。

公司投资项目所需资金来源于当年的净利润数量为:
$$3000 \times 60\% = 1800(万元)$$
再按照剩余股利政策的要求,该公司当年可向股东发放股利的金额为:
$$5000 - 1800 = 3200(万元)$$

从本质上讲,这种股利政策实质上是公司的一个筹资决策,现金股利仅仅是优先安排投资项目权益融资后的剩余额。剩余股利政策的优点在于,可以使公司利用最低成本的内部融资对新项目投资,保持合理的资本结构。在二级市场上,虽然投资者在这种股利政策下所取得的股利较少,但由于公司拥有净收益大于零的投资机会,预示着发展前景良好,因而其股票价格往往会上升,这同样会给投资者带来满意的回报。

但这种股利政策也有其缺点:一是每次发放的股利都受到投资机会和盈利水平的影响,使发放的股利额度不稳定,波动大;二是虽然投资者的投资机会增加,但与取得股利相比,获得资本利得的不确定性要大得多。

2. 固定或持续增长的股利政策

固定或持续增长的股利政策是指公司将每年发放的股利额固定在某一特定水平上,这个特定水平通常与企业的当期经营状况有关,然后在一段时间内不论公司的盈利水平和财务状况如何变化,发放的股利额均保持不变。只有当公司认为未来的盈利增加将足以使其发放的股利额维持在一个更高的水平时,才会提高每股股利的水平,并继续维持这一新的股利水平。采取这种股利政策的上市公司把股利分配额作为一个优先考虑的目标,不让各年度股利分配水平随着盈利和资金需求状况的波动而波动,如图12-9所示。

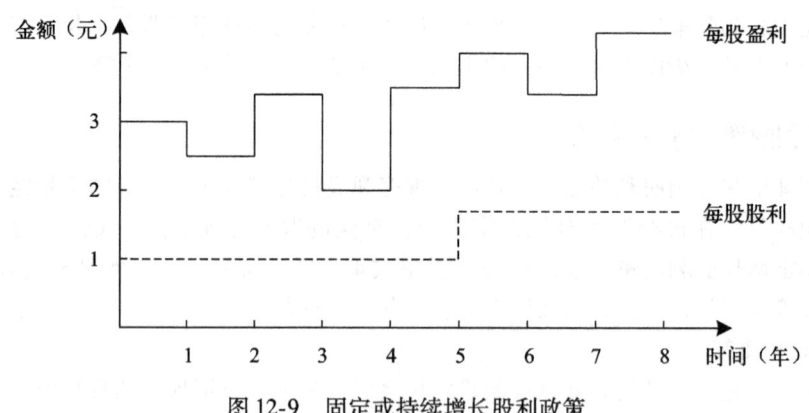

图12-9 固定或持续增长股利政策

近几年西方国家的大多数上市公司均采取这种股利政策。例如,在香港上市的H股(内地蓝筹股）广深铁路①从 1996 年上市至 2010 年度就基本上采用这种股利政策，如图 12-10 所示。该公司 2006—2010 年的每股收益从 0.11 元/股逐年上升至 0.22 元/股。而每股股利在这一时期均维持在 0.08~0.09 元。

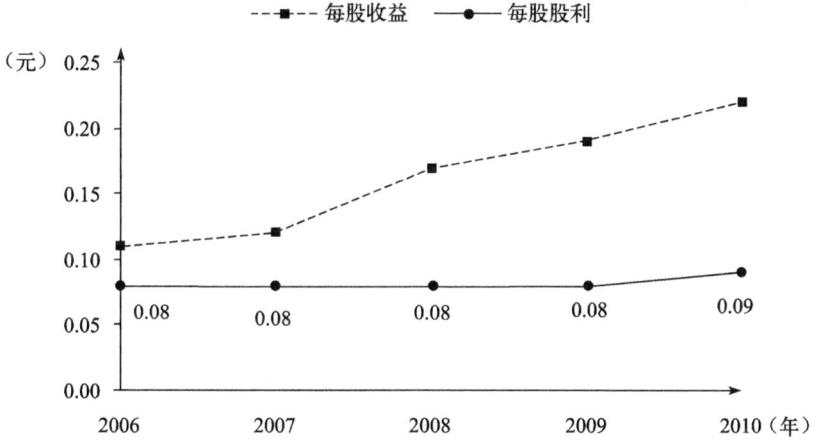

图 12-10　广深铁路股份有限公司（0525.HK）历年每股收益与每股股利
资料来源：根据香港联合交易所网站及广深铁路业绩公告整理。

稳定增长股利政策的优点不外乎可以向投资者传递公司经营稳定的信息，使投资者获得稳定的投资收入，满足了要求获得稳定投资回报的机构投资者，如养老保险基金、开放式投资基金等的需求，避免了股利支付的大幅度、无序性波动，有助于公司事先进行资金调度和财务安排。

但这种只升不降的股利政策会给公司的财务运作带来压力，由于与公司盈利相脱离，当经营出现短暂困难时，有可能侵蚀公司的留存收益，影响公司的发展，甚至侵蚀公司的资本，影响公司的正常经营，因此很难长期采用该政策。

【例 12-4】　假设 Y 公司发行在外的股份为 1 000 万股。该公司于第一会计年度实现的净利润为 1 100 万元，分配的现金股利为 560 万元，提取盈余公积 400 万元（所提盈余公积均已指定用途）。第二至第四个会计年度实现的净利润均为 1 000 万元（不考虑计提法定盈余公积的因素）。第五个会计年度由于前期研发的产品投产，取得很好的市场反映，实现净利润为 2 000 万元，公司决定分配较以前年度更多的现金股利，为 700 万元。该公司执行固定或稳定增长的股利政策。

因为公司实行固定或稳定增长的股利政策，且从第二至第四个会计年度公司的净利润大致与第一个会计年度相当，其经营状况没有发生较大变化，故从第二至第四个会计年度公司股利支付数额应与第一个会计年度相同。即第二至第四个会计年度公司应向股东分配的现金股利＝上年分配的现金股利＝560 万元，每股股利＝560/1 000＝0.56（元）。在第五个会计年度，净利润发生了较大变化，公司经营状况显著改善，故公司发放比往年较多的现金股利 700 万元，每股股利＝700/1 000＝0.70（元）。

3. 固定股利支付率政策

固定股利支付率政策是指公司从税后利润中提取某一固定百分比的部分作为股利分配给股东，如图 12-11 所示。固定股利支付率越高，公司留存的盈余越少。采用这种股利政策的上市公

---

① 广深铁路，全称广深铁路股份有限公司，该公司股票于 2006 年 12 月 22 日在内地上海交易所上市，代码为 601333。

司是把派发股利作为优先考虑的目标，然后才是保留盈余，与剩余股利政策的顺序刚好相反。这种股利政策使得股利的发放与公司盈余紧密联系，以体现多盈多分、少盈少分、不盈不分的原则。由于公司的盈利能力在年度间是经常变动的，因此每年的股利也应随着公司收益的变动而变动，保持股利与利润间的一定比例关系，体现投资风险与收益的对等。

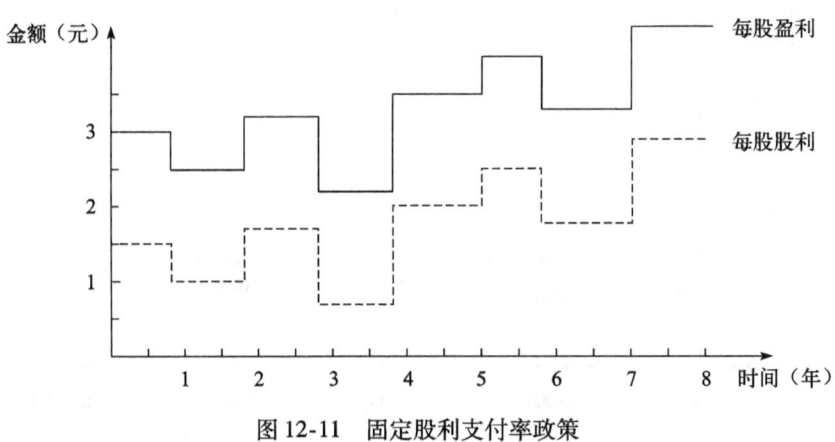

图12-11 固定股利支付率政策

该政策的不足之处在于，由于各年股利支付额随公司经营状况的好坏而上下波动，容易给投资者造成公司经营不稳定、投资风险大的不良印象。同时，不稳定的每股股利收入容易造成股票价格的异常波动。此外，由于不论公司的财务状况如何，实现利润越多，派发的股利也越多，容易给公司造成较大的财务压力，缺乏财务弹性，还使确定较优的股利支付率难度大，所以只有税后利润和财务状况较为稳定的公司才会采用这种政策。

【例12-5】 Z公司目前发行在外的普通股股数为1 000万股，该公司的营业收入较稳定。现公司拟投资1 200万元，扩大生产能力50%。该公司想要维持目前50%的负债比率，并想继续执行10%的固定股利支付率政策。该公司在2006年的税后利润为500万元。求：该公司2007年为扩充生产能力必须从外部筹措多少权益资金？

$$留存收益 = 500 \times (1 - 10\%) = 450(万元)$$
$$项目所需权益融资 = 1 200 \times (1 - 50\%) = 600(万元)$$
$$外部权益融资 = 600 - 450 = 150(万元)$$

故该公司应从外部实现150万元的权益融资。

4. 低正常股利加额外股利政策

低正常股利加额外股利政策是指公司稳定地支付数额较低的正常股利，只在利润和资金较多时，才在原有数额基础上再以额外股利的形式派发给股东，如图12-12所示。这种股利政策介于上述稳定股利政策和固定股利支付率政策之间。其优点是，给利润浮动性较大的公司在股利分配时以较大的弹性。一方面，较低的股利支付额可以保证公司有足够的能力按期支付股利，保证了股东有起码的投资收益保障；另一方面，当公司盈余增加得相当多时，又可以将部分盈余转移给股东，增加股东收益。因此，这是一种颇受欢迎的股利政策。这种股利政策的不足在于，由于存在发放额外股利，所以股利发放仍然缺乏稳定性，且当额外股利被长期发放时，可能会被误认为是"正常股利"，一旦取消，又容易造成公司财务状况恶化的错误印象，导致股价下跌。因此，如果公司的利润和现金流量经常变动，不易准确预测时，这种股利政策不失为一种最佳选择。

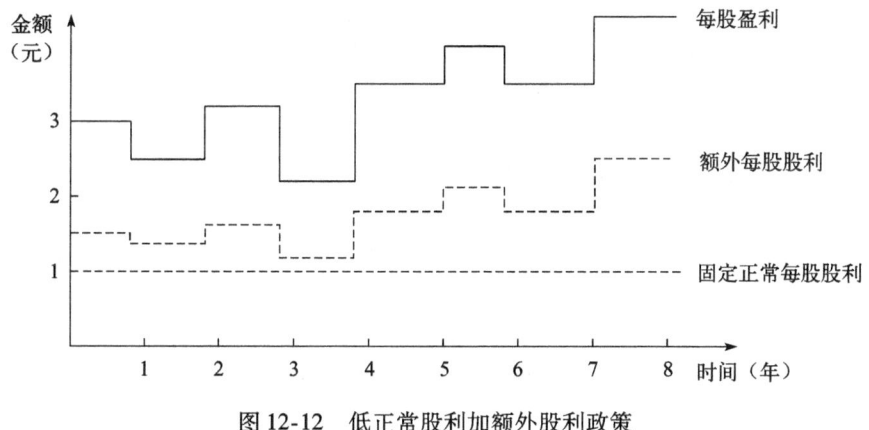

图 12-12 低正常股利加额外股利政策

5. 股利政策的选择

股利政策极其重要，它不仅影响企业的资本结构和融资，也会影响企业的正常运作和未来的发展。对于上市公司来说，股息还显示了企业经营的关键信息，其意义更为重大。那么，企业如何进行股利政策的选择呢？

从理论来说，合理的股利政策应该具有以下特征。①股利是公司剩余现金流的分配。只有当公司积累了大量现金流时，才开始进行股利分配，而且将所有的自由现金流发放。②公司暂时性的现金流增长应该通过股票回购来分配。③股利分配不应该影响公司的投资计划。设定较低的股利支付率以避免高成本的外部筹资活动，不能通过削减正净现值项目的开支来支付股利。④股利保持稳定性，即公司当前的股利发放率应该与长期目标支付率一致。

实务中，企业应根据其所处的发展阶段，综合考虑面临的各方面具体影响因素，以保证企业的总体目标。公司在不同发展阶段所采用的股利政策如表 12-8 所示。

表 12-8 公司股利分配政策的选择

公司发展阶段	特点	适用的股利政策
公司创始阶段	经营风险高，有投资需求但融资能力差	剩余股利政策
公司快速发展阶段	公司快速发展，需要持续追加投资	低正常股利加额外股利政策
公司稳定增长阶段	公司业务稳定增长，盈利水平稳中有升	固定或稳定增长股利政策
公司成熟阶段	产品市场趋于饱和，公司盈利水平稳定	固定支付率股利政策
公司衰退阶段	公司获利能力下降，股利支付能力下降	剩余股利政策

上市公司的股利分配政策的选择属于公司自治范畴的事项，但我国上市公司股利分配，特别是现金分红受到经济、体制、金融环境等多方面的影响，仍存在现金分红高度集中于少数优质公司、分红的连续性和稳定性不足、分红回报方式较为单一、结构不够合理的问题。因此，中国证监会在充分尊重公司自治的基础上，结合上市公司规范运作水平，将现金分红作为资本市场一项重要基础制度建设，明确四类公司的分红比例⊖，以实现对中小投资者合法权益的保护。⊜

12.4.3 股票股利和股票分割

上文所述的股利政策，实际上仅是现金股利政策。有时公司的股利发放也可能采取其他的方

⊖ 具体分红比例见本章 12.2.3 节表 12-3 中国证监会关于上市公司差异化分红政策的规定。
⊜ 资料来源：2013 年 11 月 30 日中国证监会颁布的《上市公司监管指引第 3 号——上市公司现金分红》。

式,其中股票股利和股票分割就是其中较为主要的两种。股票股利和股票分割的经济意义几乎完全一样,都是给公司现有股东增发额外的股票,唯一区别在于会计处理方式的不同。探讨股票股利和股票分割问题,也是确定公司股利政策时必须考虑的另一方面。

1. 股票股利

股票股利是用股票支付股东股利的一种方式,即公司以普通股或优先股作为股票标的发放给普通股东。我国资本市场通常将发放股票股利的行为称为"送股"。从会计角度看,股票股利只是资金在股东权益账户之间的转移,而不是资金的运用,即它仅仅是将资金从留存收益账户转移到其他股东权益账户。因此,企业发放股票股利的实质是股东权益各项目数额的重新分配,即将股票股利按股票市值从留存收益账户转移到普通股股本账户和资本公积账户中,实际上是将股票股利按市场价值予以资本化。当企业的盈余总额以及股东的持股比例不变时,每位股东所持股票的市场总值保持不变。

通常如果股票股利发放低于原发行在外的普通股的20%,则称其为小比例股票股利。这种股票股利在会计上的处理方法是以股票的市值为标准,将相应的金额从留存收益转移到股本和资本公积账户上。当发行在外的股票股利等于20%或更高时,会计处理则有所不同。小比例股票股利的发放预期对股票市价不产生影响,而大比例股票股利的发放则可能大大降低股票的市价,因此,应以股票面值为标准,直接将金额从留存收益转移到股本账户。

【示例12-2】 云南驰宏锌锗股份有限公司(简称驰宏锌锗)(600497)股东大会于2007年年初审议通过了公司2006年度利润分配议案。2006年度公司实现净利润10.36亿元。公司依法从2006年度税后净利润中提取10%的法定盈余公积金1.03亿元后,加上上年度未分配利润718万元,可供股东分配的利润为9.4017亿元。以公司总股本1.95亿股为基数,拟向全体股东每10股送红股10股,共计送红股1.95亿股,剩余未分配利润结转下一年度。已知公司发放股票股利以前的资本公积为10.2239亿元,盈余公积为1.7994亿元。其股东权益变化情况如表12-9所示。

表12-9 驰宏锌锗(600497)发放股票股利前后的股东权益情况表

(单位:万元)

发放股票股利前		发放股票股利后	
股本	19 500	股本	39 000
资本公积	102 239	资本公积	102 239
盈余公积	17 994	盈余公积	17 994
未分配利润	94 017	未分配利润	74 517
股东权益合计	233 750	股东权益合计	233 750

从表12-9可以看出,发放股票股利以后,股东权益总额没有发生变化,但是股东权益结构发生了变化。由于普通股股数的增加,股本随之增加。可见,企业发放股票股利的实质是实现股东权益各项目数额的重新分配,即将股票股利按股票市值从未分配利润账户转移到普通股股本账户中,实际也就是将股票股利按市场价值予以资本化。

需要指出的是,【示例12-2】中由于是大比例发放股票股利,因此以股票面值计算股票股利价格。

该公司2006年度未分配利润为50 000万元,假定某股东持有10 000股该公司普通股,则发放股票股利对该股东的影响如表12-10所示。

表 12-10　驰宏锌锗（600497）发放股票股利前后对某一股东股票价值影响情况表

（单位：元）

发放股票股利前		发放股票股利后	
每股收益（EPS）	2.56	每股收益（EPS）	1.28
每股市价	54	每股市价	27
持股份数（股）	10 000	持股份（股）	20 000
所持股总市值	540 000	所持股总市值	540 000

发放股票股利后，由于普通股股数的增加，每股收益和每股市价都会相应减少，但由于股东所持的股份比例并没有发生变化，每位股东所持的股票市值仍然不变。这说明发放股票股利会对公司股东权益的构成产生影响，从而对公司的财务风险、每股收益和每股价格等产生影响。表 12-10 中股票股利发放后的每股市价为理论价格。由于股票股利在信号方面能向市场传递有关未来发展前景的信息，从而提高投资者对公司的信心，所以股票市价在一定程度上反而会略有上升。因此，如果发放股票股利后股票市场价格的下跌幅度低于账面价值的下跌幅度，则股东将因此受益；如果发放股票股利后股票市场价格的下跌幅度大于账面价值的下跌幅度，则股东将会受到损失。

【示例 12-3】　上市公司如果采取股票股利的分配形式，就能将更多的资金投向有价值的项目，满足股东价值最大化的目标要求。但是市场是否会认同上市公司的做法呢？为了分析市场对送股行为的反应，本章对我国 2007 年上市公司送股后的股价在除权除息日的变动情况做了分析。统计结果显示，2007 年上市公司中分配股票股利的有 94 家（基于 2006 年度业绩）。由于现金股利、股票股利同在一天除息除权，为了避免现金股利对分析结果的干扰，最终在 94 家送股分配上市公司中选择了未分配现金股利的 17 家上市公司作为分析对象。

为了观察市场的反应，以除权除息后的价格（除权除息日开盘价）为基准，对当日相关上市公司的股价变动计算变动比率，并以此作为市场的反应指标。统计发现，17 家上市公司中有 12 家上市公司的股价在除权除息日有不同程度的上涨现象，最高达 49.16%。去掉最高值，计算 12 家上市公司股价的平均变动比率为 6.14%。为了探讨股价变动情况与公司业绩的关系，通过对股价变动比率与公司净资产收益率作线性回归处理，发现股价与公司业绩有正的弱相关性。即上市公司年度业绩的提高将会在一定程度上引起股价的上涨。

由以上数据分析可知，市场对于绝大部分上市公司的送股行为持积极的态度，该部分上市公司的股价并不会维持在除权除息价不变，而是有相应的上涨趋势。这主要与投资者预期公司未来的盈利能力将有所提高有关。

值得一提的是，除了采用"送股"的形式外，我国上市公司也经常采用"转增股本"的形式发放股票股利。转增股本，是指公司将一部分资本公积金转化为股本，上市公司应同时无偿增发股票并按照股东持有股份的比例分配给现有普通股股东。

从客观结果上来看，转增股本与送股相似。资本公积转增股本后，股东权益只是内部结构发生变化而总额不发生变化，股本规模增加，通常每股收益、每股净资产和每股市价都会下降。结果虽然相似，但两者具有本质的区别。送股是上市公司采用股票股利形式进行的利润分配，股本增加的来源是上市公司的留存收益，留存收益除了可用于发放股票股利之外，还可用于弥补亏损和发放现金股利。而资本公积虽然也是企业的资本，但是不附带有收益及分配的权力，不能用于发放现金股利和弥补亏损，从严格意义上来说，资本公积用于转增股本属于资本性账户的内部结转，不具有利润分配的性质。

资本公积转增股本对于公司的意义主要体现在两个方面。一方面，可以改变公司的投入资本结构，体现公司稳健、持续的发展潜力，因为公司股本一般不会用于投资者的分配或者弥补亏损，即使是在公司破产的情况下，它也将被优先分配给债权人；另一方面，对于上市股份有限公司而言，它会增加投资者持有的股份，从而增加公司股票的流通量，进而可以激活股价，提高股票交易量和资本流动性。

转增股本与送股在我国的证券市场上是十分普遍的现象。在目前的上市公司实务中，有相当一部分公司将两种手法混合运用。2007年上市公司业绩普遍十分突出，保持着大幅增长的态势，其中最有特色的是大比例送转股的上市公司非常多。统计数据显示，截至2008年3月28日，共有76家上市公司推出了10送转8以上的方案，这是以往任何一年都没有过的⊖。

【示例12-4】 中信证券（600030）于2008年3月17日公布的利润分配方案是以每10股转增10股并派5.00元（含税）。股权登记日为4月23日，除权除息日为4月24日。新增股份将于4月25日上市。中信证券同时表示将于4月30日进行现金红利发放，按10%的税率代扣个人所得税，实际发放现金红利为0.45元/股。资本公积每10股转增10股，实际资本公积转增股本为3 315 233 800元。转增后，公司总股本由3 315 233 800股变更为6 630 467 600股。该分配方案实施以前中信证券2007年每股收益为4.01元，本次分红派息和转增股本实施后，按新股本6 630 467 600股总计摊薄后计算的2007年度每股收益为1.62元⊖。

2. 现金股利与股票股利的差异分析

（1）现金股利与股票股利对公司的财务影响不同。

1）发放股票股利可使股东分享公司的盈利而无须分配现金，使公司留存了大量的现金，便于进行再投资，有利于公司的长期发展。而发放现金股利将减少企业的实物资产，直接影响企业内部资产的结构，致使长期资产与流动资产的比重发生变化。与此同时，股票股利不会影响所有者权益的总额，资产、负债等均不发生变化。只有在公司同时存在普通股和优先股的时候，发行股票股利将影响股本结构当中两种股本的比例变化。现金股利则引起所有者权益总额的减少，但不会引起股本结构的变化。

2）发放股票股利可以降低每股价格，可以促使股票交易更活跃。一般来说，企业经营良好，股票价格上涨过快，反而会使投资者产生恐惧心理，害怕风险过大，不适宜大量交易。发放股票股利就可以降低每股价格，从而达到分散个别投资者风险的目的，但总体风险无法分散。与此同时，降低每股价格，可以吸收更多的投资者。

3）发放股票股利往往会向公众传递公司未来将持续发展的信息，从而提高投资者对公司的信心，在一定程度上起到了稳定股票价格的作用。但在某些情况下，发放股票股利也会被认为是公司资金周转不灵的征兆，降低了投资者对公司的信心，加剧股价的下跌。发放现金股利在一般情况下会增强投资者的信心，向公众传递公司稳定发展的信息，从而吸引更多的投资者。

4）发放股票股利的费用比发放现金股利的费用大，会增加公司的负担。

（2）现金股利与股票股利对股东的财务影响不同。一般而言，当公司运行正常，发放股票股利将增加股东的股票价值。这是因为公司发放股票股利后其股价并不成比例下降。一般在发放少量股票股利（如2%~3%）后，不会引起股价的立即下跌，可使股东得到股票价值相对上升的好处，而发放现金股利将不可能得到比股利面值更大的价值。

⊖ 资料来源：中国上市公司咨询网，www.cnlist.com。
⊖ 资料来源：中信证券（600030）2007年年度报告。

3. 股票分割

股票分割又称拆股，是指公司管理当局将公司高面额股票分割或拆换为低面额股票的行为，例如将1股面值为2元的股票拆换为2股面值为1元的股票。从会计角度来看，股票分割对公司的资本结构、资产的账面价值、股东权益的各个账户等都不产生影响，只是使公司发行在外的股票总数增加，每股股票代表的账面价值降低。

拆股的前提是股价让投资者难以接受，这在我国现阶段并不普遍。而在我国股票市场建立之初，由于上市公司本身寥寥无几而股价奇高，拆股则多为采用。据统计，1991年上市公司总数为11家，有4家拆细；1992年上市公司44家，30家拆细。1991年的相关统计如表12-11所示。

表12-11 1991年施行股票分割的上市公司明细表

证券名称	分配类型	除权（息）日期	分配比率	分割前市价（元）	分割后市价（元）
申华控股	拆股	1991年02月26日	10	349	34.90
方正科技	拆股	1991年03月11日	5	256.6	51.32
飞乐音响	拆股	1991年08月26日	5	517.2	103.44
爱使股份	拆股	1991年08月26日	5	449.7	89.94

资料来源：CSMAR数据库。

企业进行股票分割的目的主要在于通过股票分割，可以降低股票的每股价格，从而吸引更多的中小投资者，活跃股票市场的交易气氛，增强企业股票的流动性。通常来讲，股票分割常见于成长中的企业。企业进行股票分割往往被视为一种利好消息而影响股票价格。所以，企业股东就能从股份数量和股票价格的双重变动中获得相对收益。

【示例12-5】 股票分割在国外成熟市场上是很普遍的现象。例如在1980年，道琼斯工业指数的30家成分股中有24家进行了拆股；GE（通用电气）曾于1971年、1983年、1987年、1994年和1997年五次进行"1拆2"的股票分割；著名的网络公司雅虎分别在1998年和1999年两次进行"1拆2"的分割，大大拓展了股价上扬空间。

中国主要网络公司之一的网易（NASDAQ：NTES）的成功引人注目，从2001年股价仅为0.6美元到2006年3月16日以93.365美元收盘，直逼100美元大关，但与其主要竞争对手新浪（NASDAQ：SINA，当时股价为25～26美元/股）、搜狐（NASDAQ：SOHU，当时股价为22～23美元/股）相比，股价过高了。2006年3月20日，网易宣布将按照4:1的比例对其股份进行拆分。拆分之前，网易发行的每股ADR（美国存托凭证）代表120股普通股，拆分后，每股ADR代表25股普通股。按照现有股价，网易拆股之后的股价将保持在同新浪、搜狐相当的水平。对于ADR的此次调整，网易CEO丁磊表示："网易ADR价格在过去几年来显著上涨，此次调整ADR展现了我们愿意向更广大投资者开放和提升股票流动性的承诺。"受此消息影响，网易股价上涨，报收于96.18美元，涨幅为6.87%。盘中，网易股价一度涨至97.75美元，创造了历史新高。3月27日，拆股正式执行，网易的开盘价为23.50美元，相当于前一交易日的1/4左右。

一般认为，拆股有利于扩大投资者基础，吸引更多投资者参与，增加交易量和流动性。我国上市公司一般没有股票分割行为，一方面是由于我国多数上市公司的股价尚不至于过高；另一方面，我国迄今为止尚未建立有关股票分割的相关法律法规。借鉴国外成熟市场的经验，制定相应的规定，可为上市公司调节股价水平提供更为灵活的手段，有利于股市的长期发展。

4. 股票股利和股票分割的影响

（1）对股票价格的影响。当宣告发放股票股利或股票分割时，一般来讲公司的股价在除权后将会下降，但是下降的程度小于股票除权后的理论价格。这并不是股票股利和股票分割本身造成的，而是由于投资者把股票分割或发放股票股利看做公司未来获得较好盈余的信号造成的。由于只有管理层认为公司股价会继续上扬才会分割股票，所以股票分割的公告被看做公司盈余与现金股利有可能上升的信号。因此，伴随着股票股利或股票分割的股价上升，应该是公司盈余与股利有较好发展前景的信号所产生的结果，而不是股东想获得股票股利或进行股票分割本身造成的。

（2）对投资者的影响。从理论上来讲，股票股利和股票分割对股东来说没有任何价值的变化。股东持有的股票数量增加了，但是他们在企业中的股权比例并没有发生变化。虽然股票的市场价格成比例地下降，但每个股东的股权价值总量是不变的。股票股利和股票分割带来的每股市价下降使投资者更容易出售部分股票而获得收入。在一些投资者眼中，出售由股票股利或股票分割而得到的额外股票并非本金的出售，而将其视为一笔意外的财富，他们可以出售额外股票而仍保留原来的股权。所以从某种角度来看，股票股利或股票分割对这些股东可以产生有利的未来预期。

（3）对公司价值的影响。第一，股票股利与股票分割可使企业的股票处于一个价位更低、更受欢迎的交易范围，吸收更多的购买者来购买公司的股票，增加了股票的流动性，也有利于降低机构持有者持有股票的数量，扩大个人持股者持有股票的数量，扩大了公司的公众影响。

第二，股票股利与股票分割的宣布往往会向社会传递公司继续发展的资讯。有资料表明，股票股利与股票分割公布前后，股票价格一般会有上浮的趋势。在投资者看来，股票股利与股票分割是一种成长中公司的所为，把它作为现金股利与盈利能力增强的先导信号，因而能提高投资者对公司的信心，在一定程度上稳定甚至提高公司股票的价格。

第三，发放股票股利可使股东分享公司的盈余而无需分配现金，这使公司留存了大量的现金，便于公司进行再投资，有利于公司的长期稳定发展。

第四，股票股利与股票分割都能达到降低公司股价的目的。但一般来说，只有公司股价剧涨且预期难以下降时，才采用股票分割的办法降低股价；而在公司股价上涨幅度不大时，往往通过股票股利将其股价维持在一个理想的范围之内。

12.4.4 股票回购

1. 股票回购的含义与动机

股票回购是指公司在有多余现金时，向股东回购自己的股票，以此来代替现金股利。在西方，公司在股票回购完成后可以将所回购的股票注销，但是在绝大多数情况下，公司将回购的股票作为库藏股保留，不参与每股收益的计算和收益分配。库藏股日后可移做他用，或在需要资金时再次将其出售。但我国不允许公司拥有库藏股。

股票回购是在1973年到1974年间美国政府对公司支付现金红利施加限制条款时产生的，在20世纪80年代后作为美国公司的一种反收购政策得以持续增长，逐步成为美国上市公司家常便饭的行为，几乎每天都有公司股票回购事件发生，回购的单项金额和总规模都呈现快速增长的趋势。从世界经济方面来考察，股票回购的动机随不同历史时期、不同国家、不同性质的上市公司，乃至同一公司的不同发展阶段而不尽相同。概括起来讲，股票回购的动因主要有以下几个方面。

（1）防止敌意收购。股票回购有助于公司管理者避开竞争对手企图收购的威胁。股票回购导致股价上升和公司在外的股票数量减少，从而使收购者要获得控制公司的法定股份比例变得更为困难。同时，公司现金状况的下降和资产负债率的上升也减弱了公司被作为收购目标的吸引力。比较典型的有：为避免被收购，1985年菲利浦石油公司动用81亿美元回购8 100万股本公司股票；1989年和1994年埃克森石油公司分别动用150亿美元和170亿美元回购公司的股票。

（2）维持或提高每股收益水平（即给股东以比较高的回报），提升公司股票价格。公司回购股票从而减少股本数，可以使得在公司盈利水平变化不大的情况下维持或提高每股的收益水平。在市盈率不变的情况下，股票的价格会有所提高，特别是当股票价格被低估或是股价过低的情况下，通过回购可以稳定或抬高股价，提高投资吸引力。例如，美国联合电信器材公司利用股票回购作为现金红利政策，在1975～1986年约10年的时间里使公司股价从每股4美元一直飙升到每股35.5美元。

（3）重新资本化，即大规模借债用于回购股票或支付特殊红利，从而迅速和显著提高长期负债比例和财务杠杆。重新资本化往往出现在竞争地位相当强、经营进入稳定增长阶段，但长期负债比例过低的公司。由于这类公司具有可观的未充分使用的债务融资能力储备，按照资产预期能够产生的现金流量的风险与资本结构匹配的融资决策准则，提高财务杠杆，可以优化公司资本结构，降低公司总体资本成本，增加公司价值，从而为股东创造更多的价值。

（4）视为一种投资机会，即公司管理层将本公司股票作为一种良好的投资机会。根据信息不对称理论，与外部投资者相比，公司管理层通常掌握着更多的公司信息，对公司有更准确的认识。如果公司管理层认为公司缺乏实业投资机会，同时本公司股票暂时处于低迷状态，在回购完成后股价将随时间的推移而上扬，那么公司很可能会进行股票回购。当公司进入成熟期后，随着收益的增加，而其他投资渠道又不是很多的情况下，可以考虑将股票部分回购。

【示例12-6】 股票回购在国外经常被作为一种重要的反收购措施而运用，而在我国股票回购的起步较晚。2000年以来，我国共有74个股票回购案例，其中A股市场股票回购案例67个，B股市场股票回购案例7个。长安汽车作为中国知名的汽车制造公司，其股票回购的案例在股票市场引起了广泛的关注。2011年，在长安汽车前三季度净利润大幅度下降同时股价也连续下跌的情况下，2011年11月6日，长安汽车股份有限公司发布公告：公司拟以不超过6.1亿港元自有资金（按照10月14日的1港元合0.81983元人民币的汇率换算，折合人民币约5亿元），不高于3.76港元/股的价格在6个月内择机回购，回购数量以回购期满时实际回购的股份数量为准，但是最多不超过26 985.9万股B股，即不超过公司目前总股本的5.58%和B股股份的25.14%。长安汽车表示，公司B股股价已经明显背离公司实际的经营状况和盈利能力，价格表现与公司的内在价值不相符，公司的投资价值被严重低估，给公司形象带来了负面影响，不利于维护广大股东的利益。因此公司拟在当前市场环境下回购部分B股，以维护长安汽车在资本市场的形象，增强公众投资者对公司的信心，提升公司价值，实现股东利益最大化。

2012年3月12日，长安汽车股份有限公司（A股代码：000625，B股代码：200625）首次实施回购部分B股，共回购B股3 241.706 5万股，回购最高价为3.60元/股，回购最低价为3.29元/股，支付总金额为11 490.110 1万港币（含税费），回购股票占总股本的0.67%。股票回购日，长安汽车B股收盘价为3.51元，涨幅达到7.01%。同时，受到长安汽车回购利好消息影响，2011年11月7日深沪B股大幅反弹，沪B指涨幅1.77%，深B指涨幅1.71%。

长安汽车的财务报表资料如表12-12所示。从这些资料来看，长安汽车的股票回购给其财务状况带来了一定的影响，但是综合各项财务指标分析，本次股票回购对于长安汽车的影响不是很大，回购后并不会影响公司的正常经营活动。

表12-12 长安汽车股票回购前后的财务指标

主要财务指标	回购前	回购后	主要财务指标	回购前	回购后
每股净资产	3.05	3.09	每股收益（元）	0.20	0.30
资产负债率（%）	0.60	0.60	净资产收益率（%）	0.07	0.01

资料来源：依据长安汽车（A股代码：000625，B股代码：200625）相关公告，和讯网、人民网相关报道整理。

长安汽车的本次回购案例对我国B股市场带来了很好的启示。我国B股市场低迷，交易不活跃，流动性差，而股票回购则是一种解决我国B股问题的很好方法，而出现股票回购则说明B股的价值低估，会对公司二级市场的股价形成支持，也会对 B 股市场形成刺激效应。因此，长安汽车股票回购带来的巨大正面效应也将促使更多的公司采取股票回购措施，推动企业的资产整合和公司重组。

2. 股票回购的方式

股票回购的方式按照不同的分类标准主要分为以下几种。

按照股票回购的地点不同，可分为场内公开收购和场外协议收购两种。场内公开收购是指上市公司把自己等同于任何潜在的投资者，委托证券公司代自己按照公司股票当前市场价格回购。这一种方式的透明度比较高，但很难防止价格操纵和内幕交易，因而，场内回购的时间、价格和数量等均被严格地监管控制。场外协议收购是指股票发行公司与某一类（如国家股）或某几类（如法人股、B 股）投资者直接见面，通过协商回购股票的一种方式。协商的内容包括价格和数量的确定，以及执行时间等。很显然，这一种方式的缺陷就在于透明度比较低。

按照筹资方式，可分为举债回购、现金回购和混合回购。举债回购是指企业通过向银行等金融机构借款的办法来回购本公司股票，其目的无非是防御其他公司的敌意兼并与收购。现金回购是指企业利用剩余资金来回购本公司的股票。如果企业既动用剩余资金，又向银行等金融机构举债来回购本公司股票，称之为混合回购。

按照股票回购的对象不同，可以分为在资本市场进行随机回购、向全体股东回购、向个别股东协商回购。在资本市场上随机回购的方式最为普遍，但是这种方式也往往受到监管机构的严格监控。在向全体股东招标回购的方式下，回购价格通常高于当时的股票价格，具体的回购工作一般要委托金融中介进行，成本费用较高。向个别股东协商回购由于不是面向全体股东，所以必须保持回购价格的公正合理性，以免损害其他股东的利益。

按照回购价格的确定方式，可分为固定价格要约回购和荷兰式拍卖回购。前者是指企业在特定时间发出的以某一高出股票当前市场价格的价格水平，回购既定数量股票的卖出报价。为了在短时间内回购数量相对较多的股票，公司可以宣布固定价格回购要约。它的优点是赋予所有股东向公司出售其所持股票的均等机会，而且通常情况下公司享有在回购数量不足时取消回购计划或延长要约有效期的权力。与公开收购相比，固定价格要约回购通常被认为是更积极的信号，其原因可能是要约价格存在高出市场当前价格的溢价。但是，溢价的存在也使得固定价格回购要约的执行成本较高。荷兰式拍卖回购与固定价格要约回购基本相同，只是公司指定的是一个回购的价格范围而不是固定的价格。每个参与回购的股东提交希望被回购的股票数量和价格，公司将收集所有的反馈并按照提交的价格进行排序，公司能够回购到预先设定股票数量的最低价格就是最终的回购价格。

3. 股票回购的财务效应

（1）对公司资本结构的影响。无论是用现金回购还是负债回购股票，都会改变公司的资本结构，提高财务杠杆率。在现金回购方式下，假定公司中长期负债规模不变，则伴随股票回购而来的是股权资本在公司资本结构中的比重下降，公司财务杠杆率提高。在以增加债务回购股票的情况下，公司中长期负债增加，股权资本比重下降，公司财务杠杆率提高。很明显，利用负债融资回购股票对于财务杠杆率的提高作用更为突出，而且，举债会增加税收上可抵减的利息额。

通过改变资本结构进行股票回购来达到最大化股东价值目标的途径有两条。一是利用负债融资进行股票回购，公司可享受债务利息在税前抵减的好处，并使净利润增加，有助于提升股价，股东的价值就会得到增值；二是利用资本结构的信号传递作用。负债的高低是衡量企业质量高低的标准之一，如果公司公告了股票回购信息，即在资本结构中提高负债与股权之比，相当于公告了公司杠杆比率提高的消息。此时，一方面说明企业经营情况良好，另一方面向市场传递管理层认为股票价值被低估的信号。在这种情况下，投资者就会改变对公司未来收益的预期，导致股票价格上涨，从而增加了股东的价值。

（2）对公司股利政策的影响。由于股票回购是20世纪70年代初美国公司为规避政府对现金红利的管制而发展起来的，因而可以说股票回购是作为现金红利的一种补充股利政策。公司运用股票回购的方式分配股利，有其特殊的回避制约股利分配因素的成分。股票回购不但可以满足低股利加额外股利政策，规避其他股利分配方式对公司股利政策的制约，而且可以通过股票回购规避法律和税收方面的制约，具体表现在以下两个方面。

1）股票回购的税负效应。股票回购使得股东能够以较低的资本利得税取代现金红利必须交纳的较高普通个人所得税。现金红利不但要按普通收入所得税率纳税，而且在公司进行股利分配时必须缴纳。采取股票回购的方式分配，不但意味着股票回购使得股东能够以较低的资本利得税取代为所得现金缴纳的普通个人所得税，而且股东从回购股票得到的现金只有在回购价格超出股东的购买价格时才须纳税，纳税时间也延迟到股东出售该股票的时刻。

2）股票回购的政策规避效应。一方面，由于股份公司实行有限责任制，股利政策更容易受到相关法规的约束，可能会导致公司的股利支付率不高，直接影响投资者对投资回报的预期，不利于股价的提高；另一方面，对股利支付的约束将有可能造成公司的现金过多，超出公司正常投资需要，不但可能出现公司投资失误，而且容易给经营者提供逆向选择的机会。股票回购的出现可以在一定程度上规避相关法规对公司红利增长的限制，提高公司的股利支付比率，提升股东的价值。

（3）对公司利润的影响。公司实行股票回购时，股价将发生两方面的变化。首先，公司股票的每股净资产账面价值将发生变化。在假设净资产收益率和市盈率都不变的情况下，股票的净资产账面价值和股价存在一个不变的常数关系，也就是净资产倍数，股价将随着每股净资产账面价值的变化而发生相应的变化。股票回购中净资产账面价值的变化可能是向上的，也可能是向下的。其次，由于公司回购行为的影响及投资者对此的心理预期，将促使市场看好该股而使该股股价上升，这种影响一般总是向上的。

【例12-6】 假设某公司股本为10 000万股，全部为可流通股，每股净资产账面价值为3元，在下面两种情况下进行股票回购，会对公司每股净资产账面价值产生不同影响。

（1）股票价格低于净资产账面价值。假设股票价格为2.5元，股票回购30%即3 000万股流通股。回购后公司净资产账面价值为 $3\times 10\ 000 - 2.5\times 3\ 000 = 22\ 500$（万元），总股本变为 $10\ 000 - 3\ 000 = 7\ 000$（万股），则每股净资产账面价值为 $22\ 500/7\ 000 = 3.21$（元），较原来上升0.21元。

（2）股票价格高于净资产账面价值。假设股票价格为4元，若公司回购30%的股票，此时每股净资产账面价值为 $(30\ 000 - 4\times 3\ 000)/(10\ 000 - 3\ 000) = 2.57$（元），下降0.43元。当公司进行回购的资金来源于银行借款时，由于银行利率在一般情况下低于股权融资成本，公司进行回购可以降低融资成本，改善资本结构，提高每股利润。设该公司每年利润为5 000万元，全部派发为红利，银行1年期贷款利率为10%，公司股权融资成本为12%，高于银行利率10%。若公司用银行贷款来回购30%的公司股票，则公司利润扣除银行利息1 200万元后变为3 800万元（未考虑税收因素），公司股本变为7 000万股，每股利润上升为 $0.543(3\ 800/7\ 000 = 0.543)$ 元，较回购前的 $0.5(5\ 000/10\ 000 = 0.5)$ 元上升了 $0.043(0.543 - 0.5 = 0.043)$ 元。

4. 我国股票回购的现状

自20世纪90年代以来，我国资本市场相继出现了多起股份回购案例，如1992年豫园股份的合并回购、1994年陆家嘴协议回购国有股后增发B股、1996年厦门国贸回购减资案、1999年云天化与申能股份部分国有股的成功回购。国有股回购引起市场的广泛关注，并成为当年证券市场的一个亮点。2000年冰箱压缩（现已更名为海立股份）、长春高新回购，2001年青岛啤酒与科龙电器回购，2002年深高速回购，将股份回购交易推向了高潮。近年来已实施股份回购案例的基本情况统计分析如表12-13所示。

表12-13　近年我国股份回购基本情况统计表

支付方式	证券名称	股份类型	回购形式	回购特点
合并回购	豫园股份（600655）	国有股	协议回购	中国股市第一例为合并而实施股份回购的案例，大豫园作为小豫园的大股东，采用协议回购的方式把小豫园的所有股票（包括国家股、法人股、社会公众股）悉数回购并注销，合并后新公司再发新股
现金回购	陆家嘴（600663）	国有股	协议回购	进行减资回购，规范股权结构并不是最终目的，最终目的是通过国家股减资回购，再增发一定数量的流通股（B股），进一步增资。把股份回购当成一种策略性的资本运营工具
现金回购	云天化（600096）	国有股	协议回购	云天化实施股份回购，可以最大限度地发挥资金杠杆作用，遏制公司每股收益下滑的趋势。此次股份回购中，公司将原本应向外投资的资金投向了自身现有的资产
资产回购	长春高新（000661）	国有股	协议回购	第一大股东欠上市公司的款，大股东以上市公司回购国有股为支付形式
自有资金回购	青岛啤酒（600600）	H股	公开市场回购，要约回购	在二级市场回购H股
自有资金回购	邯郸钢铁（600001）	A股	公开市场回购	在二级市场回购A股

虽然我国股份回购对资本市场产生一定影响，也出现许多股份回购成功的案例，但是要成为公司资本运作的有效工具还存在很大差距，当前还存在问题。规范实施股份回购的对策总结如下。

（1）关于库藏股问题。股份回购与库藏股制度是分不开的，"库藏股"指公司发行后又重新回到公司手中，但尚未依法予以注销的本公司股票。在成熟证券市场中，公司回购的库藏股根据需要可以被注销，可以再次被出售，也可以用于职工持股计划和高管人员的股票期权计划，而我国《公司法》规定所回购的股份要10日内全部注销。如果不允许库藏股的存在，也就意味着回购的股份要在一定的期限内全部注销，公司调整资本规模只能是单方面的，很难灵活调整流通股数量来维护股价的稳定，从而制约企业利用这一资本运作方式发展的动力。此外，管理人员股票期权制度是防止经理人员的短期行为影响公司经营的有效手段，这也为回购的股份保留为库藏股提供了更直接的现实需要。所以，我国有必要完善库藏股实施方案。

（2）关于市场操纵与内幕交易问题。虽然股份回购能对资本市场产生积极作用，但其对资本市场的消极影响也不容忽视，实施股份回购可能增加市场操纵的风险、增加内部交易的可能性。因此，亟须在股份回购全程进行真实、准确、及时的信息披露，避免其成为公司操纵市场或内幕交易的工具。由于我国证券市场发展不成熟，决定了存在比成熟市场更多的操纵市场、内幕交易事件，市场监管也更为迫切和艰巨。有效的市场监管体系可保障股份回购积极作用的有效发挥。

（3）国家政策引导的问题。我国上市公司普遍存在股权融资偏好，管理层热衷于选择上市发行股票募集发展资金，而用公司自有资金回购发行在外的部分股份却不常出现。针对当前上市公司管理层普遍缺乏回购意愿的现实，国家应该鼓励有实力的企业积极实施有利于公司价值提升的回购，使其起到示范效应。与此同时，由于股票回购可以在一定程度上代替现金股利向股东分红，2013年11月30日，中国证监会发布《上市公司监管指引第3号——上市公司现金分红》并支持上市公司在其股价低于每股净资产的情形下（亏损公司除外）回购股份，以多元化的方式回报投资者。

本章小结

本章主要讨论了利润构成与分配、股利分配、股利理论、股利政策四节内容。

我国新修订的《企业会计准则》对企业利润表结构进行了相应的调整，企业利润既有通过生产经营活动和投资活动而获得的营业利润，也包括那些与生产经营活动和投资活动无直接关系的事项所引起的盈亏。企业只有确定其可分配利润，才可将其用于分配现金股利。在利润分配过程中，企业只有将税后利润弥补亏损、提取法定公积金与任意公积金之后才能将其向投资者进行分配。

目前我国最常用的股利支付形式为现金股利与股票股利。在股利分配过程中，确定股权登记日、除权除息日和股利发放日对分配股利是非常重要的。通过对我国近年来上市公司的股利分配状况而进行的描述性统计，本文得出了我国上市公司股利分配总体呈缺乏稳定性、缺乏连续性、股利支付率总体偏低等特点。

学术界对股利理论的研究大体上经历了两个阶段。一是股利理论产生与形成阶段，在该阶段出现了经典股利理论；二是不断完善的阶段，在该阶段出现了现代股利理论。随着对理性行为假设约束的突破，形成了基于行为金融学的新兴股利理论，主要包括理性预期理论、自我控制理论、后悔厌恶理论和股利迎合理论等。本章介绍的几个重要股利理论如表12-14所示。

表12-14 三个阶段股利理论的简介

		股利无关理论	"在手之鸟"理论	税差效应理论		
经典股利理论	核心前提假设	完善的资本主义市场假设：信息完全对称，不存在所得税和发行交易费用，投资者是理性的并追求个人价值最大化，投资决策独立于股利政策	放松了"投资决策独立于股利政策"假定，认为投资者对资本利得和股利收入要求不同的回报率	放松了"不存在所得税"假定		
	理论基本思想	股利政策不会影响企业价值，不存在最优的股利政策	相对于资本利得，股利因其本身的确定性而具有较低的风险，因此股利优于资本利得，企业应实施高股利支付率政策	相对于现金股利，资本利得的所得税率更低，而且具有推迟纳税的优势，企业应实施低股利支付率政策		
		客户效应理论	股利信号理论	代理成本理论		
现代股利理论	核心前提假设	放松了"不存在所得税"假定	放松了"信息对称"假定，认为管理者更多地掌握信息	放松了"信息对称"假定。认为股东和管理层之间存在着利益冲突		
	理论基本思想	由于税收等级存在差异，投资者对股利水平的态度不同，企业试图以其特定的股利支付率吸引偏好它的追随者	管理当局掌握更多的内部信息，股利是管理者向外界传递内部信息的一种手段	现金股利的支付能够有效降低代理成本		
		理性预期理论	自我控制理论	后悔厌恶理论	股利迎合理论	股利生命周期理论
股利理论最新发展	核心前提假设	突破理性行为假设的约束				
	理论基本思想	市场对决策的反应不仅取决于决策本身，更取决于投资者对该决策未来绩效的预期	股利政策为人们提供了一种外部约束机制，"消费股利而绝不动用资本利得"	投资者一般都是后悔厌恶型的，股票股利会给投资者带来后悔，所以他们更偏好现金股利	股利政策的制定迎合投资者需求	成熟期的公司比初创期的公司更加倾向于发放股利

经典股利理论主要集中在股利政策与股票价值是否相关的研究上，而现代股利理论主要集中在股

利为什么会引起股票价值的变化。在放宽了 MM 股利无关理论的假设条件下，从多种不同的理论视角对股利政策提供了相关解释，丰富了股利政策问题研究的成果。

股利政策的本质是公司管理层决定当期盈利以多大比例进行分配以及分配盈利的未来时间分布问题。其通常需要与融资政策、投资政策等公司内部因素和法律、契约等外部因素结合在一起综合考虑。其中包括剩余股利政策、固定或稳定增长股利政策、固定股利支付率政策、低正常股利加额外股利政策。具体的特点如表 12-15 所示。

表 12-15　不同股利政策的特点

剩余股利政策	在企业确定的目标资本结构下，税后净利润首先要满足投资和需求，然后，若有剩余，才用于分配股利
固定或稳定增长股利政策	公司将每年派发的股利额固定在某一水平上，然后在一段时间内不论公司的盈利状况和财务状况如何，派发的股利额均保持不变。只有当公司认为未来的盈利增加足以使其发放的股利额维持在一个更高的水平时，才会提高每股股利额
固定股利支付率政策	公司确定固定的股利支付率，并长期按此比率从净利润中支付股利的政策
低正常股利加额外股利政策	每期都支付稳定的较低的正常股利额，只有在公司经营盈利较多时，再根据实际情况发放额外股利

股票股利、股票分割和股票回购是以上现金股利政策之外的其他形式。其中股票股利和股票分割的经济意义几乎完全一样，都是给公司现有股东增发额外的股票。而股票回购既是一项重要的股利政策，也是完善公司治理结构、优化公司资本结构的重要方法。

▶ 习题

一、简答题

1. 请简述目前会计准则和制度下我国企业的利润构成及其主要来源。
2. 简要说明企业的利润分配程序。
3. 股票股利是支付股利的一种方式，我国通常称为送股，而公积金转增股本也时常伴随着上市公司的股利分配方案公布。送股和转增股本都会增加投资者持有的股份，试分析两者的区别。
4. 请查询上市公司相关公告（参见 www.cninfo.com.cn），选取最近一个会计年度进行现金分红的公司，确定相应的股利宣告日、股权登记日、除息日和股利发放日。
5. 股利无关理论认为，在完善的资本市场上，企业价值取决于投资决策，而与融资决策无关。而股利政策是一种融资选择，决定着投资资金的内部或外部来源，因此企业价值与股利政策无关。请简要说明 MM 股利无关理论的主要假设和基本内涵。
6. 股利政策是迄今未解开的谜团，对于股利理论的争论也从未休止过。试辨析经典股利理论、现代股利理论和新兴股利理论中主要理论的区别。
7. 股利政策不仅影响企业的资本决策和相关融资决策，更会影响企业的正常运作和未来发展。根据企业所处发展阶段的不同特点，说明应该如何选择合适的股利政策。
8. 现金股利和股票股利是股利分配的两种重要形式，然而两者的影响存在较大差异。试分析与现金股利相比，股票股利对公司财务的影响有何不同。
9. 股票股利和股票分割都会给公司现有股东增发额外的股票，通常被投资者看做公司未来能够获得较好盈余的信号。请说明股票股利和股票分割对公司价值的可能影响。
10. 股票回购是作为现金红利的一种补充股利政策，因 20 世纪 70 年代初美国公司规避政府对现金红利管制的需要而发展起来的。试说明不同市场环境中股票回购的动因。

二、讨论题

1. 2011 年 10 月 30 日，新任证监会主席郭树清履新以来，掀起了前所未有的改革风潮，被外界称为郭树清新政的政策层出不穷，其中要求所有上市公司完善分红政策及其决策机制的举措格外引人注目。2012年5月9日，证监会正式发布了《关于进一步落实上市公司现金分红有关事项的通知》，明确规定在披露公司章程、招股说明书、定期报告以及重大资产重组报告等文件时，应该披露相应的现金分红政策。

有人认为证监会应当趁热打铁推行强制分红政策，这样既能强化对股民的回报，又能避免上市公司做假账虚报利润。但也有人认为强制分红不可取，这样会打乱公司的发展计划，而且分不分红是公司自己的事，只要信息披露充分，投资者愿买愿卖就没有问题。

讨论问题：在我国证券市场中应不应该强制上市公司分红？

2. 上市公司的高送转是指公司以较高比例的送股和转股进行利润分配。近年来，我国实施高送转方案的上市公司屡见不鲜，2010~2013年实施高送转的公司数量分别为家419家、427家、334家、347家，占当年A股上市公司总数的比例分别为19.30%、17.62%、13.22%、13.05%。在资本市场中，具有高送转题材的公司股票通常会受到资金追捧。在发布高送转方案的前后，公司的股价走势通常会明显强于大盘指数，形成"高送转行情"。然而，高送转也可能成为掩护大股东套现的手段。以海润光伏（SH.600401）为例，公司于2015年1月23日发布了每10股转增20股的分配预案，股价当天封于涨停，相比于2014年12月31日的收盘价6.91元已经大幅上涨了49.20%。出乎意料的是，2015年1月31日，公司在推出高送转方案的短短8天之后却发布了2014年业绩预亏和股票将被ST实施退市风险警示的公告。进一步发现，公司前三大股东在高送转预案公告前后均进行了不同程度的股份减持。公司股价在高送转方案公布后的6个交易日内大跌了25.12%。

讨论问题：试讨论上市公司的高送转迎合了谁的利益需求。

3. 股票回购是20世纪70年代初因美国公司规避政府对现金红利管制的需要而发展起来的，因而可以说股票回购是作为现金红利的一种补充股利政策。我国证监会先后于2008年9月和10月发布了《关于上市公司以集中竞价交易方式回购股份的补充规定》的征求意见稿和正式稿，对2005年旨在解决股权分置而出台的《上市公司回购社会公众股份管理办法（试行）》相关规定做出修订。然而我国资本市场上的股票回购事件仍然寥寥无几，股票回购并没有成为现金股利的替代，更没有成为上市公司价值管理的有效工具。

与现金股利相比，股票回购赋予股东选择卖出股票获得资本利得和继续持有享受长远利益的权利，而且能达到节税的目的。但股票回购也存在一定的负面作用，就目前而言，现金股利更容易被市场和投资者接受。

讨论问题：股票回购能不能作为现金股利的一种替代，成为投资者的"宠儿"？

4. 股利信号理论认为，在信息不对称的条件下，股利是管理层向外界传递内部信息的一种手段，股票价格的变化是投资者通过股利政策变化对企业前景进行预测和判断的结果。1977年，Ross提出有效信息传递必须满足的四个条件：①公司管理层总是积极发出真实的信号；②业绩好的企业的信号很难被业绩差的企业所模仿（要承担高昂的成本和被市场识破的风险）；③信号必须与可观察事件相联系；④不存在成本更低的传递同样质量信息的其他方式。

然而，由于目前我国资本市场和经济运行机制还不够完善，价值投资理念还不够成熟，上市公司的股利政策也呈现出与经济发达国家不一样的特点。因此，股利信号理论在我国资本市场上可能并不适用。

讨论问题：试分析股利信号理论可能不适用于我国资本市场的原因有哪些。

5. 针对股利之谜，国内外学者从不同角度进行解释，提出了多种理论。其中，客户效应理论认为，由于所处税收等级的差异，投资者对待股利政策的态度也不相同，因此每个企业都会试图以特定的股利支付率来吸引偏好它的投资者。而股利迎合理论也认为，管理层迎合投资者的需求来制定股利政策。

客户效应理论和迎合理论都考虑到了投资者对股利的不同偏好，但造成投资者不同偏好的原因却是不同的，两者的理论基础和主要结论也存在一定的差异。

研讨问题：试辨析客户效应理论和迎合理论的主要区别。

三、分析计算题

1. A 公司是一家运输企业，目前正在做出股利政策的决策，相关资料如下。
(1) A 公司未来 5 年的盈利预测如表 12-16 所示（单位：万元）。

表 12-16

年份	1	2	3	4	5
税前利润	180	260	120	210	360

(2) A 公司目前发行在外的普通股股票为 100 万股。
(3) A 公司适用的企业所得税税率为 25%。

要求：

(1) 如果 A 公司保持 30% 的股利发放率，计算每年每股发放的现金股利。
(2) 如果 A 公司发放固定金额的股利，使其总额为 5 年盈利的 30%，计算每年每股应发放的现金股利。
(3) 如果 A 公司除发放每股 0.1 元的固定小额现金股利外，任意一年的税后净利润超过 200 万元，则在年末发放额外股利，其金额为超过 200 万元部分的 50%，计算未来 5 年每年每股应发放的现金股利。

2. B 公司处于快速成长阶段，计划采用剩余股利政策，有关资料如下。
(1) B 公司目前的投资项目及其内部报酬率如表 12-17 所示。

表 12-17

项目名称	A	B	C	D
项目投资额（万元）	800	1 300	1 200	1 000
项目 IRR	12%	11%	10.5%	10%

(2) B 公司的权益资本成本为 13.5%，税前税务成本为 12%。目前的资产负债率为 60%，且目标资本结构为 60% 负债和 40% 权益。
(3) B 公司当年实现净利润 1 000 万元。
(4) B 公司适用的企业所得税税率为 25%。

要求：

(1) 根据企业价值最大化的目标判断哪几个项目值得投资。
(2) 根据第（1）问结论说明公司共需多少投资金额。若公司采用剩余股利政策，公司可以发放的现金股利是多少？
(3) 相对于其他股利政策，剩余股利政策有哪些优缺点？

3. 假设 C 公司为全权益资本的公司，相关情况如下。
(1) C 公司 t 期初的股票数量为 $n(t)$，$t+1$ 期所增发的股票数量为 $m(t+1)$。
(2) 公司 t 期初股票价格（发放前一期股利后的价格）为 $p(t)$，公司市场价值为 $V(t)$，股票报酬率为 $\rho(t)$。
(3) 公司 t 期的净收益为 $X(t)$，每股股利为 $d(t)$，投资额为 $I(t)$。

要求：

(1) 根据题目中给定的条件，试证明股利政策与企业价值无关。
(2) 请说明股利无关理论的局限性。

4. D 公司处于创始阶段，最近几年需要大量资金进行投资，投资项目情况与财务状况如下。
(1) D 公司本年度利润总额为 4 000 万元，下一年度计划投资项目所需资金为 5 000 万元。
(2) D 公司目前和目标均为资产负债率为 30%。
(3) D 公司适用的企业所得税税率为 25%。

要求：

(1) 概括说明股利信号理论与代理成本理论的基本含义。

(2) 根据上述资料，请判断本年度公司股利分配适用于哪种政策，可以发放多少现金股利。

5. E公司是一家制造业上市公司，所有者权益情况如下。
(1) 公司目前发行在外的普通股为100万股，股票价格为20元/股。
(2) 公司目前的未分配利润为800万元，资本公积为300万元。
(3) 假设E公司按10%的比例发放股票股利。

要求：
(1) 请计算发放股票股利后，E公司资本公积的报表列示数。
(2) 我国上市公司的股利分配方案中通常也会提到公积金转增股本，试判断转增股本是否属于股利分配，其意义何在。

6. F公司是一家高新技术企业，20×3年度的股利分配方案如下。
(1) 公司于20×4年5月1日宣布向截止到5月31日登记在册的所有股东发放每股5元的现金股利。此外，除息日为5月29日，股利发放日为6月15日。
(2) F公司目前股票的市场价格为70元/股。
(3) 假设投资者的税率统一为33%。

要求：
(1) 请计算F公司在5月29日的理论除权价格。
(2) 简要说明除息日和股利发放日的含义。

7. G公司是一家大型上市公司，目前股价较高，计划实施股票分割计划。
(1) G公司宣布近期将实施1股拆成3股的股票分割计划。
(2) 公司目前的股票价格为150元/股。
(3) 假设股票分割计划将使市场资本总额（市场资本总额＝股价×股票数量）增加5%。

要求：
(1) 请计算G公司股票分割计划实施后的股价。
(2) 简述企业进行股票分割的主要目的。

8. H公司是一家处于稳定发展阶段的上市公司，通过维持稳定的股利支付率政策和目标资本结构持续经营，有关信息如下。
(1) H公司目标资本结构为50%负债，50%权益。
(2) 公司目前总资产为500亿，债务资本成本为8%。
(3) 公司本年度实现的息税前利润（EBIT）为200亿。
(4) H公司适用的企业所得税税率为25%。

要求：
(1) 基于目前的股利政策，计算H公司需要从外部增加融资的债务金额。
(2) 请指出固定股利支付率政策的不足之处。

9. I公司是一家新能源公司，为降低股价计划发放股票股利或进行股票分割，相关资料如下。
(1) 方案一：发放10%的股票股利；方案二：将1股拆成2股。
(2) I公司的股东权益总额为1 200万元，相关账户金额如下：普通股本（每股面值8元）200万元，股本溢价160万元，留存收益840万元。
(3) I公司目前的股价为60元/股。

要求：
(1) 分别在实施方案一和方案二的基础上，计算股东权益账户和流通在外的股票数量发生的变化。
(2) 在没有信息传递或信号指示作用的条件下，发放10%的股票股利后普通股的市价是多少？如果有信息传递作用，则股票市价将发生什么变化？

四、自测题

1. J公司是一家制鞋企业，相关资料如下。

(1) J公司未来5年内的净收益与资本支出如表12-18所示（单位：千元）。

表 12-18

年份	1	2	3	4	5
净收益	2 000	1 500	2 500	2 300	1 800
资本支出	1 000	1 500	2 000	1 500	2 000

(2) J公司有如下三种备选股利分配方案：①采用剩余股利政策，②每股每年股利保持不变，③维持50%的股利支付率。

(3) 公司目前流通在外的普通股数量为100万股，每股每年支付股利1元。

(4) J公司适用的企业所得税税率为25%。

要求：

(1) 计算不同股利分配方案下，J公司每年所需的外部融资额。

(2) 比较以上三种股利政策中，哪种股利政策可使股利总额（5年内股利支付总额）最大，哪种股利政策使外部融资总额（5年内所需外部融资总额）最小。

2. K公司是制药股份有限公司，公司20×0年度利润分配及公积金转增股本实施公告主要信息如下。

(1) 每10股送2股，转增8股，派发现金红利1元（含税）。即每股送0.2股，转增0.8股，派发现金红利0.1元（含税，送股和现金红利均按10%的税率代扣代缴个人所得税）。

(2) 股利支付的主要日期如下：股权登记日，20×1年4月22日（注：该日收盘价27.38元）；除权（除息）日，20×1年4月25日；新增无限售条件流通股份上市流通日，20×1年4月26日；现金红利发放日，20×1年4月29日。

要求：

(1) 分析K公司20×0年度利润分配及公积金转增股本方案实施前后该公司库存现金和所有者权益的变化，填写下表并写出计算过程。

表 12-19　　　　　　　　　　　　　　　　　（单位：元）

项目	利润分配前	利润分配后
股本（面额1元）	351 800 000.00	
资本公积	702 901 443.82	
盈余公积	97 523 334.95	
未分配利润	386 742 463.05	
归属于母公司所有者权益合计	1 538 967 241.82	

(2) 假设某股东持有351 800股普通股。在市盈率不变的情况下，分析本次利润分配及公积金转增股本方案的实施对该股东的影响，填写下表并写出计算过程。

表 12-20　　　　　　　　　　　　　　　　　（单位：元）

项目	利润分配前	利润分配后
每股市价	27.38	
持股比例	0.1%	
所持股总价值	9 632 284	
实际收到的现金股利		

(3) 分析送股和转增对K公司财务的影响。

第13章

企业价值估价

▶ 学习目标

- ◆ 了解主要的企业价值估价方法与模型的基本原理
- ◆ 重点掌握现金流量贴现估价法，包括各现金流量贴现模型的原理和应用
- ◆ 掌握实体现金流量的构成和计算
- ◆ 学习以价值管理为基础的单因子敏感性分析法
- ◆ 掌握相对价值法的原理、各模型的具体应用

▶ 引言

　　本章主要内容由企业价值估价概述、现金流量贴现估价法、相对价值法、价值管理的概述四个部分组成。第一部分，在定义企业价值相关概念的基础上，介绍了企业价值估价在不同领域的应用及其意义，明确企业价值估价的对象，并对几类主要的企业价值估价方法进行概述，旨在解决的主要问题是企业整体价值与单项资产价值简单加总有什么区别，以及企业经济价值与会计计量上的应计价值有什么区别。第二部分，介绍现金流量贴现估价法的基本原理，阐述几种不同的现金流量模型及几类不同的现金流增长模式，并对现金流量贴现模型中的参数估计做了详细的介绍，旨在明确股利现金流模型、股权现金流模型、实体现金流模型以及永续增长模型、两阶段增长模型、三阶段增长模型的适用情况以及运用方法，营业收入预测时应注意的关键影响因素，计算实体现金流时对于非付现、非持续性项目的调整等。第三部分，介绍相对价值法的基本原理，阐述三种不同的相对价值模型——市盈率模型、市净率模型、市价/收入模型的运用方法，旨在明确三种不同相对价值模型的关键变量以及驱动因素，区分各模型的优缺点及适用对象，并讨论如何选择更合适的可比公司完成估价。

　　本章内容运用了前序相关章节的理论与方法，同时也是学习后续章节内容的基础。例如，本章沿用了第7章复利现金流量的计量及其等值运算的方法，第6章中所介绍的基于资本资产定价模型的权益报酬率计算方法，第10章资本成本的计算则为本章现金流贴现模型中的贴现率奠定了基础，第8章所介绍的投资项目评价使用的净现值方法也是本章的现金流量贴现估价法的基础。

　　本章的内容框架如图13-1所示。

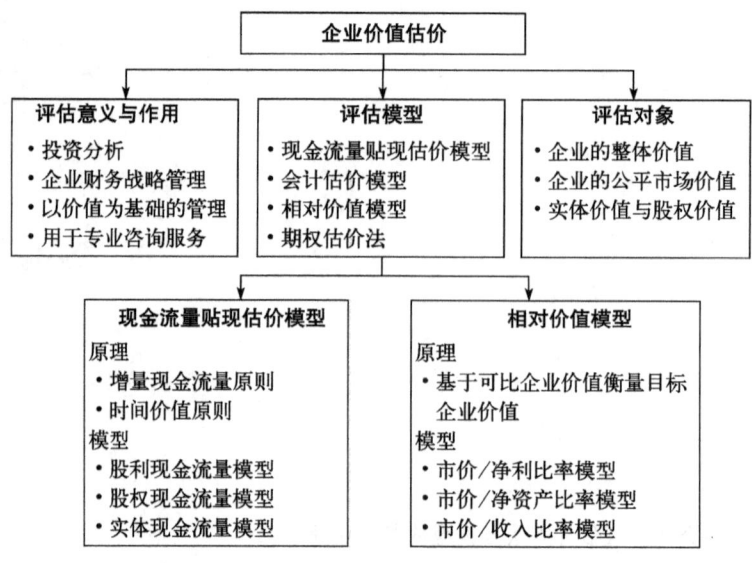

图 13-1 本章内容框架图

13.1 企业价值估价概述

企业价值是现代财务管理的核心问题之一，投资者和企业管理层是企业价值信息的主要使用者。投资者进行投资需要全面了解一个企业的未来发展潜力及其对企业价值的影响等，为所拥有的资本寻找最佳的投资对象和投资机会，实现资本增值；企业的经理人员、管理层受股东的委托，经营管理企业资产，需要及时了解企业价值。因此，企业价值成为投资者确定投资对象、债务重组、管理者绩效评价的一个重要依据。相应地，恰当选择与运用价值估价方法是系统评价企业价值的重要环节，对于合理评价企业价值尤为重要。

价值估价是在所获取的信息（包括原始信息和加工处理的数据）的基础上，利用各种价值估价模型对资产的内在价值进行估算的过程。企业价值估价方法是一个综合性的衡量企业价值的方法，不仅需要运用和分析企业过去经营状况的历史数据，还需要结合行业数据、宏观数据对企业未来的发展进行全面预测，涉及企业经营、投资、融资等，贯穿整个财务体系。其测度的是企业的内在价值，更符合管理者、投资者、股东的决策需求。

13.1.1 企业价值估价的意义

企业价值估价作为一种经济估价方法，其目的在于分析和衡量企业（或者企业内部一个经营单位、分支机构）的内在价值，通过价值估价过程实现价值发现，有助于投资人和管理层改善决策。但是，企业价值估价在不同的环境中对于不同的人来说，估价的目的和作用也有显著的差异。价值估价信息的主要使用者包括投资者、管理层以及投资咨询、资产管理在内的中介机构，他们的信息需求和使用目的都各不相同。

（1）企业价值估价运用于投资分析。由于股东与企业之间存在着长期契约关系，是最终风险的承担者，因此，相对于债权投资者等其他利益相关人，更关心企业的长期发展，对企业的长期价值尤为关注。企业价值估价成为股东了解企业长期价值的重要途径。

企业的债权人由于与企业之间存在有限期限契约关系，只关心企业在该时期内的现金流量以及影响企业现金流量的因素等。因此，债权人同样需要估价企业在未来一定时期的现金流量，尤其是对于存在长期债务的债权人。

对于投资咨询、资产管理等中介机构而言，他们希望通过价值估价发现估价对象的真实价值，为客户提供高水准的专业咨询。因此，中介机构同样需要对企业进行价值估价以获得相关估价对象的信息。

价值估价在投资分析中的作用在一定程度上取决于投资者的投资理念。相信基础分析的投资人，更多地依靠价值估价结果。他们认为企业价值与财务数据之间存在一定的函数关系，这种关系在一定时间内是稳定的，因此证券价格与内在价值的偏离经过一段时间的调整会向内在价值回归。他们确信自己挑选价值被低估或高估的证券的技能，并据此原理寻找并且购进被市场低估的证券或企业，以期获得高于市场平均报酬率的收益。因此，对于基础分析型的投资者而言，估价在投资分析中扮演着核心角色。但对于技术分析型的投资者而言，估价并不具有很强的实际意义，他们更关心整个证券市场的走势而不是某家公司证券的价值。

(2) 企业价值估价运用于企业财务战略管理。企业财务战略管理，是基于股东价值管理，使用估价模型分析说明各种经营设想和发现这些设想可能创造的价值，目的是探索影响企业目前和今后增加股东财富的关键因素是什么，这是一个价值发现和价值提升的过程。主要的财务战略管理，包括对企业并购、重组、资本运营等方案的分析和管理。价值估价在财务战略管理中起核心作用。企业在实施并购或重组方案前，必须估计出目标企业的内在价值，在决定价格时要对实施前后的价值变动进行估价，以判断该方案能否增加股东财富，以及依靠什么来增加股东财富。

(3) 企业价值估价运用于企业内部以价值为基础的管理。对于企业的管理层而言，价值估价被用于企业内部以价值为基础的管理。企业的价值与企业新项目投资、融资的策略和股利政策等的重大决策都是密切相关的，理解其中的关系对于进行增加企业价值的决策和选择合理的资本结构都是至关重要的。在这种意义上说，企业价值估价是企业进行重大经营与财务决策的重要工具。因此，实行以价值为基础的管理，依据价值最大化原则制定和执行经营计划，通过测度价值增加来监控经营业绩并确定相应报酬，都离不开企业价值估价。

(4) 企业价值估价运用于专业咨询服务。价值估价是银行、保险、投资银行等金融服务机构及金融分析师为客户提供的一项重要专业咨询服务，同时也是信贷、提供委托理财等服务的重要基础。尤其是对投资银行而言，其提供的核心业务——新股发行上市就需要对目标公司进行准确的价值估价。

此外，对于政府相关部门，价值估价是制定一些经济政策法规，判定某些经济金融事件是否违法、违规的重要标准。

13.1.2 企业价值估价的对象

企业价值估价首先要明确估价的对象是什么，只有在明确了估价对象及其特征后，才能确定具体的估价方法完成价值估价。企业价值估价的对象是企业整体的经济价值，不同于普通的项目估价，其强调将企业作为一项整体资产评估其内在价值[⊖]。

1. 企业的整体价值

企业的整体价值，强调将企业作为一项整体资产进行价值评价。企业的整体价值观念主要体

⊖ 在理论和实务中，公允价值也是资产的一个价值尺度。在强有效的资本市场的理想状态下，企业的公允价值定义为企业的内在价值，但现实中的市场远不是强有效的，受到市场上信息不对称、投资者心理等因素的影响，公允价值常常会偏离内在价值。一般来说，企业价值估价评估的对象是资产的内在价值，当资本市场是强有效的成熟市场时，评估的对象同时也是资产的公允价值。

现在企业是一个由各个部分有机结合的整体。但这个整体不是各部分的简单相加，而是各部分的有机结合。这种有机结合使得整体具有了各部分所没有的功能，这也就决定了整体的价值不同于各部分单项资产价值的简单加总。

企业的整体价值源于企业各项资产的特定组合方式。企业整体内各部分之间建立一定的有机联系后，使企业形成一个有机整体，如企业可采取不同业务单元的经营组合、多产品经营组合、多元化投资组合等组合方式。相同的资产总量，不同资产组合方式将产生不同的整体价值。例如，企业采取相关业务单元的经营组合和不相关业务单元的经营组合，都会因不同的资产组合方式而对企业的整体价值产生不同的影响。

可见，企业价值估价不同于单项资产价值估价，更注重企业作为一个整体的观念，估价人员在估价时更要关注多项资产作为一个整体产生的现金流量。因此，企业价值估价较单项资产估价更复杂。

2. 企业的经济价值

企业价值估价的对象是企业的经济价值。经济价值是指一项资产的内在价值，通常用该资产所产生的未来现金流量的现值来计量。

经济价值不同于会计计量中的应计制价值。会计应计价值是指资产、负债和所有者权益的账面价值。现行的会计准则规定我国会计计量属性包括历史成本、重置成本、可变现净值、现值和公允价值等。但企业在对会计要素计量时，一般仍采用历史成本，只有在能保证所确定的会计要素金额能取得并可靠计量时，才可以采用其他计量方式。因此，会计报表仍主要以交易价格为基础。采用历史成本计量的一个重要原因在于历史成本的客观性特点。历史成本是根据交易时的价格确定，容易取得并且客观，可以重复验证，这是现行市场价值所缺乏的，这也是仍继续沿用历史成本计量的关键。但是，历史成本法用于估价过程存在的缺陷主要表现在以下几个方面：

（1）管理层在进行经营决策时，投资人在进行投资决策时，他们更关注的是企业未来的发展，需要以现实的和未来的信息为依据，历史成本会计提供的信息是面向过去的，与投资人、债权人和管理层的需求缺乏相关性。

（2）历史成本计价在时间上缺乏一致性。资产负债表是不同会计时点的资产交易价格的总和，使之缺乏明确的经济意义。

（3）历史成本计价在方法上缺乏一致性。在历史成本计价下，不同的资产采用不同的计价方法，比如仅存货的计价方法就存在先进先出法、移动加权平均法、个别计价法等，这种计价方法的不统一，无法为经营和投资决策提供有用的信息。

（4）历史成本的计价方法决定了其不能反映企业在当前时点的真实的财务状况。

基于历史成本计量的缺陷，价值估价通常不使用历史成本，而采用一项资产未来现金流量的现值，即资产的内在价值。资产被定义为未来的经济利益，即未来可以带来现金流入的资源。在价值估价时，需要考察未来可以带来的现金流入。由于不同时间的现金不等价，需要通过贴现处理，将其统一到一个时点。因此，价值估价的对象即资产的内在价值，未来现金流入的现值。

3. 实体价值与股权价值

明确了估价的对象是企业的整体经济价值后，进一步确定需要估价的是"哪一种"整体价值。在持续经营假设下，通常估价的对象分为实体价值与股权价值。企业的实体价值是企业全部资产的总体价值，是股权价值与债务价值之和。

$$企业实体价值 = 股权价值 + 债务价值$$

在估价时根据估价的目的选择估价对象。大多数企业并购时以购买股份的形式进行，在估价时多以股权价值为对象；企业管理层在对企业进行价值估价、价值发现时，则更多地估价企业的实体价值。因此，在估价时应注意区分估价对象。

13.1.3 企业价值估价的模型

企业价值估价是对企业整体价值的估价，目的是分析和衡量企业的内在价值并提供有关信息。按照估价的方法分类，大体上存在以下四类估价方法。

（1）现金流量贴现模型以资产预期产生的现金流贴现值作为资产的价值，包括股利现金流贴现（DDM）模型、股权现金流贴现（FCFE）模型、实体现金流贴现（FCFF）模型等。

现金流量贴现模型是实务中应用较多的模型，对于有稳定现金流量、可以较准确估计贴现率的企业均可使用该方法估价。但现金流贴现模型也存在一定的缺陷，如 FCFE 模型和 FCFF 模型均需要非常全面的数据和信息才能完成估价，在信息披露不全面、收集数据困难的情况下，该方法的实践应用受到限制。此外，还有估价过程和结果还会受到企业股利分配政策的影响等缺陷。针对现金流量贴现模型的局限性，也发展了很多新的估价模型，完善价值估价方法体系。

（2）基于企业现有资产账面价值和企业清算价值的会计估价法，该方法以资产的账面价值为估价起点。现行的会计准则使财务报告涵盖了更全面的相关会计信息，为基于会计计量的会计估价法提供了可能。常用的估价模型，包括剩余收益（RIV）模型、非正常收入增长（AEG）模型、EVA 估价法等。

剩余收益（RIV）模型，由于该模型应用于应计会计制度，首次将股票价值与股东权益账面价值和未来盈利联系起来，从而确立了会计账面数字在决定股票内在价值中的直接作用。另一方面，利用该模型进行价值估价的过程即为一个分析价值驱动的过程，与基于价值的管理（VBM）理念相一致。

非正常收入增长（AEG）模型是在剩余收益模型基础上提出的新的模型方法，假设当期股票的市场价值等于下一期预期收入的资本化加上预期增长的非正常收入的现值。与 RIV 模型相比，该模型不需要会计报表的重构，也不依赖于清洁盈余关系。

（3）相对价值模型，以可比资产的价值为参考估价目标资产价值，最具代表性的模型是市盈率（PE ratios）模型，常用的还包括市净率（PB ratios）、市价/收入比率、市盈率相对盈利增长比率（PEG）、企业价值倍数（EV/EBITDA）等模型。

市盈率（PE ratios）模型、市净率（PB ratios）模型、市价/收入比率模型，是相对价值模型中最传统、相对较简单的模型，也是实务中应用较多的模型。PEG 模型是近期研究中提到的一种估值方法，它是在 PE 模型中再增加了一个企业盈利增长的变量。由于该指标综合考虑了股价、预期收益和收益增长率三个方面，因而受到投资者和分析师的欢迎。但是该指标也存在一定的缺陷，该指标假设短期的盈利增长率可以反映未来长期的增长情况。

（4）期权估价法，运用期权价格模型估价资产价值，常用的模型包括布莱克-斯科尔斯（Black-Scholes）期权定价模型等。

期权投资的必要报酬率的不确定性，使现金流量贴现法无法使用，布莱克-斯科尔斯期权定价模型的提出使得对期权价值估价得以实现。期权估价法还被应用于实物期权的估价中，实物期权估价考虑了项目中隐含的实物期权，管理者会利用拥有的实物期权增加价值，而不是被动地接受既定方案。这种估价方法克服了传统现金流量贴现法的局限性。

这四类估价方法各有优缺点，没有任何一种估价方法适用于所有的估价对象，估价人只能根据被估价对象的特点，选择较适合的估价模型来降低估价的不准确性。从这个角度来看，价值估价是一种科学也是一门艺术。价值估价方法的分类比较如表 13-1 所示。

表 13-1　价值估价方法的分类比较

方法分类	基本原理	具体应用模型	适用对象	优缺点
现金流贴现模型	资产的价值是其预期未来现金流的现值总和	股利现金流贴现（DDM）模型	有稳定现金流的企业，且可以确定适当的贴现率	优点：对企业进行全面的估价
		股权现金流贴现（FCFE）模型		缺点：需要非常全面的数据，收集有困难
		实体现金流贴现（FCFF）模型		
会计估价法	以资产和权益的账面价值为估价起点	剩余收益（RIV）模型	企业的资产、权益的账面价值等会计信息全面、有效	优点：充分利用会计信息
		非正常收入增长（AEG）模型		缺点：预测结果的有效性依赖于会计数据的可靠性
		EVA 估价法		
相对价值模型	以可比资产的定价估价目标资产价值	市盈率（PE）模型	可以确定影响企业价值的关键变量，且有较完备的市场信息	优点：操作较简单
		市净率（PB）模型		
		市价/收入比率模型		
		市盈率相对盈利增长比率（PEG）模型		缺点：会受到可比企业价值的影响，是相对价值，而非目标企业的内在价值
		企业价值倍数（EV/EBITDA）模型		
期权估价法	复制原理、套期保值原理、风险中性原理	期权定价（Black-Scholes）模型	期权定价、权证定价等	优点：考虑了未来的不确定性
		二叉树期权定价模型		缺点：某些指标较难预测

本章重点介绍目前应用较广和发展较完善的企业价值估价模型，现金流量贴现模型和相对价值模型。

1. 现金流量贴现模型

现金流量贴现模型的基本原理是"现值"原理，即任何资产的价值等于其预期未来全部现金流的现值总和。

企业也是一项资产，具有资产的一般特征。因此，企业价值估价与项目价值估价具有类似之处：①无论是企业还是项目，都可以给投资主体带来现金流量，现金流量越大，则给投资主体带来经济价值越大；②估价其价值时，都要使用风险概念；③由于现金流量都是在未来一段时期内陆续产生的，其计量都要使用现值概念。因此，在估价时，投资项目和企业都可以使用现金流量贴现估价法。

企业价值估价与项目价值估价也有许多明显的区别，在进行企业价值估价时，需要注意以下问题：①通常假设企业是持续经营的，即寿命是无限的，在估价时要处理无限期现金流贴现问题；②企业通常将收益再投资并产生增长的现金流，它们的现金流不同于项目的现金流；③企业估价的现金流可能会受到管理层股利分配政策的影响。这些问题决定了企业价值估价将比项目估价更复杂、更困难。

2. 相对价值模型

这种模型是以类似、可比资产的定价估价目标资产的价值。该方法基于这样一个假设：通过对市场上一组类似资产定价，可以较准确地估价目标资产价值。常用的模型包括：市盈率模型、市净率模型等。

以市盈率模型为代表的相对价值模型为：

$$每股价值 = 市盈率 \times 目标企业每股收益$$

这种估价方法在估价资产内在价值时，对市场的成熟程度要求较高。市场应是有效的，这样可比资产的市场公允价值才会等于（或接近于）其内在价值，采用这种方法计算出来的目标资产的价值才可能反映它的内在价值，否则反映的是当时市场条件下资产的公允价值。

13.2 现金流量贴现估价法

现金流贴现法是企业价值估价中使用最多的一种方法。该估价方法认为，一项资产的价值应等于该资产预期在未来所产生的全部现金流的现值总和。其基本假设是被估价的企业在预测期内具有持续经营能力并持续产生预计的现金流。

13.2.1 现金流量贴现估价法的原理

现金流量贴现估价法的"现值"原理，即任何资产的价值等于其预期未来全部现金流的现值总和。公式表示如下：

$$价值 = \sum_{t=1}^{n} \frac{现金流量_t}{(1 + 资本成本)^t}$$

根据上述公式，运用现金流量贴现估价法进行企业价值估价时，需要确定的关键变量包括现金流量、资本成本和现金流量的持续年数，如图13-2所示。

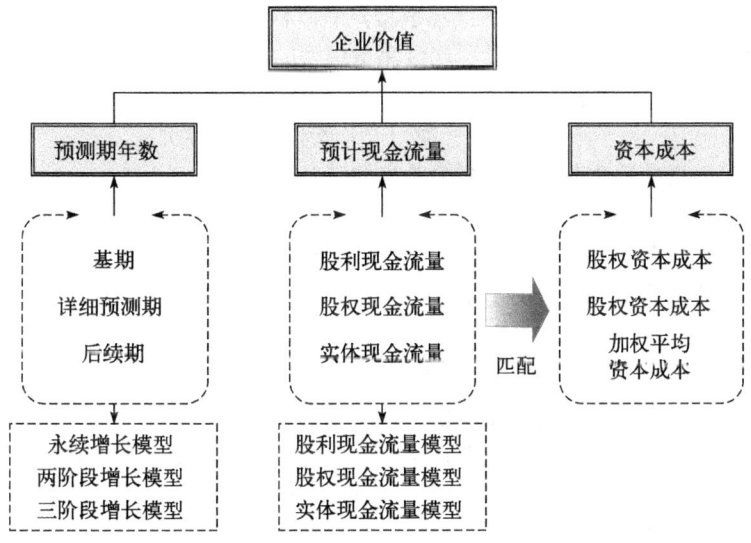

图13-2 现金流量贴现估价法原理

（1）现金流量。不同资产的未来现金流量表现形式不同。对于股票而言，现金流一般是指股利；对于债券而言，现金流量是利息和本金；对于企业而言，现金流是企业自由现金流或股权自由现金流；对于投资项目而言，现金流量是项目引起的增量现金流量。在价值估价中可供选择的企业现金流量有三种：股利现金流量、股权现金流量和实体现金流量。依据现金流量的不同种类，企业估价模型也分为股利现金流量模型、股权现金流量模型和实体现金流量模型三种。

（2）资本成本。"资本成本"是计算现值使用的贴现率。贴现率是现金流量风险的函数，不仅取决于市场的无风险利率，而且取决于所预测的现金流的风险程度，风险越大则贴现率越大，因此贴现率和现金流量要相互匹配。股权现金流量只能用股权资本成本贴现,实体现金流量只能用加权平均资本成本贴现。

(3) 现金流量的持续年数。公式中变量"n"是指产生现金流量的时间,一般以年计算。从理论上说,现金流量的持续年数即等于资源的寿命。但企业的寿命是不确定的,在财务管理里通常采用持续经营假设。为了避免预测无限期的现金流量,大部分估价将预测的时间分为两个阶段。第一阶段是明确的、有限的预测期,称为"详细预测期",对此期间每年的现金流量都要进行详细预测,根据现金流量模型计算其预测期价值。第二阶段是预测期以后的无限时期,称为"后续期",在此期间,假设企业进入稳定阶段,有一个稳定的增长率,据此计算后续期价值。因此,企业价值被分为两部分:

$$企业价值 = 预测期价值 + 后续期价值$$

13.2.2 现金流量模型的种类

现金流量模型,按照估价对象现金流量的不同种类,基本可以分为股利现金流量模型、股权现金流量模型和实体现金流量模型三种。对于不同的模型,现金流量的增长方式也不同,应用时应当根据估价企业预期现金流量的增长方式特点选择永续增长模型、两阶段增长模型或三阶段增长模型。下面将分两部分介绍现金流量模型。

1. 现金流量模型的种类

依据现金流量的不同种类,企业估价模型也分为股利现金流量模型、股权现金流量模型和实体现金流量模型三种。

(1) 股利现金流量模型。股利现金流量模型是对股权资本进行估价的基本模型,该模型假设股票价值是预期股利现金流的现值。股利现金流量模型的基本形式为:

$$股权价值 = \sum_{t=1}^{n} \frac{股利现金流量_t}{(1+股权资本成本)^t}$$

式中,股利现金流量是企业实际分配给股东的现金流量。

(2) 股权现金流量模型。股权现金流量模型,假设股票价值是预期股权现金流量的现值。股权现金流量是一定期间企业可以提供给股权投资者的现金流量,它等于企业实体现金流量扣除对债权人支付后剩余的部分。该模型的基本形式是:

$$股权价值 = \sum_{t=1}^{n} \frac{股权现金流量_t}{(1+股权资本成本)^t}$$

股利现金流量模型和股权现金流量模型的不同在于:股权现金流量是一定期间企业可以提供给股权投资者的全部现金流量,而股利则是企业作为投资回报分配给股东的那部分现金流。一般来说,股权现金流是企业能否支付股利的一个指标,有多少股权现金流量会作为股利分配给股东,取决于企业的筹资和股利分配政策。如果把股权现金流量全部作为股利分配,则上述两个模型相同。

(3) 实体现金流量模型。实体现金流量模型,根据实体价值和债务价值间接估价企业股权价值。实体现金流量模型的基本形式是:

$$实体价值 = \sum_{t=1}^{n} \frac{实体现金流量_t}{(1+加权平均资本成本)^t}$$

$$企业股权价值 = 企业实体价值 - 债务价值$$

$$债务价值 = \sum_{t=1}^{\infty} \frac{偿还债务现金流量_t}{(1+等风险债务利率)^t}$$

式中,实体现金流量是企业全部现金流入扣除付现成本费用和必要投资后的剩余部分,它是企业一定期间可以提供给所有投资者的税后现金流量。

各种现金流量和企业价值之间的相互关系如图13-3所示。

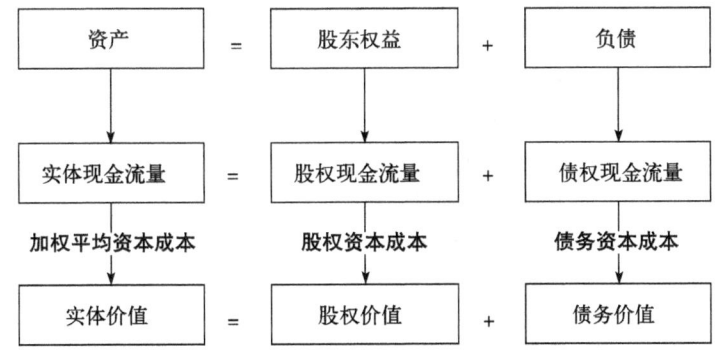

图 13-3 现金流量和价值之间的关系

这三种模型在原理上是一致的。由于股利分配政策有较大随意性,股利现金流量很难预计,所以股利现金流量模型在实务中很少被使用。如果假设企业不保留多余的现金,而将股权现金全部作为股利发放,则股权现金流量等于股利现金流量,那么,股权现金流量模型可以取代股利现金流量模型。因此,大多数企业估价使用股权现金流量模型或实体现金流量模型。

从理论上说,实体现金流量模型和股权现金流量模型估价的股权价值均是内在价值,如果两种模型对公司前景预期一致,且二者的资本成本变化一致,结果能准确反映股权的内在价值,计算的股权价值应该是相等的。但实际操作中,由于资本结构的变化导致资本成本不稳定,而往往又假设各自的资本成本不变,从而造成估价结果不能完全一致。

在实务操作中,由于股权现金流量模型受各种条件的局限,通常采用实体现金流量贴现的方法来估价企业的价值,主要原因如下:

1) 估价方法。使用实体现金流量进行估价时,与债务有关的现金流量可以不用事先确定,而用股权现金流量进行估计时,就必须对债务有关的现金流量予以估计,当财务杠杆预期将要发生巨大变动时,这将使得股权的价值估价变得很难。

2) 估价对象。使用实体现金流量估价企业的实体价值,有助于管理层进行全面的价值管理,明晰企业价值的构成,更容易寻找提升企业价值的关键;有助于投资者了解企业的实体价值的结构,为投资决策提供更多的信息。

2. 现金流量的增长模式

现金流量贴现模型的一个基本思想是货币的时间价值,即企业未来各期产生的现金流量的现值。由于永续的、不规则的预期现金流无法使用年金现金流来进行计算,通常对现金流的增长模式进行一定的假设,以简化预期现金流的估计程序,即"零增长"模型、"固定增长"模型和"分阶段性增长"模型三种模式。其中"零增长"模型实质上是"永续增长"模型的特例,当现金流增长率为零时,永续增长模型即退化为"零增长"模型。而"分阶段性增长"模型则是延迟的固定增长模型,其假设股利在一段时间里按照预期的规律增长,在经历有限的预期增长阶段之后,仍恢复到永续的固定增长。因此,通常将现金流量增长模型分为三种类型:永续增长模型(含零增长模型)、两阶段增长模型和三阶段增长模型。

在实务中大多使用实体现金流量模型,因此,下面主要以实体现金流量模型为例介绍现金流量的三种不同的增长模式。

(1) 永续增长模型。永续增长模式假设企业未来长期稳定、可持续地增长，企业的现金流以固定的增长率增长，该模型中实体现金流的预期增长率随时间的变化情况如图 13-4 所示。

永续增长模型的一般表达式如下：

$$\text{实体价值} = \frac{\text{下期实体现金流量}}{\text{加权平均资本成本} - \text{永续增长率}}$$

使用永续增长模型必须满足的前提条件是企业必须处于永续状态。所谓永续状态，是指企业有永续的增长率和净投资回报率。使用永续增长模型，企业价值对增长率的估计值很敏感，因此，对于增长率和股权成本的预测质量要求很高。

在具体预测时，还应当注意该模型需满足两个条件：第一，相对于经济的名义增长率，企业的增长率必须是合理的；第二，一个稳定增长企业的资本性支出不应该显著大于折旧。

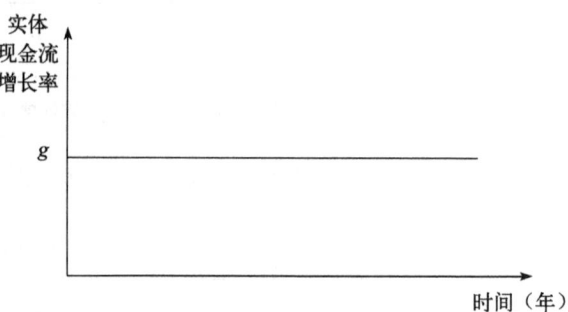

图 13-4 永续增长模型预期增长率

(2) 两阶段增长模型。两阶段增长模型适用于具有下列特征的企业：企业当前处于高速增长阶段，并预期在今后一段时期内仍将保持这一较高的增长率，在此之后，支持高增长率的因素消失；企业处于一个超常增长的行业，这个行业可能存在很高的进入壁垒⊖，并预计这一进入壁垒在今后几年内能够继续阻止新的企业进入该行业。在这两种情况下，对企业做两阶段增长的假设相对比较合理。

两阶段增长模型适用的条件为：企业在经历一个固定长度的高速增长阶段之后，进入永续的稳定增长阶段。第一阶段是高速增长阶段，增长率明显高于永续增长阶段，第二阶段具有永续增长的特征，增长率比较低，是正常的增长率。其中高速增长阶段又有多种形式，可以分为以固定增长率增长、先高速增长后增长率逐渐降低、以不规则的增长率增长等⊖。

两阶段增长模型的一般表达式为：

$$\text{实体价值} = \text{预测期实体现金流量现值} + \text{后续期价值的现值}$$

设预测期为 n，则

$$\text{实体价值} = \sum_{t=1}^{n} \frac{\text{实体现金流量}_t}{(1 + \text{加权平均资本成本})^t}$$

$$+ \frac{\text{实体现金流量}_{n+1} / (\text{加权平均资本成本} - \text{永续增长率})}{(1 + \text{加权平均资本成本})^n}$$

1) 两阶段增长模型举例一。两阶段实体现金流贴现模型的一种形式如图 13-5 所示。假设在高速增长阶段（n 年）企业以固定的高增长率 g 增长，进入稳定增长阶段后以较低的增长率 g_n 稳定增长。高速增长阶段的增长率较高，一般可以达到 30% 以上，这一阶段持续 n 年后，从第 $n+1$ 年开始，企业进入稳定增长阶段，在稳定增长阶段，企业将以固定的增长率 g_n 稳定增长。

⊖ 行业壁垒由法律或必要的基础设施等所导致。

⊖ 这些是两阶段增长模型的一些变形形式，其中高速增长阶段呈现先高速增长后增长率逐渐降低的增长模式，其特点与三阶段增长模式特点类似，在具体应用时应注意比照三阶段增长模式的使用条件。

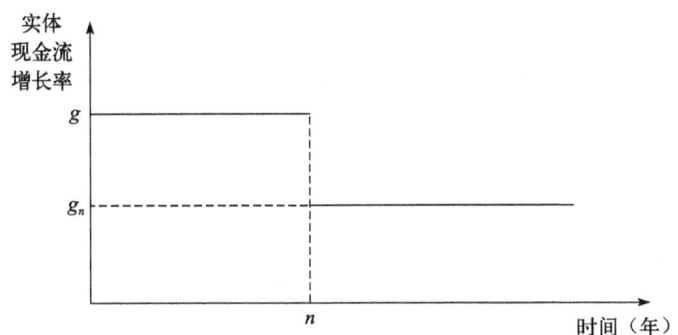

图 13-5 两阶段实体现金流贴现模型预期增长率

根据该增长模型的特点，上述两阶段实体现金流量模型可简化为以下形式：

$$V_0 = \frac{FCFF_0(1+g)\left[1 - \frac{(1+g)^n}{(1+WACC)^n}\right]}{WACC - g} + \frac{FCFF_0 \times (1+g)^n(1+g_n)}{(1+WACC)^n(WACC_n - g_n)}$$

式中　V_0——当前的企业价值；

$FCFF_0$——第 0 年的企业实体现金流量；

$WACC$——高速增长阶段企业的加权平均资本成本；

$WACC_n$——稳定增长阶段企业的加权平均资本成本；

g——高速增长阶段的预期增长率；

g_n——稳定增长阶段的预期增长率。

2）两阶段增长模型举例二。H 型两阶段实体现金流贴现模型如图 13-6 所示，是实务中较多采用的一种模型。在该模型中，企业在高速增长阶段不是以固定的增长率高速增长，而是假设增长率从一个较高的水平（g_a）随时间线性下降，直到在高速增长阶段结束时达到稳定增长阶段的增长率水平（g_n），并在稳定增长阶段稳定在这个增长率水平上。

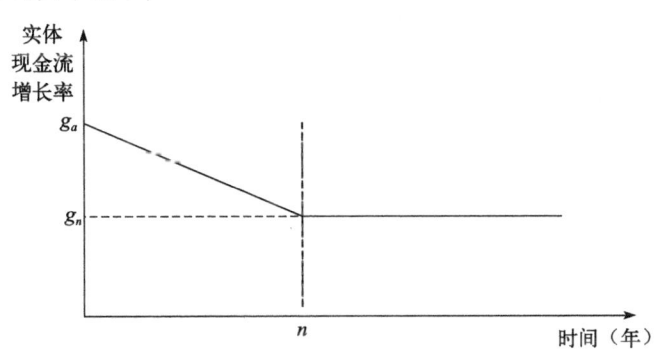

图 13-6　H 型两阶段实体现金流贴现模型预期增长率

资料来源：Fuller, R. J., and C. Hsia. A Simplified Common Stock Valuation Model [J]. Financial Analysts Journal, 1984, 40: 49-56.

H 型两阶段实体现金流贴现模型中的企业价值可表示为：

$$V_0 = \sum_{t=1}^{n} \frac{FCFF_0 \prod_{i=1}^{t}(1+g_i)}{\prod_{i=1}^{t}(1+WACC_i)} + \frac{FCFF_0 \prod_{i=1}^{n}(1+g_i)(1+g_n)}{\prod_{i=1}^{n}(1+WACC_i)(WACC_n - g_n)}$$

式中　$FCFF_0$——第 0 年的企业实体现金流量；

$FCFF_t$——第 t 年的企业实体现金流量，$FCFF_t = FCFF_0 \prod_{i=1}^{t}(1+g_i)$；

$FCFF_n$——第 n 年的企业实体现金流量，$FCFF_n = FCFF_0 \prod_{i=1}^{n}(1+g_i)$；

g_a——高速增长阶段开始的预期增长率；

g_i——高速增长阶段第 i 年的预期增长率，该模型中，高速增长阶段各年的增长率不同，第 i 年的增长率满足：$g_i = g_n + \dfrac{n-i}{n}(g_a - g_n)$；

g_n——稳定增长阶段的预期增长率；

$WACC_n$——稳定增长阶段企业的加权平均资本成本；

$WACC_i$——高速增长阶段第 i 年企业的加权平均资本成本。

H 型两阶段实体现金流增长模型适用于具有下列特征的公司：公司当前拥有较高的增长率，随着公司规模的扩大，预期增长率将随时间逐渐下降，并近似以线性的方式下降，最终达到稳定增长阶段的增长率水平。实际操作时，可能很少有公司的预期增长率会严格按照线性下降，可以根据估价公司未来发展的特点灵活确定增长率的下降程度。

（3）三阶段增长模型。三阶段增长模式相对前两种增长模式更灵活些，该模式适合于下列类型的企业：企业当前正以超常的增长率增长，并预期在一段初始阶段内将保持这一增长率，而后企业拥有的竞争优势的消失导致增长率逐渐降低，直至稳定增长阶段的水平。

三阶段增长模型其实是两阶段模型的进一步细化。三阶段增长模型假定企业的增长速度经历三个阶段：高速增长阶段、增长率递减的过渡阶段和一个永续增长的稳定阶段。下面以实体现金流量模型为例给出三阶段实体现金流贴现模型增长率特点、资本性支出和折旧特点，如图 13-7 所示。股利现金流量模型和股权现金流量模型的三阶段增长模型特点与此类似。

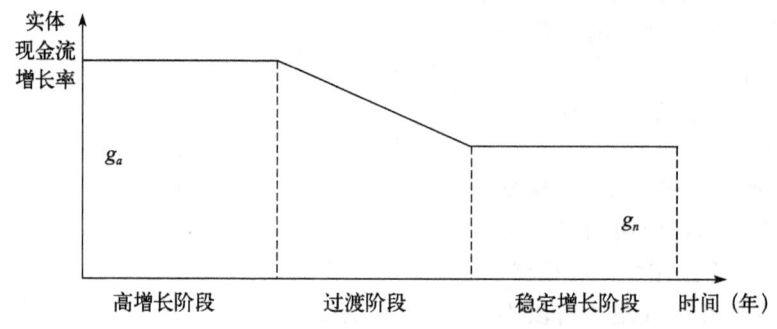

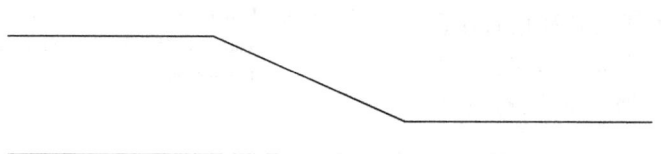

图 13-7 三阶段实体现金流贴现模型

图 13-7 给出的三阶段实体现金流贴现模型是三阶段增长模型的代表，实务中，各阶段的增长率并不是严格遵循这些特点。更多的情况是，在高增长阶段，企业的增长率逐年提升，进入过渡阶段后，增长率逐年下降，并最终稳定在某一个水平。

设高速增长期为 n，过渡期为 m，则

$$\text{实体价值} = \sum_{t=1}^{n} \frac{\text{高速增长期实体现金流量}_t}{(1+\text{加权平均资本成本})^t} +$$

$$\sum_{t=n+1}^{n+m} \frac{\text{过渡期实体现金流量}_t}{(1+\text{加权平均资本成本})^t} +$$

$$\frac{\text{后续期实体现金流量}_{n+m+1}/(\text{加权平均资本成本}-\text{永续增长率})}{(1+\text{加权平均资本成本})^{n+m}}$$

三阶段增长模型的适用条件如下：

第一，被估价企业的增长率应当与该模型假设的三个阶段增长率特征相符。

第二，资本性支出和折旧满足以下特点：在高速增长阶段，资本性支出明显超出折旧；在过渡阶段，二者之间的差距逐步缩小；在稳定增长阶段，二者大致持平。

第三，风险——β 系数：企业在高速增长阶段 β 值较高；在过渡阶段逐步降低；在稳定增长阶段，企业的 β 值会趋向于1。

股权现金流量贴现的三种模型，在形式上分别与实体现金流量贴现的上述三种模型一样，只是输入的参数不同。股权现金流量代替实体现金流量，股权资本成本代替加权平均资本成本。三种类型的股权现金流量模型的使用条件，分别与三种实体现金流量模型类似。

估价时，根据估价对象的现金流量增长特点，选择适用的现金流量贴现估价模型，如图 13-8 所示。实践中，运用较多的是实体现金流量模型，根据现金流量增长规律多呈现两阶段增长模式或三阶段增长模式，因此，多采用两阶段实体现金流量模型或三阶段实体现金流量模型。

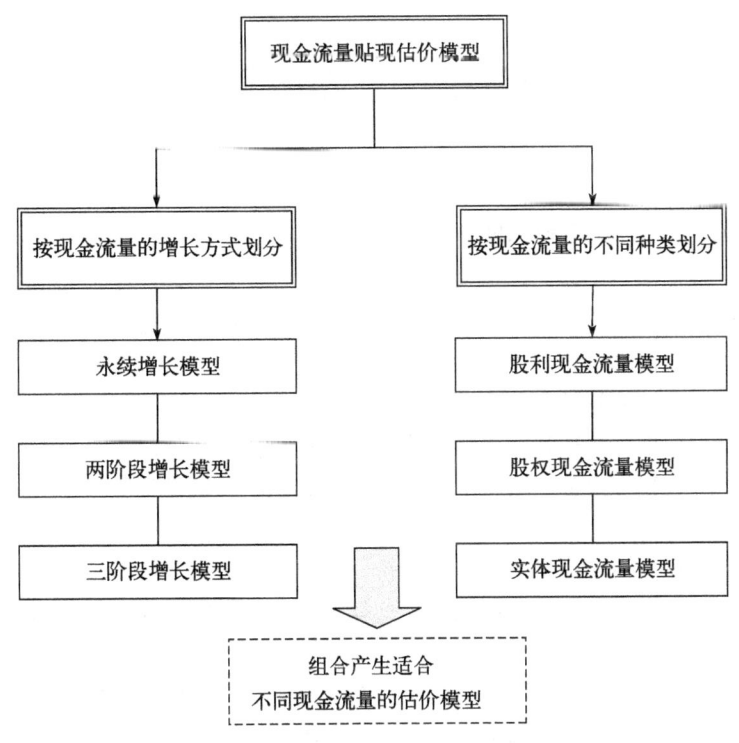

图 13-8　现金流量贴现估价模型类型

以企业实体自由现金流贴现模型为例，给出现金流量贴现模型的基本框架图如图 13-9 所示。该框架图中列出两阶段实体自由现金流量模型估价的关键变量、各阶段的特点等，提供了现金流量贴现模型的整体思路。

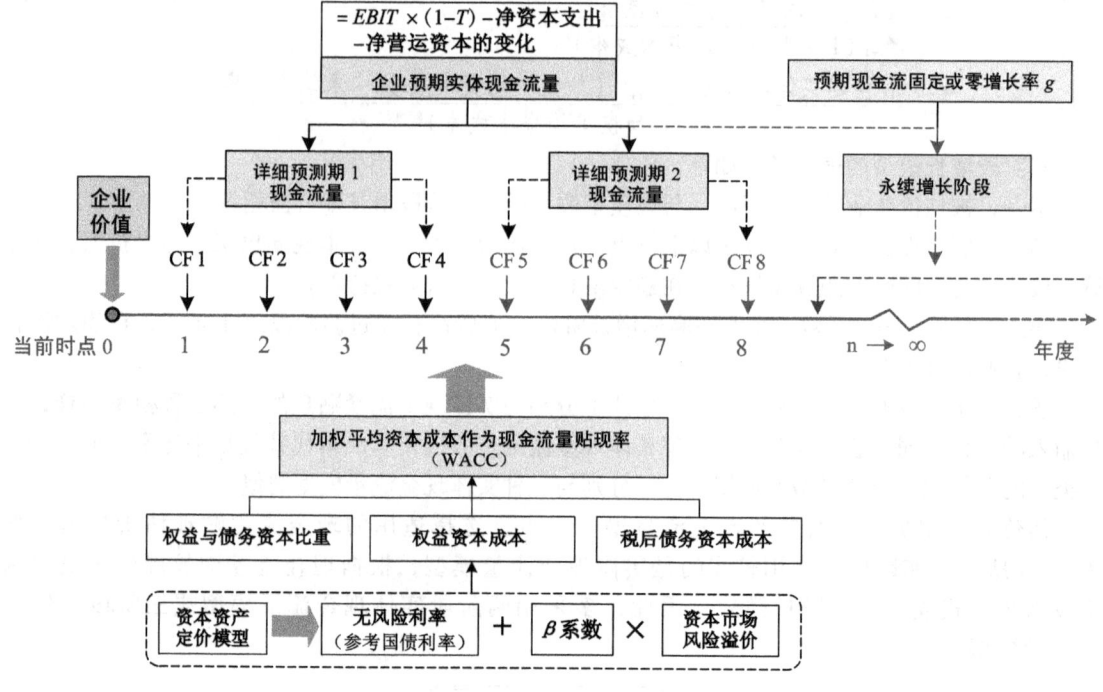

图 13-9 企业实体自由现金流估值的基本框架图[1]

[1] 本框架图中的模型以实体现金流量模型为例，假设企业呈现 3 阶段增长，第一阶段第 1~4 年、第二阶段第 5~8 年，从第 9 年起进入永续稳定增长阶段（固定增长率或零增长）。

13.2.3 现金流量估价模型参数的估计

现金流量估价模型的三个基本参数包括预测期的年数、各期的现金流量和资本成本。在确定这些参数时，这些参数会受到某些关键因素的共同影响并可能互相影响，如各参数均会受到预期增长率的影响等，因此需要结合报表整体考虑，不可以完全孤立地预测和处理。本小节重点介绍预测期的年数和各期现金流量的预测和确定。

未来现金流量的数据需要通过财务预测取得。在进行价值估价时，现在多使用全面预测成套的预计财务报表，通过预计财务报表获取需要的预测数据，可以得到更合理的价值估价结果。

1. 预测营业收入

在实践中应用实体自由现金流估价模型估价时，以营业收入⊖作为预测的起点，原因在于大部分财务数据与营业收入有直接的内在联系，这样可以通过其内在联系预测报表数据，获取预计财务报表的大部分数据。

营业收入主要取决于产品数量和价格两个因素，但企业外部报表使用人无法获得价格和销售数量的历史数据，也就无法通过这两个变量预测未来的营业收入。因此，只能对营业收入增长率进行预测，然后根据基期营业收入和预计增长率计算预测期的营业收入。营业收入增长率的预测

⊖ 根据现行的会计准则，将"主营业务收入"和"其他业务收入"项目合并列示在利润表中，在预测时，原理上应该采用"主营业务收入"的金额作为预测起点，因此，在预测时可以从公司的年报的会计附注中查阅相关的主营业务收入信息，作为预测依据。当"其他业务收入"占的比重不大时，也可以忽略不计，以"营业收入"作为预测起点。

以历史营业收入增长率为基础,根据行业发展前景和企业的发展战略等因素进行修正。在修正时,要综合考虑宏观经济、行业结构与竞争、企业的产品竞争力及未来的经营战略等相关因素[一]。

宏观经济因素。一个国家,甚至全球的经济发展状况,会直接或间接地影响每个经营个体的发展。一段时期内经济发展过热或过缓,都会不同程度地影响各企业未来短期内的增长率,其影响程度要视企业而定:对于受国家经济增长周期波动影响较大的企业,受国家宏观经济政策调控影响较大的企业,或所处行业与国家宏观经济发展密切相关的企业[二],其影响程度相对较大。

行业状况因素。企业发展增长率会较多地受到所处行业政策、行业发展趋势和同行业内企业间竞争三个方面的影响。不同的行业,行业特点、行业政策不同,其增长率水平存在一定差异。例如,房地产行业是近几年发展较快的行业,整个行业的增长率水平较高。行业同样存在一个发展周期,在某一段时期,整个行业可能同处于一个较繁荣的阶段或较萧条的阶段,所以单个企业的增长率在很大程度上受到该行业发展阶段的影响。同行业内企业的竞争使企业不断寻求有效增长的动力,从而可以保持较高的增长率,但也可能因为恶性竞争而损害企业的长期发展。因此,在预测企业的增长率时,要对行业未来的发展趋势进行较全面的分析,并考虑对企业的影响程度。应选取同行业中与目标企业经营规模、产品结构较类似的企业[三]为比较对象,比较分析各企业的产品收入增长率、市场占有率等,确定目标企业未来的收入增长率。

企业经营战略因素。企业内在增长率、产品竞争力及制定的未来发展战略是企业未来增长率的关键决定因素。预测企业营业收入增长率时,以历史增长率为基础,分析企业是否改变经营战略、是否有新的研发投入、产品业务结构未来是否会进行调整,即企业在预测期是否会转型等方面,对历史增长率适当调整,确定未来预测期的增长率。

以历史营业收入增长率为基础,预测将来期间的营业收入增长率时,还需要考虑以下几方面因素的影响。

估计的期间。公司的平均增长率会因为估计的起点和终点的不同而发生变化。如果在公司收益较差的年份开始估计,并在公司收益较好的年份结束估计,则会发现公司在此期间的增长状况是健康的。

历史增长的作用。在估计营业收入时,我们假设过去的增长是未来增长状况的指示,用过去的平均增长速度代表未来的增长速度。然而,这一假设并不一定正确。因为并没有证据可以证明,公司在一个时期内快速增长的同时还会在接下来的时期内必然继续保持快速增长。

公司规模的影响。年收益100万元的公司增长50%,比年收益500万元的公司增长50%要更容易。随着公司规模不断加大,维持高增长率将会变得更加困难。特别是公司的规模在过去呈急剧增长势态的,在将来若想保持同样的增长速度将变得很困难。对所有公司而言都是这个问题,特别是在分析成长中的小公司时更是如此。即使这些公司的基本情况,如管理、产品和潜在的市场并没有发生变化,但随着公司规模扩大至原先的2倍或3倍,再想保持过去的增长率将变得很困难。这时候,用过去的平均增长率代表将来的增长率误差较大。

[一] 国家宏观经济发展状况、行业发展背景及公司发展战略等相关信息可以参考国内专业财经网站、样本公司网站信息。

[二] 这类公司如处在电力行业、交通运输行业等的公司,它们在一定程度上处于垄断行业,国家对其有一定的管制和保护,其他公司进入这些行业的门槛较高。对于这类公司,其业务增长率很大程度上受到宏观经济发展状况的影响,因此在分析时要重点考虑宏观经济的发展趋势。

[三] 若目标公司为多元化公司,对于非主导产品,可以选取该产品同行业公司为比较样本。如青岛海尔:对于冰箱,选取日用电子器具行业公司为对比样本;对于IT业产品,则选取IT业公司作为对比样本。

（1）具体预测方法一：算术平均数与几何平均数。当采用历史数据预测企业未来营业收入增长率时，通常会采用几年的历史数据作为预测依据，此时采用的平均值估计方法不同，平均增长率也会有所不同。常用的两种平均值估计方法是算术平均数与几何平均数。算术平均数是过去的各种增长率的简单平均数，而几何平均数则考虑到发生于各个时期内的复利。

$$\text{算术平均数} = \frac{\sum_{t=-n}^{t=-1} g_t}{n}$$

式中 g_t——在第 t 年中的增长率。

$$\text{几何平均数} = \left(\frac{\text{营业收入}_0}{\text{营业收入}_{-n}}\right)^{\frac{1}{n}} - 1$$

式中 营业收入$_{-n}$——在第 n 年前的营业收入。

对于每年的营业收入增长率变化不大的企业，用上述两个指标计算的估计值相差较小；而对于营业收入增长率变化较大的企业，两个估计值可能会差别较大。几何平均数能够更为精确地衡量企业过去营业收入的真实增长率，尤其是当增长率在每一年都变化无常的时候。

【例13-1】 A公司与B公司的营业收入增长率。2006-2011年，A公司与B公司的每年度的营业收入及增长率，以及A公司和B公司的算术和几何平均增长率如表13-2所示。

表13-2 算术平均数和几何平均数的差异

年度	A公司		B公司	
	营业收入（万元）	增长率	营业收入（万元）	增长率
2006	22 245		15 600	
2007	27 073	21.70%	17 810	14.17%
2008	27 973	3.32%	11 540	-35.20%
2009	29 794	6.51%	11 800	2.25%
2010	29 398	-1.33%	2 120	-82.03%
2011	30 931	5.21%	8 170	285.38%
算术平均数		7.08%		36.91%
几何平均数		6.82%		-12.13%

注：几何平均数 =（营业收入$_{2011}$ ÷ 营业收入$_{2006}$）$^{1/5}$ - 1。

对于A公司和B公司的平均增长率，算术平均数均大于几何平均数，但是，B公司两个数据的差异却大得多，这是由于B公司营业收入变化剧烈的原因。观察一下B公司各年度的营业收入，可以看出，几何平均数是对真实增长的更好指标。因此，对于营业收入波动较剧烈的公司，几何平均数可以更好地衡量公司的真实增长率；对于营业收入比较稳定的公司，算术平均数和几何平均数均可以。

（2）具体预测方法二：线性模型和对数线性模型。算术平均数赋予了营业收入在每一年的百分比变化以均等的权数，而且忽略了营业收入的复利式变化效应。几何平均数只专注于营业收入序列中的第一个和最后一个观察值——它忽略了中间观察值所包含的信息以及增长率可能在观察期内形成的任何趋势。针对这些问题，可运用针对时间的营业收入的最小二乘法，即线性回归模型克服。该线性模型的形式是：

$$EPS_t = a + bt$$

式中 EPS_t——第 t 时期的营业收入；
t——第 t 时期。

时间变量的斜率衡量每一时期的营业收入的变化。这种模型的对数形式把系数转换成以百分比表述的变化程度：

$$\ln(EPS_t) = a + bt$$

式中　$\ln(EPS_t)$——第 t 时期的营业收入的自然对数；

　　　t——第 t 时期。

时间变量的系数 b 衡量了营业收入在每一时间单位中的变化程度。

【例 13-2】　续【例 13-1】，以 A 公司为例说明线性模型和对数线性模型预测营业收入增长率的方法，如表 13-3 所示。

表 13-3　线性模型和对数线性模型的应用

年度	A 公司	
	线性模型	对数线性模型
	营业收入（万元）	营业收入对数
2006	22 245	10.01
2007	27 073	10.21
2008	27 973	10.24
2009	29 794	10.30
2010	29 398	10.29
2011	30 931	10.34
b	1 492.17	0.055 7
增长率	5.35%	5.57%

以 A 公司的营业收入针对时间变量进行线性回归：

$$\text{营业收入}_t = 22\,679.73 + 1\,492.17 \times t$$

回归结果表明，A 公司 2006—2011 年每年增加 1 492.17 万元，进而可以确定营业收入的增长速度：

$$\text{营业收入的增长率} = \text{回归系数}/\text{营业收入平均值} = 1\,492.17/27\,902.33 = 5.35\%$$

以 A 公司营业收入的对数针对时间变量进行线性回归：

$$\text{对数线性回归} \ln(\text{营业收入}_t) = 10.037 + 0.055\,7t$$

这里，时间变量的回归系数即是营业收入的增长速度，即 A 公司的营业收入每年增长 5.57%。

用几种方法计算的 A 公司的增长率都比较接近，因为 A 公司的营业收入增长率每年变化较小，对于变化较大的公司而言，差异会比较明显。

(3) 具体预测方法三：依据分析者的预测估计。预测企业增长率时，还可借助分析者[○]的预测估计。在一定程度上，分析者对于增长的预测应该优于对于历史增长率的使用。分析者在预测时，会综合考虑到被公开的企业特定信息、可能影响未来增长的宏观经济信息、竞争者们所披露的关于未来前景的信息、关于企业的私有信息、非经营类的公共信息等信息，更全面信息的预测有利于分析者更好地预测企业的未来增长率。

企业营业收入不可能一味地增长，会受到企业规模等客观条件的制约，预测企业营业收入增

○ 这里的分析者是指专门从事股票研究的分析者，他们会专门跟踪一些公司，对公司的长期跟踪研究，使他们对公司未来的预测更加准确。

长率时，应当全面、合理地分析支撑企业营业收入在未来预测期继续增长的因素。

企业规模的影响。随着收入的增长，企业收入的增长率将会下降。对于一个年收入 1 亿的企业，其收入发生 10 倍的增长是很可能的；但对于一家年收入 10 亿元的企业来说，则不大可能。

固定资产投资力度的影响。企业对固定资产是否继续投资及投资力度的大小，会影响营业收入的增长率。

投融资政策及重大事项的影响。企业在近期内是否通过收购、兼并等方式，增加新的产品项目，从而为企业找到新的收入增长点而影响企业的主营业务增长率。通过对企业投融资政策的分析，确定影响企业主营业务收入增长率的制约条件，并将主营业务收入增长率限制在一个合理的预测范围内。

此外，在预测营业收入增长率时，除了上述需考虑的客观因素之外，还必须注意以下几点主观因素的影响。

考虑复合增长率的影响。随着时间的推移，收入的复合增长率会看似偏低，但该表象具有一定的欺骗性。若各年收入的复合增长率均为 40%，且保持 10 年的增长，则 10 年后的收入将达到初期的 30 倍左右[1]。

考虑多元化经营的影响[2]。对于有若干种产品的多元化企业，在预测其主营业务收入增长率时，尽量不要简单地直接预测企业的主营业务收入增长率，而采用分产品确定各产品的增长率和比重，加权确定企业的主营业务收入增长率更合理一些。

收入增长率和经营利润率的假设必须保持内在一致。通过采取更为激进的定价战略，公司能够得到更高的收入增长率，但其常常会伴随着较低的利润率。

避免过于机械地预测未来收入的增长率。在公司所经营的市场不发生变化的情况下，我们必须跟踪收入的具体金额，以保证其合理性。如果一家公司 10 年后的推算收入将占整个竞争市场份额的 90% 或者更高，那么显然，必须重新估算收入的增长率。

分析者需要全面了解上述情况可能对收入增长率造成的影响，并据以调整主营业务收入增长率；确定主营业务收入增长率后，根据基期主营业务收入和预计增长率就可计算出预测期主营业务收入；再根据各报表数据与主营业务收入之间的内在联系确定各项目的预测值。

2. 确定预测期间

预测期分为明确的预测期间和后续期之后，但预测的时间范围涉及预测基期、明确预测期和后续期。

（1）预测的基期。基期是作为预测基础的时期，通常是预测工作的上一个会计年度[3]。基期的各项数据是预测的起点，不仅包括各项财务数据的金额，还包括它们的增长率及反映各项数据之间联系的财务比率。

确定基期数据的方法有两种：一种是以上年实际数据作为基期数据，另一种是以修正后的上年数据作为基期数据。如果通过对历史财务报表的分析认为，上年财务数据具有可持续性，未来也不会发生重要的变化，则以上年实际数据作为基期数据；如果通过对历史财务报表的分析认为，上年的数据不具有可持续性，就应适当进行调整，使之适合未来情况。

（2）明确的预测期和后续期的划分。依据竞争均衡理论，企业增长的不稳定时期有多长，预测期就应当有多长。实务中明确的预测期通常为 5～7 年，若企业不稳定增长阶段时间较长，还

---

[1] 以 40% 的复合增长率增长，10 年后，$(1+40\%)^{10} = 28.93$，约为原来的 30 倍。
[2] 多元化公司的产品可能涉及多个行业，而各行业发展水平、状况可能差别较大，受行业、本身产品竞争力、消费市场的影响，可能各产品增长率差别较大，若简单地直接预测公司的主营业务收入增长率，误差会较大。
[3] 也可以上几个会计年度为预测基期，以上几个会计年度的财务数据为预测依据。

应当延长，但很少超过 10 年。

竞争均衡理论认为，一个企业不可能永远以高于宏观经济增长的速度[⊖]发展下去，否则，它最终会超过宏观经济总规模。竞争均衡理论还认为，一个企业通常也不可能在竞争的市场中长期取得超额利润，其净资本回报率会逐渐恢复到正常水平。较高的净资本回报率，会吸引更多的投资进入该行业，从而加剧竞争，最终导致净资本回报率降低到社会平均水平；较低的净资本回报率，又会使一些竞争者退出该行业，最终导致净资本回报率上升到社会平均水平。具有较高净资本回报率的企业，其扩展投资的速度更快一些，而竞争使盈利的增长跟不上投资的增长，净资本回报率最终会下降。

实践也表明，只有很少的企业具有长时间的可持续竞争优势，它们都具有某种特殊的因素，可以防止竞争者进入，而绝大多数企业都会在几年内恢复到正常的回报率水平。因此，以高于或低于正常水平增长的企业，通常在 3~10 年中会恢复到正常水平。

判断企业进入稳定状态的主要标志以下有两个。

第一，具有稳定的营业收入增长率，它大约等于宏观经济的名义增长率。

第二，具有稳定的净资本回报率[⊜]，它与资本成本接近。

在稳定状态下，实体现金流量、股权现金流量、债务现金流量的增长率与营业收入的增长率相同。

预测期和后续期的划分不是事先主观确定的，而是在实际预测过程中根据营业收入增长率和投资回报率的变动趋势确定的。

3. 现金流量的计算

根据现金流量的不同种类，企业估价模型包括股利现金流量模型、股权现金流量模型和实体现金流量模型三种。针对实务中多采用股权现金流量模型和实体现金流量模型，将分别介绍股权现金流量和实体现金流量的构成。

（1）实体现金流量。用实体现金流量贴现估价的对象是企业的实体价值。企业的全部价值属于企业各投资者。这些投资者主要包括股权资本投资者、债券持有人和优先股股东。因此，企业实体现金流量是所有投资者的现金流的总和，如表 13-4 所示。

表 13-4　企业实体现金流量计算表

投资者	投资者的现金流	贴现率
股权资本投资者	股权现金流	股权资本成本
债权人	债权人现金流	税后债务成本
优先股股东	优先股现金流	优先股资本成本
企业权利索求者 = 股权资本投资者 + 债权人 + 优先股股东	实体现金流量 = 股权现金流量 + 债权人现金流量 + 优先股股利	加权平均资本成本

另外一种常用的方法是采用间接法，将息前税后经营利润调节成实体现金流量，公式如下：

实体现金流量 = 息前税后经营利润 + 折旧与摊销 - 经营营运资本增加 - 资本支出

上述公式中各项目具体分析如下：

1）"息前税后经营利润"。

息前税后经营利润 = 净利润 - 税后非经常性损益 + 税后利息费用

⊖ 宏观经济增长速度依据企业所处的宏观经济系统，若企业业务范围限于国内市场，则指国内的预期经济增长率；若其业务范围是世界性的，则指世界的经济增长率。

⊜ 净资本回报率是指税后经营利润与净资本（负债加股东权益）的比率，它反映企业净资本的盈利能力。

以息前税后经营利润作为实体现金流计算的起点，一方面是由于净利润中包含了非经常性损益，而非经常性损益往往与企业的日常经营活动无关，不具有持续性，并且金额较小，因此，在计算实体现金流时，起点不是净利润，而是扣除非经常性损益之后的与经营活动相关的息前税后经营利润。另一方面，之所以用扣除利息费用之前的税后经营利润，是因为，利息费用作为支付给债权人的现金流，也是实体现金流的一部分。

净利润 =（营业收入 − 营业成本 − 营业税金及附加 − 销售、管理费用 − 财务费用 − 资产减值损失 + 其他经营性损益① + 公允价值变动收益 + 投资收益 + 资产处置收益 + 其他非经常性损益②）×（1 − 所得税税率）

税后非经常性损益③ =（公允价值变动收益 + 资产处置收益 + 其他非经常性损益）×（1 − 所得税税率）

税后利息费用 = 利息费用 ×（1 − 所得税税率）

息前税后经营利润 =（营业收入 − 营业成本 − 营业税金及附加 − 销售、管理 − 财务费用 − 资产减值损失 + 其他经营性损益 + 投资收益 + 利息费用）×（1 − 所得税税率）

=（营业收入 − 营业成本 − 营业税金及附加 − 销售、管理 − 其他财务费用 − 资产减值损失 + 其他经营性损益 + 投资收益）×（1 − 所得税税率）

公式中需要注意的是，"财务费用"与"利息费用"的不同。计算净利润的时候减去的是财务费用，与企业原始报表的利润表编制原理一致，而计算实体现金流时，考虑到债权人现金流中包含的利息费用只是与债权债务有关的利息费用，是以财务费用附注中的利息支出减去利息收入得来的，因此财务费用与利息费用的差额"其他财务费用"是指与债权人现金流无关的财务费用。

2）"折旧与摊销"。折旧与摊销是指计算利润时已经扣减的固定资产折旧、无形资产摊销和长期待摊费用摊销数额。由于这部分扣减的数额实际上没有现金流出，因此，计算实体现金流时在息前税后净利润的基础上加上折旧与摊销的数额。

3）"经营营运资本"。

经营营运资本 = 经营流动资产④ − 经营流动负债

经营营运资本增加是指本年比上年增加的经营营运资本。

4）"资本支出"。公式中的"资本支出"，是指用于购置各种长期资产的支出，减去无息长期负债增加额。长期资产包括长期投资、固定资产、无形资产和其他长期资产。无息长期负债包括各种不需要支付利息的长期应付款、专项应付款和其他长期负债等。

---

① 其他经营性损益 =（营业总收入 − 营业收入）−（营业总成本 − 营业成本 − 营业税金及附加 − 销售费用 − 管理费用 − 利息费用 − 资产减值损失）。

② 其他非经常性损益 = 汇兑净收益 + 营业外收入 − 营业外支出 + 非流动资产处置净损失 + 营业利润差额（特殊报表科目）+ 营业利润差额（合计平衡项目）+ 利润总额差额（特殊报表科目）+ 利润总额差额（合计平衡项目）+ 未确认的投资损失。

③ 非经常性损益应该是第 2 章内容中涉及的 21 项具体内容，但在进行价值评估时，为了能够便于从报表中取得相应数据，近似使用上述表达公式。

④ 这里的经营流动资产是指用于生产经营活动的流动资产。财务管理中将总资产分为经营资产和金融资产，经营资产是指用于生产经营活动的资产，这里经营资产和金融资产的划分主要标志是有无利息，如果能取得利息则列为金融资产。这里的划分不同于 2006 年新颁布的会计准则中关于经营资产和金融资产的划分。因此这里的经营流动资产主要指用于生产经营活动的无息流动资产，如应收项目等。短期权益性投资，如交易性金融资产，是暂时利用多余现金的一种手段，是金融资产。而长期权益性投资，则属于经营资产。同样，经营流动负债是指用于经营活动的无息流动负债，如应付项目等。

5)"实体现金流量"。

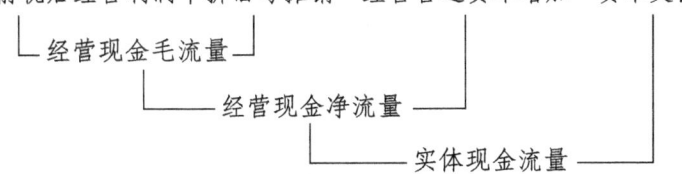

"经营现金毛流量"是指在没有资本支出和经营营运资本变动时,企业可以提供给投资人的现金流量总和,即息前税后经营利润调增未付现项目折旧与摊销后的金额。

"经营现金净流量"是指经营现金毛流量扣除经营营运资本增加后的剩余现金流量。企业如果没有资本支出,就表示可以提供给投资者(包括股权投资者和债权投资者)的现金流量。

"实体现金流量"则是经营现金净流量扣除资本支出后的剩余部分。它是企业在满足经营活动和资本支出后,可以支付给债权人和股东的现金流量。

6)在上述公式中,资本支出和经营营运资本增加都是企业的投资现金流量,因此合计称为"本期总投资"。

本期在发生投资支出的同时,还通过"折旧与摊销"收回一部分现金,因此本期总投资减去"折旧与摊销"后的剩余部分,表示"净"的投资现金流出,称为"本期净投资"。因此实体现金流量的计算公式还可表述如下:

实体现金流量 = 息前税后经营利润 + 折旧与摊销 – 经营营运资本增加 – 资本支出
      = 息前税后经营利润 + 折旧与摊销 –(经营营运资本增加 + 资本支出)
      = 息前税后经营利润 + 折旧与摊销 – 本期总投资
      = 息前税后经营利润 –(本期总投资 – 折旧与摊销)
      = 息前税后经营利润 – 本期净投资

实体现金流量构成关系如图13-10所示。

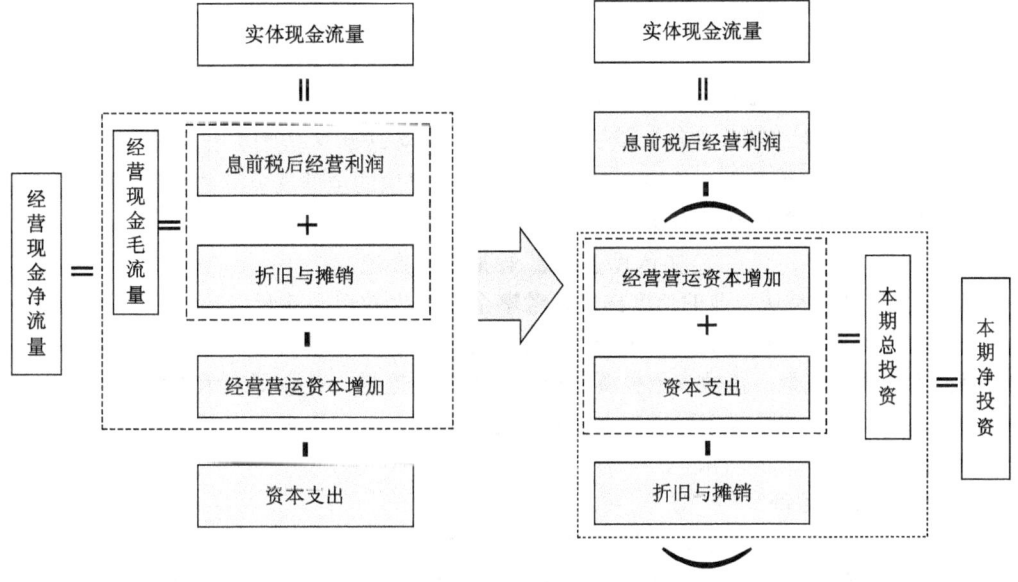

图13-10 实体现金流量构成关系图

(2) 股权现金流量。股权现金流量，不同于实体现金流量，是实体现金流量扣除与债务相关的现金流量后的现金流。

其中，与债务相关的现金流量为：

$$债权人现金流量 = 税后利息支出 + 偿还债务本金 - 新借债务$$
$$= 税后利息支出 - 债务净增加$$

因此：

$$股权现金流量 = 实体现金流量 - 债权人现金流量$$
$$= 实体现金流量 - 税后利息支出 + 债务净增加$$

债权人现金流量主要由两部分构成，税后利息支出和债务本金的净增加。将实体现金流量的公式代入股权现金流量的计算公式后，可由净利润为基础计算得出属于股东的现金流量。

$$股权现金流量 = 实体现金流量 - 债权人现金流量$$
$$= 息前税后经营利润 + 折旧与摊销 - 经营营运资本增加 - 资本支出$$
$$\quad - 债权人现金流量$$
$$= (净利润 - 税后非经常性损益 + 税后利息费用) - (经营营运资本增加$$
$$\quad + 资本支出 - 折旧与摊销) - 债权人现金流量$$
$$= (税后经营利润 + 税后利息费用) - 净投资 - 税后利息支出 + 债务净增加$$
$$= 税后经营利润 - (净投资 - 债务净增加)$$

若企业存在固定的负债率，公式也可简化为：

$$股权现金流量 = 税后经营利润 - 净投资 \times (1 - 负债率)$$
$$= 税后经营利润 - (资本支出 - 折旧与摊销) \times (1 - 负债率)$$
$$\quad - 经营营运资本增加 \times (1 - 负债率)$$

(3) 融资现金流量。融资现金流量包括债务融资净流量和股权融资净流量。债务融资净流量是指企业向债权人融资的现金净流出：

$$债务融资净流量 = 税后利息支出 + 偿还债务本金 - 债务增加$$

股权融资净流量是指企业向股权投资人融资的现金净流出：

$$股权融资净流量 = 股利分配 - 股权资本发行$$

因此：

$$融资现金流量 = 债务融资净流量 + 股权融资净流量$$
$$= 税后利息支出 + 偿还债务本金 - 债务增加 + 股利分配 - 股权资本发行$$

(4) 现金流量的平衡关系。从整个企业来看，企业提供的全部现金流量的流向就是所有债权和股权投资者获得的现金流量，因此：

$$实体现金流量 = 融资现金流量$$

"实体现金流量"是从企业的角度出发，考察企业产生的现金流量，正数则表示企业产生剩余现金，负数表示企业吸收投资人的现金。"融资现金流量"则是从投资者的角度出发，考察投资者可以得到的现金流量，正数表示投资者得到的净现金流量，负数则表示投资者提供的净现金流量。因此，实体现金流量等于融资现金流量。可以通过计算融资现金流量，考察实体现金流量计算是否正确。

4. 后续期价值的估价

对于两阶段增长模型和三阶段增长模型，在对预测期进行全面预测后，需要预测估价后续期的价值。后续期价值的估价方法有许多种，包括永续增长模型（含零增长模型）、经济利润模型、价值驱动因素模型、价格乘数模型、账面价值法、清算价值法和重置成本法等。通常我们假设当企业的现金流将以固定的比率——稳定的增长率永久性增长时,就可采用现金流量贴现法中永续增长模型来估计后续期价值。

永续增长模型计算后续期价值如下:

$$后续期价值 = 现金流量_{t+1} / (资本成本 - 现金流量增长率)$$

所使用的现金流和贴现率将取决于所估价的是实体价值还是股权价值。如果所估价的是股权价值,则后续期价值可以表示成:

$$后续期价值 = 股权现金流量_{t+1} / (股权资本成本 - 现金流量增长率)$$

如果估价的是实体价值,后续期价值可以表示成:

$$后续期价值 = 实体现金流量_{t+1} / (加权平均资本成本 - 现金流量增长率)$$

在对后续期价值进行估价时,需要对稳定增长作出几个关键的预测和假设。

(1) 高速增长期的持续期间长度。企业在发展过程中,要么是发展得很好最终成为稳定增长的企业,要么是无法继续存在而破产清算。企业在发展很好的情况下,不可能一直高增长发展下去,高增长会使企业规模变得很大,而企业的规模最终将成为更高增长的障碍,所以,企业会在经历一段高速增长时期之后,转入稳定增长阶段。

在考虑企业的高速增长时期持续时间长度时,应考虑以下因素。

1) 企业的规模。企业的规模会影响企业未来高增长持续时间。相对规模较大的企业,规模较小的企业更有可能获得超额报酬,并维持这些超额报酬,具备更大的增长空间和更大的潜在市场。比如,家电行业的四川长虹经过1997年的快速发展,公司市场份额和规模在家电行业都占据了绝对的主导地位,其增长空间相对于其他规模较小的公司已小很多,2006年增长率已接近于宏观经济增长率,进入稳定增长阶段。

2) 现有的增长率和超额报酬。对于在现期内能够获得高额资本收益和高度超额报酬的企业,更可能在未来预测期内保持这些超额报酬。

3) 竞争优势程度和可持续性。根据竞争均衡理论,一个企业不可能长时期以较高的增长率增长。只有较少数企业凭借行业壁垒或其特殊的竞争优势,可以在较长时间内超过宏观经济增长率增长。如果不存在或只存在较小的行业壁垒,或者企业现有的竞争优势正在消退,那么在考虑其高速增长时期时就要更加予以关注。

(2) 稳定增长阶段的特征。随着企业进入稳定增长阶段,增长率、净资本回报率等指标具备如下一些稳定增长阶段的特征。

1) 具有稳定的营业收入增长率,一般不超过宏观经济的名义增长率。

2) 具有稳定的净资本回报率,它与资本成本接近。由于竞争的均衡趋势限制了企业创造超额利润的能力,使其回报率与资本成本接近。

3) 具备更接近于1的 β 系数。随着企业的成熟,它们将更少地面对市场风险,将具备更接近于1的 β 系数。

(3) 后续期的增长率的预测。企业在后续期进入稳定发展阶段,在稳定状态下,企业的经营效率和财务政策保持不变,即资产息前税后经营利润率、资本结构和股利分配政策不变,财务报表将按照稳定的增长率被扩大复制。因此,实体现金流量和股权现金流量都将按照营业收入的增长率增长。因此,可以根据营业收入增长率估计现金流量增长率。

企业进入稳定增长阶段后,根据竞争均衡理论,后续期的营业收入增长率一般不超过宏观经济的名义增长率。在不考虑通货膨胀率的情况下,增长率在2%~6%之间。因此,可以根据预测期宏观经济增长速度、行业发展速度以及通货膨胀率预测企业稳定状态下的增长率。

13.2.4 现金流量贴现模型的应用

（1）现金流量估价过程示例。在实务中大多使用实体现金流量模型，正如前文所述，主要原因是与债务有关的现金流量可以不用事先确定，股权成本受资本结构的影响较大，估计起来也比较复杂，加权平均资本成本受资本结构的影响较小，比较容易估计。实际利用报表运用实体现金流量模型计算股权价值时，应考虑合并报表少数股东权益和金融资产对实体价值的影响。因为计算实体现金流是基于经营活动的自由现金流，并不考虑金融资产及其投资收益，金融资产不包括投资子公司的长期股权投资及其投资收益。大部分上市公司的子公司中均含有少数股东的份额，因此，预测少数股东将使股权价值更合理。下文以两阶段实体现金流量模型为例简要说明价值估价过程。

【例13-3】 2010年，A家电公司管理层针对家电业的发展前景，通过股权募集资本的方式筹集资金，对公司进行了新一轮的技术改造和固定资产投资，使公司在2011年开始进入一个新的高速增长阶段。投资者拟对目标公司A公司进行价值估价，以决定投资决策。请运用现金流量贴现模型完成对A公司的价值估价。

本题将按照七个步骤完成价值估价，如图13-11所示。

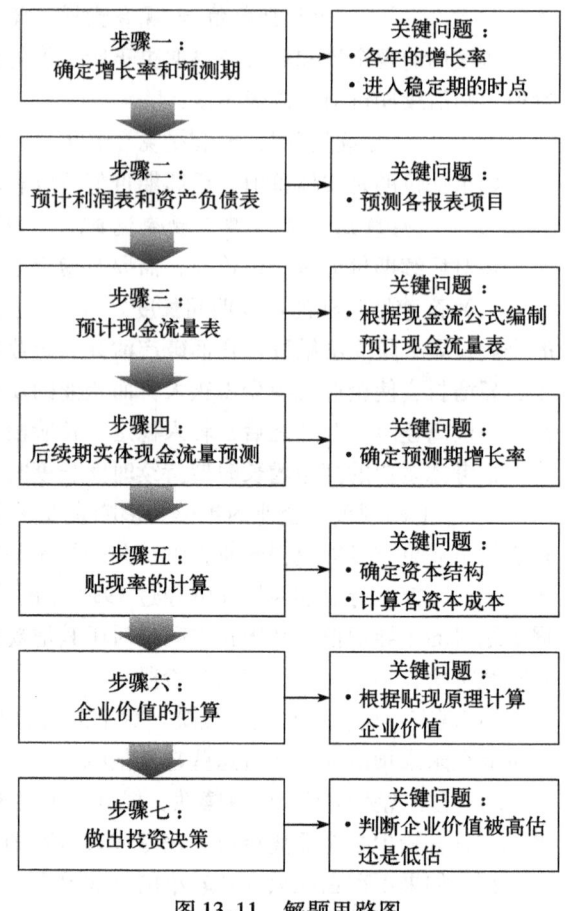

图13-11 解题思路图

第一步，确定增长率和预测期。

A公司2011年的营业收入增长率为10%。A公司所处的家电业属于发展相对成熟、竞争相对较激烈的行业，A公司目前的高速增长主要源于公司在高端产品研发方面的竞争力，但是该竞争力很快会因研发技术被同行业其他公司效仿而减弱。预计2012年可以维持10%的增长率，2013年开始逐年下降，每年下降1个百分点，2017年达到5%，之后各年以5%的比率持续增长。

A公司营业收入增长率的变动趋势，以及期初净资本回报率的变动趋势如表13-5所示。据此，可以确定预测期为2012~2017年，2018年开始进入稳定增长阶段。

表13-5 A公司的营业收入增长率和净资本回报率　　（单位：千万元）

年　份	基期（2011）	2012	2013	2014	2015	2016	2017	2018
营业收入增长率（%）	10	10	9	8	7	6	5	5
息前税后经营利润	93.5	103.0	112.0	121.4	129.7	137.4	144.3	151.5
净资本	862.5	948.8	1 034.2	1 116.9	1 195.1	1 266.8	1 330.1	1 396.6
期初净资本回报率（%）		9.18	9.08	9.04	8.93	8.84	8.76	8.76
资本成本（%）		8.9	8.9	8.9	8.9	8.9	8.68	8.68

第二步，预计利润表和预计资产负债表。

在编制预计利润表和预计资产负债表时，由于两张表的某些项目之间存在关联，需要同时编制两张报表。

预计利润表的编制原理：预计利润表的各主要项目的预测都是基于营业收入的预测，按照销售百分比法，预计利润表各主要项目的预测值如表13-6的前半部分所示。根据各项目相对营业收入的百分比，确定各项目具体数值。

利润表项目的假设说明如下。

1）根据销售百分比法，营业成本，营业税金及附加，销售、管理费用与其他财务费用[⊖]，折旧与摊销，其他经营性净损益可以与营业收入保持一定的百分比关系，根据基期2011年的营业成本，营业税金及附加，销售、管理费用与其他财务费用，折旧与摊销，其他经营性净损益与营业收入的百分比确定预测期各年的百分比。

2）"投资收益"项目。利润表中的"投资收益"包括债权投资收益和股权投资收益。债权投资收益属于金融活动产生的收益，作为利息费用的减项，不列入经营收益。股权投资收益，一般属于经营收益。A公司的基期投资收益全部属于股权投资收益。对A公司的投资收益进行分析，A公司对被投资单位采用权益法核算，投资收益来源是被投资单位当期实现的净利润，被投资单位的净利润增长率，假设2012年、2013年投资收益增长率为7%、6%，之后稳定在5%的增长率。

3）"资产减值损失"项目。根据现行会计准则，企业在当期将该资产的可收回金额与资产的账面价值比较，若发生减值，则计提减值损失，可见"资产减值损失"通常不具有可持续性，预测时可以忽略。若可以预计未来将计提减值损失，且金额较大，则可予以考虑。A公司预计2012年传统彩电的市场需求量将大幅下降，对该生产线计提0.8千万元的减值损失；2013年，传统彩电的市场需求进一步下降，公司预计在2013年对固定资产计提0.8千万元的减值损失。

4）债务利率。A公司基期的短期贷款利率为6%、长期贷款利率为7%，假设在未来预测期内A公司的债务利率将保持该水平不变。

5）"公允价值变动损益""资产处置损益""其他非经营性损益"项目，属于非经常性损益，不具有持续性。根据A公司持有的以公允价值计量的投资性房地产的公允价值，假设A公司预测期公允价值变动损益均为10千万元；假设资产减值损失和其他非经营性损益项目之和与2011年相同。

6）所得税税率。A公司目前的平均所得税税率[⊖]约为20%，预测期内所得税税率为20%。

7）"利息费用"项目，根据预计资产负债表的长、短期借款金额及长、短期债务利率确定。

根据预测假设比率，生成预测期A公司预计利润表如表13-6所示。

⊖ 这里的其他财务费用是指利润表中的财务费用与利息费用的差额，而利息费用是指财务费用附注中的利息支出减去利息收入的差额。利息费用是根据当期的长短期借款及借款利率计算的，其他财务费用是按照与营业收入的百分比预测的。之所以将其他财务费用与利息费用区分开来，是因为计算实体现金流时对二者的处理方法不一样，利息费用属于债权人的现金流，包括在实体现金流中，而其他财务费用作为成本费用，从净利润中减去，不包括在实体现金流中。

⊖ 这里的平均所得税税率＝所得税费用÷利润总额，根据该公式估计所得税税率水平。

表 13-6　A 公司的预计利润表　　　　　　　　　　（单位：千万元）

年份	基期	2012	2013	2014	2015	2016	2017	2018
预测假设								
营业收入增长率（%）		10	10	9	8	7	6	5	5
营业成本/营业收入（%）		70	70	70	70	70	70	70	70
营业税金及附加/营业收入（%）		10	10	10	10	10	10	10	10
销售、管理费用和其他财务费用/营业收入（%）		14	14	14	14	14	14	14	14
其他经营性净损益/营业收入（%）		2	2	2	2	2	2	2	2
折旧与摊销/营业收入（%）		0.5	0.5	0.5	0.5	0.5	0.5	0.5	0.5
投资收益增长率（%）		7	7	6	5	5	5	5	5
短期债务利率（%）		6	6	6	6	6	6	6	6
长期债务利率（%）		7	7	7	7	7	7	7	7
平均所得税税率（%）		20	20	20	20	20	20	20	20
简易利润表项目								
一、营业收入	1 350.0	1 485.0	1 618.7	1 748.1	1 870.5	1 982.7	2 081.9	2 186.0
减：营业成本	945.0	1 039.5	1 133.1	1 223.7	1 309.4	1 387.9	1 457.3	1 530.2
营业税金及附加	135.0	148.5	161.9	174.8	187.1	198.3	208.2	218.6
销售、管理费用和其他财务费用	189.0	207.9	226.6	244.7	261.9	277.6	291.5	306.0
利息费用	10.8	11.9	12.9	14.0	14.9	15.8	16.6	17.5
资产减值损失	1.1	0.8	0.8					
加：其他经营性净收益	27.0	29.7	32.4	35.0	37.4	39.7	41.6	43.7
二、税前经营利润	96.1	106.1	115.8	125.9	134.7	142.8	149.9	157.4
减：经营活动所得税	19.2	21.2	23.2	25.2	26.9	28.6	30.0	31.5
三、税后经营利润	76.9	84.9	92.6	100.7	107.8	114.2	119.9	125.9
加：投资收益	10.0	10.7	11.3	11.9	12.5	13.1	13.8	14.5
公允价值变动损益	10.0	10.0	10.0	10.0	10.0	10.0	10.0	10.0
资产处置损益	10.0	10.0	10.0	10.0	10.0	10.0	10.0	10.0
其他非经营性损益	10.0	10.0	10.0	10.0	10.0	10.0	10.0	10.0
减：非经营活动所得税	8.0	8.1	8.3	8.4	8.5	8.6	8.8	8.9
四、税后非经营利润	32.0	32.6	33.1	33.5	34.0	34.5	35.0	35.6
五、净利润	108.9	117.5	125.7	134.2	141.8	148.7	155.0	161.5

为了方便计算实体现金流量，将利润表作如下变形，如表 13-7 所示。

表 13-7　变形后的利润表　　　　　　　　　　（单位：千万元）

年份	基期	2012	2013	2014	2015	2016	2017	2018
一、营业收入	1 350.0	1 485.0	1 618.7	1 748.1	1 870.5	1 982.7	2 081.9	2 186.0
减：营业成本	945.0	1 039.5	1 133.1	1 223.7	1 309.4	1 387.9	1 457.3	1 530.2
营业税金及附加	135.0	148.5	161.9	174.8	187.1	198.3	208.2	218.6
销售、管理费用和其他财务费用	189.0	207.9	226.6	244.7	261.9	277.6	291.5	306.0
利息费用	10.8	11.9	12.9	14.0	14.9	15.8	16.6	17.5
资产减值损失	1.1	0.8	0.8					
加：其他经营性净收益	27.0	29.7	32.4	35.0	37.4	39.7	41.6	43.7
二、税前经营利润	96.1	106.1	115.8	125.9	134.7	142.8	149.9	157.4
减：经营利润所得税	19.2	21.2	23.2	25.2	26.9	28.6	30.0	31.5
三、税后经营利润	76.9	84.9	92.6	100.7	107.8	114.2	119.9	125.9
加：投资收益	10.0	10.7	11.3	11.9	12.5	13.1	13.8	14.5

(续)

年份	基期	2012	2013	2014	2015	2016	2017	2018
（公允价值变动损益）	10.0	10.0	10.0	10.0	10.0	10.0	10.0	10.0
（资产处置损益）	10.0	10.0	10.0	10.0	10.0	10.0	10.0	10.0
其他非经营性损益	10.0	10.0	10.0	10.0	10.0	10.0	10.0	10.0
减：非经营活动所得税	8.0	8.1	8.3	8.4	8.5	8.6	8.8	8.9
四、税后非经营利润	32.0	32.6	33.1	33.5	34.0	34.5	35.0	35.6
五、净利润	108.9	117.5	125.7	134.2	141.8	148.7	155.0	161.5
利息费用	10.8	11.9	12.9	14.0	14.9	15.8	16.6	17.5
利息费用抵税	2.2	2.4	2.6	2.8	3.0	3.2	3.3	3.5
加：税后利息费用	8.6	9.5	10.3	11.2	12.0	12.7	13.3	14.0
非经常性损益								
公允价值变动损益	10.0	10.0	10.0	10.0	10.0	10.0	10.0	10.0
资产处置损益	10.0	10.0	10.0	10.0	10.0	10.0	10.0	10.0
其他非经营性损益	10.0	10.0	10.0	10.0	10.0	10.0	10.0	10.0
非经常性损益所得税	6.0	6.0	6.0	6.0	6.0	6.0	6.0	6.0
减：税后非经常性损益	24.0	24.0	24.0	24.0	24.0	24.0	24.0	24.0
六、息前税后经营利润	93.5	103.0	112.0	121.4	129.7	137.4	144.3	151.5

将利润构成按照经营利润和非经营利润划分，表中第"六"项为根据利润表净利润调整之后的息前税后经营利润（NOPLAT），用于计算实体现金流量。

预计资产负债表的原理：预计资产负债表的绝大多数项目同样是基于销售百分比法。资产、负债按照是用于经营活动还是金融活动，分别可分为经营资产和金融资产、经营负债和金融负债。根据销售百分比法，可以假设经营资产和经营负债随着营业收入的增长将被同比例放大。

金融负债主要由长期借款和短期借款构成。A公司采取目标资产结构政策，即在未来预测期内A公司的资本结构将保持基期的资本结构，据此确定A公司预测期的金融负债。

金融资产，A公司的金融资产主要是满足生产经营后多余的货币资金，存在极少的交易性金融资产，这里可以忽略。对于金融资产的处理，这里将超额部分的货币资金，作为金融负债的减项。即可理解为，存在多余的货币资金时相应减少短期借款。

预计资产负债表的各项目预测如下。

1）经营现金。A公司流动资产周转率较大，所需的经营现金最低持有量相对较低，假定经营现金/营业收入为1%。

2）经营流动资产、经营流动负债、经营长期资产和经营长期负债项目金额的确定，根据A公司基期这些项目同营业收入的百分比关系确定。

3）长期借款和短期借款。计算基期资本结构：

短期借款/净资本＝短期借款÷（短期借款＋长期借款＋股东权益）⊖ ＝ 15%

长期借款/净资本＝长期借款÷（短期借款＋长期借款＋股东权益）＝ 5%

可得：

预测期短期借款＝（预测期短期借款＋预测期长期借款＋预测期股东权益）×15%
　　　　　　　＝（经营资产合计－经营负债合计）×15%

⊖ 根据资本结构理论，资本结构是由长期债务资本和权益资本构成，二者各占一定比例。这里将短期借款纳入资本结构的原因在于A公司的负债构成中短期借款占到更大的比重，A公司更多地是依靠短期借款来获取债务融资。

同理，预测期长期借款计算如下：

预测期长期借款 =（经营资产合计 - 经营负债合计）× 5%

4）股本。假设 A 公司在预测期内未进行增发股票、发放股票股利等，股本保持不变。

5）利润分配。A 公司按照本年实现净利润的 10% 提取盈余公积。股利分配，A 公司预计 2013 年将按提取盈余公积后的净利润的 10% 分配股利，随着 A 公司累计留存收益的增加，股利分配率将上涨：

股利 = 本年净利润 - 股东权益增加
     = 117.5 - [(1306.8 - 547.8) - (1188.0 - 498.0)] = 48.5（千万元）

年末未分配利润 = 年初未分配利润 + 本年利润 - 盈余公积 - 股利分配

6）假设 A 公司在预测期内不拟增发股票，股利分配均通过现金的形式发放，因此，在预测期内 A 公司股本将保持不变。

A 公司的预计资产负债表如表 13-8 所示。

表 13-8 A 公司的预计资产负债表　　（单位：千万元）

年份	基期	2012	2013	2014	2015	2016	2017	2018
预测假设								
营业收入	1 350	1 485	1 619	1 748	1 871	1 983	2 082	2 186
经营现金/营业收入（%）	1	1	1	1	1	1	1	1
经营流动资产/营业收入（%）	52	52	52	52	52	52	52	52
经营流动负债/营业收入（%）	24	24	24	24	24	24	24	24
经营长期资产/营业收入（%）	35	35	35	35	35	35	35	35
经营长期负债/营业收入（%）	0.11	0.11	0.11	0.11	0.11	0.11	0.11	0.11
短期借款/净资本（%）	15	15	15	15	15	15	15	15
长期借款/净资本（%）	5	5	5	5	5	5	5	5
资产负债表项目：								
经营现金	13.5	14.9	16.2	17.5	18.7	19.8	20.8	21.9
经营流动资产	702.0	772.2	841.7	909.0	972.7	1,031.0	1,082.6	1,136.7
经营长期资产	472.5	519.8	566.5	611.8	654.7	694.0	728.7	765.1
经营资产合计	1 188.0	1 306.8	1 424.4	1 538.4	1 646.1	1 744.8	1 832.1	1 923.7
短期借款	129.4	142.3	155.1	167.5	179.3	190.0	199.5	209.5
长期借款	43.1	47.4	51.7	55.8	59.8	63.3	66.5	69.8
净金融负债合计	172.5	189.8	206.8	223.4	239.0	253.4	266.0	279.3
经营流动负债	324.0	356.4	388.5	419.6	448.9	475.9	499.7	524.6
经营长期负债	1.5	1.6	1.8	1.9	2.1	2.2	2.3	2.4
经营负债合计	325.5	358.0	390.3	421.5	451.0	478.0	501.9	527.0
负债合计	498.0	547.8	597.1	644.9	690.0	731.4	768.0	806.4
股本	190.0	190.0	190.0	190.0	190.0	190.0	190.0	190.0
资本公积	97.0	97.0	97.0	97.0	97.0	97.0	97.0	97.0
盈余公积	348.0	359.7	372.3	385.7	399.9	414.8	430.3	446.4
年初未分配利润	5.0	55.0	112.3	168.0	220.8	269.1	311.6	346.8
本年利润	108.9	117.5	125.7	134.2	141.8	148.7	155.0	161.5
提取盈余公积	17.6	11.7	12.6	13.4	14.2	14.9	15.5	16.2
本年股利	36.3	48.5	57.4	68.1	79.2	91.4	104.3	108.3
年末未分配利润	55.0	112.3	168.0	220.8	269.1	311.6	346.8	383.9
股东权益合计	690.0	759.0	827.3	893.5	956.1	1 013.4	1 064.1	1 117.3
负债及股东权益	1 188.0	1 306.8	1 424.4	1 538.4	1 646.1	1 744.8	1 832.1	1 923.7

第三步，预计现金流量表。

根据预计利润表和预计资产负债表，编制预计现金流量表，如表13-9所示。

表13-9　A公司的预计现金流量表　　　　　　　　（单位：千万元）

年　份	基期	2012	2013	2014	2015	2016	2017	2018
息前税后经营利润	93.5	103.0	112.0	121.4	129.7	137.4	144.3	151.5
＋折旧与摊销	6.8	7.4	8.1	8.7	9.4	9.9	10.4	10.9
＝经营现金毛流量	100.2	110.4	120.1	130.1	139.1	147.3	154.7	162.4
－经营营运资本增加		37.8	37.4	36.3	34.3	31.4	27.8	29.1
＝经营现金净流量		72.6	82.7	93.9	104.8	115.9	126.9	133.3
－净经营长期资产增加		47.3	46.8	45.3	42.8	39.3	34.7	36.4
折旧与摊销		7.4	8.1	8.7	9.4	9.9	10.4	10.9
＝实体现金流量		17.9	27.8	39.8	52.6	66.7	81.8	85.9

以2012年数据为例，说明实体现金流量的计算（单位：千万元）。

方法一：

实体现金流量＝息前税后经营利润＋折旧与摊销－经营营运资本增加－资本支出

经营现金毛流量＝息前税后经营利润＋折旧与摊销
　　　　　　　＝103.0＋7.4
　　　　　　　＝110.4

经营现金净流量＝经营现金毛流量－经营营运资本增加
　　　　　　　＝110.4－37.8
　　　　　　　＝72.6

实体现金流量＝经营现金净流量－资本支出
　　　　　　＝经营现金净流量－（净经营长期资产增加＋折旧与摊销）
　　　　　　＝72.6－(47.3＋7.4)
　　　　　　＝17.9

方法二：

实体现金流量＝息前税后经营利润－本期净投资

本期净投资＝本期总投资－折旧与摊销
　　　　　＝经营营运资本增加＋资本支出－折旧与摊销
　　　　　＝37.8＋54.7－7.4
　　　　　＝85.1

实体现金流量＝息前税后经营利润－本期净投资
　　　　　　＝103.0－85.1
　　　　　　＝17.9

第四步，后续期实体现金流量预测。

A公司自2018年进入稳定增长阶段，A公司的营业收入按照5%的增长率稳定增长，在后续期A公司的实体现金流量、股权现金流量均按照5%的增长率稳定增长。

进入稳定增长阶段后，A公司的经营效率、财务政策等均保持不变，息前税后经营利润率、资本结构和股利分配政策等不变，财务报表会按照稳定的增长率在扩大的规模上被复制，因此，实体现金流量会按照5%的增长率增长。

第五步，贴现率的计算。

本例题采用的是两阶段的实体现金流量贴现模型计算公司价值，相应地，贴现率应选择加权平均资本成本。根据加权平均资本成本的公式：

加权平均资本成本 = 债务成本 × 债务占全部资本比重 + 权益成本 × 权益占全部资本比重

需要分别确定债务成本、权益成本，及债务、权益各自的比重三个变量。

1）债务成本。在本例题中，将短期借款和长期借款均纳入资本资金，因此，债务成本根据长、短期借款利率确定：

税前债务成本 = 长期借款利率 × 长期借款权重 + 短期借款利率 × 短期借款权重
= 7% × 1/4 + 6% × 3/4
= 6.25%

税后债务成本 = 税前债务成本 × (1 − 所得税税率)
= 6.25% × (1 − 20%)
= 5%

2）权益成本。权益成本根据资本资产定价模型确定：

权益成本 = 无风险利率 + β 系数 × 风险溢价

确定权益成本的各参数的具体确定方法参考"资本成本和资本结构"一章，确定 A 公司的股权成本如表 13-10 中所示。根据 A 公司的资本结构，即可确定 A 公司预测期的加权平均资本成本。

表 13-10　A 公司的贴现率

年份	2012	2013	2014	2015	2016	2017	2018
权益成本（%）	9.875	9.875	9.875	9.875	9.875	9.6	9.6
税后债务成本（%）	5	5	5	5	5	5	5
债务/总资本	20%	20%	20%	20%	20%	20%	20%
平均资本成本（%）	8.90	8.90	8.90	8.90	8.90	8.68	8.68

第六步，企业价值的计算。

根据已计算出来的 A 公司的实体现金流量、贴现系数，贴现即计算出 A 公司的实体价值，扣除债务价值后即可以得到股权价值，如表 13-11 所示。

表 13-11　A 公司的实体现金流量贴现　　　　　　　　（单位：千万元）

年份	基期	2012	2013	2014	2015	2016	2017
实体现金流量		17.9	27.8	39.8	52.6	66.7	81.8
平均资本成本		8.90	8.90	8.90	8.90	8.90	8.68
贴现系数		0.9183	0.8432	0.7743	0.711	0.6529	0.6069
预测期现金流量现值	201.4	16.4	23.5	30.8	37.4	43.5	49.7
后续期增长率							5%
后续期现值	1416.7						2334.3
实体价值	1618.1						
债务价值	172.5						
股权价值	1445.6						
每股价值	7.61 元/每股						

（以下计算式中的金额单位为 1 000 万元）

预测期现金流量现值 = ∑ 各期实体现金流量 × 贴现系数 = 201.4

后续期终值 = 现金流量$_{t+1}$/（资本成本 − 现金流量增长率）

$= 81.8 \times (1+5\%)/(8.68\% - 5\%)$

$= 2\,334.3$

后续期现值 = 后续期终值 × 贴现系数

$= 2\,334.3 \times 0.606\,9$

$= 1\,416.7$

企业实体价值 = 预测期现金流量现值 + 后续期现值

$= 201.4 + 1\,416.7$

$= 1\,618.1$

股权价值 = 企业实体价值 − 债务价值[⊖] = 1 618.1 − 172.5 = 1 445.6

在一般情况下，使用基期的合并报表作为预测期的基础时，除了前面的原理说明之外，还要讨论以下两点对估值结果的影响。

1）少数股东权益的剔除。当使用合并报表时，计算的股东权益价值应是归属于母公司的股东的权益，不包括子公司的少数股东，因此在自由现金流贴现的股权价值中应剥离出少数股东权益。

2）补计金融资产的账面价值。上述的实体现金流是基于经营活动的现金流进行的调整，其中不包括金融资产的投资收益。此金融资产仅包括交易性金融资产、可供出售的金融资产和持有至到期投资，不包括长期股权投资，因为长期股权投资在合并报表时通常已经抵消且其投资收益也已经抵消。虽然金融资产在预测期的收益不稳定，但金融资产一般具有高流动性，可以迅速变现。因此，计算股权价值时，应该包括金融资产的账面价值。

第七步，依据企业价值做出投资决策。

假设目前 A 公司的股票市价为 12.51 元/股，根据上述计算出来的每股市价 7.61 元/股，可以判断股票市场上 A 公司的价值是被高估的，投资者应谨慎投资，考虑减持 A 公司的股票。相反，假设目前 A 公司的股票市价为 4.28 元/股，则股票市场上 A 公司的价值是被低估的，投资者可以考虑增持 A 公司的股份，以期在未来增值获得投资收益。

(2) 现金流量增长模型的应用。根据现金流量种类分类，现金流量模型有股利现金流量模型、股权现金流量模型和实体现金流量模型三种。根据企业所处的增长阶段，它们分别适用于不同的现金流量增长模式。第 13.2.2 节已对各模型的特点、适用对象做了介绍，这里举例说明模型的应用，由于篇幅限制，选择其中几个模型说明。

1）永续增长股权现金流量模型。永续增长模型假设企业未来处于长期稳定、可持续增长的状态，增长率接近于宏观经济增长率。当增长率接近贴现率时，股票价值趋于无穷大；当增长率等于零时，为零增长模型，是永续增长模型的特例。

【例 13-4】 B 公司是一家大规模公司，自 2010 年起已进入稳定增长阶段。2011 年每股税后经营利润为 0.74 元，每股折旧 0.2 元，每股经营营运资本增加 0.05 元，每股资本支出 0.32 元，B 公司目前的长期增长率同宏观经济增长率接近，维持在 5% 左右。

目前 B 公司的 β 系数保持在 1.1，国库券的利率为 3%，市场组合的预期报酬率为 8%，该公

⊖ 债务价值的估算方法为现金流量贴现法，通常都采用债务的账面价值，本例题以债务的账面价值作为债务价值。

司按照固定的负债率筹集资本，预计投资资本中始终维持负债占40%的比率。

每股股权现金流量 = 税后经营利润 − (1 − 负债率) × 净投资

= 税后经营利润 − (1 − 负债率) × (资本支出 + 营运资本增加 − 折旧)

= 0.74 − (1 − 40%) × (0.32 + 0.05 − 0.2)

= 0.638(元／股)

根据资本资产定价模型，计算股权成本：

股权成本 = 3% + 1.1 × (8% − 3%) = 8.5%

每股股权价值 = (0.638 × 1.05)/(8.5% − 5%) = 19.14(元／股)

2) 三阶段股权现金流量模型。三阶段增长模型和两阶段增长模型类似，只是高速增长阶段进行了比较详细的划分，【例13-3】已给出了两阶段股权现金流量估价模型，这里简要介绍三阶段股权现金流量模型。

【例13-5】 C公司属于电器机械制造业，目前正处于高速增长阶段，2011 的有关数据如下：每股营业收入29.55元，收入增长率为15%，每股净收益0.78元，每股资本支出0.51元，每股折旧0.25元，每股经营营运资本0.83元。

预计2012~2014年期间公司处于高速增长阶段，随后进入过渡阶段，增长率逐年下降，2020年后增长率稳定在5%。各年增长率如表13-12所示。资本支出、折旧与摊销、经营营运资本、每股净收益等与营业收入的增长率相同。该企业在经营中没有有息负债。

2012~2014年的β值为1.4，2015年开始每年按算术级数均匀下降，2020年降至1.1，并保持不变。假设无风险利率为4%，风险溢价为8%。

要求：估价该公司股票价值。

计算过程如表13-12所示。

表13-12　C公司股票价值　　　　　　　　　　　　　　　　　（单位：元）

年份	2011	2012	2013	2014	2015	2016	2017	2018	2019	2020
收入增长率		16%	17%	18%	16%	14%	12%	10%	8%	5%
每股收入	29.55	34.28	40.11	47.32	54.90	62.58	70.09	77.10	83.27	87.43
每股净收益	0.78	0.90	1.06	1.25	1.45	1.65	1.85	2.04	2.20	2.31
每股税后经营利润	0.78	0.90	1.06	1.25	1.45	1.65	1.85	2.04	2.20	2.31
本年净投资：										
资本支出	0.51	0.59	0.69	0.82	0.95	1.08	1.21	1.33	1.44	1.51
折旧	0.25	0.29	0.34	0.40	0.46	0.53	0.59	0.65	0.70	0.74
经营营运资本	0.83	0.96	1.13	1.33	1.54	1.76	1.97	2.17	2.34	2.46
经营营运资本增加		0.13	0.16	0.20	0.21	0.22	0.21	0.20	0.17	0.12
本年净投资		0.43	0.52	0.62	0.70	0.77	0.83	0.88	0.91	0.89
每股股权现金流量：										
每股净收益		0.90	1.06	1.25	1.45	1.65	1.85	2.04	2.20	2.31
−本年净投资		0.43	0.52	0.62	0.70	0.77	0.83	0.88	0.91	0.89
=股权现金流量		0.47	0.54	0.63	0.75	0.89	1.02	1.16	1.29	1.42
股权成本：										
无风险利率		4%	4%	4%	4%	4%	4%	4%	4%	4%
风险溢价		8%	8%	8%	8%	8%	8%	8%	8%	8%

(续)

年份	2011	2012	2013	2014	2015	2016	2017	2018	2019	2020
β 系数		1.4	1.4	1.4	1.35	1.3	1.25	1.2	1.15	1.1
股权成本		15.2%	15.2%	15.2%	14.8%	14.4%	14.0%	13.6%	13.2%	12.8%
股权价值:										
每股股权现金流量		0.47	0.54	0.63	0.75	0.89	1.02	1.16	1.29	1.42
贴现系数		0.868 1	0.753 5	0.654 1	0.575 7	0.510 4	0.455 6	0.409 6	0.370 9	0.338 2
高成长期现值	1.23	0.41	0.41	0.41						
转换期现值	1.90				0.43	0.45	0.47	0.48	0.48	0.48
后续期现值	6.53									19.32
每股价值	9.66									

各项数据的计算过程简要说明如下:

本年净投资:

$$本年净投资 = 资本支出 + 经营营运资本增加 - 折旧$$

2012 年本年净投资 = 0.59 + 0.13 - 0.29 = 0.43(元)

股权现金流量:

$$2012 年股权现金流量 = 每股净收益 - 每股净投资$$
$$= 0.90 - 0.43 = 0.47(元)$$

股权资本成本:

$$转换阶段 \beta 系数递减 = (1.4 - 1.1)/6 = 0.05$$
$$2012 年的股权资本成本 = 4\% + 1.4 \times 8\% = 15.2\%$$

各阶段的价值:

$$高增长阶段的现值 = 2012 \sim 2014 年现金流量贴现求和 = 1.23(元/股)$$
$$转换阶段的现值 = 2015 \sim 2020 年现金流量贴现求和 = 1.90(元/股)$$
$$后续阶段的终值 = 1.42 \times (1 + 5\%)/(12.8\% - 5\%) = 19.32(元/股)$$
$$后续阶段的现值 = 19.32 \times 0.3382 = 6.53(元/股)$$
$$每股价值 = 1.23 + 1.90 + 6.53 = 9.66(元/股)$$

13.2.5 价值影响因素分析

价值估价主要用于以价值为基础的管理。对于企业的管理者而言,价值估价有助于其了解现阶段企业的真实价值,了解经营决策、财务决策对企业价值的影响,从而改善管理决策。管理层在依据价值估价结果进行价值管理时,通常需要进一步确定影响企业价值的因素,即对影响企业价值的因素进行敏感性分析,确定重点管理和改善的具体对象。

在实际操作中,运用现金流量模型估价企业价值时,通常是以全面预测为基础,通过预测资产负债表和利润表的各报表项目,得出现金流量完成价值估价的。为了确定影响价值估价的关键因素,常用的方法是单因子敏感性分析法[一],分别测算每个主要报表项目对企业价值的影响程度,即在保持其他因素不变的前提下,改变某一个因素,对比企业价值的变化程度。单因子敏感性分析公式如下:

[一] 在运用现金流量贴现估价法评估企业价值时,若以财务报表全面预测为基础,则可以对报表的具体项目进行敏感性分析,可以发现影响企业价值的具体因素,如可以分析应收账款、存货等具体项目;若是粗略地预测评估,可以对同类别的项目进行敏感性分析,如对经营流动资产、经营流动负债等同类别项目进行分析,若需进一步了解具体项目影响程度,可以进一步进行各类项目的结构分析。

$$单个因素敏感度 = \frac{\Delta V}{\Delta A} = \frac{\frac{V-V_0}{V_0}}{\frac{A-A_0}{A_0}}$$

式中　V——因素变化后的股票价值；
　　　V_0——因素变化前的股票价值；
　　　A——因素变化后的值；
　　　A_0——因素变化前的值。

在运用单因子敏感性分析法时，首先要确定将哪些项目作为敏感性对象，即确定单因子。在确定单因子时，主要考虑金额较大的项目、性质重要的项目，及其对管理层进行价值管理起重要作用的项目，重点是经营活动的相关项目。

确定了单因子后，运用上述公式计算单个因素敏感度，通过比较各因素的敏感度，确定影响企业价值的关键因素，为管理层的价值管理做准备。管理层可以将价值估价敏感性分析结果同财务分析体系相结合，确定企业目前经营中存在的财务问题，调整经营决策和财务决策，修正某些财务指标，进一步提升企业价值。

另外，由于估价时所用的参数多数都是估计的结果，很难做到百分之百准确，通过敏感性分析，允许较敏感的变量在一定范围变化，而同时保持其他不敏感的参数不变，可以得到一个价值区间，也为管理层调整经营决策、财务决策提供一定的引导作用。

各公司采取的经营方式不同、财务战略不同，影响企业价值的敏感性因素是不同的。一般来说，影响企业价值的较敏感的因素包括：营业收入增长率、营业成本率、资本结构等。通过价值估价可以发现企业现阶段的价值更多地受哪些因素的影响，通过改变哪个指标可以更有效地提高企业价值：是寻找提高增长率的途径，还是挖掘压缩成本的空间，还是通过调整融资方式来改变资本结构？对于某些企业，可能某些期间费用也是影响企业价值的一个关键因素。例如，有些企业采用赊销方式销售产品，管理费用则占成本费用的一大块，会影响企业的现金流量，从而影响企业价值。现有的赊销政策虽然有助于增加企业的营业收入，但也可能有损企业价值，此时管理层就应当从长期发展的角度考虑是否需要调整销售政策，来提高企业价值。价值估价从长期发展的角度对企业的经营政策、财务策略进行了全面的分析和评价，为管理层的价值管理提供了最基础的支持。

13.3　相对价值法

现金流量贴现法的原理和模型发展得比较成熟，但在实际应用时，会碰到较多的操作和技术问题。相对价值法，相对于现金流量贴现估价法，是一种比较容易的估价方法，又称为价格乘数法或可比交易价值法。

13.3.1　相对价值法的原理

在现金流量贴现法估价中，我们的目标是在给定目标企业预期现金流、增长和风险等方面特性的情况下确定企业的价值。而在相对价值法中，我们的目标是以市场对类似企业的定价为基础，确定目标企业价值。因此，相对价值法需要具备两个要素。第一个要素，为了在相对的基础上估价企业，必须对价格实行标准化，通常是将价格转化为各种常量乘数。对不同企业估价时，所选择的常量乘数可能不同，但其形式一般是公开交易股票的利润、账面价值或者收入。第二个要素是要找到类似的企业，而这一点在实际应用时不太容易做到。即便是处在同一行业的各个企业也仍会存在风险、增长潜力和现金流等方面的差异。

相对价值法在运用时有如下三个重要步骤。

1) 找到具有市场价值的可比企业。

2) 将市场价值与一个常量相比，以产生可比的标准价格，这个常量通常可以选取股票利润、账面价值或收入，所得到的标准价格对应有收益乘数（市盈率）、账面价值乘数（市净率）和收入乘数。

3) 以目标企业的常量（股票利润、账面价值或收入）乘以可比企业对应的标准价格（收益乘数、账面价值乘数或收入乘数）的平均值，计算目标企业的估价价值。

相对价值法估价思路图如图 13-12 所示。

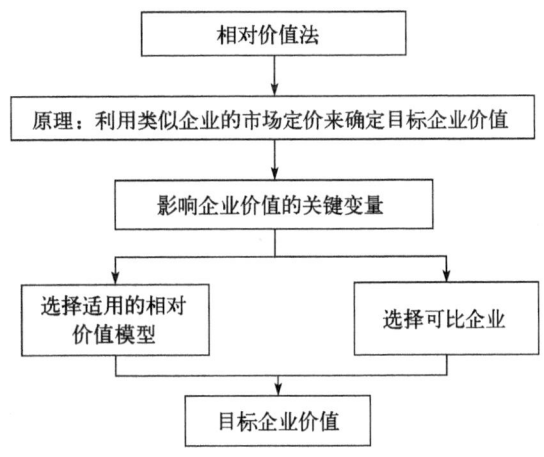

图 13-12　相对价值法估价思路

13.3.2　相对价值法运用的普遍性和潜在缺陷

尽管在理论上一般强调的是现金流量贴现法，但有证据显示，实务中相对价值法的运用是非常普遍的。大多数股票研究报告和许多收购估价都是以相对价值法为基础。相对价值法之所以能获得如此广泛的运用，存在以下几点理由。第一，这种以乘数和可比企业为基础的估价方法，与现金流贴现估价法相比，所需要的明确假设更少，能以更快的速度完成估价。如果分析人员受到时间和信息的限制，相对价值法是一种很好的替代。第二，与现金流贴现估价法相比，相对价值法更容易被理解和展示给雇主或客户。最后，相对价值法更能反映出市场对于某种资产或某个企业的认可，因为它所衡量的是相对价值而不是内在价值。

然而，相对价值法的长处同时也构成了它的不足。第一，我们可以很方便地把相对价值法的各种乘数与一组可比企业进行组合，但是，这种便利性也会导致对于价值的估计缺乏一致性，其中，很多关键变量可能会被忽略，如风险、增长或潜在现金流等。第二，各乘数反映了市场对于资产的认可，这意味着，当市场正在高估可比企业的价值时，运用相对价值法可能会导致过高的估价，同理，当市场正在低估可比企业的价值时，运用此方法将导致过低的估价。第三，使用相对价值法的前提是存在一个支配企业市场价值的主要变量（如盈利、账面价值或收入），市场价值与该变量的比值在同行业的各企业是类似的，可以比较的。但由于资本市场与法律监管的不完善，可对比企业的市场价值以及相关财务指标可能受到人为操纵的影响，由此会引起使用相对价值法进行估价的偏差。

13.3.3　市盈率模型（收益乘数）

市盈率（P/E）是衡量股价高低和企业盈利能力的一个重要指标，它指在一个考察期（通常为 12 个月的时间）内，股票的价格和每股收益的比例。投资者通常利用该比率值估量某股票的投资价值，或者用该指标在不同公司的股票之间进行比较。市盈率指标的现实意义是指，假设某上市公司的每股收益保持不变，投资者完全收回二级市场的投资成本所需要的年数。例如，股价同为 50 元的两只股票，其每股收益分别为 5 元和 1 元，则其市盈率分别是 10 倍和 50 倍。若企业盈利能力不变，这说明投资者以同样的 50 元价格购买的两种股票，要分别在 10 年和 50 年以后才能从企业盈利中收回投资。

1. 基本模型

市价/每股收益比率，通常称为市盈率，因此市价/每股收益比率模型又称市盈率模型。市盈率法估价的模型如下：

$$目标企业每股价值 = 可比企业平均市盈率 \times 目标企业的每股收益$$

该模型假设股票市价是每股收益的一定倍数。每股收益越大，则股票价值越大。同类企业有类似的市盈率，所以目标企业的股权价值可以用每股收益乘以可比企业的平均市盈率计算。

2. 稳定增长企业的市盈率模型

为什么市盈率可以作为估计股价的乘数呢？影响市盈率高低的基本因素有哪些？

根据股利贴现模型，处于稳定增长状态的企业的股权价值为：

$$股权价值 = \frac{股利_1}{股权成本 - 增长率}$$

因为股利$_1$ = 每股收益$_0$ × （1 + 增长率）× 股利支付率，所以股权价值的计算可以写成：

$$股权价值 = \frac{每股收益_0 \times (1 + 增长率) \times 股利支付率}{股权成本 - 增长率}$$

整理后得到本期市盈率的表达式：

$$本期市盈率 = \frac{P_0}{每股收益_0} = \frac{股利_1 / 每股收益_0}{股权成本 - 增长率} = \frac{股利支付率 \times (1 + 增长率)}{股权成本 - 增长率}$$

从本期市盈率的公式可以看出，市盈率的驱动因素是增长率、股利支付率和风险。这三个因素类似的企业，具有类似的市盈率。可比企业即是指这三个比率类似的企业。

根据本期市盈率估算企业价值的公式如下：

$$目标企业每股价值 = 可比企业本期平均市盈率 \times 目标企业本期每股收益$$

如果把当前的"每股收益$_0$"，换为预期下期"每股收益$_1$"，则成为"内在市盈率"或"预期市盈率"：

$$预期(内在)市盈率 = \frac{P_0}{每股收益_1} = \frac{股利_1 / 每股收益_1}{股权成本 - 增长率} = \frac{股利支付率}{股权成本 - 增长率}$$

则会有：

$$目标企业每股价值 = 可比企业预期平均市盈率 \times 目标企业预期每股收益$$

【例13-6】 美的电器（000527）属于C76电器机械制造业，请选择同行业企业，用市盈率法对美的电器2010年价值进行估价。

根据市盈率法的影响因素，选择同属于行业代码C76电器机械制造业的三家企业如表13-13所示。

表13-13 市盈率法

企业名称	证券代码	市盈率	每股收益	平均价格
小天鹅	000418	24.688	0.800	16.748
格力电器	000651	11.928	1.520	18.694
青岛海尔	600690	18.559	1.520	21.914
平均值		18.391		
美的电器	000527		1.000	16.424

资料来源：国泰安CSMAR数据库。

三家可比企业的市盈率平均值为18.391，美的电器2010年的每股收益为1元，据此以市盈率法估价美的电器：

$$按市盈率估计 = 1 \times 18.391 = 18.391(元/股)$$

与美的电器2010年的平均股价16.424元/股接近。在选择可比企业时,应当从所选择方法的影响因素出发选择,可能很难找到一家与目标企业很相似的企业,则可以选择一组可比企业,通过取平均值来提高估价的准确度。

3. 两阶段增长企业的市盈率模型

上述稳定增长企业的市盈率模型是假设企业处于稳定增长状态,以股利贴现模型为基础进行推导而得出来的。同样,对于两阶段增长(见图13-13)的企业,假设企业在高速增长阶段各年均以增长率 g 增长,股利支付率均为 D_p,股权资本成本均为 r,进入稳定增长阶段后以 g_n 的增长率增长,股利支付率为 D_{pn},股权资本成本为 r_n,根据最基础的两阶段股利贴现模型计算的股权价值如下:

$$P_0 = \sum_{i=1}^{n} \frac{EPS_0 \times D_p \times (1+g)^i}{(1+r)^i} + \frac{EPS_0 \times D_{pn} \times (1+g)^n (1+g_n)}{(r_n - g_n)(1+r)^n} \quad (1)$$

式中 EPS_0——第0年(本年)的每股收益;
g——高速增长期前 n 年的增长率;
r——高速增长期前 n 年的股权资本成本;
D_p——高速增长期前 n 年的股利支付率;
g_n——从第 $n+1$ 年开始(稳定增长阶段)的稳定增长率;
D_{pn}——从第 $n+1$ 年开始(稳定增长阶段)的股利支付率;
r_n——从第 $n+1$ 年开始(稳定增长阶段)的股权资本成本。

两阶段实体现金流贴现模型预期增长率如图13-13所示。

式(1)中,等式右边前半部分是高速增长阶段企业的股权价值,后半部分是稳定期企业的股权价值。$EPS_0 \times D_p \times (1+g)^i$ 是指第 i 年的股利现金流,经过资本成本的折现,即为高速增长阶段的股权价值;$EPS_0 \times D_{pn} \times (1+g)^n (1+g^n)$ 是指第 $n+1$ 年的股利现金流,经过折现即为稳定期企业的股权价值。

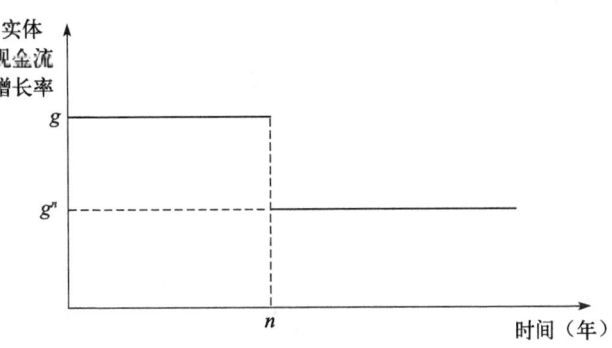

图13-13 两阶段实体现金流贴现模型预期增长率

根据数列的求和公式,对式(1)进行整理,得:

$$P_0 = \frac{EPS_0 \times D_p \times (1+g)\left[1 - \frac{(1+g)^n}{(1+r)^n}\right]}{r-g} + \frac{EPS_0 \times D_{pn} \times (1+g)^n (1+g_n)}{(r_n - g_n)(1+r)^n} \quad (2)$$

等式(2)两边同除以每股收益 EPS_0,整理后得到两阶段增长企业的内在市盈率:

$$\frac{P_0}{EPS_0} = \frac{D_p \times (1+g)\left[1 - \frac{(1+g)^n}{(1+r)^n}\right]}{r-g} + \frac{D_{pn} \times (1+g)^n (1+g_n)}{(r_n - g_n)(1+r)^n}$$

从上式可以看出,两阶段增长企业的市盈率取决于企业的增长潜力、股利支付率和股权资本成本这三个因素。

1)高速增长阶段和稳定增长阶段的股利支付率:股利支付率上升时市盈率上升。
2)风险程度:高速增长阶段和稳定增长阶段的股权成本。

3) 高速增长阶段和稳定增长阶段的盈利增长率:增长率上升时市盈率上升。

【例13-7】 某公司是一家高新技术企业,目前正处于高速增长阶段,每年的增长率达到20%,预计该阶段将持续6年,6年后该公司进入稳定增长阶段,以6%的增长率稳定增长。高速增长阶段的股利支付率为20%,6年后股利支付率为50%。假设无风险利率为4.41%,市场风险溢价为8%,该公司的β值为1.05。试估计该公司目前的市盈率水平。

$$股权资本成本 = 无风险利率 + 该公司的\beta值 \times 市场风险溢价$$
$$= 4.41\% + 1.05 \times 8\% = 12.81\%$$

该公司市盈率的估计值为:

$$市盈率 = \frac{20\% \times (1+20\%)\left[1 - \frac{(1+20\%)^6}{(1+12.81\%)^6}\right]}{12.81\% - 20\%} + \frac{50\% \times (1+20\%)^6 \times (1+6\%)}{(12.81\% - 6\%) \times (1+12.81\%)^6}$$
$$= 1.50 + 11.28$$
$$= 12.78(倍)$$

该公司目前的理论市盈率在12.78倍左右。

4. 模型的适用性

(1) 市盈率模型的优点。
1) 计算市盈率的数据容易取得,并且计算较简单。
2) 市盈率是一种综合指标。每股收益反映的是上市企业的经营状况,而股票市价反映的是上市企业股票的市场表现,市盈率指标将这两个指标有机地结合起来,从而综合反映了上市企业的经营状况和股票的市场表现。
3) 市盈率涵盖了风险补偿率、增长率、股利支付率的影响,具有很高的综合性。

(2) 市盈率模型的局限性。
1) 如果收益为负值,市盈率就失去了意义。
2) 如果目标企业的β值为1,则估价价值正确反映对未来的预期;如果企业的β值显著大于1,经济繁荣时估价价值被夸大,经济衰退时估价价值被缩小;如果β值明显小于1,经济繁荣时估价价值偏低,经济衰退时估价价值偏高;如果是一个周期性的企业,则企业价值可能被歪曲。

因此,市盈率模型最适合于连续盈利,并且β值接近于1的企业。对于出现亏损的企业,可以考虑选择市净率法或市价/收入模型法估价企业价值。

13.3.4 市净率模型(账面价值乘数)

市净率指的是每股股价与每股净资产的比率。每股净资产是股票的账面价值,它是用成本计量的,而每股市价是这些资产的现在价值,它是证券市场上交易的结果。一般来说,若股票的市场价格低于公司权益的账面价值,则人们往往认为该股票的价值被低估了;相反,那些市场价格远高于公司权益账面价值的股票被视为价值被高估了。

1. 基本模型

市价/净资产比率,通常称为市净率,市价/净资产比率模型,即市净率模型。
市净率法估价的模型如下:

$$目标企业每股价值 = 可比企业平均市净率 \times 目标企业的每股净资产$$

该模型假设股票市价是每股净资产的一定倍数。每股净资产越大,则股票价值越大。同类企业有类似的市净率,所以目标企业的股权价值可以用每股净资产乘以可比企业的平均市净率计算。

2. 稳定增长企业市净率模型

市净率作为估计股价的乘数之一，其基本决定因素有哪些？

根据股利贴现模型，处于稳定增长状态的企业的股权价值为：

$$股权价值 = \frac{每股收益_0 \times (1 + 增长率) \times 股利支付率}{股权成本 - 增长率}$$

两边同时除以同期股权账面价值，得到本期市净率：

$$\frac{P_0}{股权账面价值_0} = \frac{[股利_0 \times (1 + 增长率)]/股权账面价值_0}{股权成本 - 增长率}$$

$$= \frac{\dfrac{股利_0}{每股收益_0} \times \dfrac{每股收益_0}{股权账面价值_0} \times (1 + 增长率)}{股权成本 - 增长率}$$

$$= \frac{股利支付率 \times 股东权益收益率_0 \times (1 + 增长率)}{股权成本 - 增长率}$$

$$= 本期市净率$$

该公式表明，驱动市净率的因素有权益报酬率、股利支付率、增长率和风险。其中，权益报酬率是关键因素。这四个因素也是选择可比企业的标准。

如果将公式中的"股权账面价值$_0$"换成预期的"股权账面价值$_1$"，则可以得出内在市净率（预期市净率）。

$$预期(内在)市净率 = \frac{P_0}{股权账面价值_1} = \frac{股利支付率 \times 股东权益收益率_1}{股权成本 - 增长率}$$

【例13-8】A企业和B企业同属于钢铁行业，201×年A企业的每股收益是0.74元，每股分配股利0.35元，股利支付率为47.3%，股东权益收益率为15.87%，该企业201×年的净利润增长率为3%。B企业与A企业是类似企业，201×年每股净资产为3.94元。B企业201×年的平均股价为4.82元/股，当年净利润增长率为5.7%。试将A企业作为可比公司对B企业进行估价，计算其股票价值。

假设：201×年无风险利率为4.41%，市场风险溢价为8%，A企业的β系数为0.67。

A企业和B企业同属于钢铁行业，该行业是一个需要大量资产的行业，适合选择市净率模型估价。

$$A企业的股权资本成本 = 无风险利率 + \beta \times 风险溢价$$
$$= 4.41\% + 0.67 \times 8\%$$
$$= 9.77\%$$

$$A企业本期市净率 = \frac{股东权益收益率_0 \times 股利支付率 \times (1 + 增长率)}{股权成本 - 增长率}$$
$$= \frac{15.87\% \times 47.3\% \times (1 + 3\%)}{(9.77\% - 3\%)}$$
$$= 1.142$$

$$B企业股票价值 = B企业本期每股净资产 \times A企业本期市净率$$
$$= 3.94 \times 1.142$$
$$\approx 4.50(元/股)$$

估价结果与B企业201×年的实际价格比较接近。若我们仍以A企业的市净率为可比市净率计算同类企业C企业的股票价值，C企业201×年每股净资产为5.03元/股，当年的平均股价为

48.95 元/股，净利润增长率为 225.3%，计算得出 C 企业的股票价值为 5.74 元/股，则与其 201×年的实际价格相差较大。原因在于 201× 年 C 企业净利润的增长率超过 200%，同 A 企业 3% 的增长率相差甚远。由此可见，在选择可比公司时，要从权益报酬率、股利支付率、增长率和风险四个方面全面考虑选择可比公司。

3. 两阶段增长企业的市净率模型

两阶段增长企业的市净率模型的推导同市盈率模型的推导基本原理是一样的，都是从两阶段股利贴现模型出发：

$$P_0 = \frac{EPS_0 \times D_p \times (1+g)\left[1 - \frac{(1+g)^n}{(1+r)^n}\right]}{r-g} + \frac{EPS_0 \times D_{pn} \times (1+g)^n (1+g_n)}{(r_n - g_n)(1+r)^n}$$

式中　EPS_0——第 0 年（本年）的每股收益；
　　　g——高速增长期前 n 年的增长率；
　　　r——高速增长期前 n 年的股权资本成本；
　　　D_p——高速增长期前 n 年的股利支付率；
　　　g_n——从第 $n+1$ 年开始（稳定增长阶段）的稳定增长率；
　　　D_{pn}——从第 $n+1$ 年开始（稳定增长阶段）的股利支付率；
　　　r_n——从第 $n+1$ 年开始（稳定增长阶段）的股权资本成本。

因为 $EPS_0 = BV_0 \times ROE$，替换后整理可得：

$$\frac{P_0}{BV_0} = \frac{ROE \times D_p \times (1+g)\left[1 - \frac{(1+g)^n}{(1+r)^n}\right]}{r-g} + \frac{ROE \times D_{pn} \times (1+g)^n (1+g_n)}{(r_n - g_n)(1+r)^n}$$

由上式可以看出，市净率由稳定增长阶段和高速增长阶段的股东权益收益率、股利支付率、股权资本成本和增长率四个因素决定。

4. 模型的适用性

（1）市价/净资产比率模型的优点。

1）对于每股收益为负值的企业不能用市盈率进行估价，而市净率极少为负值，可用于绝大多数企业。

2）净资产账面价值比净利稳定，也不像利润那样经常被人为操作。

3）市净率提供了一种合理的跨企业的比较标准，投资者可以通过比较同行业中不同企业的市净率来发现价值被低估或高估的企业。

（2）市价/净资产比率模型的局限性。

1）账面价值会受到折旧方法和其他会计政策选择的影响，当企业执行不同的会计政策时，市净率会失去可比性。

2）对于没有太多固定资产的服务性企业和高科技企业，净资产与企业价值的关系不大，运用市净率法估价无法得出正确结论。

13.3.5 市价/收入比率模型（收入乘数）

前面介绍的市盈率模型和市净率模型一直是估价中最常用的两个模型。然而，由于净利润和账面价值受到折旧方法和其他会计政策的影响较大，人为操控的可能性很大，而且这些指标很可能为负，使得估价结果的准确性大大降低，甚至失去意义。而销售收入一般来说不可能为负值，而且被控制的可能性相对较小，因而，国外分析家越来越多地转向使用价格/收入比率进行估价。

1. 基本模型

这种方法假设影响企业价值的关键变量是营业收入，企业价值是营业收入的函数，在其他条件不变的情况下，营业收入越大，企业价值越大。在此模型下，目标企业的价值为：

$$股权价值 = 可比企业平均收入乘数 \times 目标企业的营业收入$$

其中：

$$收入乘数 = 股权市价 / 营业收入 = 每股市价 / 每股营业收入$$

2. 稳定增长企业的市价/收入比率模型

将股利贴现模型的两边同时除以同期每股营业收入，得到收入乘数：

$$\frac{P_0}{每股收入_0} = \frac{[股利_0 \times (1+增长率)] / 每股收入_0}{股权成本 - 增长率}$$

$$= \frac{\frac{股利_0}{每股收益_0} \times \frac{每股收益_0}{每股收入_0} \times (1+增长率)}{股权成本 - 增长率}$$

$$= \frac{股利支付率 \times 净利率_0 \times (1+增长率)}{股权成本 - 增长率} = 本期收入乘数$$

该公式表明，收入乘数的驱动因素有净利率、股利支付率、增长率和股权成本。其中，净利率是关键因素。这四个因素也是选择可比企业的标准。

如果把公式中的"每股收入$_0$"换成预期下期的"每股收入$_1$"，则可以得出内在收入乘数的计算公式：

$$\frac{P_0}{每股收入_1} = \frac{股利_1 / 每股收入_1}{股权成本 - 增长率} = \frac{\frac{股利_1}{每股收益_1} \times \frac{每股收益_1}{每股收入_1}}{股权成本 - 增长率}$$

$$= \frac{净利率_1 \times 股利支付率}{股权成本 - 增长率} = 内在收入乘数$$

【例13-9】 A公司是一家零售业公司，公司201×年每股营业收入是4.42元，每股收益为0.17元，当年按每股0.09元派发现金股利。预期利润和股利的长期增长率为6%，该公司当年的股权成本为9.21%。B公司同属于零售业，与A公司在净利率、股利支付率、增长率和股权成本等方面类似，B公司当年的每股营业收入是3.61元，请估价B公司的股票价值。

A公司和B公司是成本率较低的零售业公司，预期的利润和股利长期增长率为6%，适合选择稳定增长企业的市价/收入比率模型。

A公司的本期净利率 = 0.17÷4.42 = 4.01%

A公司的本期股利支付率 = 0.09÷0.17 = 50.73%

$$A公司本期收入乘数 = \frac{净利率_0 \times 股利支付率 \times (1+增长率)}{股权成本 - 增长率}$$

$$= \frac{4.01\% \times 50.73\% \times (1+6\%)}{9.21\% - 6\%} = 0.6718$$

B公司估价 = 3.61×0.6718 = 2.43（元）

3. 两阶段增长企业的市价/收入比率模型

同理，在两阶段股利贴现模型中，股权价值为：

$$P_0 = \frac{EPS_0 \times D_p \times (1+g)\left[1-\frac{(1+g)^n}{(1+r)^n}\right]}{r-g} + \frac{EPS_0 \times D_{pn} \times (1+g)^n(1+g_n)}{(r_n-g_n)(1+r)^n}$$

式中 EPS_0——第0年（本年）的每股收益；

g——高速增长期前 n 年的增长率；

r——高速增长期前 n 年的股权资本成本；

D_p——高速增长期前 n 年的股利支付率；

g_n——从第 $n+1$ 年开始（稳定增长阶段）的稳定增长率；

D_{pn}——从第 $n+1$ 年开始（稳定增长阶段）的股利支付率；

r_n——从第 $n+1$ 年开始（稳定增长阶段）的股权资本成本。

以基期营业收入 S_0×净利润率 PM 代替 EPS_0，整理后得：

$$\frac{P_0}{S_0} = \frac{PM \times D_p \times (1+g)\left[1-\frac{(1+g)^n}{(1+r)^n}\right]}{r-g} + \frac{PM \times D_{pn} \times (1+g)^n(1+g_n)}{(r_n-g_n)(1+r)^n}$$

可见，市价/收入比率的决定因素包括：净利润率、股权成本，及高速增长阶段和稳定增长阶段的股利支付率和增长率。

4. 模型的适用性

（1）市价/收入比率模型的优点。

1）它不会出现负值，对于亏损企业和资不抵债的企业，也可以计算出一个有意义的价值乘数，适用范围比较广泛。

2）营业收入是企业销售的收入总量，其变化相对较小，比较稳定，不容易被操纵。

3）收入乘数对价格政策和企业战略变化敏感，可以反映这种变化的后果。

（2）市价/收入比率模型的局限性。该模型的局限性主要在于：不能反映成本的变化，而成本是影响企业现金流量和价值的重要因素之一。

因此，这种方法主要适用于成本率较低的服务类企业，或者成本率趋同的传统行业的企业。

几种相对价值模型优缺点、适用对象等的比较如表 13-14 所示，可以据此选择适用的模型完成估价。

表 13-14 相对价值模型比较

模型	关键变量	驱动因素	优点	缺点	适用对象
市盈率模型	净利润	增长潜力 股利支付率 风险	①数据容易取得，计算简单； ②市盈率是一种综合指标	①收益为负值，市盈率就失去了意义； ②若目标企业的 β 值不为1，估价结果不准确	连续盈利，并且 β 值接近于1的企业
市净率模型	净资产	权益报酬率 股利支付率 增长率 风险	①可估价净利为负值的企业； ②净资产账面价值较稳定，也不易被操纵； ③提供了一种合理的跨企业比较标准	①账面价值会受到折旧方法等会计政策选择的影响； ②不适用于没有太多固定资产的服务性企业和高科技企业	拥有大量资产、净资产为正值的企业
市价/收入模型	营业收入	净利率 股利支付率 增长率 风险	①可用于估价亏损企业和资不抵债的企业； ②收入较稳定，不易被操纵	不能反映成本的变化，而成本是影响企业现金流量和价值的重要因素	成本率较低的服务类企业或成本率趋同的传统行业企业

上述关于相对价值法的介绍和例题主要是针对教学的，所以很多内容进行了简化，实际上，在相对价值法的现实运用中，对乘数的使用情况要复杂得多。乘数容易使用但也容易被误用，我们要明智地使用乘数并去发现它们被误用的情形，就要注意以下几点。

第一，确保乘数的定义具备一致性，而且在各个可比公司之间的度量是统一的。即便是最简单的乘数，不同分析人员也会给出不同的定义。例如市盈率（P/E），一般人们把它定义为市场价格除以每股收益，但市盈率存在几种变形，尽管一般都把现行价格当做分子，但某些分析人员使用的是6个月或前6年的平均价格。分母中的每股收益可以使用最近财政年度的每股收益、最近4个季度的每股收益以及下一年度预期的每股收益。此外，每股收益可以根据主要流通股和稀释股计算得来。针对收益的这些变形使市盈率的价值产生很大差异，而且易于被分析人员操纵。因此。当我们讨论以乘数为基础的估价时，第一步就是确保参与讨论的人对某一乘数都持有相同的定义。

第二，注意乘数的截面分布。运用乘数时，了解乘数的高、中、低的市场价值水平是有必要的。换而言之，想知道运用乘数计算出来的企业价值是被高估还是低估了，关键是要知道乘数的分布特征。此外，还需要理解样本中极端值对平均值的影响、在估计乘数过程中所产生的任何偏差以及乘数分布随时间变化而发生的变化。这些都是乘数现实运用所需要考虑的，具体的做法在此就不再详细叙述了。

第三，分析乘数时，不仅要理解哪些根本因素决定乘数，还要知道这些根本因素的变化如何转化为乘数的变化。下面总结出了几种不同乘数的决定因素，如表13-15所示。在选择类似的可比企业时，要充分关注拟选择的企业在这些方面是否具有相似性。

表13-15 决定权益乘数的基本因素

乘数	基本决定因素
市盈率（收益乘数）	预期增长率、股利支付率、风险
市净率（账面价值乘数）	净资产收益率、预期增长率、股利支付率、风险
市价/收入比率（收入乘数）	净利率、预期增长率、股利支付率、风险

每一个乘数，无论是收益、收入还是账面价值的，都同样是三个变量的函数——预期增长率、股利支付率和风险。在直观意义上，与较低增长率、较高风险和较低股利支付率的企业相比，具备较高增长率、较低风险和较高股利支付率的企业应该根据较高的乘数获得估价。知道那些决定某一乘数的根本因素是首要步骤，对于乘数的运用而言，理解乘数如何随着各种基本因素的变化而变化同样重要。从现金流贴现模型中推导出各种乘数的优点之一在于，我们可以分析每种根本因素与乘数之间的关系，通过保持其他所有变量不变，而只是改变那个变量的数值。

最后，就是要找到合适的可比企业以及控制可能持续存在于这些企业之间的差异。可比企业是指在现金流、增长潜力和风险等方面与被估价企业相似的企业。这一定义中并没有强调同行业，然而在大多数分析中，分析者都把可比企业定义为与企业所从事业务相同的其他企业。如果在行业中存足够数量的企业允许我们这样做的话，那就还需要根据其他标准进行筛选，如规模相同的企业才予以考虑。而当行业中存在较少企业时，上述方式的运用会变得比较困难，这时候，更加广泛地定义某一行业就能够增加可比企业数量。另一方面，无论我们在确定可比企业时如何细心，最终获得的企业总是会不同于所估价的企业。企业间的差异在某些变量上可能很小，但在另一些变量上却很大，必须在相对估计过程中控制这些差异。控制差异的方法一般包括三种：主观调整、修正乘数及技术统计。其中，主观调整法，顾名思义，是根据分析者的直观判断进行调整，更多依赖的是猜测；技术统计行业回归和市场回归，具体细节不在此介绍；修正乘数法将在本小节的13.3.6中进行详细介绍。

13.3.6 相对价值法模型的修正

相对价值法应用的主要困难是选择可比企业。可比企业是一组在现金流、增长潜力和风险方面与被估价公司相似的同行业企业。当要求的可比条件较严格，或者同行业的可比企业很少时，往往找不到符合条件的足够的可比企业。

解决上述问题的办法之一是采用修正的市价比率。

1. 修正市盈率

在影响市盈率的各种驱动因素中，关键变量是企业的增长率。增长率的差异是市盈率差异的主要驱动因素。因此，可以用增长率修正实际市盈率，把增长率不同的同行业企业纳入可比的范围。

修正市盈率法具体来说有如下两种做法。

(1) 修正平均市盈率法。

计算步骤：

$$可比公司平均市盈率 = \Sigma 各可比公司的市盈率 / n$$

$$可比公司平均增长率 = \Sigma 各可比公司的增长率 / n$$

$$可比公司修正平均市盈率 = 可比公司平均市盈率 \div (可比公司平均增长率 \times 100)$$

$$目标公司每股股权价值 = 可比公司修正平均市盈率 \times 目标公司增长率 \times 100 \times 目标公司每股收益$$

(2) 股价平均法。

计算步骤：

$$可比公司 i 的修正市盈率 = 可比公司 i 的市盈率 \div (可比公司 i 的增长率 \times 100)$$

$$目标公司每股股权价值 i = 可比公司 i 的修正市盈率 \times 目标公司增长率 \times 100 \times 目标企业每股收益$$

$$目标公司每股股权价值 = \frac{\sum_{i=1}^{n} 目标公司每股股权价值_i}{n}$$

【例13-10】 A公司是一家制造业公司，其每股收益为0.5元/股，股票价格为25元。A公司预期增长率为10%，投资者收集了以下四家可比的制造业上市公司的有关数据，如表13-16所示。

分别利用修正平均市盈率法和股价平均法确定A公司的每股股票价值。

表13-16 四家可比公司的有关数据

可比公司名称	市盈率	预期增长率
B	40	10%
C	44.7	8%
D	37.9	13%
E	28	15%

修正平均市盈率法：

$$可比公司平均市盈率 = (40 + 44.7 + 37.9 + 28)/4 = 37.65$$
$$可比公司平均增长率 = (10\% + 8\% + 13\% + 15\%)/4 = 11.5\%$$
$$可比公司修正平均市盈率 = 37.65/(11.5\% \times 100) = 3.27$$
$$A公司的每股价值 = 3.27 \times 10\% \times 100 \times 0.5 = 16.35(元)$$

股价平均法：

根据可比公司B公司，A公司的每股价值 = 40/10% × 10% × 0.5 = 20(元)

根据可比公司C公司，A公司的每股价值 = 44.7/8% × 10% × 0.5 = 27.94(元)

根据可比公司 D 公司，A 公司的每股价值 = 37.9/13% × 10% × 0.5 = 14.58(元)
根据可比公司 E 公司，A 公司的每股价值 = 28/15% × 10% × 0.5 = 9.33(元)
$$A 公司的每股价值 = (20 + 27.94 + 14.58 + 9.33)/4 = 17.96(元)$$

2. 修正市净率

市净率的驱动因素有增长率、股利支付率、风险和股东权益净利率，其中，股东权益净利率的差异是市净率差异的关键驱动因素。

修正市净率法具体来说有如下两种做法。

(1) 修正平均市净率法。

计算步骤：

$$可比公司平均市净率 = \Sigma 各可比公司的市净率/n$$
$$可比公司平均股东权益收益率 = \Sigma 各可比公司的股东权益收益率/n$$
$$可比公司修正平均市净率 = 可比公司平均市净率 \div (可比公司平均股东权益收益率 \times 100)$$
$$目标公司每股股权价值 = 可比公司修正平均市净率 \times 目标公司股东权益收益率 \times 100 \\ \times 目标公司每股净资产$$

(2) 股价平均法。

$$可比公司 i 的修正市净率 = 可比公司 i 的市净率 \div (可比公司 i 的股东权益收益率 \times 100)$$
$$目标公司每股股权价值 i = 可比公司 i 的修正市净率 \times 目标公司股东权益收益率 \times 100 \\ \times 目标企业每股净资产$$
$$目标公司每股股权价值 = \frac{\sum_{i=1}^{n} 目标公司每股股权价值_i}{n}$$

【例 13-11】 A 公司是一家家电制造业上市公司，每股净资产是 4.6 元，预期股东权益净利率是 16%，当前股票价格是 48 元。为了对 A 公司当前股价是否偏离价值进行判断，投资者收集了以下四个可比公司的有关数据，如表 13-17 所示。

使用修正平均市净率法和股价平均法计算 A 公司的每股价值。

表 13-17 四家可比公司的有关数据

可比公司名称	市净率	预期股东权益净利率
B	8	15%
C	6	13%
D	5	11%
E	9	17%

修正平均市净率法：

$$可比公司的平均市净率 = (8 + 6 + 5 + 9)/4 = 7$$
$$可比公司平均股东权益收益率 = (15\% + 13\% + 11\% + 17\%)/4 = 14\%$$
$$可比公司修正平均市净率 = 7 \div (14\% \times 100) = 50\%$$
$$A 公司的每股价值 = 50\% \times 16\% \times 100 \times 4.6 = 36.8(元)$$

股价平均法：

根据可比公司 B 公司，A 公司的每股价值 = 8/15% × 16% × 4.6 = 39.25(元)
根据可比公司 C 公司，A 公司的每股价值 = 6/13% × 16% × 4.6 = 33.97(元)
根据可比公司 D 公司，A 公司的每股价值 = 5/11% × 16% × 4.6 = 33.45(元)
根据可比公司 E 公司，A 公司的每股价值 = 9/17% × 16% × 4.6 = 38.96(元)
$$A 公司的每股价值 = (39.25 + 33.97 + 33.45 + 38.96)/4 = 36.41(元)$$

3. 修正收入乘数

收入乘数的驱动因素是增长率、股利支付率、风险和销售净利率，其中，关键驱动因素是销售净利率。

正价格/收入比率法具体来说有如下两种做法。

（1）修正收入乘数法。

可比公司平均收入乘数 = Σ 各可比公司的收入乘数 $/n$

可比公司平均销售净利率 = Σ 各可比公司的销售净利率 $/n$

可比公司修正平均收入乘数 = 可比公司平均收入乘数 $\div$（可比公司平均销售净利率 $\times 100$）

目标公司每股股权价值 = 可比公司修正平均收入乘数 $\times$ 目标公司销售净利率 $\times 100$ $\times$ 目标公司每股销售收入

（2）股价平均法。

可比公司 i 的修正收入乘数 = 可比公司 i 的收入乘数 $\div$（可比公司 i 的销售净利率 $\times 100$）

目标公司每股股权价值i = 可比公司 i 的修正收入乘数 $\times$ 目标公司销售净利率 $\times 100$ $\times$ 目标公司每股销售收入

$$目标公司每股股权价值 = \frac{\sum_{i=1}^{n} 目标公司每股股权价值_i}{n}$$

【例 13-12】 A 公司是一家零售业上市公司，201× 年每股营业收入是 3.8 元，净利率为 5.25%，与 A 公司同属零售业的四家可比上市公司的有关数据如表 13-18 所示。

使用修正平均收入乘数法和股价平均法计算 A 公司的每股价值。

表 13-18 四家可比公司的有关数据

可比公司名称	市价/收入	预期净利率
B	0.75	5%
C	0.8	6%
D	0.6	4%
E	0.65	5%

修正平均收入乘数法：

可比公司的平均收入乘数 = $(0.75 + 0.8 + 0.6 + 0.65)/4 = 0.7$

可比公司平均净利率 = $(5\% + 6\% + 4\% + 5\%)/4 = 5\%$

可比公司修正平均收入乘数 = $0.7 \div (5\% \times 100) = 0.14$

A 公司的每股价值 = $0.14 \times 5.25\% \times 100 \times 3.8 = 2.79$（元）

股价平均法：

根据可比公司 B 公司，A 公司的每股价值 = $0.75/5\% \times 5.25\% \times 3.8 = 2.99$（元）

根据可比公司 C 公司，A 公司的每股价值 = $0.8/6\% \times 5.25\% \times 3.8 = 2.66$（元）

根据可比公司 D 公司，A 公司的每股价值 = $0.6/4\% \times 5.25\% \times 3.8 = 2.99$（元）

根据可比公司 E 公司，A 公司的每股价值 = $0.65/5\% \times 5.25\% \times 3.8 = 2.59$（元）

A 公司的每股价值 = $(2.99 + 2.66 + 2.99 + 2.59)/4 = 2.81$（元）

本章小结

企业价值估价的主要作用在于：对投资者而言，用于投资分析和企业并购等战略分析；对企业管理层而言，用于以价值为基础的管理。相应地，企业价值估价信息的主要使用者包括投资者、管理层和包括投资咨询、资产管理在内的中介机构。

企业价值估价模型按照原理可以分为四类：第一类，现金流量贴现估价模型；第二类，会计估价模型；第三类，相对价值模型；第四类，期权估价法。

现金流量贴现模型的基本原理是"现值"原理，即任何资产的价值等于其预期未来全部现金流的现值总和。应用此方法的关键就在于确定该项资产预期未来的全部现金流和贴现率（即资本成本）。本章是在完成实体现金流量预测与价值估计的基础上，通过减去债务价值得到股权价值。

现金流量贴现模型的两个关键变量：现金流量和贴现率。根据估价对象和企业预期现金流量的分布规律，选择合适的现金流量估价模型。根据现金流量的种类选择匹配的资本成本，估价股利现金流量、股权现金流量，选择股权资本成本；实体现金流量选择加权平均资本成本。

相对价值法是利用类似企业的市场定价来估价目标企业价值。首先确定影响企业价值的关键变量，根据变量选择目标企业适用的相对价值模型和同行业可比企业，根据关键变量和可比企业的平均值计算目标企业价值。相对价值模型主要包括市盈率模型、市净率模型和市价/收入比率模型。

习题

一、简答题

1. 企业价值评估的对象及其意义是什么？
2. 企业价值评估方法一般有哪些？各方法的适用对象和优缺点各是什么？
3. 现金流量贴现模型的基本原理是什么？
4. 影响现金流量贴现模型评估企业价值效果的关键因素是什么？如何确定？
5. 常用的现金流量贴现模型有哪些？各自的特点是什么？
6. 现金流量增长模式通常有哪几类？各有哪些特点？如何运用？
7. 预测未来现金流量增长率时需要考虑哪些因素？
8. 实体现金流量由哪几部分构成？
9. 相对价值模型的原理是什么？如何运用相对价值模型估价？
10. 各相对价值模型的优缺点是什么？分别适用于什么对象？
11. 运用相对价值模型时，可比企业怎么选择？应注意哪些因素？

二、讨论题

1. 股权现金流贴现模型的形式与股利现金流贴现模型基本相同，不同的是股权现金流代替了股利现金流。当全部股权自由现金流用于股息支付时，股利现金流模型与股权现金流模型并无区别。但总体而言，股利现金流不等同于股权自由现金流，时高时低。

讨论问题：
（1）分析股利现金流不同于股权现金流的原因？
（2）据此讨论股利现金流贴现模型和股权现金流贴现模型，哪种模型的适用性更好？

2. 理论上，在计算实体现金流时，起点是扣除非经常性损益之后的与经营活动相关的息前税后经营利润。这是建立在非经常性损益往往与企业的日常经营活动无关，不具有持续性，并且金额较小或者不稳定的基础上，因此在预测现金流时非经常性损益可以忽略不计。但是实务中，有少部分上市公司核心业务不够突出，试图通过非经常性损益满足增厚收益、稳定现金流的需求。分析财务报表发现，非经常性损益能为公司贡献现金流的现象频繁出现：①不同非经常性损益项目在利润表中交替出现，能对现金流提供一定的支持；②部分非经常性损益项目在一定期间内频繁产生。这些非经常性损益总会给上市公司的当期损益产生明显的影响。由于非经常性损益的频繁出现，给实体现金流的计算带来了理论和实务的冲突。

讨论问题： 计算实体现金流时，非经常性损益的处理在理论和实务中的冲突体现在哪些方面？

3. 2013年1月1日起施行的《中央企业负责人经营业绩考核暂行办法》，对央企高管的绩效薪酬进行改革，进一步强化业绩考核的价值导向，绝大多数中央企业经济增加值（EVA）考核指标权重提高到 50%，利润总额指标权重下降为 20%。

企业经济增加值（EVA）就是调整后净营业利润扣除包括股权和债务的全部投入资本的成本后的剩余回报。将 EVA 引入企业价值评估不仅仅因为 EVA 和企业价值存在密切的关系，而且因为现金流模型判断公司的经营业绩时的局限性，更重要的是基于 EVA 的价值评估明确了所有管理者潜意识中已经触及的一个重要问题，即企业的资本使用是有成本的。EVA 价值模型的原理是企业的内在价值等于企业投资资本加上预计企业未来经济增加值的现值。该模型反映了企业未来的价值增值及增值能力的持续性，体现了企业的内在价值。EVA 企业价值评估模型用公式表示为：

公司的内在价值 = 未来 EVA 的现值 + 资本总额（股东权益账面价值净值）

$$= \sum_{t=1}^{n} \frac{EVA_t}{(1+r_e)^t} + 资本总额$$

式中　EVA——经济增加值；

　　　r_e——资本成本。

讨论问题：从企业价值管理的视角，讨论现金流贴现价值评估模型与 EVA 的企业价值评估模型各有什么特点？

4. 剩余收益是根据经济学的利润建立的一个会计概念，是指一项投资的实际报酬与要求报酬之间的差额，用公式表示如下：

剩余收益 = 收益—应计成本

　　　　　 = 收益—投资要求的报酬率 × 投资额

剩余收益与会计利润的主要区别是其扣除了机会成本，而会计利润仅扣除实际支出的成本。剩余收益的观点是：公司赚取的净利润必须超过股东要求的报酬，才能获得剩余收益，真正增加股东权益。

剩余收益估价模型使用公司权益的账面价值和预期剩余收益的现值来表示股票的内在价值。在考虑货币时间价值以及投资者所要求的风险报酬的情况下，将企业的预期剩余收益按照一定的贴现率进行贴现以后加上当期权益价值就是股票的内在价值。其计算公式如下：

$$V_t = BV_t + \sum_{t=1}^{\infty} \frac{E(RI_t)}{(1+r)^t}$$

式中　V_t——企业在 t 时刻的价值；

　　　BV_t——企业在 t 时刻的净资产账面价值；

　　　$E(RI_t)$——t 时刻的剩余收益的期望值；

　　　r——投资者要求的必要报酬率。

剩余收益估价模型结合折现现金流量模型中货币的时间价值、风险-收益对等原则的优点，同时与传统的方法又有不同，不是从利润分配的角度出发，而是从企业的价值创造的观点考虑问题。企业的一切生产经营活动都是围绕价值创造进行的，其结果又会在财务报表上得到最终反映，因此更为贴切地反映了企业的真实情况。

讨论问题：

(1) 剩余收益指标有何特点？

(2) 在企业价值评估时，剩余收益模型与自由现金流模型哪种方法更优？

5. 相对价值法的运用非常普遍，大多数股票研究报告和许多收购估价都是以乘数为基础的，如市盈率、EV/EBITDA、账面市价比。不同于贴现现金流模型对公司的内含价值进行估计，相对价值法估计的是公司的相对价值。使用相对价值法进行企业价值评估是否准确和恰当，一直是被争论的问题。

讨论问题：与现金流折现法相比，相对价值法有何不足？该如何看待相对价值法在企业价值评估中的作用？

三、分析计算题

1. ABC 公司预计下一年度的利润表和资产负债表如表 13-19。

表 13-19a　预计利润及利润分配表　　　　　　（单位：万元）

项目	本期数	上年同期数
一、营业收入	1 280	1 000
减：营业成本	880	660
营业税金及附加	100	100
销售、管理费用和其他财务费用	120	100
其中：折旧与摊销	60	50
利息费用	25	21
资产减值损失	10	10
加：其他经营性净收益	15	11
二、税前经营利润	160	120
减：经营活动所得税（25%）	40	30
三、税后经营利润	120	90
加：投资收益	0	5
公允价值变动损益	15	5
资产处置损益	5	0
其他非经营性损益	0	10
减：非经营活动所得税（25%）	5	5
四、税后非经营利润	15	15
五、净利润	135	105
加：年初未分配利润	40	5
六、可供分配利润	175	110
减：应付普通股股利	70	70
七、未分配利润	105	40

表 13-19b　预计资产负债表　　　　　　（单位：万元）

项目	年初	年末
经营现金	20	40
经营流动资产	500	570
固定资产（原值）	600	700
累计折旧	120	170
固定资产净值	480	530
其他长期资产	300	290
长期资产合计	780	820
资产总计	1 300	1 430
流动负债	350	400
其中：经营流动负债	70	80
长期负债	510	525
其中：经营长期负债	100	180
股本	400	400
未分配利润	40	105
负债及股东权益总计	1 300	1 430

要求：

（1）计算 ABC 公司的实体现金流量、债务现金流量和股权现金流量。
（2）计算 ABC 公司的总投资、净投资。

2. 甲公司预计前 5 年每年的息税前经营利润为 120 万元，无其他非经营性活动，每年需偿还利息 20 万元,债务净增加 30 万元,股权资本成本为 8%。第 6~8 年每年的息税前利润为 150 万元,需偿还利息 30 万元,债务净增加 35 万元,股权资本成本为 10%。第 9 年的股权现金流量为 55 万元,之后每年的股权现金流量将保持第 9 年的 55 万元,股权资本成本为 9%。公司所得税税率为 25%,并且公司预期每年增加的资本支出、经营营运资本等在数量上可以通过折旧抵消。假设公司股东拟以 850 万元的价格出售该公司。

要求:请计算并分析该公司是否能够被顺利出售。

3. A 公司拟采用并购的方式取得对 B 公司的控制权。B 公司的生产经营特点决定其未来创造现金流量的能力较强,A 公司决定对 B 公司采用贴现现金流量法估价。有关 B 公司的预测数据如下:B 公司目前的 β 系数为 1.5,资产负债率按市值计算为 70%,若并购成功,B 将成为 A 的独立子公司,并且资产负债率将变为 50%,同时其 β 系数会变为 1.2,估计并购后将给 A 公司带来的实体现金流量第一年为 90 万元,从第二年开始实体现金流量将持续以每年 5% 的增长率递增;证券市场无风险利率为 4%,风险溢价为 8%,负债平均利息率为 12%,所得税税率为 30%。

要求:计算 B 公司的并购价值。

4. 甲公司是一个高新技术企业,目前具有领先同行业其他公司的优势,可以以较高的增长率增长。2011 年每股营业收入为 10 元,每股经营营运资本为 3 元,每股税后经营利润 4 元,每股资本支出 2 元,每股折旧 1 元。该企业将保持 40% 的负债率。

预计 2012 年营业收入增长率为 10%,2012~2016 年营业收入增长率逐年均匀下降,至 2016 年营业收入增长率将为 6%,2017 年及以后年度一直维持 6% 的增长率。假设该公司的经营营运资本、资本支出、折旧与摊销、税后经营利润与营业收入同比例增长。

2011 年该公司的 β 值为 1.4,预计从 2012 年开始均匀下降,到 2016 年降至 1.1,预计以后稳定阶段的 β 值始终保持 1.1。无风险利率为 3%,市场平均风险股票必要报酬率为 8.5%。

要求:计算甲公司目前的股票价值。

5. 甲公司 2011 年的股利支付率为 20%,预计 2012 年的净利润和股利的增长率均为 6%。该公司的 β 系数为 1.1,无风险利率采用国库券利率为 3%,市场平均风险的股票收益率为 9%。

要求:
(1) 甲公司的本期市盈率和内在市盈率分别是多少?
(2) 若乙公司是甲公司的一家同行业可比公司,预期增长率同甲公司一致,2011 年的每股收益为 0.67 元,计算乙公司股票的每股价值是多少?

6. A 公司是一家制药公司,公司资产的账面价值为 1 000 万元,其中股权账面价值为 450 万元。2011 年 A 公司的息税前营业利润为 240 万元,分派股利 35 万元,利息费用支出 140 万元,所得税税率为 30%。公司目前已进入稳定增长阶段,长期内公司将保持 5% 的增长率。公司的 β 系数为 1.2,选取五年期国债利率作为无风险利率为 3.5%,风险溢价为 5%。B 公司是与 A 公司同行业的可比公司,其资产的账面价值为 900 万元。

要求:计算 B 公司的股权价值。

7. A 公司拟收购一家营业成本率较低的服务类上市公司 B 公司,B 公司目前的股价为 19 元/股。A 公司在完成收购计划前需对 B 公司的价值进行评估,决定是否在当前完成收购。与 B 公司相类似的同行业公司有甲、乙、丙、丁四家,但每家公司仍与 B 公司存在一定程度的差异。四家类似公司及 B 公司的有关资料如表 13-20 所示。

表 13-20

项目	B 公司	甲公司	乙公司	丙公司	丁公司
普通股数	600 万股	500 万股	700 万股	700 万股	800 万股
每股市价	19 元	18 元	22 元	12 元	16 元

（续）

项目	B公司	甲公司	乙公司	丙公司	丁公司
每股收益	0.9元	1元	0.8元	0.4元	0.8元
每股净资产	3元	3.5元	3.3元	2.8元	2.4元
每股销售收入	17元	20元	20元	10元	16元
预期增长率	5%	10%	6%	4%	8%

要求：
(1) 说明应采用相对价值模型中的哪种模型计算B公司的股票价值。
(2) 计算B公司的股票价值并说明A公司是否应在当前收购B公司。

8. A公司的每股收益是1元，其预期增长率是12%。为了评估该公司股票是否被低估，收集了以下三个可比公司的相关数据。

表 13-21

可比公司	当前市盈率	预期增长率
B	8	5%
C	25	10%
D	27	18%

要求：
(1) 采用修正市盈率法，对A公司股价进行评估。
(2) 采用股价平均法，对A公司股价进行评估。

9. A公司未来1~5年的股权自由现金流量如下表所示。

表 13-22　　　　　　　　　　　　　　　　（单位：万元）

年度	1	2	3	4	5
股权自由现金流量	21	25.2	30	34.5	38
增长率		20%	18%	15%	10%

目前，A公司的β系数为1.25，假定无风险利率为4.5%，风险溢价为5%。

要求：
(1) 假定A公司未来每年的股权自由现金流量按一定的增长率增长，假设第5年以后A公司进入稳定增长期，增长率同第5年，并利用永续增长模型进行评估。请按此假设估计A公司的股权价值，并说明按此假设估价是否适当。
(2) 假设A公司高速增长期持续到第8年，第6年增长率为8%，第7年为6%，第8年为5%，第8年以后增长率稳定在5%，自第8年起，A公司的β系数为1，请按此假设计算A公司的股权价值。

10. D公司预计年度的净利润为2 000万元，假设无非经常性损益，税后净债务利息为50万元，发行在外的股数为1 000万股，资本支出1 000万元，折旧和摊销900万元，预计年度比本年度经营营运资本增加400万元。该公司已进入稳定增长阶段，增长率为5%。该公司目前的负债比率为20%，预计未来将继续保持这一比率。估计该公司的股权成本为10%。

要求：
(1) 计算该公司的每股价值。
(2) 若考虑到今后想支持6%的增长率，要保持股权价值与增长率为5%前提下的股权价值相等，则预计年度股权净投资应增加到多少？

11. A公司是2011年1月1日成立的高新技术企业。为了方便其管理层进行以价值为基础的管理，该公司采用股权现金流量模型对股权价值进行评估。评估所需的相关数据如下。

(1) A 公司 2011 年的销售收入为 1 000 万元。根据目前市场行情预测，其 2012 年、2013 年的增长率分别为 10%、8%；2014 年及以后年度进入稳定增长阶段，增长率为 5%。

(2) A 公司 2011 年的经营性营运资本周转率为 4，净经营性长期资产周转率为 2，净经营资产净利率为 20%，净负债/股东权益 = 1/1。公司税后净负债成本为 6%，股权资本成本为 12%。

(3) 评估时假设上述指标在以后年度均保持不变，公司未来不打算增发或回购股票。为保持当前资本结构，公司采用剩余股利政策分配股利。假设该公司无非经营性损益。（注：净经营资产净利率 = 息前税后经营利润/净经营资产。）

要求：

(1) 计算 A 公司 2012 年至 2014 年的股权现金流量。

(2) 计算 A 公司 2011 年 12 月 31 日的股权价值。

12. 华仪电气（600290）公司是一家电气设备制造业上市公司，2010 年，其每股净资产是 3.24 元，股东权益净利率为 13.1%，当前股票价格是 14.96 元。为了对华仪电气当前股价是否偏离价值进行判断，投资者收集了以下 4 家可比公司的有关数据。

表 13-23

可比公司名称	市净率	股东权益净利率
长城电工（600192）	2.98	2.44%
国电南自（600268）	4.81	7.46%
特变电工（600089）	3.21	13.66%
湘电股份（600416）	3.74	8.96%

要求：使用修正平均市净率法和股价平均法计算华仪电气的每股价值。

四、自测题

1. A 公司刚刚收购一家公司，2011 年底投资资本总额 1 000 万元，其中净负债为 100 万元，股东权益 900 万元，目前发行在外的股票有 500 万股，股价为每股 4 元。预计 2012 年至 2014 年销售增长率为 7%，2015 年销售增长率减至 6%，并且可以持续。预计税后经营利润、固定资产净值、经营营运资本对销售的百分比维持 2011 年的水平。所得税税率和净债务税后利息率均维持 2011 年的水平。净债务利息按上年末净债务金额和预计利息率计算。

企业的融资政策：满足下期净投资之后的剩余资金，在归还借款以前不分配股利，全部多余现金用于归还借款。归还全部借款后，剩余的现金全部发放股利。

当前的加权资本成本为 11%，进入 2015 年后，资本成本降为 10%。公司平均所得税税率为 30%，净债务的税后利息率为 4%。净债务的市场价值按账面价值计算。

要求：

(1) 编制预计利润表和预计资产负债表。

表 13-24a 预计利润表 （单位：万元）

年份	2011	2012	2013	2014	2015
销售收入	2 000				
税前经营利润	200				
税后经营利润	140				
税后净债务利息	10				
净利润	130				
减：应付普通股股利	0				
本期利润留存	130				

表 13-24b　预计资产负债表　　　　　　　　　　（单位：万元）

年份	2011	2012	2013	2014	2015
经营营运资本	400				
固定资产净值	600				
资产总计	1 000				
净负债	100				
股本	600				
年初未分配利润	170				
本期利润留存	130				
年末未分配利润	300				
所有者权益合计	900				
净负债及股东权益	1 000				

（2）用现金流量模型对该公司估价，说明该股票被市场高估还是低估了。

2. B 公司 2011 年度的财务报表的主要数据如表 13-25 所示。

表　13-25　　　　　　　　　　　　　　（单位：万元）

项目	金额
营业收入	1 000
税后利润	100
税后净债务利息	10
股利	40
留存收益	60
负债	1 000
股东权益（200 万股，每股面值 1 元）	1 000
负债及股东权益总计	2 000

该公司 2011 年度的股票市价为 10 元。

要求：

（1）计算 2011 年的可持续增长率。

（1）计算 2011 年的市盈率和收入乘数。

（2）若该公司处于稳定状态，其股权资本成本是多少？

（3）若该公司 2011 年的每股资本支出为 0.8 元，每股折旧 0.6 元，该年比上年营运资本每股增加 0.2 元，公司继续保持现有的财务比率和增长率不变，计算该公司的股权价值。

（4）若 A 公司的市盈率和收入乘数与 B 公司相同，A 公司的销售收入为 3 000 万元，净利润为 500 万元，普通股股数为 400 万股，请分别用市盈率模型和市价/收入比率模型评估 A 公司的价值。

3. B 公司是一家商业企业，主要从事零售业，该公司 2011 年的财务报表数据如表 13-26 所示。

表 13-26a　利润表　　　　　　　　　　（单位：万元）

项目	2011 年
一、营业收入	1 000
减：营业成本	500
营业和管理费用（不含折旧和摊销）	200
折旧	50
长期资产摊销	10

(续)

项目	2011 年
财务费用	15
三、营业利润	225
营业外收入	0
减：营业外支出	0
四、利润总额	225
减：所得税（25%）	56.25
五、净利润	168.75
加：年初未分配利润	76.25
六、可供分配的利润	245
应付普通股股利	95
七、未分配利润	150

表 13-26b　资产负债表　　　　　　　　　　（单位：万元）

项目	金额	项目	金额
经营现金	30	短期借款	100
应收账款	200	应付账款	100
存货	300	预提费用	150
待摊费用	100	流动负债合计	350
流动资产合计	630	长期借款	200
固定资产原值	700	负债合计	550
累计折旧	100		
固定资产净值	600	股本	550
其他长期资产	20	未分配利润	150
长期资产合计	620	股东权益合计	700
资产总计	1 250	负债及股东权益总计	1 250

公司目前发行在外的股数为 55 万股，每股市价 20 元。

要求：

(1) 编制 2012 年预计利润表和预计资产负债表。有关预计报表编制的数据条件如表 13-27 所示。

　　1) 2012 年的销售增长率为 10%。

　　2) 利润表各项目：营业和管理费用（不含折旧和摊销）、折旧与销售收入的比率保持与 2011 年一致，长期资产的年摊销保持与 2011 年一致；营业外支出、营业外收入、投资收益项目金额为零；财务费用均为利息费用；所得税税率预计不变（25%）；企业采取剩余股利政策。

　　3) 资产负债表项目：流动资产各项目与销售收入的增长率相同，固定资产净值占销售收入的比率保持与 2011 年一致，其他长期资产项目除摊销外没有其他业务，流动负债各项目（短期借款除外）与销售收入的增长率相同，短期借款及长期借款占投资资本的比重与 2011 年保持一致。假设公司不保留额外金融资产。

表 13-27a　预计利润表　　　　　　　　　　（单位：万元）

项目	2011 年	2012 年
一、营业收入		
减：营业成本		

（续）

项目	2011年	2012年
营业和管理费用（不含折旧和摊销）		
折旧		
长期资产摊销		
二、息税前经营利润		
减：经营利润所得税		
三、息前税后经营利润		
投资收益：		
四、利息费用		
减：利息费用抵税		
五、税后利息费用		
六、税后利润合计		
加：年初未分配利润		
六、可供分配的利润		
减：应付普通股股利		
七、未分配利润		

表13-27b 预计资产负债表 （单位：万元）

项目	2011	2012
经营现金		
经营流动资产		
减：经营流动负债		
经营营运资本		
经营长期资产		
减：经营长期负债		
净经营资产总计		
借款		
金融负债合计		
股本		
未分配利润		
股东权益合计		
负债及股东权益总计		

(2) 加权平均资本成本2012年为12%，预计2013年及以后公司的目标资本结构保持为负债比重30%。若2013年及以后未来经营项目与一家上市公司的经营项目类似，该上市公司的β系数为2，其资产负债率为50%，目前证券市场的无风险利率为5%，证券市场的平均风险溢价为5%，设未来两家企业的平均所得税税率为25%，确定该公司加权平均资本成本。

(3) 若企业预计未来每年都保持2012年的预计息前税后净利润水平，且预计2013年开始所需要的每年的净投资为零，债务市场价值与账面价值一致，请运用现金流量贴现法确定公司目前的股价是被高估还是低估。

第14章

融资租赁

▶ 学习目标

- ◆ 理解融资租赁的概念和特点
- ◆ 了解融资租赁的会计判断和税务处理
- ◆ 理解损益平衡租金的计算
- ◆ 掌握净现值法进行融资租赁的财务决策分析
- ◆ 理解融资租赁对企业财务的影响

▶ 引言

本章内容主要由融资租赁的概述、融资租赁的会计判断和税务处理方法、融资租赁的财务分析以及融资租赁对于企业财务管理的意义四个部分组成。第一部分,在介绍融资租赁涉及的相关要素的基础上,比较了融资租赁和经营租赁的异同点,旨在解决的主要问题是如何辨别实务中的融资租赁行为以及怎样区分融资租赁和经营租赁。第二部分,介绍会计准则的判断标准和税法对融资租赁的税务要求,在回顾会计准则关于融资租赁的几个重要概念的基础上,阐释会计的资本化处理和税务的不可直接抵扣处理,旨在解决的主要问题是如何将抽象的租赁行为通过会计准则和税法的分析框架进行具象化,从而识别融资租赁对现金流量和所得税的影响。第三部分,介绍纳入融资租赁财务分析框架的两个要素,即现金流量和折现率,解释"期初、期间、期末、相关、税后、差额"的现金流量分析框架,旨在解决的主要问题是在融资租赁评价中使用净现值的评价方法时,如何确定各个时点上的现金流量以及各个时点的现金流量分别用哪种折现率折现,从而根据计算所得的净现值来决策采用融资租赁还是购买的方案。第四部分,介绍融资租赁对企业损益、资本成本、资本结构和财务流动性的影响,旨在解决的主要问题是融资租赁行为影响企业财务的哪些方面及对各方面产生何种影响。

本章内容运用了前序相关章节的理论与方法,是前序章节的实际应用。如第7章讲述的现金流量贴现方法,第8章投资项目评价,第10章资本成本等。本章的核心问题是融资租赁这一投资项目的评价,净现值法是常用的投资项目评价的基本方法。在融资租赁方案中,沿用了净现值法的思想,本章是对前述现金流量的预测以及净现值法的思想的重要应用。本章综合运用了财务管理的思想和方法,为企业实务操作提供了重要参考。

本章的内容框架如图 14-1 所示。

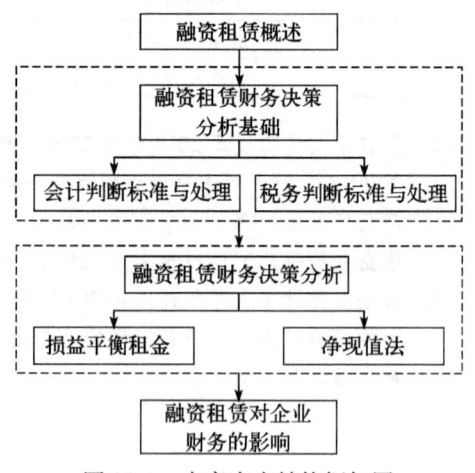

图 14-1　本章内容结构框架图

14.1 融资租赁概述

融资租赁是一种以租赁形式进行融资，用以替代借款筹资的筹资活动。租赁通常是以收取租金为对价而让渡实物形态资产的占有权、使用权和收益权的一种交易。因而从本质上讲，租赁是承租人（lessee）和出租人（lessor）之间的一项契约性协议。协议中规定承租人拥有使用租赁资产的权利，同时必须定期向出租人支付租金。融资租赁包含租赁的全部要素：租赁的当事人、租赁资产、租赁期、租赁费用、租赁的撤销以及租赁资产的维修。

融资租赁成为企业越来越重要的筹资方式，尤其在我国民航业，飞机融资租赁是当今国内航空公司从国外引进飞机的重要方式。可以说，我国民航业是乘着融资租赁的翅膀飞起来的。1980年，我国首次使用融资租赁的方式引进了第一架B747飞机，此后，租机数量逐年增加，目前国内航空公司的现有飞机中绝大部分为融资租赁引进。我国民航业融资租赁的相关数据如表14-1和表14-2所示。

表14-1 我国民航业融资租赁情况

项目 航空公司	融资租赁固定资产占总固定资产的账面价值比例	融资租赁飞机租机利息占总应付利息比例
国航（601111）	34.04%	—①
东航（600115）	40.69%	51.30%
南航（600029）	26.65%	56.25%

①年报中未披露相关数据。
资料来源：依据各航空公司2011年度报告整理得到。

表14-2 我国航空公司融资租赁固定资产账面价值及累计折旧　　（单位：万元）

项目 航空公司	账面原值	累计折旧	减值准备	账面价值
国航（601111）	4 152 944	(690 097)	0	3 462 847
东航（600115）	3 764 279	(851 987)	0	2 912 292
南航（600029）	2 991 000	(668 500)	0	2 322 500

资料来源：依据各航空公司2011年度报告整理得到。

民航业在国民经济中发挥着非常重要的作用。它是一个具有高投入、高风险、低收益和竞争激烈特点的资本密集型行业，平均利润率不超过4%，其资金需求单靠行业自身积累是远远不够的，必须通过外部融资解决。采用融资租赁的形式引进飞机，能够更好地解决我国民航业引进飞机的资金缺口问题。

14.1.1 融资租赁的相关要素

融资租赁涉及的相关要素如下。

(1) 当事人关系：就当事人的权利义务关系而言，融资租赁合同的基本类别分为三种，即直接租赁、售后租回和杠杆租赁。

1) 直接租赁是最常见的融资租赁方式，是指由出租人向供货商（设备生产商或者销售商）购进设备后直接出租给承租人使用的融资租赁方式。直接租赁由出租人与承租人之间的租赁合同和出租人与供货商之间的买卖合同两项构成。

2）售后租回（回租赁）⊖是指承租人将自己拥有的资产先卖给出租人后，再将该项资产从出租人处租回的租赁行为。

3）杠杆租赁（leveraged lease）是一种利用财务杠杆原理组成的租赁形式，它是介于承租人、出租人及贷款人（lenders）之间的三边协定。即出租人自筹租赁设备购置成本的20%~40%，其余60%~80%的资金由贷款人提供，购买的设备交由承租人使用，承租人定期支付租金。设备的法定所有权归出租人所有，但是，出租人需将设备的所有权、租赁合同和收取租金的权利抵押给贷款人以此作为其取得贷款的担保。

（2）租赁期：融资租赁通常具有长期性的特点，租赁的时间接近租赁资产的经济寿命。租赁期满时承租人可选择退回、续租或者以象征性的价款购买该租赁设备。

（3）租金：承租人为取得租赁资产在租赁期的使用权，需要定期向出租人支付一系列租金。按总租金是否超过资产的购置成本将租赁分为完全补偿租赁和不完全补偿租赁。不完全补偿租赁是指租金不足以补偿租赁资产的全部成本的租赁，完全补偿租赁是指租金超过资产全部成本的租赁。融资租赁租金总额必须能够补偿出租人的资产购置成本，否则出租人是不会同意达成融资租赁协议的，所以融资租赁是完全补偿租赁。

（4）撤销条件：合同到期前，融资租赁双方当事人一般不可以单方面解除租赁，属于不可撤销租赁。如果经出租人同意或者承租人向出租人支付一笔足够大的额外款项，不可撤销租赁也可以提前终止。

（5）资产维护：根据哪一方当事人负责租赁资产的日常维护可以将租赁分为毛租赁和净租赁。如果出租人负责则称毛租赁，如果承租人负责则称净租赁。根据定义，融资租赁的出租人不提供维修、维护等服务，而由承租人负责，所以融资租赁是净租赁。

14.1.2 经营租赁和融资租赁的区别

融资租赁区别于传统意义上的租赁——经营租赁。经营租赁是较为传统的租赁方式，通常只涉及承租人与出租人两个利益主体。承租人以获得一定时期内资产的使用权为目的，定期向出租人支付租金。经营租赁方式的特点主要体现在以下三个方面。

1）承租人可以以较短的期限租赁资产。在经营租赁中，租期通常要短于资产的经济寿命，但这样一来，一次对外出租的租金收入不足以弥补出租人资产的全部成本，因此，出租人通常需要对资产进行重复性租赁或出售以期望补偿其剩余成本。

2）承租人只要支付一定数额的赔偿，就可以在租赁到期日之前撤销租赁。但如果撤销权被执行，承租人必须把设备还给出租人。

3）承租人不必承担租赁资产的保养与维修。由于租期短，经营租赁通常要求出租人维护设备和对设备投保，当然，设备残值也由出租人收回处理。

由经营租赁的特点来看，在经营租赁的方式下，租赁资产的所有权自始至终保留在出租人手中，因而出租人承担资产的全部风险。相对而言承租人承担的只有租金，风险较小。因此当企业（或者个人）由于偶发性、临时性的需要而在短期内必须使用某项资产时，经营租赁是很好的选择。另外，当企业（或者个人）对于所需资产的延续性无法判断或根本无法获得所需资产的产权的情况下，也会选择经营租赁。

⊖ 中国人民银行于2006年6月30日以〔2000〕第4号令发布实施的《金融租赁公司管理办法》的第四十七条规定，"本办法中所称回租业务是指承租人将自有物件出卖给出租人，同时与出租人订立一份融资租赁合同，再将该物件从出租人处租回的租赁形式。回租业务是承租人和出卖人为同一人的特殊的融资租赁方式"。

融资租赁和经营租赁的区别总结如表 14-3 所示。

表 14-3 融资租赁和经营租赁的区别总结

类型	特征
经营租赁	短期，不完全补偿，可撤销，毛租赁，实质风险和报酬在出租人
融资租赁	长期，完全补偿，不可撤销，净租赁，实质风险和报酬在承租人

14.2 融资租赁的财务决策分析基础

在进行财务分析之前，需要先根据融资租赁的特征判断哪些租赁行为属于融资租赁。会计准则和税法简化了定性的实务，使用定量的判断标准便于会计人员和财务分析人员对融资租赁进行正确的界定。然后需要理解会计准则和税法关于融资租赁的处理要求对企业现金流量和损益的影响，包括租金、折旧抵税和利息抵税对现金流量和损益的影响。

14.2.1 会计判断

会计准则关于融资租赁有两方面内容：第一部分为融资租赁的判别标准，第二部分为融资租赁的资本化会计处理方法。根据判别标准判断为融资租赁的行为需要采用准则规定的资本化处理方法，从而对财务产生影响。所以会计判断是进行财务决策的基础。

1. 会计准则对融资租赁的判别标准

按照我国的会计准则（2006），满足以下一项或多项标准的租赁即属于融资租赁。

1）在租赁期届满时，资产的所有权转移给承租人。

2）承租人有购买租赁资产的选择权，所订立的购价预计远低于行使选择权时租赁资产的公允价值，因而在租赁开始日就可合理地确定承租人将会行使这种选择权[一]。

3）即使资产的所有权不转让，租赁期占租赁资产使用寿命的大部分。这里的"大部分"是指租赁期占租赁开始日资产使用寿命的75%以上（含75%）[二]。

4）就承租人而言，租赁开始日最低租赁付款额的现值几乎相当于租赁开始日租赁资产公允价值；就出租人而言，租赁开始日最低租赁收款额的现值几乎相当于租赁开始日租赁资产公允价值。这里的"几乎相当于"是指租赁开始日最低租赁付款额（或收款额）的现值通常在资产公允价值的90%以上（含90%）。

5）租赁资产性质特殊，如果不做较大修正，只有承租人才能使用。这是指租赁资产是出租人根据承租人对资产型号、规格等方面的特殊要求专门购买或建造的，具有专购、专用性质，这些租赁资产如果不做较大的重新改制，其他企业通常难以使用。在这种情况下，该项租赁业务应当认定为融资租赁。

不符合以上所有标准的租赁全部归为经营租赁。会计准则将经营租赁和融资租赁两者加以区分是为了分别规定两者计入损益的方式。经营租赁属于"费用化租赁"，融资租赁属于"资本化租赁"。

2. 概念回顾

根据《企业会计准则第 21 号——租赁》的规定，对将在后文提及的与融资租赁有关的几个概念做一个回顾。

[一] 一般认为，"远小于"指订立的购买价款小于租赁期届满时资产公允价值的 25%。
[二] 租赁期占租赁开始日租赁资产使用寿命的 75% 以上，如果租赁前已使用年限超过资产自全新时起计算的可使用年限的 75% 以上时，该标准不适用；租赁期＝基本租赁期＋合理推断续租的期间。

最低租赁付款额：是指在租赁期内，承租人应支付或可能被要求支付的款项（不包括或有租金和履约成本），加上由承租人或与其有关的第三方担保的资产余值。承租人有购买租赁资产的选择权，所订立的购买价款预计将远低于行使选择权时租赁资产的公允价值，因而在租赁开始日就可以合理确定承租人将会行使这种选择权，购买价款应当计入最低租赁付款额。

或有租金：是指金额不固定、以时间长短以外的其他因素（如销售量、使用量、物价指数等）为依据计算的租金。

履约成本：是指租赁期内为租赁资产支付的各种使用费用，如技术咨询和服务费、人员培训费、维修费、保险费等。

最低租赁收款额：是指最低租赁付款额加上独立于承租人和出租人的第三方对出租人担保的资产余值。

最低租赁付款额的现值：承租人能够取得出租人租赁内含利率的，应当采用租赁内含利率作为折现率；否则，应当采用租赁合同规定的利率作为折现率。承租人无法取得出租人的租赁内含利率且租赁合同没有规定利率的，应当采用同期银行贷款利率作为折现率。

租赁内含利率：是指在租赁开始日，使最低租赁收款额的现值与未担保余值的现值之和等于租赁资产公允价值与出租人的初始直接费用之和的折现率。

担保余值：就承租人而言，是指由承租人或与其有关的第三方担保的资产余值；就出租人而言，是指就承租人而言的担保余值加上独立于承租人和出租人的第三方担保的资产余值。

资产余值：是指在租赁开始日估计的租赁期届满时租赁资产的公允价值。

未担保余值：是指租赁资产余值中扣除就出租人而言的担保余值以后的资产余值。

3. 融资租赁的资本化会计处理

传统经营租赁采用费用化处理，即租金作为承租人的当期费用列入利润表。经过长期发展，会计上将一部分租赁进行资本化处理，即将某些租赁资产和相应的负债列入承租人的资产负债表，这就是融资租赁的会计处理方法。费用化或资本化处理最终会影响利润，不同的处理是财务人员进行财务分析时需要甄别的。

融资租赁承租人将租赁资产作为自有资产列入资产负债表，按照同类自有资产的处理方式提取折旧，折旧属于税前可抵扣项目。资产的入账价值与承租人对出租人的长期应付款之间的差额记入科目"未确认融资费用"中，"未确认融资费用"是资产类账户，将按照合理方法分摊到每期，每期分摊的融资费用属于税前可抵扣的项目。

融资租赁的出租人不再将该资产作为表内资产，不得再提取折旧，也便失去了折旧抵税。资产账面价值和应收融资租赁款之间的差额记入科目"未实现融资收益"中，"未实现融资收益"是负债类账户。每期采用合理方法分配未实现融资收益时，按当期应确认的融资租赁收入金额交纳所得税。固定资产的账面价值按照合理方法分摊到每期作为与收入对应的成本支出，税前抵减。

14.2.2 税务处理

融资租赁作为承租人的计税资产，影响了承租人和出租人的所得税，进而影响双方的损益，所以税务处理也是进行融资租赁财务决策的基础。

1. 税法对融资租赁的判别标准

为了反避税，许多国家的税法对租赁税务制定有专门条款，比如美国国内税务局（IRS）有确定租赁税务处理的租赁分类规则。IRS 将租赁划分为两类，"真实课税租赁"和"非节税租赁"。这种分类大致对应于"经营租赁"和"融资租赁"。真实课税租赁的承租方将租金全额作为经营费用税前扣除，非节税租赁的承租方按自有资产对租赁资产提取折旧，租金中作为利息的部分才可以税前扣除。IRS 税务规则给出了确定租赁的税务分类的若干条件，如果租赁满足下列任一条件，则应视为非节税租赁。

1）承租方获得了租赁资产的权益（或净值）。
2）承租方在所有的租金支付完毕后取得资产的所有权。
3）承租方在相对较短的使用期内支付的租金总值，构成了租赁资产总价值的非常大的一部分。
4）租金大大超过资产当前的公允租借价值。
5）执行租赁期权时，承租方可按与租赁物的公允市值相比非常低廉的价格取得该资产。
6）每期租金中的一部分都可被明确地指定为利息或利息的等价物。

我国 2008 年修改后的企业所得税法没有关于租赁分类标准的规定。根据税法中"在计算应纳税所得时，企业财务、会计处理办法与税收法律、行政法规的规定不一致的，应当依照税收法律、行政法规的规定计算"的原则，税法没有规定的事项可以遵从财务、会计的规定执行，即按照会计准则的判别标准来定义经营租赁和融资租赁。

2. 融资租赁的税务处理

我国现行企业所得税法实施条例规定："以经营租赁方式租入固定资产发生的租赁费支出，按照租赁期均匀扣除。"即对于经营租赁的承租人，租金是其当期费用，直接全额在当期应税所得中扣除。对于经营租赁的出租人，其拥有租赁资产的法律所有权，按同类其他资产提取折旧。

而对于融资租赁的承租人，税法规定："以融资租赁方式租入固定资产发生的租赁费支出，按照规定构成融资租入固定资产价值的部分应当提取折旧费用，分期扣除。"这里的"构成融资租入固定资产价值"应当遵从会计准则的有关规定，"分期扣除"是指税法规定的折旧分期。也就是说，融资租赁的租金分为两部分，一部分计入固定资产价值，资产耗用或销售时才能作为扣除项目，按同类自有资产提取折旧，折旧额税前扣除。另一部分作为融资费用，当期税前扣除。它不同于经营租赁，不能在租金发生时全额税前抵扣。融资租赁的出租人不再对资产提取折旧，也便失去了折旧抵税额。

14.2.3 融资租赁和经营租赁的财务界定

会计和税务对租赁的分类标准分别从财务编报角度和税收计算角度出发，目的是使财务编报和税收计算更加合理、信息更加真实。财务对租赁分类的界定从财务筹资角度出发，目的是使企业的投资、筹资、营运资本管理等财务行为得到真实反映。对融资租赁和经营租赁的分类需要把握以下几点。

1）会计、税务、财务对租赁的分类标准不尽相同。会计、税法、财务根据各自信息披露的要求和信息使用者的目的对融资租赁和经营租赁加以区分。

2）2008 年生效的所得税法使税务的租赁分类标准与会计上一致。我国 2008 年生效的所得税法，没有关于租赁分类标准的规定，税法没有规定的事项可以遵从会计的规定执行，这使得税务的租赁分类和会计分类一致起来，所以会计上的融资租赁（或经营租赁）就是税法上的融资租赁（或经营租赁）。

3）财务从融资视角定义融资租赁，使得财务对租赁的分类标准与会计和税法不一致。虽然租赁的税务分类会影响现金流量的时间分布并进而影响价值的大小，但不会改变长期不可撤销租赁的筹资性质。租赁业务如何报告并不影响企业的价值，在有效的资本市场中投资者可以通过企业的财务报告去分析资产和负债的真实价值。财务管理中对融资租赁（或经营租赁）的界定与会计、税法并不一致。

4）财务的区分标准主要关注租赁期限与是否不可撤销。在财务中经营租赁、融资租赁有财务上的划分方法。根据企业融资的本质，通常经营租赁指短期的、可撤销的租赁，只要是短期的、可撤销的，财务上就把它认定为经营租赁。融资租赁是指长期的、不可撤销的租赁，只要是长期的、不可撤销的租赁就属于财务上的融资租赁。所谓的长期、短期，往往是根据人们的经验判断，并没有数量上的分类标准。

5）财务上的融资租赁可以包括税法上的经营租赁和税法上的融资租赁。一项长期可撤销的租赁，财务上可能判定其有融资性质，从而视为融资租赁。但这项租赁很可能不满足会计对融资租赁的五条判断标准，在税务上作为经营租赁处理。所以财务上的融资租赁，可能包含税法上的两种情况：即税法上的经营租赁和税法上的融资租赁。不同情况下税务处理不同，相关的现金流量也就不同。当然，在解决租赁财务分析问题时，由于涉及抵税问题，因此首先要根据会计上的判断标准判断它属于税法上的融资租赁还是经营租赁。

14.3 融资租赁的财务决策分析

在进行融资租赁财务决策分析之前，首先要了解企业进行相关决策的整个评价过程。按照一般企业进行决策的时间顺序，可以将其分为三个阶段：①购买决策和租赁决策的比较；②租赁方式的选择，即经营租赁和融资租赁的比较，对比不同租赁方式现金流量的构成及折现率的判定；③租金定价决策，评价现有的租金是否有利可图，因为在确定使用租赁方式之后就面临每期支付租金的计算，而这往往是决定整个租赁决策成功与否的关键。企业进行相关决策的评价是一个复杂的过程，但评价的核心是可比方案的现金流量净现值大小。对于融资租赁的财务决策分析来说，承租人和出租人需要分别权衡融资租赁和其他方案的现金流量净现值。

本章着重介绍"融资租赁—自购"方案现金流量净现值比较，两种方案的选择主要是对承租人而言。因为对于出租人来说，融资租赁是出租人的一项投资活动，不涉及方案间的选择比较问题，它是一种债权投资，如同其他一般投资项目的评价，使用的基本方法是常用的净现值法。而承租人是在"租赁"和"自购"两种方案的对比中选择一种低成本获取资产使用权的方案。

承租人在决定拥有某项固定资产后 ⊖，决策的核心问题是以什么方式取得该资产，即"是租赁融资还是借款购买"，需要在自购和租赁两个方案中进行选择。决策的原则是，在不考虑现金流约束等其他限制条件的情况下 ⊜，若租赁比自购的成本低，则租赁设备代替自购，否则只能通过自购获取设备 ⊜。比较的标准是，租赁相比于自购有净现值为正的增量现金流量。具体包括以下三点：

（1）比较与租赁和自购同时相关的差异现金流量。即期初取得设备使用权时的现金流量，以及不同取得方式在设备使用期中由于不同财务处理规定对现金流量的影响，以及期末不同取得方式造成的资产余值处置的现金流量影响。对取得后设备产能产生的营业收入、成本及费用等现金

⊖ 在进行"融资租赁—自购"决策时，通常有一个前提假设，即投资于该项资产将有正的净现值。即无论租赁还是自购，就独立项目决策而言，均是可行的，即其净现值均大于零。接下来只需要分析应如何取得该资产，即比较自行购置和租赁取得的成本。

⊜ 实务中除了经济性最优外，其他因素也会影响承租人方案的选择。比如现金流量不足使得承租人不得不选择实际成本高于自购的融资租赁方案，以使每期支付的现金流量较少。

⊜ 这里有一个前提，即不论是自购还是租赁，虽然资产取得的方式不同，但取得的资产是同质的，即拥有资产使用权后，该设备产能带来的收入等其他现金流量是相同的。只是取得使用权时的相关现金流量不同。所以，承租人要比较的是取得资产使用权的成本。

流量则无需考虑，因为它们是无差异的非相关现金流量。

（2）比较净现值大小。在分别分析了两者的相关差异现金流量后，比较租赁方案减去自购方案的差额现金流量。正向差额现金流量折现后即为正的净现值。

（3）要考虑税收的影响。所得税是企业的一种现金流出，融资租赁中，租金收入、利息、折旧、期末处置资产时变现价值与账面余值差额的抵税效应（或纳税效应）都是影响损益的现金流量。考虑这些现金流量时要用税后的思想来分析。

在计算"融资租赁—自购"决策中的现金流量时，借鉴的是企业固定资产更新决策的现金流量分析思想，在企业固定资产更新决策中，引入了计算年平均成本的比较方法。使用这种方法的前提是设备的更新并不改变企业的生产能力，即生产能力带来的营业收入、营业成本与费用等现金流量在两个方案中是相等的，所以只需要比较与资产投资相关的生产成本与费用即可，在设备使用期末的残值收入可以看做期末支出的抵减项。而在"融资租赁—自购"决策中，不论企业租赁设备还是购买设备，设备的产出都是相同的，即可认为带给企业的效用$^\ominus$是相同的。所以，在分析"融资租赁—自购"现金流量净现值时只需关注两个决策现金流出量净值的差异即可，与之相关的税收抵减额可以视为现金支出的抵减项。

14.3.1 损益平衡租金

类似于企业固定资产更新决策中的年平均成本，使"融资租赁—自购"方案净现值为零的租金，被称为损益平衡租金。损益平衡租金的原理是，先把自购方案的现金流量的净现值折算为平均年金成本，再与租赁的租金进行比较。显然，若选租赁，租金不能超过上述自购方案的年金成本，两者相等时，即为税后损益平衡租金。

1. 经营租赁的损益平衡租金

在介绍融资租赁损益平衡租金之前，以经营租赁为例，通过损益平衡租金的计算过程，一方面对经营租赁的处理做一个回顾，另一方面与经营租赁处理方式进行对比可以加深对融资租赁现金流量分析的理解。比较自行购置和经营租赁取得的成本，如果选择经营租赁，则租金的最高上限就是自行购置设备的年平均成本。经营租赁承租人损益平衡租金计算公式为：

$$\text{税后损益平衡租金} = \frac{\text{自行购置的全部税后支出总现值}}{(P/A, i, n)}$$

$$= \frac{\text{资产购置成本} - \text{折旧抵税现值} + \text{税后营运成本现值} - \text{残值的现值}}{(P/A, i, n)}$$

$$= \frac{\text{资产购置成本}}{(P/A, i, n)} - \text{每年折旧抵税} + \text{每年税后营运成本} - \frac{\text{残值税后流入现值}}{(P/A, i, n)}$$

税前损益平衡租金 = 税后损益平衡租金 ÷（1 - 税率）

式中 i——项目的资本成本；

n——拟使用资产的年数。

对这个公式的理解主要把握以下几点。

1）相关现金流量。资产不管是自行购置的，还是经营租赁租的，都是归企业使用，它产生的收入以及需要付出的生产成本都是一样的。在确定现金流量时，相同的内容不构成相关的现金流量。确定项目现金流量有个基本的原则，即增量的现金流量才是相关现金流量。在投资评估时，收入、生产成本等都已经确定，所以对于自行购置，这些都不构成相关现金流量，相关的是

$\ominus$ 这里的效用可能包括运行成本的减少、产量的增加、其他资本的节约等。

资产的购置成本以及和购置成本有关的其他的内容,包括购置之后每年的营运成本、各期的折旧抵税,以及最后的税后残值流入。

2)平均年成本法。在第 8 章中介绍过固定资产更新改造的决策,固定资产更新改造问题和现在分析的问题很接近。相关的现金流量主要是现金流出,在这样的情况下,采用平均年成本法。现金流出总现值除以年金现值系数,就得到年金。对于自购方案来说,年金即平均年成本,对于租赁方案来说,年金是每期支付的租金。在"经营租赁—自购"决策中,比较的就是平均年成本和租金。

3)税后现金流量。这里的平均年成本指的是税后现金流量,所以采用第 8 章方法算出的平均年成本是税后的,而租赁方案的租金是税前的。所以要将计算出的税后损益平衡租金换算成税前损益平衡租金再与租赁年租金比较。

对于承租人来说,损益平衡租金是其可以接受的最高租金。租金低于损益平衡租金,承租人才会接受。

在整个租赁期间,经营租赁承租人的现金流量分析可以沿用前述投资项目现金流量的分析方法。

1)期初现金流量:租赁资产购置成本。如果租赁设备,承租人不需支出资产成本,这笔节约的支出可视为租赁方案的现金流入量。

2)期中现金流量:税后租金、折旧抵税、税后营运成本。租赁设备需要支付租金,租金可以税前抵扣,扣除抵减所得税部分后的租金是租赁方案的现金流出量。

对于任何一项所有者持有的固定资产,持有期间需要按合适的会计政策提取折旧,并且折旧在税前可以抵扣。如果经营租赁设备,承租人不需要提取折旧,也就不能折旧抵税,所以,相对于购买方案来说,折旧抵税引起的现金流量可视为租赁方案的现金流出量。

持有设备期间,为保证设备的正常运转,会发生一定的生产运营成本。运营成本可以税前抵扣。一般来说,维持设备正常运转的生产运营成本都是由设备的所有者支付,所以,如果经营租赁设备,承租人就不需要支付运营成本,这笔节约的支出可视为租赁方案的现金流入量。

3)期末现金流量:设备的税后残值。使用期末,设备税后残值包括两部分,一是期末时点资产的变现价值,二是扣除折旧后的资产账面价值和当时设备变现价值的差额产生的抵税(或纳税)效应。如果账面价值高于变现价值,则变现损失可以在税前抵扣,如果账面价值低于变现价值,则变现收益需要缴纳所得税。所以,如果租赁设备,承租人不能拥有期末变现价值和变现损失抵税(或变现收益纳税),这笔失去的收入可视为承租人的现金流出量。

【例 14-1】 甲公司为了扩大生产规模、增加产品产量,准备添置一台设备,已通过项目评估,投资于该项资产将有正的净现值。甲公司预计使用该设备 2 年。有关资料如下。

(1)如果自行购置该设备,预计购置成本 2 500 万元。没有运输、安装等其他费用。该项固定资产的税法折旧年限为 10 年,法定残值率为购置成本的 5%。预计 2 年后该资产的变现价值为 1 000 万元。

(2)该设备的维修费、保险费和资产管理成本等运营成本每年 50 万元。

(3)现有乙公司愿意提供同样设备的租赁,由于乙公司可以成批量购置租赁资产,因此获得了较低的购置成本 2 000 万元,第 10 年末资产变现价值为 0 元。

(4)已知甲公司和乙公司适用的所得税税率均为 25%,投资项目的资本成本为 10%。

(5)租赁期满设备所有权不转让。

要求：(1) 计算甲公司的损益平衡租金。
(2) 计算乙公司的损益平衡租金。

解答：

由于甲公司希望短期使用该项资产，对甲公司来说最重要的是使用资产，而不是拥有其所有权。由于它不符合会计准则规定的融资租赁的五条判断标准，所以判断为经营租赁，要解决的核心问题是在自行购置与经营租赁两方案之间进行比较后选择。

(1) 根据损益平衡租金的定义，承租人租金为损益平衡租金时，"经营租赁—自购"方案的净现值为0。根据公式，甲公司损益平衡租金的计算为：

该设备的年折旧额 = $2\,500 \times (1 - 5\%) \div 10 = 237.5$（万元）

第2年年末账面价值 = $2\,500 - 237.5 \times 2 = 2\,025$（万元）

第2年年末设备变现损失抵税额 = $(2\,025 - 1\,000) \times 25\% = 256.25$（万元）

第2年年末设备税后余值 = $1\,000 + 256.25 = 1\,256.25$（万元）

税后损益平衡租金 = $2\,500 \div (P/A,10\%,2) - 237.5 \times 25\% + 50 \times (1 - 25\%)$
$\qquad - (1\,000 + 256.25) \times (P/F,10\%,2) \div (P/A,10\%,2)$
$= 2\,500 \div 1.735\,5 - 59.38 + 37.5 - 1\,256.25 \times 0.826\,4 \div 1.735\,5$
$= 820.43$（万元）

税前损益平衡租金 = $820.43 \div (1 - 25\%) = 1\,093.91$（万元）

由计算所得的该税前损益平衡租金是甲公司选择经营租赁方案代替购买方案所愿意支付的最高租金。以该租金进行交易，经营租赁相对于购买的增量现金流量为0，"经营租赁—自购"差额净现值为0。通过两种方案的现金流量比较来看，经营租赁和自购对于甲公司来说是一样的。

比较自行购置和经营租赁两种方案的现金流量差异，如表14-4所示。

表14-4 甲公司经营租赁和自购方案的现金流量比较 （单位：万元）

	时间（年末）	0	1	2	2
自购					
"自购"和"租赁"方案的差异相关现金流	购买成本	-2 500			
	折旧抵税		59.38	59.38	
	运营成本		-50	-50	
	运营成本抵税		12.5	12.5	
	余值变现				1 000
	余值变现损失抵税				256.25
"自购"和"租赁"方案的无差异非相关现金流	取得设备后产生的营业收入、成本及费用		R_1	R_2	
经营租赁					
"自购"和"租赁"方案的差异相关现金流	租金支付		-1 093.91	-1 093.91	
	租金抵税		273.48	273.48	
"自购"和"租赁"方案的无差异非相关现金流	取得设备后产生的营业收入、成本及费用		R_1	R_2	
经营租赁取代购买的差额现金流量		2 500	-842.31	-842.31	-1 256.25

将这种差额的比较思想延用前述投资项目现金流量的分析方法在一张净现值表中体现，即如表14-5所示。

表 14-5 承租人经营租赁净现值表 （单位：万元）

时间（年末）	0	1	2	2
避免设备成本支出	2 500			
租金支付		−1 093.91	−1 093.91	
租金抵税		273.48	273.48	
损失折旧抵税		−59.38	−59.38	
失去余值变现				−1 000
避免税后运营成本		37.5	37.5	
失去余值变现损失抵税				−256.25
经营租赁取代购买的差额现金流量	2 500	−842.31	−842.31	−1 256.25
折现系数（10%）	1	0.909 0	0.826 4	0.826 4
各年差额现金流量现值	2 500	−765.66	−696.08	−1 038.17
净现值	0①			

①排除小数点后取值位数影响，近似取值为 0。

通过上表可以看出甲公司现金流量的分析，并且可以验证损益平衡租金计算的正确性。

（2）对出租人来说，损益平衡租金是其可以接受的最低租金，计算原理与承租人相同。

乙公司的处理：

该设备的年折旧额 = $2\,000 \times (1-5\%) \div 10 = 190$（万元）

第 10 年年末账面价值 = $2\,000 - 190 \times 10 = 100$（万元）

第 10 年年末设备变现损失抵税额 = $100 \times 25\% = 25$（万元）

第 10 年年末设备变现税后余值 = $0 + 25 = 25$（万元）

税后损益平衡租金 = $2\,000 \div (P/A,10\%,10) - 190 \times 25\% + 50 \times (1-25\%) - 25 \times (P/F,10\%,10) \div (P/A,10\%,10)$

$= 2\,000 \div 6.144\,6 - 47.5 + 37.5 - 25 \times 0.385\,5 \div 6.144\,6$

$= 313.92$（万元）

税前损益平衡租金 = $313.92 \div (1 - 25\%) = 418.56$（万元）

对于承租人来说，损益平衡租金是其可以接受的最高租金，租金低于损益平衡租金，承租人才会接受，而对于出租人来说，租金高于损益平衡租金，出租人才会接受。所以租赁双方对于租赁的判断，将在 418.56 万元至 1 093.91 万元之间展开。

2. 融资租赁的损益平衡租金

与经营租赁的分析原理相同，如果自购的平均年成本高于每年租金则选择租赁，反之则选择自行购置，自行购置的平均年成本是租金的上限。

理论上，令融资租赁承租人"融资租赁—自购"决策 NPV 等于零可以计算出税前年租金，即损益平衡租金。对于承租人来说，损益平衡租金是其可以接受的最高租金。租金低于损益平衡租金，承租人才会接受。同理，令出租人决策 NPV 等于零，可以计算得出租人损益平衡租金。对于出租人，损益平衡租金是其可以接受的最低租金。

但需要注意的是，融资租赁的现金流量分析有别于经营租赁。融资租赁的损益平衡租金无法简单计算得到。因为在融资租赁中，承租人的租赁费不能直接抵税，而需要分别按折旧和利息抵税。每期可以税前扣减的利息金额需要用租赁内含利率来确定，而租赁内含利率的确定又需要利用每期的租金数额来计算。因此，一般签约融资租赁合同时，由承租人和出租人通过谈判事先确定一个租金后，双方分别用净现值法来分析该租金是否对自己有利。

14.3.2 净现值法

净现值法是常用的投资项目决策方法。一项租赁合同，若满足融资租赁的条件，就需要采用净现值法进行融资租赁的决策分析。

1. 承租人的 NPV

承租人在进行租赁项目的评价时，通常会考虑两点：一是自行购置设备方案的净现值，二是该项资产是通过租赁还是自行购置取得。据此判断租赁设备是否可行以及租赁筹资能否给企业节约成本。其中，第一点在第 8 章投资项目评价中已做过详细介绍，这里假设自行购置设备方案净现值大于零，即自购方案是可行的。下面分析"融资租赁—自购"投资决策。

（1）现金流量的确定。在融资租赁承租人"融资租赁—自购"方案评价中，对预期的现金流量依然沿用第 8 章中投资项目预期现金流量的相关、差额、税后的思想，分租赁期初、期中、期末三个阶段来讨论。每个阶段纳入考虑范围的现金流量都是税后的相关增量现金流量。

1）"期初资产购置成本"通常包括买价、运输费、安装调试费等全部购置成本。但合同另有约定的除外，例如只承担买价的情况下，期初资产购置成本只包含购买价一项。由于租赁使得承租人节省了购买开支，因此可以视为一项相关现金流入。

2）"租赁期中税后现金流量"包括租金支付、利息抵税。融资租赁中，承租人的租金不能直接抵税，需要分别按折旧和利息抵税。而对于承租人来说，当以公允价值作为融资租入固定资产的入账价值时[⊖]，融资租赁与购买一样，都拥有折旧抵税的权利，且折旧抵税额度相同，所以折旧抵税不作为比较融资租赁与购买时的现金流量差异。关于利息抵税，租赁合同需要分别注明本金和利息的数额。如果合同没有注明本金和利息（或者实际利率），就需要计算租赁的"内含利率"。根据内含利率可以将租金分解为还本金额和付息金额两部分，其中付息金额可以按照税率进行"利息抵税"。这里还需注意，若合同约定设备日常维护保养等营运成本由承租人承担，营运成本是非相关现金流量。若合同约定设备日常维护保养等营运成本由出租人承担，则"避免承担的税后设备营运成本"应当作为承租人租赁期的现金流入考虑。

3）"期末资产现金流量"需要分情况判断。当租赁期满时租赁资产的所有权不转让给承租人时，资产期末余值带来的现金流入好处归出租人。对于承租人来说，这项失去的现金流入视为一项支出，它包括两部分：一是期末时点资产的变现价值，二是扣除折旧后的资产账面价值和当时设备变现价值的差额产生的抵税（或纳税）效应。如果账面价值高于变现价值，则变现损失可以在税前抵扣，如果账面价值低于变现价值，则变现收益需要缴纳所得税。当租赁期满时租赁资产的所有权转让给承租人，那么对于承租人来说，购买资产和租赁资产期末资产现金流量是一样的，因此此项不计入购买和租赁两种方案的成本现值差额。但如果承租人为取得资产需要支付一定的余值价款，则该余值价款是一项现金流出。

融资租赁承租人的现金流量分析框架如表 14-6 所示。

⊖ 一般来说，为简化计算，融资租赁财务分析题目会设计成承租人固定资产的入账价值就是设备的公允价值。会计准则规定，租入资产的入账价值是租赁开始日租赁资产公允价值与最低租赁付款额现值两者中较低者。在融资租赁中，只有在以公允价值入账的情况下，应计折旧总额（租赁开始日固定资产的入账价值）才不会是最低付款额现值，才能使每期折旧抵税形成的现金流出与购买决策（应计折旧总额是公允价值）相同，才不需要作为差异现金流量考虑。

表 14-6　融资租赁承租人现金流量分析框架

时点		现金流量
租赁期初		避免购置设备支出（+）
租赁期间		租金支付 = －租金 利息的抵税 = 利息 × T
租赁期末	若期末所有权转移	支付购买设备余值的价款 = －余值价款
	若期末所有权不转移	丧失的期末资产变现流量：－（期末变现价值 + 变现损失抵税） 或者 －（期末变现价值 － 变现收益纳税）

（2）折现率的确定。自行购置设备与企业其他投资项目一样，进行评价时应使用项目的资本成本做折现率。

评价租赁相对于购买的净现值时，由于现金流量的风险特征不同，应分租赁期中现金流量折现率和期末资产现金流量的折现率两部分来考虑。

第一，租赁期中现金流量折现率：典型的租金现金流出是年金形式的等额系列付款，它与偿还债务本息的现金流量相似。租赁期结束前融资租赁资产的法定所有权属于出租方，如果承租人不能按时支付租金，出租方可以收回租赁资产，租赁资产就是租赁融资的担保物。所以，租赁业务风险类似于有担保的债券的风险，折现率采用有担保债券的成本。另外，由于分析中涉及的现金流量是净流量，因此应调整为税后现金流量，选用的折现率也应该是税后利率。所以，租赁期中现金流量的折现率应该采用有担保债券的税后成本。它的合理性还体现在，通常假设自行购置的资金来源于借款，选择有担保债券的税后成本能使融资租赁筹资和借款筹资风险相同，具有可比性。

第二，期末资产现金流量的折现率：租赁期末资产的持有风险类似于项目资产的经营风险，通常资产期末余值的折现率根据项目的资本成本确定。

（3）NPV 计算结果。确定了融资租赁的现金流量和折现率，就可以得出评价融资租赁的基本模型如下：

$$NPV(承租人) = 资产购置成本 － 租赁期现金流量现值 － 期末资产现值$$

$$= 资产购置成本 － \sum_{i=1}^{n} \frac{租赁期税后现金流量_i}{(1 + 税后借款成本)^i} － \frac{期末资产税后现金流量_n}{(1 + 项目资本成本)^n}$$

根据表 14-6 融资租赁承租人现金流量分析框架可知，由于租赁期末资产的不同处置方式会使租赁合同表现为三种形式，从而涉及三种不同的现金流量。第一种情况，期末所有权由出租人转移给承租人，其现金流量分析见【例 14-3】和【例 14-4】；第二种情况，期末所有权不转移，设备的期末变现价值小于账面价值，其现金流量分析见【例 14-2】和【例 14-5】；第三种情况，期末所有权不转移，设备的期末变现价值大于账面价值，其现金流量的分析与第二种情况的差异表现在有变现纳税收益，没有变现纳税损失，两者的现金流量方向相反，其现金流量分析可参照第二种情况。

【例 14-2】　甲公司为了扩大生产规模、增加产品产量，准备添置一台设备，已通过项目评估。该设备预计使用 8 年，有关资料如下。

（1）如果自行购置该设备，预计购置成本 2 500 万元。该项固定资产的税法折旧年限为 10 年，法定残值率为购置成本的 5%。预计该资产 8 年后变现价值为 500 万元。

（2）现有乙公司愿意提供同样设备的租赁，每年租金 390 万元，年末支付，租期 8 年。乙公司未能获得更廉价的购置成本。

(3) 已知甲公司和乙公司适用的所得税税率均为25%，税前借款（有担保）利率为8%，项目的资本成本为10%。出租人的未担保余值未知，租赁合同规定的利率为5.2%（年利率）。

(4) 租赁期内不能撤租，租赁期满设备所有权不转让。

要求：从甲公司角度对是否应选取租赁方案进行评估。

分析：

承租人对租赁合同的财务分析可以分为以下几个步骤。

1) 根据会计准则判断租赁性质，若属于融资租赁，则采用融资租赁现金流量分析方法。

2) 若由步骤1) 判断为融资租赁，租金不可直接抵税，则需要分别按折旧和利息抵税。若合同没有明示本金和利息，需要计算"内含利率"，如果内含利率不可知，则采用合同规定的利率。

3) 在租赁期开始日，承租人应当将租赁开始日租赁资产公允价值与最低租赁付款额现值两者中较低者作为租入资产的入账价值，将最低租赁付款额作为长期应付款的入账价值，其差额作为未确认融资费用。

4) 分摊未确认融资费用。会计准则规定，承租人应按实际利率法分摊未确认融资费用。在采用实际利率法的情况下，根据租赁开始日租赁资产和负债的入账价值基础不同，融资费用分摊率的选择也不同，具体分为：以出租人的租赁内含利率为折现率将最低租赁付款额折现，且以该现值作为租赁资产入账价值的，应当将租赁内含利率作为未确认融资费用的分摊率；以合同规定利率为折现率将最低租赁付款额折现，且以该现值作为租赁资产入账价值的，应当将合同规定利率作为未确认融资费用的分摊率；以银行同期贷款利率为折现率将最低租赁付款额折现，且以该现值作为租赁资产入账价值的，应当将银行同期贷款利率作为未确认融资费用的分摊率；以租赁资产公允价值为入账价值的，应当重新计算分摊率，该分摊率是使最低租赁付款额的现值等于租赁资产公允价值的折现率。

在本章的例题中，均假设固定资产以其公允价值入账。因此，未确认融资费用分摊率是使最低租赁付款额的现值等于租赁资产公允价值的折现率。为了计算简便，在【例14-3】和【例14-4】中还假设租赁合同里没有担保余值、未担保余值和初始直接费用。根据租赁内含利率的定义可知，【例14-3】和【例14-4】中的未确认融资费用分摊率就是租赁内含利率。在【例14-2】和【例14-5】中，该租赁资产所有权不发生转移：这里没有提资产余值的担保情况，视为该余值未担保，导致最低租赁付款额的现值不等于最低租赁收款额的现值，所以不能直接使用租赁内含利率来分摊未确认融资费用，而是要根据"以租赁资产公允价值为入账价值的，应当重新计算分摊率"来重新计算未确认融资费用的分摊率。为了计算简便，题中假设未担保余值未知，从而不能计算出租人的内含利率，需要根据租赁合同规定的利率计算最低租赁付款额的现值，该现值刚好等于设备的公允价值。

5) 根据融资租赁承租人现金流量分析框架分析租赁期初、期中、期末的现金流量。

6) 现金流量折现计算 NPV，判断决策方案。

解答：

首先，根据会计准则判断租赁性质。

1) 租赁期满设备所有权不转让。

2) 承租人没有购买选择权。

3) 租赁期占资产使用年限 = 8/10 = 80%，大于 75%。

4) 计算最低租赁付款额现值。由于承租人不能够取得出租人租赁内含利率,因此采用租赁合同规定的利率作为最低租赁付款额的折现率。

最低租赁付款额 = 各期租金之和 + 支付购买设备余值的价款 + 承租人担保的资产余值
= 390 × 8 + 0 + 0 = 3 120(万元)

每期租金的现值之和 = 390 × $(P/A, 5.2\%, 8)$ = 2 500(万元)①,

大于租赁资产公允价值的90%(2 500 × 90% = 2 250(万元))。

5) 该资产没有特殊使用性质。

在上述五个判断标准中,本例第3) 和4) 个条件符合融资租赁的特征条件②。所以该租赁属于融资租赁,租金不可以直接抵税,而需要分别按折旧和利息抵税。未确认融资费用的分摊率即为合同规定的利率。

每期利息和本金的计算如表14-7所示。

表14-7 未确认融资费用分摊表 (单位:万元)

时间(年末)	0	1	2	3	4	5	6	7	8
支付租金		390	390	390	390	390	390	390	390
支付利息		130	116.48	102.26	87.29	71.55	54.99	37.57	19.86
归还本金		260	273.52	287.74	302.71	318.45	335.01	352.43	370.14
未还本金	2 500	2 240	1 966.48	1 678.74	1 376.03	1 057.58	722.57	370.14	0

①作尾数调整: 19.86 = 390 - 370.14。
②作尾数调整: 370.14 = 370.14 - 0。

第1年利息 = 期初未还本金 × 利息率 = 2 500 × 5.2% = 130(万元)

第1年归还本金额 = 支付租金 - 支付利息 = 390 - 130 = 260(万元)

第1年末未还本金 = 期初未还本金 - 本年归还本金额 = 2 500 - 260 = 2240(万元)

第2~8年的还本金额、付息金额的计算方法同上。

在根据融资租赁承租人预期现金流量的分析步骤直接计算净现值之前,先通过"甲公司融资租赁和自购方案的现金流量"表比较两种方案的差异现金流量,如表14-8所示。

将这种差额的比较思想延用前述投资项目现金流量的分析方法在一张净现值表中体现,即如表14-9所示。

表中各项目说明如下。

1) 避免设备成本支出。自行购置资产的支出为2 500万元,采用租赁方式取得资产就可以避免该项支出,视为承租人的一项现金流入。

2) 租金支付。合同约定每年租金390万元,在每年年末支付,共8年。

3) 利息抵税。该租赁属于融资租赁,租金不可以直接抵税,而需要按合同规定的利率计算利息抵税。根据未确认融资费用分摊表计算的利息乘以所得税率即可得利息抵税额。

4) 支付资产余值价款。本例中甲公司不需支付资产余值。

5) 丧失的资产变现资本利得。租赁资产最后不归承租人所有,租赁期满资产变现价值和变现损失抵税视为承租人的现金流出。

租赁相比于自行购置具有负的净现值,租赁方案不可行。

---

① 由分析步骤第4) 点也可知,最低租赁付款额的现值等于租赁资产公允价值。
② 这里需要做一点说明,本题设计的主要考察点不是依据最低租赁付款额现值来判断是否融资租赁,而是考察租赁期占资产使用年限。仅是为便于计算,题目设计成资产最低租赁付款额现值等于资产的公允价值,才导致会计准则第4) 条判断标准总是在各个例题中成立。该点解释同样适用于【例14-3】和【例14-4】中。

表 14-8 甲公司融资租赁和自购方案的现金流量比较

(单位:万元)

时间(年末)		0	1	2	3	4	5	6	7	8	9
自购	购买成本	-2 500									
	折旧抵税		237.5	237.5	237.5	237.5	237.5	237.5	237.5	237.5	
	运营成本		0	0	0	0	0	0	0	0	
	运营成本抵税		0	0	0	0	0	0	0	0	
	余值变现										500
	余值变现现失抵税										25
"自购"和"租赁"方案的无差异相关现金流			R_1	R_2	R_3	R_4	R_5	R_6	R_7	R_8	
"自购"和"租赁"方案的差异非相关现金流 取得设备产生的营业收入、成本及费用											
融资租赁	租金支付		-390	-390	-390	-390	-390	-390	-390	-390	
	折旧抵税		237.5	237.5	237.5	237.5	237.5	237.5	237.5	237.5	
	利息抵税		32.5	29.12	25.57	21.82	17.89	13.75	9.39	4.97	
"自购"和"租赁"方案的无差异相关现金流			R_1	R_2	R_3	R_4	R_5	R_6	R_7	R_8	
"自购"和"租赁"方案的差异非相关现金流 取得设备产生的营业收入、成本及费用											
融资租赁取代购买的差额现金流量		2 500	-357.5	-360.88	-364.43	-368.18	-372.11	-376.25	-380.61	-385.03	-525

表 14-9 承租人的租赁净现值表

(单位:万元)

时间(年末)	0	1	2	3	4	5	6	7	8	9
避免设备成本支出	2 500									
租金支付		-390	-390	-390	-390	-390	-390	-390	-390	
利息抵税		32.5	29.12	25.57	21.82	17.89	13.75	9.39	4.97	
支付资产余值价款①										0
丧失的资产变现资本利得②										-525
差额现金流量	2 500	-357.5	-360.88	-364.43	-368.18	-372.11	-376.25	-380.61	-385.03	-525
折现系数(税后)6%	1	0.943 4	0.890 0	0.839 6	0.792 1	0.747 3	0.705 0	0.665 1	0.627 4	
折现系数 10%										0.466 5
各年现金流量现值	2 500	-337.27	-321.18	-305.98	-291.64	-278.08	-265.26	-253.14	-241.57	-244.91
净现值	-39.03									

① "支付资产余值价款"对应于期末资产所有权"转移"和的情况。
② "表失的资产变现资本利得"对应于期末资产所有权"不转移"的情况,与"支付资产余值价款"不会在一个合同中同时出现。

下面，再按照期初、期中、期末三阶段对本例题中承租人的现金流量的分析做一个总结。

根据融资租赁承租人预期现金流量的分析步骤得出以下结论。

1）期初现金流量：租赁资产成本。租赁设备，承租人不需支出资产成本 2 500 万元，这笔节约的支出可视为租赁方案的现金流入。

2）期中现金流量：租金、利息抵税。

租赁设备需要支付租金，融资租赁租金不可以税前抵扣，承租人每年有 390 万元的现金流出。

租金需要根据合同利率分别按折旧和利息抵税。各年利息抵税 = 支付利息（见表 14-7）× 25%，视为一项现金流入。

在承租人融资租入固定资产入账价值为公允价值的情况下，购买和租赁的折旧提取额相同，如果不购买资产，租赁的资产也需提取和购买资产一样的折旧额，所以，相对于购买，折旧抵税不能作为租赁的一项现金流入或流出。

融资租赁中，运营费用归承租人负担，与折旧抵税原理相同，相对于购买，运营成本不作为租赁的一项现金流入或流出。

3）期末现金流量：设备的税后残值。融资租赁中，设备的税后残值分两种情况考虑。

第一种，期末所有权转移给承租人。这与购买方案没有差异现金流量，但如果承租人为获得资产需要向出租人支付费用，则该项费用构成现金流出。

第二种，期末所有权不转移给承租人。年折旧 = 2 500 × (1 − 5%) ÷ 10 = 237.5（万元），第 8 年年末账面价值 = 2 500 − 237.5 × 8 = 600（万元），账面价值高于变现价值，变现损失抵税 = (600 − 500) × 25% = 25（万元）。所以设备税后残值 = 500 + 25 = 525 万元。视为甲公司有 525 万元现金流出。

【例 14-3】 甲公司为了扩大生产规模、增加产品产量，准备添置一台设备，已通过项目评估。预计使用 6 年。有关资料如下。

（1）如果自行购置该设备，预计购置成本 2 500 万元。该项固定资产的税法折旧年限为 10 年，法定残值率为购置成本的 5%。预计该资产 6 年后变现价值为 1 000 万元。

（2）现有乙公司愿意提供同样设备的租赁，每年租金 400 万元，年末支付，租期 6 年。乙公司未能获得更廉价的购置成本。

（3）已知甲公司和乙公司适用的所得税税率均为 25%，税前借款（有担保）利率为 8%，项目的资本成本为 10%。

（4）租赁期内不能撤租，租赁期满设备所有权转让，为此甲公司需向乙公司支付资产余值价款 1 000 万元。

要求：从甲公司角度对是否应选取租赁方案进行评估。

解答：

首先，根据会计准则判断租赁性质。

1）租赁期满设备所有权转让。

2）承租人没有购买选择权。

3）租赁期占资产使用年限 = 6/10 = 60%，小于 75%。

4）计算最低租赁付款现值。由于承租人能够根据合同取得出租人租赁内含利率，因此采用租赁内含利率（计算过程见后）作为最低租赁付款额的折现率。

最低租赁付款额 = 各期租金之和 + 支付购买设备余值的价款 + 承租人担保的资产余值
   = 400 × 6 + 1 000 + 0 = 3 400（万元）

每期租金的现值之和 = 400 × $(P/A, 7.8\%, 6)$，支付购买设备余值的价款现值

$$= 1\,000 \times (P/F, 7.8\%, 6)。$$

最低租赁付款额现值 $= 400 \times (P/A, 7.8\%, 6) + 1\,000 \times (P/F, 7.8\%, 6)$
$= 2\,500 (万元)$，大于租赁资产公允价值的 90%
$(2\,500 \times 90\% = 2\,250 (万元))$。

5) 该资产没有特殊使用性质。

在上述五个判断标准中，本例第 1) 和 4) 个条件符合融资租赁的特征条件。所以该租赁属于融资租赁，租金不可以直接抵税，而需要分别按折旧和利息抵税。因为合同没有明示本金和利息，需要根据有关数据计算"租赁内含利率"。设内含利率为 i，根据定义可得：

资产公允价值 = 每期租金 $\times (P/A, i, 6)$ + 支付购买设备余值的价款 $\times (P/F, i, 6)$
$$2\,500 - 400 \times (P/A, i, 6) - 1\,000 \times (P/F, i, 6) = 0$$

根据插值法，

$i = 7\%$ 时：
$$2\,500 - 400 \times 4.766\,5 - 1\,000 \times 0.666\,3 = -72.9 (万元)$$

$i = 8\%$ 时：
$$2\,500 - 400 \times 4.622\,9 - 1\,000 \times 0.630\,2 = 20.64 (万元)$$

计算得 $i = 7.8\%$。

未确认融资费用分摊表如表 14-10 所示。

表 14-10　未确认融资费用分摊表　　　　（单位：万元）

时间（年末）	0	1	2	3	4	5	6
支付租金		400	400	400	400	400	400
支付利息		195	179	161.77	143.2	123.16	97.88①
归还本金		205	221	238.23	256.8	276.84	302.12②
未还本金	2 500	2 295	2 074	1 835.77	1 578.96	1 302.12	1 000

① 作尾数调整：$97.88 = 400 - 302.12$。
② 作尾数调整：$302.12 = 1\,302.12 - 1\,000$。

承租人租赁净现值分析如表 14-11 所示。

表 14-11　承租人的租赁净现值表　　　　（单位：万元）

时间（年末）	0	1	2	3	4	5	6	6
避免设备成本支出	2 500							
租金支付		-400	-400	-400	-400	-400	-400	
利息抵税		48.75	44.75	40.44	35.8	30.79	24.47	
支付资产余值价款								-1 000
丧失的资产变现资本利得								0
差额现金流量	2 500	-351.25	-355.25	-359.56	-364.2	-369.21	-375.53	-1 000
折现系数（税后）6%	1	0.943 4	0.890 0	0.839 6	0.792 1	0.747 3	0.705 0	
折现系数 10%								0.564 5
各年差额现金流量现值	2 500	-331.37	-316.17	-301.89	-288.48	-275.91	-264.75	-564.50
净现值	156.93							

承租人具有正的净现值,该租赁方案对于承租人可行。

【例14-4】 甲公司为了扩大生产规模、增加产品产量,准备添置一台设备,已通过项目评估。预计使用6年。有关资料如下。

(1) 如果自行购置该设备,预计购置成本2 500万元。该项固定资产的税法折旧年限为10年,法定残值率为购置成本的5%。预计该资产6年后变现价值为1 000万元。

(2) 现有乙公司愿意提供同样设备的租赁,每年租金500万元,年末支付,租期6年。乙公司未能获得更廉价的购置成本。

(3) 已知甲公司和乙公司适用的所得税税率均为25%,税前借款(有担保)利率为8%,项目的资本成本为10%。

(4) 租赁期内不能撤租,租赁期满,甲公司可以以250万元从乙公司购买该资产。

要求: 从甲公司角度对是否应选取租赁方案进行评估。

解答:

首先,根据会计准则判断租赁性质。

1) 租赁期满设备所有权不转让。

2) 承租人有购买选择权。租赁期满资产变现价值1 000万元,合同约定甲公司可以以250万元选择购买,即所订立的购买价款远低于行权时资产的公允价值,可以合理预计承租人会行使购买权。

3) 租赁期占资产使用年限 = 6/10 = 60%,小于75%。

4) 计算最低租赁付款额现值。由于承租人能够根据合同取得出租人租赁内含利率,因此采用租赁内含利率(计算过程见后)作为最低租赁付款额的折现率。

$$最低租赁付款额 = 各期租金之和 + 支付购买设备余值的价款 + 承租人担保的资产余值$$
$$= 500 \times 6 + 250 + 0 = 3\,250(万元)$$

每期租金的现值之和 $= 500 \times (P/A, 7.6\%, 6)$,支付购买设备余值的价款现值
$$= 250 \times (P/F, 7.6\%, 6)。$$

最低租赁付款额现值 $= 500 \times (P/A, 7.6\%, 6) + 250 \times (P/F, 7.6\%, 6)$
$$= 2\,500(万元),大于租赁资产公允价值的90\%$$
$$(2\,500 \times 90\% = 2\,250(万元))。$$

5) 该资产没有特殊使用性质。

在上述五个判断标准中,本例第2)和4)个条件符合融资租赁的特征条件,所以该租赁属于融资租赁,租金不可以直接抵税,而需要分别按折旧和利息抵税。因为合同没有明示本金和利息,需要根据有关数据计算"租赁内含利率"。设内含利率为i,根据定义可得:

$$资产公允价值 = 每期租金 \times (P/A, i, 6) + 支付购买设备余值的价款 \times (P/F, i, 6)$$
$$2\,500 - 500 \times (P/A, i, 6) - 250 \times (P/F, i, 6) = 0$$

根据插值法,

$i = 7\%$ 时:
$$2\,500 - 500 \times 4.766\,5 - 250 \times 0.666\,3 = -49.83(万元)$$

$i = 8\%$ 时:
$$2\,500 - 500 \times 4.622\,9 - 250 \times 0.630\,2 = 31(万元)$$

计算得 $i = 7.6\%$。

未确认融资费用分摊表如表14-12所示。

表 14-12 未确认融资费用分摊表　　　　（单位：万元）

时间（年末）	0	1	2	3	4	5	6
支付租金		500	500	500	500	500	500
支付利息		190	166.44	141.09	113.81	84.46	54.20①
归还本金		310	333.56	358.91	386.19	415.54	445.80②
未还本金	2 500	2 190	1 856.44	1 497.53	1 111.34	695.80	250

①作尾数调整：54.20 = 500 - 445.80。
②作尾数调整：445.80 = 695.80 - 250。

承租人租赁净现值分析如表 14-13 所示。

表 14-13 承租人的租赁净现值表　　　　（单位：万元）

时间（年末）	0	1	2	3	4	5	6	6
避免设备成本支出	2 500							
租金支付		-500	-500	-500	-500	-500	-500	
利息抵税		47.5	41.61	35.27	28.45	21.11	13.55	
支付资产余值价款								-250
丧失的资产变现资本利得								0
差额现金流量	2 500	-452.5	-458.39	-464.73	-471.55	-478.88	-486.45	-250
折现系数（税后）6%	1	0.943 4	0.890 0	0.839 6	0.792 1	0.747 3	0.705 0	
折现系数 10%								0.564 5
各年差额现金流量现值	2 500	-426.89	-407.97	-390.19	-373.51	-357.87	-342.95	-141.13
净现值	59.49							

承租人具有正的净现值，该租赁方案对于承租人可行。

【例 14-5】 甲公司为了扩大生产规模、增加产品产量，准备添置一台设备，已通过项目评估。预计使用 6 年。有关资料如下。

(1) 如果自行购置该设备，预计购置成本 2 500 万元。该项固定资产的税法折旧年限为 10 年，法定残值率为购置成本的 5%。预计该资产 6 年后变现价值为 1 000 万元。

(2) 现有乙公司愿意提供同样设备的租赁，每年租金 520 万元，年末支付，租期 6 年。乙公司未能获得更廉价的购置成本。

(3) 已知甲公司和乙公司适用的所得税税率均为 25%，税前借款（有担保）利率为 8%，项目的资本成本为 10%。出租人的未担保余值未知，租赁合同规定的利率为 6.7%（年利率）。

(4) 租赁期内不能撤租，租赁期满设备所有权不转让。

要求：从甲公司角度对是否应选取租赁方案进行评估。

解答：
首先，根据会计准则判断租赁性质。
1) 租赁期满设备所有权不转让。
2) 承租人没有购买选择权。
3) 租赁期占资产使用年限 = 6/10 = 60%，小于 75%。
4) 计算最低租赁付款额现值。由于承租人不能够取得出租人租赁内含利率，因此采用租赁合同规定的利率作为最低租赁付款额的折现率。

最低租赁付款额 = 各期租金之和 + 支付购买设备余值的价款 + 承租人担保的资产余值

$$= 520 \times 6 + 0 + 0 = 3\,120(万元)$$

每期租金的现值之和 $= 520 \times (P/A, 6.7\%, 6) = 2\,500$（万元）。最低租赁付款额等于公允价值，所以必然大于公允价值的 90%。

5）该资产没有特殊使用性质。

在上述五个判断标准中，本例只有第 4）个条件符合融资租赁的特征条件，因而该租赁属于融资租赁。

所以，本题租金不可以直接抵税，而需要分别按折旧和利息抵税。因为合同没有明示本金和利息，则根据合同规定的利率分摊未确认融资费用。

$$年折旧 = 2\,500 \times (1 - 5\%) \div 10 = 237.5(万元)$$
$$租期满时账面价值 = 2\,500 - 237.5 \times 6 = 1\,075(万元)$$
$$变现损失 = 1\,075 - 1\,000 = 75(万元)$$
$$回收流量 = 1\,000 + 75 \times 25\% = 1\,018.75(万元)。$$

未确认融资费用分摊表如表 14-14 所示。

表 14-14 未确认融资费用分摊表 （单位：万元）

时间（年末）	0	1	2	3	4	5	6
支付租金		520	520	520	520	520	520
支付利息		167.5	143.88	118.68	91.79	63.1	35.05[①]
归还本金		352.5	376.12	401.32	428.21	456.9	484.95[②]
未还本金	2 500	2 147.5	1 771.38	1 370.06	941.85	484.95	0

①作尾数调整：$35.05 = 520 - 484.95$。
②作尾数调整：$484.95 = 484.95 - 0$。

承租人租赁净现值分析如表 14-15 所示。

表 14-15 承租人的租赁净现值表 （单位：万元）

时间（年末）	0	1	2	3	4	5	6	6
避免设备成本支出	2 500							
租金支付		−520	−520	−520	−520	−520	−520	
利息抵税		41.88	35.97	29.67	22.95	15.78	8.76	
支付资产余值价款								0
丧失的资产变现资本利得								−1 018.75
差额现金流量	2 500	−478.13	−484.03	−490.33	−497.05	−504.23	−511.24	−1 018.75
折现系数（税后）6%	1	0.943 4	0.890 0	0.839 6	0.792 1	0.747 3	0.705 0	
折现系数 10%								0.564 5
各年差额现金流量现值	2 500	−451.07	−430.79	−411.68	−393.71	−376.81	−360.42	−575.08
净现值	−499.56							

承租人具有负的净现值，该租赁方案对于承租人不可行。

2. 出租人的 NPV

对于出租人来说，也需要对投资方式进行选择：租赁方案现金流量的现值必须能够弥补购买资产的支出。出租人购买资产然后租出，是一个投资项目，要进行投资项目评估。

（1）现金流量的确定。同样，融资租赁出租人现金流量分租赁期初、期中、期末三个阶段来讨论。

1)"期初租赁资产购置成本"和承租人的确定方式相同,并可以视为出租人的初始投资支出。

2)"租赁期中的税后现金流量"是出租人在租赁期间的现金净流入量,包括税后租金收入、成本抵税。该资产对于融资租赁出租人来说是表外资产,不存在折旧问题。所获得的租金收入扣除成本后要交纳所得税。成本按出租人用内含利率计算的本金来确定。

3)"期末资产现金流量"需要分情况判断。当租赁期满时租赁资产的所有权不转让给承租人时,资产期末余值带来的现金流入好处归出租人,视为出租人的一项现金流入;当租赁期满时租赁资产的所有权转让给承租人,那么对于出租人来说,进行租赁和不进行租赁的期末资产现金流量都没有,那么此项不计入出租人租赁和不租赁两种方案的成本现值差额。如果承租人为取得资产需要支付一定的余值价款,则该余值价款是出租人一项现金流入。

总结融资租赁出租人现金流量分析框架如图14-16所示。

表14-16 融资租赁出租人现金流量分析框架

时点		现金流量
租赁期初		设备购置投资(-)
租赁期间		税后租金收入+设备成本抵税
租赁期末	期末所有权转移	回收的余值流量(+)
	期末所有权不转移	收回的期末资产变现流量:+(期末变现价值+变现损失抵税) 或+(期末变现价值-变现收益纳税)

(2)折现率的确定。对于出租人来说,租赁期现金流量折现率应采用有担保债券的税后成本。资产期末余值的折现率根据项目的资本成本确定。

(3)NPV计算结果。

一般情况下,现金流量状况刚好和承租人相反,但是原理相同。对于出租人来说,净现值(NPV)法的分析模型为:

NPV(出租人) = 租赁期现金流量现值 + 期末资产现值 - 租赁资产购置成本

$$= \sum_{t=1}^{n} \frac{租赁期税后现金流量_t}{(1+税后借款成本)^t} + \frac{期末资产税后现金流_n}{(1+项目资本成本)^n} - 租赁资产购置成本$$

【例14-6】 甲公司为了扩大生产规模、增加产品产量,准备添置一台设备,已通过项目评估。预计使用6年。有关资料如下。

(1)如果自行购置该设备,预计购置成本2 500万元。该项固定资产的税法折旧年限为10年,法定残值率为购置成本的5%。预计该资产6年后变现价值为1 000万元。

(2)现有乙公司愿意提供同样设备的租赁,每年租金400万元,年末支付,租期6年。乙公司未能获得更廉价的购置成本。

(3)已知甲公司和乙公司适用的所得税税率均为25%,税前借款(有担保)利率为8%,项目的资本成本为10%。

(4)租赁期内不能撤租,租赁期满设备所有权转让,为此甲公司需向乙公司支付资产余值价款1 000万元。

要求:从乙公司角度对是否应选取租赁方案进行评估。

解答:

同【例14-3】,最低租赁收款额现值 = $400 \times (P/A, 7.8\%, 6) + 1\,000 \times (P/F, 7.8\%, 6)$ = 2 500(万元),高于租赁资产的公允价值的90%($2\,500 \times 90\% = 2\,250$万元),所以判定为融资租

赁。内含利率 $i=7.8\%$。

根据融资租赁出租人现金流量分析框架可得如下结果。

1) 期初现金流量：租赁资产成本。购置设备需要支付2500万元，是一项现金流出。

2) 期中现金流量：税后租金收入、成本抵税。

$$税后租金收入 = 400 \times (1 - 25\%) = 300(万元)。$$

租金中扣除利息的部分属于本金，该项本金是出租人设备的成本，可以抵税。根据未确认融资费用分摊表可以得出各期本金，乘以所得税税率，即得设备成本抵税现金流入。

3) 期末现金流量：设备的税后残值。该合同中，期末所有权转移给承租人。承租人为获得资产需要向出租人支付费用，则该项收入1000万元构成出租人的现金流入。

出租人净现值计算如表14-17所示。

表14-17 出租人的租赁净现值表　　　　　　　　（单位：万元）

时间（年末）	0	1	2	3	4	5	6	6
购置设备现金支出	-2 500							
每年租金收入		400	400	400	400	400	400	
税后租金		300	300	300	300	300	300	
销售成本减税		51.25	55.25	59.56	64.2	69.21	75.53	
资产余值收回								1 000
差额现金流量	-2 500	351.25	355.35	359.56	364.2	369.21	375.53	1 000
折现系数（税后）6%	1	0.943 4	0.890 0	0.839 6	0.792 1	0.747 3	0.705 0	
折现系数10%								0.564 5
各年差额现金流量现值	-2 500	331.37	316.26	301.89	288.48	275.91	264.75	564.5
净现值	-156.84①							

①考虑到小数点以后位数取值，本题156.84近似等于【例14-3】中的156.93。

表中各项目说明如下。

1) 购置设备成本支出。出租人购置资产的支出为2 500万，视为出租人的一项现金流出。

2) 每年租金收入。合同约定每年租金400万元，在每年年末收到，共6年。

3) 税后租金。租金收入作为出租人的一项收入，需要缴纳所得税，税率为25%。税后租金即 $300 = 400 \times (1 - 25\%)$。

4) 销售成本减税。融资租赁的租金分为本金和利息两部分。本金部分作为出租人的销售成本，可以抵减所得税。由"未确认融资费用分摊表"中所计算的"归还本金"数额乘以所得税税率25%即可得销售成本减税额。

5) 资产余值收回。租赁资产最后归承租人所有，租赁期满承租人支付的资产余值价款视为出租人的现金流入。

出租人具有负的净现值，该租赁方案对于出租人不可行。对比本例题与【例14-3】，在出租人和承租人所得税率相等、市场无摩擦的情况下，合同双方的净现值之和为零。出租人的现金流出就是承租人的现金流入，承租人的所得（NPV = 156.93万元）是出租人的损失（NPV = -156.84万元）。在这种情况下，融资租赁是无法存在的。

通过以上例子看出，租赁双方NPV等于零。在有税环境下，双方的税负完全一致，不能通过租赁节税。出租人的现金流入是承租人的现金流出，承租人的所失是出租人的所得。租金的高低，可以改变双方的净现值的分配，但两者净现值之和为零。所以租赁存在的前提是租赁双方的税率不等,通过租赁减少总的税负,双方分享租赁节税的好处,这个结论将通过以下例子进行验证。

【例14-7】 甲公司为了扩大生产规模、增加产品产量,准备添置一台设备,已通过项目评估。预计使用6年。有关资料如下。

(1) 甲公司产品生产与销售的预期年限是6年,市场预测显示第一年营业收入可达1 200万元,第二年可达1 300万元,然后以每年1 400万元的水平持续4年。估计增加营运资本占当年营业收入的20%,年初投入,项目结束时收回。维修费、保险费和资产管理成本等运行维护费每年50万元。营业成本是营业收入的40%。

(2) 如果自行购置该设备,预计购置成本2 500万元。该项固定资产的税法折旧年限为10年,法定残值率为购置成本的5%。预计该资产6年后变现价值为1 000万元。

(3) 现有乙公司愿意提供同样设备的租赁,每年租金520万元,年末支付,租期6年。乙公司未能获得更廉价的购置成本。

(4) 已知甲公司适用的所得税税率均为40%,乙公司适用的所得税税率均为20%。税前借款(有担保)利率为8%,项目的资本成本为10%。

(5) 租赁期内不能撤租,租赁期满,甲公司可以以250万元从乙公司购买该资产。

要求:分别从甲、乙公司角度对是否应选取租赁方案进行评估。

解答:

甲公司分析如下。

首先,甲公司对自行购置投资方案进行评估。

$$每年折旧 = 2\,500 \times (1 - 5\%) \div 10 = 237.5(万元)$$

$$折旧抵税 = 237.5 \times 0.4 = 95(万元)$$

$$租期满时账面价值 = 2\,500 - 237.5 \times 6 = 1\,075(万元)$$

$$资产余值变现损失 = 1\,075 - 1\,000 = 75(万元)$$

$$资产余值变现损失抵税 = 75 \times 40\% = 30(万元)。$$

计算分析过程如表14-18所示。

表14-18 设备投资的评估 (单位:万元)

时间(年末)	0	1	2	3	4	5	6
营业收入		1 200	1 300	1 400	1 400	1 400	1 400
营业成本		−480	−520	−560	−560	−560	−560
维护费		−50	−50	−50	−50	−50	−50
税后现金流量		402	438	474	474	474	474
折旧抵税额		95	95	95	95	95	95
税后营业现金流量		497	533	569	569	569	569
设备投资	−2 500						
营运资本投入增加或减少	−240	−20	−20	0	0	0	
期末营运资本回收							280
回收资产变现的资本利得							1 030
项目增量现金流量	−2 740	477	513	569	569	569	1 879
折现系数10%	1	0.909 1	0.826 4	0.751 3	0.683 0	0.620 9	0.564 5
各年现金流量现值	−2 740	433.64	423.94	427.49	388.63	353.29	1 060.70
投资净现值	347.69						

该项目有正的净现值 347.69 万元,所以如果购买该设备,能够获得盈利,该设备具有投资价值。

第二步,计算租赁相对于购买的净现值,分析租赁是否更有利。如果租赁相比于购买能够带来正的净现值,则应选择租赁。

租赁期满资产变现价值 1 000 万元,合同约定甲公司可以以 250 万元选择购买,即所订立的购买价款远低于行权时资产的公允价值,可以合理预计承租人会行使购买权,所以判定为融资租赁。

计算"内含利率":

$$2\,500 - 520 \times (P/A, i, 6) - 250 \times (P/F, i, 6) = 0$$

$i = 8\%$ 时:

$$2\,500 - 520 \times 4.622\,9 - 250 \times 0.630\,2 = -61.46(万元)$$

$i = 9\%$ 时:

$$2\,500 - 520 \times 4.485\,9 - 250 \times 0.596\,3 = 18.26(万元)$$

根据插值法,计算得 $i = 8.77\%$。

未确认融资费用分摊表如表 14-19 所示。

表 14-19 未确认融资费用分摊表 (单位:万元)

时间(年末)	0	1	2	3	4	5	6
支付租金		520	520	520	520	520	520
支付利息		219.25	192.87	164.18	132.98	99.04	61.68[①]
归还本金		300.75	327.13	355.82	387.02	420.96	458.32[②]
未还本金	2 500	2 199.25	1 872.12	1 516.30	1 129.28	708.32	250

①作尾数调整:61.68 = 520 - 458.32。
②作尾数调整:458.32 = 708.32 - 250。

承租人租赁净现值分析如表 14-20 所示。

表 14-20 承租人的租赁净现值表 (单位:万元)

时间(年末)	0	1	2	3	4	5	6	6
避免设备成本支出	2 500							
租金支付		-520	-520	-520	-520	-520	-520	
利息抵税		87.70	77.15	65.67	53.19	39.62	24.67	
支付资产余值价款								-250
丧失的资产变现资本利得								0
差额现金流量	2 500	-432.30	-442.85	-454.33	-466.81	-480.38	-495.33	-250
折现系数(税后)4.8%	1	0.954 2	0.910 5	0.868 8	0.829 0	0.791 0	0.754 8	
折现系数 10%								0.564 5
各年差额现金流量现值	2 500	-412.50	-403.21	-394.72	-386.99	-379.98	-373.88	-141.13
净现值	7.59							

承租人具有正的净现值,该租赁方案对于承租人可行。

乙公司分析如表 14-21 所示。

表 14-21　出租人的租赁净现值表　　　　　　　　　（单位：万元）

时间（年末）	0	1	2	3	4	5	6	6
购置设备现金支出	-2 500							
每年租金收入		520	520	520	520	520	520	
税后租金		416	416	416	416	416	416	
销售成本减税		60.15	65.43	71.16	77.40	84.19	91.66	
资产余值收回								250
差额现金流量	-2 500	476.15	481.43	487.16	493.4	500.19	507.66	250
折现系数（税后）6.4%	1	0.939 9	0.883 3	0.830 2	0.780 2	0.733 3	0.689 2	
折现系数 10%								0.564 5
各年差额现金流量现值	-2 500.00	447.53	425.25	404.44	384.95	366.79	349.88	141.13
净现值	19.97							

出租人也有正的净现值，该租赁方案对出租人同样可行。通过本例可以看出，在租赁双方税率不等时，通过租赁可以减少总体税负，租赁双方通过租金的谈判分享节税的好处，所以融资租赁能够存在。

3. 折现率使用总结

在进行融资租赁的财务分析时，涉及折现率的概念有出租人租赁内含利率、合同规定的利率、银行同期贷款利率、有担保债券税后成本、项目的资本成本等。

第一，在计算最低租赁付款额的现值时，定义中涉及出租人租赁内含利率、合同规定的利率、同期银行贷款利率这三个概念。使用的原则是，能够取得出租人租赁内含利率的，应当采用租赁内含利率作为折现率；否则，应当采用租赁合同规定的利率作为折现率。承租人无法取得出租人的租赁内含利率且租赁合同没有规定利率的，应当采用同期银行贷款利率作为折现率。在计算最低租赁收款额现值时，根据定义要使用出租人的租赁内含利率，内含利率是使最低租赁收款额现值与未担保余值现值之和等于租赁资产公允价值与出租人初始直接费用之和的折现率。内含利率是由最低租赁收款额现值推出的，可以反向理解为最低租赁收款额的现值的贴现率是内含利率。

第二，出租人租赁内含利率、合同规定的利率、同期银行贷款利率这三个概念同样出现在未确认融资费用分摊率中。①以出租人的租赁内含利率为折现率将最低租赁付款额折现，且以该现值作为租赁资产入账价值的，应当将租赁内含利率作为未确认融资费用的分摊率；②以合同规定利率为折现率将最低租赁付款额折现，且以该现值作为租赁资产入账价值的，应当将合同规定利率作为未确认融资费用的分摊率；③以银行同期贷款利率为折现率将最低租赁付款额折现，且以该现值作为租赁资产入账价值的，应当将银行同期贷款利率作为未确认融资费用的分摊率；④以租赁资产公允价值为入账价值的，应当重新计算分摊率。该分摊率是使最低租赁付款额的现值等于租赁资产公允价值的折现率。

第三，租赁现金流量贴现时使用的贴现率涉及到有担保债券税后成本、项目的资本成本两个概念。租赁期税后现金流量现值计算中，由于租赁业务中租金定期支付，类似有担保的债券，租赁期现金流量的折现率应采用有担保债券的税后成本。而在租赁期末资产税后现金流量现值计算中，由于租赁期末资产的持有风险类似于项目资产的经营风险，所以通常资产期末余值的折现率根据项目的资本成本确定。

14.4 融资租赁对企业财务的影响

如果"融资租赁—购买"NPV 为正,企业会选择融资租赁设备。融资租赁对企业财务管理的各个方面会产生影响。财务管理的内容包括投资、筹资、营运资本管理。是否选择融资租赁方案是一个项目投资行为,它对企业的损益产生影响;融资租赁也是一种以租赁形式进行融资、用以替代借款筹资的筹资活动,租赁的资产属于表内资产,它对企业的资本成本和资本结构产生影响;同时从结果来看,融资租赁也类似于分期付款的购买行为,通过对营运资本的管理,对资产流动性产生影响。下面将从损益、资本成本、资本结构和流动性四个方面分析融资租赁对企业财务当期和以后期间的影响,分析框架如表 14-22 所示。

表 14-22 融资租赁对企业财务影响分析框架

融资租赁特征	财务影响	企业行为范畴	
项目投资行为	损益	投资管理	财务管理内容框架
借款筹资行为表内资产	资本成本	筹资管理	
	资本结构		
分期付款购买行为	流动性	营运资本管理	

14.4.1 融资租赁对损益的影响

财务上的损益和会计上的损益是不同的概念。在本章第三部分中,已经用净现值法对融资租赁的财务损益进行了分析,刻画财务损益的指标是 NPV。刻画会计损益的指标是各期会计利润,本部分将对购买和融资租赁两种方案对各期会计利润的影响做一对比。

如果企业对同一项资产不采用租赁而是采用购买方式,对各期损益的影响为"折旧抵税额",折旧抵税额=折旧额×所得税率。如果采用融资租赁方式,则根据我国会计准则中的融资租赁会计处理规定,对租入的资产应当视同企业购入的资产计提折旧,同时,融资租赁产生的未确认融资租赁费用可在税前列支。所以与购买方式相比,融资租赁对各期损益的影响分为两部分:"折旧抵税额"和"分摊的未确认融资租赁费用的抵税额"。

延用【例14-2】,自购方案和融资租赁方案对各期会计利润的影响额如表 14-23 所示。

表 14-23 甲公司自购和融资租赁方案的各期会计利润影响额比较 (单位:万元)

时间(年末)	1	2	3	4	5	6	7	8
自购								
折旧抵税	237.5	237.5	237.5	237.5	237.5	237.5	237.5	237.5
融资租赁								
折旧抵税	237.5	237.5	237.5	237.5	237.5	237.5	237.5	237.5
利息抵税	32.5	29.12	25.57	21.82	17.89	13.75	9.39	4.97

从表 14-23 看出,当融资租赁固定资产的入账价值等于自购的公允价值时,两种方案的折旧抵税额相同,而融资租赁方案还能产生未确认融资费用分摊带来的利息抵税额,所以融资租赁对各期利润的贡献大于自购,从会计损益的角度来看,融资租赁的成本低。当然,这只是会计账面利润,自购和融资租赁的真实价值还要比较考虑了资产余值后的"融资租赁—自购"净现值,即本章第三部分的介绍。

14.4.2 融资租赁对资本成本的影响

资本成本是指企业为筹集和使用资金而付出的代价。对于企业融资来讲，资本成本是选择资金来源、确定融资方案的重要依据，正确估计和合理降低资本成本是制定筹资决策的基础。融资租赁是一种以租赁形式进行的融资行为，下面将对股票融资、债务融资、内源融资与融资租赁的资本成本作一比较。

一般认为，融资租赁筹资与借款筹资风险相同，融资租赁的资本成本通常选用有担保债券的成本。对于股票融资，股票价格经常变化、收益不定，同时股东的股利要求排在债权人的利息之后，所以股票融资的资本成本一般大于债务融资，也就大于融资租赁筹资。同时，企业发行股票融资还要负担其他费用，如企业评审费、证券印刷费、宣传广告费、代理发行费及聘请中介机构的费用等。因此，从企业实际取得的资金额度来说，发行股票的融资成本是要高于融资租赁融资的。

实务操作中，一般认为融资租赁成本与债务融资成本大致相同，因为租金支付为承租方的固定义务，如果承租方未能支付租金而导致租赁违约，出租方会寻求追索剩余的租金，还要收回租赁设备，所以租赁类似于以租赁资产为抵押物的担保贷款。但是需要注意到的是，利用银行信用融通资金，易受国家货币政策的左右，从而引起企业资本结构发生波动，这样不利于企业的生产经营。而融资租赁由于具备资金信用与商品信用为一体、不易迅速地扩张或收缩的特性，企业因此可在一定程度上避开国家货币政策波动的影响，从而对企业的资本结构的稳定起到了积极作用，资本结构的稳定能够使资本成本也保持相对的稳定。

相比于内源融资，即企业内部的留存收益融资，由于不需要实际对外支付任何的利息和租金等费用，因而其成本要比其他外源融资方式的资本成本低，所以在有充足的内源融资的情况下，融资租赁融资没有低成本优势。融资租赁融资成本和其他融资方式的比较如图14-2所示。

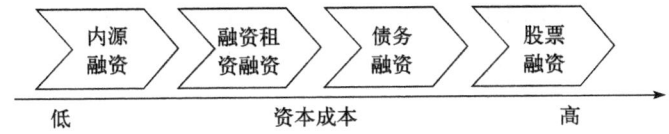

图14-2 各种融资形式资本成本比较

14.4.3 融资租赁对资本结构的影响

资本结构是指企业各种资本的价值构成及其比例。融资租赁后，资产的风险和报酬转移给承租人，承租人应将融资租赁的设备计价入账，作为表内资产处理。但其与购买设备的不同在于，购买只影响资产负债表中资产内部结构的变动，若以现金购买，则具体表现为流动资产转变为固定资产，并不影响资本结构。而融资租赁设备除了在资产负债表的资产中确定固定资产外，同时在负债中确定长期应付款，资产负债表中资产和负债都增加，股本的相对比例减少，导致负债比率将会上升，引起资本结构变化。

售后租回就是一种很好的调整资本结构的方式。企业发展到一定程度可能会面临资本结构老化、资产回报率过低、流动资金紧缺等问题。售后租回这种融资租赁方式，可以在不改变企业对资产使用的前提下，实现资产由流动性较差的固定资产向流动性较强的现金资产的转变。售后租回虽然使承租企业在法律上丧失了资产的所有权，但实质上资产的使用和价值仍留在承租企业中。该固定资产仍保留在资产负债表的资产中，同时资产中增加了出售该固定资产的现金资产，负债中增加了租回该资产的长期负债。这一行为导致负债比率上升，引起资本结构变化。出售资产所流入企业的现金流量，可以有效地解决企业所面临的临时性的资金压力、增加注册资金、扩大生产等一系列实际问题。因此，合理地运用售后租回这一融资租赁的方式，对企业有效地调节资本结构、整合固定资产、扩大生产经营等具有重大意义。

另外需要注意的是，即使租赁资产在会计上没有被纳入资产负债表，公司租赁资产实际上也增加了资本结构中的财务杠杆。因为公司进行租赁，就相当于向出租方承诺了一项未来定期支付固定租金的义务。如果公司陷于财务困境，未能支付租金，出租方将收回资产。所以租赁可能会触发财务危机，增加财务杠杆。

以南方航空（600029）为例，其2011年资产负债表主要数据如表14-24所示。

表14-24 南方航空2011年资产负债表主要数据（单位：人民币百万元）

资产	金额	负债与股东权益	金额
固定资产	87 152	负债	91 621
其中，2011年新增融资租赁飞机	(2 959)	股东权益	37 639
其他资产	42 108		
资产总额	129 260	负债与股东权益总额	129 260

此时，南航的资产负债率为91 621/129 260 = 70.88%。现在假设两种情况：①新增的融资租赁飞机采用自有资金购买方式取得；②新增的融资租赁飞机采用经营租赁方式取得，则公司的资产负债率分别会发生怎样的变化。

若自有资金购买，负债会因"应付融资租赁款"而减少2 959百万元，资产会因"货币资金"而减少2 959百万元，从而资产负债率降至70.2%。

若经营租赁，负债会因"应付融资租赁款"而减少2 959百万元，资产会因"固定资产"而减少2 959百万元，资产负债率同样降至70.2%。但是资产中流动资产与非流动资产的比例会发生变化，将导致流动比率、速动比率不同于自有资金购买的情况。

14.4.4 融资租赁对资产流动性的影响

融资租赁另一个重要的功能就是增加资产流动性。企业经营过程中，如果没有适当的流动资产比例，则可能会遇到因清偿能力不足而导致的支付困难，严重时还会造成财务危机。因此，保持企业资产的流动性对企业经营和投资活动的正常进行至关重要。

融资租赁体现了租赁的"融资"功能。由于企业需要长期持续使用资产，但自有资金只能投资营运资本，这时融资租赁可以实现用一份钱对两项资产（营运资本和固定资产）同时进行投资，因为融资租赁的本质是将未来营业收入现金流的价值提前实现在固定资产上。企业财务管理的核心是现金流，但更重要的是未来现金流的创造能力。因此，通过融资租赁租入资产恰是对未来现金流创造能力的准备性投资。通过融资租赁，企业获得了相当于租赁资产全部价值的债务信用，进而将营运资金投入到更好的机会收益中去。

融资租赁与借款相比，用借款购买设备时，企业一方面增加了负债，减少了从金融机构借款的限额，使得以后获得贷款的机会减少，另一方面固定资产增加，降低了资产的流动性。而融资租赁还可保留银行的借款限额，这一点在金融紧缩时期尤显重要。用留存收益购买与银行借款的性质类似，节约的留存收益金额与第一期租金的差额，企业可以用来进行其他的投资以获得收益，这样提高了资金周转率，而且提高了资产的流动性。

因此使用融资租赁，企业可以在获得资金的情况下，获得设备的使用权，解决了企业资金周转问题，提高了资产的流动性。

本章小结

本章主要介绍了融资租赁的概述、融资租赁的会计判断和税务处理方法、融资租赁的财务分析以及融资租赁对于企业财务的影响四个部分的内容。

融资租赁是一种以租赁形式进行融资,用以替代借款筹资的筹资活动,其包含了租赁当事人关系、租赁期、租赁费用、租赁撤销条件、租赁资产维护等相关要素。不同于经营租赁,融资租赁的期限具有长期性,租金总额能够补偿出租人的资产购置成本,租赁双方当事人一般不可以单方面解除租赁,租赁资产的日常维护由承租人负责,有关的风险和报酬也转移给承租人。

对融资租赁的会计判断与税务处理是进行融资租赁财务决策分析的基础。一方面,依据我国现行会计准则对融资租赁的判别标准进行判断,并进行资本化会计处理。另一方面,依据我国现行税法将构成融资租入固定资产价值的租赁费用在资产耗用或销售时提取折旧并作税前扣除,否则作为融资费用在当期税前扣除。

融资租赁的财务决策分析主要包括可选方案现金流量的预测、基于预期现金流量计算损益平衡租金、基于预期现金流量计算净现值三个方面的内容。第一,依据"相关、税后、差额"的决策依据要素识别纳入评价过程的现金流量,按照"期初、期间、期末"的决策分类方法确认现金流量的发生时点。第二,基于预期现金流量计算损益平衡租金,即承租人可以接受的最高租金与出租人可以接受的最低租金。第三,计算融资租赁方案相比于自购方案的差额现金流量的净现值,如果净现值大于零,则融资租赁方案可行。实际中融资租赁一般发生于租赁双方适用所得税税率不同的情形,租赁双方通过谈判确定合理的租金以共同分享节税的好处。

企业的融资租赁行为主要从损益、资本成本、资本结构、资产流动性四个方面对企业财务造成影响。第一,融资租赁通过"折旧抵税额"和"分摊的未确认融资租赁费用的抵税额"影响企业的各期损益,相比于自购资产方案的会计利润更大。第二,融资租赁的资本成本一般低于股票融资的资本成本,合理选择融资租赁方案可以降低企业的资本成本。第三,融资租赁在资产负债表中确认固定资产的同时,还会确认长期应付款,进而导致资产负债率上升,引起资本结构变化。第四,与自购资产的方式相比,融资租赁可以节约企业的现金支出,提升资产的流动性。

习题

一、简答题

1. 简述融资租赁在租赁期、租金、撤销条件、资产维护、当事人权利义务关系等方面的特点,并与经营租赁作比较。
2. 损益平衡租金对于承租方和出租方来说,分别表示什么含义?
3. "要恰当地评价租赁决策,应将其与使用等量杠杆的资产购置进行比较。即恰当的比较不应为'租赁还是自有资金购买',而应是'租赁还是借款购买'。"解释上述观点,并从现金流和折现率角度进行分析。
4. 融资租赁期末资产的可能处置方式有哪些?
5. 简述融资租赁承租人如何进行"融资租赁—自购"决策现金流量分析。
6. 计算租赁内含利率的作用是什么?租赁内含利率有何财务意义?
7. 简述在评价租赁相对于购买的净现值时,租赁期中现金流量的折现率和租赁期末现金流量的折现率应如何选择。
8. 融资租赁与经营租赁对企业的税务各有怎样的影响?

二、讨论题

1. 租赁内含利率是进行租金分解的工具。在租赁当事人的财务分析中,租赁内含利率直接影响到租赁方案净现值的计算和租赁双方的利益，从而影响租赁财务决策。

现有 A 公司，其于 20×3 年 1 月 1 日向 B 公司出租一项固定资产，租期 5 年，每年租金 123 万元，年末支付，该资产市场价值 600 万元，租期结束，预计资产余值 100 万元。根据上面的数据求 A 公司租赁内含利息率。

讨论问题： 不同所有权处置方式下，计算出租人租赁内含利率时资产余值的处理。

2. 流转税和所得税直接影响租赁当事人的租赁决策。下面看两个实务中的场景。

(1) 2012 年 1 月 1 日开始的"营改增"试点，使融资租赁行业从缴纳营业税转变为缴纳增值税。按照"国家税务总局公告 2010 年 13 号"，在售后回租模式中，承租企业在向融资租赁企业出售资产时不缴纳增值税，因此承租企业无法给融资租赁企业开具增值税专用发票，导致融资租赁企业在向承租企业收取每期租金的时候，会出现没有进项税可以抵扣的局面，所以其实际缴纳的增值税非常多。据了解，有的融资租赁企业为了降低过高的增值税税负，擅自采用如下的操作办法：将收取的租金仅就利息部分开具增值税专用发票，本金部分不开发票，仅仅开具收据，以利息部分开具的增值税专用发票的金额作为销售额来计算销项税金。而税务局也对这种做法采取默许态度。

(2) 现有某一发电公司持有原值为 D 的发电设备，可使用 n 年，无残值。按直线折旧法计提折旧，已使用 t 年，现在账面价值 $D_t = D \times (n-t)/n$。若这时该公司要将该项设备出售给某金融租赁公司后再回租，可获得资金 $Dc(Dc > Dt)$，但每年年末需支付租金 Z。已知企业所得税税率为 T，银行利率为 r。

研讨问题：

(1) 针对场景 (1)，对现行某些租赁企业的缴税做法做一评价。

(2) 针对场景 (2)，从所得税抵免视角对该发电公司售后租回决策进行评价。

3. "金融租赁"和"融资租赁"均来自同一英文单词"Financial Lease"的翻译。实务中人们总将报道融资租赁的消息等同于报道金融租赁的消息。

讨论问题： 金融租赁和融资租赁的财务风险真的一致吗？

4. 计算出租人租赁内含利率时，对"优惠购买价款"、"担保余值"和"未担保余值"的运用和理解，有以下几条观点，请逐条判别并思考本题最后所提出的问题。

(1) 关于内含利率计算式推算的观点。

   1) 租赁内含利率是指在租赁开始日，使最低租赁收款额的现值与未担保余值的现值之和等于租赁资产公允价值与出租人的初始直接费用之和的折现率。

   2) 最低租赁收款额 = 最低租赁付款额 + 独立第三方担保余值 = 承租人支付的租金 + 承租人行使购买权时的优惠购买价款 + 承租人或与承租人有关的担保余值 + 独立第三方担保余值。

   3) 根据观点 1) 和 2)，租赁内含利率是使如下等式成立的折现率：

   租金现值 + 优惠购买价款现值 + 承租人或与承租人有关的担保余值的现值 +
   独立第三方担保余值的现值 + 未担保余值的现值
   = 租赁开始日租赁资产公允价值 + 出租人初始直接费用

   4) 未担保余值是指租赁资产余值中扣除就出租人而言的担保余值以后的资产余值。"就出租人而言的担保余值"等于承租人或与承租人有关的担保余值加上独立第三方的担保余值。而资产余值是指在租赁开始日估计的租赁期届满时租赁资产的公允价值。

   5) 根据观点 3) 和 4)，租赁内含利率是使如下等式成立的折现率：

   租金现值 + 优惠购买价款现值 + 租赁期届满时租赁资产公允价值的现值
   = 租赁开始日租赁资产公允价值 + 出租人初始直接费用

(2) 请读者自行翻阅由财政部会计司编写的《企业会计准则讲解 2010》，书中第 22 章 "租赁"【例 22-9】中，已知各期租金 150 000 元（6 年）、优惠购买价款 100 元、未担保余值 1 000 元、租赁期满租赁资产公允价值 80 000 元、租赁开始日设备公允价值 700 000 元，出租人初始直接费用 10 000 元。要计算租赁内含利率。

根据观点 1) 至 5) 的分析，计算租赁内含利率：
$$150\,000 \times (P/A, i, 6) + 100 \times (P/F, i, 6) + 80\,000 \times (P/F, i, 6) = 710\,000$$
而《企业会计准则讲解 2010》中给出的答案是：
$$150\,000 \times (P/A, i, 6) + 100 \times (P/F, i, 6) + 1\,000 \times (P/F, i, 6) = 710\,000$$
这是为什么呢，是准则讲解错了吗？

讨论问题：判别（1）中的观点，并讨论（2）中的例题。

5. 东方航空（600115）公司截至 2011 年 12 月 31 日机队情况如表 14-25 所示。

表 14-25 （单位：架）

机型	自购及融资租赁	经营租赁	小计
客机	241	117	358
货机	5	14	19
飞机	246	131	377
比例	65.25%	34.75%	100%

2011 年现金流量表部分项目如表 14-26 所示。

表 14-26 （单位：人民币千元）

项目	金额
一、经营活动产生的现金流量	
经营活动现金流入小计	90 919 659
经营活动现金流出小计	(77 455 564)
经营活动产生的现金流量净额	13 464 095
二、投资活动产生的现金流量	
投资活动现金流入小计	839 595
投资活动现金流出小计	(15 619 726)
投资活动产生的现金流量净额	(14 780 131)

讨论问题：针对东方航空公司机队现状和现金流情况，试讨论东方航空扩充机队可以采取的方式。

三、分析计算题

1. 承租方甲公司与出租方乙公司签订一份租赁合同，主要条款如下。
(1) 租赁标的物：A 型机械设备。
(2) 租赁期：3 年。
(3) 租金支付方式：自租赁期开始日每年年末支付租金 100 万元。
(4) 该设备在租赁期开始日的公允价值为 260 万元。
(5) 租赁合同规定的利率为 8%（年利率）。
(6) 该设备为全新设备，估计使用年限为 5 年。
(7) 租赁期满，设备退还给乙公司。

要求：根据租赁合同和会计准则判断租赁性质。

2. 甲公司欲租赁一台设备，该设备使用年限为 6 年，设备购置成本为 700 万元。该类设备税法规定的折旧年限为 8 年，折旧方法为直线折旧，预计残值率为 5%。
(1) 预计 6 年后该设备变现收入为 5 万元。

(2) 每年末需支付租金150万元，租赁期满之后设备的所有权归承租人，承租人按照资产余值5万元的出租方支付购买价款。

(3) 甲公司所得税税率为20%，担保债券的税前利率为6.25%，该项目要求的最低报酬率为8%。

要求：计算租赁的内含利率。

3. 甲公司因生产需要，拟引进一台设备，有关资料如下。

(1) 如果自行购置该设备，预计购置成本4 000万元。该设备的税法折旧年限为10年，法定残值率为购置成本的5%。预计该资产5年后变现价值为200万元。

(2) 如果以租赁方式取得该设备，乙租赁公司要求每年租金994.94万元，租期5年，租金在每年年末支付。

(3) 已知甲公司适用的所得税税率为25%。

(4) 合同约定，租赁期内不得退租，租赁期满租赁资产归承租人所有，承租人需按照资产余值200万元支付购买价款。

要求：请计算租赁资产成本、租赁期税后现金流量、租赁期末资产的税后现金流量。

4. 甲公司欲租赁一台设备，租期6年。设备的公允价值为2 500万元，税法规定的折旧年限为10年，法定残值率为购置成本的5%。已知甲公司适用的所得税税率为25%。现有乙公司愿意提供租赁，甲公司每年年末向乙公司支付一定额度的租金。关于期末资产的处置，乙公司提出了如下三种方案。

(1) 租赁期满设备所有权转让给甲公司，为此甲公司需向乙公司支付资产余值价款1 000万元。

(2) 租赁期满设备退还给乙公司，预计该资产6年后变现价值为1 000万元。

(3) 租赁期满设备退还给乙公司，预计该资产6年后变现价值为1 200万元。

要求：请分别分析这三种情况下对于承租人来说租赁期末资产的税后现金流量。

5. 甲公司2007年1月1日从某租赁公司租入机器设备，设备价款为300万元，租赁期6年，租赁期满之后设备归甲公司所有，租赁内含利率为10%。假设没有其他费用支出，甲公司最低租赁付款额等于设备价款。

要求：

(1) 如果租赁协议规定租金于每年年末等额支付，则年末应支付的租金为多少？

(2) 如果租赁协议规定租金于每年年初等额支付，则年初应支付的租金为多少？

6. 甲公司正在与乙租赁公司商谈一个租赁合同，计划租赁一台大型设备，现在因为租金问题而发生了激烈的争执，相关的资料如下。

(1) 甲公司适用的所得税税率为30%，税后营运成本每年38万元，乙公司适用的所得税税率为20%，税后营运成本每年35万元。设备全部购置成本为280万元，租赁期限为5年，承租方的租金（每年末支付）可以抵税，出租方的租金需要交税，承租方以及出租方在租赁期内各年的现金流量相等。

(2) 该设备的税法折旧年限为7年，法定残值率为购置成本的5%，预计5年后的变现价值为20万元。

(3) 税前借款（有担保）利率为10%，项目要求的必要报酬率为12%。

要求：

(1) 计算承租方在租赁期末资产变现的资本利得现值。

(2) 计算承租方每年折旧抵税的数额。
(3) 确定承租方的税前损益平衡租金。
(4) 如果税前租金为120万元，判断承租方是否能够接受。

7. A公司欲添置一台设备，正在研究应通过自行购买还是租赁取得，有关资料如下。
(1) 如果自行购置该设备，预计购置成本9 000万元。税法规定的折旧年限为10年，法定残值率为购置成本的5%。预计该资产5年后变现价值为1 000万元。
(2) 如果以租赁方式取得该设备，B公司要求每年租金2 083.65万元，租期5年，租金在年末支付。
(3) 已知A公司和B公司适用的所得税税率均为25%，税前借款（有担保）利率为8%，项目要求的必要报酬率为10%。
(4) 合同约定承租方在租赁期内不得退租，在租赁期满时资产归承租人所有，并为此需向出租人支付资产余值价款1 000万元。

要求：
(1) 通过计算说明A公司应通过购买还是租赁取得该设备。
(2) 计算B公司租赁的净现值。

四、自测题

1. 甲公司为了扩大生产规模，准备添置一台设备，预计使用5年。购买该设备增加产量的投资行为具有正的净现值。现在甲公司正在研究融资租赁设备是否比购买更划算。有关资料如下。
(1) 如果自行购置该设备，预计购置成本240万元。税法规定的折旧年限为6年，法定残值为0。预计该项资产5年后变现价值为49万元。
(2) 如果融资租赁该设备，每年租金50万元，年末支付，租期5年。租赁期末所有权转让，甲公司需按照资产余值49万元支付购买价款。
(3) 已知甲公司所得税税率为25%，税前借款（有担保）利率为8%，项目必要报酬率为10%。出租人"内含利息率"（实际利率）为7%。

要求：
(1) 按照税法要求，融资租赁承租人每期支付的租金分成本金偿还和利息偿还两部分。请按照实际利率法完成"未确认融资费用分摊表"（见表14-30）。（计算过程可略，保留小数点后两位）

表14-27　未确认融资费用分摊表　　（单位：万元）

时间（年末）	0	1	2	3	4	5
支付租金		50	50	50	50	50
支付利息						
归还本金						
未还本金	240					

(2)

$$NPV(承租人) = 资产购置成本 - 租赁期现金流量现值 - 期末资产现值$$

$$= 资产购置成本 - \sum_{i=1}^{n}\frac{租赁期税后现金流量_i}{(1+税后借款成本)^i} - \frac{期末资产税后现金流量_n}{(1+项目必要报酬率)^n}$$

请通过分析租赁期税后现金流量、期末资产税后现金流量，完成"承租人租赁净现值表"（见表14-28）。（计算过程可略，保留小数点2位以下）

表 14-28　承租人租赁净现值表　　　　　　　　　（单位：万元）

时间（年末）	0	1	2	3	4	5	5
避免设备成本支出	240						
租金支付							
利息抵税							
支付资产余值价款							
差额现金流量							
折现系数（税后）	1.00	0.94	0.89	0.84	0.79	0.75	
折现系数							0.62
各年现金流量现值							
净现值							

（3）根据（2）中计算判断甲公司应购买设备还是融资租赁设备。

2. 易字唯视（Easy Vision，简称 EV 公司）公司是一家基于计算机图像处理的技术开发、咨询和服务企业。目前公司正在开发与销售"工业电视智能监控软件产品"。为了实现软件的智能监控，提高监控准确性和实时性，公司需要引进国际上较为先进的视频识别设备。有关资料如下：

（1）EV 公司该软件（套）生产与销售的预期年限是 6 年，销售价格为 2 万元/套。市场预测显示第一年销量可达 600 套，第二年可达 650 套，然后以每年 700 套的水平持续 4 年。随着技术被市场其他进入者复制，6 年以后的销售前景难以预测。

（2）软件开发部门估计第一年营运资本占当年营业收入的 20%，以后每年营运资本增加 2%。所有营运资本在当年年初投入，项目结束时统一收回。维修费、保险费和资产管理成本等运行维护费每年 50 万。营业成本是营业收入的 40%。

（3）目前国际市场上该设备的公允价值是 2 500 万元。与该设备类似的同类固定资产的税法折旧年限为 10 年，法定残值率为购置成本的 5%。预计该设备 6 年后变现价值为 1 000 万元。

（4）如果租赁设备，出租方要求每年租金 520 万元，年末支付，租期 6 年。

（5）已知 EV 公司适用的所得税税率均为 25%。税前借款（有担保）利率为 8%，项目的资本成本为 10%。租赁期内不能撤租，租赁期满，EV 公司可以以 250 万元从出租方购买该设备。

要求：
（1）计算自行购置方案的净现值，判断 EV 公司"工业电视智能监控软件产品"项目是否可行。
（2）若 EV 公司选择租赁设备，该租赁属于融资租赁还是经营租赁？
（3）判断该租赁方案是否较自购方案有利。

附 录

表 A-1　复利终值系数表：$(1+i)^n = \left(\dfrac{F}{P}, i, n\right) = FVIF_{i,n}$

表 A-2　复利现值系数表：$\dfrac{1}{(1+i)^n} = \left(\dfrac{P}{F}, i, n\right) = PVIF_{i,n}$

表 A-3　年金终值系数表：$\dfrac{(1+i)^n - 1}{i} = \left(\dfrac{F}{A}, i, n\right) = FVIFA_{i,n}$

表 A-4　年金现值系数表：$\dfrac{1-(1+i)^{-n}}{i} = \left(\dfrac{P}{A}, i, n\right) = PVIFA_{i,n}$

表 A-1 复利终值系数表：$(1+i)^n = \left(\dfrac{F}{P}, i, n\right) = FVIF_{i,n}$

n	1%	2%	3%	4%	5%	6%	7%	8%	9%	10%	12%	14%	15%	16%	18%	20%
1	1.0100	1.0200	1.0300	1.0400	1.0500	1.0600	1.0700	1.0800	1.0900	1.1000	1.1200	1.1400	1.1500	1.1600	1.1800	1.2000
2	1.0201	1.0404	1.0609	1.0816	1.1025	1.1236	1.1449	1.1664	1.1881	1.2100	1.2544	1.2996	1.3225	1.3456	1.3924	1.4400
3	1.0303	1.0612	1.0927	1.1249	1.1576	1.1910	1.2250	1.2597	1.2950	1.3310	1.4049	1.4815	1.5209	1.5609	1.6430	1.7280
4	1.0406	1.0824	1.1255	1.1699	1.2155	1.2625	1.3108	1.3605	1.4116	1.4641	1.5735	1.6890	1.7490	1.8106	1.9388	2.0736
5	1.0510	1.1041	1.1593	1.2167	1.2763	1.3382	1.4026	1.4693	1.5386	1.6105	1.7623	1.9254	2.0114	2.1003	2.2878	2.4883
6	1.0615	1.1262	1.1941	1.2653	1.3401	1.4185	1.5007	1.5869	1.6771	1.7716	1.9738	2.1950	2.3131	2.4364	2.6996	2.9860
7	1.0721	1.1487	1.2299	1.3159	1.4071	1.5036	1.6058	1.7138	1.8280	1.9487	2.2107	2.5023	2.6600	2.8262	3.1855	3.5832
8	1.0829	1.1717	1.2668	1.3686	1.4775	1.5938	1.7182	1.8509	1.9926	2.1436	2.4760	2.8526	3.0590	3.2784	3.7589	4.2998
9	1.0937	1.1951	1.3048	1.4233	1.5513	1.6895	1.8385	1.9990	2.1719	2.3579	2.7731	3.2519	3.5179	3.8030	4.4355	5.1598
10	1.1046	1.2190	1.3439	1.4802	1.6289	1.7908	1.9672	2.1589	2.3674	2.5937	3.1058	3.7072	4.0456	4.4114	5.2338	6.1917
11	1.1157	1.2434	1.3842	1.5395	1.7103	1.8983	2.1049	2.3316	2.5804	2.8531	3.4785	4.2262	4.6524	5.1173	6.1759	7.4301
12	1.1268	1.2682	1.4258	1.6010	1.7959	2.0122	2.2522	2.5182	2.8127	3.1384	3.8960	4.8179	5.3503	5.9360	7.2876	8.9161
13	1.1381	1.2936	1.4685	1.6651	1.8856	2.1329	2.4098	2.7196	3.0658	3.4523	4.3635	5.4924	6.1528	6.8858	8.5994	10.6993
14	1.1495	1.3195	1.5126	1.7317	1.9799	2.2609	2.5785	2.9372	3.3417	3.7975	4.8871	6.2613	7.0757	7.9875	10.147	12.839
15	1.1610	1.3459	1.5580	1.8009	2.0789	2.3966	2.7590	3.1722	3.6425	4.1772	5.4736	7.1379	8.1371	9.2655	11.974	15.407
16	1.1726	1.3728	1.6047	1.8730	2.1829	2.5404	2.9522	3.4259	3.9703	4.5950	6.1304	8.1372	9.3576	10.748	14.129	18.488
17	1.1843	1.4002	1.6528	1.9479	2.2920	2.6928	3.1588	3.7000	4.3276	5.0545	6.8660	9.2765	10.761	12.468	16.672	22.186
18	1.1961	1.4282	1.7024	2.0258	2.4066	2.8543	3.3799	3.9960	4.7171	5.5599	7.6900	10.575	12.375	14.463	19.673	26.623
19	1.2081	1.4568	1.7535	2.1068	2.5270	3.0256	3.6165	4.3157	5.1417	6.1159	8.6128	12.056	14.232	16.777	23.214	31.948
20	1.2202	1.4859	1.8061	2.1911	2.6533	3.2071	3.8697	4.6610	5.6044	6.7275	9.6463	13.743	16.367	19.461	27.393	38.338
21	1.2324	1.5157	1.8603	2.2788	2.7860	3.3996	4.1406	5.0338	6.1088	7.4002	10.804	15.668	18.822	22.574	32.324	46.005
22	1.2447	1.5460	1.9161	2.3699	2.9253	3.6035	4.4304	5.4365	6.6586	8.1403	12.100	17.861	21.645	26.186	38.142	55.206
23	1.2572	1.5769	1.9736	2.4647	3.0715	3.8197	4.7405	5.8715	7.2579	8.9543	13.552	20.362	24.891	30.376	45.008	66.247
24	1.2697	1.6084	2.0328	2.5633	3.2251	4.0489	5.0724	6.3412	7.9111	9.8497	15.179	23.212	28.625	35.236	53.109	79.497
25	1.2824	1.6406	2.0938	2.6658	3.3864	4.2919	5.4274	6.8485	8.6231	10.835	17.000	26.462	32.919	40.874	62.669	95.396
26	1.2953	1.6734	2.1566	2.7725	3.5557	4.5494	5.8074	7.3964	9.3992	11.918	19.040	30.167	37.857	47.414	73.949	114.48
27	1.3082	1.7069	2.2213	2.8834	3.7335	4.8223	6.2139	7.9881	10.245	13.110	21.325	34.390	43.535	55.000	87.260	137.37
28	1.3213	1.7410	2.2879	2.9987	3.9201	5.1117	6.6488	8.6271	11.167	14.421	23.884	39.204	50.066	63.800	102.97	164.84
29	1.3345	1.7758	2.3566	3.1187	4.1161	5.4184	7.1143	9.3173	12.172	15.863	26.750	44.693	57.575	74.009	121.50	197.81
30	1.3478	1.8114	2.4273	3.2434	4.3219	5.7435	7.6123	10.063	13.268	17.449	29.960	50.950	66.212	85.850	143.37	237.38

表 A-2 复利现值系数表：$\frac{1}{(1+i)^n} = \left(\frac{P}{F}, i, n\right) = PVIF_{i,n}$

n	1%	2%	3%	4%	5%	6%	7%	8%	9%	10%	12%	14%	15%	16%	18%	20%
1	0.9901	0.9804	0.9709	0.9615	0.9524	0.9434	0.9346	0.9259	0.9174	0.9091	0.8929	0.8772	0.8696	0.8621	0.8475	0.8333
2	0.9803	0.9612	0.9426	0.9246	0.9070	0.8900	0.8734	0.8573	0.8417	0.8264	0.7972	0.7695	0.7561	0.7432	0.7182	0.6944
3	0.9706	0.9423	0.9151	0.8890	0.8638	0.8396	0.8163	0.7938	0.7722	0.7513	0.7118	0.6750	0.6575	0.6407	0.6086	0.5787
4	0.9610	0.9238	0.8885	0.8548	0.8227	0.7921	0.7629	0.7350	0.7084	0.6830	0.6355	0.5921	0.5718	0.5523	0.5158	0.4823
5	0.9515	0.9057	0.8626	0.8219	0.7835	0.7473	0.7130	0.6806	0.6499	0.6209	0.5674	0.5194	0.4972	0.4761	0.4371	0.4019
6	0.9420	0.8880	0.8375	0.7903	0.7462	0.7050	0.6663	0.6302	0.5963	0.5645	0.5066	0.4556	0.4323	0.4104	0.3704	0.3349
7	0.9327	0.8706	0.8131	0.7599	0.7107	0.6651	0.6227	0.5835	0.5470	0.5132	0.4523	0.3996	0.3759	0.3538	0.3139	0.2791
8	0.9235	0.8535	0.7894	0.7307	0.6768	0.6274	0.5820	0.5403	0.5019	0.4665	0.4039	0.3506	0.3269	0.3050	0.2660	0.2326
9	0.9143	0.8368	0.7664	0.7026	0.6446	0.5919	0.5439	0.5002	0.4604	0.4241	0.3606	0.3075	0.2843	0.2630	0.2255	0.1938
10	0.9053	0.8203	0.7441	0.6756	0.6139	0.5584	0.5083	0.4632	0.4224	0.3855	0.3220	0.2697	0.2472	0.2267	0.1911	0.1615
11	0.8963	0.8043	0.7224	0.6496	0.5847	0.5268	0.4751	0.4289	0.3875	0.3505	0.2875	0.2366	0.2149	0.1954	0.1619	0.1346
12	0.8874	0.7885	0.7014	0.6246	0.5568	0.4970	0.4440	0.3971	0.3555	0.3186	0.2567	0.2076	0.1869	0.1685	0.1372	0.1122
13	0.8787	0.7730	0.6810	0.6006	0.5303	0.4688	0.4150	0.3677	0.3262	0.2897	0.2292	0.1821	0.1625	0.1452	0.1163	0.0935
14	0.8700	0.7579	0.6611	0.5775	0.5051	0.4423	0.3878	0.3405	0.2992	0.2633	0.2046	0.1597	0.1413	0.1252	0.0985	0.0779
15	0.8613	0.7430	0.6419	0.5553	0.4810	0.4173	0.3624	0.3152	0.2745	0.2394	0.1827	0.1401	0.1229	0.1079	0.0835	0.0649
16	0.8528	0.7284	0.6232	0.5339	0.4581	0.3936	0.3387	0.2919	0.2519	0.2176	0.1631	0.1229	0.1069	0.0930	0.0708	0.0541
17	0.8444	0.7142	0.6050	0.5134	0.4363	0.3714	0.3166	0.2703	0.2311	0.1978	0.1456	0.1078	0.0929	0.0802	0.0600	0.0451
18	0.8360	0.7002	0.5874	0.4936	0.4155	0.3503	0.2959	0.2502	0.2120	0.1799	0.1300	0.0946	0.0808	0.0691	0.0508	0.0376
19	0.8277	0.6864	0.5703	0.4746	0.3957	0.3305	0.2765	0.2317	0.1945	0.1635	0.1161	0.0829	0.0703	0.0596	0.0431	0.0313
20	0.8195	0.6730	0.5537	0.4564	0.3769	0.3118	0.2584	0.2145	0.1784	0.1486	0.1037	0.0728	0.0611	0.0514	0.0365	0.0261
21	0.8114	0.6598	0.5375	0.4388	0.3589	0.2942	0.2415	0.1987	0.1637	0.1351	0.0926	0.0638	0.0531	0.0443	0.0309	0.0217
22	0.8034	0.6468	0.5219	0.4220	0.3418	0.2775	0.2257	0.1839	0.1502	0.1228	0.0826	0.0560	0.0462	0.0382	0.0262	0.0181
23	0.7954	0.6342	0.5067	0.4057	0.3256	0.2618	0.2109	0.1703	0.1378	0.1117	0.0738	0.0491	0.0402	0.0329	0.0222	0.0151
24	0.7876	0.6217	0.4919	0.3901	0.3101	0.2470	0.1971	0.1577	0.1264	0.1015	0.0659	0.0431	0.0349	0.0284	0.0188	0.0126
25	0.7798	0.6095	0.4776	0.3751	0.2953	0.2330	0.1842	0.1460	0.1160	0.0923	0.0588	0.0378	0.0304	0.0245	0.0160	0.0105
26	0.7720	0.5976	0.4637	0.3607	0.2812	0.2198	0.1722	0.1352	0.1064	0.0839	0.0525	0.0331	0.0264	0.0211	0.0135	0.0087
27	0.7644	0.5859	0.4502	0.3468	0.2678	0.2074	0.1609	0.1252	0.0976	0.0763	0.0469	0.0291	0.0230	0.0182	0.0115	0.0073
28	0.7568	0.5744	0.4371	0.3335	0.2551	0.1956	0.1504	0.1159	0.0895	0.0693	0.0419	0.0255	0.0200	0.0157	0.0097	0.0061
29	0.7493	0.5631	0.4243	0.3207	0.2429	0.1846	0.1406	0.1073	0.0822	0.0630	0.0374	0.0224	0.0174	0.0135	0.0082	0.0051
30	0.7419	0.5521	0.4120	0.3083	0.2314	0.1741	0.1314	0.0994	0.0754	0.0573	0.0334	0.0196	0.0151	0.0116	0.0070	0.0042

表 A-3　年金终值系数表：$\frac{(1+i)^n - 1}{i} = \left(\frac{F}{A}, i, n\right) = FVIFA_{i,n}$

n	1%	2%	3%	4%	5%	6%	7%	8%	9%	10%	12%	14%	15%	16%	18%	20%
1	1.0000	1.0000	1.0000	1.0000	1.0000	1.0000	1.0000	1.0000	1.0000	1.0000	1.0000	1.0000	1.0000	1.0000	1.0000	1.0000
2	2.0100	2.0200	2.0300	2.0400	2.0500	2.0600	2.0700	2.0800	2.0900	2.1000	2.1200	2.1400	2.1500	2.1600	2.1800	2.2000
3	3.0301	3.0604	3.0909	3.1216	3.1525	3.1836	3.2149	3.2464	3.2781	3.3100	3.3744	3.4396	3.4725	3.5056	3.5724	3.6400
4	4.0604	4.1216	4.1836	4.2465	4.3101	4.3746	4.4399	4.5061	4.5731	4.6410	4.7793	4.9211	4.9934	5.0665	5.2154	5.3680
5	5.1010	5.2040	5.3091	5.4163	5.5256	5.6371	5.7507	5.8666	5.9847	6.1051	6.3528	6.6101	6.7424	6.8771	7.1542	7.4416
6	6.1520	6.3081	6.4684	6.6330	6.8019	6.9753	7.1533	7.3359	7.5233	7.7156	8.1152	8.5355	8.7537	8.9775	9.4420	9.9299
7	7.2135	7.4343	7.6625	7.8983	8.1420	8.3938	8.6540	8.9228	9.2004	9.4872	10.089	10.730	11.067	11.414	12.142	12.916
8	8.2857	8.5830	8.8923	9.2142	9.5491	9.8975	10.260	10.637	11.028	11.436	12.300	13.233	13.727	14.240	15.327	16.499
9	9.3685	9.7546	10.159	10.583	11.027	11.491	11.978	12.488	13.021	13.579	14.776	16.085	16.786	17.519	19.086	20.799
10	10.462	10.950	11.464	12.006	12.578	13.181	13.816	14.487	15.193	15.937	17.549	19.337	20.304	21.321	23.521	25.959
11	11.567	12.169	12.808	13.486	14.207	14.972	15.784	16.645	17.560	18.531	20.655	23.045	24.349	25.733	28.755	32.150
12	12.683	13.412	14.192	15.026	15.917	16.870	17.888	18.977	20.141	21.384	24.133	27.271	29.002	30.850	34.931	39.581
13	13.809	14.680	15.618	16.627	17.713	18.882	20.141	21.495	22.953	24.523	28.029	32.089	34.352	36.786	42.219	48.497
14	14.947	15.974	17.086	18.292	19.599	21.015	22.550	24.215	26.019	27.975	32.393	37.581	40.505	43.672	50.818	59.196
15	16.097	17.293	18.599	20.024	21.579	23.276	25.129	27.152	29.361	31.772	37.280	43.842	47.580	51.660	60.965	72.035
16	17.258	18.639	20.157	21.825	23.657	25.673	27.888	30.324	33.003	35.950	42.753	50.980	55.717	60.925	72.939	87.442
17	18.430	20.012	21.762	23.698	25.840	28.213	30.840	33.750	36.974	40.545	48.884	59.118	65.075	71.673	87.068	105.93
18	19.615	21.412	23.414	25.645	28.132	30.906	33.999	37.450	41.301	45.599	55.750	68.394	75.836	84.141	103.74	128.12
19	20.811	22.841	25.117	27.671	30.539	33.760	37.379	41.446	46.018	51.159	63.440	78.969	88.212	98.603	123.41	154.74
20	22.019	24.297	26.870	29.778	33.066	36.786	40.995	45.762	51.160	57.275	72.052	91.025	102.44	115.38	146.63	186.69
21	23.239	25.783	28.676	31.969	35.719	39.993	44.865	50.423	56.765	64.002	81.699	104.77	118.81	134.84	174.02	225.03
22	24.472	27.299	30.537	34.248	38.505	43.392	49.006	55.457	62.873	71.403	92.503	120.44	137.63	157.42	206.34	271.03
23	25.716	28.845	32.453	36.618	41.430	46.996	53.436	60.893	69.532	79.543	104.60	138.30	159.28	183.60	244.49	326.24
24	26.973	30.422	34.426	39.083	44.502	50.816	58.177	66.765	76.790	88.497	118.16	158.66	184.17	213.98	289.49	392.48
25	28.243	32.030	36.459	41.646	47.727	54.865	63.249	73.106	84.701	98.347	133.33	181.87	212.79	249.21	342.60	471.98
26	29.526	33.671	38.553	44.312	51.113	59.156	68.676	79.954	93.324	109.18	150.33	208.33	245.71	290.09	405.27	567.38
27	30.821	35.344	40.710	47.084	54.669	63.706	74.484	87.351	102.72	121.10	169.37	238.50	283.57	337.50	479.22	681.85
28	32.129	37.051	42.931	49.968	58.403	68.528	80.698	95.339	112.97	134.21	190.70	272.89	327.10	392.50	566.48	819.22
29	33.450	38.792	45.219	52.966	62.323	73.640	87.347	103.97	124.14	148.63	214.58	312.09	377.17	456.30	669.45	984.07
30	34.785	40.568	47.575	56.085	66.439	79.058	94.461	113.28	136.31	164.49	241.33	356.79	434.75	530.31	790.95	1181.9

表 A-4　年金现值系数表：$\dfrac{1-(1+i)^{-n}}{i}=\left(\dfrac{P}{A}, i, n\right)=PVIFA_{i,n}$

n	1%	2%	3%	4%	5%	6%	7%	8%	9%	10%	12%	14%	15%	16%	18%	20%
1	0.9901	0.9804	0.9709	0.9615	0.9524	0.9434	0.9346	0.9259	0.9174	0.9091	0.8929	0.8772	0.8696	0.8621	0.8475	0.8333
2	1.9704	1.9416	1.9135	1.8861	1.8594	1.8334	1.8080	1.7833	1.7591	1.7355	1.6901	1.6467	1.6257	1.6052	1.5656	1.5278
3	2.9410	2.8839	2.8286	2.7751	2.7232	2.6730	2.6243	2.5771	2.5313	2.4869	2.4018	2.3216	2.2832	2.2459	2.1743	2.1065
4	3.9020	3.8077	3.7171	3.6299	3.5460	3.4651	3.3872	3.3121	3.2397	3.1699	3.0373	2.9137	2.8550	2.7982	2.6901	2.5887
5	4.8534	4.7135	4.5797	4.4518	4.3295	4.2124	4.1002	3.9927	3.8897	3.7908	3.6048	3.4331	3.3522	3.2743	3.1272	2.9906
6	5.7955	5.6014	5.4172	5.2421	5.0757	4.9173	4.7665	4.6229	4.4859	4.3553	4.1114	3.8887	3.7845	3.6847	3.4976	3.3255
7	6.7282	6.4720	6.2303	6.0021	5.7864	5.5824	5.3893	5.2064	5.0330	4.8684	4.5638	4.2883	4.1604	4.0386	3.8115	3.6046
8	7.6517	7.3255	7.0197	6.7327	6.4632	6.2098	5.9713	5.7466	5.5348	5.3349	4.9676	4.6389	4.4873	4.3436	4.0776	3.8372
9	8.5660	8.1622	7.7861	7.4353	7.1078	6.8017	6.5152	6.2469	5.9952	5.7590	5.3282	4.9464	4.7716	4.6065	4.3030	4.0310
10	9.4713	8.9826	8.5302	8.1109	7.7217	7.3601	7.0236	6.7101	6.4177	6.1446	5.6502	5.2161	5.0188	4.8332	4.4941	4.1925
11	10.3676	9.7868	9.2526	8.7605	8.3064	7.8869	7.4987	7.1390	6.8052	6.4951	5.9377	5.4527	5.2337	5.0286	4.6560	4.3271
12	11.2551	10.5753	9.9540	9.3851	8.8633	8.3838	7.9427	7.5361	7.1607	6.8137	6.1944	5.6603	5.4206	5.1971	4.7932	4.4392
13	12.1337	11.3484	10.6350	9.9856	9.3936	8.8527	8.3577	7.9038	7.4869	7.1034	6.4235	5.8424	5.5831	5.3423	4.9095	4.5327
14	13.0037	12.1062	11.2961	10.5631	9.8986	9.2950	8.7455	8.2442	7.7862	7.3667	6.6282	6.0021	5.7245	5.4675	5.0081	4.6106
15	13.8651	12.8493	11.9379	11.1184	10.3797	9.7122	9.1079	8.5595	8.0607	7.6061	6.8109	6.1422	5.8474	5.5755	5.0916	4.6755
16	14.7179	13.5777	12.5611	11.6523	10.8378	10.1059	9.4466	8.8514	8.3126	7.8237	6.9740	6.2651	5.9542	5.6685	5.1624	4.7296
17	15.5623	14.2919	13.1661	12.1657	11.2741	10.4773	9.7632	9.1216	8.5436	8.0216	7.1196	6.3729	6.0472	5.7487	5.2223	4.7746
18	16.3983	14.9920	13.7535	12.6593	11.6896	10.8276	10.0591	9.3719	8.7556	8.2014	7.2497	6.4674	6.1280	5.8178	5.2732	4.8122
19	17.2260	15.6785	14.3238	13.1339	12.0853	11.1581	10.3356	9.6036	8.9501	8.3649	7.3658	6.5504	6.1982	5.8775	5.3162	4.8435
20	18.0456	16.3514	14.8775	13.5903	12.4622	11.4699	10.5940	9.8181	9.1285	8.5136	7.4694	6.6231	6.2593	5.9288	5.3527	4.8696
21	18.8570	17.0112	15.4150	14.0292	12.8212	11.7641	10.8355	10.0168	9.2922	8.6487	7.5620	6.6870	6.3125	5.9731	5.3837	4.8913
22	19.6604	17.6580	15.9369	14.4511	13.1630	12.0416	11.0612	10.2007	9.4424	8.7715	7.6446	6.7429	6.3587	6.0113	5.4099	4.9094
23	20.4558	18.2922	16.4436	14.8568	13.4886	12.3034	11.2722	10.3711	9.5802	8.8832	7.7184	6.7921	6.3988	6.0442	5.4321	4.9245
24	21.2434	18.9139	16.9355	15.2470	13.7986	12.5504	11.4693	10.5288	9.7066	8.9847	7.7843	6.8351	6.4338	6.0726	5.4509	4.9371
25	22.0232	19.5235	17.4131	15.6221	14.0939	12.7834	11.6536	10.6748	9.8226	9.0770	7.8431	6.8729	6.4641	6.0971	5.4669	4.9476
26	22.7952	20.1210	17.8768	15.9828	14.3752	13.0032	11.8258	10.8100	9.9290	9.1609	7.8957	6.9061	6.4906	6.1182	5.4804	4.9563
27	23.5596	20.7069	18.3270	16.3296	14.6430	13.2105	11.9867	10.9352	10.0266	9.2372	7.9426	6.9352	6.5135	6.1364	5.4919	4.9636
28	24.3164	21.2813	18.7641	16.6631	14.8981	13.4062	12.1371	11.0511	10.1161	9.3066	7.9844	6.9607	6.5335	6.1520	5.5016	4.9697
29	25.0658	21.8444	19.1885	16.9837	15.1411	13.5907	12.2777	11.1584	10.1983	9.3696	8.0218	6.9830	6.5509	6.1656	5.5098	4.9747
30	25.3077	22.3965	19.6004	17.2920	15.3725	13.7648	12.4090	11.2578	10.2737	9.4269	8.0552	7.0027	6.5660	6.1772	5.5168	4.9789

主要参考书目

[1] 理查德 A 布雷利, 斯图尔特 C 迈尔斯, 弗兰克林·艾伦. 公司财务原理 [M]. 赵英军, 译. 10版. 北京: 机械工业出版社, 2013.

[2] 埃斯瓦斯·达莫达兰. 估值: 难点、解决方案及相关案例 [M]. 李必龙, 等译. 2版. 北京: 机械工业出版社, 2013.

[3] 埃斯瓦斯·达莫达兰. 达莫达兰论估价: 面向投资与公司理财的证券分析 [M]. 罗菲, 等译. 2版. 大连: 东北财经大学出版社, 2010.

[4] 鲁思·本德, 基思·沃德. 公司财务战略 [M]. 杨农, 等译. 3版. 北京: 清华大学出版社, 2013.

[5] 斯蒂芬 A 罗斯, 伦道夫 W 威斯特菲尔德, 杰弗利 F 杰富. 公司理财 [M]. 吴世农, 等译. 9版. 北京: 机械工业出版社, 2010.

[6] 詹姆斯 R 麦圭根, 威廉 J 克蕾洛, 查尔斯·莫耶. 现代财务管理 [M]. 王满, 译. 11版. 北京: 机械工业出版社, 2010.

[7] 威廉·麦金森. 公司财务理论 [M]. 刘明辉, 薛清梅, 译. 大连: 东北财经大学出版社, 2011.

[8] 詹姆斯 C 范霍恩. 财务管理与政策 [M]. 刘志远, 译. 12版. 大连: 东北财经大学出版社, 2014.

[9] 詹姆斯 C 范霍恩, 小约翰 M 瓦霍维奇. 财务管理基础 [M]. 刘曙光, 等译. 13版. 北京: 清华大学出版社, 2009.

[10] 尤金 F 布里格姆, 迈克尔 C 埃尔霍尔特. 财务管理: 理论与实践 [M]. 狄瑞鹏, 等译. 10版. 北京: 清华大学出版社, 2005.

[11] 斯科特·贝斯利, 尤金 F 布里格姆. 财务管理精要 [M]. 陈国欣, 等译. 13版. 北京: 北京大学出版社, 2010.

[12] 乔纳森·伯克, 彼得·德马佐. 公司理财 [M]. 姜英, 陈梅, 译. 北京: 中国人民大学出版社, 2009.

[13] 雷蒙德 M 布鲁克斯. 财务管理 [M]. 路蒙佳, 译. 2版. 北京: 中国人民大学出版社, 2014.

[14] 尤金 F 布里格姆, 乔尔 F 休斯顿. 财务管理基础 [M]. 李伟平, 译. 11版. 北京: 中国人民大学出版社, 2009.

[15] 尤金 F 布里格姆, 菲利普 R 戴夫斯. 中级财务管理 [M]. 王化成, 黄磊, 译. 8版. 北京: 中国人民大学出版社, 2009.

[16] 扎比霍拉哈·瑞扎伊. 后《萨班斯奥克斯利法》时代的公司治理 [M]. 陈宇, 译. 北京: 中国人民大学出版社, 2009.

[17] 维尔凯·斯特, 理查德·卢拜克, 彼得·图法诺. 财务案例 [M]. 张志强, 等译. 12版. 北京: 北京大学出版社, 2013.

[18] 罗伯特 C 希金斯. 财务管理分析 [M]. 8版. 北京: 北京大学出版社, 2009.

[19] 尼尔·塞茨, 米奇·埃利森. 资本预算与长期融资决策 [M]. 刘力, 等译. 3版. 北京: 北京大学出版社, 2006.

[20] 滋维·博迪, 亚历克斯·凯恩, 艾伦马·库斯. 投资学 [M]. 汪昌云, 张永冀, 等译. 9版. 北京: 机械工业出版社, 2013.

[21] 约翰 C 赫尔. 期权、期货及其他衍生产品 [M]. 王勇, 索吾林, 译. 8版. 北京: 机械工业出版社, 2011.

[22] 约翰 C 赫尔. 期权与期货市场基本原理 [M]. 王勇, 袁俊, 译. 7版. 北京: 机械工业出版社, 2012.

[23] 托马斯 E 科普兰，J 佛雷德·韦斯顿，库尔迪普·夏斯特里. 金融理论与公司政策［M］. 刘婷，等译. 4 版. 北京：中国人民大学出版社，2012.
[24] 王化成. 财务管理［M］. 4 版. 北京：中国人民大学出版社，2013.
[25] 陆正飞，朱凯，童盼. 高级财务管理［M］. 北京：北京大学出版社，2013.
[26] 肖作平. 财务管理［M］. 大连：东北财经大学出版社，2014.
[27] 张新民，王秀丽. 财务报表分析［M］. 北京：高等教育出版社，2011.
[28] 吴世农，吴育辉. CEO 财务分析与决策［M］. 北京：北京大学出版社，2013.
[29] 刘力，唐国正. 公司财务［M］. 北京：北京大学出版社，2014.
[30] 刘淑莲. 公司理财［M］. 北京：北京大学出版社，2013.
[31] 张先治. 高级财务管理［M］. 2 版. 上海：上海财经大学出版社，2011.
[32] 傅元略. 财务管理理论［M］. 厦门：厦门大学出版社，2007.
[33] Brealey, R A, Myers, S C. Principle of Corporate Finance（原书第 10 版影印版）［M］. 北京：机械工业出版社，2012.
[34] Ross, S A, Westerfield, R W, Jaffe, J F. Corporate Finance（原书第 9 版影印版）［M］. 北京：机械工业出版社，2012.
[35] Ross, S A, Westerfield, R W, Jordan, B D. Fundamental of Corporate Finance（原书第 9 版影印版）［M］. 北京：机械工业出版社，2011.
[36] Brigham, E F, Houston, J F. 财务管理基础［M］. 9 版. 北京：中信出版社，2006：636-712.
[37] Higgins, R C. Analysis for Financial Management（原书第 8 版影印版）［M］. 北京：北京大学出版社，2007.
[38] Altman, Edward I, Edith Hotchkiss, Corporate Financial Distress and Bankruptcy［M］. 3rd ed. Hoboken, New Jersey, USA：John Wiley & Sons, Inc., 2006.
[39] Baker, K H, Martin, G S. Capital Structure and Corporate Financial Decisions：Theory, Evidence, and Practice［M］. Hoboken, New Jersey, USA：John Wiley & Sons, Inc., 2011.
[40] James, Peter. Option Theory［M］. West Sussex, England：John Wiley & Sons Ltd, 2003.